대역 논어집주

| 주자와 제자들의 토론 |

박성규 역주

박성규朴星奎

서울대 철학과 및 동 대학원 졸업. 서울대·서울과기대서울시립대 강사.
풍우란 『중국철학사』상·하(역서), 『주자철학의 귀신론』(박사논문), 「공자의 종교사상」, 「격물치지와 정명」 등이 있음.
sangol@hanmail.net

논어집주

초판 발행일 | 2011년 3월 15일
4쇄 발행일 | 2018년 3월 24일

펴낸이 | 유재현
기획편집 | 김석기·장만
마케팅 | 유현조
디자인 | 박정미
종이 | 한서지업사
인쇄·제본 | 영신사

펴낸곳 | 소나무
등록 | 1987년 12월 12일 제 2013-000063호
주소 | 경기도 고양시 덕양구 대덕로 86번길 85
전화 | 02-375-5784 팩스 | 02-375-5789
메일 | sonamoopub@empas.com
블로그 | blog.naver.com/sonamoopub1
책값 27,000원

ISBN 978-89-7139-569-1 93150

이 도서의 국립중앙도서관 출판사도서목록(CIP)은 e-CIP홈페이지(http://www.nl.go.kr/ecip)와
국가자료공동목록시스템(http://www.nl.go.kr/kolisnet)에서 이용하실 수 있습니다.
(CIP 제어번호: CIP2011001113)

논어집주

주자의 논어

주자가 태어나기 4년 전 북송 시대는 '호로 오랑캐'(金)의 침략으로 끝났다. 남쪽으로 쫓겨간 남송 시대를 살았던 주자는 일평생 국운을 일으키려 분투했으나, 위학僞學의 수괴라는 누명을 쓰고 박해 속에서 세상을 떠났다. 그가 떠나고 79년 후 남송은 또 다른 '오랑캐'(元)에 의해 완전히 멸망당하였다.

주자의 학문적 분투는 불교와의 대결의식으로 시작한다. 당시의 불교는 사회에 빛과 소금이 되지 못하였다. 중생들의 고통에는 눈을 감았고 지도층의 부패에는 편을 들었다. 선인이 억압받고 악인이 득세하는 도덕적 부조리를 시정하려고 노력하기는커녕, 축복과 응징을 극락과 지옥에 맡기는 현실도피의 온상이었다. 주자는 나태·안일한 백성의 정신을 각성시켜 내세도피의 패배의식을 쓸어내고, 유교적 현세윤리를 재건하지 않으면 안 된다고 생각하였다.

주자는 이 과업을 수행하면서 불교적 분위기(외피)를 모방한다. 이는 당시 백성들뿐 아니라 사대부 지식인에까지 깊이 침투한 불교의 영향력을 극복하려는 구도에서 나온 심모원려였다. 대체로 어떤 경전에 대한 통상적인 해석의 범위를 벗어난 유별난 해석에는 그 해석자의 의도(사상적 구도)가 반영되어 있다. 다음과 같은 주자의 『논어』 해석 역시 그러하다.

첫째, 불교는 연기·불성·윤회 등의 이법理法을 중심으로 우주와 인간을 통합적으로 설명하는데, 주자는 이법의 내용만 유교윤리 즉 천리天理(인·의·예·지)로 대체하였다. 원래 공자에게 인仁은 국가사회의 유능한 인물이 갖추어야 할 덕성이었다. 그는 대중을 사랑하고 벗과 신의 있고, 관대하야 할 때는 관대하고 과감해야 할 때는 과감해야 한다. 이처럼 사랑·신의·관대·과감 등의 모든 덕성을 아우르는 개념이 인이었다. 그런데 주자는 인을 '우주가 만물을 낳는 마음(天地生物之心)', '만물과 일체를 이루는 마음'으로 변모시켰다. 즉 주자에게 인은 천리 중에 가장 근원적인 원리이어서, 인보다 더 근본적이거나 더 높은 것은 있을 수 없었다. 따라서 "효제가 인의 근본"(1-2)이라거나 "성聖의 경지가 인의 경지보다 더 높다"(6-30)는 등의 해석은 인정될 수 없었다.

둘째, 주자는 공자를 보통 인간이 아니라 날 때부터 깨달음에 이른 성인으로 변모시켰다. 붓다는 35세에 깨달음에 이르렀다고 전해지는데, 『논어』에서 공자는 "40세에야 미혹의 상태를 벗어났고", "70세에야 마음대로 행해도 법도에 어긋나지 않았다"(2-4)고 말하였다. 이에 주자는 해당 구절들이 공자 자신에 대한 묘사가 아니라 학생을 위한 교육적인 차원의 발언이라고 해명하였다. 즉 붓다보다 공자가 늦게 깨달았다거나 심지어 70세가 되어서야 겨우 도를 깨달았다는 식의 해석은 인정할 수 없었다. 이리하여 공자는 날 때부터 '니르바나'의 경지에 이른 완전무결한 성인이 된다. 깨달음에 이른 붓다는 번뇌가 없듯이, 날 때부터 깨달은 공자는 인욕(사욕)이 없고, 그 마음속은 오로지 천리만 작용한다(天理流行).

셋째, 주자는 유학을 불교처럼 깨달음(중단 없는 천리유행 상태)에 이르기 위한 학문으로 변모시켰다. 그에 따르면 우주의 천리유행이 냇물의 흐름처럼 잠시의 중단(단절, 그침, 쉼)이 없듯이(9-17), 우리의 마음 역시 어느 순간이든 사심(인욕)이 없고 오직 도덕적 마음(천리)만 지배하는 상태가 천리유행이다. 인욕이 지배하는 순간 천리유행이 중단된다. 공자는 1년 내내, 평생 천리유행 상태에 머물렀고, 안회는 석 달간 그 상태를 유지했고, 나머지 제자들은 한 달에 한번 혹은 하루 한번 그 상태에 이르렀다.(6-7) 주자가 이런 비현실적인 천리유행 관념을 내세운 것은 비현실적이지만 매력적인 니르바나 개념에 대한 대응이었다.

넷째, 주자는 붓다·가섭으로부터 달마·혜능으로 이어지는 불교의 전등설傳燈說에 필적하는 유교의 도통설道統說을 내세우면서 증자를 과대 포장하였다. 공자와 증자의 관계를, 마치 붓다와 가섭처럼 염화미소로 도를 전수받는 관계에 상응시켰다. 그리하여 주자는 "4-15 장이 『논어』에서 가장 중요한 장이다", "증자만이 공자가 일관一貫한 도(忠恕)를 전수받을 자격이 있었다"고 해석하였다. 그러나 원래 일관의 도인 '충·서'는 공자의 기본 교육지침이었고, 다른 제자에게도 기회 있을 때마다 환기시킨 내용일 뿐이었다.(1-8, 7-25, 15-24 등)

이상의 사례들에 보이는 『논어』 해석의 특징은 모두 불교의 그조를 모방하면서 그 내용을 유교식으로 바꾼 것이었다. 주자의 이러한 경전 주석 태도는 당시의 많은 사람들 특히 식자층의 열렬한 요구(하나의 원리로 우주와 인간을 통합적으로 이해하고, 완전한 인간이 되기 위한 깨달음을 추구하려는 요구)에 부응하려는 것이었다. 주자의 의도는 적중하였다. 이제 중화적中華的 중국인은 심오한 종교적 성취감을 얻기 위해 더 이상 '오랑캐' 학문(불교)에 기웃거리지 않아도 되었다. 주자가 마련해준, 평생 연구해도 다함이 없는 방대한 사색의 자료를 통해서 지적·종교적 욕구를 충족하며, 상처받은 중화의 자존감을 회복할 수 있었다.

주자가 과거시험을 볼 때는 불교서적을 읽어야 합격할 수 있었으나, 이후 곧 ('오랑캐') 원나라 시대부터는 주자의 글을 읽어야 과거에 합격할 수 있는 세상으로 바뀌었다. 이런 상황을 풍우란은 이렇게 설명하였다.

> 주자의 『사서집주四書集注』는 원元·명明 이후 『사서』의 국가적 주해가 되었다. 이제 과거시험은 『사서』를 고시 출제의 범위로 삼아 그 제목은 반드시 주자의 주해에 근거하였다. 따라서 만약 답안이 주자의 주해에 위배되면 합격될 가망은 없었다. 주자의 지위도 이에 따라 격상되었다. 일반 지식인들이 읽은 유가 경전은 사실상 『사서』에 한정되었고, 『사서』에 대한 이해는 사실상 주자의 『집주』에 한정되었다. 군주는 허울이고 실권은 내각총리에게 있는 현재 서양의 입헌군주국처럼, 원·명·청 시대에 공자는 비록 '지성선사至聖先師'로 일컬어졌지만 허울뿐이었다. (실권을 쥔 주자가 모든 해석과 의미부여를 좌지우지하였다.)

주자는 『사서』 해석(『집주』) 속에 원대한 사상 혁명의 구도를 은밀히 심어 놓았다. 그 스스로 "『집주』의 글은 의미가 완벽하다. 이밖에 더 할 말이 없다", "한 글자를 보태도 안 되고 빼도 안 된다"고 말했으니, 『집주』에 투영된 그의 포부를 엿볼 수 있다. 『집주』는 수백 권의 저서 중에서 대표작이고, 『논어집주』는 『집주』 중에서도 대표작이다.

주자 당시 중국의 북쪽을 정복했던 '호로 오랑캐'는 500년 후에는 마침내 전

중국을 정복한다(後金=淸). 그러나 오히려 중국 문화를 숭상하여, 미국의 이라크 침략 비용의 열 배가 넘는 막대한 예산을 투입하여 (다만 호로胡虜·금로金虜 등의 주자의 표현을 금국金國·금인金人으로 고쳐) ≪사고전서四庫全書≫라는 금자탑을 완성하여 중화인에게 바쳤다. 결국 중국을 정복한 '오랑캐들'은 도리어 중국 문화에 녹아버렸다. 그 문화 용광로의 중심에 한자 서적이 있었고, 한자 서적의 중심에 주자의 철학이 있었다.

오늘날 한국에서 『논어집주』는 문·사·철의 동양학 입문자뿐 아니라 일반 교양인에 이르기까지 한문강독 교재로 사랑받는다. 심오한 이론을 전개한 철학자의 사상서가 언어입문 교재로 읽힌다는 사실은 세계철학사에 유례가 없다.

『주자어류』를 보면, 주자의 제자들이 『집주』의 난해한 철학적 문제를 중심으로 주자에게 질문하고 있다. 이 책은 이러한 문답과 토론 내용을 각주에 번역하여 넣었다. 다만 질문한 제자의 이름은 생략하였다. 질문 내용이 그 제자의 사상이라기보다는 전날 배운 것을 확인하려고 되물은 경우가 대부분이기 때문이다.

서울대 철학과와 태동고전연구소에서 철학과 고전을 배울 수 있었다. 나에게 행운이었다. 『사서집주』의 획기적인 번역본으로 우리 후학들을 가르치신 성백효 선생님께 깊은 감사를 올린다. 20여 년간 『주자어류』 강독을 주재하며 많은 가르침을 준 조남호 선생과 번역 내용에 귀중한 조언을 아끼지 않은 박동인 선생께 감사를 드린다. 이 책에 대한 지대한 관심으로 맞쪽 대역체제 옥동자를 만들어낸 소나무의 유재현 사장님과 거친 원고를 논리적인 글로 다듬어준 편집부에 감사를 드린다.

이 책의 원래 제목은 『주자의 논어』이다.

『논어』를 사랑한 아버지(鍾萬, 1929-2000)를 그리며
2011. 3. 1. 신안 산골재에서
박성규

차례

일러두기

- 대본은 『주자전서』(상해고적출판사·안휘교육출판사, 2002)본을 기준으로 삼았다.
- 편장 구분은 주자에 따라 편집하되, 편장 번호는 양백준에 따라 붙였다. 가령 14-1를 주자는 두 장으로 나누었으나 양백준은 통합했다. 5-1, 5-2의 경우는 그 반대다.(부록 1 참조)
- 원래 『논어집주』는 대체로 『논어』 원문의 각 장을 몇 구절로 나누고 그 아래에 주석이 달린 체제이다. 이는 당시의 판각 편의에 따른 선택으로 보인다. 여기서는 『논어』 원문은 원문대로 모으고 『집주』의 글은 『집주』의 글끼리 모았다. 다만 『집주』의 글은 원 체제에 맞추어 문단을 분리하였다. 원래 앞 문단과 하나였던 문단을 여러 개로 분리한 경우 들여쓰기를 하지 않았다. 따라서 『집주』의 들여쓰기된 문단을 보면 주자의 원래의 편집 체제를 짐작할 수 있다. 다만 11-26, 16-1, 20-1 및 제10편은 예외적으로 구성했다.
- 『집주』 가운데, 각 편의 장 수 표기(가령 "凡二十四章")와 한자음 설명(가령 "樂, 音洛") 부분은 번역하지 않고 ( ) 로 묶었다.
- 번역문에서, 『집주』에 인용된 학자의 표기는, 주자가 자子로 호칭한 경우는 '호'로, 씨氏로 호칭한 경우는 '성명'으로 바꾸었다. 자字 등으로 호칭한 경우는 그대로 따랐다.
- 본문 중에 『논어』의 다른 구절이 등장할 경우 ( ) 안에 해당 편장 번호를 표기했다.
- 중요 한자는 각주에 여러 뜻을 설명했다. 대체로 여러 뜻이 문맥 이해에 필요하다.
- 주자가 『집주』에 출전을 안 밝힌 경우라도 여러 자해서나 주석서를 참고한 경우가 많다. 주자가 어떻게 다듬었는지 짐작할 수 있는 일부 사례를 골라 각주에 실었다. 孔曰, 馬曰, 何曰, 包曰, 王曰, 鄭曰, 皇曰, 邢曰, 范曰, 呂曰, 謝曰, 游曰, 楊曰, 侯曰, 尹曰은 각각 孔安國, 馬融, 何晏, 包咸, 王肅, 鄭玄, 皇侃, 邢昺, 范祖禹, 呂大臨, 謝良佐, 游酢, 楊時, 侯仲良, 尹敦의 설이다.(『주소』, 『의소』, 『정의』 참조)
- 『집주』의 내용과 주자 사상을 이해하기 위해, 『혹문』과 『어류』를 연구하여 그 일부를 골라 번역하여 각주에 실었다.(『문집』 내용은 아주 일부만 반영되었다.)
  · 제자와 주자의 문답은 말투로써 제자의 말과 주자의 말을 구별하였다. 『혹문』 내용은 주자의 자문자답이지만 편의상 제자와 주자의 문답체로 번역하였다.
  · 『어류』 내용은 『논어』의 순서와 일치하므로 해당 권수를 따로 표기하지 않고 항목 수만 표기했다. 가령 『논어』 2-2 각주에 인용된 『어류』의 글 끝에 표기된 "[27]"은 그 부분이 있는 『어류』(중화서국본) 권23의 제27 항목을 뜻한다. 두 항목 이상을 뒤섞어 번역할 경우 [9, 14] 따위로 표기했다. 다른 데서 인용한 경우 [22, 권30] 따위로 권수를 병기했다.
  · 『어류』 교감기 속의 조선본朝鮮本 내용을 인용한 경우 『전서』본 쪽수를 표기했다.
  · 『어류』, 『혹문』, 『문집』에서의 주자의 견해는 『집주』에서의 견해와 다를 수 있다.
- 각주에 주자가 아닌 다른 학자들의 글은 최소로 하였다. 대체로 『후안』, 『금독』, 『신해』, 『설해』 등등의 내용은 편집조판상의 필요에 따라 첨가된 것들이다.(참고문헌 참조)

讀『論語』·『孟子』法

程子曰："學者當以『論語』·『孟子』爲本. 『論語』·『孟子』旣治, 則六經可不治而明矣. 讀書者當觀聖人所以作經之意, 與聖人所以用心, 聖人之所以至於聖人, 而吾之所以未至者, 所以未得者. 句句而求之, 晝誦而味之, 中夜而思之, 平其心, 易其氣, 闕其疑, 則聖人之意可見矣."

程子曰："凡看文字, 須先曉其文義, 然後可以求其意. 未有不曉文義而見意者也."

---

① 『어류』: 『논어』·『맹자』는 공부를 적게 해도 효과는 크다. 육경은 공부를 많이 해도 효과는 적다.[1]

② 『어류』: 독서를 논한 정자의 말 중에 이 항목이 가장 적절하다. 요즘 사람은 책 읽는 법을 모른다. 성인의 뜻은 찾지도 않고 자기의 뜻을 그 안에 억지로 집어넣어 멋대로 허튼 소리를 한다. '이기기易其氣'는 마음을 느긋하게 하라는 뜻이다. 요즘 사람은 대체로 억지로 포착하려고 한다. 가령 이해하기 어려운 부분이 있으면 백방으로 생각을 짜내고 노심초사한 끝에, 이윽고 자기 말만 하니 어떻게 성인의 뜻을 찾겠는가![97]

③ 『어류』: 공자의 가르침은 여유롭다. 오늘 조금 이해하고 내일 또 조금 이해하여 오래되면 저절로 관통한다. 황무지를 개간하듯이 오늘 조금 갈고 내일 조금 갈아서 오래되면 자연히 일이 끝난다. 아직 이해되지 못한 부분이 있더라도 이 이치의 범위 안에 있다.[10]

- 『논어』를 읽을 때 어제 읽은 부분을 오늘 다시 읽으면 어떤 느낌이 오는가? 『논어』는 급하게 읽어도 안 되고 느슨하게 읽어도 안 된다. 급하게 읽지 말라 함은 효과란 급하게 얻어지는 것이 아니기 때문이요, 느슨하게 읽지 말라 함은 공부란 느슨하게 하면 안 되기 때문이다.[36]
- "『논어』를 얼마나 읽었는가?" "요 며칠 이것저것 보았습니다." "그렇게 해서 무슨 향상이 있겠는가? 어떤 책을 볼 때는 오로지 그 책에만 몰두해야 한다."[37]
- "『논어』를 어디까지 읽었는가?" "「술이」편까지 읽었습니다." "그렇게 서둘면 안 된다. 급하게 보면 안 된다. 느릿느릿 이해해야 하고, 한 문장씩 꼼꼼히 뒤져야 한다. 한 문장을 통달한 다음에 다음 문장을 이해하라. 오랜 후에 관통하게 되면 모든 것들이 분명해진다(이해된다). 마치 밥을 먹을 때 한 입 먹고 또 한 입 먹으면서 맛있게 먹을 수 있어야 비로소 피가 되고 살이 되는 것과 같다. 그렇지 않고 꿀꺽 삼켜버리면 도움이 안 된다."[38]
- 『논어』를 빨리 읽으면 다만 글자만 이해하고 그 의미심장한 맛을 느낄 수 없다. 이른바 심장한 의미란 다른 방법이 없고 오래 침잠하여 음미하면 자연히 깨닫게 된다.[43]

『논어』·『맹자』 읽는 법

• 학생은 『논어』·『맹자』를 근본으로 삼아야 한다. 『논어』·『맹자』를 공부하면 육경六經은 공부하지 않아도 알게 된다.① 독서할 때 성인이 경전을 지으신 뜻, 성인의 마음가짐, 성인이 성인에 이른 까닭, 내가 성인이 되지 못한 까닭, 내가 깨닫지 못한 까닭을 살펴야 한다. 한 구절 한 구절 탐구하고, 낮에는 외우면서 음미하고, 한밤에는 생각하며, 평온한 마음과 느긋한 정신으로, 의심난 곳은 일단 유보해 두면, 성인의 뜻을 읽을 수 있다. – 이천②

• 책을 읽을 때는 먼저 글자의 뜻을 이해한 다음에야 그 의미를 연구할 수 있다. 글자의 뜻도 모르면서 의미를 아는 경우는 없다. – 이천③

- 『논어』는 읽기 어렵다. 하루에 한 두 문단만 보아라. 자세히 음미하고 몸으로 체득하여, 전에 읽었을 때보다 이해 정도나 익숙한 정도가 달라져야 점차 절실해진다.[39]
- 『논어』는 집중해 아침부터 밤까지 읽고, 읽지 않을 때도 침잠·음미해 항상 가슴에 두어야 한다(當涵泳, 常在胸次). 마치 어떤 일을 마치지 못했을 때 밤늦게까지 곰곰이 생각하는 것처럼 하라. 하루 한 문단씩 쌓아서 매일 계속하면 해가 가는 사이에 자연히 안으로 통달하여 도리가 밝아진다.[42]
- 『논어』는 보면 볼수록 맛이 난다. 대충 보고 통달하려고 하면 득이 없다. 글을 읽을 때는 옛 사람이 글을 쓴 의도가 무엇인지를 보아야 한다. 선배들이 쓴 글 한 편 속에 그 의도가 어디에 있는지 보아야 한다. 두보의 시에 "양공良工이 얼마나 고심했는지 알겠다"는 말이 있다. 보통 사람은 그림을 볼 때 다 똑같다고 여긴다. 안목 있는 이가 보면 곧 그 정신의 신묘한 부분을 발견하고 작자가 얼마나 고심했는지를 알게 된다.[44]
- 성인의 말씀은 마치 나무통 판자의 모서리는 갈고 틈새를 없애서 물을 담았을 때 새지 않는 것과 같다.[26]
- 성인의 말씀은 진솔하다(開口見心). 반절만 말하고 반절은 숨겨 놓은 것이 아니다. 학생이 책을 볼 때 본문 안에서 바른 뜻을 찾아야지, 따로 설을 세워 번잡스럽게 할 필요가 없다. 오직 성인의 말씀 속의 뜻을 인식할 수 있으면 훌륭하다.[48]
- 학문의 길은 지난하다. 문자로부터 공부하지 않으면 막연하여 착수할 데가 없다. 그러나 글자만 놓고 따지고, 몸과 마음에서 절실히 체인하지 않으면 아무 득이 없다. 예컨대 "내가 인을 원하기만 하면 인은 곧 이른다"(7-30)고 말했음에도, 공자는 왜 그 많은 제자들 중 누구의 '인'도 인정하지 않았는가? 일상 체험에서 내가 인을 원할 때의 그 마음은 어떤 것인가? 인에 이르고 이르지 못한다 할 때 그 의미는 무엇인가? 만약 날마다 이런 식으로 독서하면 도리를 내 마음으로부터 터득하게 되니, 그저 빈말이 아닌 것이다.[50]

程子曰：“學者須將『論語』中諸弟子問處便作自己問, 聖人答處便作今日耳聞, 自然有得. 雖孔孟復生, 不過以此敎人. 若能於『語』·『孟』中深求玩味, 將來涵養成甚生氣質!”

程子曰：“凡看『語』·『孟』, 且須熟讀玩味. 須將聖人言語切己, 不可只作一場話說. 人只看得二書切己, 終身儘多也.”

程子曰：“『論』·『孟』只剩讀着, 便自意足. 學者須是玩味. 若以語言解着, 意便不足.”

或問：“且將『論』·『孟』緊要處看, 如何?” 程子曰：“固是好, 但終是不浹洽耳.”

程子曰：“孔子言語句句是自然, 孟子言語句句是事實.”

程子曰：“學者先讀『論語』·『孟子』, 如尺度權衡相似, 以此去量度事物, 自然見得長短輕重.”

程子曰：“讀『論語』·『孟子』而不知道, 所謂 ‘雖多, 亦奚以爲’.”

---

④『어류』:『논어』는 이해하기 쉽지만『맹자』는 이해하기 어려운 부분이 있다.[6]

- 옛날 책은 뒤쪽으로 가면 불분명해지는데『논어』·『맹자』도 그러하다.[7]
- 맹자는 주로 주장의 대체를 가르쳤으나, 공자는 절실히 공부해야 할 곳을 가르쳤다.[12]
- “맹자가 말한 ‘인仁’은 의미가 아주 분명합니다. 공자는 분명히 말하지 않았는데 왜입니까?” “공자가 말하지 않은 적이 없다. 다만 그대 스스로 보지 못했을 뿐이다. 사탕을 가지고 비유하면 맹자는 사탕 맛이 달다고 말했다. 공자는 그렇게 말하지는 않고 다만 그 사탕을 사람이 먹도록 하였다. 기꺼이 먹기만 하면 그 맛이 달다는 것은 말하지 않아도 알게 된다.”[25]
- 『논어』는 차분히 읽어야 하고『맹자』는 숙독해야 한다.『논어』는 한 글자 한 구절마다 하나의 뜻이 있기 때문에 자세하고 차분히 보아야 한다.『맹자』는 대단원으로 수미일관하니 숙독하면 문장의 뜻이 저절로 드러난다. 한 글자 한 구절로 이해하면 안 된다.[28]
- 『논어』는『맹자』처럼 읽으면 안 된다. 앞 문장을 읽을 때는 뒤 문장이 없는 것처럼 하라. 이것을 읽으면서 저것을 생각하면 마음에 혼란이 온다.[30]
- 『논어』는 여러 제자가 편집한 것이므로 말이 긴 것은 길고 짧은 것은 짧아서 한결같지 않다.『맹자』는 맹자가 직접 지은 것으로 처음부터 끝까지 문장이 한결같고, 조금의 흠이 없다. 자기 손으로 직접 쓰지 않고서야 어찌 그와 같이 완벽할 수 있겠는가?[34]
- ‘『논어』를 이해하면 공자요,『맹자』를 이해하면 맹자다’는 말이 있다. 곰곰이 생각해 보니 역시 그렇다.『논어』의 말들을 정말로 잘 궁구하여 섬세한 부분에까지 모두 통달하여 마치

• 학생은 『논어』 속 제자들의 질문 내용을 자기 질문으로 여기고, 성인의 답변을 오늘 들은 말씀으로 여기면, 자연히 터득이 있다. 공자·맹자가 다시 태어나도 그 내용을 가르칠 것이다. 『논어』·『맹자』에서 탐구하고 음미할 수 있으면, 장래 양성될 기질이 얼마나 대단하겠는가? – 이천

• 『논어』·『맹자』를 읽을 때는 숙독하고 음미해야 한다. 성인의 말씀을 자신에게 절실하게 받아들여야지, 한바탕의 말로 여기면 안 된다. 오직 그 두 책을 자신에게 절실하게 읽어야 평생 많은 것을 얻는다. – 이천

• 『논어』·『맹자』는 오직 읽고 또 읽어야 저절로 뜻이 흡족해 진다. 학생은 깊이 음미해야 한다. 언어로 풀이하고 그치면 뜻이 흡족하지 못하다. – 정자

• "『논어』·『맹자』의 핵심을 간추려서 공부하면 어떻습니까?" "물론 좋기는 하지만, 결국은 흡족하지 못하게 된다." – 정자④

• 공자의 말은 모두 자연스럽고, 맹자의 말은 모두 사실적이다. – 정자

• 학생이 먼저 『논어』·『맹자』를 읽는 일은 마치 척도와 기준을 갖추는 일과 같다. 그것으로 사물을 헤아리면 자연히 장단·경중을 알게 된다. – 이천

• 『논어』·『맹자』를 읽고도 도를 모르면 "많이 외운들 무슨 소용이 있겠는가?"(13-5) – 정자⑤

공자의 마음속으로 들어간 것처럼 공자의 속내를 훤히 알게 되면 어찌 공자가 아니겠는가! 『맹자』의 말들을 정말로 잘 궁구하여 하나도 남김없이 완전 통달하여 마치 맹자의 마음속으로 들어간 것처럼 맹자의 속내를 훤히 알게 되면 어찌 맹자가 아니겠는가![32]

• 공맹은 가셨으니 입으로 말을 못한다. 이 마음을 공맹의 마음에 견주고, 공맹의 마음을 자기의 마음으로 삼아야 한다. 즉 자기가 어떤 주장을 하면 공맹이 그렇다고 인정해야 된다는 뜻이다. 공맹이 말을 할 수 없다고 해서 곧장 자기 멋대로 해석해도 된다고 여기면 안 된다.[33]

⑤ 『어류』: 『집주』(『사서집주』)는 우선 숙독하고 암기해야 한다.[58]

• 선배들의 해설을 후학들이 잘 이해하지 못할까 염려하여 그 요점을 뽑아 『집주』에 잘 설명해 두었다. 그러므로 그밖에 다른 어떤 말을 첨가할 필요가 없다. 『집주』만 익숙히 보면 저절로 『논어』가 이해된다. 쓸데없이 고심하여 밖으로 다른 생각을 할 필요가 없다.[63]

• 『정의精義』를 읽을 때 문단 하나하나 자세히 음미해야 한다. 암기하지 않으면 음미할 수도 없다. 횡거가 "독서란 암송할 수 있어야 한다"고 말하였다. 학생은 반드시 하나에 몰두해야 한다. 마치 약을 먹을 때 오직 한 가지 약만 먹어야 효과를 얻을 수 있는 것과 같다.[79]

• 독서는 고통스럽게 공부하여 자세히 보아야 한다. 심성이 조급하면 결국 드움이 안 된다. 『정의』를 읽으면서 여러 설들을 비교해 보면 그 중에 더 올바른 도리가 저절로 드러난다.[82]

『論語』序說

『史記』「世家」曰："孔子名丘, 字仲尼. 其先宋人. 父叔梁紇, 母顔氏. 以魯襄公二十二年庚戌之歲, 十一月庚子, 生孔子於魯昌平鄕陬邑. 爲兒嬉戲, 常陳俎豆, 設禮容. 及長, 爲委吏, 料量平[1]; 爲司職吏, 畜蕃息.[2] 適周, 問禮於老子. 旣反, 而弟子益進.

昭公二十五年甲申, 孔子年三十五, 而昭公奔齊, 魯亂. 於是適齊, 爲高昭子家臣, 以通乎景公.[3] 公欲封以尼谿之田, 晏嬰不可, 公惑之.[4] 孔子遂行, 反乎魯.

定公元年壬辰, 孔子年四十三, 而季氏强僭, 其臣陽虎作亂專政. 故孔子不仕, 而退修『詩』·『書』·禮·樂, 弟子彌衆.

九年庚子, 孔子年五十一. 公山不狃以費畔季氏, 召孔子, 欲往, 而卒不行.[5] 定公以孔子爲中都宰, 一年, 四方則之, 遂爲司空, 又爲大司寇.

十年辛丑, 相定公會齊侯于夾谷, 齊人歸魯侵地.

十二年癸卯, 使仲由爲季氏宰, 墮三都, 收其甲兵. 孟氏不肯墮成, 圍之不克.

十四年乙巳, 孔子年五十六, 攝行相事, 誅少正卯, 與聞國政. 三月, 魯國大治. 齊人歸女樂以沮之, 季桓子受之. 郊又不致膰俎於大夫, 孔子行.[6]

---

1) (朱子原注. 이하 같음) 委吏, 本作'季氏史.' 『索隱』云："一本作'委吏, 與『孟子』合." 今從之.
2) 職, 見『周禮』「牛人」, 讀爲樴, 義與杙同, 蓋繫養犧牲之所. 此官卽『孟子』所謂'乘田'[10 : 5].
3) 有'聞韶'(7-14)·'問政'(12-11)二事.
4) 有'季孟·吾老'(18-3)之語.
5) 有'答子路東周'(17-5)語.
6) 『魯世家』以此以上皆爲十二年事.

『논어집주』 머리말

『사기』「공자세가」는 말한다.

“공자는 이름이 ‘구’, 자가 중니이다. 선대는 송나라 사람이다. 아버지 숙량흘, 어머니 안씨가, 노나라 양공 22년(B.C. 551, 경술) 11월 경자일(21일), 노나라 창평향 추읍에서 공자를 낳았다. 어릴 때 놀이를 좋아하여, 항상 제기그릇을 진설하고 예모를 갖추었다. 장성하여 창고지기가 되어 계량을 공평히 하였고, 축사지기가 되어 가축을 잘 길렀다. 주나라에 가서 노자에게 예를 물었다. 돌아온 이후 제자들이 더욱 많이 찾아왔다.

소공 25년(B.C. 517, 갑신), 공자의 나이 35세 때, 소공이 제나라로 달아났고, 노나라는 어지러워졌다. 이에 공자는 제나라로 가서, 고소자의 가신이 되어, 경공을 만났다. 경공이 ‘니계’의 땅으로 공자를 봉하려고 하였다. 안영이 반대하자, 경공이 흔들렸다. 공자가 마침내 떠났고, 노나라로 들아왔다.

정공 원년(B.C. 509, 임진), 공자의 나이 43세 때, 계씨가 강포하게 참람하였고 그의 가신 양호가 반란을 일으켜 정치를 전횡하였다. 그래서 공자가 벼슬하지 않고, 물러나 『시』·『서』·예·악을 연구하니 제자들이 더욱 많아졌다.

정공 9년(B.C. 501, 경자), 공자의 나이 51세 때, 공산불요가 비읍에서 계씨에게 반기를 들고, 공자를 불렀다. 공자가 가려고 했으나 결국 가지 않았다. 정공이 공자를 ‘중도’의 읍재로 삼았다. 일 년 만에 사방의 본이 되었다. 드디어 사공司空이 되었고, 다시 대사구大司寇가 되었다.

정공 10년(B.C. 500, 신축), 정공을 보필하여 제나라 경공과 협곡에서 회맹하였다. 제나라로부터 빼앗겼던 노나라 땅을 돌려받았다.

정공 12년(B.C. 498, 계묘), 자로로 하여금 계씨의 가신이 되어, 삼환의 도성을 허물고, 군대를 거두려고 하였다. 맹손씨가 ‘성’ 땅의 성을 허물려고 하지 않았다. 정공은 성을 포위했으나 함락시키지 못하였다.

정공 14년(B.C. 496, 을사), 공자의 나이 56세 때, 정승 업무를 섭정하여, 소정묘를 주살하고, 국정에 깊이 관여하였다. 석 달 만에 노나라를 크게 안정시켰다. 제나라가 저지하려고 보낸 미녀와 가무단을 계환자가 받아들였다. 교제를 지내고도 제사 고기를 대부들에게 나누어주지 않자, 공자가 떠났다.

適衛, 主於子路妻兄顔濁鄒[1]家. 適陳, 過匡, 匡人以爲陽虎而拘之.[2] 旣解, 還衛, 主蘧伯玉家, 見南子.[3] 去, 適宋, 司馬桓魋欲殺之.[4] 又去, 適陳, 主司城貞子家. 居三歲而反于衛, 靈公不能用.[5] 晉趙氏家臣佛肸以中牟畔, 召孔子, 孔子欲往, 亦不果.[6] 將西見趙簡子, 至河而反, 又主蘧伯玉家. 靈公問陳, 不對而行, 復如陳.[7] 季桓子卒, 遺言謂康子必召孔子, 其臣止之, 康子乃召冉求.[8] 孔子如蔡及葉.[9] 楚昭王將以書社地封孔子, 令尹子西不可, 乃止.[10] 又反乎衛, 時靈公已卒, 衛君輒欲得孔子爲政.[11]

而冉求爲季氏將, 與齊戰有功, 康子乃召孔子, 而孔子歸魯, 實哀公之十一年丁巳, 而孔子年六十八矣.[12]

然魯終不能用孔子, 孔子亦不求仕, 乃敍『書傳』·『禮記』.[13] 刪『詩』正『樂』,[14] 序『易』「彖」·「繫」·「象」·「說卦」·「文言」.[15]

---

1) 『孟子』[9 : 8]作顔讎由.
2) 有'顔淵後'(11-23)及'文王旣沒'(9-5)之語.
3) 有'矢子路'(6-28)及'未見好德'(9-18)之語.
4) 有'天生德'(7-23)語及微服過宋事.
5) 有'三年有成'(13-10)之語.
6) 有'答子路堅白'(17-7)語及'荷蕢過門'(14-39)事.
7) 據『論語』, 則'絶糧'(15-2)當在此時.
8) 『史記』以『論語』'歸與'(5-22)之歎爲在此時, 又以『孟子』所記歎辭爲主司城貞子時語, 疑不然. 蓋『語』·『孟』所記, 本皆此一時語, 而所記有異同耳.
9) 有'葉公問答'(13-16), '子路不對'(7-19), '沮溺耦耕'(18-6), '荷蓧丈人'(18-7)等事. 『史記』云 : "於是楚昭王使人聘孔子, 孔子將往拜禮, 而陳蔡大夫發徒圍之, 故孔子絶糧於陳蔡之間." 有慍見及告子貢一貫之語. 按 : 是時陳蔡臣服於楚, 若楚王來聘孔子, 陳蔡大夫安敢圍之? 且據『論語』, 絶糧當在去衛如陳之時.
10) 『史記』云"書社地七百里", 恐無此理. 時則有接輿之歌(18-5).
11) 有'魯衛兄弟'(13-7), 及'答子貢夷齊'(7-15), '子路正名'(13-3)之語.
12) 有'對哀公'(2-19)及康子(12-18)語.
13) 有'杞宋'(3-9)·'損益'(2-23)·'從周'(3-14)等語.
14) 有'語太師'(3-23)及'樂正'(9-15)等語.
15) 有'假我數年'(7-17)之語.

공자는 위나라로 갔다. 자로의 처형인 안탁추의 집에 더물렀다. 진나라로 가면서 광 땅을 지났다. 광 땅 사람들이 공자를 양호로 착각하여 억류하였다. 풀려난 이후 다시 위나라로 돌아와 거백옥의 집에 머물렀다. 남자南子를 만났다.

떠나서, 송나라로 갔다. 사마 환퇴가 공자를 죽이려고 하였다. 다시 떠나 진陳나라로 가서, 사성정자의 집에 머물렀다. 3년을 머물다가 위나라로 돌아왔다. 영공이 등용해주지 않았다. 진나라 조씨의 가신 필힐이 중모 땅에서 반란하고, 공자를 불렀다. 공자가 가려고 했으나 역시 가지 않았다. 장차 서쪽으로 진나라 조간자를 만나려고, 황하에 이르렀다가 돌아와, 다시 거백옥의 집에 머물렀다. 영공이 군대의 진법을 질문하자, 대답하지 않고 떠났다. 다시 진나라로 갔다.

계환자가 죽으면서, 아들 계강자에게 반드시 공자를 초빙하도록 유언하였다. 신하들이 저지하자, 계강자는 대신에 제자 염구를 불렀다.①

공자는 채나라로 갔다가 초나라 섭 땅으로 갔다.② 초나라 소왕이 '서사' 땅으로 공자를 봉하려고 했는데, 영윤 자서가 반대하여 저지되었다.

공자는 다시 위나라로 돌아왔다. 이 때 영공은 이미 죽었다. 위나라 임금 첩이 공자를 얻어 정치를 하려고 했다.

이 무렵 제자 염구가 노나라 계씨의 장수가 되어 제나라와 싸워 공을 세웠다. 그리하여 계강자가 공자를 불렀다. 공자가 노나라로 돌아왔다. 이 때가 애공 11년(B.C. 484, 정사)이니, 공자의 나이 68세였다.

그러나 노나라는 끝내 공자를 등용하지 않았고, 공자도 벼슬을 구하지 않았다. 그리하여 『서전』과 『예기』를 정리하고, 『시』를 산정하고, 『악』을 바로잡고, 『역』의 「단」·「계사」·「상」·「설괘」·「문언」의 전을 서술하였다.

---

① (주자 원주. 이하 같음) 『사기』에 따르면, '돌아가리'(5-22)라는 탄식은 이 시기에 있었다. 또 『맹자』[14 : 37]에 기록된 탄식은 사성정자의 집에 머물 때의 말로 여겼는데, 사실이 아닌 것 같다. 『논어』·『맹자』의 기록 모두 이 시기의 말이고 글자만 차이가 있을 뿐이다.

② 『사기』에 따르면, 이 때 초나라 소왕이 사람을 시켜 공자를 초빙했고, 공자가 응하려고 하자, 진나라·채나라의 대부들이 수하를 풀어 공자를 포위했기 때문에 공자가 진·채 지방에서 '식량이 떨어졌다.' 이 때 자로가 불만을 보였고(15-2), 자공에게 일관의 도리를 말해주었다(15-3). 그러나 내 생각에는 이 무렵에 진·채는 초나라에 신하로서 복종하고 있었으니, 만약 초왕이 공자를 초빙하였다면 진·채의 대부가 감히 포위할 수 없는 형편이었다. 또 『논어』에 의거하건대 '식량이 떨어진' 일은 응당 위나라를 떠나 진나라로 갈 때 있었던 사건이었다.

弟子蓋三千焉, 身通六藝者七十二人.[1)]

十四年庚申, 魯西狩獲麟,[2)] 孔子作『春秋』.[3)] 明年辛酉, 子路死於衛.

十六年壬戌四月己丑, 孔子卒, 年七十三, 葬魯城北泗上. 弟子皆服心喪三年而去, 惟子貢廬於冢上, 凡六年.

孔子生鯉, 字伯魚, 先卒. 伯魚生伋, 字子思, 作『中庸』."[4)]

何氏曰 : "『魯論語』二十篇. 『齊論語』別有「問王」·「知道」, 凡二十二篇, 其二十篇中章句, 頗多於『魯論』. 『古論』出孔氏壁中, 分「堯曰」下章子張問以爲一篇, 有兩「子張」, 凡二十一篇, 篇次不與『齊』·『魯論』同."

程子曰 : "『論語』之書, 成於有子·曾子之門人, 故其書獨二子以子稱."

程子曰 : "讀『論語』, 有讀了全然無事者, 有讀了後其中得一兩句喜者, 有讀了後知好之者, 有讀了後直有不知手之舞之足之蹈之者."

程子曰 : "今人不會讀書. 如讀『論語』, 未讀時是此等人, 讀了後又只是此等人, 便是不曾讀."

程子曰 : "頤自十七八讀『論語』, 當時已曉文義. 讀之愈久, 但覺意味深長."

---

1) 弟子顔回最賢, 蚤死, 後惟曾參得傳孔子之道.

2) 有'莫我知'(14-35)之歎.

3) 有'知我罪我'[『孟子』 6 : 9] 等語, 『論語』'請討陳恒'(14-21)事亦在是年.

4) 子思學於曾子, 而孟子受業子思之門人.

제자가 3천 명에 이르렀다. 직접 육예六藝에 통달한 이만 72명이었다.③

애공 14년(B.C. 481, 경신), 노나라 서쪽 수렵에서 기린이 잡혀 죽자, 공자가 『춘추』를 지었다. 다음 해 신유년에 자로가 위나라에서 죽었다.

애공 16년(B.C. 479, 임술) 4월 기축일(18일), 일흔 셋의 나이로 돌아갔다. 노나라 도성 북쪽 '사泗'수 가에 묻혔다. 제자들은 모두 심상心喪 3년을 지내고 떠났다. 유독 자공은 무덤 옆에 초막을 짓고 모두 6년을 지냈다.

공자는 리를 낳았는데, 자가 '백어'이고, 먼저 죽었다. 백어는 급을 낳았는데 자가 '자사'이고, 『중용』을 지었다."④

• 『노논어』는 20편이다. 『제논어』는 따로 「문왕問王」·「지도知道」 편이 있어서, 총 22편인데, 저 20편 속의 내용도 『노논어』보다 자못 더 많다. 『고론』은 공씨 집안 벽 속에서 나왔고, 「요왈」 편 중에 '자장문' 장(20-2)을 또 한 편으로 만들었으므로 「자장」 편이 2개이고, 총 21편이다. 편의 순서도 『제논어』나 『노논어』와 같지 않다. – 하안

• 『논어』라는 책은 유자·증자의 제자들이 편집했다. 그래서 책 속에서 유독 그 두 사람만 자子로 불렀다. – 정자

• 『논어』를 읽음에, 다 읽었지만 전혀 느낌 없는 사람이 있고, 읽은 뒤에 한두 구절을 반기는 사람이 있는가 하면, 읽고 나서 좋아할 줄 아는 사람도 있다. 또 읽고 나서는 곧장 자기도 모르게 손발이 춤을 추는 사람도 있다. – 정자

• 요즘 사람은 책을 읽을 줄 모른다. 『논어』를 읽었는데, 읽기 전에도 그 모양, 읽은 후에도 그 모양이면, 전혀 읽은 적이 없는 사람이다. – 정자

• 나는 17·18세 때부터 『논어』를 읽었는데, 그 때도 글자의 뜻은 알았었다. 그 후 읽으면 읽을수록 그 의미가 더욱 깊어짐을 깨닫는다. – 이천

---

③ 제자 안회가 가장 현명했으나 일찍 죽었다. 그 후 증자만이 공자의 도를 전수하였다.

④ 자사는 증자에게 배웠고 맹자는 자사의 제자에게 공부하였다.

제1편 학이

學而第一

此爲書之首篇, 故所記多務本之意, 乃入道之門·積德之基·學者之先務也. (凡十六章.)

이 편은 『논어』의 첫 편인 까닭에, 내용은 근본에 힘쓰라는 뜻이 많다. 도에 들어가는 문이요, 덕을 쌓는 기초이니, 학생이 우선 힘쓸 일이다.

1-1 子曰："學而時習之, 不亦說乎? 有朋自遠方來, 不亦樂乎? 人不知而不慍,[1] 不亦君子乎?"

說, 悅同. ○學之爲言效[2]也. 人性皆善, 而覺有先後,[3] 後覺者必效先覺之所爲, 乃可以明善而復其初也.

習, 鳥數[4]飛也. 學之不已, 如鳥數飛也. 說, 喜意也. 旣學而又時時習之, 則所學者熟,[5] 而中心喜說, 其進自不能已矣.

---

1) 慍(온) : 성내다, 노여워하다, 화, 원망, 괴로워하다, 괴로워서 마음이 흐트러지다.

2) 效(효) : 본받다, 본받아 배우다, 바치다, 힘쓰다, 밝히다, 나타내다, 효험.

3) 覺(각) : 깨닫다, 터득하다, 기억하다, 느끼다, 견주다. ○『廣雅』: 學, 效也. ○『說文』: 斆, 覺悟也. ○『白虎通』: 學之爲言, 覺也.

4) 數(삭) : 자주, 여러 번 되풀이하다.

5) 熟(숙) : (곡식·과일이) 익다, 완전한 경지에 이르다, 상세히 생각하다, 곰곰이, 알다.

① 『혹문』: "배우고 늘 익히면 왜 기쁩니까?" "사람이 이미 배워서 알고 있고 또 행할 수 있는 경우라도 알고 있는 도리와 행할 수 있는 일에 대하여 늘 반복하여 익히고 풀이하기를, 마치 새가 나는 연습을 하듯 하면, 배운 내용이 익숙해져 마음속에서 희열을 느낀다. 사람이 배우지 않으면 마땅히 알아야 할 이치(理)를 알 수 없고, 또 마땅히 해야 할 일을 할 수 없으니, 진실로 어둠 속에서 길을 걷는 것과 같다. 그렇지만 배우고도 익히지 않으면, 안과 밖의 괴리가 생겨 배운 바의 도를 실현할 수 없고, 익히되 늘 하지 않으면 공부에 중단이 생겨 익힌 성과를 이룰 수 없다. 그리하여 가슴속으로는 힘써 나아가려고 하더라도 또한 무미건조하고 생경해져 그 맛을 음미할 수 없고, 위태롭고 불안하여 안온한 경지에 이를 수 없다. 따라서 배우되 반드시 늘 익혀야만 그 마음이 이치와 서로 혼연일체가 되어, 내면으로 얻은 내용이 더욱 깊어져 몸이 일에 더 평안함을 느끼고, 할 수 있는 바가 더욱 공고해져 조용히 아침저녁으로 성찰하면서도 배워서 알고 또 능해진 모든 것이 반드시 다 마음으로 자득할 수 있게 되어, 남에게는 말로 설명할 수 없는 경지가 된다. 그러면 마음속에서 뿌듯한 희열을 맛보니, 최고로 맛있는 음식으로도 그 맛을 비유할 수 없다. 이것이 학문의 시작(學之始)이다." "선善이 다른 사람에게 미쳐서 믿고 따르는 자가 많으면 왜 즐겁습니까?" "도리와 의리는 사람이면 누구나 옳다고 여기는 것이지 나의 사적인 소유물이 아니다. 물론 나 혼자 그것을 터득한 것만으로도 기쁨이 되기에 충분하다. 그러나 내가 터득한 그것을 남에게 이야기해 주었을 때 아무도 믿지 않고, 또 그것으로써 다른 사람을 인도하려고 해도 아무도 따르지 않는다면, 그것은 바로 그 도리에 나 홀로 도취하였을 뿐 온 세상은 여전히 안개 속에 갇혀 있어, 사람이면 누구나 (날 때부터 내면에) 가지고 있는 진리를 알지 못한다. 이것은 마치 열 명이 함께 음식을 먹을 때 한 명은 이미 배부르지만 아홉은 아직 음식을 삼키지도 못한 경우처럼, 아무리 나의 기쁨이 깊은 것이더라도 어떻게 밖으로 전달(선양)할 수 있겠는가? 그런데 만약 내가 터득한 나의 학문이 족히 남에게 영향을 미쳐 사람들이 믿고 따름이 그렇게 (멀리서

1-1 공자가 말하였다. "배우고 늘 익히면 기쁘지 않은가? 벗이 먼 곳에서 찾아오면 즐겁지 않은가? 남이 나를 알아주지 않더라도 노여워하지 않으면 또한 군자가 아닌가?"①

열說은 열悅(기쁨)과 같다. 학學의 의미는 본받음(效)이다.② 사람의 본성은 다 선하지만 깨달음에 먼저와 나중이 있으니, 나중에 깨닫는 사람은 반드시 먼저 깨달은 사람의 행위를 본받아야만 선을 깨우쳐(明善) (완전하게 타고난) 본모습을 회복할 수 있다.

습習은 새 새끼가 날개 짓을 반복하는 것이니, 본받기(學)를 그치지 않음이 마치 새 새끼가 날개 짓을 반복하는 것처럼 한다는 것이다. 열說(悅)은 기쁘다는 뜻이다. 이미 배운 다음 시시때때로 익히면 배운 내용이 익숙해지고, 내면에 희열이 생기면 계속 진보하여 자연히 그만둘 수 없다.③

찾아올 만큼) 많아진다면, 장차 모든 사람이 인간의 보편적 진리를 나눠 가질 수 있으니, 내가 터득한 바는 한 개인의 소유물에 그치는 것이 아니다. 나의 선善이 남에게 미칠 수 있고, 또 그 사람의 마음이 나로 말미암아 깨닫는 바가 있어, 내가 깨달은 것을 그 또한 알게 되고, 내가 가능한 것을 그 또한 가능해지면, 그때의 기쁨과 환희는 서로 교통하면서 선양되고 발산되어, 아무리 훌륭한 음악의 선율이라도 그 즐거움을 묘사하기에 부족하다. 이것이 학문의 중간(學之中)이다." "남이 나를 알아주지 않더라도 노하지 않으면 왜 군자라고 합니까?" "보통 사람이 남이 알아주지 않을 때 노하는 것은 외적인 것에 의존하기 때문이다. 그러나 성인의 학문은 자신을 연마하는(爲己) 것인 만큼, 그로 인해 남이 알아주기를 구하는 것이 아니다. 남이 알아주든 그렇지 않든 나와 무슨 상관이 있겠는가? 그러나 사람은 어떤 진리를 듣더라도 믿음이 돈독하지 않고 함양이 두텁지 않아서 견지한 것이 확고하지 않으면, 진리에 의거하는 일이 자연스럽지(평안하지) 않으니, 대사에 임하여 꼭 동요하지 않으리란 보장이 없다. 이제 남이 알아주지 않더라도 태연하게 처신하며 조금도 분노나 불평을 품지 않는 일은, 덕을 성취한 군자가 아니라면 누가 할 수 있겠는가? 이렇게 날마다 끊임없이 진보하여 '하늘도 원망치 않고, 사람도 탓하지 않으며, 아래로 학문을 닦아 위로 진리에 통달하면'(14-35) 성인이 되는 일도 가능하다. 이것이 학문의 완성(學之終)이다."

② 『혹문』 : 배움이란 어떤 것을 본받아 내가 완성함을 뜻한다. 자기가 모르기 때문에 아는 사람을 본받아 그것을 알려고 하며, 자기가 못하기 때문에 할 줄 아는 사람을 본받아 자기도 할 수 있도록 노력하는 것이 모두 배움의 일이다.

③ 『어류』 : 도를 배우는 일(學道)에만 기쁨이 있음은 아니다. 붓글씨를 배울 때 처음에는 잘 쓰지 못하다가 나중에 일단 잘 쓰면 어찌 기쁘지 않은가? 활쏘기를 연습할 때 처음에는 적중하지 못하다가 나중에 적중시키면 어찌 기쁘지 않은가? 배움(학문)이 기쁨의 경지에 이르면 이미 진일보한 것이다. 기쁨이 생긴 이후에 중단할 수 없다. 또 험한 언덕을 넘지

程子曰："習, 重習也. 時復思繹,[1] 浹洽[2]於中, 則說也."
又曰："學者, 將以行之也. 時習之, 則所學者在我, 故說."
謝氏曰："時習者, 無時而不習. 坐如尸,[3] 坐時習也；立如齊,[4] 立時習也."[5]

(樂, 音洛.) ○朋, 同類也. 自遠方來, 則近者可知.
程子曰："以善及人, 而信從者衆, 故可樂."
又曰："說在心, 樂主發散在外."

(慍, 紆問反.) ○慍, 含[6]怒意. 君子, 成德之名.
尹氏曰："學在己, 知不知在人, 何慍之有."
程子曰："雖樂於及人, 不見是而無悶,[7] 乃所謂君子."
愚[8]謂及人而樂者順而易, 不知而不慍者逆[9]而難, 故惟成德者能之. 然德之所以成, 亦曰學之正·習之熟·說之深而不已焉耳.
○程子曰："樂由說而後得, 非樂不足以語君子."

못한다면 남의 부축도 받아야 한다. 일단 험한 곳을 넘고 쭉 뻗은 탄탄대로가 눈앞에 보이면 자기도 모르게 기쁨을 만끽하며 나아간다.[28] 책은 역시 숙독熟讀해야 한다. 항상 머릿속에 기억해 두어야만 한다. 공자가 학생을 가르칠 때도 다만 '배우고 늘 익히게' 하였을 따름이다. 본인이 늘(수시로) 익히지 않으면 그 누구도 그를 어떻게 해 줄 수가 없다.『논어』는 공자 문하생들의 편집인데, 이 구절을 첫째 항목으로 삼았다. 만약 늘 익힐 수 있다면 머지않아 저절로 깨닫게 된다. 아주 이해하기 어려운 것도 깨닫게 된다.[5]

1) 繹(역)：실마리를 뽑다, 궁구하다, 늘어놓다, (뜻이) 통하다, 싫증나다.
2) 浹洽(협흡)：두루 미쳐 적심. 浹：널리 퍼짐, 사무침, 젖다. 洽：윤택, 적심, 화합, 널리.
3) 尸(시)：시체, 시동(신위 대신 앉히는 어린이), 몸을 엎드려 손발을 쭉 펴다.
4) 齊(제)：다 갖춤, 모두, 바르다, 엄숙, 조화하다. (재)：재계하다, 엄숙하게 공경함.
5)『어류』：謝氏說得也疏率. 這箇須是說坐時常如尸, 立時常如齊, 便是.[25] ○『禮記』「曲禮上」：若夫, 坐如尸, 立如齊. 禮從宜, 使從俗.
6) 含(함)：머금다, 싸다, 품다, 띠다, 견디다, 거두다, 드러나지 않다, 넓다.
7) 見(견)：당하다(동사 앞에서 피동을 나타냄), 드러나다, 알다. 悶(민)：번민하다, 어둡다.
8) 愚(우)：저(자기의 겸칭), 어리석다, 고지식하다, 어리석은 사람, 우롱하다.
9) 逆(역)：거스르다, 배반, 어기다, 맞이하다, 마중, 거절하다, 생각하다, 거꾸로, 허물.
①『어류』：이 구절은 정말 좋다. 군자의 마음은 깊고 깊은 맑은 물과 같아서 다시는 미세한 파동도 일어나지 않는다.[43]

• 습習은 거듭 익힘이다. 수시로 다시 생각하고 연구하여 마음 깊이 젖어 들면 기쁨을 느낀다. – 이천

• 배움은 실천하기 위함이다. 늘 익히면 배운 내용이 내 몸에 체현되므로 기쁘다. – 이천

• 시습時習은 익히지 않을 때가 없다는 말이다. 앉아 있을 때는 시동처럼 하는 것(엄숙함)이 앉아 있을 때의 익힘이요, 서 있을 때는 재계하듯 하는 것이 서 있을 때의 익힘이다. – 사량좌

붕朋은 같은 무리이다. 먼 지방에서도 찾아온다는 말이니 가까운 사람은 말할 나위도 없다.

• 선이 남에게 미쳐 믿고 따르는 사람이 많으므로 즐거울 수 있다. – 이천

• 기쁨(悅)은 내면적이고, 즐거움(樂)은 발산이 위주이니 외면적이다. – 이천

온慍은 분노의 의미를 내포한다. 군자는 덕을 이룬 사람의 명칭이다.

• 학문은 내게 달려 있다. 알려지거나 그렇지 못함은 남에게 달려 있거늘 무슨 분노가 있겠는가?① – 윤돈

• 남에게 알려지는 것은 즐거움이지만, 인정받지 못하더라도 의기소침하지 않는 것이 이른바 군자이다. – 이천

내 생각에 남에게 알려져 즐거워함은 순조롭고 쉬운 일이나, 알아주지 않더라도(인정받지 못하더라도) 노하지 않음은 곤혹스럽고 어려운 일이다. 그것은 오직 덕을 이룬 사람이라야 가능하다.② 그러나 덕을 이룰 수 있으려면, 바르게 배우고 익숙하게 익혀 깊이 기뻐하여 중단하지 않아야 한다.

• 즐거움은 기쁨 이후에 온다. 즐거워하지 않으면 군자라고 할 수 없다. – 이천

---

② 『어류』: 노하지 않는 경지에 이르기는 본래 어렵다. 마음속에 조금이라도 불평이 있으면 곧 노함이다. 깨달음이 깊고 함양이 두텁지 않으면 노하지 않기가 불가능하다.[47] 다만 '세상의 찬사와 명예를 한 몸에 받아야 함에도 세상 사람들이 알아주지 않는 것은 운명이니, 그러서 운명을 모르면 군자가 될 수 없다'(유초)라고 (숙명론적으로) 해석하면 큰 병폐가 있다. 만일 군자가 남에게 알려지지 않았다고 해서 물러나 운명에 안주하며 어쩔 수 없는 일로 치부한다면, 어떻게 '노하지 않는' 경지를 이해할 수 있겠는가?[55]

1-2 有子曰："其爲人也孝弟,[1] 而好犯[2]上者, 鮮[3]矣；不好犯上, 而好作亂者, 未之有也. 君子務本, 本立而道生. 孝弟也者, 其爲仁之本與!"

(弟·好, 皆去聲. 鮮, 上聲, 下同.) ○有子, 孔子弟子, 名若. 善事父母爲孝, 善事兄長爲弟. 犯上, 謂干[4]犯在上之人. 鮮, 少也. 作亂, 則爲悖逆[5]爭鬪之事矣. 此言人能孝弟, 則其心和順, 少[6]好犯上, 必不好作亂也.

(與, 平聲.) ○務, 專力也. 本, 猶根也. 仁者, 愛之理, 心之德也. 爲仁, 猶曰行仁. 與者, 疑[7]辭, 謙[8]退不敢質言[9]也. 言君子凡事專用力於根本, 根本旣立, 則其道自生. 若上文所謂孝弟, 乃是爲仁之本, 學者務此, 則仁道自此而生也.

---

1) 弟(제) : 공손하다(=悌), 아우, 나이 어린 사람, 자기의 겸칭, 제자, 순서, 다만, 또한.
2) 犯(범) : 범하다, 해치다, 공격, 이기다, 무시, 거스르다, 법을 어김, 어긋남, 일으키다.
3) 鮮(선) : 드물다, 흔하지 않다, 곱다, 신선하다, 선명함, 깨끗하다, 착하다, 새롭다.
4) 干(간) : 범하다, 위반, 질서문란, (위신을) 함부로 건드리다, 과오를 저지르다, 간여.
5) 悖逆(패역) : 모반, 반역, 패역. 悖 : 어그러짐, 도리·사리·기준에서 벗어남, 성하다.
6) 少(소) : 많지 않다, 조금, 적다고 여기다, 비방하다, 깔보다, 미미하다, 빠지다, 결함.
7) 疑(의) : 의심하다, 의혹, 정해지지 않다, 괴이하게 여기다, 의심스럽다.
8) 謙(겸) : 겸손하다, 삼가다, 만족하다(慊).
9) 質言(질언) : 사실대로 정직하게 말하다, 진실한 말. 質 : 결정하다, 정하다, 보증하다, 무겁다, 슬기롭다, 진실, 순진하다, 본성, 근본, 바로잡다, 당하다, 따져 묻다, 과녁.

① 『어류』 : '인'은 뿌리이고, '사랑'은 싹이다. 싹을 뿌리라고 할 수는 없다. 그러나 싹은 반드시 그 뿌리에서 나온다.[88] '인'은 '사랑의 이치(愛之理)'이다. 사람 사랑이든 만물 사랑이든 다 이 이치이다. '의'는 합당함의 이치, '예'는 공경의 이치, '지'는 시비 분별의 이치이다. 이치는 볼 수 없으나 사랑·합당함·공경·시비에 근거하여 인·의·예·지라는 이치가 그 안에 있음을 알 수 있다. 인·의·예·지가 곧 '마음의 덕'이다.[108] ○『혹문』 : 사람은 오행五行의 빼어난 기운을 받아 생겨나니, 그 마음이 아직 표출되지 않을(未發) 때는 인·의·예·지·신仁義禮智信의 성性을 구비한다. 그것이 체體이다. 이미 표출되면(已發) 측은惻隱·수오羞惡·공경恭敬·시비是非·성실誠實의 정情이 된다. 그것이 용用이다. ○『어류』 : 우리 몸 안에 본래 주재자로 있는 마음이 인·의·예·지를 가지고 있다. 그것이 성性이다. 성이 발하여 측은·수오·사양·시비의 정情이 된다.[90] 하늘이 만물을 산생할 때 춘하추동春夏秋冬, 음양강유陰陽剛

1-2 유자가 말하였다. "사람됨이 부모에게 효도하고 형에게 공순한 사람 가운데 윗사람 범하기를 좋아하는 이는 거의 없다. 윗사람 범하기를 좋아하지 않는 사람 가운데 난을 일으키기 좋아하는 자는 없었다. 군자는 근본에 힘쓰니, 근본이 서야 도가 생긴다. 효·제는 인을 실천하는 근본이다!"

유자는 공자의 제자로서, 이름은 '약'이다. 부모를 잘 섬김이 효孝, 형과 어른을 잘 섬김이 제弟이다. 범상犯上은 윗자리에 있는 사람을 범함을 일컫는다. 선鮮은 거의 없음, 작란作亂은 반역을 일으켜 투쟁하는 일이다. 사람이 효·제를 할 수 있으면 그 마음이 온화하고 순종적이어서 윗사람 범하기를 좋아하는(능사로 여기는) 이가 적으니, 난을 일으키기를 절대로 좋아하지 않는다는 말이다.

무務는 오로지 힘씀이다. 본本은 뿌리와 같다. 인仁은 '사랑의 이치(理)'요 '마음의 덕德'이다.① 위인爲仁은 인을 실천한다(行仁)는 말과 같다. 여與는 의문사이니, 겸양하여 감히 사실로 단정하지 않음이다. 군자는 범사에 오로지 근본에 힘쓴다. 근본이 수립되어 있으면, 도는 자연히 생긴다. 여기서 말한 효·제가 곧 인을 실천하는 근본이니, 학생이 효·제에 힘쓰면 인의 도가 그로부터 생겨난다.

柔, 원형이정元亨利貞이 있다. 기氣를 지칭하면 춘하추동이요, 덕을 지칭하면 원형이정이요, 사람의 경우는 인의예지이니, 처음 배태될 때 곧 그것이 있게 된다. 천하에 성性 바깥에 존재하는 사물은 없다. 인은 자애慈愛의 부류, 의는 강단剛斷의 부류, 예는 겸손謙遜의 분류, 지는 명변明辨의 부류이다.[128] 인은 유순함(和柔)이다. 사물이 처음 생길 때 본디 유순하니, 여름이면 무성하게 자라 점점 굳고 딱딱해지고, 가을이면 결실을 맺고, 겨울이면 저장된다. 그러나 사계절을 통해 생기生氣는 항상 관통된다. 곡물의 씨로 비유하건대 한 알의 곡식이 봄에 싹이 터서 여름에 자라고 가을에 열매맺고 겨울은 거두어 저장하는데, 생의生意는 여전히 그 안에 들어 있다. 각각의 곡식 낱알 속에 하나의 생의가 저장되어 있다가 씨를 뿌리면 생겨 나온다.[91] 인은 사랑(愛)의 이치이고 사랑은 인의 작용이다. 아직 표출되지 않을 때는 단지 인仁이라고 부른다. 인은 아직 형태나 자취가 없다. 표출된 이후에 비로소 사랑이라고 부른다. 사랑은 형체와 자취가 있다. 아직 표출되지 않았을 때를 지칭하는 인은 의·예·지를 포함하고, 이미 표출되었을 때를 지칭하는 측은惻隱은 수오·사양·시비를 포함한다.[93] 리理는 곧 성性이다. 우리 안에 저 사랑의 리가 있기 때문에 거기로부터 표출되어 나오는 것이 있고 그것이 사랑이다. 정자는 말하기를 '마음은 곡식의 종자와 같으니 그 생기의 성性이 곧 인이다' 했는데, 생기의 성이 곧 '사랑의 이치이다.'[110]

○程子曰："孝弟, 順德也, 故不好犯上, 豈復有逆理亂常之事. 德有本, 本立則其道充大. 孝弟行於家, 而後仁愛及於物, 所謂親親而仁民也.[1] 故爲仁以孝弟爲本. 論性, 則以仁爲孝弟之本."
或問："孝弟爲仁之本, 此是由孝弟可以至仁否?" 曰："非也. 謂行仁自孝弟始, 孝弟是仁之一事. 謂之行仁之本則可, 謂是仁之本則不可. 蓋仁是性也, 孝弟是用也, 性中只有箇仁·義·禮·智四者而已, 曷嘗[2]有孝弟來. 然仁主於愛, 愛莫大於愛親, 故曰孝弟也者, 其爲仁之本與!"

1-3 子曰："巧言令色, 鮮矣仁!"

巧,[3] 好. 令, 善也.[4] 好其言, 善其色,[5] 致[6]飾於外, 務以悅人, 則人欲肆[7]而本心之德亡矣. 聖人辭不迫切,[8] 專[9]言鮮, 則絶無可知, 學者所當深戒也.

○程子曰："知巧言令色之非仁, 則知仁矣."

---

1) 『孟子』: 君子之於物也, 愛之而弗仁; 於民也, 仁之而弗親. 親親而仁民, 仁民而愛物.[13 : 45]
2) 曷(갈) : 어찌, 언제, 누가. 嘗(상) : 맛보다, 직접 체험하다, 일찍이, ~한 적이 있다.
3) 巧(교) : 꾸며서 하는 말솜씨가 있다, 계교, 꾀, 재주, 거짓, 꾸밈, 겉치레, 교묘히 꾸미다.
4) 令(령) : 좋다, 아름답다, 명령, 굴복시킴, 법령, 훈계, 우두머리, 광대, 하여금, 가령. 善(선) : 잘, 교묘히, 묘하다, 잘하다, 훌륭하다, 친절히, 친하다, 옳게 여기다, 아끼다.
5) 包曰："巧言, 好其言語. 令色, 善其顔色. 皆欲令人悅之, 少能有仁也."
6) 致(치) : (힘·의지를) 집중하다, 전념하다, 초래하다, ~한 결과가 되다, 도달, 실현.
7) 肆(사) : 방자하다, 멋대로 하다, 극도에 달함, 거리낌 없이 마음대로 함, 도를 넘다.
8) 迫(박) : 핍박하다, 강제하다, 급하다, 다그치다, 좁혀지다, 접근하다, 임박하다. 切(절) : 끊다, 베다, 깎다, 갈다, 바로잡다, 엄하다, 심함, 친절, 필요, 깊다, 꾸짖다.
9) 專(전) : 오로지, 다만, 홀로, 단독으로, 한 겹, 무겁다, 독차지하다, 전횡.
① 『어류』: 인·의·예·지 네 가지는 하늘이 사람을 만들 때 생겼다. 마치 화로는 네 귀가 있고, 하늘은 사계절이 있고, 땅은 네 방향이 있고, 날은 낮·밤·아침·저녁이 있음과 같다. 천하의 도리가 천 갈래 만 갈래로 뒤엉킨 것들 모두가 저 네 가지에서 만들어져 나온다. 네 가지의 작용(用)은 각기 허다한 양식이 있다. 예컨대 인은 사랑이 위주이니, 곧 부모를 사랑하고

• 효·제는 순응의 덕인만큼 윗사람 범하기를 좋아하지(능사로 여기지) 않는다. 어찌 다시 이치를 거스르고 법도를 어지럽히는 짓을 하겠는가? 덕에는 근본이 있으니, 근본이 서 있으면 그 도는 크게 확충된다. 효·저를 집에서 실천한 뒤에 인과 사랑이 다른 이에게 미치는 법이다. '어버이를 친애한 다음 인민을 사랑한다(親親而仁民)'는 말이다. 따라서 인의 실천은 효·제가 근본이나, 본성(性)을 논하자면 인이 효·제의 근본이다. – 이천

• "효제위인지본孝悌爲仁之本이란 효·제로부터 인에 도달한다는 뜻입니까?" "아니다. 인의 실천이 효·제로부터 시작한다는 말이다. 효·제는 인의 한 가지 일일 뿐이다. 효·제가 인을 실천하는 근본이라고 할 수는 있으나, 효·제가 인의 근본이라고 말하면 안 된다. 인은 성性, 효·제는 용用이다. 성에는 오직 인·의·예·지 넷만 있을[①] 따름이거늘, 어떻게 인이 효·제로부터 도래하겠는가? 다만 인은 사랑이 중심이고, 사랑은 부모를 사랑하는 일보다 더 큰 것이 없기에 '효·제란 인을 실천하는 근본이다'라고 말하였다."[②] – 이천

1-3 공자가 말하였다. "번지르르한 말과 알랑거리는 낯빛은 어진 마음이 드물다."

교巧는 좋음, 령令은 교묘함이다. 말은 좋게만 하고 낯빛은 착한 표정을 지으며 밖으로 꾸미는 데에 열심이고 남의 환심 사는 일에 힘쓰면, 인욕이 극성을 부려 본심의 덕은 없어진다. 성인은 말이 박절하지 않은지라 다만 '드물다'고 표현했으나, '절대로 없다'는 뜻임을 알 수 있다.[③] 학생이 깊이 경계할 내용이다.

• 교언영색이 인이 아님을 알면, 인을 안다. – 이천

친구를 사랑하고 벗을 사랑하는 온갖 도리가 있다. 의는 공경이 위주인데, 귀인 공경, 임금 공경 등 온갖 모양이 있다. 예와 지의 경우도 마찬가지이다.[80]

② 『어류』: 인은 성性, 효·제는 용用이다. 용은 곧 정情이다. 정은 표출되는 것이다. 성으로 논하면, 인이 효제의 근본이다. 인의 실천(行仁)으로 논하면, 효·제가 인의 실천의 근본이다. 부모를 친애하고(親親), 인민을 사랑하고(仁民), 만물을 아낌(愛物)이 모두 인을 행하는 일이다. 다만 먼저 효·제로부터 시작해야 한다.[117] 좁쌀 한 알에 비유하면, 나오는 것이 싹이다. '인'은 좁쌀이고, 효제는 싹이다. 인이 효제의 근본이다. 또 나무에 뿌리가 있고 줄기가 있고 지엽이 있듯이, 친친親親은 뿌리, 인민仁民은 줄기, 애물愛物은 지엽이다. 인의 실천은 효제를

1-4 曾子曰："吾日三省吾身：爲人謀而不忠乎? 與朋友交而不信乎? 傳不習乎?"

(省, 悉井反. 爲, 去聲. 傳, 平聲.) ○曾子, 孔子弟子, 名參, 字子輿.[1)] 盡[2)]己之謂忠. 以實之謂信.[3)] 傳, 謂受之於師. 習, 謂熟[4)]之於己. 曾子以此三者日省[5)]其身, 有則改之, 無則加勉, 其自治誠切如此, 可謂得爲學之本矣. 而三者之序, 則又以忠信爲傳習之本也.
○尹氏曰："曾子守約,[6)] 故動必求[7)]諸身."
謝氏曰："諸子之學, 皆出於聖人, 其後愈[8)]遠而愈失其眞. 獨曾子之學, 專用心於內, 故傳之無弊,[9)] 觀於子思孟子可見矣. 惜乎! 其嘉[10)]言善行, 不盡傳於世也. 其幸存而未泯[11)]者, 學者其可不盡心乎!"

근본으로 삼는다.[119] 부모를 사랑하고 형을 사랑하는 일이 인을 행하는 근본이다. 물이 흐를 때 반드시 첫째 연못을 거친 뒤에 둘째, 셋째 연못을 지난다. 첫째 연못을 거치지 않고 둘째, 셋째에 이르는 경우는 없다. 인이 물의 근원이라면, 효·제는 첫째 연못이다.[80]

③『어류』: 교언영색의 인물은 오로지 외물(명예, 물질)에만 휘둘려 본심이 전혀 남아 있지 않기 때문이다. 그래서 인이 조금도 없다.[139]

1) 參(삼) : 셋, 빽빽하다. (참) : 참여, 간여, 비교. 輿(여) : 수레, 가마, 메다, 땅, 영역.
2) 盡(진) : 극진하다, 끝까지 가다, 죄다 보이다, 자세히 하다, 정성을 다하다, 되다.
3) 伊川曰："盡己之謂忠. 以實之謂信."
4) 熟(숙) : 익다, 곡식, 완전한 경지에 이름, 익숙함, 깊은 생각, 삶아서 익힘, 곰곰이.
5) 省(성) : 살펴보다, 분명하게 알다, 비교하다, 깨닫다.
6) 守(수) : 지키다, 직무, 정조, 지조. 約(약) : 따르다, 약속, 검약, 요점 얻음, 고생하다, 빈곤하다. ○『孟子』: 昔者曾子謂子襄曰 : '子好勇乎? 吾嘗聞大勇於夫子矣 : 自反而不縮, 雖褐寬博, 吾不惴焉 ; 自反而縮, 雖千萬人, 吾往矣.' 孟施舍之守氣, 又不如曾子之守約也.[3 : 2]
7) 求(구) : 구하다, 청하다, 묻다, 나무라다, 책망하다, 욕심 부리다, 힘쓰다, 초래하다.
8) 愈(유) : 더 뛰어나다, (병이) 낫다, 더욱, ~하면 할수록 ~하다.
9) 弊(폐) : (옷이) 해지다, 넘어지다, 나쁘다, 괴로움, 폐단, 피곤하다.
10) 嘉(가) : 아름답다, 뛰어나다, 훌륭하다, 기쁘다, 행복, 칭찬, 가상히 여기다.
11) 泯(민) : 소멸하다, 없어지다, 상실, 망하다, 멸망, 혼합되다, 눈이 침침한 모양.

①『어류』: 대체로 사람들은 자신을 위해 도모할 때는 최선을 다하고, 남을 위해 도모할 때는 꼭 최선을 다하지는 않는다.[4] 남을 위해 도모하면서 자기 마음을 송두리째 바치는 것이 충이다.[9] 남을 위해 어떤 일을 도모할 때 자기의 기량을 다해 그를 위해 생각해야 하고, 엉성하고 무책임하게 고식적으로 충고하면 안 된다. 가령 비상은 사람을 죽이는 독약인데,

1-4 증자가 말하였다. "나는 날마다 세 가지를 반성한다. 남에게 계책을 제시할 때 충심(忠)을 다하지 못하였는가?① 친구와 사귈 때 미덥지 못하였는가? (스승으로부터) 배운 것을 익히지 못하였는가?"

증자는 공자의 제자로서, 이름은 삼參, 자는 '자여'이다. 자신의 마음을 다함이 충忠, 진실하게 응함이 신信이다.② 전傳은 스승에게 전수받은 것을, 습習은 자기 자신이 익숙해지는 일을 말한다. 증자는 이 세 가지로 날마다 자신을 성찰하여, 문제가 있으면 고치고, 없으면 더욱 면려하였다. 그가 이처럼 성실하고 엄격하게 자신을 다스렸으니, 학문하는 근본을 터득했다고 할 수 있다. 이 세 가지에서 순서를 말하자면, 충·신이 배우고 익힘의 근본이다.

• 증자는 지킴(자신을 다잡는 원칙)이 간략하였다(守約). 그래서 모든 행동의 문제점은 반드시 자기 자신에게서 찾았다. – 윤돈

• 여러 제자의 학문은 모두 성인 공자에게서 나왔지만, 시간이 지나면 지날수록 성인의 참모습을 상실하였다. 오직 증자의 학문만은 오로지 내면으로 전심전력했기 때문에 전수한 내용에 병폐가 없었다. (증자의 후계자인) 자사와 맹자를 보면 알 수 있다. 애석하게도 증자의 아름다운 말과 선한 행실이 세상에 다 전해지지는 못하였다. 다행히 사라지지 않고 보존된 부분만큼은 학생이 성심을 다해 배우지 않을 수 있겠는가? – 사량좌

사람도 죽인다고 분명히 말해 주어야지 독이 있다고만 말하면 안 된다. 또 불은 화상을 입힐 수 있다고 말해 주어야지 뜨겁다고만 말하면 안 된다.[10] 남을 위해 도모할 때 자기를 위해 도모하듯 하면 충이고, 그렇지 않으면 불충이다. 가령 앞에 호랑이가 있다면 그리로 가면 안 되니, 그에게 가서는 안 된다고 말해주어야 '충'이고, 가도 되고 안 가도 된다고 말하면 '불충'이다. 문세文勢가 그렇다. 굳이 복잡하게 비틀어 해석할 필요가 없다. 문자를 읽을 때 곧장 한 길로 이해해야 한다. 천 갈래 만 갈래 길이 있을 수 있다는 사실을 어찌 모르랴마는, 일단은 한 길로 곧장 가서 시간이 좀 지나면 자연히 명쾌하게 이해되는 방식이 좋다. 『정의精義』에 나오는 여러 선생들의 해설이 좋지 않은 것은 아니나, 너무 느슨하여 독자로 하여금 샛길로 빠지게 한다. 따라서 나의 『집주』 편찬 방침은 곧장 글자의 뜻을 생각하고, 일단 이해하면 곧 내용을 음미하여 성인의 뜻을 파악케 하려는 것이다.[11]

② 『혹문』 : 자기의 마음을 다하여 숨김없음(털끝만한 미진함도 없음 : 『어류』)이 이른바 충忠이다. 내면에서 흘러나오는 것을 지칭하는 말이다. 일의 실제에서 어김없음이 이른바 신信이다. 외면에서 검증되는 일을 지칭하는 말이다. 충심은 있으나 신의가 없는 경우는 없고, 신의가 있다면 충심에서 나오지 않는 경우는 없다.

1-5 子曰："道[1]千乘之國：敬[2]事而信，節用而愛人，使民以時."

(道·乘，皆去聲.) ○道，治也. 馬氏云："八百家出車一乘." 千乘，諸侯之國，其地可出兵車千乘者也. 敬者，主一無適[3]之謂. 敬事而信者，敬其事而信於民也. 時，謂農隙[4]之時. 言治國之要，[5] 在此五者，亦務本之意也.

○程子曰："此言至淺，然當時諸侯果能此，亦足以治其國矣. 聖人言雖至近，上下皆通. 此三言者，若推其極，堯舜之治亦不過此. 若常人之言近，[6] 則淺近而已矣."

楊氏曰："上不敬則下慢，[7] 不信則下疑，下慢而疑，事不立矣. 敬事而信，以身先之也.『易』曰：'節以制度，不傷財，不害民.' 蓋侈用則傷財，[8] 傷財必至於害民，故愛民必先於節用. 然使之不以其時，則力本者不獲[9]自盡，雖有愛人之心，而人不被其澤矣. 然此特[10]論其所存而已，未及爲政也. 苟無是心，則雖有政，不行焉."

胡氏曰："凡此數者，又皆以敬爲主."

愚謂五者反復相因，各有次第，讀者宜細推[11]之.

---

1) 道(도)：다스리다, 이끌다, 인도, 말하다, 방향, 방법, 도리, 길, 근원, 제도, 덕행.

2) 敬(경)：공경하다, 훈계하다, 정중하다, 삼가다, 마음을 절제하다.

3) 主(주)：숭상하다, 존중, 주관하다, 주장. 適(적)：가다, 향하다, 기뻐하다, 책망. ○『遺書』：主一無適，敬以直內，便有浩然之氣. 浩然須要實識得他剛大直，不習無不利.[『二程集』, 143쪽]

4) 隙(극)：틈, 겨를, 여가, 사이, 관계, 사이가 틀어짐, 흠, 결점, 갈라지다, 기회, 싸움.

5) 要(요)：요구(원)하다, 통괄함, 협박, 그릇된 것을 고침, 책망, 성취함, 근본, 반드시, 요컨대.

6) 近(근)：가깝다, 비슷하다, 알기 쉽다, 천박하다, 얕은 생각, 요즘, 일가친척, 사랑하다.

7) 慢(만)：게으르다, 거만, 오만, 모멸, 느리다, 느슨하다, 방만하다, 거칠다.

8) 蓋(개)：어쩌면, 아마도, 유보적 판단의 어조사. 侈(치)：낭비가 심하다, 사치, 과장하다, 과분, 거만, 분수에 넘다. 傷(상)：다치다, 침범하다, 괴롭히다, 비난, 걱정하다.

9) 獲(획)：(일이나 때의) 마땅함을 얻다, 마음에 맞음, 얻어지다, 잡히다(피동).

10) 特(특)：홀로, 하나, 다만, 특히, 특별히, 수컷, 하나하나, 짝, 뛰어나다, 달리하다.

1-5 공자가 말하였다. "천승의 나라를 다스릴 때는, 모든 일에 경건하여 미덥게 하고, 비용을 절약하고 인민을 사랑하며, 시기를 살펴 백성을 동원한다."

도道는 다스림이다. 마융에 따르면, "800가구에서 수레 1승이 나온다." 천승千乘은 그 땅이 병거 천승을 만들 수 있는 제후의 나라를 말한다. 경敬은 '주일무적主一無適(집중하여 잡념이 없음)'을 말한다.① 경사이신敬事而信은 자기 정무에 정성을 다하여 백성에게 신임을 얻음이다. 시기(時)는 농한기를 달한다. 나라를 다스리는 핵심은 이 다섯 가지에 있다는 말이니, 역시 근본에 힘쓴다(務本)는 뜻이다.

• 이 말은 지극히 평범하나, 당시의 제후들이 정말로 이렇게 할 수 있었다면 나라를 잘 다스렸을 것이다. 성인의 말은 지극히 평범하면서도 위아래(형이상의 이치와 형이하의 실제)를 모두 관통하고 있다. 이 세 마디의 의미는 그 극한까지 밀고 나가면 요·순임금의 정치도 이 이상이 아니다. 반면 보통 사람의 평범한 말은 그저 천박할 따름이다. – 이천

• 윗사람이 신중하지 못하면 아랫사람은 방만해지고, 윗사람이 미덥지 못하면 아랫사람은 의심을 품는다. 아랫사람이 방만하고 의심을 품으면 정무가 추진되지 않는다. 정무에 신중하여 미덥게 함은 몸소 솔선하는 일이다. 『역』에 이르기를 '법도에 맞게 절제하면 재물도 손상치 않고, 백성에게도 피해를 주지 않는다' 했는데, 비용을 사치스럽게 하면 재물을 손상시키고, 재물이 손상되면 반드시 백성에게 해가 된다. 따라서 백성 사랑은 반드시 비용 절약부터 시작한다. 그러나 백성을 동원할 때 농한기에 하지 않으면, 농업에 힘쓰는 이들이 스스로 최선을 다하기를 바랄 수 없다. 백성을 사랑하는 마음이 있더라도 아무도 그 은택을 입지 못한다. 다만 여기서는 마음가짐만 논했을 뿐이다. 정치 방법까지 언급한 것은 아니다. 이러한 마음이 없다면, 정책을 펴더라도 시행되지(먹혀들지) 않는다. – 양시

• 이 몇 가지 사항은 모두 경敬을 위주로 한다. – 호인

내 생각에, 이 다섯 가지는 서로서로 원인이 되는(상호보완적인) 관계에 있으면서도 각기 순서가 있다. 독자는 깊이 생각해야 한다.②

---

11) 細(세) : 잘다, 자세히, 면밀히, 세밀히. 推(추) : 변천, 존숭함, 확충, 힐난하다.

1-6 子曰："弟子入則孝, 出則弟, 謹而信, 汎愛衆, 而親仁. 行有餘力, 則以學文."

(弟子之弟, 上聲. 則弟之弟, 去聲.) ○謹[1]者, 行之有常也. 信者, 言之有實也. 汎,[2] 廣也. 衆, 謂衆人. 親, 近也. 仁, 謂仁者. 餘力, 猶言暇[3]日. 以, 用也. 文, 謂『詩』·『書』六藝之文.[4]

○程子曰："爲弟子之職, 力有餘則學文, 不修[5]其職而先文, 非爲己之學也." 尹氏曰："德行, 本也. 文藝, 末也. 窮[6]其本末, 知所先後, 可以入德矣." 洪氏曰："未有餘力而學文, 則文滅其質；有餘力而不學文, 則質勝而野."

愚謂力行而不學文, 則無以考聖賢之成法,[7] 識事理之當然, 而所行或出於私意, 非但失之於野[8]而已.

---

① 『어류』: 일을 만나면 마치 깊은 못가에 이른 듯, 엷은 얼음장을 밟는 듯 신중하고 조심스럽게 대처하여, 감히 경시하거나 소홀히 하지 않음이 '주일무적'이다.[63]

② 『어류』: 성인의 말씀은 질서가 있다. 경건한 다음 미더울 수 있고, 미더워야 비용을 절약할 수 있고, 절약해야 인민을 사랑할 수 있고, 사랑해야 시기에 따라 백성을 부릴 수 있다.[69] 사람은 일마다 경건해야 미더울 수 있다. 일에 경건하지 못하면 관심을 모을 수 없으니, 비록 호령을 내린들 어떻게 인민의 믿음을 얻겠는가? 미더움이 없으면 아침에 검소했다가 저녁에 사치하니, 어떻게 비용을 절약할 수 있겠는가? 절약을 하지 못하면 재물을 낭비하고, 세금을 무겁게 거두어 인민에 피해를 주니, 어떻게 인민을 사랑할 수 있겠는가? 인민을 사랑하는 마음이 없는데 어떻게 '시기를 살펴 인민을 동원할 수' 있겠는가?[72, 73]

1) 謹(근): 조심하다, 엄하게 하다, 경계하다, 신중하게 하다.

2) 汎(범): (물 위에) 뜨다, 떠돌다, 내용이 없다, 넓다, 광범하다, 범람, 두루, 대충.

3) 暇(가): 겨를, 틈, 느긋하게(여유롭게) 지내다.

4) 文(문): 무늬, 결, 조리, 형식, 법도, 예악 제도, 학문. 藝(예): 재주, 예술, 예능, 준칙, 식물을 심다. ○邢曰："注言'文者, 古之遺文'者, 則『詩』·『書』·『禮』·『樂』·『易』·『春秋』六經是也."

5) 修(수): 배우고 연구하여 터득함, 도덕·품행을 연마함, 정리, 거행, 갖추다, 뛰어나다.

6) 窮(궁): 끝까지 밝히다, 탐구, 다하다, 끝장, 궁하다, 가난, 쓸데없이, 필사적으로.

7) 考(고): 상고하다, 곰곰이 생각하다, 밝히다, 살펴보다, 견주다, 궁구하다, 조사하다. 成法(성법): 이미 정해진 법. 成: 완성된, 구비된, 갖추어진, 성숙한, 평정하다.

8) 野(야): 촌스럽다, 질박하다, 방자하다, 자유분방, 제멋대로, 버릇없다, 야만스럽다.

③ 『어류』: 『시』·『서』는 대략 『시』, 『서』이고, 육예는 예禮, 악樂, 사射(활쏘기), 어御(말타기,

1-6 공자가 말하였다. "학생은 집에서 효도하고, 밖에 나가면 공손하고, 삼가고 미더우며, 널리 많은 사람을 사랑하고, 어진 이와 친밀히 지내야 한다. 그렇게 실천하고 여가를 이용하여 문예를 배워라."

근謹은 행실에 법도가 있음, 신信은 말에 진실함이 있음, 범汎은 '널리'이다. 중衆은 뭇사람을 일컫는다. 친親은 가까이함이다. 인仁은 어진 사람을 일컫는다. 여력餘力은 여가(暇日)라는 말과 같다. 이以는 이용함이다. 문文은 『시』, 『서』와 육예六藝의 문장을 일컫는다.[3]

• 학생의 직분을 다하고 여력이 있으면 문예를 배운다.[4] 자신의 직분을 닦지 않고 문예 공부를 우선하는 것은, 자기 연마의 학문(14-24)이 아니다. – 이천

• 덕행이 근본이고, 문예는 말단이다. 그 본·말을 깊이 헤아려, 먼저 하고 나중에 할 일을 알면 유덕자의 길로 들어설 수 있다. – 윤돈[5]

• 아직 여력이 없는데 문예를 배우면 그 문예 때문에 바탕이 멸절되고, 여력이 있는데도 문예를 배우지 않으면 바탕에 압도되어 거칠어진다.(6-18) – 홍흥조

내 생각에, 실천에 힘쓰면서 문예를 배우지 않으면 성현의 규범을 고찰할 줄도 모르고, 사리의 필연성을 인식할 줄도 모른다. 그의 실천 또한 사심에 휘둘릴 수 있다. 단순히 거칠어지는 실수에 그치지 않는다.

수레몰기), 서書(글쓰기), 수數(산수)이다.[82]

④ 『혹문』: '효와 공손을 다 익힌 뒤에 책을 읽어라' 함은 자제로서 날마다 해야 할 도리를 다 해야 한다는 뜻이지, 효와 공손의 도리를 완벽한 경지에 이를 때까지 다한 뒤에야 비로소 책을 읽을 수 있다는 뜻이 아니다. 그렇게 해석하면 문예를 익힐 시기는 영원히 오지 않는다.

⑤ 『반신록』: '집에서 효도하고 나가면 공손하며, 삼가고 미더우며 널리 사랑하고 훌륭한 사람을 더욱 공경하는' 일은 인간 도리의 핵심이요, 입신과 처신의 근본이다. 즉 학생들이 날마다 힘써야 할 직분이자, 교육하는 선생의 급선무이다. 그런데 요즘의 교육은 입으로 글귀를 외우고 대구의 글을 짓는 일을 독촉하는 데에 불과하다. 아침저녁으로 가르치고 고무하는 일은 오로지 이름을 얻고 잇속을 도모하는 기술일 따름이다. 어릴 때부터 이런 식으로 배양하니 어른이 되면 거기에 안주하여, 본디 타고난 양심은 나날이 봉쇄되어 명예와 잇속의 관념만 양성되어 점차 극으로 치닫는다. 열심히 암송하고 갈고닦은 문예라는 것이 다만 인간의 오만함을 북돋고 비리만 완수시켜, 제멋대로 방자하게 만드는 도구가 될 뿐이다. 이제 그러한 폐단을 반성하려면, 학생들이 무엇보다 이 장의 가르침을 받들어 정진하게 해야 한다. 그리하여 『효경』, 『소학』, 『동몽수지童蒙須知』, 『사례익四禮翼』 등의 도움을 받아 학생들의 일상생활과 언어동작에 세세한 항목 하나하나까지 어기지 않고 잘 발휘하여야 한다. 이처럼 대본大本

1-7 子夏曰："賢賢易色，事父母能竭[1]其力，事君能致其身，與朋友交言而有信. 雖曰未學，吾必謂之學矣."

子夏, 孔子弟子, 姓卜, 名商. 賢人之賢, 而易其好色之心, 好善有誠也.[2] 致, 猶委[3]也. 委致其身, 謂不有其身也.[4] 四者皆人倫之大者, 而行之必盡其誠, 學求如是而已. 故子夏言有能如是之人, 苟非生質之美, 必其務學之至. 雖或以爲未嘗爲學, 我必謂之已學也.
○游氏曰："三代之學, 皆所以明人倫也.[5] 能是四者, 則於人倫厚[6]矣. 學之爲道, 何以加此. 子夏以文學名, 而其言如此, 則古人之所謂學者可知矣. 故「學而」一篇, 大抵皆在於務本."
吳氏曰："子夏之言, 其意善矣. 然詞氣之間, 抑揚[7]太過, 其流之弊, 將或至於廢學. 必若上章夫子之言, 然後爲無弊也."

이 일단 수립된 다음에 비로소 『시』, 『서』와 예 과목을 익히게 하면 교육의 순서가 바르게 되어, 어른은 덕을 지니며 학생들은 나아갈 목표를 알게 된다.

1) 竭(갈) : 온 힘을 다함, 닳아 없어짐, 물이 마름, 끝나다, 막히다, 망하다, 모두.
2) 『어류』 : '賢賢易色'有二說. … 變易顔色, 有僞爲之者. 不若從上蔡說, 易其好色之心, 方見其誠也.[88]
3) 委(위) : 맡기다, 버리다, 두다, 따르다, 굽혀 따르다, 편안하다, 태만히 하다, 시들다.
4) 『어류』 : '事君能致其身,' 『集注』謂'不有其身,' 是不爲己之私計也.[92]
5) 倫(륜) : 인륜, 윤리, 도리, 조리, 순서, 무리, 또래, 동등하다, 나뭇결. ○『孟子』 : 設爲庠序學校以敎之. 庠者, 養也. 校者, 敎也. 序者, 射也. 夏曰校, 殷曰序, 周曰庠. 學則三代共之, 皆所以明人倫也. 人倫明於上, 小民親於下.[5 : 3]
6) 厚(후) : 두텁다, 두껍다, 짙다, 무겁다, 깊다, 삼가 정성스레 대하다.
7) 抑揚(억양) : 음조·문세의 올림과 내림, 훼방과 칭찬, 부침浮沈. 抑 : 누르다, 굽히다, 물러나다, 막다, 가라앉다, 생각하건대, 또한. 揚 : 오르다, 날다, 알려짐, 선양, 밝힘, 칭찬.
① 『혹문』 : 자하는 아마 당시 사람들이 근본과 실질에 힘쓰지 않고 빈말(헛소리)만 섬기는 것을 질타한 것이겠으나, 말의 억양이 중용을 벗어난 폐단이 있다. ○『어류』 : 성인의 말씀은 근본에서 말단에 이르니 선후의 순서가 있고, 그 말이 평정하여 극단적인 의미가 없다. 반면에 자하의 말은 한쪽으로 기울어져 평정하지 못하고 극단적이어서 화평하지 못하며, 편협하여서 광대하지 못한 치우침을 면하지 못하고 있다. 그러나 자하의 뜻은 사람들로 하여금 근본에 힘쓰라는 것이니 꼭 틀렸다고만 할 수 없다. 다만 공자의 말에 비교할 때는 그러한 치우침을 보이고 있다.[102] ○『반신록』 : "학문의 목적은 물론 윤리를 돈독히 하려는 것입니다. 그런데

1-7 자하가 말하였다. "현자를 미인보다 더 존중하며, 부모를 섬길 때는 모든 노력을 다하고, 임금을 섬길 때는 목숨도 바칠 수 있으며, 친구와 사귀면서 말에 신의를 지키는 사람이라면, 그가 못 배웠더라도 나는 반드시 배운 사람이라고 말하겠다."

자하는 공자의 제자로서, 성은 복, 이름은 상이다. 남의 현능함을 현능하다고 인정하여 미인을 좋아하는 마음과 바꾼다면, 참으로 선을 좋아하는 것이다. 치致는 맡김과 같다. 자기 몸을 맡긴다 함은, 자기 몸을 자기 것으로 가지지 않는다는 말이다. 네 가지는 중대한 인륜이니, 그것을 행하는 데 지성을 다해야 한다. 배움은 그렇게 하기를 추구하는 것일 따름이다. 따라서 자하의 말은 능히 그렇게 할 수 있는 사람이라면, 천성의 바탕이 아름다운 경우이거나, 반드시 배움에 힘써 도달한 결과일 것이니, 설령 전혀 학문을 한 적이 없더라도 자신은 반드시 이미 배웠다고 여기겠다는 뜻이다.

• 하·은·주 삼대의 학문은 모두 인륜을 밝히는 것이다. 이 네 가지를 잘할 수 있으면 인륜은 두터워진다. 학문의 도로서, 여기에 무엇을 더 보태겠는가? 자하는 예절 공부(文學)로 유명했으면서도(11-3) 그 말이 이와 같았으니, 옛사람이 말한 학문이 어떤 것인지 짐작할 수 있다. 따라서 「학이」편은 대체로 근본에 힘쓰라는 내용을 담고 있다. - 유초

• 자하의 말은 그 의도는 좋다. 그러나 억양이 너무 세다. 그 말의 폐단이 누적되면 장차 학문을 폐기하는 데까지 이를 수 있다. 반드시 윗장의 공자의 말처럼 해야만 병폐가 없다.① - 오역

윤리만 돈독히 하면 공부를 하지 않아도 되는 것입니까?" "학문이란 윤리를 돈독히 함을 배우는 것이다. 윤리의 돈독화가 학문하는 목적이다. 윤리를 떠나 학문을 논하는 일은 보고 듣는 문장의 학문이고 부귀영달의 잇속을 구하는 학문이니, 원래의 학문 목적을 상실하였다. 오역의 해설도 의미가 있다. 그러나 자하를 의심한 것은 자하의 말투를 이해하지 못한 결과이다. 자하의 말의 진의는 바로 학문의 핵심을 변호함으로써 사람들로 하여금 학문하는 목적을 알게 하려는 것이다. 그리하여 천하 후세 사람들로 하여금 공부의 목적을 분명히 깨달아, 입으로만 외우는 말단적인 문장 학문으로 인생을 마감하는 잘못을 저지르지 말도록 하려는 것이었다. 그런즉 '누적된 폐단' '학문의 폐기'를 운운함은 전혀 맥락을 벗어난 것이었다."

1-8 子曰："君子不重則不威, 學則不固. 主[1)]忠信. 無友不如己者. 過則勿憚[2)]改."

重, 厚重. 威, 威嚴. 固,[3)] 堅固也. 輕乎外者, 必不能堅乎內,[4)] 故不厚重則無威嚴, 而所學亦不堅固也.[5)]

人不忠信, 則事皆無實, 爲惡則易, 爲善則難, 故學者必以是爲主焉.[6)]

○程子曰："人道唯在忠信, 不誠則無物,[7)] 且出入無時, 莫知其鄕者, 人心也.[8)] 若無忠信, 豈復有物乎?"

無, 毋通, 禁止辭也. 友所以輔[9)]仁, 不如己, 則無益而有損.

---

1) 主(주)：중시하다, 숭상, 섬기다, 주인으로 모시다, 친하다, 주인, 임금, 천성, 근본.

2) 憚(탄)：꺼리어 피하다, 괴로워하다, 구애받다, 두려움, 공경, 고생, 협박, 의심.

3) 固(고)：굳다, 견고하다, 튼튼하다, 본래, 반드시, 완고하다, 고루하다, 독점, 가두다.

4) 范曰："君子所貴乎道者, 正己而已. 故不重則不威. 輕乎外者必不能堅乎內, 故學則不固. 爲人而不重, 未有不易其守也."

5) 孔曰："固, 蔽也. 一曰：言人不能敦重, 旣無威嚴, 學不能堅固, 識其義理也."

6) 皇曰："云主忠信者, 言君子旣須威重. 又忠信爲心, 百行之主也."

7) 『中庸』：誠者, 物之終始, 不誠無物. 是故君子誠之爲貴.

8) 鄕(향)：방향, 향하다, 곳, 지위, 동료, 구제하다, 대하다, 시골, 마을, 고향. ○『孟子』：孔子曰："操則存, 舍則亡；出入無時, 莫知其鄕.' 惟心之謂與?"[11：8]

9) 輔(보)：바퀴덧방나무(무거운 짐을 실을 때 바퀴에 끼워 바퀴살의 힘을 돕는 나무), 수레덧방나무, 돕다, 조력하다, 보좌, 도와서 바로잡다, 보조역, 친구, 대신, 부목.

① 『어류』：사람에게 충심·신의가 없으면, 마치 나무의 뿌리가 없고 물의 근원이 없는 것과 같으니, 다시 또 무엇이 있겠는가? 몸 전체가 텅 비게 된다. 자신의 마음을 다했는지, 남에게 어긋난 점은 없는지, 지금 자신을 되돌아보라![106] 사람을 대하고 일을 마주할 때 마땅히 내 성심을 다해 응해야 한다. 그래야 비로소 그 일이 존재한다. 어떤 일을 하고 있으면서 자기 마음이 거기에 있지 않으면 그 일은 이루어지지 않고, 곧 그 일도 없다. 예컨대 책을 읽으면서 자기 마음이 거기에 있지 않으면, 곧 책 읽는 일은 없다(不誠無物).[109] 말로는 그렇게 실천한다고 하고 진짜로 그렇게 실천한 적이 없음이, 곧 '진심이 없으니 그 일도 없음(不誠無物)'이다. 선을 행한다 하고 선을 행한 적이 없고, 악을 미워한다 하고 악을 미워한 적이 없으면, 곧 '그런 일이 없음(無此物)'이다. 또 가령 책을 열 번 읽었는데, 처음 네 번은 마음이 가 있었고, 나중의 여섯 번은 마음이 있지 않고 입으로만 읽었다면, 오직 첫째 번에서 넷째 번까지만 시작과 끝이 있은 것이다. 여섯 번째 이후는 읽지 않은 것과 똑같으니 곧 그 일이 없음(無物)이다. "'내가 제사에 참여하지 않으면 제사를 드리지 않음과 같다'[3-12]

1-8 공자가 말하였다. "군자는 중후하지 않으면 위엄이 없으니, 배우더라도 견고하지 못하다. 충직과 신의를 받들라. 자기보다 못한 사람과는 사귀지 말라. 잘못했으면 고치기를 꺼리지 말라."

중重은 중후함, 위威는 위엄, 고固는 견고함이다. 외면이 경박한 사람은 내면이 견고할 수 없다. 따라서 중후하지 않으면 위엄이 없고, 배운 바도 견고하지 못하다.

사람이 충직과 신의가 없으면 모든 일에 알맹이가 없어, 악은 행하기 쉽고 선은 행하기 어렵다. 따라서 학생은 반드시 충직과 신의를 마음의 중심으로 삼아야 한다.

• 사람의 도는 오직 충직과 신의에 있으니, 참되지 않으면 되는 일이 없다(不誠無物).[①] 하물며 무시로 출입하여 그 방향을 알 수 없는 것이 사람의 마음이거늘, 만약 충직과 신의가 없다면 다시 무슨 일이 되겠는가? – 명도

무無는 무毋와 통하고, 금지사이다. 벗은 인仁을 보필하는 존재이거늘(12-24), 자기만 못하다면 도움은 없고 손해만 있다.[②]

함이 곧 '불성무물不誠無物'입니까?" "그렇다. 가령 사람이 일을 하면서 지성으로 임하게 되면 시작도 있고 끝도 있으나, 중단이 있는 동안은 그 일이 없다."[111]

② 『어류』: 벗과 사귐은 유익해야 한다. 벗이 나만 못하면 어찌 유익하겠는가? 재주가 나만 못한 벗과 사귀면, 경외심이 사라지고 친압하는 마음만 생긴다. 이러면 득이 없다.[114] 친구 선택은 나보다 나은 사람이어야 득이 있다. 가령 글짓기를 배울 때, 자기보다 나은 사람과 상의하고 토론해야만 향상이 있다. 자기만 못한 자와 상의하고 토론하면 좋은 점은 그도 모르고, 나쁜 점은 그도 알아채지 못한다. 나 역시 그저 나보다 못한 점만 보게 되니, 전혀 격려의 뜻이 없다. 어찌 해가 되지 않겠는가?[117] ○『혹문』: 학생의 마음가짐은 남이 나만 못하다고 가볍게 말하면 안 된다. 그렇지만 사람을 대하고 세상을 살아가면서 누구와는 친하고 누구와는 멀리하며, 누구는 높이고 누구는 낮추게 되는 바, 차별의 혐의가 없을 수 없다. 따라서 연배나 덕망이 특출한 분은 존경하여 스승으로 모시고, 자기보다 능력이 뛰어난 이는 높여서 벗으로 삼고, 자기만 못한 이는 물론 달려가 친구가 되려고 해서도 안 되지만 또한 긍휼히 여겨 용납하고 권면하여 향상할 수 있도록 해야 한다. 이는 이치나 형편상 자연스러운 일이다. 내가 감히 자만해도 안 되고, 경솔하게 남을 내쳐도 안 된다. 나보다 똑똑한 사람이 반대로 나를 내쳐야 옳게 되는 그런 방식을 따라 내가 도모할 수는 없다. 다만 세상의 고루한 이들이 자기만 못한 자와 즐겨 벗이 되려는 그 까닭 또한 알 만하다. 방탕한 유흥을 좋아하는지라 곧고 신실한 사람이 자기를 바로잡아주기를 꺼려서 감히 친해지려고 하지 않으며, 천박한 생각에 안주하는지라 해박한 사람이 자기를 깔볼까 꺼려서 감히 물으려고 하지 않는다. 좀스럽고 용렬한 부류는 자기를 과시하기 좋아하여 고상한 체함에 만족하고, 말주변으로 아첨 떠는

勿, 亦禁止之辭. 憚, 畏難也. 自治不勇, 則惡日長, 故有過則當速改, 不可畏難而苟[1]安也.

程子曰："學問之道無他也, 知其不善, 則速改以從善而已."

○程子曰："君子自修之道當如是也."

游氏曰："君子之道, 以威重爲質, 而學以成之. 學之道, 必以忠信爲主, 而以勝己者輔之. 然或吝[2]於改過, 則終無以入德, 而賢者亦未必樂告以善道, 故以過勿憚改終焉."

1-9 曾子曰："愼終追遠, 民德歸厚矣."

愼終[3]者, 喪盡其禮. 追遠[4]者, 祭盡其誠. 民德歸厚, 謂下民化之, 其德亦歸於厚.[5] 蓋終者, 人之所易忽[6]也, 而能謹之；遠者, 人之所易忘也, 而能追之, 厚之道也.[7] 故以此自爲, 則己之德厚, 下民化之, 則其德亦歸於厚也.[8]

부류는 스스로 굽실거리며 거리낌 없이 못난 짓을 하는 데 만족한다. 친구 선택을 이런 식으로 하기 때문에 현명한 이와는 날로 멀어지고, 늘 한패를 이루는 자는 싸움꾼·잡놈의 무리 아님이 없으니, 원래 타고난 우량한 자질이 있다 한들, 돌아보지도 못하고 깨닫지도 못하니 마침내 소인의 시궁창으로 전락한다. 따라서 성인께서 한마디 경계의 말씀이 없을 수 있겠는가? ○『어류』: "나보다 못한 자와는 끝내 상종하면 안 됩니까?" "나보다 못한 자가 나에게 찾아와 배우고자 하면 물론 거절하면 안 된다. 성인의 이 말씀은 친구 택하는 방법을 가르쳤을 뿐이다."[117] 성인의 이 말씀은 꼭 나보다 나은 자만 찾으라는 말이 아니다. 세상 사람들이 자기보다 나은 자는 대체로 멀리하고, 자기만 못한 자와 즐겨 친하게 지내는 것을 보고 그 병폐를 고치려는 말씀이다.[118]

1) 苟(구) : 구차히, 눈앞의 편함만 탐하다, 참으로, 임시, 일시적으로, 가령, 만약.
2) 吝(린) : 아끼다, 탐하다, 욕심 부리다, 한하다, 원망하다, 부끄러워하다.
3) 終(종) : 죽다, 죽음, 끝나다, 마감, 끝, 종말, 마침내, 결국은, 끝까지.
4) 追(추) : 뒤좇음, 따르다, 이루다, 보충, 사모하다, 붙좇아 오래도록 잊지 않음, 보내다. 遠(원) : 선조, 멀다, 아득함, 넓다, 깊다, 심오함, 많다, 멀어지다, 싫어하다.
5) 厚(후) : 두텁다, 두껍다, 무겁다, 깊다, 마음 씀이 살뜰하게 큼, 진하다, 정성스레 대하다. ○孔曰："愼終者, 喪盡其哀. 追遠者, 祭盡其敬. 人君能行此二者, 民化其德, 而皆歸於厚."
6) 忽(홀) : 소홀히 하다, 부주의하다, 갑자기, 홀연, 문득, 어느덧.

물勿 또한 금지사이다. 탄憚은 난처함에 빠질까 두려워함이다. 자신을 과감하게 다스리지 못하면 악은 날마다 자란다. 따라서 잘못이 있으면 속히① 고쳐야지, 난처함에 빠질까 두려워 구차히 안주하면 안 된다.

• 학문의 도는 다른 것이 아니다. 어떤 것이 선하지 못함을 알았으면 속히 고침으로써 선을 따를 뿐이다. – 정자

• 군자가 자신을 연마하는 도는 이와 같아야 한다. – 이천

• 군자의 도는 위엄과 중후함을 바탕으로 삼아 학문으로써 성취한다. 학문의 도는 반드시 충직·신의를 받들고, 자기보다 훌륭한 사람의 보조를 받아야 한다. 만일 잘못을 고치는 데 인색하면 끝내 덕(유덕자)의 길에 들어갈 수 없고, 현자도 그에게 훌륭한 도를 알려주기를 기꺼워하지 않게 된다. 따라서 '잘못했으면 고치기를 꺼리지 말라'는 말로 끝맺었다. – 유초

1-9 증자가 말하였다. "부모의 장례를 정중히 하고 조상을 추모하면, 인민의 덕이 순후해진다"

신종愼終은 상례를 극진히 함, 추원追遠은 제사에서 정성을 다함이다. 민덕귀후民德歸厚는 아래의 인민들이 교화되어 그들의 덕 또한 순후해진다는 말이다. 죽음(終)은 사람이 소홀히 하기 쉬우니 신중을 다하고, 조상(遠)은 사람이 망각하기 쉬우니 극진히 추모하는 것이 순후함의 도이기 때문이다. 따라서 이런 식으로 윗사람 자신이 실천하면 덕이 순후해지고, 아래의 인민을 교화하면 그들의 덕 또한 순후해진다.

---

7) 游曰 : "終者, 人所易忽也, 而愼之 ; 遠者, 人所易忘也, 而追之. 厚之道也."

8) 謝曰 : "養生不足以當大事, 惟送死可以當大事, 蓋人情之至亟而不可以僞也. 爲之棺槨衣衾, 爲之春秋祭祀, 聖人豈以强民哉! 彼有感於狐狸之食, 霜露之降, 非爲人而然也. 以此處己, 則己德歸厚矣 ; 以此敎民, 則民德歸厚矣."

① 『어류』 : 이 '속히'라는 말에 온 힘을 쏟아야 한다. 잘못을 저질렀을 때, 오늘 하루 잘못이 더 깊어지면 질수록 그만큼 선은 더 미약해진다. 만약 오늘 당장 고치면 선은 바로 이 순간부터 쌓인다.[120]

1-10 子禽問於子貢曰："夫子至於是邦也, 必聞其政, 求之與? 抑與之與?" 子貢曰："夫子溫·良·恭·儉·讓以得之. 夫子之求之也, 其諸異乎人之求之與?"

(之與之與, 平聲, 下同.) ○子禽, 姓陳, 名亢. 子貢, 姓端木, 名賜. 皆孔子弟子. 或曰："亢, 子貢弟子." 未知孰是. 抑,[1] 反語辭.

溫, 和厚也. 良, 易直也.[2] 恭, 莊敬也. 儉, 節制也.[3] 讓, 謙遜也. 五者, 夫子之盛德光輝接於人者也.[4] 其諸, 語辭也. 人, 他人也. 言夫子未嘗求之, 但其德容如是, 故時君敬信, 自以其政就而問之耳, 非若他人必求之而後得也. 聖人過化存神[5]之妙, 未易窺測,[6] 然卽此而觀, 則其德盛禮恭而不願乎外, 亦可見矣. 學者所當潛心[7]而勉學也.

○謝氏曰："學者觀於聖人威儀[8]之間, 亦可以進德矣. 若子貢亦可謂善觀聖人矣, 亦可謂善言德行矣. 今去聖人千五百年, 以此五者想見其形容, 尙能使人興起, 而況於親炙之者乎?"[9]

---

1) 抑(억)：누르다, 그런데, 각설하고, 또는 생각하건대, 또한, 그런데도, 게다가, 이에.

2) 良(량)：어질다, 뛰어남, 편안, 평온, 순진하다, 능히, 진실로, 깊다, 베풀다, 타고남. 易(이)：평평하다, 평탄하다, 쉽다, 용이하다, 온화하다, 부드럽다, 얕보다. ○『어류』：良, 如今人言無嶢崎爲良善, 無險阻密蔽. 易, 平易, 和易；直, 無屈曲.[9] 良善之人, 自然易直而無險詐, 猶俗言白直也.[10] 平易坦直, 無許多艱深纖巧也.[11]

3) 儉(검)：검소하다, 검약하다, 검박하다, 부족하다. ○『어류』：儉, 謂節制, 非謂儉約之謂. 只是不放肆, 常收斂之意.[15]

4) 伊川曰："溫良恭儉讓, 盛德之光輝接於人者也. 溫, 和厚也. 良, 易直也. 恭, 莊敬也. 儉, 節制也. 讓, 謙遜也. 德容如是, 是以諸侯敬而信之. … 子貢善形容孔子德美, 溫以接物, 良乃善心, 恭則不侮, 儉則無欲, 讓則不好勝. 至於是邦, 必聞其政."

5) 『孟子』：夫君子所過者化, 所存者神, 上下與天地同流.[13：13]

6) 窺(규)：엿보다, 보다. 測(측)：(깊이를) 재다, 측량하다, 헤아리다, 맑다, 알다.

7) 潛心(잠심)：마음을 집중하다, 몰두하다. 潛：잠복하다, 숨기다, 비밀히.

8) 威(위)：위엄, 두려움, 협박, 위세. 儀(의)：거동, 훌륭한 자태, 예의, 본받다, 바르다.

9) 親炙(친자)：직접 가르침을 받다. 炙：불에 굽다, 구운 고기, 가까이하다, 친히 훈도를 받다.

1-10 자금이 자공에게 물었다. "공자께서 이 나라에 이르시면 그 정치를 듣고자 하실 텐데, 일부러 그렇게 추구하시는 것입니까? 아니면 참여하시려는 것입니까?" "공자께서는 온화, 순수, 공손, 절제, 겸양을 통해 얻으시는 것이니, 공자님의 추구는 다른 사람들의 추구와 다르다."

자금子禽은 성이 진, 이름은 항이다(16-13). 자공은 성이 단목, 이름은 사이다. 모두 공자의 제자이다. 혹자는 자금은 자공의 제자라고 한다. 어느 설이 옳은지 모르겠다. 억抑은 반어사이다.

온溫은 온화(和厚), 양良은 평탄하고 곧음, 공恭은 엄숙, 검儉은 절제, 양讓은 겸양이다. 이 다섯 가지는 공자의 위대한 덕의 광채가 사람들에게 비친 내용이다. 기저其諸는 어조사, 인人은 다른 사람이다.

공자는 일부러 추구한 적은 없으나 다만 그 덕의 풍모가 이와 같은지라, 당시의 임금들이 공경하고 믿어서 스스로 그 정사를 가지고 찾아와 자문했을 뿐이다. 다른 사람들처럼 반드시 구한 뒤에 얻은 것이 아니라는 말이다. 지나는 곳마다 교화되고 품은 경지가 신묘한 성인의 신비는 헤아려 짐작하기가 쉽지 않다. 다만 이 문장만 놓고 살피건대, 그 덕이 이렇게 위대하고 예가 이렇게 공손하건만 분수 바깥의 것은 바라지 않았다는 점 또한 알 수 있다. 학생은 마음을 집중하여 열심히 공부해야 한다.①

• 학생이 성인의 위엄과 거동의 풍모를 잘 관찰하면, 덕을 향상시킬 수 있다. 자공 정도라면 성인을 잘 관찰했다고 할 수 있다. 덕형도 잘 묘사했다고 하겠다. 지금은 성인과의 거리가 천오백 년이다. 이 다섯 가지를 가지고 성인의 풍모를 상상하는 일만으로도 오히려 사람을 분발하게 하거늘, 하물며 친히 그 가르침을 접한 사람임에랴? – 사량좌

○『孟子』: 聞伯夷之風者, 頑夫廉, 懦夫有立志; 聞柳下惠之風者, 薄夫敦, 鄙夫寬. 奮乎百世之上, 百世之下, 聞者莫不興起也. 非聖人而能若是乎? 而況於親炙之者乎?[14:15]

①『어류』: 깊이 이해하면 성인은 남에게 요구하지 않고 남들이 저절로 성인께 나아온다는 뜻을 읽을 수 있다. 요즘 사람들은 늘 언제나 요구한다. 재상의 지위도 예외가 아니다. 내놓고 요구하지 않는 경우라도 암암리에 결탁을 한다. 남에게 요구하는 일이 통상적인 일이 되어서 그 일이 그릇된 것임을 알지 못한다. 「학이」편은 대체로 우선 이런 것을 가르친다. 『중용』에도 이런 의미가 많다. 가령 '비단옷을 입고 홑옷을 덧입는다(衣錦尙絅)' 함이 그것이다.[17]

張敬夫曰："夫子至是邦必聞其政, 而未有能委國而授之以政者. 蓋見聖人之儀形而樂告之者, 秉彝好德之良心也,[1] 而私欲害之, 是以終不能用耳."

1-11 子曰："父在, 觀其志；父沒, 觀其行；三年無改於父之道, 可謂孝矣."

(行, 去聲.) ○父在, 子不得自專, 而志則可知. 父沒, 然後其行可見,[2] 故觀此足以知其人之善惡. 然又必能三年無改於父之道, 乃見其孝. 不然, 則所行雖善, 亦不得爲孝矣.
○尹氏曰："如其道, 雖終身無改可也. 如其非道, 何待三年? 然則三年無改者, 孝子之心有所不忍故也."
游氏曰："三年無改, 亦謂在所當改而可以未改者耳."

---

1) 秉(병)：손으로 잡다, 마음으로 지키다. 彝(이)：떳떳함, 법, 영원불변의 도, 인간다운 도리. ○『孟子』：『詩』曰, '天生蒸民, 有物有則. 民之秉彝, 好是懿德.' 孔子曰：'爲此詩者, 其知道乎! 故有物必有則；民之秉彝也, 故好是懿德.'[11：6]

2) 孔曰："父在, 子不得自專, 故觀其志而已. 父沒乃觀其行也."

①『어류』：도는 사事와 같다. 도라고 한 것은 아버지를 높이는 말이다.[24]

②『어류』：'삼 년 동안 고치지 않는다'는 표현은 그 일에 옳지 않은 데가 있음을 뜻한다. 아버지의 도가 옳다면 종신토록 시행해도 된다. 그 일이 옳지 않다면 고쳐야 할 텐데 어째서 삼 년을 기다리는가? 효자의 마음에 차마 그럴 수 없는 바가 있기 때문이다. 만약 크게 사람을 해치는 일이라면 곧바로 고쳐야 한다. 그러나 일이 비록 옳지는 않지만 또 그다지 방해가 없는 그런 것이라면, 삼 년이 지난 뒤에 비로소 고친다.[27] '마땅히 바꿔야 할 대상(在所當改)'이란 바로 이런 일이다. 고치지 않으면 이치에 합당하지 않으나, 고치려 하면 또한 그렇게 급한 일은 아닌 그런 일을 지칭한다. 만약 갑자기 고치면 그것은 어버이를 망각한 것이다.[30] 부모가 돌아가시자마자 고침으로써 그 과오를 드러내는 일은 효자로서 차마 하지 못할 일이다.[31] 이 글의 문맥에 따르면, 아버지가 생존했을 때 자식은 아버지와 의견이 달랐다. 그럼에도 반드시 삼 년 동안 아버지의 도를 고치지 않은 데서 그의 효를 엿볼 수 있다.[34] "'맹장자의 효도 가운데 다른 일은 가능할지 몰라도, 아버지의 신하와 아버지의 정책을 바꾸지 않은 일은 행하기 어려운 일이다'(19-18)고 한 말과 이 장은 같은 뜻입니까?" "다르다. 이 장은 아버지의 행위에 좋지 않은 점이 있으나, 자식으로서 차마 고치지 못한 데에서 그의 효를 찾아볼 수 있다는 것이다. 맹장자의 아버지인 맹헌자는 본래 현명하여서 그가 편 정책과

• 공자께서 그 나라에 이르면 반드시 그 정사에 참여했으련마는, 공자께 나라를 맡겨 정권을 위임한 경우는 없었다. 아마 성인의 거동과 풍모를 접하고 기뻐서 국정을 보고하는 일은 날 때부터 덕을 좋아하는 천부의 양심이련만, 사욕이 방해했다. 그래서 끝내 공자를 등용하지 못하였다. – 장경부

1-11 공자가 말하였다. "아버지가 살아 계실 때는 그(아들)의 뜻을 관찰하고, 아버지가 돌아가신 뒤에는 그의 행동을 관찰하라. 삼 년 동안 아버지의 도道[①]를 바꾸지 않으면 효라고 할 수 있다."

아버지가 살아 계실 때는 자식이 자기 마음대로 행할 수 없다. 다만 아들의 뜻만은 알 수 있다. 아버지가 돌아가신 뒤에는 그의 행실을 살필 수 있다. 이 두 가지만 관찰하면 아들인 그 사람의 잘잘못을 알 수 있다. 그러나 또한 삼 년 동안 아버지의 도를 바꾸지 않아야 그가 효자임을 알 수 있다. 그렇지 않다면 행실이 비록 선하더라도 '효'라고 할 수 없다.

• 아버지의 방식이 도에 맞는다면 종신토록 바꾸지 않아도 되지만, 도에 맞지 않는다면 삼 년을 기다릴 필요가 있겠는가? 그렇지만 '삼 년 동안 바꾸지 않는다' 함은, 효자의 마음에 차마 감행하지 못하는 바가 있기 때문이다. – 윤돈

• 삼 년 동안 바꾸지 않는다 함은, 마땅히 바꿔야 할 대상(在所當改)이지만 당장은 고치지 않아도 괜찮은 경우를 말한다.[②] – 유초

그가 등용한 신하는 모두 훌륭하였다. 맹장자가 고치지 않은 일이 행하기 어려운 일이었다." "그런데 맹장자의 일이 왜 행하기 어려운 일입니까?" "통상 자손이 아버지의 유업을 지키지 않고 가볍게 고쳐버리는 경우가 많다. 맹장자는 지킬 수 있었으니 하기 어려운 일이 아니고 무엇이겠는가?"[29] ○『정의』: 사량좌가 말하였다. "삼년상은 현자에게는 마치 백마가 문틈을 지나는 것처럼 빠르게 느껴진다. 이런 때를 당하여 황망하기가 마치 찾아도 얻지 못한 듯하고 망망하기가 마치 좇아가도 미치지 못한 듯하여, 앉으면 벽에서 부모의 모습을 보고, 밥을 먹으면 국그릇 속에서 부모의 모습을 본다. 이런 판에 아버지의 도에 대해 고칠 수 있든 없든 무슨 신경을 쓸 겨를이 있겠는가? (겨를이 없어서 고치지 못한다.)" ○『혹문』: 사량좌의 설은 지나치다. 효자가 상을 당하면 사모의 정이 애통하여 참으로 감당하기 어려운 바가 있다. 그러나 그런 때에도 보고 듣는 능력이 총명하지 못하고 행실이 바르지 못함을 군자는 병으로 여긴다. 어찌 삼년이라는 오랜 기간동안 부모의 정책에 고치지 않으면 안 될 부분을 발견하고도, 도리어 멍하니 망연자실하여 마치 술에 취해 잠을 자다 꿈에서 잠꼬대하듯 한가로이 지내면서 도무지 성찰할 줄 모르는 경우를 효라고 할 수 있겠는가?

1-12 有子曰："禮之用, 和爲貴. 先王之道斯爲美, 小大由之. 有所不行, 知和而和, 不以禮節之, 亦不可行也."

禮者, 天理之節文,[1] 人事之儀則也. 和者, 從容不迫之意. 蓋禮之爲體[2]雖嚴, 而皆出於自然之理, 故其爲用, 必從容而不迫, 乃爲可貴. 先王之道, 此其所以爲美, 而小事大事無不由之也.

承上文而言, 如此而復有所不行者, 以其徒知和之爲貴而一於和, 不復以禮節之, 則亦非復禮[3]之本然矣, 所以流蕩忘反, 而亦不可行也.

○程子曰："禮勝則離,[4] 故禮之用和爲貴. 先王之道以斯爲美, 而小大由之. 樂勝則流,[5] 故有所不行者, 知和而和, 不以禮節之, 亦不可行."[6]

---

1) 節文(절문) : 예의를 제정하여 절도 있게 행하게 함, 절도와 형식, 예절, 의식. 節 : 규칙, 제도, 법도, 예절, 등급, 알맞게 하다, 들어맞다, 검소. 文 : 무늬, 채색, 결, 조리, 아름다운 외관, 법도, 예악 제도, 글, 학문이나 예술, 아름답다. ○『禮記』「坊記」: 禮者, 因人之情而爲之節文, 以爲民坊者也. ○『管子』「心術」: 禮者, 因人之情, 緣義之理, 而爲之節文者也.

2) 體(체) : 격식, 법, 규칙, 도리, 근본, 본성, 본체, 본연, 모양, 형상, 의거하다, 본받다.

3) 禮(내각본) : 理(전서본)

4) 離(리) : 헤어지다, 떠나가다, 소원해지다, 어긋남, 구별, 배반, 화합하지 않다, 흩어짐.

5) 流(류) : 방랑, 절제를 잃다, 제멋대로 함, 달아나다, 한패, 비뚤어지다, 탐닉, 잘못.

6) 『禮記』「樂記」: 禮節民心, 樂和民聲, 政以行之, 刑以防之. 禮樂刑政, 四達而不悖, 則王道備矣. 樂者爲同, 禮者爲異. 同則相親, 異則相敬. 樂勝則流, 禮勝則離. 合情飾貌者, 禮樂之事也.

① 『어류』: 줄곧 오로지 화평만 추구하면 곧 예에서 멀어진다.[43]

② 『어류』: 가령 "대궐문으로 들어갈 때 몸을 움츠려 마치 용납되지 못하는 듯이 함"(10-4)은 참으로 지엄하다고 하겠다. 그러나 기꺼이 즐거운 마음으로 그렇게 하는 것이지, 싫어하거나 나태한 뜻이 없다. 그래서 화평(和)이다. 지극한 엄함 속에 지극한 화평이 있다.[39] 사람은 궁리해야 한다. 이 도리는 마땅히 이렇게 해야 한다는 것을 알았으면 내가 그렇게 행하지 않으면 안 된다. 예를 들어, 빈객과 주인이 온갖 예를 다 차리는 것은 무엇 때문이겠는가? 또 대궐문으로 들어갈 때는 몸을 움츠리고, 임금이 계시면 매우 조심스러워 하고, 아버지가 앉아 계시면 아들은 서 있다. 신하로서 임금을 섬기고 아들로서 아버지를 섬길 때, 마땅히 이렇게 할 줄 모른다면 화평(和)할 수 없다. 비유하건대 어떤 사람이 촛농이 손에 떨어지면 아프다고 소리를 치지만, 쑥뜸을 할 때는 어째서 고통으로 여기지 않는가? 자기 병에는 쑥뜸을

1-12 유자가 말하였다. "예의 운용은 화평이 중요하다. 옛 성왕의 도는 그것을 훌륭하게 여겼다. 크고 작은 일을 막론하고 그 원칙에 따랐다. 다만 행해서는 안 될 것이 있으니, 화평만 알고 화평만 추구하여[①] 예로써 절제하지 않으면 또한 안 된다."

예禮는 천리의 절도와 격식(節文)이며, 인사의 행위 준칙이다. 화和는 평안하여 강박함이 없다는 뜻이다. 예는 그 원칙이 엄중하지만 모두 자연스런 이치(理)에서 나온 것이다. 따라서 그 운용은 반드시 자연스럽고 박절하지 않음이 중요하다.[②] 선왕의 도는 그런 태도를 훌륭하다고 여겼고, 크고 작은 일을 막론하고 그 원칙을 따르지 않은 경우가 없었다.

윗글에 이어지는 말이다. 그와 같지만 행해서는 안 될 것이 있으니, 오로지 화평이 귀한 줄만 알아서 무조건 화평만 추구하고, 다시 예로써 절제하지 않으면 또한 예의 본연의 모습을 회복하지 못하는지라, 방종에 빠져 돌이킬 줄 모르게 되니, 또한 행할 수 없다.

• 예가 압도하면 소원해지기(멀어지기) 때문에, 예의 운용은 화평을 중시한다. 선왕의 도는 그것을 훌륭하게 여기고, 크고 작은 일을 그 원칙에 따라 행하였다. 음악이 압도하면 방탕해지기 때문에, 행해서는 안 될 부분이 있다. 화평만 알아서 화평을 추구하고 예로써 절제하지 않으면, 또한 행할 수 없다. - 이천

써야 함을 알고 스스로 바라서 그렇게 한 까닭에 스스로 고통으로 여기지 않기 때문이다.[41] 예禮 안에 화평(和)이 들어 있다. 그렇게 해야 함을 인식하고 행하면 자연히 화평하다. '예'는 '화'의 경지에 이르러야 비로소 아름답다.[42] 내 마음에 편안한 경지가 곧 '화'이다. '대궐문으로 들어갈 때는 몸을 움츠려야' 비로소 내 마음이 편안하다. 이와 같지 않으면 편안하지 못하고, 편안하지 않으면 '화'가 아니다. 이로써 '예' 안에 '화'가 있음을 알 수 있다.[43] 임금과 부친을 보면 자연히 엄숙하고 공경하게 된다. 이는 사람의 인정에 따라 원하는 것이지 강제로 교정시켜 그런 것이 아니다. 인간이면 누구나 다 그 일에 동의한다. 안배(강제 조정)를 기다리지 않는 것이 곧 '화'이다. 억지에서 나오면 '화'가 아니다.[44] 예가 엄숙과 공경의 의미라면, 조작하지 않고 자연스럽게 예를 따름으로써 편안해 하는 것이 곧 '화'이다.[46] 예는 공경(경건함)이 위주이나, 그 운용은 화평(화합)을 중시한다. 어떻게 경건하면서 화평할 수 있을까? 어떤 의도를 가지고 행하면 안 된다. 엄숙하고 경건히 하려는 의도를 가지면 속박이 되어 평안하지 못하다. 또 좀 느긋해지려고 하면 방탕하여 절제가 없어진다. 반드시 '예'에서 자연스러운 경지를 진실하게 체득하여야, 만사만물에 있어서 자연스러운 절제와 형식이 생겨, 일부러 그렇게 하지 않으려 해도 오히려 잘 되지 않는다. 엄격하면서도 항상

范氏曰："凡禮之體主於敬, 而其用則以和爲貴. 敬者, 禮之所以立也；和者, 樂之所由生也.[1] 若有子可謂達禮樂之本矣."
愚謂嚴而泰,[2] 和而節, 此理之自然, 禮之全體也. 毫釐[3]有差, 則失其中正, 而各倚於一偏,[4] 其不可行均[5]矣.

1-13 有子曰："信近於義, 言可復[6]也；恭近於禮, 遠恥辱也；因[7]不失其親, 亦可宗[8]也."

(近·遠, 皆去聲.) ○信, 約信也. 義者, 事之宜也. 復, 踐言也. 恭, 致敬也. 禮, 節文也. 因, 猶依也. 宗, 猶主也. 言約信而合其宜, 則言必可踐矣. 致恭而中其節, 則能遠恥辱矣. 所依者不失其可親之人, 則亦可以宗而主之矣. 此言人之言行交際, 皆當謹之於始而慮其所終. 不然, 則因仍苟且之間,[9] 將有不勝其自失之悔者矣.

화평하고, 화평하면서도 항상 엄격해야 한다.[56] 예컨대 군신간은 임금이 존엄하고 신하가 비천하니 그 구분이 매우 엄격하다. 위세의 관점에서만 보면 본래 화평이 없다. 그러나 실제로 기꺼운 마음으로 그렇게 행하면 예에 부합하고 이치에 맞아 자연히 화평한다. 또 천자는 팔일, 제후는 육일, 대부는 사일의 춤을 추는데, 모두 응당 그렇게 해야 한다. 천자가 천자의 무악을, 제후가 제후의 무악을, 대부가 대부의 무악을 행하면 그것이 바로 화평이다. 만약 참람하게 제후가 천자의 무악을 행하고, 대부가 제후의 무악을 행하면 그것은 곧 예를 잃음이고, 예를 잃으면 화평도 없다(不和). ○『혹문』: 예에는 상세한 등급과 제한이 있는데 그것은 모두 사람 마음의 자연스러운 절제에서 비롯되었다. 성인이 예를 제정할 때 다만 사람으로 하여금 그것을 따름으로써 절도에 맞게만 한 것이었지, 사람들이 바라지 않은 바를 억지로 강제한 것이 아니었다. 따라서 예를 실천하면서 다소 고충을 느끼는 경우라도 본디 저 화평을 잃지 않는다. 만약 화평에 근본을 두지 않고, 오로지 강제로 겉치레만 치중하면 그것은 헛된 예이고 화평은 없다.

1) 『혹문』: "若如范氏之說, 則遂以樂爲禮之用, 可乎?" 曰: "『樂記』有之: '天高地下, 萬物散殊, 而禮制行矣. 流而不息, 合同而化, 而樂興焉.' 則其相爲體用也, 古有是言矣."
2) 泰(태): 편안하다, 태평, 안녕, 지극히, 몹시, 가장, 너무나, 과분히, 대부분.
3) 毫(호): 가는 털, 작은 것을 비유, 붓. 釐(리): 다스림, 바로잡다, 탐욕, 기준 단위의 1/100.
4) 倚(의): 기대다, 치우침, 한쪽으로 쏠림, 인연하다, 맡기다, 위임. (기): 기이하다. 偏(편): 치우치다, 쏠리다, 기울다, 편향, 편중, 한쪽의, 측면의, 비정상의.
5) 均(균): 모두, 다, 가지런히 하다, 조화를 이루다, 같다, 균등, 균일하다, 고르다.

• 모든 예의 본체(體)는 경敬을 위주로 하고, 그 운용(用)은 화평을 중시한다. 경은 예가 성립하는 원리요, 화평은 음악이 발생하는 근원이다. 유자 정도라면 예악의 근본에 통달했다고 할 수 있다. - 범조우

내 생각에, 엄숙하면서도 태연하고 화평하면서도 절제하는 것은, 이치의 자연스러움이요, 예의 온전한 모습(本體)이다. 털끝만한 실수로 그 중정中正한 상태를 상실하고 각기 한쪽으로 편중되면, 행할 수 없기는 마찬가지다.

1-13 유자가 말했다. "약속이 의리에 가까우면① 그 말을 실천할 수 있고,② 공손함이 예에 가까우면 치욕을 멀리할 수 있다.③ 의지하는 이가 확실히 친할 만한 사람이면, 또한 주인으로 삼을 수 있다."④

신信은 신의의 약속, 의義는 일의 마땅함, 복復은 말의 실천, 공恭은 지극한 공경, 예禮는 절도와 격식(節文)이다. 인因은 의지함과 같고, 종宗은 주인으로 모심과 같다. 약속한 내용이 의리에 부합하면 말은 반드시 실천할 만하고, 공경을 바칠 때 절도에 맞으면 치욕을 멀리할 수 있다는 뜻이다. 의지하는 사람이 틀림없이 친할 만한 사람이라면, 또한 주인으로 받들어 모실 만하다. 이는 사람이 언행과 친분 관계에 있어서, 늘 처음부터 신중히 하고 또 그 결말도 고려해야 한다는 말이다. 그렇지 않으면 여전히 미적거리는 사이에 장차 자기 실수를 감당할 수 없는 후회가 생긴다.

---

6) 復(복) : 실천하다, 되풀이하다, 원상태로 돌아가다, 되돌리다, 보충하다, 갚다, 겹치다.

7) 因(인) : 말미암다, 원인, 연유, 의거함, 이어받다, 친하게 하다(지내다), 따르다, 연고.

8) 宗(종) : 본받다, 받들다, 높이다, 존숭하다, 쏠리다, 모범이 되어 존경받는 인물.

9) 因仍(인잉) : 답습하다, 그대로 좇다. 仍 : 그대로 따르다, 인습, 아직도, 여전히. 苟且(구차) : 소홀히 하다, 대강대강 해치움, 그럭저럭 살아감. 苟 : 눈앞의 편함만 탐내다.

① 『어류』 : 가깝다(近)가 무슨 뜻인가? 부합한다는 뜻이다. 성현의 말이 박절하지 않아서 '가깝다'는 표현을 썼다.[71, 72]

② 『혹문』 : 사람은 약속을 하면 그 말을 반드시 실천하려고 한다. 그런데 애초에 그 합당성을 헤아려 보지 않으면, 약속을 실천할 수 없는 경우가 생긴다. 그리하여 도리에 비추어 해서는 안 된다고 여겨 결국 실천하지 않으면 신의(약속)를 어기게 되고, 약속을 반드시 실천하려고 하면 도리를 해치게 된다. 이러지도 저러지도 못한다. 만약 처음 약속할 때 의리(도리)에 맞도록 추구했더라면 약속을 실천하지 못할 일이 없을 것이다. ○『어류』 : 의리상 행해도

1-14 子曰：“君子食無求飽, 居無求安, 敏於事而愼於言, 就有道而正焉,[1] 可謂好學也已.”

(好, 去聲.) ○不求安飽者, 志有在而不暇及也. 敏[2]於事者, 勉其所不足. 愼於言者, 不敢盡其所有餘也.[3] 然猶不敢自是, 而必就有道之人, 以正其是非, 則可謂好學矣. 凡言道者, 皆謂事物當然之理, 人之所共由者也.

○尹氏曰：“君子之學, 能是四者, 可謂篤[4]志力行者矣. 然不取正於有道, 未免有差, 如楊·墨學仁義而差者也, 其流至於無父無君,[5] 謂之好學, 可乎?”

되는지 고려하지 않고 가볍게 약속했다가 나중에 행하지 못하면, 신의를 해치고 거짓말한 셈이 되고 만다.[91]

③『혹문』: 남에게 공경을 표하는 일은 본디 치욕을 멀리하려는 것이다. 그런데 절도와 격식(節文)에 맞지 않으면, 혹은 지나치거나 혹은 미치지 못하여 스스로 치욕을 당하는 결과에 이른다. 오직 공경을 다하는 동시에 예에 부합하려고 노력해야 치욕을 멀리하기를 기약할 수 있다. ○『어류』: 가령 당 위에서 절해야 마땅한데 당 아래에서 절한다면 남의 비웃음을 사니 물론 치욕이고, 또 당 아래에서 절해야 마땅한데 당 위에서 절한다면 남의 꾸지람을 들으니 역시 치욕이다.[91]

④『어류』: 당시에 ‘나그네 신하(羈旅之臣)’는 한 나라에 도착하면 반드시 주인(의지하는 사람)을 정해야 하였다(그 주인의 추천으로 그 나라에서 벼슬한다). 그러므로 애초에 친할 만한 사람인지 잘 살핀 다음 주인으로 삼아야 한다.[79] 친할 만하지 못한 사람을 주인으로 삼으면 장래에 반드시 후회할 일이 생긴다.[94]

1) 焉(언): 거기에서, 여기에, 이보다(=於此, 於是), 어디에서, 이에, 어찌, 어찌하여.

2) 敏(민): 민첩하다, 총명하다, 영리하다, 힘쓰다, 노력하다, 자세하다, 엄지발가락.

3)『中庸』: 庸德之行, 庸言之謹, 有所不足, 不敢不勉, 有餘不敢盡. 言顧行, 行顧言.

4) 篤(독): 도탑다, 굳다, 흔들리지 않다, 전일하다, 오로지, 신실하다, 성실하다.

5)『孟子』: 楊氏爲我, 是無君也；墨氏兼愛, 是無父也. 無父無君, 是禽獸也.[6：9]

⑤『어류』: 자기 마음속에 항상 다른 긴요한 도리가 있음을 인식하기 때문에 이런 부류에 대해 생각이 미칠 여가가 없다. 만약 이런 데에만 마음의 중심이 있다면 그런 사람은 아무 쓸모가 없다.[97] ○『혹문』: 호인의 다음 설도 좋다. “먹을 때 배부르기를 바라고 거처가 편안하기를 바라는 것은 인지상정이다. 성인이 이렇게 말씀하신 것이 어찌 인지상정에 반하는, 하기 힘든 일을 강요한 것이겠는가? 다만 ‘학문에 뜻을 둔다면 그것을 염두에 두어서는 안 된다’는

1-14 공자가 말하였다. "군자는 먹을 때는 배부르기를 구하지 않고, 거처할 때는 편안하기를 구하지 않는다.⑤ 일(실천)에 민첩하고 말에 신중하며,⑥ 도 있는 사람에게 나아가서 나의 잘못을 바로잡는다면, 학문을 사랑한다고 할 만하다."⑦

'편안함과 배부름을 추구하지 않음'은, 뜻을 둔 바가 따로 있어서 그럴 겨를이 없는 것이다. '일에 민첩함'은, 자기가 부족한 바에 힘쓰는 것이다. '말에 신중함'은, 남겨 두어야 할 부분까지 감히 다 말해버리지 않음이다. 그러면서 감히 스스로 옳다고 자처하지 않고, 반드시 도를 지닌 사람에게 나아가 시비를 바로잡을 수 있다면, 학문을 사랑한다고 말할 만하다. 도라는 것은 사물이 마땅히 그러해야 할 이치와 사람이면 누구나 다 따라야 할 바를 지칭한다.

• 군자의 학문에서 이 네 가지를 잘할 수 있다면, 뜻이 돈독하고 실천에 힘쓴다고 할 수 있다. 그러나 도가 있는 곳에서 교정받지 않는다면 그릇됨을 면치 못한다. 가령 양주와 묵적처럼 인의를 배웠지만 그릇되어, 그 폐단이 부모도 없고 임금도 없는 지경에 이른다면, 어찌 학문을 사랑한다고 하겠는가? – 윤돈

말씀일 뿐이다. 먹을 때는 기필 배부름을 추구하고 거처는 기필 편안함을 추구하여 노심초사 오로지 육신의 봉양만 추구하게 되면 결국 못하는 짓이 없게 되니, 도로부터 또한 멀어지지 않겠는가?"

⑥ 『어류』: 일은 실천하기 어렵기 때문에 민첩해야(근면해야) 하고, 말은 하기 쉽기 때문에 삼가야(신중해야) 한다.[100] 실천(行)은 늘 모자라서 걱정이고, 말은 늘 많아서 걱정이다.[98]

⑦ 『어류』: 편안과 배부름을 구하지 않더라도, 말에 삼가고 실천(일)에 민첩하지 못하면 무슨 의미가 있겠는가? 또 말을 삼가고 실천에 민첩하더라도, 도 있는 곳에 나아가 바로잡지 못하면 오류(그릇됨)를 면치 못할 것이다. 또 만약 공부한 것이 별로 없다면, 도 있는 곳에 나가본들 대체 무엇을 교정받겠는가?[99] 만약 우선 본령이 없다면 대체 무엇을 교정 받는단 말인가? 그러나 스스로 공부할 줄만 알았지 도 있는 곳에 나아가 교정받을 줄 모른다면 자신의 견해가 옳다는 보장을 받을 수 없다. 이 두 가지, 즉 공부와 교정받기를 서로 반복해야 완벽해진다. 문자를 해석할 때도 항상 그래야 한다.[102] 교정을 받기 전에 먼저 많은 공부를 하여, 근본이 있어야 비로소 도 있는 곳에 나아가 교정을 받을 수 있다. 선불교에서 말하기를 '세 가구의 마을에도 총림叢林(승려가 모인 곳)이 있다' 하였다. 우선 스스로 공부를 해서 7할 8할을 터득한 뒤에야 비로소 스승을 찾아 질정을 받을 수 있다. 그 때에 이르면 한 두 마디로 곧 (자기 학문에 대해) 판별이 선다.[103]

1-15 子貢曰：“貧而無諂,[1] 富而無驕,[2] 何如?” 子曰：“可也. 未若貧而樂, 富而好禮者也.” 子貢曰：“『詩』云：‘如切如磋, 如琢如磨.’[3] 其斯之謂與?” 子曰：“賜也, 始可與言『詩』已矣! 告諸往而知來者.”

(樂, 音洛. 好, 去聲.) ○諂, 卑屈也. 驕, 矜[4]肆也. 常人溺[5]於貧富之中, 而不知所以自守, 故必有二者之病. 無諂無驕, 則知自守矣, 而未能超乎貧富之外也. 凡曰可者, 僅[6]可而有所未盡之辭也. 樂則心廣體胖[7]而忘其貧, 好禮則安處善, 樂循理,[8] 亦不自知其富矣. 子貢貨殖,[9] 蓋先貧後富, 而嘗用力於自守者, 故以此爲問. 而夫子答之如此, 蓋許其所已能, 而勉其所未至也.

(磋, 七多反. 與, 平聲.) ○『詩』「衛風·淇澳」[10]之篇. 言治骨角者, 旣切之而復磋之；治玉石者, 旣琢之而復磨之.[11] 治之已精, 而益求其精也. 子貢自以無諂無驕爲至矣, 聞夫子之言, 又知義理之無窮, 雖有得焉, 而未可遽[12]自足也, 故引是詩以明之.

---

1) 諂(첨)：아첨하다, 알랑거리다, 아양 떨다, 교태부리다, 사특하다, 부정한 짓을 하다.
2) 驕(교)：거만하다, 교만, 깔보다, 버릇없다, 속이다, 방자하다, 제멋대로 하다.
3) 切(절)：상아·뼈·구슬을 자르고 깎음. 磋(차)：상아를 갈다. 琢(탁)：쪼다, 옥을 다듬다, 연마하다. 磨(마)：돌을 갈아 광내다, 숫돌에 갈다, 마찰하다.
4) 矜(긍)：스스로 잘난 체하며 교만하다, 뽐내다, 자부하다, 자만, 조심하다.
5) 溺(익)：물에 빠지다, 어려움에 빠지다, 마음이 빠지다, 골몰하다, 탐닉, 미혹되다.
6) 僅(근)：겨우, 간신히, 조금, 거의, 대부분, 거의 되려 하다, 거의 ~이다, 가깝다.
7) 胖(반)：갈비살, 넓적한 고기 조각, 편안하다, 너그럽다. ○『대학』：曾子曰：“十目所視, 十手所指, 其嚴乎!” 富潤屋, 德潤身, 心廣體胖, 故君子必誠其意.
8) 『漢書』「董仲舒傳」：明於天性, 知自貴於物. 知自貴於物, 然後知仁誼. 知仁誼, 然後重禮節. 重禮節, 然後安處善. 安處善, 然後樂循理. 樂循理, 然後謂之君子.
9) 殖(식)：번식하다, 번성, 증식, 생장, 자라다, 불리다, 붇다, 이식利殖하다.
10) 淇(기)：황하의 지류(허난성에서 발원). 澳(오)：후미, 물가의 굽어서 휘어진 곳.
11) 『或問』：然則切磋琢磨之別, 其詳可得聞乎? 曰：古之工事, 不可考也. 以今言之, 則治骨角者, 切以刀, 磋以鑢；治玉石者, 琢以錐鑿, 而磨以沙石也. 大抵切琢成形, 磋磨入細, 以理推

1-15 자공이 공자께 물었다. "가난해도 비굴하지 않고, 부유해도 교만하지 않으면① 어떻습니까?" "괜찮다. 다만 가난하면서 즐거워하고, 부유하면서 예를 좋아함만 못하다." "『시』에 나오는 절차탁마切磋琢磨가 바로 이 뜻입니까?" "자공아! 너와 더불어 비로소 시를 논할 수 있구나! 옛것을 알려 주면 새것을 아는 사람이다!"

첨諂은 비굴, 교驕는 교만방자이다. 보통 사람은 가난이나 부유함에 빠져 있을 때 어떻게 지조를 지킬지 모른다. 따라서 꼭 이 두 가지 병폐가 생긴다. 비굴하지도 않고 교만하지도 않는 경지는, 자기 분수는 알지만 가난과 부유함을 초월하지는 못한다. '괜찮다(可)'는 표현은 겨우 괜찮을 뿐 미진한 부분이 있다는 말이다. 즐거워하면 마음이 넓어 몸도 편안하니(心廣體胖) 자신의 가난을 잊는다. 예를 좋아하면 편안히 선에 처하고 즐거이 이치에 따르면서도 또한 자신이 부자임을 느끼지 못한다. 자공은 재화를 불린 사람이지만, 아마 처음에는 가난하다가 나중에 부자가 된 만큼 스스로 지조를 지키려고 노력했기에 이와 같이 질문한 것 같다. 그리고 공자께서 이와 같이 대답한 것은, 아마 그가 이미 잘하고 있는 점을 인정하여 아직 이르지 못한 경지를 면려하려는 뜻이다.

'『시』'는 「위풍·기오」 편을 말한다. 뼈나 뿔의 가공은 자른(切) 다음 갈고(磋), 옥이나 돌의 가공은 쫀(琢) 다음 연마한다(磨).② 이미 정밀히 다듬은 다음 더욱더 정밀해지기를 추구한다. 자공은 스스로 비굴하지도 않고 교만하지도 않는 경지를 지극하다고 여겼지만, 공자의 말을 듣고서 다시 진리(바른 이치)의 무궁함을 알고, 거기서 깨달은 바가 있었으나 금방 스스로 흡족하지 못한 까닭에 저 시를 인용하여 해명하였다.

之, 古今當亦不相遠耳. ○『語類』: 不切, 則磋無所施; 不琢, 則磨無所措. 切與琢是無諂無驕, 磋與磨是樂與好禮.[116]

12) 遽(거) : 갑자기, 날렵히, 황급하다, 군색하다, 절박하다, 파발마, 두려워하다, 거처, 어찌.

① 『어류』: 대체로 가난하면 비굴해지기 쉽고, 부유하면 교만해지기 쉽다.[110]

② 『혹문』: "절차탁마切磋琢磨는 어떻게 구별됩니까?" "옛날 공예의 일은 고증할 수 없다. 지금의 일에 비추어 살펴볼 때, 뼈와 뿔의 가공은 칼로 자른(切) 다음 줄로 간다(磋). 옥과 돌의 가공은 송곳과 끌로 쫀(琢) 다음 숫돌에 간다(磨). 대체로 절탁切琢으로 모습을 잡고, 차마磋磨로 세공 작업을 한다. 이치로 추론하면 예나 지금이나 다르지 않을 것이다." ○『어류』: 자르지

往者, 其所已言者. 來者, 其所未言者.

○愚按[1]：此章問答, 其淺深高下, 固不待辨說而明矣. 然不切則磋無所施, 不琢則磨無所措.[2] 故學者雖不可安於小成而不求造[3]道之極致, 亦不可騖[4]於虛遠而不察切己之實病也.

1-16 子曰："不患人之不己知, 患不知人也."

尹氏曰："君子求在我者, 故不患人之不己知. 不知人, 則是非邪正或不能 , 故以爲患也."

(切) 않으면 갈(磋) 수 없고, 쪼지(琢) 않으면 연마할(磨) 수 없다. 절탁切琢은 비굴하지 않고 교만하지 않음이고, 차마磋磨는 즐거워함과 예를 좋아함이다.[116]

1) 『朱子四書集注典據考』: 簡朝亮云："『集注』, 按與案通. … 蓋案者, 據而定之也."

2) 措(조) : (일정한 자리에) 두다, 베풀다, 베풀어 펴다, 그만두다, 처리하다, 조처.

3) 造(조) : 이르다, 나아가다, 다하다, 이루다, 세우다, 꾸미다, 시작하다, 만나다, 때.

4) 騖(무) : 달리다, 질주하다, 힘쓰다, 노력하다.

① 『어류』: 그에게 이미 말해 준 것은 빈천에 임하는 도이고, 아직 말해 주지 않은 것을 자공이 안 것은 학문의 도를 지칭한다.[119] 여기의 의리는 빈천에 관한 것만이 아니라 모든 학문 연구(講學)가 다 이러하다. 천하의 도리가 다 관련된다.[118] 일체의 일들은 다 그와 같이 해야 한다. 작은 성취(小成)에 안주하여 스스로 면려하지 않으면 안 된다는 뜻이다.[115] '의리의 무궁함'이란 본디 절차탁마해야 할 것에 정진하여 더욱 정밀해짐을 말한다.[120]

② 『어류』: "사람(남)을 모를까가 근심인데 어떻게 남을 알 수 있습니까?" "(세상 이치와 인간성 등에 관한) 도리를 분명히 통찰하면 자연히 남(인물됨)을 알 수 있다. 자신이 도리를 간파하지 못하고서야 어떻게 남이 현명한지 아닌지 알 수 있겠는가?"[124] 자기의 덕을 내면으로 충실히 연마하는 일은 남이 알아주는 일과 무관하나, 자기가 남을 모르는 일은 곧 무지함에 속한다. 무지함은 자기 소견이 밝지 못한지라 누가 현명한지 여부를 간파하지 못한다. 이른바 '사람의 말(주장)을 모르면(지언知言하지 못하면), 사람을 알아볼 수 없다'는 말이다. 지언이란 '편파적인 말에서는 편견의 소재를 알고, 궤변에서는 빠져든 함정을 알고, 부정한 말에서는 빗나간 바를 알고, 회피하는 말에서는 자기모순을 아는 것이다.'[『맹자』 3 : 2] 만약 남의 주장(말)을 간파하는 능력('知言')이 있으면 그가 입을 열자마자 그 사람의 마음속 일을 알아낼 수 있으니, 이것이 곧 사람을 알아봄('知人')이다. 가령 재상이 되어 사람을 알아보지(知人) 못한다면, 인사권을 발휘할 때 어진 이를 승진시키지도 불초자를 내치지도 못한다.[127]

왕往은 이미 말해 준 내용, 래來는 아직 말해 주지 않은 내용이다.[①]

내 생각에, 이 장의 문답의 깊이와 수준은, 물론 더 이상 변론하지 않아도 매우 명백하다. 자르지(切) 않으면 가는(磋) 일을 할 수 없고, 쪼개지(琢) 않으면 연마하는(磨) 일을 할 수 없다. 따라서 학생은 작은 성취에 안주하여 도의 극치에 나아가려는 노력을 멈추어도 안 되지만, 또한 아리송하고 고원한 데("불교 등의 이단 사상")에만 정신을 쏟느라 자기에게 절실한 실제적인 병폐를 살피지 않아도 안 된다.

1-16 공자가 말하였다. "남이 나를 알아주지 못할까 근심하지 말고, 내가 남을 알아보지 못할까 근심하라."[②]

• 군자는 자신의 노력 여하에 달려 있는 것을 추구하고, 남이 자기를 알아주지 못하는 것을 근심하지 않는다. 사람(남)을 모르면 시비와 사정邪正을 변별하지 못할 수도 있기 때문에 근심으로 여긴다. - 윤돈

제2편 위정

爲政第二

(凡二十四章.)

2-1 子曰：“爲[1]政以德, 譬[2]如北辰, 居其所而衆星共之.”

(共, 音拱, 亦作拱.)[3] ○政之爲言正也, 所以正人之不正也. 德之爲言得也, 得於心而不失之謂也.[4] 北辰, 北極, 天之樞[5]也. 居其所, 不動也. 共,[6] 向也, 言衆星四面旋繞[7]而歸向之也. 爲政以德, 則無爲而天下歸之, 其象如此.

○程子曰：“爲政以德, 然後無爲.”

范氏曰：“爲政以德, 則不動而化·不言而信·無爲而成. 所守者至簡而能御煩,[8] 所處者至靜而能制動, 所務者至寡而能服衆.”

---

1) 爲(위)：베풀다, 행하다, 다스리다, 정치를 하다, 해설하다, 배우다, 위하다, 돕다, 지키다.
2) 譬(비)：비유, 다른 사물에 빗대 설명하다, 깨우치다, 넌지시 타이름, 알아차리다.
3) 拱(공)：두 손 맞잡아 가슴까지 올려 절하다, 껴안다, 두르다, 에워싸다, 빙 둘러침.
4) 行道而有得於心也(도를 행하여 마음에 터득하고 있음－내각본)
5) 樞(추)：지도리, 일할 때 가장 중요한 점, 근본, 한가운데, 중앙, 처음, 대권, 의지처.
6) 共(공)：함께하다, 공유하다, 향하다, 대하다, 같이, 모두, 공동으로.
7) 旋(선)：돌다, 도리어, 둥글다, 빙 두르다. 繞(요)：두르다, 둘러쌈, 감다, 얽힘, 휘어짐.
8) 御(어)：몰다, 다스리다, 거느리다, 조종, 권하다, 바치다, 모시다, 맡다, 억제, 막다. 煩(번)：괴로워하다, 답답함, 고민, 번거롭다, 장황함, 성가시다, 괴롭힘, 번민, 어지러움.

① 『어류』：사람에게 있는 덕이 정치에 표출되는 것은 마치 물이 사물을 적시고, 불이 물건을 따뜻하게 하는 것과 같다. 그 덕이 있으면 곧 그런 정치가 있다.[2] 위정이덕爲政以德이란 덕을 가지고 정치를 한다는 것이 아니라, 자기에게 그런 덕이 있으면 사람들이 저절로 귀의하고 우러르니, 마치 뭇별이 북극성을 에워싸는 것과 같다는 말이다.[7]

② 『어류』：“『집주』에 ‘덕이란 도를 행하여 몸에 터득하고 있음(有得於身)’이라고 했다가 나중에 신身을 심心으로 개작한 것은 왜입니까?” “어떤 사람이 좋은 일을 할 때 다만 한 두 가지를 했다면 오직 마지못해 하는 것이니 ‘득得’의 경지가 아니다. 이른바 얻음(得)이란 익숙하게 행하여 그 일이 마음에 아주 편안함을 일컫는다. 그런 경지에서 정치를 하면 저절로 사람들이 복종한다. 비유컨대 아주 좋은 사람이 말하면 듣는 사람이 믿고 동의하는 것과 같다. 이른바 무위無爲란 온갖 공문서 등을 모두 폐기한다는 것이 아니라, 다만 내가 그 덕이 있으면 저들이 스스로 복종하기 때문에 완력으로 그들을 복종하게 할 필요가 없다는 말이다.”[13] ‘신身’은 심心으로 개작해야 한다. 여러 경전의 주석이 다 그러하다. 옛날의 글자 제작은 함부로 하지 않았다. 덕德 자의 경우도 그 안에 심心이 있는 것을 보면 그 이치를 알 수 있다.[14] ○『사서전의찬요四書箋義纂要』：『예기』「악기」에 ‘덕은 득이다’ 하였고, 「향음주」에 ‘득이란 몸에 터득함(得於身)이다’ 하였다. 옛날에 학學·술術·도道는 장차 몸에 터득하려는 것이었다. 『집주』는 처음에 ‘도를 행하여 몸(身)에 터득한다’고 했다가, 나중에 ‘신’을 ‘심’으로 개작했는데,

2-1 공자가 말하였다. "덕으로 정치함은,① 마치 북극성이 자기 자리에 가만히 있는데도 모든 별들이 그것을 에워싸는 것과 같다."

정政의 의미는 올바름(正)이니(12-17), 남이 바르지 않음을 바로잡는 것이다. 덕德의 의미는 얻음(得)이니, 마음에 얻어 잃어버리지 않음을 말한다.② 북신北辰은 북극성이니, 하늘의 축이다. 거기소居其所는 움직이지 않음이다. 공共은 향함이니, 모든 별들이 사방에서 돌면서 둘러싸 북극성을 향해 있다는 말이다. 덕으로 정치하면, 일부러 일을 벌이지 않아도(無爲) 천하가 귀의하는③ 형상이 그와 같다.

• 덕으로써 정치를 한 뒤에 무위無爲할 수 있다. – 이천

• 덕으로써 정치를 하면 움직이지 않고도 교화하며, 말하지 않아도 믿음을 주며, 일부러 일을 벌이지 않아도 성취한다. 원칙이 지극히 간략해도 번잡한 것을 제어할 수 있고, 대처가 지극히 고요해도 동요하는 것을 통제할 수 있고, 업무가 지극히 적어도 많은 것을 복종시킬 수 있다.④ – 범조우

'덕' 자가 '심'의 범주를 따랐기 때문인데, 그 의미가 더욱 적절하였다.

③ 『어류』: 성인도 해야 할 일은 해야 한다. 어떻게 하지 않을 수 있겠는가? 다만 일을 만들어 인민을 괴롭히지 않을 뿐이다. 오직 덕만 도모하면 인민이 저절로 귀의한다.[17] 덕과 정政은 두 가지 일이 아니다. 단지 덕으로 근본을 삼으면 인민을 귀순시킬 수 있다. 만약 '임금의 명령의 성격이 자신의 실상과 반대되면(所令反其所好)'(『대학』) 인민은 복종하지 않는다.[3] "'덕으로 정치함'은 몸소 솔선한다는 뜻입니까?" "일부러 억지로 솔선하는 것이 아니다. 정치를 펼치기에 앞서 그 덕이 이미 체득되어 있다는 의미이다. '몸소 솔선한다'는 표현은 조잡하다. 덕이란 내 몸에 체득되어 있음을 뜻한다는 사실을 상기할 필요가 있다.[4] '덕으로 정치함'은 덕을 가지고 정치를 편다는 뜻도 아니고, 우두커니 서서 전혀 아무런 작위를 하지 않는다는 뜻도 아니다. 덕이 임금 몸에 닦여 있어서 인민이 저절로 감화한다는 뜻이다. 감화란 정책이 아닌 덕으로 감화함이다. 정치란 남의 부정을 바로잡는 일이니 작위가 없을 수 없다. 다만 사람이 귀의하는 까닭은 그의 덕 때문이다.[5] 근본에 충실한다는 뜻이지 지모나 책략으로 천하를 조정한다는 뜻이 아니다.[16]

④ 『어류』: "노자의 무위 정치도 같은 것 아닙니까?" "노자의 무위는 전혀 일하지 않는 것이다. 성인의 무위는 일을 하지 않은 적이 없으니, 자신을 바르게 하여 남면할 따름이다. 곧 '자신을 바르게 하여 만물을 바르게 하니,' '독실한 공경함으로 천하가 태평해진다'는 말이다. 후세에 천하가 어지러워진 까닭은 독실한 공경을 못했기 때문이다. 만약 임금이 공경을 다하면 눈은 밝아지고 귀는 총명해지니, 천하의 일이 어찌 다스려지지 않겠는가! 노자가 말한 무위는 다만 '대수롭지 않게 여겨 소홀히 함(簡忽)'이고, 성인이 말한 무위는 당연의 이치에 맡김이다."[20] ○모기령: "『집해』의 '덕이란 무위이다'는 포함의 설은 황노의 설을 뒤섞은 것이다. 하안은 『집해』를 지을 때 본디 노자에 익숙해 있어서 유가를 도가로 끌어들였다. '덕으로

2-2 子曰："『詩』三百，一言以蔽之，曰'思無邪.'"[1]

『詩』三百十一篇，言三百者，擧大數也. 蔽，猶蓋也.[2] "思無邪，"「魯頌·駉」[3]篇之辭. 凡『詩』之言，善者可以感發人之善心，惡者可以懲創人之逸志，[4] 其用歸於使人得其情性之正而已. 然其言微婉，[5] 且或各因一事而發，求其直指全體，則未有若此之明且盡者. 故夫子言『詩』三百篇，而惟此一言足以盡蓋其義，其示人之意亦深切矣.

○程子曰："'思無邪'者，誠也."

范氏曰："學者必務知要，知要則能守約，守約則足以盡博矣. 經禮三百，曲禮三千，亦可以一言以蔽之，曰'毋不敬.'"

정치함(爲政以德)'이 바로 유위有爲이다. 공자는 이미 명백히 '위爲' 자를 썼다."

1) 邪(사) : 간사함, 옳지 않다, 어긋나다, 위배, 치우침, 속이다, 악하다, 요사스런 기운.

2) 蔽(폐) : 덮다, 씌우다, 포괄하다, 하나로 덮다, 숨기다, 울타리. 蓋(개) : 덮다, 씌우다, 감추다.

3) 駉(경) : 목장, 굳세다, 말이 살찌고 굳센 모양.

4) 懲創(징창) : 징계하다. 懲 : 혼내다, 징계. 創 : 다치다, 상처, 비롯하다, 징계하다, 슬퍼하다. 逸(일) : 달아나다, 없어짐, 잃다, 숨다, 풀어놓다, 빠르다, 즐거워함, 실수, 난잡함.

5) 微婉(미완) : (글·말의) 내용을 에둘러 부드럽게 말함. 微 : 적다, 숨다, 몰래, 정묘함, 어렴풋함, 천하다, 없다, 없다고 하면(14-17), 다치다. 婉 : 순함, 예쁘다, 에둘러 말함, 정숙함.

① 『어류』: '생각에 사특함이 없음'은 시를 지은 사람의 생각에 사특함이 없다는 말이 아니다. 시 삼백 편의 작자는 한 사람이 아니니, 어찌 그들 모두의 생각에 사특함이 없을 수 있겠는가?[26] 예컨대 「상중桑中」, 「진유溱洧」의 시는 모두 바람나서 놀아난(淫奔) 자가 지은 것이다. 성인이 그런 시를 빼지 않고 놔둔 것은, 풍속이 그처럼 타락해 그런 시를 쓰는 지경에 이르렀음을 보여주어 독자가 부끄러움을 느껴 경계로 삼게 하려는 것이었다.[27] 음분淫奔의 시는 물론 사특하다. 그러나 그런 시를 반성함은 사특하지 않다.[35] 삼백 편의 시를 읽으면 선하고 아름다운 내용은 본받고, 악한 시나 풍자시는 경계로 삼을 만하다. 따라서 사람들의 생각에 사특함이 없게 하려는 것이다.[27] 「풍」·「아」·「송」 등의 시는 사람에게 선한 마음을 불러일으킬 수 있다. 반면 「변풍」 등의 시는 매우 나쁜 것이 있어서, 독자로 하여금 경계를 삼아 감히 그렇게 하지 않도록 주지시킬 수 있다. 아주 좋은 시들은 대부가 지은 것이고, 좋지 않은 부류의 시는 다만 민간의 소인 잡배가 지은 것이다. 만일 사람들이 좋은 시를 읽으면 물론 권면할 줄 알게 되고, 좋지 않은 시(바람나서 놀아난 시)를 읽으면 오싹하게 경계하여, 사람의 본심은 본디 그런 짓을 하지 않길 바라며 그런 일은 다만 본심의 상실을 의미한다는 것을 깨닫는다. 따라서 시를 읽게 함은 독자의 마음에 사특함을 없애려는 것이다.[56] ○『혹문』:

2-2 공자가 말하였다. "『시』 삼백 편은 한마디르 '생각에 사특함이 없다.'"①

『시』(『시경』)는 311편인데, 삼백이라고 한 것은 대략을 말한 것이다. 폐蔽는 덮음(개괄)과 같다. '사무사思無邪'는 「노송·경」 편의 구절이다. 『시』의 내용 가운데 선한 것은 사람의 선한 마음을 감동시킬 수 있고, 악한 것은 사람의 방탕한 마음을 경계시킬 수 있다. 시의 효용은 사람으로 하여금 바른 성정을 얻도록 하려는 것으로 귀결된다. 『시』의 표현은 은미하고 완곡하며, 또 각각 특정한 사건으로 인해 표현한 것도 있어서, 마음의 온전한 본모습을 곧장 지적한(直指全體)❷ 것을 찾을 경우 이 구절처럼 분명하고 완전한 것이 없다. 따라서 공자는 『시』 삼백 편 가운데 오직 이 한 구절로 『시』의 의미를 완전히 포괄할 수 있다고 말하였다. 사람들에게 제시한 뜻이 깊고도 절실하다.

• 생각에 사특함이 없음이 곧 참됨(誠)이다. – 이천

• 학생은 반드시 핵심을 알고자 힘써야 한다. 핵심을 알면 요점을 견지할(守約) 수 있고, 요점을 견지하면 온전하고 해박함을 다할 수 있다. 경례經禮 삼백 조목과 곡례曲禮 삼천 조목 또한 한마디로 말하면 '공경 아닌 것이 없다.' – 범조우

"그렇다면 공자가 『시』를 산정할 때 왜 그런 불륜 시를 제거하지 않았습니까?" "공자가 그것을 놔둔 까닭은 다만 한 시대의 상황과 사방의 풍속을 보여주고, 독자가 고찰하고 그 득실을 거울삼아 마음이 마침내 바른길로 돌아갈 수 있도록 하려는 것이다." "그렇다면 『시』 삼백 편에는 좋지 않은 것이 많은데, 어째서 '사무사思無邪' 한마디로 전체를 개괄했습니까?" "성인의 뜻은 결국 독자로 하여금 바른길로 돌아가라는 것이니, 그 의미는 결국 '사무사' 한마디에 귀결된다." ○『어류』: '생각에 사특함이 없음'은, 그것이 시인의 생각이나 독자의 생각이냐는 따질 필요가 없다. 요컨대 사람의 생각에는 아무튼 사특함이 없어야 한다는 말이다.[51] "선배 유학자 가운데 『시』 삼백 편의 내용 모두 '생각에 사특함이 없다'고 여겼는데 어떻습니까?" 선생은 웃으면서 말하였다. "예컨대 여조겸呂祖謙(1137-1181)의 설명이 그러하다. …그의 시안詩眼이 문제가 많다(睛)."[28] 여조겸은 공자가 '정나라 음악을 추방했으니(放鄭聲)'(15-11) 그런 부류의 시는 공자가 『시』에 남겨두지 않았을 것으로 여겼다. 삼백 편 모두가 바른 시이고 모두 선인이 지었다는 것이다. 그러나 내 생각은 정나라 음악의 추방이란 제사나 묘당과 빈객의 의례에서 사용하지 않았다는 뜻일 뿐이고, 그런 부류의 시 역시 현재의 『시』 안에는 남아 있다고 여겨진다. 정어중鄭漁仲이 『시변詩辨』에서 '「장중자將仲子」 편은 음분의 시이지, 중자를 풍자한 시가 아니다' 하였는데, 나는 어릴 때부터 그의 설이 옳다는 것을 알았다. 여조겸은, '삼백 편의 시를 성인이 편집한 다음 모두 가락에 맞추어 노래를 불렀다'고 말한 사마천의 설명에 너무 얽매여, 모두 다 좋은 시라고 여겼다. 그러나 사마천의

2-3 子曰："道之以政, 齊[1]之以刑, 民免而無恥；道之以德, 齊之以禮, 有恥且格."[2]

(道, 音導, 下同.) ○道, 猶引導, 謂先之也. 政, 謂法制禁令也. 齊, 所以一之也. 道之而不從者, 有刑以一之也. 免而無恥, 謂苟免刑罰而無所羞愧,[3] 蓋雖不敢爲惡, 而爲惡之心未嘗亡也.

禮, 謂制度品節[4]也. 格, 至也.[5] 言躬行以率之, 則民固有所觀感而興起矣, 而其淺深厚薄之不一者, 又有禮以一之, 則民恥於不善, 而又有以至於善也. 一說：格, 正也. 『書』曰："格其非心." ○愚謂政者爲治之具, 刑者輔治之法, 德·禮則所以出治之本, 而德又禮之本也. 此其相爲終始, 雖不可以偏廢, 然政·刑能使民遠罪而已, 德·禮之效, 則有以使民日遷善而不自知.[6] 故治民者不可徒恃[7]其末, 又當深探[8]其本也.

평론 자체가 꼭 옳은 것은 아니니, 어찌 그의 말에 얽매일 필요가 있겠는가?[27]

❷『어류』："직지전체直指全體가 무엇입니까?" "사무사思無邪 한마디가 단도직입적으로 시교詩敎의 본의를 보여주어 온갖 세세한 의미를 모두 갖추고 있다는 뜻이다."[30]

1) 齊(제)：가지런함, 같게 하다, 똑같이, 바르다, 엄숙. (재)：재최, 재계하다(齋), 엄숙하다.

2) 格(격)：바로잡다, 치다, 이르다, 다다르다, 감동하여 통함, 표준, 뒤얽힘, 재다, 헤아림.

3) 羞愧(수괴)：부끄러워하다. 羞：수줍다, 부끄럽다, 수치. 愧：부끄럽다.

4) 品節(품절)：등급과 제한. 品：등차를 매기다, 구별, 품평하다, 널리, 벼슬의 등급, 규정.

5)『어류』：問'格'字. 曰：'是合格·及格之格, 使人之合法度而已.'[60] 格者, 至於善也. 如'格于文祖,' '格于上下,' 與夫'格物,' 格者, 皆至也.[62]

6)『禮記』「經解」：故禮之敎化也微, 其止邪也於未形, 使人日徙善遠罪而不自知也, 是以先王隆之也.『易』曰：'君子愼始, 差若豪氂, 繆以千里,' 此之謂也.

7) 恃(시)：믿다, 의지하다, 믿고 의지함.

8) 探(탐)：찾다, 뒤지다, 정탐, 찾아가다, 방문.

①『어류』：이때의 백성은 서민을 지칭한다. 선비라면 자기 행실에 수치를 아는지라 윗사람의 명령을 기다리지 않는다.[66]

②『어류』：당시에는 오로지 법령과 형벌로 백성을 다스리고, 덕과 예를 강구하지 않았기 때문에 성인께서 이런 말을 한 것이다. 법령과 형벌은 범죄를 멀리하게만 할 뿐이니, 만약 나쁜 마음을 바로잡으려면 덕과 예가 아니면 안 된다는 말이다. 성인이 천하를 다스리면서 어찌 형벌과 법령을 폐한 적이 있겠는가?[58]

2-3 공자가 말하였다. "법령으로 이끌고 형벌로 다스리면, 백성은 형벌을 모면하려고만 하고 수치를 모른다. 덕으로 이끌고 예로써 다스리면, 백성①은 수치심을 느껴 또한 선에 이른다."②

도道는 인도引導와 같으니, 솔선한다는 말이다. 정政은 법제와 금령을 말한다. 제齊는 통일함이니, 인도해도 따르지 않는 자는 형벌을 주어 통일시킨다. 면이무치免而無恥는 구차하게 형벌을 면하면서 수치를 모른다는 말이다. 감히 악을 행하지는 않더라도 악을 행하려는 마음이 사라진 적은 없기 때문이다.③

예禮는 제도와 등급을 말한다. 격格은 이름(至)이다. 몸소 행하여 솔선하면, 백성은 진실로 보고 감동하여 분발한다. 그 가운데 깊고 얕고 두텁고 박한 차이④를 다시 예로써 통일하면, 백성은 나쁜 일에 수치심을 느끼고 또한 선에 이른다는 말이다. 일설에 따르면, 격格은 바로잡음이다. 『서경』에 "그릇된 마음을 바로잡는다(格)" 하였다.

내 생각에, 법령이 정치의 도구이고 형벌이 정치를 보조하는 법규라면, 덕과 예는 정치를 펼치는 근본이고, 덕은 또 예의 근본이다. 이것들은 서로 시작과 끝이 되므로, 어느 하나라도 폐할 수 없다. 다만 법령과 형벌은 백성이 죄에서 멀어지게 하는 역할만 할 수 있을 뿐이다. 덕과 예의 효용은 백성이 자신도 모르는 사이에 날마다 선으로 옮아가게 한다. 따라서 백성을 다스리는 자는 오직 말단에만 의지해서는 안 되고, 근본도 깊이 탐구해야 한다.

---

③ 『어류』: '덕으로 이끎'은 몸소 실천하여 백성에게 모범을 보임이다. 가령 반드시 스스로 효를 다한 뒤에 백성에게 효도하라고 가르칠 수 있고, 반드시 스스로 공손함을 다한 뒤에 백성에게 공손하라고 가르칠 수 있는 그런 따위이다.[59] '덕으로 이끈다' 함은 몸소 모범을 보임으로써 흠모할 바를 알게 함이고, '예로써 다스린다' 함은 관혼상제의 의례와 존비·대소의 차이를 알게 하여 사람들이 나아갈 바를 알게 함이다. 일단 덕과 예의 선함을 알면 수치심이 생겨 선에 이른다. 형벌과 법령으로 다스리면 마음을 변화시키지 못하고 다만 조금 고치도록 할 뿐이니, 형벌과 법령이 조금이라도 풀어지면 예전으로 돌아가 수치를 모르게 된다.[68]

④ 『어류』: '깊고 얕고 두텁고 박한 차이'란 천품과 믿음(信向)이 그와 같이 한결같지 않아서, 덕으로 감화시키더라도 여전히 믿으려 하지 않는 사람도 있고, 지나친 사람도 있기 때문에 예로써 통일시키는(규제하는) 것이다. 예는 이른바 길吉·흉凶·군軍·빈賓·가嘉의 오례이니, 예법대로 통일시켜야 한다.[69] '보고 감동하는(觀感)' 정도가 깊고 두터운 사람은 물론 좋다. 그러나 그 정도가 얕고 박한 사람은 모름지기 예로써 통일시켜야 한다.[70]

2-4 子曰："吾十有五而志于學，三十而立，四十而不惑，五十而知天命，六十而耳順，七十而從心所欲，不踰矩."[1]

古者十五而入大學. 心之所之謂之志. 此所謂學，卽大學之道也. 志乎此，則念念在此而爲之不厭矣.

有以自立，則守之固而無所事志矣.

於事物之所當然，皆無所疑，則知之明而無所事守矣.

天命，卽天道之流行而賦[2]於物者，乃事物所以當然之故也. 知此則知極其精，[3] 而不惑又不足言矣.

聲入心通，無所違逆，知之之至，不思而得也.

(從，如字.) ○從，隨也. 矩，法度之器，所以爲方者也. 隨其心之所欲，而自不過於法度，安而行之，不勉而中也.[4]

---

1) 踰(유)：넘다, 지나감, 건너다, 이기다, 뛰어넘다, 더욱. 矩(구)：곱자, 법, 법도, 자, 새기다.

2) 賦(부)：조세, 부역, 베풀다, (나눠)주다, 받다, 천생으로 타고나다, 매기다, 부과하다.

3) 精(정)：정제한, 순수한, 정화, 정수, 훌륭하다, 뛰어나다, 정밀하다, 세밀하다, 총명, 똑똑하다, 영리하다, 정통하다, 정신, 몹시.

4) 『中庸』：誠者，天之道也. 誠之者，人之道也. 誠者，不勉而中，不思而得，從容中道，聖人也. 誠之者，擇善而固執之者也.

① 『혹문』：대학의 도는 격물·치지·성의·정심·수신·제가·치국·평천하의 도를 말한다.

② 『혹문』：학문에 뜻을 두고 십오 년 동안 계속 노력하여 절조를 지키는 공부를 닦아서 올라선 경지가, 아주 견고하여 그 어떤 것에도 동요하지 않는 것이 '립立'이다. ○『어류』："립이란 이 도에 서는 것입니까?" "립은 다만 외물에 의해 휘둘리지 않음이다."[77] 곧 누가 무슨 소리를 하든지, 불교의 진리를 설하든 공리주의를 설하든 전혀 동요하지 않고, 또한 부귀에도 현혹되지 않고 빈천에도 흔들리지 않으며 위압에도 굴복하지 않는 경지이다.[99]

③ 『혹문』：불혹이란 이미 굳게 선 다음 다시 십 년 동안 함양을 깊이 새기는 공부를 하여, 지혜와 식견이 명철해져 아무런 막힘이 없는 경지이다. 사물의 이치를 매우 미미한 차이도 섬세히 분변하여, 가슴속에 명약관화하지 않음이 없다. ○『어류』：'립'은 아직 '절조를 지킨다(持守)'는 의미가 있으나, '불혹'은 사리에 대해 미혹이 없는 경지이다.[91]

④ 『혹문』：미혹이 사라진 이후 십 년을 충실히 쌓아나가면, 지혜는 더욱 예리해지고 식견은 더욱 투철해져 지천명의 경지에 이른다. 천도가 유행하여 만물에 부여된 것은, 모두 지극히 선하여 거짓이 없는 이치(理)로서 잠시의 단절도 없으니, 그것이 이른바 천명이다. 사물이 얻은 것이 성性이고, 성에 갖추어진 것이 리理이다. 그 이름은 달라도 실제는 하나이다.

2-4 공자가 말하였다. "나는 열다섯에 학문에 뜻을 두었고, 서른에 자립하였고, 마흔에 미혹되지 않았고, 쉰에 천명을 알았고, 예순에 귀에 거슬림이 없었고, 일흔에 마음이 하고 싶은 대로 좇아 행해도 법도를 넘지 않게 되었다."

옛날에는 열다섯에 태학에 들어갔다. 마음이 가는 바를 뜻이라고 한다. 여기서 말한 학문은 '대학의 도'이다.① 거기에 뜻을 두면, 모든 생각이 그에 집중되어 '공부에 싫증내지 않는다.'(7-34)

스스로 설 수 있으면, 소신이 확고하여 뜻을 다잡을 필요가 없다.②

사물의 당연한 도리에 아무런 의심이 없으면, 앎이 명확해져 소신을 다잡을 필요조차 없다.③

천명④은 천도가 유행하여 사물에 부여된 것으로서, 사물이 마땅히 그러한 까닭이다. 이를 알면 앎이 매우 정밀해져 미혹이 사라짐은 더 말할 필요도 없다.⑤

말소리가 귀에 들어오면 마음으로 이해하니, 어긋나고 거슬리는 바가 없다.⑥ 인식의 지극한 경지이니, '숙고하지 않고도 저절로 깨닫는' 단계이다.

종從은 따름이다. 구矩는 측량 기구로서, 직각을 그리는 것이다. 마음이 하고 싶은 대로 좇아 행해도 스스로 법도를 넘지 않음은, '편안하게 실천하여' '힘쓰지 않아도 적중하는' 경지이다.

학문이 불혹에 이른 뒤에, 더욱 진보하여 모든 이치를 궁구하고 본성을 모두 발휘하면 천명을 알 수 있다.

⑤『어류』: 사십에는 불혹하여 인간사에 미혹이 사라지고, 오십에는 모든 일이 다 천명에서 비롯됨을 안다.[94] 지천명에 이르면 한 단계 더 깊어져, 가령 부자유친과 군신유의의 경우 당연히 친애하고 의롭게 하면서 하늘이 처음 내게 명할 때 이미 저 친애와 의로움이 있었다는 점을 깨닫는다.[108] 지천명은 하늘이 나에게 명한 그 원리(내용)에 대해 모두 알게 됨이다.[91] 불혹은 사물에 따라 그 도리가 응당 그래야 함을 보는 것이고, 지천명은 그 도리의 소이연所以然을 아는 것이다.[81] 부모에 효도하고 어른에 공손함은 당연한 일이다. 그 소이연을 추론하여 무엇 때문에 그와 같이 해야 하는가를 학생이 금방 그 이치를 알지는 못 한다. 오래 노력하면 곧 이해하게 된다.[84]

⑥『어류』: "남의 말을 귀로 들을 때 도리 없는 말이 없게 느끼는 경지가 순順입니까?" "어떻게 모든 말마다 다 도리가 있겠는가? 도리가 없는 말이라도 어디에서 이치에 어긋났는지 어디에서 결함이 있는지를 내가 안다는 뜻이다. 어느 한 측면의 드리가 어떤 것이든 한번 보면 곧 한꺼번에 완전히 다 통찰하는 경지가 이순耳順이다."[98]

○程子曰："孔子生而知者也，言亦由學而至，所以勉進後人也. 立，能自立於斯道也. 不惑，則無所疑矣. 知天命，窮理盡性也. 耳順，所聞皆通也. 從心所欲，不踰矩，則不勉而中矣."

又曰："孔子自言其進德之序如此者，聖人未必然，但爲學者立法，使之盈科[1]而後進，成章而後達耳."[2]

胡氏曰："聖人之敎亦多術，然其要，使人不失其本心而已. 欲得此心者，惟志乎聖人所示之學，循其序而進焉. 至於一疵[3]不存·萬理明盡之後，則其日用之間，本心瑩[4]然，隨所意欲，莫非至理. 蓋心卽體，欲卽用，體卽道，用卽義，聲爲律而身爲度[5]矣."

又曰："聖人言此，一以示學者當優游涵泳，[6] 不可躐等[7]而進. 二以示學者當日就月將，[8] 不可半途而廢也."

愚謂聖人生知安行，固無積累[9]之漸，然其心未嘗自謂已至此也. 是其日用之間，必有獨覺其進而人不及知者. 故因其近似以自名，欲學者以是爲則而自勉，非心實自聖而姑爲是退託也.[10] 後凡言謙辭之屬，意皆放[11]此.

---

1) 科(과)：과정, 품등(3-16), 그루, 법률, 세금·벌을 매기다, 과거, 구멍, 웅덩이.

2) 成章(성장)：사물이 어느 단계에 이르러 일정한 규모를 갖춤(양백준), 문장을 이룸, 조리가 섬. 章：악곡의 단락, 조목, 규별, 규칙, 법률, 밝힘, 드러나다. ○『孟子』：孔子登東山而小魯, 登太山而小天下, 故觀於海者難爲水, 遊於聖人之門者難爲言. 觀水有術, 必觀其瀾. 日月有明, 容光必照焉. 流水之爲物也, 不盈科不行；君子之志於道也, 不成章不達.[13：24]

3) 疵(자)：흠, 결점, 결함, 병, 사마귀, 깨뜨리다, 부수다, 재앙, 비방하다.

4) 瑩(영)：옥돌, 옥처럼 밝고 깨끗하다, 윤기 있고 투명하다, 맑다, 눈부시다.

5) 度(도)：법도, 도량, 정도, 헤아림, 법칙, 모습, 풍채. (탁)：헤아리다, 꾀하다.

6) 優游涵泳(우유함영)：여유롭게 학문·예술 등의 이치를 깊이 음미함. 優：넉넉함, 도탑다, 뛰어나다, 머뭇거리다, 편안하게 쉼, 부드럽다. 涵：젖다, 적시다, 잠기다, 가라앉다.

7) 躐等(렵등)：순서를 뛰어넘음. 躐：밟다, 뛰어넘다. 等：등급, 계단, 무리, 견주다.

8) 將(장)：나아가다, 발전하다, 전진시키다, 받들다, 양육하다, 돕다, 처리하다, 순종.

9) 積(적)：쌓다, 모음, 포개다, 오래됨. 累(루)：묶다, 늘림, 쌓임, 포개다, 끊임없이, 번뇌.

10) 姑(고)：잠시, 잠깐, 시어미, 고모, 여자, 여승, 무당. 退託(퇴탁)：양보하다, 사양, 겸손, 물러나

• 공자는 날 때부터 다 아는(7-20) 사람이지만[①] 배워서 이르렀다고 갈한 것은, 후세 사람들을 권면하여 전진하게 하려는 뜻이다. 입立은 스스로 이 도에 설 수 있음이다. 미혹되지 않으면 의심도 없다. 지천명知天命은 궁리하여 본성을 다함이다. 이순耳順은 들은 바를 다 이해함이다. 마음이 하고 싶은 대로 좇아 행해도 법도를 넘지 않으니, 힘쓰지 않아도 적중한다. – 이천

• 공자가 스스로 자신의 진덕進德의 순서를 이와 같이 말하였다. 성인이 꼭 이렇게 하신 것은 아니다. 다만 학생을 위한 법도를 세워, 순서에 따라 차근차근 진보하여 일정한 규모를 갖춘 다음 통달하게 하려는 것일 따름이다. – 이천

• 성인의 가르침은 여러 방법이 있다. 그러나 요점은 사람들이 오직 본심을 잃지 않도록 하려는 것이다. 본심을 얻으려는 자는 오직 성인이 제시한 학문에 뜻을 두고 순서에 따라 나아가야 한다. 하나의 흠도 존재하지 않고 모든 이치를 온전히 깨달은 경지에 이르면, 일상생활에서 본심이 거울처럼 맑아져 마음이 하고자 하는 바를 따르더라도 지극한 이치가 아닌 경우가 없다. 마음은 체體이고 욕망은 용用이며, '체'는 도道이고 '용'은 의義가 되니, 목소리는 음률이 되고 몸은 법도가 되기 때문이다. – 호인

• 성인의 이 말씀은 첫째, 학생은 여유로운 마음으로 함양해야지 순서를 뛰어넘어 나아가면 안 됨을 보여주었고, 둘째, 학생은 일취월장해야지 중도에 포기해서는 안 됨을 보여주었다. – 호인

내 생각에, 성인은 나면서부터 다 알고 편안히 실천하는 분이므로 물론 조금씩 쌓아 나가는 단계가 필요 없지만, 마음속으로 이미 그런 경지에 이르렀다고 스스로 간주한 적이 없다. 성인이 일상생활에서 반드시 홀로 진보한 경지를 깨달았더라도 다른 사람은 미처 알지 못한 경우가 있었을 것이다. 따라서 근사한 이름을 스스로 붙임으로써, 학생이 그것을 모범으로 삼아 스스로 노력하기를 바랐을 뿐이다. 마음속으로 실제로 성인임을 자처하면서도 일부러 그처럼 겸손해 한 것은 아니다. 이하에 나오는 모든 겸손한 말의 의미 역시 다 이와 같다.

피하다, 도망치다, 위축, 주눅 들다.

11) 放(방) : 본받다, 준하다, 서로 닮다, 의하다, 의지함, 이르다, 그만두다, 크게, 바라다.

① 『혹문』 : 성인이 모르는 것은 사물의 이름 따위뿐이다. 의리의 근원조차 성인께서 배운 뒤에

2-5 孟懿子問孝. 子曰：“無違.”[1] 樊遲御,[2] 子告之曰：“孟孫問孝於我, 我對曰‘無違.’” 樊遲曰：“何謂也?” 子曰：“生, 事之以禮；死, 葬之以禮, 祭之以禮.”

孟懿[3]子, 魯大夫仲孫氏, 名何忌. 無違, 謂不背[4]於理.

樊遲,[5] 孔子弟子, 名須. 御, 爲孔子御車也. 孟孫, 卽仲孫也. 夫子以懿子未達而不能問, 恐其失指, 而以從親之令爲孝, 故語樊遲以發之.

生事葬祭, 事親之始終具矣. 禮, 卽理之節文也. 人之事親, 自始至終, 一於禮而不苟,[6] 其尊親也至矣. 是時三家僭[7]禮, 故夫子以是警[8]之. 然語意渾然,[9] 又若不專爲三家發者, 所以爲聖人之言也.

○胡氏曰：“人之欲孝其親, 心雖無窮, 而分則有限. 得爲而不爲, 與不得爲而爲之, 均[10]於不孝. 所謂以禮者, 爲其所得爲者而已矣.”

아는 것이라고는 생각되지 않는다.

1) 違(위) : 어기다, 위반, 다르다, 틀림, 떠나다, 회피, 달아나다, 멀리하다, 원망, 잘못.

2) 御(어) : 어거하다, 말을 몰다, 다스리다, 부리다, 통괄하다, 관리, 모시다, 받들다.

3) 懿(의) : 아름답다, 좋다, 훌륭하다, 기리다, 칭찬하다, 깊다.

4) 背(배) : 등, 등지다, 피하다, 숨기다, 어기다, 배반, 위반, 암송하다, 외다.

5) 樊(번) : 울타리, 에워싸다, 울타리 하다, 새장. 遲(지) : 늦다, 더디다, 게을리 하다.

6) 苟(구) : 진실로, 잠시, 적어도, 구차히도, 눈앞의 편함만 탐하다, 다만, 가령, 또는, 바라건대.

7) 僭(참) : 참람하다, 행동이 분수에 지나침, (윗사람을) 범함, 사치, 거짓, 비방, 나무라다.

8) 警(경) : 경계하다, 타이르다, 방비하다, 놀라게 하다, 겁나다, 깨우다, 경보, 영리하다.

9) 渾然(혼연) : 구분할 수 없는 모습, 완전히, 혼돈한 모습, 순수·질박한 모습, 어리벙벙함.

10) 均(균) : 모두, 다, 전체로, 고르다, 균일, 한결같다, 같게 하다, 녹로, 헤아리다.

① 『어류』 : 제후는 제후의 예로써, 대부는 대부의 예로써 부모를 섬겨야 한다.[116]

② 『혹문』 : 오오! 저들이 대부인 주제에 천자나 제후의 예를 행하여 부모를 대한 일이 원래 의도는 자기 부모를 영광스럽게 하는 가장 큰 효라고 여겼기 때문일 것이나, 한 번이라도 예를 어기는 일이 도리어 부모를 참람·배반의 역신 축으로 몰아넣음으로써, 자신은 불효막심한 함정에 빠졌다는 사실을 저들이 어찌 알았겠는가? 공자는 그가 효를 물을 만큼 부모를 사랑하는 마음이 있음을 알고 이렇게 일깨움으로써, 감화되어 스스로 고치기를 바랐다.

③ 『어류』 : 『주례周禮』는 매우 번쇄한지라 본래 행하기 어렵다. 공자가 ‘선진을 따르겠다’(11-1),

2-5 맹의자가 공자에게 물었다. "효란 무엇입니까?" "어기지 않는 것입니다." 번지가 마차를 몰자 공자가 말하였다. "맹의자가 나에게 효를 묻자 '어기지 않는 것이다'고 말해 주었다." "무슨 뜻입니까?" "살아 계실 때는 예에 따라 섬기고, 돌아가시면 예에 따라 장례하고, 예에 따라① 제사하라는 것이다."

맹의자는 노나라 대부 중손씨이고, 이름은 '하기'이다. '어기지 않음'은 이치에 어긋나지 않음을 일컫는다.

번지는 공자의 제자로서, 이름은 '수'이다. 어御는 공자를 위해 수레를 몲이다. 맹손은 곧 중손이다. 공자는 맹의자가 잘 이해하지 못하면서 다시 질문하지 않았다고 여겼다. 혹시 그가 그 의미를 잘못 이해하고 부모의 명을 무조건 따르는 것을 효라고 여길까 염려하여, 번지에게 말함으로써 그 뜻을 표명하셨다.

살아 계실 때 섬기고 (돌아가시면) 장사하고 제사함으로써, 부모를 섬기는 시작과 끝은 모두 완비된다. 예는 곧 리의 법도와 격식(節文)이다. 사람이 부모를 섬기면서 처음부터 끝까지 한결같이 예에 따르고 구차하지 않으면, 부모 공경은 지극하다. 당시 삼가三家는 예를 무시하고 멋대로 하였으므로, 공자가 이렇게 경계하였다.② 그러나 표현이 두루뭉술하여, 오로지 삼가에게만 해당되는 것이 아닌 것처럼 하였다. 그래서 성인다운 말이다.

• 사람이 부모에게 효도하려는 마음은 끝이 없지만, 분수는 한계가 있다. 할 수 있는데도 하지 않는 것과 해서는 안 되는데 하는 것 모두 불효이다. '예에 따른다' 함은 자기가 할 수 있는 것만 한다는 말이다.③ – 호인

'차라리 검소해야 한다, 차라리 슬퍼해야 한다'(3-4)고 한 말의 뜻을 보건대, 공자도 반드시 『주례』를 모두 따르려고 하지는 않았다. 공자가 권력을 행하는 자리에 있었다면, 옛사람의 뜻을 참작하여 따로 예를 제정해 행했을 것이다. 안자에게 고해 준 내용(15-11)을 보아도 짐작할 수 있다. 세상에는 옛날의 예를 억지로 그대로 행하려는 자가 꼭 있다. 그러나 후세의 실정은 예법과 서로 어울리지 않는다(情文不相稱). 관혼상제 가운데 관례가 가장 행하기 쉽다. 자기 집안일인지라 자기 식대로 행하면 그만이다. 혼례의 경우는 두 집안에 관련되므로, 저쪽은 행하려 하지 않으나 이쪽이 행하려 하면 결국 억지로 팔을 잡아당기는 격이 된다. 특히 상례와 제례는 아주 번쇄하다. 사람이 막상 상을 당하여 한참 애통해 하는 판에, 어느 틈에 온갖 예절과 법도를 세밀히 따져 행할 수 있겠는가? 제례 역시 마찬가지이다. 일일이

2-6 孟武伯問孝. 子曰：“父母唯其疾之憂.”

武伯, 懿子之子, 名彘. 言父母愛子之心, 無所不至, 惟恐其有疾病, 常以爲憂也. 人子體[1]此, 而以父母之心爲心, 則凡所以守其身者, 自不容於不謹矣, 豈不可以爲孝乎? 舊說：人子能使父母不以其陷[2]於不義爲憂, 而獨以其疾爲憂, 乃可謂孝.[3] 亦通.

2-7 子游問孝. 子曰：“今之孝者, 是謂能養. 至於犬馬, 皆能有養；不敬, 何以別乎?”

(養, 去聲. 別, 彼列反.) ○子游, 孔子弟子, 姓言, 名偃. 養, 謂飮食供奉也. 犬馬待人而食, 亦若養然. 言人畜犬馬, 皆能有以養之, 若能養其親而敬不至, 則與養犬馬者何異?[4] 甚言不敬之罪, 所以深警之也. ○胡氏曰：“世俗事親, 能養足矣. 狎[5]恩恃愛, 而不知其漸流於不敬, 則非小失也. 子游聖門高弟, 未必至此, 聖人直[6]恐其愛踰於敬, 故以是深警發之也.”

다 행하려고 하면 많은 집사가 필요하다. 전에 아무개가 억지로 앞장서서 행하려고 한 경우가 있었다. 자신은 물론 절차를 잘 알고 있겠지만, 고용된 집사들이 모두 익힌 적이 없는 사람들인지라 옆에서 구경하는 사람들이 웃음을 터뜨렸다. 그렇지만 아무도 제지하지 못하고, 나중에는 집사들조차 웃음을 참지 못하는 형국이 되었다. 이런 식으로 예를 행할 바에야 대체 무슨 소용이 있겠는가! 이 모두는 ‘상황과 예법(情文)’이 서로 맞지 않는 부분이니, 차라리 행하지 않는 편이 더 낫다.[117]

1) 體(체)：친근히 하다, 받아들이다, 의거하다, 본받다, 몸소, 근본, 격식, 규칙.

2) 陷(함)：(진흙·함정에) 빠지다, 함정, 움푹 패다, 날조하다, 모해하다, 모함, 결함.

3) 馬曰：“武伯, 懿子之子仲孫彘也. 武, 諡也. 言孝子不妄爲非, 唯有疾病然後使父母之憂耳.”

4) 包曰：“犬以守禦, 馬以代勞, 能養人者也. 一曰：‘人之所養, 乃能至於犬馬, 不敬則無以別.’ 孟子曰：‘養而不愛, 豕畜之也. 愛而不敬, 獸畜之也.’”

5) 狎(압)：익숙하다, 친압하다, 지나치게 가깝다(10-25), 업신여김, 희롱, 편안하다.

6) 直(직)：다만, 단지, 완전히, 정말, 줄곧, 내내, 곧장, 직접, 솔직하다, 곧게 하다.

2-6 맹무백이 공자에게 물었다. "효란 무엇입니까?" "부모는 오직 그 자식의 질병만 근심하는 법입니다."

맹무백은 맹의자의 아들이고, 이름은 체彘(돼지)이다. 부모가 자식을 사랑하는 마음은 이르지 않는 데가 없지만, 오직 자식이 질병에 걸릴까 봐 늘 근심한다. 자식으로서 이를 절실히 느껴 부모의 마음을 자기 마음으로 삼는다면, 자기 몸을 단속하면서 늘 삼가지 않을 수 없을 것이니, 어찌 효가 아니겠는가? 옛날 해석은, 자식이 부모로 하여금 자식이 나쁜 일에 빠질까를 근심하지 않게 하고, 오직 자식의 질병만 근심하게 해야 효라 할 수 있다고 했는데, 역시 통한다.

2-7 자유가 공자께 물었다. "효란 무엇입니까?" "요즘 말하는 효는 '봉양 잘함'일 뿐이다. 개나 말도 집 안에서 봉양을 받지 않는가? 우리가 부모를 공경하지 않으면, 개나 말과 무슨 구별이 있겠는가?"

자유는 공자의 제자로서, 성은 언言, 이름은 언偃(넘어지다)이다. 양養은 음식을 받들어 올리는 것을 말한다. 개나 말도 사람에게 의지하여 먹으니, 역시 봉양을 받는 것과 비슷하다. 사람이 개나 말을 기르는 일 역시 봉양하는 것이니, 만약 자기 부모를 봉양하면서 지극히 공경하지 않는다면, 개나 말을 기르는 일과 무엇이 다르냐는 뜻이다. 공경하지 않는 허물을 심하게 표현함으로써, 깊이 경계하여 계발한 것이다.①

• 세속의 부모 섬김은 봉양만 잘하면 충분하다고 여긴다. 부모의 은혜에 익숙해져 그 사랑만 믿으면 부지불식간에 점차 그 폐단이 불경不敬에 이른다. 작은 실수가 아니다. 자유는 성인 문하의 고제高弟로서, 꼭 그런 지경에 이른 것은 아니겠으나, 성인이 다만 그 사랑이 공경을 뛰어넘을까 염려했기에 깊이 경계하여 그렇게 말씀하셨다. – 호인

---

① 『혹문』: "부모는 지극히 존엄하고, 개와 말은 지극히 비천한데, 성인의 말씀이 왜 이처럼 조리가 없습니까?" "경계하려는 말이기 때문이다. 존비가 뚜렷이 구별된 것을 들어 설명함으로써, 봉양만 하고 공경하지 않는 자의 죄를 깊이 천명했을 따름이다."

2-8 子夏問孝. 子曰："色難. 有事弟子服[1]其勞, 有酒食先生饌,[2] 曾是以爲孝乎?"

(食, 音嗣.) ○色難, 謂事親之際, 惟色爲難也. 食, 飯也. 先生, 父兄也. 饌, 飮[3]食之也. 曾, 猶嘗也. 蓋孝子之有深愛者必有和氣, 有和氣者必有愉[4]色, 有愉色者必有婉容.[5] 故事親之際, 惟色爲難耳, 服勞奉養, 未足爲孝也. 舊說：承順父母之色爲難,[6] 亦通. ○程子曰："告懿子, 告衆人者也. 告武伯者, 以其人多可憂之事. 子游能養而或失於敬, 子夏能直義而或少溫潤[7]之色. 各因其材之高下, 與其所失而告之, 故不同也."

2-9 子曰："吾與回言終日, 不違如愚. 退而省其私, 亦足以發.[8] 回也不愚."

回, 孔子弟子, 姓顔, 字子淵. 不違者, 意不相背, 有聽受而無問難[9]也. 私, 謂燕居[10]獨處, 非進見請問之時. 發, 謂發明[11]所言之理.

---

1) 服(복)：맡다, 담당하다, 복무하다, 옷을 입다, 의복, 따르다, 복종, 설득, 설복.

2) 食(사)：밥, 먹이다. 饌(찬)：반찬, (음식을) 차리다, 먹다, 음식.

3) 飮(음)：마시다, 마시게 하다, 술을 마시다, 잔치, 음료, 따르다.

4) 愉(유)：즐겁다, 기뻐하다, 기쁘다, 누그러지다, 부드러워지다, 노래. (투)：구차하다.

5) 婉(완)：유순하다, 예쁘다, 아름답다, 은근하다, 에둘러 말함, 젊은 모양, 정숙, 사랑하다. ○『禮記』「祭義」：孝子之有深愛者, 必有和氣, 有和氣者, 必有愉色, 有愉色者, 必有婉容. 孝子如執玉, 如奉盈, 洞洞屬屬然如弗勝, 如將失之. 嚴威儼恪, 非所以事親也, 成人之道也.

6) 包曰："色難, 謂承望父母顔色乃爲難也." ○馬曰："孔子喩子夏曰, 服勞先食, 汝謂此爲孝乎, 未足爲孝也. 承順父母顔色, 乃是爲孝耳."

7) 溫(온)：따뜻하다, 온화·원만하다, 넉넉함. 潤(윤)：젖다, 은혜, 온화함, 부드럽다.

8) 發(발)：쏘다, 일어나다, (싹)트다, (이삭) 패다, 펴지다, 나타나다, 열리다, 꽃핌, 밝힘.

9) 問難(문난)：따져 묻고 반박하다. 難：꾸짖다, 힐책, 힐문하다, 난처하게 만들다.

10) 燕居(연거)：한가히 집에 있음. 燕：제비, 잔치, 편안하다, 편히 쉼, 어여쁜 모양.

11) 發明(발명)：설명, 증명, 표명, 인증, 천명, 표출, 선양, 명백, 통달하다, 드러내다. 발현. ①『어류』：꼭 사람이 없는 혼자일 때만이 아니라, 사람과 마주했을 때의 자신의 속내 역시

2-8 자하가 공자께 물었다. “효란 무엇입니까?” “얼굴 표정이 어렵다. 단순히 일이 있으면 수고를 떠맡고, 먹을 것이 있으면 어른께 갖다 드리는 일, 그것을 어찌 효라고 할 수 있겠는가?”

색난色難은 부모를 섬길 때 오직 표정이 어렵다는 것을 일컫는다. 사食는 밥, 선생先生은 부형, 찬饌은 마시고 드시게 함이다. 증曾은 ‘일찍이(嘗)’와 같다. 효자로서 부모를 깊이 사랑하면 반드시 온화한 기운이 있고, 온화한 기운이 있으면 반드시 기뻐하는 표정이 있고, 기뻐하는 표정이 있으면 반드시 은근한 얼굴이 있다. 따라서 부모를 섬길 때는 오직 표정이 어려울 따름이다. 수고를 떠맡거나 물질 봉양만 하는 것은 효라고 하기에 부족하다. 옛날의 해석(포함의 설)은, 부모의 표정을 받들어 순응하기가 어렵다고 했는데, 역시 통한다.

• 맹의자에게 말한 내용은 모든 사람에게 해당된다. 맹무백에게 말한 내용은, 그가 근심할 만한 일을 많이 했기 때문이다. 자유는 봉양은 잘하지만 공경이 모자랄 수 있었고, 자하는 정직하고 의롭지만 온화한 표정이 모자랄 수 있었다. 저마다 자질의 고하와 단점에 따라 깨우쳐준 것이므로, 서로 다르다. – 이천

2-9 공자가 말하였다. “내가 안회와 하루 종일 담론해도 그는 어김이 없어서 마치 어리석은 사람 같다. 물러난 이후 그의 사생활(私)을 살펴보면, 잘 실천하고 있었다. 안회는 어리석지 않다.”

안회는 공자의 제자로서, 성이 안, 자는 자연子淵이다. ‘어김이 없다’ 함은 뜻이 서로 어긋나지 않아, 듣고 받아들이기만 하고 질문과 논란이 없음을 말한다. 사私는 평소 홀로 있는 때로서, 스승에게 나아가 질문하는 때가 아니다.① 발發은 말해준 이치를 잘 실천함을 일컫는다.②

‘사私’이다. 신독愼獨의 ‘독’과 같다. 오직 아주 은밀하여 남이 보지 못하는 부분만 지칭하지 않는다. 많은 사람들 속에 있더라도 남이 모르는 내용이 곧 ‘독’이다. ‘찰기소안察其所安’(2-10)의 ‘안’이 곧 사적인 영역이다.[4]

② 『어류』: “잘 실천하였다(亦足以發) 함은 공자가 말한 취지를 천명했다는 것입니까?” “그렇다. 또 예컨대 공자가 예가 아닌 것은 보지도 듣지도 말하지도 행하지도 말라고 일깨우자, 안자는 받아들여 다시 어떤 것이 예인지 예가 아닌지 묻지 않았다. 그런데 물러난 이후 안자의 행위를

愚聞之師曰："顔子深潛淳[1]粹, 其於聖人體段已具. 其聞夫子之言, 黙識心融,[2] 觸處洞然,[3] 自有條理. 故終日言, 但見其不違如愚人而已. 及退省其私, 則見其日用動靜語黙之間, 皆足以發明夫子之道, 坦[4]然由之而無疑, 然後知其不愚也."

2-10 子曰："視其所以, 觀其所由, 察其所安. 人焉廋哉? 人焉廋哉?"

以,[5] 爲也. 爲善者爲君子, 爲惡者爲小人.

觀, 比視爲詳矣. 由, 從也.[6] 事雖爲善, 而意之所從來者有未善焉, 則亦不得爲君子矣. 或曰："由, 行也.[7] 謂所以行其所爲者也."

察, 則又加詳矣. 安, 所樂也. 所由雖善, 而心之所樂者不在於是, 則亦僞耳, 豈能久而不變哉?

(焉, 於虔反. 廋, 所留反.) ○焉, 何也. 廋, 匿[8]也. 重言以深明之. ○程子曰："在己者能知言[9]窮理, 則能以此察人如聖人也."[10]

살펴보니, 곧장 보고 듣고 말하고 행하는 일들이 예가 아님이 없었다. 이것이 바로 공자의 말을 잘 실천했다는 것이다."[8]

1) 潛(잠)：잠기다, 숨다, 깊다, 자맥질. 淳(순)：순박함, 인정이 도탑다, 크다, 맑다.

2) 融(융)：화합하다, 녹다, 녹이다, 길다, 밝다, 명랑하다, 통하다, 잇다.

3) 觸(촉)：닿다, 부딪히다, 접촉, 감동하다, 느끼다, 범하다, 침범하다. 洞(통)：골짜기, 동굴, 공허, 깊다, 통하다, 막힘없이 트임, 지식이 통달함, 꿰뚫다.

4) 坦(탄)：평평함, 너그럽다, 자질구레함을 벗어남, 편하다, 마음이 평정하다, 크다.

5) 以(이)：양백준에 따르면, 여與(더불어 함께함)의 뜻이고, '誰以易之'(18-6)의 以와 같다.

6) 『어류』：所以, 只是箇大槪. 所由, 便看他所從之道, 如爲義, 爲利.[34]

7) 『穀梁傳註疏』：常事曰視, 非常曰觀. ○『詩』：鄭玄箋云 "由, 從也." ○『廣雅』："由, 行也."

8) 廋(수)：숨기다, 찾다, 구하다, 세다, 모롱이. 匿(닉)：감추다, 숨기다, 도피하다.

9) 『孟子』："何謂知言?" 曰："詖辭知其所蔽, 淫辭知其所陷, 邪辭知其所離, 遁辭知其所窮. 生於其心, 害於其政；發於其政, 害於其事. 聖人復起, 必從吾言矣."[3：2]

10) 『外書』：'視其所以,' 所爲也；'觀其所由,' 所從也；'察其所安,' 所處也. 察其所處, 則見其心之所存. 在己者能知言窮理, 則能以此察人如聖人也.[『이정집』, 379쪽] ○『孟子』：求則得

나는 스승 이통에게 이렇게 들었다. “안연은 깊이 침잠하여 순수했으니, 성인의 체단體段①을 이미 갖추고 있었다. 그는 공자의 말을 들으면, 묵묵히 이해하고 마음에 녹여서(融)② 대하는 일마다 막힘이 없어 저절로 조리를 갖추었다. 따라서 종일토록 말해도 아무런 반론이 없어서 마치 어리석은 사람처럼 보였을 뿐이다. 물러난 이후 그의 실제 생활을 살펴보면, 일상생활의 행동거지가 모두 공자의 도를 충분히 발현하면서 태연히 따랐을 뿐 아무 의심이 없었다. 그가 어리석지 않음을 알 수 있다.”③

2-10 공자가 말하였다. “그 행위를 보고, 동기를 살피고, 즐거워하는 바를 간파하면, 그가 어찌 숨길 수 있겠는가? 어찌 숨길 수 있겠는가?”

이以는 행위(爲)이다. 선을 행하는 자가 군자, 악을 행하는 자가 소인이다.

관觀은 시視보다 더욱 상세한 것이다. 유由는 따름(從)이다. 그가 행한 어떤 일 자체가 선하더라도 그 의도의 근원(所從來)에 선하지 않은 점이 있으면 군자라고 할 수 없다. 혹자에 따르면, “유由는 실천(行)이니, 그 자신이 목표한 바를 실천하는 것을 일컫는다.”

찰察은 더욱더 상세한 것이다. 안安은 즐거워하는 대상이다. 동기가 비록 선하더라도 마음이 (현재) 즐거워하는 바가 선에 있지 않으면 위선일 따름이니, 어찌 오래도록 변치 않을 수 있겠는가?④

언焉은 어찌, 수廋는 은닉이다. 반복해서 말함으로써 깊이 깨우쳤다.

• 나의 국량이 남의 어떤 주장이든 간파하고(知言) 그 이치를 논구할(窮理) 수만 있으면, 마치 성인처럼 그렇게 남을 고찰할 수 있다. – 명도

之, 舍則失之, 是求有益於得也, 求在我者也.[13 : 3]

①『어류』: 체단은 모양模樣이란 뜻이다.[17] ※模樣 : 형상, 도습, 대략, 대강, 정황.

②『어류』: ‘융融’이라는 글자가 아주 좋다. 소화되어 녹음(消融)과 같다. ‘융’은 눈이 햇빛을 쪼이고 있는 것과 같다. 사람이 음식을 먹었는데 만약 소화가 안 되고 그대로 뱃속에 있으면, 어떻게 몸을 살찌게 하겠는가? 반드시 녹아서 소화되어야 찌꺼기는 배설되고 정수만 몸에 차기 때문에, 토실하게 살찌울 수 있다.[19]

③『어류』: 안자는 생이지지의 성인 그 다음이다. 이미 99%는 성인이고, 모자란 부분은 겨우 1%이다. 성인은 다만 그에게 그 점만 지적해 주었다. 따라서 함께 있을 때 안자는 공자의

2-11 子曰："溫[1]故而知新, 可以爲師矣."

溫, 尋繹[2]也. 故者, 舊所聞. 新者, 今所得. 言學能時習舊聞, 而每有新得, 則所學在我, 而其應不窮, 故可以爲人師. 若夫記問之學, 則無得於心, 而所知有限, 故「學記」譏[3]其"不足以爲人師," 正與此意互相發也.

2-12 子曰："君子不器."

器者, 各適其用而不能相通. 成德之士, 體無不具,[4] 故用無不周, 非特爲一才一藝而已.

말을 깊이 이해해서 다시 질문하지 않았다.[2] "안자의 어김이 없음(不違)과 공자의 이순耳順은 서로 비슷하지 않습니까?" "이순의 경지는 매우 높다. 어김이 없음은 안자가 공자의 말을 모두 이해한 경지이고, 이순은 통달하지 못한 것이 없는 경지이다."[3]

④『어류』: "사람이 나쁜 일을 하고 마음이 편치 않은 경우는 어떻습니까?" "그것은 결국 양심이 미미하고 사욕이 왕성한 상태이다. 미미한 것은 왕성한 것에 압도당할 수밖에 없다. 미미한 것도 그 싹은 있으나 세력이 없으니 어떻게 나올 수 있겠는가? 양심이 사욕과 교전할 때, 내가 크게 노력하여 싸워야지, 지면 안 된다. 이는 적을 죽이는 일과 같다. 한 번에 죽여 물리치지 못했더라도 오로지 죽일 생각만 해야 한다. 여러 차례 죽이면 결국 죽여 없앨 수 있다. 사욕을 단번에 이기지 못하더라도 그것이 정말 나쁘다는 것을 알아서, 발 뿌리를 단단히 하고 스스로 좋은 길을 따라 굳센 실천에 익숙해지면 사욕은 저절로 사그라진다."[27]

1) 溫(온): 배운 것을 익히다, 복습, 따뜻하다, 온화하다, 찾다(尋-『집해』), 넉넉하다.

2) 尋繹(심역): 되풀이해 음미하고 연구하다, 곱씹어 따지다, 복습하다. 尋: 찾다, 생각하다, 캐묻다. 繹: (사물의) 두서를 잡다, 실마리를 찾다, 연속하다, 끊이지 않다.

3) 譏(기): 나무라다, 꾸짖다, 간하다, 충고, 원망하다, 싫어하다, 나무람, 살피다, 조사.

4) 具(구): 구비·온전하다, 자세히, 온전하게 갖추다, 늘어놓다, 충분히 ~할 수 있다.

①『어류』: 온고지신은 옛 책을 익혀 새로운 의미를 앎이다.[36] 도리는 이 하나의 도리이다. 『논어』·『맹자』에 들어있는 것도 이 하나의 도리요, 육경에 들어있는 것도 이 하나의 도리이다. 일단 이해한 다음 수시로 익혀서 맛이 더욱 깊어짐을 느끼면, 저절로 새로운 얻음이 생긴다. '온溫' 자는 '냉冷' 자와 상대적이다. 가령 그릇에 담긴 국이 차가워지면 다시 데워야 좋다.[41] ○『혹문』: 고故는 전에 이미 얻은 것, 신新은 오늘 비로소 얻은 것이다. 전에 얻은 것이 말로는 내 것이라고 하더라도 수시로 음미하고 따져 보는(尋繹) 공부를 반복하지 않으면 망각하고 버려지는 병폐를 면하지 못하니, 무엇에 의지하여 새것을 알겠는가? 다만 그저 옛것을 익힐(溫故) 줄만 알고 그 의리의 원리를 찾아내지 못하면, 견문이 아무리 풍부하고

2-11 공자가 말하였다. "옛것을 탐구하여 새것을 알아야 스승이 될 수 있다."

온溫은 탐구하여 연역함이다. 옛것이란 옛날에 들은 것, 새것이란 지금 터득한 것이다. 배우면서 예전에 들은 것을 늘 익혀서 그때마다 새롭게 터득할 수 있다면, 배운 것이 내 것이 되어 그 응용이 무궁하다. 따라서 남의 스승이 될 수 있다.① 단순한 암기 공부(記問之學)는 마음에 터득한 것이 없으니, 아는 데에도 한계가 있다. 그래서 「학기」에 암기 공부로는 "남의 스승이 될 수 없다"고 비판했는데, 바로 『논어』의 이 말과 서로 보완적이다.

2-12 공자가 말하였다. "군자는 (특정) 그릇이 되면 안 된다."

그릇은 각자의 용도에만 적합하게 되어 있어서 서로 통용할 수 없다. 덕을 이룬 선비는 그 본체에 모든 것이 갖추어져 있는지라 그 운용(用)이 두루 미치지 않음이 없다. 따라서 한 가지 재주나 한 가지 기예에만 국한되지 않는다.❷

아무리 열심히 암송하더라도, 문자를 듣고 말하는 것 말고 아무런 의견도 못 낸다면, 비유컨대 근원이 없는 물과 같아서 그 흐름은 곧 끝난다. 장차 수업하여 의혹을 풀어 줄 때, 어떻게 학생들의 끊임없는 욕구에 부응할 수 있겠는가? '단순한 암기 공부로는 남의 스승이 되기에 부족하다'는 「학기」의 말이 바로 그 뜻이다. 누가 이미 얻은 것을 잘 음미하고 연구할 줄 알아서, 항상 아직 얻지 못한 것을 새로 터득하기를, 마치 사람을 볼 때 어제는 그의 얼굴을 알고 오늘은 그의 마음을 아는 것처럼 한다면, 스승으로 삼기에 가능하지 않겠는가? 공자의 말 가운데 '가可'라는 표현은, 온고지신의 경지에 이르지 못한 사람은 스승이 될 수 없다는 말이지, 온고지신할 수만 있으면 스승이 되기에 넉넉하다는 말이 아니다. 또 옛날 정자께서 만년에 스스로 말하기를, '경전의 의미에 대한 스무 살 때의 해석은 지금과 다름이 없으나, 그에 대해 음미한 내용이 지금은 옛날과 같지 않다' 하였다. 이상이 온고지신의 대강이다. ○『어류』: 온고溫故는 바깥 것의 견문이요, 지신知新은 자기가 의미를 터득함이다. 옛것을 익히고 새것을 알지 못하면 무의미한 견문일 뿐이다. 요컨대 새것을 알아야 한다. 그리고 나에게 있던 의리를 다시 온고溫故의 과정을 통해 자연스럽게 터득하면 그 감응이 무궁하기 때문에 스승이 될 수 있다.[40] '단순한 암기 공부로는 남의 스승이 될 수 없다' 함은, 그것이 죽은 공부이기 때문이다. 새것을 알아서 '의미를 확장하여 유추를 넓혀 가면(引而伸之, 觸類而長之)' 늘 살아 있고 죽은 것이 아니다. 암기 공부는 열 개를 외우면 열 개, 백 개를 외우면 백 개일 뿐이다. 새것을 알면, 전에 들은 바를 수시로 반복하고 익혀 새로운 의미를 아는지라, 늘 살아 있다.[44] 옛것을 익혀 의리가 날로 통달하면 막힘이 없다. 암기 공부는 아무리 많이 암기하고, 천 권 만 권을 읽더라도 다만 그에 그칠 뿐 막힘이 없는 경지가 아니다.[48]

2-13 子貢問君子. 子曰："先行其言而後從之."

周氏曰："先行其言者, 行之於未言之前；而後從之者, 言之於既行之後."
○范氏曰："子貢之患, 非言之艱[1]而行之艱, 故告之以此."

2-14 子曰："君子周而不比,[2] 小人比而不周."

周, 普徧[3]也. 比, 偏黨也. 皆與人親厚之意, 但周公而比私耳.
○君子小人所爲不同, 如陰陽晝夜, 每每相反. 然究其所以分, 則在公私之際, 毫釐[4]之差耳. 故聖人於周比·和同·驕泰之屬, 常對擧而互言之, 欲學者察[5]乎兩閒, 而審其取舍之幾也.[6]

---

❷『어류』: 군자불기君子不器는 한 가지 일에 얽매이지 않음이다. 자공은 '호련'이니, 단지 종묘에서만 쓸모가 있다. 다른 곳에 옮겨 놓으면 쓸모가 없다. 또 원헌 같은 이는 풀뿌리나 씹던(喫菜根) 인물이니, 나라에 도가 있어서 출사하더라도 한 가지 일도 해내지 못하고, 나라에 도가 없어도 혼란을 바로잡아 정상으로 회복시키지도 못한다. 백이는 깨끗하고 유하혜는 온화하니, 역시 그 한 가지 일만 할 수 있다.[49] 현자는 그릇이다. 이것을 갖추면 저것이 없고, 이것을 잘하면 저것을 못한다. 현자는 군자만 못하고, 군자는 성인만 못하다.[51] "공자의 문하에서 덕행에 능한 이들 이외의 다른 제자들은 모두 그릇(器)입니까?" "덕행에만 치우쳐 있어 그 운용이 두루 미치지 못하면, 그 역시 그릇이다. 군자란 재才와 덕德이 출중한 사람을 일컫는다. 덕은 체體요, 재는 용用이다. 군자는 성인의 체용을 갖추었으나 그 체가 성인만큼 크지 못하고, 그 용이 성인만큼 오묘하지 못할 따름이다."[50]

1) 艱(간): 어렵다, 어려워하다, 괴로워하다, 어려움, 험악하다, 어버이 상喪.
2) 周(주): 두루, 널리, 고루 미치다, 마음씨나 주의가 두루 미치다, 지극하다, 더할 나위 없다, 진실, 친하다, 가까이하다, 구제하다, 온전히 다하다, 합당하다, 알맞다. 比(비): 견주다, 모방하다, 따르다, 친숙하여지다, 고르다, 겨루다, 대등하다, 자주, 무리, 동아리, (아첨하여) 편들다, (미치어) 이르다, 합당하다, 친하게 지내다.
3) 徧(편): 두루, 널리, 모두, 모든, 전면적인, 두루 미치다(≒遍). 치우치다(≒偏).
4) 毫釐(호리): 매우 작은 것. 毫: 가는 털, 조금, 1/10리釐. 釐: 바로잡다, 1/1000척尺(兩).
5) 察(찰): 살피다, 잘 따져 관찰함, (살펴서) 알다, 조사, 천거, 깨끗하다, 드러나다.
6) 審(심): 살피다, 상세히, 자세하다, 환히 알다, 깨닫다, 바르게 하다, 참으로, 틀림없이. 幾(기): 기미, 조짐, 거의, 바라다, 가깝다, 기틀, 요령, 기회, 살피다, 자주, 어찌.

①『어류』: 여기서 '보편普遍'은 널리 사랑한다는 뜻이다. '편당偏黨'은 권세나 잇속만 지칭하지는 않는다. 대체로 군자의 마음은 공정하고 관대한지라 두루 보편적이고, 소인의 마음은

2-13 자공이 공자께 물었다. "어떻게 해야 군자입니까?" "먼저 실천하고 말은 그 다음에 하라."

• 선행기언先行其言은 말하기 전에 실천함, 이후종지而後從之는 실천한 이후에 말함이다. – 주부선

• 자공의 병폐는 말이 어려운 것이 아니라 실천이 어려운 데에 있었다.(11-3) 그래서 이렇게 일러주었다. – 범조우

2-14 공자가 말하였다. "군자는 보편적이고(널리 사랑하고) 편당적이지 않으나, 소인은 편당적이고 보편적이지 않다."

주周는 보편普偏, 비比는 편당偏黨이다.① 모두 남과 친하고 두텁게 지낸다는 뜻이다. 다만 '주'는 공적인 것, '비'는 사적인 것이다.

군자와 소인은 하는 행동이 다르다. 마치 빛과 그림자, 낮과 밤처럼 늘 상반된다. 그러나 그렇게 갈린 까닭을 살펴보면, 공사公私 사이의 털끝만한 차이에 달려 있다.② 따라서 성인은 주비周比·화동和同(13-23)·교태驕泰(13-26)의 부류를 항상 서로 대조시켜 말함으로써, 학생이 그 둘 사이를 고찰하여 취하고 버리는 요령을 깊이 살피게 하였다.③

좁아서 늘 사사로운지라 친애하더라도 한쪽만 친애할 뿐이다.[65]

②『어류』: 주비周比는 다만 공사公私이다. '주'는 두루 천하에 미침, '비'는 친애하는 사람만 친애함이다.[71]

③『어류』: 군자는 사람을 대하면서 한 사람이라도 제자리를 얻지 못하는 이가 없도록 한다. 이것이 보편(두루 미침)이다. 소인은 사람을 대하면서 자기에게 찬동한 자만 편들고 그렇지 않은 자는 미워한다. 이것이 편당이다. 군자가 사람을 대할 때 전혀 사람을 미워하지 않는 것이 아니다. 다만 선인을 좋아하고 악인을 미워하는지라, 모두 공공심에서 나온다. 나라에서 선인 한 명을 등용하면 온 나라가 그 정치를 향유하고, 천하에서 선인 한 명을 등용하면 온 천하가 그 정치를 향유한다. 한 마을에서 악인 한 명을 제거하면 온 마을이 안정을 되찾고, 한 고을에서 악인 한 명을 제거하면 온 고을이 안정을 누린다. 이 어찌 보편이 아니겠는가? 소인의 마음은 모든 것이 이와 반대이다.[64] 또 가령 한 마을에 악인이 있을 때 내 위치에서 제거할 수 있으면 제거해야 하니, 그렇게 하면 온 마을 사람들이 모두 편안하다. 이것이 '군자는 보편적이고 편당이 없음'이다. 그런데 소인은 악인이라도 자기와 투합하면 좋아하여 반드시 친히 사랑하고, 악이 없는 사람이라도 매번 자기와 의견을 달리하면 반드시 해코지하려고 생각한다. 이것이 '소인은 편당적이고 보편적이 아님'이다.[66]

2-15 子曰："學而不思則罔,[1] 思而不學則殆."[2]

不求諸心, 故昏[3]而無得.[4] 不習其事, 故危而不安.

○程子曰："博學·審問·愼思·明辨·篤行五者,[5] 廢其一, 非學也."

2-16 子曰："攻乎異端,[6] 斯害也已!"

范氏曰："攻, 專治也, 故治木石金玉之工曰攻. 異端, 非聖人之道, 而別爲一端, 如楊墨是也. 其率[7]天下至於無父無君, 專治而欲精之, 爲害甚矣!"

○程子曰："佛氏之言, 比之楊墨, 尤爲近理, 所以其害爲尤甚. 學者當如淫聲美色以遠之, 不爾, 則駸[8]駸然入於其中矣."

---

1) 罔(망) : 짐승·새·물고기를 잡는 그물, 죄인을 잡는 그물, 굴레, 자유를 속박하는 것, 재앙, 그물질하다, 얽어매다, 어둡다, 어리석다, 덮다, 은폐되다, 근심하다, 망령되다.

2) 殆(태) : 위태롭다, 위험, 피곤, 의심받다, 의아하게 여기다, 두려워하다, 지치다.

3) 昏(혼) : (해가 저서) 어둡다, 해질 무렵, 사리에 어둡다, 어리석다, 현혹되다, 깨닫지 못하고 헤매다, 어지럽히다, 어지러워지다.

4) 包曰 : "學而不尋思其義理, 則罔然無所得也."

5) 『中庸』 : 博學之, 審問之, 愼思之, 明辨之, 篤行之. 有弗學, 學之弗能弗措也.

6) 攻(공) : 공격하다, 가공, 연구, 다스리다, 다듬다, 만들다, 힐책하다, 책망하다(11-17), 공교하다.
端(단) : 바르다, 곧다, 옳다, 끝, 실마리, 시초, 처음, 근본, 자세함, 오로지.

7) 率(솔) : 인솔하다, 거느리다, 그대로 하다, 경솔하다, 솔직하다, 꾸밈없다, 대체로.

8) 駸(침) : 말이 빨리 달리는 모양, 일이 빨리 진행되는 모양.

① 『어류』 : 학學은 독서만이 아니다. 실천도 '학'이다. 가령 어떤 일을 배워서 행할 때, 모름지기 생각을 거쳐야 한다. 무작정 따라 하기만 하고 그 일의 도리가 무엇인지 생각하지 않으면, 몽매하여(罔) 얻는 것이 없다. 그러나 생각만 하고 배우지 않으면(실천하지 않으면, 하는 일에 의거하여 체험하지 않으면) 몸에 익숙해지지 않아 자기 마음속에 반드시 편하지 않은 부분이 있으니, 곧 위태로움(殆)이다.[76, 75, 79]

② 『혹문』 : '현혹됨(昏)'은 마음을 지칭한다. '깨닫지 못함(無得)'은 이치를 깨닫지 못함이니, 몽매함(罔)에 귀착된다. 위태로움(危)은 일을 지칭한다. 불안不安은 이치에 불안함이니, 위태로움(殆)에 귀착한다.

③ 『어류』 : "이 말이 무슨 뜻입니까?" "학學은 행行자와 함께 생각해야 한다. 의리를 명확히 밝히는 일도 '학'이고, 남을 본받아 실천하는 일도 '학'이다. 공자가 걸으면 나도 걷고, 공자가

2-15 공자가 말하였다. "배우기만 하고 생각하지 않으면 몽매하고, 생각만 하고 배우지 않으면 위태롭다."①

마음속으로 추구하지 않으면, 현혹되어 아무 득이 없다. 그 일을 몸에 익히지 않으면, 일이 위태로워지고 불안해진다.②

• 박학博學·심문審問(자세한 질문)·신사愼思(신중한 생각)·명변明辨(명확한 변별)·독행篤行(독실한 실천), 이 다섯 가지 중에 하나라도 폐하면 학문이 아니다.③ – 이천

2-16 공자가 말하였다. "이단을 전공하면 해로울 뿐이다."④

• 공攻은 오로지 연마함이다. 따라서 나무, 돌, 쇠, 옥을 가공하는 일이 '전공(攻)'이다. '이단'은 성인의 도가 아닌 다른 어떤 것을 하나의 근본 원리로 세운 것이다. 양주와 묵적 따위가 그것이다. 그들은 천하를 아버지도 없고 임금도 없는⑤ 지경으로 몰고 가, 오로지 연마하여 더욱 심화시키려 했으니, 그 해악이 아주 심하였다. – 범조우

• 불교는 양주와 묵적의 학설보다 더 진리에 가깝다. 따라서 그 해악도 더욱 심하다. 학생은 마치 음탕한 음악이나 미색을 대하듯 불교를 멀리해야 한다. 그렇지 않으면 어느새 거기에 빠져들고 만다. – 명도⑥

달리면 나도 달린다. 이것이 그의 행위를 본받음이다. 그 행위를 본받아야 비로소 실천(行)의 의미가 있다."[80]

④『어류』: 공攻은 깊이 연구한다(講習)는 말이지 공격攻擊의 '공'이 아니다. 무엇이 왜 이단이고 무엇이 왜 정도正道인지 살펴야 한다. 이단은 하늘에서 생겨난 것이 아니다. 하늘 아래에는 이 하나의 도리(유학의 윤리)만 있을 뿐이다. 사람은 마음이 바르지 못하기 때문에 사설邪說에 빠져든다. 저것을 깊이 연구하면 반드시 이것을 해친다. 일단 사설에 빠지면 반드시 정도를 해친다.[84]

⑤ 묵자의 겸애설兼愛說은 가령 밥 한 그릇이 있으면 아버지께 드리지 않고 거리의 사람들과 균등하게 분배한다는 것이니, 아버지를 무시함(無父)이다. 양주의 위아설爲我說은 정치 질서를 조롱하고 세상이야 어떻든 오직 내 한 몸만 돌본다는 것이니, 임금을 무시함(無君)이다. ○『맹자』: 楊氏爲我, 是無君也 ; 墨氏兼愛, 是無父也.[6 : 9]

⑥『어류』: 불교는 오로지 전공해서도 안 될 뿐더러, 조금만 이해해 보려고 시도해서도 안 된다. 만약 자기 학문이 확고히 정립되어 있다면 가서 이단의 병통을 연구해도 된다. 물론 자기의 안목도 높아야만 한다. 그런데 후세의 사대부들은 말년에 모두 불교에 빠져들고 말았다. 자기 학문(유학)을 천박하게 여기고, 또 아무 생각이 없었기 때문에 저 공적현묘空寂玄妙의

2-17 子曰："由! 誨[1]女知之乎? 知之爲知之, 不知爲不知, 是知也."

(女, 音汝.) ○由, 孔子弟子, 姓仲, 字子路. 子路好勇, 蓋有强[2]其所不知以爲知者. 故夫子告之曰：我敎女以知之之道乎! 但所知者則以爲知, 所不知者則以爲不知. 如此, 則雖或不能盡知, 而無自欺之蔽, 亦不害其爲知矣.[3] 況由此而求之, 又有可知之理乎?

2-18 子張學干[4]祿. 子曰："多聞闕[5]疑, 愼言其餘, 則寡尤[6]；多見闕殆, 愼行其餘, 則寡悔. 言寡尤, 行寡悔, 祿在其中矣."

子張, 孔子弟子, 姓顓[7]孫, 名師. 干, 求也. 祿, 仕者之奉也.

行寡之行, 去聲.

○呂氏曰："疑者, 所未信. 殆者, 所未安."

程子曰："尤, 罪自外至者也. 悔, 理自內出者也."

설에 빠져들었다.[87] 불교는 가장 정미하여 사람을 동요시킬 만한 내용이 있다. 송나라의 아주 훌륭한 많은 사람들이 죄다 거기에 빠지고 말았다. 이항李沆(947-1004, 시호는 文靖), 왕문정王文正, 사량좌, 양시, 유초 등 여러 선생이 그들이다.[88] 양주의 위아爲我와 묵적의 겸애는 표출된 것이 덤덤하여(淡) 사람을 미혹하지 못하였다. 오직 불교는 아주 사람을 잘 미혹시킨다. 첫눈에 그 설교에 도리가 있음을 보고 그를 따라 더욱 깊이 들어가니, 더욱더 사람을 해친다.[90] "『집주』는 왜 불교만 언급하고 노자는 언급하지 않았습니까?" "노자는 곧 양주일 뿐이다. 사람들은 맹자가 당시에 양주와 묵적만 배척하고 노자는 배척하지 않았다고 여기는데, 양주 배척이 곧 노자 배척이었음을 모른 소치이다."[89]

1) 誨(회)：가르치다, 가르쳐 인도하다, 보이다, 가르침.
2) 强(강)：강하다, 강제로, 무리하게, 애써, 우월하다, 의지가 억세다, 거스르다.
3) 『荀子』「儒效」：知之日知之, 不知日不知, 內不自以誣, 外不自以欺.
4) 干(간)：구하다, 요구하다, 간여하다, 참여하다, 과오를 저지르다, 간여하다, 방패.
5) 闕(궐)：빼다, 제외하다, 빠지다, 모자라다, 줄이다, 부족하다, 대궐, 허물, 실수.
6) 尤(우)：허물, 힐책, 원망, 너무 심함, 더욱, 특히, 동떨어짐, 뛰어난 것, 망설이다.
7) 顓(전)：전단하다, 제멋대로 하다, 오로지, 외곬으로, 어리석다, 우매하다.

2-17 공자가 말하였다. "자로야! 네게 앎을 가르쳐주랴? 아는 것을 안다 하고 모르는 것을 모른다 함, 그것이 앎이다."①

유由는 공자의 제자로서, 성은 중, 자는 자로이다. 자로는 용감하여, 모르는 것을 안다고 우기는 경우가 있었을 것이다. 그래서 공자가 그에게 알려주었다. '나는 너에게 앎의 도리를 가르쳐주겠다! 오직 아는 것이면 안다 하고, 모르는 것이면 모른다 하라.' 그렇게 하면 비록 완전히 알지는 못하더도 자신을 속이는 폐단이 없고, 그것이 앎이 됨에 또한 해가 없다. 하물며 그런 식으로 계속 추구하면 앎에 이르는 이치가 그 안에 있음에랴?

2-18 자장이 녹을 얻는 방법을 배우려고 하자, 공자가 말하였다. "많이 듣고 의심스러운 것은 빼놓고, 그 나머지만 신중히 말하면 비난이 적다. 많이 보고 위태로운 것은 빼놓고, 그 나머지만 신중히 행하면 후회가 적다.② 말에 비난이 적고 행동에 후회가 적으면, 녹은 그 안에 있다."③

자장은 공자의 제자로서, 성은 전손, 이름은 사이다. 간干은 구함, 녹祿은 벼슬하는 자의 녹봉이다.

- 의疑는 아직 믿기지 않음, 태殆는 아직 편안하지 않음이다. – 여대림
- 죄가 바깥에서 오는 것이 비난이고, 이치가 안에서 나온 것이 후회이다.④ – 이천

---

① 『어류』: 자로는 기상이 거칠어서 일의 내막을 세밀히 살피지 못하였다. 그래서 간혹 자기와 맞지 않는 바가 있으면 공자한테조차 버럭 화를 냈다. 예컨대 (공자의 정명의 의미를 모르면서 다짜고짜) '선생님은 물정에 어두우시군요'(13-3)라고 한 따위가 그것이다. 그래서 공자가 이렇게 일깨워 주었다.[94]

② 『어류』: 여기에는 세 단계의 일이 있다. 견문이 좁으면 무엇이 옳은지 비교 고찰하지도 못하기 때문에 견문이 넓어야 한다. 견문이 이미 넓더라도 의심나고 위태로운 부분은 빼놓지 않으면, 자기 멋대로 옳지 않은 것도 옳다고 할 수 있다. 이미 의심나고 위태로운 부분을 빼놓았더라도 그 나머지 부분도 신중히 대하지 않으면, 반드시 비난과 후회가 생긴다.[106]

③ 『어류』: 학學은 본디 입신立身하려는 것이지 녹을 구하려는 것이 아니다. 그러나 언행을 신중히 하면 사람들에게 저절로 알려지니, 곧 녹을 얻는 길이 생긴다. 덕행을 닦아 명성을 드날리면 사람들이 저절로 찾아오니, 녹을 구하지 않아도 저절로 얻는다. 스스로 자기 신상의 일을 이해해야지 먼저 녹을 탐하는 마음이 싹트면 안 된다는 것이다. 사람이 도리를 분명히 통찰하면 이록에 휘둘리지 않는다.[107, 109]

愚謂多聞見者學之博, 闕疑殆者擇之精, 愼言行者守之約. 凡言'在其中'者, 皆不求而自至之辭. 言此以救[1]子張之失而進之也.
○程子曰："修天爵則人爵至,[2] 君子言行能謹, 得祿之道也. 子張學干祿, 故告之以此, 使定其心而不爲利祿動, 若顔·閔則無此問矣. 或疑如此亦有不得祿者, 孔子蓋曰'耕也餒[3]在其中,' 惟理可爲者爲之而已矣."

2-19 哀公問曰："何爲則民服?" 孔子對曰："擧直錯諸枉,[4] 則民服；擧枉錯諸直, 則民不服."

哀公, 魯君, 名蔣. 凡君問, 皆稱'孔子對曰'者, 尊君也. 錯, 捨置也. 諸, 衆也.
程子曰："擧錯得義(宜), 則人心服."
○謝氏曰："好直而惡枉, 天下之至情也. 順之則服, 逆之則去, 必然之理也. 然或無道以照[5]之, 則以直爲枉, 以枉爲直者多矣. 是以君子大居敬而貴窮理也."

---

④『어류』: "비난(尤)과 후회(悔)는 어떻게 다릅니까?" "말이 신중하지 못하면 반드시 남에게 비난을 당하고, 남이 비난하면 자신은 어찌 후회가 없으랴? 행실이 신중하지 못하면 스스로 반드시 후회한다. 스스로 후회가 있으면 남에게 어찌 비난을 당하지 않으랴?"[106]

1) 救(구): 건지다, 구제하다, (재난·위험 등에서 벗어나도록) 돕다, 도와주다.

2)『孟子』: 仁義忠信, 樂善不倦, 此天爵也；公卿大夫, 此人爵也. 古之人修其天爵, 而人爵從之. 今之人修其天爵, 以要人爵；旣得人爵, 而棄其天爵, 則惑之甚者也, 終亦必亡而已矣.[11：16]

3) 餒(뇌): 굶주리다, 용기를 잃다, 맥 빠지다, 실망하다, 고기가 문드러지다.

4) 錯(조): 두다, 간직하다, 시행하다, 설치하다, 버리다, 그만둠. (착): 섞이다, 어지럽힘, 교대로. 枉(왕): 사악한 사람, 나무가 휘다, 굽히다, 자기 뜻을 꺾고 남에게 복종하다, 누명 씌움.

5) 照(조): 비추다, 대조하여 봄, 깨우치다, 일깨우다, 햇빛, 돌보다, 거울, 준거, 통고.

①『혹문』: 성인의 뜻은, 군자는 자기에게 있는 것을 연마할 뿐 녹을 얻고 얻지 못함은 계산할 바가 아니라고 여겼다. 따라서 '녹이 그 안에 있다'고 하였다. … 사람의 처신과 교제에서 언행보다 중요한 것은 없다. 듣고 보는 까닭은 언행의 밑천을 삼기 위함이다. 견문의 축적이 많지 않으면 고루하고 비천하여, 비교 검증함에 무엇이 의심나고 위태한지 알 수 없다. 의심나

내 생각에, 견문이 많음은 학문의 넓음이고, 의심스럽거나 위태로운 것을 빼놓음은 취사선택의 정밀함이고, 말과 행동을 신중히 함은 지조의 굳음이다. '(녹이) 그 안에 있다' 함은 구하지 않아도 저절로 이른다는 말이다.① 이렇게 말하여 자장의 잘못을 바로잡아 정진하게 하셨다.

• 천작天爵(타고난 덕성)을 닦으면 인작人爵(세상의 작위)이 이른다. 군자가 언행을 삼가는 것이 녹을 얻는 방법이다. 자장이 녹을 구하는 법을 배우려 했기 때문에, 이와 같이 고하여 그가 마음을 안정시켜 녹봉에 대한 탐심에 휘둘리지 않게 하였다. 안연·민자건이라면 이런 것을 묻지 않았을 것이다. 혹은 그렇게 행하더라도 또한 녹을 얻지 못할 수 있기 때문에, 공자는 아마 '농사지어도 그 안에 굶주림이 있다'고 말한 것 같다.(15-32) 오직 이치에 따라 해야 할 일을 행할 따름이다. – 이천

2-19 애공이 공자에게 물었다. "어떻게 하면 백성이 복종합니까?" "정직한 이를 발탁하고 부정한 자를 내치면, 백성이 복종합니다. 부정한 자를 발탁하고 정직한 이를 내치면, 백성이 불복합니다."

애공은 노나라 임금으로서, 이름은 '장'이다. 임금의 물음에 모두 '공자대왈'이라 한 것은 임금을 높인 것이다. 조錯는 내침, 제諸는 여럿이다.

• 발탁과 내침이 의義에 합당하면, 민심은 승복한다. – 이천

• 정직한 이를 좋아하고 부정한 자를 미워함이 세상의 인지상정이다. 인지상정을 따르면 백성이 복종하고, 거스르면 백성이 떠나니, 필연의 이치이다. 만약 도로써 살피지 않으면, 정직한 이를 부정하다 하고 부정한 자를 정직하다고 하는 일이 많다. 따라서 군자는 거경居敬을 높이고 궁리窮理를 중시한다.❷ – 사량좌

고 위태한 것을 알고도 빼놓지 않으면, 모호하고 구차하여 의거할 바가 없어져 황당한 오류에 빠진다. 의심나고 위태한 것을 빼놓을 수 있어야 바람직하다. 또 '그 나머지'에 대해 마침내 이미 믿어버리고 편안히 여긴 끝에, 신중히 대함을 게을리 하면, 언행이 사람들과 어긋나 허물과 후회가 쌓이는 일을 면할 수 없다. 그러면 마을에서도 행세할 수 없거늘 하물며 무슨 녹을 구할 수 있겠는가? 진실로 이와 반대로 고찰해 보면 공자가 자장에게 깨우쳐준 그 의미 또한 잘 알 수 있다. 적게 듣고 보더라도 되도록 많이 축적하고, 많이 듣고 보게 되면 신중하게 선택하며, 신중하게 선택하면서 동시에 '그 나머지에 대해서도 삼가려고' 다짐하면,

2-20 季康子問："使民敬忠以勸, 如之何?" 子曰："臨之以莊[1]則敬, 孝慈[2]則忠, 擧善[3]而教不能則勸."

季康子, 魯大夫季孫氏, 名肥. 莊, 謂容貌端嚴也. 臨民以莊, 則民敬於己. 孝於親, 慈於衆, 則民忠於己. 善者擧之, 而不能者敎之, 則民有所勸而樂於爲善.[4]

○張敬夫曰："此皆在我所當爲, 非爲欲使民敬忠以勸而爲之也. 然能如是, 則其應蓋有不期[5]然而然者矣."

2-21 或謂孔子曰："子奚不爲政?" 子曰："『書』云：'孝乎! 惟孝, 友于兄弟, 施於有政.' 是亦爲政, 奚其爲爲政?"

定公初年, 孔子不仕, 故或人疑其不爲政也.

자기반성 역시 절실해진다. 성인의 가르침은 오직 '허물과 후회가 적기만 하면 된다'고 말했으니, 절대로 '아주 없을' 수는 없기 때문이다. 성인이 언행 문제를 이와 같이 중시하여, 좇아야 할 근본 이치를 밝혀 이처럼 그 시말을 제시하였다. 학생은 명심해야 한다.

❷『어류』: 거경居敬하지 않고서 어떻게 궁리窮理하겠는가? 궁리하지 않고서 어떻게 사람을 알아서 발탁하고 내치는 자료로 삼겠는가? 사람은 무엇보다 옳고 그름을 간파해야 비로소 착수처가 생긴다. 거경·궁리하여 스스로 공부해야 사람을 훤히 간파할 수 있다.[113] "어떻게 해야 백성을 복종시키느냐는 임금의 질문은 오직 사람들을 두려움으로 복종시키려는 뜻입니다. 그런데 성인께서는 도리어 현자를 등용하고 불초자를 내치는 것이 치국의 근본이니 그러면 인민의 마음이 저절로 복종한다고 대답했습니다. 현자를 좋아하고 불초자를 싫어함은 인간의 본성이니, 인재의 등용과 내침이 도리에 합당하면 어찌 인민이 마음으로 복종하지 않겠습니까? 또 거경과 궁리를 강조한 사량좌의 말은 근본 원리에 근거한 말입니다. 만약 임금에게 사람을 알아보는 명철함이 없으면, 정직한 이와 불량자들로 뒤얽힌 인재들 속에서 등용과 내침이 꼭 합당하지는 못하게 됩니다." "설명이 정확하다."[114]

1) 臨(림): 부닥치다, 임하다, 직면하다, 향하다, 내려다봄, 어루만짐, 누르다, 미치다. 莊(장): 풀이 무성함, 엄숙·정중·단정하다, 바르다, 삼가다, 씩씩하다, 고루 가지런하다.

2) 慈(자): 자애롭다, 인자하다, 부모의 자식 사랑, 인정, 동정.

3) 善(선): 훌륭하다, 잘 해내다, 능숙하다, 착하다, 어질다, 친절하다, 좋다, 쉽다.

4) 包曰："莊, 嚴也. 君臨民以嚴, 則民敬其上也. 君能上孝於親, 下慈於民, 則民忠矣. 擧用善人而敎不者, 則民勸勉也."

5) 期(기): 기약하다, 기대하다, 목표나 목적으로 삼다, 요구하다, 기다리다, 약속.

2-20 계강자가 공자에게 물었다. "백성이 공순하고 충직하며 분발하게 하려면, 어떻게 해야 합니까?" "그대가 백성을 장중하게 대하면 백성이 공순하고, 그대가 효성스럽고 자애로우면 백성이 충직하고, 또 선한(유능한) 사람을 천거하고 무능한 사람을 가르치면 백성이 분발합니다."①

계강자는 노나라 대부 계손씨이고, 이름은 '비肥(살찜)'이다. 장莊은 용모가 단정하고 근엄함을 일컫는다. 윗사람이 백성에게 장중하게 임하면 백성은 윗사람을 공경하고, 윗사람이 부모에게 효도하고 뭇사람에게 자애로우면 백성은 윗사람에게 충성한다. 선한(유능한) 사람을 발탁하여 무능한 자를 가르치면, 백성은 분발하여 즐겁게 선을 행한다.

• 이것은 모두 통치자 스스로 마땅히 해야 할 일에 해당되지, 공경하고 충성하며 권면하는 백성을 만들려고 그렇게 하는 것이 아니다. 그러나 이처럼 할 수 있다면, 그 효험은 기약하지 않아도 그렇게 된다. – 장경부

2-21 어떤 사람이 공자에게 물었다. "그대는 왜 정치(벼슬)를 하지 않습니까?" "『서경』에 이르기를 '효도하라! 오직 효도하여 형제 사이에 우애가 있으면, 정치에 보탬이 된다' 했으니, 이 또한 정치를 하는 셈이다. 어찌 벼슬살이만 정치이겠는가?"

정공 원년에는 공자가 벼슬을 하지 않았다.② 그래서 어떤 사람이 공자가 정치를 하지 않을 것이라고 의심하였다.

---

① 『어류』: 효도함은 몸소 솔선함으로 나아가고, 자애로움은 은혜를 맺음으로 나아간다. 선한(유능한) 사람은 물론 천거해야 하지만, 무능한 사람을 갑자기 형을 가하여 처벌하면 그를 어떻게 분발시킬 수 있겠는가? 앞에서는 유능한 사람을 천거하고, 뒤에서는 무능한 이를 가르쳐 인도하여 차츰 선으로 나아가도록 하여야 분발시킬 수 있다.[118]

② 『혹문』: 성인이 벼슬을 바라지 않은 적이 없으나 또한 벼슬을 구걸하지도 않았다. 하물며 정공 초기는 양호가 권력을 장악한지라 더욱 벼슬을 할 수 있는 때가 아니었다. 그러나 이런 사정은 '어떤 사람'에게 알려주기 어려운 부분이었다. 따라서 이와 같이만 말해주었을 뿐이다. 그러나 정치의 근본은 실제로 그 일 바깥에 있지 않다. 오오, 그렇기 때문에 성인의 말씀인 것이다!

『書』,「周書·君陳」篇. 『書』云孝乎者, 言『書』之言孝如此也. 善兄弟曰友. 『書』言君陳能孝於親, 友於兄弟, 又能'推廣此心, 以爲一家之政.' 孔子引之, 言如此則是亦爲政矣, 何必居位乃爲爲政乎? 蓋孔子之不仕, 有難以語或人者, 故託此以告之, 要之至理亦不外是.

2-22 子曰:"人而無信, 不知其可也. 大車無輗,[1] 小車無軏,[2] 其何以行之哉?"

(輗, 五兮反. 軏, 音月.) ○大車, 謂平地任載之車. 輗, 轅[3]端橫木, 縛軛以駕[4]牛者. 小車, 謂田車·兵車·乘車. 軏, 轅端上曲, 鉤衡[5]以駕馬者. 車無此二者, 則不可以行, 人而無信, 亦猶是也.[6]

2-23 子張問:"十世可知也?" 子曰:"殷因於夏禮, 所損益, 可知也; 周因於殷禮, 所損益, 可知也; 其或繼周者, 雖百世可知也."

陸氏曰:"也, 一作乎." ○王者易姓受命爲一世. 子張問自此以後十世之事, 可前知乎?

---

1) 輗(예) : 끌채 끝 쐐기(마소가 끄는 큰 수레의 끌채의 마구리와 멍에를 고정하는 쐐기).
2) 軏(월) : 끌채 끝의 멍에를 메는 부분, 수레의 쐐기, 끌채 끝의 가로대를 고정하는 쐐기.
3) 轅(원) : 끌채(큰 수레 양쪽의 길게 나온 두 개의 나무, 그 끝에 멍에를 겖).
4) 縛(박) : 묶다, 동여매다, 포승. 軛(액) : 軶의 속자, 멍에. 駕(가) : 수레에 말을 메우다, 타다, 탈것에 오르다, 탈것, 부리다, 통제하다, 능가하다.
5) 鉤(구) : 갈고랑이, 낫, 걸다. 衡(형) : 저울대, 가로대, 들보, 끌채 끝에 댄 횡목, 멍에.
6) 尹曰:"人而無信, 如大車無輗, 小車無軏, 言不可行也如是."
① 『어류』: 사람이 신의가 없으면 말에 진실이 없으니, 어디선들 행세할 수 있겠는가? 집에 있으면 집에서 행세하지 못하고, 마을에 있으면 마을에서 행세하지 못한다. 이것은 '말이 충직하고 신실하지 못하면, 동네에서라도 행세할 수 있겠는가?'(15-6)라는 의미와 같다.[126]

『서』는 「주서·군진」편이다. '서운효호書云孝乎'란 '『서』에서 이와 같이 효를 말하였다'는 뜻이다. 형제 사이에 잘하는 것이 '우애(友)'이다. 『서경』은 군진이 부모에게 효도하고 형제에게 우애할 수 있었고, 또 그런 마음을 확충하여 한 집안의 정치를 펼쳤다고 말하고 있다. 공자가 그것을 인용하여, 그와 같이 하면 그것 또한 정치를 하는 셈이니, 어찌 꼭 지위에 있어야 비로소 정치를 하는 것으로 여기겠냐는 말이다. 아마 공자가 벼슬하지 않은 이유가 그 질문자에게 설명하기 곤란한 바가 있었기 때문에, 이 말을 빌려 일러주었을 것이다. 요컨대 지극한 이치 또한 이런 것일 뿐이다.

2-22 공자가 말하였다. "사람이 신의가 없으면, 그 가능성을 알 수 없다. 큰 수레에 끌채쐐기가 없고, 작은 수레에 멍에막이가 없으면, 어떻게 운행하랴?"

'큰 수레'는 평지에서 짐을 싣는 수레를 말한다. 예輗는 멍에 끝에 가로지른 나무이니, 멍에를 묶어서 소에게 메우는 것이다. '작은 수레'는 농수레나 병거, 마차를 말한다. 월軏은 멍에 끝의 위로 구부러진 부분이니, 가로댄 나므에 멍에를 걸어서 말에 메우는 것이다. 수레에 이 두 가지가 없으면 운행할 수 없다. 사람이 신의가 없는 경우도 이와 같다.①

2-23 자장이 공자께 물었다. "열 왕조 뒤의 일도 알 수 있습니까?" "은나라는 하나라의 예를 따랐으니(因) 덜고 보탠(損益) 바를 알 수 있고, 주나라는 은나라의 예를 따랐으니 덜고 보탠 바를 알 수 있는 만큼, 주나라를 계승하는 경우 앞으로 백 왕조라도 알 수 있다."

• (맨 처음의) 야也는 호乎로 되어 있는 판본도 있다. - 육덕명

왕자王者의 역성혁명이 일세一世이다. 자장은 지금부터 이후 열 왕조의 일을 미리 예측할 수 있는지 물었다.

馬氏曰："所因, 謂三綱[1]五常. 所損益, 謂文質三統."

愚按：三綱, 謂君爲臣綱, 父爲子綱, 夫爲妻綱.[2] 五常, 謂仁·義·禮·智·信. 文質, 謂夏尚忠, 商尚質, 周尚文.[3] 三統, 謂夏正建[4]寅爲人統, 商正建丑爲地統, 周正建子爲天統.[5] 三綱五常, 禮之大體, 三代相繼, 皆因之而不能變. 其所損益, 不過文章制度小過不及之間, 而其已然之迹, 今皆可見. 則自今以往, 或有繼周而王者, 雖百世之遠, 所因所革,[6] 亦不過此, 豈但十世而已乎! 聖人所以知來者蓋如此, 非若後世讖緯術數[7]之學也.

---

1) 綱(강)：벼리, 그물을 버티는 줄, 근본, 그물 치다, 통괄하다, 늘어선 줄, 그물.

2)『或問』：或問："何謂三綱?" 曰："按邢疏『白虎通』云：'君爲臣綱, 父爲子綱, 夫爲妻綱, 大者爲綱, 小者爲紀, 所以張理上下整齊人道也.'"

3)『漢書』「董仲舒傳」：王者有改制之名, 亡變道之實. 然夏上忠, 殷上敬, 周上文者, 所繼之捄, 當用此也.

4) 建(건)：북두칠성의 자루 쪽의 별이 가리키는 방위, 월건, 달, 세우다, 끼우다.

5)『或問』：何謂三統? 曰：王者受命, 而改正朔, 所以新民之視聽也. 故夏以建寅之月爲正, 謂之人統；商以建丑之月爲正, 謂之地統；周以建子之月爲正, 謂之天統. ○『白虎統』：『尚書大傳』曰：夏以孟春月爲正, 殷以季冬月爲正, 周以仲冬月爲正. 夏以十三月爲正, 色黑, 以平旦爲朔, 殷以十二月爲正, 色白, 以鳴爲朔. 周以十一月爲正, 色赤, 以夜半爲朔.

6) 革(혁)：가죽, 갑주, 투구, 고치다, 바꾸다, 제거하다, 경계하다, 면직시키다.

7) 讖(참)：참서, 비결秘訣, 예언서, 조짐. 緯(위)：씨실, 줄기, 짜다, 위서緯書. 術數(술수)：온갖 방술로 자연계의 기이한 현상을 관찰하여 사람의 팔자나 운명을 추측하는 일. 術：꾀, 수단, 술수, 계략. 數：규칙, 등급, 이치, 운명, 정세, 꾀, 수단.

① 『어류』：충忠은 꾸밈없이 아주 정직하게 해 나아감, 질質은 점차 구체적인 제도를 갖추지만 화려한 외관에는 이르지 못함, 문文은 제도상으로 매사 화려한 외관을 꾸밈이다. 천하의 형세상 본디 이 세 가지가 있었다는 것이지 성인이 각기 충, 질, 문을 숭상하려 했던 것은 아니다. 하나라는 어쩔 수 없이 충을, 은나라는 어쩔 수 없이 질을, 주나라는 어쩔 수 없이 문을 숭상했을 뿐이다. 그 당시에는 이 이름(개념)들이 없었고, 후세 사람이 이렇게 관찰하고 그런 이름을 붙였다.[130] 충은 충박忠樸이니, 오로지 한결같이 충박했을 뿐이다. '질'이라는 표현은 '문'과 대조된다.[136]

② 『어류』：'따른(因)' 예는 하늘이 만든 것이어서 영원불변하고, '덜고 보탠(損益)' 예는 사람이 만든 것이어서 시대에 따라 변경할 수 있다.[128] "저 강상綱常은 절대로 괴멸될 수 없는 것이다. 세상에는 본디 부자父子가 있고, 상하上下가 있다. 새끼 양은 꿇어앉아 젖을 먹으니, 부자가 있다. 개미는 통솔자와 부하가 있으니, 군신이 있다. 어떤 놈은 먼저 나오고 어떤 놈은 나중 나오니, 형제가 있다. 개·말·소·양이 각기 무리를 이루고 대오를 지으니, 붕우가

• 그대로 따른(因) 것은 삼강오상三綱五常을, 덜고 보탠(損益) 것은 문질삼통文質三統을 말한다. – 마융

내 생각에, 삼강은 군위신강·부위자강·부위처강이고, 오상은 인·의·예·지·신이다. '문질'이란 하나라는 충忠을, 은나라는 질質을, 주나라는 문文을 숭상한 것을 말한다.① '삼통'은 하나라가 정월로 인寅을 세운 것이 인통人統, 은나라가 정월로 축丑을 세운 것이 지통地統, 주나라가 정월로 자子를 세운 것이 천통天統이다. 삼강오상은 예의 큰 줄기이니 삼대가 서로 계승한 것으로서, 모두 그대로 따르면서 변경하지 못한 것이다. 덜고 보탠 내용은 조금 지나치거나 부족한 예악·문물제도(文章制度) 등일 뿐이었다. 이미 그러한 자취는 지금도 모두 볼 수 있다. 그러니 지금부터 앞으로 추산하여 만약 주나라를 계승해 왕이 된 경우가 있다면, 백 왕조만큼 멀더라도 그대로 따른 내용과 개혁한 내용 역시 이런 수준에 불과할 것이니, 어찌 다만 열 왕조에 그칠 뿐이겠는가? 성인이 미래를 예측하는 원리는 대개 이와 같다. 후세의 참위술수讖緯術數의 설과는 전혀 다르다.②

있다. 진시황은 아버지이고 호해는 아들이며, 부소는 형이고 호해는 동생이니, 이런 것들은 소멸되지 않는다." "삼대의 손익에서 예컨대 의복·기물·제도 따위라면 손익하도 무방하나, 정월의 경우는 하늘의 절기의 법칙인데 그것조차 바꾼 것은 왜 그렇습니까?" "백성이 보고 듣는 바를 한바탕 혁신하려면 그럴 수밖에 없다. 마치 지사와 현령이 새로 부임하면 한바탕 호령을 변경하고, 주지가 절에 새로 부임하면 행자의 서열을 바꾸는 것과 비슷하다."[138] 이 장에서는 인因 자가 가장 중요하다. 이른바 손익損益도 저 삼강오상을 떠받치려는 것일 따름이다. 예컨대 진나라가 주나라를 계승하면서, 손익에 부당한 바가 있었으나 삼강오륜은 변경하지 못하였다. 군신은 여전히 군신이요, 부자는 여전히 부자였다. 다만 좋지 않게 안배했을 뿐이다. 진나라가 주나라를 잘 계승하지 못해 유례없이 혹독했으나, 삼강오상은 끝내 변경하지 못하였다. '알 수 있다'고 한 성인의 말씀은 삼강오상을 계속 따른다는 것을 알기 때문이다. 사계절의 운행처럼 봄 뒤에 반드시 여름이고, 여름 뒤에 반드시 가을이니, 그 사이에 춥고 더운 어긋난 날씨가 있으나 사계절의 운행은 끝내 변경되지 않음과 같다. 소강절이 시에서 '천년만년이 가도 중원에는 사람이 있다(千世萬世, 中原有人)' 함이 바로 이 뜻과 같다.[139, 140] 만약 진나라는 주나라를 계승할 수 없다고 말한다면, 공자의 말은 틀리게 된다. 공자는 분명히 '백 왕조라도 알 수 있다'고 하였다. 진나라는 선왕의 법을 싹 쓸어버렸다. 그러나 이른바 삼강오상은 소멸된 적이 없다. 예컨대 진나라가 임금을 높이고 신하를 낮춘 조치는, 임금이 약하고 신하가 강성했던 주나라 왕실의 폐단을 덜어낸(損) 일이나, 그것은 본디 있던 군신의 예이다. 또 법을 제정하여 부모와 자식 및 남녀 형제가 같은 방에서 잠자는 것을 금지한 일 따위는 본디 있던 부자·형제·부부의 예이다. 이는 천지의 영원한 법도(天地之常經)이다. 은나라가 하나라를 계승하고, 주나라가 은나라를 계승하고, 진나라가 주나라를

○胡氏曰："子張之問, 蓋欲知來, 而聖人言其旣往者以明之也. 夫自修身以至於爲天下, 不可一日而無禮. 天敍天秩,[1] 人所共由, 禮之本也. 商不能改乎夏, 周不能改乎商, 所謂天地之常經也. 若乃制度文爲, 或太過則當損, 或不足則當益. 益之損之, 與時宜之, 而所因者不壞,[2] 是古今之通義也.[3] 因往推來, 雖百世之遠, 不過如此而已矣."

2-24 子曰："非其鬼而祭之, 諂[4]也. 見義不爲, 無勇也."

非其鬼, 謂非其所當祭之鬼. 諂, 求媚[5]也.

知而不爲, 是無勇也.

계승한 이후 누구도 이를 변경하지 못하였다. 진나라의 이른바 손익 또한 주나라 말기의 온갖 번쇄한 의례를 살펴 너무 지나친 부분은 덜고(損) 모자란 부분은 더했으나(益), 다만 손익이 너무 심했을 뿐이다. 또한 일의 추세가 그런 식으로 흘러가, 단도직입적인 세상을 만들고 몰인정한 행위를 행했던 것이다. 누구든 저촉되기만 하면 곧 법에 따라 사형을 시켰으니, 여러 복잡한 절차가 없어졌다. 가령 친족, 현인, 능력, 공 따위를 따지는 논의는 모두 필요 없어졌다. 오직 간단명료하게 행했을 뿐이니, 또한 거칠고 간략함만 추구하여 자연히 방편적 계산만 구하였다. 한나라가 흥기하여 패망한 진나라의 악정을 다 고치지는 못했으나, 고종·문종이 관대·자비·공손·검약(寬仁恭儉) 노선을 따른 것은 모두 진나라의 가혹·박절·교만·사치(苛刻驕侈) 노선에 인因하여 그 의미를 손익損益한 것이다. 대강이 그처럼 관대했기 때문에 나중에 가면 해이해지기 쉬웠다. 그리하여 강포한 신하에게 찬탈을 당하는 재앙을 불렀다. 그래서 광무제가 일어나 전후의 제도를 다시 덜고 보탬으로써 정사의 권한을 임금에게 귀속시키고, 사대부를 염치로써 격려한 것이다.[145]

1) 敍(서)：차례, 등급, 품계, 순서를 정하다, 품계나 관직을 주다, 펴다, 진술하다. 秩(질)：차례, 쌓다, 녹봉, 차례를 세우다, 차등을 두다, 벼슬, 관직, 정돈하다, 늘. ○『書』「皐陶謨」：天敍有典, 勑我五典五惇哉. 天秩有禮, 自我五禮有庸哉.

2) 壞(괴)：무너지다, 붕괴하다, 제도·사상·질서가 유지될 수 없게 파괴되다, 무너뜨리다.

3) 通(통)：통하다, 꿰뚫다, 두루 미치다, 널리 퍼지다, 깨닫다, 출세, 널리 알다, 두루. ○『漢書』：董仲舒曰："春秋大一統者, 天地之常經, 古今之通誼(義)也."

4) 諂(첨)：아첨하다, 알랑거리다, 아양 떨다, 교태부리다, 사특하다, 부정한 짓을 하다.

5) 媚(미)：아첨, 비위 맞춤, 풍치가 아름답다, 요염한 느낌을 주다, 사랑하다, 순종.

• 자장의 질문은 미래를 알려는 것이었으나, 성인은 이미 지난 일을 언급하여 설명하였다. 수신에서 천하통치까지 하루라도 예가 없으면 안 된다. 하늘이 준 윤리질서(天敍天秩)는 사람이면 누구나 다 의거해야 할 바로서, 예의 근본이다. 따라서 은나라도 하나라로부터 바꿀 수 없었고, 주나라도 은나라로부터 바꿀 수 없었다. 이른바 우주의 영원한 법도(天地之常經)이다. 제도나 형식 등은 너무 지나치면 마땅히 덜어내야 하고, 너무 모자라면 마땅히 덧보태야 한다. 덜고 보태는 것은 시대에 따라 맞춰야 하나, 그대로 따르는 원리는 파괴되지 않는다. 이것이 고금의 보편적 도리(古今之通義)이다. 과거에 근거하여 미래를 추론하면, 백 왕조만큼 멀더라도 이에 불과할 따름이다. – 호인

2-24 공자가 말하였다. "자기 귀신이 아닌데도 제사함은 아첨이고, 의를 보고도 행하지 않음은 용기가 없음이다."

'자기 귀신이 아니다' 함은, 제사해야 할 귀신이 아니라는 말이다.[①] 첨諂은 총애를 구함이다.

알면서도 행하지 않음은 용기가 없는 것이다.[②]

---

① 『어류』: 예컨대 천자는 천지에 제사하고, 제후는 (자기 봉지의) 산천에 제사하고, 대부는 오사五祀에 제사하고, 서인은 조상에 제사한다. 윗사람은 아래의 일을 겸할 수 있으나, 아랫사람은 위의 일을 겸할 수 없다. 서인이 오사에 제사하고, 대부가 산천에 제사하고, 제후가 천지에 제사하는 따위가 이른바 '자기 귀신이 아닌 경우'이다.[146]

② 『어류』: 여기서는 두 측면에서 함께 봐야 한다. '의를 보고도 행하지 않았다'는 점에서 보면, 역시 알고 있었음에도 불구하고 실천하지 못했다는 것이다. (눈앞에 닥친 어떤 일이 마땅히 해야 할 일이라면 우선 용감하게 결행해야 한다.) 만약 근원적으로 살펴보면, (행하지 않음은) 아는 것이 지극하지 않았기 때문에 그 일을 위해 힘쓰지 않았다는 설명이 된다. (만약 앎이 지극하다면 해야 할 일은 저절로 행하게 된다.) [150, 151]

제3편 팔일

八佾第三

(凡二十六章.) 通前篇末二章, 皆論禮樂之事.

앞 편의 끝 두 장부터 이 편은 모두 예악에 관련된 일을 논하였다.

3-1 孔子謂季氏："八佾[1]舞於庭，是可忍[2]也，孰不可忍也?"

(佾，音逸.) ○季氏，魯大夫季孫氏也. 佾，舞列也，天子八·諸侯六·大夫四·士二. 每佾人數，如其佾數.[3] 或曰："每佾八人."[4] 未詳孰是. 季氏以大夫而僭[5]用天子之禮樂，孔子言其此事尙[6]爲之，則何事不可忍爲. 或曰："忍，容忍也." 蓋深疾[7]之辭.

○范氏曰："樂舞之數，自上而下，降殺[8]兩而已，故兩之間，不可以毫髮僭差也. 孔子爲政，先正禮樂，則季氏之罪不容誅[9]矣."

謝氏曰："君子於其所不當爲不敢須臾[10]處，不忍故也. 而季氏忍此矣，則雖弑父與君，亦何所憚而不爲乎?"

3-2 三家者以「雍」徹.[11] 子曰："'相維辟[12]公，天子穆穆，'[13]奚取於三家之堂?"

---

1) 佾(일)：춤, 춤출 때 늘어선 줄, 고대 악무樂舞의 행과 열.

2) 忍(인)：참다, 견디다, 용서, 잔혹하다, 무자비하다, 모질게 ~하다, 애틋해 하다.

3) 馬曰："孰，誰也. 佾，列也. 天子八佾，諸侯六，卿大夫四，士二. 八人爲列，八八六十四人也. 魯以周公故受王者禮樂，有八佾之舞. 今季桓子僭於其家廟舞之，故孔子譏之也."

4) 『春秋左傳』疏：服虔云：天子八八，諸侯六八，大夫四八，士二八.

5) 僭(참)：참람하다, 본분을 넘어서는 짓을 하다, 분수에 지나치게 행동하다.

6) 尙(상)：오히려, 도리어, 바라건대, 숭상·칭찬·자랑·주관하다, 사모함, 받들다, 오래다.

7) 疾(질)：미워하다, 원망하다, 비방하다, 근심하다, 고통스러워하다, 질병.

8) 降殺(강쇄)：수효를 줄이다. 殺：줄이다, 등급을 낮추다, 쇠퇴하다, 차이, 매우.

9) 誅(주)：(죄인을) 죽이다, 꾸짖다, 책망하다, 정벌하다, 제거, 덜다, (죄를) 다스리다.

10) 須臾(수유)：잠시, 잠깐, 눈 깜작할 사이. 須：턱수염, 얼굴 수염, 잠깐. 臾：잠깐.

11) 雍(옹)：기뻐하다, 화목, 벽옹辟雍, 학교, 식사 끝에 연주하는 음악, 돕다. 徹(철)：거두어들이다, 막힘없이 통함, 뚫다, 환하다, 다스리다, 치우다, 없애다. ○『詩』「周頌·雍」：有來雍雍，至止肅肅. 相維辟公，天子穆穆. 於薦廣牡，相予肆祀. 假哉皇考，綏予孝子. 宣哲維人，文武維后. 燕及皇天，克昌厥後. 綏我眉壽，介以繁祉. 旣右烈考，亦右文母.

12) 辟(벽)：임금, 하늘, 제후, 장관, 허물, 다스리다, 피하다. (비)：견주다. (피)：피하다.

13) 穆(목)：화목하다, 온화하다, 공경하다, 기뻐하다, 아름답다, 편안하다, 위의가 바르다.

3-1 공자가 계씨를 비평하였다. "팔일무를 자기 집 뜰에서 행하였다. 이런 일을 저질렀으니 무슨 짓인들 못하겠는가?"

계씨는 노나라 대부 계손씨이다. 일佾은 춤추는 대열이다. 천자는 8일, 제후는 6일, 대부는 4일, 사는 2일이다. 각 대열('일')의 인원수는 그 '일'의 수와 같다. "각 일은 어느 경우든 8명이다"는 설도 있다. 어느 설이 옳은지 알 수 없다. 계씨는 대부이면서 참람하게 천자의 예악을 사용하였다. 공자가 '그가 그런 일을 저질렀으니 무슨 짓인들 못하겠는가?'라고 평하였다. 혹은 "인忍은 용인容忍이다"라고도 풀이한다.① 아무튼 깊이 미워하는 말이다.②

• 악무樂舞의 인원수는 위에서 아래로 내려갈수록 두 명씩 줄어든다. 두 명의 차이는 조금이라도 참월하여 어긋나면 안 된다. 공자가 정치를 하면 먼저 예악을 바로잡을 것이니, 계씨의 죄는 죽음으로도 용서받지 못한다. – 범조우

• 군자는 해서는 안 될 일이라면 잠시라도 머물러서는 안 된다. 차마 그럴 수 없기 때문이다. 그런데 계씨는 그 짓을 저질렀으니, 아버지를 죽이고 임금을 죽이는 일이라도, 또한 무엇을 꺼려 감행하지 못하겠는가? – 사량좌

3-2 세 대부 집안에서 「옹」의 송가로 제사를 마치자, 공자가 말하였다. "'서로 돕는 제후들이여, 천자의 위용이 심원하다'는 구절을 어찌 세 집안의 마당에서 연주한단 말인가!"

---

① 『어류』: 이상의 두 설은 서로 다르다. 현재로서는 성인의 뜻이 과연 무엇인지 알 수 없다. 후세 학자들은 대체로 명확하지 않은 곳의 해석에서 의미가 더 나은 것은 앞에 두고, 참고로 알아야 하지만 그다지 온당치 않은 것은 뒤에 두었다.[3] "'이런 짓을 용인하면 무슨 짓인들 용인하지 못 하겠는가'라고 풀이하면 온당하지 않을 듯합니다. 성인의 갈투가 어찌 그렇게 급박할 수 있습니까?" "요전에 조자흠을 만났을 때도 그런 질문이 있었다. 성인도 전적으로 용인하지 못하는 부분이 있다. 가령 공자가 지은 『춘추』에는 아주 참지 못한 부분이 나온다." ○『혹문』: 호인이 말하였다. "성인의 도량은 천지와 같아서 관용(恕)으로 사람을 대한다. 오직 난신적자의 경우만은 매우 엄하게 응징하였다. 그 범드가 『춘추』에 열거되어 있다. 대륜大倫를 떠받치고 인간 사회의 기강을 수립하려는 뜻이다." 호인의 설명을 가지고 음미하면 의문을 없앨 수 있다. 다만 이 문장의 본의가 꼭 이렇다고 단정할 수는 없다."

② 『어류』: 계씨는 마음으로 처음에는 틀림없이 이런 일이 편하지 않음을 알았을 것이다. 그러나 팔일무의 인원수가 많아 그 광경이 대단함을 보고 자기도 그 일을 저질러(忍) 행한 것이다.

(徹, 直列反. 相, 去聲.) ○三家, 魯大夫孟孫·叔孫·季孫之家也. 「雍」, 「周頌」篇名. 徹, 祭畢而收其俎[1]也. 天子宗廟之祭, 則歌「雍」以徹, 是時三家僭而用之.[2] 相, 助也. 辟公, 諸侯也. 穆穆, 深遠之意, 天子之容也. 此「雍」詩之辭, 孔子引之, 言三家之堂非有此事, 亦何取於此義而歌之乎? 譏其無知妄作, 以取僭竊之罪.

○程子曰: "周公之功固大矣, 皆臣子之分所當爲, 魯安得獨用天子禮樂哉? 成王之賜, 伯禽之受, 皆非也. 其因襲之弊, 遂使季氏僭八佾, 三家僭「雍」徹, 故仲尼譏之."

3-3 子曰: "人而不仁, 如禮何? 人而不仁, 如樂何?"

游氏曰: "人而不仁, 則人心亡矣, 其如禮樂何哉? 言雖欲用之, 而禮樂不爲之用也."

程子曰: "仁者, 天下之正理. 失正理, 則無序而不和."

李氏曰: "禮樂待人而後行, 苟非其人,[3] 則雖玉帛交錯,[4] 鐘鼓鏗鏘,[5] 亦將如之何哉? 然記者序此於八佾·雍徹之後, 疑其爲僭禮樂者發也."

이것이 곧 '천리를 두절시키면, 그 초심을 잃는다(遏絕天理, 失其初心)'는 말이다.[2]

1) 俎(조): 도마, 적대(제향 때 희생을 얹는 도구).

2) 馬曰: "三家者, 謂仲孫·叔孫·季孫也. 天子祭於宗廟, 歌之以徹祭. 今三家亦作此樂者也."

3) 『易』「繫辭下」: 苟非其人, 道不虛行.

4) 交錯(교착): 서로 엇걸려 뒤섞이다. 錯: 뒤섞여 복잡하다, 어지럽히다, 잘못하다.

5) 鏗(갱): 금옥이 부딪쳐 나는 소리, 거문고 타는 소리. 鏘(장): 금옥이 부딪쳐 나는 소리.

① 『금독』: 이는 한 편의 위대한 문장이다. 외적인 형식인 예악은 모두 내적인 심리 정감에 진정으로 의지해야(憑依) 한다는 뜻이다. 그렇지 않으면 빈껍데기요 겉치레일 뿐이다.

② 『어류』: 사람이 어질지 못하면, 공연히 부산떨며 백배百拜하고 거문고·경쇠·북을 연주하며 춤추는 등 온갖 수고와 낭비를 다해도 예악을 얻지 못한다.[12] 비록 옥백을 성대하게 교차하여도 예라 할 수 없고, 북치고 경쇠를 두드려도 음악이라 할 수 없다. 예를 벌여도 예가 아니고, 음악을 연주해도 음악이 아니다.[19] 예는 공손과 경건(恭敬) 그 자체이니, 우리 마음속에

세 집안은 노나라 대부인 맹손·숙손·계손의 가문이다. 「옹雍」은 『시』 「주송」의 편명이다. 철徹은 제사를 마치고 제기를 거두어들임이다. 천자가 종묘의 제사 때 「옹」 편의 노래로써 제사를 마친다. 당시 세 대부 집안에서 참람하게도 그것을 썼다. 상相은 도움, 벽공辟公은 제후이다. 목목穆穆은 깊고 원대하다는 뜻으로서, 천자의 위용이다. 이 「옹」 시의 말을 공자가 인용하여, 세 대부 집안에서는 이런 일이 없어야 하거늘, 어떻게 그런 의미를 취하여 노래할 수 있냐고 말하였다. 그들이 무지하여 망령되이 행동해, 참람하게 도용한 죄를 비난하였다.

• 주공의 공이 참으로 크지만, 누구나 신하의 본분은 다해야 하거늘, 유독 노나라만 어찌 천자의 예악을 썼단 말인가? 성왕이 (천자의 예악을) 노나라에 하사한 일이나 백금(주공의 아들)이 그것을 받아들인 일 모두 잘못이다. 그런 인습의 폐단이 마침내 계씨가 참월하게 팔일무를 쓰게 하고, 세 대부 집안이 참월하게 「옹」으로써 제사를 마치게 하는 결과를 낳았으므로, 공자가 비난하였다. – 이천

3-3 공자가 말하였다. "사람이 어질지 못하면, 예가 무슨 소용 있는가? 사람이 어질지 못하면, 음악이 무슨 소용 있는가?"①

• 사람이 어질지 못하면(불량하면) 사람다운 마음이 사라지거늘, 예악에 대해 무엇을 어떻게 하겠는가? 설령 예악을 쓴다고 해도 예악은 그에게 아무 소용이 없다는 말이다.② – 유초

• 인仁은 천하의 정당한 도리이다.❸ 정당한 도리를 잃으면, 질서도 없고 화합도 없다. – 이천

• 예악은 사람에 의지해서야 행해진다. 참으로 합당한 사람이 아니면, 옥백을 이리저리 걸치고 종과 북을 합주해도, 또한 예악을 어떻게 할 수 있겠는가? 기록자가 이 말을 팔일과 옹철 장의 뒤에 두었으니, 아마도 예악을 참람하게 쓴 자를 두고 한 말 같다.❹ – 이욱

본래 공손과 경건함이 없으면 겉으로만 헛되이 온갖 모양을 연출할 뿐이다.[17] 어질지 못한 사람은 예악과 본래 상관이 없다. 비유컨대 무뢰배가 성현의 경전을 낭독함과 같다. 경전은 그저 경전이요, 그와는 아무 관계없다. 경전이 새삼 그에게 무슨 소용인가?[18] 인은 마음의 덕이다. 어질지 못한 사람은 마음의 덕이 이미 없으니, 가슴속에 절대로 천리가 없다. 평소의

3-4 林放問禮之本. 子曰：“大哉問! 禮, 與其奢也, 寧儉；喪, 與其易也, 寧戚.”[1]

林放, 魯人. 見世之爲禮者專事繁[2]文, 而疑其本之不在是也, 故以爲問.

孔子以時方逐末, 而放獨有志於本, 故大其問. 蓋得其本, 則禮之全體無不在其中矣.

(易, 去聲.) ○易, 治也.[3] 『孟子』曰：“易其田疇.”[4] 在喪禮, 則節文習熟, 而無哀痛慘怛[5]之實者也. 戚則一於哀, 而文不足耳. 禮貴得中, 奢·易則過於文, 儉·戚則不及而質, 二者皆未合禮. 然凡物之理, 必先有質而後有文, 則質乃禮之本也.

모든 생각과 수작이 모두 도리에 어긋나고 방탕하고 사악한(非僻淫邪) 기운이고, 본심의 올바름은 더 이상 없다. 이러한 사람이 옥백을 부산하게 펼치고 종과 북, 경쇠를 연주하더라도, 그 사람과 예악은 판연한 두 물건과도 같다. 마치 원숭이가 주공의 복장을 입고 있는 것과 마찬가지이다. 그가 예악에 대해 무엇을 어떻게 하겠는가?[24]

❸ 『어류』: 정자의 이 말은 물론 좋지만 좀 엉성하다. ‘인’이란 본심의 온전한 덕(全德)이다. 사람이 만약 본연本然의 천리天理인 양심良心을 보존하여 잃지 않으면, 모든 행위가 질서 있고 조화롭다. 이 마음이 일단 달아나면 오로지 인욕人欲과 사욕이 표출되니, 어떻게 질서 있고 조화로울(화평할) 수 있겠는가?[22]

❹ 『어류』: “인이 어떻게 의義·예禮·지智를 포함합니까?” “의·예·지는 인이 없으면 죽은 것이니, 어디서 다시 의·예·지를 구할 수 있겠는가?”[23]

1) 與其~寧~ : ~하기보다는 차라리 ~하는 것이 낫다. 戚(척) : 슬퍼하다, 마음 아파하다, 비애, 우수, 금심, 염려, 친하다, 친척, 겨레.

2) 繁(번) : 많다, 성하다, 번거롭다, 뒤섞이다, 자주, 무성하다, 번성하다, 바쁘다.

3) 易(이) : 다스리다, 편안, 평온, 평탄하다, 태평하다, 기쁘다, 경시하다. 治(치) : 평정하다, 수리, 바로잡다, 단속, 규찰, 성취, 비교하다, 익히다, 돕다, 필적하다.

4) 田疇(전주) : 경작지, ‘전’은 곡식, ‘주’는 삼을 심는 밭. 疇 : 밭두둑, 밭, 경계.

5) 慘怛(참달) : 아프고 슬픔. 慘 : 참혹, 아프다, 해치다, 근심. 怛 : 슬픔, 놀람, 두려움, 근심.

① 『어류』: “임방이 예의 근본을 묻자 왜 상례로써 대답하였습니까?” “예는 길례와 흉례 두 가지일 뿐이다. 앞 구절은 길례를 통론한 것이고, 뒤 구절은 흉례만 언급한 것이다.”[30] 맨 처음에는 검소·슬픔만 있고 저 격식(文)은 없었다. 검소·슬픔이 뿌리이니, 이 뿌리가 있은 뒤에 가지와 잎이 거기서 돋아난다.[33] “사치와 격식은 외면의 장식에 힘씀이고, 검소와 슬픔은 속마음에서 나온 것 아닙니까?” “그렇게 말할 수 없다. 천하의 일은 그 어느 것도

3-4 임방이 공자께 물었다. "예의 근본이 무엇입니까?" "훌륭한 질문이다! 예란 사치스럽게 행할 바에야, 차라리 검소하게 행해야 한다. 상례란 능수능란하게 행할 바에야, 차라리 애달파해야 한다."①

임방은 노나라 사람이다. 세상에서 예를 행하는 이들이 번잡한 형식만 일삼는 것을 보고, 예의 근본은 거기에 있지 않다고 여겼다. 그래서 이렇게 물었다.

당시는 말단만 추구하는 분위기였는데, 임방만이 홀로 근본에 뜻을 두었기 때문에, 공자가 그 질문을 훌륭하게 여겼다.② 그 근본을 얻으면, 예의 완전한 본체(全體)③가 그 안에 있지 않은 경우가 없다.

이易는 능수능란함(治)이다.④ 『맹자』에 "이기전주易其田疇(밭일을 잘한다)"[13 : 23]라는 말이 있다. 상례에 있어서 절차와 형식(節文)에만 익숙하여 애통해하고 참담해하는 실질이 없음을 말한다. 또 애달파함(戚)이란 오로지 슬픔에만 치우쳐 형식이 부족한 경우이다. 예는 중용을 중시한다. 사치와 능수능란함은 형식이 지나치고, 검소와 애달파함은 형식이 부족하나 질박하다.(6-18) 둘 모두 예에 맞지 않는다. 그러나 모든 사물의 이치는 반드시 먼저 바탕(질박함)이 있은 뒤에 형식이 있으니, 바탕이 곧 예의 근본이다.

마음에서 나오지(만들어지지) 않는 것이 없다. 다만 검소와 슬픔만의 표출은 미진함이고(不及), 사치와 능숙함만의 표출은 지나침(過)이지만, 모두 마음에서 나온다. 또 사람이 상에 임할 때 처음에는 어찌 슬픈 마음이 없었으랴마는, 외면으로 도를 넘어 꾸미기 때문에 저 슬픈 마음이 매몰된다. 사람이 처음 예를 행할 때 처음에 어찌 공손·경건한 마음이 없었으랴마는, 도를 넘어 꾸미기 때문에 저 공손·경건한 마음이 매몰된다. 예를 들면, 요즘 사람들이 처음에 서신을 통해 서로 교제할 때는 공손·경건한 마음이 없는 경우가 없다. 그러나 나중에 예절을 여러 차례 교환하고 나면, 귀찮은 생각이 들어, 저 공경하는 마음도 이내 매몰된다."[35]

② 『어류』 : 당시 번쇄한 격식에 익숙해진 사람들은 그것을 예로 여겼고, 저 알맹이(근본)가 따로 있다는 사실을 몰랐다. 근본을 갖추면 격식은 곧 생겨난다. 그런데 격식만 있고 그 근본이 없는 경우라면, 어찌 예라고 하겠는가?[36]

③ 『어류』 : "예의 전체全體가 무엇입니까?" "문질文質과 본말本末을 포괄한다는 말이다. 질이 있으면 문이 있고, 본이 있으면 말이 있다. 문만 있고 질이 없으면, 어떻게 행할 수 있겠는가? 초목에 비유하면 반드시 근본이 있어야 자연히 가지·잎·꽃·열매가 있다. 근본이 없으면 가지·잎·꽃·열매가 있더라도 이내 시들어 떨어지고 만다."[28]

④ 『어류』 : 옛사람이 일할 때 매끈하고 깔끔하여 막힘(거침)이 없는 것이 '이易'이다. 예에 있어서 '이'는 너무 능수능란함(太滑熟)이다. 사람이 서투르면 물론 성실성이 없지만, 또 너무 능수능란해도 역시 성실성이 없다.[32] '이'는 익숙하게 익혀서 마치 기쁨으로 하는 것과 같다.

○范氏曰："夫祭, 與其敬不足而禮有餘也, 不若禮不足而敬有餘也. 喪, 與其哀不足而禮有餘也, 不若禮不足而哀有餘也.[1)] 禮失之奢, 喪失之易, 皆不能反本而隨其末故也. 禮奢而備, 不若儉而不備之愈[2)]也. 喪易而文, 不若戚而不文之愈也. 儉者物之質, 戚者心之誠, 故爲禮之本."

楊氏曰："禮始諸飮食, 故汙尊而抔飮,[3)] 爲之簠·簋·籩·豆·罍·爵[4)]之飾, 所以文之也, 則其本儉而已. 喪不可以徑情[5)]而直行, 爲之衰麻哭踊之數,[6)] 所以節之也, 則其本戚而已. 周衰, 世方以文滅質, 而林放獨能問禮之本, 故夫子大之, 而告之以此."

3-5 子曰："夷狄之有君, 不如諸夏之亡也."

吳氏曰："亡, 古無字, 通用."

程子曰："夷狄且有君長, 不如諸夏之僭亂, 反無上下之分也."

○尹氏曰："孔子傷時之亂而嘆之也. 亡, 非實亡也, 雖有之, 不能盡其道爾."

손과 발을 경쾌하게 놀려 일하면, 도무지 저 애달파 하거나 차마 상을 주관하지 못하는 뜻을 찾아볼 수 없다.[35] 사람이 격식 꾸미기만 익히면, 자연히 소박하고 착실한 마음가짐은 쉽게 망각되어, 마치 '번지르르한 말과 알랑거리는 낯빛에 어진 마음이 드문"(1-3) 경우처럼 된다.[36]

1) 『禮記』「檀弓上」: 子路曰："吾聞諸夫子. 喪禮, 與其哀不足而禮有餘也, 不若禮不足而哀有餘也. 祭禮, 與其敬不足而禮有餘也, 不若禮不足而敬有餘也."

2) 愈(유) : 낫다, 일정한 대상보다 뛰어남, (병이) 낫다, 더욱, 근심하다, 즐기다.

3) 汙(오) : 더럽다, 괴어 있는 물. (와) : 땅 파다. 尊(준) : 술통. (존) : 높다, 존중하다. 抔飮(부음) : 손으로 움켜서 마심. 抔 : 움키다, 움켜 뜨다, 움큼, 움켜쥘 정도의 분량.

4) 簠簋(보궤) : 곡식 담는 제기, 겉은 네모 안은 둥근 것이 '보', 안은 네모 겉은 둥근 것이 '궤'. 籩(변) : 대오리를 엮어 만든 과실 담는 제기. 豆(두) : 식혜를 담는 목기. 罍(뇌) : 운뢰雲雷 무늬를 그린 10말들이 술독. 爵(작) : 참새 모양의 울창주를 따르는 잔. 참새.

5) 徑情(경정) : 마음 내키는 대로 행하여 절제가 없는 것. 徑 : 지름길, 빠르다, 가다, 달리다.

6) 衰麻(최마) : 상복. 衰 : 줄이다, 감쇄하다, 상복. (쇠) : 쇠하다, 약해지다. 麻 : 삼실. 哭(곡) : 곡

• 제례는 경건함이 부족하고 예가 넘칠 바에야, 예는 부족하나 경건함이 넉넉한 편이 낫다. 상례는 슬픔이 부족하고 예가 넘칠 바에야, 예는 부족하나 슬픔이 넉넉한 편이 낫다. 예가 사치에 빠지고 상례가 능수능란함에 빠지는 것은, 모두 근본을 돌이키지 못하고 그 말단만 따랐기 때문이다. 예는 사치하면서 고루 갖추느니, 검소하면서 고루 갖추지는 못한 편이 더 낫다. 상례는 능수능란하여 형식만 갖추느니, 애달파하면서 형식이 없는 편이 더 낫다. 검소는 사물의 바탕이고, 애달파 함은 마음의 진실함이니, 예의 근본이다. – 범조우

• 예는 먹고 마시는 일에서 시작한다. 따라서 웅덩이를 그릇 삼고 손으로 움켜 마시는 일에서, 보簠·궤簋·변籩·두豆·뢰罍·작爵의 장식을 하는 것이 형식을 갖추는 일인데, 그 근본은 검소함일 뿐이다. 상례는 마음 내키는 대로(감정을 다 드러내고) 곧장 시행할 수 없는[①] 만큼, 최마衰麻와 곡하고 발 구르기 등의 절차를 제정하여 절제하게 한 것이니, 그 근본은 애달파함일 뿐이다. 주나라가 쇠하면서 세상은 한참 형식이 바탕을 멸절하는 판국이었다. 임방만이 예의 근본을 물었기 때문에, 공자가 훌륭하다고 여겨 이와 같이 일러주었다. – 양시

3-5 공자가 말하였다. "오랑캐도 임금이 있으니, 중국의 여러 나라에 임금이 없는 것과는 같지 않다."

• 무亡는 옛날에 무無자와 통용하였다. – 오역

• 오랑캐도 군장이 있으니, 중국의 여러 나라가 참람하게 반란하여 도리어 위아래 존비의 구별을 무시한 것과는 같지 않다. – 이천

• 공자가 당시의 혼란에 상심하여 탄식한 것이다. 무亡는 실제로 없다는 것이 아니라, 있기는 있으나 그 도를 다하지 못하고 있다는 말이다.[②] – 윤돈

하다, 울다, 노래하다. 踊(용) : 뛰다(장례 의식의 하나), 춤추다. 數(수) : 예법, 규칙, 등급, 구분, 이치, 도리, 운명, 운수, 기술, 재주, 책략, 수단.

① 『어류』 : '상례는 마음 내키는 대로 곧장 시행할 수 없다'는 표현은 저 '애달파함(哀戚)'의 의미를 약간 손상시킨다. 양시의 말은 이런 부류가 많다. 그래서 그의 말을 채택한 곳이 많지 않다.[37]

② 『어류』 : 범조우와 여대림 모두 "오랑캐는 임금이 있어도 예가 없으니, 중국의 나라에 임금이

3-6 季氏旅[1]於泰山. 子謂冉有曰："女弗能救與?" 對曰："不能." 子曰："嗚呼! 曾謂泰山不如林放乎?"

(女, 音汝. 與, 平聲.) ○旅, 祭名. 泰山, 山名, 在魯地. 禮：諸侯祭封內山川, 季氏祭之, 僭也.[2] 冉有, 孔子弟子, 名求, 時爲季氏宰. 救, 謂救其陷於僭竊之罪. 嗚呼, 歎辭. 言神不亨[3]非禮, 欲季氏知其無益而自止, 又進林放以厲[4]冉有也.

○范氏曰："冉有從季氏, 夫子豈不知其不可告也, 然而聖人不輕絕人, 盡己之心, 安知冉有之不能救, 季氏之不可諫也? 旣不能正, 則美林放以明泰山之不可誣, 是亦敎誨之道也."

3-7 子曰："君子無所爭, 必也射乎! 揖[5]讓而升, 下而飮, 其爭也君子."

(飮, 去聲.) ○揖讓而升者, '大射'之禮, 耦[6]進三揖而後升堂也. 下而飮, 謂射畢揖降, 以俟[7]衆耦皆降, 勝者乃揖, 不勝者升, 取觶[8]立飮也. 言君子恭遜不與人爭, 惟於射而後有爭. 然其爭也, 雍容[9]揖遜乃如此, 則其爭也君子, 而非若小人之爭矣.

없더라도 예의가 있는 경우만 못하다"고 풀었는데, 옳지 않다. 그들이 왜 그런 설명을 했는지 모르겠다. 또 성인이 그렇게 말했다고 하면 무슨 좋은(교훈적인) 의미가 있겠는가? 중국에 임금이 없는 것이 정말 좋다는 소리인가?[42]

1) 旅(려)：상제·천신·산천 등에 올리는 제사, 군사, 군대, 무리, 많은, 함께.
2) 馬曰："旅, 祭名也. 禮, 諸侯祭山川在其封內者也. 今陪臣祭泰山, 非禮也."
3) 享(향)：누리다, 향수, (물건을) 바치다. (형)：형통하다, 제사를 올리다.
4) 厲(려)：갈다, 화, 괴롭다, 엄하다, 엄격, 엄숙하다, 사납다, 세차다.
5) 揖(읍)：읍(상대에게 공경의 뜻을 나타내는 예의 하나), 읍하다, 사양하다, 절하다.
6) 耦(우)：짝, 짝수, 둘이 나란히 서서 갈다, 논밭을 갈다, 둘 다, 합하다, 마주 향하다.
7) 俟(사)：기다리다, 기대하다, 크다, 성하다.
8) 觶(치)：잔, 향음주鄕飮酒 의식에 쓰는 뿔잔, 벌주罰酒로 마시는 술잔.
9) 雍容(옹용)：온화하고 조용함. 雍：온화해지다, 기뻐하다, 막다, 껴안다, 화목하다, 돕다.

3-6 계씨가 태산에 여 제사를 드리자, 공자가 염유에게 말하였다. "네가 막을 수 없었는가?" "막을 수 없었습니다." "아! 태산의 신이 임방보다 못하다고 여긴다는 말인가?"①

여旅는 제사 이름이다. 태산은 산 이름이고, 노나라 땅에 있다. 예에 따르면 제후가 봉토 안의 산천에 제사한다. 대부인 계씨가 제사했으니, 참람함이다. 염유는 공자의 제자로서, 이름은 '구'이고, 당시 계씨의 읍재였다. 구救는 계씨가 참람함에 빠지는 죄를 막는(구제하는) 일을 일컫는다. 오호嗚呼는 탄식하는 말이다. 신은 예에 맞지 않는 제사를 흠향하지 않으니, 계씨가 그 일이 무익함을 알고 스스로 중지하기를 바란다는 뜻이다. 다시 임방을 내세워 염유를 압박하였다.

• 염유가 계씨를 추종하고 있었으므로, 염유가 계씨에게 고하지 못한다는 사실을 공자가 어찌 몰랐겠는가? 그러나 성인은 가볍게 사람을 단절하지 않고, 당신의 성심을 다할 뿐이다. 어찌 염유가 막지 못하고, 계씨는 간할 수 있는 상대가 아님을 염두에 두었겠는가? 이미 바로잡지 못하는 이상, 임방을 찬양함으로써 태산은 속일 수 있는 바가 아님을 천명하였다. 이 역시 가르쳐 깨우치는 방법이다. — 범조우

3-7 공자가 말하였다. "군자는 다투는 일이 없으나, 반드시 다투는 것은 활쏘기이다. 읍양하고 올라가, (활을 쏘고) 내려와 술을 마시니, 그 다툼이 군자답다!"

'읍양하고 올라감'은, '대사大射'의 예에 따라 짝지어 나아가 세 번 읍한 다음 당에 오르는 것이다. '내려와 술을 마신다(下而飮)' 함은, 활쏘기를 마치고 읍하고 내려와 모든 짝이 다 내려오기를 기다렸다가, 이긴 자가 읍하면 진 자가 올라가 술잔을 잡고 서서 마시는 것이다. 군자는 공손하여 남과 다투지 않지만, 오직 활쏘기만은 다툼이 있다는 말이다. 그렇지만 그 다툼 역시 온화하게 읍양하고 겸손하는 모습이 이와 같으니, 그 다툼 또한 군자다워 소인의 다툼과는 다르다.

---

① "예는 그 근본이 중요함은 임방도 알았다. 하물며 태산의 신이 그것을 모르겠는가? 근본도 모르는 자기의 행위를 태산이 눈감아준다고 계씨가 여긴다는 말인가?"라는 뜻이다.

3-8 子夏問曰："'巧笑倩[1]兮, 美目盼[2]兮, 素以爲絢[3]兮.' 何謂也?" 子曰："繪事後素." 曰："禮後乎?" 子曰："起予者商也! 始可與言『詩』已矣."

(倩, 七練反. 盼, 普莧反. 絢, 呼縣反.) ○此逸詩也. 倩, 好口輔[4]也. 盼, 目黑白分也. 素, 粉[5]地, 畫之質也. 絢, 采色, 畫之飾也. 言人有此倩盼之美質, 而又加以華采之飾, 如有素地而加采色也. 子夏疑其反謂以素爲飾, 故問之.

(繪, 胡對反.) ○繪事, 繪畫[6]之事也. 後素, 後於素也. 「考工記」曰："繪畫之事後素功." 謂先以粉地爲質, 而後施五采, 猶人有美質, 然後可加文飾.

禮必以忠信爲質, 猶繪事必以粉素爲先. 起, 猶發也. 起予, 言能起發我之志意. 謝氏曰："子貢因論學而知『詩』, 子夏因論『詩』而知學, 故皆可與言『詩』."

○楊氏曰："'甘受和, 白受采, 忠信之人, 可以學禮. 苟無其質, 禮不虛行'.[7] 此繪事後素之說也. 孔子曰繪事後素, 而子夏曰禮後乎, 可謂能繼其志矣. 非得之言意之表[8]者能之乎? 商·賜可與言『詩』者以此. 若夫玩[9]心於章句之末, 則其爲『詩』也固而已矣.[10] 所謂起予, 則亦相長[11]之義也."

---

1) 倩(천) : 예쁘다, 웃는 입모습이 예쁘다. (청) : 빌리다, 청하다, 고용하다, 고용자, 사위.
2) 盼(반) : 눈이 예쁘다, 눈자위가 또렷하다, 미인의 눈 움직임, 돌아보다, 예쁜 눈.
3) 素(소) : 희다, 무늬 없는 흰 피륙, 꾸밈없음, 근본, 본바탕, 원료. 絢(현) : 무늬, 문채.
4) 輔(보) : 덧방나무, 돕다, 힘을 빌리다, 도움, 보좌, 벗, 관리, 광대뼈, 턱, 부목.
5) 粉(분) : 희다, 가루, 쌀가루, 분, 석회, 부스러기, 단장하다, 분을 바르다, 채색하다.
6) 繪(회) : 그림, 그림 그리다. 畫(화) : 그림, 그리다. (획) : 긋다, 구분하다.
7) 『禮記』「禮器」: 祀帝於郊, 敬之至也. 宗廟之祭, 仁之至也. 喪禮, 忠之至也. 備服器, 仁之至也. 賓客之用幣, 義之至也. 故君子欲觀仁義之道, 禮其本也. 君子曰："甘受和, 白受采. 忠信之人可以學禮, 苟無忠信之人則禮不虛道, 是以得其人之爲貴也."

3-8 자하가 공자께 물었다. “『시』에 ‘우아한 미소 예쁜 보조개, 아름다운 눈동자 흑백이 뚜렷하네! 흰 바탕이라야 꾸밀 수 있다!’ 했는데, 무슨 말입니까?” “채색(화장)은 흰 바탕이 있은 뒤에야 가능하다는 말이다.” “그렇다면 예가 나중이라는 뜻입니까?” “나를 분발시키는(起予) 이가 너로구나! 이제 너와 더불어 『시』를 논할 수 있겠다.”

이것은 사라진 시이다. 천倩은 예쁜 보조개, 반盼은 눈의 흰자와 검은자가 선명히 구분됨이다. 소素는 하얀 부분이니, 그림(畫)의 바탕이다. 현絢은 채색이니, 그림을 그림이다. 사람에게 그와 같이 예쁜 보조개와 흑백이 뚜렷한 눈과 같은 아름다운 바탕이 있어서 거기에 화려한 채색의 화장을 하는 것은, 마치 하얀 바탕이 있어서 색을 칠하는 것과 같다는 말이다. 자하는 반대로 흰색으로 장식을 하는 게 아닌가 하는 의문이 들었기 때문에 질문하였다.

회사繪事는 그림을 그리는 일, 후소後素는 흰 바탕의 다음이다. 『주례』「고공기」에 따르면, “그림 그리는 일은 흰 바탕을 마련한 다음에 칠을 한다.” 우선 단장할 곳을 바탕으로 삼은 이후에 다섯 가지 색을 칠함이, 마치 사람에게 아름다운 바탕이 있은 뒤에 형식을 꾸미는 것과 같다는 말이다.

예는 반드시 충직과 신의를 바탕으로 삼는다. 마치 그림을 그리려면 반드시 하얀 바탕을 먼저 준비하는 것과 같다.① 기起는 분발과 같다. ‘기여起予’②란 나의 생각을 분발시킬 수 있다는 뜻이다.

• 자공이 학문을 논하면서 『시』를 알았고(1-15), 자하가 『시』를 논하면서 학문을 알았기 때문에, 모두 더불어 『시』를 논할 만하였다. – 사량좌

• (『예기』에 따르면) ‘단맛이 음식의 조화를 감당하고, 흰 바탕이 채색을 감당하듯, 충직하고 신실한 사람이라야 예를 배울 수 있다. 만약 그런 바탕이 없다면,

---

8) 表(표) : 기치, 비석, 표시하다, 나타내다, 표함, 표명, 표출, 감찰, 특출.

9) 玩(완) : 희롱하다, 가지고 놀다, 장난하다, 익다, 사랑하다, 진귀하다, 노리개, 더럽히다.

10) 『孟子』 : 小弁之怨, 親親也. 親親, 仁也. 固矣夫, 高叟之爲詩也![12 : 3]

11) 長(장) : 증진하다, 성장하다, 장점, 뛰어나다, 우두머리. ○『禮記』「學記」 : 玉不琢, 不成器. 人不學, 不知道. …雖有嘉肴, 弗食不知其旨也. 雖有至道, 弗學不知其善也. 是故學然後知不足, 敎然後知困. 知不足, 然後能自反也. 知困, 然後能自强也. 故曰敎學相長也.

① 『어류』 : 예후호禮後乎는, ‘사람은 충직과 신의를 바탕으로 삼은 뒤에 예를 배울 수 있습니까’

3-9 子曰："夏禮吾能言之，杞不足徵[1]也；殷禮吾能言之，宋不足徵也. 文獻[2]不足故也，足則吾能徵之矣."

杞，夏之後. 宋，殷之後. 徵，證也. 文，典籍也. 獻，賢也.[3] 言二代之禮，我能言之，而二國不足取以爲證，以其文獻不足故也.[4] 文獻若足，則我能取之以證吾言矣.

3-10 子曰："禘自旣灌[5]而往者，吾不欲觀之矣."

(禘，大計反.) ○趙伯循曰："禘，王者之大祭也. 王者旣立始祖之廟，又推始祖所自出之帝，祀之於始祖之廟，而以始祖配之也. 成王以周公有大勳勞，[6] 賜魯重祭. 故得禘於周公之廟，以文王爲所出之帝，而周公配之，然非禮矣."

라는 말이다. 흰 바탕이 있지 않으면 채색할 곳이 없듯이, 성실함이 없으면 어떻게 예를 배우겠는가?[922-3쪽] ○풍우란："자하는 '채색은 흰 바탕이 있은 뒤에야 가능하다'는 공자의 말에서, '예가 나중임'을 깨달았는데, 사람에게 진실된 마음(眞性情)이 있은 뒤에 예를 행할 수 있음은, 마치 미녀에게 우아한 미소와 아름다운 눈동자 등이 있은 뒤에 분과 입술연지를 바를 만한 것과 같다. 진실된 마음이 없으면 예는 허위와 형식이 되어 가치도 없을 뿐더러 심히 천해질 수 있다. 그래서 공자가 말하였다. '사람이 어질지 못하다면 예가 무슨 소용이겠는가! 사람이 어질지 못하다면 음악이 무슨 소용이겠는가?'(3-3) 어질지 못한 사람은 진실된 마음이 없기 때문에, 설령 예악禮樂으로써 단장하더라도 그 허위만 더할 따름이다. 공자는 또 말하였다. '군자란 의리를 바탕으로 삼고, 예에 따라 행하며, 겸손하게 표출하고, 신실함으로 완성한다.'(15-18) 예와 '바탕'이 상호 부합하게 행해야 한다는 말이다."[112-3쪽]

② 『어류』：'기여起予'의 의미는, 공자가 '회사후소繪事後素'라고 말하면서 '예후호禮後乎'의 측면은 미처 생각하지 못했는데, 자하가 먼저 설명했으니, 공자를 계발啓發시킨 뜻이 있다는 말이다. 공자는 못했지만 자하가 잘해서 공자를 가르쳤다는 말이 아니다.[50] 성인이 어찌 반드시 이들 자하나 안연(11-4 '助我') 두 사람의 말을 기다린 뒤에야 비로소 계발되었겠는가? 성인의 가슴속에는 온갖 도리가 감추어져 있지만, 만약 환기시켜 묻는 이가 없다면, 끝내 바깥으로 발휘되지 않는다. 그러나 일단 말이 나오면 정신이 환기된다.[51]

1) 徵(징)：증명하다, 검증하다, 증거, 조짐, 징조, 정벌하다, 토벌, 부르다, 성취하다.

2) 獻(헌)：어진 이, 종묘에 개 희생을 바침, 상주하다, 바치는 물건, 표현하다.

3) 『어류』：問"文·獻." 曰："只是典籍·賢人. 若以獻作法度, 卻要用這'憲'字."[53]

4) 鄭曰："獻, 猶賢也. 我能不以其禮成之者, 以此二國之君文章賢才不足故也."

예가 공연히 행해지지 않는다.' 이것이 회사후소繪事後素에 대한 해설이다. 공자가 '그림 그리는 일은 흰 바탕이 있은 뒤에 한다(繪事後素)'고 말하자, 자하가 '그렇다면 예가 나중이라는 것입니까'라고 말했으니, 공자의 뜻을 잘 이해했다고 할 수 있다. 말의 속뜻을 파악할 수 있는 자가 아니라면 어찌 가능한 일이겠는가? 자하와 자공이 더불어 『시』를 논할 수 있게 된 것은 바로 이 때문이다. 문장의 말단에만 마음을 쓴다면, 그러한 『시』 해석은 고루할 뿐이다. 이른바 '나를 분발시켰다(起予)' 함은 서로 북돋는다는 뜻이기도 하다. – 양시

3-9 공자가 말하였다. "하나라의 예악·문물제도를 내가 설명할 수 있지만, 기나라에 입증할 자료가 부족하다. 은나라의 예악·문물제도를 내가 설명할 수 있지만, 송나라에 입증할 자료가 부족하다. 전적과 현인이 부족하기 때문이다. 충분하다면 나는 그것을 입증할 수 있다."

기나라는 하나라의 후손국, 송나라는 은나라의 후손국이다. 징徵은 입증, 문文은 전적, 헌獻은 현인이다. 두 시대의 예를 내가 말할 수 있으나, 두 나라에서 취하여 입증할 수 없는 까닭은 그 나라에 전적과 현인이 부족하기 때문이다. 전적과 현인만 충분하다면 나는 그것을 취하여 내 말을 입증할 수 있다는 뜻이다.

3-10 공자가 말하였다. "체 제사는 강신주를 부은 뒤부터는, 나는 보고 싶지 않다."

• 체禘는 왕의 큰제사이다. 왕은 이미 시조의 묘당을 세우고, 또 그 시조의 근원인 제帝를 추존하여 시조의 묘당에서 제사지냄으로써 시조로 배향한다. 성왕成王은 주공이 큰 공로를 세웠기 때문에, (그 봉지인) 노나라에 막중한 제사를 내려주었다. 따라서 주공의 묘당에서 체 제사를 올릴 수 있었다. 문왕을 근원인 제帝로 삼고, 주공을 배향하였다. 그러나 예는 아니다. – 조백순

---

5) 禘(체) : 천자가 정월에 남교南郊에서 하늘에 지내는 제사, 종묘의 제사 이름. 灌(관) : 물대다, 따르다, 씻다, 끼얹다, 마시다, 강신제를 지내다, 근심하다, 손을 씻다.

6) 勳勞(훈로) : 훈로, 공로, 공적. 勳 : 공, 공훈. 勞 : 공로, 공적, 수고하다, 앓다.

灌者, 方祭之始, 用鬱鬯[1]之酒灌地, 以降神也. 魯之君臣, 當此之時, 誠意未散, 猶有可觀, 自此以後, 則浸以懈怠[2]而無足觀矣. 蓋魯祭非禮, 孔子本不欲觀, 至此而失禮之中又失禮焉, 故發此歎也.
○謝氏曰:"夫子嘗曰:'我欲觀夏道, 是故之杞, 而不足證也; 我欲觀殷道, 是故之宋, 而不足證也.' 又曰:'我觀周道, 幽厲傷之, 吾舍魯何適矣? 魯之郊[3]禘非禮也, 周公其衰矣!'[4] 考之杞·宋已如彼, 考之當今又如此, 孔子所以深歎也."

3-11 或問禘之說. 子曰:"不知也. 知其說者之於天下也, 其如示諸斯乎!" 指其掌.[5]

先王報本追遠之意, 莫深於禘. 非仁孝誠敬之至, 不足以與此, 非或人之所及也. 而不王不禘之法,[6] 又魯之所當諱[7]者, 故以不知答之. 示, 與視同. 指其掌, 弟子記夫子言此而自指其掌, 言其明且易也. 蓋知禘之說, 則理無不明, 誠無不格,[8] 而治天下不難矣. 聖人於此, 豈眞有所不知也哉?

---

1) 鬱鬯(울창): 제주祭酒를 빚을 때 넣는 울금향鬱金香을 지칭함, 그 향의 술.
2) 懈(해): 게으르다, 느슨해지다. 怠(태): 게으름, 싫증나다, 방심, 깔보다, 약해짐.
3) 郊(교): 천자가 동지에 남교에서 하늘에, 하지에 북교北郊에서 땅에 지내는 제사.
4) 『禮記』「禮運」: 孔子曰:"我欲觀夏道, 是故之杞, 而不足徵也, 吾得夏時焉. 我欲觀殷道, 是故之宋, 而不足徵也, 吾得坤乾焉. 坤乾之義, 夏時之等, 吾以是觀之." … 孔子曰:"嗚呼哀哉! 我觀周道, 幽厲傷之, 吾舍魯何適矣? 魯之郊禘非禮也, 周公其衰矣!" 杞之郊也, 禹也. 宋之郊也, 契也. 是天子之事守也, 故天子祭天地, 諸侯祭社稷.
5) 掌(장): 손바닥, 발바닥, 솜씨, 수완, (손바닥으로) 치다, 맡다, 주관하다, 바로잡다.
6) 『或問』: 或問十一章之說. 曰:"諸說皆善, 而各得其一偏. 蓋呂氏得其報本追遠之意, 游氏得其仁孝誠敬之心, 程子得其不王不禘之法, 此皆其說之善者也. … "
7) 諱(휘): 꺼리다, 기피, 숨기다, 두려워하다, 겁내다, 휘(죽은 사람 이름, 높은 사람 이름).
8) 格(격): 감동하여 통하다, 이르다, 다다르다, 삼가다, 바로잡다, 대적하다, 인품.
① 『혹문』: 울창이란 무엇인가? 예학자의 설명에 따르면, 검은 기장으로 빚어 울금향초(백합과의 다년초)를 삶아 섞어서 만드는데, 그 냄새가 향기롭고 은은하다.

관灌은 제사를 시작할 때 울창주①를 땅에 부어 강신하는 것이다. 노나라의 군신은 이때만 해도 성의誠意가 아직 흩어지지 않아 그래도 본받을만했으나, 이 때 이후로는 점차 나태해져 본받을 것이 없었다. 노나라의 그런 체 제사가 예가 아닌지라 공자가 본래 보지 않으려 했으나, 이 무렵에 이르러 예를 잃은 가운데 다시 또 예를 잃었으므로, 이런 탄식을 표출하였다.

• 공자는 '내가 하나라의 도를 고찰하려고 기나라로 갔으나, 입증하기에 부족하였다. 내가 은나라의 도를 고찰하려고 송나라로 갔으나, 입증하기에 부족하였다'고 말한 적이 있다. 또 '내가 주나라의 도를 고찰하려고 하지만 유왕·여왕이 망가뜨렸으니, 내가 노나라 말고 또 어디로 가겠는가? 노나라에서 교郊와 체禘 제사를 지냄은 예가 아니니, 주공의 예법도 아마 쇠한 것 같다'라고 하였다. 기나라와 송나라를 살펴보아도 이미 그와 같고, 또 현재의 상황을 살펴보아도 이와 같다. 그래서 공자가 깊이 탄식하였다. – 사량좌

3-11 혹자가 체 제사의 내용을 묻자, 공자는 "모른다. 그 내용을 아는 자는 천하를 마치 여기다 놓고 보는 것과 같다"라고 하면서, 자기 손바닥을 가리켰다.

근본에 보답하고 조상을 추모하는 선왕의 뜻은, 체 제사보다 더 심오한 것이 없다. 지극히 어질고 효성스럽고 참되고 경건한 사람이 아니고는 그에 참여할 수 없다. 질문한 혹자 따위가 언급할 바가 아니다. 그런데 왕이 아니면 체 제사를 올리지 않는 법이니, 또한 노나라로서는 마땅히 숨겨두어야 했으므로 모른다고 대답하였다. 시示는 시視와 같다. '지기장指其掌'은 공자가 이렇게 말하고 자기 손바닥을 가리켰다고 제자가 기록한 것이다. 그 일이 명확하고도 쉽다는 뜻이다. 체 제사의 내용(논리)을 알면 이해하지 못하는 이치가 없고, 응감시키지 못하는 지성이 없으니, 천하를 다스림에 어려움이 없다.② 성인이 이에 대해 어찌 정말로 모르는 바가 있었겠는가?

---

② 『어류』: '체'는 제사 가운데 가장 심원하고 중대한 것이다. 계절마다 드리는 제사나 '협祫(원조遠祖를 조묘祖廟에 체천하는 일)' 제사는 태조까지만 지낸다. 체의 경우는 시조의 시조에 대한 제사이다.[62] 돌아가신 할아버지나 아버지의 제사는 자기와 멀지 않기 때문에 제사의

3-12 祭如在, 祭神如神在. 子曰 : “吾不與[1]祭, 如不祭.”

程子曰 : “祭, 祭先祖也. 祭神, 祭外神也. 祭先主於孝, 祭神主於敬.” 愚謂此門人記孔子祭祀之誠意.

(與, 去聲.) ○又記孔子之言以明之. 言己當祭之時, 或有故不得與, 而使他人攝[2]之, 則不得致其如在之誠.[3] 故雖已祭, 而此心缺[4]然, 如未嘗祭也.

○范氏曰 : “君子之祭, 七日戒, 三日齋,[5] 必見所祭者, 誠之至也. 是故郊則天神格, 廟則人鬼享, 皆由己以致之也. ‘有其誠則有其神, 無其誠則無其神,’ 可不謹乎? 吾不與祭, 如不祭, 誠爲實,[6] 禮爲虛也.”

도리 역시 본디 이해하기 쉽다. 또 하늘에 대한 교郊, 땅에 대한 사祀 제사의 경우도 하늘과 땅이라는 아주 뚜렷한 대상이 있으므로 감히 자기의 마음을 다하지 않을 수 없다. 반면 시조에 대한 제사는 자기와는 아주 멀리 떨어져 있기 때문에 감응하는 도를 다하기가 어렵다. 그러니 저 시조의 시조에 대한 제사는, 정밀하게 이치를 살피고 극진하게 성의를 다하지 않는다면 어떻게 그에 참여할 수 있겠는가? 따라서 그렇게 할 수 있다면 천하를 다스리기도 어렵지 않다.[68] 천지·음양·생사·주야·귀신은 단지 똑같은 이치이다. 만약 귀신에 제사하는 이치를 잘 이해하면, 천하를 다스리는 이치는 그것을 벗어나지 않는다. 이 경지는 지극히 오묘하여 통달하기 어렵다. 만약 그럴 수 있으면 천하를 통치하는 일은 위에서 아래를 감화시킴에 한 사람이 만인을 감화시키듯 하니, 애초부터 어려움이 없다.[70]

1) 與(여) : 참여하다, 동아리, 동아리가 되다, 허락하다, 함께, 어우르다, 돕다.
2) 攝(섭) : 보좌, 대신하다, 잡다, 굳게 지키다, 겸하다, 끼이다(11-26), 두려워하다.
3) 包曰 : “孔子或出或病而不自親祭, 使攝者爲之, 故不致肅敬於心, 與不祭同.”
4) 缺(결) : 모자라다, 부서지다, 이지러지다, 빈틈, 결점, 떠나다.
5) 戒(계) : 재계, 경계하다, 조심하고 주의하다, 삼가다. 齋(재) : 재계, 엄숙, 공손하고 삼감.
6) 實(실) : 바탕, 본질, 속, 내용, 참으로, 자취, 행적, 정성스러움, 굳다, 확인, 재물.

① 『어류』 : 신명은 눈에 보이지 않으나, 이 마음이 정성과 공경(誠敬)을 다해 제사 드리는 신(신명)에 정신을 집중하면, ‘(신이) 사방에 가득하여 마치 위에 있는 듯 좌우에 있는 듯함’을 느낀다. 그러니 신의 유무는 오직 이 마음이 정성을 다하는지 여부에 달려 있다.[77] “범조우의 이 말은 자기 마음속으로 있다고 여기면 있고, 없다고 여기면 없다는 뜻입니까?” “만약 오로지 자기에만 의지하여 있다고 여기면 있고 없다고 여기면 없다는 것으로 간주하면, 도리어 사심이 되고 만다. 자신이 아무 생각 없이 공연히 여기서 제사하고 있으면 성의가 저기(조상)로 도달하지 않으니, 제사한 적이 없는 것과 같다.”[79] “조상이 옆에 계신 듯이 제사할 때,

3-12 조상 제사는 조상이 앞에 계신 듯이 드리고, 신령 제사는 신령이 앞에 계신 듯이 드린다. 공자가 말하였다. "내가 제사에 참여하지 않으면, 제사를 드리지 않음과 같다."

• 제祭는 조상에 대한 제사, 제신祭神은 외신(신령)에 대한 제사이다. 조상 제사는 효성이 위주이고, 신령 제사는 경건함이 위주이다. – 이천

내 생각에, 이것은 제사에 대한 공자의 성의를 제자가 기록한 것이다.

다시 공자의 말을 기록해 설명하였다. 자기가 마땅히 제사해야 할 때 혹시 다른 이유로 참여하지 못하고 다른 사람을 시켜 대신하게 하면, 귀신이 앞에 계신 듯이 하는 성의를 다하지 못한다. 따라서 비록 이미 제사했더라도 이 마음은 석연치 않으니, 제사한 적이 없는 것과 같다는 말이다.

• 군자가 제사에 7일 동안 삼가고(戒) 3일 동안 재계(齋)하여, 반드시 제사의 대상('조상')을 보게 되는 것이 성심의 극진함이다. 그렇기 때문에 교제를 올리면 천신이 이르고, 묘제를 드리면 조상신이 흠향하는 것 역시, 모두 자기 자신으로 말미암아 초치되는 것이다. 자기의 정성이 있으면 조상의 신(신명)이 있고 정성이 없으면 조상의 신(신명)도 없으니,① 삼가지 않을 수 있겠는가? 내가 제사에 참여하지 않음은 제사하지 않음과 같다. 정성이 알맹이고, 예는 겉모습이다. – 범조우

자손이 진실로 정성을 다하면 진짜로 조상을 감응시켜 오게 할 수 있는 것인지 모르겠습니다." "사량좌는 말하기를 자손의 정신이 곧 조상의 정신이라 하였다. 여기서 자손이 정성과 공경을 다하면 조상의 기는 곧 여기에 있게 된다. 같은 뿌리에서 나왔기 때문이다. 마치 나무가 말라 썩으면 옆에서 새로운 뿌리가 그 정기正氣를 계속 이어받는 것과 같다.'[74] "자손이 정성과 공경을 다하면 조상의 기가 그에 감응하는데, 공중에 있던 조상의 기가 나의 정성에 응하는 것입니까? 아니면 그 기는 다만 내 몸의 기입니까?" "다만 자손(내 몸)의 기일 뿐이다. 조상의 기는 곧 자손의 기와 연속되어 있기 때문이다."[80] "사람이 죽어 기가 흩어지면 자취도 그림자도 없어지니, 귀신도 없습니다. 그런데 우리가 제사를 지낸다고 하면 어디를 향해 (조상을) 구하는 것입니까?" "자손이 조상에게 제사지내는 것은 같은 부류의 기로써 구하는 것이다. 나의 기로써 응감하여 부르면 곧 조상의 기로 되기 때문에, 마치 앞에 계신 듯이 생각하는 것(想之如在), 이것이 곧 감통感通의 이치이다. ·· 자손과 조상의 관계는 진실로 명백히 영원불변의 이치가 있으나, (혈연이 아닌) 다른 부류에 대한 제사는 제사지내야 할 대상을 제사지내면 된다."[74, 권3] "제사의 이치는 역시 자손의 정성이 있으면 조상의 신神이 있고(이르고), 정성이 없으면 신이 없는 것 아닙니까?" "귀신의 이치는 바로 이 마음의 이치이다."[61, 권3]

3-13 王孫賈問曰："與其媚於奧,[1] 寧媚於竈,[2] 何謂也?" 子曰："不然, 獲[3]罪於天, 無所禱也."

王孫賈, 衛大夫. 媚, 親順也. 室西南隅爲奧. 竈者, 五祀之一, 夏所祭也. 凡祭五祀, 皆先設主而祭於其所, 然後迎尸而祭於奧, 略如祭宗廟之儀. 如祀竈, 則設主於竈陘,[4] 祭畢而更設饌[5]於奧, 以迎尸也. 故時俗之語, 因以奧有常尊, 而非祭之主；竈雖卑賤, 而當時用事, 喩自結於君,[6] 不如阿附權臣也. 賈, 衛之權臣, 故以此諷[7]孔子.

天, 卽理也, 其尊無對, 非奧·竈之可比也. 逆理, 則獲罪於天矣, 豈媚於奧·竈所能禱而免乎? 言但當順理, 非特不當媚竈, 亦不可媚於奧也.

○謝氏曰："聖人之言, 遜而不迫. 使王孫賈而知此意, 不爲無益；使其不知, 亦非所以取禍."

---

1) 媚(미)：비위를 맞추다, 아양 부리다, 순종하다, 아름답다, 귀엽다. 奧(오)：속, 깊숙한 안쪽, 아랫목, 방에서 가장 깊숙한 곳, 그윽하다, 흐리다, 후미.

2) 竈(조)：부엌, 조왕竈王, 부엌신.

3) 獲(획)：얻다, 얻어지다, 인정받다, 포로, 맞히다, 그르치다.

4) 竈陘(조형)：부뚜막, 부엌의 나뭇간. 陘：지레목, 비탈, 살강.

5) 饌(찬)：반찬, 차려 놓은 음식, 차리다, 먹다, 음식.

6) 喩(유)：비유하다, 비유, 깨우치다, 밝게 알다, 깨우쳐주다, 기뻐하다. 結(결)：(열매를) 맺다, 마음에 맺힘, 사귀다, 약속, 완성, 단단히 함, 다지다, 묶다, 꾸미다.

7) 諷(풍)：외다, 암송, 풍자, 넌지시 말해 깨우침, 풍간, 사물에 비유해 간함, 알리다.

① 오사：집 안팎의 다섯 신에 대한 제사. 봄에는 문(戶), 초여름은 부뚜막(竈), 늦여름은 용마루(中霤), 가을은 대문(門), 겨울은 길(行)에 제사지낸다.

②『어류』："하늘이 리理라면, 저 푸른 하늘에 죄를 짓는 것입니까? 아니면 리에 죄를 짓는 것입니까?" "하늘이 하늘인 까닭이 리이다. 하늘은 이 도리가 없으면 하늘이 될 수 없다. 따라서 푸르고 푸른 것은 곧 저 '리'의 하늘이다. 따라서 '그 체體를 일컬어 하늘이라 하고, 그 주재를 일컬어 하느님이라 한다' 하였다. '부자유친, 군신유의' 같은 경우도 그 리가 이와 같다. 저 위에서 어떤 도리가 그와 같이 가르치고 있다고 여겨야 옳다. 다만 도교처럼 진짜로 삼청대제三淸大帝가 의복을 입고 이렇게 앉아 있다고 말하는 것은 아니다."[83]

3-13 왕손가가 공자에게 물었다. "안방(귀신)에 아첨하느니 부엌(귀신)에 아첨해야 한다는데, 어떻습니까?" "그렇지 않습니다. 하늘에 죄를 지으면 빌 데가 없습니다."

왕손가는 위나라 대부이다. 미媚는 친밀하고 순종함이다. 방의 서남쪽 구석이 오奧이다. 조竈는 오사五祀[①]의 하나로서 여름에 제사지낸다. 오사의 제사는 모두 먼저 신주를 설치하고 그곳에서 제사한 다음, 시동을 맞이하여 '오'에서 제사한다. 대략 종묘 제사의 의식과 같다. '조'에 제사할 때는 부뚜막 옆에 신주를 설치하고, 제사가 끝나면 다시 '오'에 제수를 차리고 시동을 맞이한다. 따라서 당시 세속의 말은 '오'는 불변의 존귀함이 있으나 제사의 주인이 아니고, '조'는 비록 비천하나 직접 일을 관장한다는 뜻이다. 군주에게 스스로 결연을 맺음은 권신에게 아부하는 것만 못함을 비유하였다. 왕손가는 위나라 권신이기 때문에 그 속어를 가지고 공자를 넌지시 떠보았다.

하늘은 이치 그 자체이니(天卽理),[②] 그 존귀함은 필적할 것이 없다. '오'나 '조'로 견줄 바가 아니다. 이치에 거스르는 것이 곧 하늘에 죄를 짓는 일이다.[③] 어찌 '오'·'조'에게 아첨하여 기도한다고 면할 수 있겠는가? 오직 이치에 순응해야 하니, '조'에 아첨해도 안 될뿐더러 '오'에 아첨해도 안 된다는 말이다.[④]

• 성인의 말은 공손하고 박절하지 않다. 왕손가가 그 의미를 깨달으면 헛되지 않은 셈이고, 또 그가 깨닫지 못하더라도 화는 입지 않는다. – 사량좌

---

③ 『어류』: "이 말의 뜻은, 사람이 이치에 따라 행하면 심기가 화평해져 자연히 편안하고 여유롭지만, 이치에 어긋나게 행하여 도를 해치면 이른바 하늘의 재앙과 인간의 형벌이 꼭 닥치지 않더라도 가슴속이 혼란스러워지고 올바르지 못한 기운이 축적되니, 이것이 곧 하늘에 죄를 짓는 일이라는 말씀 아닙니까?" "물론 그러하다. 또한 심기 화평이라는 말을 할 필요도 없다. 이것은 다만 악을 행하고도 모면하기를 바라는 사람이 있음을 보고 한 말이다. 또한 사람의 재앙이나 하늘의 형벌 여부를 언급할 필요도 없다. 이치에 어긋나기만 하면 그 자체로 하늘에 죄를 짓는 일이다."[84]

④ 『어류』: 왕손가의 뜻은 공자가 자기에게 아첨하기를 바란다는 것이다. 핵심은 '아첨'이 나쁘다는 데 있다. 왕손가는 공자가 당시 임금을 섬기는 데에 예를 다하는 것을 보고, 공자가 '안방에 아첨한다'고 말한 것이다. 그래서 공자가 그에게 대답하지 않고 다만 '그렇지 않으니, 하늘에 죄를 지으면 빌 곳이 없다'고 말하였다.[81] 왕손가는 저속한 사람인지라, 공자가 위나라에 있음을 보고 장차 벼슬을 구할 뜻이 있다고 여기며, 자기에게 아부하기를 바랐다. 따라서

3-14 子曰："周監[1]於二代, 郁郁[2]乎文哉! 吾從周."

(郁, 於六反.) ○監, 視也. 二代, 夏·商也. 言其視二代之禮而損益之. 郁郁, 文盛貌.
○尹氏曰："三代之禮, 至周大備, 夫子美其文而從之."

3-15 子入大廟, 每事問. 或曰："孰謂鄹人之子知禮乎? 入大廟, 每事問." 子聞之曰："是禮也."

(大, 音泰. 鄹, 側留反.) ○大廟, 魯周公廟. 此蓋孔子始仕之時, 入而助祭也.[3] 鄹, 魯邑名. 孔子父叔梁紇嘗爲其邑大夫. 孔子自少以知禮聞, 故或人因此而譏之. 孔子言'是禮'者, 敬謹之至, 乃所以爲禮也.
○尹氏曰："禮者, 敬而已矣. 雖知亦問, 謹之至也, 其爲敬莫大於此. 謂之不知禮者, 豈足以知孔子哉?"

'안방 아첨'·'부엌 아첨'을 언급하였다. 그 역시 틀림없이 공자의 성인됨을 들은 바 있으련만, 습성이 비루한지라, 자기가 권세가 있어서 공자를 이끌어 줄 수 있다고 장담한 것이다. 공자가 '그렇지 않다' 한 것은, 안방이든 부엌이든 아첨은 다 나쁘다는 말이다. 천하에는 오직 하나의 정당한 도리만 있다. 이치에 따라 행하는 것이 곧 하늘(天)이다. 만약 조금이라도 이치에 어긋나면 곧 하늘에 죄를 지은 것이니, 어디에 빌어서 그 죄를 면할 수 있는 곳이 없다. 도를 어기고 등용되기를 추구함이 곧 지극히 존귀하고 지극히 높은 분께 죄를 짓는 일이니, 매우 두렵다. 어찌 지금의 임금에게 아첨하고 권신에게 아첨한다고 해서 면할 수 있는 일이겠는가? 겸손한 말로써 왕손가를 거절한 것이고, 또 천하에 정당한 이치(正理)가 있음을 알려준 것이다.[82]

1) 監(감) : 보다, 살피다, 단속, 거울삼다, 살피다, 어사, 감찰인, 거울, 헤아리다.
2) 郁(욱) : 성하다, 아름답다, 화려하다, 향기롭다, 따뜻하다.
3) 包曰："太廟, 周公廟也. 孔子仕魯, 魯祭周公而助祭也."
① 『혹문』: 주부선은 주례가 크게 완비되었으므로 후세에 '보탤 것이 없다'고 여겼다. 그러나 공자가 안연에게 한 말로써(15-11) 추론하건대, 공자는 주례를 모두 다 추종하지는 않았음에 틀림없다. 따라서 '보탤 것이 없다'고 여겼다고 할 수 없다. 사량좌와 후중량은 '추종하지 않을 수 없었다'고 여겼으나, 그렇다면 성인께서 동의하지 않으면서도 억지로 추종했다는 말이 된다. ○『어류』: 공자의 정치는 주나라를 따른 경우가 많다. 법령은 처음에는 간략하더라

3-14 공자가 말하였다. "주나라는 앞의 두 왕조를 거울삼았으니, 그 문화가 찬란하다! 나는 주나라(문화)를 추종한다!"

감監은 살핌, 이대二代는 하나라와 은나라다. 주나라가 두 왕조의 예를 살펴 덜고 보탰다(2-23)는 뜻이다. 욱욱郁郁은 문화가 성대한 모습이다.

• 세 왕조의 예는 주나라에 이르러 크게 완비되었으므로, 공자가 그 문화를 찬미하고 따랐다.① – 윤돈

3-15 공자가 태묘에 들어갔을 때 매사에 질문하였다. 혹자가 말하였다. "누가 추인의 자식이 예를 안다고 했는가? 태묘에 들어가 매사를 질문하였다." 공자가 그 말을 전해 듣고, "그렇게 하는 것이 예이다" 하였다.②

태묘大廟는 노나라 주공의 사당이다. 이는 아마 공자가 처음 벼슬하여 태묘에 들어가 제사를 도왔을 때의 일인 듯하다.③ '추'는 노나라 읍명이다. 공자의 아버지 숙량흘이 그 읍의 대부였다. 공자는 어려서부터 예를 잘 안다고 소문났기 때문에 혹자가 그것을 가지고 비꼰 것이다. 공자가 '그렇게 하는 것이 예이다'라고 말했는데, 지극히 공경하고 삼감이니, 바로 예를 행하는 이유이다.

• 예는 경건함 그 자체이다. 알더라도 묻는 일이 삼감의 극치이다. 그보다 더 큰 경건함은 없다. 예를 모른다고 비꼰 그 사람이 어찌 공자를 안다 하랴? – 윤돈

도 점차 상세해진다. 상세해지는 까닭은 법령의 폐단이 많아져 보완해야 하기 때문이다. 한번 상세해지면 다시 간략하게 할 수 없다. 법령이 더욱 명확해지고 완벽해질수록 그만큼 더욱 각종 악당들도 날뛰는 것이 현실이다. 어떻게 (주나라 이전으로 돌아가 제도를) 다시 간략하게 할 수 있겠는가? 간략하게 하면 악당들만 더욱 늘어난다.[89]

② 『어류』: "종묘와 조정의 중대한 일은 본디 신중해야 하므로 알더라도 묻는 것입니까?" "물론 그래야 한다. 실수가 있기 마련이니, 늘 생각하고 헤아려야 한다. 행사를 그르치는 까닭은, 대체로 소홀히 하는 마음 때문이다. 또 남에게 어떤 일을 시키면서 정말로 진지하게 반복해서 주지시키더라도, 그 중에는 이미 알기 쉬운 일이라고 여겨 소홀히 하여 당부하지 못한 부분이 발생한다. 그리하여 한순간에 일이 잘못된다. 그 모두가 저 소홀함에서 비롯된다."[92]

③ 『혹문』: "이때가 공자가 처음 벼슬할 때임을 어떻게 알았습니까?" "어떤 사람이 '추인의 자식'이라고 부른 말투로써 보건대, 공자가 젊고 비천했을 때였음에 틀림없다."

3-16 子曰："射不主皮，爲力不同科，[1] 古之道也."

(爲, 去聲.) ○射不主皮, 「鄕射禮」文. 爲力不同科, 孔子解禮之意如此也. 皮, 革也, 布侯而棲[2]革於其中以爲的, 所謂鵠[3]也. 科, 等也. 古者射以觀德, 但主於中, 而不主於貫革, 蓋以人之力有强弱, 不同等也. 『記』曰 "武王克商, 散軍郊射, 而貫革之射息",[4] 正謂此也. 周衰禮廢, 列國兵爭, 復尙貫革, 故孔子歎之.
○楊氏曰："中可以學而能, 力不可以强而至. 聖人言古之道, 所以正今之失."

3-17 子貢欲去告朔之餼羊.[5] 子曰："賜也, 爾愛其羊, 我愛其禮."

(去, 起呂反. 告, 古篤反. 餼, 許氣反.) ○告朔之禮：古者天子常以季冬頒[6]來歲十二月之朔于諸侯, 諸侯受而藏之祖廟. 月朔, 則以特羊[7]告廟, 請而行之. 餼, 生牲也. 魯自文公始不視朔,[8] 而有司猶供此羊, 故子貢欲去之.[9]

---

1) 科(과)：과정, 품등, 등급, 그루, 법률, 세금·벌을 매기다, 과거, 구멍, 웅덩이.
2) 侯(후)：과녁, 제후, 봉토를 받다, 임금, 후작, 찾아뵙다, 안부를 여쭙다, 아름답다, 이에.
棲(서)：살다, 깃들다, 머무르다, 묵다, 집, 보금자리, 쉬다, 붙이다, 정한 자리에 놓다.
3) 鵠(곡)：고니, 백조, 희다, 흰빛, 과녁, 정곡, 까치, 깨닫다, 크다.
4) 『禮記』：天下知武王之不復用兵也. 散軍而郊射, 左射貍首, 右射騶虞, 而貫革之射息也.
5) 告(곡)：(뵙고) 청하다. 朔(삭)：초하루, 천자가 제후에게 나누어준 달력, 천자의 정령, 시작.
餼(희)：보내다, 음식을 대접하다, 봉록, 날로 먹는 음식, 희생(산 소·양 따위).
6) 頒(반)：나누어주다, 하사하다, 반포하다, 많은 모양, 반백斑白.
7) 特羊(특양)：희생용 양 한 마리. 特：수컷, 서너 살 된 짐승, 한 마리 희생, 홀로, 달리하다.
8) 視朔(시삭)：친히 곡삭의 예를 행함. 視：우러러보다, 자세히 살핌, 엿봄, 주관하다, 취급하다, 알현·문안하다, 돌보다, 본받다, 받아들이다.
9) 鄭曰："牲生曰餼. 禮, 人君每月告朔, 於廟有祭, 謂之朝享也. 魯自文公始不視朔. (廢朝享之祭. 有司仍供備其羊.－邢昺) 子貢見其禮廢, 故欲去其羊也."
① 『어류』：'피皮' 자는 관혁貫革(가죽을 관통한다)의 뜻으로 보아야 할 것 같다. 주主는 가죽

3-16 공자가 말하였다. "활쏘기는 가죽 뚫기를① 중시하지 않는다. 힘이 같지 않다고 여긴 것이 옛날의 도였다."

'활쏘기는 가죽 뚫기를 중시하지 않는다' 함은 『의례』「향사례」편의 글이다. '힘이 같지 않다고 여겼다' 함은 공자가 향사례의 의미를 그와 같이 해석한 것이다. 피皮는 가죽이니, 과녁을 베로 만들고 그 가운데에 가죽을 붙여 표적으로 삼은 것으로서, 이른바 곡鵠이다. 과科는 동등함(等)이다. 옛날에는 활쏘기로 덕을 살폈다. 오로지 적중함을 중시하고 가죽 관통을 중시하지 않은 까닭은, 사람의 힘에 강약이 있고 동등하지 않기 때문이다. 『예기』에 "무왕이 은나라를 이기고, 군대를 해산하여 교외에서 활쏘기를 했는데, 이때 가죽을 뚫는 활쏘기 관행이 없어졌다"고 했는데, 바로 이것을 말한다. 주나라가 쇠하고 예가 폐기되어, 열국이 전쟁으로 싸우면서 다시 가죽 뚫기를 숭상했기 때문에 공자가 탄식하였다.

• 적중하는 일은 배워서 가능하나, 사람의 근력은 억지로 도달할 수 없다. 성인이 옛날의 도였다고 말한 까닭은, 바로 오늘날의 잘못을 바로잡으려는 의도에서였다.② – 양시

3-17 자공이 곡삭의 희생양을 없애려고 하자, 공자가 말하였다. "자공아! 너는 양을 아끼지만, 나는 그 예를 아낀다."

곡삭告朔의 예는, 옛날 천자가 항상 늦겨울(섣달)에 다음해 열두 달의 달력을 제후에게 반포하면, 제후는 받아서 조상 사당에 보관하다가, 매월 초하루에 양 한 마리로써 사당에 고하면서 시행을 청하는 일을 갈한다. 희餼는 살아 있는 희생이다. 노나라는 문공 때부터 초하루에 고하는 일을 행하지 않았다. 담당 관원은 그래도 그 양만은 바치고 있었으므로 자공이 그것을 없애려고 했다.

뚫기를 위주로 한다는 말이다.[97]

② 『어류』: 공자도 가죽 뚫는 활쏘기를 미워한 것은 아니다. 다만 당시 그 일이 관습화되었으므로 옛사람의 도를 언급하였다. 무사의 활쏘기라면 역시 가죽 뚫기를 추구한다. 가죽을 뚫지 않으면 무슨 득이 있겠는가?[93] 향사鄕射는 예모를 익히려는 것이다. 예모를 익히는 사람이 반드시 용감한 사내일 필요는 없다. 가죽 뚫기를 중시하면, 예모를 익힌다는 뜻을 잃는다.[94] 활쏘기의 본의는 가죽 뚫는 것이나, 대사례大射禮는 주로 덕을 살피려는 것이다.[95]

愛, 猶惜也. 子貢蓋惜其無實而妄費. 然禮雖廢, 羊存, 猶得以識[1]之而可復焉. 若併[2]去其羊, 則此禮遂亡矣. 孔子所以惜之.[3]
○楊氏曰 : "告朔, 諸侯所以稟命[4]於君親, 禮之大者. 魯不視朔矣, 然羊存則告朔之名未泯, 而其實因可擧. 此夫子所以惜之也."

3-18 子曰 : "事君盡禮, 人以爲諂也."

黃氏曰 : "孔子於事君之禮, 非有所加[5]也, 如是而後盡爾. 時人不能, 反以爲諂. 故孔子言之, 以明禮之當然也."
○程子曰 : "聖人事君盡禮, 當時以爲諂. 若他人言之, 必曰'我事君盡禮, 小人以爲諂,' 而孔子之言止於如此. 聖人道大德宏,[6] 此亦可見."

3-19 定公問 : "君使臣, 臣事君, 如之何?" 孔子對曰 : "君使臣以禮, 臣事君以忠."

定公, 魯君, 名宋. 二者皆理之當然, 各欲自盡而已.

---

1) 識(지) : 적다, 기록하다, 기억하다. (식) : 판별하다, 인식, 명확히 알다, 지혜, 식견.
2) 併(병) : 아우르다, 어우르다(=并), 나란하다(=竝), 다투다, 경쟁하다, 버리다.
3) 邢曰 : "爾以爲旣廢其禮, 虛費其羊, 故欲去之, 是愛其羊也. 我以爲羊存猶以識其禮, 羊亡禮遂廢, 所以不去其羊, 欲使後世見此告朔之羊, 知有告朔之禮, 庶或復行之, 是愛其禮也."
4) 稟命(품명) : 명령을 받음, 천성, 운명. 稟 : 내리다, 녹, 받다, 타고난 성품, 삼가다.
5) 加(가) : 더 심해지다, 늘리다, 증가, 불리다, 첨가하다, 뽐내다, 업신여김, 헐뜯다.
6) 宏(굉) : 크다, 넓다, 넓고 크다, 광대하다, 두루, 널리, 크게 하다.

① 『어류』 : 공자가 '당 아래에서 절하는 것이 예인데, 요즘은 당 위에서 절한다'(9-3)라고 말하며 반드시 당 아래에서 절한 것이 '예를 다한' 사례이다.[100] ○강성 : "공자가 임금을 섬길 때의 예란, 예컨대 많은 이들이 당 위에서 절을 할 때, 공자 홀로 '당 아래에서 절을 한 경우였다.'(9-3) 「향당」편의 기록에 있듯이, 임금의 명을 들을 때, 대궐문을 들어갈 때, 빈 용상을 지나갈 때, '몸을 움츠렸고', '낯빛은 장중하였고', '발걸음은 머뭇거렸으며', 임금이 눈앞에 보이지 않을 때도 이미 경외하는 모습을 표출했으며, 당 위에 올라 임금을 뵐 때는

애愛는 아낌과 같다. 아마 자공은 실제로 곡삭의 예는 행하지 않으면서 공연히 재물만 낭비하는 일을 아까워하였다. 그러나 예가 폐기되었더라도 희생양 바치기는 존속시키면, 그래도 다시 기억하여 그 예를 회복할 수 있다. 그 희생양까지 없애면 그 예는 완전히 없어질 것이므로, 공자가 그 예를 아꼈다.

• 곡삭은 제후가 천자에게 명을 받는 중대한 예이다. 노나라는 곡삭을 주관하지 않았으나, 희생양 올리는 일은 보존하고 있었다. 곡삭의 명분은 아직 멸절되지 않았으니, 그 실상도 그로 인하여 복원될 여지가 있었다. 이 때문에 공자가 그 예를 아꼈다. – 양시

3-18 공자가 말하였다. "임금을 섬김에 예를 다했는데, 사람들은 아첨이라고 여긴다."①

• 임금을 섬기는 공자의 예는 더할 나위 없었다. 그래야만 최선을 다한 것이기 때문이다. 당시 사람들은 그렇게 하지 못하면서 도리어 공자가 아첨한다고 여겼다. 따라서 공자가 이렇게 말하여 예가 마땅히 그와 같음을 밝혔다. – 황조순

• 성인이 임금을 섬김에 예를 다하자, 당시 사람들이 아첨으로 여겼다. 다른 사람이었다면, 반드시 '내가 임금을 섬김에 예를 다했을 뿐인데, 소인배들이 아첨으로 여기는구나'라고 말했을 터이나, 공자의 표현은 이런 수준에 그쳤을 뿐이다. 성인의 도와 덕이 크고 넓음을 여기서도 알 수 있다. – 이천

3-19 정공이 공자에게 물었다. "임금이 신하를 부리고, 신하가 임금을 섬길 때, 어떻게 합니까?" "임금은 신하를 예로써 부리고, 신하는 임금을 충심으로써 섬깁니다."

정공은 노나라 임금으로, 이름은 '송'이다. 이 두 가지 모두 이치에 당연한 것이다. 임금과 신하 모두 최선을 다하려고 해야 한다.

'몸을 움츠리고 숨을 죽였다.'(10-4) 이 모두는 사람들이 행하지 못하는 일이었으므로, 도리어 공자를 아첨으로 여겼을 수 있다."

○呂氏曰：“使臣不患其不忠, 患禮之不至；事君不患其無禮, 患忠之不足.”

尹氏曰：“君臣, 以義合者也. 故君使臣以禮, 則臣事君以忠.”

3-20 子曰：“「關雎」, 樂而不淫,[1] 哀而不傷.”

(樂, 音洛.) ○「關雎」, 「周南·國風」, 『詩』之首篇也. 淫者, 樂之過而失其正者也. 傷者, 哀之過而害於和者也. 「關雎」之詩, 言后妃之德, 宜配君子. 求之未得, 則不能無寤寐反側[2]之憂；求而得之, 則宜其有琴瑟鐘鼓之樂.[3] 蓋其憂雖深而不害於和, 其樂雖盛而不失其正. 故夫子稱之如此. 欲學者玩其辭, 審其音, 而有以識其性情之正也.

---

1) 淫(음)：과도하다, 지나치다, 넘치다, 빠지다, 도를 넘다, 사치, 방탕, 현혹, 방종.

2) 寤寐(오매)：자나 깨나. 寤：(잠에서) 깨다, 깨닫다, 꿈. 寐：잠자다, 죽다. 反側(반측)：자면서 뒤척거리다. 反：뒤집다, 뒤엎다. 側：기울다, 옆으로 돌리다.

3) 『詩』「關雎」：關關雎鳩, 在河之洲. 窈窕淑女, 君子好逑. 參差荇菜, 左右流之. 窈窕淑女, 寤寐求之. 求之不得, 寤寐思服. 悠哉悠哉, 輾轉反側. 參差荇菜, 左右采之. 窈窕淑女, 琴瑟友之. 參差荇菜, 左右芼之. 窈窕淑女, 鍾鼓樂之.

① 『어류』：“혹자는 윤돈의 이 말을 비판하여, ‘임금이 신하를 예로써 부리지 않으면, 신하가 임금을 섬길 때 불충해도 된다는 말인가? 임금이 신하를 예로써 부리지 않으면, 신하는 다만 그만둘 수 있을 뿐이다’라고 하였습니다.” “그 설명은 참 좋다. 하지만 한쪽만 말한 것이다. ‘임금이 신하를 예로써 부리면, 신하가 임금을 충심으로 섬긴다’는 윤돈의 말은 임금을 일깨우는 뜻도 있으니, 오로지 신하를 향한 말은 아니다. 가령 맹자는 ‘임금이 신하를 개나 말처럼 여기면, 신하는 임금을 원수처럼 여긴다’고 했는데, 이것이 어찌 맹자가 신하에게 일부러 그렇게 하라고 가르친 것이겠는가! 바로 임금이 예로써 신하를 대우하지 않음을 경계한 말이다. 임금이면 임금다운 도를 알아야 하니, 신하를 예로써 부리지 않으면 안 된다. 신하이면 신하된 도를 다해야 하니, 임금을 충심으로써 섬기지 않으면 안 된다. 군신 상하 모두 그 도를 다하면, 천하가 어찌 태평하지 않겠는가? 이로써 성인의 말씀은 본말을 모두 갖추었음을 알 수 있다.”[101] “맹자의 저 말은 모가 있는 것 아닙니까? 맹자가 아마 오직 전국시대의 임금을 위해 설정했던 말 아닙니까?” “도리에 따라 그러해야 한다. 신하의 입장에서 보면, 물론 충성을 하지 않으면 안 된다. 그러나 임금 또한 어찌 신하를 예로써 부리지 않을 수 있겠는가? 만약 신하는 충성만 해야 하고, 임금은 아무래도 상관없다면, 무도한 임금 쪽에서 신하는 본디 충성해야 하고 자기는 무례해도 상관없다고 말할 것이다. 그러하면 윗사람은 그 무례함을 멋대로 휘두르게 된다. 후세 사람들은 자기 행실의 혐의만 피하고자 분명히

• 신하를 부릴 때는 신하가 불충할까 걱정하지 말고, 예가 지극하지 못할까를 걱정해야 한다. 임금을 섬길 때는 임금이 무례할까 걱정하지 말고, 충심이 부족할까를 걱정해야 한다. – 여대림

• 군신은 의義로써 맺어진 관계이다. 따라서 임금이 신하를 예로써 부리면, 신하가 임금을 충심으로써 섬긴다.① – 윤돈

3-20 공자가 말하였다. "「관저」 편의 시는 즐거움에 지나침이 없고, 슬픔에 상처가 없다."

「관저」는 「주남·국풍」으로, 『시경』의 첫 편이다. 음淫은 즐거움이 지나쳐 올바름을 잃음, 상傷은 슬픔이 지나쳐 조화를 해침이다. 「관저」의 시는 왕비의 덕이 군자와 짝할 만함을 노래한 것이다. 그런 왕비를 구하고자 하나 얻지 못하면, 자나 깨나 생각하여 몸을 뒤척이는 근심이 없을 수 없다. 구하여 얻으면, 아름다운 음악을 연주하며 즐거움을 누린다. 그 근심이 깊더라도 조화를 해치지 않고, 그 즐거움이 왕성하더라도 올바름을 잃지 않는다. 따라서 공자가 이와 같이 찬양하였다. 학생으로 하여금 그 가사를 음미하고 그 음악을 감상하여, 성정의 바른 모습을 알게 하려는 것이다.②

말하려고 하지 않음으로써, 윗사람이 예를 다하는 방법을 알게 하지 못하였다. 그리하여 군신 사이에 좋은 결말을 맺지 못함으로써 도리어 그 임금을 해친 신하들로 귀결되었다. 임금이 예를 다하게 할 수만 있다면 군신간은 줄곧 장구할 수 있다."[102]

② 『어류』: "'즐거우나 지나침이 없고, 슬프나 상처가 없는' 경지는 「관저」 시구 가운데 어디서 볼 수 있습니까?" "근심은 다만 '전전반측輾轉反側'에 그쳐야지, 수심에 싸여 흐느껴 울면 상처가 된다. 즐거움은 종고금슬鐘鼓琴瑟에 그쳐야지, 주색에 빠져 헤어나지 못하고 드를 벗어나면 지나치다(淫). 「관저」 시를 지은 사람은 성정의 바른 상태를 얻었다."[103] ○『역주』: 옛날에는 분수를 지나친 경우든 정당함을 상실한 경우든 모두 '음'이라고 불렀다. 예컨대 '음사淫祀'(드리지 않아야 할 대상에 대한 제사), '음우淫雨'(지나치게 오래 내리는 비) 등이 그렇다. [음사淫辭 : 황당무계한 오류의 명제.] ○『금독』: 중국에는 '디오니소스 정신'이 없고, 저 광적인 환희가 없다. 반대로 즐거움조차도 절제해야 함을 강조한다. 절제는 당연히 이지理智에 따라 진행되어야 한다. 그리스철학도 이지가 정감을 지도하고 절제할 것을 강조한다. 유학의 특징은, 이지가 정감을 인도하고, 이끌고, 억제할 뿐 아니라, 더욱 중요한 점은 이지를 정감 속으로 끌어들여 침투·융해시켜, 정감 자체가, 예를 들어 쾌락이, 동물적인 본능이 아닌, 일종의 진정한 인간적인 표출이 되도록 요구한다는 데에 있다.

3-21 哀公問社[1]於宰我. 宰我對曰:"夏后[2]氏以松, 殷人以柏, 周人以栗, 曰使民戰栗."[3] 子聞之曰:"成事不說, 遂事不諫,[4] 旣往不咎."[5]

宰我, 孔子弟子, 名予. 三代之社不同者, 古者立社, 各樹其土之所宜木以爲主也.[6] 戰栗, 恐懼貌. 宰我又言周所以用栗之意如此. 豈以古者戮[7]人於社, 故[8]附會其說與?

遂事, 謂事雖未成而勢不能已者. 孔子以宰我所對, 非立社之本意, 又啓[9]時君殺伐之心, 而其言已出, 不可復救, 故歷言此以深責之, 欲使謹其後也.[10]

○尹氏曰:"古者各以所宜木名其社, 非取義於木也. 宰我不知而妄[11]對, 故夫子責之."

---

1) 社(사):토지신, 제사할 때 토지신을 위해 세운 나무로 만든 위패, 제사 이름.

2) 后(후):임금, 군주, 천자, 제후, 왕비, 후비, 토지신, 뒤(後).

3) 戰(전):두려워하다, 두려워서 떨다, 싸움. 栗(율):엄하다, 위엄 있다, (무서워) 떨다.

4) 遂(수):성취하다, 마치다, 고루 미치다, 통달, 자라다, 신장, 전진, 두루, 순응하다, 적합하다. 諫(간):제지하다, 바로잡다, 간하다, 잘못을 깨달아 고치다, 간언. (란):헐뜯다.

5) 咎(구):책망하다, 비난, 벌하다, 증오하다, 허물, 미움, 재앙, 근심거리.

6) 孔曰:"凡建邦立社, 各以其土所宜之木. 宰我不本其意, 妄爲之說, 因周用栗, 便云使民戰栗." ○『周禮』「大司徒」:設其社稷之壝而樹之田主, 各以其野之所宜木. 遂以名其社與其野. ○『淮南子』「齊俗訓」:有虞氏之祀, 其社用土. 夏后氏, 其社用松. 殷人之禮, 其社用石. 周人之禮, 其社用栗. ○『白虎通』「社稷」: 社稷所以有樹, 何? 尊而識之, 使民人望見卽敬之, 又所以表功也. 故「周官」曰:司徒班社而樹之, 各以土地所宜. 『尙書』「逸」篇曰:大社唯松, 東社唯柏, 南社唯梓, 西社唯栗, 北社唯槐.

7) 戮(륙):죽이다, 사형에 처하다, 육시하다, 형벌, 욕, 욕보이다.

8) 故(고):고의로, 일부러, 고의로 한 일, 거짓, 원래, 오래된, 사고, 참으로, 확실히.

9) 啓(계):가르치다, 알려주어 일깨우다, 이끌어 안내하다, 상주하다, 일깨우다, 인도.

10) 包曰:"事旣往, 不可復追非咎也. 孔子非宰我, 故歷言三者, 欲使愼其後也."

11) 妄(망):허망하다, 거짓, 망령되다, 터무니없다, 도리에 맞지 않다, 함부로, 멋대로.

① 『금독』:이것은 인민을 두려움에 떨게 만드는, 고대의 종교적 공포정치를 공자가 찬성하지 않았다는 사실을 말해준다. '인'·'효'에서 출발한 씨족윤리에 기반한 정치를 강조하고, 공포와 살육을 배척하며, 인간관계에서 은근한 온정을 보존할 것을 매우 중시하였다. 원시 부족들마다

3-21 애공이 사社(토지신)를 묻자, 재아가 대답하였다. "하 왕조는 소나무, 은 왕조는 잣나무, 주 왕조는 밤나무를 썼습니다. (밤나무 사용은) 백성들을 두려움에 떨게 하려는 것입니다." 공자가 이 말을 전해 듣고 말하였다. "이미 이루어진 일은 말하지 않고, 끝난 일은 시비하지 않으며, 이미 지나간 일은 탓하지 않는다."①

재아는 공자의 제자로서, 이름은 여이다. 삼대의 사社가 다른 까닭은, 옛날에 사를 세울 때 각각 그 땅에 합당한 나무를 사의 신주로 심었기 때문이다.② 전율戰栗은 두려워 떠는 모습이다. 재아는 주 왕조가 밤나무를 쓴 의도를 이와 같이 해설하였다. 어찌 옛날에 사직단에서 사람을 죽인 사실을 가지고, 일부러 자기 주장에 견강부회한단 말인가?

수사遂事는 아직 다 완수되지 않았으나 형세상 중지시킬 수 없는 일을 지칭한다. 공자는 재아의 대답이 사社를 세운 본뜻이 아니고, 당시 임금의 살벌한 마음을 격발시키려는 것으로 여겼다. 그 말을 이미 내뱉었으므로 다시 못 하게 막을 수는 없다.③ 그래서 반복하여 그와 같이 말함으로써, 깊이 꾸짖어 다음부터는 조심하도록 하려는 뜻이다.

• 옛날에 각 왕조마다 그 땅에서 자라기에 좋은 나무로써 그 사社의 이름을 지었다. 나무에서 어떤 의미를 취한 것이 아니다. 재아는 알지도 못하면서 멋대로 대답했기 때문에, 공자가 꾸짖었다. – 윤돈

모두 피로써 제사하는 희생 의례가 있었다는 사실은 전 세계 고고학적 발견을 통해 이미 증명되고 있다. 그렇기 때문에 주공에서 공자로 이어지는 저 한 줄기의 이성화理性化 내지 인도화人道化는 또한 정감을 중시하는 진보적 노선이었다는 점도 확인할 수 있다.

② 『어류』: "그렇다면 벤 나무(木)를 신주로 삼은 것입니까? 아니면 심은 나무(樹)를 신주로 삼은 것입니까?" "옛사람의 뜻을 보건대, 단지 심은 나무를 사주社主로 삼아 신령이 거기에 의지하도록 했으니, 지금 사람들이 말하는 신수神樹 같은 것이다. 사社는 다만 단壇이다. 만약 제작된 신주가 있다면 그것을 어디에 보관하겠는가? 옛날에는 망한 나라의 사社만 집 안에다 두었다."[109]

③ 『어류』: "재아의 말은 아직 행사에 반영되지는 않았습니다. 어째서 못 하게 막을 수 없습니까?" "이것은 다만 그가 말을 쉽게 한 것을 꾸짖은 것이다. 그것이 행사에 반영되었는지 여부는 따지지 않았다. 이른바 '천리마도 혀는 못 따라간다', '(옥의 티는 갈아 없앨 수 있어도) 말의 흠은 없앨 수 없다'는 것이다. 그에게 말을 신중히 하라는 뜻일 따름이다."[112]

3-22 子曰："管仲之器小哉!" 或曰："管仲儉乎?" 曰："管氏有三歸, 官事不攝,[1] 焉得儉?" "然則管仲知禮乎?" 曰："邦君樹塞門,[2] 管氏亦樹塞門；邦君爲兩君之好, 有反坫, 管氏亦有反坫.[3] 管氏而知禮, 孰不知禮?"

管仲, 齊大夫, 名夷吾, 相桓公霸諸侯. 器小, 言其不知聖賢大學之道, 故局量褊淺[4]·規模卑狹,[5] 不能正身修德以致主於王道.

(焉, 於虔反.) ○或人蓋疑器小之爲儉. 三歸, 臺名. 事見『說苑』.[6] 攝, 兼也. 家臣不能具官,[7] 一人常兼數事. 管仲不然, 皆言其侈.

---

1) 攝(섭) : 겸하다, 대리, 대행하다, 섭취, 흡수, 잡다, 보좌, 매다, (사이에) 끼이다.

2) 樹(수) : 세우다, 건립하다, 나무, 초목, 담장, 심다, 재배, 기르다, 양성, 배양하다. 塞(색) : 막히다, 막다, 통하지 않다, 거리를 띄우다, 변방, 요새,

3) 坫(점) : 경계, 한계, 대臺, 술잔 따위를 두는 대.

4) 褊(편) : (옷의 품이) 좁다, 땅이 좁다, 능력의 한계가 좁다, 도량이 좁다, 성급하다. 淺(천) : 얕다, 좁다, 짧다, 평이하다, 미숙하다, 부족하다, 깊지 않다.

5) 規模(규모) : 제도, 법식, 규격, 범위, 장면, 기세, 기개, 전범, 귀감, 모방, 본받다, 계획. 卑(비) : 저열하다, 천하다, 비굴하다. 狹협 : 좁다, 좁아지다, 좁히다.

6) 『說苑』「善說」: 桓公謂管仲 : "政則卒歸於子矣, … " 管仲故築三歸之臺, 以自傷於民.

7) 『禮記』「禮運」: 大夫具官, 祭器不假, 聲樂皆具, 非禮也, 是謂亂國.

① 『어류』: 여기서 그릇은 자질을 말한다. 학문으로 자신을 충만시켜 나가면, 작은 것도 커질 수 있다.[119] 모름지기 맹자의 말처럼 '천하의 큰집(仁)에 살고, 천하의 바른 자리(禮)에 서고, 천하의 대도(義)를 행해야' 비로소 큰 그릇이다.[115]

② 『어류』: '도량度量'을 '식량識量'으로 고치려고 한 적이 있다. 도량이라는 말은 관대하다는 의미가 있기 때문이다. 사람은 오직 견식見識이 작기 때문에 기량器量이 작다. 나중에 또 생각한 끝에 고칠 필요가 없다고 여겼다. [※결국 국량局量으로 고쳤다.] 도량은 자질을 말하고, 규모(기개)는 행적(정책)을 말한다. 그릇이 작기 때문에 그 치적도 크게 펼쳐지지 못하였다. 관중은 기량이 작아서 겨우 그런 업적만 이룩하고, 널리 포괄하지 못하고 결국 혼자 사치하고 예를 범한 지경에 빠졌다. 사치하고 예를 범한 일은 그 그릇이 작음을 반영한다. 그릇이 큰 사람이면 자연히 그 지경에 이르지 않는다.[119] ○『어류』: "'도량이 편협함과 기개(규모)가 비루함(度量褊淺規模卑狹)'은 같은 뜻입니까?" "내가 당시 그 두 구절을 쓸 때부터 의도가 있었다." 주자가 제자들에게 각자의 생각을 말하게 하였다. 갑이 말하였다. "도량이 편협함은 용납하지 못함을 뜻합니다. 관중은 공리功利에 뜻을 두었기 때문에 조금이라도 공리를 성취하면 속으로 아주 만족했습니다. 그래서 작은 그릇입니다. 자신을 반성하여 덕을 닦는 기초가 없었기 때문에 규모(기개)가 비루하였고, 사치하고 예를 범한 데서, 작은 그릇임이 드러났습니

3-22 공자가 "관중은 그릇이 작다!"① 라고 말하자, 혹자가 물었다. "관중은 검소하였습니까?" "관중은 삼귀三歸를 두고, 관직을 겸임시키지 않았으니, 어찌 검소하다 하겠는가?" "그렇다면 관중은 예를 알았습니까?" "임금이라야 색문塞門을 두르는데, 관중도 색문을 둘렀다. 임금이 타국 임금과의 우호를 위해 반점反坫을 두는데, 관중도 반점을 두었다. 관중이 예를 안다면, 누가 예를 모르겠는가?"

관중管仲(?~B.C. 645)은 제나라 대부로서, 이름은 '이오'이고, 환공을 도와 제후의 패자로 만들었다. '그릇이 작다' 함은, 관중이 성현의 '대학의 도'를 몰라서 국량局量이 편협하고 기개(規模)가 비루한지라,② 몸을 바로잡고 덕을 닦음으로써 군주를 왕도王道로 이끌지 못한 점을 말한 것이다.

혹자는 아마 그가 그릇이 작음은 검소했기 때문이라고 여긴 듯하다. 삼귀三歸는 누대 이름이다.③ 이 일은 『설원』에 나온다. 섭攝은 겸함이다. 가신은 모든 관직을 두루 갖추어 둘 수 없기 때문에 (가신의) 각 신하들이 늘 여러 업무를 겸했으나, 관중은 (가신이면서) 그렇지 않았다. 그가 사치했다는 말이다.

다. 큰 그릇이었다면 스스로 예를 알았을 것입니다." 을이 말하였다. "관중은 천하를 바로잡고 제후를 바로잡은 것을 막대한 공으로 여긴 반면, '불의를 저질러 무고한 사람 한 명 죽이는' 일이 그보다 훨씬 중대한 것임을 알지 못했습니다. 그 때문에 그릇이 적었습니다." 주자가 말하였다. "반드시 내가 말한 두 구절을 겸하여야 그가 작은 그릇인 이유를 알 수 있다. 사치하면서 예를 범한 것은 내면이 정립되지 못한 때문이다. 따라서 자잘한 업적의 성취를 경천동지의 일로 여겨서 방자하게 예를 범하면서도 전혀 거리낌이 없었다. 또 그가 오로지 공리주의로 일관한 관계로 정책 수준이 그 정도에 불과했음에도 부지불식간에 스스로 만족하였다. 옛 사람이 왕도·패도를 논한 기준은 왕도는 천하를 포용하고 패도는 제후만 잘 인솔함에 있었다. 지위만 놓고 한 논의일 뿐이다. 만약 천하를 바로잡고 제후를 바로잡은 일들이 모두 지극히 공정하고 털끝만한 사심이 없었다고 하면, 아랫사람들의 일이라도 왕도에 부합하는데 장애가 없다. 다만 관중은 '제후를 꾀어 제후를 정벌하면서' 인의仁義를 가장하여 일을 꾸몄으며, 또 그 공을 모두 자기가 독차지하였고, 사방의 세금도 자기 나라가 독차지하였다. 천하 사람들은 그저 패자의 존재만 알았지 천자의 존재는 잊었다. 이것이 곧 관중이 추구한 공리주의가 지극한 공정심에서 도출되지 않았다는 증거이다. 학성의 입장에서 논하자면 평소의 행동거지와 처신이 털끝만큼이라도 잇속의 마음에서 나왔다면 왕도가 아니라 패도의 습속이다. 이 점을 성찰하지 않으면 안 된다.[118] ○『문집』: 관중에 대하여 공자는 "그 공은 크지만 그릇은 작다"고 여겼고, 소강절은 "오패五霸는 공도 제일이지만 죄도 으뜸이다"고 하였다. 이 말의 뜻을 아는 자라야 비로소 환공·관중의 일을 논할 수 있다. 공자가 관중을 "어질다

(好, 去聲. 坫, 丁念反.) ○或人又疑不儉爲知禮. 屛謂之樹. 塞, 猶蔽也. 設屛於門, 以蔽內外也. 好, 謂好會. 坫, 在兩楹之間, 獻酬[1]飮畢, 則反爵於其上.[2] 此皆諸侯之禮, 而管仲僭之, 不知禮也.

○愚謂孔子譏管仲之器小, 其旨深矣. 或人不知而疑[3]其儉, 故斥[4]其奢以明其非儉. 或又疑其知禮, 故又斥其僭以明其不知禮. 蓋雖不復明言小器之所以然, 而其所以小者, 於此亦可見矣. 故程子曰 : '奢而犯禮, 其器之小可知. 蓋器大, 則自知禮而無此失矣.' 此言當深味也.

蘇氏曰 : "自修身正家以及於國, 則其本深, 其及者遠, 是謂大器. 揚雄所謂'大器猶規矩準繩,[5] 先自治而後治人'者是也.[6] 管仲三歸·反坫, 桓公內嬖[7]六人, 而霸天下, 其本固已淺矣. 管仲死, 桓公薨, 天下不復宗[8]齊."

할 수 있다"(14-16)고 말한 것은 당시에 왕자王者가 나오지 않고, 중국이 쇠하고 오랑캐가 횡행함에, 제후의 공적 중에 관중만한 경우가 없었기 때문에 인자仁者의 공이 있다고 인정한 것이다. 다른 사람에 비하여 그런 대로 괜찮다는 뜻일 뿐이다. 그러나 학생이 장차 뜻을 세우고 도를 추구하는 맥락에서는 규모가 심원하고 원래의 원칙이 있으니, 어찌 관중 수준에서 그치겠는가? 증서가 관중을 수치로 여겨 동조하지 않은 일[『맹자』 3:1] 역시 그 논리가 있었던 것이다. 또 "관중이 싸움을 말렸다"는 설이 있는데, 내 생각에는 환공·관중은 아버지의 싸움을 말린 척 하면서 재물을 아들인 자기 집에 감춰둔 경우와 같다고 여긴다.[3527-8쪽]

③ 『혹문』 : "삼귀가 어째서 누대 이름입니까?" "『설원』에 '관중이 삼귀의 누대를 쌓았다' 하고, 한비도 '환공이 관중으로 하여금 삼귀의 집을 소유하게 하였다'고 한 것이 그 증거이다."

1) 獻酬(헌수) : 서로 술잔을 주고받다. 獻 : 술을 권하다, 임금·빈객에게 헌상하는 물건. 酬 : 손에게서 받은 잔을 다시 손에게 돌려 술을 권하다, 주고받다, 보답, 갚음.

2) 爵(작) : 잔, 벼슬, 작위를 내리다, 참새, 참새 모양의 울창주 따르는 술잔. ○鄭曰 : "反坫, 反爵之坫, 在兩楹之間. 人君有別外內於門, 樹屛以蔽之. 若與鄰國君爲好會, 其獻酢之禮更酌, 酌畢則各反爵於坫上. 今管仲皆僭爲之, 如是, 是不知禮也."

3) 疑(의) : 의심, 의혹, 결정되지 않음, 괴이하게 여김, 두려워함, 닮다, 비기다, 견주다.

4) 斥(척) : 물리치다, 지적하다, 나타나다, 엿보다, 개척, 간석지, 늪, 물가, 크다, 방자하다.

5) 規矩準繩(규구준승) : 표준, 법도, 사물의 준칙. (각각 그림쇠, 곱자, 수준기, 먹줄의 뜻.)

6) 『法言』「先知」 : 或曰 : "齊得夷吾而霸, 仲尼曰'小器,' 請問大器." 曰 : "大器其猶規矩準繩乎. 先自治而后治人, 之謂大器."

혹자는 또 아마 관중이 검소하지 못한 것은 예를 알았기 때문이었다고 여긴 듯하다.① 병풍을 일컬어 수樹라고 한다. 색塞은 가림과 같다. 문에 병풍을 설치하여 안팎을 가린다. 호好는 우호적인 회동을 일컫는다. 점坫은 두 기둥 사이에 있는데, 잔을 주고받으며 술을 마신 뒤 그 위에 잔을 올려놓는 곳이다. 이 모두는 제후의 예인데 관중이 참람하게 썼으니, 예를 모른 것이다.

내 생각에, '관중은 그릇이 작다'는 공자의 비판은 그 뜻이 심오하다. 혹자가 잘 이해하지 못하고 관중이 검소한 것 같다고 여겼다. 그래서 공자가 그의 사치를 지적함으로써 그가 검소하지 않음을 밝혔다. 혹자가 또 관중이 예를 아는 것 같다고 여겼다. 그래서 공자가 그의 참람함을 지적함으로써 그가 예를 모름을 밝혔다. 비록 그 그릇이 작은 까닭을 명확히 말하지는 않았지만, 그릇이 작은 까닭 또한 여기서 살필 수 있다. 따라서 이천은 '사치스럽고 예를 어겼으니, 그 그릇이 작음을 알 수 있다. 그릇이 컸다면, 스스로 예를 알아서 그런 실수가 없었을 것이기 때문이다'라고 말하였다. 이 말을 깊이 음미해야 한다.

• 수신제가부터 치국에 이르기까지, 사람의 뿌리(근본)가 깊어서 그 영향력이 심원한 것을 일컬어 '큰 그릇'이라 한다. 양웅이 말한 "큰 그릇은 규구준승規矩準繩(도량형의 계측기기)과 같으니,② 먼저 스스로를 다스린 뒤에 남을 다스리는 것"이 바로 그것이다. 관중은 삼귀와 반점을 두고, 환공은 안으로 여섯 여인을 사랑하면서 천하를 제패했으니, 그 근본이 원래 천박하였다. 관중이 죽고 환공이 죽자, 천하는 더 이상 제나라를 받들지 않았다. – 소식

---

7) 嬖(폐) : 사랑·총애하다, 귀인의 총애를 받는 천인, 친압하다, 무람없이 굴다, 비천.

8) 宗(종) : 본받다, 높이다, 존숭하다, 쏠리다, 향하다, 모범이 되어 존경받는 인물.

①『혹문』: 이 당시에 세상은 한참 관중의 공을 존숭하고 있었던 만큼, 감히 그의 잘못을 의론하지 못하였다. 따라서 관중의 모든 행위는 곧 예에 있는 것이라고 여겼다. 또 바야흐로 문文(형식)이 압도하는 시대였기 때문에 검소하고 미치지 못한 경우를 예가 아닌 일로만 여겼지, 사치하고 과분함이 더욱더 예를 상실한다는 사실은 몰랐다.

②『어류』: "규구規矩가 어떻게 큰 그릇이 됩니까?" "이 물건이 직각이면, 다만 그 하나의 물건만 직각이다. 그 밖의 다른 것을 직각으로 만들 수 없다. 그러나 그림쇠(規)라면 천하의 어떤 물건이라도 둥글게 만들 수 있고, 직각자(矩)라면 천하의 어떤 물건이라도 직각으로 만들 수 있다. 이 하나의 직각자만 가지고 있으면, 그 어떤 것이라도 직각으로 만들 수 있다. 큰 그릇이 아니고 무엇인가?"[121] 관중의 본령이 천박한지라, '제후를 규합하고'(14-16), '단번에

楊氏曰："夫子大管仲之功而小[1]其器. 蓋非王佐之才, 雖能合諸侯·正天下, 其器不足稱也. 道學不明, 而王霸之略[2]混爲一途. 故聞管仲之器小, 則疑其爲儉, 以不儉告之, 則又疑其知禮. 蓋世方以詭遇爲功, 而不知爲之範,[3] 則不悟其小, 宜矣."

3-23 子語魯大師樂. 曰："樂其可知也：始作, 翕[4]如也；從之, 純如也, 皦[5]如也, 繹[6]如也, 以成."

(語, 去聲. 大, 音泰. 從, 音縱.) ○語, 告也. 大師, 樂官名. 時音樂廢缺, 故孔子敎之. 翕, 合也. 從, 放[7]也. 純, 和也. 皦, 明也. 繹, 相續不絕也. 成, 樂之一終也.

○謝氏曰："五音六律不具, 不足以爲樂. 翕如, 言其合也. 五音合矣, 淸濁高下, 如五味之相濟[8]而後和, 故曰純如. 合而和矣, 欲其無相奪倫,[9] 故曰皦如. 然豈宮自宮而商自商乎? 不相反而相連, 如貫珠可也, 故曰繹如也, 以成."

천하를 바로잡은'(14-17) 공만 이룰 수 있었을 뿐이다. 양웅이 잘 말한대로, '큰 그릇이란 규구준승처럼 적용하지 못할 곳이 없다.' 관중은 작은 그릇이라서 오직 그 한 가지 일만 해냈을 뿐이다. 삼귀나 반점 등의 사건도 그 마음 씀씀이가 다 자질구레하다.[123]

1) 大(대)：중시하다, 훌륭하다, 넓다, 두루 미치다, 처음, 살찌다, 두껍다, 무겁다, 늙다, 초과하다, 거칠다, 대강, 자랑하다, 심하다, 크다. 小(소)：협소하다, 가볍게 여기다, 작다, 짧다, (지위가) 낮다, 삼가다, 주의하다, 조금.

2) 略(략)：다스림, 경륜, 둘러보다, 빼앗다, 정벌, 계략, 슬기, 경계, 대략, 줄이다, 셈하다.

3) 詭遇(궤우)：정도에 따르지 않고 임기응변적 수단으로 남의 비위를 맞추다. 詭：속이다, 책망하다, 위배되다, 이상하다, 다르다, 정도에 벗어나다, 헐뜯다. 範(범)：법, 본, 본보기, 모범, 틀. ○『孟子』：吾爲之範我馳驅, 終日不獲一；爲之詭遇, 一朝而獲十.[6：1]

4) 翕(흡)：합하다, 화합, 새가 날아오름, 많은 것이 일시에 일어남, 왕성함, 거두다, 모으다.

5) 皦(교)：옥석의 흰빛, 희다, 밝다, 뚜렷하다, 맑다, 깨끗하다, 달빛이 밝다.

6) 繹(역)：풀어내다, 다스림, 궁구하다(9-24), 늘어놓다, 잇달다, (뜻이) 통함, 실마리.

7) 放(방)：풀어놓다, 거리낌 없이 하다, (소리)내다, 내버려두다.

8) 濟(제)：(물을) 건너다, 나루, 건지다, 빈곤·위난에서 구제함, 이루다, 그만두다, 해결.

• 공자가 관중의 공은 찬양하면서도 그 그릇은 천시하였다. 왕을 보좌할 재목이 아니었으니, 비록 제후를 규합하여 천하를 바로잡았더라도 그 그릇은 칭찬할 만하지 못했기 때문이다. (당시에) 도학이 밝혀지지 못하여, 왕도와 패도의 방략을 같은 것으로 혼동하였다. 따라서 관중의 그릇이 작다고 하자 그가 검소한 때문이라고 여기고, 그가 검소하지 않다고 하자 다시 그가 예를 안 때문이라고 여겼다. 세상은 바야흐로 임기응변으로써 공을 추구했던지라 원칙(정도)을 추구할 줄 몰랐다. 그러므로 관중의 그릇이 작음을 알지 못한 것도 당연하였다. - 양시

3-23 공자가 노나라 태사에게 음악을 말하였다. "음악은 알 만합니다. 연주의 시작은 여러 음을 합합니다. 뒤이어 조화를 이루고, 명료하게 음을 드러내고, 단절없이 이어나감으로써 완성합니다."

어語는 알려줌(告)이다. 태사大師는 악관 이름이다. 당시의 음악은 없어졌거나 결함이 있었기 때문에, 공자가 가르쳐주었다. 흡翕은 합침, 종從은 풀어놓음, 순純은 조화, 교皦는 명료함, 역繹은 이어져서 끊어지지 않음, 성成은 음악이 한 번 끝남이다.

• 오음[①]과 육률[②]이 갖추어지지 않으면 음악을 연주할 수 없다. 흡여翕如는 합침을 말한다. 오음이 합쳐지면, 청탁고하가 마치 오미五味가 서로 어울려 맛의 조화를 이룬 것과 같기 때문에 '조화롭다(純如)'고 하였다. 합하여 조화를 이루면, 서로서로 질서를 어지럽히지 않으려 하기 때문에 '명료하게 음을 드러낸다(皦如)'고 하였다. 그러나 어찌 궁이 스스로 궁이 되고 상이 스스로 상이 되겠는가? 서로 어긋나지 않고 서로 이어지는 것이 마치 구슬을 꿴 것과 같아야 하기에, '단절없이 이어나감으로써 완성한다'고 말하였다. - 사량좌

---

9) 倫(륜) : 조리, 순서, 차례, 도리, 무리, 또래, 나뭇결.

① 오음五音 : 궁宮·상商·각角·치徵·우羽.

② 육률六律 : 황종黃鐘·대주大簇·고선姑洗·유빈蕤賓·이칙夷則·무역無射. 律 : 자리, 지위, 정도, 비율, 음악 가락, 피리의 음으로써 정한 음계.

3-24 儀封人請見. 曰:"君子之至於斯也, 吾未嘗不得見也." 從者見之. 出曰:"二三子, 何患於喪乎? 天下之無道也久矣, 天將以夫子爲木鐸."[1]

(請見·見之之見, 賢遍反. 從·喪, 皆去聲.) ○儀, 衛邑. 封人, 掌封疆[2]之官, 蓋賢而隱於下位者也.[3] 君子, 謂當時賢者. 至此皆得見之, 自言其平日不見絕於賢者, 而求以自通也. 見之, 謂通使得見. 喪, 謂失位去國, 『禮』曰"喪欲速貧"是也.[4] 木鐸, 金口木舌, 施政敎時所振,[5] 以警衆者也. 言亂極當治, 天必將使夫子得位設敎, 不久失位也. 封人一見夫子而遽[6]以是稱之, 其所得於觀感之間者深矣. 或曰:"木鐸所以徇于道路, 言天使夫子失位, 周流四方以行其敎, 如木鐸之徇于道路也."[7]

---

1) 木鐸(목탁) : 문사文事에 관한 정교政敎를 백성에게 선포할 때 흔들던 나무 추가 달린 금속 방울. 이후 문교를 베푼 인물 또는 세상의 지도자를 뜻하게 되었다. 鐸 : 방울, 교령敎令을 펼 때 흔들어 백성을 경계하는 데 쓰던 큰 방울(구리 바탕에 나무 추를 단 것을 목탁이라 하여 문교의 일에 쓰고, 쇠 추를 단 것을 금탁이라 하여 군대의 일에 썼음).

2) 掌(장) : 장악하다, 맡다, 주관, 관장, 손바닥, 손바닥으로 때리다. 封疆(봉강) : 경계, 국경. 封 : 봉지, 경계, 疆 : 경계, 끝, 한계, 밭두둑, 굳세다(≒强).

3) 『맹자』 : 仕非爲貧也, 而有時乎爲貧 ; 娶妻非爲養也, 而有時乎爲養. 爲貧者, 辭尊居卑, 辭富居貧. 辭尊居卑, 辭富居貧, 惡乎宜乎? 抱關擊柝. 孔子嘗爲委吏矣, 曰, '會計當而已矣.' 嘗爲乘田矣, 曰, '牛羊茁壯長而已矣.' 位卑而言高, 罪也 ; 立乎人之本朝, 而道不行, 恥也.[10 : 5] ※抱關擊柝(포관격탁) : 성문지기와 야경꾼.

4) 『禮記』「檀弓」 : 有子問於曾子曰 : "問喪於夫子乎?" 曰 : "聞之矣, 喪欲速貧, 死欲速朽."

5) 振(진) : (위세·명성을) 떨침, 떨쳐 일어남, 겁나다, 열다, 받아들임, 정돈함, 뽑다, 건지다.

6) 遽(거) : 갑자기, 재빠르다, 황급함, 군색·절박하다, 파발마, 두려워함, 거처, 어찌 ~랴?

7) 徇(순) : 좇다, 따르다, 돌다, 순행하다, 주창하다, 호령하다, 자랑하다, 둘러싸다, 지키다, 두루. ○『書』「胤征」 : 每歲孟春, 道人以木鐸徇于路.

① 『어류』 : 의봉인은 평소에 현자를 아주 여러 번 만났었던 것 같다. 따라서 한 번 보고는 공자가 성인임을 간파하였다. 대체로 주나라 말엽에는 그래도 현인 군자가 많이 있었다.[125] 의봉인과 공자의 설화는 고증할 수 없다. 다만 의봉인의 말투가 아주 훌륭하다. 현자임에 틀림없다. 공자를 한 번 보고 이내 감동을 받아 어떤 소견이 생겨서 이런 말을 한 것이다. "의연히 결행한 사람이 일곱 명이다"(14-37) 했는데, 선배들이 의봉인도 그 중의 한 명이라고

3-24 의儀 땅의 봉인이 공자를 뵙고자 청하면서 "군자가 이 지방에 오시면 제가 뵙지 않은 적이 없습니다" 하자, 수행자들이 뵙게 해주었다. 그가 나와서 말하였다. "여러분은 공자께서 벼슬 잃은 것을 어찌 근심합니까? 천하에 도가 사라진 지 오래인지라, 하늘이 장차 선생님을 목탁으로 삼으려는 것입니다."①

의儀는 위나라 읍, 봉인封人은 국경을 관장하는 관리이다. 아마 현자이지만 낮은 지위에 몸을 숨긴 사람인 듯하다. '군자'란 당시의 현자를 일컫는다. '이곳에 군자가 이를 때마다 뵈었다' 함은, 자신이 평소 현자를 뵙는 일에 거절당한 적이 없었음을 말하면서 공자와 만날 수 있도록 요구한 것이다. '현지見之'는 사자를 통해 배알시킨 것이다. 상喪은 지위를 잃고 나라를 떠남이다. 『예기』「단궁」에, "(벼슬을) 잃으면(喪) 빨리 가난해지려고 한다"고 한 것이 그것이다. 목탁은 금속 테두리에 나무 방울 추가 달려 있어서, 정교를 베풀 때 울려서 뭇사람을 깨우치는 도구이다. 혼란이 극에 달하면 태평성세가 오거니와, 하늘은 반드시 공자가 지위를 얻어 가르침을 베풀게 할 것이니, 지위를 잃은 상태가 오래가지는 않을 것이라는 말이다. 봉인이 공자를 한 번 보자마자 단번에 이와 같이 찬양했으니, 그가 공자를 만나 본 감회가 매우 깊었던 것이다.

• 목탁은 도로를 순시할 때 쓰는 도구이다. 하늘이 공자로 하여금 지위를 잃고 사방으로 두루 돌아다니게 함으로써 가르침을 펴게 한 것은, 마치 목탁이 도로를 순시할 때 쓰이는 것과 같다는 말이다. – 혹자②

여긴 것도 이유가 있었다.[126] ○『논어집설論語集說』: 이 시대에 아무도 성인을 알아보는 사람이 없었건만, 봉인은 곧 알아보았으니, 그는 필시 평소 소견이 있는 사람임에 틀림없다. '군자가 이 지방에 오면 뵙지 않은 적이 없다'는 그의 말을 보건대 군자를 만나보려는 그의 마음이 이처럼 절실하였다. 천하의 혼란이 극에 달하였고, 반드시 성인이 출현하여 도를 밝혀 시대를 구제해 주기를 기원했기 때문에 공자를 한 번 보자마자, 천의天意가 깃들인 분임과, 사문斯文이 의탁할 곳임을 간파하였다.

② 『혹문』: "여러 학자는 '상喪'을 '사문斯文의 상실'로 풀었습니다. 왜 선생님만 '지위의 상실'로 풀이하셨습니까?" "이것은 유시독의 설이다. 소식도 이 설에 따랐다. 다만 소식이 '하늘이 공자로 하여금 동서남북으로 돌아다니게 하고 한곳에서 편안히 살지 못하게 한 것은, 마치 목탁이 도로를 순회하도록 만들어진 것과 같다'고 풀이한 것은 온당하지 않은 것 같다."

3-25 子謂「韶」, "盡美矣, 又盡善也." 謂「武」, "盡美矣, 未盡善也."

「韶」, 舜樂. 「武」, 武王樂. 美者, 聲容之盛. 善者, 美之實也. 舜紹堯致[1]治, 武王伐紂救民, 其功一也, 故其樂皆盡美. 然舜之德, 性之也, 又以揖遜而有天下 ; 武王之德, 反之也,[2] 又以征誅而得天下, 故其實有不同者.

○程子曰 : "成湯放桀, 惟有慙德,[3] 武王亦然, 故未盡善. 堯·舜·湯·武, 其揆[4]一也. 征伐非其所欲, 所遇之時然爾."

3-26 子曰 : "居上不寬, 爲禮不敬, 臨喪不哀, 吾何以觀之哉?"

居上主於愛人, 故以寬爲本. 爲禮以敬爲本, 臨喪以哀爲本. 旣無其本, 則以何者而觀其所行之得失[5]哉?

---

1) 紹(소) : 이어받다, 계승하다, 잇다, 받다, 알선하다, 소개하다. 致(치) : 세밀하다, 정밀, 지극히 하다, 힘쓰다, 가져오다, ~한 결과가 되다.

2) 『孟子』 : 堯舜, 性者也 ; 湯武, 反之也. …[14 : 33] 堯舜, 性之也 ; 湯武, 身之也 ; 五覇, 假之也. 久假而不歸, 惡知其非有也.[13 : 30]

3) 惟(유) : 생각하다, 들어맞다, 다만, 오직, 되다, 이에, 그러나. 慙(참) : 부끄러워하다, 부끄러움, 수치. 德(덕) : 마음, 품행, 인품, 행위, 절조. ○『書』「仲虺之誥」 : 成湯放桀于南巢, 惟有慙德.

4) 揆(규) : 헤아리다, 도, 도리, 추측, 법도, 사무, 정사, 관장, 계책, 벼슬, 관리, 재상.

5) 得失(득실) : 성패, 명리의 획득과 상실, 시비의 곡직, 정확과 착오, 좋고 나쁨, 우열.

① 『어류』 : '미'는 업적(功)을 일컫고 '선'은 덕德을 일컫는다.[135]

② 『어류』 : 억지로 순임금과 무왕의 도가 같다고 말해도 안 되지만, 꼭 순임금을 찬양하고 무왕을 폄하하려고 해도 안 된다.[128] 요임금 말년에 홍수와 토사의 해악이 극심했는데, 순임금이 그 임무를 잘 감당하자 천하가 마침내 크게 태평해졌다. 은나라 말기 주紂왕 때 천하가 크게 혼란해졌는데, 무왕이 인의仁義의 기치를 걸고 잔혹한 폭군을 처단하자 천하가 크게 태평해졌다. 두 성인의 업적만 논하자면, 모두 '매우 아름답다(盡美)'고 하겠다. 그러나 그 아름다움의 열매가, 완전하고 미진한 차이가 있다. 순임금은 비교적 섬세하고(원만하고), 무왕은 비교적

3-25 공자는 「소」에 대해 "완벽히 아름답고, 또 완벽히 선하다" 하고, 「무」에 대해 "완벽히 아름답지만, 완벽히 선하지는 않다" 하였다.

「소」는 순임금의 음악, 「무」는 무왕의 음악이다. '아름다움'은 소리와 모습의 훌륭함이고, '선'은 아름다움의 열매이다.① 순임금은 요임금을 계승하여 태평성세를 이루고, 무왕은 주왕을 정벌하고 백성을 구했는데, 그 공은 똑같다. 따라서 그 음악이 모두 완벽히 아름다웠다. 그러나 순임금의 덕은 본성에서 나왔고, 또 읍양함으로써 천하를 얻었으나, 무왕의 덕은 반성에서 나왔고, 또 무력 정벌을 통해 천하를 얻었다. 그러므로 그 열매가 다르다.

• 탕왕이 걸왕을 내칠 때 부끄러운 마음도 있었다. 무왕 또한 그러하였다. 따라서 완벽히 선하지는 못하였다. 요·순과 탕·무의 대원칙은 똑같다. 정벌이 그들이 원하는 바는 아니었다. 만난 시대가 그러했을 뿐이다. - 이천②

3-26 공자가 말하였다. "윗자리에 있으면서 관대하지 못하고, 예를 행하면서 경건하지 못하고, 상례에 임하면서 슬픔이 없다면, 내가 무엇으로 그 행실의 잘잘못을 살피랴?"

윗자리에 있는 자는 사람 사랑이 위주이므로, 관대함이 근본이다. 예를 행할 때는 경건이 근본이다. 상례에 임할 때는 슬픔이 근본이다. 이미 그 근본이 없다면 무엇을 가지고 그 행실의 잘잘못을 살피랴?③

거칠었다. 또 두 성인이 실제로 그렇게 하려고 했던 것이 아니라, 처한 시대가 달랐을 뿐이다.[136]

③ 『어류』: 관대함·경건·슬픔이 없다면, 더 볼 만한 것이 없다. 무엇을 가지고 그들을 살피랴? 그 세 가지 근본이 있은 뒤에야 그 일의 지극함이나 완벽함 및 그것을 행하는 자의 득실을 살필 수 있다.[148] 관용에도 과불급이 있고, 슬픔에도 깊고 얇음이 있고, 경건에도 지극하고 그렇지 못함이 있으니, 모름지기 우선 관대 등이 일단 있어야 그 득실을 살필 수 있다.[149] 관대·경건·슬픔이 근본이니, 근본이 있어야 그 근본에 나아가 그것의 득실흑박을 살필 수 있다. 근본이 없다면 다시 무엇을 보랴?[146]

제4편 이인

里仁第四

(凡二十六章.)

4-1 子曰：“里仁爲美. 擇不處仁, 焉得知?”

(處, 上聲. 焉, 於虔反. 知, 去聲.) ○里有仁厚之俗爲美. 擇里而不居於是焉, 則失其是非之本心, 而不得爲知矣.[1)]

4-2 子曰：“不仁者不可以久處約,[2)] 不可以長處樂. 仁者安仁, 知者利仁.”

(樂, 音洛. 知, 去聲.) ○約, 窮困也. 利, 猶貪也, 蓋深知篤好而必欲得之也. 不仁之人, 失其本心, 久約必濫, 久樂必淫. 惟仁者則安其仁而無適不然, 知者則利於仁而不易所守, 蓋雖深淺之不同, 然皆非外物所能奪矣.

---

1) 鄭曰：“里者, 民之所居. 居於仁者之里, 是爲善(美). 求善居而不處仁者之里, 不得爲有智.”
2) 約(약)：고생, 빈곤, 묶다, 결합하다, 약속하다, 약속, 검약(4-23), 줄이다, 요점을 얻다.

① 『맹자』：어찌 화살 장인이 갑옷 장인보다 어질지 못하다 하랴? 그러나 화살 장인은 사람을 살상하지 못할까를 걱정하고, 갑옷 장인은 사람이 살상될까를 걱정한다. 따라서 직업 선택은 신중하지 않으면 안 된다. 공자가 말하기를 '인에 거처함(里仁)이 아름답다. 어진 쪽을 선택하지 않으면 어찌 지혜롭다 하겠는가'라고 하였다.[3：7] ○『혹문』：“리인里仁의 주장은 맹자가 '직업 선택(擇術)'의 의미를 설명하면서 인용하였습니다. 그런데 이제 '마을 선택'으로 해설하는 것은 왜입니까?” “성인 공자의 본의가 그런 것 같다. 맹자는 이 구절을 빌려 자기 생각을 설명했을 뿐이다.” ○『어류』：맹자처럼 풀이해도 해는 없다.[3] “어떤 사람이 몇 세대에 걸쳐 그 지역에 살았는데, 설마 다른 지방의 풍속이 아름답다고 여겨 어느 날 갑자기 이사를 가야 한다는 뜻은 아니겠지요?” “옛사람은 위태로운 나라에는 들어가지 않고, 혼란한 나라에는 살지 않았다(8-13). 만약 온 마을 사람이 다 도적일 경우, 어찌 피할 줄 몰라서야 되겠는가? 성인이 평정하게 하신 말씀을, 괴이한 사례를 들어 고원하게 설명하려 해서야 되겠는가? 요새 사람은 옛글을 해석하면서 눈앞의 비근한 것을 오히려 심오하게 풀이하려고 하는데, 모두 옳지 않다.”[4] “마을이 아름답다는 말입니까? 아니면 인이 아름답다는 말입니까?” “풍속이 아름답다는 말과 같다. 가령 어떤 동네의 사람들이 순박하고 인정이 많으면 그 동네는 좋은 곳이다. 어떤 동네에 불량하고 염치도 수치심도 없는 사람들이 많으면 그 동네는 좋지 않다. 이 장은 아주 심오한 뜻이 있지는 않다. 살 곳을 잘 택하라는 말이다.”[2] ○『금독』：유가는 이 세상의 삶을 아름답고 선한 것으로 긍정하고, 내세나 피안, 천당의 아름다움과 선을 굳이 추구하지 않는다. 『초사』는 천상과 지하 및 사방 모든 곳들은 다 무서운 맹수와 요괴로 가득하여 살만한 곳이 못되니 이 인간 세상으로 돌아오라고 묘사하고 있다(「초혼」). 이는 유교의 영향이고, '마을이 어질어야 아름답다'는 말의 깊은 뜻이다. ○『설해』：청소년과 아이

4-1 공자가 말하였다. "마을 풍속이 어질어야 아름답다. 그런 어진 마을을 택하여 살지 않으면, 어찌 지혜롭다 하겠는가?"

마을은 어질고 후덕한 풍속이 있어야 아름답다. 그런 마을을 택하여[①] 거기에 살지 않으면, 본래의 시비지심을 잃을 것이므로 지혜롭다고 할 수 없다.

4-2 공자가 말하였다. "어질지 못한 사람은 곤궁도 오래 참지 못하고, 안락도 오래 누리지 못한다. 어진 이는 인에 편안하고, 지혜로운 이는 인을 탐한다."[②]

약約은 곤궁이다. 리利는 욕심과 비슷하니, 깊이 알고 돈독히 좋아하여 반드시 획득하려고 하기 때문이다. 어질지 못한 사람은 본심을 잃어, 곤궁이 지속되면 반드시 난동을 부리고(15-2) 안락이 지속되면 반드시 방탕해진다.(3-20) 오직 어진 사람이라야 인에 안온하여 어떤 경우든 늘 그러하고, 지혜로운 사람이라야 인을 탐하여 자기 지조를 바꾸지 않는다. 둘은 깊이의 차이는 있으나, 모두 외물에 휘둘리지 않는 사람이다.

들은 특히 풍기의 영향을 쉽게 받는다. 맹자가 아성이 될 수 있었던 것은 어진 그의 어머니가 풍기가 나쁜 동네를 피하고 좋은 동네로 이사가서 살았기 때문이다.

② 『어류』: 인에 편안한 자(安仁者)는 인이 있는지도 모른다. 마치 띠를 둘렀는데 허리에 느껴지지 않고, 신을 신었는데 발에 느껴지지 않음과 같다. 인을 탐하는 자(利仁者)는 인을 하나의 사물로 여겨, 그에 나아가면 이롭고 그것을 버리면 해롭다고 여긴다.[8] 인자仁者는 온화하고 독실하여 의리가 자연히 충족되어 있다. 생각해서 행할 필요가 없으니, 모든 행위가 저절로 하나하나 다 의리에 부합하는 것이 인仁이다. 지자知者는 옳고 그름의 소재를 안다. 의리에서 취하여 옳은 것은 구하고, 그른 것은 버리는 것이 지知이다.[10] 오직 성인만이 (타고난) 참됨에서 명철함에 이르므로(自誠而明), 곧바로 저절로 '인에 편안하다.' (보통사람이 노력하여) 명철함에서 참됨에 이르려면(自明而誠), 반드시 인을 탐해야 한다.[11] 지혜로운 이는 인을 탐하니, 사심이 없을 수 없다. 다만 사심은 발붙일 곳이 아님을 알고, 또 사심이 없어야 좋다는 것을 알기 때문에, 바로 그 지점에서 온갖 방법을 써서 사심을 없애려고 한다. 그것이 곧 '인을 탐함(利仁)'이다.[7] 리인利仁이란 진짜로 인애仁愛라는 것이 좋은 것임을 알아서, 마치 입으로 불고기를 좋아하고 지게미는 싫어하듯이 하는 것이다. 만일 그저 남에게서 그것이 맛있다는 말만 듣고 생각 속에서 자신이 맛을 보는 듯이 여긴다면, 어떻게 '불고기가 입을 기쁘게 하는(芻豢之悅我口)' 경지와 같을 수 있겠으며, 어떻게 '인을 탐함'의 뜻을 알겠는가? 다만 그저 억지로 하고 있을 뿐이다.[5]

○謝氏曰："仁者心無內外遠近精粗[1]之間, 非有所存而自不亡, 非有所理而自不亂, 如目視而耳聽, 手持而足行也. 知者謂之有所見則可, 謂之有所得則未可. 有所存斯不亡, 有所理斯不亂, 未能無意也. 安仁則一, 利仁則二. 安仁者非顏·閔以上, 去聖人爲不遠, 不知此味也. 諸子雖有卓越之才, 謂之見道不惑則可, 然未免於利之也."

4-3 子曰："唯仁者能好人, 能惡人."

(好·惡, 皆去聲.) ○唯之爲言獨也. 蓋無私心, 然後好惡當於理, 程子所謂"得其公正"是也.

○游氏曰："好善而惡惡, 天下之同情, 然人每失其正者, 心有所繫[2]而不能自克也. 惟仁者無私心, 所以能好惡也."

---

1) 精粗(정조) : 미세함과 큼, 정밀함과 거침, 정교함과 조잡함. 精 : 깊다, 교묘함, 근본.

2) 繫(계) : 동여매다, 얽매이다, 구속하다, 지탱하다, 매달리다, 줄, 매듭, 고삐.

① 『어류』: "이 말이 무슨 뜻입니까?" "어진 사람은 밝고 밝은 하나의 마음인지라 내외·정조·원근의 틈이 없다. 그러나 자기에게 틈이 있는 마음이 무엇인지 안 뒤에야 틈이 없는 마음이 무엇인지 알 수 있다." "내외의 틈이 없다 함은 무슨 뜻입니까?" "내외가 한결같음이다. 사심이 생기자마자 틈이 생긴다. 따라서 '극기복례'하여 사심을 이겨 없애야 한다. 어진 사람은 밝고 밝은 이 하나의 마음이다. 가령 한 그릇의 맑고 깨끗한 물에 진흙이 들어가면, 깨끗한 곳과 흐린 곳이 생긴다."[14]

② 『어류』: "안인安仁의 경지는, 안자·민자건 이상의 경지가 아니면 그 맛을 모르니, 곧 성인의 경지 아닙니까?" "그렇다. 그러나 '안자나 민자건 이상이 아니면 그 맛을 모른다' 함은, 안자·민자건의 경지에 이르면 그 맛만 알고 아직 인에 편안한 경지에는 이르지 못했다는 뜻임을 알아야 한다."[15].

③ 『어류』: 정자의 설명은 간략하나 완벽하다. 공公은 마음이 공평함이요, 정正은 이치에 합당함이다. 한마디 말에 체용體用이 겸비되어 있다.[21] 요새 공정公正 두 글자를 함께 쓰지만, 사실 '공'은 '공'이고 '정'은 '정'이다. 이 두 글자는 서로 없으면 안 된다.[19] 정자는 '공정' 두 글자로 풀었지만, 나는 사람들이 이해하지 못할까 봐 '사심 없음'이 '공,' '호오가 이치에 합당함'이 '정'이라고 풀었다. 혹 호오가 이치에 합당하더라도 반드시 사심이 없지 않은 사람도 있는가 하면, 사심이 없더라도 반드시 호오가 다 이치에 합당하지 않은 사람도 있다. 오직 어진 사람이라야 사심이 없으니, 그 호오도 모두 이치에 합당하다.[18]

• 어진 이는 마음에 내외·원근·정조精粗의 틈(간극)이 없어서,[①] 보존하려고 하지 않아도 저절로 없어지지 않고, 다스리려고 하지 않아도 저절로 혼란스러워지지 않는다. 마치 눈이 보고 귀가 듣고 손이 잡고 발이 걷는 것처럼, 아주 자연스럽다. 지혜로운 이는 소견이 있다고는 할 수 있어도, 경지를 터득했다고는 할 수 없다. 보존해야만 없어지지 않고, 다스려야만 혼란스러워지지 않는다. 따라서 의식적으로 노력하지 않으면 안 된다. 인에 편안하면 인과 하나가 되지만, 인을 탐하면 인과 둘로 나뉜다. 인에 편안한 경지는 안연과 민자건 그 이상으로서, 성인과의 차이가 멀지 않은 사람이 아니라면 그 맛을 알지 못한다.[②] 다른 제자들은 비록 탁월한 재능이 있어서 도를 이해하여 미혹에 빠지지 않았다고는 말할 수 있을지라도, 인을 탐하는 상태를 면치 못하였다. – 사량좌

4-3 공자가 말했다. "오직 어진 사람이라야 사람을 좋아할 수 있고, 사람을 미워할 수 있다."

유唯의 의미는 '홀로'이다. 사심이 없어야 비로소 애증이 이치에 합당할 수 있다. 정자(이천)가 말한 '공정함을 얻었다'[③] 함이 그것이다.

• 선을 좋아하고 악을 미워함은 세상의 다 같은 마음이지만, 사람이 매번 바르지 못하는 까닭은 마음에 얽매인 바(所繫 : 신앙·지연·학연·혈연 등에 따른 선입견)를 스스로 극복하지 못하기 때문이다. 오직 어진 사람만이 사심이 없으므로, 누구를 진실로 좋아하거나 미워할 수 있다. – 유초[④]

---

④『신해』: 남을 좋아하고 미워하는 일을 누군들 못하겠는가? 그러나 어질지 못한 사람은 마음에 욕심이 많은지라 도모하고 계산하는 것이 많다. 그리하여 마음이 좋아하는 것이 정말 선한 것이 못되고, 마음이 미워하는 것이 정말 나쁜 것이 아니다. 사람 마음이 이런 약점에 빠져있는 까닭에 악인들이 세상에서 활개를 치고, 남들의 부러움을 사고 시중을 받게 된다. 그럴수록 선인은 더욱 푸대접받고 소원해지고 숨겨지고 매몰된다. 인간 세상의 온갖 고통과 죄악은 전부 다 거기서 비롯된다. 그 근원을 따져보면 사람들이 (참으로 좋아하고 미워하는) 어진 마음을 지니지 못한 데서 비롯된다. 만약 사람마다 그런 마음을 지닌다면, 선인은 늘 어디서나 사람들의 사랑을 받고 선행은 찬양될 것이며, 악인은 늘 어디서나 사람들의 미움을 받고 악행은 자취를 감출 것이다. 사람마다 진정으로 좋아하고 미워할 수 있는 마음을 지니게 되면, 이 세상도 정의를 사랑하는 세상이 된다. 관건은 사람의 마음이 호오好惡를 관장하느냐에 달려있다. 우리의 마음이 좋아하는 것은 자연히 득세하고, 우리의 마음이 미워하는 것은

4-4 子曰："苟志於仁矣，無惡也."

(惡악, 如字.) ○苟，誠也. 志者，心之所之也. 其心誠在於仁，則必無爲惡之事矣.[1)]

○楊氏曰："苟志於仁，未必無過擧[2)]也，然而爲惡則無矣."

4-4 子曰："富與貴是人之所欲也，不以其道得之，不處也；貧與賤是人之所惡也，不以其道得之，不去也.[3)] 君子去仁，惡乎成名？君子無終食之間違仁，造次[4)]必於是，顚沛[5)]必於是."

(惡，去聲.) ○不以其道得之，謂不當得而得之. 然於富貴則不處，於貧賤則不去，君子之審富貴而安貧賤也如此.

(惡，平聲.) ○言君子所以爲君子，以其仁也. 若貪富貴而厭貧賤，則是自離其仁，而無君子之實矣，何所成其名乎?

자연히 남아있지 못할 것이기 때문이다. 이 이치는 아주 평범하다. 사람마다 각자 돌이켜 자문해 보라. 내가 남에 대해 과연 정말로 좋아하고, 정말로 미워하고 있는지를. 내 마음의 호오를 밖으로 표현할 때 과연 마음속에서 정말로 좋아하고 정말로 미워하는 것인지를.

1) 孔曰："苟，誠也. 言誠能志於仁，則其餘終無惡也."

2) 過擧(과거)：실수, 실패, 잘못 발을 들여놓음. 擧：일으키다, 행하다, 행동, 행동거지.

3) 『어류』：問："'不以其道得之不去也'，'去'字或讀作上聲，可否?" 曰："自家離去之'去'，去聲讀；除去之'去'，上聲讀. 此章只是去聲."[31]

4) 造次(조차)：지극히 짧은 동안. 造：조작, 이루다, 오르다, 갑자기, 졸지에. 次：어조사.

5) 顚沛(전패)：발이 걸려 넘어짐, 위급 존망의 때, 허둥거림. 顚：넘어짐. 沛：넘어지다.

① 『어류』：어짊에 뜻을 두는 순간은 악이 없다. 어짊에 뜻을 두기를 중단하면 악이 다시 생긴다.[25] "실수(過)와 악은 어떻게 구분됩니까?" "악은 마음속에 정말 그런 마음이 있어서 무르익어 밖으로 드러난(誠於中, 形諸外) 것이고, 실수는 우연히 잘못한 것이다."[24, 25]

② 『어류』：나는 무엇을 구해야 하는가? 의리에 편안하기를 구할 따름이다. 부귀하지 않아야 하는데 부귀해지면 의리를 해치니, 부귀에 처하지 않는다. 빈천하지 않아야 하는데 빈천해지더라도 스스로 의리에 부끄럽지 않은 이상, 빈천을 받아들인들 무슨 해가 되겠는가?[26] 소인은 방탕하고 사치하는지라 자연히 빈천할 수 있다. 군자는 인을 실천하고 의를 행하니 빈천해서는

4-4 공자가 말하였다. "참으로 어짊에 뜻을 두면 악이 없어진다."

구苟는 참으로, 뜻(志)은 마음이 가는 곳이다. 그 마음이 참으로 인仁에 있으면, 틀림없이 악을 행하는 일이 없다.

• 참으로 어질어지려는 뜻을 품으면, 꼭 실수가 없는 것은 아니나 악을 행하는 경우는 없다.① — 양시

4-5 공자가 말하였다. "부귀는 사람이 욕망하는 것이나, 도로써(정당하게) 얻은 것이 아니면 누리지 않는다. 빈천은 사람이 혐오하는 것이나, 도로써(정당하게) 얻은 것이 아니더라도 거절하지 않는다.② 군자가 인을 버리고 어떻게 이름(명예)을 이루겠는가? 군자는 밥 먹는 동안에도 인을 어겨서는 안 되니, 아무리 다급한 때라도 인을 따라야 하고, 아무리 궁색한 때라도 인을 따라야 한다."

'도로써 얻은 것이 아니다' 함은, 얻지 않아야 하는데 얻은 경우를 말한다. 그러나 부귀도 누리지 않고 빈천도 거절하지 않음은, 군자가 그와 같이 부귀는 살피고 빈천은 만족하기 때문이다.③

군자가 군자다운 까닭은 그가 어질기 때문이라는 말이다. 만약 부귀를 탐하고 빈천을 혐오하면, 스스로 (군자의 본분인) 인에서 유리되어 군자다운 실질이 없어지니, 어디에서 군자라는 이름을 이루겠는가?

안 되는 것처럼 여겨지지만, 그럼에도 빈천할 수 있다. 이 또한 그저 편안히 받아들일 따름이다. 나는 마땅히 빈천해서는 안 된다고 여겨서, 반드시 벗어던지려고 하면 안 된다. 부귀는 처하지 않아야 할 경우도 있으나, 빈천은 반드시 받아들여야지 사양하면 안 되기 때문이다.[30] ○『혹문』: 모든 사람이 부귀를 욕망한다. 지위를 얻어서 도를 행하는 일은 군자도 욕망한다. 모든 사람이 빈천을 혐오한다. 처지가 곤궁하고 앞길이 막히는 길은 군자도 혐오한다. 부귀를 욕망하고 빈천을 혐오함은 누구나 다 같은 마음이니, 군자와 소인이 다를 것이 없다. 군자가 보통 사람과 다른 까닭은 오직 의롭지 않게 얻은 부귀에 처하지 않고, 불행히 빈천해지더라도 사양하지 않는다는 데에 있다.

③『어류』: '부귀는 살피고 빈천은 만족한다'는 장구령의 말은 아주 좋다.[26] 부귀는 정당하지 않게 얻었는지 살펴야 한다. 정당하지 않았다면 결코 그것을 받아들여서는 안 된다. 빈천은 정당하게 얻은 것이 아니더라도 만족해야 한다.[27] '부귀를 살핌'은 의義이고, '빈천에 만족함'은 명命이다.[38]

(造, 七到反. 沛, 音貝.) ○終食者, 一飯之頃. 造次, 急遽苟且之時.[1] 顚沛, 傾覆流離[2]之際. 蓋君子之不去乎仁如此, 不但富貴·貧賤·取舍之間而已也.

○言君子爲仁, 自富貴·貧賤·取舍之間, 以至於終食·造次·顚沛之頃, 無時無處而不用其力也. 然取舍之分明, 然後存養之功密; 存養之功密, 則其取舍之分益明矣.

4-6 子曰:"我未見好仁者, 惡不仁者. 好仁者, 無以尙之; 惡不仁者, 其爲仁矣, 不使不仁者加乎其身. 有能一日用其力於仁矣乎? 我未見力不足者. 蓋有之矣, 我未之見也."

(好·惡, 皆去聲.) ○夫子自言未見好仁者·惡不仁者. 蓋好仁者眞知仁之可好, 故天下之物無以加之. 惡不仁者眞知不仁之可惡, 故其所以爲仁者, 必能絶去不仁之事, 而不使少有及於其身. 此皆成德之事, 故難得而見之也.

言好仁·惡不仁者, 雖不可見, 然或有人果能一旦奮然用力於仁, 則我又未見其力有不足者. 蓋爲仁在己, 欲之則是, 而志之所至, 氣必至焉. 故仁雖難能, 而至之亦易也.

---

1) 急遽(급거): 갑작스럽다, 급격하다. 遽: 갑자기, 황급하다, 파발마, 어찌 ~랴! ○馬曰: "造次, 急遽也. 顚沛, 偃仆也." ○呂曰: "造次者, 苟且之時. 顚沛者, 急遽涉難之時也. 造次, 謂所之所舍苟且而已, 非常居. 顚沛者, 顚覆陷溺, 迫遽涉難可知矣."

2) 傾覆(경복): 쓰러지다, 넘어지다, 뒤집어엎다. 遊離(유리): 유리되다, 떨어져 헤어지다.

① 『어류』: 인을 좋아하든 불인을 미워하든 모두 인을 탐하는(利仁) 일이다. 이 두 부류가 있다는 것이고, 본디 우열은 없다. 다만 인을 좋아하는 자는 천품이 순박하고 온화하나, 불인을 미워하는 자는 천품이 굳세고 강직하다. 전자는 측은지심이 더 많고, 후자는 수오지심이 더 많다. 백이는 불인을 미워한 사람이고, 유하혜는 인을 좋아한 사람이다.[49, 50] 안연·명도가 인을 좋아했다면, 맹자·이천은 불인을 미워했다. 소강절은 인을 좋아한 쪽이라면, 장횡거는 불인을 미워한 쪽이다.[51]

② 『어류』: 너무 깊이 좋아하여 아무것도 그 마음을 바꿀 수 없다는 말이다.[53]

종식終食은 밥 한 그릇 먹는 시간이다. 조차造次는 급하고 구차한 때, 전패顚沛는 뒤집히고 흩어져 떠도는 때이다. 군자는 이와 같이 언제나 인을 떠나지 않으니, 부귀나 빈천, 취사선택에 한정되지 않는다.

군자는 인을 행함에, 부귀와 빈천, 취사선택에서부터 밥 먹을 때나 다급할 때나 궁지에 빠진 때에 이르기까지, 어느 때나 어디서나 노력하지 않음이 없다는 말이다. 그러나 취사선택이 분명한 뒤에 존양存養의 내공이 정밀해지고, 존양의 내공이 치밀해지면 취사선택의 명분도 더욱 뚜렷해진다.

4-6 공자가 말하였다. "나는 인仁을 좋아하는 사람도, 불인不仁을 미워하는 사람도 보지 못하였다.① 인을 좋아하는 사람은, 인보다 더 높이는 것이 없다.② 불인을 미워하는 사람도 인을 행하는 셈이니, 불인한 것이 자기 몸에 미치지 못하게 한다.③ 하루라도 인에 이르려고 노력해본 사람이 있는가? 나는 힘이 부치는 사람을 본 적이 없다. 있을 법도 하지만, 나는 아직 보지 못하였다."

공자가 인을 좋아하는 자와 '불인'을 싫어하는 자를 보지 못했다는 말이다. 인을 좋아하는 자는 참으로 인이 좋아할 만한 것임을 알기 때문에, 세상의 그 어떤 것도 인을 능가할 것이 없다고 여긴다. 불인을 미워하는 자는 참으로 불인이 증오스러움을 알기 때문에, 결국 그것이 인을 행하는 셈이다. 반드시 불인한 일을 멸절하여 조금이라도 자기 몸에 미치지 않게 할 수 있기 때문이다. 이 모두는 덕을 성취하는 일인지라 세상에서 찾아보기 어렵다.④

인을 좋아하거나 불인을 미워하는 사람은 찾을 수 없더라도, 만약 누가 실제로 하루라도 분연히 떨쳐 일어나 인에 힘쓴다고 할 경우, 나는 또 힘이 부치는 경우를 보지 못했다는 말이다. 인을 행하는 일은 자기에게 달려 있다. 실천하려고만 하면 곧 인이 된다.(7-30) 뜻이 가는 곳에 기운도 따르기 때문이다. 따라서 인은 비록 행하기 어렵다 하더라도 또한 이르기는 쉽다.

---

③ 『어류』: 불인을 진실로 미워하여 불인한 일이 자신에게 끼치지 못하게 한다는 말이다. 이 두 가지는 '미색을 좋아하고 악취를 싫어하는 일'과 마찬가지로 모두 자기 자신에게 해당되는 말이다. 그저 남의 어짊을 좋아하고 남의 불인을 미워한다는 말이 아니다.[53]

蓋, 疑辭. 有之, 謂有用力而力不足者. 蓋人之氣質不同, 故疑亦容或有此昏弱之甚·欲進而不能者, 但我偶[1]未之見耳. 蓋不敢終[2]以爲易, 而又歎人之莫肯用力於仁也.

○此章言仁之成德, 雖難其人, 然學者苟能實用其力, 則亦無不可至之理. 但用力而不至者, 今亦未見其人焉, 此夫子所以反覆而歎惜之也.

4-7 子曰："人之過也, 各於其黨.[3] 觀過, 斯知仁矣."

黨, 類也. ○程子曰："人之過也, 各於其類. 君子常失於厚, 小人常失於薄；君子過於愛, 小人過於忍."

尹氏曰："於此觀之, 則人之仁不仁可知矣."

○吳氏曰："後漢吳祐謂：'掾[4]以親故, 受汙辱之名, 所謂觀過知仁', 是也." 愚按：此亦但言人雖有過, 猶可卽此而知其厚薄, 非謂必俟其有過, 而後賢否可知也.

---

④『어류』: 인을 좋아하는 사람은 물론 불인을 미워할 수 있다. 그러나 일반적으로 천품이 관후하고 온화한 사람은 사람을 좋아하려는 뜻이 더 많고, 사람을 미워하려는 뜻은 적다. 일반적으로 천품이 굳세고 분투적인 사람은 사람을 미워하는 뜻이 더 많고 사람을 좋아하는 뜻은 적다.[44] 인을 좋아하는 사람은 본디 천품이 아주 순수한 사람이어서, 인이 좋음을 참으로 알아서(眞知) 실제로 좋아하기 때문에 천하 만물 가운데 인을 능가할 것은 없다고 여긴다. 불인을 미워하는 사람은 또한 천품이 강직한 사람이어서, 불인이 가증스러움을 참으로 알아서 실제로 증오하기 때문에 일체의 불인한 일들이 추호라도 자신에게 미치는 것을 허락하지 않는다. 만약 인을 좋아하면서 인보다 더 중요한 것이 있다고 여긴다면 이것은 진짜로 좋아한 것이 아니다. 불인을 미워하면서 응당 행해서는 안 될 나쁜 점이 내게 조금이라도 남아있다면 그것은 진짜로 미워한 것이 아니다. … 인을 좋아하는 경지는 안연·증자가 아니면 쉽게 언급할 수 없고, 불인을 미워하는 경지는 백이·숙제라야 비로소 타당할 것 같다.[45] ○『혹문』: "인을 행하려면 역시 노력을 해야 합니까?" "소식이 이렇게 말하였다. '인이 사랑스러움은 미색보다 심하고, 불인이 혐오스러움은 악취보다 심하다. 그러나 사람이 끝내 인을 좇고 불인을 피할 줄 모른다. 이러한 폐단을 걷어내고 막힌 상태를 타개하려면 노력을 하지 않고 가능하겠는가? 그러므로 자신을 이기는 자가 강자이고(自勝者强)[『노자』 33장], 자신을 이기고 예로 돌아가는 것이 인이다.(12-1)'"

개蓋는 의문사이다. 있다(有之)고 함은, 노력을 함에 힘이 부치는 경우가 있다는 말이다. 사람의 기질은 서로 다른지라, 더러 지극히 어리석고 나약한 사람도 있을 수 있어 전진하려고 하지만 안 되는 사람도 있을 수 있겠으나, 나는 우연히도 그런 사람을 보지 못했을 뿐이라고 의아해 한 것이다. 이것은 감히 결단코 (인을 행함이) 쉽다고 단정한 것은 아니나, 다만 사람들이 좀처럼 인에 노력을 하려고 하지 않음을 탄식한 말이다.

이 장은 '인'의 덕의 성취는 그런 사람이 되기는 힘들다 하더라도 학생이 절실하게 노력한다면 이르지 못할 이유가 없음을 말한 것이다. 그러나 노력을 했어도 이르지 못한다는 사람, 요즘은 그런 사람도 볼 수 없다는 말이다. 이 때문에 공자가 거듭 탄식하였다.

4-7 공자가 말하였다. "사람의 과오는 그 부류에 따라 제각각이다. 아무개의 과오를 살펴보면 그가 어진 사람인지 아닌지 알 수 있다."

당黨은 부류이다.

• 사람의 잘못은 그 부류에 따라 제각각이다. 군자는 늘 후덕하기 때문에 실수하고, 소인은 늘 각박하기 때문에 실수한다. 군자는 사랑에 지나치고, 소인은 모짊에 지나치다. – 이천

• 그 부류를 관찰하면 사람이 어진지 어질지 않은지 알 수 있다. – 윤돈

• 후한 시대에 오우가 말하길, '내 부하가 자기 부친의 일(공금으로 부친의 옷을 구입함)로 오명을 들었으니, 이른바 잘못을 보면 그가 어진지 알 수 있다는 말이다' 했는데, 바로 이것이다. – 오역

내 생각에, 이것은 사람이 어떤 잘못을 했을 경우에도 그것을 보고 그의 (성품의) 후박을 알 수 있다는 말이지, 반드시 잘못이 있고서야 그가 현명한지를 알 수 있다는 말이 아니다.

---

1) 偶(우) : 우연히, 배우자, 짝, 쌍의, 짝의, 인형, 허수아비.
2) 終(종) : 끝나다, 다되다, 완료, 미치다, 이루어짐, 죽다, 끝, 마침내, 결국은, 끝까지.
3) 黨(당) : 무리, 동아리, 의기투합하며 함께 모인 사람들, 측근, 사귀다, 돕다, 아첨.
4) 掾(연) : 돕다, 바삐 돌아다니며 경영하다, 아전, 하급관리, 옷깃, 소맷부리.

4-8 子曰："朝聞道, 夕死可矣."

道者, 事物當然之理. 苟得聞之, 則生順死安, 無復遺恨矣. 朝夕, 所以甚言其時之近.

○程子曰："言人不可以不知道, 苟得聞道, 雖死可也."

又曰："皆實理也, 人知而信者爲難. 死生亦大矣! 非誠有所得, 豈以夕死爲可乎?"

---

① 『어류』: 여기서 들음(聞)이란 지혜로 이해하고 믿음이 미쳐서 비로소 '도를 깨닫는다(聞道)'는 뜻이다. 그래서 죽어도 좋은 것이다. 만약 남의 말을 듣는 것을 '문도聞道'로 여기고 그렇게 해서 곧 죽는다면, 그것은 헛된 죽음(枉死)이라 하겠다.[85]

② 『혹문』: "'아침에 도를 들으면 저녁에 죽어도 좋다' 함은 불교의 설에 가깝지 않습니까?" "우리가 말하는 도는 본디 저들이 말하는 도가 아니다. 우선 성인의 뜻은 오직 도를 깨닫는(듣는) 일이 중요하다고 강조하지, 저들처럼 깨달음에 의지하여 죽는다는 차원과는 다르다. 우리가 말하는 도는 군신·부자·부부·형제·친구 사이에 마땅히 그래야 할(當然) 실질적인 이치(實理)이다. 저들이 말하는 도는 그것들을 환상으로 여기고 망령으로 여겨 멸절시킴으로써, 저들이 말하는 청정적멸淸淨寂滅의 경지를 구하는 것이다. 인간사의 마땅히 그래야 할 실리實理는 바로 인간이 인간일 수 있는 까닭이니, 깨닫지(듣지) 않으면 안 되는 만큼 아침에 듣고 저녁에 죽어도 또한 유감이 없을 수 있다. 저들이 말하는 청정적멸의 경지는 처음부터 인간의 일상생활에는 아무 소용이 없는지라, 그들이 급하게 깨닫고자 하는 까닭은 오직 장차 죽음이 이르는 것을 두려워하여 깨달은 도에 의지하여 죽음에 대적하려는 것일 뿐이다. 그러므로 우리의 주장(說)을 추구하는 자는 법도를 실천하여 운명을 기다릴 뿐(行法俟命), 죽음을 알려고 추구하지 않는다. 저들의 주장을 추구하는 자는 좌선으로 모든 것을 잊고 곧바로 해탈하여(坐亡立脫) 온갖 실마리를 잡다하게 통찰하려 하니, 세상을 교화하는 만 가지 본분에는 끝내 아무 보탬이 되지 않는다." ○『어류』: '저녁에 죽어도 좋다' 함은 그 중에 중대한 일인 죽음을 언급했을 뿐이다. 도를 들으면 크고 작은 만사에 모두 대처할 수 있고, 부귀빈천 그 어느 경우에서든 올바르지 않음이 없게 된다.[87]

③ 『어류』: "'도가 사물이 마땅히 그래야 할 이치'라면, 제 생각에는 중대한 도라고 해도 군신·부자·부부·친구 사이의 윤리일 뿐입니다. 그래서 서로 친애·의리·분별·신의가 있어야 한다는 것입니다. 학생이 만약 하루라도 제대로 배우면 누가 그런 것을 알지(듣지) 못하겠습니까? 그런데 그런 것을 듣고 죽어도 된다는 논리라면 그다지 쓸모없을 듯합니다. 그렇다면 도란 어디에 참으로 절실하고 지극히 마땅하게 그와 같이 해야 하는 것이 있습니까? 또 어찌하여 사람으로 하여금 들으면 곧 죽어도 유감이 없게 만드는 것이 됩니까?" "도는 참으로 일상생활에서 늘 행하는 공간을 벗어나지 않는다. 다만 그대가 '그다지 쓸모없다'고 말한 것은, 오직 그대의 인식이 참된 경지에 이르지 못했기 때문이다. 만약 진실하게 인식했다면 틀림없이 돈독하게 믿고 확고하게 견지할 것이다. 다행히 아직 안 죽었다면 인식한 바를 확충하여 성인도 되고 현자도 될 것이다. 만에 하나 깨닫고 곧바로 죽더라도 어리석고 몽매한 상태로

4-8 공자가 말하였다. "아침에 도를 들으면,① 저녁에 죽어도 좋다."②

도는 사물이 마땅히 그래야 할 이치이다. 정말로 도를 들을 수만 있으면, 삶은 순조롭고 죽음은 편안하다. 다른 여한이 없다. 아침과 저녁은 그 기간이 가까움을 강조한 말이다.③

• 사람이 도를 알지 않으면 안 되니, 도를 들을 수 있으면 죽어도 좋다는 말이다. – 이천

• 모든 것이 실제적인 이치이나, 사람이 이해하고(知) 믿는(信) 일이 어렵다. 살고 죽는 일 또한 중대한 일이니, 참으로 깨달음(得)이 있지 않고서야 어찌 저녁에 죽어도 좋다고 여길 수 있겠는가? – 명도④

죽는 짐승처럼 일생을 보낸 것은 아니지 않는가? 그러므로 사람이라면 반드시 도를 듣는 일을 중히 여긴다." "이른바 깨달음(들음)이란 크게는 우주, 작게는 초목, 나아가 저승의 귀신과 이승의 인간사에 이르기까지 그 어느 것도 모르는 것이 없는 경지 아닙니까?" "꼭 그렇게 여길 필요는 없다. 요컨대 인간다운 도리를 알면 된다. 많고 적음은 사람의 학력에 달려 있다." "이 장을 읽을 때, 성인이 사람들에게 도를 들으면 반드시 죽으라고 하신 것이 아니라, 다만 도는 듣지 않으면 안 된다는 점을 강조한 것으로 이해해야 할 듯합니다. 이 구절을 뒤집어 '만약 사람이 일평생 도를 듣지 않으면 오래 산들 무슨 소용이 있겠는가'라고 이해하면 저절로 분명해집니다." "그렇다. 만약 사람이 도를 들으면 살아도 헛되지 않고 죽어도 헛되지 않으나, 도를 듣지 못한다면 살아도 헛되고 죽어도 헛되다."[82] '아침에 도를 들으면' 그 삶이 옳고, 죽더라도 그 죽음이 옳다. 도를 듣지 않으면 살아도 옳지 않고 죽어도 옳지 않다. 만약 살아서 하늘 우러러 부끄러움이 없고 아래로 굽어보아 수치가 없으며, 조금이라도 도리에 부합하지 않는 점이 없다면, 그의 죽음 역시 어찌 옳지 않을 수 있겠는가![88] 도는 다만 사물이 응당 그러해야 할 이치이니, 낱낱이 간파하면(見得破) 삶이든 죽음이든 대응할 수 있다. 삶은 물론 원하는 바이지만 죽더라도 장애가 없다.[89] 도를 듣고(깨닫고) 죽어야 그 죽음도 옳다. 죽음이 옳다면 그 삶도 다 옳다. 도를 깨닫지 못하면 그는 살아서도 옳지 않게 행한 셈이니, 죽어서도 옳지 않다. 우리 유학은 다만 이 도리를 이해하려는 것이다. 살아도 이 도리요 죽어도 이 도리일 뿐이다. 반대로 불교는 저 유학의 도리 때문에 인간이 번뇌하고 혼란스러워진다고 설교하여, 온갖 노력을 다하여 저 도리를 쓸어내고 없애라고 가르치니, 일평생 저 도리에 교란되고 일평생 마음에 괴롭힘을 당하는 셈이다.[91] ○『신하』: 도는 인간 삶의 대도大道이다. 인간의 삶은 반드시 죽음이 있고, 죽음은 또한 예측할 수 없다. 어느 때라도 죽음이 올 수 있기 때문에 도를 듣는 일을 긴급히 추구해야 한다. 그렇지 못하면 살아서 사람으로 있더라도 사람이 되는 도를 알지 못하니, 어찌 잘못 사는 삶이 아니겠는가? 그러니 아침에 도를 듣는다면 저녁에 죽더라도 헛된 삶이 아니다. 도는 예나 지금이나 천년만년 영원히 그러하니 하루의 도가 곧 천년의 도이다. 그러므로 도를 따라 살면 하루를 살아도 천년을 산 것과 같다. 서둘러 도를 추구하라는 채찍질이다.

4-9 子曰："士志於道，而恥惡衣惡食者，未足與議也."

心欲求道，而以口體之奉不若人爲恥，其識趣之卑陋甚矣，何足與議於道哉?

○程子曰："志於道而心役乎外，何足與議也?"

4-10 子曰："君子之於天下也，無適也，無莫也,[1] 義之與比."

(適，丁歷反. 比，必二反.) ○適，專主也.『春秋傳』曰"吾誰適從"是也. 莫，不肯也. 比，從也.

○謝氏曰："適，可也. 莫，不可也. 無可無不可，苟無道以主之，不幾於猖狂自恣乎?[2] 此佛老之學，所以自謂心無所住而能應變,[3] 而卒得罪於聖人也. 聖人之學不然，於無可無不可之間，有義存焉. 然則君子之心，果有所倚乎?"

---

④『어류』: 이른바 들음(깨달음)이란 범인과 성인을 막론한다. 성현에만 해당되는 말이 아니다. 다만 아직 도를 듣지(깨닫지) 못한 사람을 위해 베풀어진 말이다. 어제까지 도를 듣지 못했더라도 오늘 듣는다면 곧 옳다. 정자가 말하였다. '(도를) 사람이 이해하고 믿기가 어렵다. 참으로 깨달음이 있지 않고서야 어찌 저녁에 죽어도 좋다고 여길 수 있겠는가!' 이해한(知) 뒤에는 깨달아야(得) 한다. 깨달은 뒤에야 비로소 독실하게 믿을(信) 수 있다. '저녁에 죽어도 좋다' 함은 죽더라도 무방하다는 말이지 반드시 죽어야 한다는 말이 아니다.[81]

1) 適(적): 가다, 붙좇다, 향하다, 당연하다, 알맞다, 틀림없이, 책망하다, 오로지, 한결같이, 다만. 莫(막): 없다, 없애다, 허무, 어둡다, 나쁘다, 그르다, 쓸쓸하다, 저물다, 저녁, 늦다.

2) 猖(창): 미쳐 날뛰다, 어지럽다, 흐트러지다. 恣(자): 방자하다, 마음 내키는 대로 하다, 맡기다. ○『莊子』「山木」: 不知義之所適, 不知禮之所將. 猖狂妄行, 乃蹈乎大方. 其生可樂, 其死可藏. 吾願君去國捐俗, 與道相輔而行.

3)『金剛經』: 應無所住而生其心.

①『어류』: "도에 뜻을 두었음에도 어째서 여전히 이 모양입니까?" "본디 이처럼 반쯤 오르다 반쯤 주저앉는(半上半落) 사람이 있다. 그들의 '뜻'이란 아무 힘이 없는 뜻일 뿐이다. 말로는 도에 뜻을 두었다 하나, 외물의 유혹을 받으면 곧 일변하여 그에 휩쓸린다. 이런 부류의 인간이 가장 쓸모없다."[92] ○『혹문』: "악의악식을 부끄럽게 여기는 사람은 배부름과 안일을 구하는 속박에서 벗어나지 못한 것이지요?" "물론 그렇다. 그러나 배부름과 안일을 구하는

4-9 공자가 말하였다. "선비가 도에 뜻을 두고서도 악의악식을 부끄럽게 여긴다면,① 그와 더불어 논할 수 없다."

마음으로는 도를 구하려고 하면서도, 먹고 입는 수준이 남만 못함을 부끄럽게 여긴다면, 그의 인식 수준이 비루하기 짝이 없다. 어찌 그와 더불어 도를 논할 수 있겠는가?

• 도에 뜻을 두고서 마음이 바깥의 유혹에 휘둘린다면, 어떻게 그와 더불어 무엇을 토론할 수 있겠는가? – 이천

4-10 공자가 말하였다. "군자는 세상일에 대해 '무조건 된다'거나 '무조건 안 된다'는 것이 없다. 오직 의리에 따를 뿐이다."②

적適은 오로지 받듦이다. 『춘추전』에 "내가 누구를 오로지 받들어 따라야 하나?"라고 한 것이 이것이다. 막莫은 하려고 하지 않음, 비比는 따름이다.

• 적適은 '된다', 막莫은 '안 된다'이다. '된다' '안 된다'에 대한 주견이 없는 상태에서 도로써 중심을 잡지 않으면, 거의 사리분별을 못하는 지경에 가까워지지 않겠는가? 그렇기 때문에 저 불교와 도교의 학문은, 스스로 '마음에 주견을 두지 않아야 변화에 응할 수 있다'고 말은 하면서도 끝내 성인에 죄를 짓게 된 것이다. 성인의 학문은 그렇지 않다. '된다'도 없고 '안 된다'도 없는 그 사이에 의리를 설정한다. 그러니 군자의 마음에 정말로 치우침(선입견, 편견)이 있겠는가? – 사량좌

일은 그래도 육체적인 실제 요구에 부응하려는 것이다. 이 장의 논의는 옷이 없고 음식이 없기 때문이 아니라, 다만 남들의 이목에 화려하게 보여지지 못한다는 이유 때문에 자신을 부끄럽게 여기는 사람을 두고 한 말이다. 만약 사량좌가 언급한, 자신의 밥상이 산해진미이면 객 앞에서 태연하고, 소사채갱이면 부엌 밖으로 내오지 못하는 그런 사람은 그 견식과 지향이 아무리 비범하더라도, 그저 배부름과 안일만 구하는 사람보다 더욱 저급하다. 도에 뜻을 두고서도 오히려 그런 상태를 면하지 못한다면 그의 뜻 역시 무슨 가치가 있겠는가?"

② 『어류』: 의리(義)는 내 마음의 대응이 합당한 것이다. 어떤 일이 마땅히 그와 같이 대처해야 함을 보고 그에 따라 대응하면 곧 집착할 것이 없어진다.[94] 의리상 부귀해야 하면 부귀하고 빈천해야 하면 빈천하고, 살아야 하면 살고 죽어야 하면 죽는다. 오직 의리에 비추어 어떠해야 할지를 살핀다.[96]

4-11 子曰："君子懷[1]德, 小人懷土；君子懷刑, 小人懷惠."

懷, 思念也. 懷德, 謂存其固有之善. 懷土, 謂溺其所處之安. 懷刑, 謂畏法. 懷惠, 謂貪利. 君子小人趣向[2]不同, 公私之間而已. ○尹氏曰："樂善惡不善, 所以爲君子. 苟安[3]務得, 所以爲小人."

4-12 子曰："放[4]於利而行, 多怨."

(放, 上聲.) ○孔氏曰："放, 依也. 多怨, 謂多取怨."
○程子曰："欲利於己, 必害於人, 故多怨."

4-13 子曰："能以禮讓爲國乎? 何有? 不能以禮讓爲國, 如禮何?"

讓者, 禮之實也. 何有, 言不難也. 言有禮之實以爲國, 則何難之有? 不然, 則其禮文雖具, 亦且無如之何矣, 而況於爲國乎?

---

1) 懷(회)：품다(품에 안거나 가짐), 생각을 품다, 품안, 가슴, 편안함, 위로.
2) 趣向(취향)：의향, 추세. 趣：취미, 흥미, 재미, 웃음거리, 재미있다.
3) 苟安(구안)：일시적인 안일을 꾀함. 苟：구차히 하다, 눈앞의 편함만 탐하다.
4) 放(방)：내치다, 멋대로 함, 바라다, 어긋남, 본받다, 준하다, 의하다, 의지하다, 이르다.

① 『어류』：모든 일을 자기에게 이로운 대로 처리하고 다른 사람을 고려하지 않기 때문에 원망이 많다.[105] 오직 원칙에 따라 행할(放於義而行) 경우라도 어찌 사람들의 원망이 전혀 없을 수 있겠는가? 그러나 도리를 인식한 자라면 오히려 '설령 원망을 받더라도 내 어찌 그를 배려할 수 있으랴?'라고 말해야 한다.[106]

② 『어류』：'통치자의 집안이 겸양하면 온 나라가 다투어 겸양한다.' 내가 예로써 겸양할 수 있으면 아랫사람이 저절로 분발하여 서로 겸양하게 되니, 국가 통치에 무슨 어려움이 있겠는가? … 지금은 백성의 생업도 마련해주지 못하니 이미 옳지 않다. 백성이 부득이 농지를 팔아도 아세牙稅는 징수하니, 이게 대체 무슨 노릇인가? 옛 사람은 여럿이 모여 술 마시는 일을 금했는데, 지금은 관리의 부임행사에 오직 사람들이 와서 술을 마셔주지 않는 일을 걱정한다. 이렇게 하고서야 어떻게 백성들에게 청렴하고 겸손하라고 책할 수 있겠는가?[114]

③ 『혹문』：당시의 세상은 예의 번쇄한 격식과 말단적인 절차(繁文末節)를 숭상하고, 사람들도 그에 따랐다. 반면 사양지심이 예의 알맹이임에도 사람들은 행하기를 꺼렸다. 따라서 예와

4-11 공자가 말하였다. "군자는 덕을 그리워하나, 소인은 거처를 그리워한다. 군자는 형벌을 생각하나, 소인은 특혜를 그리워한다."

회懷는 그리워함이다. 회덕懷德은 자기의 고유한 선을 보존함을, 회토懷土는 자기 처지의 안락함에 빠짐을, 회형懷刑은 법을 두려워함을, 회혜懷惠는 이익을 탐함을 뜻한다. 군자와 소인의 취향의 차이는 공公과 사私의 차이이다.

• 선을 즐거워하고 악을 증오하기 때문에 군자가 되고, 안일을 탐하고 잇속에 골몰하기 때문에 소인이 된다. – 윤돈

4-12 공자가 말하였다. "잇속에 따라 행동하면 원망이 많다."①

• 방放은 의지함이다. 다원多怨은 여기저기서 원망을 당함을 말한다. – 공안국

• 자기 이익을 탐하면 반드시 남에게 해가 되므로 원망이 많다. – 이천

4-13 공자가 말하였다. "예와 겸양으로 나라를 다스릴 수 있다면, 무엇이 어렵겠는가?② 예와 겸양으로 나라를 다스릴 수 없다면, 예가 무슨 소용이겠는가?"③

겸양이란 예의 알맹이이다.④ 하유何有는 어렵지 않다는 말이다. 예의 알맹이(실질)를 갖추고 국가를 다스린다면 무슨 어려움이 있겠느냐는 말이다. 예의 알맹이인 겸양이 없으면, 비록 예의 형식을 갖추었더라도 예조차도 어떻게 할 수 없거늘, 하물며 나라를 다스리랴?

겸양으로 나라를 다스려 인민을 선도하면 정치에도 어려움이 없을 것이나, 서로서로 번쇄한 격식과 말단의 절차만 따지는 것을 일삼으면, 예라고 여길 것조차 없어진다.

④ 『어류』: 그저 무릎 꿇고 엎드려 절하고 아부하는 것을 예라고 여기면 어떻게 남의 신의를 얻겠는가? 겸양이란 범사에 차라리 자신이 몸소 높은 자리는 사양하고 낮은 자리에 거하며, 많은 것은 사양하고 적은 것을 수용하는 의사를 견지하는 것이니, 그래야 비토소 예의 알맹이다.[109] "사양지심의 실마리는 참된 본심에서 발현되기 때문에 겸양이 예의 알맹이입니까?" "그렇다. 옥백(구슬과 비단)을 걸치는 것도 물론 예의 격식(文)이고, 무릎 꿇고 절하고 몸을 움츠려 오르내리며 구부려 우러르는 일도 예의 격식인데, 이 모든 격식들은 거짓으로 행할 수 있다. 오직 사양함이야말로 예의 알맹이이니, 이것은 거짓을 부릴 수 없다. 이 알맹이가 있으면 저절로 남의 마음을 감동시킬 수 있다. 경쟁심에서 그저 예의 말단인 격식을 행함으로

4-14 子曰："不患無位，患所以立；不患莫己知，求爲可知也."

所以立，謂所以立乎其位者. 可知，謂可以見知之實.

○程子曰："君子求其在己者而已矣."

4-15 子曰："參乎! 吾道一以貫之." 曾子曰："唯." 子出. 門人問曰："何謂也?" 曾子曰："夫子之道，忠恕而已矣."

(參，所金反. 唯，上聲.) ○參乎者，呼曾子之名而告之. 貫，通也. 唯[1]者，應之速而無疑者也. 聖人之心，渾然一理，而泛應曲當，[2] 用各不同. 曾子於其用處，蓋已隨事精察而力行之，但未知其體之一爾. 夫子知其眞積力久，[3] 將有所得，是以呼而告之. 曾子果能黙契[4]其指，卽應之速而無疑也.

써 사람을 움직이려고 한다면, 어떻게 감화시킬 수 있겠는가?[111]

1) 唯(유) : 예(공손히 대답하는 말), 오직, 다만, 그러나, 비록 ~하더라도.

2) 曲當(곡당) : 다 이치에 맞음, 완전히 타당하다. 曲 : 굽다, 옳지 않다, 비뚤어지다. ○『荀子』「儒效」: 是大儒之徵也. 其言有類，其行有禮，其舉事無悔，其持險應變曲當.

3)『荀子』: 學惡乎始? 惡乎終? 曰，其數則始乎誦經終乎讀禮. 其義則始乎爲士終乎爲聖人. 眞積力久則入，學至乎沒而後止也. 故學數有終，若其義則不可須臾舍也. 爲之人也. 舍之禽獸也.

4) 黙契(묵계) : 말없이 뜻이 통하여 합함, 말없이도 자연히 일치함. 契 : 맺다, 합치.

①『어류』: '구위가지求爲可知'는 알려질 만한 실력을 기르라는 것이지, 목적을 위해 자신을 과장하여 남에게 알려지기를 기약하라는 뜻이 아니다.[116] ○『순자』: 군자는 고귀해질 수는 있어도, 남들이 자기를 귀히 여기게 하지는 못한다. 능력을 닦을 수는 있지만 남들이 자기를 등용하게 하지는 못한다. 따라서 군자는 자기 능력을 닦지 못함을 부끄러워하지만, 남에게 천시 당함을 부끄러워하지 않는다. 따라서 명예에 유혹되지도, 비방에 두려워하지도 않는다. 도를 따라 행하여 단정히 자신을 바로잡을 뿐 외물에 휘둘리지 않는다.[「비십이자」] 옛날에 호파가 비파를 타면 헤엄치던 물고기도 나와 들었고, 백아가 거문고를 타면 수레 끄는 말들도 고개를 들었다. 소리는 아무리 작아도 들리지 않음이 없고, 행실은 아무리 숨겨도 드러나지 않음이 없다. … 선을 행하고 거짓을 쌓지 않으면 어찌 이름이 드러나지 않겠는가?[「권학」]

②『어류』: 이것이『논어』에서 가장 중요한 장이다. 깊이 침잠하여 이해해야 한다. 아직 이해가 안 된다면 일단 다음으로 넘어가라. 그렇지만 수시로 이 장을 성찰하고 망각하지 않는다면, 오랜 뒤에는 자연히 깨달을 것이다.[1] '한가지로 일관한다(一以貫之)'는 말은 '한 마음으로

4-14 공자가 말하였다. "지위 없음을 근심하지 말고, 그 자리에 설 능력을 근심하라. 아무도 알아주지 않음을 근심하지 말고, 알려질 수 있도록 노력하라."①

소이립所以立은 그 지위에 설 수 있는 능력을, 가지可知는 알려질 수 있는 실질을 말한다.

• 군자는 자기 자신에게 달려있는 것(능력)을 추구할 따름이다. – 이천

4-15 공자가 증삼에게 말하였다. "삼아, 내 도는 하나로 일관되어 있다!" "예, 알았습니다."
공자가 나가자 다른 제자들이 증자에게 물었다. "무슨 말씀이십니까?"
"선생님의 도는 오직 충·서일 따름입니다."②

삼호參乎란 증자의 이름을 불러 알려준 것이다. 관貫은 관통함(通), 유唯는 얼른 대답하여 의심이 없음이다. 성인의 마음은 완전히 하나의 이치여서, 모든 대응이 아주 타당하나 응용은 각각 다르다. 증자는 응용함에 이미 모든 일을 깊이 관찰하여 실천에 힘썼으나, 다만 그 본체가 하나임을 알지 못했다. 공자는 그가 참된 노력을 쌓은 지 오래여서 장차 깨달을 것임을 알았으므로 불러서 알려주었다. 증자는 과연 그 뜻을 속으로 이해하여(默契), 곧바로 대답하고 의심하지 않았다.③

만사에 응한다(以一心應萬事)'는 말과 같다.[3] '일一'은 비유하면 원기元氣와 같다. 84,000개의 털구멍 모두 그 원기로 관통되어 있지 않은 것이 없다. 그것이 서恕이다. '한가지로 일관한다' 함은 만사가 하나의 이치(一理)일 뿐이라는 말이다.[95]

③ 『혹문』: 『사기』를 보면 공자가 돌아가실 때 증자는 겨우 29세(27세?)였다. 그가 이처럼 일찍이 도를 들었으니(聞道) 정말로 두렵다. ○『어류』: 공자께 삼천 제자가 있었으나, 어느 날 불러서 이 말을 가르쳐준 이는 오직 증자뿐이었다. 필시 다른 제자들은 감당하지 못했기 때문일 것이다.[2] 일관一貫이란 만수萬殊를 일관에 모으는 것이다. 증자는 성인의 말씀 한마디 행동 하나를 일일이 본받아 실천하고 자세히 이해했으나, 묵묵히 깨닫는(默然得之) 경지는 아니었다. 『예기』「증자문」에서 상례의 변모를 질문한 것을 보면 복잡한 내용을 상세히 알고 있었다. 증자가 당시의 공부에서 일일이 이해해나갔음을 알 수 있다. 성인은 증자가 허다한 도리를 이해하고 있음을 알고 곧 '일관一貫'이라고 그에게 말해 줌으로써, 온갖 도리가 도리어 다만 하나의 도리임을 깨닫게 하셨다. 증자는 이즈음에 그가 실천하는 것을 모두 이해하고 있었으므로 공자의 말을 듣는 그 순간 훤히 뚫린 듯이(豁然) 그것들이 곧 하나의 도리임을

盡己之謂忠, 推己之謂恕. 而已矣者, 竭盡[1]而無餘之辭也. 夫子之一理渾然而泛應曲當, 譬則天地之至誠無息, 而萬物各得其所也. 自此之外, 固無餘法, 而亦無待於推矣. 曾子有見於此而難言之, 故借學者盡己·推己之目以著明之, 欲人之易曉也. 蓋至誠無息者, 道之體也, 萬殊之所以一本也；萬物各得其所者, 道之用也, 一本之所以萬殊也. 以此觀之, 一以貫之之實可見矣. 或曰："中心爲忠, 如心爲恕."[2] 於義亦通.

○程子曰："以己及物,[3] 仁也；推己及物, 恕也, 違道不遠是也. 忠恕一以貫之：忠者天道, 恕者人道；忠者無妄,[4] 恕者所以行乎忠也；忠者體, 恕者用, 大本達道也.[5] 此與違道不遠異者, 動以天爾." 又曰："'維天之命, 於穆[6]不已,' 忠也；'乾道變化, 各正性命,' 恕也."

깨닫고 마침내 '유唯'라고 응답하고, 문인들이 묻자 곧 '충서일 뿐이다'라고 말하였다. 충은 대본大本, 서는 달도達道이다. 충은 일리一理이고, 서는 꿰인 항목이니, 만수萬殊가 그로부터 나온다. 만수라도 다만 하나의 리理이니, 이른바 관貫이다.[46] ○『혹문』: 이른바 '도'란 비록 정조精粗·대소·내외·본말의 차이(殊)는 있지만, '도'라고 불리는 까닭은 하나일 뿐이다.

1) 竭盡(갈진) : 다하다. 竭 : 모든 힘을 다 들이다, 죄다, 모두. 盡 : 모두 발휘하다, 전부.

2) 『어류』: '中心爲忠, 如心爲恕,' 此語見『周禮』疏.[61]

3) 物(물) : 다른 사람, (자기 바깥의) 환경, 내용, 실질, 무리, 일.

4) 妄(망) : 허망하다, 거짓, 망령되다, 터무니없다, 도리에 맞지 않다, 함부로, 멋대로.

5) 『中庸』: 喜怒哀樂之未發謂之中, 發而皆中節謂之和. 中也者, 天下之大本也, 和也者, 天下之達道也. 致中和, 天地位焉, 萬物育焉.

6) 穆(목) : 아름답다, 온화함, 공손하다, 정중, 경건, 화목, 도탑다, 부드럽다, 고요하다.

① 『어류』: 성인은 다만 하나의 '충'이고 하나의 '서'일 뿐이니, 그 밖의 다른 법은 없다(更無餘法). 마치 근원이 같은 물처럼 천 갈래 만 갈래로 흘러가도 하류의 물 역시 저 근원이 같은 물이 아니라고 말할 수 없음과 같다. 사람은 다만 하나의 마음이다. 부모를 섬길 때 효도함도 이 하나의 마음이요, 임금을 섬길 때 충성함도 이 하나의 마음이요, 어른을 섬길 때 공손함도 이 하나의 마음이다. '노인은 편안케 하고, 젊은이는 품어주고, 친구는 믿어줌'(5-26) 역시 이 하나의 마음이다. 정조·본말을 하나로 일관하니, 그 밖의 다른 법은 없다. … 일一은 충忠, 꿰인(관통된) 것은 서恕이다. '충'은 하나의 실심實心이니, 만법만사萬法萬事가 모두 여기에서 나온다. 성인은 오직 이 양단兩端만 가지고 있지, 그 밖의 다른 것은 없다.[56]

자기 마음을 다하는 것이 충忠, 자기 마음을 확충하는 것이 서恕이다. 이이의而已矣는 완전히 포괄하여 여타의 다른 것이 없다는 뜻이다.① 공자가 일리一里에 완전하여 모든 대응이 아주 타당함은, 비유하면 천지가 지극히 참되어 쉼이 없고, 만물이 저마다 제자리를 얻고 있음과 같다. 이것 말고는 진실로 더 이상의 도리가 없음은 추론할 필요도 없다. 증자는 이를 깨달았지만 말로 표현하기 어려웠다. 그래서 학생이 배우는 진기盡己·추기推己의 조목을 빌려서 분명히 설명하였다. 누구나 다 쉽게 이해하도록 하려는 것이다. '지극히 참되어 쉼 없음(至誠無息)'은 도의 본체이니, 온갖 만물(萬殊)이 하나의 근본(一本)이 되는 원리이다. 만물이 각각 제자리를 얻음은 도의 '작용'인데, 하나의 근본이 온갖 사물이 되기 때문이다.② 이로써 보면 일이관지의 실질을 살필 수 있다. 혹자는 말하기를 "속마음(中心)이 충忠이고, 같은 마음(如心)이 서恕이다" 했는데, 의미는 통한다.

• 자기 마음으로 사물을 대함(以己及物)이 '인', 자기 마음을 다른 사람에게 확충함(推己及物)이 '서'이다.③ 도에서 멀지 않은 것이 바로 이것이다.④ 충·서는 하나로 관통되어 있다. 충은 천도이고 서는 인도이며,⑤ 충은 거짓(헛됨) 없음이고 서는 충을 행하는 원리이다. 충은 체이고 서는 용이니,⑥ 각각 대본大本과 달도達道이다. 이 충서("충서는 곧 도이다")가 '충서는 도에서 멀지 않음'(『중용』)의 충서와 다른 까닭은 자연스런⑦ 작용이기 때문이다. – 명도

• '오직 하늘의 명령은 밝디 밝아 그침이 없다' 함은 충이고, '건도가 변화하여 저마다의 성명을 바르게 한다' 함은 서이다. – 이천

---

② 『어류』: "리일분수理一分殊가 무엇입니까?" "성인은 '리일'을 말한 적이 없고, 대체로 '분수'만 말하였다. 분수 속에서 사사물물을 남김없이 모두 그 존재의 당연함을 이해하게 된 다음에, 리가 본래 일관됨을 안다. 만수萬殊마다 각각 하나의 리가 있음을 알지 못하고 그저 리일만 논한다면, 리일이 어느 곳에 있는지를 모른다. … 증자는 만사에 각기 일리가 있음만 알았지, 만 가지 리가 하나의 리에 근본함을 몰랐기 때문에 성인께서 지적하여 말해주었다.[41] 충은 일리一理이고, 서는 만수萬殊이다."[86]

③ 『어류』: 이기以己는 자연自然, 추기推己는 성찰(反思)과 노력(著力)의 의미이다.[64, 65]

④ 『혹문』: "혹자는 충서는 성인에게는 해당되지 않는다고 여겨, 충을 성誠으로, 서를 인仁으로 바꿔서 이해하는데, 어떻습니까?" "성인의 충은 성誠의 발현이고, 성인의 서는 인仁의 베풂이다." ○『어류』: 성인의 충은 '성'이고, 성인의 서는 '인'이다.[15] 성인은 온전히 천리天理이니, 노력하여 미루어 나가지(推) 않아도 되고 자연히 그것으로부터 유출되어 나온다. '진盡' 자와 '추推' 자는 성인에게는 해당되지 않는다.[84]

又曰：“聖人教人各因其才, ‘吾道一以貫之,’ 惟曾子爲能達此, 孔子所以告之也. 曾子告門人曰：‘夫子之道, 忠恕而已矣,’ 亦猶夫子之告曾子也. 『中庸』所謂 ‘忠恕違道不遠,’ 斯乃下學上達之義.”

4-16 子曰：“君子喻於義, 小人喻於利.”

喻, 猶曉也.[1] 義者, 天理之所宜. 利者, 人情之所欲.
○程子曰：“君子之於義, 猶小人之於利也. 唯其深喻, 是以篤好.” 楊氏曰：“君子有舍生而取義者. 以利言之, 則人之所欲無甚於生, 所惡無甚於死, 孰肯[2]舍生而取義哉? 其所喻者義而已, 不知利之爲利故也. 小人反是.”

4-17 子曰：“見賢思齊焉, 見不賢而內自省也.”

(省, 悉井反.) ○思齊者, 冀[3]己亦有是善. 內自省者, 恐己亦有是惡.
○胡氏曰：“見人之善惡不同, 而無不反諸身者, 則不徒羨[4]人而甘自棄, 不徒責人而忘自責矣.”

---

⑤『어류』: ‘충’이 자연의 것이라면, 서는 일에 따라 응접하는 것이니 약간의 인위人爲에 의지한다. 자연과 인위의 차이가 있다(忠是自然；恕隨事應接, 略假人爲, 所以有天人之辯).[39]

⑥『혹문』: 자기를 다함(盡己)이 충이고, 도의 체이다. 자기를 미룸(推己)이 서이고, 도의 용이다. 충은 서의 체이다. ○『어류』: ‘충’은 근본이고, ‘서’는 지엽이다. 따로 지엽이 있는 것이 아니고 근본 속에서 지엽이 싹터 나오니, 지엽이 곧 근본이다.[23]

⑦『혹문』:『중용』의 뜻은 아래로 충서를 공부하여 위로 도에 통달한다(下學乎忠恕, 而上達乎道)는 말이다. ○『어류』: 성인의 ‘서’가 학생의 ‘서’(『중용』)와 다른 점은, 자연과 노력(억지)의 차이이다. 성인은 자연스럽게 확충하니 힘을 들이지 않지만, 학생은 반드시 애써 노력하여 확충해야 한다. 그 도달은 한가지다.[28] 우선 모든 일을 바르게 이해하여 올바로 행하려고 해야 한다. 만약 일들이 다 옳다면 저 하나(一)를 이해하지 못해도 무방하나, 일들이 옳지 않은데도 먼저 저 ‘하나’를 이해하려고 해봐야 소용이 없다. 가령 탑을 쌓을 때 저 아래의 넓은 곳부터 쌓기 시작하면 이윽고 뾰족한 꼭대기에 이른다. 꼭대기부터 쌓으려고 하면 공부할 데가 없다. 하학을 통해 상달에 이르니, 하학을 해야 비로소 열매를 맺는다.[54] 성인의 행실은 자연히 견고하다. 학생이 간혹 성인처럼 해내더라도, 견고하지 못하니 다시 실수한다.[56]

• 성인은 사람을 가르칠 때 저마다 그 재질에 근거하였다. '내 도는 일관되어 있다'는 가르침은 오직 증자만이 깨달을 수 있었기에 공자가 알려주었다. 증자가 다른 제자들에게 '선생님의 도는 오직 충·서일 따름입니다'라고 대답한 것은, 공자가 증자에게 말해 준 것이나 마찬가지이다. '충서는 도에서 멀지 않다'는 『중용』의 표현은, 하학하여 상달한다(14-35)는 뜻이다. – 이천

4-16 공자가 말하였다. "군자는 의리에 밝고,① 소인은 잇속에 밝다."

유喻는 훤히 알다(曉)와 같다. 의리(義)는 천리의 마땅함, 잇속(利)은 인정의 욕심이다.②

• 군자와 의리의 관계는 소인과 잇속의 관계와 같다. 오로지 저마다 깊이 알기 때문에 독실하게 좋아한다. – 이천

• 군자는 목숨을 버리고 의리를 취하는 사람이다. 이익의 관점에서 보면 사람의 욕망 가운데 목숨보다 더 큰 것이 없고, 혐오 가운데 죽음보다 더 심한 것이 없거늘, 누가 목숨을 버리고 의리를 취하려 하겠는가마는, 그가 깨달아 아는 바가 의리일 뿐이고, 잇속이 이익이 되는 것은 모르기 때문이다. 소인은 이와 반대이다. – 양시

4-17 공자가 말하였다. "현인을 보면 같아지기를 생각하고, 못된 사람을 보면 안으로 자신을 반성하라."

같아지기를 생각함(思齊)은 자기도 그런 선善이 있기를 바람이고, 안으로 자신을 반성함(內自省)은 자기 역시 그런 악이 있는지 염려함이다.

• 다른 사람의 선악이 나와 다름을 보고 늘 자신을 돌이켜보는 사람은, 남을 부러워하면서도 자포자기하려 하지 않고, 남을 탓하면서도 자기 책임을 망각하지 않는다. – 호인

---

1) 喻(유) : 깨닫다, 밝게 알다, 비유하다. 曉(효) : 환히 알다, 깨닫다, 밝다, 새벽, 이해하다.
2) 肯(긍) : 기꺼이 ~(하려)하다, 곧잘 ~하다, 옳게 여기다, 즐기다, 수긍하다.
3) 冀(기) : 바라다, 희망하다, 원하건대.
4) 徒(도) : 다만, 겨우, 헛되이, 쓸데없이. 羨(선) : 부러워하다, 탐내다, 그리워하다.

4-18 子曰："事父母幾諫.[1] 見志不從, 又敬不違,[2] 勞而不怨."

此章與「內則」之言[3]相表裏. 幾, 微也. 微諫, 所謂"父母有過, 下氣怡[4]色, 柔聲以諫"也. 見志不從, 又敬不違, 所謂"諫若不入, 起敬起孝, 悅則復諫"也. 勞而不怨, 所謂"與其得罪於鄕黨州閭,[5] 寧熟[6]諫. 父母怒不悅, 而撻[7]之流血, 不敢疾怨, 起敬起孝"也.

4-19 子曰："父母在, 不遠遊. 遊必有方."[8]

遠遊, 則去親遠而爲日久, 定省曠而音問疏,[9] 不惟己之思親不置,[10] 亦恐親之念我不忘也. 遊必有方, 如已告云之東, 卽不敢更適西, 欲親必知己之所在而無憂, 召己則必至而無失也.

范氏曰："子能以父母之心爲心, 則孝矣."

---

①『혹문』: 유喩 자를 '보고 들어서 마음으로 깨달아 통달함(聞見而心解通達)'으로 풀이한 여대림의 해석만 옳다. 마음으로 깨달아 통달하면 미묘한 차이와 복잡한 내용을 간파한다.

②『어류』: 군자의 마음은 맑고 밝으며 통효하니, 의리를 아주 분명하게 이해한다. 소인은 오직 잇속만 계산하니, 아주 미세한 잇속도 저절로 훤히 간파한다.[115]

1) 幾(기): 기미, 거의, 위태롭다, 바라다, 가깝다, 조용하고 공손하게, 자세히 살피다, 자주. 諫(간): 간하다, (임금·윗사람·친구에게) 잘못을 고치도록 말하다, 간언, 충고, 헐뜯다.

2) 違(위): 어기다, 위반, 다르다, 틀리다, 떠나다, 피하다, 달아나다, 도망, 멀리하다.

3)『禮記』「內則」: 父母有過, 下氣怡色, 柔聲以諫. 諫若不入, 起敬起孝, 說則復諫. 不說與其得罪於鄕黨州閭, 寧孰諫. 父母怒, 不說而撻之流血, 不敢疾怨, 起敬起孝.

4) 怡(이): 기쁘다, 즐겁다, 유쾌하다.

5) 鄕黨(향당): 마을, 고향, 동향인. 鄕: 12500호의 마을. 黨: 500호의 마을. 州閭(주려): 마을. 州: 고을, 나라, 마을. 閭: 25가구의 리里에 있는 문, 24가구 마을.

6) 숙간(熟諫): 완곡하고 은근하게 설득함. 熟: 곰곰이, 자세히, 곰곰이 생각하다.

7) 撻(달): 때리다, 치다, 잘못을 바로잡으려 때리다, 빠르다, 횡령하다.

8)『禮記』「曲禮上」: 夫爲人子者, 出必告, 反必面. 所遊必有常, 所習必有業. 恒言不稱老. 年長以倍, 則父事之, 十年以長, 則兄事之, 五年以長, 則肩隨之. 羣居五人, 則長者必異席. ○『禮記』「玉藻」: 父命呼, 唯而不諾, … 走而不趨. 親老, 出不易方, 復不過時.

9) 定省(정성): 아침저녁으로 부모의 안부를 물어 살핌, 혼정신성昏定晨省. 曠(광): 소홀히 하다, 게으름 피움, 텅 비고 넓다, 허송하다, 사정에 어둡다, 멀다. 音問(음문): 소식, 기별,

4-18 공자가 말하였다. "부모를 섬길 때 은미하게 간해야(비판해야) 한다. 자기 뜻이 받아들여지지 않더라도, 더욱 공경하되, (비판하기를) 회피하지 말며, 힘들어도 원망해서는 안 된다."

이 장은 「내칙」의 말과 서로 안팎을 이룬다. 기幾는 은미함이다. '은미하게 비판함'은 (「내칙」의) "부모에게 과오가 있으면, 기운을 누그러뜨리고 낯빛을 온화하게 하며, 부드러운 목소리로 비판한다"는 말이다. '자기 뜻이 받아들여지지 않더라도, 더욱 공경하되, (비판하기를) 회피하지 말라(不違)'❶ 함은 "비판해도 받아들이지 않으면 더욱 공경하고 더욱 효성을 보여, 부모가 기뻐하면 다시 비판한다"는 말이다. '힘들더라도 원망해서는 안 된다' 함은 "(부모가) 온 동네에서 욕을 먹게 하느니 차라리 (미리서) 은근히 비판해야 하니, 부모가 노하여 성내면서 피가 흐르도록 회초리를 때리더라도 감히 미워하거나 원망해서는 안 되고, 더욱 공경하고 더욱 효도해야 한다"는 말이다.

4-19 공자가 말하였다. "부모가 살아 계실 때는 멀리 여행하지 않는다. 여행하면 반드시 정해진 방향이 있어야 한다."

멀리 여행하면 부모와 멀리 떨어져 있는 시간이 길어져, 아침저녁으로 문안드리지 못하고 소식이 드물어진다. 부모님 걱정을 떨칠 수 없을 뿐만 아니라, 또한 부모가 내 생각으로 자나 깨나 걱정하실까 염려된다. '여행하면 반드시 정해진 방향이 있어야 한다.' 가령 동쪽으로 간다고 말씀드렸으면, 감히 변경하여 서쪽으로 가면 안 된다. 부모가 반드시 자신의 소재를 알아 근심하지 않도록 하고, 또 자신을 부를 경우 틀림없이 연락이 닿아서 착오가 없어야 하기 때문이다.

• 자식이 부모 마음을 자기 마음으로 삼을 수 있으면 효이다. - 범조우

편지, 방문하여 안부를 물음. 疏(소) : 드문드문하다, 사이가 멀다, 거칠다, 소통시키다.

10) 置(치) : 버려두다, 버리다, 놓다, 남기다, 배치, 장만하다, 마련, 대처, 편안하다.

❶ 『어류』: '불위不違'는 부모를 간하는 일에 대한 말이다. 이미 공경하여 순종한 만큼 다시 완곡하게 도리를 설명하여 간해야지, 저 '은미하게 간하는(幾諫)' 원래의 뜻을 회피해서는(違) 안 된다. [계속 끝까지 시정하실 때까지 간해야 한다.] [124]

4-20 子曰："三年無改於父之道, 可謂孝矣."

胡氏曰："已見首篇, 此蓋複出而逸其半也."

4-21 子曰："父母之年, 不可不知也. 一則以喜, 一則以懼."

知, 猶記憶也. 常知父母之年, 則既喜其壽, 又懼其衰, 而於愛日之誠,[1] 自有不能已者.

4-22 子曰："古者言之不出, 恥躬之不逮也."

言古者, 以見今之不然. 逮,[2] 及也. 行不及言, 可恥之甚. 古者所以不出其言, 爲此故也.[3]
○范氏曰："君子之於言也, 不得已而後出之, 非言之難, 而行之難也. 人唯其不行也, 是以輕言之. 言之如其所行, 行之如其所言, 則出諸其口必不易矣."

4-23 子曰："以約失之者鮮矣."

(鮮, 上聲.) ○謝氏曰："不侈[4]然以自放之謂約."
尹氏曰："凡事約則鮮失, 非止謂儉約也."

---

1) 孔曰："見其壽考則喜, 見其衰老則懼也." ○『法言』「孝至」: 不可得而久者, 事親之謂也. 孝子愛日.
2) 逮(체) : 미치다, 이르다, 잡다, 뒤따라가 붙잡다, 보내다, 호송하다, 편안한 모양.
3) 包曰："古人之言不妄出口者, 爲恥其身行之將不及也."
4) 侈(치) : 거만, 분수에 넘다, 넓다, 크다, 무절제, 사치, 난잡하다, 떠나다, 벗어나다.
① 『어류』 : 이 장의 핵심은 '부끄러움(恥)'이라는 글자에 있다. 부끄러움이 없는 사람이라면, 아직 10%도 실천하지 않고서 곧장 100%를 이야기한다.[131] 사람이 말을 쉽게 하는 까닭은,

4-20 공자가 말하였다. "삼 년 동안 아버지의 도를 바꾸지 않으면, 효라고 할 수 있다."

• 「학이」 편에 나왔다.(1-11) 다시 나오면서 그 반이 사라진 듯하다. – 호인

4-21 공자가 말하였다. "부모의 나이는 기억하지 않으면 안 된다. 한편으로는 기쁘고, 한편으로는 두렵다."

지知는 기억과 같다. 늘 부모의 나이를 기억하면, 부모가 그만큼 수를 누리신 것을 기뻐하는 한편, 부모가 쇠하신 것을 걱정한다. 그리하여 하루하루를 아끼는 정성이 저절로 어찌할 수 없이 생겨난다.

4-22 공자가 말하였다. "옛사람이 함부로 말하지 않은 것은, 자신의 실천이 따라가지 못함을 부끄러워했기 때문이다."①

옛사람을 언급한 것은 요즘에는 그렇지 않음을 보인 것이다. 체逮는 따라감이다. 실천이 말을 따라가지 못함은 크게 부끄러워할 일이다. 옛사람이 함부로 말하지 않은 까닭이 바로 그 때문이다.

• 군자가 말을 할 때 부득이한 뒤에 하는 것은, 말이 어렵기 때문이 아니라 실천이 어렵기 때문이다. 사람들은 오직 스스로 실천하지 않기 때문에 가볍게 말한다. 실천한 대로 말하고 말한 대로 실천한다면, 입에서 말이 나오기가 반드시 쉽지 않다. – 범조우

4-23 공자가 말하였다. "단속(절제)했다가 실수하는 경우는 드물다."②

• 무절제하게 자신을 방종하지 않음이 약約이다. – 사량좌

• 모든 일에 자신을 단속하면 실수가 적으니, 단지 검약儉約만 지칭하는 것이 아니다. – 윤돈

실질이 없는 빈말이 정말로 부끄럽다는 사실을 모르기 때문이다. 만약 부끄러움을 느낀다면 자연히 실천에 힘쓰기 때문에 감히 쉽게 말하지 않는다.[132]

② 『어류』: "모든 사람은 자신을 단속하여(檢束) 원리원칙(規矩準繩)을 받들어야 의거할 지조가 생겨서 과실이 줄어들지만, 만약 무절제하게 방종하면 실수하지 않은 적이 없다는 뜻입니까?"

4-24 子曰：“君子欲訥[1]於言而敏於行.”

(行, 去聲.) ○謝氏曰：“放言易, 故欲訥；力行難, 故欲敏.”
○胡氏曰：“自吾道一貫至此十章, 疑皆曾子門人所記也.”

4-25 子曰：“德不孤, 必有鄰.”[2]

鄰, 猶親也. 德不孤立, 必以類應. 故有德者, 必有其類從之, 如居之有鄰也.

4-26 子游曰：“事君數,[3] 斯辱矣, 朋友數, 斯疏[4]矣.”

(數, 色角反.) ○程子曰：“數, 煩[5]數也.”
胡氏曰：“事君, 諫不行, 則當去；導友, 善不納, 則當止. 至於煩瀆,[6] 則言者輕, 聽者厭[7]矣, 是以求榮而反辱, 求親而反疏也.”
范氏曰：“君臣朋友, 皆以義合, 故其事同也.”

“그대의 설명이 아주 분명하다.”[135]

1) 訥(눌) : 말을 더듬다, 과묵하여 경솔하게 말하지 않다.
2) 鄰(린) : 반려, 같은 부류, 친근한 사이, 도움, 보필하다, 이웃, 이웃하다, 연결. ○『大戴禮記』「曾子立事」: 君子義則有常, 善則有鄰. ○『荀子』「不苟」: 君子絜其身而同焉者合矣, 善其言而類焉者應矣. 故馬鳴而馬應之, 牛鳴而牛應之, 非知也, 其埶然也.
3) 數(삭) : 자주, 자주 하다, 여러 번 되풀이하다, 빈번히, (죄상을)나열하다, 책망, 나무라다.
4) 疏(소) : 통하다, 트이다, 멀다, 친하지 않다, 멀어지다, 먼 친척, 거칠다, 성기다, 드물다.
5) 煩(번) : 번거롭다, 번잡, 까다롭다, 장황하다, 귀찮다, 다투다, 괴롭힘, 고민, 근심.
6) 瀆(독) : 업신여기다, 깔보다, 버릇없이 굴다, 밭도랑, 더러워지다, 부서지다.
7) 厭(염) : 싫다, 싫증나다, 보태다, 가득 차다, 극도에 달하다, 막다. (엽) : 누르다, 파손.
① 『혹문』: 호인의 다음 설명 또한 아주 도움이 된다. “말할 때 입이 무거울(訥) 수 있으면 덕을 쌓음이 확고하고, 남을 깨우침이 미더우며, 일을 도모함이 주도면밀해진다. 말이 가벼운 사람은 이와 반대이다. 실천에 민첩할 수 있으면 선을 실천함이 신속하고, 잘못을 고침이 용감하며, 일을 처리함이 여유로워진다. 실천에 나태한 사람은 이와 반대이다. 민첩함과 어눌함은 타고난 자질에서 비롯되는 것처럼 보이지만, 몸에 익힐 수 있다. 말을 많이 하는 습관은 어눌함으로 교정하고, 실천에 나태한 습관은 민첩함으로 면려하는 일은 나에게 달려 있을

4-24 공자가 말하였다. "군자는 말은 어눌하고자 하고, 실천은 민첩하고자 한다."

• 말은 내뱉기 쉽기 때문에 어눌하고자 하고, 실천은 힘쓰기 어렵기 때문에 민첩하고자 한다. – 사량좌

• '나의 도는 일관되어 있다'(4-15)는 장부터 여기까지 열 장은, 모두 증자의 제자가 기록한 듯하다.① – 호인

4-25 공자가 말하였다. "덕은 홀로 있지 않다. 반드시 이웃이 있다."

린鄰은 친함과 같다. 덕은 떨어져 홀로 있지 않다. 반드시 부류(친한 사람)끼리 응한다.② 따라서 덕 있는 사람은 반드시 그런 부류의 사람이 따른다. 마치 사는 곳에 이웃이 있음과 같다.

4-26 자유가 말하였다. "임금을 섬기면서 자주 간하면 욕을 당하고, 친구에게 자주 충고하면 소원해진다."

• 삭數은 자주 귀찮게 함이다. – 정자

• 임금을 섬길 때 간한 내용이 시행되지 않으면 떠나야 한다. 친구를 인도할 때 선한 말을 받아들이지 않으면 (충고를) 그만두어야 한다. 까다롭다거나 무시하는 듯한 인상을 주면, 말하는 자는 경시받고 듣는 자는 싫증낸다. 그리하여 영광을 바랐다가 도리어 욕을 당하고, 친밀해지기를 바랐다가 도리어 소원해진다. – 호인

• 군신 사이든 친구 사이든 모두 의기투합하는 그 상황은 같다. – 범조우

뿐이다. 나 스스로 기질을 변화시키지 않고서 어찌 학문에 성공이 있겠는가?"

② 『어류』: "린鄰은 벗의 부류입니까?" "그렇다. 군자의 덕만 같은 부류가 있는 것이 아니고 소인의 덕도 자연히 그 부류가 있다."[138] 덕불고德不孤는 같은 소리가 서로 응하듯이, 같은 기질의 사람끼리 서로 찾는다(同聲相應, 同氣相求)는 뜻이다. 길한 사람은 선을 행하니 저절로 길한 사람과 동반하고, 흉덕자 역시 흉인이 그와 함께한다는 것이 '덕불고德不孤, 필유린必有鄰'이다.[140] 이러한 덕이 있으면 반드시 이러한 부류가 응한다는 뜻이다.[141]

제5편 공야장

公冶長第五

此篇皆論古今人物賢否得失, 蓋格物窮理之一端也. (凡二十七章.) 胡氏以爲疑多子貢之徒所記云.

이 편은 모두 고금의 인물의 능력과 잘잘못을 논하였다. 격물궁리의 한 단면일 것이다. 호인은 "대부분 자공의 제자가 기록한 것 같다"고 여겼다.

5-1 子謂公冶[1]長, "可妻也. 雖在縲絏[2]之中, 非其罪也." 以其子妻之.

5-2 子謂南容, "邦有道, 不廢 ; 邦無道, 免於刑戮." 以其兄之子妻之.

(妻, 去聲, 下同. 縲, 力追反. 絏, 息列反.) ○公冶長, 孔子弟子. 妻, 爲之妻也. 縲, 黑索也. 絏, 攣[3]也. 古者獄中以黑索拘攣[4]罪人. 長之爲人無所考, 而夫子稱其可妻, 其必有以取之矣. 又言其人雖嘗陷於縲絏之中, 而非其罪, 則固無害於可妻也. 夫有罪無罪, 在我而已, 豈以自外至者爲榮辱哉?

南容, 孔子弟子, 居南宮, 名縚,[5] 又名适(括), 字子容, 謚敬叔, 孟懿子之兄也. 不廢, 言必見用也. 以其謹於言行, 故能見用於治朝, 免禍於亂世也. 事又見第十一篇.

○或曰 : "公冶長之賢不及南容, 故聖人以其子妻長, 而以兄子妻容, 蓋厚於兄而薄於己也." 程子曰 : "此以己之私心窺[6]聖人也. 凡人避嫌[7]者, 皆內不足也, 聖人自至公, 何避嫌之有? 況嫁女必量其才而求配, 尤不當有所避也. 若孔子之事, 則其年之長幼·時之先後皆不可知, 惟以爲避嫌則大不可. 避嫌之事, 賢者且不爲, 況聖人乎?"

---

1) 冶(야) : 불리다, 야금하다, 제련하다, 대장장이, 꾸미다, 아름답다, 요염하다.
2) 縲絏(루설) : 검은 포승, 감옥(에 갇힘). 縲 : 죄인 묶는 검은 포승. 絏 : 매다, 묶다, 고삐.
3) 攣(련) : 걸리다, 이어지다, 연관되다, 관계, 쥐나다, (손발이) 오그라지다, 사모하다.
4) 拘攣(구련) : 구금하다, 경련이 나다, 구애되다, 얽매이다. 拘 : 체포, 구속, 붙잡다.
5) 縚(도) : (실을 땋아 만든) 끈, 숨기다, 넓다, 칼전대.
6) 窺(규) : 엿보다, 몰래 살피다.
7) 嫌(혐) : 싫어하다, 미워하다, 의심하다, 불만하다, 혼동하기 쉽다, 닮다, 나쁜 일, 불운.
① 『어류』 : 남용의 사람됨은, "백규의 시를 하루에 세 번이나 암송한"(11-6) 것을 보면 언행에 아주 신중하였다. '나라에 도가 있으면' 군자의 도가 베풀어지는 때이므로 남용은 반드시

5-1 공자는 공야장에 대해, "사위 삼을 만하다. 옥에 갇힌 적도 있었으나 그의 죄가 아니다"고 말하고, 자기 딸을 시집보냈다.

5-2 공자는 남용에 대해, "나라에 도가 있으면 버려지지 않고, 나라에 도가 없으면 형벌로 죽임 당하는 일은 면하겠다"고 말하고, 형의 딸을 시집보냈다.

공야장은 공자의 제자이다. 처妻는 그의 아내가 되게 함, 류縲는 검은 새끼줄, 설絏은 구속(攣)이다. 옛날 옥중에서는 검은 새끼줄로 죄인을 구속하였다. 공야장의 사람됨은 고찰할 자료가 없으나 공자가 '사위 삼을 만하다'고 칭찬했으니, 반드시 좋은 점이 있었을 것이다. 또 그 사람이 비록 옥에 갇힌 적도 있지만 그의 죄가 아니었던 만큼, 참으로 사위 삼는 데는 지장이 없다는 말이다. 죄가 있고 없음은 자기 자신에게 달려 있을 뿐이니, 어찌 밖으로부터 닥친 일을 가지고 '영광되고' '욕됨'을 평가하겠는가?

남용은 공자의 제자로서, 남궁에서 살았고, 이름은 '도' 또는 '괄,' 자는 자용, 시호는 경숙敬叔이고, 맹의자의 형이다. 불폐不廢는 반드시 등용된다는 말이다. 그는 언행에 신중했기에, 태평한 왕조에는 등용되고, 난세에는 화를 면할 수 있다. 남용의 일은 11-6에도 나온다.①

• "공야장의 현명함은 남용만 못했기 때문에, 성인은 자기 딸을 공야장에게 시집보내고 형의 딸을 남용에게 시집보냈으니, 형에게는 후하고 자신에게는 박한 것입니까?" "그것은 자기 사심으로써 성인을 헤아린 것이다. 보통 사람들이 혐의를 피하는 것은 모두 속으로 꺼리는 바가 있기 때문이다. 그러나 성인은 원래 지극히 공정하거늘, 무슨 혐의를 피할 일이 있겠는가? 하물며 딸을 시집보내는 일은 반드시 그 재주를 헤아려 배필을 구하는 것인 만큼, 더욱이 회피할 바가 있어서는 안 된다. 공자의 집안일의 경우는 나이의 많고 적음이나 시기의 전후 모두 알 수 없거늘, 오직 혐의를 피한 사례로만 여긴다면 더욱 옳지 않다. 혐의를 피하는 일은 현자라도 행하지 않거늘, 하물며 성인이랴!"② - 이천

버려지지 않을 것이고, '나라에 도가 없으면' 소인이 득세하여 군자를 모함하는 때이므로 언행에 신중한 남용은 반드시 형벌로 죽임당하지는 않을 것이다.[2]

5-3 子謂子賤, "君子哉若人! 魯無君子者, 斯焉取斯?"

(焉, 於虔反.) ○子賤, 孔子弟子, 姓宓,[1] 名不齊. 上斯斯此人, 下斯斯此德. 子賤蓋能尊賢取友以成其德者, 故夫子旣歎其賢, 而又言若魯無君子, 則此人何所取以成此德乎? 因以見魯之多賢也.[2] ○蘇氏曰 : "稱人之善, 必本其父兄師友, 厚[3]之至也."

5-4 子貢問曰 : "賜也何如?" 子曰 : "女器也." 曰 : "何器也?" 曰 : "瑚璉[4]也."

(女, 音汝. 瑚, 音胡. 璉, 力展反.) ○器者, 有用之成材.[5] 夏曰瑚, 商曰璉, 周曰簠簋,[6] 皆宗廟盛黍稷[7]之器而飾以玉, 器之貴重而華美者也. 子貢見孔子以君子許子賤, 故以己爲問, 而孔子告之以此. 然則子貢雖未至於不器, 其亦器之貴者歟?

---

② 『혹문』 : 후세의 잘못된 혼인 관습에 대한 호인의 다음 논의는 아주 도움이 된다. "성인은 혼인에 이처럼 양쪽을 깊이 참작했으므로 평생의 담보에 폐단을 없앨 수 있었다. 후세에는 부귀에 따라, 또는 급한 사정에 따라 혼인시키거나, 또는 중매인이 부추기는 말만 믿고, 또는 일순간의 기분에 따라 혼인을 허락하기도 하니, 처음부터 양쪽의 성품과 행실을 깊이 알아본 적이 없다. 사위는 그래도 한 번 보기라도 하지만, 며느리는 그 됨됨이를 미리 알아보기가 매우 어렵다. 그럼에도 불구하고 사람들은 대체로 사위 고르는 일은 신중히 하지만, 며느리 고르는 일은 신중히 하지 않는다. 도덕이 점점 쇠함에 따라 오직 재물과 미색에만 현혹되어 가문의 흥망이 내조에서 시작함을 생각하지 않으니, 통탄스럽기 그지없다."

1) 宓(복) : 성씨, 편안하다, 조용하다, 잠잠하다, 몰래, 비밀히.

2) 包曰 : "若人者, 若此人也. 如魯無君子, 子賤安得取此行而學行之?"

3) 厚(후) : 두텁다, 무겁다, 많다, 깊다, 크다, 마음씨 넓음, 삼가 정성스레 대함, 매우.

4) 瑚璉(호련) : 종묘에서 서직黍稷을 담아 바치는 제기. 사람의 존경할 만한 품격.

5) 材(재) : 재목, 원료, 자질, 재주, 수완, 도리, 길, 재능인, 헤아리다, 열매, 보물.

6) 簠(보) : 바깥은 네모 안은 둥근 제기. 簋(궤) : 안은 네모 바깥은 둥근 제기.

7) 黍(서) : 기장, 서되들이 그릇. 稷(직) : 기장, 오곡의 신(사당), 농관, 빠르다, 삼가다.

① 『설원』 : 공자의 제자 중에 공멸이 있었다. 자천과 함께 벼슬을 하였다. 공자가 지나가다 들러 공멸에게 물었다. "벼슬을 하고서 무엇을 얻고 무엇을 잃었는가?" "벼슬 한 다음 얻은

5-3 공자가 자천에 대해 말하였다. "이 사람이야말로 군자답구나! 노나라에 군자가 없다면, 이 사람이 어떻게 그런 덕을 얻었겠는가?"

자천은 공자의 제자로서, 성은 복, 이름은 부제이다. 앞의 사斯는 '이 사람', 뒤의 사는 '이런 덕'을 지칭한다. 자천은 아마 현인을 존중하여 벗을 삼아 덕을 이룬 사람이기 때문에, 공자가 그의 현명함을 칭찬한 다음, 또 만약 '노나라에 군자가 없었다면 이 사람이 어디에서 취하여 그런 덕을 이루었겠느냐'고 말하였다. 노나라에 현인이 많음을 밝힌 것이다.①

• 남의 선을 칭찬하면서 반드시 그 사람의 부형과 사우에게서 그 근원을 찾으셨으니, 생각이 지극히 깊으시다. – 소식

5-4 자공이 공자께 물었다. "저는 어떻습니까?" "너는 그릇이다." "어떤 그릇입니까?" "호련이다."

그릇은 쓸모 있는 완성된 재목이다. 하나라 때는 호瑚, 은나라 때는 련璉, 주나라 때는 보궤簠簋라고 하였다. 모두 종묘에서 기장을 담는 그릇이고 옥으로 장식하였다. 그릇 가운데 귀중하고 화려한 것이다. 자공이 공자가 자천을 군자로 인정한 것을 보고, 자기는 어떠냐고 묻자 공자가 이와 같이 대답하였다. 그렇다면 자공이 비록 불기不器(군자다움의 특징)(2-12)의 경지에는 이르지 못했지만, 또한 그릇 가운데 귀한 것이 아닌가?

것은 없고 잃은 것만 세 가지입니다. 첫째, 공무에 얽매이다 보니 배운 것을 음미할 수가 없어 학문이 밝아지지 못했습니다. 둘째, 봉록이 적어서 죽조차 친척과 나누어 먹지 못하니 친척과 더 멀어졌습니다. 셋째, 공무가 급박하니 조문과 문병도 못하여 친구들과 더 멀어졌습니다." 공자가 실망하였다. 다시 자천을 찾아가 물었다. "벼슬을 하고서 무엇을 얻고 무엇을 잃었는가?" "벼슬 한 다음 잃은 것은 없고 얻은 것만 세 가지입니다. 첫째, 암송했던 글을 실천에 옮길 수 있으니 학문이 날로 밝아졌습니다. 둘째, 봉록이 적기는 하지만 죽이라도 친척에 드릴 수 있으니 친척과 더 친해졌습니다. 셋째, 공무가 급박하지만 밤 시간에 조문과 문병을 하니 친구들과 더 친해졌습니다." 공자가 자천에 대해 말하였다. "이 사람이야말로 군자답다. 노나라에 군자가 없다면 어찌 그런 덕을 얻었겠는가?"

5-5 或曰："雍也仁而不佞."[1] 子曰："焉用佞? 禦人以口給,[2] 屢[3]憎於人. 不知其仁, 焉用佞?"

雍, 孔子弟子, 姓冉, 字仲弓. 佞, 口才也. 仲弓爲人重厚簡[4]默, 而時人以佞爲賢,[5] 故美其優於德, 而病其短於才也.

(焉, 於虔反.) ○禦, 當[6]也, 猶應答也. 給, 辨[7]也. 憎, 惡也. 言何用佞乎? 佞人所以應答人者, 但以口取辨而無情實,[8] 徒多爲人所憎惡爾. 我雖未知仲弓之仁, 然其不佞乃所以爲賢, 不足以爲病也. 再言焉用佞, 所以深曉之.

○或疑仲弓之賢而夫子不許其仁, 何也? 曰："仁道至大, 非全體而不息者, 不足以當之. 如顔子亞聖, 猶不能無違於三月之後, 況仲弓雖賢, 未及顔子, 聖人固不得而輕許之也."

5-6 子使漆雕開仕. 對曰："吾斯之未能信." 子說.

(說, 音悅) ○漆雕開, 孔子弟子, 字子若. 斯, 指此理而言. 信, 謂眞知其如此, 而無毫髮之疑也. 開自言未能如此, 未可以治人, 故夫子悅其篤志.

---

1) 佞(녕) : 말재주 있다, 구변이 있다, 재능, 아첨하다, 간사함, 알랑거리다, 위선.
2) 禦(어) : 막다, 감당하다, 맞서다, 대적하다, 대비하다, 물리치다, 금하다, 피하다, 방어하다.
給(급) : 넉넉함, 보태다, 공급, 갖추어짐, 주다, 미치다, 빠르다, 휴가, 구변이 좋다.
3) 屢(루) : 여러, 자주, 종종, 몇 번, 여러 번, 누차.
4) 簡(간) : 소탈하다, 단순하다, 간소화하다, 편지, 선택하다.
5) 賢(현) : 재주·지혜·덕행이 있다, 어진 이, 착하다, 낫다, 넉넉하다, 많다, 존경하다.
6) 當(당) : ~을 마주 대하다, 담당하다, 필적하다, 일을 맡다, 감당하다, 관리하다.
7) 辨(변) : 분별, 판별, 분명히 함, 나누다, 분리, 끊어짐, 다스림, 바로잡다, 따지다, 논쟁.
8) 情實(정실) : 사정의 실제, 진상, 실정, 참된 마음, 성심, 실제의 상황, 죄상이 확실하다.
① 『어류』 : 도리의 의미를 알면 벼슬살이 따위는 가벼이 여기게 된다.[17]
② 『어류』 : 이천에 따르면, 호랑이에게 물린 이야기를 할 때 전에 물린 적이 있는 사람은 얼굴색이 확 변하는데, 이것이 진짜로 이해하고 믿음이다. 또 모든 사람은 다 물을 밟으면 반드시 빠지고,

5-5 혹자가 공자께 말하였다. "중궁은 어질지만 말재주가 없습니다." "어찌 말재주를 거론하랴? 사람을 대할 때 입으로만 해결하면, 자주 남의 미움을 산다. 그가 어진지는 모르나, 어찌 말재주를 거론하랴?"

옹雍은 공자의 제자로서, 성은 염, 자는 중궁이다. 녕佞은 말재주이다. 중궁의 사람됨은 중후하고 소탈하며 과묵하였다. 당시 사람들은 말재주를 훌륭한 능력으로 여겼으므로, 중궁이 덕이 많다고 칭찬하면서도 재주가 모자라다고 흠잡았다.

어禦는 상대함(當)이니, 응답과 비슷하다. 급給은 논변, 증憎은 미워함이다. '어찌 말재주를 거론하랴'는, 말재주 좋은 사람이 남에게 응답하는 방식은 그저 입으로만 논변(변명)을 일삼고 참된 마음이 없어서, 그저 매번 남에게 미움을 살 따름이니, 내가 비록 중궁이 어진지는 모르겠으나, 그의 말재주 없음은 현명한 이유는 될지라도 흠은 되지는 않는다는 말이다. 거듭 '어찌 말재주를 거론하랴'고 말함으로써 깊이 깨우쳤다.

중궁처럼 어진 사람도 공자가 어질다고 인정하지 않은 것은 왜일까? 내 생각에, 인의 도는 지극히 크다. 본체를 온전히 하여(全體) 잠시의 중단이 없는 자가 아니면, 인에 해당될 수 없다. 안자 같은 아성亞聖도 오히려 삼 개월이 넘으면 인을 어기지 않기가 불가능하였다.(6-7) 더구나 중궁이 현명하다고는 하나 안자에는 미치지 못했으니, 성인께서 가볍게 인정하지 않았던 것이다.

5-6 공자가 칠조개를 벼슬시키려고 하였다. 그가 "저는 아직 그 도리에 믿음이 없습니다"라고 대답하자, 공자가 기뻐하였다.

칠조개는 공자의 제자로서, 자는 자약이다. 사斯는 그 도리를 지칭한 말이다.① 믿음(信)이란 진정 그것이 그와 같음을 참으로 알아서(眞知),② 추호의 의심도 없는 것을 말한다.③ 칠조개 스스로 이처럼 자신할 수 없어서 다른 사람을 다스릴 수 없다고 말했기 때문에, 공자는 그의 돈독한 뜻을 기뻐하였다.

불을 밟으면 반드시 화상을 입는다는 것을 안다. 그러므로 그에게 물과 불을 밟아 보라고 하면 그러려고 하지 않는다. 다름 아니라 참으로 알기(眞知) 때문이다.[30]

③『어류』: 앎이 깊어야 믿음이 돈독하다. 이치에 따라 마땅히 그래야만 하는 것은 반드시 그렇게

○程子曰："漆雕開已見大意, 故夫子說之."
又曰："古人見道分明, 故其言如此."
謝氏曰："開之學無可考. 然聖人使之仕, 必其材可以仕矣. 至於心術之微, 則一毫不自得, 不害其爲未信. 此聖人所不能知, 而開自知之. 其材可以仕, 而其器不安於小成, 他日所就, 其可量乎? 夫子所以說之也."

5-7 子曰："道不行, 乘桴浮[1]于海. 從我者其由與?" 子路聞之喜. 子曰："由也好勇過我, 無所取材."

(桴, 音孚. 從·好, 並去聲. 與, 平聲. 材, 與裁同, 古字借用.) ○桴, 筏也. ○程子曰："浮海之歎, 傷[2]天下之無賢君也. 子路勇於義, 故謂其能從己, 皆假設之言耳. 子路以爲實然, 而喜夫子之與己, 故夫子美其勇, 而譏其不能裁度[3]事理, 以適於義也."

해야 하고, 그러지 않아야 함을 알면 그러지 않아야 한다. 그것이 믿음이다.[21] 이른바 '믿음'이란 그 도리가 나의 것이라고 진짜로 깨닫는(眞見) 것을 말한다. 비유하건대 오곡이 사람을 배부르게 함을 누구나 다 알고 있으나, 반드시 오곡으로 밥을 지어 배불리 먹어야 비로소 믿음이 생긴다. 지금 학생이 아직 본 적도 없다면, 어떻게 무엇을 믿을 수 있겠는가? 또 누가 이것은 선이고 저것은 악이라고 말하는 것을 보더라도, 자신이 직접 본(느낀) 적이 없다면 아무 소용이 없으니, 끝내 착수할 곳도 없어진다.[22]

1) 桴(부) : 마룻대, 북채, 덮다, 뗏목, 떼. 浮(부) : 뜨다, 둥실 떠가다, 덧없다, 가볍다.
2) 傷(상) : 걱정하다, 근심, 슬퍼하다, 앓다, 해치다, 헐뜯다, 비난, 상처, 불쌍히 여기다.
3) 裁度(재탁) : 헤아려 단정하다, 재량裁量하다. 裁 : 재단하다, 헤아리다, 결단하다, 분별하다. 度 : 헤아리다, 짐작하다, 꾀하다, 바루다.

① 『어류』 : 명도에 따르면, "증점과 칠조개는 이미 큰 뜻을 깨달았고," "공자가 증점을 인정한(11-26) 것은 아마 공자 자신의 뜻과 같았기 때문일 텐데, 그것이 곧 요순의 기상이다."[36] 증점의 깨달음(見得)은 매우 높으나, 다만 공부에는 엉성한 데가 있다. 칠조개의 깨달음은 증점처럼 투철하지는 못하나, 공부는 오히려 주밀하다(향상하려는 뜻이 있다). 증점과 증삼은 서로 정반대이다. 증삼은 계속 축적해 천 갈래 만 갈래의 항목과 실마리를 98% 이룩하고 단지 조금 통하지 못한 부분이 있었다. 공자에게 일관의 요지를 듣자(4-15) 이전의 천 갈래

• 칠조개가 이미 큰 뜻을 깨달았으므로[①] 공자가 기뻐하였다. – 명도

• 옛사람은 도를 분명히 인식했으므로 그 말이 이와 같다. – 명도

• 칠조개의 학문은 고증할 수 없다. 다만 성인이 벼슬을 시키려했던 만큼, 반드시 그 재주는 벼슬할 만했을 것이다. 마음가짐의 으묘한 부분은, 추호라도 자득하지 못한 점이 있으면 믿음이 없다고 여겨도 무방하다. 이것은 성인도 간파할 수 없는 것이나 칠조개 본인은 인식한 것이다. 그 재질은 벼슬할 만했어도 그 그릇됨이 작은 성취에 안주하지 않았으니,[②] 훗날의 성취의 경지는 헤아리기 쉽지 않다. 이 때문에 공자가 기뻐하였다. – 사량좌

5-7 공자가 말하였다. "도가 행해지지 않으니, 뗏목을 타고 바다로 떠나려 한다.[③] 나를 따를 자는 아마 자로일 것이다."
자로가 이 말을 듣고 기뻐하자, 공자가 말하였다. "자로는 용기를 좋아함이 나를 능가하지만, 분별력이 없다."

부桴는 뗏목이다.

• 바다로 떠나겠다는 탄식은 천하에 현명한 임금이 없음을 근심한 것이다. 자로가 의로운 일에 용감했기 때문에, 공자는 그가 자기를 따를 것이라고 말하였다. 모두 가정의 말일 뿐이다. 그러나 자로는 실제로 그럴 것이라 여겨, 공자가 자기를 인정한 것에 기뻐하였다. 그래서 공자는 그의 용기는 칭찬하면서도, 그가 일의 이치를 헤아려 의리에 맞추지 못함은 나무랐다. – 이천

만 갈래의 일이 모두 귀결점을 얻었다.[44, 45]

② 『어류』: 사량좌는 칠조개가 '작은 성취에 안주하지 않았다'고 했는데, 칠조개가 먼저 큰 뜻을 깨달았기 때문에 작은 성취에 안주하지 않을 수 있었던 것이다. 큰 뜻을 깨닫지 못한 사람은 그저 작은 성취에 안주할 따름이다. 예컨대 콩잎을 먹는 일과 소갈비를 먹는 일에서, 아직 소갈비를 먹어본 적이 없는 사람이라면 오직 콩잎이 맛있다고만 알 것이나, 일단 소갈비를 먹어보면 콩잎은 음식도 아님을 깨닫는다.[46]

③ 『한서』「지리지」: 현토·낙랑은 모두 조선·예맥·고구려의 만이蠻夷이다. 은나라의 도가 쇠하여 기자가 조선으로 가서 인민들에게 예의와 밭 양잠을 가르쳤다. 낙랑의 조선 사람들은 팔조금범을 만들어, 사람을 죽이면 즉시 죽이며, 상해를 입히면 곡식으로 배상하고, 도둑질하면 남자든 여자든 그 집안 노예로 삼았다. … 그리하여 인민들은 끝내 도둑질을 하지 않았고,

5-8 孟武伯問："子路仁乎?" 子曰："不知也." 又問. 子曰："由也, 千乘之國, 可使治其賦[1]也, 不知其仁也." "求也何如?" 子曰："求也, 千室之邑, 百乘之家, 可使爲之宰也, 不知其仁也." "赤也何如?" 子曰："赤也, 束帶立於朝, 可使與賓客言也, 不知其仁也."

子路之於仁, 蓋日月至焉者. 或在或亡, 不能必其有無, 故以不知告之.

(乘, 去聲.) ○賦, 兵也. 古者以田賦出兵, 故謂兵爲賦, 『春秋傳』所謂"悉索敝賦"[2]是也. 言子路之才, 可見者如此, 仁則不能知也.

千室,[3] 大邑. 百乘, 卿大夫之家. 宰, 邑長·家臣之通號.

(朝, 音潮.) ○赤, 孔子弟子, 姓公西, 字子華.

대문을 잠그지 않았다. 부인들은 정조와 신의가 있어서 음란방탕하지 않았다. 얼마나 고귀한가! 어진 사람의 교화가! 그렇지만 동이東夷는 원래 천성이 유순하여 다른 서·남·북 바깥의 오랑캐와는 달랐다. 따라서 공자가 도가 행해지지 않음을 슬퍼하여 뗏목을 만들어 바다로 가서 구이 지방에 살려고 했던(9-14) 일도 그 까닭이 있었다.

1) 賦(부) : 조세, 세금을 징수하다, 부역, 베풀다, 주다, 받다, 부과하다, 시를 짓다.

2) 索(색) : 찾다, 취하다, 바라다. (삭) : 동아줄, 새끼 꼬다, 세다. (소) : 구하다. 敝(폐) : 헤지다, 깨지다, 패배, 피폐, 망하다, 부수다, 겸양의 접두사('저의').

3) 室(실) : 가족, 일가, 집, 건물, 방(11-15), 거처, 아내, 칼집, 무덤.

① 『어류』: 공자 문하에서 학문은 '인'의 실천보다 더 큰 일이 없다. 맹무백은 자로 등이 모두 공자 문하의 뛰어난 제자임을 알고 질문한 것이다. 공자는 세 제자의 그 재주만 허락하고, 인은 허락하지 않았다. 세 제자는 그 재주가 각기 업무를 관장할 수는 있었지만, 사심 없이 해낼 줄은 몰랐다. 조금이라도 치우치고 어긋남이 있으면 온전한 본체인 '인'이 아니다.[52] 인은 비유하면 한 동이의 기름과 같으니, 잡된 것이 섞이지 않아야 기름이라고 부를 수 있다. 물이 한 방울이라도 떨어져 있으면 순수한 기름이 아니다. 온전한 천리가 곧 인이니, 털끝만한 사욕이 있으면 인이 아니다.[53] 인이 흰색이라면 불인不仁은 검은색과 같다. 흰색은 반드시 완전히 모두 희어야 흰색이라고 할 수 있다. 먹물 한 점이 떨어지면 흰색일 수 없다.[54] "자로와 염구가 어질지 못한 까닭은 무엇입니까?" "그들의 공부가 그 경지에 이르지 못했기 때문이다." "공부란 무엇입니까?" 선생(주자)은 대답하지 않았다. 한참 뒤에 말하였다. "성인 문하의 공부에는 본디 평탄한 하나의 길이 있다. 여러분은 날마다 무슨 일을 이해하는가?

5-8 맹무백이 공자에게 물었다. "자로는 어진 사람입니까?" "모르겠습니다." 그가 재차 묻자, 공자가 말하였다. "자로는 천승의 제후국의 병권을 맡길 만합니다. 그가 어진지는 모르겠습니다."
"염구는 어떻습니까?" "염구는 천 가구의 고을이나 백승(대부)의 가家에서 읍재를 시킬 수 있습니다. 그가 어진지는 모르겠습니다."
"공서화는 어떻습니까?" "공서화는 관복을 입고 조정에 서서 외교사절을 응대하게 할 만합니다. 그가 어진지는 모르겠습니다."①

자로는 인仁②을 하루에 한 번 혹은 한 달에 한 번 실천하는 사람일 뿐이다.(6-7) (인이) 있기도 하고 없기도 하여 '있다'·'없다'라고 단정할 수 없기 때문에, 모른다고 대답하였다.

부賦는 군대이다. 옛날에 전답의 세금(田賦)으로 군대를 길렀기 때문에, 군대를 부賦라고 하였다. 『춘추전』에서 말한 '실색폐부悉索敝賦(내 군대를 모두 내다)'의 '부'가 그것이다. 자로의 재질 가운데 찾아볼 수 있는 점이 이와 같을 뿐이고, 어진지는 알 수 없다는 말이다.

천실千室은 큰 읍이다. 백승百乘은 경·대부의 가이다. 재宰는 읍장과 가신의 통칭이다.

적赤은 공자의 제자로서, 성은 공서, 자는 자화이다.

이른바 공부란 거경궁리居敬窮理함으로써 수신修身하는 것일 뿐이다. 자로와 염구는 다만 이 공부가 그 경지에 이르지 못했을 뿐이다. 만약 경을 위주로 궁리하여 공부가 그 경지에 이르면, 덕성이 늘 작용하고 물욕이 일어나지 않아 인이 유행한다."[55]

② 『어류』: 인은 온전한 본체이고 중단이 없다(全體不息). 온전한 본체는 탁자에 네 다리가 있는 것과 같으니, 세 다리만 있다면 온전하지 않다. 중단이 없음은 늘 작용함이다. 만약 외진 곳에 두어 다른 사람이 가져가 버리면 중단됨이다. 이 마음에는 완전한 도리道理가 구비되어 있는데, 단지 9할만 통찰한다면 온전함이 아니다. 중단이 생기는 까닭은 사욕이 끼어들기 때문이다. 털끝만한 사욕도 없어야 비로소 '중단이 없음'이고, 바르 삼 개월 동안 어기지 않는 안연의 경지 그 이상이 된다. 어김이 있을 때가 곧 중단됨이다. 선하지 않은 마음도 물론 사욕이다. 일련의 쓸데없는 생각 역시도 안 된다. 모름지기 이 마음이 늘 (잠시의 중단이 없는) 본연의 상태로 유지되도록 관리해야 한다.[50]

5-9 子謂子貢曰：“女與回也孰愈?”[1] 對曰：“賜也何敢望回. 回也聞一以知十, 賜也聞一以知二.” 子曰：“弗如也! 吾與[2]女弗如也.”

(女, 音汝, 下同.) ○愈, 勝也.

一, 數之始. 十, 數之終. 二者, 一之對也. 顔子明睿所照,[3] 卽[4]始而見終；子貢推測而知, 因此而識彼. “無所不悅,” “告往知來,” 是其驗矣.

與, 許也.

○胡氏曰：“子貢方人, 夫子旣語以不暇, 又問其與回孰愈, 以觀其自知之如何. 聞一知十, 上知之資, 生知之亞也. 聞一知二, 中人以上之資, 學而知之之才也. 子貢平日以己方回, 見其不可企及, 故喩之如此. 夫子以其自知之明, 而又不難於自屈, 故旣然之, 又重許之. 此其所以終聞性與天道, 不特聞一知二而已也.”

---

1) 愈(유) : 낫다, 더 뛰어나다, (병이) 낫다, 치유, 더욱, 점점 더, 근심하다, 즐기다.
2) 與(여) : 편들다, 인정하다, 칭찬, 지지, 돕다, 기다리다(17-1), 참여·의지하다.
3) 睿(예) : 깊고 밝다, 정통함, 임금, 총명하다. 照(조) : 밝히다, 깨우치다, 알게 하다, 비치다.
4) 卽(즉) : 곧, 가깝다, 나아가다, (역할을) 맡다, 종사하다, 임하다, 설령 ~일지라도, 만약.

① 『어류』 : ‘하나를 들으면 열을 알고,’ ‘시작만 보아도 끝을 안다’ 함은 하나를 들으면 정확히 열 가지를 알았다는 것이 아니라, 많이 알고 두루 알았다는 뜻이다.[58]

② 『어류』 : 이 두 구절을 음미해야 두 사람의 우열을 알 수 있다. 안연은 참으로 철두철미하게 통찰하였고(眞箇見得徹頭徹尾), 자공은 다만 암중모색(暗度想像)할 뿐이었다. 안연은 자질이 순수했을 뿐만 아니라 학문에도 힘썼기 때문에, 도리를 분명히 알 수 있었다. 보통 사람은 남에게 미치지 못하는 점이 있어도 대체로 자각하지도 못하고, 자각하더라도 남에게 굴복하려 하지 않는다. 자공은 스스로 안자에게 굽혔으니, 가히 고명하다고 하겠다.[61] 명예소조明睿所照는 여기에 밝은 거울이 있어서 다가온 모든 사물을 다 비추는 것과 같다. 추측이지推測而知는 불빛 따위를 가지고 하나하나 비추면서 찾는 것과 같다.[62] “자공의 추론을 통한 앎 역시 격물궁리格物窮理 아닙니까?” “그렇다. 격물궁리하지 못하면 도대체 무엇을 추론하겠는가?”[63]

③ 『신해』 : ‘여與’ 자의 다른 해석은 나와 너 모두 안연만 못하다는 것이다. 공자는 이미 안연이

5-9 공자가 자공에게 물었다. "자네와 안연 가운데 누가 더 나은가?" "제가 어찌 감히 안연과 견줄 수 있겠습니까? 안연은 하나를 들으면 열을 아는데, 저는 하나를 들으면 둘을 알 뿐입니다." "너는 그만 못하다. 나는 자네가 그만 못함을 인정한다."

유愈는 '낫다'이다.

하나는 수의 시작, 열은 수의 끝이다. 둘은 하나의 상대이다. 안자는 이해력이 명민하여(明睿所照) 시작만 보아도 끝을 알았으나,① 자공은 추론해야 알고(推測而知) 이것에 근거하여 저것을 알았다.② 안회가 "(곧바로 이해하여) 기뻐하지 않음이 없었다"(11-4)는 말과, 자공이 "옛것을 알려주면 새것을 알았다"(1-15)는 말이 그 증거이다.

여與는 인정함이다.③

• 자공이 사람들을 비교 평가하자, 공자는 자신은 그럴 겨를이 없다고 말한 적이 있다.(14-29) 여기서 공자는 또 안회와 비교하여 누가 더 나은지를 자공에게 물어서, 그가 스스로 어떻게 자부하는지 살폈다. 하나를 듣고 열을 아는 것은 상지上智의 자질이니, 날 때부터 안(통달한) 성인에 버금간다. 하나를 듣고 둘을 아는 것은 중인 이상의 자질이니, 배워서 아는 재질이다. 자공이 평소 자신을 안회에 견주어 자신은 따라갈 수 없음을 알았기 때문에, 그와 같이 비유하였다. 공자는 자공이 자기 수준을 분명히 자각하였고, 또 스스로 겸손해 하기를 어려워하지 않았기 때문에, 그처럼 동의하고 거듭 인정하였다. 이 때문에 자공은 마침내 성과 천도에 대해 들을 수(5-13) 있었다. 그저 단순히 하나를 듣고 둘을 아는 경지에 그친 것이 아니다. - 호인

현명함을 깊이 기뻐하고 있었다. 자공이 자신이 안연만 못함을 깨닫자, 공자가 기뻐하여 '나와 너 모두 안연만 못하다'고 말하여, 자공을 위로하고 있다. … 여기서 성인 공자의 겸손과 흉금을 엿볼 수 있다. ○『금독』: 공자를 높이기 위해 "나는 네가 안연만 못하다는 점을 인정한다"고 풀이한 해석이 많다. 군더더기의 어색한 해석이 아닐 수 없다. 실제로 한유韓愈는 "제자가 꼭 스승만 못하라는 법은 없고, 스승이 꼭 제자보다 나으라는 법은 없다"고 말하였고, 유봉록은 "공자 역시 자신이 안연만 못하다고 말했다"고 설명하였다.

5-10 宰予晝寢. 子曰："朽木不可雕[1]也, 糞土之牆不可杇[2]也, 於予與何誅."
子曰："始吾於人也, 聽其言而信其行；今吾於人也, 聽其言而觀其行. 於予與改是."

(朽, 許久反. 杇, 音汙. 與, 平聲, 下同.) ○晝寢, 謂當晝而寐. 朽, 腐也. 雕, 刻畫也. 杇, 鏝也. 言其志氣昏惰,[3] 敎無所施也. 與, 語辭. 誅, 責也. 言不足責, 乃所以深責之.[4]

(行, 去聲.) ○宰予能言而行不逮, 故孔子自言於予之事而改此失, 亦以重警[5]之也.
胡氏曰："'子曰' 疑衍文,[6] 不然, 則非一日之言也."
○范氏曰："君子之於學, 惟日孜孜,[7] 斃[8]而後已, 惟恐其不及也. 宰予晝寢, 自棄孰甚焉,[9] 故夫子責之."
胡氏曰："宰予不能以志帥氣, 居然[10]而倦. 是宴[11]安之氣勝, 儆[12]戒之志惰也. 古之聖賢未嘗不以懈惰荒寧[13]爲懼, 勤勵[14]不息自强, 此孔子所以深責宰予也. 聽言觀行, 聖人不待是而後能, 亦非緣此而盡疑學者. 特因此立敎, 以警群弟子, 使謹於言而敏於行耳."

---

1) 朽(후)：썩다, 부패하다, 쇠하다, 쇠퇴하다. 雕(조)：새기다, 조각하다, 채색화로 장식한.
2) 糞(분)：똥, 더러운, 똥거름. 杇(오)：흙손, 흙손으로 바르다, 칠하다, 벽에 흙을 바르다.
3) 惰(타)：게으르다, 나태하다, 불경스럽다, 소홀히 하다, 업신여기다, 천한 말씨.
4) 孔曰："誅, 責也. 今我當何責於汝乎? 深責之辭也."
5) 警(경)：경계, 타이르다, 조심하게 하다, 대비·방비, 놀라다, 겁나다, 깨우다, 영리하다.
6) 衍文(연문)：실수로 더 들어간 글귀. 衍：넘치다, 남아돌다, 만연하다, 많다, 무성함.
7) 孜孜(자자)：부지런히 힘쓰는 모양. 孜：부지런하다, 힘쓰다.
8) 斃(폐)：넘어지다, 쓰러지다, 넘어져 죽다, 넘어뜨리다, 넘어뜨려 죽이다.
9) 焉(언)：~보다(비교격조사), 이에, 곧, 그리하여, 에서, 어찌하여.
10) 居然(거연)：뜻밖에, 의외로, 확실히, 분명히. 居：자처하다, 자임하다, (마음) 품다.
11) 宴(연)：안락하다, 편안하다, 잔치, 술자리, 잔치하다, 즐기다, 편안하게 쉬다.
12) 儆(경)：경계하다, 훈계하다, 타이르다, 위급한 일.

5-10 재여가 낮잠을 자자, 공자가 말하였다. "썩은 나무는 조각할 수 없고, 더러운 흙 담장은 흙손질할 수 없다. 내가 재여를 어떻게 꾸짖어야할꼬?"
공자가 또 말하였다. "처음 내가 사람을 대할 때 그 말을 듣고 행실을 믿었지만, 요즘 내가 사람을 대할 때 그 말을 듣고 행실을 살핀다. 재여로 인하여 이와 같이 바뀌었다."

주침晝寢은 한낮에 잠잤다는 말이다. 후朽는 썩음, 조雕는 조각하여 그림, 오杇는 흙손이다. 그의 뜻과 기백이 혼미하고 나태해져 가르칠 수 없는 상태가 되었다는 말이다. 여與는 어조사, 주誅는 꾸짖음이다. 꾸짖을 가치도 없다는 말이니, 심한 질책이다.

재여는 말은 잘했지만 행실은 말을 따라가지 못하였다. 공자가 재여의 일을 언급하며 자기의 실수를 고쳤다고 말했으니, 역시 거듭된 훈계이다.

• '자왈子曰'은 연문인 듯하다. 그렇지 않다면 같은 날의 말이 아니다. – 호인

• 군자는 날마다 열심히 학문에 힘써 죽은 뒤에야 그만두니, 오직 미치지 못할까를 걱정한다.(8-17) 재여는 낮잠이나 잤으니, 이보다 더 심한 자포자기가 없다. 그래서 공자가 꾸짖었다. – 범조우

• 재여는 의지로 기운을 통솔하지 못하여, 태연히 게으름을 피웠다. 안락의 기운이 압도하여 경계하는 뜻이 나태해진 때문이다. 옛 성현은 늘 나태하고 방만한 생활을 두렵게 여겨, 자강불식 끊임없이 갈고 닦았다. 이 때문에 공자가 깊이 재여를 꾸짖었다. 아무개의 말을 듣고 그 행실을 살피는 일은, 성인께서 재여의 일로 인해 비로소 가능해진 것도 아니고, 또한 이 일 때문에 모든 제자를 의심하게 된 것도 아니었다. 다만 이를 계기로 가르침을 세워, 여러 제자를 경계시켜 말에 신중하고 실천에 민첩하라고 가르쳤다. – 호인

---

13) 懈惰(해타) : 게으름 피우다, 게을리 하다. 懈 : 게으르다, 느슨해지다. 惰 : 태만함, 불경스럽다. 荒寧(황녕) : 일을 게을리 하고 편히 지냄. 荒 : 황폐, 삭막, 망하다, 크다, 어리석다.
14) 勵(려) : 힘쓰다, 권장하다, 힘써 하도록 권하다.

5-11 子曰："吾未見剛者." 或對曰："申棖." 子曰："棖也慾, 焉得剛?"

(焉, 於虔反.) ○剛, 堅强不屈之意, 最人所難能者, 故夫子歎其未見. 申棖, 弟子姓名. 慾, 多嗜慾也. 多嗜慾,[1] 則不得爲剛矣.
○程子曰："人有慾則無剛, 剛則不屈於慾."
謝氏曰："剛與慾正相反. 能勝物之謂剛, 故常伸於萬物之上；爲物揜[2]之謂慾, 故常屈於萬物之下. 自古有志者少, 無志者多, 宜夫子之未見也. 棖之慾不可知, 其爲人得非悻悻[3]自好[4]者乎? 故或者疑以爲剛, 然不知此其所以爲慾爾."

5-12 子貢曰："我不欲人之加[5]諸我也, 吾亦欲無加諸人." 子曰："賜也, 非爾所及也."

子貢言我所不欲人加於我之事, 我亦不欲以此加之於人. 此仁者之事, 不待勉强, 故夫子以爲非子貢所及.

---

1) 嗜慾(기욕) : 향락을 탐함, 정도를 넘어선 욕망. 嗜 : 즐기다, 애호하다, 나쁜 습관.
2) 揜(엄) : 가리어 덮다, 덮쳐 빼앗다, 붙잡다, 답습하다, 감추다, 다그치다, 곤박하다.
3) 悻(행) : 성내다, 발끈 화내는 모양. ○『孟子』: 悻悻然見於其面.[4 : 12]
4) 自好(자호) : 자기 체면을 중히 여기다, 자존심이 강하다. ○『孟子』: 自鬻以成其君, 鄕黨自好者不爲, 而謂賢者爲之乎[9 : 9]
5) 加(가) : 헐뜯다, 능멸, 업신여김, 더 심해지다, 뽐내다, 높은 체함, 몸에 걸침, 베풂.
① 『어류』: 맺고 끊음 없이 어정쩡한 태도가 탐욕이고, 천 길 낭떠러지 위에 우뚝 서는 태도가 굳셈이다.[66]
② 『어류』: 이 표현이 아주 좋다. 사람은 어떤 일을 탐하자마자 곧 그 일에 철저히 휘둘리게 된다. 신정은 아마 발끈 성내기를 좋아한 사람이었기 때문에 당시에 굳세다고 소문난 것 같다. 그러나 발끈 성내기 좋아하는 것은 오직 객기 때문이니, 이윽고 자기의 감정을 내세워 남을 모멸하는 뜻이 생기는데, 그것이 곧 탐욕이다.[70]
③ 『어류』: "굳셈과 성냄은 어떻게 다릅니까?" "굳셈은 외면으로는 온화하고 진중하지만(退然自守), 안으로는 탐욕에 굴하지 않기 때문에 굳셈이다. 성냄은 외면으로는 꼬장꼬장한 모습이 있으나 안으로는 계산 심리와 승부욕이 있으니, 그것이 곧 탐욕이다."[71]

5-11 공자가 말하였다. "나는 굳센 사람을 보지 못하였다." 혹자가 "신정이 있다"고 하자, 공자가 말하였다. "신정은 탐욕이 있으니, 어찌 굳셀 수 있겠는가?"①

강剛은 굳세고 강하여 굴하지 않는다는 뜻으로, 사람이 가장 하기 힘든 일이다. 그래서 공자는 그런 사람을 보지 못했다고 탄식하였다. 신정은 제자의 성명이다. 욕慾은 탐욕이 많음이다. 탐욕이 많으면, 굳셀 수 없다.

• 사람이 탐욕이 있으면 굳세지 못하고, 굳세면 탐욕에 굴하지 않는다. – 이천

• 굳셈과 탐욕은 서로 정반대이다. 외물을 이길 수 있음이 굳셈이므로, 늘 만물을 초월하여 펼쳐 나간다. 외물에 휘둘림이 탐욕이므로, 늘 만물 아래에 굴복한다.② 예부터 뜻있는 자는 적고 뜻 없는 자는 많은지라, 공자가 굳센 사람을 보지 못한 것도 당연하다. 신정이 무엇을 탐했는지는 알 수 없다. 아마 그 사람됨이 발끈 성내고,③ 자존심이 강하지 않았을까? 그래서 혹자가 그를 굳세다고 여겼을 것이다. 그러나 그것이 그가 탐욕이 있다는 증거임을 모른 것이다.④ – 사량좌

5-12 자공이 공자께 말하였다. "나는 남이 나를 헐뜯기를 바라지 않고, 나 또한 남을 헐뜯는 일이 없기를 바랍니다." "자공아! 그것은 네가 가능한 일이 아니다."

자공은 '남이 나를 헐뜯기를 바라지 않는 그런 일은, 나 또한 그 일로 남을 헐뜯기를 바라지 않는다'고 말하였다. 이는 어진 사람의 일인지라, 억지로 노력한다고 될 일이 아니다. 따라서 공자는 자공의 능력 밖의 일로 여겼다.

---

④ 『혹문』: 소식의 다음 설명도 의미가 있다. "뜻이 있으되 욕망을 벗어버리지 못한 사람은 그 뜻이 늘 욕망에 굴하니, 오직 욕망이 없는 자라야 굳셈으로 자신을 성취한다." ○『어류』: 사람의 자질은 천차만별이어서 본래 여러 가지이다. 이것에는 굳세나 저것에는 굳세지 못한 사람, 굳세면서 욕심이 많은 사람, 여리면서 욕심이 많은 사람, 굳세면서 욕심이 적은 사람, 여리면서 욕심이 적은 사람 등 다양하여 똑같지 않다. 그래서 학문을 해야 한다. 학문이 진보하여 이치를 명확히 통찰하면, 자연히 욕심을 이길 수 있다. 학문을 하지 않으면 저 자질에 그대로 휩쓸릴 뿐이니, 저절로 욕심에 굴하게 된다. 어떻게 해야 욕심을 이길 수 있을까? 학문을 하면 본령을 견지하고 견식을 확충해 가기 때문에, 욕심을 이기고 그에 굴복당하지 않을 수 있다. 따라서 사람이 중요시할 것은 오직 학문이다.[69]

○程子曰："我不欲人之加諸我，吾亦欲無加諸人，仁也. 施諸己而不願，亦勿施於人，恕也. 恕則子貢或能勉之，仁則非所及矣." 愚謂無者自然而然，勿者禁止之謂，此所以爲仁恕之別.

5-13 子貢曰："夫子之文章，可得而聞[1]也；夫子之言性與天道，不可得而聞也."

文章，德之見乎外者，威儀·文辭皆是也. 性者，人所受之天理；[2] 天道者，天理自然之本體，其實一理也.[3] 言夫子之文章，日見乎外，固學者所共聞；至於性與天道，則夫子罕言之，而學者有不得聞者. 蓋聖門敎不躐等，[4] 子貢至是始得聞之，而歎其美也. ○程子曰："此子貢聞夫子之至論而歎美之言也."

---

1) 聞(문)：귀로 소리를 알아듣다, 가르침을 받다, 알다, 널리 견문하다, 알리다, 방문하다.

2) 『中庸章句』：性, 卽理也. 天以陰陽五行化生萬物, 氣以成形, 而理亦賦焉. 於是人物之生, 因各得其所賦之理, 以爲健順五常之德, 所謂性也. ○『荀子』「正名」：生之所以然者謂之性. 生之和所生, 精合感應, 不事而自然, 謂之性.

3) 何曰："章, 明也. 文彩形質著見, 可得以耳目自修也. 性者, 人之所受以生者也. 天道者, 元亨日新之道也. 深微, 故不可得而聞也." ○邢曰："夫子之述作威儀禮法, 有文彩形質著明, 可以耳聽目視, 依循學習, 故可得而聞也."

4) 躐等(엽등)：등급·순서를 건너뛰어 오르다. 躐：밟다, (순서를) 뛰어넘다, 초월하다.

① 『어류』：어떤 좋지 않은 일을 남에게 부가하지(加) 않겠다는 자공의 뜻은 크고 넓다고 할 수 있다. 그러나 공자는 '네가 할 수 있는 일이 아니다'라고 하였다. 자공의 공부가 아직 그 경지에 이르지 못했기 때문이다. 학생은 오직 '서恕' 자를 지니고 그 마음을 확충하여, 차츰차츰 힘써서 향상하려고 해야 한다. 그런데 지금 곧장 '남에게 부가하는(남을 헐뜯는) 일이 없도록(無) 하겠다'고 한다면, 이때 없음(無)은 저절로 그렇게 되는 경지이다. 이런 경지는 본심의 상태(本體)가 밝고 깨끗하여 표출된 것이 모두 불인지심不忍之心이어서 억지로 노력하지 않아도 되는 경지로서, '어진 사람'의 일이다. 자공이 갑자기 이 말을 했기 때문에 공자가 '네가 할 수 있는 일이 아니다'라고 하였다. 순서를 뛰어넘으면(躐等) 안 된다는 말이다.[72]

② 『어류』：정자의 이 구절은 자연의 운행(天運)을 말한 것이다. 이른바 '계승한 것은 선이다(繼之者善也)'라고 한 것이 천리의 유행(작용)이다. 성性은 사람에 붙어 유행하는 것이다.[83] 건乾의 '원형이정元亨利貞'이 천도이다. 사람이 그것을 얻으면 '인의예지'의 성이 된다.[79]

• 남이 나를 헐뜯기를 바라지 않고, 나 또한 남을 헐뜯는 일이 절대 '없기(無)'를 바라는 것은 인仁이다. 자기가 겪어보아 바라지 않는 것이면 남에게도 베풀지 '않는(勿)' 것은 서恕이다. '서'라면 자공이라도 노력할 수 있겠으나, '인'은 미칠 수 있는 바가 아니다. - 이천

내 생각에, 없음(無)의 경지는 저절로 그렇게 되는 것이고, 않음(勿)의 경지는 금지하는 것을 일컫는다. 이 점에서 '인'과 '서'가 구별된다.①

5-13 자공이 말하였다. "선생님의 문장은 들을 수 있었지만, 선생님이 성과 천도를 언급한 것은 들을 수 없었다."

문장文章은 덕이 밖으로 드러난 것으로서, 위엄과 거동(威儀)·글과 말(文辭)이 다 그것이다. 성性은 사람이 받은 천리天理이고, 천도天道는 천리 자연의 본체本體인데,② 그 실상은 하나의 이치이다. 공자의 문장은 날마다 밖으로 보이기 때문에, 물론 학생은 누구나 들을 수 있었다. 성과 천도의 경우는 공자가 거의 말하지 않았기 때문에, 학생이 듣지 못한 경우가 있었다. 성인 문하의 가르침은 순서를 뛰어넘는 법이 없다. 자공은 이 무렵에 이르러야 처음으로 (성과 천도에 대해) 듣고서 그 아름다움을 찬미한 것이다.

• 이것은 자공이 공자의 지극한 이론을 듣고③ 찬미한 말이다.④ - 이천

---

③ 『어류』: "자공이 공자의 문장文章 속에서 성·천도를 깨달은 것입니까? 아니면 나중에 공자가 성·천도를 말하는 것을 들었습니까?" "나중에 공자에게 들은 것이다."[85]

④ 『혹문』: 정자·횡거·여대림은 성인께서 성·명을 말하지 않은 적이 없으나, 다만 그 뜻이 심오하여 학생이 스스로 터득하지 못하고, 듣더라도 깨닫지 못했다고 풀이하였다. 이런 해설은 좋다. 사량좌·양시는 성·명의 미묘함을 성인은 언급한 적이 없으나, 늘 문장 속에 분명히 넣은 만큼, 중요한 것은 학생이 묵식默識하여 자득하는 데 있다고 풀이했는데, 역시 잘못이다. 가령 성인이 정말로 입을 닫고 말한 적이 없다면, 학생이 어떻게 성·천도 같은 항목을 알아서 스스로 터득하려고 추구할 생각을 했겠는가? 공자가 대중을 불러 놓고 '내가 말한 성·천도라는 것은 말하지 않은 것 속에 들어 있으니, 학생들은 스스로 터득하기를 바란다'고 선언했다는 식의 풀이는 그 말이 너무 심하다. 불교·도교의 사상에 달려들어간 감이 있다. 어찌 말한 적이 없었기 때문에 들을 수 없었다고 할 수 있겠는가?

5-14 子路有聞, 未之能行, 唯恐有聞.

前所聞者, 旣未及行, 故恐復有所聞而行之不給[1]也.[2]
○范氏曰 : "子路聞善, 勇於必行, 門人自以爲弗及也, 故著之. 若子路, 可謂能用其勇矣."

5-15 子貢問曰 : "孔文子何以謂之文也?" 子曰 : "敏而好學, 不恥下問, 是以謂之文也."

(好, 去聲.) ○孔文子, 衛大夫, 名圉.[3] 凡人性敏者多不好學, 位高者多恥下問. 故謚法有以'勤學好問'爲'文'者,[4] 蓋亦人所難也. 孔圉得謚爲'文,' 以此而已.
○蘇氏曰 : "孔文子使太叔疾出其妻而妻之. 疾通於初妻之娣, 文子怒, 將攻之. 訪於仲尼, 仲尼不對, 命駕而行. 疾奔宋, 文子使疾弟遺室孔姞. 其爲人如此而謚曰文, 此子貢之所以疑而問也. 孔子不沒[5]其善, 言能如此, 亦足以爲文矣, 非經天緯地之'文'也."

---

1) 給(급) : 넉넉하다, 공급하다, 풍족하다, 충분하다, 유창하다, 구변이 좋다.
2) 孔曰 : "前所聞未(能)及(得)行, 故恐後有聞不得竝行也."
3) 圉(어) : 마부, 마구간, 감옥, 막다.
4) 『逸周書』「謚法解」 : 經緯天地曰文<成其道也>, 道德博厚曰文<無不知之>, 學勤好問曰文<不恥下問>, 慈惠愛民曰文, 愍民惠禮曰文<以禮安人>, 錫民爵位曰文<與可擧也>.
5) 沒(몰) : 숨다, 숨기다, 소멸시키다, 몰수하다, 가라앉다, 가득 차서 넘치다, 끝나다.
① 『어류』 : 이런 대목에서 옛사람이 자신을 연마한(爲己) 실제 모습을 살필 수 있다. 자로는 선을 행하기를 급선무로 여겨 실천이 철저하지 못할까 걱정하였다. 비유하건대 음식을 먹을 때 진수성찬이 있다면 모두 다 먹어야 좋다. 먹어보지 못한다면 헛된 일이다. 자로는 듣는 일을 급하게 여기지 않고, 실천하는 일을 급하게 여겼다. 요즘 사람들은 오직 듣지 못할까 걱정하고, 일단 들으면 책에 적어 놓고는 그만이다. 실천 방면에서 공부하려고 하지 않는다.[1] 문자는 급박하게(집중해 계속해서) 보아야지 방만하게(놀면서 조금씩) 보면 안 된다. 급박하게 보아야 앞에서 본 내용과 연결할 수 있다. 방만하게 보면 이전의 의미와 서로 접속되지 않는다. … 여러분은 나를 본받지 말라. 문자를 보는 것이 환갑이 되어서야 비로소 약간이라도 투철할 수 있었다. 이제는 늙었으니 무엇을 더 보겠는가? 나를 본받으면 아무 쓸모없다. 그대들은

5-14 자로는 어떤 가르침을 듣고 아직 실천하지 못할 경우, 다시 새로운 가르침을 듣는 것을 두려워하였다.

전에 들은 내용을 미처 실천하지 못하는 차에, 다시 어떤 내용을 듣고 실천이 충분하지 못할까 걱정한 것이다.

• 자로는 선을 들으면 반드시 실천하는 데 용감하였다. 다른 제자는 그런 자로를 따라갈 수 없다고 여겼다. 그래서 이 내용을 기록하였다. 자로처럼 한다면 자신의 용기를 잘 발휘한다고 할 수 있다.① – 범조우

5-15 자공이 공자께 물었다. "공문자는 어째서 문文이라고 시호하였습니까?" "명민하여 학문을 좋아하고, 아랫사람에게 묻는 일을 수치로 여기지 않았다. 그래서 문이라고 시호하였다."

공문자는 위나라 대부로서, 이름은 '어'이다. 타고난 품성이 명민한 자는 대체로 학문을 좋아하지 않고, 지위가 높은 자는 대체로 아랫사람에게 묻는 일을 수치로 여긴다. 따라서 「시법諡法」에 "학문에 근면하고 묻기를 좋아한" 사람을 문文이라고 시호한다는 내용이 있다. 사람이 하기 힘든 일이기 때문이다. 공문자가 '문'이라는 시호를 얻은 것은 그 때문이다.②

• 공문자는 태숙질로 하여금 본처를 내쫓게 하고, 자기 딸(공길)을 그에게 시집보냈다. 그 뒤 태숙질이 본처의 여동생과 통정하자, 공문자는 분노하여 그를 공격하려고 하였다. 그가 이 일로 공자를 방문하자, 공자는 대답하지 않고 수레를 준비시켜 타고 떠나버렸다. 태숙질이 송나라로 달아나자, 공문자는 태숙질의 아우인 '유'로 하여금 공길을 아내로 삼게 하였다. 공문자의 사람됨이 이와 같음에도 '문'이라고 시호를 했기에, 자공이 의문을 가지고 질문한 것이다. 공자가 그의 장점을 평가절하하지 않고, 그와 같을 수 있다면 '문'이라고 하기에 충분하다고 말하였으니, 경천위지經天緯地③의 '문'④은 아니다. – 소식

일찌감치 정진해야 한다.[1079쪽]

② 『어류』: "공문자는 공길의 일에 이처럼 문제가 많았으니, '명민하여 학문을 좋아하고 아랫사람에게 묻는 일을 수치로 여기지 않은들' 무슨 소용이 있습니까? 그럼에도 성인께서 그 점을

5-16 子謂子産, "有君子之道四焉：其行己也恭, 其事上也敬, 其養民也惠, 其使民也義."

子産, 鄭大夫公孫僑. 恭, 謙遜也. 敬, 謹恪[1]也. 惠, 愛利也. 使民義, 如都鄙有章[2]·上下有服·田有封洫[3]·廬井有伍之類.[4]

○吳氏曰："數其事而責之者, 其所善者多也, 臧文仲不仁者三·不知者三是也. 數其事而稱之者, 猶有所未至也, 子産有君子之道四焉是也. 今或以一言蓋[5]一人, 一事蓋一時, 皆非也."

5-17 子曰："晏平仲善與人交, 久而敬之."

晏平仲, 齊大夫, 名嬰.

程子曰："人交久則敬衰, 久而能敬, 所以爲善."

인정한 것은 왜 그렇습니까?" "옛사람의 시호법은 매우 느슨하였다. '절이일혜節以一惠'라 했으니, (세상에 공헌한) 한 가지 장점만 있어도 그 점을 취했다는 말이다. 절節이란 절약하여 한 가지 장점만 취한다는 뜻이다. 공문자는 본디 나쁜 사람이지만, 오직 저 '학문을 좋아하고 아랫사람에게 물은' 한 가지 장점만 고른 것이다.[2] 주나라의 예에 따르면 시호는 오직 스물여덟 자만 썼다. '문文'의 경우 문왕의 시호도 '문,' 주공의 시호도 '문'이었다. 공문자 역시 '문'이라 시호했는데, 설마 그가 문왕과 똑같다는 말이겠는가? 사람에게 여러 장점이 있으면 특출한 하나만 골라 시호하였다. 또 오직 하나의 장점만 있어도 그 하나를 골라 시호하고 다른 단점은 묻어둔 경우가 있다. 공문자의 경우가 그렇다."[5]

③ 경천위지 : 본래 천지를 법도로 삼는다는 뜻인데, 나중에는 천하를 경영하고 국정을 관장하는 뜻이 되었다. ○『국어』: 經之以天, 緯之以地, 經緯不爽, 文之象也.

④『어류』: 경經은 종적인 것, 위緯는 횡적인 것이다. 종적인 것이든 횡적인 것이든 천하의 일을 각각 그 위치에 합당하게 대처하여 저마다 조리가 분명하게 하는 것이 경천위지이다. 그 다음으로 문사文辭(문장)의 부류 역시 '문'이라 하는데, 다만 '문' 가운데 적은 것이다.[7] "문 가운데 위대한 것은 요순시대와 성왕·주공의 '문' 아닙니까?" "'천지의 도를 마름질하고, 천지를 올바르게 보좌하는(裁成天地之道, 輔相天地之宜)' 것이 곧 경천위지의 문이다."[8]

1) 恪(각) : 삼가다, 삼감으로써 상대를 공경하다, 근심하다, 법, 표준.

2) 章(장) : 구별, 형체, 무늬, 인장, 표지, 글, 조목, 법식, 모범, 드러나다, 성하다. ○『어류』: 有章, 是有章程條法(是都鄙各有規矩)；有服, 是貴賤衣冠各有制度.[14]

3) 封(봉) : 봉지, 북돋우다, 경계, 흙을 쌓아 만든 경계, 무덤, 뫼, 높이다, 후하게 하다. 洫(혁) : 논도랑, 해자, 시내, 작은 내, 비다, 공허하다, 참람하다, 넘치다.

5-16 공자가 자산에 대해 말하였다. "그는 군자의 도가 네 가지 있다. 행실이 겸손하고, 윗사람을 섬길 때는 공경하고, 인민을 부양할 때는 은혜롭고, 인민을 부릴 때는 의로웠다."①

자산은 정나라 대부 공손교이다. 공恭은 겸손, 경敬은 삼가고 공경함, 혜惠는 아끼고 이롭게 해 줌이다. '백성을 부릴 때는 의로웠다' 함은, 예컨대 도시와 시골을 구별하고, 위아래의 복식을 제정하고, 밭에는 두득과 도랑을 두고, 정전제의 마을에 다섯 가구씩의 편제를 둔 따위를 말한다.

• 아무개의 업적을 나열하며 꾸짖은 경우는, 그 사람의 선한 점이 더 많다는 뜻이다. 장문중의 어질지 못한 점 세 가지, 지혜롭지 못한 점 세 가지②를 열거한 경우가 그것이다. 반면에 아무개의 업적을 나열하며 칭찬한 경우는, 여전히 흡족하지 못한 점이 있다는 뜻이다. 자산에게 군자의 도가 네 가지 있다고 말한 경우가 그것이다. 그러므로 만약 한마디로써 한 사람을 단정하거나, 한 가지 사건으로 한 시대를 단정하는 일은 모두 그르다. – 오역

5-17 공자가 말하였다. "안평중은 남과 교제를 잘하였다. 교제가 오래되어도 공경을 유지하였다."

안평중은 제나라 대부로서, 이름은 영이다.

• 사람들은 교제가 오래되면 공경이 시들해진다. 고제가 오래되어도 공경할 수 있었기 때문에 교제를 잘하였다. – 이천

---

4) 廬井(여정) : 옛날 정전제에서 공전 100묘 가운데 20묘를 8가구의 여사廬舍로 삼은 일. 廬 : 오두막집, 농막, 초옥, 주막, 집. 伍(오) : 대오, 5가구를 1조로 하는 옛 행정단위 또는 군 편성단위. ○『左傳』「襄公三十年」: 子產使都鄙有章, 上下有服 ; 田有封洫, 廬井有伍.

5) 蓋(개) : 덮다, 씌우다, 가리다, 감추다, 압도하다, 견주다, 어쩌면, 아마도.

① 『어류』: '의義' 자는 강단剛斷의 의미가 있다. "인민을 부양할 때는 은혜로웠으나(惠), 인민을 부릴 때는 의로움이(義) 있었다"고 할 때 '혜惠' 자와 '의義' 자는 상반된다. 자산의 정치가 오로지 관대함에 있지는 않았음을 알 수 있다.[13]

② 『좌전』「문공 2년」: 장문중의 경우 유하혜를 천대하고, 여섯 관문을 폐지하고, 첩에게 돗자리를 짜게 한 것이 세 가지 어질지 못한 일이다. 헛된 기물을 만들고, 그릇된 제사를 방치하고, 원거라는 새를 제사한 것이 세 가지 지혜롭지 못한 일이다.

5-18 子曰："臧文仲居蔡,[1] 山節藻梲,[2] 何如其知也?"

(梲, 章悅反. 知, 去聲.) ○臧文仲, 魯大夫臧孫氏, 名辰. 居, 猶藏也. 蔡, 大龜也. 節, 柱頭斗栱也. 藻, 水草名. 梲, 梁上短柱也. 蓋爲藏龜之室, 而刻山於節·畫藻於梲也. 當時以文仲爲知, 孔子言其不務民義, 而諂瀆鬼神如此, 安得爲知?『春秋傳』所謂'作虛器,' 卽此事也. ○張子曰："山節藻梲爲藏龜之室, 祀爰居之義, 同歸於不知, 宜矣."

5-19 子張問曰："令尹子文三仕爲令尹, 無喜色；三已之, 無慍色. 舊令尹之政, 必以告新令尹. 何如?" 子曰："忠矣." 曰："仁矣乎?" 曰："未知, 焉得仁?"
"崔子弑齊君, 陳文子有馬十乘, 棄而違[3]之. 至於他邦, 則曰：'猶吾大夫崔子也.' 違之. 之一邦, 則又曰：'猶吾大夫崔子也.' 違之. 何如?" 子曰："淸矣." 曰："仁矣乎?" 曰："未知. 焉得仁?"

---

1) 蔡(채) : 점치는 데 쓰는 큰 거북, 풀이 흐트러지다, 풀숲, 법, 쇠약해지다, 줄이다.

2) 節(절) : 마디, 절개, 규칙, 법도, 등급, 징험, 두공(기둥 위에 댄 네모난 나무), 알맞다. 藻(조) : 바닷말, 아름다운 수초, 무늬, 아름다운 표현, 장식하다, 말의 모양을 그리다. 梲(절) : 쪼구미, 동자기둥(들보 위에 세워 상량이나 오량 따위를 받치는 짧은 기둥).

3) 違(위) : 피하다, 회피함, 어기다, 위반, 거스르다, 따르지 않다. 헤어지다, 떨어지다.

① 『국어』「노어 상」: '원거'라는 바닷새가 노나라 동문 밖에 날아와 사흘 동안 머물자, 장문중은 다들 나가서 제사를 올려야 한다고 주장하였다. 그러자 전금展禽(유하혜)이 그것은 새가 바다의 대풍을 피해 온 것이므로 제사해서는 안 된다고 하였다.

② 『어류』: 장문중, 계문자, 영윤자문을 언급한 이들 문장은 성인이 미묘한 측면을 잘 표현해준 사례이다. 옳은 듯하지만 그르기(似是而非) 때문에, 성인이 분명하게 말하여 사람들이 이해할 수 있도록 하였다. 장문중의 경우 사람들이 다 지혜롭다고 여겼지만, 공자는 그가 이미 귀신에 혹한 이상 어찌 지혜롭겠느냐고 말하였다. 점치는 일은 성인께서 본디 인민들로 하여금 믿음을 가지게 하려는 데 의미가 있다. 시초나 거북을 보관하는 장소는 반드시 본래 합당한 곳이어야 하는데, 이제 장문중이 '기둥머리 두공에 산 모양을 조각하고 동자기둥에 수초를

5-18 공자가 말하였다. "장문중은 큰 거북을 소장하고, 기둥머리 두공에 산 모양을 조각하고 동자기둥에 말(수초)을 그렸으니, 어찌 지혜롭다 하겠는가?"

장문중은 노나라 대부 장손씨로서, 이름은 '신'이다. 거居는 보관(藏)과 같다. 채蔡는 큰 거북, 절節은 기둥머리의 두공, 조藻는 수초 이름(말), 절梲은 들보 위의 동자기둥(쪼구미)이다. 아마 큰 거북 껍질을 보관하는 방을 만들고, 기둥머리 두공에는 산 모양을 조각하고 동자기둥에는 말(수초)을 그렸던 것 같다. 당시 사람들은 장문중이 지혜롭다고 여겼는데, 공자는 그가 '인간의 도리에 힘쓰지 않고(6-22) 이처럼 귀신에게 아첨하고 모독했으니, 어찌 지혜롭다고 하겠는가'라고 말한 것이다. 『춘추전』에서 말한 '헛된 기물을 만들었다' 함이 곧 이 일이다.

• 두공에 산 모양을 조각하고 동자기둥에 말을 그려 거북 껍질을 보관하는 방을 만들고, '원거'①라는 새에게 제사해야 한다는 주장 모두 지혜롭지 못한 일로 귀결된 것은 당연하다.② – 횡거

5-19 자장이 공자께 물었다. "영윤 자문은 세 번 영윤 벼슬을 할 때도 기쁜 기색이 없고, 세 번 그만둘 때도 노한 기색이 없었고, 옛 영윤의 정무를 신임 영윤에게 잘 설명해 주었는데, 어떻습니까?" "충직하다." "인仁하다고 할 수 있습니까?" "모르겠다. 어찌 인하다 하겠는가?" "최자가 제나라 임금을 시해하자, 진문자는 소유하던 십승의 말을 버리고 떠났습니다. 다른 나라에 이르러 말하기를, '우리 대부 최자와 같다' 하고 떠났습니다. 다른 나라에 이르러 또 말하기를, '우리 대부 최자와 같다' 하고 떠났습니다. 어떻습니까?" "청백하다." "인仁하다고 할 수 있습니까?" "모르겠다. 어찌 인하다 하겠는가?"

그린' 곳을 따로 만들어 거기에 보관했으니, 그 마음이 줄곧 점치는 일에 쏠려 있었음에 틀림없다. 어찌 지혜롭다고 하겠는가?[16] 옛사람이 점을 친 일은 물론 있었다. 다만 줄곧 점에만 의지함은 지혜가 없는 일이다. 또 '원거' 제사의 일은 새 한 마리가 날아오자 곧 그것을 받들어 제사를 드리자는 것이었으니, 어찌 지혜로운 일인가? 그의 세 가지 지혜롭지 못한 일을 보면 모두 귀신을 모독한 일이다.[15]

(知, 如字. 焉, 於虔反.) ○令尹, 官名, 楚上卿執政者也. 子文, 姓鬪, 名穀於菟. 其爲人也, 喜怒不形, 物我[1]無閒, 知有其國而不知有其身, 其忠盛矣, 故子張疑其仁. 然其所以三仕三已而告新令尹者, 未知其皆出於天理而無人欲之私也, 是以夫子但許其忠, 而未許其仁也.

(乘, 去聲.) ○崔子, 齊大夫, 名杼.[2] 齊君, 莊公, 名光. 陳文子, 亦齊大夫, 名須無. 十乘, 四十匹也. 違, 去也. 文子潔身去亂, 可謂淸矣, 然未知其心果見義理之當然, 而能脫然[3]無所累乎? 抑不得已於利害之私, 而猶未免於怨悔也. 故孔子特許其淸, 而不許其仁. ○愚聞之師曰 : "當理而無私心, 則仁矣."[4] 今以是而觀二子之事, 雖其制行之高若不可及, 然皆未有以見其必當於理而眞無私心也. 子張未識仁體, 而悅於苟[5]難, 遂以小者信其大者, 夫子之不許也宜哉. 讀者於此, 更以上章"不知其仁"·後篇"仁則吾不知"之語并與三仁·夷齊之事觀之, 則彼此交盡, 而仁之爲義可識矣. 今以他書考之, 子文之相楚, 所謀者無非僭王猾[6]夏之事. 文子之仕齊, 旣失正君討賊之義, 又不數歲而復反於齊焉, 則其不仁亦可見矣.

---

1) 物我(물아) : 남과 나, 사물과 나, 객관과 주관. 物 : 만물, 일, 사실, 무리, 종류, 견주다.
2) 杼(저) : (베틀의) 북, 얇다, 말하다, 펴다, 길다. (서) : 상수리나무, 물통, 물을 푸다.
3) 脫然(탈연) : 자유롭고 구속받지 않다, 무거운 짐을 벗어던진 듯 경쾌함, 병이 낫는 모습.
4) 『延平答問』: 仁只是理, 初無彼此之辨. 當理而無私心, 卽仁矣.[『전서』 13, 328쪽]
5) 苟(구) : 터무니없이, 함부로, 일시적으로, 임시로, 되는대로 하다, 실없이 하다.
6) 猾(활) : 어지럽히다, 심심풀이로 즐기다, 가지고 놀다, 교활하다.

① 『어류』: "세 번 벼슬해도 기쁜 기색이 없고 세 번 쫓겨나도 노한 기색이 없었으니 사욕이 전혀 없었음이 분명한데, 선생님은 왜 사사로움이 있었다고 간파하십니까?" "간파한 것은 아니다. 다만 공자가 어질다고 인정하지 않은 이상, 반드시 세 번 벼슬하고 세 번 그만두는 동안 선하지 못한 점이 있었음에 틀림없다는 뜻이다."[24] "영윤자문의 충이 만약 정말로 사심 없고 지성측달至誠惻怛(지극히 참됨)의 마음에서 나왔다면 어질다고 할 수 있지 않습니까?" "물론 그렇다."[19]

영윤은 관명이고, 초나라의 상경上卿으로 집정자이다. 자문은 성이 투, 이름이 곡어토이다. 그의 사람됨은 희로의 감정은 드러내지 않고, 나와 남을 차별하지 않으며, 나라의 존재만 생각하고 자신의 존재는 잊었으니, 그 충직함이 대단하다. 그래서 자장은 그가 어질다고 여겼다. 그러나 세 번 벼슬하고 세 번 그만두면서 신임 영윤에게 정무를 잘 설명한 일이, 모두 다 천리에서 나와 인욕의 사사로움이 없었는지는 알 수 없다.① 따라서 공자는 다만 그가 충직하다고만 인정하고, 그가 '인'하다고는 인정하지 않았다.

최자는 제나라 대부로서, 이름은 '저(杼)'이다. 제나라 임금은 장공이고, 이름은 '광'이다. 진문자 역시 제나라 대부로서, 이름은 수무이다. 십승十乘은 말 사십 필, 위違는 떠남이다. 진문자는 깨끗한 처신으로 반란을 피했으니, 청백하다 할 만하다. 그렇지만 그 마음이 과연 의리의 당연함을 보고 초연히 얽매임이 없었는지, 아니면 (난동과 협박을 두려워하거나 또는) 사사로운 이해득실에 마지못해 행한 것이어서 아직 원망과 후회를 면하지는 못했는지 알 수 없다. 따라서 공자는 그가 다만 청백하다고는 인정하고, 인하다고는 인정하지 않았다.

나는 스승(이통)에게서 "리에 합당하고 사심이 없는 것이 인이다"라고 들었다. 이런 관점에서 두 사람의 일을 살펴보면, 비록 행실을 단속한 고상한 인품이 감히 미칠 수 없는 경지처럼 보이기는 하지만, 그들이 반드시 리에 합당하고 참으로 사심이 없었는지는 확인할 수 없다. 자장은 인의 본체는 이해하지 못하고, 구차한 힘든 일을 좋아하여 작은 일('충'·'청')을 큰일('인')이라고 믿었으니, 공자께서 인정하지 않은 것은 당연하다.

독자는 여기서, 윗장의 "그가 어진지는 모르겠다"(5-5, 5-8) 한 곳과 뒤편의 "어진지는 모르겠다"(14-1)는 말, 그리고 "은나라의 어진 세 사람"(18-1) 부분과 백이·숙제의 일(7-15)을 가지고 살펴보면, 피차가 더욱 분명해져 인仁의 의미를 이해할 수 있다. 지금 다른 책을 고찰해 보면, 자문이 초나라 재상이 되어서 도모한 정책은 모두 왕을 참칭하고 중원을 어지럽힌 일이다. 또 문자가 제나라에서 벼슬할 때는 임금을 바로잡아 난적을 토벌할 명분을 상실하고, (망명했다가) 몇 년 되지 않아 다시 제나라로 돌아갔으니, 그가 어질지 못함을 알 수 있다.②

---

② 『혹문』: '인'이란 마음의 덕이고 하늘의 이치이다. 본래 지성至誠으로 성을 다 발휘하여(盡性)

5-20 季文子三思而後行. 子聞之, 曰 : "再, 斯可矣."

(三, 去聲.) ○季文子, 魯大夫, 名行父. 每事必三思而後行, 若使晉而求遭喪[1]之禮以行, 亦其一事也. 斯, 語辭.

程子曰 : "爲惡之人, 未嘗知有思, 有思則爲善矣. 然至於再則已審,[2] 三則私意起而反惑矣, 故夫子譏[3]之."

○愚按 : 季文子慮事如此, 可謂詳審, 而宜無過擧[4]矣. 而宣公簒[5]立, 文子乃不能討, 反爲之使齊而納賂[6]焉, 豈非程子所謂私意起而反惑之驗歟? 是以君子務窮理而貴果斷, 不徒多思之爲尙.

온전한 본체를 완전히 통달하여, 마치 우주의 일원一元의 기가 화육하고 유행함에 잠시도 쉼이 없는 것처럼 하지 않으면 '인'이라 명명하기에 부족하다. ○『어류』: "영윤자문과 진문자를 어질다고 할 수 없는 까닭은 왜입니까?" "인은 이치에 합당한 동시에 사심이 없는 것이다. 두 사람은 각각 한 가지만 얻었다. 영윤자문이 기쁨도 노함도 없었던 것은 그 마음에 본디 사심이 없었다는 것인데, 일에서는 완전히 선하지 못했다. 진문자는 자신이 깨끗해지려고 반란의 땅을 떠났으니, 그 일은 좋으나 마음에 사심이 없었는지는 보증할 수 없다. 인은 반드시 안과 밖, 마음과 일이 모두 이치에 맞아야 인정될 수 있다. 성인은 말이 박절하지 않은지라 다만 '인하다고 할 수 있을지는 모르겠다'고 했으니, 두 사람이 어질지 않음을 저절로 알 수 있다."[26] ○『혹문』: "그렇다면 백이·숙제와 삼인三仁(18-1)의 경우, 공자가 '인'을 허락한 까닭은 무엇입니까?" "저 삼인의 경우 그 일과 말을 고찰하여 그 본심을 탐구하면 그 속마음이 깨끗하여 털끝만한 사욕의 얽매임이 없으니, 역시 영윤자문과 진문자의 행위와는 다른 것이다." ○『어류』: 백이·숙제의 충忠·청淸은 본래 있었던 것이어서 여전히 '인'이다. 영윤자문과 진문자의 충·청은 다만 충·청이라고 부를 수 있을 뿐이다.[30] 공자가 영윤자문과 진문자를 어질다고 허락하지 않은 까닭은, 바로 그 일이 비록 볼 만한 점이 있더라도 그 본심은 그렇지 않은 바가 있는 것 같다고 여겼기 때문이다.[35] 요즘 사람은 작은 이해관계에도 금방 얼굴이 머리끝까지 발개지지만, 영윤자문은 세 번 벼슬하고 세 번 그만두면서도 거의 희로의 기색이 없었다. 요즘 사람은 작은 재주만 있어도 남에게 쉽게 설명해 주려고 하지 않지만, 영윤자문은 낱낱이 옛 정무를 신임 영윤에게 설명해 주었다. 이것이 어찌 쉬운 일이겠는가! 그 경지 역시 매우 높다. 요즘 사람은 터럭만한 미련이 있어도 훌훌 털지 못하는데, 진문자는 십승의 말이 있었음에도 마치 헌신짝처럼 버렸으니, 어찌 쉬운 일인가! 어찌 아무나 할 수 있는 일이겠는가? 후세 사람들은 공자가 그를 어질다고 인정하지 않았다는 점을 들어 두 사람의 일은 논하기에 부족하다고 여기는데, 옳지 않다. 모름지기 두 사람의 행위가 이처럼 매우 탁월했음에도 불구하고 성인이 인을 허락하지 않은 까닭과 무엇 때문에 그들이 인을 다하지 못했는지를 생각해야 한다. 이 점을 자세히 살피면 두 사람은 쉽게 미칠 수 없는 경지이고, 또 인의 모습이 실제로 어떠한지를 알 수 있다. 절대로 쉽게 여기면 안 된다.[21]

5-20 계문자는 세 번 생각한 다음 행동하였다. 공자가 이 말을 듣고 말하기를, "두 번이면 족하다" 하였다.

계문자는 노나라 대부로서, 이름은 '행보'이다. 매사에 반드시 세 번 생각한 다음에 행동하였다. 예컨대 진나라에 사신으로 갈 때 상을 당했을 경우의 예를 미리 연구한 다음 출발한 일①이 그 하나의 사례이다. 사斯는 어조사이다.

• 악을 행하는 자는 애당초 생각할 줄 모른다. 생각이 있어야 선을 행한다. 그러나 두 번이면 이미 충분히 살핀 것이다. 세 번이면 사심이 일어나 도리어 미혹에 빠진다.② 그래서 공자가 비판하였다. – 이천

내 생각에, 계문자가 일을 이처럼 숙고했으니 세밀히 살폈다고 할 만하니, 잘못된 행동이 없어야 했다. 그러나 선공이 찬탈로 즉위했을 때, 계문자는 토벌하지 못하고 도리어 그를 위해 제나라에 사신으로 가서 뇌물을 바쳤다. 어찌 정자가 말한 '사심이 일어나 도리어 미혹에 빠진' 증거가 아니겠는가? 따라서 군자는 궁리에 힘쓰고 과단성을 중시하지, 그저 많이 생각함을 숭상하지는 않는다.③

---

1) 遭喪(조상) : 상을 당하다. 遭 : 만나다, ~을 당하다, 조우하다, 돌다.
2) 審(심) : 세심한 관찰, 자세하다, 밝게 알다, 깨닫다, 안정시킴, 믿음직하게 함, 참으로.
3) 譏(기) : 나무라다, 꾸짖다, 충고하다, 원망하다, 싫어하다, 살피다, 조사하다. 꾸지람.
4) 擧(거) : 거동, 행위, 행동거지, 행하다, 일으키다, 흥기, 추천, 제시하다, 모든.
5) 簒(찬) : 빼앗다, 신하가 임금 자리를 찬탈하다, 불법으로 지위·권력을 탈취하다.
6) 賂(뢰) : 뇌물, 재물, 금품, 뇌물 보내다, 몰래 금품을 보내 부탁하다, 선물.

①『좌전』「문공 6년」: 진나라 양공이 병에 걸렸기 때문에, 계문자는 갑자기 양공이 죽을 경우 만일 자신이 관련 예를 모르면 양국의 외교에 영향을 끼칠까를 염려했던 것이다.

②『혹문』: 정자의 이 말은 지극하다. 천하의 일이란 의리義理로써 결단할 때, 시비와 타당성 여부는 두 번 생각하면 이미 명확해진다. 만약 사심을 개입시켜 헤아리면, 이해득실이 만 가지로 변하여 끝이 없다. 생각이 두 번에 그쳐야 하는 까닭은, 의義로써 일을 결정할 때 사사로운 이해득실에 빠지지 않으려고 해야 하기 때문이다. ○『어류』: "만약 생각이 아직 투명하지 않다면, 두세 번 생각하는 것이 무슨 해가 되겠습니까?" "그렇지 않다. 모든 일은 처음 한 번 헤아리면 이미 대체적인 윤곽은 얻어진다. 그때 다시 한 번 생각하면 마땅히 해야 할 것과 해서는 안 될 일을 저절로 결단할 수 있다. 그런데 그러는 동안 또다시 어느 것이 이롭고 어느 것이 해로운지를 생각하게 되면 해를 피하고 이익을 좇으려는 마음이 금방 일어나니, 어떻게 사사롭지 않을 수 있겠는가?"[39] 생각해서 아직 깨닫지 못한 것은 반드시 자세히 생각해야 한다. 생각하여 깨달으면 이것이 한 번의 생각이다. 여기서 깨달은 것이 이미 옳더라도 반드시 평정한 마음으로 다시 한 번 더 생각해야 한다. 이렇게 두 번

5-21 子曰："甯武子邦有道則知, 邦無道則愚. 其知可及也, 其愚不可及也."

(知, 去聲.) ○甯武子, 衛大夫, 名俞.[1] 按『春秋傳』, 武子仕衛, 當文公·成公之時. 文公有道, 而武子無事可見, 此其知之可及也. 成公無道, 至於失國, 而武子周旋[2]其閒, 盡心竭力, 不避艱險. 凡其所處, 皆智巧之士所深避而不肯爲者, 而能卒保其身以濟其君, 此其愚之不可及也.

○程子曰："邦無道能沈晦[3]以免患, 故曰'不可及'也. 亦有不當愚者, 比干是也."

생각하면 타당한 결론이 아닌 것이 없다. 그런데 여기서 또다시 생각하는 것은, 마치 저울로 사물을 달 때 추를 이리 밀고 저리 밀기를 계속할수록 도리어 무게를 잴 수 없는 것과 같다.[37]

③『어류』: 모든 일은 물론 자세히 살펴야 한다. 한 번 살펴보고 다시 한 번 살펴보면, 그 도리의 시비는 이미 저절로 분명해진다. 그런데 이익고 이해득실을 계산하고 이것저것 여러모로 생각하면 한이 없고, 마침내 모든 것이 한꺼번에 뒤섞여 이해하지 못하게 된다. 세상 모든 일을 어떻게 누가 완전히 다 계산할 수 있겠는가? 이해득실을 계산하자면, 세 번이 아니라 백 번을 생각해도 아무 소용이 없다. 사람들이 이익만 있고 해가 없는 것을 얻고자 계산하기 때문에, 인욕은 극성을 부리고 의리는 소멸할 뿐인 결과에 이른다. '성인은 사람들에게 흉함을 피하고 길함만 좇으라고 가르치지 않고, 오직 올바름과 믿음으로 이겨내라고 가르쳤을 뿐이다'라는 횡거의 말이면 저 세속의 논의를 깰 수 있다.[40] 세 번 생각하면 시비가 어지러워진다. 세상 모든 일은 물론 쉽고 어려움이 있다. 쉬운 일은 시비가 저절로 보인다. 어려운 일은 처음에 한 번 살펴서 금방 시비를 결단할 수는 없으나, 한 번 더 생각하면 그 시비는 자연히 분명해진다. 만약 이해득실을 따지려 생각하면 얽히고설켜 복잡해지니, 끝을 볼 수 없다. 좋은 일을 헤아리더라도 생각이 번잡해지면 반드시 모두 사악하지는 않더라도, 이미 공명정대하지 못하고 점점 어긋나고 치우친 곳으로 빠지고 만다. 하물며 처음 시작부터 사심이 끼어들면, 가령 식초를 빌리러 왔을 때 없으면 없다고 말하면 될 것을, 미생고처럼(5-24) 그릇된 방법으로 예를 차리게 되니(曲意周旋), 그것은 남에게 잘 보여서, 인심을 얻으려는 것일 뿐이다. 본디 지나치게 접대하려는 태도는 그 마음이 다 왜소해진다는 사실을 몰랐기 때문이다. 없으면 없다고 말하는 태도는 그 얼마나 정대한가![41]

1) 俞(유): 점점, 더욱더, 그러하다, 예, 대답하다, 넘다, 오래되다, 편안하다, 낫다.

2) 周旋(주선): 운행하다, 돌다, 돌면서 서로 좇아감, 예에서 진퇴·읍양의 동작, 응접·교제.

3) 沈(침): 가라앉다, 마음이 쏠려 헤어나지 못함, 곤란에 빠짐, 숨다, 깊다, 무겁다, 막힘. 晦(회): 그믐, 어둡다, 어둠, 감추다, 어리석다, 희미하다, 시들다.

5-21 공자가 말하였다. "영무자는 나라에 도가 있을 때는 지혜롭고, 나라에 도가 없을 때는 우직하였다. 그 지혜는 따라갈 수 있어도, 그 우직함은 따라갈 수 없다."

영무자는 위나라 대부로서, 이름은 '유'이다. 『춘추전』을 보면 영무자가 위나라에서 벼슬한 것은 문공·성공 시대에 해당한다. 문공은 도가 있었는데, 영무자는 볼 만한 업적이 없었다. 이것이 '그 지혜는 따라갈 수 있음'이다. 성공이 무도하여 나라를 잃는 지경에 이르렀을 때, 영무자는 그 사이에 주선하여 몸과 마음을 다해 험난한 일을 피하지 않았다.① 그의 처세는 모두 지혜롭고 꾀 있는 선비라면 다 회피하고 하지 않으려는 것이었건만, 영무자는 마침내 자기 몸을 보전하고 임금도 구제하였다. 이것이 '그 우직함은 따라갈 수 없음'이다.

• 나라에 도가 없을 때는 숨기고 감춤으로써 환란을 면하였다. 따라서 따라갈 수 없다고 하였다. 그러나 어리석은 척해서는 안 될 경우도 있다. (적극 간하다 죽은) 비간의 경우가 그렇다. – 이천②

---

① 『어류』: "영무자는 대대로 세습한 신하이기 때문에 이렇게 험난한 일을 피하지 않은 것이고, 다른 사람이면 꼭 이렇게 할 필요는 없겠지요?" "그렇다. 또한 일이 어떤 것인지도 살펴야 한다. 나그네 신하라고 하면 기미만 보고 미리 떠나더라도 괜찮다. 그러나 일이 이미 일어났다면 어찌 떠날 수 있겠는가? 이런 일은 아주 어렵다. 그 경중을 잘 헤아려야 한다."[50]

② 『어류』: 우직함은 어리석고 미련하다는 것(愚魯)이 아니라, 다만 재주가 있음에도 스스로 드러내지 않음을 일컫는다.[45] 영무자는 위나라 성공이 도망갈 때 재빨리 도모하여 힘을 기울였다. 우직함이란 다만 공을 깊이 숨기고 자기 것으로 여기지 않은 것이므로, 아무나 따라가기가 어렵다.[46] 어리석음에는 두 종류가 있다. 하나는 어리석어 당돌하게 앞으로 돌진하는 것인데, 얼마 안 있어 모든 일을 망친다. 또 하나는 영무자처럼 당돌하게 앞으로 나아가지만 각을 세우지 않고, 다만 재빨리 일을 해치우고 이윽고 모든 일을 성사시키는 것이니, 이 때문에 영무자의 어리석음은 따라갈 수 없다.[48] 영무자는 어려움과 위험을 무릅쓰고 그 임금을 건졌으니, 우직함이다. 그럼에도 마침내 그 몸을 온전히 했으니, 지혜이다. 만약 당시에 자신을 숨기지 못하고 공을 자처했더라면 남에게 모함을 당했을 것이니, 또 어떻게 임금을 구할 수 있었겠는가? 따라서 당시에 그의 지혜를 칭찬하고 그의 우직함을 칭찬하였다.[52] 성공이 무도하여 나라를 잃었을 때, 영리한 선비라면 반드시 깊고 후미진 곳에 숨어서 나오려고 하지 않았을 것이다. 그러나 영무자는 그 사이에 힘을 다해 지극 정성으로 곤란과 위험을 피하지 않았으면서도, 또한 환란을 모면하고 마침내 임금과 자기 자신 모두를 보전하였다. 그가 자신을 숨기지 못했으면 어떻게 그럴 수 있었겠는가? 꾀를 써서 스스로 모면한 선비에 비할 때 영무자는 어리석어 보이지만, 그 어리석음이 좋은 결과를

5-22 子在陳曰："歸與! 歸與! 吾黨之小子狂簡,[1] 斐然成章,[2] 不知所以裁[3]之."

(與, 平聲. 斐, 音匪.) ○此孔子周流四方, 道不行而思歸之歎也. 吾黨小子, 指門人之在魯者. 狂簡, 志大而略於事也. 斐, 文貌. 成章, 言其文理[4]成就, 有可觀者. 裁, 割[5]正也. 夫子初心, 欲行其道於天下, 至是而知其終不用也. 於是始欲成就後學, 以傳道於來世. 又不得中行之士而思其次, 以爲狂士志意高遠, 猶或可與進於道也. 但恐其過中失正, 而或陷於異端耳, 故欲歸而裁之也.

낳았다. 만약 다른 사람이 그의 처지였다면, 환란을 피하더라도 이것을 잃지 않으면 저것을 잃었을 것이니, 그 점이 바로 영무자의 우직함을 따라갈 수 없다는 말이다. '간하다 죽은 비간'의 경우는 어리석을 수 없었던 경우인 것 같다. 비간은 '의義'에 비추어 어리석은 척할 수 없어서 그와 같이 죽음을 맞이할 수밖에 없었으니, 영무자의 경우와는 다르다.[53] 비간은 왕의 숙부로서 미자가 이미 떠난 뒤라 간하지 않으면 안 되었던지라 간하다 죽었으니, 정당하다. 사람은 영무자의 시대에 처하면 영무자가 되어야 하고, 비간의 시대에 처하면 비간이 되어야지, 한 가지만 고집하면 안 된다.[54]

1) 狂簡(광간) : 뜻은 크나 행함은 이에 따르지 못하여 소홀하고 거칢. 狂 : 격렬하다, 맹렬, 심하다, 기분 내키는 대로, 제멋대로, 분별이 없다. 簡 : 소탈하다, 거칠다(6-2). ○정수덕 : "13-21에 '광견狂狷'이 나온다. 『맹자』에 '광견狂獧'으로 되어있고, 『설문』에 견狷 자가 없으니, 견獧이 옳다. 간簡과 견獧은 소리가 비슷하니, 광간狂簡은 곧 광견狂獧이다."

2) 章(장) : 문채, 색채, 법, 규칙, 글, 밝다, 밝히다, 나타나다, 현저함, 악곡의 절.

3) 裁(재) : 마름질하다, 자르다, 알맞게 줄이다, 헤아리다, 재량, 결단, 처단, 분별, 억제.

4) 文理(문리) : 예의禮儀, 조리條理, 문장의 조리, 문리, 문맥.

5) 割(할) : 나누다, 쪼개다, 가르다, 빼앗다, 자르다, 해치다, 재앙, 불행.

① 『어류』 : "이른바 '문'은 문사文辭를 지칭합니까, 사리事理를 지칭합니까?" "문사를 지칭하지 않는다. 그들의 행위에 모두 볼 만한 문리文理가 있음을 말한다."[63]

② 『어류』 : 광간狂簡이 중도의 모습은 아니지만 실제로 도리를 이룩하여 볼 만한 점이 있으니, 도중에 그만둔 경우(6-12)와는 다르다. 따라서 성인은 그들이 광간하여 어떻게 다잡을 줄 모른다고 말하였다. 그들이 하나의 도리를 이룩한 점은 인정한 셈이다. 대체로 공자 문하의 제자는 그 자질에 따라 저마다 성취할 수 있었다. 예컨대 자로의 용기는 정말로 일가一家의 용기를 이룩하고, 염구의 기예는 정말로 일가의 기예를 이룩하였다. 언어와 덕행의 과목에서도 다들 그러하였다. 하나같이 그들이 성취한 경지였다.[64] 성장成章은 본래 등급이 있고, 자체의 규모가 있다.[62] '비연성장斐然成章'은 역시 저마다 일가를 이룩하여 머리도 있고 꼬리도 있는 하나의 장章을 만들어냄이다. 또한 광간狂簡의 경우, 참으로 광간의 일을 터득하고

5-22 공자가 진나라에서 말하였다. "돌아가리라! 돌아가리라! 우리 학생들은 뜻은 크나 행실이 거칠고, 문장은 훌륭하나 다듬을 줄 모른다."

이는 공자가 사방으로 두루 돌아다녔으나 도가 행해지지 않아 돌아가려고 생각하며 탄식한 것이다. 오당소자吾黨小子는 노나라에 있는 제자들을 지칭한다. 광간狂簡은 뜻은 크나 일의 성취에는 엉성함, 비斐는 성대한 모습이다. 성장成章은 문리文理[①]의 성취[②]가 볼 만한 점이 있다는 말이다. 재裁는 바르게 다듬음이다.

공자의 초심은 천하에 도를 시행하려는 것이었다. 이 무렵 자신이 끝내 등용되지 못할 것임을 알고, 후학을 육성하여 후세에 도를 전하려고 생각하였다. 또한 중행의 선비를 얻지 못하자 차선의 선비를 생각하였다 광사狂士는 의지가 고원하니 그래도 더불어 도에 나아갈 수 있다고 여겼다.(13-21) 그러나 광사는 중도를 지나쳐 올바름을 잃은지라 혹시 이단에 빠질 수도 있다고 걱정하였다. 그래서 귀향하여 그들을 다듬으려고 하였다.[③]

도중에 그만두지 않았다. 비록 성현의 중도와는 다르지만 필경 그들은 한 가지 일을 완전하게 해냈으니, 요즘 학자처럼 시작만 있고 결말이 없는 경우와는 다르다. 성인은 중도의 인물을 얻어 함께하지 못했기 때문에 어쩔 수 없이 이러한 광견 등급의 인물을 취했으니, 그래도 지나치거나 부족한 점을 다듬고 절제하면 중도에 귀결시킬 수 있기 때문이다. 요새 사람처럼 한 가지 일도 이룩한 적이 없는지라 착수하여 다듬을 곳조차 없는 경우와는 다르다. 또 참으로 광간의 경지를 터득하기는 처음부터 쉽지 않다.[55] 성장成章은 일부를 완성하여 볼 만한 문리가 있는 것을 말한다. 예컨대 자공의 언변, 자로의 용기는 모두 참으로 성취한 것이니, 도중에 그만둔 경우가 아니다. 오늘은 행하지만 내일은 그만두는 경지가 아니다.[56] '비연성장'은 '광간이 진취적이라 투철하게 해내서 성취가 있음'이다. 성취했지만 다만 너무 지나친 감이 있으므로 다듬으려고 한다는 뜻이다.[57]

③ 『어류』: "공자가 진나라에 계시면서 제자들이 광간狂簡하니 돌아가서 다듬어 주려고 하였습니다. 그러나 나중에 증석의 무리는 문상을 가서 노래를 불렀으니, 아주 노장老莊과 같아졌습니다. 성인께서 이미 다듬어 주셨을 텐데, 어째서 그렇게 되고 말았는지 모르겠습니다." "다듬기는 성인에게 달려 있지만, 듣고 안 듣고는 각자에게 달려 있다."[59] 또 예컨대 맹지반 같은 경우 자랑하지 않고(6-15) 그 스스로 적당한 곳을 택했으니, 노자가 말한 '천하에 앞서지 않는다'는 뜻이다. 자상호가 죽었을 때 금장이 조문을 가서 느래를 불렀으니, 생사에 개의치 않는다는 불교 사상과 같다. 이런 사람들은 비록 그 뜻은 고원하지만 성인이 다듬어 바로잡아 주지 않으면 줄곧 광狂으로 치달아 결실이 없으니, 전혀 도움이 되지 않는다.[61] ○『사서곤면록』: 『석음록惜陰錄』에 따르면 "장주莊周 역시 광사狂士인데, 다듬을 줄 몰랐기 때문에 멋대로 이학異學을 제창하였다. 또 후세의 선학禪學은 왕왕 고명한 선비들을 빨아들였다. 이 장에서의 공자의 근심은 이미 장래의 화근을 내다본 것이었다."

5-23 子曰："伯夷·叔齊不念舊惡, 怨是用希."

伯夷·叔齊, 孤竹君之二子. 孟子稱其'不立於惡人之朝, 不與惡人言,' '與鄉人立, 其冠不正, 望望[1]然去之, 若將浼焉.'[2] 其介[3]如此, 宜若無所容矣. 然其所惡之人, 能改卽止, 故人亦不甚怨之也.
○程子曰："不念舊惡, 此淸者之量."[4]
又曰："二子之心, 非夫子孰能知之?"

5-24 子曰："孰謂微生高直? 或乞醯焉, 乞諸其鄰而與之."

(醯, 呼西反.) ○微生姓, 高名, 魯人,[5] 素有直名者. 醯, 醋也.[6] 人來乞時, 其家無有, 故乞諸鄰家以與之. 夫子言此, 譏其曲意徇物, 掠美市恩,[7] 不得爲直也.
○程子曰："微生高所枉雖小, 害直爲大."
范氏曰："是曰是, 非曰非, 有謂有, 無謂無, 曰直. 聖人觀人於其一介[8]之取予, 而千駟萬鍾從可知焉. 故以微事斷之, 所以敎人不可不謹也."

---

1) 望望(망망)：부끄러워하는 모양, 뒤돌아보지 않고 가는 모양, 실망한, 사모하는 모양.
2) 將(장)：막 ~하려 하다, 오히려, 다만, 거의, 나아가다, 浼(매)：더럽히다, 명예가 손상되다. ○『孟子』：伯夷, …不立於惡仁之朝, 不與惡人言；立於惡人之朝, 與惡人言, 如以朝衣朝冠坐於塗炭. 推惡惡之心, 思與鄉人立, 其冠不正, 望望然去之, 若將浼焉.[3：9]
3) 介(개)：정조, 절의, 굳게 지키다, 깔끔하다, 얌전하다, 도움, 홀로, 의지하다, 작다.
4) 『孟子』：故聞伯夷之風者, 頑夫廉, 懦夫有立志. … 伯夷, 聖之淸者也.[10：1]
5) 『莊子』「盜蹠」：尾生與女子期於梁下, 女子不來, 水至不去, 抱梁柱而死. ○郭象：尾生, 一本作微生, 『戰國策』作尾生高. ○『論語類考』：高誘氏以爲魯人, 疑卽微生高也.
6) 醯(혜)：식초, 위태롭다. 醋(초)：초, 시다, 질투. (작)：술을 권하다.
7) 掠(략)：노략질하다, 탈취, 베다, 칼을 휘둘러 자르다, (자백을 받으려고) 매질하다, 스쳐지나가다. 市恩(시은)：속셈이 있어 남에게 은혜를 베품. 市：거래하다, 장사하다, 팔다, 사다.
8) 介(개)：미세한 것, 사소한 것, 낱, 작다, 사이에 끼이다, 갑옷, 소개하다, 도움.

5-23 공자가 말하였다. "백이·숙제는 남의 옛날 악행[①]을 염두에 두지 않았다. 그래서 원망을 거의 받지 않았다."[②]

백이·숙제는 고죽군의 두 아들이다. 맹자는 그들을 "악인의 조정에서 벼슬하지 않고, 악인과 말하지 않고, 마을 사람들과 함께 있을 때도 의관이 바르지 않으면 마치 오염될까 놀라서 뒤도 안 돌아보고 떠나갔다"고 찬양하였다. 그 기개가 이와 같았으므로 그들이 세상에 용납되지 못함도 당연하다. 다만 미워하던 사람이 뉘우치면 미움을 그쳤다. 따라서 남들도 그들을 그다지 원망하지 않았다.

• 남의 옛날 악행을 염두에 두지 않음이 청명한 사람의 도량이다. – 이천

• 백이·숙제의 마음을 공자가 아니면 누가 알겠는가? – 이천

5-24 공자가 말하였다. "누가 미생고를 정직하다 했는가? 어떤 사람이 식초를 얻으러 오자, 이웃에서 빌려다가 주었으니!"

미생微生은 성, 고高는 이름이다. 노나라 사람이다. 평소 정직하기로 유명하였다. 혜醯는 식초이다. 남이 빌리러 왔을 때, 자기 집에 없어서 이웃집에서 빌려다 주었다. 공자는 이 일을 언급하며, 그가 자기 양심을 굽혀 남의 비위를 맞추고, 남의 미덕을 빼앗아 제삼자에게 선심을 쓴 만큼, 정직일 수 없다고 비판했다.[③]

• 미생고는 그 잘못이 적으나, 정직의 덕을 해침이 크다. – 이천

• 옳으면 옳다 그르면 그르다고 하며, 있으면 있다 없으면 없다고 하는 것이 정직이다. 성인은 누가 작은 것 하나를 주고받는 일을 보면, 천승의 병거와 만종의 큰 재물의 경우도 예측할 수 있다. 따라서 미미한 일을 가지고 단정함으로써, 사람으로 하여금 신중하지 않으면 안 됨을 가르쳤다. – 범조우

---

① 『혹문』: "백이·숙제가 당한 옛 악은 어떤 것입니까?" "소식이 논한 적은 있으나, 고증 자료가 없는 만큼 감히 꼭 어떤 것이라고 단정할 수는 없다."

② 『어류』: '옛 악을 염두에 두지 않음'은 안연의 '분노를 옮기지 않음'(6-3)과 뜻이 비슷하다. 남이 악을 저질렀을 때, 나는 사람을 미워하지 않고 그 악을 미워할 따름이다. 그가 이미 자신의 악을 고쳤다면 곧 저절로 미워할 일이 없어진다.[69]

③ 『혹문』: 식초는 얻기 힘든 물건이 아니다. 누가 나에게 빌리러 왔을 때 나에게 없으면 곧장 없다고 답하면 되고, 그는 그냥 다른 사람에게 가서 얻으면 된다. 어찌 그가 얻지 못할까를

5-25 子曰："巧言·令色·足[1]恭, 左丘明恥之, 丘亦恥之. 匿[2]怨而友其人, 左丘明恥之, 丘亦恥之."

(足, 將樹反.) ○足, 過也.

程子曰："左丘明, 古之聞人也."

謝氏曰："二者之可恥, 有甚於穿窬也. 左丘明恥之, 其所養可知矣. 夫子自言 '丘亦恥之,' 蓋竊比老彭之意. 又以深戒學者, 使察乎此而立心以直也."

5-26 顔淵·季路侍. 子曰："盍各言爾志?"

子路曰："願車馬衣輕裘,[3] 與朋友共. 敝之而無憾."[4]

顔淵曰："願無伐[5]善, 無施勞."[6]

걱정하는가? 만약 그가 급히 쓸데가 있고 또 어디서 얻어야 할지 모른다면, 알려만 주면 된다. 또 그가 다른 곳에서 구하려 했으나 얻지 못했다면, 그가 구하도록 가서 도와주면 된다. 그런데 미생고는 이웃에서 빌릴 때 구하는 이유를 알리지 않았을 것이고, 또 주면서는 얻은 곳을 알려주지 않았을 것이다. 이는 남의 미덕을 빼앗아 사심을 행사함에 앞뒤로 이처럼 다른 태도를 취하였다. 공자가 다시 또 무엇을 찬양할 수 있겠는가? ○『어류』: 식초는 아주 얻기 쉬운 물건인데도 이처럼 왜곡했거늘, 만약 대사에 임한다면 어떠했겠는가? 있으면 있다고 하고, 없으면 없다고 해야 한다. 작은 것을 왜곡하여 큰 것을 해쳤으니, 성실하다고 할 수 없다.[74] 그가 작은 일도 이렇게 처리했으니, 천승의 말과 만종의 곡식을 처리할 때도 이런 모양일 것이다. 미생고의 마음 씀씀이가 괴이하다. 식초가 무슨 대단한 물건이라고! 내가 없고 저 사람이 있다면, 그에게 직접 가서 구하게 하면 된다. 그런데 빌려다 주었으니, 은혜를 나에게 돌리려는 의도이다.[78] 누가 식초를 빌리러 온 일은 별로 중요하지 않은 일이다. 자기 집에는 없고 이웃집에 있다고 말해 주면 그 얼마나 정대한가? 무슨 안 될 일이 있는가? 반드시 자기가 빌려 와서 자기 것인양 하는 것이 대체 무슨 심보(氣象)인가! 이런 마음은 어떤 것인가? 자기에게 은혜를 돌리려는 일은 모두 사심에 치우친 것이다. '은혜를 자기 몫으로 돌리면, 원망은 누가 감당하란 것인가?(恩欲己出, 怨使誰當)'[80]

1) 足(주) : 지나치다, 과도하다, 아첨하는 모양, 더하다, 북돋우다.
2) 匿(닉) : 감추다, 숨기다, 숨다, 도피하다.
3) 裘(구) : 갖옷, 가죽옷, 가죽옷을 입다.
4) 敝(폐) : 해지다, 옷이 떨어지다, 부서지다, 피폐하다, 깨뜨리다, 버리다, 덮어 가리다. 憾(감) : 한하다, 서운하다, 한, 서운함, 근심하다, 마음이 불안하다.

5-25 공자가 말하였다. "번지르르한 말과 알랑거리는 낯빛과 지나친 공손함을 좌구명은 수치로 여겼고, 나도 수치로 여긴다. 원한을 숨기고 사람 사귀는 일을 좌구명은 수치로 여겼고, 나도 수치로 여긴다."①

주足는 지나침이다.②

• 좌구명은 옛날에 유명한 사람이다.③ – 이천

• 이 두 가지는 참으로 수치스러운 일이다. 담을 뚫거나 타넘어 들어가는 도둑질(17-12)보다 더 심한 면이 있다. 좌구명이 수치로 여겼으니, 그의 소양을 알 수 있다. '나 역시 수치로 여긴다'는 공자의 표현은, '우리 노팽에 견준다'(7-1)는 표현과 같은 뜻이다. 또 학생이 깊이 경계하여 그 점을 잘 살펴 정직으로써 마음을 세우도록 한 것이다. – 사량좌

5-26 안연과 자로가 모시고 있었다. 공자가 말하였다. "각자 너희의 뜻을 말해 보지 않겠는가?"

자로가 말하였다. "수레나 말, 좋은 옷을 친구와 함께 쓰다가, 망가지더라도 유감이 없고자합니다."④

안연이 말하였다. "능력을 자랑하지 않고, 공로를 뽐내지 않고자합니다."

---

5) 伐(벌) : 치다, 적을 공격하다, 죄를 밝혀 징계하다, 베다, 공적, 뽐내다, 자랑하다.

6) 施(시) : 베풀다, 행하다, 쓰다, 꾸짖다, 공로, 자랑, 과장, 뻗다. (이) : 미치다, 깔보다. 勞(로) : 노력하다, 근심, 노고, 괴로워하다, 지치다, 자랑하다, 공훈, 광활하다, 위로하다.

① 『어류』 : 교언·영색과 지나친 공손과 원한을 숨김은 모두 성실하지 못함이다. 사람으로서 성실하지 못하면, 어떤 일인들 저지르지 못하겠는가? 그렇기 때문에 참으로 수치스럽다. 위의 식초를 빌린 의미와 똑같다.[84]

② 『어류』 : '주足는 공손함에서 만족을 구함이니, 첨가한다는 뜻이다. 공손할 수 있으면 예는 이미 마감된 것이다. 만약 그 위에 다시 무엇을 첨가하려는 것은 공손함에서 만족을 구하는 것이니, 곧 사욕이다.[83]

③ 『혹문』 : "좌구명은 『춘추』를 전수한 사람 아닙니까?" "아직 알 수 없다. 담씨, 조씨, 육씨가 『찬례纂例』에서 상세히 논변하였다. 정자는 그들의 설을 따른 듯하다." ○『어류』 : 좌구는 옛날에 그런 성이 있었고, 이름은 '명'이니, 본래 있던 인물이다. 『춘추전』을 지은 사람 역시 좌씨인데, 이 좌구명과는 또 다른 어떤 사람이다.[86] 좌구명이 수치스러워 한 내용이 이와

子路曰："願聞子之志."

子曰："老者安之, 朋友信之, 少者懷[1]之."

(盍, 音合.) ○盍, 何不也.

(衣, 去聲.) ○衣, 服之也. 裘, 皮服. 敝, 壞也. 憾, 恨也.

伐, 誇[2]也. 善, 謂有能. 施, 亦張大[3]之意. 勞, 謂有功, 『易』曰"勞而不伐"是也. 或曰："勞, 勞事也. 勞事非己所欲, 故亦不欲施之於人." 亦通.

老者養之以安, 朋友與之以信, 少者懷之以恩. 一說：安之, 安我也；信之, 信我也；懷之, 懷我也. 亦通.

○程子曰："夫子安仁, 顔淵不違仁, 子路求仁."

又曰："子路·顔淵·孔子之志, 皆與物共者也, 但有小大之差爾."

같이 훌륭하다. (문제 많은) 『춘추좌전』은 그가 지은 책이 아님에 틀림없다.[87]

④ 『어류』: 여기서 자로의 마음이 넓고 넓음을 알 수 있다. 다만 조잡한 사심을 제거하는 경지일 뿐이다. 자로 같은 인물이 이런 식으로 끝까지 나아가면 임협任俠이 된다.[102] "어떤 사람이 친구와 함께 쓰는 데 그리 유감은 없더라도 궁핍 때문에 다시 장만하지 못하게 되어, 친구 때문에 망가졌다는 감정을 깨끗이 잊지 못하는 경우는 어떻습니까?" "친구에게 유감은 없더라도 이미 망가진 물건에 미련이 남아있어서 잊지 못한다면(眷眷不能忘情), 또한 만사에 달관한(賢達) 마음이 아니다."[128]

1) 懷(회): 품다, 가슴, 생각을 품다, 마음, 길들이다, 편안히 하다, 둘러싸다, 보내다.

2) 誇(과): 자랑하다, 자만, 과장하다, 허풍치다, 칭찬하다, 거칠다, 친절한 모양.

3) 張大(장대): 과장하다, 확대하다. 張: 늘어놓다, 진열, 과장하다, 바라보다.

① 『어류』: 공자는 이 세 부류만 거론했으나, 여기에는 천하의 모든 사람이 포괄된다.[90]

② 『어류』: 안자의 뜻은 자신의 장점으로써 남의 단점과 비교하지 않고, 자신의 능력으로써 남의 무능을 모욕하지 않는다는 것이다. 이것이 남과 함께 하는 입장이다.[116]

③ 『어류』: 공자, 안자, 자로의 뜻은 모두 남과 함께한다는 뜻이나, 수준의 차이는 있다. 자로의 뜻은 얕고, 안자의 뜻은 깊다. 이 두 사람의 뜻은 작고, 공자의 뜻은 크다. 자로의 뜻은 비교적 조잡하고 안자의 뜻은 비교적 섬세하나, 모두 사심을 없애려는 것이다.[112] 자로는 남을 구제하여 물질을 누리게 하는 마음, 안자는 만물과 나를 평등하게 대하려는 마음, 공자는 만물마다 제자리를 얻도록 하는(得其所) 마음이 있다.[104] 안자와 자로가 성인에 미치지 못하는 까닭은 무엇인가? 자로의 말은 단지 친구와 물건을 함께 쓰다가 망가졌을 때 유감을 느끼는 일에 대한 것이고, 안자의 말은 능력을 자랑하고 공로를 과시하는 일에 대한 것이다.

자로가 공자께 말하였다. "선생님의 뜻을 듣고 싶습니다." "노인은 편안케 하고, 벗은 믿어주고, 젊은이는 품어주고 싶다."①

합盍은 '어찌 ~하지 않느냐(何不)'이다.

의衣는 옷을 입음, 구裘는 갖옷, 폐敝는 해짐, 감憾은 탓함이다.

벌伐은 자랑함이다. 선善은 능력이 있음을 일컫는다. 시施 역시 부풀려 과장한다는 뜻이다. 노勞는 공로가 있음을 일컫는다. 『역』에 "공로가 있어도 자랑하지 않는다(勞而不伐)" 한 것이 그것이다. 또는 "노勞는 고된 일이다. 고된 일은 자신이 바라는 일이 아닌 만큼 남에게도 베풀려고 하지 않는다"고 풀어도 통한다.

노인은 평안하게 봉양하고, 벗은 신의로써 함께하고, 젊은이는 은혜로써 포용한다. 일설에 "안지安之는 나를 편안히 여기게 하며, 신지信之는 나를 믿게 하며, 회지懷之는 나를 그리워하게 한다" 했는데, 역시 통한다.

• 공자는 인에 편안히 여기고, 안연은 인을 어기지 않고, 자로는 인을 추구하였다. – 이천

• 자로, 안연, 공자의 뜻은 모두 남과 함께한다는 것이다.② (남과 함께 하기만 하면 곧 인이다. – 『어류』) 다만 크고 작은 차이만 있다.③ – 이천

그러니 공자의 말처럼 그 이치의 당연함을 따를 뿐 애초에 징계(자책)와는 무관한 경우와는 다르다. 자로의 뜻은 비유하면 병이 아주 깊은 사람이 다시 회복한 뒤에 '나는 음식과 기거를 조심해야겠다'고 말하는 것과 같다. 안자의 뜻은 병이 좀 가벼운 사람이 다시 회복한 뒤에 '나는 동작과 언어를 조심해야겠다'고 말하는 것과 같다. 음식·기거·동작·언어 등을 조심해야 할 대상으로 여긴 것은 그런 것을 삼갈 줄 몰랐기 때문에 나온 대답이다. 그러니 평소에 섭생을 엄격히 하여 완전히 병이 없는 사람처럼 그 비결을 물으면, 배고프면 먹고 목마르면 마신다고 대답하는 경우만 못하다. 이것이 두 사람이 성인과 다른 까닭이다.[105] 자로는 반드시 수레·말·갖옷이 있어야 그것을 가지고 벗과 함께 할 수 있다. 안자의 경우는 수레 따위가 없더라도 본성에서 이해한다. '능력을 자랑 않고 공로를 과시 않는' 경지는 수레·말·갖옷 따위는 말할 필요도 없다. 그러나 안자는 공자와 비교하면 여전히 능력을 의식하고 공로를 의식하고 있다. 공자의 경우는 흔적을 찾아볼 수 없다. '배움을 싫어하지 않고 가르침을 게을리 하지 않는'(7-2) 공자의 경지는, 그야말로 '순수함 그 자체로 중단이 없는(純亦不已)' 경지이다.[96] 자로는 전국시대 협사俠士의 기상이 있다. 학생은 모름지기 자로처럼 그렇게 버릴 수 있어야 한다. '선비로서 안락한 생활을 동경한다면 선비라고 할 수 없다.'(14-2) 요즘 사람처럼 이것도 두려워하고 저것도 두려워하여, 이리 재고 저리 재서 손도 발도 움츠린다면 대체 무슨 일을 해내겠는가? 그런 식으로는 좋은 사람이 되기는 고사하고 나쁜 사람도 되지 못한다. (선생은 여기서 언성을 높였다.) 사람은 태어나면 저마다 저 이치(理)를 타고난다.

又曰："子路勇於義者, 觀其志, 豈可以勢利拘之哉? 亞於浴沂者也. 顔子不自私己, 故無伐善；知同於人, 故無施勞. 其志可謂大矣, 然未免出於有意[1)]也. 至於夫子, 則如天地之化工,[2)] 付與萬物而己不勞焉, 此聖人之所爲也. 今夫羈靮[3)]以御馬而不以制牛, 人皆知羈靮之作在乎人, 而不知羈靮之生由於馬. 聖人之化, 亦猶是也. 先觀二子之言, 後觀聖人之言, 分明天地氣象.[4)] 凡看『論語』, 非但欲理會文字, 須要識得聖賢氣象."

그러나 사람이 저 이치(理)를 깨닫지 못하면 모든 것이 캄캄하여, 마치 개나 고양이처럼 배고프면 먹기를 기다리고 피곤하면 잠잘 뿐이다. 부귀해지면 감각적 욕구 충족에 치닫다가, 어느 날 빈천해지면 근심 걱정으로 어찌할 바를 모른다. 성인은 안팎과 크고 작음을 명확히 통달하지 않음이 없으니, 몸은 비록 사람이지만 실제로는 한 묶음의 천리天理일 뿐이어서, 이른바 '마음이 바라는 바를 따라도 법도를 넘지 않는다'(2-4)는 말이다. 모든 행동이 다 천리이니 무엇이 유쾌하지 않으랴![101] 대체로 사람은 자기를 의식하면 사심이 생긴다(有己則有私). 물질을 벗과 함께하는 자로의 뜻은 가히 고원하다고 하겠으나, 아직 저 몸의 껍데기를 벗지 못하였다. 능력을 자랑하지도 공로를 과시하지도 않는 안자는 자로보다는 경지가 높다. 그러나 그런 경지를 소망하는지라 여전히 그런 마음을 의식하고 있으며, 다만 없애기를 소망할 뿐이다. 곧 반은 몸의 껍데기에서 나온 것이다. 공자의 경우는 몸을 벗어났으니, 어느 것이 자기이고 어느 것이 만물인지 알지 못한다. [자로와 안연은 여전히 몸이라는 껍질 안에 있지만, 성인은 몸을 초탈해 천지와 한 몸이 되었다.] 학문이란 그것을 배우는 것일 따름이다.[113]

1) 意(의) : 무엇을 하려고 마음먹음, 의미, 생각, 추측, 정취, 사욕, 사사로운 마음.(9-4)

2) 化工(화공) : 자연의 조화, 조화의 교묘함, 천공天空.

3) 今(금) : 이제, 오늘, 현재, 바로, 지금, 이, 이에, 또는, 만일. 羈(기) : 굴레, 재갈(소고삐에 해당), 끌다, 잡아매다, 나그네살이. 靮(적) : 고삐

4) 氣象(기상) : 날씨, 경치, 기개, 기질, 패기, 도량, 분위기, 기색, 주위 상황, 시문의 기풍.

① 『어류』 : 자신의 소유를 가볍게 여기고 남과 공유할 수 있는 일을, 어찌 권세나 이익을 추구하는 사람이 그와 같이 할 수 있겠는가? 자로의 소원은 바로 모든 학생이 힘써야 할 일이다.[117]

② 『어류』 : "욕기浴沂의 경지는 매우 높은데, 정자가 왜 (질 낮은 자로를) 이렇게 평가하였습니까?" "자로의 학문은 거칠지만 자질은 높다. 그는 '사람이 자신의 잘못을 알려주면 기뻐하고,' [『맹자』3 : 8] '진리를 듣고도 아직 실천하지 못하면 다시 듣기를 두려워했다.'(5-14) 선을 보면 반드시 실행하고, 의로운 일을 들으면 반드시 실천했으니 자질이 높고, 수레와 말과 좋은 옷 따위는 대수롭지 않게 여겼던 만큼 '욕기' 경지에 버금간다."[119]

③ 『혹문』 : 정자의 말은 완전하다. 학생은 숙독하여 깊이 음미해야지 글자만 익혀서는 안 된다. 그런데 정자가 안자의 마음은 유심有心에서 나왔고 성인은 무심無心이라고 여긴 것은, 불교의 공적空寂에 떨어지는 폐단이 있을 것 같다. 내가 볼 때 그가 말한 심心은 의도(意)를 뜻한

• 자로는 의로운 일에 용감하였다. 그의 뜻을 볼 때, 어찌 권세나 재물에 구속되겠는가?① 그는 '기수에 목욕하고 싶다(浴沂)'(11-26)고 말한 증점에 버금간다.② 안자는 이기심이 없었으므로 능력을 자랑하지 않았고, 또 자신이 남과 같다고 여겼으므로 공로를 과시하지 않았다. 그 뜻이 위대하다고 할 수 있지만, 의도 있음(有意)③을 면하지 못하였다. 공자의 경우는 마치 천지의 조화 작용처럼 만물에게 부여할 뿐, 자신은 거기에 공로가 있다고 여기지 않는다. 이것이 성인이 하는 일이다. 그런데 사람은 말굴레와 고삐로써 말을 제어하지, 소를 제어하지 않는다. 사람들은 말굴레와 고삐를 만듦이 인위적임은 알면서도, 말굴레와 고삐가 생긴 것이 말의 본성에서 유래했음은 알지 못한다.④ 성인의 교화 또한 이와 같다. 먼저 자로와 안연의 말을 본 다음 공자의 말을 보면, 천지의 기상이 분명해진다. 『논어』를 읽을 때는 문자만 이해하려고 할 것이 아니라 성현의 기상을 인식해야 한다.⑤ – 이천

것 같다. 기록자의 잘못이 아니라고 말할 수 없다. ※『집주』의 '有意'는 원래 『이정집』에는 '有心'으로 되어 있다.

④ 『어류』: 소의 코를 뚫고 말에 굴레를 씌우는 일은 모두 천리의 그러함이다. 마치 그것들은 날 때부터 그런 이치를 지니고 나온 것과 같다. 구렁이·뱀을 쫓아내고 호랑이·표범을 몰아내는데, 그것들은 쫓기고 제거될 이치를 타고난 것들이다. 독사를 박멸하는 일 역시 그것이 박멸될 이치를 타고났기 때문이다. 따라서 만약 제거하거나 박멸하지 않는다면 천리가 아니다. 그래서 '사물이 있으면 반드시 법칙이 있다(有物必有則)'고 하였다. 좋고 나쁜 사물을 따진다는 말이 아니라, 모두 저마다의 법칙이 있다는 말이다.[125]

⑤ 『어류』: "(학문을 시작할 때) 맨 먼저 성인의 기상을 인식하라는 주장은 어떻습니까?" "그렇게 이해하면 안 된다. 성현의 등급은 본디 분명하다. 예컨대 자로는 절대로 안자만 못하고, 안자는 절대로 공자만 못하다. 오직 어떻게 그 경지에 이르렀는지를 보아야 한다. 가령 '수레·말·갖옷이 망가져도 유감이 없는' 일을 자신이 진짜로 그렇게 할 수 있는가? 능력이 있을 때 진짜로 자랑하지 않을 수 있는가? 공로가 있을 때 진짜로 과시하지 않을 수 있는가? 그런데 만약 성현이 해냈던 부분은 절실하게 이해하지 않고 다만 그 기상만 상상하는 것은, 정신을 바깥에 두고 있어서 막상 스스로는 착실한 공부를 해본 적이 없는 것이다. 반드시 '절실히 질문하고 자기 처지에서부터 생각해야 한다(切問而近思).' 전에 증점과 칠조개의 우열을 놓고 친구와 격렬하게 토론한 적이 있다. 그러나 굳이 그럴 필요가 있었을까? 오직 내가 어떻게 하면 칠조개의 경지에 이를 수 있을까, 어떻게 하면 증점의 경지에 이를 수 있을까를 생각해야 한다. 만약 그들이 한 일을 배우려 하지 않고 다만 그들의 우열만 비교한다면, 아무리 잘 비교하더라도 또한 자기와는 상관없는 일이다. … 요컨대 성인은 어떠하고 범인은 어떠한지, 자기는 무엇 때문에 성인과 같지 못하고, 무엇 때문에 범인과 같을 뿐인지를 살펴야 한다. 이 점을 이해하면 저절로 범인의 신세를 벗어나 성인의 경지에 들어간다(超凡入聖)."[127]

5-27 子曰："已矣乎! 吾未見能見其過而內自訟[1]者也."

已矣乎者, 恐其終不得見而歎之也. 內自訟者, 口不言而心自咎[2]也. 人有過而能自知者鮮矣, 知過而能內自訟者爲尤鮮. 能內自訟, 則其悔悟深切而能改必[3]矣. 夫子自恐終不得見而歎之, 其警學者深矣.

5-28 子曰："十室之邑, 必有忠信如丘者焉, 不如丘之好學也."

(焉, 如字, 屬上句. 好, 去聲.) ○十室, 小邑也. 忠信如聖人, 生質之美者也. 夫子生知而未嘗不好學, 故言此以勉人. 言美質易得, 至道難聞, 學之至則可以爲聖人, 不學則不免爲鄉人而已.[4] 可不勉哉?

---

1) 訟(송)：송사하다, 재물을 다투다, 논쟁, 꾸짖다, 자책, 다스려 바로잡다. 드러나다.

2) 咎(구)：허물, 잘못, 죄과, 재앙, 근심거리, 책망, 비난, 벌하다, 미워하다, 증오.

3) 必(필)：보증하다, 꼭, 반드시하다, 이룸, 반드시 ~해야 한다, 필요 있다, 오로지.

4) 『孟子』：是故君子有終身之憂, 無一朝之患也. 乃若所憂則有之：舜, 人也；我, 亦人也. 舜爲法於天下, 可傳於後世, 我由未免爲鄉人也, 是則可憂也. 憂之如何? 如舜而已矣.[8：28]

① 『어류』："이천은 '자기 책망을 그만두지 않고 계속하면 어찌 과오를 고치지 못하겠는가'라고 하였습니다. 비유컨대 어떤 사람이 송사를 다툴 때, 한 번의 송사에서 결판나지 않으면 반드시 두 번 세 번 하고 반드시 이긴 뒤에야 그만두는 것과 같습니다. 과오가 있을 때 반드시 공격하고 꾸짖기를 끝없이 하여 반드시 고친 이후에야 그만둡니다." "이천은 사람들이 과오를 저지르고 그저 그렇게 책망만 하며 그만둘까 염려하여 (과오를 고치기를) 노력하라고 그렇게 말한 것이다. 세상에는 본디 헛되이 책망(송사)만 하고 책망이 끝나면 곧 그만두는 사람이 있다. 일이 있을 때마다 오늘 그렇게 자신을 책망하고, 내일 또 그렇게 자신을 책망하고, 올해에 또 그렇게 자신을 책망하고, 다음해에 또 그렇게 자신을 책망할 따름이다. 그러나 여전히 고쳐서 바꾼 적이 없으니, 오직 옛날 그대로의 그 사람일 뿐이다. 그는 그저 자기 책망이 좋은 일이라는 것만 알 뿐이니, 다만 건성으로 자신을 책망할 뿐이다."[131]

② 『혹문』：다음과 같은 호인의 설명도 좋다. "열 가구의 마을에도 오히려 충직·신의의 덕이 공자 같은 사람이 있을진대, 하물며 온 천하 만민 가운데 수 천년을 거쳐 학문하여 성인의 경지에 들어갈 사람 또한 마땅히 많아야 할 것이다. 그러나 맹자 이후 지금에 이르도록 책 읽고 학문한 자는 세세 면면히 계속되었음에도 증자·민자건처럼 추구한 이는 한 두 명을

5-27 공자가 말하였다. "끝이로구나! 나는 아직 자신의 과오를 살피고 안으로 자신을 책망하는 사람을 보지 못하였도다!"

이의호已矣乎는 자신이 끝내 그러한 사람을 보지 못할 것 같아서 탄식한 것이다. 내자송內自訟은 입으로 말하지 않고 마음으로 자신을 비난함이다. 과오를 저지르고도 자각할 수 있는 사람은 드물고, 과오를 자각하고 안으로 자신을 책망할 수 있는 사람은 더욱 드물다. 안으로 자신을 책망할 수 있으면, 그 후회와 깨달음이 깊고도 절실하여 고치는 일을 보증할 수 있다.① 공자는 자신이 끝내 그러한 사람을 보지 못할 것 같다고 탄식하였다. 학생에 대한 깊은 경계이다.

5-28 공자가 말하였다. "열 가구의 작은 마을에도 반드시 나만큼 충직하고 신의 있는 사람은 있겠지만, 학문 사랑은 나만 못할 것이다."

열 가구는 작은 마을이다. 충직과 신의가 성인과 같다면, 타고난 자질이 아름다운 사람이다. 공자는 나면서부터 모두 안(깨달은) 사람이지만, 학문을 사랑하지 않은 적이 없다. 그래서 이렇게 말하여 사람들을 면려하였다. 아름다운 자질은 얻기 쉬울지라도 지극한 도는 깨닫기 어려우니, 학문이 지극해야 성인이 될 수 있고, 학문이 없으면 끝내 촌사람 신세를 면하지 못할 뿐이니, 어찌 면려하지 않을 수 있겠느냐는 말이다.②

꼽을 정도인 것은, 공자가 좋아했던 바로 그 학문을 좋아하지 않았기 때문이 아니겠는가?"
○『신해』: 충·신은 사람의 천성이니 나면서부터 모두 지닌다. 아름다운 자질은 얻기 쉬우나 학문을 통해야 완성된다. 즉 "옥은 갈지 않으면 보물이 되지 못하고, 사람은 학문하지 않으면 도를 알지 못한다"는 말이다. 학문을 하면 성인도 될 수 있지만 학문을 하지 않으면 촌사람을 면하지 못한다. 후세에는 공자를 받들려는 뜻에서 성인의 학문은 도모하기 어렵다고 말한다. 그러나 성인은 하늘이 낸 분이니 배워서 도달할 수 없다고 말하면 안 된다. 이 편은 고금의 인물을 논하였다. 공자 성인은 인륜의 극치이면서도 스스로 남들과 다른 점은 오직 학문에 있다고 말하였다. 편자가 이 장을 이 편의 최후로 삼았으니 그 뜻이 심오하다. 공자를 계승한 양대 학자가 맹자·순자이다. 그런데 맹자의 성선 이론은 이 장의 앞 부분에, 순자의 학문 권장 이론은 이 장의 뒷부분에 편중한 셈이다. 저마다의 편중 때문에 오류도 생겼다.

제6편 옹야

雍也第六

(凡二十八章.) 篇內第十四章以前, 大意與前篇同.
이 편 제16장까지는 대의가 앞 편과 같다.

6-1 子曰：“雍也可使南面.”

6-2 仲弓問子桑伯子, 子曰：“可也簡.”[1] 仲弓曰：“居敬而行簡, 以臨其民, 不亦可乎? 居簡而行簡, 無乃大簡乎?” 子曰：“雍之言然.”

南面者, 人君聽治之位.[2] 言仲弓寬洪[3]簡重, 有人君之度[4]也.

子桑伯子, 魯人, 胡氏以爲疑卽莊周所稱子桑戶者, 是也. 仲弓以夫子許己南面, 故問伯子如何. 可者, 僅可而有所未盡[5]之辭. 簡者, 不煩之謂.

(大, 音泰.) ○言自處以敬, 則中有主而自治嚴, 如是而行簡以臨民, 則事不煩而民不擾,[6] 所以爲可. 若先自處以簡, 則中無主而自治疏[7]矣, 而所行又簡, 豈不失之太簡, 而無法度之可守乎?『家語』記伯子不衣冠而處, 夫子譏其欲同人道於牛馬.[8] 然則伯子蓋太簡者, 而仲弓疑夫子之過許與?

仲弓蓋未喩夫子可字之意, 而其所言之理, 有黙契[9]焉者, 故夫子然之.

---

1) 簡(간) : 소탈하다, 검소, 대범, 단출하다, 업신여기다, 검열하다, 가리다, 정성, 태만.

2)『易』: 離也者, 明也. 萬物皆相見, 南方之卦也. 聖人南面而聽天下, 嚮明而治, 盖取諸此也.

3) 寬(관) : 너그럽다, 도량이 크다, 느긋하고 거리낌 없음, 온화함. 洪(홍) : 큰물, 크다.

4) 度(도) : 기량, 국량, 법도, 정도, 모습, 풍채. (탁) : 헤아리다, 꾀하다, 바루다, 가늠.

5) 僅(근) : 겨우, 조금, 거의, 대부분, 가깝다. 盡(진) : 극진하다, 죄다 보이다, 정성.

6) 擾(요) : 어지럽다, 교란하다, 흐려지다, 길들이다, 순진하다.

7) 疏(소) : 소홀하다, 거칠다, 성기다, 부주의하다, 드물다, 변변치 않다, 다스리다.

8)『가어』에는 이 내용이 없다.『설원』에 있다. ○『說苑』「修文」: 孔子曰‘可也簡’. 簡者, 易野也. 易野者, 無禮文也. …子桑伯子不衣冠而處. …其質美而無文. …文質修者, 謂之君子. 有質而無文, 謂之易野. 子桑伯子易野, 欲同人道於牛馬, 故仲弓曰‘太簡’.

9) 黙契(묵계) : 암암리에 서로 부합함, 비밀스런 조약이나 구두 협정, 비밀 약정.

①『어류』: “행동이 대범함이 무엇입니까?” “행동 원칙은 간단명료해야 하지, 자질구레하면(꼼꼼하면) 안 된다. 윗사람이 자질구레하면 아랫사람이 어떻게 모실 수 있겠는가? 따라서 ‘아랫사람에게 임할 때는 대범해야 한다’고 했거니와, 반드시 대범해야 한다.”[10]

6-1 공자가 말하였다. "중궁은 임금으로 삼을 만하다."

6-2 중궁이 공자께 물었다. "자상백자는 어떻습니까?" "괜찮은 사람이다. 대범하다." "몸가짐이 경건하고(居敬) 행동은 대범함으로써(行簡)① 백성을 대하면, 괜찮지 않습니까? 몸가짐 원칙도 대범하고(居簡)② 행동도 대범하면, 지나치게 대범한 것 아닙니까?" "네 말이 옳다."

남면南面은 임금이 정치를 하는 자리이다. 중궁이 너그럽고 도량이 커서 대범하면서도 장중하여, 임금의 도량을 갖추었다는 말이다.

자상백자는 노나라 사람이다. 호인은 "장자가 말한 자상호인 것 같다"고 했는데, 옳다. 중궁은 공자가 자신을 남면할 만하다고 여겼기 때문에, 자상백자는 어떠냐고 물은 것이다. '괜찮다(可)' 함은, 겨우 괜찮을 뿐이고 미진한 점이 있다는 말이다. 간簡이란 자질구레하지 않다는 말이다.

자신이 스스로 경에 거하면(居敬), 마음에 중심이 생겨 자신을 다스림에 엄격하다. 그런 다음 대범하게 행동하여(行簡) 백성을 다스리면, 정사가 번거롭지 않아 백성은 동요가 없을 것이기에, '괜찮다'고 여겼다. 그런데 만약 먼저 자기 스스로 대범함을 원리로 삼으면, 마음에 중심이 사라져 자신을 다스림에 소홀하다. 거기에다 행동까지 대범해지면, 어찌 너무 대범하여 지켜야 할 법도를 무시하는 실수가 없겠는가? 『가어』에 따르면, 자상백자가 의관을 갖추어 입지 않고 거처하자, 공자가 그를 사람의 도를 마소와 동일시하려 한다고 꾸짖었다. 그렇다면 자상백자는 지나치게 대범(소탈)했던 것 같다. 그래서 중궁은 공자가 지나치게 그를 인정한 사실을 의아해 한 것이다.

중궁은 공자가 말한 '괜찮다'는 말의 의미를 이해하지 못한 듯하지만, 그가 말한 이치가 은연중에 일치한 점이 있었으므로 공자가 인정하였다.

---

② 『혹문』: "거경居敬과 거간居簡은 어떻게 다릅니까?" "몸가짐을 경敬으로 하면, 마음이 방만하지 않고 의리와 예절이 뚜렷해진다. 따라서 일로 표출할 때 자연히 헛심을 걷어 번거로운 환란이 없다. 그런데 몸가짐도 대범함(簡)에 힘쓰면, 행동 원칙도 대범함만 일삼아 의리와 준칙이 내면에서 밝혀지지 않으니, 밖으로 기강과 법도를 준수할 줄 모른다. 지나친 대범함의 폐단은 이루 다 표현할 수 없다. 몸가짐이 경건하고 행동이 대범하면 자연스럽고 이치에 맞아 번거롭지 않다는 말이지, 홀시하는 부분이 있어도 된다는 뜻은 아니다. 홀시하는 부분이 있으면, 아예 일하지 않는 경우와 다를 게 없다." ○『어류』: 거경居敬과 행간行簡은 두 가지

○程子曰："子桑伯子之簡, 雖可取而未盡善, 故夫子云可也. 仲弓因言內主於敬而簡, 則爲要直；內存乎簡而簡, 則爲疏略, 可謂得其旨矣." 又曰："居敬則心中無物, 故所行自簡；居簡則先有心於簡, 而多一簡字矣, 故曰大簡."

6-3 哀公問："弟子孰爲好學?" 孔子對曰："有顏回者好學, 不遷[1]怒, 不貳[2]過. 不幸短命死矣! 今也則亡, 未聞好學者也."

(好, 去聲. 亡, 與無同.) ○遷, 移也. 貳, 復也. 怒於甲者, 不移於乙；過於前者, 不復於後. 顏子克己之功至於如此, 可謂眞好學矣. 短命者, 顏子三十二而卒也.[3] 旣云'今也則亡,' 又言'未聞好學者,' 蓋深惜之, 又以見眞好學者之難得也.

공부이다. '거경만 하면 행동이 저절로 대범해진다'는 해석은 거경에 치우친 감이 있다.[7] 세상에는 '거경'하면서 행동이 대범하지 않은 사람이 있다. 예컨대 사량좌가 말한 여진백은, 좋은 사람인데 너무 지극 정성이어서 번잡스러웠다. 객을 청하면 잠깐 동안에 두세 차례나 주안상을 불러들였다. 본디 이런 사람이 있다. 또 거경하지 못하면서 행동이 대범한 사람이 있다. 매사에 진중하지 못하여 간단한 방식으로 처리한다. 예컨대 조참曹參(?~B.C. 190)이 제나라를 다스릴 때 오직 청정淸淨을 숭상했다. 재상이 되어 날마다 술만 즐기고 업무를 보지 않았다. 밖에서 하급관리가 술을 마시고 보고하면 조참 역시 술을 마시며 대답했으니, 무슨 '거경'이 있었겠는가? 중궁의 말에 따르면, 거경과 행간은 본디 두 가지 일이다. 두 방면을 다 잘해야지, 한 방면에만 치우치면 안 된다. 예컨대 본말을 논하는 경우, 근본에만 노력을 기울이고 그 말단에는 힘쓰지 말라는 것이 아니다. '거경'하고 또 '행간'해야 한다.[8]

1) 遷(천) : 옮기다, 바꾸다, 새롭게 함, 옮다, 이동, 변하다, 물러남, 헤어지다, 내몰다.

2) 貳(이) : 둘, 두 마음을 품다, 거듭·반복·배반·의심하다, 떠나다, 변하다, 바뀜, 짝.

3) 『家語』: 顏回魯人, 字子淵, 少孔子三十歲, 年二十九而髮白, 三十一早死.

① 『어류』: 분노가 가장 다스리기 어렵다. 분노는 역덕逆德이다. 나는 늘 분노가 많고 아주 오래간다. 그대는 성품이 너그러워 분노가 적으니, 훌륭한 자질이다.[39] 핵심은 분노와 잘못에 있지 않고, '옮기지 않고' '반복하지 않음'에 있다. 잘못의 크고 작음이나 분노의 깊고 낮음은 따질 필요 없다. 옮기지 않고 반복하지 않음이 얼마나 대단한 역량인가? 불교에서 '도살의 칼을 놓으면, 곧바로 부처가 된다(放下屠刀, 立地成佛)'고 했듯이, 잘못을 반복하지 않기가 어렵다.[24] '반복하지 않음'이란, '잘못이 있으면 인식하지 않은 적이 없었고, 인식하면 다시

• 자상백자의 대범함은 취할 만한 부분이 있기는 하지만, 아주 좋지는 않다. 따라서 공자는 '괜찮다'고 대답하였다. 그러자 중궁은 말하기를, '마음은 경(경건함)으로 중심을 삼고 행동이 대범하면 바르게(直) 되려는 것이지만, 마음도 대범함만 견지하고 행동도 대범하면 거칠어진다(疏略)'고 했으니, 공자의 취지를 이해했다고 할 수 있다. – 이천

• 몸가짐이 경에 머물면 마음속에 잡념이 없으므로, 저절로 행동이 대범해진다. 그러나 몸가짐이 대범함에 의거하면 우선 (만사에) 대범하려고 마음을 쓴다. 대범이라는 말 하나가 더 들어간 까닭에, '지나치게 대범하다'고 하였다. – 이천

6-3 애공이 공자에게 물었다. "제자 가운데 누가 학문을 사랑합니까?" "안회(안연)라는 제자가 학문을 사랑하여, 분노를 옮기지 않았고, 잘못을 반복하지 않았습니다. 불행히도 단명하여 죽었습니다. 이제는 없습니다. 아직 학문을 사랑하는 이를 알지 못합니다."

천遷은 옮김, 이貳는 반복함이다. 갑에게 분노한 것을 을에게 옮기지 않음이고, 이전에 잘못한 것을 나중에 반복하지 않음이다.① 안자는 극기克己의 내공이 이와 같은 경지에 이르렀으니, 참으로 학문을 사랑했다고 하겠다. 단명短命이란 안자가 서른둘에 죽었기 때문이다. 이미 '이제는 없다'고 말한 다음, 다시 '아직 학문을 사랑하는 이를 알지 못한다'고 말한 것은, 아마도 깊이 안연을 애석해 하면서, 또 참으로 학문을 사랑하는 이를 찾기 어려움을 설경한 것이다.②

반복한 적이 없었다(有不善未嘗不知, 知之未嘗復行也)'[『역』「계사하」]는 말이다. 안자처럼 극기克己하여 자기의 사심을 이겨 없애면, 사심이 다시 싹트지 않는다.[25]

② 『어류』: "안자를 배우려면 '옮기지 않고' '반복하지 않은' 점부터 시작합니까?" "그렇지 않다. 그것은 학문이 이미 완성된 경지이다." "그러면 '사물四勿'(12-1) 공부부터 시작합니까?" "그렇다. 정자에 따르면, 안자는 그 말씀(四勿)을 받들었기 때문에 성인에 이르렀다. 학생들도 가슴 깊이 간직하여 버리지 않아야 한다."[27] 안자는 평소의 극기 공부가 뿌리깊이 함양되어 있었으므로, '옮기지 않고' '반복하지 않는' 효과가 생겼다.[28] 안연의 이 경지는 다름 아닌 도리를 분명히 볼 수 있는 경지이다. 그래야 분노해야 할 때 분노하고, 분노하면 안 될 때 옮기지 않을 수 있다. 옮기지 않아야 함을 곧 통찰하니, 자연히 반복하지 않을 수 있다.[38] 이 공부의 근원은 '예가 아니면 보지도, 듣지도, 말하지도, 움직이지도 않는'("四勿") 데에 있다. '분노를 옮기지 않는' 경지는 구체적인 자취가 없으니, 초학자에게 가르치기 힘들다. … 핵심은 시비

○程子曰：“顔子之怒，在物不在己，故不遷. 有不善，未嘗不知，知之未嘗復行，不貳過也.” 又曰：“喜怒在事，則理之當喜怒者也，不在血氣則不遷. 若舜之誅四凶[1]也，可怒在彼，己何與焉? 如鑑之照[2]物，姸媸[3]在彼，隨物應之而已，何遷之有?”

又曰：“如顔子地位，豈有不善? 所謂不善，只是微有差失. 纔[4]差失便能知之，纔知之便更不萌作.”

張子曰：“慊[5]於己者，不使萌於再.”

분별에 있다. 한 사람의 마음속에도 시가 있고 비가 있으며, 말에도 시가 있고 비가 있으며, 동작에도 시가 있고 비가 있다. 손님과 친구를 응접하거나 책을 읽을 때도 모두 시가 있고 비가 있으니, 반드시 분별하여 조금의 불분명함도 없어야 한다. 마음속에 생각이 일어나자마자 그 가운데 무엇이 옳고 무엇이 그른지 살펴야 한다. 움직여 일할 때도 무엇이 옳고 무엇이 그른지 살펴야 한다. 친구와 사귈 때도 무엇이 옳고 무엇이 그른지 살펴야 한다. 책을 읽을 때도 무엇이 옳고 무엇이 그른지 살펴야 한다. 일상생활에서 이런 일들은 반드시 완전히 분별하여 사소한 일이라도 그냥 넘기면 안 된다. 공자는 말하기를, ‘세 사람이 동행하면 그 가운데 반드시 나의 스승이 있다. 좋은 점은 택하여 따르고, 나쁜 점은 고친다’(7-22) 했으니, 사람들의 행동을 보고 말을 들으면 거기서 시비를 분별해내야 한다. 다른 사람이 옳지 않은 일을 행하고 옳지 않은 것을 말할 때, 비록 성토하지는 못할지라도 스스로는 먼저 마음에 명심해야 한다. 만약 흐리멍덩하여 분별하지 못하면, 이윽고 모든 것이 좋지 않게 변하여 전혀 알지 못하게 된다. 맹자도 말하기를 ‘나는 주장을 간파하니(知言) 편파적인 말에서는 편견의 소재를 알고, 궤변에서는 빠져든 함정을 알고, 부정한 말에서는 빗나간 바를 알고, 회피하는 말에서는 자기모순을 안다’[『맹자』 3：2] 했거니와, 그런 것들을 분명히 분별하지 못하면 어떻게 가슴속이 그처럼 확실할 수 있겠는가? 천하에는 오직 시비를 분별하는 일만 있을 뿐이다. 시비를 분명히 통찰했다면, 누가 온갖 방법을 동원하여 터무니없는 말을 하더라도 모두 물리친다. 왜냐하면 도리가 참으로 그러하기 때문이다. 한 단락의 글을 읽더라도 그 시비를 알아야 한다. … 언제나 늘 점검하여 만사 만물을 완전 명확히 분별해야 한다. 시와 비 사이에는 조금의 모호함도 있으면 안 된다. 그렇게만 한다면 도리는 자연히 분명해진다. 분별이 정밀할수록 일처리도 더욱 합당해진다.[34] 안자는 ‘극기복례克己復禮’(12-1)라는 공자의 가르침을 받고, 평생 그 네 글자를 받들었다(受用). ‘인을 어기지 않음’(6-7)도, ‘분노를 옮기지 않고 잘못을 반복하지 않음’도, ‘원래의 즐거움을 바꾸지 않음’(6-11)도 극기복례의 일이다. 극기복례하여 인욕이 없어지면 천리가 밝아져, 조금의 찌꺼기도 남아있지 않고 모든 것이 확실해진다. 일상의 모든 일이 다 이 도리이다.[32] “‘분노를 옮기지 않고 잘못을 반복하지 않은’ 안자의 경지는 고요함(靜)에 도달한 뒤에나 이를 수 있는 것 아닙니까?” “성현의 뜻은 그렇지 않다. 갑자기 눈앞에 분노할 일이 생겼을 때조차 고요함을 추구하란 말인가? 안자는 오직 도리를 투명하게 통찰했기에 갑에게 분노하면 을에게 옮기지 않을

• 안자의 분노는 대상에 있었지 자신에게 있지 않았다. 그래서 옮기지 않았다. 좋지 않은 점이 있으면 늘 그것을 깨닫고, 깨달으면 다시 행하지 않았다. 그래서 잘못을 반복하지 않았다. – 이천

• 희로의 원인이 사건에 있었던 만큼 이치상 마땅히 기뻐하거나 분노한 것이고, 혈기 때문이 아니었던 만큼 옮기지 않았다. 예컨대 순임금이 네 원흉을 처형했는데, 분노의 원인이 저들에게 있었을 뿐이니, 그 자신이 무슨 관여를 하였겠는가? 마치 거울이 사물을 비출 때 미추가 사물에 달려 있는 것처럼, 사물에 따라 응하면 그뿐이니, 무슨 분노를 옮기랴? – 이천

• 안자 같은 경지에서 어찌 선하지 못함("잘못")이 있었으랴? '선하지 못함'이란 다만 미미한 실수가 있었다는 말이다. 조금이라도 실수가 있으면 곧 깨닫고, 깨달으면 실수가 다시 싹트지 않는다.① – 이천

• 스스로 꺼림하게 느낀 일은 다시 싹트지 않게 하였다. – 횡거②

수 있었고, 도리를 투명하게 통찰했기에 잘못이 있음을 알면 자연히 반복하지 않았다. 마치 부자를 잘못 먹고 깨달은 뒤에는 자연히 다시 먹지 않음과 같다. … 그대의 뜻은, 오직 고요함을 추구하니 마음을 어두컴컴한 곳에 두고 거기에서만 공부해야 한다는 주장이다. 그것은 도리가 아니고 불교의 설일 뿐이다. … 사람은 일이 닥치면 대응해야 하니, 어찌 일이 닥쳤을 때 고요함으로 대처하라고 할 수 있는가? 분노해야 하면 분노하고 기뻐해야 하면 기뻐하니, 마음은 고정된 때가 없다."[37, 38]

1) 凶(흉) : 흉악하다, 흉악한 놈, 포악, 혹심하다, 세차다, 모질다, 불길하다, 불행.

2) 鑑(감) : 거울, 거울에 비추어 보다. 照(조) : 비추다, 빛나다, 이해하다, 알다.

3) 姸媸(연치) : 미추. 姸 : 곱다, 아름답다, 예쁘다. 媸 : 못생기다, 밉다, 어리석다.

4) 纔(재) : ~에야 비로소, 이제서야, ~이 되어서야, ~하자마자, 방금, 겨우, 근근이.

5) 慊(겸) : 마음에 흐뭇하지 않다, 흡족하다, 훌륭하다, 정성, 원망하다. (혐) : 의심.

①『어류』: "잘못은 이전의 어떤 상태를 지칭합니까?" "그렇다." "잘못은 일 속에서 발견되는 어떤 것을 지칭합니까?" "물론 어떤 일 속에서 발견된다. 그러나 오늘 어떤 일을 잘못했으면 그 후 곧 행하지 않고, 내일 또 어떤 일을 잘못했으면 그 후 다시 행하지 않는다는 뜻이 아니다. 안자의 경지가 높아서 어떠한 나쁜 일을 마주해도 행하지 않는다는 뜻이다. 일단 한번 고치면 여타 일련의 잘못들이 함께 없어진다. 하나를 들으면 열을 알았으므로(5-9) 응대하는 온갖 일들을 함께 간파하였다. 그는 어떤 하나의 잘못을 깨닫는 순간 여러 갈래의 비슷한 것들을 함께 쓸어 없앴다."[34] 안자는 자기 생각이 조금이라도 어긋나면 곧 고쳤다. 학생들은 안자의 경지에 이르지 못한 만큼 우선 매사를 하나하나 점검해야 한다. 잘못은 뚜렷한 것이든 미미한 것이든, 번개 치는 폭우도 비이고 보슬비도 비인 것처럼, 모두 잘못이다. 청천백일에 구름 한 점 없는 경지라면 그 얼마나 대단한 기상氣象인가?[35]

②『어류』: "사람이 나면서 오상五常의 성性이 마음속에 온전히 존재합니다. 사물에 감응하지

或曰：“『詩』·『書』, 六藝, 七十子非不習而通也, 而夫子獨稱顔子爲好學. 顔子之所好, 果何學歟?” 程子曰：“學以至乎聖人之道也.” “學之道奈何?” 曰：“天地儲精,[1] 得五行之秀者爲人. 其本也眞而靜. 其未發也, 五性具焉, 曰：仁·義·禮·智·信. 形旣生矣, 外物觸其形而動於中矣. 其中動而七情出焉, 曰：喜·怒·哀·懼·愛·惡·欲. 情旣熾而益蕩,[2] 其性鑿[3]矣. 故覺者約其情使合於中, 正其心, 養其性而已. 然必先明諸心, 知所往, 然後力行以求至焉. 若顔子之非禮勿視·聽·言·動, 不遷怒貳過者, 則其好之篤而學之得其道也. 然其未至於聖人者, 守之也, 非化之也. 假[4]之以年, 則不日而化矣. 今人乃謂聖本生知, 非學可至, 而所以爲學者不過記誦文辭之間, 其亦異乎顔子之學矣.”[5]

않으면 적연부동寂然不動하나, 감응하면 희노애락 등의 칠정을 표출합니다. 표출은 방종하기 쉬운지라 '성'이 마멸되기 시작합니다. 안자의 학문은 이 이치를 분명히 알아 반드시 칠정을 다스려 중도에 부합시켜 굳건히 사욕을 이겨 없애는 것입니다. 사욕이 제거되면 천리는 저절로 밝아지므로, 마음이 허정虛靜하게 감응합니다. 즉 분노하더라도 대상이 분노할 만하기 때문에 분노할 뿐, 자기와는 상관이 없습니다. 분노가 지나가면 마음은 다시 고요하니 어떤 옮길 것이 있겠습니까? 횡거가 말한 '마음에 꺼림함', 즉 마음에 조금이라도 흡족하지 못한 점이 있으면 저절로 인식하여 즉시 제거하니 다시 싹트지 않습니다. 학문공부가 이와 같으면 진정한 호학好學입니다." "이른바 '학學'은 그것을 배움이다. 이천의 '성기정性其情', 『대학』의 '명명덕明明德', 『중용』의 '천명지위성天命之謂性'이 모두 이 이치이다."[55]

1) 儲(저)：쌓다, 비축, 예비, 울타리. 精(정)：면밀, 정통함, 깊다, 근본, 생명의 근원, 정성.
2) 熾(치)：왕성함, 기세가 치열, 불을 피우다, 밥하다. 蕩(탕)：제멋대로 함, 방탕, 음란.
3) 鑿(착)：뚫다, 끊다, 소통하다, 멋대로 억측하다, 끌, 마음, 생각, 구멍.
4) 假(가)：거짓, 임시적, 빌리다, 너그럽다, 가령, 크다, 오르다, 바꾸다, 겨를, 여가.
5) 伊川曰：“顔子所好何學?” 論曰：“聖人之門, 其徒三千, 獨稱顔子好學. 夫詩書六藝, 三千子非不習而通也, 然則顔子所獨好者何學也? 學以至聖人之道也.” “聖人可學而至歟?” 曰：“然.” “學之道如何?” 曰：“天地儲精, 得五行之秀者爲人. 其本也眞而靜. 其未發也, 五性具焉, 曰仁義禮智信. 形旣生矣, 外物觸其形而動於中矣, 其中動而七情出焉, 曰喜怒哀樂愛惡欲. 情旣熾而益蕩, 其性鑿矣, 是故覺者約其情使合於中, 正其心, 養其性, 故曰'性其情.' 愚者則不知制之, 縱其情而至於邪僻, 梏其性而亡之, 故曰'情其性.' 凡學之道, 正其心養其性而已, 中正而誠, 則聖矣. 君子之學, 必先明諸心, 知所養, 然後力行以求至, 所謂自明而誠也. 故學必盡其心, 盡其心, 則知其性, 知其性, 反而誠之, 聖人也. 故「洪範」曰：'思曰睿, 睿作聖.' 誠之之道, 在乎

• "『시』·『서』와 육예六藝를 칠십 명의 제자 모두가 익혀서 통달하지 못한 이가 없었건만, 공자가 유독 안자만이 학문을 사랑했다(好學)고 칭찬하였습니다. 안자가 사랑한 것은 과연 어떤 학문이었습니까?" "학문하여 성인에 이르는 도였다." "그 학문의 도란 어떤 것입니까?" "천지가 정기를 쌓아 만물을 낳음에, 오행①의 정수를 받은 것이 사람이다. 그 본체本體는 참되고 고요하다.② 그 본체가 아직 발하지 않을 때에 오성五性이 구비되니,③ 인·의·예·지·신이 그것이다. 육체가 생긴 이후 외물이 그 육체에 접촉해 마음이 움직인다. 그 마음이 움직이면 칠정이 생겨나니, 희·로·애·구·애·오·욕이 그것이다. 감정이 타올라 더욱 방탕해지면, 본성이 마멸된다.④ 그러므로 깨우친 자는 감정을 단속하여 중도에 합하게 하고, 마음을 바로잡아 본성을 수양하면 된다. 그러나 반드시 먼저 마음속에서 분명히 깨달아 나아갈 바를 인식한 뒤, 실천에 힘써 도에 도달하도록 추구해야 한다. 안자의 경우는 예가 아니면 보지도 듣지도 말하지도 움직이지도 않고, 분노를 남에게 옮기지 않으며, 잘못을 반복하지 않았으니, 그 좋아함(사랑)이 돈독하였고 학문하여 그 도를 얻었던 것이다. 그러나 그가 성인의 경지에 이르지 못한 것은, 지키기만(의식적 노력) 하고 융화되지(무의식적 동화) 못했기 때문이다.⑤ 몇 년 만 더 살았으면 머지않아 융화되었을 것이다. 그런데 지금 사람들은 성인은 본디 생이지지자이니 배워서 이를 수 있는 경지가 아니고, 학문은 다만 글을 외우고 짓는 일일 뿐이라고 여긴다. 안자의 학문과 너무나 다르지 않은가?" – 이천

信道篤, 信道篤, 則行之果, 行之果, 則守之固, 仁義忠信, 不離乎心, 造次必於是, 顚沛必於是, 出處語默必於是, 久而弗失, 則居之安, 動容周旋中禮, 而邪僻之心無自生矣. 故顏子所事, 則曰'非禮勿視, 非禮勿聽, 非禮勿言, 非禮勿動.' 仲尼稱之, 則曰'得一善則拳拳服膺而勿失之矣.' 又曰'不遷怒, 不貳過.' 有不善未嘗不知, 知之未嘗復行也, 此其好之篤, 學之之道也. 視聽言動皆禮矣, 所異於聖人者, 蓋聖人則不思而得, 不勉而中, 從容中道; 顏子則必思而後得, 必勉而後中, 故曰顏子之與聖人, 相去一息. 孟子曰: '充實而有光輝之謂大, 大而化之之謂聖, 聖而不可知之謂神.' 顏子之德, 可謂充實而有光輝矣, 所未至者, 守之也, 非化之也. 以其好學之心, 假之以年, 則不日而化矣, 故仲尼曰'不幸短命死矣', 蓋傷其不得至於聖人也. 所謂化之者, 入於神而自然, 不思而得, 不勉而中之謂也. 孔子曰'七十而從心所欲, 不踰矩', 是也." 或曰: "聖人生而知之者也, 今謂可學而至, 其有稽乎?" 曰: "然. 孟子曰: '堯舜性之也. 湯武反之也.' 性之者, 生而知之者也; 反之者, 學而知之者也." 又曰: "孔子則生而知也, 孟子則學而知也. 後人不達, 以謂聖本生知, 非學可至, 而爲學之道遂失. 不求諸己而求諸外, 以博聞强記巧文麗辭爲工, 榮華其言, 鮮有至於道者, 則今之學與顏子所好異矣."

6-4 子華使於齊, 冉子爲其母請粟.[1] 子曰: "與之釜." 請益. 曰: "與之庾." 冉子與之粟五秉. 子曰: "赤之適齊也, 乘肥馬, 衣輕裘. 吾聞之也, 君子周急不繼富."[2]

6-5 原思爲之宰, 與之粟九百, 辭. 子曰: "毋! 以與爾鄰里鄕黨乎!"

(使·爲, 並去聲.) ○子華, 公西赤也. 使, 爲孔子使也. 釜, 六斗四升. 庾, 十六斗. 秉, 十六斛.

(衣, 去聲.) ○乘肥馬·衣輕裘, 言其富也. 急, 窮迫也. 周者, 補不足. 繼者, 續[3]有餘.

原思, 孔子弟子, 名憲. 孔子爲魯司寇[4]時, 以思爲宰. 粟, 宰之祿也. 九百, 不言其量, 不可考.

毋, 禁止辭. 五家爲鄰, 二十五家爲里, 萬二千五百家爲鄕, 五百家爲黨.[5] 言常祿不當辭, 有餘自可推之以周貧乏, 蓋鄰里鄕黨有相周之義.

---

① 『어류』: 오행만 말하고 음양을 언급하지 않은 까닭은, 사람을 만들 때 반드시 오행이 있어야 가능하기 때문이다. 그러나 음양은 곧 오행 속에 있다. 그래서 염계는 '오행도 하나의 음양이다'라고 하였다. 오행을 떠나 따로 음양을 논할 수 없다.[52]

② 『어류』: 저儲는 저축, 정精은 정기精氣, 본本은 본체, 참됨(眞)은 인위가 섞이지 않음, 고요함(靜)은 미발未發이다. 천지가 음·양의 두 정기를 축적하여 만물을 산생한다.[49, 50]

③ 『어류』: 오성이 곧 참된 것이고, 아직 발하지 않을 때가 고요함이니, 중첩된 말이다.[53]

④ 『어류』: "성에 대해 어떻게 '마멸된다(鑿)'는 표현을 쓸 수 있습니까?" "성은 물론 마멸될 수 없다. 다만 사람이 그 이치를 따르지 않고 멋대로 행동하면 성이 상한다. '착鑿'은 맹자가 말한 '착'[8 : 26]과 같다. 따라서 맹자는 다만 '본성을 함양한다(養其性)'[13 : 1]고만 말하였다. 함양이란 본성을 따를 뿐 해치지 않음을 뜻한다."[54]

⑤ 『어류』: "'분노를 옮기지 않음'은 안자와 성인의 공통점 아닙니까?" "성인은 물론 '분노를 옮기지 않는다.' 다만 '옮기지 않음'은 성인에게는 사소한(쉬운) 일이나, 안자에게는 큰 일이다. 성인은 본디 그런 '옮김' 자체가 있지 않으니 '옮기지 않는다'고 표현할 수도 없다. 그 표현은 미리 (옮기지 않으려고) 고심한다(商量)는 의미가 들어있다. 요·순 같은 성인은 그런 고심이 없다. 고심이 없으니 무엇을 옮기고 말고 하겠는가?"[20] 성인은 분노가 없거늘 무슨 '옮기지

6-4 자화가 제나라에 심부름을 가게 되자, 염유(염구)가 자화의 어머니를 위해 곡식을 주자고 청하였다. 공자가 "부(6말 4되)를 주어라" 하였다. 더 줄 것을 요청하자, "유(16말)를 주어라" 하였다. 그런데 염우가 곡식 5병(5×16섬)이나 주었다. 공자가 말하였다. "자화가 제나라에 갈 때 살찐 말을 타고, 가벼운 갖옷을 입었다. 나는 군자는 궁박한 이를 구제하지 부자를 불려 주지 않는다고 들었다."

6-5 원사가 공자의 가신이 되었을 때, 곡식 900을 주자, 사양하였다. 공자가 말하였다. "사양 마라. 네 이웃과 마을에 나누어주어라!"

자화는 공서적이다. 사使는 공자를 위해 심부름 감이다. 부釜는 6말 4되, 유庾는 16말, 병秉은 16섬이다.

'살찐 말을 타고 가벼운 갖옷을 입었다' 함은 부자라는 말이다. 급急은 궁박함, 주周는 부족한 이를 도움, 계繼는 넉넉한 이를 불려 줌이다.

원사는 공자의 제자로서, 이름은 '헌'이다. 공자가 노나라 사구司寇가 되었을 때, 원사를 가신으로 삼았다. 속粟은 가신의 봉록이다. 구백九百은 분량 단위가 언급되지 않아 고찰할 수 없다.

무毋는 금지사이다. 다섯 가구가 린鄰, 스물다섯 가구가 리里, 만이천오백 가구가 향鄕, 오백 가구가 당黨이다. 정해진 봉록은 사양해서는 안 되니, 남는 것으로는 직접 궁핍한 이를 구제하라는 말이다. 이웃과 마을 및 고을에는 서로 구제하는 도리가 있기 때문이다.

않을' 필요가 있으며, 잘못이 없거늘 무슨 '반복하지 않을' 필요가 있겠는가? 안자가 '옮기지 않고 반복하지 않음'에는 어떤 의도가 들어있다. '능력을 자랑하지 않고, 공로를 과시하지 않으려는'(5-26) 의도와도 같다.…이것이 이른바 '지키기만 하고 융화되지 못한' 상태이다.[57]

1) 粟(속) : 조, 오곡의 총칭, 벼, 찧지 아니한 곡식, 낟알, 녹미祿米, 군량軍糧, (피부의)소름.

2) 周(주) : 두루, 둘레, 지극하다, 두르다, 진실하다, 친하다, 구제하다, 베풀다, 삼가다, 알맞다.
繼(계) : 이어나가다, 불려 나가다, 덧붙이다, 기대를 걸다, 후사, 후속, 이어.

3) 續(속) : 더하다, 보태다, 계승하다, (보충하여)잇다, 이어내다, 이어지다, 계속하다.

4) 司寇(사구) : 형벌과 치안을 관장하는 벼슬. 司 : 벼슬, 관리. 寇 : 도국, 약탈자.

5) 鄭曰 : "五家爲鄰, 五鄰爲里, 萬二千五百家爲鄕, 五百家爲黨也."

○程子曰：“夫子之使子華, 子華之爲夫子使, 義也. 而冉子乃爲之請. 聖人寬容, 不欲直拒[1]人, 故與之少, 所以示不當與也. 請益, 而與之亦少, 所以示不當益也. 求未達而自與之多, 則已過矣, 故夫子非之. 蓋赤苟至乏, 則夫子必自周之, 不待請矣. 原思爲宰, 則有常祿. 思辭其多, 故又敎以分諸鄰里之貧者, 蓋亦莫非義也.” 張子曰：“於斯二者, 可見聖人之用財矣.”

6-6 子謂仲弓曰：“犂[2]牛之子騂[3]且角, 雖欲勿用, 山川其舍諸?”

(犂, 利之反. 騂, 息營反. 舍, 上聲.) ○犂, 雜文. 騂, 赤色. 周人尙赤, 牲用騂. 角, 角周[4]正, 中犧牲[5]也. 用, 用以祭也. 山川, 山川之神也. 言人雖不用, 神必不舍也. 仲弓父賤而行惡, 故夫子以此譬之. 言父之惡不能廢其子之善,[6] 如仲弓之賢, 自當見用於世也. 然此論仲弓云爾, 非與仲弓言也.

○范氏曰：“以瞽瞍爲父而有舜, 以鯀爲父而有禹, 古之聖賢不係於世類, 尙[7]矣. 子能改父之過, 變惡以爲美, 則可謂孝矣.”

---

1) 拒(거) : 막다, 거부하다, 방어하다, 겨루다, 적대하다.

2) 犂(리) : 얼룩소, 검버섯. (려) : 쟁기, 쟁기질하다, 검다, 동틀 무렵. (류) : 떨다, 전율.

3) 騂(성) : 붉은 말, 붉은빛에 좀 누른빛을 띤 말, 붉은 소, 붉은 털빛의 희생, 붉다.

4) 周(주) : 지극하다, 더할 나위 없다, 두루, 친하다, 구제하다, 온전히 다함, 합당하다.

5) 犧牲(희생) : 천지·종묘에 제물로 쓰는 짐승, 즉 산양 혹은 소·돼지.

6) 邢曰 : “仲弓父, 賤人, 而行不善, … 言仲弓父雖不善, 不害於子之美也.”

7) 尙(상) : 오래되다, 도리어, 바라다, 높다, 숭상, 더하다, 자랑, 반드시, 받들다, 흠모.

① 『혹문』 : (양시는 말하기를, ‘군자는 사양하고 받거나 취하고 주는 경우 그 의義가 아니면 사소한 것 하나라도 남에게 주지 않고, 그 도道에 맞으면 순임금이 요임금의 천하를 받은 것도 지나친 것이 아니다’라고 하였다.) 양시의 말의 폐단은, 실제로 인색한 사람이 사소한

• 공자가 자화를 심부름 보냈다. 자화가 공자를 위해 심부름을 간 것은 도리(의무)이다. 그런데도 염유가 그를 위해 따로 곡식을 청하였다. 성인은 너그러이 용납하고, 곧바로 거절하지 않으려고 조금 주라고 하였다. 마땅히 주어서는 안 됨을 암시한 것이다. 더 달라고 청하자 역시 조금 더 주라고 하였다. 더 주어서는 안 됨을 암시한 것이다. 그런데 염유는 이해하지 못하고 멋대로 많이 주었으니, 이미 잘못한 것이다. 그래서 공자가 비난하였다. 만약 자화가 매우 궁핍했다면 공자 자신이 구제해 주고, 청하기를 기다리지 않았을 것이다. 원사가 가신이 되었을 때는 봉록이 정해져 있었다. 원사가 많다고 사양했기 때문에 이웃과 마을의 가난한 사람에게 나누어주라고 가르쳤다. 어느 경우든 모두 의리에 맞다. – 이천

• 이 두 경우에서 성인이 어떻게 재물을 쓰는지 알 수 있다.① – 횡거

6-6 공자가 중궁에 대해 말하였다. "얼룩소 새끼라도 색깔이 붉고 뿔이 반듯하면, 쓰이지 않으려고 해도 산천이 가만 놔두겠는가?"

리犁는 얼룩무늬, 성騂은 붉은색이다. 주나라는 붉은색을 숭상하여, 희생도 붉은색을 썼다. 각角은 뿔이 완전히 반듯한 것으로, 희생에 적합하다. 용用은 제물로 쓰임, 산천山川은 산천의 신이다. 사람들이 제물로 쓰지 않더라도 신이 반드시 놔두지 않는다는 말이다. 중궁의 아버지는 천하고 행동이 나빴으므로, 공자가 그렇게 비유하였다. 아버지의 악이 그 아들의 선을 폐기할 수 없다. 중궁처럼 현명하면 자연히 세상에 쓰일 것이라는 말이다. 이것은 중궁을 논평한 말일 뿐, 중궁에게 직접 한 말은 아니다.

• 고수 같은 아버지 밑에 순임금이 있고, 곤 같은 아버지 밑에 우 임금이 있었다. 옛날 성현이 출신 계보에 얽매이지 않음이 오래되었다. 자식으로서 아버지의 과실을 고쳐 악덕을 미덕으로 변화시킬 수 있다면, 정말로 효라고 하겠다. – 범조우

것 하나도 남에게 주지 않는다는 설에 기대어 자신의 추함을 덮거나, 실제로 탐욕스런 사람이 요임금의 천하도 받았다는 설에 기대어 자신의 사심을 합리화할 수도 있다는 데에 있다.

6-7 子曰："回也, 其心三月不違[1]仁, 其餘則日月至焉而已矣."

三月, 言其久. 仁者, 心之德. 心不違仁者, 無私欲而有其德也.[2] 日月至焉者, 或日一至焉, 或月一至焉, 能造其域而不能久也.
○程子曰："三月, 天道小變之節, 言其久也, 過此則聖人矣. 不違仁, 只是無纖毫[3]私欲. 少有私欲, 便是不仁."
尹氏曰："此顔子於聖人, 未達一間者也, 若聖人則渾然無閒斷矣."
張子曰："始學之要, 當知'三月不違'與'日月至焉'內外賓主之辨. 使心意勉勉循循而不能已, 過此幾非在我者."

---

1) 違(위) : 어기다, 위반, 틀리다, 떠나가다, 피하다, 도망, 멀리하다, 원망, 잘못, 망설임.
2) 伊川曰："回三月不違仁, 得一善則服膺弗失. … 三月言其久, 過此則聖人也. 不違仁, 是無纖毫私欲, 少有私欲, 便是不仁."
3) 纖毫(섬호) : 조금, 약간. 纖 : 가늘다, 고운 비단, 잘다, 가는 실. 毫 : 가는 털, 붓.
① 『혹문』 : '인'은 마음의 덕이다. 사람에게 이 마음이 있으므로 이 덕이 있다. 그러나 사욕이 그것을 혼란시키면, 그 마음이 있더라도 그 덕을 지니지 못한다. 이 때문에 뭇사람의 마음이 늘 인에 어긋나게 된다. 극기복례克己復禮하여 사욕이 싹트지 않으면, 이 마음에 이 덕이 존재한다. 이 때문에 안자(안연)의 마음이 인을 어기지 않을 수 있었다. ○『어류』 : '인'은 곧 이 마음이다.[30] "마음은 리理와 합쳐져 하나인 것 아닙니까?" "합쳐짐이 아니다. 마음은 본래 '인'이다. 그러나 사욕이 한 번 일어나면 어질지 않게 된다. 따라서 '인은 사람의 마음이다'[『맹자』 11 : 11]고 하였다. 배움이란 무슨 일을 이해하는 것인가? 오직 이것을 이해하는 것이다.[19] 인은 마음과 본시 한 물건이나, 사욕에 의해 일단 격리되면 마음이 인과 떨어져 나가 두 물건이 된다. 사욕이 사라지면 마음은 인과 어긋나지 않아 한 물건으로 합쳐진다. 마음은 거울과 같고, 인은 거울의 밝음과 같다. 거울은 본디 밝으나 먼지(때)에 가려지면 마침내 밝지 않아진다. 만약 먼지를 제거하면 거울은 밝아진다. 안자는 석 달이라는 오랜 시간 동안 먼지가 없을 수 있었다.[8] 만약 잠시의 중단도 없으면 온전히 천리이니, 곧 성인이다. 안자가 성인에 한 단계 못 미치는 까닭은 이 때문이다.[15] 안연이 '한 가지 선을 얻으면 가슴에 품고 잃지 않음'(『중용』)은, 곧 '석 달 동안 인을 어기지 않은' 사례이다. 이른바 선이란, 곧 이 마음의 리를 수습하는 일이다. 안자가 '석 달 동안 인을 어기지 않은 일'이, 어찌 허공에 의지하여 멍하니 항상 문 닫고 눈 감고 고요히 앉아 일하지도 않고 사람도 만나지 않은 다음에 인을 어기지 않게 된 경우이겠는가? 안자 역시 일이 있으면 응하고 밥을 먹고 빈객을 맞이했으나, 다만 털끝만한 사욕이 없었을 따름이다.[42]

6-7 공자가 말하였다. "안회는 그 마음이 석 달 동안 인을 어기지 않았다. 다른 이들은 하루에 한 번 또는 한 달에 한 번 인에 이를 뿐이다."①

'석 달'은 오랫동안이라는 말이다. 인은 마음의 덕이다. '마음이 인을 어기지 않았다' 함은, 사욕이 없어서 그 덕을 지녔다는 뜻이다.② 일월지언日月至焉은 어떤 이는 하루에 한 번 인에 이르고, 어떤 이는 한 달에 한 번 인에 이른다는 것이니, 그 경지에 이르기는 해도 오래가지 못한다.

• 석 달은 천도가 조금 변하는 한 절기(계절)이다. 기간이 오래됨을 말한다. 이 기간을 넘기면(석 달 이상 인을 어기지 않으면) 성인이다. 인을 어기지 않았다 함은, 다만 털끝만큼의 사욕도 없었다는 뜻이다. 조금이라도 사욕이 생기면 곧 인이 아니다. − 이천

• 이 때문에 안자가 성인보다 한 단계 미달하였다. 성인의 경우는 온전하여 중단되는 일이 없다.(언제나 항상 인을 어기지 않는다.) − 윤돈

• 학문을 시작하는 핵심은 '석 달 어기지 않음'과 '하루 한 번 또는 한 달에 한 번 인에 이름'이 내외內外와 빈주賓主의 차이임을 아는 데 있다.③ 마음과 의지로 힘써 노력하여 착실히 나아가 중단이 없도록 해야 한다. 이 단계를 지나면 내가 의식적으로 노력하지 않아도 된다.④ − 횡거

---

② 『어류』: 나는 전에 (『혹문』에서) 그 나머지 사람 가운데 하루 동안 인을 어기지 않은 사람도 있고, 한 달 동안 인을 어기지 않은 사람도 있다고 해석한 적이 있다. 요즘 생각은 하루 동안 인을 어기지 않는 것은 물론 있을 수 있는 일이나, 한 달 동안 어기지 않기란 쉽지 않을 것 같다고 여긴다.[12] 일지日至란 하루에 한 번 인에 이르고, 월지月至란 한 달에 한 번 인에 이른다는 말이니, 드물다는 뜻이다. 평소에는 늘 다른("不仁") 일을 생각한다.[11]

③ 『혹문』: 어기지 않는 사람은 '인'이 안에 있어 내가 주인이 되나, 하르에 한 번, 한 달에 한 번 이르는 사람은 인이 바깥에 있어 내가 객이 된다. ○『어류』: 집에 비유하면, 성인은 늘 집 안에 있다. 안자 역시 집 안에 있다. 다만 때때로 잘못하여 문밖으로 나갈 때가 있지만 이내 자기가 살 곳이 아님을 깨닫고 돌아온다. 그 밖의 사람들은 늘 바깥에 있으면서 가끔 안으로 들어오나, 자기의 활동장소가 아니므로 이윽고 다시 나간다.[20] '석 달 어기지 않은' 사람은 마음이 늘 집안에 있어, 간혹 나가더라도 결국 밖에 있는 것이 편안하지 않아 나가면 곧 들어온다. 마음이 집안에서 편안하기 때문에 주인이다. '하루에 한 번, 한 달에 한 번 이르는' 사람은 마음이 늘 바깥에 있으니, 간혹 들어올 때도 있으나 끝내 안에서는 불안하여 들어오면 곧 나가 버린다. 마음이 밖에서 편안하기 때문에 손님이다. '어기지 않는' 사람은 본마음이 늘 존재하고, '하루에 한 번, 한 달에 한 번 이르는' 사람은 때때로 존재한다. 이것은

6-8 季康子問："仲由可使從政也與?" 子曰："由也果, 於從政乎何有?" 曰："賜也, 可使從政也與?" 曰："賜也達, 於從政乎何有?" 曰："求也, 可使從政也與?" 曰："求也藝, 於從政乎何有?"

(與, 平聲.) ○從政, 謂爲大夫. 果, 有決斷. 達, 通事理. 藝, 多才能. ○程子曰："季康子問三子之才可以從政乎, 夫子答以各有所長. 非惟三子, 人各有所長. 能取其長, 皆可用也."

6-9 季氏使閔子騫爲費宰. 閔子騫曰："善爲我辭焉. 如有復我者, 則吾必在汶上矣."

(費, 音秘. 爲, 去聲. 汶, 音問.) ○閔子騫, 孔子弟子, 名損. 費, 季氏邑. 汶, 水名, 在齊南魯北竟上. 閔子不欲臣季氏, 令使者善爲己辭, 言若再來召我, 則當去之齊.[1)]

○程子曰："仲尼之門, 能不仕大夫之家者, 閔子·曾子數人而已."

다름 아니라, 앎이 지극하고 그렇지 못하고, 뜻이 참되고 그렇지 못하고의 차이이다. 앎이 지극하면 억지로 나쁜 일을 시켜도 행하지 않는다. 앎이 지극하지 못하면 나쁜 일을 행하지 말도록 강제하더라도 그 의지가 끝내 무너진다. 따라서 명철한 통찰이 중요하다. 명철하게 통찰하면 마음과 뜻으로 힘써 노력하여 착실히 나아가 저절로 그만둘 수 없다.[18] '석 달 어기지 않는' 사람은 온몸이 모두 하얀데 검은 점 하나가 있는 것과 같고, '하루에 한 번, 한 달에 한 번 이르는' 사람은 온몸이 모두 까만데 하얀 점 하나가 있는 것과 같다.[15]

④ 『어류』: '석 달 어기지 않음'을 넘어선 경지는 수련(공부)으로 미칠 수 있는 바가 아니다. '따르려 해도 따를 수 없는(末由也已)'(9-11) 경지처럼, 참으로 노력한다고 해서 되는 것이 아니다.[31] 공부가 이 경지에 이르면 내가 힘쓸 수 있는 바가 아니고, 자연히 그만둘 수 없는 경지이다.[39] 노력하지 않아도 마치 강을 터뜨리면 물이 밀려와 배가 저절로 뜨는 것과 같다.[19] 학문은 마치 수레를 미는 것과 같다. 힘을 써서 수레를 밀어 움직여 놓으면 저절로 굴러가서 힘쓸 필요가 없는 것과 같다. 『논어』 첫머리에 '배우고 늘 익히면 기쁘지 않은가'라고 한 말이 바로 그 효험이다. 배움은 기뻐하는 경지에 이르러야 저절로 그만둘 수 없게 된다.[32] 기쁠 수 있으면 자연히 그만둘 수 없다. 마치 나무를 심는 것과 같아서, 처음에 심고 물을 주면 이내 크게 자라서 저절로 가지가 나고 잎이 자라니, 이에 더 무슨

6-8 계강자가 공자에게 물었다. "자로는 정치를 맡길 만합니까?" "자로는 결단력이 있으니, 정치를 한들 무슨 문제가 있겠습니까?" "자공은 정치를 맡길 만합니까?" "자공은 사리에 밝으니, 정치를 한들 무슨 문제가 있겠습니까?" "염유는 정치를 맡길 만합니까?" "염유는 재능이 많으니, 정치를 한들 무슨 문제가 있겠습니까?"

'정치를 한다(從政)' 함은 대부가 된다는 말이다.① 과果는 결단력이 있음, 달達은 사리에 통달함, 예藝는 재능이 많음이다.

• 계강자가 세 사람의 재능이 정치를 맡길 만하냐고 묻자, 공자는 각자의 장점을 가지고 대답하였다. 이 세 사람만이 아니라, 사람은 누구나 장점이 있다. 저마다의 장점을 취할 수 있다면 모두 등용할 수 있다. – 이천

6-9 계씨가 민자건을 비의 읍재로 삼으려고 사자를 보내오자, 민자건이 말하였다. "나를 위하여 말 좀 잘 해주십시오. 다시 나를 부르러 오면, 나는 반드시 문수 가에 있을 것입니다."

민자건은 공자의 제자로서, 이름은 손이다. 비費는 계씨의 읍이다. 문汶은 강 이름인데, 제나라 남쪽과 노나라 북쪽 경계에 있다. 민자건은 계씨의 신하가 되고 싶지 않아, 사자에게 자신을 위해 잘 말해 달라고 하면서, 만약 다시 자기를 부르면 제나라로 떠나겠다고 말하였다.

• 공자의 문하에서 대부의 가家에 벼슬하지 않은 사람은 민자건과 증자 등 몇 사람뿐이다. – 이천

사람의 힘이 필요하겠는가?[33] 배우고 늘 익혀 기뻐하는 경지에 이른 뒤에는 자연히 그만두려고 원하지 않는다. 요즘 사람은 다만 기쁨의 경지에 이르지 못했을 뿐이라고 하겠다.[35]

1) 孔曰 : "復我者, 重來召我也. 去之汶水上, 欲北如齊也."

① 『어류』 : "종정從政을 대부의 반열에 든다는 뜻으로 풀이한 것은 정말 어떤 근거가 있습니까? 그렇다면 자유가 무성의 읍재가 된 것이나, 중궁이 계씨의 읍재가 된 부류는 모두 정政이라고 말할 수 없다는 뜻입니까?" "염유가 계씨의 조정에서 물러나 정政이 있었다고 말하자, 공자가 '그것은 아마 사무(事)였을 것이다. 만약 정무(政)가 있었다면, 나를 통하지 않더라도 나도 알 수 있었을 것이다'(13-14)라고 말한 것에서도 알 수 있다."[47]

謝氏曰：“學者能少知內外之分, 皆可以樂道而忘人之勢. 況閔子得聖人爲之依歸. 彼其視季氏不義之富貴, 不啻犬彘,[1] 又從而臣之, 豈其心哉? 在聖人則有不然者, 蓋居亂邦·見惡人, 在聖人則可 ; 自聖人以下,[2] 剛則必取禍, 柔則必取辱. 閔子豈不能早見而豫待之乎? 如由也不得其死, 求也爲季氏附益, 夫豈其本心哉? 蓋旣無先見之知, 又無克亂之才故也. 然則閔子其賢乎!”

6-10 伯牛有疾, 子問之, 自牖[3]執其手, 曰：“亡之, 命矣夫! 斯人也而有斯疾也! 斯人也而有斯疾也!”

(夫, 音扶.) ○伯牛, 孔子弟子, 姓冉, 名耕. 有疾, 先儒以爲癩也. 牖, 南牖也. 禮：病者居北牖下. 君視之, 則遷於南牖下, 使君得以南面視己. 時伯牛家以此禮尊孔子, 孔子不敢當, 故不入其室, 而自牖執其手, 蓋與之永訣[4]也. 命, 謂天命. 言此人不應有此疾, 而今乃有之, 是乃天之所命也. 然則非其不能謹疾而有以致之, 亦可見矣. ○侯氏曰：“伯牛以德行稱, 亞於顏·閔. 故其將死也, 孔子尤痛惜之.”

---

1) 啻(시)：뿐, 다만 ~뿐만 아니라. 犬彘(견체)：개와 돼지, 천한 사람.

2) 謝曰：“不啻如犬彘, 又從而臣之, 豈其心哉? 在聖人有不然者, 公山弗擾佛肹亂人也, 召夫子, 夫子欲應之. 季氏雖不臣, 夫豈不知我, 而欲以爲宰也, 閔子辭之何也? 蓋居亂邦, 見惡人, 在聖人則可, 在他人則不可. 所謂磨而不磷, 涅而不緇, 蓋其變化莫測, 人雖欲殺之, 亦不可得也, 況得而汚之乎? 自聖人而下, …”

3) 牖(유)：창, 바라지, 남쪽으로 난 창, 인도하다, 감옥.

4) 永訣(영결)：영원한 이별. 訣：이별하다, 작별, 사별하다, 결단하다, 비결, 꾸짖다.

① 內外(내외)：자신과 외물. 內：자기가 타고난 본래의 도. 外：바깥의 비본래적인 것.

② 『혹문』：사량좌의 말은 거칠고 모나고 흥분해 있어서 성현의 기상에 가깝지 못한 점이 있다. 내가 오직 그의 말을 채택한 까닭은 나약한 사람의 뜻을 세워 줄 수 있기 때문이다. ○『어류』：사량좌의 말은 좋지만, 그 어조는 화평하지 못한 데가 있다.[52]

③ 『혹문』：이는 『회남자』에 근거한 말이지만, 신빙성은 알 수 없다.

④ 『혹문』：처음 생기면서 기질로 타고난 것으로서, 한 번 정해지면 바꿀 수 없는 것이 ‘명’이다. 맹자의 말처럼 ‘아무도 초치하지 않았건만 이르는 것(莫之致而至者)’[9：6]을 말한다.

• 학생이 내외[1]를 조금만 구분할 줄 알면, 누구든 도를 즐거워하고 세상의 권세를 잊을 수 있다. 하물며 민자건이 성인을 만나 그에 귀의했음이랴! 그는 아마 계씨를 그 부귀가 의롭지 못하여 개돼지보다 못하다고[2] 여겼을 터인데, 그를 따라 신하가 되는 것이 어찌 그의 마음이었겠는가? 성인이라면 그렇지 않은 경우도 있다. 아마 문란한 나라에 살면서 악인을 대하는 일은 성인이라면 문제없을 것이다. 그러나 성인이 아닌 사람은 강직하면 필시 화를 입고, 유약하면 필시 치욕을 당한다. 그러니 민자건이 어찌 예견하고 미리 대비하지 않을 수 있었겠는가? 자로 같은 경우는 제명에 죽지 못하고, 염유는 계씨를 위해 재산을 불려 주었으니, 어찌 그들의 본심이었겠는가? 선견지명도 없고, 또 분란을 극복할 재능도 없었기 때문이다. 그렇다면 민자건은 역시 참으로 현명하였다! – 사량좌

6-10 백우가 병이 나, 공자가 문병을 갔다. 남창에서 그의 손을 잡고 탄식하였다. "이럴 수가! 운명이로구나! 이런 사람이 이런 병에 걸리다니! 이런 사람이 이런 병에 걸리다니!"

백우는 공자의 제자로서, 성은 염, 이름은 경이다. '병이 난(有疾)' 것을 선배 학자는 나병으로 여겼다.[3] 유(牖)는 남쪽 창이다. 예에 따르면 병자는 북창 아래에 기거하다가, 임금이 문병하면 남창 아래로 옮겨서 임금이 남면하여 볼 수 있도록 한다. 당시 백우의 집에서 이 예로써 공자를 높이자, 공자는 감당하지 못한다고 여겨 그 방에 들어가지 않고 남창에서 그의 손을 잡았다. 아마 그와 영별하는 의미인 듯하다. 운명(命)은 천명을 일컫는다.[4] 이 사람은 그런 병에 걸리지 않아야 하는데 걸렸으니, 이는 곧 하늘이 명한 바라는 말이다. 그러니 그가 병을 조심하지 않아서 병이 난 것이 아니었다는 사실도 알 수 있다.

• 백우는 덕행으로 유명하여 안연과 민자건 다음이었으므로(11-3), 그가 죽게 되자 공자가 더욱 애통해 하였다. – 후중량[5]

---

⑤ 강성 : "공자는 성인이어서 통달하지 못한 바가 없다. 어찌 의술을 몰랐겠는가? 백우의 손을 잡은 것은 아마 그를 진맥한 것이다. 맥을 짚어보고 병이 낫지 못할 것임을 알았기 때문에 '이럴 수가! 운명이구나!'고 말씀하셨다." ○정수덕 : "계강자가 약을 보내오자, 공자가 재배하고 받으면서, '내가 그 약을 잘 모르기 때문에 감히 맛보지 못하겠다'(10-16)고 한 말이 바로

6-11 子曰：“賢哉, 回也! 一簞食, 一瓢飮,[1] 在陋巷. 人不堪[2] 其憂, 回也不改其樂. 賢哉, 回也!”

(食, 音嗣. 樂, 音洛.) ○簞, 竹器. 食, 飯也. 瓢, 瓠[3]也. 顔子之貧如此, 而處之泰然, 不以害其樂, 故夫子再言‘賢哉回也’以深歎美之. ○程子曰：“顔子之樂, 非樂簞瓢陋巷也, 不以貧窶[4]累其心而改其所樂也, 故夫子稱其賢.”

又曰：“簞瓢陋巷非可樂, 蓋自有其樂爾. 其字當玩味, 自有深意.”

又曰：“昔受學於周茂叔, 每令尋仲尼·顔子樂處, 所樂何事?”

愚按：程子之言, 引而不發, 蓋欲學者深思而自得之. 今亦不敢妄爲之說. 學者但當從事於博文約禮之誨, 以至於欲罷不能而竭其才, 則庶乎有以得之矣.

공자가 의술을 알았다는 증거이다. 강성의 진맥의 설은 옳다.”

1) 簞食瓢飮(단사표음) : 대소쿠리 밥과 표주박 물, 안빈낙도, 빈곤한 생활.
2) 堪(감) : 견디다, 버티어 계속하다, 능히 당해 내다, 참다, 뛰어나다, 하늘, 신다.
3) 瓢(표) : 박, 박으로 만든 그릇, 바가지, 표주박. 瓠(호) : 표주박, 병, 단지.
4) 貧窶(빈구) : 가난하다, 가난해 인사를 차리지 못하다. 窶 : 빈궁, 빈한하다.

① 『어류』 : ‘자自’ 자는 ‘단표누항’에 대칭하는 말이다.[70]

② 『어류』 : “이 말이 무슨 뜻입니까?” “원래(元) 이 즐거움이 있었다는 것이다.”[60]

③ 引而不發(인이불발) : 활을 당기기만 하고 쏘지 않는다. 남을 가르칠 때 스스로 그 이치를 깨닫도록 놓아두지, 모든 것을 다 가르쳐주지는 않는다.

④ 『어류』 : “명도에 따르면, ‘염계는 안자와 공자가 즐거워한 바와 무엇을 좋아했는지 찾으라고 가르쳤습니다.’ 제 생각에 공자와 안자의 학문은 물질에 집착하는 세속적인 것과 물론 다릅니다. 그러나 공자와 안자의 즐거움이 낙도樂道에 있다고 여기면, 공자와 안자는 결국 도와 따로 분리되고 맙니다. 공자와 안자의 즐거움은 오직 사심이 말끔히 사라지고 천리가 조화롭게 비추어, 저절로 털끝만한 속박도 없어진 경지입니다.” “바로 그렇다. 요즘 사람들이 말하는 낙도 논의는 천박하다.”[72] “천리의 유행은 털끝만한 단절도 없고, 잠시의 정지도 없습니다. 크게는 천지의 변화, 작게는 사물의 영고성쇠, 미미하게는 한 마음의 운용, 넓게는 천지 사방의 통괄(총섭)에 이르기까지, 혼연일체로 관통하고 있는 것이 바로 그 하나의 존재(‘도’)입니다. 안자는 널리 배우고 예로써 단속하여 공부가 주밀하니, 그로부터 출발하여 맥락을 찾을 수 있었습니다. 그 재주를 송두리째 바쳐 어느 날 활연관통하여 저 존재(물건)를 눈앞에 있는 것처럼 분명히 통찰했으니, 그 즐거움은 본래 그만둘 수 없는 것이었습니다.” “어떤 물건(존재)

6-11 공자가 말하였다. "현명하다, 안회는! 단사표음으로, 누추한 동네에 살고 있으니! 사람들은 그런 근심을 감당하지 못하건만, 안회는 그의 원래 즐거움을 바꾸지 않도다. 현명하다, 안회는!"

단簞은 대나무 그릇, 사食는 밥, 표瓢는 바가지이다. 안자의 가난함이 이와 같았으나 태연히 살면서 그 즐거움을 해치지 않았다. 공자가 거듭 "현명하다, 안회는!"이라며 그를 깊이 찬미하였다.

• 안자의 즐거움은 단사표음簞食瓢飮과 누항을 즐거워한 것이 아니라, 가난과 궁핍으로 그 마음이 얽매이거나 자신이 즐거워하는 바를 바꾸지 않은 것이기에, 공자는 그가 현명하다고 찬미하였다. – 이천

• 단사표음과 누항은 즐거워할 만한 것이 아니다. 아마도 본디(自)[1] 그가 즐거워한 경지가 있었을 것이다. 그 즐거움(其樂)의 '그' 자를 음미해야 한다.[2] 본래 깊은 뜻이 있다. – 명도

• 옛날 주무숙(염계)에게 수학할 때, 그는 공자와 안자가 즐거워한 점과 어떤 일을 즐거워했는지를 탐구하게 하였다. – 명도

내 생각에, 정자의 말은 문제만 제기하고 결론은 제시하지 않았다.[3] 아마 학생이 깊이 생각하여 스스로 터득하게 하려고 했기 때문이다. 나 또한 감히 망령되게 그 설명을 하지 않는다.[4] 학생은 다만 박문약례博文約禮(6-27)의 가르침을 실천하려고 노력해야 한다. 그리하여 그만두려고 해도 그만두지 못하고 재주를 다 발휘하게끔 하는(9-11) 경지에 이르면, 아마도 깊이 터득하는 바가 있을 것이다.

이 어디에 있는 것처럼 말해서는 안 된다. 도는 보편적인 도리이니, 진짜로 하나의 물건이 저기에 있어서 내가 관찰하는 것이 아니다. 다만 도리일 뿐이다. 만사 만물은 다 리理이지만, 안배가 잘못되어 있을 따름이다. 이제 안자는 전에 깨닫지 못한 것을 오늘 깨닫고, 전에 해내지 못한 것을 오늘 해냈기 때문에 즐거웠다. 그 어떤 물건을 가져서 그렇게 기뻐했다는 말이 아니다."[74] "염계는 명도로 하여금 안자가 무슨 일을 즐거워했는지 찾으라고 했으나, 염계든 명도든 끝내 설명하지 않았습니다. 선생님께서는 무슨 일을 즐거워했다고 생각하시는지 모르겠습니다." "사람이 즐거워하지 못하는 까닭은 사심(私意)이 있기 때문이다. 자신의 사심을 이기면 즐거울 수 있다."[71] 정자는 말하기를 '이 몸을 만물 속의 하나의 사례로 놓고 보면 얼마나 즐거운가!', '사람이 우주 사이에 아무런 막힘이 없다면 얼마나 즐거운가!'라고 하였다. 이것이 곧 안자가 즐거워한 바이다. 이 도리를 우주 사이에서 철저하고도 섬세하게 완전히 통찰하여(須是直窮到底, 至纖至悉, 十分透徹) 포괄하지 않음이 없는 경지에 이르면,

6-12 冉求曰："非不說子之道, 力不足也." 子曰："力不足者, 中道而廢. 今女畫."[1]

(說, 音悅. 女, 音汝.) ○力不足者, 欲進而不能. 畫者, 能進而不欲. 謂之畫者, 如畫地以自限也.
○胡氏曰："夫子稱顏回不改其樂, 冉求聞之, 故有是言. 然使求說夫子之道, 誠如口之說芻豢,[2] 則必將盡力以求之, 何患力之不足哉? 畫而不進, 則日退而已矣, 此冉求之所以局[3]於藝也."

6-13 子謂子夏曰："女爲君子儒,[4] 無爲小人儒."

儒, 學者之稱. ○程子曰："君子儒爲己, 小人儒爲人."
○謝氏曰："君子小人之分, 義與利之閒而已. 然所謂利者, 豈必殖貨財之謂? 以私滅公, 適己自便, 凡可以害天理者皆利也. 子夏文學雖有餘, 然意[5]其遠者大者或昧焉, 故夫子語之以此."

만물이 하나도 장애가 되지 않으니, 가슴속이 태연하여 어찌 즐겁지 않겠는가?[59] "안자가 그 즐거움을 고치지 않은 경지는, 사욕이 제거되어 마음속에 늘 천리의 유행이 중단된 적이 없습니다. 이것이 바로 지극히 부유하고 지극히 존귀한 이치로서, 천하의 어떤 것도 이보다 더 훌륭한 것은 없으니, 어찌 커다란 즐거움이 있지 않겠습니까?" "지극히 부유하고 지극히 존귀하다는 염계의 말은 빈천과 대비시킨 말이다. 여기서 그것을 인용하는 건 천박하다. 사욕이 아직 제거되지 않아 입이 맛을 찾고, 귀가 소리를 찾음이 다 욕망이다. 이런 욕망의 충족은 사욕이니, 도리어 거기에 얽매이게 된다. 어찌 즐거울 수 있겠는가? 이런 욕망은 얻지 못하면 오직 구하려고 하니, 마음 역시 즐겁지 않다. 오직 사욕이 제거되면 천리가 유행하여 행동하고 말하며 침묵하는 일상의 활동에 천리 아님이 없다. 가슴속이 확 트여 어찌 즐겁지 않겠는가! 이 경지는 본디 빈궁과는 상관없는지라, 빈궁 때문에 그 즐거움이 손상되지 않는다."[60] 성인의 마음은 안과 밖, 실재와 현상(表裏精粗)을 망라하여 훤히 통찰하지 못하는 것이 없다. 무엇을 생각하든 모두 천리로부터 유출된다. 이른바 덕이 왕성하고 인이 익숙하여 '마음이 원하는 바를 따라도 법도를 넘지 않으니,'(2-4) 장자莊子가 말한 '사람의 모습을 한 자연의 상태(人貌而天)'이다. 형체는 비록 사람이나 실은 한 덩어리 천리이니, 어찌 즐겁지 않을 수 있겠는가! 성인은 곧 한 조각의 적나라한 천리일 뿐이다.[67]

1) 畫(획) : 긋다, 한계 짓다, 그치다. 구획, 꾀하다, 꾀, 계략. (화) : 그림, 그리다, 채색.

6-12 염유가 공자께 말하였다. "선생님의 도를 좋아하지 않는 것은 아니지만, 힘이 달립니다." "힘이 달리는 자는 도중에 그만둔다.① 너는 지금 미리 선을 긋고 있다."

'힘이 달리는 자'는 진보하려고 해도 못하지만, '미리 선을 긋는 자'는 진보할 수 있는데도 하려고 하지 않는다. 획畫이라고 한 것은, 마치 땅에 선을 그어 놓고 자신을 제한하는 것과 같기 때문이다.

• 공자가 안회는 그의 즐거움을 바꾸지 않았다고 칭찬하자, 염유가 그 말을 듣고 이런 말을 하였다. 염유가 공자의 도를 즐거워함이, 마치 참으로 입이 소고기·돼지고기를 좋아하는 것처럼 했더라면, 반드시 힘을 다해 추구했을 것이다. 어찌 힘이 달림을 걱정하겠는가? 선을 긋고 나아가지 않으면, 나날이 퇴보할 따름이다. 이 때문에 염유는 예능에만 국한되고 말았다. – 호인

6-13 공자가 자하에게 말하였다. "너는 군자유가 되고, 소인유가 되지 말라."

유儒는 학자의 칭호이다.

• 군자유는 자신을 연마하고, 소인유는 남을 시비한다.(14-24) – 이천

• 군자와 소인의 구분은, 의리와 잇속 사이에 있을 따름이다. 그러나 이른바 잇속이 어찌 재화를 불리는 일만 일컫겠는가? 사심 때문에 공공을 멸하고, 자기 마음대로 스스로 편리를 추구함으로써 천리를 해치는 것은 모두 잇속이다. 자하는 예절 공부(文學)(11-3)는 넉넉했지만, 아마도 원대한 것은 어두웠기 때문에, 공자가 이렇게 말하였다.② – 사량좌

---

2) 芻豢(추환) : 풀을 먹는 소나 양 등이 '추', 곡식을 먹는 개나 돼지 등이 '환'. ○『孟子』 : 聖人先得我心之所同然耳. 故理義之悅我心, 猶芻豢之悅我口.[11 : 7]

3) 局(국) : 구속하다, 제한하다, 형세, 형편, 정세, 국면, 기량, 속임수, 계략.

4) 儒(유) : 선비, 유학, 공자의 학설을 닦는 자, 부드럽다, 너그럽다, 유약하다, 짧다.

5) 意(의) : 뜻, 의의, 헤아리다, 생각, 예상, 짐작, 추측, 생각하건대, 정취, 사사로운 마음.

①『어류』 : '도중에 그만둠(中道而廢)'과 '반쯤 가다 맘(半途而廢)'은 다르다. 후자는 게을러서 전진하지 않음의 뜻, 전자는 앞으로 나아가려 하나 도중에 힘이 부쳐서 주저앉음이다.[3]

②『어류』 : "공자가 왜 자하에게 소인유가 되지 말라고 했습니까?" "자하는 세밀하고도 근엄한

6-14 子游爲武城宰. 子曰："女得人焉爾乎?" 曰："有澹臺滅明者, 行不由徑.[1] 非公事, 未嘗至於偃之室也."

(女, 音汝. 澹, 徒甘反.) ○武城, 魯下邑. 澹臺[2]姓, 滅明名, 字子羽. 徑, 路之小而捷[3]者. 公事, 如飮射讀法之類. 不由徑, 則動必以正, 而無見小欲速之意可知. 非公事不見邑宰, 則其有以自守, 而無枉己徇人[4]之私可見矣.
○楊氏曰："爲政以人才爲先, 故孔子以得人爲問. 如滅明者, 觀其二事之小, 而其正大之情[5]可見矣. 後世有不由徑者, 人必以爲迂；不至其室, 人必以爲簡. 非孔氏之徒, 其孰能知而取之?"
愚謂持身以滅明爲法, 則無苟賤之羞；取人以子游爲法, 則無邪媚之惑.

6-15 子曰："孟之反不伐, 奔而殿.[6] 將入門, 策其馬, 曰：'非敢後也, 馬不進也.'"

사람이었다. 세밀하여 소소한 일도 그냥 지나치려 하지 않았고, 그래서 세상 인정에 영합하여 시대의 유행에 투합하는 폐단이 있어 소인유에 빠질 가능성이 있었기 때문이다."[7] "사량좌는 자하에 대해 '예절 공부는 충분했지만, 아마도 원대한 것에는 어두웠다'고 했는데, 「자장」편에 기록된 자하의 수준으로 보건대 어찌 '원대한 것에 어두웠다'고 할 수 있습니까?" "사량좌의 그 말은 나도 불만이다. 이 장은 군자유는 자기 연마(爲己), 소인유는 타인 시비(爲人)가 목표라는 정자의 해설을 따라야 한다." "군자유, 소인유를 대유大儒, 소유小儒로 풀이한 경우는 어떻습니까?" "자하가 대유냐 소유냐를 따질 필요는 없다. 각자가 추구해야 할 점을 찾아야 한다. 성인은 만세를 위해 가르침을 세웠으니(萬世立言), 어찌 자하만을 위해서겠는가? 이 부분을 볼 때는 의리와 잇속을 분명히 구분해야 한다. 사람들은 대체로 이 문제를 대충대충 넘기고 한계를 나누지 않는다. 군자유는 위로(의리에) 통달하고, 소인유는 아래로(잇속에) 통달한다는 사실을 반드시 분명히 통찰해야 하지만, 사람들은 본디 깨닫지도 살피지도 않는다. 그러면서 자신은 독서도 하고 의리도 살피고 문장도 지을 수 있지만 남들은 못한다고 말하고, 자신은 실천한다고 여기면서 남들에게 강요하는데(自以爲說得行, 便謂强得人), 이런 사람이 곧 소인유이다. 털끝만한 차이에서 군자와 소인이 갈라진다. 어찌 자하에게만 해당되겠는가?"[8]

6-14 자유가 무성의 읍재가 되었다. 공자가 물었다. "그대는 인재를 얻었는가?" "담대멸명이라는 사람이 있습니다. 길을 갈 때는 샛길로 가지 않고, 공적인 일이 아니면 저의 집무실을 찾은 적이 없습니다."

무성은 노나라의 작은 읍이다. 담대는 성, 멸명은 이름, 자는 자우이다. 경徑은 좁은 지름길이다. 공적인 일(公事)은 마을 단위의 음주나 활쏘기 및 독법讀法① 따위이다. 샛길로 가지 않았으니, 움직일 때는 반드시 정도에 따르고, 작은 이익을 바라거나 빠른 성과를 원하는 뜻(13-17)이 없었음을 알 수 있다. 공적인 일이 아니면 읍재를 면회하지 않았으니, 그는 지조가 있어서 자기를 굽혀 남을 따르는 사심이 없었음을 알 수 있다.

• 정치는 인재 선발을 우선시한다. 따라서 공자는 사람을 얻었는지 물었다. 담대멸명은 두 가지 작은 일에서 공명정대한 진면목이 드러났다. 후세에는 샛길을 가지 않는 사람이 있다면 사람들은 반드시 답답하다고 여길 것이며, (상관의) 집무실에 찾아가지 않으면 반드시 건방지다(簡)고 여길 것이다. 공자의 문도가 아니고서야 누가 그런 사람을 알아보고 등용하겠는가? – 양시

내 생각에, 처신은 담대멸명을 본으로 삼으면, 구차히 천시당하는 수모가 없고, 인재 등용은 자유를 본으로 삼으면, 간사한 아첨에 휘둘리는 미혹이 없을 것이다.

6-15 공자가 말하였다. "맹지반은 뽐냄이 없다. 패하여 달아날 때 군대의 후미를 지켰다. 성문에 들어갈 때 말을 채찍질하며, '일부러 뒤쪽을 감당한 것은 아니고, 말이 나아가지 않았기 때문이다'고 말했다."

---

1) 徑(경) : 좁은 길, 지름길, 빠르다, 민첩하다, 정직함, 곧바로, 간사함, 연유하다, 자취.
2) 澹(담) : 담박하다, 조용하다, 고요하다. 臺(대) : 누대, 무대, 받침대, 능교, 성문, 마을, 하인.
3) 捷(첩) : 빠르다, 민첩하다, 빨리, 지름길을 택하다, 이기다, 노획품, 승리.
4) 枉己循人(왕기순인) : 자기 기개나 주장을 꺾고 남의 뜻을 쫓음. 循 : 좇다, 뒤따르다, 의지하여 감, 그대로 행하다, 복종, 답습, 돌다, 주저하다, 머뭇거리다, 어루만지다.
5) 情(정) : 뜻, 인정, 본성, 천성, 진심, 사실, 진상, 이치, 진리, 사정, 형편, 멋
6) 奔(분) : 달아나다, 도망, 패주하다, 달리다, 빨리 가다, 빠르다. 殿(전) : 큰집, 궁궐, 절, 존칭, 맨 뒤의, 최후의, 진압하여 안정시키다.
① 독법讀法 : 주나라 때 정월에 주민州民을 모아 놓고 법령을 읽어주며 듣도록 한 의식.

(殿, 去聲.) ○孟之反, 魯大夫, 名側. 胡氏曰 : "反卽莊周所稱孟子反者是也." 伐, 誇[1]功也. 奔, 敗走也. 軍後曰殿. 策, 鞭也. 戰敗而還, 以後爲功. 反奔而殿, 故以此言自掩其功也. 事在哀公十一年. ○謝氏曰 : "人能操[2]無欲上人之心, 則人欲日消, 天理日明, 而凡可以矜[3]己誇人者, 皆無足道矣. 然不知學者欲上人之心無時而忘[4]也, 若孟之反, 可以爲法矣."

6-16 子曰 : "不有祝鮀之佞而有宋朝之美, 難乎免於今之世矣!"

(鮀, 徒河反.) ○祝, 宗廟之官. 鮀, 衛大夫, 字子魚, 有口才. 朝, 宋公子, 有美色. 言衰世好諛[5]悅色, 非此難免, 蓋傷之也.

6-17 子曰 : "誰能出不由戶? 何莫由斯道也?"

言人不能出不由戶, 何故乃不由此道邪? 怪而歎之之辭. ○洪氏曰 : "人知出必由戶, 而不知行必由道. 非道遠人, 人自遠爾."

---

1) 誇(과) : 자랑하다, 자만하다, 과장하다, 허풍을 치다, 칭찬하다.
2) 操(조) : 잡다, 쥐다, 부리다, 조종, 다가서다, 군사훈련, 절개, 뜻, 풍치, 운치.
3) 矜(긍) : 불쌍히 여기다, 괴로워함, 아끼다, 공경, 삼가다, 숭상, 존숭, 자랑, 엄숙.
4) 忘(망) : 품었던 생각을 끊어버리다. 마음에서 떨쳐내다.
5) 諛(유) : 아첨하다, 알랑거리다, 아부하다, 알랑거려 상대의 비위를 맞추는 말.

① 『혹문』 : 맹지반은 아마 노자의 유약겸손의 학풍을 듣고 그에 심취한 사람인 것 같다(聞老氏懦弱謙下之風而悅之者也). ○『장자』 「천하편」 : "… 聞其風而悅之."

② 『어류』 : 남의 위에 올라서려는 마음이 사욕이다. 성인의 온갖 가르침은, 오직 사람들의 사욕을 없애려는 것이다. 맹지반의 다른 일은 알 수 없지만, 이 한 가지는 본받을 만하다.[17]

③ 『의소』 : 축타는 말재주·아첨으로 위나라 영공의 총애를 받았고, 송조는 미색으로 남자(영공 부인)의 사랑을 받았다. 무도한 세상에서 환영받았다. 공자는 당시 인민들이 우둔하고 현혹되어 오직 말재주와 미색만 숭상하여, 충직한 사람들이 발붙이지 못한 현실을 증오하였다.

맹지반은 노나라 대부로서, 이름은 측이다. 호인에 따르면, 맹지반은 장주(장자)가 말한 맹자반이라는 자가 곧 이 사람이다.① 벌伐은 공을 자랑함, 분奔은 패하여 달아남이다. 군대의 후미를 전殿이라 한다. 책策은 채찍이다. 전쟁에서 패하여 퇴각할 때는, 뒤에 있는 것이 공이다. 맹지반은 패하여 달아날 때 군대의 후미를 지켰음에도 이렇게 말함으로써 스스로 그 공을 숨겼다. 이 일은 『좌전』「애공 11년」조에 나온다.

• 사람이 남 위로 올라서려는 마음을 없애려고 노력하면, 인욕은 점차 사그라지고, 천리는 점차 밝아진다. 자신을 자랑하여 남에게 과시하는 것은 모두 말할 만한 것이 못 된다. 학생이 남 위에 올라서려는 마음을 늘 떨쳐낼 수 있을지 모르겠다. 맹지반 같은 경우가 본으로 삼을 만하다.② – 사량좌

6-16 공자가 말하였다. "축타 같은 말재주가 있거나 송나라 조 같은 미남이 아니면, 요즘 세상에서 화를 면하기 어렵다."

'축'은 종묘의 관직이다. '타'는 위나라 대부로서, 자는 자어이고, 말솜씨가 있었다. '조'는 송나라 공자로서, 미남이었다. 쇠퇴한 세상에서는 아첨을 좋아하고 미색을 기뻐하니, 그런 점이 없으면 화를 모면하기 어렵다는 말이다. 아마도 탄식의 말이다.③

6-17 공자가 말하였다. "아무도 방문을 거치지 않고 나갈 수 없거늘, 어찌하여 아무도 이 길(도)을 따르지 않는단 말인가?"

'사람은 방문을 거치지 않고 나갈 수 없거늘, 무슨 이유로 이 도를 따르지 않는가?'라는 말이다. 괴이하게 여겨 탄식한 말이다.

• 사람은 나갈 때 방문을 통할 줄은 알지만, 행동할 때 도를 따를 줄은 모른다. 도가 사람을 멀리한 것이 아니라, 사람 스스로 도로부터 멀어졌을 따름이다. – 홍흥조

6-18 子曰："質勝文則野，文勝質則史．文質彬彬，然後君子．"

野，野人，言鄙略也．史，掌文書，多聞習事，而誠或不足也．彬彬，猶班班，[1] 物相雜而適均之貌．言學者當損有餘，補不足，至於成德，則不期然而然矣．

○楊氏曰："文質不可以相勝．然質之勝文，猶言甘可以受和，白可以受采也．文勝而至於滅質，則其本亡矣．雖有文，將安施乎？然則與其史也，寧野."

6-19 子曰："人之生也直，罔[2]之生也幸而免."

程子曰："生理本直．罔，不直也，而亦生者，幸而免爾."

---

1) 班(반)：(서옥을) 나누다, 반포하다, 이어지다, 펴다, 차례, 지위, 줄, 대등하다, 양반.

2) 罔(망)：그물, 굴레, 그물질, 어둡다, 어리석다, 덮어씌워 속임, 근심, 망령됨, 재앙.

① 『어류』：사史는 문서를 관장하는 관리이다. … 내사內史·어사御史 등도 모두 문서를 관장하는 관리이다. 진秦나라 때의 어사대부御史大夫 역시 제도와 문물을 관장하던 사람이다.[26]

② 『혹문』：앞의 '생生' 자는 시생始生의 생, 뒤의 '생' 자는 생존의 생이나, 의미는 결국 같다.

③ 『어류』："이 말이 무슨 뜻입니까?" "부자지간이면 본디 친애함이 있고, 군신지간이면 본디 의로움이 있다는 뜻이다."[34]

④ 『어류』：가령 어린아이가 우물에 빠지려는 것을 보면 저절로 측은지심이 생기고, 불의한 어떤 일을 보면 수오지심이 생기는 것이 '올바름'이다. 이 모두는 본심이 저절로 그와 같이 표출되어 나온 것인즉 억제할(거부할) 수 없다. 그런 마음을 따라 행하면 된다. 아이가 우물에 빠지는 것을 보고도 측은해 하지 않고, 불의한 일을 보고도 증오하지 않는 경우는, 이러한 도리를 비틀어 꺾어 버린 것으로서, 곧 '허위(罔)'이다.[35, 36] 망罔은 거짓으로 일을 꾸밈이니, 사람됨이 불성실하여 그릇된 것을 옳다 하고 검은 것을 희다 하는 행위를 일컫는다. 예컨대 부모에게 불효하면서도 남에게는 효도한다고 말하고, 형에게 불손하면서도 남에게는 공손히 대한다고 말하는 일이 '허위(罔)'이다. 이런 사람들은 응당 죽어야 하지만, 도리어 세상에 살고 있는 것은 요행히 모면함이다. 삶의 이치는 본디 올바름이다. 가령 귀가 듣고, 눈이 보고, 코가 냄새 맡고, 입이 말하고, 마음이 생각함은 자연히 그렇게 작용함이다. 만약 여기서 조금이라도 비뚤어지거나 흐트러지면 '올바르지 못함'이다. 책을 읽을 때 구체적이고 비근한("粗近") 도리를 특별히 고원하게 설명할 필요가 없다. 이른바 심천深淺이란 저 명백한 도리 가운데 저절로 간파하게 되는 구체적인 것과 심오한 것("粗細")을 말한다. 예컨대 '올바르지

6-18 공자가 말하였다. "바탕이 형식을 압도하면 거칠고, 형식이 바탕을 압도하면 겉만 번드르르하다. 형식과 바탕이 어울려야 군자다."

야野는 촌사람(野人)이니, 천하고 엉성하다는 뜻이다. 사관(史)은 문서를 관장하여① 박식하고 일에 능숙하지만, 정성은 부족할 수 있다. 빈빈彬彬은 반반班班과 같고, 사물이 서로 뒤섞여 알맞게 균형이 잡힌 모습이다. 학생이 넘치는 바를 덜어 부족한 것을 보충하면, 덕의 완성은 기약하지 않아도 잘될 것이라는 말이다.

• 형식과 바탕은 서로 압도하면 안 된다. 바탕이 형식을 압도할 경우는, 그래도 마치 단맛이 조화를 받아들일 수 있고 백색이 채색을 받아들일 수 있는 경우와 같다. 그러나 형식이 압도하여 바탕을 멸하면, 그 근본이 없어진다. 비록 형식이 있더라도 장차 어떻게 베풀겠는가? 그렇기 때문에 겉만 번드르르 할 바에는, 차라리 거친 편이 낫다. – 양시

6-19 공자가 말하였다. "인간의 삶(탄생)은 올바름이다. 허위의 삶(생존)② 은 요행히 모면함일 뿐이다."

• 삶의 이치가 본래 올바름이다.③ 망罔은 올바르지 못함인데, 그러면서도 생존함은 요행으로 모면함일 뿐이다.④ – 명도

못함'을 논할 때, 구체적으로는(조잡하게는) '사슴을 말이라고 지칭하는 일'도 있지만, 심오하게는 한 생각이 성실하지 못함, 즉 '악취를 미워하듯' 악을 미워하지 못하고, '미색을 좋아하듯' 선을 좋아하지 못함 역시 '올바르지 못함'이다. 다만 저 구체적인 도리 속에서 점차 심오한 부분을 통찰해야지, 별도로 다른 어떤 심원한 설을 추구하면 안 된다.[37] 인간의 삶은 원래 모두 올바름의 이치(直理)이다. '허위'는 올바름의 이치를 위배함이다. 어질어야 하는데 어질지 못하고, 의로워야 하는데 의롭지 못한 것이 모두 올바름의 이치를 위배함이다. 이렇게 되면 마땅히 죽어야 하는데, 죽지 않고 있다면 요행으로 모면함일 뿐이다.[32] 천지만물의 낳고 낳는 이치는 다만 '올바름'이다. 올바르면 곧 낳고 낳는 이치가 존재한다. 올바르지 못하면 천리天理를 왜곡함이니 응당 저절로 휘고 꺾일 터인데, 여전히 생존함은 요행히 모면한 것일 뿐이다.[33] 누가 천리를 멸절하면 죽어야 할 사람이다. 그럼에도 생존함은 요행으로 모면함이다.[31] "명도에 따르면 '사람은 천지의 중을 받아 탄생함(民受天地之中而生)'이 '하늘이 명한 것이 성이다(天命之謂性)'는 맥락이고, '인간의 삶은 올바름이다' 함 역시 같은 맥락인데, 서로 약간의 차이가 있는 것 아닙니까?" "무슨 차이가 있겠는가! 삶의 도리가 본디 올바름이다."[39]

6-20 子曰：“知之者不如好之者，好之者不如樂之者.”

(好, 去聲. 樂, 音洛.) ○尹氏曰：“知之者, 知有此道也. 好之者, 好而未得也. 樂之者, 有所得而樂之也.”

○張敬夫曰：“譬之五穀, 知者知其可食者也, 好者食而嗜之者也, 樂者嗜之而飽者也. 知而不能好, 則是知之未至也；好之而未及於樂, 則是好之未至也. 此古之學者所以自强而不息者與?”

6-21 子曰：“中人以上, 可以語上也；中人以下, 不可以語上也.”

(以上之上, 上聲. 語, 去聲.) ○語, 告也. 言教人者當隨其高下而告語之, 則其言易入而無躐等之弊[1]也.

○張敬夫曰：“聖人之道, 精粗雖無二致, 但其施教, 則必因其材而篤焉.[2] 蓋中人以下之質, 驟[3]而語之太高, 非惟不能以入, 且將妄意躐等, 而有不切於身之弊, 亦終於下而已矣. 故就[4]其所及而語之, 是乃所以使之切問近思, 而漸進於高遠也.”

---

1) 躐等(렵등)：엽등하다, 등급을 뛰어넘어 오르다, 순서를 살피지 않음. 躐：뛰어넘다, 초월하다. 弊(폐)：폐해, 해, 부정행위, 피곤하다, 나쁘다, 해지다, 넘어지다.

2) 『中庸』：大德必得其位, 必得其祿, … 天之生物, 必因其材而篤焉. 故栽者培之, 傾者覆之.

3) 驟(취)：(말이) 빨리 달리다, 질주, 빠르다, 갑작스럽다, 급속, 돌연히, 홀연, 갑자기.

4) 就(취)：다가붙다, 곁에 다가서다, 가까이하다, ~대로 하다, 좇다, 따르다.

① 『어류』：인간의 삶은 일정한 이치가 있다. 물욕으로 흐려지고 은폐되기 때문에 그 이치를 아는 사람이 적다. 그 이치를 좋아하는 사람은 이치를 앎이 이미 지극하여 그 이치가 사랑할 만하고 추구할 만함을 분명히 통찰하니, 속으로 정말로 좋아한다. 그 이치를 즐거워하는 사람은 이치를 좋아함이 이미 지극하여 그 이치가 이미 나에게 터득된지라, 우주 만물의 모든 이치가 모두 내 몸에 갖추어져 있어 그 즐거움이 무엇보다도 크다.[41]

② 『어류』：이 경우 역시 마치 안연에게는 ‘극기복례’(12-1)를, 중궁에게는 ‘경을 견지하고 서를 행하기(持敬行恕)’(12-2)를, 사마우에게는 ‘말을 절제함’(12-3)을 말해 준 경우와 같다. 청명강건淸明剛健하면 그런대로, 공경온순(恭黙和順)하면 그런대로, 병통이 있으면 있는 대로 모두

6-20 공자가 말하였다. "아는 자는 좋아하는 자만 못하고, 좋아하는 자는 즐거워하는 자만 못하다."

• 아는 자는 이 도가 있음을 안다. 좋아하는 자는 좋아하지만 아직 터득하지는 못하였다. 즐거워하는 자는 터득한 바가 있어서 즐거워한다.① – 윤돈

• 오곡으로 비유하면 '아는 자'는 먹을 수 있음을 아는 사람, '좋아하는 자'는 먹고서 즐기는 사람, '즐거워하는 자'는 즐기면서 배부른 사람이다. 알지만 좋아할 줄 모르는 것은 앎이 지극하지 못함이고, 좋아하지만 즐거워함에 이르지 못한 것은 좋아함이 지극하지 못함이다. 이 때문에 옛날 학생은 자강불식自强不息하였다! – 장경부

6-21 공자가 말하였다. "중인 이상은 심오한 도리를 말해 줄 수 있으나, 중인 이하는 심오한 도리를 말해 줄 수 없다."

어語는 알려주는 것이다. 사람을 가르치는 자는 자질의 고하에 따라 일러주어야만, 말이 쉽게 이해되어 엽등躐等의 폐단이 없다는 뜻이다.

• 성인의 도가 심오한 것과 조잡한(구체적인) 것 두 갈래로 나뉜 것은 아니다. 다만 가르침을 베풀 때는, 반드시 그 자질에 근거하여 더욱 돈독하게 해주어야 한다. 중인 이하의 자질은 갑자기 너무 고상한 것을 말해 주면, 받아들이지 못할 뿐만 아니라 망령되게 엽등할 생각을 하여, 자신에게 절실하지 못한 폐단이 생겨, 끝내 낮은 곳에 머물고 말 따름이다. 따라서 수준에 맞게 말해 줌②은 바로 절실히 반문하고(切問), 비근한 자기의 경우로써 생각하게(近思) 하여(19-6) 점차 고원한 데로 나아가도록 하려는 것이다. – 장경부

그 수준에 따라 말해 준 것이다.[48] "중인 이상 이하는 자질을 두고 한 말입니까?" "그렇게 단정할 필요 없다. 공부(경지)를 두고 한 말일 수도 있고, 자질을 두고 한 말일 수도 있다. 성인의 말씀은 둘 다 포함하고 있다. 성인께서 중인 이하는 저 고원한 부분을 말해줄 수 없다고 언급한 것은, 당시 현재로서는 그에게 설명해줄 어떤 실마리를 찾지 못한다는 뜻일 뿐이다. 경지(공부)를 두고 말하자면 한 가지를 이해하면 한 가지를 얻으니, 점차 오랜 정진을 통하여 하루가 다르게 진보하고 일년이 다르게 진보하면, 부지불식간에 고원한 부분도 이해하게 된다."[44]

6-22 樊遲問知. 子曰：“務民之義, 敬鬼神而遠之, 可謂知矣.” 問仁. 曰：“仁者先難而後獲, 可謂仁矣.”

(知·遠, 皆去聲.) ○民, 亦人也. 獲, 謂得也. 專用力於人道之所宜, 而不惑於鬼神之不可知, 知者之事也. 先其事之所難, 而後其效之所得, 仁者之心也. 此必因樊遲之失而告之.

○程子曰：“人多信鬼神, 惑也. 而不信者又不能敬. 能敬能遠, 可謂知矣.”

又曰：“先難, 克己也. 以所難爲先, 而不計所獲, 仁也.”

呂氏曰：“當務爲急, 不求所難知；力行所知, 不憚所難爲.”

---

① 『어류』: 여기의 두 구절은 같은 의미인 것 같다. … 『시』에서 말한 ‘사람의 떳떳한 도리(民之秉彝)’ 등이 사람의 의義이다. 이것이 사람이 마땅히 행해야 할 것으로서, 힘쓰지 않으면 안 된다. 이에 힘쓰지 않고 도리어 깊고 그윽하여 헤아려 알 수 없는 것을 추구함으로써, 화를 피하고 복을 구하려고 하면, 어찌 ‘지혜로운 사람’이라고 하겠는가?[51] ‘사람의 마땅한 바에 힘씀’은 분명한 부분에 노력하는 것이니, 하루를 힘쓰면 하루만큼의 효과가 있다. 사람의 마땅한 바에 힘쓸 줄 모르고 귀신에 친압하는 일은, 다만 마음과 힘을 헛되이 낭비할 뿐이다. 요즘 사람들이 귀신을 친압함은 다만 귀신에 미혹된 것이니, 이것이 ‘지혜롭지 못함’이다.[52] 사람은 귀신을 공경하되 멀리해야 한다. 만약 도리를 분명히 보았으면 모름지기 그와 같이 행해야 한다. 요즘 사람들이 부처를 믿고 섬겨서 복과 이익을 구하는 것이, 곧 ‘멀리하지 못함’이다. 또 점치는 일은 복희와 요순 이래 모두 썼으니, 그 이치가 있다. 사람이 만일 어떤 일에 의혹(망설임)이 있을 경우, 경건한 마음으로 점을 쳐서 결단하는 일이 무슨 안 될 것이 있겠는가? 그런데 의리상 마땅히 해야 할 일에 도리어 의혹을 갖고 오직 점괘에만 묻는다면, 역시 ‘멀리하지 못함’이다. 사람은 사람의 도리에 따라 마땅히 해야 할 일이 있다. 그런 일은 다하려 하지 않고 오직 귀신에게 아첨하고 섬기려 하는 일이, 곧 ‘지혜롭지 못함’이다.[53] 보통 사람이 말하는 앎(지혜)은 대체로 남이 모르는 바를 알려고 추구한다. 성인이 말한 앎은 오직 알아야 할 바를 알 따름이다. 보통 사람의 입장에서 보면 이 두 가지의 일은 앎(지혜)이 되기에 부족하다. 그러나 오로지 인간의 도리에 합당한 일에 진력하고 알 수 없는 귀신에 미혹되지 않는 것이야말로 진정한 앎(지혜)이다.[63] 귀신 문제는 원래 부차적인 문제이다. 그것은 형체도 그림자도 없어서 이해하기 어렵다. 꼭 이해할 필요는 없다. 우선 일상의 긴요하고 절실한 것부터 공부해라. ‘사람도 아직 잘 섬기지 못하는데 어찌 귀신을 섬기랴! 삶도 아직 모르는데 어찌 죽음을 알랴!’(11-12)고 한 공자의 말씀이 지극하다. 이해해야 할 것을 이해하면 장차 귀신에 대해서는 저절로 알게 된다는 뜻이다. 만약 이해해야 할 것을 이해하지 않고 긴요치 않은 것만 이해하면, 장차 아무 것도 이해하지 못한다. 지금

6-22 번지가 공자께 물었다. "지혜(知)란 무엇입니까?" "인간의 도리에 힘쓰고, 귀신은 공경하되 멀리함이 지혜라고 할 수 있다."① "인이란 무엇입니까?" "어려운 일은 먼저 하고 그 이득은 뒤로 미루면, 인이라고 할 수 있다."

민民 또한 사람이다. 획獲은 이득을 일컫는다.② 오로지 인도에 합당한 바에 힘쓰고, 알 수 없는 귀신에 미혹되지 않음이 지혜로운 사람의 일이다. 그 일의 힘든 부분을 앞장서서 하고, 그 결과의 소득은 나중으로 미루는 것이 어진 사람의 마음이다. 이는 필시 번지의 단점에 근거한 깨우침이다.

• 사람이 너무 귀신을 믿는 것이 미혹이다. 그 반면에 믿지 않는 자는 공경할 줄 모른다. 공경할 줄 알고 멀리할 줄 알아야 지혜라고 할 수 있다. – 이천

• 어려운 일에 앞장섬은 극기克己이다. 어려운 일을 먼저 할 일로 여기고, 성과를 계산하지 않는 것이 인이다. – 정자

• 해야 할 일을 먼저 급히 행하고, 알기 어려운 것은 추구하지 않으며, 아는 것을 힘써 행하고, 하기 힘든 일을 꺼리지 않아야 한다. – 여대림

우선은 눈앞의 일을 이해하고, 형체도 그림자도 없는 것에 헛되이 마음을 쓰지 마라. 설령 그런 것을 이해하더라도, 나에게 절실한 것은 도리어 이해하지 못한다. '『시』, 『서』와 예를 지킴에 관한 것은 모두 일상적인 말'(7-18)이고, 눈앞의 일이니, 노력한 만큼 효과를 얻는다. 『주역』 등은 이해하기 어려운 책인데, 순전히 자신의 추측에만 의지하면 옳은지 그른지를 알지 못한다. 차근차근 살펴보아야 한다. 지극한 곳에 이르면 결국 일상적인 일에 불과하다.[1, 2, 권3] "귀신은 있습니까? 없습니까?" "어찌 갑자기 말해줄 수 있겠는가! 또 말해 준들 그대가 믿을 수 있겠는가! 온갖 이치에 대한 이해가 분명해지면 그런 의혹은 저절로 풀린다. 번지가 지혜를 묻자, 공자가 '인간의 윤리에 힘쓰고, 귀신은 공경하되 멀리함이 지혜이다'고 대답하셨다. 우선 이해해야 할 것을 이해하고, 미처 이해되지 못한 것은 일단 보류해 두어라. 일상적인 일부터 투철하게 이해하면, 귀신의 이치는 장차 저절로 알게 되니, 그것이 지혜이다."[3, 권3] 귀신은 음양의 소장消長에 불과하다. 만물의 생성과 화육, 비바람과 어두움 등 모두가 음양의 소장이다. 귀신은 기氣일 뿐이다. 천지간에 기 아닌 것이 없다. 만물은 기가 모이면 생겨나고, 기가 흩어지면 죽는다.[6, 7, 17, 권3]

② 『어류』 : 획獲은 기대하고 원한다는 뜻이 있다. 학생은 인仁을 공부하기가 가장 어렵다. 먼저 사람이 하기 어려운 바를 행하되, 대가를 기대하고 원하는 마음은 지니지 않아야 옳다.[58] 어려운 일은 먼저 하고, 얻는 바는 뒤로 미루어야 한다. 호랑이 굴에 들어가지 않고 어떻게 호랑이 새끼를 잡겠는가! 반드시 몸을 던져 깊숙이 들어가 원수를 붙잡듯 해야 얻을 수 있다. 가볍게 말하고 말면 아무 소용이 없다.[61]

6-23 子曰："知者樂水, 仁者樂山；知者動, 仁者靜；知者樂, 仁者壽."

(知, 去聲. 樂, 上二字並五敎反, 下一字音洛.) ○樂, 喜好也. 知者達於事理而周流無滯, 有似於水, 故樂水. 仁者安於義理而厚重不遷, 有似於山, 故樂山. 動靜以體言, 樂壽以效言也.[1] 動而不括[2]故樂, 靜而有常故壽.

○程子曰："非體仁·知之深者, 不能如此形容之."

6-24 子曰："齊一變, 至於魯；魯一變, 至於道."

孔子之時, 齊俗急功利, 喜夸詐,[3] 乃霸政之餘習.[4] 魯則重禮敎, 崇信義, 猶有先王之遺風焉, 但人亡政息, 不能無廢墜[5]爾. 道, 則先王之道也. 言二國之政俗有美惡, 故其變而之道有難易.

○程子曰："夫子之時, 齊强魯弱, 孰不以爲齊勝魯也, 然魯猶存周公之法制. 齊由桓公之霸, 爲從簡尙功之治, 太公之遺法變易盡矣, 故一變乃能至魯. 魯則修擧廢墜而已, 一變則至於先王之道也."

愚謂二國之俗, 惟夫子爲能變之而不得試. 然因其言以考之, 則其施爲緩急之序, 亦略可見矣.

---

1) 呂曰："山水言其體, 動靜言其用, 樂壽言其效. 精義入神, 庸非樂乎?澤及萬世,庸非壽乎."
2) 括(괄)：묶다, 다발 짓다, 감독, 단속, 규명, 담다, 이르다, 찾다, 받아들임, 일어나다.
3) 夸(과)：자랑, 허풍, 사치, 칭찬. 詐(사)：속이다, 거짓말하다, 협잡하다.
4) 霸(패)：제멋대로 하다, 독점하다, 군림하다, 으뜸, 우두머리, 포악하게 남을 박해하는 인물. 餘習(여습)：타성이 된 습성, 평소 습관. 餘：넉넉하다, 나머지, 결말, 여가, 죄다.
5) 廢(폐)：없어짐, 부서짐, 그만둠, 기울어짐, 앓다. 墜(추)：떨어짐, 잃다, 무너짐, 붕괴.

① 『어류』：조용함(靜)은 인욕의 동요가 없고 천리의 당연함에 안주하는 상태를 일컫는다.[80]
② 『어류』：어진 사람은 움직이는 때라도 그 체體는 본디 조용하고, 지혜로운 사람은 조용한 때라도 그 체는 본디 움직임이다.[84]
③ 『어류』："완급의 순서가 무엇입니까?" "제나라는 패도 정치를 행한 이후 그 병폐가 많았으나,

6-23 공자가 말하였다. "지혜로운 사람은 물을 좋아하고, 어진 사람은 산을 좋아한다. 지혜로운 사람은 움직이고, 어진 사람은 조용하다.[1] 지혜로운 사람은 즐거워하고, 어진 사람은 장수한다."

락樂은 기뻐하고 좋아함이다. 지혜로운 사람은 사리에 통달하여 두루 유통하고 막힘이 없어서, 물과 비슷한 점이 있기 때문에 물을 좋아한다. 어진 사람은 의리에 편안하여 중후하고 변천이 없어서, 산과 비슷한 점이 있기 때문에 산을 좋아한다. 움직임과 조용함은 체體로써 말한 것이고,[2] 즐거워함과 장수함은 효과로써 말한 것이다. 움직임에 속박이 없으므로 즐겁고, 조용함에 법도가 있으므로 장수한다.

• 인과 지혜를 깊이 체인한 사람이 아니고는 이처럼 형용할 수 없다. – 이천

6-24 공자가 말하였다. "제나라가 일변하면 노나라 수준에 이르고, 노나라가 일변하면 도에 부합할 것이다."

공자의 시대에 제나라의 풍속은 성과(功)와 잇속(利)을 앞세우고 과장과 허풍을 좋아했다. 패도 정치의 유습이다. 노나라는 예교를 중시하고 신의를 숭상했으니, 아직 선왕의 유풍이 남아 있었다. 다만 인물이 없어지고 선정이 종식되어, 퇴락하지 않을 수 없었다. 도는 선왕의 도이다. 두 나라의 정치와 풍속에 미추의 차이가 있으므로, 변화하여 도에 이르는 것도 쉽고 어려운 차이가 있다.

• 공자의 시대에 제나라는 강하고 노나라는 약했으니, 누군들 제나라가 노나라보다 낫다고 여기지 않았겠는가? 그러나 노나라에는 아직 주공周公의 법제가 보존되어 있었고, 제나라는 환공의 패도 정치 이래 편리를 추구하고 결과를 숭상하는 정치를 하여 태공이 남긴 법은 죄다 변경되고 말았다. 따라서 일변하면 노나라에 이를 수 있다. 노나라는 퇴락한 것을 수리하기만 하면 되니, 일변하면 선왕의 도에 이를 수 있다. – 이천

내 생각에, 두 나라 풍속은 공자만이 변화시킬 수 있었으나, 시도할 기회가 없었다. 다만 그 말을 살피면 공자가 시행할 완급의 순서[3]는 대략 알 수 있다.

반면 노나라는 퇴락한 것을 보수하지 않았을 따름이다. 제나라는 우선 온갖 병폐를 다스려야만 비로소 노나라에 미칠 수 있으나, 노나라는 퇴락한 것을 수리하기만 하면 주공周公의

6-25 子曰："觚不觚，觚哉！觚哉！"

(觚，音孤.) ○觚，棱[1]也，或曰酒器，或曰木簡，皆器之有棱者也. 不觚者，蓋當時失其制而不爲棱也. 觚哉觚哉，言不得爲觚也.[2] ○程子曰："觚而失其形制，則非觚也. 擧一器，而天下之物莫不皆然. 故君而失其君之道，則爲不君；臣而失其臣之職，則爲虛位." 范氏曰："人而不仁則非人，國而不治則不國矣."

6-26 宰我問曰："仁者，雖告之曰：'井有仁焉.' 其從之也?" 子曰："何爲其然也? 君子可逝也，不可陷也；可欺也，不可罔也."

劉聘君[3]曰："有仁之仁當作人." 今從之. 從，謂隨之於井而救之也. 宰我信道不篤，而憂爲仁之陷害，故有此問. 逝，謂使之往救. 陷，謂陷之於井. 欺，謂誑[4]之以理之所有. 罔，謂昧之以理之所無. 蓋身在井上，乃可以救井中之人，若從之於井，則不復能救之矣. 此理甚明，人所易曉. 仁者雖切於救人而不私其身，然不應如此之愚也.

도를 회복할 수 있다."[7] 완급의 순서란 예컨대 제나라는 공리功利를 숭상하는 습속을 바꾸는 것이 급한 곳이고, 노나라는 기강을 진작시키는 일이 급한 곳이다.[8]

1) 棱(릉)：모서리, 튀어 나온 곳, 엄하다, 서슬이 푸른 모양.

2) 楊曰："名者人治之大，故孔子爲衛，以正名爲先. 觚而不觚，則何爲哉?" ○『或問』：但楊氏所謂正名者，與此事同而文意不類. 蓋正名之意，就實以正名，此章之旨，循名而責實，其事雖同，而不可以相明也.

3) 聘君(빙군)：학문과 덕행이 높아 조정에서 불렀으나 나아가 벼슬하지 않은 은사.

4) 誑(광)：속이다, 기만하다, 호리다, 유혹하다.

① 『혹문』："속임(欺)과 현혹(罔)의 차이를 상세히 말해 주십시오." "속임은 사람이 아직 알지 못한 내용을 가지고 기만하는 것이다. 현혹은 사람이 알 수 있는 내용을 은폐하여 우롱하는 것이다. 사람이 우물에 빠지는 일은 이치에 따라 세상에 있을 수 있는 일이다. 진짜로 우물에 사람이 있는지는 (보지 않으면) 군자라도 알 수 있는 바가 아니니, 진짜로 있지 않더라도 군자를 속여서 가 보도록 할 수 있다. 그러나 우물 속에 들어가서 사람을 구하는 일은 이치상 불가능하다. (밖에 있어야 빠진 사람을 구한다.) 이는 현자가 아니라도 알 수 있는 일이니,

6-25 공자가 말하였다. "모난 그릇이 모나지 않으면, 모난 그릇인가! 모난 그릇인가!"

고觚는 모서리인데, 술그릇이라고도 하고, 목간木簡이라고도 한다. 모두 그릇에 모가 난 것이다. 불고不觚란 당시에 법도를 상실하여 모가 나지 않음이다. 고재고재觚哉觚哉는 고觚가 될 수 없다는 말이다.

• 고觚라고 하더라도 그 형상에 대한 법도를 상실하면, '고'가 아니다. 하나의 기물을 거론했지만, 천하 만물이 다 그러하지 않음이 없다. 따라서 임금이 임금의 도를 상실하면 임금답지 못하고, 신하가 신하의 직무를 상실하면 헛된 지위가 된다. – 이천

• 사람이 어질지 못하면 사람이 아니고, 나라가 다스려지지 않으면 나라가 아니다. – 범조우

6-26 재아가 공자께 물었다. "어진 사람은 누가 '우물에 사람이 빠졌다'고 말하면 우물에 들어갑니까?" "어찌 그렇겠느냐? 군자를 우물까지 가게 할 수는 있어도 빠지게 할 수는 없다. 속일 수는 있어도 현혹시킬 수는 없다."

"유인有仁의 인은 인人이어야 한다"고 말한 유빙군의 설을 따른다. 종從은 우물에 따라 들어가 구한다는 뜻이다. 재아는 도를 돈독히 믿지 못하여 인을 행하다가 해악에 빠질까를 걱정했기 때문에, 이런 질문을 하였다. 서逝는 가서 구하게 함, 함陷은 우물에 빠뜨림이다. 기欺는 이치에 있는 내용으로써 속임, 망罔은 이치에 없는 내용으로써 현혹시킴이다.① 몸이 우물 밖에 있어야 우물 속에 있는 사람을 구해낼 수 있지, 만약 우물 속으로 따라 들어가면 다시 구해낼 수 없다. 이 이치는 매우 분명하여 누구나 쉽게 알 수 있다. 어진 사람은 사람 구하기를 절실히 여겨 자기 몸만 돌보는 것은 아니나, 그처럼 어리석어서는 안 된다.②

어찌 그렇게 군자를 현혹시켜 우물 속으로 들어가도록 할 수 있겠는가?"

② 『역주』: 『맹자』[9:2]에도 '속임'과 '현혹'의 구별이 나온다. "옛날 정나라 자산에게 어떤 사람이 살아있는 물고기를 선물했다. 자산이 연못지기더러 못에 기르게 하였다. 연못지기가 몰래

6-27 子曰："君子博學於文, 約之以禮, 亦可以弗畔矣夫!"

(夫, 音扶.) ○約, 要[1]也. 畔,[2] 背也. 君子學欲其博, 故於文無不考；守欲其要, 故其動必以禮. 如此, 則可以不背於道矣.
○程子曰："博學於文而不約之以禮, 必至於汗漫.[3] 博學矣, 又能守禮而由於規矩, 則亦可以不畔道矣."

6-28 子見南子, 子路不說. 夫子矢[4]之曰："予所[5]否者, 天厭之! 天厭之!"

삶아먹고 보고하기를, '처음에 연못에 놓아주자 좀 어벙하다가 이윽고 퍼덕이더니 유유히 사라졌습니다' 하니, 자신이 말하기를, '잘 됐구나, 잘 됐구나!' 하였다. 연못지기가 나와서 말하였다. '누가 자산을 지혜롭다 했는가? 내가 삶아서 먹어버렸는데, 자산은 "잘 됐구나, 잘 됐구나" 하는도다.' 그러므로 군자는 도로써 속일(欺) 수는 있어도, 도가 아닌 것으로써 현혹(罔)시키기는 어렵다."

1) 要(요) : 잡다, 얻다, 허리띠, 통괄하다, 협박하다, 그릇된 것을 고치다, 요령, 요점.
2) 畔(반) : 두둑, 경계, 떨어지다, 배반·위반하다, 어지러운 모양, 굳세다, 사납다.
3) 汗漫(한만) : 아득히 넓음, 산만하여 다잡음이 없음, 들떠 있어 실속 없음. 汗 : 땀, 호령하다, 물이 질펀한 모양, 넉넉함. 漫 : 질펀함, 넘쳐흐르다, 어지럽다, 더럽히다, 만연.
4) 矢(시) : 화살, 벌여 놓다, 맹세하다, 바르다, 곧다, 베풀다, 떠나다.
5) 所(소) : 만일(맹세할 때 내세우는 말), ~을 당하다(수동의 뜻을 나타내는 조동사).

① 『어류』 : "여기서 '문文'은 『시』, 『서』와 육예의 문이 아닙니까?" "『시』, 『서』와 육예는 문 가운데 대표적인 것이다. 그러나 눈앞에서 도리를 이해하고, 도모하고 실천하는 일에서 그 시비와 가부를 살펴 구분하는 것 역시 모두 '문'이다."[24]
② 『어류』 : '예가 아닌 것은 보지도 듣지도 말하지도 않아야' 비로소 '예로써 단속함'이다.[29]
③ 『어류』 : 예는 귀결점이다. 강론하고 논변하는 까닭은, 다만 정당한 도리를 얻어 귀결점을 찾으려는 것이다.[20] 의리를 논구하는 일은 예, 악, 사, 어, 서, 수를 하나하나 이해해야 한다. 학문이 반드시 넓어야 그 도리를 온전히 추구할 수 있다. '단속'의 경우는 이러저러한 말이 필요 없다. 오직 그 예를 준수해야 할 뿐이다. 일상생활에서 예는 옳고, 예가 아닌 것은 그르다.[21] 박문약례博文約禮는 공자의 핵심 교육 방법이다. '박문'하면 일 처리에 능하고, '약례'하면 자기 몸에 체득한다. 박학(博) 공부는 중용을 선택하여 치우치지 않게 하고, 단속(約) 공부는 인간 관계에서 법도(절제) 있는 행동을 하게 한다. 이 둘은 안팎으로 상호보완적이다.[22] "'문에 박학함'은 단지 '거듭된 험난 속에서 마음이 형통함(習坎心亨)'이라는 횡거의 말은 무슨 뜻입니까?" "험난한 형국에서 사리를 투철히 깨달으면 일을 의심 없이 처결하고, 과감하게 행동한다. 이것이 '습감심형習坎心亨'이다. 모든 일이 다 그러하다. 가령 어려운

6-27 공자가 말하였다. "군자가 문文[①]을 널리 배우고, 예로써 단속하면,[②] 크게 어긋나지는 않을 것이다."[③]

약約은 단속함, 반畔은 어긋남이다. 군자는 해박하게 배우려 하기 때문에 모든 전적을 다 고찰하고, 그 근본을 지키려 하기 때문에 움직일 때는 늘 예에 의거한다. 이와 같으면 도에 어긋나지 않을 수 있다.

• 문을 널리 배워도 예로써 단속하지 않으면, 반드시 산만해진다.[④] 널리 배우되 또 예를 지켜 법도를 따르면, 도에 어긋나지 않을 수 있다. – 명도

6-28 공자가 남자를 만나자,[⑤] 자로가 기뻐하지 않았다. 공자가 맹서하며 말하였다. "내가 잘못했다면, 하늘이 버릴 것이다! 하늘이 버릴 것이다!"

글을 해독할 때 이 설명도 괜찮고 저 설명도 괜찮은 것 같으면서, 이런 설명도 모순이 있고 저런 설명도 모순이 있는 경우가 곧 험난한 형국이다. 그 경우에 처하여 명확한 해법을 찾아내면 곧 '습감심형'이다.[37] 일을 처리하거나 사람을 만나는 일 역시 문文에 속한다. 이 때 사리를 절차탁마하여 깊이 연구하면 저절로 마음이 형통한다. 또 책을 읽을 때 이해가 되지 않는 부분에서 이리저리 돌려보고 엎었다 세웠다 하여도 매번 꽉 막히다가, 어느 순간 하나의 통로를 찾게 된다. 온갖 험난함을 거듭하다가 통로를 찾은 것인데, 통로가 곧 형통함이다.[38] 가령 또 어떤 일을 배울 경우, 아직 배우지 않았을 때는 마음속이 밝지 못하다가, 일단 배우면 마음이 곧 그 일에 대해 훤히 깨닫는다. 만약 그 한 가지 일을 깨닫지 못한 상태라면, 그 일에 대해서만큼은 마음이 암흑 속에 있다.[39]

④ 『어류』: '문'을 널리 배우되 예로써 단속하지 않음은, 다만 그저 온갖 것을 보고 온갖 것을 기억하는 것일 뿐 귀착점이 없는 상태이다.[33]

⑤ 『어류』: 전에 어떤 사람이 윤돈에게 물었다. "여기에 남자가 있다면 선생님 역시 만나시겠습니까?" "감히 만나지 못한다." "성인은 어째서 만났습니까?" "갈아도 닳지 않고 물들여도 검어지지 않으시는지라, 만나도 무방하다."[44] ○『논어집편論語集編』: 혼란한 나라에서 살거나 악인을 만나는 일은 오직 성인이라야 괜찮다. 성인은 도와 덕이 크고 넓은지라, 혼란을 태평으로 돌이키고 악인을 선인으로 감화할 수 있기 때문이다. 공자는 남자도 만나고 양화도 만났으며, 공산불요와 필힐의 부름에도 가시려고 했었다. 그러나 대현大賢 이하의 사람은 위태로운 나라에 들어가지 말며 혼란한 나라에 살지 말며 소인은 무조건 멀리해야 한다. 그렇지 않고는 필시 상황을 돌이키지도 못할 뿐더러 자기 자신이 오염될 수 있기 때문이다. 자로가 공회에게 벼슬했으나 제 명에 죽지 못했고, 염구가 계씨에 벼슬했으나 계씨의 덕을 개선하지 못한 일이나, 안자와 민자건이 평생 벼슬하지 않은 일이 다 그 때문이다. 자로가 '기뻐하지 않은' 까닭은 아마 자기 역량으로 성인을 평가한 때문이다.

(說, 音悅. 否, 方九反.) ○南子, 衛靈公之夫人, 有淫行. 孔子至衛, 南子請見, 孔子辭謝, 不得已而見之. 蓋古者仕於其國, 有見其小君之禮. 而子路以夫子見此淫亂之人爲辱, 故不悅.[1] 矢, 誓[2]也. 所, 誓辭也, 如云"所不與崔·慶者"[3]之類. 否, 謂不合於禮, 不由其道也. 厭,[4] 棄絕也. 聖人道大德全, 無可不可. 其見惡人, 固謂在我有可見之禮, 則彼之不善, 我何與焉. 然此豈子路所能測哉? 故重言以誓之, 欲其姑[5]信此而深思以得之也.

6-29 子曰:"中庸之爲德也, 其至矣乎! 民鮮久矣."

(鮮, 上聲.) ○中者, 無過無不及之名也. 庸,[6] 平常也. 至, 極也. 鮮, 少[7]也. 言民少此德, 今已久矣.

○程子曰:"不偏[8]之謂中, 不易之謂庸. 中者天下之正道, 庸者天下之定理. 自世教衰, 民不興於行, 少有此德久矣."

---

1) 『史記』「孔子世家」: (孔子)過蒲. 月餘, 反乎衛, 主蘧伯玉家. 靈公夫人有南子者, 使人謂孔子曰: "四方之君子不辱欲與寡君爲兄弟者, 必見寡小君. 寡小君願見." 孔子辭謝, 不得已而見之. 夫人在絺帷中. 孔子入門, 北面稽首. 夫人自帷中再拜, 環珮玉聲璆然. 孔子曰: "吾鄉爲弗見, 見之禮答焉." 子路不說. 孔子矢之曰: "予所不者, 天厭之! 天厭之!" ○杜預云: "禮小君至, 大夫執贄以見, 明臣子之道. 莊公欲奢夸夫人. 故使大夫宗婦同贄俱見."

2) 誓서: 맹세하다, 약속, 임명, 경계, 삼가다, 훈계하다, 알리다, 고하다.

3) 『左傳』「襄公二十五年」: 盟國人於大宮, 曰: "所不與崔·慶者."

4) 厭(염): 싫어하다, 미워하다, 만족하다, 마음에 들다, 물리다, 싫증나다, 가리다, 복종하다.

5) 姑(고): 잠시, 잠깐, 고모, 시누이, 시어머니, 여승, 무당.

6) 庸(용): 늘, 일정하여 변하지 않음, 범상, 우매함, 수고, 고용, 법도, 어찌, 곧.

7) 少(소): 조금, 비방, 깔보다, 잠깐, (가치·능력이) 떨어짐, 미미함, 좁다, 빠지다.

8) 偏(편): 치우치다, 쏠리다, 기울다, 편향, 편중, 한쪽 면의, 비정식의, 보좌의, 일부러, 꼭.

① 『혹문』: "왜 시矢가 맹서(誓)입니까?" "'시'와 '서'는 소리도 서로 가깝다. 「반경」에서 말한 시언矢言 역시 격분하는 말로써, 맹서에 가까운 것들이다. 또 말한 내용(所言)이 맹서의 말(誓辭)이 된다. 이런 예는 『춘추전』에 많이 보인다."

② 『어류』: 여기서 중용은 대체로 과불급이 없다는 뜻이다. '평상(庸)'은 본분을 따르고 괴이한

남자南子는 위령공의 부인으로서, 음란한 행실이 있었다. 공자가 위나라에 도착하자 남자가 만나기를 청하였다. 공자는 사양했으나, 어쩔 수 없이 만났다. 옛날에는 그 나라에서 벼슬하려면 그 나라의 부인을 접견하는 예가 있었다. 그러나 자로는 공자가 그처럼 음란한 여인을 만난 일을 치욕으로 여기고, 그래서 기뻐하지 않았다. 시矢는 맹서이다.① 소所는 맹서의 말이다. 예컨대 "소불여최경자所不與崔·慶者(최저와 경봉에 복종하지 않는 자)"라고 한 부류와 같다. 부否는 예에 맞지 않고 도를 따르지 않음을 말한다. 염厭은 버리고 단절함이다.

성인은 도가 위대하고 덕이 온전하니, 정해진 '되고' '안 되고'가 없다. 공자가 악인을 만난 것은 참으로 나에게 만나야 할 예가 있었다는 말인즉, 저 사람의 악함이 나와 무슨 상관이 있겠는가? 그러나 이것을 어찌 자로가 헤아릴 수 있었겠는가? 따라서 거듭 말하며 맹서함으로써, 그가 일단 그 말을 믿은 다음 깊이 생각하여 깨닫기를 바랐다.

6-29 공자가 말하였다. "중용②의 덕은 지극하다. 사람이 이 덕을 결핍한 지 오래되었다."

중中은 지나침도 모자람도 없음의 이름이다. 용庸은 평상, 지至는 지극함, 선鮮은 없어짐(부족함)이다. 백성이 이 덕을 결핍한 지가 이제는 이미 오래되었다는 말이다.

• 치우치지 않음이 '중', 변경되지 않음이 '용'이다. '중'은 천하의 바른 도, '용'은 천하의 정해진 이치이다. 세상의 교화가 쇠락하여 백성이 바른 행실에 분발하지 않으니, 중용의 덕을 결핍한 지 오래되었다.③ – 이천

일을 하지 않음이다. 요·순·공자의 도는 오직 평상적인 것일 뿐이다. 백이·숙제의 행위는 모두 평상적인 것이 아니다.[49]

③ 『어류』: 오직 이치를 모르기 때문에 각자 치우치거나 능한 부분을 따라 해나간다. 소심한(謹愿) 자는 작은 염치도 지나치게 삼가고, 방종한 자는 방탕하여 아무 거리낌이 없다. 따라서 『중용』에서 '도가 밝아지기 어렵다,' '사람은 누구나 음식을 먹으면서도 그 맛을 아는 자는 드물다'고 한 말 역시 다만 (이치를) 알지 못한 것을 두고 한 말이다.[50]

6-30 子貢曰："如有博施於民而能濟衆, 何如? 可謂仁乎?" 子曰："何事於仁, 必也聖乎! 堯舜其猶病[1]諸! 夫仁者, 己欲立而立人, 己欲達而達人. 能近取譬,[2] 可謂仁之方也已."

(施, 去聲.) ○博, 廣也. 仁以理言, 通乎上下. 聖以地言, 則造[3]其極之名也. 乎者, 疑而未定之辭. 病, 心有所不足也. 言此何止於仁, 必也聖人能之乎! 則雖堯舜之聖, 其心猶有所不足於此也. 以是求仁, 愈[4]難而愈遠矣.

(夫, 音扶.) ○以己及人, 仁者之心也. 於此觀之, 可以見天理之周流而無閒矣. 狀[5]仁之體, 莫切於此.

譬, 喻也. 方, 術也. 近取諸身, 以己所欲譬之他人, 知其所欲亦猶是也.[6] 然後推其所欲以及於人, 則恕之事而仁之術也. 於此勉焉, 則有以勝其人欲之私, 而全其天理之公矣.

---

1) 病(병)：병, 결점, 하자, 근심, 굳어진 악습, 괴로워함, 어려워함, 꺼리다, 피곤, 헐뜯다.
2) 譬(비)：비유, 다른 사물을 빗대 설명하다, 비유, 깨우치다, 깨닫도록 넌지시 타이르다.
3) 造(조)：가다, ~에 도달하다, 성취하다, 이룩하다, 배양하다, 만들다, 날조하다.
4) 愈(유)~愈~：~하면 할수록 ~하다. 愈：낫다, ~보다 낫다, 더욱, 더욱더.
5) 狀(상)：형용하다, 형언하다, 형상, 모양, 모습, 용모, 상황, 형편.
6) 孔曰："方, 道也. 但能近取譬於己, 皆恕己所欲而施之於人也."

① 『어류』：'박시제중'은 끝이 없는 경지이니, 요순도 완료할 수 없다. 어진 사람의 마음은 한량이 없으나, 어진 사람의 일은 한계가 있기 때문이다.[62]

② 『어류』：자기가 서고 싶으면 남을 세워주고, 자기가 통하고 싶으면 남을 통하게 해주는 일은, 어진 사람의 마음이 저절로 그러하여 안배나 억지 노력에 의거하지 않는다. '능근취비能近取譬'는 자기가 서고 싶다는 사실로써 남도 서고 싶어 한다고 유추하고, 자기가 통하고 싶다는 사실로써 남도 통하고 싶어 한다고 추론한 뒤, 자기의 바라는 바를 미루어 남에게 미침으로써, 모두 다 제 자리를 얻고 통달할 수 있도록 하는 것이니, 곧 인을 행하는 방책이다.[67]

③ 『어류』：'인'은 리를 지칭한 말이니, 완전한 것으로서 마치 일원지기一元之氣와 같다. '성'은 경지를 지칭한 말이니, '인'을 떠나 '성'이 되는 것이 아니라, 성은 다만 인을 행함이 극치에 이른 경우이다. '인'은 이 리이고, '성'은 그 리를 확충하여 극치에 이른 것이지, '인' 위에 또 '성'이란 것이 있지 않다. 성인, 현인, 범인의 세 등급이 있다고 할 때, 성인의 인이 있고,

6-30 자공이 공자께 물었다. "만약 널리 베풀고 뭇사람을 구제할(博施濟衆) 수 있다면, 어떻습니까? 어질다고 할 수 있습니까?" "어찌 어질다 뿐인가? 반드시 성인일 것이다! 박시제중①은 요·순임금도 오히려 근심으로 여겼다. 어진 사람은 자기가 서고 싶으면 남도 세워주고, 자기가 이루고(통달하고) 싶으면 남도 이루게 해준다. 자기 처지에서 남의 처지를 유추할(이해할) 수 있음이, 인의 방법②이라고 하겠다."

박博은 '널리'이다. 인仁은 리를 일컬으니, 위아래(형이상의 도리와 형이하의 실제)를 관통한다. 성聖은 경지를 일컬으니, 극치에 도달한 경지의 이름이다.③ 호乎는 의문이 있어 단정하지 못한다는 말이다. 병病은 마음에 흡족하지 못함이 있음이다. 그 일이 어찌 어질다 뿐이겠는가? 반드시 성인이라야 가능한 일이라는 말이다. 비록 요순 같은 성인도 오히려 마음으로는 그 점을 부족하게 느꼈다. 이런 방향에서 인을 추구하면, 더욱 어렵고 더욱 요원하다.

자기를 바탕으로 남에게 미침이 어진 사람의 마음이다. 여기서 살펴보면, 천리는 두루 유행하여 틈이 없음을 알 수 있다. 인의 본체를 형용한 것 가운데 이보다 더 적절한 것은 없다.④

비譬는 이해함, 방方은 방법(術)이다. 가까이 자기 몸에서 취하여(近取諸身), 자기가 바라는 바로써 남을 이해(유추)하여 그가 바라는 바 역시 그와 같음을 아는 것이다. 그런 다음 자기가 바라는 바를 미루어 남에게 미침이 서恕의 일이고, 인仁의 방법이다. 여기에 힘쓰면, 인욕의 사사로움을 극복하고 천리의 공공성을 온전히 할 수 있다.

현인의 인이 있고, 범인의 인이 있다. 그래서 '위아래를 관통한다'고 말하였다. '인'이 종적이라면, '성'은 횡적이다. (인격 향상의 최고 단계가 '인'이고, 은택이 미치는 범위의 광범함이 '성'이다.)[64] "한 가지 일에 인한 것도 인이라 할 수 있다면, 이는 온전한 본체(全體)로서의 '인'과는 다른 것 아닙니까?" "어떤 하나의 일에 순전히 '인'하다면, 그것도 '인'이라 할 수 있다. 은나라의 어진 세 분(三仁) 역시 인의 전체를 보지는 못한 것이다. 다만 거취에서 순전히 천리를 따랐기 때문에 공자가 '인'을 허락한 것이다.[80] 한 가지 일이 '인'함도 '인'이요, 한 가지 대처가 '인'함도 '인'이다. 인이란 물에 비유하자면 한 잔의 물도 물이고, 한 계곡의 물도 물이고, 한 강의 물도 물이다. '성'은 곧 큰 바다의 물이다."[81] 박시제중도 물론 인이지만, 어린아이가 우물에 빠지려는 것을 보고 측은지심을 가짐도 인이다.[88]

○程子曰 : "醫書以手足痿痹[1)]爲不仁, 此言最善名狀. 仁者以天地萬物爲一體, 莫非己也. 認得爲己, 何所不至, 若不屬己, 自與己不相干. 如手足之不仁, 氣已不貫, 皆不屬己. 故博施濟衆, 乃聖人之功用. 仁至難言, 故止曰 : '己欲立而立人, 己欲達而達人, 能近取譬, 可謂仁之方也已.' 欲令如是觀仁, 可以得仁之體."

又曰 : "『論語』言 '堯舜其猶病諸'者二. 夫博施者, 豈非聖人之所欲? 然必五十乃衣帛, 七十乃食肉.[2)] 聖人之心, 非不欲少者亦衣帛食肉也, 顧其養有所不贍[3)]爾, 此病其施之不博也. 濟衆者, 豈非聖人之所欲? 然治不過九州. 聖人非不欲四海之外亦兼濟也, 顧其治有所不及爾, 此病其濟之不衆也. 推此以求脩己以安百姓, 則爲病可知. 苟以吾治已足, 則便[4)]不是聖人."

○呂氏曰 : "子貢有志於仁, 徒事高遠, 未知其方. 孔子教以於己取之, 庶近而可入. 是乃爲仁之方, 雖博施濟衆, 亦由此進."

---

④ 『어류』 : '자기가 서고 싶으면 남도 세워주고, 자기가 통하고 싶으면 남도 통하게 해주는 것'이 '인'이고, '자기 처지에서 남의 처지를 유추할 수 있음(能近取譬)'이 '서恕'이다.[90] '자기가 서고 싶으면 남도 세워주고, … 남도 통하게 해주는 것'은 자기로써 남에게 미침(以己及人)이니 '인'의 체體이고, '능근취비'는 자기를 미루어 남에게 미침(推己及人)이니 '인'의 방책이다.[72] '립立'과 '달達'의 측면에서, 순전히 천리이고 조금의 사심도 없으면 곧 인의 본모습(體)이다. 만약 '능근취비'하면 사욕이 차츰 사라지고 천리가 차츰 드러나니, 그것이 '인'의 방책이다.[57] 성인께서 '자기가 서고 싶으면 남도 세워주고, 자기가 통하고 싶으면 남도 통하게 해준다'고 제시한 것은, 바로 인의 본체를 지칭한 것이다. 자기가 서고 싶으면 남도 서도록 조치하려 생각하고, 자기가 통하고 싶으면 남도 통하도록 조치하려고 생각한다. 눈을 뜨자마자 가슴을 넓히니, 얼마나 대단한 기상인가! 이와 같으면 어찌 인의 본모습(本體)이라 하지 않을 수 있겠는가?[83] 자기가 서고자 하는 바로써 남을 세울 수 있고, 자기가 통하고자 하는 바로써 남을 통하게 하는 그 행위가 자연에서 나오니, 그것이 '인'의 체이다. '능근취비'란 가까이 자신에게서 취하여, 자기가 서고 싶고 통하고 싶음을 알면, 남도 서고 싶고 통하고 싶어함을 알아야 한다는 것이니, 이것이 곧 인을 구하는 방책이다.[84]

1) 痿痹(위비) : 수족 마비 병. 痿 : 저리다, 마비, 앉은뱅이. 痹 : 저리다, 관절염, 나란하다.

2) 『孟子』 : 五畝之宅, 樹之以桑, 五十者可以衣帛矣. 雞豚狗彘之畜, 無失其時, 七十者可以食肉矣.[1 : 3, 1 : 7]

• 의서醫書는 수족의 마비를 불인不仁으로 여긴다. 이 말이 인 개념의 특징을 가장 잘 설명한다. 어진 사람은 천지 만물을 일체로 여기니, 어느 것이든 자기 아닌 것이 없다. 자기로 인식할 수 있으면 어느 곳인들 이르지 못하랴마는, 자기에게 속하지 않는다면 저절로 자기와 아무 상관이 없게 된다. 마치 수족이 불인不仁하여 기가 이미 관통하지 못하므로 모두 자기에게 속하지 못한 경우와 같다. 따라서 박시제중은 바로 성인의 작용이다. 인은 설명하기가 매우 어렵다. 따라서 다만 '자기가 서고 싶으면 남도 세워주고, 자기가 통하고 싶으면 남도 통하게 해주라. 자기 처지로부터 남의 처지를 이해할 수 있음이 인의 방법이라고 할 수 있다'고 말하였다. 이와 같이 인을 관찰하여 인의 본체本體를 얻게 하려는 것이다. – 명도

• 『논어』에 '요·순임금도 오히려 근심으로 여겼다'는 말은 두 번 나온다.(14-42) '널리 베풂(博施)'이 어찌 성인의 소망이 아니겠는가? 그러나 반드시 오십은 되어야 비단옷을 입고, 칠십은 되어야 고기를 먹을 수 있었다. 성인의 마음이 젊은이도 비단옷 입고 고기 먹기를 바라지 않은 것은 아니나, 다만 자원이 넉넉하지 못할 뿐이다. 이 때문에 성인이 널리 베풀지 못함을 근심하였다. '뭇사람을 구제함(濟衆)'이 어찌 성인의 소망이 아니겠는가? 그러나 불과 구주九州밖에 다스리지 못하였다. 성인이 사해 바깥까지도 아울러 구제하기를 바라지 않은 것은 아니나, 다만 정치가 미치지 못했을 뿐이다. 이 때문에 성인이 뭇사람을 구제하지 못함을 근심하였다. 이 점을 미루어 살피면, 수기안백성修己安百姓을 추구할 때의 그 근심도 알 수 있다. 만약 자기의 정치에 만족한다면, 이미 성인이 아니다. – 이천

• 자공은 인에 뜻을 두었으나, 그저 고원한 것만 좋아하고 그 방법을 알지 못하였다. 공자가 가르치기를, 자기 자신에서부터 길을 찾아 가까운 데서부터 진입하기를 바라면 그것이 인을 행하는 방법이고, 박시제중도 거기서부터 출발한다고 하였다. – 여대림

---

3) 顧(고) : 돌아보다, 반성, 생각, 돌보다, 도리어, 거꾸로. 贍(섬) : 넉넉하다, 구휼, 돕다.
4) 便(변) : 문득, 곧, 곧바로, 바로, 비록~일지라도, 편리하다, 편리, 간단한, 평상시의.

제7편 술이

述而第七

此篇多記聖人謙己誨人之辭及其容貌行事之實. (凡三十七章.)

이 편은 주로 성인이 자신을 낮추고 남을 가르친 말씀과 성인의 용모와 거동의 실상을 기록하였다.

7-1 子曰："述而不作，信而好古，竊[1]比於我老彭."

(好, 去聲.) ○述, 傳舊而已. 作, 則創始也. 故作非聖人不能, 而述則賢者可及. 竊比, 尊之之辭. 我, 親之之辭. 老彭, 商賢大夫, 見『大戴禮』, 蓋信古而傳述者也. 孔子刪[2]『詩』『書』, 定『禮』『樂』, 贊[3]『周易』, 脩『春秋』,[4] 皆傳先王之舊, 而未嘗有所作也, 故其自言如此. 蓋不唯不敢當作者之聖, 而亦不敢顯然自附[5]於古之賢人. 蓋其德愈盛而心愈下, 不自知其辭之謙也. 然當是時, 作者略備, 夫子蓋集群聖之大成而折衷之. 其事雖述, 而功則倍於作矣, 此又不可不知也.

7-2 子曰："默而識[6]之, 學而不厭, 誨人不倦,[7] 何有於我哉?"

(識, 音志, 又如字.) ○識, 記也. 默識, 謂不言而存[8]諸心也. 一說：識, 知也, 不言而心解也. 前說近是. 何有於我, 言何者能有於我也. 三者已非聖人之極至, 而猶不敢當, 則謙而又謙之辭也.

---

1) 竊(절)：남몰래, 살짝, 마음속으로, 슬그머니, 저, 저의 의견, 도둑, 훔치다.
2) 刪(산)：깎다, (문자·문구를) 삭제하다, 줄이다.
3) 贊(찬)：돕다, 뵈다, 이끌다, 인도, 추천, 알리다, 밝히다, 기리다, 칭찬, 찬성, 참가.
4) 『晉書』「儒林傳」：夫子將聖多能, 固天攸縱, 歎鳳鳥之不至, 傷麟出之非時, 於是乃刪『詩』·『書』, 定禮樂, 贊『易』道, 修『春秋』, 載籍逸而復存, 風雅變而還正.
5) 顯然(현연)：명확히, 뚜렷이. 附(부)：붙이다, 기대다, 의지, 마음 주다, 가깝다.
6) 識(지)：적다, 기록하다, 나타내다, 표. (식)：알다, 분별, 인식, 깨닫다, 지혜, 식견.
7) 厭(염)：싫다, 싫증나다, 막다. 倦(권)：게으르다, 싫증나다, 태만하다, 피로하다, 쉬다.
8) 存(존)：있다, 살아 있다, 보존, 다다르다, 생각하다, 기억하다, 맡아보다, 구실, 편안하다.

① 『어류』："술이부작述而不作의 작은 제작制作의 '작'입니까?" "그렇다. 공자는 한 가지 일도 제작한 적이 없다. 『시』를 산정하고 『서』를 정리한 것 등은 모두 기존의 『시』·『서』를 근거로 산정한 것이다." … "공자가 『춘추』를 지었다는 설은 어떤 것입니까? 공자가 『춘추』를 지은(제작한) 것 아닙니까?" "(공자가 말하기를) '기록된 사건은 제나라 환공과 진나라 문공의 일이고, 기록은 사관이 했지만 그 의미는 내가 취하였다'[『맹자』 8：21]고 했거니와, 노나라 역사를

7-1 공자가 말하였다. "계술하였지 창작하지 않았다. 신념을 가지고 옛것을 좋아하였다. 우리 노팽에 견주어 본다."

술述은 옛것을 전하는 것일 뿐이고, 작作은 처음 창작하는 것이다. 따라서 창작은 성인이 아니면 할 수 없고, 계술은 현자도 할 수 있다. 절비竊比는 상대를 존중하는 말, 아我는 친숙하게 여기는 말이다. 노팽은 은나라의 현명한 대부로서, 『대대례기』에 나온다. 아마 옛것을 믿고 전술한 사람 같다. 공자는 『시』·『서』를 산정하고, 『예』·『악』을 확정하고, 『주역』을 밝히고, 『춘추』를 편수하였다. 모두 선왕의 옛것을 전한 것이고, 창작한 적은 없다.① 그래서 이렇게 말하였다.

창작할 수 있는 성인으로 감히 자처하지 않았을 뿐만 아니라, 또한 내놓고 자신을 옛 현인에 감히 견주지도 않았다. 덕이 훌륭하면 할수록 마음은 더욱 낮아져, 자신의 말이 겸손하다는 것도 깨닫지 못하였다. 당시에 창작이 대략 완비되었으므로, 공자가 여러 성인을 집대성하여 절충한 것 같다. 그 일이 비록 계술이기는 하지만, 그 공적은 창작보다 배나 더 된다. 이 또한 알지 않으면 안 된다.

7-2 공자가 말하였다. "묵묵히 기억하거나, 배움에 싫증내지 않거나, 남을 가르침에 게으르지 않는 일 가운데 어느 것이 나에게 있는가?"

지識는 기억이다. 묵지默識는 말하지 않고 마음에 보존함을 일컫는다. 일설에 식識은 깨달음이니, 말하지 않고 마음으로 깨닫는 것이다.② 앞의 해석이 옳은 것 같다. 하유어아何有於我는 어떤 것이 나에게 있을 수 있겠느냐는 말이다. 세 가지는 이미 성인의 지극한 경지가 아닌데도 오히려 감당하지 못한다고 했으니, 겸손하고 또 겸손한 말이다.

쓸 때 그 중간에 공자가 조금 고친 부분은 있었을 것이다. 『춘추』는 난독의 책이다. 내 평생 감히 주석하지 못하겠다고 나는 말한 적이 있다. 그 가운데 어떤 부분이 노나라 역사의 옛 문장이고, 어떤 부분이 공자가 고친 것인지 어떻게 알겠는가? 만약 고치지 않았다면 그저 여전히 노나라 역사이거늘, 어째서 다시 『춘추』를 지어 무엇 하였겠는가? …공자는 '나를 알아줄 것도 오직 『춘추』일 것이고, 나를 비난할 것도 오직 『춘추』일 것이다!'라 하고, 또 『공양전』, 『곡량전』에서도 '그 말에 나는 책임이 있다'고 했으니, 이 얼마나 자부한 말인가? 그러니 또한 창작이 아니라고 할 수도 없다는 생각이 든다. 진상은 잘 모르겠다."[1]

② 『혹문』: "묵지默識의 두 해석 가운데 어느 것이 합당합니까?" "'말하지 않고 그 이치를 터득함'

7-3 子曰：“德之不脩，學之不講，[1] 聞義不能徙，[2] 不善不能改，是吾憂也.”

尹氏曰：“德必脩而後成，學必講而後明，見善能徙，改過不吝，此四者，日新之要也. 苟[3]未能之，聖人猶憂，況學者乎?”

7-4 子之燕[4]居，申申如也，夭夭如也.[5]

燕居，閒暇無事之時.
楊氏曰：“申申，其容舒[6]也. 夭夭，其色愉也.”[7]
○程子曰：“此弟子善形容聖人處也，爲申申字說不盡，故更著[8]夭夭字. 今人燕居之時，不怠惰放肆，必太嚴厲. 嚴厲時著此四字不得，怠惰放肆時亦著此四字不得，惟聖人便自有中和[9]之氣.”

은 질문하거나 논변하지 않고도 의심이 없음이요, '말하지 않고도 본마음이 보존됨(存心)'은 '간절한 심정으로 정성스럽게 지켜 상실하지 않음(拳拳服膺而弗失)'(『중용』)이다. 이 두 해석은 다 통한다. 모두 성인께서 자처하지 않은 경지이다. 그러나 당시 이런 주장을 하신(立言) 본뜻이 과연 무엇인지는 잘 모르겠다." ○『어류』: 이것은 마음으로 터득했으므로 저절로 망각하지 않는다는 뜻이지, 남의 말을 들은 뒤 잘 기억한다는 뜻이 아니다.[6] 이 세 항목은 성인의 극치는 아니나, 보통 학자로서는 행하기 어려운 일이다. 보통 학자는 평소에 일관적으로 설명해 주어야 비로소 기억할 수 있고, 다른 사람이 분발시켜 주어야 마음을 다잡을(存) 수 있다. '묵이지지默而識之'의 경지는 말해 주지(지적하지) 않아도 마음에 간직하니(存諸心), 마음이 이치와 완전히 하나가 되지 않고서야 어찌 그렇게 할 수 있겠는가! 배우는 일도 보통 학자라면 오래되면 싫증나고, 또 남이 자기와 관계없는 것처럼 보이면 가르침에 어찌 권태로움이 없겠는가? 이 세 항목 역시 성인처럼 마음에 천리가 유행하여 중단됨이 없어야 비로소 해낼 수 있다.[5]

1) 講(강): 익힘, 학습, 독서, 해석, 검토, 연구, 꾀하다, 화해, 담론, 의논, 시비를 따짐.
2) 徙(사): 옮기다, 이동하다, 넘기다, 한도를 넘어서다.
3) 苟(구): 가령, 만일, 만약, 되는대로(소홀히) 하다, 실없이 하다, 일시적으로.
4) 燕(연): 편안하다, 편히 쉬다, 어렵성 없다, 제비, 잔치, 주연, 아름다운 모양.
5) 申(신): 거듭하다, 말하다, 경계, 펴다, 기지개, 환하다. 夭(요): 요절, 구부리다, 뽑다.
6) 舒(서): 펴다, 열리다, 흩어짐, 느리다, 느긋함, 우아하다, 조화, 풀다, 늦추다, 깔보다.
7) 愉(유): 유쾌하다, 즐겁다, 기쁘다. ○『어류』: 申申, 是言其不局促, 是心廣體胖後, 恁地申申舒泰. 夭夭, 好貌. 觀'桃之夭夭'是少好之貌, 則此亦是恁地. 所謂色愉, 只是和悅底意思. 但

7-3 공자가 말하였다. "덕①을 닦지 못하고,② 학문을 연구하지 못하고, 의리를 듣고도 실천하지 못하고, 잘못을 고치지 못함③이 나의 근심이다."

• 덕은 반드시 닦은 이후에 완성되고, 학문은 반드시 연구한 이후에 밝아진다. 선을 보면 실천해야 하고, 잘못을 고침에 인색하면 안 된다. 이 네 가지가 날로 새롭게 되는(日新) 핵심이다. 이것들을 잘하지 못할까 성인도 오히려 근심했거늘, 하물며 학생이랴? – 윤돈

7-4 공자의 평소 생활은 너그럽고 여유로웠다.

연거燕居는 한가하여 일이 없을 때이다.

• 신신申申은 용모의 느긋함, 요요夭夭는 안색의 유쾌함이다. – 양시

• 제자가 성인의 생활을 훌륭히 묘사하였다. '신신'이라는 말로는 완전히 표현하기 부족하기에 '요요' 자를 덧붙였다. 요즘 사람은 평소 생활에 태만·방자하지 않으면 반드시 너무 엄격하다. 엄격해도 이 네 글자는 쓸 수 없고, 태만·방자해도 이 네 글자는 쓸 수 없다. 오직 성인은 본디 중화中和의 기운이 있다. – 이천

此只是燕居如此, 在朝及接人又不然.[26]

8) 著(착) : 덧붙이다, 옷 입다, 놓다, 더하다. (저) : 드러나다, 분명해짐, 나타내다.

9) 『中庸』: 喜怒哀樂之未發謂之中, 發而皆中節謂之和. 中也者, 天下之大本也, 和也者, 天下之達道也. 致中和, 天地位焉, 萬物育焉.

① 『어류』: 덕은 이치를 내 마음에 터득한 상태로서, 이미 내가 지닌 상태를 말한다. 그러니 반드시 날마다 갈고 닦아 지니고 있는 상태가 중단되지 않게 해야 한다.[20]

② 『어류』: 덕이란 어떤 것인가? 어떤 것이 닦음(修)이고, 어떤 것이 닦지 못함(不修)인가? 사람이 남을 해치려는 마음이 없으면 그것이 덕이고, 내 마음에 그것을 얻은 것이다. 그러나 남을 해치려는 마음이 그래도 싹틀 수 있다. 이것이 닦이지 못한 상태이다. 덕이란 도리를 내 마음에 터득했음을 일컫고, 닦음이란 덕을 잘 보수하고 관리했음(修治)을 지칭하니, 계속해서 자기 몸으로 체득해야 한다. 우리는 이러한 여러 논의를 자기 자신에게 해당하는 말씀으로 간주해야 한다. 제삼자에게 하는 말이 아니다.[12] 남을 해치려는 마음이 없으면 인仁의 덕을 닦은 것이고, 도둑질하려는 마음이 없으면 의義의 덕을 닦은 것이다.[18]

③ 『어류』: 강학講學은 강학이고, 수덕修德은 수덕이다. 가령 치지致知·격물格物은 강학이고, 성의·정심·수신은 수덕이다. 박학博學·심문審問·신사愼思·명변明辨은 강학이고, 독행篤行은 수덕이다. …잘못(不善)은 자기 스스로 음란하고 사악한 일을 행함이다. 의리의 실천(徙義)

7-5 子曰："甚矣吾衰也! 久矣吾不復夢見周公!"

(復, 扶又反.) ○孔子盛時, 志欲行周公之道, 故夢寐之間, 如或見之. 至其老而不能行也, 則無復是心, 而亦無復是夢矣, 故因此而自歎其衰之甚也.[1)]

○程子曰："孔子盛時, 寤寐常存行周公之道. 及其老也, 則志慮衰而不可以有爲矣. 蓋存道者心, 無老少之異；而行道者身, 老則衰也."

7-6 子曰："志於道, 據[2)]於德, 依於仁, 游[3)]於藝."

志者, 心之所之之謂. 道, 則人倫日用之間所當行者是也. 如此而心必之焉, 則所適者正, 而無他歧[4)]之惑矣.

은 비록 과오나 악이 없더라도 아주 합당하게 행하지 못하면 곧 의리에 부합하지 않음이니, 만약 이렇게 해야 아주 합당하다고 들어서 배웠으면, 곧 그에 따라 실천해야 한다는 말이다. … '의리를 듣고도 실천하지 못한' 죄는 작으나, '선하지 못함을 고치지 못한' 죄는 크다.[13] 이 네 항목 가운데 수덕이 근본이다. 수덕하려고 하면 강학해야 한다. 의리의 실천과 잘못의 수정은 수덕의 조목이다.[14]

1) 邢曰："此章孔子嘆其衰老, 言我盛時嘗夢見周公, 欲行其道, 今則久多時矣, 吾更不復夢見周公, 知是吾衰老甚矣."

2) 據(거)：의거·의탁하다, 증거 삼다, 살다, 굳게 지키다, 믿고 의지하다, 근원, 붙잡다.

3) 游(유)：놀다, 어슬렁거리다, 타향에 가다, 즐기다, 교제, 헤엄치다, 물결대로 흘러감.

4) 歧(기)：岐, 跂의 속자. 岐(기)：갈림길, 跂(기)：육발, 가다, 발돋움하다, 나아가다.

① 『어류』："주공의 현몽은 진짜로 꿈에 나타난 것입니까?" "공자는 주공의 도를 실행하려고 생각했으므로 필시 꿈에 보였을 것이다. 밤 동안의 꿈은 낮 동안의 생각과 같다. 생각도 마음의 움직임이다. 다만 사악한 생각이 없으면 된다. 꿈이 올바르면 무슨 해가 있겠는가? 마음에 어떤 일을 품으면 꿈에 그 일이 나타난다. 보통 사람은 멋대로 엉터리 꿈을 꾼다."[31]

② 『어류』：'꿈에 주공을 보고' '고기 맛을 잊고'(7-14) '신에게 제사할 때 마치 신이 옆에 계신 듯이 하신'(3-12) 점에서 성인의 진일眞一(본성을 지켜 자연 무위함)의 경지를 엿볼 수 있다.[35] ○『혹문』：다음과 같은 호인의 꿈 설명(說夢)도 배울 만하다. "마음은 만물 가운데 지극히 영명하니(至靈), 과거도 저장할뿐더러 미래도 예측할 수 있다. 천지 고금의 그 어떤 것도 마음으로부터 벗어날 수 없다. 이 마음은, 이승과 저승, 예와 지금, 멀고 가까움, 형통과 궁박의 구별을 두지 않는다. 이 때문에 사람이 꿈을 꾸고, 또 그 꿈이 변화무쌍해지는 까닭이다.

7-5 공자가 말하였다. "내가 많이 늙었구나! 꿈에 다시 주공을 못 뵌 지 오래되었으니!"

공자가 젊었을 때는 주공의 도를 실현하려는 뜻을 품었기 때문에, 꿈속에서도 주공을 보고 있는 듯하였다. 노년에 이르러 그 도를 실현하지 못하자 그런 마음도 사라지고, 또한 그런 꿈도 다시 꾸지 못하였다.① 이를 계기로 자신이 많이 늙었음을 탄식하였다.

• 공자가 젊었을 때는 자나 깨나 항상 주공의 도를 보존하고 실현했으나, 노년에 이르러 의지와 생각이 쇠하자 일을 도모할 수 없게 되었다. 도를 보존하는 일은 마음이 하는 것이어서 늙든 젊든 차이가 없으나, 도를 실현하는 일은 몸이 하는 것이어서 늙으면 쇠해진다.② – 이천

7-6 공자가 말하였다. "도에 뜻을 두고, 덕에 머물고, 인에 의거하고, 예술에 노닌다."

지志는 '마음이 가는 바'를 일컫는다. 도道란 인륜으로 일상생활에서 행해야 할 것이 그것이다. 그와 같이 마음이 반드시 도 쪽으로 가면, 가는 곳이 올바른지라 샛길로 빠지는 미혹이 없다.③

성인은 참됨에 머물고(誠存) 현인은 참됨을 다잡으니(存誠), 그 꿈이 질서정연하다(治). 그러나 사려가 복잡하게 요동치고 마음가짐(神情)이 안정되지 못한 범인은, 꿈의 내용도 혼잡하고 어지러운지라, 바르기도 하다가 나쁘기도 하여 낮 동안의 소행과 똑같아진다. 훌륭한 학생이 그 말과 행동을 삼가면, 그 공부의 효험이 반드시 꿈에서도 나타날 것이다."

③『혹문』: 도는 의리를 총괄하는 이름이다. 도는 사람이면 다 공통으로 따르는 것인 데서 생긴 이름이다. 부자 사이의 인仁, 군신 사이의 의義가 그것이다. ○『어류』: '도'란 사람이면 누구나 다 말미암는 바로써, 신하의 충, 자식의 효 같은 것이니, 총체적인 리理를 지칭한다. 덕은 오직 자기 자신이 가진 것을 일컬으니, 효도할 수 있고 충성할 수 있는 행위 능력을 지칭하는 개념이다.[46] 헤아리고 연구하고 견지하고 실천하는 것이 모두 '뜻'이다.[39] '지어도志於道'는 단지 공허한 견해를 고수함이 아니라, 반드시 참되고 간절한 마음으로 한순간도 망각하지 않으려 함을 뜻한다. 이른바 '도'는 오직 일상생활에서 마땅히 그러해야 할 이치(理)이다. 부모를 섬길 때는 반드시 효도하고, 임금을 섬길 때는 반드시 충성하는 일에서부터, 형을 섬길 때는 공손하고 친구와 사귈 때는 미더운 것이 모두 도이다. '도에 뜻을 둔다' 함은 바로 이런 것에 뜻을 둔다는 말이다.[40] 도리란 조리를 갖춘 어떤 것이지, 노장老莊이 말한

據者, 執守之意. 德者, 得也, 得其道於心而不失之謂也.[1)] 得之於心而守之不失, 則終始惟一, 而有日新之功矣.

依者, 不違之謂. 仁, 則私欲盡去而心德之全也. 功夫至此而無終食之違, 則存養之熟, 無適而非天理之流行矣.

游者, 玩物適情之謂.[2)] 藝, 則禮樂之文, 射御書數之法,[3)] 皆至理所寓, 而日用之不可闕者也. 朝夕游焉, 以博其義理之趣, 則應務有餘, 而心亦無所放矣.[4)]

○此章言人之爲學當如是也, 蓋學莫先於立志. 志道, 則心存於正而不他；據德, 則道得於心而不失；依仁, 則德性常用而物欲不行；游藝, 則小物不遺而動息有養. 學者於此, 有以不失其先後之序·輕重之倫焉, 則本末兼該,[5)] 內外交養, 日用之間, 無少間隙,[6)] 而涵泳[7)]從容, 忽不自知其入於聖賢之域矣.

'황홀恍惚(아련하고 어렴풋함)'처럼 애매모호한 어떤 것이 아니다. '도에 뜻을 둔다' 함은 마땅히 해야 할 이치에 마음을 두어서 마땅히 실천하는 경지에 도달하기를 추구함이지, 이 마음을 어떤 물건 위에 묶어 놓는 것이 아니다.[41] '지어도志於道'의 '지' 한 글자는, 그저 아는 것이 아니라 이미 마음속에서 도를 놓지 않고 있다는 의미이다.[61] '도에 뜻을 두면' 이롭고 행복하다. 이것이 생사의 길목임을 알아야 한다. (손가락을 두 갈래로 나눠 보이시며) 이쪽은 죽음의 길, 저쪽은 삶의 길이다. 이리 가면 선이고, 저리 가면 악이다. 이 길이 옳음을 알았으면 오직 이 길로만 가야 한다. 모든 생각 생각마다 이것을 망각하면 안 된다. 자기 처신도 여기에 달려 있고, 사람 사귐도 여기에 달려 있고, 강론도 여기에 달려 있고, 사색도 여기에 달려 있다. 요즘 사람들은 인식(파악)이 확고하지 않으므로, 이쪽으로 갔다 저쪽으로 갔다 한다. 들락날락 하고, 이랬다저랬다 한다.[59] "육구령陸九齡(1132~1180, 자는 子壽)의 '지어도志於道' 학설을 들어본 적이 있는가?" "먼저 뜻을 세우라는 주장입니다." "뜻만 세우는 일은 공허하다. 성인의 말씀은 그렇지 않다. 곧장 노력해야 할 부분이 있다. 예컨대 부모에 효도하고, 임금에 충성하고, 친구에 신의를 지킴 등이 도인데, 이른바 '뜻'은 그저 그와 같이 아는 수준일 뿐이고, 아직 자신이 그 도를 터득한 상태는 아니다. 누가 행할 때 효도를 다하고, 충성을 다하고, 신의를 다하여 자기 안에서 체득한 경우가, 효孝의 덕, 충忠의 덕, 신信의 덕이다.[49] 덕은 어떤 도리를 내가 체득한(得) 경지이다. 따라서 이런 사람은 부모를 섬기면 반드시 효도하여 절대로 불효에 이르지 않고, 임금을 섬기면 반드시 충성하여 절대로 불충에 이르지 않는다. 반대로 만약 오늘 효도하고 내일 다시 불효하며, 오늘 충성하고 내일 다시 불충한다면, 이는 내가 체득한 상태가 아니니 '덕'이라고 할 수 없다.[58] 부모를 섬길 때

거據는 확고하게 고수한다는 뜻이다. 덕德은 얻음(得)이니, 도를 마음에 얻어 잃지 않음을 일컫는다. 마음에 얻어 잃지 않도록 지키면, 끝과 시작이 한결같아 날마다 새로워지는(日新) 내공이 생긴다.

의依는 어기지 않음을 일컫는다.① 인仁은 사욕이 완전히 없어져 마음의 덕이 온전한 상태이다. 공부가 여기에 이르러 밥 먹는 순간에도 인을 어기지 않으면 (4-5), 존양存養이 무르익어 언제 어디서나 천리가 유행하지 않음이 없다.

유游는 사물을 감상하며 마음을 즐겁게 함을 일컫는다. 예藝는 예악禮樂의 격식과 사射·어御·서書·수數의 기법으로, 모두 지극한 이치가 깃들어 있는, 일상생활에 불가결한 것들이다. 조석으로 예술에 노닐어 그 의리의 정취를 넓히면, 일처리가 여유롭고 본마음도 달아나는 일이 없다.

이 장은 사람이 학문을 마땅히 이렇게 해야 함을 말하였다. 학문은 맨 먼저 뜻을 세워야(立志) 한다. '도에 뜻을 두면,' 마음이 바른 상태에 머무르고 엉뚱한 데로 가지 않는다. '덕에 머물면,' 도를 마음에 얻어 잘못되지 않는다. '인에 의거하면,' 늘 덕성이 작용하여 물욕이 일어나지 않는다. '예술에 노닐면,' 작은 것도 놓치지 않고 움직일 때나 쉴 때나 함양에 도움이 된다. 학생이 여기서 선후의 순서와 경중의 비중을 잃지 않는다면, 본말이 겸비되고 내외가 함께 존양되어, 일상생활에서 조금의 틈도 없고, 함양이 여유로워 홀연히 자신도 모르는 사이에 성현의 영역에 진입한다.②

효도할 수 있으면 곧 내가 효의 도를 얻은(得) 것이고, 임금을 섬길 때 충성할 수 있으면 곧 내가 충의 도를 얻은 것이다.[59]

1) 德者, 得也, 得其道於心而不失之謂也(宋本, 元甲·乙本) : 德, 則行道而有得於心而不失之謂也(전서본) ; 德, 則行道而有得於心者也(내각본, 사고전서본)

2) 玩(완) : 가지고 놀다, 익숙해짐. 適(적) : 향하다, 어울림, 알맞다, 즐기다, 기뻐함.

3) 何曰 : "藝, 六藝也. 不足據依, 故曰游也." ○邢曰 : "六藝謂禮·樂·射·御·書·數也. 『周禮』「保氏」云 : '掌養國子, 教之六藝. …'"

4) 『孟子』 : 人有雞犬放, 則知求之 ; 有放心而不知求. 學問之道無他, 求其放心而已矣.[11:11]

5) 該(해) : 겸하다, 갖추어지다, 포용, 마땅히, ~해야 한다, 필시 ~일 것이다, 모조리.

6) 間隙(간극) : 틈, 사이, 겨를, 짬. 隙 : 틈, 벌어져 사이가 난 곳, 빈 곳.

7) 涵泳(함영) : 차츰 스며들다(浸潤), 깊이 이해하다. 涵 : 젖다, 받아들이다, 잠기다.

① 『어류』 : '인에 의거한다' 함은 실천할 때 매사가 '인'에 어긋나지 않는다는 뜻이다.[46]

② 『어류』 : 이 구절들은 뒤로 갈수록 치밀해진다. 학생은 먼저 뜻을 세운 뒤 '덕에 머물고,'

7-7 子曰："自行束脩以上，吾未嘗無誨焉."

脩,[1] 脯也. 十脡[2]爲束. 古者相見, 必執贄[3]以爲禮, 束脩其至薄者.[4] 蓋人之有生, 同具此理, 故聖人之於人, 無不欲其入於善. 但不知來學, 則無往敎之禮, 故苟以禮來, 則無不有以敎之也.

7-8 子曰："不憤[5]不啓，不悱[6]不發，擧一隅不以三隅反,[7] 則不復也."

(憤, 房粉反. 悱, 芳匪反. 復, 扶又反.) ○憤者, 心求通而未得之意. 悱者, 口欲言而未能之貌.[8] 啓, 謂開其意. 發, 謂達其辭. 物之有四隅者, 擧一可知其三. 反者, 還以相證[9]之義. 復, 再告也. 上章已言聖人誨人不倦之意, 因并記此, 欲學者勉於用力, 以爲受敎之地也. ○程子曰："憤悱, 誠意之見於色辭者也. 待其誠至而後告之. 旣告之, 又必待其自得, 乃復告爾."

덕에 머문 뒤 '인에 의거할' 수 있고, '인에 의거하면' 덕성이 늘 작용하여 물욕이 제압되니, 공부가 지극하다고 할 수 있다. 나아가 '예에 노닐' 수 있어야 한다. '노닌다(游)' 함은 사물을 음미하며 유유자적함(玩物適情)을 일컫는다. '예에 노닐어' 조급함을 예방하고, 음악에 노닐어 화합을 이끌고, 활쏘기에 노닐어 안으로 뜻을 바로잡고 밖으로 몸을 방정하게 하려고 한다. 이 모두는 지극한 이치가 깃든 것이니, 평소에 빠뜨리면 안 된다. 조석으로 예에 노닐어 그 의리의 정취를 넓히면, 일처리가 여유롭고 양심이 달아나지 않는다. 이처럼 본말을 겸비하고 안팎을 호응시켜 조용히 함양을 계속하면, 어느덧 성현의 영역에 진입한다.[1265쪽]

1) 脩(수) : 포(고기를 저며 만든 반찬), 마르다, 익히다, 꾸미다, 마련하다, 속수(束脩).
2) 脡(정) : 곧은 포, 곧다, 희생의 등줄기 중앙부의 살.
3) 贄(지) : 폐백, 정중하게 만날 때 가지고 가는 예물.
4) 皇曰："古者相見, 必執物爲贄, 贄至也. 表已來至也. 上則人君用玉, 中則卿羔, 大夫鴈, 士雉. 下則庶人執鶩, 工商執雞, 其中或束脩, 壺酒一犬, 悉不得無也. 束脩最是贄之至輕者也."
5) 憤(분) : 성내다, 괴로워하다, 번민, 흥분, 북받치다, 떨쳐 일어서다, 원망, 세차다.
6) 悱(비) : 표현을 못하다, 마음으로는 알면서 입으로는 표현하지 못하다.
7) 隅(우) : 모퉁이, 귀퉁이, 구석, 깊숙한 곳, 결, 방향. 反(반) : 유추하다, 생각, 보답, 되돌아오다.
8) 皇曰："憤, 謂學者之心, 思義未得, 而憤憤然也. 悱, 謂學者之口, 欲有所諮, 而未能宣, 悱悱然也."
9) 還(환) : 돌려주다, 반납, 상환, 보답, 다시, 돌리다. 證(증) : 증명하다, 알리다, 간하다, 깨닫다.

7-7 공자가 말하였다. "속수 이상의 예를 행한 경우, 나는 깨우쳐주지 않은 적이 없다."

수脩는 건포이다. 포 열 개가 속束이다. 옛날에 서로 만날 때 반드시 폐백을 바치며 예를 행하였다. 속수는 그 가운데 가장 박한 것이다.① 사람은 태어날 때 똑같이 저 이치를 구비하고 있다. 따라서 성인은 사람들이 선으로 들어가기를 바라지 않은 적이 없다. 다만 찾아와 배울 줄 모른다면, 선생이 일브러 찾아가 가르치는 예는 없다. 따라서 예를 갖추어 찾아오면 가르치지 않은 적이 없었다.

7-8 공자가 말하였다. "스스로 번민하지 않으면 열어 주지(啓) 못하고, 스스로 끙끙거리지 않으면 꽃피워 주지(發) 못한다. 한 귀퉁이를 가르쳤을 때 다른 세 귀퉁이를 유추하지 못하면, 다시 반복하지 않는다."

분憤은 마음으로 이해하고자 하나 아직 얻지 못함의 뜻이다. 비悱는 입으로 말하고자 하나 말하지 못하는 모습이다.② 계啓는 뜻을 열어 줌을, 발發은 말을 표현시켜 줌을 일컫는다. 사물은 네 귀퉁이가 있으니, 한 곳을 제시하면 나머지 세 곳은 알 수 있다. 반反은 돌이켜 서로 증명한다는 뜻이다. 복復은 다시 가르쳐 줌이다. 윗장(7-2)에서 성인이 '남을 가르침에 게으르지 않았다'는 뜻을 말한 다음 이어서 이를 병기하여, 학생이 노력에 매진하여 가르침을 받는 자세로 삼기를 바랐다.

• 분비憤悱는 성의誠意가 낯빛과 말에 나타난 모습이다. 그의 성의가 무르익기를 기다린 이후에 가르쳐준다. 이미 가르쳐주었으면, 그가 자득하기를 기다렸다가 다시 가르쳐준다. – 이천

---

① 『어류』: 옛사람들은 빈손으로 어색하게 만나지 않았다. '속수'는 전혀 비싼 예물이 아니다. 양이나 기러기는 비교적 비싼 예물이다. 진종眞宗 시절 경연에서 이 장면을 논하며, '성인이 사람을 가르치면서도 돈을 요구한다'는 말이 있었다.[67]

② 『어류』: 끙끙거림(悱)은 전혀 깨닫지 못한 것은 아니고, 3~5할은 이해하지만 다만 표현하지 못할 뿐이다.[71] 학생이 번민하고 끙끙거린다면(憤悱), 그 마음이 이미 대략은 뚫린 상태이다. 다만 마음으로는 깨달았지만 확실한 믿음이 없고, 입은 말하려고 하나 표현하지 못하는 상태이므로, 성인이 거기서 계발시켜준다.[69] 번민하고 끙끙거려야 이해할 수 있다. 만약 번민하거나 끙끙거리지도 않았는데 계발시켜주면, 결국 세 귀퉁이를 유추하는 대답을 못하게 되고, 따라서

又曰：“不待憤悱而發，則知之不能堅固；待其憤悱而後發，則沛然矣.”[1)]

7-9 子食於有喪者之側,[2)] 未嘗飽也.

7-10 子於是日哭，則不歌.

臨喪哀，不能甘也.

哭，謂弔哭. 一日之內，餘哀未忘，自不能歌也.

○謝氏曰：“學者於此二者，可見聖人情性之正也. 能識聖人之情性，然後可以學道.”

7-11 子謂顏淵曰：“用之則行，舍之則藏,[3)] 唯我與爾有是夫!” 子路曰：“子行三軍，則誰與?” 子曰：“暴虎馮河,[4)] 死而無悔者，吾不與也. 必也臨事而懼，好謀而成者也.”

(舍，上聲. 夫，音扶.) ○尹氏曰：“用舍無與[5)]於己，行藏安於所遇，命不足道也. 顏子幾於聖人，故亦能之.”

그는 이해하지 못할 뿐더러 또한 가르침을 듣더라도 아무 소용이 없다.[70] 모든 사물은 네 귀퉁이가 있다. 한 귀퉁이가 제시되면 나머지 세 귀퉁이의 이치는 추론할 수 있다. 만약 세 귀퉁이를 유추해내지 못한다면, 그 한 귀퉁이도 제대로 이해하지 못했을 가능성이 있다.[72]

1) 沛然(패연) : 왕성하다, 성대하다, 매우 크다, 비가 세차게 내리는 모습. 沛 : 늪, 왕성한 모양, 많은 모양, 비가 퍼붓는 모양. ○『맹자』: 王知夫苗乎? 七八月之間旱, 則苗槁矣. 天油然作雲, 沛然下雨, 則苗浡然興之矣. 其如是, 孰能禦之? … 如有不嗜殺人者, 則天下之民皆引領而望之矣. 誠如是也, 民歸之, 由水之就下, 沛然孰能禦之?[1 : 6]

2) 側(측) : 곁, 옆, 가, 기울다, 한쪽으로 치우치다.

3) 舍(사) : 버리다, 버려두다(≒捨), 그만두다, 벼슬에서 물러나다, 버리고 쓰지 않다. 藏(장) : 감추다, 품다, 간직, 저장, 잠재하다, 숨다, 정돈하다, 깊다, 비축하다.

4) 暴(포) : 맨손으로 치거나 때리다, 해치다, 갑자기. (폭) : 사납다, 심함, 폭로, 쬐다. 馮(빙) : 걸어서 물을 건너다, 타다, 넘보다, 핍박, 기대다, 의지, 믿다, 개탄하다, 돕다.

5) 與(여) : 관여하다, 참여, 허락, 편들다, 어우르다, 닮다, 돕다, 화합하다, 의지하다.

① 『어류』: “패연沛然(힘차게 나아감)의 의미가 무엇입니까?” “그것은 이른바 단비의 조화造化

• 번민하거나 끙끙거림을 기다리지 않고 열어 주면, 아는 것이 견고할 수 없다. 번민하고 끙끙거림을 기다린 다음에 열어 주어야 힘차게 나아간다.① – 명도

7-9 공자는 상을 당한 사람 곁에서는 배불리 먹은 적이 없었다.
7-10 공자는 조문하여 곡을 한 그날은 노래 부르지 않았다.②

상례에 임하여 슬퍼하는 상황에서는 달게 먹을 수 없다.

곡은 조문할 때의 곡이다. 그날 하루는 다 잊지 못한 슬픔이 남아 있다. 그래서 자연히 노래를 부를 수 없다.

• 학생은 이 두 가지에서 성인의 성정(마음)의 바른 모습을 볼 수 있다. 성인의 성정(마음)을 이해할 수 있은 뒤에 도를 배울 수 있다. – 사량좌

7-11 공자가 안연에게 말하였다. "등용되면 도를 실천하고, 버려지면 도를 잘 갈무리할 사람은 나와 너뿐이다!"
자로가 물었다. "선생님께서 삼군을 동원하신다면 누구와 함께하시겠습니까?" "호랑이를 맨손으로 치고 황하를 걸어서 건너며(暴虎馮河) 죽어도 후회하지 않을 자와는 함께하지 않는다. 반드시 사태에 임하여 두려운 마음으로 좋은 대책을 세워 성사시킬③ 사람과 함께한다."

• 등용이 되고 안 되고는 자신과 무관하다. (도를) 실천하든 보존하든 각각의 처지에 안주할 따름이다. 운명은 언급할 필요가 없다.④ 안자는 거의 성인의 경지에 가까웠다. 그래서 이렇게 할 수 있었다. – 윤돈

로운 힘을 일컫는다. 비유컨대 곡식을 심을 때 사람이 할 수 있는 노력은 이미 다 하였고, 오직 막 싹트려고 하지만 아직 그러지 못하고 있는 상태에서 비가 모자란 경우, 이때 문득 한바탕 비가 쏟아진다면 그 생명력을 어찌 억제할 수 있겠는가?"[74]

② 『어류』: '상을 당한 사람 곁에서는 배불리 먹은 적이 없고,' '조문하여 곡을 하면 노래를 부르지 않은' 일이 성인의 천리天理이다.[75] 성인의 마음이 곧 리理이다.[79]

③ 『어류』: '좋은 대책을 세워 성사시킬' 때 이미 대책을 세웠으면 과감하게 실행에 옮겨 성사시켜야 한다. 한갓 대책만 세우고 성사시키지 못하면 무슨 소용이 있겠는가? 이른바 '길가에서 집짓는 사람은 삼 년이 흘러도 일을 완수하지 못하는' 경우와 같다.[94]

④ 『어류』: 성인은 운명을 묻지 않는다. 무엇이 의리인지만 살핀다. 가난하든 부유하든 귀하든

萬二千五百人爲軍, 大國三軍. 子路見孔子獨美顔淵, 自負[1]其勇, 意夫子若行三軍, 必與己同.

(馮, 皮冰反. 好, 去聲.) ○暴虎, 徒搏.[2] 馮河, 徒涉. 懼, 謂敬其事. 成, 謂成其謀. 言此皆以抑其勇而敎之, 然行師之要實不外此, 子路蓋不知也.

○謝氏曰 : "聖人於行藏之間, 無意無必. 其行非貪位, 其藏非獨善也. 若有欲心, 則不用而求行, 舍之而不藏矣, 是以惟顔子爲可以與於此. 子路雖非有欲心者, 然未能無固必也, 至以行三軍爲問, 則其論益卑矣. 夫子之言, 蓋因其失而救之. 夫不謀無成, 不懼必敗, 小事尙然, 而況於行三軍乎?"

7-12 子曰 : "富而可求也, 雖執鞭[3]之士, 吾亦爲之. 如[4]不可求, 從吾所好."

(好, 去聲.) ○執鞭, 賤者之事. 設言富若可求, 則雖身爲賤役以求之, 亦所不辭. 然有命焉, 非求之可得也, 則安於義理而已矣, 何必徒取辱哉?

○蘇氏曰 : "聖人未嘗有意於求富也, 豈問其可不可哉? 爲此語者, 特以明其決不可求爾."

천하든 오직 의리에만 머물러, 처지에 안주한다. …도연명은 천언만어를 말하면서 부귀를 바라지 말고 빈천을 잊으라고 주장했으나, 사실은 그다지 잘 잊지는 못하였다. 억지로 그에 저항했을 따름이다. 다만 그는 세속적 행위는 누가 시켜도 결코 하려고 하지 않았다는 점에서 남을 능가했다. …당시 진晉·송宋 교체기의 인물들은 말로는 깨끗함·고상함을 숭상했으나, 다들 관직에 급급했다. 한편으로 청담淸談을 논하면서, 한편으로 권세를 믿고 뇌물을 먹었다. 그러나 도연명은 진짜로 권세를 구하지 않은 점에서 남보다 고원했다.[88]

1) 負(부) : (짐·책임을) 지다, 떠맡다, 승부에 지다, 믿다, 당하다, 저버리다, 잃다, 근심.

2) 徒(도) : 무리, 걸어가다, 제자, 종, 맨손, 맨발. 搏(박) : 잡다, (맨손으로) 때림, 두드림.

3) 執(집) : 잡다, 지키다, 가지다, 고집, 거느림, 담당, 처리. 鞭(편) : 채찍, 매질하다.

4) 如(여) : 만일, 만약, ~인 것 같다, 마땅히 ~해야 한다, ~과 같이 하다, 그러나.

12,500명이 군軍이고, 대국은 삼군이다. 공자가 유독 안연만 칭찬하는 것을 보고, 자로는 자신의 용기를 자부하여 공자가 만약 삼군을 동원하면 반드시 자기와 함께할 것이라고 생각하였다.

포호暴虎는 맨손으로 침, 빙하憑河는 걸어서 건넘이다. 구懼는 일에 조심함을, 성成은 대책(계책)을 성공시킴을 일컫는다. 모두 자로의 용기를 억제하려는 가르침이다. 다만 군사를 동원하는 요령도 사실은 이를 벗어나지 않는다. 자로는 아마 깨닫지 못한 것 같다.

• 성인은 도를 실천하든 보존하든, 선입견도 없고(無意) 기필함도 없다(無必).(9-4) 도를 실천함에 지위를 탐하지 않고, 도를 보존함에 홀로 선을 추구하지 않는다.① 욕심이 있는 사람은, 등용되지 못했어도 실현을 도모하고, 버려졌어도 도를 갈무리하지 않는다. 따라서 오직 안자만이 그 일에 함께할 수 있다고 여겼다. 자로는 비록 욕심을 가진 사람은 아니나, 여전히 고루함(固)과 기필함(必)을 없애지 못하였다. 삼군 동원 문제를 질문한 데에 이르러서는 그 논의가 더욱 저속해졌다. 공자의 말은 자로의 단점에 근거하여 구제해 주려는 뜻일 것이다. 대책이 없으면 성공할 수 없고, 신중함(두려움)이 없으면 반드시 실패한다. 작은 일도 오히려 그러하거늘, 하물며 삼군을 동원함에 있어서랴? – 사량좌

7-12 공자가 말하였다. "부를 구할 수 있으면,❷ 채찍을 잡는 마부 일이라도 나는 하겠다. 구할 수 없으면, 내가 좋아하는 일을 하겠다."

채찍을 잡는 일(執鞭)은 천한 자의 일이다. 만약 부가 얻을 수 있는 것이면, 몸소 천한 일을 하여 얻더라도 사양하지 않겠다는 말이다. 그러나 부에는 운명이 있으니, 구한다고 얻어지는 것이 아니다. 의리에 안주할 따름이다. 헛되이 치욕만 당할 필요가 있겠는가?

• 성인은 부를 구하려는 뜻을 가진 적이 없다. 어찌 그 가불가를 따지랴마는, 이 말을 하신 까닭은 부는 결코 구해서는 안 됨을 밝힌 것이다. – 소식

---

① 『어류』: 성인의 진퇴(行藏)는 본디 초연하여 얽매임이 없다. 세상을 구제할 마음이 간절하기는 하지만, 행할 수 있으면 행하고 행할 수 없으면 그만둔다. 보통 사람은 등용되지 못하면

楊氏曰："君子非惡富貴而不求, 以其在天, 無可求之道也."

7-13 子之所愼：齊, 戰, 疾.

(齊, 側皆反.) ○齊之爲言齊也, 將祭而齊其思慮之不齊者, 以交於神明也.[1] 誠之至與不至, 神之饗與不饗, 皆決於此. 戰, 則衆之死生·國之存亡繫焉. 疾又吾身之所以死生存亡者, 皆不可以不謹也. ○尹氏曰："夫子無所不謹, 弟子記其大者耳."

7-14 子在齊聞「韶」, 三月, 不知肉味. 曰："不圖[2]爲樂之至於斯也!"

『史記』三月上有'學之'二字.[3] 不知肉味, 蓋心一於是而不及乎他也. 曰'不意舜之作樂至於如此之美,' 則有以極其情文[4]之備, 而不覺其歎息之深也. 蓋非聖人不足以及此.
○范氏曰："「韶」盡美又盡善, 樂之無以加此也. 故學之三月, 不知肉味, 而歎美之如此. 誠之至, 感之深也."

나서려고 안달하고, 버려지면 꼭 도를 보존하지는 않는다. 혹자는 말하기를 '삼대의 예악 제도가 모두 성인에게 있었기 때문에 등용되면 행할 수 있었다'고 하는데, 내가 볼 때 그것은 행할 수 있는 도구에 지나지 않고, 본령은 전적으로 얽매인 바가 없음에 있다.[95]

❷『어류』: '구할 수 있으면(而可求)'은, 부는 본디 구해서는 안 된다(不可求)는 뜻이다.[97]

1) 『禮記』「祭統」: 及時將祭, 君子乃齊. 齊之爲言齊也, 齊不齊以致齊者也. … 君子之齊也, 專致其精明之德也. … 齊者, 精明之至也, 然後可以交於神明也.

2) 圖(도): 그림, 꾀하다, 대책을 세움, 그리다, 책, 법규, 세다, 헤아리다, 계산, 얻다.

3) 『史記』「孔子世家」: 與齊太師語樂, 聞「韶」音, 學之, 三月不知肉味, 齊人稱之.

4) 情文(정문): 질質과 문文, 내용과 형식, 정서와 예절, 정신과 물질, 뜻과 수식.

① 『혹문』: 한기韓琦(1008~1075)의 말에 '빈부와 귀천은 본디 정해진 분수가 있다. 도리를 버리면서까지 그것을 추구하면 자기 지조만 잃을 뿐이다' 하였다. 이 장의 뜻이 그렇다.

② 『어류』: 공자는 「소」 음악의 아름다움을 알고 한 번 듣고는 깊이 감동하여 석 달 동안 배웠다. 그래서 고기 맛도 잊었다. 만약 공자가 그 음악을 한 번 듣고는 석 달 동안 고기 맛을 몰랐다고

• 군자가 부귀를 싫어하여 구하지 않은 것이 아니다. 그것은 하늘에 달려 있는 것이어서, 추구할 길이 없기 때문이다.① – 양시

7-13 공자가 조심한(삼간) 것은 재계, 전쟁, 질병이다.

재齊의 의미는 정돈이다. 제사를 모시려고 정돈되지 않은 잡념들을 정돈하여 신명과 교감한다. 정성이 이를지 이르지 않을지, 귀신이 흠향할지 흠향하지 않을지가 모두 재계로 결정된다. 전쟁은 많은 사람의 생사와 국가의 존망이 걸려 있다. 질병은 또 내 몸의 생사존망이 걸려 있다. 모두 신중하지(조심하지) 않으면 안 된다.

• 공자는 조심하지(신중히 하지) 않은 것이 없었다. 제자가 그 가운데 중대한 것만 기록하였다. – 윤돈

7-14 공자가 제나라에서「소」음악을 석 달 동안 들으면서 고기 맛을 잊고, 말하였다. "음악이 이렇게 대단할 줄은 미처 몰랐다!"

『사기』에는 삼월三月 앞에 "학지學之" 두 글자가 있다. '고기 맛을 잊음'은, 마음이 음악에 몰입한지라 다른 것에는 미치지 않았기 때문일 것이다. '순임금이 지은 음악이 이처럼 아름다운 경지에 이르렀을 줄은 상상하지 못하였다'고 했으니, 그 음악이 내용과 형식(情文)에서 완벽함을 속속들이 알게 되어 부지불식간에 이런 깊은 탄식이 나왔다. 성인이 아니라면 이 경지에 이를 수 없다.②

•「소」는 지극히 아름답고 지극히 선하여(3-25) 더할 나위 없는 최고의 음악이다. 따라서 그것을 석 달 동안 배우면서 고기 맛을 잊고 그와 같이 찬미하였다. 지극한 정성과 깊은 감동이다.❸ – 범조우

풀이하면 이치에 맞지 않을 듯하다. …여기서 우리는 공자의 마음이 순임금의 마음과 분명히 하나가 되어 너무 깊이 감동했기 때문에, 마음을 다하여 배우고, 온 정신을 거기에 쏟아 잠시도 잊지 않았다는 사실을 살펴야 한다.[106] 『사기』에 '공자가 제나라에서「소」음악을 듣고 석 달을 배우면서 고기 맛을 잊었다(聞「韶」音, 學之三月, 不知肉味)'고 했으니, 아마도「소」음악을 석 달 동안 배웠다는 뜻이지 오랫동안 고기 맛을 잊었다는 뜻은 아니다.[98] 고기 맛을 잊은 그 경지를 살펴야 한다. 여기서 성인의 음악이 이처럼 아름다웠고, 성인의

7-15 冉有曰："夫子爲衛君乎?" 子貢曰："諾.[1] 吾將問之." 入, 曰："伯夷·叔齊何人也?" 曰："古之賢人也." 曰："怨乎?" 曰："求仁而得仁, 又何怨." 出, 曰："夫子不爲也."

(爲, 去聲.) ○爲, 猶助也. 衛君, 出公輒也. 靈公逐其世子蒯聵. 公薨, 而國人立蒯聵之子輒. 於是晉納蒯聵而輒拒之. 時孔子居衛, 衛人以蒯聵得罪於父, 而輒嫡孫當立, 故冉有疑而問之. 諾, 應辭也.

伯夷·叔齊, 孤竹君之二子. 其父將死, 遺命立叔齊. 父卒, 叔齊遜伯夷. 伯夷曰："父命也," 遂逃去. 叔齊亦不立而逃之, 國人立其中子. 其後武王伐紂, 夷·齊扣[2]馬而諫. 武王滅商, 夷·齊恥食周粟, 去, 隱于首陽山, 遂餓而死. 怨, 猶悔也.[3] 君子居是邦, 不非其大夫, 況其君乎?[4] 故子貢不斥衛君, 而以夷·齊爲問. 夫子告之如此, 則其不爲衛君可知矣.

마음이 이처럼 지성스러움을 알 수 있다. … '석 달'이란 대략 그 기일이 오래임을 말한 것이다. 딱 90일 동안 잊었다가 91일째 되는 날 고기 맛을 알았다는 말이 아니다. 아마 「소」 음악의 아름다움은 사람을 감동시켜 저절로 감각을 단정하게 하고 행동을 정직하게 하였던 것 같다. 요즘 사람은 눈이 있어도 선왕의 예를 보지 못하고, 귀가 있어도 선왕의 음악을 듣지 못한다. 이 얼마나 큰 불행인가![100]

❸ 『어류』: "성인이 이와 같이 절실하게 마음을 다잡았기(存心) 때문에 고기 맛을 잊은 경지에 이른 것이지요?" "절실하게 마음을 다잡은 것이 아니다. 그렇게 말하면 성인의 참모습을 망친다. 성인이 어찌 절절히 마음을 다잡은 다음 그 음악을 이해하려고 하였겠는가? 단지 성인의 마음이 저절로 저 도리와 딱 부합하여, 그 음악이 아름답다는 것을 깨닫고 자연히 그와 같이 행한 것일 뿐이다."[101]

1) 諾(락): 대답하다, 좋다고 승낙하는 말, 느린 가락의 공손하지 못한 응답.

2) 扣(구): 두드리다, 치다, 당기다, 말고삐를 잡아당기다, 칼자루를 잡다, 굽히다.

3) 怨(원): 원망을 품다, 한탄, 미워함, 힐책. 悔(회): 후회하다, 아깝고 분하다, 과오, 깔보다.

4) 『荀子』: 禮, 居是邑, 不非其大夫. ○『家語』: 禮, 居是邦, 則不非其大夫.

① 『어류』: 현인 역시 물론 행위가 완전히 좋지 않을 수도 있다. 백이·숙제의 겸양 행위가 정말로 옳은지 그른지 잘 모르겠다. 만약 꼭 양보하지 않아도 되었다면, 결국 원망과 후회가 생김을 면치 못한다. 원망과 후회가 생겼다면, 겸양이 옳지 않았을 수 있다.[112]

7-15 염유가 자공에게 물었다. "선생님께서 위나라 임금을 도울까요?" "좋소, 내가 한 번 여쭈어 보지요."
자공이 들어가 공자께 물었다. "백이·숙제는 어떤 사람입니까?" "옛날 현인賢人이다." "(자기 행위를) 한탄하였습니까?"① "인을 추구하다가 인을 얻었거늘,② 또 무엇을 한탄하였겠는가?"③
자공이 물러 나와 말하였다. "선생님은 돕지 않을 것입니다."

위爲는 도움(助)과 같다. 위나라 임금은 출공 첩이다. 영공은 그의 세자 괴외를 축출하였다. 영공이 승하하자 나라 사람들이 괴외의 아들 첩을 세웠다. 이에 진나라가 괴외를 들여보내려했으나 첩이 거부하였다. 이때 공자는 위나라에 머물고 있었다. 위나라 사람들이 생각하기를 괴외는 아버지에게 죄를 지은 반면, 첩은 적손이니 즉위시켜야 한다고 여겼다. 그래서 염유가 의문을 가지고 물었다. 락諾은 응답하는 말이다.

백이·숙제는 고죽군의 두 아들이다. 고죽군은 죽으면서 숙제를 세우라는 명을 남겼다. 아버지가 돌아가자, 숙제는 백이에게 양보하였다. 백이는 '아버지의 명이다' 하고, 마침내 도망가 버렸다. 숙제 또한 즉위하지 않고 도망가자, 나라 사람들은 가운데 아들을 세웠다. 그 뒤 (신하) 무왕이 (은나라 왕) 주紂를 치자, 백이·숙제는 말고삐를 잡고 간하였다. 무왕이 은나라를 멸하자, 백이·숙제는 주나라 곡식 먹는 일을 수치로 여겨, 속세를 떠나 수양산에 숨었다가 마침내 굶어 죽었다.

원怨은 한탄(悔)과 같다. 군자는 그 나라에 머물면 그 나라 대부도 비판할 수 없거늘, 하물며 그 임금이랴? 따라서 자공은 위나라 임금을 비난하지 않고, 백이·숙제의 일로써 빗대어 질문하였다. 공자가 이렇게 말했으니, 위나라 임금을 편들지 않을 것임을 알 수 있다.

---

② 『어류』: '인을 추구하다가 인을 얻었다' 함은, 다만 그 본심을 상실하지 않았다는 말이다. 백이·숙제는 만약 겸양하지 못했다면 마음이 끝내 편안하지 않았을 것이다. 사람의 마음은 본디 어질다. 그 본심을 훼손하면, 곧 '어질지 못함(不仁)'이다.[110]

③ 『어류』: 이처럼 공자는 백이가 원망이 없었다고 말하였다. 그런데 사마천의 「백이전」에 묘사된 백이는 원망으로 가득하다.[115]

蓋伯夷以父命爲尊, 叔齊以天倫爲重. 其遜國也, 皆求所以合乎天理之正, 而卽乎人心之安. 旣而各得其志焉, 則視棄其國猶敝蹝[1]爾, 何怨之有? 若衛輒之據國拒父而惟恐失之, 其不可同年而語[2]明矣.
○程子曰："伯夷·叔齊遜國而逃, 諫伐而餓, 終無怨悔, 夫子以爲賢, 故知其不與輒也."

7-16 子曰："飯疏食飮水, 曲肱而枕之,[3] 樂亦在其中矣. 不義而富且貴, 於我如浮雲."

(飯, 符晩反. 食, 音嗣. 枕, 去聲. 樂, 音洛.) ○飯, 食之也. 疏食, 粗[4]飯也. 聖人之心, 渾然天理, 雖處困極, 而樂亦無不在焉. 其視不義之富貴, 如浮雲之無有, 漠然[5]無所動於其中也.
○程子曰："非樂疏食飮水也, 雖疏食飮水不能改其樂也. 不義之富貴, 視之輕如浮雲然." 又曰："須知所樂者何事."

---

1) 敝蹝(폐사) : 헌신짝. 敝 : (옷이) 해지다, 깨지다, 피폐, 내버림. 蹝 : 짚신, 밟다, 신다.
2) 不可同年而語 : 不可同日而語, 함께 나란히 놓고 말할 수 없다, 비교가 되지 않는다. ○賈誼, 「過秦論」: "試使山東之國, 與陳涉度長絜大, 比權量力, 則不可同年而語矣."
3) 肱(굉) : 팔뚝. 枕(침) : 베개, 베다, 베개 삼아 베다, 잠자다, 방해하다.
4) 粗(전서본) : 麤(내각본). 粗(조) : 거칠다, 조잡하다. 麤(추) : 거칠다, 소략하다.
5) 漠然(막연) : 청허담박淸虛淡泊한 모습, 고요한 모습, 냉담, 무관심, 지각 없는 모습.
① 『어류』 : 백이는 적장자라는 본분에 안주하여 감히 (숙제를 후계자로 앉힌) 아버지의 명을 어길 수 없었다. 숙제는 부모의 명을 좇는다는 명분으로 (형이 받을 자리를 차지함으로써) 적서의 도리를 어지럽힐 수 없었다. 이런 일이 '인을 추구함'이다. 백이는 편안히 도망하고, 숙제는 편안히 양보하였다. 이런 마음에 모두 완악한 생각이 없었다. 이것이 곧 '인을 얻음'이다. 반면에 위나라 임금은 '인을 추구하지' 못하였다.[114]
② 『어류』 : "자공이 위나라 임금에 대하여 알려고 하면서 왜 백이·숙제에 관해 물었습니까?" "하나는 부자 사이의 왕위 쟁탈전이고, 하나는 형제가 서로 나라를 양보한 일이니, 후자가 옳다면 전자가 그름을 알 수 있다." "어째서 또 '한탄했습니까'라고 물었습니까?" "그 점은 깊이 생각해야 한다. 공자가 '인을 추구하다가 인을 얻었다'고 말한 까닭은 마음의 본원처를 언급한 것이다. 마지못하여 겸양을 행했다면 한탄이 있기 마련이다. 백이·숙제의 겸양은 마땅히 그렇게 해야 하는 것으로 천리의 당연함이니, 무슨 한탄이 있었겠는가! 대체로 위나라 임금의 경우는 옳지 않았다. 여기서 위나라 임금이 무도하다는 사실이 더욱 분명해진다.[109]

백이는 아버지의 명을 받들었고, 숙제는 천륜을 중시했다. 그들의 나라 사양은, 모두 천리의 올바름에 부합하고, 인심의 편안함에 부응하기를 추구한 일이다. 이미 저마다 자기 뜻을 얻은 만큼,① 나라 버리기를 헌신짝 버리듯 하였다. 무슨 한탄이 있었겠는가? 반면에 위나라 첩이 나라를 점거하고 아버지를 거절한 일은, 오로지 나라를 빼앗길까 걱정한 것이니, 나란히 놓고 논할 수 없음이 명백하다.②

• 백이·숙제는 나라를 사양하고 도망가고, 정벌을 비판하며 굶어 죽었다. 그러면서도 끝내 원망과 후회가 없었으므로 공자가 현명하다고 여겼다. 따라서 백이·숙제가 첩과 같지 않았음을 알 수 있다.－이천

7-16 공자가 말하였다. "거친 밥 먹고 물 마시며, 팔 베고 누우면, 즐거움도 그 안에 있다. 의롭지 못한 부귀영화는 나에게 뜬구름 같다."③

반飯은 먹음, 소사疏食는 거친 밥이다. 성인의 마음은 완전히 천리이니, 아무리 곤궁에 처하더라도 즐거움이 그 안에 있다. 공자는 의롭지 않은 부귀는 마치 뜬구름처럼 사라진다고 여겨, 초연하여 마음속에 아무런 동요가 없었다.

• 거친 밥 먹고 물 마시는 것을 즐거워하는 것이 아니다. 거친 밥 먹고 물 마시더라도 본래의 즐거움을 고치지 않는다는 말이다. 의롭지 않은 부귀를 뜬구름처럼 가볍게 여긴 것이다.④－이천

• 공자가 즐거워한 것이 무엇이었는지 반드시 알아야 한다.⑤－명도

백이·숙제가 성명性命의 리理를 온전히 하려고 (의도적으로) 그와 같이 행했다는 풀이는 의리를 크게 해친다. '살신성인'의 경우 의리에 따라 몸을 죽이면 곧 인을 완성한다. 그런데 만약 인을 완성하려고 몸을 죽인다면, 그것은 곧 이기심이다.[122]

③ 『혹문』: 성인의 마음은 즐겁지 않을 때가 없다. 마치 원기元氣가 천지 사이에 유행하며 이르지 않는 곳이 없고, 정지하는 순간이 없는 것과 같다. 어찌 빈부귀천의 각기 다른 처지에 따라 경중을 두겠는가! 이 말은 공자가 당시의 처지를 바탕으로 자신의 즐거움이 늘 거기에 있으며, 부귀를 사모하지 않았다는 점을 밝힌 것이다.

④ 『어류』: '의롭게 얻은 부귀도 뜬 구름처럼 여겼거늘, 하물며 의롭지 않은 것임에랴'라는 사량좌의 해설은 지나치다. 공자는 다만 의롭지 않은 부귀를 뜬구름에 비겨, 부귀라는 가벼운 것으로 나의 중요한 것을 바꾸지 않겠다고 밝힌 것이다. 만약 의롭게 얻은 부귀라면 마땅히 누려야지 왜 내치겠는가? 예컨대 순·우임금이 천하를 차지한 일도 물론 '간여하지 않기(不與)'(8-18)는 했으나, 다만 그와 같이 편안히 차지하였던 것이다.[128]

⑤ 『어류』: 성인의 즐거움은 부귀와는 상관이 없고, 즐거워하는 데가 따로 있다. 기백이 굳세면

7-17 子曰："加我數年, 五十以學易, 可以無大過矣."

劉聘君見元城劉忠定公, 自言嘗讀他『論』'加'作'假,' '五十'作'卒'. 蓋加·假聲相近而誤讀, 卒與五十字相似而誤分也.

愚按：此章之言,『史記』作"假我數年, 若是我於『易』則彬彬矣," 加正作假, 而無五十字. 蓋是時, 孔子年已幾七十矣, 五十字誤無疑也.[1] 學『易』, 則明乎吉凶消長之理, 進退存亡之道, 故可以無大過. 蓋聖人深見『易』道之無窮, 而言此以教人, 使知其不可不學, 而又不可以易而學也.

7-18 子所雅言,『詩』·『書』·執禮, 皆雅言也.[2]

雅, 常也. 執, 守也.『詩』以理情性,『書』以道政事, 禮以謹節文, 皆切於日用之實, 故常言之. 禮獨言執者, 以人所執守而言, 非徒誦說而已也.

○程子曰："孔子雅素之言, 止於如此. 若性與天道, 則有不可得而聞者, 要在默而識之也."

謝氏曰："此因學『易』之語而類記之."

덥든 춥든(흥분되든 위축되든) 두려워하지 않지만, 기백이 허하면 반드시 동요한다.[125]

1) 皇曰："當孔子爾時, 年已四十五六. 故云加我數年, 五十而學『易』也. 所以必五十而學『易』者, 人年五十是知命之年也.『易』有大演之數五十, 是窮理盡命之書, 故五十而學易也. 既學得其理, 則極照精微, 故身無過失也. 云'無大過'者, 小事易見, 大事難明, 故學照大理, 則得一不復大過, 則小者故不失之." ○邢曰："加我數年, 方至五十, 謂四十七時也.『易』之爲書, 窮理盡性以至於命, 吉凶悔吝豫以告人, 使人從吉, 不從凶, 故孔子言己四十七學易可以無過咎矣."

2) 雅言(아언)：평소의 말, 바른·우아한 말. 雅：바르다, 우아·고상하다, 아름답다, 본디.

①『어류』：이 말은 공자가『역』「계사전」을 쓰면서, 스스로 '내가 몇 년 만 더 살아 마침내 역을 배우면 큰 과오가 없을 것이다'라고 말한 것으로, 겸손의 말이다. 학생에게『역』의 도가 무궁함을 강조하고 있다.[134] 이때 공자가 연로하여 이미 일흔이 되어『역』을 보완하려고(贊) 이 말을 한 것이다. 그러므로 '오십에『역』을 배운다'는 풀이는 전혀 의미가 없다.[133] 성인이『역』을 배우면 천지 만물의 이치, 길흉·회린悔吝, 진퇴·존망을 모두 완전하게 통찰하

7-17 공자가 말하였다. "만약 내가 몇 년 만 더 살아 마침내 역을 배우면, 큰 과오가 없겠다."①

유빙군이 유충정공을 만났을 때, "다른 판본의 『논어』를 읽은 적이 있는데 가加는 가假로, 오십五十은 졸卒로 되어 있었다"는 말을 들었다고 하였다. 가加와 가假는 소리가 서로 비슷하여 오독되었고, 졸은 오십과 글자가 서로 비슷하여 잘못 나누어져버린 것 같다.

내가 살피건대, 이 장의 구절은 『사기』에는 "만약 내가 몇 년 단 더 살면, 나는 『역』을 두루두루 알 것 같다"라고 되어 있다. 가加는 가假(만약)로 되어 있고, '오십'이라는 글자가 없다. 아마 이때는 공자의 나이가 이미 일흔이 다 되었으므로, 오십이라는 글자는 잘못임에 틀림없다. 『역』②을 배우면, 길흉·성쇠의 이치와 진퇴존망의 도를 깨우치기 때문에 큰 잘못이 없어진다. 성인은 『역』의 도의 무궁함을 깊이 통찰했음에도 불구하고, 이와 같이 말하여 사람을 가르쳤다. 『역』은 배우지 않으면 안 되고, 또 쉽게 배울 수 없음을 알게 하려는 것이다.

7-18 공자가 평소에 한 말은 『시』, 『서』와 예를 지킴에 관한 것이었다. 모두 아언雅言이다.

아雅는 평소, 집執은 지킴이다. 『시』로써 성정을 다스리고, 『서』로써 정사를 논하고, 예로써 절제와 격식(節文)을 신중히 한다. 모두 일용의 실제에 절실한 만큼 항상(평소) 말하였다. 예의 경우만 '지킨다(執)' 한 것은 사람이 지켜야 할 바를 언급한 것이니, 단순히 암송해서 말하는 데에 불과한 것이 아니기 때문이다.

• 공자가 평소 한 말은 이런 것일 뿐이었다. 성과 천도 같은 것은 들어서 알 수 없는 부분이 있으니, 묵묵히 자득할 수밖에 없다.③ – 명도

• 이 장은 『역』을 배운다는 말과 같은 부류로 여겨 기록하였다. – 사량좌

니, 자연히 실수가 없다.[129] 두려운 마음으로 성찰하지 못하면, 곧 '잘못(過)'이다. 『역』은 대체로 사람들이 두려운 마음으로 성찰하게 하려는 것이다.[131]

② 『어류』: 다른 경전은 사건이 있어서 글이 생긴 것이다. 예컨대 『서경』은 요·순·우·탕·이윤·무왕·주공의 일을 기록했는데, 온갖 일이 있었기에 비로소 기록한 것이다. 그런 일들이 없었다면 거기에 언급하지도 않았을 것이다. 그러나 『역』은 비어 있어서(空), 어떤 일이 있지 않아도

7-19 葉公問孔子於子路, 子路不對. 子曰 : "女奚不曰, 其爲人也, 發憤[1]忘食, 樂以忘憂, 不知老之將至云爾."

(葉, 舒涉反.) ○葉公, 楚葉縣尹[2]沈諸梁, 字子高, 僭稱公也. 葉公不知孔子, 必有非所問而問者, 故子路不對. 抑亦以聖人之德, 實有未易名言者與?

未得, 則發憤而忘食 ; 已得, 則樂之而忘憂. 以是二者俛焉日有孶孶,[3] 而不知年數之不足, 但自言其好學之篤耳. 然深味之, 則見其全體至極純亦不已[4]之妙, 有非聖人不能及者. 蓋凡夫子之自言類如此, 學者宜致思焉.

7-20 子曰 : "我非生而知之者, 好古, 敏以求之者也."

(好, 去聲.) ○生而知之者, 氣質淸明, 義理昭著,[5] 不待學而知也. 敏, 速也, 謂汲汲[6]也.

미리 그 이치를 논했으므로 온갖 도리가 포괄될 수 있다. 누가 어떤 일을 행하든 전부 다 어느 하나에 해당한다.[131] 천하에 그 어떤 일도 '역易'을 벗어나지 못한다. 선악·시비·득실에서 굴신屈伸·소장消長·성쇠盛衰에 이르기까지, 그 어떤 일이든 모두 '역'에서 나온다. 복희씨 이전에는 어떻게 점을 쳤는지 알 수 없다. 복희씨에 이르러 음양을 두 개의 괘卦로써 제시하여, 사람들이 이것으로 길흉화복을 점치도록 하였다. 한 획은 양, 두 획은 음, 한 획은 홀수, 두 획은 짝수로 하여 마침내 팔괘를 만들었다. 이 팔괘를 교차시켜 64괘를 만들어, 모두 384효爻이다. 문왕은 다시 「단彖」·「상象」을 지어 그 의미를 풀이하였다. 그 의미는 음양의 소장·성괴·굴신의 이치 아닌 것이 없다. 성인이 공부한 것은 이것을 배웠을 뿐이다. …『역』이란 책은 대체로 왕성하고 충만한 상태를 경계한다. 양기가 한참 팽창할 때 반드시 차츰 쇠퇴하기 시작하는 것은, 본디 이치의 대세가 그러하다.[130]

③ 『어류』 : 실제로 '묵묵히 인식할 수 있다면(黙而識之)'(7-2) '『시』·『서』와 예를 지키는' 공부에서 저절로 성과 천도를 터득할 수 있다. 만약 실제로 '묵묵히 인식할' 수 없다면, 성인이 (성과 천도를) 말해 주더라도 이해하지 못할 것이다.[137] 오직 이 『시』·『서』에는 크게는 천도의 정미함, 작게는 인간사의 곡절 등 모든 것이 다 그 안에 들어있다. 예는 절문節文과 법도이다. 성인이 사람을 가르친 것은 오직 이런 것들일 뿐이다. 평소에는 『역』을 언급하지 않았다. 그런데 요즘 사람은 맨 먼저 일종의 현묘한 교설 같은 것부터 시작한다.[135, 136]

1) 發憤(발분) : 발분, 분발하다, 굳게 결심하다. 憤 : 번민하다, 성내다, 괴로워하다.

7-19 섭공이 자로에게 공자에 대해 묻자, 자로가 대답하지 못하였다. 공자가 말하였다. "너는 왜 '그 사람은 발분망식하고, 즐거움으로 근심도 잊어, 장차 늙음이 다가오는 줄도 알지 못한다'①고 말하지 않았는가?"

섭공은 초나라 섭현의 장관 심제량으로, 자는 자고이며, 공公을 참칭하였다. 섭공은 공자를 몰랐으므로, 필시 물으면 안 될 내용인데 물었기 때문에 자로가 대답하지 않았을 것이다. 아니면 성인의 덕은 실제로 쉽게 말로 표현할 수 없었기 때문이었던 것일까?

아직 터득하지 못했으면 발분망식하고, 이미 터득했으면 즐거워서 근심을 잊는다. 이 두 가지에 날마다 부지런히 힘써, 남은 해가 얼마 되지 않음도 몰랐다. 단지 자신의 호학好學이 돈독함(篤)을 말한 것이다. 그러나 깊이 음미하면, 그 온전한 본체가 지극하여, 순수하고도 그침이 없는 오묘한 상태이니, 성인이 아니면 미칠 수 없는 경지다. 공자가 자신을 언급한 말은 모두 대체로 이와 같다. 학생이 깊이 생각해야 할 부분이다.

7-20 공자가 말하였다. "나는 날 때부터 안 사람이 아니고, 옛것을 좋아하여 열심히 추구한 사람일 따름이다."

생이지지자生而知之者는 기질이 청명하여, 의리에 훤히 밝아 배우지 않고도 안다. 민敏은 빠름이니, 부지런히 분발한다는 말이다.

---

2) 尹(윤) : 벼슬아치, 장관, 다스리다, 바로잡다, 미쁨, 참, 광택.

3) 俛(면) : 힘쓰다, 머리 숙이다. 孶孶(자자) : 부지런히 힘쓰는 모습. 孶 : 부지런함, 늘어나다.

4) 『中庸』: 『詩』云 : … "於乎不顯! 文王之德之純." 蓋曰文王之所以爲文也, 純亦不已.

5) 昭著(소저) : 현저하다, 뚜렷하다. 昭 : 명백하다, 현저, 환하다. 著 : 분명하다.

6) 汲汲(급급) : 어떤 일에 골몰함. 汲 : 물을 긷다, (끌어)당기다, 인도하다, 분주하다, 거짓.

① 『어류』: 천지의 운행을 관찰하건대, 낮이든 밤이든, 춥든 덥든 잠시라도 멈춤이 없다. 성인은 태어나서 죽을 때까지 오직 이처럼 공부할 뿐 중단하는 법이 없다.[142] 학문 추구는 굳세고 결단력이 있어야 한다. 어영부영하면 아무 쓸모가 없다. 그러니 '발분하여 식사도 잊고, 즐거움으로 근심도 잊는' 경지가 그 얼마나 대단한 정신 자세이며, 그 얼마나 대단한 기개인가![143] 이 장과 '하늘도 원망하지 않고, 사람도 탓하지 않으며, 평상적인 것을 공부하여 위로 통달할 따름이니, 나를 알아줄 이는 아마도 하늘뿐이리라'(14-35)고 말한 장 역시, 대체로 '인욕이 없는 온전한 천리'의 의미 바깥에 있지 않다.[144]

○尹氏曰："孔子以生知之聖, 每云好學者, 非惟勉人也, 蓋生而可知者義理爾, 若夫禮樂名物, 古今事變, 亦必待學而後有以驗其實也."

7-21 子不語怪·力·亂·神.

怪異·勇力·悖亂[1]之事, 非理之正, 固聖人所不語.[2] 鬼神造化之迹, 雖非不正, 然非窮理之至, 有未易明者, 故亦不輕以語人也.
○謝氏曰："聖人語常而不語怪, 語德而不語力, 語治而不語亂, 語人而不語神."

7-22 子曰："三人行, 必有我師焉. 擇其善者而從之, 其不善者而改之."

三人同行, 其一我也. 彼二人者, 一善一惡, 則我從其善而改其惡焉. 是二人者皆我師也.
○尹氏曰："見賢思齊, 見不賢而內自省, 則善惡皆我之師, 進善其有窮[3]乎?"

7-23 子曰："天生德於予, 桓魋其如予何?"

---

1) 悖亂(패란) : 반란, 패역. 悖 : 어그러지다, 상반되다, 도리·사리에 어긋나다, 미혹.

2) 伊川曰 : "怪異·勇力·悖亂·鬼神之事, 皆不以語人也."

3) 窮(궁) : 끝나다, 떨어지다, 막힘, 고생하다, 가난, 궁구하다, 어려운 사람, 불행.

① 『혹문』 : "공자는 『춘추』에 재변災變, 전쟁, 찬탈과 시해의 일을 기록하였고, 『역』·『예』에는 귀신을 아주 상세히 논했습니다. 그런데 이 네 가지를 말하지 않았다고 함은 무슨 뜻입니까?" "성인이 평소 하는 말에서는 언급하지 않았기 때문이다. 어쩔 수 없이 언급하더라도 앞의 세 가지는 필시 훈계하는 의미였을 것이다. 귀신의 경우는 그 이치를 논하여 당시 사람들의 미혹을 깨우치려는 것이었지, 세상 사람들처럼 공연히 말하여 남들을 미혹에 빠뜨리는 경우와는 달랐으며, 언급하더라도 아주 드물었다." ○『어류』 : "『집주』에 '귀신의 이치는 이해하기는

• 공자가 나면서부터 안 성인이지만 늘 배우기를 좋아한다고 말한 것은, 다만 사람들을 권면하려는 것일 뿐만이 아니다. 나면서부터 알 수 있는 것은 의리뿐이니, 예악의 명칭과 사물 및 고금의 사변은 반드시 배운 이후에야 그 실상을 증험할 수 있기 때문이다. – 윤돈

7-21 공자는 괴이함, 폭력, 패란, 귀신을 말하지 않았다.①

괴이함, 폭력, 패란의 일은 이치에 바르지 않아서, 본래 성인이 말하지 않았다. 귀신은 조화의 자취이므로 바르지 않은 것은 아니나, 치밀한 궁리를 하지 않으면 쉽게 이해할 수 없는 면이 있어서, 또한 가볍게 사람들에게 말하지 않았다.

• 성인은 평상의 도리를 말하였지 괴이함을 말하지 않았고, 덕을 말하였지 폭력을 말하지 않았고, 태평을 말하였지 패란을 말하지 않았고, 사람을 말하였지 귀신을 말하지 않았다. – 사량좌

7-22 공자가 말하였다. "세 사람이 동행하면, 그 가운데 반드시 나의 스승이 있다. 좋은 점은 택하여 따르고, 나쁜 점은 고친다."

세 사람이 동행하면, 그 중에 한 사람은 나다. 나머지 둘 가운데 한 사람은 선하고 한 사람은 악하다면, 내가 그 선은 따르고 그 악은 고친다. 그러면 두 사람 모두 나의 스승이다.

• 현인을 보고 같아질 것을 생각하고, 불초자를 보고 자신을 반성하면(4-17) 선과 악이 다 나의 스승이다. 선의 증진에 어찌 끝(한계)이 있겠는가? – 윤돈

7-23 공자가 말하였다. "하늘이 내게 덕을 주셨다. 환퇴가 나를 어쩌겠는가?"②

어렵고 미혹되기는 쉽지만, 실제로 인간사의 범위를 벗어나지 않는다(鬼神之理, 難明易惑, 而實不外乎人事)' 했는데, 귀신의 이치를 인간사 안에서 어떻게 찾을 수 있습니까?" "귀신은 음기·양기의 굴신왕래일 뿐이다. 인간사에서 말하자면, 선행은 복을 주고 악행은 화를 주는 데서 귀신의 도리를 알 수 있다. 『논어』에서 성인이 그렇게 말한 적은 없다."[152] [※논의된 『집주』의 구절은 현행 판본에는 삭제되었다.]

(魋, 徒雷反.) ○桓魋, 宋司馬向魋[1]也. 出於桓公, 故又稱桓氏. 魋欲害孔子, 孔子言天旣賦我以如是之德, 則桓魋其奈我何? 言必不能違天害己.

7-24 子曰:"二三子以我爲隱乎? 吾無隱乎爾. 吾無行而不與二三子者, 是丘也."

諸弟子以夫子之道高深不可幾及,[2] 故疑其有隱,[3] 而不知聖人作止語默無非敎也, 故夫子以此言曉之. 與, 猶示也.
○程子曰:"聖人之道猶天然, 門弟子親炙而冀[4]及之, 然後知其高且遠也. 使誠以爲不可及, 則趨[5]向之心不幾於怠乎? 故聖人之敎, 常俯而就之如此, 非獨使資質庸下者勉思企及,[6] 而才氣高邁[7]者亦不敢躐易而進也."
呂氏曰:"聖人體道無隱, 與天象昭然, 莫非至敎. 常以示人, 而人自不察."

7-25 子以四敎:文, 行, 忠, 信.

(行, 去聲.) ○程子曰:"敎人以學文脩行而存忠信也. 忠信, 本也."

---

②『어류』:"공자가 이와 같이 말하고는 도리어 미복으로 갈아입고 송나라를 지나간 것은, 바로 천리와 인간사 모두를 다 살핀 것 아닙니까?" "그렇다. 이른바 '명을 아는 자는 위태로운 담장 아래에 서지 않는다(知命者不立乎巖牆之下)'[『맹자』 13:2]는 말이다."[156]

1) 向(상):성, 나라 이름, 땅 이름. (향):대하다, 접때. 魋(퇴):곰, 불곰.
2) 幾及(기급):도달하다, 거의 따라잡다, 거의 도달하다. 幾:거의, 하마터면, 기미.
3) 包曰:"二三子謂諸弟子. 聖人知廣道深, 弟子學之不能及, 以爲有所隱匿, 故解之."
4) 炙(자):가까이하다, 훈도를 받다, 스승 옆에서 친히 가르침 받다(親炙), 고기 굽다, 구운 고기. 冀(기):바라다, 하고자 하다, 희망하다, 바라건대, 원하건대.
5) 趨(추):(종종걸음으로) 빨리 가다, 어떤 방향으로 향함, 쏠리다, 취향, 취지, 택하다.
6) 企及(기급):이루고자 노력함, 성취. 企:꾀하다, 계획하다, 발돋움, 바라다, 원하다.
7) 邁(매):(멀리)가다, 떠나감, 지나다, 경과, 넘다, 초과, 낫다, 뛰어나다, 힘쓰다, 노력.

환퇴는 송나라의 사마상퇴(12-3에 나오는 사마우의 형)이다. 환공의 후예이므로, '환씨'라고도 불렀다. 환퇴가 공자를 해치려 하자, 공자는 '하늘이 이러 나에게 그와 같은 덕을 부여했으니, 환퇴가 그런 나를 어찌하겠느냐'고 말하였다. 절대로 하늘을 거슬러 자신을 해칠 수 없을 것이라는 말이다

7-24 공자가 말하였다. "너희는 내가 무언가를 숨기고 있다고 생각하는가? 나는 너희에게 숨기는 것이 없다. 나는 평소 행위에서 너희에게 보여주지 않은 것이 없다. 그것이 바로 나다."

여러 제자들은 공자의 도가 높고 심원하여 좀처럼 도달할 수 없다고 여겼다. 그래서 공자가 숨기는 것이 있다고 의심하였다. 앉으나 서나 말하거나 침묵하거나 성인의 모든 일거수일투족이 가르침 아닌 것이 없다는 사실을 그들이 몰랐으므로, 공자가 이렇게 말하여 깨우쳤다. 여與는 보여줌(示)과 같다.

• 성인의 도는 자연과 같은지라, 문하의 제자들은 친히 가르침을 받고 따라가려고 노력해본 다음에 그것이 얼마나 높고도 심원한지 깨닫는다. 정말로 따라갈 수 없다고 여긴다면, 정진하려는 마음이 오히려 나태해지지 않겠는가? 따라서 성인의 가르침은 늘 이처럼 몸을 낮추어 그들에게 나아갔다. 이는 자질이 용렬하고 낮은 이들로 하여금 힘써 발돋움하도록 하려는 것일 뿐만 아니라, 재질이 고매한 이들 또한 감히 가벼이 엽등躐等하지 않도록 하려는 것이다. – 이천

• 성인은 도를 체현함에 숨김이 없다. 하늘의 빛나는 별처럼, 지극한 가르침 아닌 것이 없다. 늘 사람에게 보여주지만, 사람 스스로 살피지 못한다. – 여대림

7-25 공자는 네 가지, 곧 학문, 실천, 충직, 신의를 가르쳤다.

• 사람을 가르치면서 학문(예절)을 배우고 행실(行)을 닦으며 충직(忠)과 신의(信)를 간직하게 하였다.① 충직과 신의가 근본이다. – 이천

---

① 『어류』: 학문(文)을 가르치지 않으면 도에 들어갈 수 없다. 사물의 이치를 말해 주는 따위도 '문'이고, 소학과 육예도 다 '문'이다.[165]

7-26 子曰："聖人, 吾不得而見之矣；得見君子者, 斯可矣." 子曰："善人, 吾不得而見之矣；得見有恒[1]者, 斯可矣. 亡而爲有, 虛而爲盈, 約而爲泰,[2] 難乎有恒矣."

聖人, 神明不測之號. 君子, 才德出衆之名.

(恒, 胡登反.) ○"子曰"字疑衍文. 恒, 常久之意.
張子曰："有恒者, 不貳其心. 善人者, 志於仁而無惡."

(亡, 讀爲無.) ○三者皆虛夸之事, 凡若此者, 必不能守其常也.
○張敬夫曰："聖人·君子以學言, 善人·有恒者以質言."
愚謂有恒者之與聖人, 高下固懸絕[3]矣, 然未有不自有恒而能至於聖者也. 故章末申言有恒之義, 其示人入德之門, 可謂深切而著明矣.

7-27 子釣而不綱,[4] 弋不射宿.[5]

(射, 食亦反.) ○綱, 以大繩屬網,[6] 絕流而漁者也. 弋, 以生絲繫[7]矢而射也. 宿, 宿鳥.[8]
○洪氏曰："孔子少貧賤, 爲養與祭, 或不得已而釣弋, 如獵較是也. 然盡物取之, 出[9]其不意, 亦不爲也. 此可見仁人之本心矣. 待物如此, 待人可知；小者如此, 大者可知."

---

1) 恒(항)：늘, 항상 변하지 않음, 정직, 순박. ○『역주』：『孟子』 1：7의 "恒心"의 恒과 같다.
2) 約(약)：적다, 고생, 빈곤, 유약함, 인색함. 泰(태)：크다, 넉넉함· 편안, 너그럽다, 통하다.
3) 懸絕(현절)：격차가 매우 심하다. 懸：매달다, 동떨어지다. 絕：끊어지다, 절단.
4) 釣(조)：낚시, 낚시질하다, 꾀다. 綱(강)：그물 치다, 그물(≒網), 벼리, 사물의 중심, 근본.
5) 弋(익)：주살(오늬에 줄을 매어 쏘는 화살), 잡다, 사냥하다. 射(석)：맞히다, 쏘아서 적중시키다, 쏘다. 宿(숙)：묵다, 숙박, 머무르다, 주저하다.
6) 屬(촉)：잇다, 맞대어 붙이다, 부탁하다. (속)：무리, 혈족. 網(망)：그물, 망, 포위망.
7) 繫(계)：매다, 묶다, 매달다, 맺다, 연결하다, 관련, 구속하다, 유지하다, 매달리다.
8) 孔曰："釣者, 一竿釣. 綱者爲大綱以橫絕流. 以繳繫釣, 羅屬著綱. 弋, 繳射也. 宿, 宿鳥."
9) 出(출)：발생하다, 우수하다, 생겨나다, 도망치다, 내놓다, 발급하다, 시집가다.

7-26 공자가 말하였다. "성인을 내가 만날 수 없다면, 군자라도 만날 수 있으면 좋겠다. 선인을 내가 만날 수 없다면, 항심(지조)이 있는 사람이라도 만날 수 있으면 좋겠다. 없으면서도 있는 듯, 비었으면서드 충만한 듯, 곤궁하면서도 여유로운 듯하면,① 항심이 있기 어렵다."

성인은 신명하여 측량할 수 없는 사람, 군자는 재덕이 출중한 사람을 지칭한다. (두 번째) "자왈"은 연문衍文 같다. 항恒은 '항구적'이란 뜻이다.

• 항심이 있는 자는 자기 양심을 배반하지 않고, 선인은 인에 뜻을 두니 악이 없다.(4-4) – 횡거

세 가지 일은 모두 허영과 과장의 일이다. 이런 사람은 지조를 지킬 수 없다.

• 성인과 군자는 학문을 기준으로, 선인과 항심 있는 자는 바탕을 기준으로 한 명칭이다. – 장경부

내 생각에, 항심이 있는 자는 성인과 그 수준 차이가 물론 현격하다. 그러나 본래 항심이 있지 않고 성인의 경지에 이른 경우는 없다. 따라서 말미에 항심을 지니는 것의 의미를 부연 설명하여, 사람들에게 덕으로 들어가는 문을 제시하였다. 깊고도 절실하며 아주 분명하다고 하겠다.

7-27 공자는 낚시로 고기를 낚았지만 그물질하지는 않았고, 주살을 던졌지만 잠든 새를 쏘지는 않았다.

강綱은 굵은 노끈으로 그물을 연결하여, 물길을 끊어 고기를 잡는 것이다. 익弋은 생사를 화살에 매어 쏘는 것이다. 숙宿은 잠자는 새이다.

• 공자는 어려서 빈천하여, 봉양과 제사를 위해, 혹은 부득이하여 낚시도 하고 주살도 던졌을 것이다. 엽교獵較② 같은 것이 이것이다. 그러나 모조리 잡아들이거나 불의에 습격하는 일은, 또한 하지 않았다. 여기서 어진 사람의 본심을 알 수 있다. 미물도 이렇게 대했으니, 사람은 어떻게 대했는지 알 수 있다. 작은 일도 이러했으니, 큰일도 짐작할 수 있다. – 홍흥조

---

① 『혹문』: 곤궁(約)과 여유(泰)는 빈·부와 귀·천을 지칭한다. ○『어류』: 예컨대 내가 곤궁한데도 부유한 행동거지를 행한다면, 비록 잠시는 그럴 수 있더라드 장래 언제나 그렇게 행하지는

7-28 子曰："蓋有不知而作之者，我無是也. 多聞擇其善者而從之，多見而識[1]之，知之次也."

(識，音志.) ○不知而作，不知其理而妄作也. 孔子自言未嘗妄作，蓋亦謙辭，然亦可見其無所不知也. 識，記也. 所從不可不擇，記則善惡皆當存之，以備參考. 如此者雖未能實知其理，亦可以次於知之者也.[2]

7-29 互鄕難與言，童子見，門人惑. 子曰："與其進也，不與其退也，唯何甚! 人潔己以進，與其潔也，不保[3]其往也."

(見，賢遍反.) ○互鄕，鄕名. 其人習於不善，難與言善. 惑者，疑夫子不當見之也.

疑此章有錯簡.[4] "人潔"至"往也"十四字，當在"與其進也"之前. 潔，脩治也. 與，許也. 往，前日也. 言人潔己而來，但許其能自潔耳，固不能保其前日所爲之善惡也；但許其進而來見耳，非許其旣退而爲不善也. 蓋不追[5]其旣往，不逆[6]其將來，以是心至，斯受之耳. '唯'字上下，疑又有闕文，大抵亦不爲已甚[7]之意.
○程子曰："聖人待物之洪如此."

못한다. 이런 경우 항심이 있을 수 없다.[179]

② 獵較(엽교)：사냥한 짐승의 수를 비교하다. 獵：사냥，較：비교，비기다，계산하여 비교함. (각)：경쟁하다，겨루다，밝다. ○『맹자』：孔子之仕於魯也，魯人獵較，孔子亦獵較.[10：4]

1) 識(지)：적다，기록，나타내다，표지. (식)：알다，분별，인식，명확히 함，지혜，식견.

2) 伊川曰："不知而作，妄作也. 聖人固無所不知也. 在衆人雖未能知之，若能多聞擇善而從，多見而記識之，亦可以次於知之者也."

3) 保(보)：보전하다，거들다，돕다，편안하게 함，맡기다，보증，시중들다，믿다，의지함.

4) 錯簡(착간)：글의 순서가 뒤바뀜. 錯：뒤바뀌다，틀리다，착오. 簡：죽간，편지.

5) 追(추)：뒤쫓아 가다，내쫓다，따르다，돕다，보충，채우다，옛날로 거슬러 올라감，소추함.

6) 逆(역)：거스르다，어기다，맞이하다，마중，불러들임，오는 것을 막다，거절，미리 알다.

7) 不爲已甚(불위이심)：(처벌·비난) 너무 심하지 않게 함. 已甚：너무 심하다，지나치다.

7-28 공자가 말하였다. "알지도 못하면서 지어내는 자도 있겠으나, 나는 그런 일이 없다. 많이 듣고 그 중에 좋은 것을 가려 붙좇고, 많이 보고 기록해 두면, 앎의 둘째 경지는 된다."

'알지도 못하면서 지어냄'은 그 이치를 모르면서 멋대로 조작함이다. 공자 자신은 멋대로 지어낸 적이 없다고 말하였다. 이는 아마 겸사이기드 하지만, 또한 그가 알지 못하는 일이 없었음도 알 수 있다. 지識는 기록이다. 붙좇는 일은 가리지 않을 수 없지만, 기록해 놓으면 좋고 나쁜 것이 마땅히 다 보존되어, 훗날의 참고자료가 된다. 이와 같이 하면 그 이치를 실제로 알지는 못하더라도, 또한 앎의 다음은 될 수 있다.

7-29 호향 사람과는 더불어 이야기하기 어렵다. 그 마을의 한 아이를 공자가 만나자, 제자들이 당혹해 하였다.
공자가 말하였다. "그의 진보를 편들어야지, 퇴보를 편들면 안 된다. 유독 심하게 대할 필요가 있는가? 사람이 자신을 정결하게 하여 나아오면, 그 정결함을 편들어야지 그의 지난날을 마음에 두면 안 된다."

호향互鄕은 고을 이름이다. 그 고을 사람들은 악에 물들어, 함께 선을 논하기 어려웠다. 혹惑은 공자가 만나지 말았어야 했다고 의심함이다.

이 장은 착간이 있는 듯하다. '인결人潔'에서 '왕야往也'까지 열네 자는 '여기진야與其進也' 앞에 있어야 한다. 결潔은 닦아서 다스림, 여與는 인정함(편듦), 왕往은 지난날이다. 사람이 자신을 정결히 하여 나아오면, 그가 스스로 정결히 했음을 인정할 따름이지 지난날에 행한 잘잘못을 거론하면 안 된다. 그가 진보하여 만나러 오는 것을 인정(허락)할 뿐이지, 그가 퇴거한 이후 악을 행할 것까지 인정한 것은 아니다. 이왕의 잘못을 소급 시비하지 않고, 장래의 악을 미리 예단하지 않는다. 좋은 의도로 찾아오면, 그를 받아들일 뿐이다. 유唯 자 앞뒤로도 빠진 글자가 있는 듯하다. 대체로 역시 '너무 심하게'(8-10) 하지 않는다는 뜻이다.

- 사람을 대하는 성인의 아량이 이와 같다. – 이천

7-30 子曰："仁遠乎哉? 我欲仁, 斯仁至矣."

仁者, 心之德, 非在外也. 放而不求, 故有以爲遠者. 反而求之, 則卽此而在矣, 夫豈遠哉?
○程子曰："爲仁由己, 欲之則至, 何遠之有?"

7-31 陳司敗問昭公知禮乎? 孔子曰："知禮."

孔子退, 揖巫馬期而進之, 曰："吾聞君子不黨,[1] 君子亦黨乎? 君取[2]於吳爲同姓, 謂之吳孟子. 君而知禮, 孰不知禮?"
巫馬期以告. 子曰："丘也幸, 苟有過, 人必知之."

陳, 國名. 司敗, 官名, 卽司寇也. 昭公, 魯君, 名稠.[3] 習於威儀之節, 當時以爲知禮. 故司敗以爲問, 而孔子答之如此.

---

1) 黨(당) : 무리, 동아리, 편애하다, 편을 들다, 친족, 정직하다.
2) 取(취) : 취하다, 받아들이다, 골라 뽑다, 장가들다(≒娶), 부르다, 따르다, 복종하다.
3) 稠(주) : 빽빽하다, 많다, 풍족하게 읽다, 고르다, 움직이다, 흔들리다.
① 『어류』 : 사람에게 학문 추구란 역시 어려운 일이다. 책으로 공부하지 않으면 아득하여 착수할 데를 알지 못한다. 또 한 글자 한 글자를 찾고 한 구절 한 구절을 논구하더라도, 자기 자신이 절실히 체인하지 않으면 아무 득이 없다. 공자는 '내가 인을 바라기만 하면 인은 이른다' 하였다. 그런데 어째서 문하에 수많은 제자가 있었건만 공자는 끝내 아무도 '어질다'고 인정하지 않은 것일까? 안자처럼 현명한 경우라도 석 달이 넘으면 인을 어겼건만, 성인은 왜 '내가 바라면 인은 이른다'고 하신 것일까? 일상생활 속에서 내가 '인을 바라는' 그 마음은 어떤 것일까? '인은 이른다' 할 때 그 의미는 무엇일까? '예가 아니면 보지도 듣지도 말하지도 움직이지도 말라'(12-1) 했는데, 어떻게 매사를 성찰할까? 어떤 것이 예가 되는 것일까? 나는 어떻게 하여야 보지 않고 듣지 않을 수 있을까? 매일 이와 같이 생각하며 책을 읽어나가면, 도리를 통찰하여 마음으로부터 터득하게 된다. 공자의 말씀은 공연한 말이 아니다.[192] 보통 사람은 책을 읽으며 단지 한 두 글자만 연구할 뿐이니, 학문이 진보하지 못한다. 책을 읽으면서 도리道理 추구를 빼버리면 헛된 독서이다. 스스로 체험으로 터득해 나가야 의혹(흔들림)이 없다. 실천으로 옮기지 못하고 있다면 곰곰이 그 이유를 생각해야(講論) 한다.[193] 오늘날 녹봉이란 구할 수도 없고 구한다고 얻어지는 것도 아니고, 또 얻더라도 자기 노력으로 얻어지는 것이 아니라는 사실을 모르지는 않으면서도, 일평생 녹봉을 추구하여 그만둘 줄 모르는 사람이 있다. 그러니 어떻게 '인을 바라는' 일이 가능하겠는가? 후세에 성현은 출현하지 않고 모든 사람들이 다 평범해져버려 기꺼이 '인을 바라는' 이가 없어졌다. 이 때문에 공자가

7-30 공자가 말하였다. "인이 멀리 있겠는가? 내가 인을 바라면(실천하고자 하면), 곧 인이 이른다."

인은 마음의 덕이니, 바깥에 있지 않다. 놓아버리고도 찾지 않으면서, 멀리 있다고 여긴다. 돌이켜 찾으면, 곧 이 마음에 보존된다. 어찌 멀리 있겠는가?①

• 인을 행함은 자기로 말미암는다.(12-1) 인은 실천하고자 하면 곧 이르니, 어찌 멀리 있겠는가? – 이천

7-31 진나라 사패가 "노나라 소공은 예를 알았습니까?"라고 묻자, 공자가 "예를 알았습니다"라고 대답하였다.
공자가 물러간 뒤, 사패가 무마기(공자의 제자)에게 읍하고 나아가 말하였다. "나는 군자는 편당을 짓지 않는다(15-22)고 들었는데, 군자도 편당을 짓습니까? 소공은 오나라에서 부인을 맞았는데, 동성이기 때문에 오맹자라고 불렀습니다. 노나라 임금이 예를 안다면, 누가 예를 모르겠습니까?" 무마기가 이 말을 전하자, 공자가 말하였다. "나는 행복한 사람이다. 잘못이 있으면, 남이 반드시 지적해 준다."

진陳은 나라 이름이고, 사패司敗는 관명, 즉 사구司寇이다. 소공은 노나라 임금으로서, 이름은 '주'이다. 위엄과 거동의 범절을 익혀, 당시 예를 안다고 여겨졌다. 그래서 사패가 그것을 질문하자, 공자가 그와 같이 답하였다.

말하기를 '나는 인을 좋아하는 사람을 보지 못했다'(4-6)고 하였다. '미색을 좋아하듯 덕을 좋아한다' 함은 미색을 좋아하듯 진짜로 덕을 좋아해야만 한다는 말이다. 각자 스스로 이 문제를 온 마음을 다해 생각해 보라. 우리 자신이 '어째서 인을 바라지 않고 녹봉을 바라며, 어째서 덕을 좋아하지 않고 여색을 좋아하는가?'를 통렬히 성찰해야 한다.[195] '사람은 닭이나 개를 잃으면 찾을 줄 알지만, 본심을 잃고는 찾을 줄 모른다'고 말한 맹자의 비유는, 물론 옳다. 다만 닭·개가 집에서 나간 경우 때로는 다른 사람에게 잡혀 먹히기도 하기 때문에 찾지 못하는 수도 있고, 또 찾으러 갈 때는 애써 사람을 보내 찾도록 시킨다. 그런데 이 마음은 모든 것이 걸려 있는 지대한 물건인지라 찾지 않으면 안 되고, 찾으면 쉽게 얻고 또 반드시 얻어진다. 사람의 마음이란 오직 들고 나는 물건이다. 나가지 않으면 들어오고, 여기서 나가면 저기로 들어간다. 오직 나갔을 때 사람들은 알지도 깨닫지도 못할 따름이다. 이 마음이 달아났음을 깨닫자마자 곧 마음은 여기에 돌아와 있다.[196]

(取, 七住反.) ○巫馬姓, 期字, 孔子弟子, 名施. 司敗揖而進之也. 相助匿非曰黨. 禮不娶同姓, 而魯與吳皆姬姓. 謂之吳孟子者, 諱[1]之, 使若宋女子姓者然.[2]

孔子不可自謂諱君之惡, 又不可以娶同姓爲知禮, 故受以爲過而不辭.

○吳氏曰 : "魯蓋夫子父母之國. 昭公, 魯之先君也. 司敗又未嘗顯言其事, 而遽[3]以知禮爲問, 其對之宜如此也. 及司敗以爲有黨, 而夫子受以爲過, 蓋夫子之盛德, 無所不可也. 然其受以爲過也, 亦不正言其所以過, 初若不知孟子之事者, 可以爲萬世之法矣."

7-32 子與人歌而善, 必使反之, 而後和之.

(和, 去聲.) ○反, 復也. 必使復歌者, 欲得其詳而取其善也. 而後和之者, 喜得其詳而與其善也. 此見聖人氣象從容, 誠意懇至,[4] 而其謙遜審密, 不掩[5]人善又如此. 蓋一事之微, 而衆善之集, 有不可勝旣[6]者焉, 讀者宜詳味之.

---

1) 諱(휘) : 꺼리다, 싫어하다, 미워하다, 기피함, 숨기다, 두려워하다, 겁내다, 휘, 제삿날.
2) 孔曰 : "相助匿非曰黨. 魯·吳俱姬姓. 禮同姓不婚, 而君娶吳女. 當稱吳姬, 諱曰孟子."
3) 遽(거) : 갑자기, 날렵하게, 황급하다, 군색하다, 절박, 파발마, 두려워하다, 거처, 어찌.
4) 懇(간) : 정성, 성심, 간절함, 힘쓰다, 노력. 至(지) : 지극하다, 다하다, 극에 이름, 힘쓰다.
5) 掩(엄) : 가리다, 숨기다, 감추듯이 덮다, 바로잡다, 고치다.
6) 勝(승) : 모두, 죄다, 낫다. 旣(기) : 다하다, 다 없어짐, 끝내다, 원래, 이윽고.
① 『혹문』 : 성인은 하늘이 낸 다재다능한 분이라 작은 재주쯤은 남에게 배운 다음에 충족되는 것이 아님에도 불구하고 이와 같이 상세한 것을 얻고자 하셨다. 성인이 겸손하고 세심하다는 사실을 알 수 있다. 또 그 곡이 끝나기를 기다리지 않고 도중에 합창하면(따라 부르면) 자기의 재주를 자랑하고 상대의 장점을 가리는 셈이 된다. 따라서 반드시 곡을 마칠 때까지 완전한 가락을 다 발휘하도록 (방해하지 않고) 기다린 다음, 그에게 다시 노래하도록 하였고 그런 다음에야 비로소 따라 불렀으니, 남의 장점을 수용하는 자세도 잃지 않았을 뿐더러, 남의 장점도 가리지 않았다. 이 또한 성인의 거동이 저절로 예에 맞은 사례이지, 의도적으로 그렇게

무마는 성, 기는 자字이다. 공자의 제자로서, 이름은 시이다. 사패가 (무마기에게) 읍하고 나아간 것이다. 서로 거들고 잘못을 덮어 주는 것이 당黨이다. 예법에 따르면 동성은 아내로 맞을 수 없다. 노나라와 오나라는 모두 희씨이다. (오희吳姬라 하지 않고) 오맹자라고 부른 것은, 그 사실을 꺼려서 마치 송나라의 여자인 '자子'씨 성인 것처럼 위장한 것이다.

공자는 임금의 악을 덮은 것이라고 직접 말할 수도 없고, 또 동성의 아내를 맞은 일을 예를 안 일로 여길 수도 없었으므로, 자신의 잘못을 수용하고 변명하지 않았다.

• 노나라는 공자 부모의 나라이고, 소공은 노나라의 이전 임금이다. 사패 또한 그 일을 내놓고 말하지 않고, 갑자기 '예를 알았냐'고 질문한지라 그와 같이 대답할 수밖에 없었다. 사패가 편당 짓는 일로 여기자, 공자는 자신의 잘못을 수용하였다. 공자의 지극한 덕은 불가한 바가 없다. 잘못을 수용하면서도 잘못을 범한 까닭을 정식으로 말하지 않고, 처음부터 맹자의 일은 몰랐던 것처럼 하셨다. 가히 만세의 모범으로 삼을 만하다. – 오역

7-32 공자는 다른 사람과 함께 노래하다가 그가 잘 부르면, 반드시 다시 부르게 한 뒤에 합창하였다(따라 불렀다).

반反은 반복이다. 반드시 반복하여 부르게 함은, 자세히 알아 그 장점을 얻고 싶었기 때문이다. 그런 다음 합창한(따라 부른) 것은, 자세히 알아서 그 장점을 함께 즐거워하기 위함이다. 여기서 성인의 기상이 유연하고, 성심이 간절하고 지극하여 그 겸손함이 세밀하고 섬세한지라, 이처럼 남의 장점을 덮어 가리지 않았음을 엿볼 수 있다. 미미한 일 하나에도 온갖 선이 집중되어, 이루 다 표현할 수 없는 의미가 있다. 독자는 깊이 음미해야 한다.①

한 것은 아니다. ○『어류』: 요즘 사람들은 남과 이야기할 때, 누가 좋은 말을 하면 중간에 딱 끊고서 자신도 이미 알고 있으니 더 말할 필요가 없다고 말한다. 이런 부류와 비교하면 성인의 경지가 얼마나 대단한가?[198] ○『사기』: 『시』 삼백 편 모두 공자는 거문고에 맞추어 노래를 부를 수 있었다.

7-33 子曰：“文, 莫吾猶人也. 躬行君子, 則吾未之有得.”

莫, 疑辭. 猶人, 言不能過人, 而尙可以及人. 未之有得, 則全未有得, 皆自謙之辭. 而足以見言行之難易緩急, 欲人之勉其實也.
○謝氏曰：“文, 雖聖人無不與人同, 故不遜；能躬行君子, 斯可以入聖, 故不居. 猶言‘君子道者三, 我無能焉.’”

7-34 子曰：“若聖與仁, 則吾豈敢? 抑爲之不厭,[1] 誨人不倦, 則可謂云爾已矣.” 公西華曰：“正唯弟子不能學也.”

此亦夫子之謙辭也. 聖者, 大而化之.[2] 仁, 則心德之全而人道之備也. 爲之, 謂爲仁聖之道. 誨人, 亦謂以此敎人也. 然不厭不倦, 非己有之則不能, 所以弟子不能學也.
○晁氏曰：“當時有稱夫子聖且仁者, 以故夫子辭之. 苟辭之而已焉, 則無以進天下之材, 率天下之善, 將使聖與仁爲虛器, 而人終莫能至矣. 故孔子雖不居仁聖, 而必以爲之不厭·誨人不倦自處也.” 可謂云爾已矣者, 無他之辭也. 公西華仰而歎之, 其亦深知夫子之意矣.

---

1) 『맹자』：學不厭, 智也；敎不倦, 仁也. 仁且智, 夫子旣聖矣.[3:2] ○『呂氏春秋』「尊師」：子貢問孔子曰：“後世將何以稱夫子?” 孔子曰：“吾何足以稱哉? 勿已者, 則好學而不厭, 好敎而不倦, 其惟此邪.”

2) 『孟子』：可欲之謂善, 有諸己之謂信, 充實之謂美, 充實而有光輝之謂大, 大而化之之謂聖, 聖而不可知之之謂神.[14：25]

① 『신해』：공자가 ‘인’과 ‘성’은 사양했으나 평생 싫증내지 않고 나태하지 않는 경지는 자처하였다. ‘인’과 ‘지知’를 추구한 것이다. 도는 끝이 없으므로 평생 구해야 한다. 『역』에 ‘하늘의 운행은 강건하니, 군자는 자강불식自强不息 한다’ 하였다. 인도人道와 천행天行은 일치하니, 싫어하지 않고 나태하지 않음이 ‘인’과 ‘지’의 절정이다. 계절의 운행과 만물의 생육이 천덕天德이다. 운행도 생육도 그침이 없다. 운행과 생육은 강건하게 전진한다. 성과 인이 그 ‘이름’이면, 추구함에 싫증내지 않고 가르침에 게으르지 않음은 그 ‘실질’임을 알 수 있다. 공자는 이름은 사양하고 실질에 처했으니, 겸손 속에 가장 극적인 자부가 들어있다. 겸사임에도

7-33 공자가 말하였다. "(예법의) 글공부라면 내가 남만 못하랴마는, 군자다움을 몸소 실천하는 일은 못하고 있다."

막莫은 의문사이다. 유인猶人은 남보다 낫지는 못해드 따라갈 수는 있다는 말이다. 미지유득未之有得은 전혀 얻은 바가 없다 함이다. 모두 자신을 낮추는 말이다. 말과 실천의 난이難易와 완급緩急을 엿볼 수 있다. 실천에 힘쓰라는 말이다.

• 문文은 성인이라도 남과 다른 부분이 없다. 그래서 겸양하지 않았다. 군자의 행실을 실천에 옮길 수 있으면 성인의 영역에 들어간다. 그래서 자처하지 않았다. '군자의 도에는 세 가지가 있으나, 내가 잘하는 것은 없다'(14-28)는 말과 같은 맥락이다. — 사량좌

7-34 공자가 말하였다. "성과 인이라면, 내 어찌 자처하랴? 다만 그것을 추구함에 싫증내지 않고, 남에게 가르침에 나태하지 않다[①]고는 말할 수 있다." 공서화가 말하였다. "그 점을 저희가 배울 수 없습니다."

이 역시 공자의 겸사이다. 성聖은 위대하여 저절로 교화시키는 경지이다. 인仁은 심덕의 온전함이요 인도의 완벽함이다. 위지爲之는 인仁·성聖의 도를 추구함을, 회인誨人은 인·성의 도를 남에게 가르침을 일컫는다. '싫증내지 않고 나태하지 않음'은 자신이 (인·성을 이미) 지니고 있지 않으면 불가능한 까닭에, 제자들이 배울 수 없는 경지이다.

• 당시 공자를 '성'과 '인'을 겸했다고 찬양한 이가 있었으므로, 공자가 사양했다. 만약 사양만 하고 그만두면, 천하의 인재를 분발시킬 수도 없고 천하의 선을 솔선할 수도 없으니, 장차 성과 인은 공허한 것이 되어 아무도 끝내 이를 수 없게 된다. 따라서 공자가 인·성에 자처하지 않았지만, 반드시 '(인·성의 도를) 추구할 때 싫증내지 않고, 가르칠 때 나태하지 않는' 경지를 자처하였다. — 조설지

가위운이이의可謂云爾已矣는, 다른 것은 없다는 말이다. 공서화가 우러러 탄식했으니, 그 역시 공자의 뜻을 깊이 알았다.

불구하고 사람들에게 진실한 감동을 주는 까닭이다.

7-35 子疾病,[1] 子路請禱. 子曰:"有諸?" 子路對曰:"有之. 誄曰:'禱爾于上下神祇.'" 子曰:"丘之禱久矣."

(誄, 力軌反.) ○禱, 謂禱於鬼神. 有諸, 問有此理否. 誄者, 哀死而述其行之辭也. 上下, 謂天地. 天曰神, 地曰祇. 禱者, 悔過遷善, 以祈神之佑[2]也. 無其理則不必禱, 旣曰有之, 則聖人未嘗有過, 無善可遷. 其素[3]行固已合於神明, 故曰:"丘之禱久矣."[4] 又士喪禮, 疾病行禱五祀,[5] 蓋臣子迫切[6]之至情, 有不能自已者, 初不請於病者而後禱也. 故孔子之於子路, 不直拒之, 而但告以無所事禱之意.

---

1) 疾(질) : 앓다, 괴로워하다, 괴로움, 고통, 원망하다. 病(병) : 질병, 앓다, 시들다.

2) 祈(기) : 빌다, 신에게 빌다, 고하다, 갚다, 보답하다. 佑(우) : 돕다, 도움(=右, 祐)

3) 素(소) : 평소, 희다, 꾸밈없다, 근본, 처음, 원료, 본바탕, 정성, 바르다, 옳다.

4) 邢曰:"若人之履行違忤神明, 罹其咎殃則可禱請. (孔曰:) 孔子素行合於神明, 故曰'丘之禱久矣也.'" ○伊川曰:"夫禱者, 悔過遷善, 以祈神之祐也. 聖人未嘗有過, 無善可遷, 故曰'丘之禱久矣.'" ○范曰:"夫子因敎以素行合於神明, 不欺其誠, 則是爲禱. 故曰'丘之禱久矣.'" ○謝曰:"此非夫子不禱, 語子路以禱於鬼神之理也. 鬼神可以誠意交, 則禱之理有也; 不可以誠意交, 則禱之理無也. 使其無, 不禱可也. 使其有, 則夫子之誠意亦足矣. 故曰'丘之禱久矣.'" ○楊曰:"聖人與鬼神合其吉凶, 則其禱也久矣." ○尹曰:"禱者, 悔過遷善祈祐於神也. 聖人未始有過, 無所不善, 自求多福而已, 何事於禱."

5) 『儀禮』「旣夕禮」: 男子不絕于婦人之手, 婦人不絕于男子之手. 乃行禱于五祀.

6) 迫切(박절) : 절박함. 迫 : 닥치다, 궁색함, 다급함. 切 : 끊다, 갈다, 엄하다, 심하다.

① 고공 : "기도란 죄를 뉘우치는 마음으로 신의 도움을 비는 것이다. 평소에 그런 마음이 없었다면 오늘부터라도 그런 마음으로 기도를 해야 하겠으나, 나는 평생 천명을 경외하며 전전긍긍 오로지 천지에 죄를 짓고 신명을 어길까 두려워하였는바, 하루도 그러지 않은 적이 없었다. 기도란 다만 그 마음에 불과하니 그런 마음을 지니는 일은 특정한 날에 그치지 않으니, 하필 오늘 기도를 드리겠는가? 따라서 '나의 기도는 오래되었다' 하셨다. 그런데 '공자는 잘못을 범한 적이 없기 때문에 개과천선할 필요도 없다'거나, '그의 평소 행위가 신명에 부합했다'는 식의 해설은, 공자가 성인의 경지를 자부하며 신명과 맞서는 의미가 되는 만큼 성인의 자세가 아니다." ○전시 : "우매한 이들은 귀신이 생사화복을 쥐고 있다는 설을 믿고 서로를 흔들고 미혹시킨다. 극히 비루한지라 천지간에 그런 이치가 없건만, 뭇 백성은 늘 두려움을 느껴 쉽게 동요된다. 그들은 허황된 이야기로 갖가지 속임수를 펼쳐, 지혜는 남에게 지지 않는다 하면서도, 기꺼이 숙명론에 기울어 재물을 바쳐 기도를 올림에 인색함이 없다. 그러면서도 그 까닭을 알지 못한다. 오호라 우매한지고! 사생은 유명有命이고 부귀는 재천在天이니, 안으로 양심에 꺼리지 않고 밖으로 사람에게 부끄럽지 않으면, 천지신명이 하늘에서 굽어보는

7-35 공자가 병을 앓았다. 자로가 기도를 청하자, 공자가 물었다. "그런 도리가 있는가?" "예. 「제문」에 '그대를 위해 천지신명께 기도를 드린다' 하였습니다." "(그런 기도라면) 나의 기도는 이미 오래되었다."

도禱는 귀신에게 비는 일을 일컫는다. 유저有諸는 그런 이치가 있는지 물은 것이다. 뇌誄는 죽은 이를 애도하여 그 행실을 기술한 글이다. 상하上下는 천지를 말한다. 하늘은 신神, 땅은 기祇이다. 기도란 잘못을 뉘우치고 선에 나아갈 것을 다짐하며 신의 도움을 비는 것이다. 그럴 이치가 없으면 꼭 기도할 필요는 없다. 그 이치가 "있다"고 말했지만, 성인은 잘못한 적이 없으니, 개과천선할 것이 없다. 그 평소 행위가 본디 이미 신명에 부합했기 때문에, '나의 기도는 이미 오래되었다'고 하셨다. 또 선비의 상례에 '병이 위중하면 오사五祀에 기도를 올린다'고 했는데, 아마 아랫사람의 절박한 정성으로는 어쩔 수 없는 점이 있기 때문이다. 애초에 병자에게 요청한 다음 기도하는 것은 아니다. 따라서 공자가 자로에게 직접 거절하지는 않고, 다만 기도하려고 애쓸 필요가 없다는 뜻을 알렸다.①

바, 진실로 요사한 무당이 망령되이 내게 화복을 좌지우지할 수 있는 바가 아니다. 하늘이 간사함에는 재앙과 질책을 내리거니와 그 죄는 피할 길이 없다. 구차하고 혼탁한 제사로써 어찌 하늘을 돌이키고 운명을 바꿀 수 있겠는가! 정도正道를 따르는 관리가 백성을 다스림에 사심을 멀리할 경우 감히 아무도 뇌물을 바쳐 법도를 어지럽히려고 하지 않을 것임이 명백하거늘, 하물며 귀신(천지신명)은 총명하고 정직하여 흔들림 없는 존재임에랴! 무당은 재물과 폐백을 올리면 죽은 자도 살리고 재앙도 복으로 돌릴 수 있다고 주장한다. 사생과 화복의 권능이 요사한 무당에 의지하여 사사로이 행해지고, 천명이 뇌물로 쟁취된다면, 그것은 '신'도 아니고 '천명'도 아니다. 공자는 말하기를 '내 기도는 이미 오래되었다' 하였고, '하늘에 죄를 지으면 빌 곳이 없다' 하였다. 도를 사랑하면 길하고, 선을 행하면 복을 내린다는 가르침이다. 이 외에 다른 길은 없다. … 어버이는 자애롭고 아들은 효도하고 형은 우애하고 동생은 공손하며, 선비는 학문에 뜻을 두고 농부는 밭농사에 힘쓰고 공인 상인은 각자 직분에 충실하여, 존비 상하가 분별 있고 관혼상제를 예로써 행하면, 이단사설은 그 싹이 멸절된다." ○소구 : "그렇다면 기도를 드려 잘못을 사죄함은 아무 보탬이 없습니까?" "자기 잘못을 인식하고 고쳐 선으로 나아가면 된다. 잘못을 깨닫지도 못하거나 곤경에 빠질까 두려워 고치지 않는다면 그것은 하늘을 속이고 신을 모독하는 일로서 도리어 화를 초래할 뿐이다. 무슨 득이 있겠는가? 옛날 공자가, 병이 들어 기도를 청했을 때 '내 기도는 이미 오래 되었다' 하였다. 성인은 잘못을 범한 적이 없는지라 개과천선할 필요도 없다. 그 행동이 본디 신명에 부합한 만큼 기도하지 않아도 기도한 것과 같다. 보통 사람은 행동이 천리天理에 위배될 경우 비록 날마다 기도하더라도 기도하지 않은 것과 같다. 가령 네게 자식이나 종이 있는데 일마다 네 뜻을

7-36 子曰："奢則不孫, 儉則固. 與其不孫也, 寧固."

(孫, 去聲.) ○孫, 順也. 固, 陋[1]也. 奢·儉俱失中, 而奢之害大.[2]
○晁氏曰："不得已而救[3]時之弊也."

7-37 子曰："君子坦蕩蕩,[4] 小人長戚戚."

坦, 平也. 蕩蕩, 寬廣貌.
程子曰："君子循理, 故常舒泰[5]; 小人役於物, 故多憂戚."[6]
○程子曰："君子坦蕩蕩, 心廣體胖."[7]

7-38 子溫而厲,[8] 威而不猛, 恭而安.

厲, 嚴肅也. 人之德性本無不備, 而氣質所賦, 鮮有不偏. 惟聖人全體渾然, 陰陽合德,[9] 故其中和之氣見於容貌之間者如此. 門人熟察而詳記之, 亦可見其用心之密矣. 抑非知足以知聖人而善言德行者不能記, 故程子以爲曾子之言. 學者所宜反復而玩心也.

거역하면서 그 때마다 매번 찾아와 빌면서 용서를 아뢴다면 그것은 너를 우롱하고 모독하는 짓인즉 더욱 분노만 더할 따름이다. 어찌 매를 치며 꾸짖지 않을 수 있겠는가?"

1) 陋(루) : 인색하다, 구두쇠, 좁다, 미천하다, 품격이 낮다, 조잡하다, 나쁘다, 함부로.

2) 尹曰 : "奢儉皆失中也. 而奢之失爲大."

3) 救(구) : 건지다, 돕다, 구원하다, 고치다, 치료하다, 막다, 금지, 제지, 도움, 구원.

4) 坦(탄) : 평탄·평평하다, 너그럽다, 자질구레함을 벗어나다, 편하다, 마음이 태평하다, 크다.
蕩(탕) : 쓸어버림, 흐르게 하다, 감동시킴, 방탕, 크다, 넓다(8-19), 평이하다, 간단하다.

5) 舒泰(서태) : 마음이 편안하고 기분이 좋다. 舒 : 펴다, 풀리다, 느리다, 여유 있다.

6) 憂戚(우척) : 근심하여 비통해 하다, 근심하고 슬퍼하다. 戚 : 슬퍼함, 근심, 염려, 성내다.

7) 胖(반) : 갈비살, 넓적한 고기 조각, 편안하고 안락하다, 너그럽다.

8) 厲(려) : 엄하다, 매섭다, 엄격, 바르다, 지조를 높게 가지다(17-12), 날카롭게 갈다.

9) 『易』「繫辭下」: 子曰 : "乾坤, 其易之門邪? 乾, 陽物也, 坤, 陰物也. 陰陽合德而剛柔有體, 以體天地之撰, 以通神明之德. …"

①『어류』: 사치하면 곧 불손해진다. 스스로 조심하고 단속하지 않는 것이다. 우선 사치하는

7-36 공자가 말하였다. "사치하면 불손하고,① 검소하면 고리타분하다. 불손함보다는 차라리 고리타분함이 낫다."

손孫은 고분고분함이다. 고固는 고리타분함이다. 사치와 검소 모두 중도를 잃은 경우이나, 사치의 해악이 더 크다.

• 부득이 당시의 폐단을 교정하였다. – 조설지

7-37 공자가 말하였다. "군자는 마음이 화평하고 느긋하나, 소인은 늘 전전긍긍한다."

탄坦은 화평, 탕탕蕩蕩은 관대하고 너그러운 모습이다.

• 군자는 이치를 따르는지라, 늘 느긋하고 태연하다. 소인은 사물에 휘둘리는지라, 늘 근심 걱정이 많다. – 이천

• 군자는 마음이 화평하여 느긋하니, 마음은 너그럽고 몸은 편안하다(心廣體胖). – 명도

7-38 공자는 온화하면서도 엄숙하고, 위엄 있으면서도 사납지 않고, 공손하면서도 평안하였다.

려厲는 엄숙이다. 사람의 덕성에는 본디 갖추어져 있지 않은 것이 없으나, 부여된 기질에는 치우치지 않은 경우가 드물다. 오직 성인만이 본래의 덕성(全體)이 온전하여(타고난 본성이 온전히 발휘되어) 음기(온화함)든 양기(위엄)든 덕에 부합한다. 따라서 그 중화의 기운이 이처럼 용모에 나타난다. 제자들이 깊이 관찰하고 상세히 기록하였다. 또한 그들의 마음 씀씀이가 세밀했다는 것을 알 수 있다. 반드시 성인을 알아보아 그 덕행을 잘 표현할 수 있는 지혜를 갖춘 자가 아니라면 기록할 수 없는 내용이다. 그래서 정자는 이를 증자의 말로 여겼다. 학생은 마땅히 반복하여 마음속으로 음미해야 한다.

사람의 생각과 검소한 사람의 생각을 살펴보라! 저 사치로운 사람은 곧 교만한 생각이 있으니, 반드시 한도를 넘어 윗사람을 참월한 다음에야 그만둔다.[214]

제8편 태백

泰伯第八

(凡二十一章.)

8-1 子曰:“泰伯, 其可謂至德也已矣! 三以天下讓, 民無得而稱焉.”

泰伯, 周大王之長子. 至德, 謂德之至極, 無以復加者也. 三讓, 謂固遜[1]也. 無得而稱, 其遜隱微, 無迹可見也. 蓋大王三子:長泰伯, 次仲雍, 次季歷. 大王之時, 商道寖衰,[2] 而周日彊大. 季歷又生子昌, 有聖德. 大王因有翦[3]商之志, 而泰伯不從, 大王遂欲傳位季歷以及昌. 泰伯知之, 卽與仲雍逃之荊蠻.[4] 於是大王乃立季歷, 傳國至昌, 而三分天下有其二, 是爲文王. 文王崩, 子發立, 遂克商而有天下, 是爲武王. 夫以泰伯之德, 當商·周之際, 固足以朝諸侯有天下矣, 乃棄不取而又泯[5]其迹焉, 則其德之至極爲何如[6]哉! 蓋其心卽夷齊扣[7]馬之心, 而事之難處有甚焉者, 宜夫子之歎息而贊美之也. 泰伯不從, 事見『春秋傳』.

1) 遜(손):(제왕의 자리를) 양위하다, 겸허하다, 공손하다, 겸손, 뒤떨어지다, 순종.
2) 寖(침):잠기다, 흠뻑 적시다, 점점, 차츰. 衰(쇠):쇠하다, 약해지다, 여위다, 줄다, 기울다.
3) 翦(전):자르다, 깎다, 다하다, 멸망시키다, 죽이다, 제거하다, 없애다, 가위, 화살.
4) 荊(형):가시나무, 다스리다, 처벌, 땅 이름(지금의 호남성·호북성 일대), 초楚나라. 蠻(만):오랑캐(남방 민족), 업신여기다, 모멸, 권력을 자행함.
5) 泯(민):망하다, 멸망하다, 소멸, 상실하다, 없어지다, 뒤섞이다.
6) 何如(전서본):如何(내각본)
7) 扣(구):(말고삐를) 잡아당기다, 두드리다, 칼자루를 잡다, 굽히다, 구부리다, 물러남.

① 『어류』:태왕이 은나라 정치가 날로 쇠하여 오래가지 못할 것임을 알고, 은을 멸할 뜻을 가진 것은 아주 공정한 마음이었다. 반면에 태백은 오직 군신간의 의義는 결단코 범할 수 없다고 인식했다.[6] 태백·문왕·백이·숙제는 “한 가지 불의를 행하고 한 명의 무고한 사람을 죽여서 천하를 얻는다 해도 행하지 않는다”는 입장이고, 태왕·탕왕·무왕은 “백성을 위문하고 죄인을 정벌하여 천하를 위해 잔적殘賊을 제거한다”는 입장이다.[5] 성인께서 태백은 ‘지극한 덕이다’고 찬양하고, 무왕은 ‘선이 미진하다’(3-25)고 일컬었으니, 본디 억양이 있다.[11] “태왕은 오랑캐의 침입을 받고 부득이 기岐로 옮겨갔으니, 당시 나라의 세력이 아주 약했습니다. 어찌 천하를 취할 뜻을 가졌겠습니까?” “처음 옮겼을 때와는 규모가 달라졌다.”[9]

② 『어류』:백이·숙제가 무왕에게 간한 일의 경우 듣지 않으면 곧 그만두니, 그다지 이해관계가 크지 않다. 그러나 태백이 은나라를 멸하려는 아버지의 뜻을 따르지 않은 경우는 한 집안의 일로서 백이·숙제가 무왕을 간한 일과는 다르다. 곧 여기서 ‘난처했다’는 표현은 나라를

8-1 공자가 말하였다. "태백의 덕은 지극하다 할 만하다. 세 번이나 천하를 양보했으나, 백성들은 칭송할 수조차 없었다."

태백은 주나라 태왕의 맏아들이다. 지덕至德은 덕이 지극하여 더 이상 덧붙일 수 없다는 말이다. '세 번 양보함'은 진실로 양보함이다. 무득이칭無得而稱은 그 겸손함이 은미하여 눈에 띄는 자취가 없음이다. 태왕의 세 아들은 맏아들 태백, 둘째 중옹, 셋째 계력이다. 태왕의 시대에 은나라의 도는 침체해 갔으나, 주나라는 날로 강대해졌다. 계력은 다시 아들 창을 낳았는데, 성덕聖德이 있었다. 태왕은 그리하여 은나라를 멸하려는 뜻(翦商之志)을 가졌으나, 태백이 따르지 않았다.①

태왕은 마침내 계력에게 자리를 물려주어 창에게 미치고자 하였다. 태백은 그것을 알아채고, 중옹과 함께 형만荊蠻으로 도피하였다. 그리하여 태왕이 계력을 세워, 나라가 창에게 전해졌고, 창이 천하의 삼분의 이를 차지했으니, 그가 문왕文王이다. 문왕이 죽고 아들 발이 즉위하여, 마침내 은나라를 멸하고 천하를 차지했으니, 그가 무왕武王이다.

태백의 덕이면, 은·주 교체기를 당하여 제후의 조회를 받고 천하를 차지하기에 충분했건만, 버리고 취하지 않았을 뿐만 아니라 그 자취조차 없앴으니, 그 덕이 얼마나 지극한가! 아마 그 마음은 곧 백이·숙제가 말고삐를 잡은 그 마음이었건만, 태백의 난처함②은 더 심한 측면이 있었다. 공자가 탄식하면서도 찬미한 것 역시 당연하다. 태백이 따르지 않은 일은 『춘추전』에 나온다.③

양보한 점을 두고 한 말이 아니다.[10] 백이·숙제는 무왕과 군신 사이이므로 도가 맞지 않으면 떠나면 된다. 태백의 경우는 부자 사이이므로 (아버지를 비판한) 그 일을 드러낼 수 없었다. 그래서 분명히 밝히지 않고 우선 떠난 것이다. (아버지인) 태왕이 아플 때 태백이 약을 캐러 갔다가 되돌아오지 않았다고 하는데, 아마도 이때 그가 떠난 것 같다.[11]

③ 『혹문』: "어째서 은미함 속에 양보했다고 말하십니까?" "태백의 양보는 읍양하고 주고받은 과정이 없다. 사람들은 단지 그가 도망가서 돌아오지 않음을 보고 그가 양보했음을 알았다. 또 그 양보가 '나라 양보'란 것만 알았지, 그 양보로 말미암아 문왕·무왕이 천하를 차지하게 된 것인 만큼 실제로는 '천하 양보'였다는 점도 알지 못하였다." "그것이 왜 지극한 덕이었습니까?" "양보의 미덕만으로 이미 훌륭하다. 세 번이나 했으니 그 양보가 참되고, 천하를 양보했으니 양보한 것이 크다. 그럼에도 그런 자취를 감추고 숨김으로써 백성이 칭송조차 못하게 했으니, 그 양보에는 명성을 추구한 허물(累)조차 없었다. 따라서 그 덕이 지극하다 하겠고, 그 이상 더할 것이 없다." "태왕이 장자를 폐하고 셋째를 세울 뜻을 지닌 것은 예가 아닙니다.

8-2 子曰：“恭而無禮則勞,[1] 愼而無禮則葸,[2] 勇而無禮則亂, 直而無禮則絞.[3] 君子篤於親, 則民興[4]於仁；故舊不遺, 則民不偸.”[5]

(葸, 絲里反. 絞, 古卯反.) ○葸, 畏懼貌. 絞, 急切也. 無禮則無節文, 故有四者之弊.

君子, 謂在上之人也. 興, 起也. 偸, 薄[6]也.

○張子曰：“人道知所先後, 則恭不勞·愼不葸·勇不亂·直不絞, 民化而德厚矣.”

○吳氏曰：“君子以下, 當自爲一章, 乃曾子之言也.”

愚按：此一節與上文不相蒙,[7] 而與首篇愼終追遠之意相類, 吳說近是.

태백은 또 그런 그릇된 뜻을 감지하고 거들어 성취시켜 주었으며, 아버지가 죽었어도 달려가지 않았고, (단발·문신으로) 신체까지 훼손시켰으니, 이 모두는 현자가 할 일이 못 됩니다. 설령 나라 양보를 기필하려고 그랬다손 치더라도, 너무 지나칩니다. 중용의 덕에 합당하지 않습니다. 그럼에도 지극한 덕이라고 찬양한 것은 왜입니까?” “태왕이 현자賢子·성손聖孫을 왕위에 세우려고 한 것은, 그 길이 천하를 건질 수 있었기 때문이었지, 애증이나 사사로운 욕심 때문이 아니었다. 따라서 태백이 떠난 것도 꼬장꼬장함(狷)이 아니었고, 왕계가 왕위를 받아들인 것도 탐욕이 아니었다. 아버지가 죽었어도 달려가지 않고, 신체를 훼손한 일도 불효가 아니었다. 군신·부자간의 변괴에 임하여 중용을 잃지 않았으므로, 지극한 덕이다.” “도망갔으면 그만이지, 하필 단발·문신까지 하였습니까?” “그에 대해 선유先儒들의 논란이 분분하다. 소식에 따르면, ‘나라 양보는 훌륭한 덕이지만, 실제적인 행동 없이 이름만 취하게 되면, 분란이 발생하는 원인이 된다. 태백은 그 때문에 명·실을 모두 없앰으로써 분란 발생을 미리서 차단했다’는 것이다. 그러나 이는 이해利害의 관점에서 설명한 말이니, 성현의 마음을 논단하기에는 부족하다.” ○최술 : “‘태왕이 계력에게 물려주어 창에게 미치고자 하였다’는 『집주』의 설은 『사기』에 근거한다. 『사기』에는 다만 태왕이 ‘내 세대에 흥성해야 하는데 그 일은 창에게 달려있다’고만 기록되어 있고, 태왕이 ‘은나라를 멸하려(翦商)’ 했다는 말은 없다. 주자가 덧붙였다. 김리상의 논박이 옳다. 『시』·『맹자』 등의 기록을 보면 태왕(고공단보)은 유랑하며 옮겨다니기에 바빴다. 은나라를 멸할 생각을 할 겨를이 없었다. 태왕이 오랑캐 침입을 당하여 기산 아래로 옮겨갔을 무렵, 백성은 많지 않았고 전답도 개간되지 못했다. 왕계에 이르러 산림을 개척했고, 문왕에 이르러 번성했으나 그 영토는 겨우 백리였다. 태왕 시대에 주나라가 어떻게 ‘날로 강대해질’ 수 있었겠는가?” ○고염무 : “(아버지에 맞선) 태백의 덕을 칭찬하기 위하여, 먼저 왕망·조조 같은 역신의 뜻을 태왕에게 덧씌운 것이 어찌 공자의 입언立言의

8-2 공자가 말하였다. "공손도 예가 없으면 피곤함이 되고, 신중도 예가 없으면 두려움이 되고, 용기도 예가 없으면 난폭이 되고, 정직도 예가 없으면 박절이 된다.① 군자가 부모에 돈독하면, 백성이 인에 분발한다. 오랜 친구를 버리지 않으면, 백성이 야박하지 않게 된다."

시葸는 두려워하는 모습, 교絞는 박절함이다. 예가 없으면 절도와 격식(節文)이 없기 때문에, 네 가지 폐단이 생긴다.

군자君子는 윗사람을 일컫는다. 흥興은 분발함, 투偷는 야박함이다.

• 사람의 도리에서 선후를 구분할 줄 알면 공손하되 피곤하지 않고, 신중하되 두렵지 않고, 용기 있되 난폭하지 않고, 정직하되 박절하지 않아, 백성이 교화되어 덕이 두터워진다. – 횡거

• 군자 이하는 별도의 장이 되어야 하고, 증자의 말이다. – 오역

내가 살피건대, 후반부는 전반부와 서로 연결이 안 되고, 「학이」편(1-9)의 신종추원愼終追遠이란 뜻과 같은 부류이다. 오역의 설이 옳은 것 같다.

취지였겠는가?" ○『사서변의』: 태왕 시대에 은나라는 아직 주紂임금 때처럼 죄악이 가득 차지 않았다. 태왕이 정벌의 명분도 따지지 않고, 단지 자기 나라의 세력이 강대해졌고, 또 성덕이 있는 손자가 있다는 이유만으로, 갑자기 천하의 주인을 섬멸하려고 했다면, 어진 사람이 아니다. … 또 『집주』의 말대로라면 '뜻(志)'만 있고, 아직 일은 벌리지도 않았는데, 부자간에 이미 그렇게까지 서로 어긋난 셈이 된다. 태왕이 정말 그 일(멸할 뜻) 때문에 장자를 폐하려 했고, 또 태백이 정말 그 일 때문에 아버지를 버리고 떠난 것이라면, '아버지는 아버지답지 못하고 자식은 자식답지 못하였다.' 무슨 지극한 덕인가? ○정수덕: "당시戇思에 따르면 '『집주』에 특히 지志 한 글자를 첨가한 것은 크나큰 병폐다. 마치 나라를 빼앗을 음모를 쌓고 있는 사람처럼 묘사하고 있다.' 황간黃幹(1152-1221)에 따르면 '주자가 만년에 진행한 『집주』 개정 작업은 관저 장(3-20)에서 중단되었다. 이 장의 주는 역시 정론定論이 아니다.'"

1) 恭(공): 공손함, 삼가다, 겸손, 겸양, 받듦. 勞(로): 근심, 괴로움. 지침, 어려움, 수고, 위로.
2) 愼(신): 조심, 신중, 진실로. 葸(시): 삼가다, 순진한 모양, 두려워함. (새): 순박·정직하다.
3) 絞(교): 목매다, (새끼) 꼬다, 묶다, 엄하다, 조금의 여유도 없다, 비방하다, 헐뜯다.
4) 興(흥): 일으키다, 왕성하게 하다, 행하다, 발탁하다, 비유하다, 좋아하다.
5) 偷(투): 훔치다, 가볍다, 경박하다, 인정이 없다, 구차하다, 구차히, 탐내다.
6) 薄(박): 야박하다, 깔보다, 싫어하다, 해치다, 핍박, 범하다, 가볍다, 천하다, 척박함.
7) 蒙(몽): 싸다, 받다, 만나다, 입다, 덮다, 덮개, 무릅쓰다, 속이다, 어리석다, 어둡다.

① 『어류』: 교絞는 새끼줄의 두 끝을 꽉 묶는 일이니, 전혀 관대함이 없다는 뜻이다. 아버지가

8-3 曾子有疾, 召門弟子曰:"啓予足! 啓予手!『詩』云 '戰戰兢兢,[1] 如臨深淵, 如履薄[2]冰.' 而今而後, 吾知免夫! 小子!"

(夫, 音扶.) ○啓, 開也. 曾子平日以爲身體受於父母, 不敢毁傷,[3] 故於此使弟子開其衾而視之.[4]『詩』「小旻」之篇.[5] 戰戰, 恐懼. 兢兢, 戒謹. 臨淵, 恐墜;履冰, 恐陷也.[6] 曾子以其所保之全示門人, 而言其所以保之之難如此, 至於將死, 而後知其得免於毁傷也. 小子, 門人也. 語畢而又呼之, 以致反復丁寧[7]之意, 其警之也深矣. ○程子曰:"君子曰終, 小人曰死. 君子保其身以沒, 爲終其事也, 故曾子以全歸爲免矣."

尹氏曰:"父母全而生之, 子全而歸之.[8] 曾子臨終而啓手足, 爲是故也. 非有得於道, 能如是乎?"

范氏曰:"身體猶不可虧[9]也, 況虧其行以辱其親乎?"

양을 훔친 일을 관가에 고발한 경우(13-18)가 이것이다.[17]

1) 戰(전):싸우다, 두려움, 떨다, 흔들림, 꺼리다. 兢(긍):조심, 두려움, 와들와들 떨다.

2) 薄(박):엷다, 두껍지 않다, 적다, 좁다, 가볍다, 담박하다, 빛이 엷다, 줄이다, 바래다.

3)『孝經』:身體髮膚受之父母不敢毁傷, 孝之始也. 立身行道揚名於後世以顯父母, 孝之終也.

4) 鄭曰:"啓, 開也. 曾子以爲受身體於父母, 不敢毁傷之, 故使弟子開衾而視之也."

5)『詩』:不敢暴虎, 不敢馮河. 人知其一, 莫知其他. 戰戰兢兢, 如臨深淵, 如履薄冰.

6) 墜(추):떨어지다, 떨어뜨리다, 잃다, 매달리다, 드리우다. ○皇曰:"戰戰, 恐懼. 兢兢, 戒愼也. 如臨深淵, 恐墜也. 如履薄冰, 恐陷也."

7) 丁寧(정녕):간곡함. 丁:만나다, 씩씩함, 간곡히. 寧:안심시킴, 공손, 정중함, 꼭.

8)『禮記』「祭義」:天之所生, 地之所養, 無人爲大. 父母全而生之, 子全而歸之, 可謂孝矣. 不虧其體, 不辱其身, 可謂全矣. 故君子頃步而不敢忘孝也.

9) 虧(휴):이지러지다, 망가짐, 깎이다, 제거하다, 그치다, 무너지다, 결손, 다행히.

①『어류』:'전전긍긍 깊은 못가에 임하듯, 살얼음을 밟는 듯함'이 곧 경敬의 방법이다. (경을 지키지 못하여) 본심이 보존되어 있지 않으면 늘 어둡다.『중용』의 '계신공구戒愼恐懼' 역시 모두 '경'의 의미이다.[22]

②『어류』:증자는 부모가 물려준 몸을 받들어 계신공구戒愼恐懼하지 않는 때가 없었다. 손과 발을 들추어 보라고 한 이때에 이르러 비로소 그 일에서 벗어날 수 있었다. 이 몸은 오직

8-3 증자가 병이 들어, 제자들을 불러 말하였다. "내 발을 들추어 보고, 내 손을 들추어 보라. 『시』에 '전전긍긍 깊은 못가에 임하듯, 살얼음을 밟는 듯 행하라'① 했거니와, 이제야 나는 그런 근심에서 벗어난 듯하다. 얘들아!"

계啓는 열어젖힘이다. 증자는 평소에 신체는 부모에게 받았으니, 감히 훼손하면 안 된다고 여겼다. 그래서 이때에 제자들에게 이불을 걷고 살피게 하였다. 『시』는 「소호」편이다. 전전戰戰은 두려워함, 긍긍兢兢은 근신함이다. '못가에 임하면' 떨어질까 두렵고, '살얼음을 밟으면' 빠질까 두렵다. 증자는 온전히 보존한 신체를 제자들에게 보임으로써, 신체 보존이 이처럼 어려운지라 죽음에 임박한 뒤에야 훼손됨을 면할 수 있음을 알았다고 말하였다. 소자小子는 제자들이다. 말을 마치고 다시 불러서, 거듭 간곡한 뜻을 다함으로써 깊이 경계시켰다.②

• 군자의 죽음은 종終, 소인의 죽음은 사死이다. 군자는 몸을 보전하고 죽는 것을 자신의 일을 끝마침(終)으로 여긴다. 그래서 증자는 온전히 돌아감을 '면함'으로 여겼다. — 이천

• 부모가 온전히 낳아 주셨으니, 자식은 온전히 돌려 드린다. 증자가 임종할 때 수족을 들추어 보라고 한 것도 이 때문이다. 도를 터득한 사람이 아니고서야 이렇게 할 수 있겠는가? — 윤돈

• 몸도 망치면 안 되거늘, 하물며 행실을 망쳐 부모를 욕되게 함이랴? — 범조우

단 한순간도 계신공구하지 않으면 안 된다. 생각 속에 조금이라도 그릇됨이 있어서 이치에 어긋나 도를 해치면, 곧 불효이다. 하루 동안을 놓고 보더라도 안으로는 온갖 생각, 밖으로는 사람을 대할 때 얼마나 많은 일이 일어나는가? 이 마음을 잠시라도 점검하지 않으면 곧 잘못이 생긴다. 세상만사 지극히 위태위태한 것 가운데 사람의 마음만한 것이 없다. 그래서 증자는 늘 이와 같이 '전전긍긍 깊은 못가에 임하듯, 살얼음을 밟는 듯이' 하였다.[20] ○강유위 : "『논어』는 증자 문하에서 편집했고, 증자의 학문은 오로지 지키고 단속함(守約)만 주장하였다. 그가 임종시 정중하게 언급한 군자의 도를 보면, 겨우 안색·용모·말투 다위의 조잡한 것뿐이었다. '손과 발을 들추어 보라' 할 때도 전전긍긍 신체를 지켜 훼손을 면하라는 계율에 불과하였다. 『논어』에 편집된 증자의 말은 모두 18장이다. 전부 몸단속에 독실히 삼가라는 것이니, 『대대례기』의 증자 10편의 분위기와도 부합한다. 송나라 섭적葉適(1150~1223)은 증자가 공자의 대도를 들은 적이 없다고 여겼는데, 아마도 지나친 말이 아니다. 증자 학파는 종지宗旨와 학식이 이처럼 편협하였다."

8-4 曾子有疾, 孟敬子問之. 曾子言曰："鳥之將死, 其鳴也哀；人之將死, 其言也善. 君子所貴乎道者三：動容貌, 斯遠暴慢[1]矣；正顏色, 斯近信矣；出辭氣, 斯遠鄙倍[2]矣. 籩豆之事, 則有司存."

孟敬子, 魯大夫仲孫氏, 名捷. 問之者, 問其疾也.

言, 自言也. 鳥畏死, 故鳴哀. 人窮反本,[3] 故言善. 此曾子之謙辭, 欲敬子知其所言之善而識之也.

(遠·近, 並去聲.) ○貴, 猶重也. 容貌, 擧一身而言. 暴, 粗厲也. 慢, 放肆也. 信, 實也. 正顏色而近信, 則非色莊也. 辭, 言語. 氣, 聲氣也. 鄙, 凡陋也. 倍, 與背同, 謂背理也. 籩, 竹豆. 豆, 木豆. 言道雖無所不在, 然君子所重者, 在此三事而已. 是皆脩身之要, 爲政之本, 學者所當操存[4]省察, 而不可有造次顚沛之違者也. 若夫籩豆之事, 器數[5]之末, 道之全體固無不該, 然其分則有司之守, 而非君子之所重矣.

○程子曰："動容貌, 擧一身而言也. 周旋[6]中禮, 暴慢斯遠矣. 正顏色則不妄, 斯近信矣. 出辭氣, 正由中出, 斯遠鄙倍. 三者正身而不外求, 故曰籩豆之事則有司存."

尹氏曰："養於中則見於外, 曾子蓋以脩己爲爲政之本. 若乃器用事物之細, 則有司存焉."

---

1) 暴慢(포만)：성질이 사납고 교만 방자함. 慢：게으름, 오만, 거만, 업신여김, 느슨함.

2) 鄙(비)：속되다, 상스러움, 인색, 멸시, 촌. 倍(배)：배반, 더하다, 증가, 암송, 더욱, 갑절.

3) 『禮記』「禮器」：禮也者, 反本修古, 不忘其初者也. ○孔穎達疏："反本, 謂反其本性." ○『史記』「屈原列傳」：夫天者, 人之始也；父母者, 人之本也. 人窮則反本. 故勞苦倦極, 未嘗不呼天也. 疾痛慘怛, 未嘗不呼父母也.

4) 操存(조존)：사람의 본심은 다잡아 보존함. ○『孟子』：孔子曰：'操則存, 舍則亡；出入無時, 莫知其鄕.' 惟心之謂與?[11：8]

5) 器(기)：그릇, 예법의 도구. 數(수)：예법, 규칙, 등급, 구분, 꾀, 책략, 운명, 이치, 도리.

6) 周旋(주선)：몸가짐, 동작. 周：삼가다, 합당하다, 알맞다. 旋：행동거지, 빙 두르다.

8-4 증자가 병이 들어 맹경자가 문병 왔다. 증자가 말하였다. "새가 죽을 때는 울음이 애처롭고, 사람이 죽을 때는 말이 선합니다. 군자가 중시하는 도는 세 가지입니다. 행동거지는 사나움과 방자함을 멀리하고, 바른 낯빛으로 미더움을 주고, 말투는 비속함과 어그러짐을 멀리합니다. 변두의 일은 담당자에게 맡깁니다."

맹경자는 노나라 대부 중손씨로서, 이름은 '첩'이다. 문지問之는 병문안이다. 언言은 스스로 말함이다. 새는 죽음을 두려워하는지라 울음이 슬프다. 사람은 궁지에 이르면 근본을 돌아보는지라 말이 선하다. 이는 증자의 겸사이다. 맹경자로 하여금 말의 내용이 선함을 알고 기억하게 하려는 뜻이다.

귀貴는 중시함과 같다. 용모容貌는 온몸을 지칭한다. 폭暴은 거칠고 사나움, 만慢은 방자함, 신信은 신실함이다. 바른 낯빛이 미더움을 주는 것은 꾸며진 장엄함(色莊)이 아니다.(11-21) 사辭는 언어, 기氣는 말투, 비鄙는 평범하고 천박함이다. 배倍는 배背와 같고, 이치에 어긋남을 일컫는다. 변籩은 대나무 제기, 두豆는 나무 제기이다. 도는 비록 없는 곳이 없으나, 군자가 중시하는 것은 이 세 가지 일에 있다는 말이다.① 모두 수신의 요체요 정치의 근본이니, 학생은 굳게 보존하고 성찰하여 아무리 다급하고 아무리 궁박하더라도(4-5) 어겨서는 안 된다. 변두의 일은, 기수器數의 말단이다. 도의 전체는 본디 포괄하지 않는 것이 없다. 그러나 기수 부분은 유사의 담당이지, 군자가 중시할 사항이 아니다.

• 동용모動容貌는 온몸을 지칭한 말이다. 몸가짐이 예에 맞으면, 사나움과 태만함을 멀리할 수 있다. 낯빛을 바르게 하면, 망령되지 않아서 신실함에 가까워진다. 말할 때 바른 소리가 내면에서 나오면, 비루함과 반감을 멀리할 수 있다. 이 세 가지는 몸을 바르게 하는 것이고, 바깥에서 구하는 것이 아니다. 따라서 변두의 일은 담당자에게 맡긴다고 말하였다. – 명도

• 내면이 수양되면 밖으로 드러난다. 증자는 수기修己를 정치의 근본으로 여겼다. 세부적인 기물 사용 등은 담당자에게 맡기면 된다.❷ – 윤돈

---

① 『어류』: 군자는 수신修身할 뿐이다. 보통 사람은 용모는 사납지 않으면 방자하기 쉽고, 안색은 피상적인 근엄함(色莊)에 가까워지기 쉽고, 말은 비속하여 이치에 어긋나기 쉽다.[48]

8-5 曾子曰："以能問於不能, 以多問於寡；有若無, 實若虛, 犯而不校,[1] 昔者吾友嘗從事於斯矣."

校, 計校也. 友, 馬氏以爲顔淵是也. 顔子之心, 惟知義理之無窮, 不見物我之有間, 故能如此.
○謝氏曰："不知有餘在己, 不足在人, 不必得爲在己, 失爲在人, 非幾於無我者不能也."

8-6 曾子曰："可以託六尺之孤, 可以寄[2]百里之命, 臨大節而不可奪也. 君子人與? 君子人也."

(與, 平聲.) ○其才可以輔幼君·攝國政, 其節至於死生之際而不可奪, 可謂君子矣. 與, 疑辭. 也, 決辭. 設爲問答, 所以深著其必然也.
○程子曰："節操如是, 可謂君子矣."

---

❷『혹문』: "증자가 말한 세 가지가 왜 수신의 증거입니까?" "명도와 윤돈이 그렇게 설명한다. 장중하지 못하고 경건하지 못한 사람의 행동거지는 사납지 않으면 방자하다. 평소에 장중하고 경건한 사람이라야 바른 낯빛이 남들에게 미더움을 준다. 내면에 성실함이 없으면 바른 낯빛도 '꾸민 장엄함(色莊)'(11-21)에 불과하다. 또 함양이 무르익지 않았으면 말투 역시 비속하거나 어그러지기 십상이다. 오직 평소 함양이 되어 있어야, 말투에 비속함과 어그러짐이 없다." ○『어류』: 저 세 가지 도는 군자가 존양存養이 지극한 뒤에야 그렇게 될 수 있다. 말투는 항상 비속함·어그러짐이 없고, 행동거지는 항상 사나움·방자함이 없고, 바른 낯빛은 늘 미덥다.[34] "반드시 공부를 오래 해야만 그렇게 될 수 있는 것 아닙니까?" "그렇지는 않다. 사람이 타고난 인품은 각각 다르다. 자질이 좋은 이는 알면 곧 확고하게 견지하여 흔들리지 않는다. 자질이 느리고 태만한(遲慢) 이는 아주 노력해서 공부해야 된다."[38] 근래 학생들은 대체로 고원한 것만 힘쓰고, 비근한 데서 공부하지 않는다.[46]

1) 犯(범): 무시하다, 저촉하다, 공격하다, 거스르다, 어긋나다, 해치다, 뛰어넘다, 속이다, 죄. 校(교): 본받다, 되갚다, 가르치다, 헤아리다, 계산, 조사하다, 보답, 교정하다, 울타리.
2) 寄(기): 맡기다, 위탁·부탁·의뢰·의존하다, 부치다, 마음을 기울이다, 위임, 임무.

①『혹문』: "유능하면서도 무능한 이에게 묻고 박식하면서도 과문한 이에게 묻는 일은, 위선적으로 명성을 추구하는 일에 가깝지 않습니까?" "내가 전에 스승(이통)께 들은 바에 따르면, 안자는 의리가 무궁함을 깊이 인식하여 오직 하나의 선이라도 다 발휘하지 못할까를 염려하였다. 그래서 비록 유능하여도 기꺼이 무능한 이에게 묻고, 비록 박식하면서도 기꺼이 과문한 이에게 물음으로써, 의리의 무궁한 경지를 온전히 추구하려고 노력했을 뿐이다. 자기의 유능함

8-5 증자가 말하였다. "유능하면서 무능한 이에게 묻고, 박식하면서 과문한 이에게 물었다.① 있으면서도 없는 듯하고, 꽉 차 있으면서도 빈 듯하고, 비판받아도 따지지 않았다.② 전에 나의 벗이 이와 같이 노력하였다."

교校는 계산하여 헤아림이다. '벗'을, 마융은 안연이라고 여겼는데, 옳다. 안자(안연)의 마음은 오직 의리의 무궁함만 알 뿐, 남과 나 사이의 간극을 보지 않았다. 그래서 이렇게 할 수 있었다.

• 자기는 넉넉하고 남은 부족하다고 인식하지 않으며, 반드시 자기는 옳고(깨달았고) 남은 틀렸다고(잘못했다고) 여기지 않는 일은,③ 거의 무아無我의 경지에 이른 사람이 아니면 불가능하다. – 사량좌

8-6 증자가 말하였다. "어린 임금을 맡길 만하고, 나라의 운명을 위탁할 만하며, 중대한 위난에 처하여 절개를 잃지 않는다면, 군자일까? 군자이다!"

재능은 어린 임금을 보필하고 국정을 관장할 만하고, 절개는 목숨이 걸린 때에도 빼앗기지 않으면, 군자라고 할 만하다. 여與는 의문사, 야也는 단정사이다. 문답을 설정해 그가 정말로 그러함을 깊이 드러냈다.

• 절개가 이와 같다면 군자라고 할 수 있다.④ – 이천

을 자부하면서도 일부러 질문한 것이 아니었다."

② 『어류』: 의도적으로 관용하는 것도 아니고, 남들이 비판한 그대로 반격하는 것도 아니다. 그의 함양이 넓고도 크기(其所存者廣大) 때문에 남들이 소소한 저촉과 비판을 하더라도 자신은 의식하지도 않았다. 그런 사람들과 따질 여가가 있겠는가?[62] "범이불교犯而不校는 아마 먼저 자신을 점검하느라 남을 힐문할 여가가 없다는 뜻 아닙니까?" "그렇지 않다. 그의 역량이 크기 때문에 비판하는 자가 있더라도 모기나 파리 같을 뿐이다. 그와 따질 가치가 있겠는가? 그는 망망대해 만경창파와 같아서 맑게 해도 더 깨끗해지지 않고, 휘저어도 더 더러워지지 않는다."[64] 대장부라면 남을 용인해야지 남에게 용인 당하면 안 된다.[67]

③ 『어류』: "이와 같다면 이미 무아無我의 경지입니다. 『집주』에 '거의 무아의 경지에 이른 사람이 아니면 불가능하다'고 한 것은 왜입니까?" "성인이라면 완전히 무아이다. 안자는 다만 아我로써 남을 압박하지 않았을 뿐이니, 아직은 그래도 남과 나의 대립이 조금은 남아 있다."[68]

8-7 曾子曰："士不可以不弘毅,[1] 任重而道遠. 仁以爲己任, 不亦重乎? 死而後已, 不亦遠乎?"

弘, 寬廣也. 毅, 强忍也. 非弘不能勝其重, 非毅無以致其遠.

仁者, 人心之全德, 而必欲以身體而力行之, 可謂重矣. 一息尙存, 此志不容少懈, 可謂遠矣.

○程子曰："弘而不毅, 則無規矩而難立[2]；毅而不弘, 則隘陋而無以居之."[3]

又曰："弘大剛毅, 然後能勝重任而遠到."

---

④『어류』: 재능(才)과 절개(節)를 겸비해야 군자라고 할 수 있다. 재능이 없고 절개만 있다면, 죽는다 한들 무슨 소용이 있겠는가? 어린 임금을 위탁받은 책임을 졌을 때 자기는 어린 임금을 속일 마음이 없었더라도 (무능하여) 다른 사람에게 속임을 당하면, 결국 자기가 그 일을 완수하지 못하니 남의 위탁을 받을 자격이 없다. 또 나라의 운명을 위탁받을 때 자기는 나라를 빼앗을 마음이 없더라도 다른 사람에게 빼앗김을 당하면, 결국 자기가 그 일을 완수하지 못하니 남의 위탁을 받을 자격이 없다. 자기가 '중대한 위난의 때에 임하여 절개를 빼앗기지 않을 수' 있다 한들 자기의 임무를 완수하지 못한다면, 비록 죽더라도 다만 헛되이 죽임을 당한 것일 뿐이니 무슨 일을 성취할 수 있겠는가! 진晉나라의 순식荀息이 바로 그런 사람이다. 이른바 군자가 어찌 손을 소매 안에 넣고 꼼짝도 하지 않는 촌사람을 지칭하겠는가? 따라서 이천이 말하기를, '군자란 재능과 덕이 출중한 이를 일컫는다'라 하고, 공자는 '군자는 한 가지 용도의 그릇이어서는 안 된다'고 하였다. 군자라고 불리는 이상 모름지기 모든 사태에 통달해야 한다. 만약 절개는 있으나 재능이 없다면, '좋은 사람'이라고 할 수는 있을지라도 일을 성취하지는 못한다.[72] '어린 임금을 맡길 만하고, 나라의 운명을 부탁할 만함'은 재능(才)이고, '중대한 위난의 때에 임하여 그의 절개를 빼앗기지 않음'은 덕德이다. …오직 제갈공명만이 이럴 수 있었다.[74] 요새 사람들은 동한명절東漢名節이 실제 일에 도움이 안 된다고 말한다. 그러나 나는 삼대 이래 오직 동한 시대의 인재들만이 대의大義가 마음에 뿌리 박혀 있어서 이해득실을 따지지 않고 죽든 살든 그 절개를 바꾸지 않았으니, 정말로 본받을 만하다고 생각한다. …요새 사대부는 자기 몸이나 아끼며 두려워 움츠리고 있으니, 어찌 그와 같기를 바랄 수 있겠는가? 평소 튼튼이 연마하고 단련하더라도 급박한 사태에 이르면 위축됨을 면치 못하거늘, 하물며 무리 지어 놀러 다니며 잡담하고 작당이나 도모하고 나약한 상태에 이미 익숙해져 있는 경우 갑자기 큰일을 당하여 어떻게 절개를 지켜 의리에 죽을 수 있겠는가? 대체로 의리를 돌아보지 않고 오직 이해득실만 계산하는 일은 모두 노예적인 태도일 뿐이니, 더더욱 비열하고 역겨울 뿐이다. 동한 시대의 사람들은 그 의론이 치우치긴 했으나, 기백과 절개는 보통을 능가하는 점이 있었다. 예컨대 공북해孔北海나 조조曹操만 하더라도 사람들로 하여금 늠름한 기운이 생기게 하였다(使人凜凜有生氣)![71]

8-7 증자가 말하였다. "선비는 너그럽고① 굳세지 않으면 안 된다. 임무는 무겁고 갈 길은 멀기 때문이다. 인仁의 실현을 자기 임무로 삼으니, 무겁지 않은가? 죽은 다음에야 그만두니,② 멀지 않은가?

홍弘은 너그럽고 넓음, 의毅는 굳셈이다. 너그럽지(포용적이지) 않으면 중임을 감당하지 못하고, 굳세지 않으면 멀리 도달할 수 없다.

인仁은 사람 마음의 완전한 덕이다. 반드시 인을 몸으로 체득하고 힘써 행하려고 하니, 가히 무겁다고 하겠다.③ 한 숨이라도 아직 붙어 있는 한 그 뜻은 조금의 나태함도 용납하지 않으니, 가히 멀고멀다고 하겠다.

• 너그러우나 굳세지 않으면 법도가 없어 굳게 버티기 어렵고, 굳세나 너그럽지 않으면 꽉 막혀서 인에 거처할 수 없다. – 이천

• 너그럽고 크며 굳센 뒤에 중임을 감당하고 멀리 이를 수 있다. – 이천

---

1) 毅(의) : 굳세다, 의지가 강하다, 힘차고 튼튼하다, 과감하다, 함부로 화내다.

2) 立(립) : 확고히 서다, 굳게 지켜 움직이지 않다, 꿋꿋하다, 이루어지다, 나타나다.

3) 隘陋(애루) : 협소하고 누추하다. 隘 : (땅, 기량이) 좁다, 험하다, 작다, 성급하다. (액) : 막다. 陋 : (장소, 견문이) 좁다, 낮다, 미천하다, 숨다, 가벼이 보이다, 함부로, 인색하다. 居(거) : 집에 있다, 살다, 있는 그대로, 차지하다, 평소, 저축하다, 무덤, 법도, 까닭.

① 『어류』 : 이른바 '홍弘'이란 영을 내릴 때 공평하고 관대하여 사람을 용납할 수 있을 뿐만 아니라, 모름지기 온갖 도리를 수용할 수 있음을 말한다. 만약 하나의 견해에 집착하여 자신이 옳다고 여기면 다른 설은 수용하지 못하여 결국 한구석에 정체되고 마니, 어찌 '넓을(弘)' 수 있겠는가?[83] "'홍'은 관용寬容의 의미입니까?" "물론 그렇다. 그렇지만 사람을 관용하는 것뿐만 아니라, 온갖 의리도 관용할 수 있어야 한다. '홍' 자를 증자는 임무가 무겁다는 것으로 써 표현하였다. 좁고 좀스런 사람은 오직 한 가지 의리만 지키면 곧 스스로 만족한다. 이미 한구석에 정체되어 있거늘, 어떻게 중임重任을 감당하겠는가? 반드시 온갖 이치를 용납하고 포용할 수 있어야 비로소 '홍'이다."[89]

② 『어류』 : "'죽은 다음에야 그만둔다' 함은 쉬지 않는다는 뜻이지요?" "그렇다."[93]

③ 『어류』 : 반드시 '인'이란 것을 인식하여 몸으로 체험해야 비로소 '인'의 짐이 진짜로 무거움을 알고, 진짜로 어렵다는 것을 안다. 세상에는 두 종류의 사람이 있다. 하나는 전혀 알지 못하는 사람이니, 물론 전혀 모색하는 바도 없다. 또 하나는 '인'의 도가 이처럼 위대함을 인식하지만 몸으로 감당하려고 하지 않는 사람이다. 만약 자신이 전혀 그 짐을 진 적이 없다면, 어떻게 그것이 무거운지 아닌지 알 수 있겠는가? 따라서 학문은 그저 말만 하는 것을 중시하지 않는다. 반드시 실제에 나아가 체험하고 실천해야 비로소 앎(知)이 된다.[94]

8-8 子曰："興於『詩』，立於禮，成於樂."

興, 起也. 詩本性情, 有邪有正, 其爲言旣易知, 而吟詠之間, 抑揚[1]反覆, 其感人又易入. 故學者之初, 所以興起其好善惡惡之心, 而不能自已者, 必於此而得之.

禮以恭敬辭遜爲本, 而有節文度數[2]之詳, 可以固人肌膚之會[3]·筋骸之束.[4] 故學者之中, 所以能卓然自立, 而不爲事物之所搖奪者, 必於此而得之.

樂有五聲十二律, 更唱迭和,[5] 以爲歌舞八音之節, 可以養人之性情, 而蕩滌其邪穢,[6] 消融其查滓.[7] 故學者之終, 所以至於義精仁熟而自和順於道德者,[8] 必於此而得之, 是學之成也.

---

1) 抑揚(억양) : 억양, 가락의 고저高低, 문세文勢의 기복起伏, 칭찬과 헐뜯음, 부침浮沈.

2) 度數(도수) : 표준, 규칙, 도리, 기량, 흉금. 度 : 법도, 규정, 국량, 횟수, 기회.

3) 固(고) : 굳다, 방비하다, 평온하다, 안정시키다, 오로지, 반드시, 확고히, 본디, 고루, 가두다. 肌膚(기부) : 근육과 피부. 肌 : 살가죽, 근육, 살, 피부. 膚 : 살갗, 천박하다.

4) 筋(근) : 힘줄, 힘, 근력. 骸(해) : 뼈, 해골, 몸, 신체. 骸筋 : 뼈와 살, 신체. ○『禮記』「禮運」: 故禮義也者, 人之大端也. 所以講信修睦, 而固人之肌膚之會筋骸之束也. 所以養生送死, 事鬼神之大端也. 所以達天道, 順人情之大竇也.

5) 更迭(경질) : 섞바꾸어, 서로. 唱和(창화) : 갑이 부르면 을이 화답함, 노래를 주고받음.

6) 蕩滌(탕척) : 깨끗이 씻다. 蕩 : 쓸어버리다, 싹트다, 방탕하다 간단하다, 넓은 모양. 滌 : 씻다, 빨다, 헹구다, 방탕, 음란. 邪(사) : 간사하다, 어긋나다, 기만하다, 악하다, 요사스럽다. 穢(예) : 더럽다, 거칠다, 악인. ○『史記』「樂書」: 天子躬於明堂, 臨觀而萬民, 咸蕩滌邪穢, 斟酌飽滿, 以飾厥性. 故云雅頌之音理而民正, 嘄噭之聲興而士奮, 鄭衛之曲動而心淫.

7) 消(소) : 사라지다, 녹이다, 쇠하다. 融(융) : 녹다, 화합하다, 밝다, 통하다, 이어지다. 查滓(사재) : 찌꺼기, 앙금. 查 : 조사하다, 뗏목, 찌끼. 滓 : 찌끼, 앙금, 때.

8) 『易』「說卦」: 和順於道德而理於義, 窮理盡性, 以至於命.

① 『어류』: 『시』란 옛사람들이 심성을 노래로 읊은(詠歌情性) 것이다. 당시 사람들은 어떤 시구를 한 번 읊조리면 곧 그 의미를 이해할 수 있었기 때문에 선한 마음을 분발시킬 수 있었다. 그런데 요즘 사람들은 훈고를 거쳐야 비로소 이해하고 또 읊조리는 그 운율을 잊어버린지라, 어떻게 시를 한 번 보고서 곧 선한 뜻을 흥기시킬 수 있겠는가? 지금의 안목으로 보자면 선한 뜻을 분발시키려면 『논어』를 깊이 이해하는 것이 가장 낫다.[113] [※『논어』가 없는 당시에는 『시』가 그 대안이었다.]

② 『후안』: 보한경이 말하였다. "예는 규범이 엄하고 강목이 명확하니, 밖으로 사람의 피부·관절·

8-8 공자가 말하였다. "『시』로 분발하고, 예로 굳게 서고, 음악으로 완성한다."

흥興은 분발이다. 『시』는 성정에 근본하기 때문에, 비뚤어진 것도 있고 바른 것도 있다. 그 표현이 알기 쉬운지라 읊는 사이에 억양을 넣어 반복하면, 감동하여 쉽게 몰입된다. 따라서 배움의 시작 단계로서, 선을 좋아하고 악을 미워하는 마음을 분발시켜 저절로 그만둘 수 없게끔 하는 일은, 반드시 시를 통해야 된다.①

예는 공경과 사양을 근본으로 삼는다. 또 절제, 형식, 정도, 수량 등의 상세한 규정이 있어서, 사람의 피부와 관절을 단단하게 모아주고 근육과 뼈를 단단하게 묶어준다.② 따라서 배움의 중간 단계로서, 확고부동하게 정립이 되어 외물에 동요되거나 휘둘리지 않는 일은, 반드시 예를 통해야 가능하다.

음악은 오성③과 십이율④이 있어서, 번갈아 부르고 서로 화답하여 가무와 팔음⑤의 절도를 연주하면, 사람의 성정을 수양하고 사악한 재를 깨끗이 씻어 앙금을 없앨 수 있다. 따라서 배움의 마지막 단계에서, 의리를 통찰하고 인에 익숙해져(자비심이 깊어져) 스스로 도덕에 화순해지는 일은,⑥ 반드시 음악을 통해야 가능하다. 이것이 학문의 완성이다.⑦

근육·뼈를 단단하게 묶어주며, 안으로 사람의 나쁜 마음과 안일한 생각을 금지시킨다."

③ 오성五聲 : 오음五音, 음율의 기본이 되는 궁宮·상商·각角·치徵·우羽의 5음계.

④ 십이율十二律 : 동양 음계인 12음계로 양陽인 육률六律과 음陰인 육려六呂로 되어 있고, 육률은 황종黃鐘·태주太簇·고선姑洗·유빈蕤賓·이칙夷則·무역無射이며, 육려는 임종林鐘·남려南呂·응종應鐘·대려大呂·협종夾鐘·중려仲呂임.

⑤ 八音(팔음) : 여덟 가지 재료인 쇠, 돌, 실, 대, 박, 흙, 가죽, 나무로 만든 악기.

⑥ 『어류』 : "오성五聲과 십이율十二律은 작자가 한 사람이 아닙니다. 어떻게 음악을 통해 도덕적으로 화순해지는지 모르겠습니다." "종, 경쇠, 거문고, 피리(如金石絲竹)나 성황, 토우, 북, 박(匏土革木) 등 온갖 것이 있지만 하나로 합쳐 조화를 이룬다(打成一片). 청탁고하, 장단대소, 노래와 화음이 서로 교대하며 서로 혼연일체가 되면 자연스런 화기和氣가 생긴다. 그러므로 음악을 들으면 저절로 의리를 통찰하고 자비심이 깊어져 도덕에 화순해진다. … 『시』는 읊을 언어가 있고 예는 지킬 격식이 있으나, 음악은 다른 사람이 연주하거늘, 나와 무슨 상관이 있는가? 예컨대 누가 노래를 잘 부르면 듣는 사람 모두가 다들 좋다고 말한다. 음악은 저쪽에서 연주하지만, 듣는 사람은 자연히 경건한 감동을 받는다. 따라서 의리를 통찰하고 자비심이 깊어져 도덕에 화순해진다."[114]

⑦ 『혹문』 : 시는 음악의 가사(樂之章)이다. 따라서 반드시 음악을 배운 이후에 시를 읊조릴 수 있다. 이른바 음악(樂)은 거문고, 비파, 질나팔, 피리 등 악기 하나를 점차 연습하여 시의

○按『內則』, 十年學幼儀, 十三學樂誦詩, 二十而後學禮. 則此三者, 非小學傳授之次, 乃大學終身所得之難易·先後·淺深也.

程子曰："天下之英才不爲少矣, 特以道學不明, 故不得有所成就. 夫古人之詩, 如今之歌曲, 雖閭里童稚,[1] 皆習聞之而知其說, 故能興起. 今雖老師宿儒, 尙不能曉其義, 況學者乎? 是不得興於詩也. 古人自洒埽應對,[2] 以至冠昏喪祭, 莫不有禮. 今皆廢壞, 是以人倫不明, 治家無法, 是不得立於禮也. 古人之樂, 聲音所以養其耳, 采色所以養其目, 歌詠所以養其性情, 舞蹈[3]所以養其血脈. 今皆無之, 是不得成於樂也. 是以古之成材也易, 今之成材也難."

음률에 맞추어 노래 부르는 것이다. 그러나 시는 인간의 심성에 뿌리를 두고 있으니, 찬미·비판·풍자·비유(美刺諷諭)의 뜻이 있고, 그 말이 평범하여 이해하기 쉽다. 조용히 읊조리며 감상하는(음미하는) 동안 자기도 모르게 차츰 사람을 감동시킬 수 있고 또 입문하기 쉽기에, 학문의 터득은 반드시 『시』를 맨 먼저 배워 인의仁義의 양심을 분발시키도록 하였다. 예의 경우는 절차와 형식, 정도와 횟수(節文度數)가 상세하여 대원칙(經)만 삼백에 이르고 세부 규칙(儀)은 삼천 가지나 되니, 처음 단계에 심히 강요하기(거스르기) 어려운 바가 있다. 따라서 아직 『시』를 배우지 않았더라도 이미 어린아이의 거동은 먼저 배우고 있다. 예 가운데 작은 것은 어릴 때부터 지키지 않을 수 없는 것이 있는가 하면, 또 성인이 된 이후에도 중대한 예는 반드시 오랫동안 익숙히 익혀야 터득할 수 있다. 그래야만 안으로 모든 신체와 관절을 다잡아 확정적으로 덕성을 고수함에 흔들리지 않을 수 있고, 또 밖으로 동네에서 행세하든 높게는 종묘와 조정에 나아가든 술자리에서든 자신을 바르게 다잡아 흐트러지지 않을 수 있다. 음악의 경우는 노래의 높낮이, 무도의 빠르고 느림 등은 더욱이 하루아침에 정통하기 어렵다. 또한 그를 통해 자기의 이목을 함양하고 심지를 화평케 하여 피부에 스며들고 골수에 적시어, 인의예지의 결실에 안온해 하는 경지는 생각하고 노력한다고 도달할 수 있는 바가 아닌 측면이 있다. 반드시 안온한(평안한) 상태가 오래 지속된 뒤에 그러한 덕을 성취할 수 있으니, 음악은 가장 일찍부터 배우는 것임에도 불구하고 그 효과는 도리어 시나 예 이후에 나타난다. ○『어류』: '음악으로 완성된(成於樂)' 경지에 이르면 거의 이치와 하나가 된다. 어떠한 방탕·경박·간사·사치(放僻邪侈) 등을 대하더라도 모두 쓸어버리고 조금도 남겨두지 않는다. '흥어시興於詩'는 처음에 그러한 선한 실마리를 느껴서 분발함이고, '성어악成於樂'의 경지에 이르면 오는 것이든 가는 것이든 조금이라도 선하지 않은 점이 있으면 모조리 쓸어버리니, 그 얼마나 대단한 기상인가?[101] 음악이란 사람의 혈기를 요동시켜 아무리 작은 나쁜 뜻이라도 달라붙지 못하게 하여 순전한 천리天理의 상태가 되게 하니, 이것이 '음악으로 완성됨'이다.[102]

『예기』「내칙」에 따르면, "열 살에 어린이의 몸가짐을 배우고, 열셋에 음악을 배우고 시를 외우며, 스물이 된 뒤에야 예를 배운다." 『논어』에서 말한 시·예·음악 세 가지는 소학 교육의 순서가 아니다. 대학에서 평생 터득해야 할 것들의 난이難易·선후先後·심천深淺의 순서이다.

• 천하에 영재가 적지 않건만, 도학道學이 밝혀지지 못한 까닭에, 아무 성취가 없었다. 옛날에 시는 요즘의 가곡처럼 동네 아이라도 다 들어 익히면 그 내용을 알 수 있었으므로, 시로써 분발할 수 있었다. 그런데 이제는 노숙한 유학자라도 그 의미를 이해하지 못하거늘, 하물며 학생이랴? 그리하여 시에서 분발하지(興於詩) 못한다. 옛날은 쇄소응대부터 관혼상제까지, 모두 예의 규정이 있었다. 그러나 지금은 다 파괴되었기에, 윤리가 밝지 못하고 집안 다스림에도 법도가 없다. 그리하여 예에 확고부동하게 서지(立於禮) 못한다. 옛날의 음악은 성음으로 귀를 수양하고, 채색으로 눈을 수양하고, 노래로 성정을 수양하고, 춤으로 혈맥을 수양하였다. 지금은 모두 사라졌다. 그리하여 음악으로 완성되지(成於樂) 못한다. 그래서 옛날은 인재 양성이 쉬웠지만, 오늘날은 어렵다. – 이천①

---

1) 童稚(동치) : 어린이, 어리다, 유치하다, 아동의 치기稚氣, 유치.

2) 洒掃應對(쇄소응대) : 물 뿌리고 비로 쓸고, 윗사람의 부름에 응하고 물음에 대답함.

3) 蹈(도) : 뛰다, 춤추다, 밟다, 발로 디디다, 밟다, 따르다, 지키다, 행하다, 실천.

① 『어류』 : "'예로 굳게 서는' 일은 『예』 경전에 의거하여 그래도 실천할 수 있습니다. 그런데 『시』는 현재 이해하기 어렵고 음악은 없어졌으니, 어떻게 '시로 분발하고' '음악으로 완성할' 수 있습니까?" "『시』와 음악만 망실된 것이 아니고 예도 없어졌다. 지금은 단지 의리義理만 남아 있다. 그것을 연구할 수 있을 뿐이다. 가령 시비是非·사정邪正을 분별하며 감흥을 느낄 때, 선한 마음은 분발시키고, 악한 마음을 징계하는 것이 곧 '시로 분발한' 효과이다. 덕성 함양이 순조로워, 화평하지 못하거나 즐겁지 못한 순간이 잠시도 없을 만큼 평화로운 경지가 '음악으로 완성된' 효과이다. 옛 사람은 온 몸이 모두 예 속에 머물렀고 자기 마음대로 행동하지 않았다. 그런 '예'가 지금은 다 없어졌고, 다만 억지로 자신을 규제하거나(規矩) 스스로 알아서 삼갈(收斂) 따름이다. 옛 사람은 '시로 분발했으니' 누구나 언어를 통해 (세상을) 풍자하고 (바램을) 노래할 수 있었다. 그런데 요즘에 『시』는 특정인(전문가)이 있어야 노래로 부를 수 있다. 예·악은 저쪽에서 정해준 것을 내가 실천하는 것이다. 순자는 '예악은 법도이니 설명이 없다(禮樂法而不說)'고 말하였다. 설명이 필요 없고 다만 예악을 본받을 따름이라는 순자의 말은 아주 좋다." "이 장은 '도에 뜻을 둔다' 운운한 구절(7-6)과 서로 표리를 이룹니까?" "그 구절은 덕성의 도리를 말했고, 이 장은 학업의 공부를 말하였다. 이 장 전체를 '예술에 노닌다'(7-6)는 구절의 주석으로 간주할 수 있다."[110]

8-9 子曰："民可使由[1]之, 不可使知之."

民可使之由於是理之當然, 而不能使之知其所以然也. ○程子曰："聖人設敎, 非不欲人家喩而戶曉[2]也, 然不能使之知, 但能使之由之爾. 若曰聖人不使民知, 則是後世朝四暮三之術也, 豈聖人之心乎?"

8-10 子曰："好勇疾[3]貧, 亂也. 人而不仁, 疾之已甚, 亂也."

(好, 去聲.) ○好勇而不安分, 則必作亂. 惡不仁之人而使之無所容, 則必致亂. 二者之心, 善惡雖殊, 然其生亂則一也.[4]

---

1) 由(유) : 말미암다, 경력, 따르다, 곡절, 사유, 방법(9-11), 쓰다, 행하다, 마찬가지로.

2) 喩(유) : 깨우치다, 가르치고 타일러 이해시킴, 잘못을 앎, 설명하다, 알리다, 이해하다, 비유하다. 曉(효) : 새벽, 동틀 무렵, 밝다, 깨닫다, 환히 알다, 타이름, 알아듣게 일러주다.

3) 疾(질) : 근심·고생·원망·비방하다, 병, 불구, 고통, 버릇, 흠, 앓다, 빠르다, 다투다.

4) 伊川曰："好勇而不安其分, 與不仁而無所容, 皆必爲亂也."

① 『어류』: "백성을 따르게 함이 무엇입니까?" "따르는 내용은 그가 본디 (날 때부터) 지닌 것이나 성인께서 따르게 하신 것이다. 예컨대 '덕으로 이끌고 예로써 다스림'이나, '인륜을 가르쳐 부자유친, 군신유의, 부부유별, 장유유서, 붕우유신 하게 함'이 모두 따르게 한 경우가 아니겠는가?" "이해시킬 수 없다고 함은 무엇입니까?" "우민정책(愚黔首)을 말하는 것이 아니다. 이해시킬 수 없기 때문에 못하는 것이다. '인식이 완전하지 못한 경우, 기심機心(간교한 마음)이 열려 미혹의 뜻이 생기기에 마침맞게 되기 때문이다(知之未至, 適所以啓機心而生惑志)'고 풀이한 여대림의 해설이 옳다." "여기서의 부지不知와 '백성은 날마다 쓰면서도 모른다(百姓日用不知)'고 할 때의 부지는 같은 것 아닙니까?" "그 경우는 본디 모르는 것이고, 이 경우는 이해시킬 수 없다는 뜻이다."[117] 여대림이 말한 '기심'은 곧 장구성張九成(1092-1159)과 선禪에서 논한 설이다. 어떤 일을 하자마자 이 마음으로 하여금 추체험하게 하면, 이윽고 사람에게 기심이 열린다. 다만 공자가 이 말을 할 때는 그런 의미에 있지 않았다. 여대림의 설은 전에 『혹문』에서 거론한 적이 있으나, 『집주』에 편입할 생각은 없다.[119]

② 『혹문』: "이렇게 풀이한 까닭이 무엇입니까?" "이치상 마땅히 그러해야 하는 것(理之所當然者)이 이른바 백성의 병이(秉彝 : 지켜야 할 떳떳한 도리)로서 날마다 따르는 바이다. 성인이 예악형정禮樂刑政을 만든 것도 모두 백성들로 하여금 따르게 하려는 것이다. 그렇지만 그 모든 것이 그러한 까닭은 하늘이 명한 성(天命之性)에 근원하지 않은 것이 없다. 이는 학자라

8-9 공자가 말하였다. "백성은 따르게 할 수는 있지만, 이해시킬 수는 없다."①

백성은 이 이치의 당연함에 따르게 할 수는 있지만, 그 원리(이치)를 이해시킬 수는 없다.②

• 성인이 가르침을 베풀 때, 사람마다 깨우치고 집집마다 일러주기를 바라지 않은 것이 아니다. 그러나 이해시키기가 불가능하여, 다만 따르게 할 따름이다. 만약 성인께서 백성은 알지 못하게 했다고 말한다면, 그것은 바로 후세의 조삼모사朝三暮四③의 술수이지,④ 어찌 성인의 마음이겠는가? – 이천

8-10 공자가 말하였다. "용맹을 좋아하고 가난을 원망하면 난을 일으키고, 사람이 어질지 못하다고 너무 심하게 책망해도 난을 초래한다."

용맹을 좋아하고 자기 분수에 편안하지 못하면, 반드시 난을 일으킨다. 어질지 못한 사람을 증오하여 전혀 용납하지 않으면, 반드시 난을 일으킨다.⑤ 두 경우의 마음가짐에 선악이 약간 다르지만, 난을 일으킴은 마찬가지이다.

도 깨닫기가 쉽지 않은 부분이 있거늘 하물며 서민이랴? '불가사지지不可使知之'란 이해시키기 불가능하기 때문에 못하는 것이지, 알지 못하게 한다는 것이 아니다." ○황회신 : "유由는 지시한 길을 따라 행하게 한다는 말이다. 국가의 정책과 법도는 필요한 시기에 백성으로 하여금 우선 따라서 실행하게 해야지, 반드시 그 까닭을 완전히 알게 할 필요는 없다. 그 까닭을 그 많은 백성들에게 일일이 가르치기도 어렵거니와, 그 까닭을 완전히 이해할 때까지 기다린다면, 필시 시기를 놓칠 것이니, 하루도 나라를 다스릴 수가 없다."

③ 『장자』「제물론」: 원숭이 사육사가 원숭이들에게 "도토리를 아침에 3개 주고, 저녁에 4개 주겠다"고 하자, 원숭이들은 적다고 여겨 크게 노하였다. 그러서 "아침에 4개 주고, 저녁에 3개 주겠다"고 하자, 많아졌다고 좋아하였다.

④ 『어류』: "왕안석은 '불가사지不可使知'를 성인의 '우민정책'이란 뜻으로 여겼습니다. 그렇지요?" "신불해, 한비자, 노자, 장자의 설이 곧 그런 뜻이다."[119]

⑤ 『총설』: '사람이 어질지 못하다고 너무 심하게 질책하면 난을 초래한다' 함은 군자는 시세時勢를 깊이 통찰해야 한다는 가르침이다. 어질지 못한 자는 물론 미워해야 한다. 『대학』에서 "사방 오랑캐 땅으로 쫓아내 중국에서 살지 못하게 한다" 했으니, 심하지만, 이치는 정당하다. 시행할만한 시기이고 또 충분히 제압할 수 있는 세력이 있으면, 어찌 반란의 발생을 근심하겠는가? 그런데 시기가 아니고 응징할만한 세력이 없는 판에 오직 그들을 증오하면, 난을 초래하지 않은 적이 드물다. 후한 시대의 환관들의 경우가 그러하다. 군자가 악인을 증오하지 않은 것은 아니지만, 시대와 세력을 얻지 못하면, 화란이 도리어 군자의 몸에 닥치고, 나라도 함께

8-11 子曰："如有周公之才之美, 使驕且吝,[1] 其餘不足觀也已."

才美, 謂智能技藝之美. 驕, 矜夸.[2] 吝, 鄙嗇[3]也.
○程子曰："此甚言驕吝之不可也. 蓋有周公之德, 則自無驕吝；若但有周公之才而驕吝焉, 亦不足觀矣."
又曰："驕, 氣盈. 吝, 氣歉."[4]
愚謂驕吝雖有盈歉之殊, 然其勢常相因. 蓋驕者吝之枝葉, 吝者驕之本根. 故嘗驗之天下之人, 未有驕而不吝, 吝而不驕者也.

망한다. 당나라의 말로가 그런 경우였다. 성인의 말씀은 그 뜻이 심원하다.

1) 驕(교) : 교만, 깔봄, 속이다, 방자함. 吝(린) : 아끼다, 탐하다, 욕심, 원망하다, 부끄러움.
2) 矜夸(긍과) : 자랑하여 으스댐. 矜 : 자랑, 위태하다, 엄숙, 공경, 불쌍히 여기다, 괴로워하다. 夸 : 자랑하다, 뽐내다, 떠벌리다, 사치하다, 뻗다, 퍼지다, 공허하다, 아름답다.
3) 鄙嗇(비색) : 인색하다, 다랍다, 쩨쩨하다, 도량이 좁다, 옹졸하다, 인색하게 굴다. 鄙 : 다랍다, 인색하다, 비열하고 천하다, 얕보다, 경멸하다. 嗇 : 아끼다, 인색하다, 절약하다.
4) 歉(겸) : 흉년들다, 뜻에 차지 않다, 불만족스럽다, 적다, 부족하다, 원한을 품다.
① 『어류』 : '주공과 같은 훌륭한 재주'는, 재주는 있으나 덕이 없는 경우를 두고 한 말이다. …교만한 자는 반드시 인색하고, 인색한 자는 반드시 교만하다. 그저 재물에만 인색한 것이 아니다. 일에서도 인색하고, 선을 행함에 인색한 것도 그와 같다. 재물에 인색한 경우 인색해지는 그 까닭 역시, 내가 남에게 재물을 나누어주어 남도 나와 똑같이 부자가 되면, 남에게 자랑하고 뽐낼 수 없기 때문에 인색한 것이다. 내가 전에 몇 사람을 본 적 있는데, 별 대단한 일도 아닌데 죽어도 남에게 말해 주려고 하지 않았다. 자기는 잘할 줄 안다고 말함으로써 남에게 교만하게 뽐내려고 했기 때문에 그런 것이다. 내가 직접 그런 사람을 겪고 나서 마침내 여기의 '교만'과 '인색'이란 두 글자가, 서로 짝이 될 수 있고 또 서로 의지해서 존재한다는 사실을 깨달았다. [122] 내가 어제 어떤 사람을 보았는데, 몇몇 도리를 배우고는 전혀 남에게 말해 주려고 하지 않았다. 처음에는 단순한 인색함이지만, 그것이 뱃속에 쌓여 어찌할 수 없는 상태가 되면 오직 자기만 우쭐해져서 남을 능멸하니, 그것이 교만이다.[126] "교만이 어떻게 인색에서 생깁니까?" "가령 도리(사물의 이치)를 놓고 보면, 그것은 본디 세상 공공의 것이니 마땅히 모든 이에게 말해 주어야 한다. 세상에는 본시 어떤 부류들이 있다. 아주 인색하여 남에게 얘기해 주려고 하지 않는다. 여기에 무슨 의미가 숨어 있을까? 그는 오직 다른 사람이 모두 알면 기이함이 사라지기 때문에 그와 같이 인색한 것이다. 오직 자기만 알고 남들은 모두 몰라야 자신이 그들에게 교만할 수 있고, 또 속일 수도 있다. 재화를 쓰는 일 역시, 공공의 것이니 써야 한다면 마땅히 써야 한다. 그런데 만약 인색하여 재물을 써야 하는데도 쓰지 않는 까닭은, 오직 (재물을 풀면) 남들에게 없던 재물이 있게 되어 자기 자신이

8-11 공자가 말하였다. “가령 주공과 같은 훌륭한 재주를 지녔더라도, 교만하고 인색하다면① 그 나머지는 볼 것이 없다.”

재미才美는 지능과 기예의 훌륭함, 교驕는 교만, 린吝은 인색이다.

• 이는 교만과 인색은 매우 옳지 못함을 말한 것이다. 주공과 같은 덕이 있다면, 자연히 교만과 인색은 없을 것이다. 만일 주공의 재주만 있고 교만하고 인색하다면, 더 이상 볼 것이 없다. – 이천

• 교만은 기백의 충만함이고, 인색은 기백의 결핍이다. – 이천

내 생각에, 교만과 인색은 비록 충만과 결핍의 차이는 있으나, 그 형세는 늘 서로 원인이 된다.② 교만이 인색의 지엽이면, 인색은 교만의 근본이다.③ 세상 사람을 관찰해 보건대, 교만하면서 인색하지 않다거나 인색하면서 교만하지 않은 사람은 없었다.④

남에게 강퍅하게 대할 수 없게 되기 때문에 이와 같이 인색한 것이다. 우독 자기만 있고 남들은 없어야 자기가 우쭐댈 수 있고, 남을 속일 수 있기 때문이다. … 남에게 교만을 떨려고 하기 때문에 인색한 것이다.[124]

② 『어류』: “교만의 기운은 충만이고 인색의 기운은 결핍이라고 했는데, 기의 충만·결핍이란 무엇입니까?” “교만과 인색은 똑같은 병이다. 종이 한 장 차이이다. 교만은 표출된(방출된) 인색이고, 인색은 표출되지 않은 교만이다.” “어떻게 해야 그 병을 없앨 수 있습니까?” “무슨 방법이 따로 있겠는가? 사량좌가 ‘고요한 밤 깊은 생각에 잠겨, 갇힌 울타리를 부수면 곧 큰 사람이 된다’고 했는데(因舉顯道克己詩：試於淸夜深思省, 剖破藩籬卽大家), 오직 교만하지 않고 인색하지 않으면 울타리가 부수어진다. 어떤 것이 그릇되었음을 깨달으면 근원처부터 바르게 된다. 내가 하려고 하지 않으면 나는 하지 않고, 너가 앉으려고 하면 나는 앉는 것이다. 그 어느 것도 나로부터 말미암지 않는 일이 없다. 다시 무슨 방법을 구하랴?”[129] “‘교만과 인색이 서로 다르나, 그 형세는 늘 서로 원인이 된다’ 함은 무슨 뜻입니까?” “공자의 뜻이 꼭 이와 같지 않을 수도 있다. 내가 근래에 그런 부류의 사람을 본 적이 있어서 이런 주를 달았다. 그 해석은 뭔가 목적이 있었던 셈이다.”[130]

③ 『어류』: 이러하므로 인색이 주가 된다. 인색함이 나에게 있으면 나는 있고 너는 없다고 말하게 되니, 곧 남에 대한 교만이 된다.[132]

④ 『금독』: 『한시외전』을 보면, 교만하지 않음은 주공의 큰 미덕이었다. 공자가 격허한 양보를 거듭 강조한 것은, 주공의 그런 미덕을 계승하여 ‘예’의 내용으로 삼기 위해서였다. “권력은 부패하고, 절대권력은 절대로 부패한다.” 근세의 명언이다. 주공이 절대권력을 가졌음에도 부패하지 않은 까닭은 겸손의 미덕에 있었다. 이 덕은 바라기 어려워 후세의 군왕은 절대로 해내지 못했고, 2천년 동안 공자의 찬탄만 공허하게 남아 있을 뿐이다. 우덕자가 꼭 지우를 얻는 것도 아니었고, 유덕자가 지위를 얻었더라도 그 덕을 잃지 않는다는 보장도 없다.

8-12 子曰："三年學，不至於穀，不易得也."

(易，去聲.) ○穀，祿也. 至，疑當作志. 爲學之久，而不求祿，如此之人，不易得也.

○楊氏曰："雖子張之賢，猶以干祿爲問，況其下者乎? 然則三年學而不至於穀，宜不易得也."

8-13 子曰："篤[1]信好學，守死善[2]道. 危邦不入，亂邦不居. 天下有道則見，無道則隱. 邦有道，貧且賤焉，恥也；邦無道，富且貴焉，恥也."

(好，去聲.) ○篤，厚而力也. 不篤信，則不能好學；然篤信而不好學，則所信或非其正. 不守死，則不能以善其道；然守死而不足以善其道，則亦徒[3]死而已. 蓋守死者篤信之效，善道者好學之功.

---

1) 篤(독) : 도탑다, 굳다, 흔들리지 않다. 인정 많음, 신실함, 전일하다, 괴로워함, 고생.

2) 善(선) : 높다, 후하다, 교묘히, 훌륭하다, 친하다, 좋아하다, 옳게 여기다, 아끼다, 중시하다. ○『어류』: 善，如"善吾生，善吾死"之"善"，不壞了道也.[138]

3) 徒(도) : 무리, 걷다, 제자, 종, 맨손, 헛되이, 다만, 단지, 홀로, 외톨이, 겉.

① 『어류』: "부지어곡不至於穀은 지至를 급及 자로 해석하여, 녹봉에 미칠(마음 쓸) 여가가 없었다고 풀이하면 지志 자로 고치지 않아도 되지 않을까요?" "나 또한 지志 자가 되어야 한다고 했는데, 반드시 그렇다고 감히 단정하는 것은 아니다. 정자도 말했지만, 해석이 통하지 않으면 차라리 아무 해석을 하지 않는 편이 낫다. 해석을 했는데 좋지 않은 경우, 마치 흰 것을 검다고 해석하는 일과 똑같다."[134]

② 『어류』: "'삼 년을 배우고도 녹봉에 뜻을 두지 않음'은 성과(보상)를 바라지 않고 학문을 하는 것(無所爲而爲學) 아닙니까?" "그렇다."[135]

③ 『혹문』: 사람은 독실하게 도를 믿어야 하고, 학문을 사랑하여 선에 밝아진 다음 죽음으로 지켜 그 도를 찬미한다. 선도善道의 '선'은 '공욕선기사工欲善其事(장인이 그 일을 잘하려면)'(15-10)의 '선'과 같다. 수사선도守死善道는 차라리 죽을지언정 악을 행하여 그 도를 해치지 않는다는 말이다. 저 두 구절은 서로 보완적이다. 독실하게 믿지 못하면 학문을 사랑하지 못하고, 죽음으로 지키지 못하면 도를 찬미할 길이 없다. 그러나 그저 독실하게만 믿고 학문을 사랑하지 않거나, 그저 죽음으로 지키기만 하고 도를 찬미하지 않는 일 역시 군자는 선택하지 않는다. 죽음으로 지킬 수 있음은 독실하게 믿은 결과요, 도를 찬미할 수 있음은 학문을 사랑한 저력이다. 비록 독실하게 믿더라도 죽을 때까지 변절하지 않는 게 아니라면

8-12 공자가 말하였다. "삼 년을 배우고도 녹봉에 뜻을 두지 않는 사람은 찾기 어렵다."

곡穀은 녹봉이다. 지至는 아마 지志 자가 되어야 할 것 같다.① 오랫동안 학문을 하고도 녹봉을 구하지 않는② 그런 사람은 쉽게 얻을 수 없다.

• 자장처럼 현명한 이도 녹을 구하는 방법을 질문했거늘(2-18) 하물며 그보다 못한 사람이랴? 그러므로 삼 년을 배우고도 녹봉에 뜻을 두지 않기는 정말로 쉬운 일이 아니다. – 양시

8-13 공자가 말하였다. "독실한 믿음으로 학문을 사랑하고, 죽음으로 지켜 도를 찬미하라.③ 위태로운 나라에 들어가지 말고, 혼란한 나라에 살지 말라. 천하에 도가 있으면 나아가고, 도가 없으면 은둔한다. 나라에 도가 있는데 가난하고 천하면 수치요, 나라에 도가 없는데 부유하고 귀하면 수치이다."

독篤은 돈독하게 노력함이다. 독실하게 믿지 않으면, 학문을 사랑할 수 없다. 그러나 독실하게 믿고도 학문을 사랑하지 않으면, 믿음이 바르지 않을 수 있다. 죽음으로 지키지 않으면, 그 도를 찬미할 수 없다. 그러나 죽음으로써 지켰더라도 그 도가 찬미되지 않으면, 또한 헛된 죽음일 따름이다. 죽음으로 지킴은 독실한 믿음의 증거요, 도를 찬미함은 학문을 사랑한 성과이다.

그 믿음 역시 독실하지 못한 것이고, 비록 학문을 사랑하더라도 그 힘을 바탕으로 도를 찬미하지 못하면 그 학문 역시 쓸모가 없다. 이처럼 이 네 가지가 상호 작용하니, 그 가운데 하나라도 빠지면 안 된다. ○『어류』: 독실하게 믿더라도 학문을 사랑하지 않는다면 시비를 변별하지 못하니, 그 해악이 결코 적지 않다. 학문을 사랑한다면 죽음으로 지켜 그 도를 찬미할 수 있어야 한다.[18, 권46] 독실하게 믿기 때문에 학문을 사랑할 수 있고, 죽음으로 지키기 때문에 도를 찬미할 수 있다. 오직 도를 찬미하므로 죽음으로 지킬 수 있고, 오직 학문을 사랑하므로 독실하게 믿을 수 있다.[137] 죽음으로 지킴은 독실하게 믿는 데서 생기고, 도를 찬미함은 학문을 사랑한 데서 비롯된다. 그저 독실하게 믿기만 하고 학문을 사랑하지 않으면 믿는 것 역시 믿을 만한 것이 아닐 수 있고, 그저 죽음으로 지키기만 하고 나아가 그 도가 찬미되지 못하면 죽더라도 아무 쓸모가 없다.[138] 독실하게 믿으려면 학문을 사랑해야 하고, 학문을 사랑하려면 독실하게 믿어야 한다. 도를 찬미하려면 죽음으로 지켜야 한다. 그런데 만약 죽음으로 지키지 못하고 이해관계로 변절한다면 도 역시 찬미되지 못한다. 죽음으로 지킴에

(見, 賢遍反.) ○君子見危授命, 則仕危邦者無可去之義, 在外則不入可也.[1] 亂邦未危, 而刑政紀綱紊[2]矣, 故潔其身而去之. 天下, 擧一世而言. 無道, 則隱其身而不見也. 此惟篤信好學·守死善道者能之.

世治而無可行之道, 世亂而無能守之節, 碌碌[3]庸人, 不足以爲士矣, 可恥之甚也.

○晁氏曰: "有學有守, 而去就之義潔, 出處之分明, 然後爲君子之全德也."

8-14 子曰: "不在其位, 不謀其政."

程子曰: "不在其位, 則不任[4]其事也. 若君大夫問而告者, 則有矣."

8-15 子曰: "師摯[5]之始, 「關雎」之亂,[6] 洋洋乎! 盈耳哉."

(摯, 音至. 雎, 七余反.) ○師摯, 魯樂師, 名摯也. 亂, 樂之卒章也. 『史記』曰: "「關雎」之亂以爲「風」始." 洋洋, 美盛意. 孔子自衛反魯而正樂, 適師摯在官之初, 故樂之美盛如此.

모름지기 도를 찬미해야 한다. 도를 찬미하지 못하면, 죽음으로 지킬 줄 알아도 무익하다. 따라서 사람은 학문이 있음을 중히 여긴다. 독실하게 믿어야 죽음으로 지킬 수 있고, 학문을 사랑해야 도를 찬미할 수 있다.[139]

1) 楊曰: "君子見危授命, 則仕危邦無可去之義, 不入可也. 所謂量而後入者蓋如是."
2) 紀(기): 벼리, 실마리, 규칙, 근본. 綱(강): 벼리, 통괄하다. 紊(문): 어지럽다.
3) 碌碌(녹록): 평범한 모양, 줏대 없이 남을 붙좇는 모양, 수레 구르는 소리.
4) 任(임): 맡기다, 책무, 마음대로, 능하다, 공을 세우다, 당하다, 견디다, 협기, 재능.
5) 摯(지): 잡다, 쥐다, 오다, 이르다, (정의가) 도탑다, 권하다, 진언, 거칠다, 때리다, 폐백.
6) 關雎(관저): 물수리, 징경이, 보금자리에 방을 두 개 내어 암수가 별거한다는 새. 亂(란): 음악의 종장, 풍류의 끝 가락. ※亂辭(난사): 노래 끝에 전편의 취지를 요약 설명한 말.

① 『어류』: 하위 관료라면 떠날 수 있을지도 모른다. 그러나 책임을 맡은 자라면 떠나서는 안

군자는 위태로움을 보면 목숨을 바치는지라(14-12) 위태로운 나라에서 벼슬하고 있는 사람은 떠날 수 있는 명분이 없지만,① 나라 바깥에 있을 경우 들어가지 않아도 된다. 혼란한 나라는 아직 위태로워지지는 않았지만 정치제도와 기강이 문란해진 상태이기 때문에, 선비는 깨끗한 처신을 위해 떠나는 것이다. '천하'라는 표현은 온 세상을 지칭한 말이다. 도가 없으면, 자신의 몸을 숨기고 나타나지 않는다. 이것은 오직 독실한 믿음으로 학문을 사랑하고 죽음으로 절개를 지켜 도를 찬미하는 사람이라야 가능하다.

태평성세에 행할만한 도가 없고, 난세에 지킬만한 절개가 없다면, 변변찮은 평범한 사람이니, 선비가 되기에 부족하다. 매우 부끄러운 일이다.

• 학문과 지조를 갖추고, 거취의 도리가 깨끗하고, 출처의 명분이 분명한 다음에 군자의 덕이 온전해진다. – 조설지

8-14 공자가 말했다. "그 직위에 있지 않으면, 그 정사를 도모하지 않는다."②

• 그 직위에 있지 않으면, 그 정사를 감당하지 않는다. 그러나 임금이나 대부가 자문할 때 일러주는 경우는 있다. – 이천

8-15 공자가 말하였다. "악사인 지가 초창기에 연주한 「관저」의 끝 곡이 아름답도다! 아직도 귀에 쟁쟁하다."

사지師摯는 노나라의 악사로, 이름이 '지'이다. 난亂은 악곡의 끝 장이다. 『사기』에 따르면 "「관저」의 끝 장을 「국풍」의 시작으로 삼았다." 양양洋洋은 아름답고 성대하다는 뜻이다. 공자는 위나라에서 노나라로 돌아와 음악을 바로잡았다.(9-15) 마침 사지가 임관한 초기였으므로 음악이 이처럼 아름답고 성대했다.

된다.[141]

② 『정의』 : 범조우가 말하였다. "천자가 삼공三公의 직무를 다스리면(간섭하면) 안 되고, 삼공이 경대부의 일을 행하면 안 되고, 경대부가 사士의 관직을 침범하면 안 된다. 문지기와 야경꾼에 이르기까지 자기 일에만 충실하는 것이 천하의 이치에 옳다." ○『혹문』 : 공자의 말씀은 위아

8-16 子曰："狂而不直, 侗而不愿,[1] 悾悾[2]而不信, 吾不知之矣."

(侗, 音通. 悾, 音空.) ○侗, 無知貌. 愿, 謹厚也. 悾悾, 無能貌. 吾不知之者, 甚絶之之辭, 亦不屑之敎誨也.[3]

○蘇氏曰："天之生物, 氣質不齊.[4] 其中材以下, 有是德則有是病, 有是病必有是德, 故馬之蹄齧[5]者必善走, 其不善者必馴.[6] 有是病而無是德, 則天下之棄才也."

8-17 子曰："學如不及, 猶恐失之."

言人之爲學, 旣如有所不及矣, 而其心猶竦然,[7] 惟恐其或失之, 警[8]學者當如是也.

○程子曰："學如不及, 猶恐失之, 不得放過. 才說姑[9]待明日, 便不可也."

래의 구별이 없이, 다만 해당 지위에 있지 않으면 해당 정책을 도모하지(시비하지) 않아야 한다는 뜻이다. 범조우는 임금의 입장으로부터 윗사람이 아랫사람의 일을 간섭하면 안 된다고 해석했는데, 그 의미가 부족하다. 더욱 중요한 것은 아래에서 위로 적용하여, 가령 사士가 대부의 직무를 침범하면 안 되고, 천자라고 하더라도 천도天道를 넘어서면 안 된다고 여겨야, 의미가 완전하다. 여기에 그치지 않는다. 좌우, 전후, 피차간에도 각자가 지니는 분수를 넘지 않아야 한다고 해석하면 아주 완벽하여, 성인의 뜻에 딱 부합한다.

1) 侗(통) : 크다, 어리석다, 괴롭다, (동) : 정성, 거짓 없음. 愿(원) : 삼감, 공손, 정중, 성실.
2) 悾(공) : 정성, 진심, 참 마음, 정성을 다하는 모양, 뜻을 얻지 못함, 헛수고.
3) 屑(설) : 가루, 부수다, 깨끗하다, 힘쓰다, 마음 쓰다, 마음에 두다, 업신여기다. ○『맹자』 : 敎亦多術矣, 予不屑之敎誨也者, 是亦敎誨之而已矣.[12 : 16]
4) 齊(제) : 같다, 가지런하다, 질서정연, 도달하다, 다다르다, (마음이)맞다, 일치하다, 정돈.
5) 蹄(제) : 차다, 밟다, 발굽. 齧(설) : 깨물다, 물어뜯다, 갉아먹다, 이를 갈다.
6) 馴(순) : 길들다, 길들이다, 따르다, 가르치다, 좇다, 순치馴致하다, 옳다, 바르다.
7) 竦(송) : 삼가다, 자숙하다, 놀라다, 두려움, 주눅 들다, 웅크리다, 발돋움하다, 권하다.
8) 警(경) : 경계하다, 주의, 경고, 방비, 조심, 변고, 난리, 두려워서 불안해하다.
9) 姑(고) : 잠시, 잠깐, 시어미, 고모, 여자.

① 『어류』 : "광이부직狂而不直의 광은 광자진취狂者進取(13-21)의 광에 해당되지 않을 듯합니

8-16 공자가 말하였다. "큰소리치면서[①] 곧지 못하고, 순박하면서 착실하지 않으며, 무능하면서 신의가 없는 사람은, 나도 모르겠다."

통侗은 무지한 모습, 원愿은 삼가고 착실함, 공공悾悾은 무능한 모습이다. '나도 모르겠다' 함은 심히 거절하는 말이니, 또한 탐탁해 하지 않는 가르침이다.

• 하늘이 낳은 만물은, 기질이 같지 않다. 중간 자질 이하는 그런 덕이 있으면 그런 병폐가 있고, 그런 병폐가 있으면 그런 덕이 있다. 따라서 뒷발질하면서 잘 무는 말은 반드시 잘 달리고, 잘 달리지 못하는 말은 순종적이다. 그런데 병폐만 있고 그와 관련된 덕이 없으면, 천하의 폐물이다.[②] – 소식

8-17 공자가 말하였다. "학문은 바른 인식에 이르지 못한 듯이 하고, 오직 배운 것을 잊어버리지 않을까 염려하라."[③]

사람이 학문을 하면서 이르지(미치지) 못하는 바가 있는 듯이 여기는 한, 그 마음이 오히려 바짝 긴장하여, 오로지 혹시라도 잊어버리지나 않을까 염려한다. 학생은 이와 같아야 한다고 경계한 말이다.

• 학문은 늘 바른 인식에 이르지 못한 것처럼 하고, 오직 배운 것을 잃어버리지 않을까 염려해야지 내버려두면 안 된다. 잠시 내일로 미루자고 말하면 옳지 않다. – 이천

다. 경솔하다는 뜻으로 풀이하고 싶은데, 어떻습니까?" "이 '광' 자는 물론 비하하는 의미가 있지만, 역시 '진취'의 의미가 있다. 대담하게 큰소리치지만 결국 수습하지 못함이 그것이다.[149]

② 『어류』: 광狂은 높고 큰 것을 좋아하여 곧 성현聖賢이 되려고 하니, 마땅히 곧아야 한다. 동侗은 우매한 모습(愚模樣)이고 한 가지 일도 잘하지 못하니, 마땅히 삼가고 착실해야(謹愿) 한다. 공공悾悾은 졸렬한 모습(拙模樣)이고 무능한 사람이니, 마땅히 신의가 있어야 한다. 어떤 덕이 있으면 관련 병폐가 있고, 어떤 병폐가 있으면 그와 관련된 덕이 있기 마련이다. 그런데 그 병폐만 있고 그 덕이 없다면, 천하에 쓸모없는 사람이다.[148]

③ 『어류』: '학문은 바른 인식에 이르지 못한 듯이 하고, 오직 배운 것을 잊어버리지 않을까 염려해야' 하거늘, 지금의 학자는 더없이 방만하다. 도둑을 잡는 일에 비유해 보자. 모름지기 기력과 정신을 집중하여 온갖 방책을 세워 쫓아가 잡아야 한다. 그렇게 하더라도 오히려 잡지 못할 수가 있다. 요즘은 도리어 평안히 앉아 도적을 찬찬히 살펴보기만 하고 아무도 상관하지도 않으니, 대체 도적을 어떻게 하겠는가? 가끔 일어나 두세 걸음 걷다가 나른해지면

8-18 子曰："巍巍乎! 舜禹之有天下也, 而不與[1)]焉."

(與, 去聲.) ○巍巍,[2)] 高大之貌. 不與, 猶言不相關,[3)] 言其不以位爲樂也.

8-19 子曰："大哉堯之爲君也! 巍巍乎! 唯天爲大, 唯堯則之. 蕩蕩[4)]乎! 民無能名焉. 巍巍乎! 其有成功也；煥[5)]乎, 其有文章!"

唯, 猶獨也. 則, 猶準[6)]也. 蕩蕩, 廣遠之稱也. 言物之高大, 莫有過於天者, 而獨堯之德能與之準. 故其德之廣遠, 亦如天之不可以言語形容也.

成功, 事業也.[7)] 煥, 光明之貌. 文章,[8)] 禮樂法度也. 堯之德不可名, 其可見者此爾.

○尹氏曰："天道之大, 無爲而成. 唯堯則之以治天下, 故民無得而名焉. 所可名者, 其功業文章巍然煥然而已."

다시 주저앉는다. 이렇게 하여 무슨 일을 성취할 수 있겠는가?[151]

1) 與(여) : 베풀다, 대처하다, 편들다, 허락, 참여, 어우르다, 상대, 돕다, 기다리다(17-1).

2) 巍巍(외외) : 산이 높고 큰 모양, 홀로 우뚝 선 모양. 巍 : 높다, 높고 큰 모양.

3) 關(관) : 참여하다, 관여, 관계, 안으로 들어가다, 거치다, 겪다, 말미암다, 잠그다, 빗장.

4) 蕩(탕) : 쓸어버리다, 감동시키다, 방탕, 크다, 넓다, 평탄·평이하다(7-39), 간단하다.

5) 煥(환) : 불꽃, 불빛, 환하다, 밝다, 선명하다.

6) 準(준) : 수준기, 평평하다, 법, 본받다, 바루다, 허락하다, 같다, 고르다, 헤아리다.

7) 明道曰 : "文章成功, 有形象可見, 只是極致事業. 然所以成此事功者, 卽是聖人也."

8) 文章(문장) : 뒤섞인 무늬, 예악제도, 수레·복장·깃발의 등급, 문자, 문학작품, 재능.

① 유보남 : '간여하지 않았음'은 『맹자』[5:4]의 내용으로 보건대, 요·순은 오로지 인재를 얻는 데에만, 즉 현명하고 유능한 인재를 얻어 그에게 일을 맡기는 데에만 마음을 썼다는 뜻이다.

② 『어류』 : 순임금과 우임금은 천하를 상관하지 않았으니, 마치 저 천하를 소유한 적이 없는 듯이 털끝만한 것으로도 자기를 받들려 하지 않았다. 그런데 요즘 사람은 부귀해지면 곧 그에 얽매여 흐트러지고 만다. 이것이 '사물의 노예가 됨(爲物所役)'이니, 자기 스스로 비굴해진다. 순임금과 우임금은 줄곧 고상하였다. 만물 가운데 특출하여 높이 만물의 사표를 보였으

8-18 공자가 말하였다. "거룩하도다! 순임금과 우임금은 천하를 차지하고도 간여하지 않으셨으니!"①

외외巍巍은 높고 큰 모습이다. 불여不與는 상관하지 않는다는 말과 같다. 임금 지위를 낙으로 삼지 않았다는 말이다.②

8-19 공자가 말하였다. "위대하도다, 요의 임금다움이여! 거룩하도다, 오직 하늘만이 위대하거늘, 오직 요임금만이 견줄 수 있다!③ 까마득하도다, 백성은 말로 다 표현할 수 없었다! 거룩하도다, 그가 이룬 성공이여! 찬란하다, 그가 이룬 문물법도여!"

유唯는 홀로와 같다. 칙則은 본받음(準)과 같다. 탕탕蕩蕩은 넓고 멀다는 표현이다. 만물 가운데 높고 위대한 것으로 하늘을 능가할 것이 없는데, 오직 요임금의 덕만이 그에 견줄 수 있다는 말이다. 따라서 그의 덕이 넓고 원대함이 마치 하늘을 언어로써 형용할 수 없는 것과도 같다.

성공成功은 일의 업적, 환煥은 광명한 모습, 문장文章은 예악과 법도이다. 요임금의 덕은 형용할 수 없으니, 눈으로 볼 수 있는 것이 그것뿐이다.

• 천도는 위대하니, 무위無爲함으로써 완성한다. 오직 요임금만이 그것을 본받아 천하를 다스렸기 때문에, 백성은 그를 형용할 길이 없었다. 형용할 수 있는 바는 그의 업적과 문장의 웅대함과 찬란함뿐이었다. – 윤돈

니, 공자가 '거룩하다(巍巍)'고 찬양하였다.[152] '외외巍巍'는 지극히 높은 모습이다. 대체로 모든 사람은 사소한 물건을 소유해도 마음에 누가 됨을 느끼는데, 이제 천하를 차지할 만큼 부유하면서도 한결같이 전혀 가진 적이 없는 듯이 했으니, 어찌 높지 않은가![153]

③ 『어류』: 이 표현은 요임금을 높이는 말일 뿐이다. 꼭 요임금만 이럴 수 있고 다른 성인은 그렇지 못하다는 말로 해석할 필요는 없다.[157] "오역은 『서해書解』에서, '환도·공공의 무리는 요임금 조정에 벼슬하였다. 요임금은 그들을 용인했지만 순임금은 용인하지 않았다. 요임금의 위대한 점을 볼 수 있다. 순임금은 결국 요임금처럼 위대하지는 못했다'고 하였습니다." "그 책에도 좋은 부분이 있다. 순임금이 비천한 데서 일어나 제위에 올랐기 때문에, 저 서너 명은 끝내 불복종할 뜻을 가졌고, 순임금은 그들을 처치할 수밖에 없었다. 그래서 '네 명을 죄주자 천하가 모두 복종했다'고 하였다."[159]

8-20 舜有臣五人而天下治. 武王曰："予有亂臣十人." 孔子曰："才難, 不其然乎? 唐虞之際,[1] 於斯爲盛. 有婦人焉, 九人而已. 三分天下有其二, 以服事殷. 周之德, 其可謂至德也已矣."

(治, 去聲.) ○五人, 禹·稷·契·皐陶·伯益.

『書』「泰誓」之辭. ○馬氏曰："亂, 治也. 十人, 謂周公旦·召公奭·太公望·畢公·榮公·太顚·閎夭·散宜生·南宮适, 其一人謂文母." 劉侍讀以爲子無臣母之義, 蓋邑姜也. 九人治外, 邑姜治內. 或曰："亂本作𠃏, 古治字也."

稱孔子者, 上係[2]武王君臣之際, 記者謹之. 才難, 蓋古語, 而孔子然之也. 才者, 德之用也. 唐虞, 堯舜有天下之號. 際, 交會之間. 言周室人才之多, 惟唐虞之際, 乃盛於此. 降自夏·商, 皆不能及, 然猶但有此數人爾, 是才之難得也.

『春秋傳』曰：文王率商之畔國以事紂. 蓋天下歸文王者六州, 荊·梁·雍·豫·徐·揚也. 惟靑·兗·冀, 尙屬紂耳.

---

1) 唐虞(당우)：도당陶唐과 유우有虞로서, '당'은 요임금의 호, '우'는 순임금의 호. 際(제)：사이, 교차점, 때, 가, 경계, 교제.

2) 係(계)：걸리다, 관계되다, 잇다, 묶다.

① 『어류』："문왕이 '천하의 삼분의 이를 소유하고도 복종하여 은나라를 섬겼다'고 하지만, 문왕이 13~4년을 더 재위에 계셨더라도, 끝까지 은나라를 섬겼을까요? 아니면 무왕처럼 정벌의 거사를 감행했을까요?" "문왕도 가만히 앉아서 아무 일도 하지 않을 사람은 결코 아니었던 것 같다. 『시』를 보면 '문왕이 천명天命을 받아 무공을 세워, 숭을 정벌하고 풍에 도읍했으니, 문왕은 천하의 임금이로다!' 하였으니, 문왕도 무공을 성취했던 것이다. 『시』에는 무왕의 무공은 오히려 적게 언급되고 있다. 문왕의 기세가 한 때 그처럼 대단했음을 볼 때, 끝까지 주저앉아 있었을 것 같지는 않다. 과일에 비유하면 문왕은 완전히 노랗게 익어서 저절로 떨어지기를 기다린 사람이라면, 무왕은 생것을 쳐서 깨뜨린 사람이었다고 하겠다."[162] "문왕 시대에 천하의 삼분의 이가 그의 교화에 복종했습니다. 만약 문왕이 죽지 않고 몇 년만 더 살았으면 온 천하가 복종했을 것이니, 무왕이 정벌하기를 기다리지 않아도 되었을 것 같은데요?" "자기의 마음으로 어찌 성인의 마음을 재단하는가? 맹자가 말하기를 '연나라를 취하는

8-20 순임금은 다섯 신하가 있어서 천하가 태평하였다. 무왕은 "나에게는 유능한 신하 열이 있다"고 하였다.
공자가 말하였다. "인재를 얻기 어렵다고 했거늘, 그렇지 않은가? 요순시대만이 무왕시대보다 인재가 흥성했다. 그 중에 부인도 들어 있으니, 아홉뿐인 셈이다. 천하의 삼분의 이를 소유하고도 복종하여 은나라를 섬겼으니,① 주나라(문왕)의 덕은 지극한 덕이라고 하겠다."

다섯 명은 우禹, 직稷, 설契, 고요皐陶, 백익伯益이다.

『서경』「태서」편의 말이다.

• 난亂은 다스림(治)이다. 열 명은 주공단, 소공석, 태공망, 필공, 영공, 태전, 굉요, 산의생, 남궁괄과 나머지 한 사람 문모(문왕의 비)를 말한다. - 마융

유시독에 따르면 "자식이 어머니를 신하로 삼는 법은 없으니, (부인은 문모가 아니라) '읍강(무왕의 비)'이다. 아홉 사람이 바깥일을, 읍강이 집안일을 다스렸다."

• 난亂은 본래 치乿로 되어 있는데, 옛날의 치治 자이다. - 혹자

'공자'라고 칭한 것은, 위로 무왕과 군신 관계로 연결되기 때문에 기록자가 삼간 것이다. '인재를 얻기가 어렵다' 함은, 옛날의 관용어로 공자가 동의한 말이다. 인재(재능)는 덕의 작용이다. 당唐·우虞는 각각 요·순이 천하를 소유했을 때의 국호이다. 제際는 서로 만나는 사이이다. 주나라 왕실은 인재가 많았는데, 오직 요순시대만이 그보다 풍성하였다. 하나라와 은나라 이후는 모두 그에 미치지 못하였다. 아무튼 그처럼 몇 명만 있었으니, 인재는 얻기 어렵다.

『춘추전』에 "문왕이 은나라를 등진 나라들을 이끌고 은나라 주왕을 섬겼다"고 하였다. 천하에서 문왕에 귀의한 것은 형주, 량주, 옹주, 예주, 서주, 양주 6주였고, 오직 청주, 연주, 기주만이 여전히 주왕에 속해 있었기 때문이다.

문제에서 연나라 백성이 기뻐하지 않으면 취하지 말라. 옛날에 그렇게 행한 분이 있었으니 바로 문왕이 그분이다' 하였다. 성인께서 이미 하신 말도 잘 이해하지 못하는 판에, 성인께서 아직 이룩하지 못한 일을 어떻게 헤아릴 수 있겠는가? 주紂왕처럼 악이 극에 달한 상태에 처하여, 문왕이 아직 죽지 않고 생존해 있었다면, 그를 쳐 없애고 백성을 구하지 않을 수 있었겠는가?"[163]

范氏曰："文王之德, 足以代商. 天與之, 人歸之, 乃不取而服事焉, 所以爲至德也. 孔子因武王之言而及文王之德, 且與泰伯, 皆以至德稱之, 其指微[1]矣."
或曰："宜斷三分以下, 別以孔子曰起之, 而自爲一章."

8-21 子曰："禹, 吾無間[2]然矣. 菲[3]飮食, 而致孝乎鬼神；惡衣服, 而致美乎黻冕[4]；卑宮室, 而盡力乎溝洫.[5] 禹, 吾無間然矣."

(間, 去聲. 菲, 音匪. 黻, 音弗. 洫, 呼域反.) ○間, 罅隙[6]也, 謂指其罅隙而非議之也. 菲, 薄也. 致孝鬼神, 謂享祀豐潔. 衣服, 常服. 黻, 蔽膝也, 以韋[7]爲之. 冕, 冠也, 皆祭服也. 溝洫, 田間水道, 以正疆界·備旱潦[8]者也. 或豐或儉, 各適其宜, 所以無罅隙之可議也, 故再言以深美之.
○楊氏曰："薄於自奉, 而所勤者民之事, 所致飾者宗廟朝廷之禮, 所謂有天下而不與也, 夫何間然之有?"

---

1) 微(미)：작다, 쇠미하다, 미약, 천하다, 정묘·미묘하다(微言大義), 몰래, 은밀히, 없다.
2) 間(간)：분별하다, 빈틈, 불화, 멀어지다, 바뀌다, 비방하다, 헐뜯다(11-5), 엿보다, 몰래, 관여하다, 섞다, 부당한, 막다, 잠깐, 병이 조금 낫다(9-12). (한)：한가함, 겨를.
3) 菲(비)：엷다, 보잘것없다, 푸성귀 이름(순무 따위), 쇠퇴하다, 한물가다, 짚신, 홑옷.
4) 黻(불)：폐슬蔽膝, 예복을 입을 때 가슴에 늘여 무릎을 가리던 가죽으로 만든 것. 冕(면)：면류관(대부 이상의 신분이 조회나 제례 때 쓰는 앞뒤로 주옥이 달린 관).
5) 溝洫(구혁)：논밭 사이의 도랑. 溝：해자, 시내, 도랑 파다. 洫：봇도랑, 해자, 시내.
6) 罅(하)：틈, 빈 틈, 갈라 터지다. 隙(극)：틈, 구멍, 겨를, 흠, 결점, 갈라짐, 기회, 싸움.
7) 韋(위)：다룸가죽, 무두질한 가죽, 부드러운 것, 어기다, 위배하다(≒違), 주위, 둘레.
8) 旱潦(한료)：가뭄과 장마. 旱：가뭄, 뭍, 육지. 潦：큰비, 장마, 길에 괸 물, 적시다.
① 『혹문』："우임금이 이렇게 한 것은 왜입니까?" "호굉胡宏(1105~1155, 호는 오봉五峰)이 논한 적 있다. 다만 우임금이 근검한 것은 평상의 덕이었지 오로지 (아버지로 인한) 그 일 때문만은 아니었다. 그러나 그 논의의 뜻은 깊다. 호굉이 말하였다. '우임금은 평소 천하를 위한 봉사 정신이 있었다. 그러나 그의 아버지 곤鯀이 공을 이루지 못하고 사형에 처해져서 마음에

• 문왕의 덕은 은나라를 대체하기에 충분하였다. 하늘이 허락하고 인민이 귀의했건만, (은나라를) 취하지 않고 복종하여 섬겼기 때문에 지극한 덕이다. 공자는 무왕의 말에서 시작하여 문왕의 덕을 언급하고, 또 태백도 마찬가지로 모두 다 '지극한 덕'이라고 찬양했으니, 그 뜻이 깊다. – 범조우

• 삼분三分 이하는 잘라서 '공자왈'을 붙여 따로 장을 만들어야 한다. – 혹자

8-21 공자가 말하였다. "우임금은 내가 비난할 데가 없다. 자기 음식은 박하게 하면서도 귀신에게는 효성을 다하고, 자기 의복은 허름하게 하면서도 제사 예복은 아름답게 꾸미고, 궁궐은 볼품없이 지으면서도 농수로 사업에 진력했으니,① 우임금은 내가 비난할 데가 없다."

간間은 갈라진 틈이니, 그 갈라진 틈을 지적하며 비판함을 일컫는다. 비菲는 박함이다. '귀신에 효성을 다한다' 함은, 제사를 풍성하고 정결하게 올림을 일컫는다. '의복衣服'은 평상복이다. 불黻은 무릎 가리개인데, 가죽으로 만든다. 면冕은 관이다. 모두 제복祭服이다. 구혁溝洫은 논밭 사이의 수로로서, 경계를 바로잡고 가뭄과 장마에 대비하는 것이다. 어떤 것은 풍부하게 하고 어떤 것은 검소하게 하여 언제나 합당하게 했기 때문에, 비판할 틈이 없었다. 그래서 거듭 말하며 깊이 찬미하였다.

• 자신의 봉양은 박하게 하고, 힘쓴 것은 백성의 일이고, 장식을 다한 것은 종묘 조정의 의례였다. 이른바 천하를 소유하고도 간여하지 않음(8-18)이니, 무슨 비난할 것이 있겠는가? – 양시

늘 애통해 했던지라, 천하의 봉양을 차마 누릴 수가 없었다. 제사를 풍성히 하고 제사 예복을 화려하게 한 것은 그 선친을 봉양하려 함이요, 농수로 사업에 진력함은 선친의 유업을 완수하려 함이었다. 옛 성인이 그 부모를 친애함에는 이와 같이 깊고도 오랜 은혜의 생각이 있었다. 끝까지 천하를 버리지 않은 것은, 자기 집안의 사사로움 때문에 감히 천하 공공의 일을 해칠 수 없었기 때문이었다.'" ○『어류』: "호굉은 '우임금은 아버지 곤이 형벌로 죽임을 당하여 차마 천하의 봉양을 누리지 못하였다'고 했는데, 이 설은 어떻습니까?" "성인은 본디 자기 봉양은 박하게 하고 종묘 조정의 일은 중시한다. 따라서 그와 같은 설명은 비교적 좀스럽다. 나중에 그가 지은 『지언知言』에서는 그렇게 논하지 않았다."[167]

제9편 자한

子罕第九

(凡三十章.)

9-1 子罕言利與命與仁.

罕, 少也.
程子曰 : "計利則害義, 命之理微, 仁之道大, 皆夫子所罕言也."

9-2 達巷黨人曰 : "大哉孔子! 博學而無所成名." 子聞之, 謂門弟子曰 : "吾何執? 執御乎? 執射乎? 吾執御矣."

達巷, 黨名. 其人姓名不傳. 博學無所成名, 蓋美其學之博而惜其不成一藝之名也.[1)]

執, 專執也. 射·御皆一藝, 而御爲人僕,[2)] 所執尤卑. 言欲使我何所執以成名乎? 然則吾將執御矣. 聞人譽己, 承之以謙也.
○尹氏曰 : "聖人道全而德備, 不可以偏長目之也. 達巷黨人見孔子之大, 意其所學者博, 而惜[3)]其不以一善得名於世, 蓋慕[4)]聖人而不知者也. 故孔子曰, 欲使我何所執而得爲名乎? 然則吾將執御矣."

---

1) 鄭曰 : "達巷者, 黨名也. 五百家爲黨, 此黨之人, 美孔子博學道藝, 不成一名而已."
2) 僕(복) : 종, 마부, 저(자기의 겸칭), 무리, 벗, 따라붙다, 관리·주관하다, 숨기다, 번거롭다.
3) 惜(석) : 아까워하다, 가엾다, 소중히 여기다, 중시하다, 유감스럽게 여기다, 애석하다.
4) 慕(모) : 그리워하다, 뒤따르다, 바라다, 높이다, 받들어 본받다, 탐하다.
① 『혹문』 : 이익(利)은 의리와 화합해야 한다. 의리에 부합하면 이익은 저절로 이른다. 이익만 강조하면 사람들은 의리를 잊으니, 도리어 이익을 해친다. 운명(命)은 하늘의 명령이다. 사람은 마땅히 수신하여 대비한 뒤에야 운명(천명)을 세울 수 있다. 만약 운명을 강조하면 인간사를 연마하지 않으니, 도리어 운명을 해친다. 인仁은 본성의 덕이다. 반드시 충직, 신의, 독실, 경건을 실천하고 극기복례를 실천한 뒤에 이를 수 있다. 만약 인만 우선 강조하면 학생이 공허함에 의지하여 순서를 무시하니(憑虛躐等), 도리어 인을 해친다. 세 가지는 모두 정당한 이치이므로 성인께서 말하지 않을 수 없었다. 다만 그에 대한 우려가 깊고도 원대하여 많이 언급할 수 없었기 때문에 드물게 말하였다. ○『어류』 : 이익을 드물게 말한 까닭은, 일을 할 때 다만 그 도리에 따라 추진하면 이익은 저절로 그 안에 있기 때문이다. 운명을 드물게 말한 까닭은, 길흉화복이 모두 운명인데 오직 운명만 말하면 사람들이 운명에 맡기고 인간사를 폐기할까 염려해서이다. 인을 드물게 말한 까닭은, 사람들이 그것을 쉬운 것으로 간주하여

9-1 공자는 이익과 운명과 인은 드물게 말하였다.

한罕은 적음(드묾)이다.

• 이익을 도모하면 의리를 해친다. 운명(천명)의 이치는 미묘하다. 인의 도는 크다. 그래서 모두 공자가 드물게 언급하였다.① – 이천

9-2 달항 마을 사람이 말하였다. "공자는 위대하다. 박학함에도 명성이 없도다!" 공자가 이 말을 듣고 제자들에게 말하였다. "내가 무엇을 (전문으로) 잡을까? 수레를 잡을까? 활을 잡을까? 나는 수레를 잡겠다."

달항達巷은 고을 이름이다. 그 고을 사람의 성명은 전하지 않는다. '박학함에도 명성이 없다' 함은, 공자의 해박한 학문을 찬미하고 한가지 기예로 명성을 얻지 못함을 애석히 여긴 것이다.

집執은 오로지 잡음이다. 활쏘기와 수레 몰기는 모두 한가지 기예인데, 수레 몰기는 남의 종이 되므로 잡는 일이 더욱 비천하다. '내가 무엇을 오로지 잡아 이름을 내기를 바라는가? 그렇다면 나는 장차 수레를 잡겠다'고 말했으니, 남이 자기를 칭찬하는 말투를 빌려 겸사로써 대꾸하였다.

• 성인의 도는 완전하고, 덕은 두루 미친다. 특정 장점을 들어 지목할 수 없다. 달항 마을 사람은 공자의 위대함을 보고, 그의 학식이 넓다고 여기면서도 한가지 장기로 세상에 이름을 얻지 못함을 애석히 여겼다. 성인을 흠모하지만 성인을 알지 못한 자라고 하겠다. 따라서 공자가 '내가 무엇을 오로지 잡아 이름을 내기를 바라는가? 그렇다면 나는 장차 수레를 잡겠다'고 말하였다. – 윤돈

자신에게 절실한 부분을 공부하지 않을까 염려해서이다. …다만 이익을 말하지 않았어도 말한 것이 이익 아닌 것이 없고, 운명을 말하지 않았어도 말한 것이 운명 아닌 것이 없으며, 인을 말하지 않았어도 말한 것이 인 아닌 것이 없었다.[1] 명은 다만 하나의 명이다. 리理 측면을 일컫기도 하고 기氣 측면을 일컫기도 한다. 하늘이 사람에게 부여한 명은 리이고, 사람이 장수하고 요절하고 곤궁하고 형통하게 되는 명은 기이다. 리는 오묘하여 말하기 어렵다. 또 기수氣數의 명인 경우라도 모든 일을 거기에 맡기고 인간사를 폐하는 데까지 이르면 안 되기 때문에 성인께서 드물게 언급하였다. 인의 리는 지극히 크지만 자주 말하면, 사람들로 하여금 엽등할 생각을 불러일으키게 만들 뿐만 아니라, 또한 인을 가지고 놀 마음이 생기게 만든다. 입만 열면 곧 인을 말한다면 스스로 감당할 수 없게 된다.[6]

9-3 子曰：“麻冕, 禮也；今也純, 儉. 吾從衆. 拜下, 禮也；今拜乎上, 泰[1]也. 雖違衆, 吾從下.”

麻冕, 緇布冠[2]也. 純,[3] 絲也. 儉, 謂省約.[4] 緇布冠, 以三十升布爲之,[5] 升八十縷,[6] 則其經二千四百縷矣. 細密難成, 不如用絲之省約.

臣與君行禮, 當拜於堂下. 君辭之, 乃升成拜. 泰, 驕慢也. ○程子曰：“君子處世, 事之無害於義者, 從俗可也；害於義, 則不可從也.”

9-4 子絶四：毋意, 毋必, 毋固, 毋我.

絶, 無之盡者. 毋, 『史記』作無, 是也. 意,[7] 私意也. 必,[8] 期必也. 固, 執滯[9]也. 我,[10] 私己也. 四者相爲終始, 起於意, 遂於必, 留於固, 而成於我也. 蓋意·必常在事前, 固·我常在事後, 至於我又生意, 則物欲牽引,[11] 循環不窮矣.

---

1) 泰(태) : 크다, 넉넉하다, 편안하고 자유롭다, 너그럽다, 통하다, 교만, 거만, 심히, 몹시.
2) 緇布冠(치포관) : 검은색 베로 만든, 관례 때 쓰던 관. 유생이 평상시 쓰던 관. 緇 : 검은 비단, 검은빛, 검은 옷, 승복, 승려, 검게 물들다.
3) 純(순) : 생사生絲, 비단, 순수함, 오로지, 꾸밈이 없다, 온화함, 착하다, 아름답다.
4) 省約(생략) : 거칠다, 간략하다, 요약, 줄이다. 省(성) : 덜다, 줄이다, 간략하게 하다, 적다.
5) 升(승) : 새(피륙을 세는 단위, 1새는 80올), 오르다, 바치다, 번성하다, 이루어지다, 높다. ○孔曰：“冕, 緇布冠也. 古者積麻三十升布以爲之. 純, 絲也. 絲易成, 故從儉也.”
6) 縷(루) : 실, 실처럼 가늘고 긴 것, 명주, 자세히 하다, 곡절을 밝히다, 자세히, 누더기.
7) 意(의) : 뜻, 의미, 생각하다, 마음, 추측하다, 의심하다, 정취, 사사로운 마음, 사욕.
8) 必(필) : 틀림없이, 반드시하다, 이루다, 오로지, 전일하다, 보증하다, 가벼이, 소홀히.
9) 固(고) : 굳다, 수비, 오로지, 틀림없이, 확고히, 본디, 참으로, 완고하다, 고루하다, 가두다. 執滯(집체) : 집착, 고집, 구애됨. 滯 : 막힘, 쓸모없다, 골몰하다, 머물다, 엉기다.
10) 我(아) : 나, 나의 편, 우리, 외고집, 자기 생각을 굽히지 아니하는 일, 굶주리다.
11) 牽引(견인) : 끌다, 견인. 牽 : 이끌다, 잡아끌다, 연루되다, 관련. 引 : 끌어당기다.
①『어류』: 의意는 이처럼 무엇을 하려고 함이다. 성인은 오직 이치만 살핀다. 해야 할 일이면

9-3 공자가 말하였다. "삼실 관이 예이지만, 요즘 생사 관을 쓰는 것은 검소하다. 그래서 나도 대중의 관습을 따른다. 당 아래에서 절하는 것이 예인데, 요즘 당 위에서 절하는 것은 교만하다. 그래서 비록 대중의 관습과 어긋나더라도, 나는 당 아래에서 절하겠다."

마면麻冕은 치포관, 순純은 생사, 검儉은 검약이다. 치포관은 30새의 베로 만든다. 1새는 80올이니, 치포관의 날줄은 2,400올이다. 가늘고 촘촘하여 만들기 어렵다. 생사로 검약하게 만드는 것만 못하다.

신하가 임금께 예를 행할 때는, 당 아래에서 절해야 한다. 임금이 사양하면, 비로소 당 위에 올라가 절한다. 태泰는 교만이다.

• 군자가 세상에 살면서 의리에 어긋나지 않는 일은 세속을 따라도 된다. 의리에 어긋나면 따라서는 안 된다. - 이천

9-4 공자는 네 가지를 단절하였다. "선입견이 없고, 반드시함이 없고, 고집이 없고, 아집이 없었다."

절絕은 완전히 없앰이다. 무毋는 『사기』에 무無로 되어있는데, 옳다. 의意는 사사로운 뜻(선입견),① 필必은 기필함, 고固는 집착하여 구애됨(고루함), 아我는 사사로운 자기(아집)이다. 네 가지는 서로 시작과 끝이 된다. 선입견(意)에서 발단하여 마침내 기필하고(必), 집착(固)에 머물면서 아집(我)을 형성한다. 선입견과 기필함은 늘 일이 있기 전에 존재하고, 집착(고루함)과 아집은 늘 일이 생긴 이후에 존재한다. 아집이 다시 선입견을 낳으면, 물욕에 끌려들어 순환이 끝없다.②

하고, 하지 말아야 할 일이면 하지 않을 뿐, 하려고 한다거나 하지 않으려고 하지 않는다. '내'가 용납되는 순간 사의私意가 된다.[21] 이른바 무의毋意란 자기 뜻에 맡기지 않고 다만 이치가 어떠한지를 살핀다는 것이다. 도리에 따라 마땅히 그처럼 해야 한다고 인식하면 곧 이치에 따라 할 뿐, 자기는 조금의 사심도 없기 때문에 '무의'인 것이다. 조금이라도 안배하고 배열하는 마음을 가지면, 곧 사의에 맡기는 셈이다. 원래 도리를 깨닫지 못했다면 다만 자신의 뜻에 따라 할 뿐이니, 그것이 곧 사사로운 뜻(私意)이다.[37]

② 『혹문』: 무의無意는 순전한 천리(渾然天理) 상태로 사사로운 뜻을 따르지 않음이다. 무필無必은 모든 일마다 이치에 따르고 기필하지 않음이다. 무고無固는 이미 지나간 일이 마음에 머물러 있지 않아 막혀서 정체됨이 없음이다. 무아無我는 만물에 대동大同하여 자기 한

○程子曰：“此毋字，非禁止之辭. 聖人絕此四者，何用禁止.”
張子曰：“四者有一焉，則與天地不相似.”
楊氏曰：“非知足以知聖人，詳視而黙識之，不足以記此.”

9-5 子畏於匡. 曰：“文王既沒，文不在茲乎? 天之將喪斯文也，後死者不得與[1]於斯文也；天之未喪斯文也，匡人其如予何?”

畏[2]者，有戒心之謂. 匡，地名.
『史記』云：“陽虎曾暴於匡，夫子貌似陽虎，故匡人圍[3]之.”

道之顯者謂之文,[4] 蓋禮樂制度之謂. 不曰道而曰文，亦謙辭也. 茲，此也，孔子自謂.

(喪·與，皆去聲.) ○馬氏曰：“文王既沒，故孔子自謂後死者.” 言天若欲喪此文，則必不使我得與於此文. 今我既得與於此文，則是天未欲喪此文也. 天既未欲喪此文，則匡人其柰我何? 言必不能違天害己也.[5]

몸을 편애하지 않음이다. 이 네 가지는 ‘의’에서 시작하여 ‘필’에서 행해지고, ‘고’에서 정체되었다가 ‘아’로 굳어진다. ○『어류』: ‘아’에 이르면 자기 자신만 의식하고 다른 사람은 안중에 없다. ‘기필함’의 시간은 짧으나, ‘고루함’의 시간은 길다.[22] 의·필·고·아는 연쇄적으로 진행된다. ‘의’가 최초로 시작되면 사의가 생겨 곧 기필함에 이르고, ‘기필함’은 고루하고 정체되어 소통하지 못하는 지경에 이르며, ‘고루하면’ 자신을 내세워 사사로움에 이른다. ‘사의’는 ‘아집’의 발단이고, ‘아집’은 ‘사의’의 성취이다.[21] 사의를 일으켜 어떤 일을 하게 되면 기필하려는 바람이 생기고, 기필한 일이 아직 오지 않았거나 이미 지나간 뒤에도 다시 집착하여 마음에 남기기 때문에 ‘아집’의 병폐가 생긴다.[23] ‘아집’이 있으면 다시 ‘사의’를 일으켜 끊임없이 돌고 돈다. 이 네 가지 일은 저 ‘원·형·이·정’과 같다. 다만 원·형·이·정은 좋은 일이나, 이 네 가지는 나쁜 일이다.[25] 의·필·고·아가 사라진 상태가 천리유행天理流行이요, 연비어약鳶飛魚躍이다.[35]

1) 與(여): 참여, 장악하다, 따르다, 돕다, 허락, 편들다, 함께, 상대, 셈하다, 화합.
2) 畏(외): 두려워하다, 꺼리다, 성심을 다해 따름, 경외·위협하다, (억울하게) 죽음.
3) 圍(위): 둘레, 두르다, 아름, 둘러싸다, 포위, (짐승을) 에워싸서 잡다, 경계, 지키다.

• 이 무毋 자는 금지사가 아니다. 성인은 이 네 가지를 이미 단절하였다. 무슨 금지할 필요가 있었겠는가? – 이천

• 네 가지 가운데 하나라도 있으면, 우주의 모습에 어울리지 못한다.① – 횡거

• 지혜가 성인을 알아보아 세밀히 보고 묵묵히 깨닫기에 충분한 자가 아니라면, 이렇게 기록할 수 없다. – 양시

9-5 공자가 광 땅에서 위협을 당했을 때, 말하였다. "문왕이 이미 돌아갔으나, 그 문물제도가 이 몸에 있지 않은가? 하늘이 이 문물제도를 없애려 했다면, 뒤에 죽을 우리는 아예 이 문물제도에 접하지 못했을 것이다. 하늘이 이 문물제도를 없애려 하지 않을진대, 광 땅 사람들이 감히 나를 어쩌겠느냐!"

외畏는 경계하는 마음이 있음을 일컫는다. 광匡은 지역 이름이다. 『사기』에 따르면, "양호가 광 땅에서 포악한 짓을 한 적이 있다. 공자의 모습이 양호와 비슷했기 때문에, 광 땅 사람들이 공자를 포위하였다."

도가 발현된 것이 문文이다. 아마 예악 제도를 일컫는다. '도'라고 하지 않고 '문'이라고 말한 것 역시 겸사이다. 자玆는 '여기'인데, 공자 자신을 일컫는다.

• 문왕이 이미 돌아갔으므로, 공자가 자기 자신을 '뒤에 죽을 사람'❷이라고 일컬었다. – 마융

하늘이 만약 그 문물제도를 없애려고 했다면, 반드시 내가 그 문물제도에 참여하지 못하도록 하였을 것이다. 그런데 내가 그 문물제도에 참여하고 있는 이상, 하늘은 이 문물제도를 없애려고 하지 않을 것이다. 하늘이 이 문물제도를 없애려 하지 않을진대, 광 땅 사람들이 나를 어찌 하겠는가라는 말이다. 반드시 하늘을 거슬러 자신을 해치지는 못할 것이라는 말이다.

---

4) 顯(현) : 나타나다, 영달하다, 바깥, 광명, 뚜렷하다, 선명하다, 명백히, 노골적으로, 주시하다.
○謝曰 : "孔子師文王, 故曰'文不在玆'. 道之顯者謂之文. …"

5) 馬曰 : "其如予何者, 猶言奈我何也. … 匡人欲柰我何, 言其不能違天而害己也."

① 『어류』 : 횡거는 또 말하기를 '의·필·고·아가 없어진 뒤에야 비로소 천지의 조화를 본으로 삼아 그에 따를 수 있다'고 했는데, 물론 그러하다. 네 가지가 없어지지 않고 어떻게 천지를 본받을 수 있겠는가? 다만 이러한 말들은 좀 느슨하다(두루뭉술하다).[43]

9-6 大宰問於子貢曰：“夫子聖者與? 何其多能也?” 子貢曰：“固天縱之將聖,[1] 又多能也.” 子聞之, 曰：“大宰知我乎! 吾少也賤, 故多能鄙事. 君子多乎哉? 不多也.”

9-7 牢[2]曰：“子云, ‘吾不試,[3] 故藝.[4]’”

(大, 音泰. 與, 平聲.) ○孔氏曰：“大宰, 官名. 或吳或宋, 未可知也.” 與者, 疑辭. 大宰蓋[5]以多能爲聖也.

縱, 猶肆[6]也, 言不爲限量也. 將, 殆[7]也, 謙若不敢知之辭. 聖無不通, 多能乃其餘事, 故言又以兼之.

言由少賤故多能, 而所能者鄙事爾, 非以聖而無不通也. 且多能非所以率人, 故又言君子不必多能以曉之.

牢, 孔子弟子, 姓琴, 字子開, 一字子張. 試, 用也. 言由不爲世用, 故得以習於藝而通之.

○吳氏曰：“弟子記夫子此言之時, 子牢因言昔之所聞有如此者. 其意相近, 故并記之.”

---

❷『어류』: ‘후사자後死者’는 위의 ‘문왕’에 대응하는 말이다. 미망인未亡人 등과 같은 부류이다. 여기서는 공자 자신을 일컬은 말이다.[47]

1) 縱(종) : 풀다, 놓다, 방종, 자유자재, 멋대로, 어지럽다, 가령. 將(장) : 장차, 막 ~하려 하다, 마땅히 ~해야 한다, 오히려, 만일, 거의, 함께, ~으로써, 되다(9-7), 얻다, 받들다, 기르다.

2) 牢(뇌) : 우리, 둘러싸다, 감옥, 녹, 품삯, 희생, 굳다, 정조를 굳게 지키다, 근심.

3) 試(시) : 쓰다, 사용하다, 임명하다, 맛보다, 조사, 시험, 점검, 찾다, 견주다, 비교.

4) 藝(예) : 재주, 재주 또는 학예에 뛰어나다, 기술, 준칙, 한도, 나누다, (땅에)심다.

5) 蓋(개) : 대개, 어쩌면, 아마도, 완곡하게 하는 말, 이유·원인을 나타내는 어조사.

6) 肆(사) : 펴다, 은혜 등을 베풀다, 늘어놓다, 진열, 버려두다, 멋대로 하다, 시험하다.

7) 殆(태) : 대개, 대체로, 거의, 아마도, 겨우, 간신히, 위험하다, 위태롭다.

① 『어류』: 성인은 원래 그 본령이 위대한지라 그 다재다능함은 다른 사람의 그것과는 구별이 된다. 가령 ‘예를 안다’ 할 때라도 성인의 행동거지는 본래부터 타인의 그것과는 구별이 된다. 하늘이 성인을 내실 때 그 기품이 청명하니 원래 다른 사람과 다르다. 열자列子가 일찍이 성인 공자의 힘이 성문의 빗장을 부러뜨릴 정도였다고 말했지만, 믿을 수는 없다. 다만 요컨대 성인의 본령은 대단히 위대한지라 모든 일들을 처리하는 방식이 저절로 보통

9-6 태재가 자공에게 물었다. "공자는 성인이십니다. 어찌 그리 다재다능하신가요?" "원래 하늘이 허락한 성인이시라, 또 다재다능하십니다."① 이 말을 듣고 공자가 말하였다. "태재가 나를 알까? 나는 젊어서 천했기에, 비천한 일에 능할 뿐이다. 군자가 다재다능해야 할까? 그렇지 않다."

9-7 뇌가 말하였다. "공자께서 말씀하시길 '나는 등용되지 못했기 때문에 기예를 익혔다' 하셨다."

• 태재는 관직명이다. 오나라 사람인지 송나라 사람인지 알 수 없다. - 공안국

여與는 의문사이다. 태재는 다재다능함을 성인의 조건으로 여긴 것 같다.

종縱은 내버려둠(肆)과 같으니, 제한이 없다는 말이다.② 장將은 '아마(거의)'이니, 겸손하여 감히 알지 못한다는 말이다. 성인은 통달하지 못한 바가 없는 만큼, 다재다능함은 아무 일도 아니다. 따라서 '또한(又)'이라고 말하여 덧붙였다.

젊어서 미천했기 때문에 잘하는 일이 많았으나, 잘하는 일은 비천한 일일 뿐이고, 성인이라서 모든 것에 통달한 것은 아니라는 말이다. 또 잘하는 일이 많다고 해서 남을 이끌 수 있는 것이 아니다. 따라서 군자가 반드시 다재다능할 필요는 없다는 점을 언급하여 깨우쳤다.

뇌牢는 공자의 제자로서, 성은 금, 자는 '자개' 또는 '자장'이다. 시試는 등용됨이다. 세상에 등용되지 못했기 때문에, 기예(藝)를 익혀서 통달할 수 있었다는 말이다.

• 제자가 공자의 이 말을 기록할 때, 자뇌가 옛날에 이와 같은 말을 들었다고 하였다. 의미가 서로 비슷하기 때문에 여기에 병기하였다. - 오역

사람과는 구별된다.[55] "공자는 온갖 일들을 모두 잘 할 수 있었다. 다만 등용되지 못했기 때문에 사람들은 다만 그의 소소한 기예만을 보게 되었다. 만약 그가 등용되어 위대한 업적을 세웠더라면 저 소소한 기예는 더 이상 주목받지 않았을 것이다." "여러 기예에 능한 점 또한 성인 공자께서 요·순 임금보다 뛰어났던 부분이 아닙니까?" "그렇게 말하면 안 된다. 성인께서 요·순 임금보다 뛰어났던 점은 누대에 축적된 옛 성인의 전장典章·예악·제도·의리를 수렴하여 세상에 천명한 데에 있었지, 저 소소한 것들에 있지 않다. 그런 것들을 가지고 성인의 우열을 논하는 것은 어울리지 않는다.[56]

② 『어류』: "하늘이 성인께서 그와 같이 하도록 내버려두었으니. 제한하지 않은 것이다." "그렇다면 어리석고 못난 사람은 하늘이 제한한 것입니까?" "그 모습(氣象)을 보면 하늘이 제한을

9-8 子曰："吾有知乎哉? 無知也. 有鄙[1]夫問於我, 空空如也, 我叩其兩端而竭焉."[2]

(叩, 音口.) ○孔子謙言己無知識, 但其告人, 雖於至愚, 不敢不盡耳. 叩, 發動也. 兩端, 猶言兩頭. 言終始·本末·上下·精粗, 無所不盡.

○程子曰："聖人之敎人, 俯就[3]之若此, 猶恐衆人以爲高遠而不親也. 聖人之道, 必降而自卑, 不如此則人不親. 賢人之言, 則引而自高, 不如此則道不尊. 觀於孔子·孟子, 則可見矣."

尹氏曰："聖人之言, 上下兼盡. 卽其近, 衆人皆可與知；極其至, 則雖聖人亦無以加焉, 是之謂兩端. 如答樊遲之問仁知, 兩端竭盡, 無餘蘊[4]矣. 若夫語上而遺下, 語理而遺物, 則豈聖人之言哉?"

가한 것과 같다. 예컨대 저 도리를 성인은 완전히 인식하지만, 어리석고 못난 사람은 조금도 증진시킬 수 없고 자기 안에 굳게 고정되어 있다."[57]

1) 鄙(비) : 인색하다, 도량 좁다, 어리석다, 완고하다, 속되다, 질박하다, 멸시하다, 시골.

2) 叩(고) : 두드리다, 때리다, (따져)묻다, 잡아당기다, (머리를) 조아리다, 심문하다, 탐문하다. 竭(갈) : 온 힘을 들임, 닳아 없어짐, 물이 마름, 끝나다, 막히다, 망하다, 모두.

3) 俯就(부취) : 자기를 굽혀 남을 따름. 俯 : 구푸리다, 숨다, 눕다. 就 : 좇다, 따르다.

4) 餘蘊(여온) : 나머지, 잔여. 餘 : 남다, 잉여. 蘊 : 쌓다, 간직하다, 감추다, 포용, 모이다.

① 『어류』 : 성인의 겸사謙辭는 항상 어떤 계기가 있어서 나온 말씀이었다. 이러한 말씀이 있기 전에 틀림없이 어떤 계기가 있었을 것이다. 기록한 제자들의 기억이 온전하지 못했기 때문에 대신 우리가 그 맥락을 생각해내야 한다. 달항 마을 사람이 성인은 '박학함에도 명성이 없다'(9-2)고 하자, 성인께서 '나는 마부가 되겠다'고 말씀하신 경우처럼, 아마 사람들이 당신을 찬양한 말이 있었기 때문에 성인께서 그것을 계기로 겸손의 말씀을 하셨을 것이다. 필시 성인에 대해 무소부지無所不知하고, 남을 가르칠 때 항상 열정적이라고 사람들이 찬양했기 때문에, '나는 별로 아는 것이 없다'고 말씀하신 것 같다.[61]

② 『어류』 : 양단兩端은 하나의 일에 대한 말이다. 어떤 비근한 도리를 언급하면, 저 심원한 도리 역시 그 안에 들어 있다. 예컨대 한 귀퉁이를 제시한 경우 네 귀퉁이도 아울러 포함된다. 이 탁자의 한 모서리를 들면 세 모서리는 그 안에 있다. 양단은 두 끄트머리를 두고 한 말이다. 모든 언어에는 양단이 있다.[61] 양단을 잡아야 비로소 하나의 중도를 인식할 수 있다. 갈양단竭兩端이란 철두철미 모두 밝힌다는 말이다. … 성인의 말은 상하와 본말, 시종과 소대가 아울러 제시되지 않은 경우가 없다.[63]

9-8 공자가 말하였다. “내가 아는 것이 있는가? 아는 것이 없다.[①] 미천한 사람이 나에게 물어올 때, 그가 아는 것이 없더라도, 나는 일의 양단을 타진한 다음 최선을 다해 알려줄 뿐이다.”

공자는 겸사로 자기가 아는 것이 없다고 말하였다. 다만 남을 깨우칠 때는, 아무리 어리석은 사람이더라도 최선을 다하지 않을 수 없었다. 고叩는 자극함, 양단兩端은 두 끝(머리와 꼬리)과 같다. 종시, 본말, 상하, 정조精粗를 철두철미하게 밝힌다는 말이다.[②]

• 성인은 남을 가르칠 때, 이처럼 상대의 눈높이에 맞추어 자세를 낮추면서도 오히려 대중이 고원하다고 여겨 친근하게 여기지 못할까를 염려하였다. 성인의 도는 반드시 낮추어 스스로 겸손한다. 그렇게 하지 않으면 사람들이 친근하게 여기지 않는다. 반면 현인의 주장은 적극 자신을 높인다. 그렇게 하지 않으면 도가 존중되지 않는다.[③] 공자와 맹자를 보면 잘 알 수 있다. – 이천

• 성인의 말씀은 위아래(형이상·형이하)를 모두 포괄한다. 비근한 것이라면 보통 사람도 같이 알 수 있다. 지극한 것에 이르면 성인이라도 더 보탤 것이 없다. 이것이 양단兩端이다. 가령 번지가 인仁과 지知를 물었을 때(6-22, 12-22) 양단을 완전히 다 밝혀 더 이상 남김이 없었던 것이다. 형이상만 말하고 형이하를 빠뜨린다면, 즉 리만 말하고 사물을 빠뜨린다면, 어찌 성인의 말씀이겠는가? – 윤돈

---

③ 『어류』: 성인은 고상하고 원대함 그 자체인지라, 대중은 본디 따라가기가 어렵다. 만약 성인께서 자세를 낮추어 다가가지 않으면, 대중은 더욱더 경외하고 꺼려서 감히 진전하려고 하지 않는다. 반면 현인은 애초부터 미숙한 부분이 있기 때문에 대중이 그다지 신복하지 않는다. 만약 적극적으로 자신을 높이지 않으면, 대중은 반드시 천박한 것으로 여겨 도모하려고 하지 않는다. 대중은 맹자를 세상 물정에 어두워 쓸모없다고 여겼다. 만약 맹자 자신조차 자기는 정말로 물정에 어두워 쓸모없다고 말했다면, 어떻게 사람들의 열정을 끌어낼 수 있었겠는가? 따라서 현인 맹자가 사람들과 논쟁하고 다툰 까닭은 존중받으려고 해서가 아니라, 오직 사람들이 이 도가 위대함을 깨닫고 진심으로 분발하여 힘을 다해 노력하도록 하기 위해서였다. 공자는 말하기를 ‘나를 등용해 주는 이가 있다면 일 년 만이라도 좋다.’(13-10) ‘나는 반드시 동주를 건설하겠다’(17-5)고 말한 적이 있는데, 다만 평소 그와 같이 말한 것이다. 맹자는 말하기를 ‘천하의 태평성세를 바랄진대, 지금 이 세상에서 나 말고 그 누가 그 일을 해내겠는가!’라 했는데, 이처럼 말이 과장된 것은 형세상 그렇게 말하지 않을 수 없었기 때문이다.[62]

9-9 子曰："鳳鳥不至，河不出圖，吾已矣夫！"

(夫，音扶.) ○鳳，靈鳥，舜時來儀，[1] 文王時鳴於岐山. 河圖，河中龍馬負圖，伏羲時出，皆聖王之瑞[2]也. 已，止也.

○張子曰："鳳至圖出，文明之祥.[3] 伏羲·舜·文之瑞不至，則夫子之文章，知其已矣."

9-10 子見齊衰[4]者·冕衣裳者與瞽者，見之，雖少必作；過之，必趨.

(齊，音咨. 衰，七雷反. 少，去聲.) ○齊衰，喪服. 冕，冠也. 衣，上服. 裳，下服. 冕而衣裳，貴者之盛服也. 瞽，無目者. 作，起也. 趨，疾行也. 或曰："少，當作坐."

○范氏曰："聖人之心，哀有喪，尊有爵，矜[5]不成人. 其作與趨，蓋有不期[6]然而然者."

尹氏曰："此聖人之誠心，內外一者也."

---

1) 儀(의) : 거동, 훌륭한 자태, 예의禮儀, 본, 본받다, 현명하다, 말, 언어, 예물.

2) 瑞(서) : 상서, 길조, 경사스럽다, 홀笏(천자가 제후를 봉할 때 신표로 주는 옥), 부절.

3) 祥(상) : 복, 행복, 재앙, 재화, 조짐, 길흉의 전조, 상서롭다, 상중喪中의 제사.

4) 齊衰(자최, 재최) : 조금 굵은 생베로 아랫단을 좁게 접어서 꿰맨 상복. 齊(자) : 옷의 아랫자락, 상복. 衰 : 일정 비율로 줄이다, 감쇄, 상복.

5) 矜(긍) : 불쌍히 여기다, 가엾게 여기다, 연민, 신중히 하다, 자랑하다, 교만하다.

6) 期(기) : 목표로 정하다, 구하다, 요구, 기대, 기다리다, 약속하다, 때, 돌, 백년.

① 『역주』 : 고대의 전설에 따르면 봉황은 일종의 신조神鳥로서 상서로움의 상징이고, 그 출현은 천하의 태평을 표시했다. 또 성인이 천명을 받으면 황하에서 그림(圖畵)이 출현한다고 하였다. 공자의 이 언급은, 전설을 빌려 당시 세상이 깨끗한 정치에 대한 희망이 없었음을 비유한 것에 불과하다. ○『금독』 : 이 구절을 공자가 모종의 신비를 믿었다는 것으로 풀이하면 안 된다. 확실한 점은 마지막 한 구절에 있다. 즉 내면의 감정의 비관적인 한탄이다. 『논어』 여러 곳에 공자의 이런 비관적 정서가 기록되어 있다. 이상할 것 없는 인지상정이다.

9-9 공자가 말하였다. "봉황이 날아오지 않고, 황하에서 그림이 나오지 않으니, 나는 이제 끝이로구나!"①

봉황은 영험한 새로서, 순임금 시대에 날아와 자태를 브이고, 문왕 때에는 기산에서 울었다. 하도河圖는 황하에서 용마龍馬가 지고 나온 그림으로서, 복희씨② 시대에 출현하였다. 모두 성왕의 길조이다. 이已는 끝남(止)이다.

• 봉황이 나오고 하도가 출현함은, 문명의 상서로움이다. 복희씨·순임금·문왕의 상서로운 조짐이 이르지 않은즉, 공자의 문장文章(예악 제도)이 끝났음(중단되었음)을 알 수 있다. – 횡거

9-10 공자는 상복이나 고위 관복을 입은 사람과 장님을 만나면, 어리더라도 반드시 일어났다. 그 곁을 지나갈 때는 반드시 종종걸음을 하였다.

자최齊衰는 상복, 면冕은 관, 의衣는 윗옷, 상裳은 아래옷이다. 관을 쓰고 의상을 갖추어 입는 것은 존귀한 자의 정장이다. 고瞽는 눈먼 사람, 작作은 일어남, 추趨는 빨리 걸음이다. 혹자는 "소少는 좌坐(앉아 있다)로 해야 한다"고 여긴다.

• 성인의 마음은 상을 당한 이를 애도하고, 관직에 있는 이를 존중하고, 장애인은 불쌍히 여긴다. 일어서거나 종종걸음 치는 일은,③ 모두 자신도 모르게 그렇게 한 것이다. – 범조우

• 이것이 성인의 참된 마음이니, 그 안팎이 한결같다. – 윤돈

---

② 복희伏羲 : 중국 전설상의 삼황三皇의 하나. 처음으로 백성에게 고기잡이·독축·농경을 가르치고, 팔괘와 문자를 만들었다고 함. 희생犧牲을 취하여 포주庖廚에 공급했기 때문에 포희庖犧로 불리었음.

③ 『어류』 : "일어섬(作)과 종종걸음(趨)은 공경의 모습입니다. 왜 상복을 입은 자와 장님에게 공경의 예를 표하였습니까?" "상복 입은 자를 보면 슬픔에서 공경심이 생기고, 장님을 보면 연민에서 공경심이 생긴다."[65, 66]

9-11 顔淵喟然[1]歎曰："仰之彌高, 鑽之彌堅[2]；瞻之在前, 忽焉在後. 夫子循循然善誘人,[3] 博我以文, 約我以禮. 欲罷不能,[4] 旣竭吾才, 如有所立卓爾. 雖欲從之, 末由[5]也已."

(喟, 苦位反. 鑽, 祖官反.) ○喟, 歎聲. 仰彌高, 不可及. 鑽彌堅, 不可入. 在前在後, 恍惚不可爲象.[6] 此顔淵深知夫子之道, 無窮盡·無方體,[7] 而歎之也.

循循, 有次序貌. 誘, 引進也. 博文約禮, 敎之序也. 言夫子道雖高妙, 而敎人有序也.

侯氏曰："博我以文, 致知格物也. 約我以禮, 克己復禮也."

程子曰："此顔子稱聖人最切當處, 聖人敎人, 惟此二事而已."

卓, 立貌. 末, 無也. 此顔子自言其學之所至也. 蓋悅之深而力之盡, 所見益親, 而又無所用其力也.

---

1) 喟然(위연) : 탄식하는 모양. 喟 : 한숨짓다, 탄식하다.
2) 鑽(찬) : 끌, 뚫다, 부시(불을 일으키는 쇳조각). 彌(미) : 두루, 걸리다, 멀다, 더욱.
3) 循(순) : 뒤를 밟아 따름, 의지해 감, 복종하다, 답습하다, 머뭇거림, 어루만지다, 질서정연하다. 誘(유) : 꾀다, 유혹, 유인, 권유, 권하다, 가르치다, 속이다.
4) 罷(파) : 놓아주다, 그치다, 쉬다, 그만둠, 내치다, 돌아가다. (피) : 고달프다, 약하다.
5) 由(유) : 말미암다, 경력, 따르다, ~을 통해, 사유, 방법, 쓰다, 행하다, 역시.
6) 尹曰 : "仰之彌高, 不可及也. 鑽之彌堅, 不可入也." 何云 : "瞻之…, 言忽怳不可爲形象."
7) 『易』「繫辭上」: 易與天地準, 故能彌綸天地之道. … 範圍天地之化而不過, 曲成萬物而不遺, 通乎晝夜之道而知, 故神无方而易无體.

① 『어류』: '그만두려고 해도 그러지 못함(欲罷不能)'이 멈추지 못하는 경지이다. 오직 '그만두려고 해도 그러지 못하기' 때문에 '내 재주를 다 발휘한다.' 여기서 안연이 성인에게 정말로 잘 배웠음을 알 수 있을 뿐만 아니라, 또한 성인께서 사람을 이끄는 도를 절절히 발휘하여 안연이 환희를 느끼면서 부지불식간에 기력을 다하는 데까지 이르게 하였음을 엿볼 수 있다. 마치 사람이 술을 마실 때 한 잔씩 마시다 보면 자기도 모르는 사이에 만취하는 것과 같다.[88]
② 『어류』: '따르려 해도 따를 수 없음'은 다만 조예가 아직 이르지 못하여 성인처럼 자연스러운 중도(從容中道)를 얻지 못했기 때문이다.[79]
③ 『어류』: 핵심은 오직 '차근차근 인도하고, 학문으로써 넓혀 주고, 예로써 단속한다'는 세

9-11 안회가 아아 탄식하며 말하였다. "우러르볼수록 높기만 하고, 파고들수록 굳기만 하시다! 바라보면 앞에 계신가 싶더니, 홀연히 뒤에 계신다! 선생님은 차근차근 인도하시어, 학문으로써 나를 넓혀 주고, 예로써 나를 단속하신다. 그만두려고 해도 그러지 못하고, 내 재주를 다 발휘하게 하신다.① 도달하신 그 경지가 우뚝하니(까마득하니), 따르려 해도 따를 수 없도다!"②

위喟는 탄식하는 소리이다. 우러러볼수록 더욱 높은지라 미칠 수 없고, 파고들수록 더욱 견고한지라 들어갈 수 없다. '앞에 계시다' '뒤에 계시다' 함은, 어렴풋하여 표상할 수 없다는 것이다. 이는 안회가 공자의 도는 무궁무진하여, 정해진 방향과 형체도 없음을 깊이 알고서 탄식한 것이다.

순순循循은 차례가 있는 모습, 유誘는 이끌어 전진시킴이다. '학문으로 넓히고 예로써 단속함'은, 가르침의 순서이다. 공자의 도가 비록 높고 오묘하나, 사람을 가르칠 때는 순서가 있다는 말이다.

• 학문으로 넓힘은 치지격물, 예로써 단속함은 극기복례이다. - 후중량

• 이는 공자에 대한 안자의 가장 적절한 찬양이다. 성인의 교육은 오직 이 두 가지일 뿐이다.③ - 이천

탁卓은 서 있는 모습, 말末은 없음(無)이다. 이는 안자가 자기 학문의 경지를 자평한 것이다. 아마 기쁨이 깊어지고 노력을 다할수록 통찰하는 내용이 더욱 친밀해지지만, 또한 힘을 써 볼 수 없는 부분이기도 하다.

구절에 있다. 공자가 '차근차근 인도하였다'는 말이 무슨 뜻인지 살펴야 한다. 성인의 가르침의 요점은 '격물치지'와 '극기복례'에 있다.[68] 공자가 안자를 가르친 것은 오직 '박문博文'과 '약례約禮' 두 가지에 있었다. 요·순 임금 이래 본디 그와 같이 말하였다. '유정惟精'이 곧 '박문'이고, '유일惟一'이 곧 '약례'이다.[69] 박문·약례는 서로를 설명한다. 약례의 공부가 깊으면 박문의 공부가 더 밝아지고, 박문의 공부가 지극하면 약례의 공부가 더 정밀해진다.[70] 예는 천리天理의 절문節文이다. 인욕으로 빠지지 않으면 곧 천리이다. 천리와 인욕은 분명히 인식해야 한다. 한 잔의 차를 마실 때도 무엇이 천리이고 무엇이 인욕인지 알아야 한다.[71] "'박문'은 바깥에서 추구하고 '약례'는 내면에서 추구하는 것 아닙니까?" "무엇이 바깥인가? 박문 역시 내면으로부터 만들어져 나온다. 내게 본래 이 도리가 있으니, 단지 추구하려고만 하면 된다. 말은 '널리(博)'라고 했지만 추구하고 또 추구하다보면 결국 일리一理에 귀착하니, 그것을 기반으로 하여 '약례'한다.[72]

吳氏曰：“所謂卓爾，亦在乎日用行事之間，非所謂窈冥昏默[1]者.”

程子曰：“到此地位，功夫尤難，直是峻絕，[2] 又大段著力[3]不得.”

楊氏曰：“自可欲之謂善，充而至於大，力行之積也. 大而化之，則非力行所及矣，[4] 此顔子所以未達一間也.”

○程子曰：“此顔子所以爲深知孔子而善學之者也.”

胡氏曰：“無上事而喟然歎，此顔子學旣有得，故述其先難之故·後得之由，而歸功於聖人也. 高·堅·前·後，語道體也. 仰·鑽·瞻·忽，未領[5]其要也. 惟夫子循循善誘，先博我以文，使我知古今，達事變；然後約我以禮，使我尊所聞，行所知. 如行者之赴家，食者之求飽，是以欲罷而不能，盡心盡力，不少休廢. 然後見夫子所立之卓然，雖欲從之，末由也已. 是蓋不怠所從，必欲[6]至乎卓立之地也. 抑[7]斯歎也，其在請事斯語之後，三月不違之時乎?”

---

1) 窈冥(요명)：심원하고 아득하다, 음침한 모양. 窈：그윽하다, 심원하다, 고상하다, 느긋하다. 冥：어둡다, 깊다, 그윽하다, 아득하다. 昏默(혼묵)：멍청히 침묵하다, 허무적정虛無寂靜을 형용함. ○『莊子』「在宥」：吾語汝至道：至道之精，窈窈冥冥；至道之極，昏昏默默.

2) 峻絕(준절)：몹시 가파르고 험난함. 峻：험준함, 혹독함. 絕：끊어짐, 막다르다, 막히다.

3) 大段(대단)：대체로, 대부분, 중요한 것, 대략, 매우, 대단히. 著力(착력)：애쓰다, 진력.

4) 『孟子』：“何謂善? 何謂信?” 曰：“可欲之謂善，有諸己之謂信，充實之謂美，充實而有光輝之謂大，大而化之之謂聖，聖而不可知之之謂神. 樂正子，二之中·四之下也.”[14：25]

5) 領(령)：옷깃, 요소, 거느리다, 통솔하다, 받다, 수령하다, 기록하다, 깨닫다, 요령, 재능.

6) 欲：求로 된 판본도 있다.

7) 抑(억)：즉, 그러면, 그렇다면, 그러나, 다만, 혹은 그렇지 않으면, 누르다, 억압.

① 『어류』：안연은 ‘자기 재주를 다 발휘해서’ 정진한 끝에 공자의 일상의 행동거지가 모두 중도에 부합하여 그 자체가 천리의 유행이라는 점을, 우뚝하게(卓然) 그처럼 분명히 깨달았다.[90]

② 『어류』：노력으로 도달할 수 없는 까닭은, 성인은 ‘면려하지 않아도 적중하고 생각하지 않아도 터득하기’ 때문이다. 현인이 만약 면려하지 않고 생각하지 않으려고 노력을 한다면, 그것이 곧 생각과 면려이다. 이 때문에 ‘노력한다고 해서 도달하는 것이 아니다’ 하였다.[93] 이

• 이른바 우뚝함 역시 일상적인 생활 안에 있다.① 이른바 깊고 그윽하여 어둡침침한 어떤 것이 아니다. – 오역

• 이런 경지에 이르려면 공부가 더욱 어려워 곧장 깎아지른 절벽 같은지라, 대체로 노력한다고 되는 것이 아니다.② – 이천

• 마음먹기만 하면 되는 '선'의 경지부터 '확충하여 위대함'에 이르는 경지까지는, 노력을 쌓으면 된다. 그러나 '위대하게 교화하는' 경지는, 노력한다고 도달할 바가 아니다. 이것이 바로 안자가 한 단계 미달한 까닭이다. – 양시

• 안자가 공자를 깊이 이해하고 잘 배운 까닭이 여기에 있다. – 이천

• 지고지순하게 섬기면서 아아 탄식한 것은, 안자의 학문이 이미 터득한 바가 있기 때문이다. 먼저 어려웠던 까닭과 나중에 터득한 이유를 서술하면서 성인께 공을 돌리고 있다. '높고' '굳세고' '앞에' '뒤에' 운운한 것은 도체道體를 말한 것이다. '우러르고' '파고들고' '바라보고' '홀연히' 운운한 것은 도의 핵심을 이해하지 못했다는 말이다. 생각하건대 공자가 한 걸음 한 걸음 사람을 인도하여, 먼저 학문으로써 안연을 넓혀 주어 그가 고금의 일을 알아서 사태의 변화에 통달토록 하고, 그런 다음 예로써 단속하게 하여 그가 배운 내용을 받들고 안 것을 실천하게 한 것이다. 마치 길을 떠났던 사람이 다시 집으로 돌아가고, 밥을 먹는 사람이 배부름을 추구하듯 하게 했으므로, 그만두려고 해도 그러지 못하고 온 마음과 힘을 다 쏟아 잠시라도 쉬거나 그만두지 못하게 하였다. 그런 다음 공자가 오른 경지가 너무 우뚝하여 아무리 따르려 해도 끝내 따를 수 없음을 보았다. 이는 아마 따라야 할 목표에 태만하지 않고, 반드시 우뚝 솟은 경지까지 도달하기를 바랐기 때문일 것이다. 그렇다면 안연의 이 탄식은 '그 말씀을 실천하도록 하겠다'(12-1)는 말 이후로, '삼 개월 동안 인을 어기지 않은'(6-7) 무렵에 나온 것 같다. – 호인

경지에 이르지 못한 이상 모름지기 노력해야 한다. 이 경지에 이르면 자연히 노력할 필요가 없어진다. 마치 공자가 '예순에 (사람들의 말이) 귀에 거슬리지 않고, 일흔에 마음이 하고 싶은 대로 좇아 행해도 법도를 넘지 않을 수 있었던'(2-4) 것처럼, 그 경지가 어떻게 노력한다고 되겠는가? 다만 익숙해지면 자연히 그와 같이 된다.[94]

9-12 子疾病, 子路使門人爲臣. 病間,[1] 曰:“久矣哉! 由之行詐也, 無臣而爲有臣. 吾誰欺? 欺天乎? 且予與其死於臣之手也, 無寧[2]死於二三子之手乎? 且予縱[3]不得大葬, 予死於道路乎?”

夫子時已去位, 無家臣. 子路欲以家臣治其喪, 其意實尊聖人, 而未知所以尊也.[4]

(間, 如字.) ○病間, 少差也. 病時不知, 旣差乃知其事, 故言我之不當有家臣, 人皆知之, 不可欺也. 而爲有臣, 則是欺天而已. 人而欺天, 莫大之罪. 引以自歸, 其責子路深矣.

無寧, 寧也. 大葬, 謂君臣禮葬. 死於道路, 謂棄而不葬. 又曉之以不必然之故.

○范氏曰:“曾子將死, 起而易簀,[5] 曰:‘吾得正而斃[6]焉, 斯已矣.’[7] 子路欲尊夫子, 而不知無臣之不可爲有臣, 是以陷[8]於行詐, 罪至欺天. 君子之於言動, 雖微不可不謹.[9] 夫子深懲子路, 所以警學者也.”[10]

楊氏曰:“非知至而意誠, 則用智自私, 不知行其所無事, 往往自陷於行詐欺天而莫之知也. 其子路之謂乎?”

---

1) 間(간): 병이 조금 낫다, 병이 없어지다, 잠시, 거르다, 뒤섞이다, 이간하다, 헐뜯다.

2) 與其~無寧~: “與其~寧~”과 같다. 『좌전』 두예 주에 “無寧, 寧也”라 하였다(양백준).

3) 縱(종): 늘어지다, 버리다, 방종, 멋대로, 어지럽다, 가령, 설령, 설사 ~일지라도.

4) 謝曰: “子路之意, 實尊聖人, 而未知所以尊也. …”

5) 易簀(역책): 증자가 대부만 쓸 수 있는 화려한 대자리(簀)를 바꿈, 임종을 뜻함.

6) 斃(폐): 넘어지다, 쓰러지다, 넘어져 죽다.

7) 『禮記』「檀弓上」: 曾子寢疾, 病. …童子隅坐而執燭, 童子曰: “華而睆, 大夫之簀與?” … 曾子曰: “然. 斯季孫之賜也, 我未之能易也. 元起易簀!” 曾元曰: “夫子之病革矣, 不可以變. 幸而至於旦, 請敬易之.” 曾子曰: “爾之愛我也不如彼. 君子之愛人也以德, 細人之愛人也以姑息. 吾何求哉? 吾得正而斃焉, 斯已矣.” 擧扶而易之, 反席未安而沒.

9-12 공자가 병이 나자, 자로가 문인을 가신으로 삼았다. 병이 좀 낫자, 공자가 말하였다. "오래구나! 자로의 거짓 꾸밈이. 가신이 없어야 하는데 가신을 두었으니! 내가 누구를 속이랴? 하늘을 속이랴? 또 내가 가신의 손에 죽을 바에야, 차라리 너희 손에서 죽는 것이 낫지 않겠는가? 또 내가 성대한 장례는 못할지언정, 길에서 죽기야 하겠느냐?"

공자가 이때는 이미 직위를 떠나 가신이 없었다. 자로가 가신으로 공자의 상을 치르려고 하였다. 그 뜻은 진실로 성인을 높이려는 것이었으나, 높이는 방법을 몰랐다.

병간病間은 약간의 차도가 있음이다. 병중에는 알지 못하다가, 조금 차도가 있자 그 일을 알았다. 그래서 "내가 마땅히 가신을 두면 안 됨은, 사람들이 다 아는 일이니 속일 수 없다. 그런데 가신을 둔다고 하면, 이는 하늘을 속이는 일일 뿐이다. 사람으로서 하늘을 속이는 일보다 더 큰 죄는 없다"고 말하였다. 결국 자기 허물이 된다고 함으로써 자로를 심히 질책하였다.

무녕無寧은 녕寧이다. 대장大葬은 임금이나 신하의 예장禮葬을 말한다. '길에서 죽는다' 함은 버려져 장례하지 않음을 말한다. 꼭 그렇게 할 필요가 없는 이유를 들어 깨우쳤다.

• 증자는 죽을 때 일어나 대자리를 바꾸며 말하였다. "내가 바르게 죽을 수 있으면 그것으로 그만이다." 자로는 공자를 높이려고 했으나, 가신이 없는 경우 가신을 두면 안 됨을 알지 못하고, 결국 거짓 꾸미기에 빠져 죄가 하늘을 속이는 데에 이르렀다. 군자는 말과 행동에 아무리 사소하더라도 신중하지 않으면 안 된다. 공자가 자로를 깊이 꾸짖어 학생들을 경계시켰다. – 범조우

• 앎이 지극하고 뜻이 참된 경지에 이르지 못하면 꾀를 써서 사사로움을 도모하고, 부지불식간에 해서는 안 될 일을 행하여, 왕왕 거짓을 꾸며 하늘을 속이는 데에 빠지더라도 전혀 알지 못한다. 바로 자로를 두고 한 말이다. – 양시

---

8) 陷(함) : 함정에 빠지다, 함정, 날조하다, 모해하다, 모함, 함락당하다, 점령, 결점.
9) 微(미) : 작다, 자질구레함, 숨기다, 몰래, 미묘함, 쇠미하다, 천함. 謹(근) : 삼가다, 경계.
10) 懲(징) : 혼이 나 잘못을 고치다, 혼내다, 응징, 경계. 警(경) : 경계, 타이르다, 방비.

9-13 子貢曰："有美玉於斯, 韞匵[1]而藏諸? 求善賈而沽諸?"[2] 子曰："沽之哉! 沽之哉! 我待賈者也."

(韞, 紆粉反. 匵, 徒木反. 賈, 音嫁.) ○韞, 藏也. 匵, 匱也. 沽, 賣也. 子貢以孔子有道不仕, 故設此二端[3]以問也. 孔子言固當賣之, 但當待賈, 而不當求之耳.
○范氏曰："君子未嘗不欲仕也, 又惡不由其道. 士之待禮, 猶玉之待賈也. 若伊尹之耕於野, 伯夷·太公之居於海濱, 世無成湯·文王, 則終焉而已, 必不枉道以從人, 衒玉而求售也."[4]

9-14 子欲居九夷. 或曰："陋, 如之何!" 子曰："君子居之, 何陋之有?"

東方之夷有九種. 欲居之者, 亦乘桴浮海之意.
君子所居則化,[5] 何陋之有?

---

1) 韞(온) : 감추다, 깊이 간직해 두다, 싸다, 덮어서 보이지 않게 하다. 匵(독) : 궤, 상자.
2) 賈(고) : (가게의) 장사, 상인, 좌상, 장사하다, 팔다, 사다. 沽(고) : 팔다, 매매, 사다.
3) 端(단) : 바르다, 진실, 끝, 항목, 까닭, 단정하다, 경계, 실마리, 처음, 근본, 오로지.
4) 衒(현) : (돌아다니면서) 팔다, 스스로를 자랑하여 남에게 내보이다, 자기를 선전하다, 현기증. 售(수) : 팔다, 팔리다, 팔아넘기다, 행해지다, 유행하다.
5) 馬曰："君子所居則化." ○『孟子』: 夫君子所過者化, 所存者神, 上下與天地同流.[13 : 13]
① 『반신록』: 선비는 입신立身에 흠이 있지 않을까, 자신이 과연 귀한 옥인지를 근심한다. 팔리고 안 팔리고는 옥과 상관이 없다. 상인을 찾아 나서는 일도 허물이지만, 보관해 두는 일도 속셈은 있다. '상인을 기다린다'는 말은 공자가 특히 '찾아 나선' 이들을 위한 훈계일 뿐이다. 사실 공자의 '기다림'은 속셈이 없다(無心). 속셈을 가지고(有心) 기다림은 옥을 자랑하며 팔리기를 구하는 경우보다는 훨씬 훌륭하지만, 조금이라도 기다리는 마음이 있으면 효효囂囂(자득하여 욕심 없음)의 경지는 아니다. 등용되든 버려지든 자기 처지(所遇)에 평안하고, 포부를 펼치든 감추어두든 속셈 없이 응하면 참으로 훌륭하다. 이윤·태공은 초야에 묻혀 상인을 기다리는 마음이 없었어도 임금에게 비싸게 팔렸고, 제갈공명은 초옥에 누워 명성을 구하지 않았건만 삼고초려로 초빙되었다. 반면 왕중엄은 혼란한 시대에 태어나 의연히 주공·공자를 자임했으니, 어찌 한 시대의 호걸, 세상에 희귀한 옥이 아니었으랴마는, 스스로 대궐에

9-13 자공이 공자께 물었다. "보옥이 있다면, 궤에 넣어 보관해 두시겠습니까? 좋은 상인을 찾아 파시겠습니까?" "팔아야지! 팔아야지! 나는 좋은 상인을 기다리는 사람이다."

온韞은 감춤(갈무리), 독匵은 상자, 고沽는 '팔다'이다. 자공은 공자가 도가 있으면서도 벼슬하지 않는다고 여겼다. 그래서 이 두 가지 일을 설정해 질문하였다. 공자의 말은 물론 팔아야 하지만, 상인을 기다려야지 상인을 찾아 나서면 안 된다는 것이다.①

• 군자는 벼슬하기를 바라지 않은 적이 없다. 다만 도에 의거하지 않는 것을 싫어한다. 선비가 예우받기를 고대하는 것은, 마치 보옥 임자가 (훌륭한) 상인을 고대하는 것과 같다. 가령 이윤이 들에서 농사짓고 백이와 태공이 바닷가에서 살고 있을 때, 세상에 성탕이나 문왕이 없었다면 거기서 삶을 마쳤을 뿐이다. 틀림없이 도를 굽혀 남을 추종한다거나, 보옥을 자랑하며 팔리기를 구하지는 않았을 것이다. – 범조우

9-14 공자가 구이 땅에 살려고 하자, 어떤 이가 말하였다. "누추한 곳인데 어찌 그러실 수 있습니까?" "군자가 거처하는데 무슨 누추함이 문제겠는가?"

동방의 오랑캐는 아홉 종족이 있다. '살려고 하다'란, '뗏목을 타고 바다로 떠나고 싶어 한' 일(5-7)과 같은 뜻이다.②

군자가 거처하는 곳은 교화되거늘, 무슨 누추함이 문제겠는가?

들어가 자기 자신을 선전했다가 마침내 큰 허물이 되었다. 그밖에 저 앞다투어 달려드는 무리들이야 본디 옥도 아닐뿐더러 값도 없는지라, 옥으로 대우해주지도 않는다.

② 『어류』: "이 장과 '뗏목을 타고 바다로 떠나겠다'(5-7)고 한 대목은 모두 농담 아닌가요?" "다만 도가 행해지지 않음을 보고 우연히 이렇게 탄식한 것이지 농담이 아니니다. … 후세 사람들은 당시의 임금이 성인을 등용하지 않았다고 말하는데, 몰랐기 때문에 등용하지도 않았다. 나라마다 세습 신하들이 장악하고 있었기 때문에, 어떻게 이방인이 가서 벼슬할 수 있었겠는가? 예컨대 노나라에는 삼환, 제나라에는 전씨, 진나라에는 육경六卿이 있었듯이 모든 나라가 다 그러했으니, 어떻게 성인께서 끼어드실 수 있었겠는가?"[106]

9-15 子曰："吾自衛反魯, 然後樂正, 雅頌[1]各得其所."

魯哀公十一年冬, 孔子自衛反魯. 是時周禮在魯,[2] 然『詩』樂亦頗殘闕失次.[3] 孔子周流四方, 參互考訂,[4] 以知其說.[5] 晩知道終不行, 故歸而正之.

9-16 子曰："出則事公卿, 入則事父兄, 喪事不敢不勉, 不爲酒困, 何有於我哉?"

說見第七篇, 然此則其事愈卑而意愈切矣.

9-17 子在川上, 曰："逝者如斯夫! 不舍晝夜."

(夫, 音扶. 舍, 上聲.) ○天地之化, 往者過, 來者續, 無一息之停, 乃道體之本然也. 然其可指而易見者, 莫如川流. 故於此發以示人, 欲學者時時省察, 而無毫髮之間斷也.

---

1) 雅(아) : 바르다, 우아하다, 아름답다, 본디, 바른 음악, 『시』의 육의六義의 하나로서 엄정한 시라는 뜻(천하의 정치를 노래한 것으로 천자·제후의 제사 음향에 씀). 頌(송) : 칭송, 『시』의 육의의 하나로 천자의 성덕을 칭송하여 신명에게 고하는 종묘악.

2) 『左傳』「昭公二年」: 晉侯使韓宣子來聘, 觀書於大史氏, 見『易象』與魯『春秋』, 曰 : "周禮盡在魯矣! 吾乃今知周公之德, 與周之所以王也!"

3) 頗(파) : 자못, 조금, 매우, 꽤, 몹시, 바르지 않다, 두루, 두루 미치다, 적다, 치우침. 殘(잔) : 손상하다, 멸하다, 무너지다, 해치다, 잔인, 잔인한 자, 피폐하다, 나머지. 闕(궐) : 빠지다, 모자람, 빼다, 줄이다, 부족, 이지러지다, 헐다, 틈새, 허물, 대궐.

4) 考訂(고정) : 고증하여 교정함. 考 : 조사하다, 연구. 訂 : 바로잡다, 정정하다, 수정.

5) 說(설) : 말, 언설, 학설, 의견, 변명, 해명, 뜻풀이, 도리, 도, 서술, 해석, 설득, 교육.

① 『어류』: 내 마음이 천지의 조화와 둘인가 하나인가? 생각해 보라. 여러분은 책을 읽고 글자의 뜻(義)만 이해하고, 의미(意)는 이해하지 않는다. 성인의 언어는 저 도리를 천명한 것일 뿐이다. 저 도리란 내 몸도 그 안에 있고, 만물도 그 안에 있고, 우주도 그 안에 있다. 관통하는 것은 하나의 것이니, 장애도 없고 막힘도 없다. 나의 마음이 곧 우주의 마음이다(吾之心, 卽天地之心). 성인은 강물의 흐름을 보고 저 리理가 어디든 극치 아님이 없음을 깨달았다. 천명이 지극히 올바르나 사람의 마음이 사악하고, 천명이 지극히 공명하나 사람의 마음이

9-15 공자가 말하였다. "내가 위나라에서 노나라로 돌아온 뒤에 음악이 바르게 되고, 아·송이 각기 제자리를 얻었다."

노나라 애공 11년(공자 나이 68) 겨울, 공자는 위나라에서 노나라로 돌아왔다. 이때 주나라의 예가 노나라에 있었다. 그러나 『시』와 음악은 상당히 훼손되어 사라지거나 순서가 뒤바뀌었다. 공자는 천하를 두루 다니면서 서로 비교하여 고증하고 교정하면서, 그것들의 도리를 깨달았다. 만년에 도가 끝내 행해지지 않음을 알고, 귀향하여 그것들을 바로잡았다.

9-16 공자가 말하였다. "나가서는 공경公卿을 섬기고, 들어와서는 부형을 섬기며, 장례 일은 정성을 다하고, 술 때문에 곤경에 빠지지 않는 일 가운데 어느 것이 나에게 있는가?"

관련 설명은 7편(7-2)에 있다. 여기 제시된 사례는 그보다 더욱 비근하지만, 그 의미는 더욱 절실하다.

9-17 공자가 냇가에 서서 말하였다. "가는 것이 이와 같구나! 밤낮을 가리지 않도다!"①

천지의 조화는 이전 것이 지나가면 오는 것이 계속되어 한순간도 멈춤이 없다. 이것이 도체의 본래 모습이다. 그러나 가리켜 쉽게 볼 수 있는 것으로는, 냇물의 흐름만한 것이 없다. 따라서 냇가에서 사람들에게 이렇게 말함으로써, 학생이 늘 성찰하여 한순간도 중단이 없기를 바랐다.②

사사롭고, 천명이 지극히 크나 사람의 마음이 협소할 뿐이다. 따라서 천지와 같아지지 못한다. 강학할 때는 천지와 비슷하지 못한 점을 제거하여 천지와 비슷해지려고 하야 한다. 허공 속의 모든 것이 이 도리이니, 성인께서 사물 속에서 도출해 냈다. 대원大原을 인식하면, 만물이 근본으로부터 출현했음을 깨닫는다. 마치 큰 나무가 있을 때, 뿌리와 줄기가 있으면 곧 온갖 가지와 잎이 생기는 것과 같다. 하나를 잡아당기면 천만 가지가 다 움직인다.[129]

② 『어류』: 성찰하지 않으면 곧 중단(천리와 단절되어 인욕이 지배하는 상태)이 생긴다. 이 때문에 '그 요점은 오직 신독愼獨에 있다'고 하였다. 사람은 주로 자신의 내면(獨處)에 중단이 생긴다.[128] 대체로 흘러가는 것은 쉼(중단)이 없다. 자연의 운행(天運流行)이란 그처럼 쉼이

○程子曰："此道體也. 天運而不已, 日往則月來, 寒往則暑來, 水流而不息, 物生而不窮, 皆與道爲體, 運乎晝夜, 未嘗已也. 是以君子法之, 自强不息.[1] 及其至也, 純亦不已焉."

又曰："自漢以來, 儒者皆不識此義. 此見聖人之心, 純亦不已也. 純亦不已, 乃天德也. 有天德, 便可語王道, 其要只在謹獨."

愚按：自此至篇終, 皆勉人進學不已之辭.

9-18 子曰："吾未見好德如好色者也."

(好, 去聲.) ○謝氏曰："好好色, 惡惡臭, 誠也.[2] 好德如好色, 斯誠好德矣, 然民鮮能之."

○『史記』："孔子居衛, 靈公與夫人同車, 使孔子爲次乘, 招搖市過[3]之." 孔子醜[4]之, 故有是言.[5]

없다. 학생 역시 마땅히 이처럼 쉼이 없어야 함을 경계하였다.[111]

1) 自强不息 또는 自彊不息：○『易』「乾」：天行健, 君子以自强不息.

2) 『大學』：所謂誠其意者：毋自欺也, 如惡惡臭, 如好好色, 此之謂自謙, 故君子必愼其獨也!

3) 招搖(초요)：자랑하다, 뽐내다, 떠벌리다, 선양하다. 招：손짓하다, 구하다, 흔들리다, 밝히다, 게시하다, 높이 들어 남에게 보이다. 搖：(마음이) 흔들리다, 요동하다, 움직이다, 흔들다, 올라가다. ○招搖過市(초요과시)：일부러 자기를 과시해 남의 주목을 이끌어 냄.

4) 醜(추)：추하다, 미워하다, 나쁘다, 밉살스럽다, 추악하다, 못되다.

5) 『史記』「孔子世家」：靈公與夫人同車, 宦者雍渠參乘出, 使孔子爲次乘, 招搖市過之. 孔子曰："吾未見好德如好色者也." 於是醜之, 去衛.

① 『어류』：도는 볼 수 없다. 다만 해가 지면 달이 뜨고, 추위가 가면 더위가 오고, 물이 흘러 쉬지 않는 것들만 보인다. 만약 이런 온갖 것들이 없으면 어떻게 도를 볼 수 있겠는가? 이런 온갖 것이 '도와 더불어 일체가 된다(與道爲體).' 물이 흘러 쉼 없음이 가장 눈에 잘 보인다. 물이 흘러 쉬지 않음에서 도체가 스스로 그러함(道體之自然)을 볼 수 있다. 이러한 부분은 느긋하게 시간을 갖고 완미해야 한다.[118, 120] 일월한서의 이 네 가지 현상은 도의 체가 아니다. 다만 그에 근거하여 도의 체를 볼 수 있다. 저 '소리도 없고 냄새도 없는' 것이 도이다. 저 '소리도 없고 냄새도 없는' 것들로부터 찾아가면, 어떻게 도를 볼 수 있겠는가? 이 네 가지가 있기 때문에 비로소 저 '소리도 없고 냄새도 없는' 것을 볼 수 있다. 따라서 '도와 더불어 일체가 되는' 것이다.[121] 일월한서의 현상 등은 도가 아니다. 그러나 저 도가 없으면 저 현상도 없다. 저 도가 있기 때문에 비로소 저 현상도 있다. 이미 그 현상이 있는 이상

• 이것이 도체道體이다. 하늘의 운행은 그치지 않는다. 해가 지면 달이 뜨고, 추위가 가면 더위가 오며, 물이 흘러서 쉬지 않듯이, 만물이 생성함에 막힘이 없다. 이 모두가 도와 일체가 되어,① 주야로 운행함에 중단이 없다. 그러므로 군자는 그것을 본받아 자강불식自强不息하거니와, 지극한 경지에 이르면 곧 순수하여 그침(중단)이 없는 상태가 된다. – 이천

• 한나라 이래 유자들은 모두 이 의미를 몰랐다.② 이것은 성인의 마음이 순수하여 그침이 없음을 보여준다. 순수하여 그침 없음이 곧 천덕天德이다. 천덕만 있으면 왕도를 논할 수 있다. 그 요점은 오직 신독에 있다.③ – 명도

내가 살피건대, 여기서부터 이 편의 끝까지는 모두 사람들에게 학문에 나아가 중단이 없기를 권면하는 말이다.

9-18 공자가 말하였다. "나는 아직 덕을 좋아하기를 미인을 좋아하듯 하는 이는 보지 못하였다."

• 미인을 좋아하고 악취를 싫어함이 참됨(誠)이다. 덕을 좋아하기를 미인을 좋아하듯 함이 참으로 덕을 좋아함이다. 그러나 그렇게 할 수 있는 사람은 거의 없다. – 사량좌

『사기』에 따르면, "공자가 위나라에 있을 때, 영공이 부인과 수레에 동승하고 공자는 뒤차(수행원용)에 태우고 사람들 앞을 과시하며 거리를 지나갔다." 공자가 이 일을 수치로 여긴지라, 이런 말을 하였다.

거기에 나아가 도를 볼 수 있다.[122] '여도위체(與道爲體)'의 체는 체질體質이다. 도의 본연의 체는 볼 수 없다. 저 현상을 보면 저 '체 없는 체(無體之體)'를 볼 수 있다. 마치 음양오행이 태극의 체가 됨과 같다.[123] 이 '체' 자는 형체와 비슷하다. 드는 공허한 도리이니, 저 현상을 통해서만 비로소 볼 수 있다.[124]

② 『어류』: "이 말이 무슨 뜻입니까?" "(한유들은 현상 배후의 형이상의 도를) 인식한 적이 없다는 뜻이다. 석가모니는 현상 이면의 그림자를 대략 엿본 것 같다."[126] "불교와 도가는 마음 위에서 공부를 시작했기 때문에, 비록 그 학문이 옳지는 않지만 근본은 있습니다. 유자는 그저 언어 문자만 공부하기 때문에, 일들을 이해해야 한다는 것은 알지만 한바탕 말만 하면 그만이라 여기므로, 불교와 도가에 질 수밖에 없습니다." "저들이 말한 마음공부는 본디 옳지 않지만, 그럼에도 불구하고 유자보다 뛰어난 점이 많다."[114]

③ 『어류』: 신독愼獨이 여기에 무슨 상관일까? 조금이라도 삼가지(愼) 않으면 곧 중단이 생긴

9-19 子曰："譬如爲山, 未成一簣, 止, 吾止也；譬如平地, 雖覆[1]一簣, 進, 吾往也."

(簣, 求位反. 覆, 芳服反.) ○簣, 土籠也.[2] 『書』曰："爲山九仞, 功虧[3]一簣." 夫子之言, 蓋出於此. 言山成而但少一簣, 其止者, 吾自止耳. 平地而方覆一簣, 其進者, 吾自往耳. 蓋學者自彊不息, 則積少成多；中道而止, 則前功盡棄.[4] 其止其往, 皆在我而不在人也.

9-20 子曰："語之而不惰[5]者, 其回也與!"

(語, 去聲. 與, 平聲.) ○惰, 懈怠[6]也.

范氏曰："顏子聞夫子之言, 而心解力行, 造次顚沛未嘗違之. 如萬物得時雨之潤,[7] 發榮滋長,[8] 何有於惰? 此群弟子所不及也."

다.[125] 신독할 수 있으면 중단이 없어 천리유행에 중단이 없다. 만약 신독하지 못하면 사욕이 그 안에 끼어들기 때문에 중단이 생긴다.[114] "사람이 쉼 없는(不息) 경지에 이르지 못하는 것은 두 가지 때문입니다. 하나는 모르기 때문에 행하지 못하는 것이고, 또 하나는 욕망에 휘둘리기 때문에 행하지 못하는 것입니다. 사람은 반드시 궁리 공부를 하여 하나의 이치도 모르는 것이 없도록 해야 하고, 또 극기 공부를 하여 하나의 사욕도 일어나지 않도록 해야 합니다. 이 두 가지 공부는 모두 경敬으로 귀결됩니다. 따라서 명도 선생이 '그 요점은 오직 신독에 있다'고 하였습니다." "물론 그렇다. 만약 신독하지 않으면 (자신만이 아는) 은미한 데에서 중단이 생긴다. 신독할 수 있어야 중단이 없다. 조금 행하다 곧 그만두면 어떻게 (잠시의 중단이 없는) 천지의 경지와 비슷해질 수 있겠는가?"[112]

1) 覆(복)：덮다, 씌우다, 뒤집히다, 반전하다, 넘어지다, 전도되다, 다시, 또, 재차.
2) 簣(궤)：삼태기. 籠(롱)：대그릇, 삼태기(흙을 옮기는 데 쓰는 대그릇), 포괄하다.
3) 虧(휴)：이지러지다, 줄다, 부족하다, 모자라다, 다행히, 덕분에.
4) 范曰："學者自强不息, 則積少成多, 中道而止, 則前功皆棄. … 君子不以善小而不爲, 不以惡小而爲之. 積小善必成大功, 爲小惡必累大德故也."
5) 惰(타)：게으르다, 나태하다, 삼가지 아니하다, 불경스럽다, 소홀히 하다, 업신여기다.
6) 懈(해)：게으름, 느슨해짐. 怠(태)：게으름, 싫증, 해이해짐, 방심, 깔보다, 위태함.
7) 潤(윤)：젖다, 은혜를 입다, 적시다, 이익, 윤이 나다, 꾸미다, 훌륭하게 하다, 온화함.
8) 發榮滋長(발영자장)：무성하게 자란다. 發榮：번영하다, 무성하다. 榮：번영하다, 꽃, 꽃 피다. 滋：붇다, 번식하다, 더하다, 더욱, 번성, 많아짐, 잘 익다, 자라다, 적시다.

9-19 공자가 말하였다. "비유컨대 산을 만들면서 단 한 삼태기의 흙이 모자라지만 그만두는 것도 내가 그만둠이고, (산을 만들려고) 평지에 한 삼태기의 흙을 쌓으며 나아가는 것도 내가 매진함이다."

궤簣는 삼태기이다. 『서경』에 "아홉 길 높이의 산을 완성하는 공도 한 삼태기가 모자라면 망친다"고 하였다. 공자의 말은 여기서 나온 것 같다. 산을 만들 때 단 한 삼태기가 모자라지만 그만두는 일도, 나 스스로 그만두는 것이다. 평지에 (산을 만들려고) 비로소 한 삼태기의 흙을 쌓았지만 나아가는 일도 나 스스로 매진하는 것이다. 학생이 자강불식하면, 적은 것이 쌓여 많은 것을 이룬다. 도중에 그만두면, 이전의 공이 다 폐기된다. 그만두든 매진하든, 모두 나에게 달려 있지 남에게 달려 있지 않다.①

9-20 공자가 말하였다. "일깨워준 내용에 태간하지② 않을 사람은, 안연일 것이다."

타惰는 게으르고 태만함이다.

• 안자는 공자의 말을 듣고 마음으로 이해하고 실천에 힘써, 다급하고 경황없는 순간(4-5)에도 어긴 적이 없었다. 마치 만물이 때맞춰 내리는 단비에, 활짝 피어나 쑥쑥 자라는 것 같았다. 무슨 태만함이 있었겠는가? 이는 다른 제자들이 미칠 수 없는 경지이다. – 범조우

---

① 『혹문』 : 호인의 해설이 아주 좋다(盡善). 호인은 말하였다. "안연은 말하기를 '순임금은 누구이고, 나는 누구인가? 실천을 하면 다 그처럼 된다'[『맹자』 5 : 1]고 했는데, 이것이 내가 매진함(往)이다. 염구는 말하기를 '선생님의 도를 좋아하지 않는 것은 아니지만 능력이 부족합니다'(6-12) 했는데, 이것이 내가 그만둠(止)이다. 매진하든 그만두든 모두 다른 사람이 간여할 바가 아니다. 이 때문에 군자는 자강불식한다."

② 『어류』 : "안연이 '태만하지 않은' 사례는 어디서 볼 수 있습니까?" "예컨대 '한 가지 선을 터득하면 가슴 깊이 간직하여 상실하지 않음(得一善, 則拳拳服膺而弗失之)'[『중용』]이나, '그만두려고 해도 그러지 못함'(9-11) 등이 모두 그가 태만하지 않은 사례이다."[135] "안자는 공자의 말씀을 들으면 자연히 가만히 있지 못하였다(住不得). 다른 이들은 공자의 말씀을 들으면 반신반의하고 건성건성으로 대했으니(若存若亡), 어찌 태만이 아니겠는가?"[136]

9-21 子謂顔淵, 曰: "惜乎! 吾見其進也, 未見其止也."

'進''止'二字, 說見上章. 顔子旣死而孔子惜之, 言其方進而未已也.

9-22 子曰; "苗而不秀[1]者有矣夫! 秀而不實[2]者有矣夫!"

(夫, 音扶.) ○穀之始生曰苗, 吐華曰秀, 成穀曰實. 蓋學而不至於成, 有如此者, 是以君子貴自勉也.

9-23 子曰: "後生可畏, 焉知來者之不如今也? 四十·五十而無聞焉, 斯亦不足畏也已."

(焉知之焉, 於虔反.) ○孔子言後生年富力强, 足以積學而有待,[3] 其勢[4]可畏, 安知其將來不如我之今日乎? 然或不能自勉, 至於老而無聞, 則不足畏矣. 言此以警人, 使及時勉學也. 曾子曰: "五十而不以善聞, 則不聞矣,"[5] 蓋述此意.

○尹氏曰: "少而不勉, 老而無聞, 則亦已矣. 自少而進者, 安知其不至於極乎? 是可畏也."

---

1) 秀(수): 빼어나다, 높이 솟다, 훌륭함, 성장, 꽃피다, 꽃피고 열매 맺지 않음, 꽃.

2) 實(실): 열매가 익다, 열매, 차다, 채우다, 충만하다, 충실, 참으로, 진실로, 재물, 재화.

3) 待(대): 기다리다, 갖추다, 대비, 대접, 대우, 기대, 더하다, 돕다, 모시다, 의지하다.

4) 勢(세): 기세, 기염, 기운차게 뻗치는 형세, 무리, 동향, 정세, 권력, 위세, 가장 효과적인 시기, 기회.

5) 『大戴禮記』: 三十四十之間而無藝, 卽無藝矣. 五十而不以善聞, 則無聞矣.

① 『어류』: "'싹이 돋고도 꽃피우지 못함'과 '꽃이 피고도 열매 맺지 못함'은 무슨 비유입니까?" "모두 힘써 정진하라는 말씀이다. 대체로 사물은 생겨나고도 성장하지 못한 것이 있고, 성장하더라도 성취에 이르지 못한 것이 있다는 말이다."[139] 싹은 꽃 피워야 하고, 꽃 피면 열매 맺어야 성취된다. 그렇지 못하면 어디에 쓰겠는가? 학문이 열매를 맺지 못하면 어디에 쓰겠는

9-21 공자가 안회에 대해 말하였다. "애석하다! 나는 그가 정진하는 것만 보았지, 그만두는 것을 본 적이 없다."

'진進'과 '지止' 두 자의 해설은 앞 장(9-19)에 있다. 안자가 죽어서 공자가 애석해 하였다. 그가 오직 정진하였지 그만둔 적이 없다는 말이다.

9-22 공자가 말하였다. "싹이 돋고도 꽃피우지 못한 것이 있고, 꽃이 피고도 열매 맺지 못한 것이 있다!"

낟알이 막 싹튼 것이 묘苗, 꽃을 토한 것이 수秀, 알곡이 여문 것이 실實이다. 배웠으나 완성에 이르지 못함도 이와 비슷한 면이 있다. 이 때문에 군자는 자강불식을 중시한다.①

9-23 공자가 말하였다. "후생이 무섭다. 어찌 그들의 장래가 우리의 오늘만 못하다 하랴? 다만 사십·오십이 되어도 명성이 없으면, 그 또한 무서울 것이 없다."

후생은 젊고 기력이 왕성하여, 학문을 쌓으면 앞날의 기대가 충분하므로 그 형세가 무섭다. 어찌 그들의 장래가 우리의 오늘만 못하다 하랴? 그러나 만약 스스로 노력하지 않아서 노년에 이르러도 명성이 없으면 무서울 것이 없다는 말이다. 사람은 제때 배움에 힘써야 한다는 경고이다. "오십이 되도록 명성이 없으면, 끝내 이름이 없다"는 증자의 말도 여기서 나왔다.

• 젊어서 노력하지 않고 늙어서 명성이 없다면, 끝이다. 젊어서부터 정진한다면, 어찌 그가 최고에 이르지 못한다고 단정하랴? 참으로 무섭다. - 윤돈

가?[140] ○『논어계』: 천하의 일은 만가지로 다르다. 평상적인 삶의 이치를 따라가는 것도 있다. 그런데 꽃 피지도 열매 맺지도 못한 것은 평상의 이치로는 헤아릴 수 없는 부분이다. 윗 장에 이어 안자(안연)를 두고 한 말인 듯하다. 주자가 학문정진의 의미로 해석한 것은 후생들을 면려하려는 뜻이다.

9-24 子曰："法語之言, 能無從乎? 改之爲貴. 巽與之言,[1] 能無說乎? 繹[2]之爲貴. 說而不繹, 從而不改, 吾末如之何也已矣."

法語者, 正言之也. 巽言者, 婉而導之也.[3] 繹, 尋其緖也. 法言人所敬憚,[4] 故必從；然不改, 則面從而已. 巽言無所乖忤,[5] 故必說；然不繹, 則又不足以知其微意之所在也.

○楊氏曰："法言, 若孟子論行王政之類是也. 巽言, 若其論好貨·好色之類是也.[6] 語之而未達, 拒之而不受, 猶之可也. 其或喩焉, 則尙庶幾其能改·繹矣. 從且說矣, 而不改·繹焉, 則是終不改·繹也已, 雖聖人其如之何哉?"

9-25 子曰："主忠信, 毋友不如己者, 過則勿憚改."

重出而逸其半.

9-26 子曰："三軍可奪[7]帥也, 匹夫不可奪志也."

侯氏曰："三軍之勇在人, 匹夫之志在己. 故帥可奪而志不可奪, 如可奪, 則亦不足謂之志矣."[8]

---

1) 巽與之言(손여지언)：온화하여 남의 마음을 거스르지 않는 말씨(巽：柔, 與：和).
2) 繹(역)：풀다, 실마리를 찾다, 연구, 다스리다, 잇달다, 끊이지 않다, 통하다.
3) 婉(완)：부드럽다, 완곡함, 은근함, 유순, 온유, 정숙, 아름답다, 에둘러 말하다. ○尹曰："法言者, 正言之也. 巽言者, 婉而導之也. 不背其言, 不若遂改其事. 喜說其說, 不若尋繹其意."
4) 憚(탄)：꺼리어 피함, 괴로움, 구애받다, 공경하다, 고생, 화내다, 협박, 의심, 두려워하다.
5) 乖(괴)：어그러짐, 어기다, 배반, 교활, 나뉘다. 忤(오)：거스르다, 거역, 반대, 어지럽다.
6)『孟子』：王曰："王政可得聞與?" 對曰："…此四者(鰥·寡·獨·孤), 天下之窮民而無告者. 文王發政施仁, 必先斯四者. …" 王曰："寡人有疾, 寡人好貨." 對曰："昔者公劉好貨, …王如好貨, 與百姓同之, 於王何有?" 王曰："寡人有疾, 寡人好色." 對曰："昔者太王好色, 愛厥妃. …王如好色, 與百姓同之, 於王何有?"[2：5]

9-24 공자가 말하였다. "바른 깨우침의 말은, 받들지 않을 수 있겠는가? 다만 고치는 일이 귀중하다. 완곡히 인도하는 말은, 기뻐하지 않을 수 있겠는가? 다만 그 참뜻을 찾는 일이 귀중하다. 기뻐하면서도 참뜻을 찾지 않고, 받들면서도 고치지 않으면, 나도 어찌할 수 없다."

법어法語는 정색하여 엄숙히 하는 말, 손언巽言은 완곡하게 인도하는 말, 역繹은 그 실마리를 찾음이다. 법어는 사람들이 공경하면서 두려워하는 내용이므로, 반드시 따른다. 그러나 (그 말 내용대로 내가) 고치지 않으면, 겉으로만 따를 뿐이다. 손언은 거슬리는 내용이 없으므로, 반드시 기뻐한다. 그러나 그 참뜻을 찾지 않으면, 또한 그 미묘한 뜻의 소재를 알지 못한다.

• 법어는 맹자가 왕정王政 실행을 논한 부류가 그것이고, 손언은 맹자가 재화를 좋아하고 미색을 좋아함을 논한 부류가 그것이다. 말해 주어도 깨닫지 못하거나 처음부터 거절하고 받아들이지 않는다면 모르겠지만, 만일 깨달았다면 고치거나 그 참뜻(실마리)을 찾아야 한다. 따르고 또 기뻐하기만 할 뿐 고치거나 참뜻을 찾지 않으면, 이는 끝내 고치거나 참뜻을 찾지 않은 경우이다. 비록 성인이더라도 그를 어찌하겠는가? – 양시

9-25 공자가 말하였다. "충직과 신의를 받들고, 나보다 못한 사람과는 벗하지 말며, 잘못을 했으면 고치기를 꺼리지 말라."

다시 나오면서(1-8) 그 반이 빠졌다.

9-26 공자가 말하였다. "삼군의 장수는 뺏을 수 있을지라도, 필부의 뜻은 뺏을 수 없다."

• 삼군의 용맹은 남에게 달려 있고, 필부의 뜻은 자기에게 달려 있다. 따라서 장수는 뺏을 수 있어도 뜻은 뺏을 수 없다. 뺏을 수 있다면, 뜻이라고 할 수 없다. – 후중량

7) 奪(탈) : 빼앗다, 약탈, 징발, 강탈하다, 훔치다, 바꾸다, 잃다, 없어지다, 어지러워짐.
8) 侯曰 : "三軍之勇在人, 故可奪其帥. 匹夫之志在己, 故不可奪. 如可奪, 則非志也, 僞也."

9-27 子曰："衣敝縕袍,[1] 與衣狐貉[2]者立, 而不恥者, 其由也與? '不忮不求,[3] 何用不臧?'"[4] 子路終身誦之. 子曰："是道也, 何足以臧?"

(衣, 去聲. 縕, 紆粉反. 貉, 胡各反. 與, 平聲.) ○敝, 壞也. 縕, 枲著也.[5] 袍, 衣有著者也, 蓋衣之賤者. 狐貉, 以狐貉之皮爲裘, 衣之貴者. 子路之志如此, 則能不以貧富動其心, 而可以進於道矣, 故夫子稱之.

(忮, 之豉反.) ○忮, 害也. 求, 貪也. 臧, 善也. 言能不忮不求, 則何爲不善乎? 此「衛風·雄雉」之篇,[6] 孔子引之, 以美子路也.
呂氏曰："貧與富交, 强者必忮, 弱者必求."

終身誦之, 則自喜其能, 而不復求進於道矣, 故夫子復言此以警之. ○謝氏曰："恥惡衣惡食, 學者之大病. 善心不存,[7] 蓋由於此. 子路之志如此, 其過人遠矣. 然以衆人而能此, 則可以爲善矣. 子路之賢, 宜不止此, 而終身誦之, 則非所以進於日新也, 故激[8]而進之."

---

1) 敝(폐) : 해지다, 패배, 피폐, 망하다, 깨뜨리다, 버리다, 덮어 가리다. 縕(온) : 헌 솜, 헌 풀솜, 풍부하다, 쌓다, 깊숙한 곳, 어지럽다. 袍(포) : 핫옷, 웃옷(도포 등), 평상복.

2) 貉(학) : 담비, 오소리, 튼튼하다. (맥) : (북방) 오랑캐, 고요하다, 묶다, 나쁘다.

3) 忮(기) : 해치다, 다치게 하다, 거스르다, 거역, 원망. 求(구) : 책망, 탐하다, 힘쓰다.

4) 臧(장) : 착하다, 두텁다, 거두다, 숨기다, 억누르다, 적다, 뇌물, 종(노복), 곳간, 오장(臟).

5) 枲(시) : 모시풀, 삼. 著(착) : 붙다, 입다, 신다, 쓰다, 베풀다, 놓다, 솜옷, 핫옷, 옷.

6) 篇(전서본) : 詩(내각본). ○『詩』「雄雉」: … 雄雉于飛, 下上其音. 展矣君子, 實勞我心. 瞻彼日月, 悠悠我思. 道之云遠, 曷云能來. 百爾君子, 不知德行. 不忮不求, 何用不臧.

7) 存(존) : 살아 있다, 현상을 유지하다, 가엽게 여김, 살핌, 생각하다, 맡아보다(8-4).

8) 激(격) : 물결이 부딪쳐 흐르다, 부딪침, 심하다, 과격, 격렬, 기가 높아지다, 힘쓰다.

① 『어류』: 이굉조에 따르면 '기忮는 남이 가진 것을 질시함, 구求는 내게 없음을 부끄러워함이다.'[6] ○『사서찬소四書纂疏』: 기忮는 남이 가진 것을 시기하여 해치려고 함, 구求는 내가 없음을 부끄러워하여 취하려고 함이다. 모두 외물에 의해 휘둘린(얽매인) 경우이다. 외물에 대해 조금의 얽매임이 없다면 무슨 일을 하든 선하지 않겠는가? ○『논어전주』: 나에게 없음을 부끄러워하여 남이 가진 것을 원망함이 기忮이고, 나에게 없음을 부끄러워하여 남이 가진 것을 부러워함이 구求이다. 천하에는 이 두 부류가 있다. 이 부류에 해당되지 않는다면 무슨 일을 행한들 선하지 않겠는가?

9-27 공자가 말하였다. "허름한 솜옷을 입고, 화려한 가죽옷을 입은 권력자와 나란히 서도 부끄러워하지 않을 사람은 자로일 것이다. 『시』에 '시기하지 않고 탐욕부리지 않으면, 어찌 선하지 않겠는가?' 하였다." 이리하여 자로가 그 구절을 종신토록 외웠다. 공자가 말하였다. "그런 도리가 어찌 선한(좋은) 것일 수 있겠는가?"

폐敝는 헤짐, 온縕은 모시 솜옷이다. 포袍는 옷에 솜을 넣은 것으로, 아마 천한 옷이다. 호학狐貉은 여우와 담비의 가죽으로 만든 갖옷이니, 귀한 옷이다. 자로의 뜻이 이와 같이 빈부에 마음이 흔들리지 않았으니, 도에 나아갈 수 있다. 그래서 공자가 칭찬하였다.

기忮는 해침, 구求는 탐욕, 장臧은 착함이다. 해치지 않고 탐하지 않을 수 있으면, 어찌 착하지 않을 수 있겠느냐는 말이다.① 이것은 「위풍·웅치」편인데, 공자가 인용하여 자로를 찬미하였다.②

• 빈자가 부자와 사귈 경우 강포한 자는 꼭 해치려 하고, 나약한 자는 꼭 얻으려 한다.③ – 여대림

'종신토록 외웠으니,' 그것을 잘한다고 자부하여④ 다시 도를 향한 정진을 추구하지 않았다. 그래서 공자가 다시 이렇게 말하여 경계하였다.

• 악의악식을 부끄러워함은, 학생의 큰 병이다. 선한 마음을 보존하지 못하는 까닭도 이에서 비롯된다. 자로는 그 뜻이 이와 같은지라, 다른 사람을 훨씬 능가한다. 보통 사람이 이렇게 할 수 있다면, '잘한다'고 할 수 있다. 그러나 자로만큼 현명한 사람은 그 수준에 멈추어서는 안 되거늘, 종신토록 그것만 외웠으니 날마다 새로워지려는(日新) 정진의 자세가 아니다. 따라서 공자가 자극을 주어 정진하게 하였다. – 사량좌❺

---

② 『혹문』: 증기에 따르면, 자로가 뜻을 숭상하여 물질을 경시한지라 헤진 옷을 부끄러워하지 않았다. 그래서 거마나 갖옷을 친구와 함께 쓰다가 망가뜨려도 유감이 없을(5-26) 수 있었다.

③ 『어류』: 세상 사람은 부귀한 사람을 보면, 마음속으로 그를 질시하지 않으면 부러워한다. 여대림의 견해 역시 이와 같다.[8]

④ 『어류』: 합당하지 않게 스스로 장담하는 순간 곧 그 수준에 멈추고(止) 마니, 곧 '자획自畫'(스스로 주저앉음)(6-12)이다. 대체로 정말로 좋은 일도 스스로 장담하는 순간 곧 망가진다.

9-28 子曰："歲寒, 然後知松柏之後彫[1]也."

范氏曰："小人之在治世, 或與君子無異. 惟臨利害, 遇事變, 然後君子之所守可見也."

○謝氏曰："士窮見節義, 世亂識忠臣. 欲學者必周[2]於德."

9-29 子曰："知者不惑,[3] 仁者不憂,[4] 勇者不懼."[5]

明足以燭[6]理, 故不惑. 理足以勝私, 故不憂. 氣足以配道義, 故不懼. 此學之序也.

이른바 '자신이 어떤 선을 자처하면, 그 선을 잃는다(有其善, 喪厥善)'는 말이다.[9]

❺『어류』: 이와 같이 자로는 "수레나 말, 좋은 옷을 친구와 함께 쓰다가, 망가지더라도 유감이 없는 경지에 이르고자 소원했다."(5-26) 자로가 본디 이런 사람이었다. 아주 좋은 물건이 있어도 여러 사람들과 함께 사용하려고 하였다. 관중이 '작은 그릇'임을 논한 사량좌의 글이 아주 좋다.[7, 8] ○『정의』: 사량좌가 말하였다. "'관중이 환공을 보필하여 제후의 패자가 되어 단번에 천하를 바로잡아, 인민이 그의 혜택을 누리게 한'(14-17) 그 공은 크다. 그러나 임금이 음란하면 관중도 음란하고 임금이 사치하면 관중도 사치했으니, 그가 임금의 마음을 얻어 국정을 장악한 일이 어찌 천하를 위한 마음에서였겠는가? 말단적인 욕망을 채우려는 것에 불과하였다. 심히 비루하고 천박하다. 마치 아녀자들처럼 옷가지나 이불 따위를 손에 넣고 의기양양했으니, '작은 그릇'이 아니고 무엇인가?"

1) 彫(조): 새기다, 아로새기다, 꾸미다, 수식, 다스리다, 쪼다, 쇠퇴하다, 시들다(≒凋).
2) 周(주): 주밀하다, 주도면밀하다, 전반적이다, 보편적이다, 부축하다, 구제하다.
3) 惑(혹): 미혹, 현혹, 뭐에 홀려 제정신을 못 차림, 정신이 헷갈려 갈팡질팡함, 의심.
4) 憂(우): 근심, 걱정, 괴로워하다, 가엾게 여기다, 두려워하다, 괴로움, 고단함, 막히다.
5) 懼(구): 두려워하다, 겁나다, 무서운 마음에 불안을 느끼다, 두려움, 으르다, 협박.
6) 燭(촉): 촛불, 등불, 횃불, 비추다, 간파하다, 꿰뚫어 보다.

① 정수덕: "『장자』「양왕」에 '추위가 닥치고 눈서리가 내린 뒤에야 나(공자)는 소나무·잣나무가 여전히 무성하다는 사실을 알았다. 진·채에서 당한 액운이 나에게는 오히려 행운이었다'는 말이 있다. 그렇다면 이 장은 공자가 진·채에서 액운을 겪을 때 자로에게 한 말인 것 같다."

② 『어류』: 어진 사람은 온몸이 리理 그 자체이고, 한 점의 사심도 없다. 일이 끝없이 와도 여기 마음의 대응이 늘 절도에 맞는다. 이른바 '천지에 세워도 어그러지지 않고, 귀신에게 물어도 의혹이 없고, 백 세대 뒤의 성인도 미심쩍어 하지 않는다'(『중용』) 함이니, 무슨 근심이 있겠는가![12] '지혜로운 자는 미혹이 없고, 용기 있는 자는 두려움이 없음'은 이해하기 쉽지만, '어진 자는 근심이 없음'은 좀 생각이 필요하다. 어진 자는 마음이 곧 리이니, 어떤 일이 도래하면 곧 도리로써 그에 대응하므로 근심이 없다. 사람에게 근심이 생기는 까닭은, 갑자기

9-28 공자가 말하였다. "날씨가 추워진 뒤에야, 소나무·잣나무가 늦게 시듦을 안다."①

• 소인은 태평성세에는 군자와 별 차이가 없을 수 있다. 오직 이해득실에 임하거나 사변을 만난 뒤에 군자의 지조를 알아볼 수 있다. – 범조우

• 선비는 곤궁해야 절의가 드러나고, 세상은 어지러워야 충신이 알려진다. 학생은 반드시 덕에 충실해야 한다. – 사량좌

9-29 공자가 말하였다. "지혜로운 사람은 미혹이 없고, 어진 사람은 근심이 없으며,② 용기 있는 사람은 두려움이 없다."③

명철하면 이치를 밝힐 수 있으므로, 미혹이 없다. 이치는 사심을 극복할 수 있으므로, 근심이 없다. 기백이 도의를 받칠 수 있으므로, 두려움이 없다.④ 이것이 배움의 순서이다.⑤

일을 당하여 도리로써 대응하지 못하기 때문이다.[20] "'어진 사람은 근심이 없다' 했지만, 근심 없는 것만으로는 아직 어진 것이 아닐 것 같은데요?" "오늘날 공부가 수택 가지이지만 오직 '극기복례'하려는 것이다. 만약 사심을 이겨 없앨 수 있으면 이윽고 순전히 천리만 남으니 저절로 근심할 것이 없어진다. 어찌 어짊이 아니겠는가?"[14]

③ 『어류』: 오직 미혹하지 않고 근심하지 않기 때문에 저 용기가 생긴다.[22] 어질고 지혜로운 뒤에 용기가 생긴다. 그러나 어질고 지혜롭더라도 용기가 없으면 안 된다. 만약 용기가 없으면 어질고 지혜롭더라도 이내 거꾸러질 가능성이 있다. 따라서 『중용』은 인·지·용 세 가지를 말하였다. 용기는 본디 긴요한 것은 아니지만, 어질고 지혜롭더라도 용기가 없으면, 끝마무리를 못하고 중간에 그만두고 만다(半塗而廢).[23]

④ 『어류』: 누가 만약 도리를 분명히 통찰하고도 도리어 겁을 집어먹는다면, 용기가 부족한 것이다.[16]

⑤ 『어류』: 이치에 밝으나(明理) 사욕을 제거하지 못한 사람도 있다. 그러나 사욕을 제거하려면 반드시 먼저 이치에 밝아야 한다. 사욕이 없으면 외물에 굴복하지 않기 때문에 용기가 생긴다. 오직 성인은 지성(誠)에서 명철(明)에 이르므로, 먼저 인仁을 말한 다음에 지知를 말해도 된다.(14-28) 그러나 사람을 교육할 때는 '지'를 먼저 가르쳐야 한다.[21] ○『문집』: "지혜로써 밝히고, 인으로써 지키고, 용기로써 실행하는데, 핵심은 치지致知에 있습니다. 지혜가 밝아졌어도 인으로 지키지 못하면 안 되고, 인으로 지키더라도 용기로 실행하지 못해도 안 됩니다. 세 가지 중에 하나라도 빠지면 안 되지만, 지혜가 맨 우선입니다." "설명이 매우 좋다. 우리가 스스로 힘 써야 할 내용이다."[1929쪽]

9-30 子曰："可與共學, 未可與適道；可與適道, 未可與立；可與立, 未可與權."[1]

可與者, 言其可與共爲此事也.

程子曰："可與共學, 知所以求之也. 可與適道, 知所往也. 可與立者, 篤志固執而不變也. 權, 稱錘[2]也, 所以稱物而知輕重者也. 可與權, 謂能權輕重, 使合義也."

○楊氏曰："知爲己, 則可與共學矣. 學足以明善, 然後可與適道. 信道篤, 然後可與立. 知時措之宜, 然後可與權."

洪氏曰："『易』九卦, 終於「巽」以行權.[3] 權者, 聖人之大用. 未能立而言權, 猶人未能立而欲行, 鮮不仆[4]矣."

程子曰："漢儒以反經合道爲權,[5] 故有權變·權術之論, 皆非也. 權只是經也. 自漢以下, 無人識權字."

---

1) 權(권)：저울질하다, 저울추, 경중·대소를 헤아리다, 권세, 권도權道, 임기응변의 방편.

2) 稱(칭)：무게를 달다, 저울질하다, 저울, 일컫다, 칭찬. 錘(추)：저울추, 망치.

3) 『易』「繫辭下」：易之興也, 其於中古乎? 作易者, 其有憂患乎? …履以和行, 謙以制禮, 復以自知, 恒以一德, 損以遠害, 益以興利, 困以寡怨, 井以辯義, 巽以行權.

4) 仆(부)：넘어지다, 자빠지다, 엎드리다, 뒤집어지다, 전복하다, 죽다.

5) 『公羊傳』「桓公11년」：古人之有權者, 祭仲之權是也. 權者何? 權者, 反於經, 然後有善者也. ○『後漢書』「周章傳」：孔子稱"可與立, 未可與權", 權也者, 反經者也.

① 『어류』：립立은 정당한 도리를 분명하게 통찰함으로써 사물에 휘둘려 변심하거나 미혹되지 않음이다.[47] 더불어 설 수 있음(可與立)은 더불어 경經을 지킬 수 있다는 뜻이다.[47, 50]

② 『어류』：정자에 따르면 '권權은 저울추의 뜻이다. 어떤 것을 저울추로 삼을 것인가? 의義가 그것이다.' 예컨대 누가 어떤 죄를 범했을 때, 성품이 엄한 사람은 처형해야 한다고 여기고, 성품이 관대한 사람은 용서해야 한다고 여기는데, 의義에 비추어볼 때 모두 합당하지 않다. 이런 일은 오직 얼마나 정밀하게 헤아려 그르침 없이 명확히 행하느냐에 달려 있다. 정밀하게 헤아리려면, 평소에 마음의 본원을 함양해야(平日涵養本原) 한다. 이 마음이 허심하고 밝아서 순수해지면(虛明純一) 저절로 헤아림이 정밀해진다.[37] 의義는 저울과 같다. 권은 저 저울을 가지고 사물을 헤아리는 것이다.[32] 도의(義)는 경經과 권權을 총괄할 수 있다. 권에만 해당하는 것이 아니다. 도의에 따라 경을 지켜야 하면 경을 지키고, 권을 써야 하면 권을 쓴다.[46]

③ 『어류』：'경'이 하나의 대강大綱이라면, '권'은 미묘하고 복잡한 부분이다. … 권은 세밀하니, 이치를 아주 정밀하게 통찰하지 못하면 권을 인식할 수 없다.[49] 성인이라야 권을 행사할

9-30 공자가 말했다. "같이 배우더라도, 더불어 도를 걸을 수 없다. 같이 도를 걷더라도, 더불어 설 수 없다. 같이 서더라도, 더불어 헤아릴(권을 발휘할) 수 없다."

가여可與란 더불어 그 일을 할 수 있다는 말이다.

• '같이 배울 수 있으므로' 추구할 방법을 안다. '같이 도를 걸을 수 있으므로' 가야 할 바(목표)를 안다. '같이 설 수 있다' 함은, 뜻이 돈독하여 확고하게 견지해서 변하지 않는 것이다.① 권權은 저울추이니, 물건을 달아 경중을 아는 도구이다. '더불어 권을 발휘한다' 함은 경중을 헤아려 도의(義)에 부합시킴을 일컫는다.② - 이천

• 자신을 연마할 줄(爲己) 알면, 함께 공부할 수 있다. 학문이 선을 밝히기에 충분한 뒤에 더불어 도를 걸을 수 있다. 도를 믿음이 돈독한 뒤에 함께 설 수 있다. 때에 맞게 합당하게 조치할 줄 안 뒤에 '더불어 헤아릴' 수 있다. - 양시

• 『역』의 아홉 괘는 '손이행권巽以行權'으로 끝맺는다. '권'이란 성인의 원대한 작용이다.③ 설 수 없으면서 권을 논함은, 마치 설 줄도 모르는 아이가 걸으려는 것 같아서 넘어지지 않는 경우가 드물다. - 홍흥조

• 한나라 유자들은 '경에는 어긋나나 도에는 부합하는 것(反經合道)'을 '권'이라 여겼다. 그리하여 권변權變·권술權術을 논했는데, 모두 그르다.④ 권은 다만 경일 뿐이다. 한나라 이후에 '권' 자를 안 사람이 없다. - 이천

수 있다. 안자(안회) 같은 현인이라도 감히 권을 논할 수 없다. 성인이라야 '갈아도 닳지 않고, 물들여도 검어지지 않는다.'(17-7) 보통 사람은 갈면 곧 닳고 물들이면 곧 검어지니, 어떻게 권변權變(임기응변)을 논할 수 있겠는가? '걸음마도 아직 못 배웠는데 달리기부터 배울 수 있겠느냐'는 말이다.[35] 권은 도리 위에 있는 또 하나의 도리이다. 예컨대 군자·소인의 경우, 군자는 등용해야 하고 소인은 내쳐야 한다. 그러나 소인을 임용할 예정일 때 갑자기 군자를 등용하려고 해도 안 된다. 그 뿌리가 이미 깊은데 그것을 제거하려 하면 도리어 해를 입는다. 이런 일은 시의時宜를 짐작하여 완급의 깊이를 알아야 된다.[36] 권은 시중時中이다. 시중이 아니면 권이 될 수 없다.[43] "권은 중도(中) 아닙니까?" "어느 한때의 중도(一時之中)이다. 중도가 아니면 권이 될 수 없다."[45]

④ 『사서익주』: '반경합도反經合道'가 권이라는 것은 공양씨의 설이다. 제중이 정나라 임금 홀을 폐하고 돌을 세운 사건을 권을 행사한 사례로 여긴다. 이런 황당한 말(齊東諺語)이 제멋대로 윤색되어, 마침내 '권'이 권변·권술의 글자처럼 여겨지게 되었다. 육선공陸宣公

愚按：先儒誤以此章連下文偏其反而爲一章，故有反經合道之說. 程子非之，是矣. 然以『孟子』嫂溺，援之以手之義推之，則權與經亦當有辨.

(754-805, 이름은 贄)에 이르러, 권의 의미가 부류를 놓고 저울질하여 시기에 따라 중용에 따른다는 의미이지, 편리에 맞추어 이동시킨다는 의미가 아니라는 사실이 지적되었다. 여기에 정자·주자의 설이 근거하고 있다.

① 『어류』 : '경에는 어긋나나 도에는 부합한 것(反經合道)'이 '권'이라는 설명 역시 자세히 생각하면 통한다. 권이 비록 저 경에는 반대되지만 도에는 어그러지지 않으니, 경과는 다르지만 도라는 점에서는 하나이다.[54] "공양학파는 '경에는 어긋나나 도에는 부합함'을 권이라 하였고, 이천은 아니라고 하였다. 공평하게 보면 '경에는 어긋난다(反經)'는 표현 역시 그르지 않다. 예컨대 군신과 형제는 천지의 영원한 원칙(經)으로서 변경할 수 없다. 탕·무가 걸·주를 처형한 일은 신하가 임금을 시해한 것이고, 주공이 관·채를 처형한 일은 동생이 형을 살해한 것이니, 어찌 '경에 어긋남(反經)'이 아니겠는가? 다만 때가 그런 상황이라면 도리에 따라 마땅히 그렇게 했어야 하니, 비록 '경에는 어긋나나' 도리어 도리에는 맞다. 다만 경에 어긋나더라도 동시에 도리에 맞지 않으면 안 된다. 만약 도리에 맞았다면 경에 무슨 해가 되겠는가?[46] 한유漢儒가 말한 '반경합도反經合道'의 주장은 그다지 병폐가 없다. 일이란 '경에 반하는' 시기가 있기 때문이다. 다만 모든 일마다 '경에 반해도' 된다고 여기면 안 되고, 또 '경에 반하면' 절대 안 된다고 여겨도 안 된다. 예컨대 임금은 명령하고 신하는 복종하며, 아버지는 자애롭고 자식은 효도하는 것이 '경'이다. 군신·부자가 모두 이렇게 할 수 있으면 물론 좋다. 그러나 일은 반드시 부득이한 부분이 있기 마련이고, 경을 행할 수 없을 때는 다만 경에 어긋날 수밖에 없는데, 여전히 경을 벗어난 것은 아니다. 따라서 경을 중시하는 것이다. … 권은 경의 오묘하고 세밀한 부분이니, 도리에 정밀하고 투철하며 정통한 사람이 아니라면 권을 논할 수 없다.[50]

② 『혹문』 : 이천은 '권은 반경反經이 아님'을 논했다. ○『어류』 : 한유漢儒처럼 권을 '반경합도'로 여기면 권과 경은 완전히 상반된다. 이를 이천이 비판한 점은 옳다. 그러나 이천처럼 "권은 실제로 경에 반한(反經) 적이 없다"라고 말하면, 권과 경은 거의 분별이 없어지고 만다. 그렇게 되면 안 된다.[49] 경은 경이고, 권은 권이다. 그런데 이천처럼 말하면 '권' 자를 폐기해야 하는 결과에 이른다.[53] "'권이 곧 경이다'는 이천의 말은 어떻습니까?" "꼭 그렇게 말할 필요는 없다. 맹자는 분명히 '남녀가 직접 주고받지 않음이 예('경')요, 형수가 물에 빠졌을 때 손으로 당기는 것이 권이다'라고 말하였다. 권과 경이 어찌 구별이 없을 수 있겠는가? 다만 이천이 한유들이 오로지 '경에 반하는 것이 권이다'는 측면만 고려하는 것을 보고, 후세에 아무 거리낌 없이 일을 벌인 자들이 권을 빙자하여 자기변명(自飾, 자기합리화)을 할까 염려하여 그런 논의를 한 것이다. 그러나 경은 필경 평상(常)이고, 권은 필경 변통(變)이다.[42] 권이란 그 지경에 이르면 도리에 따라 마땅히 그와 같이 해야 하는 것이니, 비록 경과는 다르더라도 실제로는 역시 경이다. 예컨대 겨울에 비단옷 입고 불을 가까이 함은 경이다. 갑자기 날씨가 따뜻해지면 부채를 부치고 바람을 쐬어야 하는데, 이것이 권이다.

내가 살피건대, 선유先儒는 잘못하여 이 장을 다음 장의 편기반이偏其反而와 합쳐 한 장으로 여겼다. 그래서 반경합도反經合道①의 설이 생겼다. 정자가 그것을 비판했는데, 옳다.② 다만 『맹자』의 '형수가 물에 빠졌을 때 손으로 잡아당긴다'는 의미로써 추론하면, 권과 경은 당연히 구별된다.③

'권은 다만 경이다'란 이천의 말뜻 역시 그와 같다. 다만 경을 너무 강조해 치우쳤을 뿐이다. 한유의 '반경합도'의 설은 '경'과 '권'이란 두 글자를 너무 갈라놓았다. 그들이 권에 대해 '경에 어긋난' 측면만 논함으로써 곧장 기만술에 흐른 점은 그르다.[39] 권은 권, 경은 경이니, 서로 상관이 없다는 설명은 물론 옳지 않다. 그러나 모든 일은 권을 쓸 수밖에 없고 경은 권을 통해 시행되니, 권이 곧 경이라고 설명하면 권과 경은 전혀 분별이 없어지고 만다. 공자·맹자의 말을 보면, 권과 경은 차이가 있음에 틀림없다. 차이가 있더라도 권은 실제로 경의 범위를 벗어나지는 않는다. 여기서 문제되는 것은 털끝만한 차이이다. 이천의 말 가운데 '권은 곧 경이다'는 말은 미진한 것 같다. '권은 경이 미치지 못하는 영역이다'는 말이 더 좋다. 경이란 다만 대법大法을 보존한 정당한 도리이다. 미묘하고 복잡한 부분은 본디 경이 완전히 포괄할 수 없다. 이른바 권이란 미묘하고 복잡한 부분에 대해 합당함을 잘 표출함으로써 경이 미처 따라가지 못한 부분을 구제할 따름이다. 권은 곧 경의 오묘한 부분이다.[50] '권은 다만 경이다'는 이천의 설은 좀 애매하다. 권에 대한 한유의 설이 오히려 더 권과 경을 확연히 구분하였다. (이천이 말한 권은 그 경우에 그렇게 해야 하고, 그래야 곧 정리正理라는 말이다.)[41] 정자의 설을 이해한 사람은 권 역시 상리常理임을 알지만, 이해하지 못한 사람은 경과 권을 혼동하게 된다. 내 입장은 경은 경, 권은 권이라는 것이다. 예컨대 '겨울에는 따뜻한 물을 마시고, 여름에는 냉수를 마시는 것'이 경이다. 때로 날씨가 바뀌면 겨울에 냉수를 마시고 여름에 따뜻한 물을 마셔야 하는데, 이것이 권이다. 권은 경이 통하지 못할 때 쓰게 되는데, 그 당시에는 여전히 상리常理에 속한다. 예컨대 '순임금이 부모에 고하지 않고 아내를 얻은 일'이 어찌 괴이한 일이 아니겠는가? 맹자가 보기에 그때는 그럴 수밖에 없었으니, 역시 '상리'였다. 다만 늘 쓸 수는 없다. 만약 모든 사람에게 부모에 고하지 않고 아내를 얻도록 한다면, 어찌 대륜의 문란이 아니겠는가?"[51, 52]

③ 『맹자』: 순우곤이 맹자에게 물었다. "남녀는 몸소 직접 주고받지 않음이 예입니까?" "예이다." "형수가 물에 빠졌을 때는 손으로 건져야 합니까?" "형수가 물에 빠졌는데 건지지 않으면 짐승이다. 남녀가 몸소 주고받지 않음은 예이고, 형수가 물에 빠졌을 때 손으로 건지는 것은 권이다."[7 : 17] ○『어류』: '남녀가 직접 주고받지 않음'은 평상시에(常經) 그와 같이 해야 한다. '형수가 물에 빠지면 손으로 건지는 일' 역시 도리상 그렇게 해야 하지만, 다만 평상시의 도리가 아닐 뿐이다. 비유컨대 겨울에 털옷을 입고 불을 가까이함은 상리常理이다. 홀연 날씨가 따뜻해지면 홑옷을 입고 부채를 부쳐야 하지만, 평상시의 상리는 아닌 것이다. … 경은 이미 정해진 권이고, 권은 아직 정해지지 않은 경이다.[41] 경은 만세에 이어 영원히 행하는 도이고, 권은 어쩔 수 없이 쓰는 것으로서 반드시 의義에 부합해야 한다. 예컨대 탕이 걸을 내쫓고, 무왕이 주를 정벌하고, 이윤이 태갑을 내친 것이 권이다. 만약 날마다 시시때때로 쓴다면 무슨 세상이 되겠는가![45] 권은 늘 쓸 수 있는 것이 아니다. … 예컨대

9-31 "唐棣[1]之華, 偏[2]其反而. 豈不爾思? 室是遠而."
子曰: "未之思也, 夫何遠之有?"

(棣, 大計反.) ○唐棣, 郁李[3]也. 偏, 『晉書』作'翩'. 然則反亦當與翻[4]同, 言華之搖動也. 而, 語助也. 此逸詩也, 於六義屬興. 上兩句無意義, 但以起下兩句之辭耳. 其所謂爾, 亦不知其何所指也.

(夫, 音扶.) ○夫子借其言而反之, 蓋前篇'仁遠乎哉'之意.

○程子曰: "聖人未嘗言易以驕人之志, 亦未嘗言難以阻[5]人之進. 但曰'未之思也, 夫何遠之有?' 此言極有涵蓄,[6] 意思深遠."

주공이 관숙·채숙을 처형한 일과 당 태종이 건성·원길을 살해한 일은, 혈육에 칼을 들이민 점은 똑같지만 살해한 까닭은 다르다. 주공의 경우 관숙·채숙이 은나라의 유민과 함께 왕실 전복을 모의했으니, 천하에 죄를 짓고 종묘에 죄를 지은 만큼 부득불 처형하지 않을 수 없다. 태종의 경우는 분명히 천하를 탈취한 것이다. 따라서 주공의 경우는 권이라고 하겠으나, 태종의 경우는 권이라고 할 수 없다. 맹자는 말하기를, '이윤과 같은 뜻이 있으면 괜찮지만, 이윤과 같은 뜻이 없으면 찬탈이다' 하였다. 따라서 이윤의 경우에는 권이라고 할 수 있으나, 다른 사람의 경우는 그럴 수 없다. 권은 가장 쓰기 어려운 것이다. 따라서 성인은 드물게 언급하였다.[48] 경은 도의 평상(道之常)이요, 권은 도의 변통(道之變)이다. 도는 통체通體로서 경과 권을 관통한다. 이른바 경은 일반 사람이든 학자든 모두 따를 수 있지만, 권은 성현이 아니면 시행할 수 없다.[44] 경은 늘 행하는 도리(常行道理)이고, 권은 저 상리常理가 통하지 않는 부분에서 어쩔 수 없이 변통하는 도리이다. 권은 그 중도를 얻으면 경과 다름이 없겠으나, 필경 권은 잠시 동안만 가능하고 평상적일 수 없다.[47] 필경 권은 권, 경은 경이다.[34]

1) 棣(체): 산앵두나무. 棣華(체화): 산앵두나무 꽃, 형제의 의가 좋음을 비유.
2) 偏(편): 나부끼다(≒翩), 치우치다, 절반, 한쪽, 동아리, 시골, 궁벽.
3) 郁(욱): 향기가 짙다, 아름답다, 찬란하다, 빛나다, 우거지다. 李(리): 자두, 오얏나무.
4) 翻(번): 뒤집다, 번역하다, 날다.
5) 阻(조): 험하다, 사이가 멀다, 떨어지다, 걱정하다, 괴로워하다, 의심하다, 말리다.
6) 涵(함): 포함하다, 내포, 포용하다, 도량이 크다, 적시다. 蓄(축): 쌓다, 포개다.

① 『혹문』: 『진서晉書』에만 이렇게 되어 있는 것이 아니다. 「각궁角弓」의 시에도 본디 '편기반의翩其反矣'라는 구절이 있다.

9-31 "자두 꽃이 나부껴 펄럭이네. 어찌 그대를 생각하지 않으라마는, 집이 너무 멀구나."
공자가 말하였다. "생각이 없는 것이다. 어찌 먼 것이 문제겠는가?"

당체唐棣는 자두(산앵두나무)이다. 편偏은 『진서』에는 편翩으로 되어 있다.① 그렇다면 반反 또한 마땅히 번翻과 같이 꽃이 너울거린다는 뜻이다. 이而는 어조사이다. 이것은 사라진 시이다. 육의六義②로는 흥興에 속한다. 곧 앞의 두 구절은 의미가 없지만, 뒤의 두 구절을 일으키는 말이다. 또한 이 시구에서 말한 '그대'가 누구를 지칭하는지는 알 수 없다.

공자가 『시』의 말을 빌려 그 뜻을 반박한 것이다. 앞 편의 '인이 멀리 있는가?'(7-30)라는 뜻과 같다.

• 성인은 '쉽다'고 말함으로써 사람의 뜻을 부풀리지도(바람을 넣지도) 않고, 또한 '어렵다'고 말함으로써 사람의 정진을 가로막지도 않았다. 다만 '생각이 없는 것이다. 어찌 먼 것이 문제겠는가?'라고 말하였다. 이 말은 매우 함축적이고, 의미가 심원하다. – 이천

---

② 육의六義 : 『시경』의 여섯 가지 문체(體). 즉 풍風, 아雅, 송頌, 부賦, 비比, 흥興. 풍·아·송은 내용에 따른 분류이고, 부·비·흥은 표현 기법에 따른 분류이다. 대략 '부'는 사건에 대한 직접 서술을, '비'는 비유를, '흥'은 관계없는 사물을 빌어 자기 뜻을 일으킴을 뜻한다.

제10편 향당

鄕黨第十

楊氏曰:"聖人之所謂道者, 不離乎日用之間也. 故夫子之平日, 一動一靜, 門人皆審視而詳記之."
尹氏曰:"甚矣, 孔門諸子之嗜*學也! 於聖人之容色言動, 無不謹書而備錄之, 以貽*後世. 今讀其書, 卽其事, 宛然如聖人之在目也.* 雖然, 聖人豈拘拘*而爲之者哉? 蓋盛德之至, 動容周旋, 自中乎禮耳. 學者欲潛心*於聖人, 宜於此求焉."
舊說凡一章, 今分爲十七節.

• 성인이 말한 도는 일상생활을 벗어나지 않는다. 그래서 공자의 평소 동정 하나하나를 제자들이 잘 살펴서 상세히 기록하였다. - 양시

• 대단하다! 공자 문하 제자들의 학문 사랑이! 성인의 표정과 말과 행동을, 삼가 적어 두었다가 온전히 기록하여 후세에 물려주지 않은 것이 없다. 이제 그 책을 읽고 그 일을 접하면, 성인의 모습이 눈앞에 완연하다. 성인께서 어찌 고집스럽게 일부러 그와 같이 행하였겠는가? 크신 덕이 지극한지라 모든 행동거지가 자연히 예에 맞았을 뿐이다. 학생이 성인의 경지에 심취하려고 한다면, 여기서 구해야 한다. - 윤돈

옛 설은 전체를 한 장으로 여겼다. 이제 17절로 나눈다.

---

* 嗜(기) : 즐기다, 특히 좋아하다, 애호하다, 취미, 나쁜 습관.
* 貽(이) : 끼치다, 남기다, 전하다, 증여하다, 선사하다.
* 宛然在目(완연재목) : 마치 눈앞에 있는 것 같다. 宛然 : 흡사, 완연히.
* 拘拘(구구) : 융통성 없다, 구속받다. 拘 : 거리끼다, 구애, 단속, 붙잡다.
* 潛心(잠심) : 마음을 집중하다, 몰두하다. 潛 : 잠기다, 몰두하다.

10-1 孔子於鄕黨, 恂恂[1]如也, 似不能言者. 其在宗廟朝廷, 便便[2]言, 唯謹爾.

(恂, 相倫反.) ○恂恂, 信實之貌. 似不能言者, 謙卑遜順, 不以賢知先人也. 鄕黨, 父兄宗族之所在, 故孔子居之, 其容貌辭氣如此.

(朝, 直遙反, 下同. 便, 旁連反.) ○便便, 辯[3]也. 宗廟, 禮法之所在；朝廷, 政事之所出, 言不可以不明辯. 故必詳問而極[4]言之, 但謹而不放爾.[5]

○此一節, 記孔子在鄕黨·宗廟·朝廷言貌之不同.

---

1) 恂(순) : 정성, 미쁘다, 진실하다, 성실하다, 공손하다, 두렵다, 무섭다.

2) 便(변) : 말을 잘하다, 아첨하다, 문득, 익숙하다, 편안하다, 형편이 좋다.

3) 辯(변) : 말을 잘하다, 다스리다, 바로잡다, 밝히다, 분변, 나누다, 시비 쟁론, 슬기롭다, 송사.

4) 極(극) : 다하다, 정점, 절정, 절정에 이르다, 최고의, 아주, 극진하다, 지극히.

5) 邢曰 : "宗廟, 行禮之處, 朝廷, 布政之所, 當詳問極言, 故辯治也. 雖辯而唯謹敬."

① 『어류』 : 이 「향당」편은 성인의 평소 거동이 모두 예에 맞았음을 기록하였다.[1] 「향당」 전편에는 『중용』의 '하늘이 명한 바가 성이다'부터 '도는 잠시도 떠날 수 없다'까지의 내용이 모두 들어 있다. 온갖 도리가 모두 성인의 몸에서 표출되고 있다. 성인께서 거동을 매우 분명히 했으므로, 제자들이 익숙히 살펴 상세히 기록하였다.[3] "『논어』를 보고 있는데, 「향당」 중간까지 읽었습니다." "그대는 건성으로 읽으며 그리 절실히 깨닫지 못한 듯하다. 「향당」편을 마치면 처음부터 다시 한 번 죽 복습하라. 온갖 논의가 모두 『집주』 안에 들어 있다."[4] "「향당」편을 다 읽은 소감이 어떤가?" "단락마다 도리는 마땅히 그렇게 해야지, 그렇게 하지 않으면 절대 안 된다는 것을 느꼈습니다. 조금이라도 그와 같지 않으면 마음이 곧 편안하지 않습니다." "성현의 말씀 한마디는 하나의 도리이니, 사람들로 하여금 깊이 인식하여 이미 달아난 마음을 수습하게 하려는 것이다. 모든 학문은 달아난 마음을 다시 찾으려는(求放心) 것이다."[5] ○『문집』 : "'학생은 성인의 위엄 있는 거동을 살펴야 덕을 향상시킬 수 있다'는 사량좌의 해설은 매우 좋습니다. 그런데 혹자는 '온화함, 순수함, 공손, 절제, 겸양(성인의 거동)(1-10)도 배워야 하지만 성인의 도를 배워 모든 일이 자연스럽게 발현되는 경지를 추구해야 한다. 속내를 숨기고 겉모습만 꾸미는 일은 공자가 용납하지 않았다'는 장구성張九成(1092-1159, 자는 子韶, 호는 無垢)의 해설이 더 훌륭하다고 여깁니다. 제 생각에, 공자의 덕의 자태가 그와 같은 까닭은 덕이 성대하고 인仁이 무르익어 그 자연스러운 광채가 밖으로 드러났기 때문입니다. 학생이 성인을 배울 때 속내를 숨기고 겉모습을 꾸며 밖으로 드러내기만 하고, 내면의 마음을 닦지 않으면 물론 안 됩니다. 그렇지만 용모·어투 등의 행동거지도 학생이 힘써야 합니다. 이런 부분을 함양하여 성인의 기상을 배우지 않고, 다시 무엇을 '성인의 도'로 삼는다는 것인지 모르겠습니다. … 가르침을 청합니다." "장구성의 말대로라면 「향당」편

10-1 공자는 향당[①]에서 공손하여, 마치 말을 못하는 사람 같았다.[②] 종묘와 조정에서는 말을 분명히 하되, 오직 삼갈 따름이었다.

순순恂恂은 신실한 모습이다. '마치 말을 못하는 사람 같았다' 함은, 겸손하고 순종적이어서 자기의 현능과 지혜를 내세워 남 앞에 서지 않는 것이다. 향당은 부모 형제와 친족이 사는 곳이라서, 공자의 평소 용모와 말씨가 이와 같았다.

변변便便은 분명히 말함이다. 종묘는 예법의 소재지이고, 조정은 정령이 반포되는 곳이므로, 말은 명확하고 분명하지 않으면 안 된다. 따라서 반드시 자세히 묻고 낱낱이 설명하되, 삼가고 함부로 하지 않았다.

이 구절은 공자가 향당·종묘·조정에 있을 때 말하는 모습이 달랐음을 기록하였다.

은 폐기해도 상관없다."[2352-3쪽] ○장구성, 「향당통론」: 나는 「향당」편 구절을 읽을 때마다 세 번 감탄한다. 무엇을 감탄하는가? 뭇 제자들이 공자를 배울 때 언어의 말단이 아니라, 소리도 없고 형체도 없는 데에서 살핀 점을 감탄한다. 『중용』에 '솔개가 하늘에 날고 물고기가 연못에 뛰논다 함은 위·아래를 살피라는 말이다' 하였거니와, 옛 사람의 학문이 이처럼 심오하였다. 뭇 제자들이 공자를 살핀 점도 이와 같이 심오하였다. 마을과 종묘·조정에서의 음식, 수면, 언어, 응대 등 공자의 모든 행동거지가 천리天理여서 처음부터 털끝 만한 사심도 개입하지 않았다. 뭇 제자들이 조용히 관찰하고 묵묵히 기억하여 이처럼 섬세하게 고찰한 그 경지 역시 대단하다. … 공자의 거동은 하늘같아서, 음성에 표현되고 걸음걸이에 보여지고 의복에 나타나고 침실에서 드러나고 음식에 구비된 모든 것들이 하늘 아님이 없다. 황천상제가 인간세계에 살았더라도 공자와 같았을 것이다. …공자의 마음은 「향당」에 모두 표현되어 있고, 공자의 응용(用)은 『춘추』에 모두 드러나 있다. 「향당」을 배우지 않으면 『춘추』의 응용을 알 수 없고, 『춘추』를 배우지 않으면 「향당」의 신비를 알 수 없다. 마음에 의혹을 품고 속된 생각을 일으키면, 끝내 성인의 문을 통해 성인의 안방으로 들어가지 못한다. 그렇게 취생몽사醉生夢死하면 이름만 사람이지 실제로는 이물이다(雖名爲人, 實異物也).

② 『어류』: "'공자는 향당에서 공손하여, 마치 말을 못하는 사람 같았지만', 큰 시비득실이 걸린 문제는 말을 하지 않으면 안 될 것 같은데요? '말을 못하는 사람 같았다' 함은 다만 겸손을 위주로 했다는 뜻이겠지요?" "향당에서 전혀 말을 하지 않은 것이 아니다. 다만 종묘·조정에 비해 감히 많은 말을 하지 않았을 따름이다." "『집주』에 '종묘는 예법의 소재지'라고 하셨는데, 공자께서 종묘에 계실 때 '매사를 질문하셨습니다.'(3-15) 성인께서 이미 알고 계시면서도 질문한 것인지 아니면 명칭과 제도가 옛 법도에 맞지 않았기 때문에 바로잡으려고 질문한 것인지 잘 모르겠습니다." "매사를 질문한 일은 공자의 벼슬 초기에 있었다고 내가 말한 적이 있다. 처음에 한번 질문했던 것이다. 나중에도 번번이 경우마다 질문했을 것 같지는 않다. 혹자가 공자를 '추인의 자식'(3-15)이라고 호칭한 것을 보건대, 공자의 아버지와는 서로

10-2 朝, 與下大夫言, 侃侃[1]如也；與上大夫言, 誾誾[2]如也. 君在, 踧踖[3]如也. 與與[4]如也.

(侃, 苦旦反. 誾, 魚巾反.) ○此君未視朝時也. 「王制」：諸侯上大夫卿, 下大夫五人. 許氏『說文』："侃侃, 剛直也. 誾誾, 和悅而諍[5]也."

(踧, 子六反. 踖, 子亦反. 與, 平聲, 或如字.) ○君在, 視朝也. 踧踖, 恭敬不寧之貌. 與與, 威儀中適之貌. 張子曰："與與, 不忘向[6]君也." 亦通.

○此一節, 記孔子在朝廷事上接下之不同也.

10-3 君召使擯,[7] 色勃[8]如也, 足躩[9]如也.
揖[10]所與立, 左右手. 衣前後, 襜[11]如也.
趨[12]進, 翼如也. 賓退, 必復命[13]曰："賓不顧[14]矣."

(擯, 必刃反. 躩, 驅若反.) ○擯, 主國之君所使出接賓者. 勃, 變色貌. 躩, 盤辟[15]貌. 皆敬君命故也.

알고 지낸 사람이었던 것 같다."[9]

1) 侃(간) : 강직하다, 굳세고 바르다, 화락하다.
2) 誾(은) : 온화하다, 온화하게 삼가는 모양, 평온히 토론하는 모습, 향기 가득한 모양.
3) 踧(축) : 삼가다, 조심·공경하는 모양, 놀라는 모양. 踖(적) : 밟다, 삼가는 모양.
4) 與與(여여) : 위의를 갖추고 분수에 맞는 모양, 침착하고 느긋한 모양, 왕래하는 모양. 與 : 어우르다, 서로 닮다, 돕다, 기다리다, 화합하다, 더불어, 같이하다.
5) 諍(쟁) : 간하다, 솔직하게 권고하다, 간쟁하다, 쟁론하다, 다투다.
6) 向(향) : 향하다, 대하다, 마주함, 따르다, 두둔하다, 편들다, 마음을 기울이다, 접때.
7) 擯(빈) : 물리치다, 배척, 인도하다, 인도하는 사람.
8) 勃(발) : 우뚝 일어나다, 갑자기, 성하다, 발끈 화내다, 다투다, 어그러지다.
9) 躩(곽) : 바삐 가다, 발길을 돌려 나아가지 않는 모양, 머뭇거리는 모양, 뛰다, 도약.
10) 揖(읍) : 공수한 손을 얼굴 앞으로 들고 허리를 공손히 구부렸다 펴면서 손을 내리는 인사.
11) 襜(첨) : 행주치마, 폐슬, 적삼, 짧은 홑옷, 가지런한 모양, 옷이 휘날리는 모양.
12) 趨(추) : 종종걸음으로 빨리 가다, 향하여 가다, 좇다, 취향, 취하다.
13) 復命(복명) : 사명을 띤 사람이 그 일을 마치고 돌아와서 보고함, 아뢰다, 복명하다.

10-2 조정에서 하대부와 말할 때는 강직하고, 상대부와 말할 때는 온화하였다.
임금이 계실 때는 매우 조심스러워 하면서도, 모습이 엄숙하였다.

이는 임금이 아직 조회를 보지 않을 때이다. 『예기』「왕제」에 따르면, 제후의 상대부는 경卿이고, 하대부는 다섯 명이다. 허신의 『설문』에 따르면, "간간侃侃은 강직함, 은은誾誾은 온화한 낯빛으로 시비를 따짐이다."①

'임금이 계신다' 함은, 조회를 보는 것이다. 축적踧踖은 공경하여 안절부절하는 모습이다. 여여與與는 위엄과 거동이 절도에 맞는 모습이다. 횡거는 "여여는 임금을 편드는 마음을 잊지 않음이다"고 풀었다. 역시 통한다.

이 구절은 공자가 조정에서 윗사람을 섬기고 아랫사람을 접할 때의 차이를 기록하였다.

10-3 임금이 불러서 국빈 접대를 맡기면, 낯빛은 장중하고 발걸음은 머뭇거렸다.
함께 서 있는 사람과 읍할 때는 손을 좌로 우로 하고, 옷깃이 앞뒤로 가지런히 움직였다.
빠른 걸음으로 나아갈 때는, 새가 날개를 편 듯하였다. 빈객이 물러가면 반드시 '빈객이 뒤를 돌아보지 않았습니다'라고 복명하였다.

빈擯은 주인 나라의 임금이 내보내서 빈객을 접대하게 하는 사람이다. 발勃은 낯빛을 고치는 모습, 곽躩은 머뭇거리는 모습이다. 모두 임금의 명을 공경하기 때문이다.

---

14) 顧(고) : 뒤돌아보다, 정신을 집중하다, 유의하다, 탐방하다, 그러나, 다단, 도리어.
15) 盤(반) : 머뭇거리다, 배회하다, 소반, 꾸불꾸불하다. 辟(벽) : 절뚝이다(≒躄).
① 『어류』 : '온화한 낯빛'이면 윗사람을 섬기는 공손함을 잃지 않고, '시비를 따지면' 자신의 정당한 의리를 잃지 않을 수 있다.[7] 변별해야 할 부분은 반드시 변별해야만 한다. 안으로는 윗사람을 섬기는 예를 잃지 않고, 밖으로는 비뚤어지게 굴종하지 않는 것이다.[11]

(襜, 亦占反.) ○所與立, 謂同爲擯者也. 擯用命[1]數之半, 如上公九命, 則用五人, 以次傳命. 揖左人, 則左其手 ; 揖右人, 則右其手. 襜, 整貌.

疾趨而進, 張拱[2]端好, 如鳥舒翼.

紓[3]君敬也.

○此一節, 記孔子爲君擯相之容.

10-4 入公門, 鞠躬[4]如也, 如不容.

立不中門, 行不履閾.[5]

過位, 色勃如也, 足躩如也, 其言似不足者.

鞠躬, 曲身也. 公門高大而若不容, 敬之至也.

(閾, 于逼反.) ○中門, 中於門也. 謂當棖闑[6]之間, 君出入處也. 閾, 門限也. 禮 : 士大夫出入君門, 由闑右, 不踐閾.

謝氏曰 : "立中門則當尊, 行履閾則不恪."[7]

---

1) 命(명) : 품계, 수여하다, 명령하다, 생명, 운수, 분부, 사령(辭令), 이름, 이름짓다.
2) 拱(공) : (공경의 뜻으로) 두 손을 마주잡다, 팔짱을 끼다, 두 팔을 벌리어 껴안다, 아름.
3) 紓(서) : 느슨하다, 느슨해지다, 풀다, 없애다, 화해하다, 늦추다, 넉넉하다, 여유롭다.
4) 鞠躬(국궁) : 공경하며 몸을 굽힘, 애써 노력함. 鞠 : 굽히다, 삼가다, 기르다, 살다.
5) 履(리) : 신, 신다, 밟다, 이행, 겪다, 경험, 지위에 오름. 閾(역) : 문지방, 한정, 안팎을 구별함.
6) 棖(정) : 문설주, 닿다, 부딪다. 闑(얼) : (문짝이 문지방을 넘지 않도록) 두 문짝이 맞닿는 곳에 세운 짧은 말뚝.
7) 恪(각) : 삼가다, 삼감으로써 상대를 공경하다, 법, 표준.

① 『어류』 : 옛날 빈개擯介의 의례는 매우 복잡하였다.[15] 옛날에 서로 만나는 예에 주인은 빈擯을 두고, 손님은 개介를 두었다. 손님이 상개上介에게 명을 전하면, 상개는 차개次介에게 전하고, 차개는 말개末介에게 전하고, 말개는 말빈末擯에게 전하고, 말빈은 차빈次擯에게 전하고, 차빈은 상빈上擯에게 전하고, 상빈은 주인에게 전한다. 그런 뒤에 손님과 주인이 비로소 서로 만난다.[16]

② 『어류』 : 오른쪽 사람에게 읍하면 전하는 명이 나가고, 왼쪽 사람에게 읍하면 전하는 명이 들어간다.[17]

'함께 서 있는 사람'은 함께 빈객을 접대하는 이를 일컫는다. '빈'의 수는 관원 등급의 반으로 한다. 예컨대 상공上公에 딸린 관원은 아홉 등급으로 나뉘기에 빈의 수는 다섯 명인데, 차례로 손님과 주인 사이의 대화를 전달한다.① 왼쪽 사람에게 읍할 때는 그 손을 왼쪽으로 하고, 오른쪽 사람에게 읍할 때는 그 손을 오른쪽으로 한다.② 첨襜은 가지런한 모양이다.

빠른 종종걸음으로 나아갈 때는 두 손을 편 모습이 단아하여, 마치 새가 날개를 편 것과 같았다.

(복명은) 임금으로 하여금 긴장(공경심)을 풀게 하려는 것이다.

이 구절은 공자가 임금을 위해 빈객 접대를 돕는 모습을 기록하였다.

10-4 궁궐 문에 들어갈 때는 몸을 움츠려서 마치 용납되지 못하는 것처럼 하였다.

서 있을 때는 문 가운데를 피하고, 지날 때는 문지방을 밟지 않았다. (비어 있는) 임금의 자리를 지나갈 때는 낯빛은 장중하고, 발걸음은 머뭇거렸고, 말은 마치 모자란 사람 같았다.

국궁鞠躬은 몸을 구부림이다. 궁궐 문이 높고 큼에도 마치 용납되지 못하는 것처럼 하니, 공경의 지극함이다.

중문中門은 문의 가운데로서, 문설주(棖)와 '문 가운데 정지 말뚝(闑)'의 사이를 말한다. 임금이 들고나는 곳이다.③ 역閾은 문지방이다. 예에 따르면, 사대부가 궁궐 문을 출입할 때는 문 가운데의 오른쪽으로 출입하고, 문지방을 밟지 않는다.

• 문 가운데에 서면 존귀함에 자처함이다. 문지방을 밟고 지나가면 삼가지(신중하지) 못함이다. – 사량좌

③ 『어류』: 옛날 사람들은 늘 왼쪽 문짝을 닫아 놓았다. 임금은 문 밖으로 나가 사람을 만날 때가 많았기 때문에, 문설주와 '문 가운데 정지 말뚝' 사이가 임금의 위치가 된다.[20] 문의 가운데에 있는 것이 얼闑(정지 말뚝)이고, 문짝의 양옆에 있는 것이 장棖(문설주)이다. 장과 얼 사이가 곧 중간(中)이다. 옛날 사람들은 늘 왼쪽 문짝을 닫아 두었기 때문에, 이른바 '문 가운데(中門)'란 오른쪽 문짝의 중간을 지칭한다.[21]

位, 君之虛位. 謂門屛之間, 人君宁[1]立之處, 所謂宁也. 君雖不在, 過之必敬,[2] 不敢以虛位而慢[3]之也. 言似不足, 不敢肆[4]也.

攝齊[5]升堂, 鞠躬如也, 屛氣[6]似不息者.
出, 降一等, 逞[7]顔色, 怡怡[8]如也. 沒階, 趨進, 翼如也. 復其位, 踧踖如也.

(齊, 音咨.) ○攝, 摳[9]也. 齊, 衣下縫[10]也. 禮 : 將升堂, 兩手摳衣, 使去地尺, 恐躡之而傾跌失容也.[11] 屛, 藏也. 息, 鼻息出入者也. 近至尊, 氣容肅[12]也.

陸氏曰 : "趨下本無進字, 俗本有之, 誤也."
○等, 階之級[13]也. 逞, 放也. 漸遠所尊, 舒氣解[14]顔. 怡怡, 和悅也. 沒階, 下盡階也. 趨, 走就位也. 復位踧踖, 敬之餘也.
○此一節, 記孔子在朝之容.

---

1) 宁(저) : 쌓다, 저장, 잠시 멈추어 섬, 옛날 임금이 조회를 받으려고 마련한 자리.
2) 邢曰 : "謂門屛之間, 人君宁立之處. 君雖不在此位, 人臣過之宜敬."
3) 慢(만) : 게으르다, 느리다, 늦추다, 미루다, 기다리다, 태도가 쌀쌀하다, 예의가 없다, 않다.
4) 肆(사) : 방자하다, 제멋대로 하다, 망동하다, 점포, 가게, 펴다, 진열하다, (힘을) 다하다.
5) 攝齊(섭자) : 옷자락을 추어올림. 攝 : 당기다, 잡다, 유지함, 추스르다, 다스리다, 돕다, 기르다. 거느리다, 나아가다, 겸하다(3-22), 끼이다(11-26). 齊(자) : 옷자락, 옷의 아랫자락. (제) : 가지런하다, 엄숙, 똑같이, 바르다, 나누다. (재) : 재최의 상복, 재계하다.
6) 屛氣(병기) : 숨죽이고 가슴을 조임. 屛 : 병풍, 가리다, 숨다, 물리침. (숨을) 죽이다.
7) 逞(정) : 굳세다, 왕성함, 마음대로 함, 극진히 함, (근심을) 풀다, 펴다, 부드럽게 함, 단속.
8) 怡(이) : 기쁘다, 기뻐하다, 기뻐서 화기가 돌다.
9) 摳(구) : (옷자락을) 들어 올리다, 던지다, 투척하다, 조숙하다.
10) 縫(봉) : 꿰매다, 깁다, 꿰맨 줄, (옷의) 솔기, 틈, 간극, (언행의) 실수, 결점.
11) 躡(섭) : 밟다, 올라가다, 다다르다. 傾(경) : 기울다, 뒤집히다, 눕다, 높다, 위태롭다, 겨루다. 跌(질) : 넘어지다, 비틀거림, 발이 걸리거나 헛디뎌 중심을 잃다, 달리다, 틀리다.
12) 肅(숙) : 엄숙하다, 공경, 공손, 근엄, 엄정, 숙연하다, 숙청하다, 일소, 위축되다, 오그라지다.
13) 級(급) : 등급, 학년, 층, 계단, 급.
14) 解(해) : 없애다, 풀다, 나누다, 열다, 해석하다, 알다, 이해하다.

위位는 임금의 빈자리이니, 문과 병풍 사이를 말한다.[1] 임금이 우뚝 서는 곳으로서, 이른바 저宁이다. 임금이 비록 자리에 있지 않더라도 그곳을 지나갈 때는 반드시 경건히 하였다. 빈자리라고 하여 감히 소홀히 여기지 않았다. '말은 마치 모자란 사람 같았다' 함은, 감히 방자하지 않음이다.

옷자락을 여미어 잡고 당에 오를 때는 몸을 움츠리고 숨을 죽여, 마치 숨 쉬지 않는 사람처럼 하였다.
나와서 섬돌 한 계단을 내려올 때는 안색이 펴져 기쁜 모습이었다. 계단을 다 내려오면, 종종걸음이 마치 새가 날개를 편 듯하였다. 다시 제자리에 돌아와서는 매우 조심스런 모습이었다.

섭攝은 추어올림(여며 잡음)이다. 제齊는 옷의 아랫자락이다. 예에 따르면, 당에 오를 때는 두 손으로 옷을 여며 올려 땅에서 한 자 정도 떨어지게 한다. 옷자락을 밟고 넘어져 체통을 잃을까 염려해서이다. 병屛은 감춤, 식息은 코로 숨을 쉼이다. 지존至尊 가까이 갈 때는 숨을 죽인다.

• 추趨 뒤에 본디 진進 자가 없다.[2] 속본에는 있는데 잘못이다. - 육덕명

등等은 계단의 층, 영逞은 '펴다(편히 하다)'이다. 지존으로부터 점차 거리가 멀어지면, 숨을 내쉬고 안색을 편다. 이이怡怡는 온화하고 즐거움, 몰계沒階는 계단을 다 내려옴, 추趨는 빠른 걸음으로 자리로 나아감이다. 다시 자리에 돌아오면 매우 조심스런 모습을 했으니, 공경심의 여운이다.[3]

이상의 구절은 공자가 조정에 있을 때의 용모를 기록하였다.

---

①『어류』: 옛날에 조회할 때 임금과 신하는 모두 서 있었다. … 임금은 문과 병풍 사이에 선다.[22]
②『혹문』: "어떤 근거로 추진익여趨進翼如의 '진進' 자가 반드시 연문임을 알았습니까?" "계단을 다 내려오면 종종걸음 치며 물러난다(趨而退矣). 다시 '진' 자가 있을 수 없다."
③『어류』: 끝까지 마무리를 잘 짓는 모습이다. 보통 사람이라면 끝에 가서 흐지부지 하게 된다. 성인은 경건(敬)으로 시작하여 경건으로 끝맺는다.[23]

10-5 執圭, 鞠躬如也, 如不勝. 上如揖, 下如授. 勃如戰[1]色, 足蹜蹜,[2] 如有循.[3]
享禮, 有容色.
私覿,[4] 愉愉[5]如也.

(勝, 平聲. 縮, 色六反.) ○圭, 諸侯命圭. 聘[6]問鄰國, 則使大夫執以通信. 如不勝, 執主器, 執輕如不克, 敬謹之至也. 上如揖, 下如授, 謂執圭平衡, 手與心齊,[7] 高不過揖, 卑不過授也. 戰色, 戰而色懼也. 蹜蹜, 擧足促狹[8]也. 如有循, 『記』所謂擧前曳踵.[9] 言行不離地, 如緣[10]物也.

享, 獻也. 旣聘而享, 用圭璧,[11] 有庭實.[12] 有容色, 和也. 『儀禮』曰 : "發氣滿容."

私覿, 以私禮見也. 愉愉, 則又和矣.

○此一節, 記孔子爲君聘於鄰國之禮也.

---

1) 戰(전) : 두려워하다, 무서워서 떨다, 흔들리다, 요동, 싸우다, 전쟁, 경쟁, 투쟁하다.
2) 蹜蹜(축축) : 종종걸음으로 빨리 걷는 모양. 蹜 : 종종걸음을 치다.
3) 循(순) : 좇다, 뒤따름, 그대로 함, 복종, 밟다, 답습, 돌다, 머뭇거림, 질서정연(9-11).
4) 覿(적) : 보다, 만나다, 뵈다, 상견하다, 알현하다, 눈이 붉다, 멀리 바라보는 모양.
5) 愉(유) : 즐겁다, 기뻐하다, 유쾌하다, 누그러지다, 부드러워지다, 노래. (투) : 구차하다.
6) 聘(빙) : 찾아가다, 방문해 안부를 묻다, 부르다, 예를 갖추어 부르다, 구하다, 장가들다. ※빙례聘禮 : 제후가 대부를 다른 나라에 사신으로 보내는 예.
7) 齊(제) : 가지런하다, 질서정연함, 단정함, 같다, (같은 정도에) 도달하다, (마음이) 맞다, 갖추어짐. ○『禮記』「曲禮下」: 凡奉者當心, 提者當帶. 執天子之器則上衡, 國君則平衡. … 凡執主器, 執輕如不克.
8) 促狹(촉협) : 좀스럽다, 야박하다, 간사하다, 우롱. 促 : 좁다, 급하다. 狹 : 좁다.
9) 曳(예) : 끌다, 끌리다. 踵(종) : 발꿈치, 좇다, 계승하다.
10) 緣(연) : ~을 따르다, 의거하다, 말미암다, 따르다, 꾸미다, 두르다.
11) 圭璧(규벽) : 제후가 천자를 알현할 때 갖는 옥. 璧 : 중앙에 구멍이 있는 둥글넓적한 옥.
12) 庭實(정실) : 마당에 가득 늘어놓은 공물(貢物). 庭 : 뜰, 마당, 궁중, 조정, 곳, 장소, 곧다.
① 『어류』: 상하上下란 규를 잡을 때 위치의 높고 낮음을 일컫는다.[25]
② 『혹문』: "명규命圭라는 것이 무엇입니까?" "옛날 제후가 봉토를 받을 때 천자가 서절瑞節로

10-5 규를 잡을 때는 몸을 움츠리며 마치 이기지 못하듯 하였다. 규를 들어 올릴 때는 읍하듯 하고, 내릴 때는① 물건을 건네듯 신중하였다. 두려운 낯빛을 하고 걸음은 잰걸음으로, 마치 뒤꿈치를 끌듯이 하였다. 예물을 드릴 때는 온화한 낯빛이었다.
사사로이 접견할 때는 화기애애하였다.

규圭는 제후의 명규命圭이다.② 이웃나라를 공식 방문하여 안부를 물을 때, 대부가 들고 가서 신뢰를 소통하는 도구이다. '마치 이기지 못하는 듯하였다' 함은, 군주의 기물을 들 때 가벼운 것을 들더라도 마치 이기지 못하는 듯이 하는 것은 공경과 삼감의 극치이다. '규를 들어 올릴 때는 읍하듯 하고, 내릴 때는 물건을 건네듯 신중하였다' 함은, 규를 잡는 것이 평평하여 손을 가슴 높이와 나란히 하여, 높아도 읍하는 위치를 넘지 않고 낮아도 물건을 건네는 위치를 넘지 않음을 일컫는다. 전색戰色이란 전쟁에 임하듯이 낯빛에 두려운 기색이 있음이다. 축축蹜蹜은 발걸음이 빠르고 보폭이 좁음이다. 여유순如有循은 『예기』에서 말한 "발바닥의 앞은 들고, 뒤는 끈다"는 것이다. 걸어갈 때 땅에서 떨어지지 않아, 마치 무엇에 붙어 있는 듯함을 말한다.

향享은 바쳐 올림이다. 빙례聘禮를 마친 다음 향례享禮를 행한다.③ 규벽圭璧을 쓰고 조정에 진상할 물품(庭實)도 갖춘다. 유용색有容色은 온화함이다. 『의례』「빙례」에 "기운이 발하여 얼굴에 가득하다"라고 하였다.

사적私覿은 사사로운 예방이다.④ 유유愉愉는 더욱 온화함이다.

이 절은 공자가 임금을 위해 이웃나라를 공식 방문했을 때의 예를 기록하였다.

삼아서 준 홀(圭)을 말한다." ※瑞(서) : 천자가 제후를 봉할 때 주는 홀.

③ 『어류』 : 빙례는 '명규'로써 신임을 확인하고, 조금 뒤 원래대로 명규를 돌려준다. 향례는 준비한 규圭·벽璧·종琮·황璜 등의 옥을 바치는데, 명규는 아니다.[28]

④ 『어류』 : "정실庭實이 무엇입니까?" "가죽, 비단, 수레, 말 등을 모두 정실庭實에 진열한다. 사적私覿은 사신으로 온 대부가 자기 임금의 명에 따른 빙례와 향례를 마친 다음, 개인적인 예물을 타국의 임금과 대신에게 주면서 만나는 것을 말한다."[28, 30]

晁氏曰："孔子, 定公九年仕魯, 至十三年適齊, 其間絕無朝聘往來之事. 疑使擯·執圭兩條, 但孔子嘗言其禮當如此爾."

10-6 君子不以紺緅飾.[1]

紅紫不以爲褻[2]服.

(紺, 古暗反. 緅, 側由反.) ○君子, 謂孔子. 紺, 深靑揚[3]赤色, 齊服也. 緅, 絳[4]色. 三年之喪, 以飾練[5]服也. 飾, 領緣[6]也.

紅紫, 間色不正, 且近於婦人女子之服也. 褻服, 私居服也. 言此, 則不以爲朝祭之服可知.

當暑, 袗絺綌,[7] 必表而出之.

緇衣羔裘,[8] 素衣麑裘,[9] 黃衣狐裘.

褻裘長, 短右袂.[10]

袗, 單也. 葛之精者曰絺, 粗者曰綌. 表而出之, 謂先著裏衣, 表絺綌而出之於外, 欲其不見體也. 『詩』所謂"蒙彼縐絺"[11]是也.

---

1) 紺(감) : 감색, 검푸른 빛. 緅(추) : 검붉다, 검붉은 비단, 아청鴉靑. 飾(식) : 꾸미다, 치장, 옷에 가선을 둘러 장식함, 꾸밈, 가선, 훌륭한 단장, 나타내다.
2) 褻(설) : 더럽다, 더럽히다, 친압하다, 속옷, 평상복, 업신여기다.
3) 揚(양) : 오르다, 쳐들다, 나타나다, 밝힘, 누그러지다. ○『어류』: 揚, 浮也. ※浮(부) : 뜨다, 띄우다, 표면상의, 표면에 뜬, 일시적인, 초과하다, 남다.
4) 絳(강) : 진홍, 진홍색, 땅 이름, 강 이름.
5) 練(련) : 익히다, 누이다(잿물에 삶아 부드럽게 함), 단련, 희다, 소상小祥에 입는 상복.
6) 領(령) : 옷깃, 목, 핵심, 깨닫다, 재능. 緣(연) : 옷의 가선, 가장자리, 가선을 꾸밈, 인연.
7) 袗(진) : 여름 홑옷, 아름다운 옷. 絺綌(치격) : 고운 갈포는 치, 거친 갈포는 격.
8) 緇(치) : 검은 비단, 검은 옷, 승복, 승려, 검게 물들다. 羔(고) : 새끼 양, 흑양.
9) 素(소) : 희다, 흰빛의 무늬 없는 피륙, 꾸밈없다, 바탕, 평소. 麑(예) : 사자, 사슴 새끼.
10) 袂(메) : 소매. 옷소매. 聯袂而往(연메이왕) : 함께 가다. 分袂(분메) : 이별하다.
11) 蒙(몽) : 입다, 덮다, 싸다, 숨기다, 무릅쓰다, 속이다, 기만, 어둡다. 縐(추) : 주름지다, 주름진

• 공자는 정공 9년에 노나라에서 벼슬하였다. 13년에는 제나라로 갔다. 그 사이에는 절대로 조빙朝聘으로 왕래한 일이 없다. 사빈使擯과 집규執圭 두 조목은, 아마 공자가 그 예란 마땅히 이와 같아야 함을 언급한 것인 듯하다. – 조설지

10-6 군자는 감색이나 검붉은색으로 장식하지 않았다.
홍색과 자색으로는 평상복을 만들지 않았다.

군자는 공자를 일컫는다. 감紺은 짙푸른 색으로 붉은 빛을 띤다. 재계 의복(齊服)의 색이다. 추緅는 진홍색인데, 삼년상할 때 소상복을 장식한다. 식飾은 옷깃과 가장자리이다.

홍색과 자색은 간색間色으로서 정색正色이 아니다.① 또 부인과 여자의 복장에 가깝다. 설복褻服은 평상복이다. 이렇게 말했으니, 그런 색으로는 조복이나 제복을 만들 수 없음을 알 수 있다.

더운 여름에는 홑갈포옷을 입되, 반드시 겉으로 드러냈다.
검은 옷은 검은 양가죽으로, 흰옷은 흰 사슴 가죽으로, 노랑 옷은 여우 털가죽으로 만들었다.
평상복 갖옷은 길게 하되, 오른쪽 소매는 짧게 하였다.

진袗은 홑이다. 갈포 가운데 고운 것이 치絺, 거친 것이 격綌이다. 표이출지表而出之는 먼저 속옷을 입고, 겉으로 고운 갈포옷과 거친 갈포옷을 밖으로 드러냄을 일컫는다. 몸이 보이지 않게 하려 함이다. 『시』에서 말한 "저 고운 갈포옷을 입는다" 함이 이것이다.

피륙, 가늘다, 무늬. (초) : 거친 명주, 질 낮은 명주. 絺(치) : 고운 갈포.

① 『혹문』 : "색은 정색과 간색이 있는데 어떤 것입니까?" "청青·적赤·황黃·백白·흑黑이 다섯 방위의 정색이다." ※각 방위는 차례로 동, 남, 중앙, 서, 북이다.

(麑, 研奚反.) ○緇, 黑色. 羔裘, 用黑羊皮. 麑, 鹿子, 色白. 狐, 色黃. 衣以裼[1]裘, 欲其相稱.

長, 欲其溫. 短右袂, 所以便作事.

必有寢衣, 長一身有半.

(長, 去聲.) ○齊主於敬, 不可解衣而寢, 又不可著明衣而寢, 故別有寢衣, 其半蓋以覆足.

程子曰 : "此錯簡, 當在'齊, 必有明衣, 布'之下." 愚謂如此則此條與明衣·變食旣得以類相從, 而褻裘·狐貉亦得以類相從矣.

狐貉之厚以居.

狐貉,[2] 毛深溫厚, 私居取其適[3]體.

去喪, 無所不佩.[4]
非帷裳,[5] 必殺[6]之.

(去, 上聲.) ○君子無故, 玉不去身. 觿礪[7]之屬, 亦皆佩也.

(殺, 去聲.) ○朝祭之服, 裳用正幅[8]如帷, 要有襞[9]積, 而旁無殺縫. 其餘若深衣,[10] 要半下, 齊[11]倍要, 則無襞積而有殺縫矣.

---

1) 裼(석) : 웃통을 벗다, 웃통을 벗어 어깨를 드러냄, 팔을 드러내다, 홑으로 된 갖옷.
2) 狐(호) : 여우. 貉(학) : 담비, 오소리. (맥) : 오랑캐(貊).
3) 適(적) : 가다, 도달, 붙좇다, 합당, 향함, 알맞다, 적당, 즐기다, 상쾌하다, 기분 좋다.
4) 佩(패) : 차다, 띠나 허리에 매닮, 노리개(귀족이 띠에 차는 장식물), 지니다.
5) 帷裳(유상) : 주름 없는 예복의 치마. 帷 : 휘장, 수레 씌우개. 裳 : 치마, 낮에 입는 옷.
6) 殺(쇄) : 덜다, 줄이다, 생략, 쇠하다, 차이, 가늘다, 바느질하다, 매우, 심히.
7) 觿(휴) : (허리에 차는) 뿔송곳. 礪(려) : 거친 숫돌, 숫돌에 갈다.
8) 正(정) : 순정하다, 네모반듯한. 幅(폭) : (옷감·종이의) 폭, 너비, 넓이, 가장자리, 포목.

치緇는 검은색이다. 고구羔裘는 검은 양가죽으로 만든다. 예麑는 사슴 새끼이고, 흰색이다. 호狐는 노란색이다. 겉옷으로 어깨가 드러나는 가죽조끼를 입는 것은, 서로 어울리게 하려는 것이다.

길게 만듦은 따뜻하게 하려는 것이요, 오른쪽 소매를 짧게 함은 작업을 편리하게 하려는 것이다.

반드시 잠옷이 있었고, 길이가 키의 한 배 반이었다.

재계는 공경을 위주로 하니, 옷을 벗고 잘 수도 없고 또 명의明衣(재계할 때 입는 옷)를 입고 잘 수도 없다. 그래서 따로 잠옷을 두었다. 반 배 더 길게 한 것은 아마 발을 덮으려는 것이다.

이천에 따르면 "이 구절은 착간이다. '齊必有明衣, 布'(10-7) 다음에 있어야 한다." 내 생각에, 그렇게 하면 이 구절은 명의明衣·변식變食과 같은 부류로 서로 어울릴 수 있고, 설구褻裘 구절과 호학狐貉 구절도 서로 어울릴 수 있다.

여우와 담비의 두터운 털가죽으로 거처하였다.

여우와 담비는 털이 깊고 따뜻하며 푹신하다. 집에서 거처할 때는 몸에 편한 방식을 따랐다.

상을 마친 뒤에는 늘 패물을 찼다.
조회나 제례 때의 예복이 아니면, 반드시 주름을 넣었다.

군자는 까닭 없이 옥을 몸에서 떼지 않는다. 뿔송곳·숫돌 따위도 모두 찼다.

조복과 제복의 경우, 아래옷은 한 폭 모두를 써서 마치 휘장 같았다. 허리춤은 겹 주름을 두고, 옆은 꿰맨 곳이 없다. 기타 심의 등은 허리폭이 아랫단의 반이고, 아랫자락은 허리폭의 배가 되게 하니, 겹 주름이 없고 꿰맨 곳이 있다.

---

9) 襞(벽) : (치마의) 주름, 접다, 옷을 개키다.

10) 深衣(심의) : 고결한 선비가 입는 소매가 넓고 검은 비단으로 가를 두른 흰 베 옷.

11) 齊(자) : 옷자락, 옷 아랫자락. (재) : 재최, 상복의 아랫단을 호다, 그 상복. 재계.

羔裘玄冠不以弔.
吉月, 必朝服而朝.

喪主素, 吉主玄. 弔必變服, 所以哀死.

吉月, 月朔也. 孔子在魯致仕[1]時如此.

○此一節, 記孔子衣服之制.

蘇氏曰 : "此孔氏遺書, 雜記曲[2]禮, 非特[3]孔子事也."

10-7 齊, 必有明衣,[4] 布.
齊, 必變食, 居必遷坐.

(齊, 側皆反.) ○齊, 必沐浴, 浴竟,[5] 卽著明衣, 所以明潔其體也, 以布爲之. 此下脫前章'寢衣'一簡.

變食, 謂不飮酒, 不茹葷.[6] 遷坐, 易常處也.

○此一節, 記孔子謹齊之事.

楊氏曰 : "齊所以交神, 故致[7]潔變常以盡敬."

10-8 食不厭精,[8] 膾不厭細.

---

1) 致仕(치사) : 벼슬을 그만두다. 致 : 주다, 보내다, 돌려 바치다, 내던지다, 초래하다.

2) 曲(곡) : 곡진하다, 정성을 다하다, 자세하다, 자세히, 굽다, 구부러지다, 정직하지 않다, 불합리하다, 그릇되게 하다, 흑백을 전도하다, 서툴다.

3) 特(특) : 특히, 특수하다, 특별하다, 아주, 일부러, 다만, 단지 ~ 뿐, 겨우.

4) 明衣(명의) : 재계할 때 목욕한 후 입는 속옷. 明 : 희다, 밝다, 이승, 신령, 새벽.

5) 竟(경) : 끝나다, 끝내다, 다하다, 극에 이르다, 이어지다, 마침내.

6) 茹(여) : 먹다, 마시다, 채소의 총칭. 葷(훈) : 훈채(파·마늘). ○『莊子』「人間世」 : "回之家貧, 唯不飮酒不茹葷者數月矣. 如此則可以爲齋乎?" 曰 : "是祭祀之齋, 非心齋也."

7) 致(치) : (힘·의지를) 집중하다, 전념하다, ~한 결과가 되다, 도달하다, 실현, 주다, 보내다.

8) 厭(염) : 싫어하다, 물리다, 싫증나다, 미워하다, 마음에 차다, 만족하다. 精(정) : 찧다, 쓿다, 쌀을 곱게 쓿다, 쓿은 쌀, 정미, 정제한, 순수한, 훌륭하다, 정교하다.

검은 양 갖옷과 검은 관을 쓰고는 조문하지 않았다.
매월 초하루에는 반드시 조복을 입고 조회하였다.

상복은 흰색을 위주로 하고, 길한 일은 검은색을 위주로 한다. 조문할 때는 반드시 옷을 바꾸어 입음으로써, 죽음을 애도한다.

길월吉月은 초하루이다. 공자가 노나라에서 벼슬 자리를 물러나 있던 시절에 이렇게 하셨다.

이상의 구절은 공자의 의복 제도를 기록하였다.

• 이 부분은 공씨 가문의 유서遺書이다. 세세한 예규를 이것저것 기록하였다. 오직 공자에게만 해당되는 일이 아니다. - 소식

10-7 재계할 때는 반드시 명의를 입었는데, 삼베로 만들었다. 재계할 때는 반드시 음식을 바꾸고, 거처도 반드시 자리를 옮겼다.

재계는 반드시 목욕을 한다. 목욕이 끝나면 명의를 입는다. 그 몸을 밝고 깨끗하게 하려는 것으로서, 삼베로 만들었다. 이 구절 다음에 앞 장의 "침의寢衣" 운운한 단락이 있어야 하는데 탈락되었다.

'음식을 바꿈'은 술을 마시지 않고 훈채도 먹지 않음을 일컫는다.① '자리를 옮김'은 평소의 거처를 바꾸는 것이다.

이 구절은 공자가 재계에 삼간 일을 기록하였다.

• 재계는 신명과 교제하려는 것이다. 따라서 아주 정결히 하고 평소 생활을 바꿈으로써 공경을 다한다. - 양시

10-8 밥은 쓿은 것을 싫어하지 않고, 회는 가늘게 썬 것을 싫어하지 않았다.

---

① 『어류』: "요즘 치재(致齋)를 행하면서 술을 마시는 습관은 어떻습니까?" "술 마시는 일은 옳지 않다. 다만 『예기』에는 '술을 마시더라도 취하지만 않으면 된다'는 설명이 있기는 하다."[40]

(食, 音嗣.) ○食, 飯也. 精, 鑿[1]也. 牛羊與魚之腥,[2] 聶而切[3]之爲膾. 食精則能養人, 膾粗則能害人. 不厭, 言以是爲善, 非謂必欲如是也.

食饐而餲,[4] 魚餒而肉敗,[5] 不食. 色惡, 不食. 臭惡, 不食. 失飪,[6] 不食. 不時, 不食.

(食饐之食, 音嗣. 饐, 於冀反. 餲, 烏邁反. 飪, 而甚反.) ○饐, 飯傷熱濕也. 餲, 味變也. 魚爛[7]曰餒. 肉腐曰敗. 色惡·臭惡, 未敗而色臭變也. 飪, 烹調生熟之節也.[8] 不時, 五穀不成, 果實未熟之類. 此數者皆足以傷人, 故不食.

割不正, 不食. 不得其醬, 不食.

割肉不方正者不食, 造次不離於正也. 漢陸續之母, 切肉未嘗不方, 斷葱以寸爲度,[9] 蓋其質美, 與此暗合也. 食肉用醬, 各有所宜, 不得則不食, 惡其不備也. 此二者, 無害於人, 但不以嗜味而苟食耳.

---

1) 鑿(착) : 뚫다, 파다, 끊다, 소통하다, 끌, 구멍, 마음, 생각, 쌀을 쓿다, 백미, 선명한 모양.
2) 腥(성) : 비리다, 돼지 살에 생긴 사마귀 따위의 군살, 기름, 날고기, 누리다, 더럽다.
3) 聶(접) : 저미다, 저민 엷은 고기 조각. 切(절) : 끊다, 잘게 썰다, 자르다.
4) 饐(의) : (음식이) 쉬다, 썩다. 餲(애) : (음식이) 쉬다, 맛이 변하다, 유과, 유밀과.
5) 餒(뇌) : 썩다, 고기가 문드러지다, 주리다, 굶기다, 굶주림, 기아. 敗(패) : 쇠퇴하다, 부패하다, 시들다, 깨뜨리다, 부서지다, 무너지다, 패배, 실패, 망치다, 못쓰게 되다.
6) 飪(임) : 익히다, 삶다, 잘 끓인 음식.
7) 爛(란) : 문드러지다, 흐물흐물하다, 낡다, 헐다, 썩다, 부패하다, 몹시, 완전히.
8) 烹(팽) : 삶다, 삶아 죽임, 익힌 음식. 調(조) : 알맞게 조절함, 적합, 어울리다, 길들이다.
9) 葱(총) : 파, 부들, 푸르다, 연한 남빛. 度(도) : 법도, 표준. (탁) : 헤아리다, 길이를 재다.
① 『어류』 : '그 (맞는) 장이 없으면 먹지 않았던 바' '그' 자가 중요하다. '그 장'이란 예컨대 '생선회의 겨자 장' 같은 부류를 말한다.[44] 여기서 장은 요새의 장이 아니다. 『예기』 「내칙」에

사食는 밥, 정精은 곱게 찧음이다. 소와 양이나 물고기의 날것을 저며 썬 것이 회膾이다. 곱게 찧은 것을 먹으면 몸을 보양할 수 있고, 회가 거칠면 몸에 해로울 수 있다. '싫어하지 않았다' 함은 그것을 좋다고 여겼다는 말이지, 꼭 그런 것을 바랐다는 말은 아니다.

밥이 쉬어 맛이 변하거나, 생선이 상하고 고기가 썩은 것은 먹지 않았다. 색깔이 나쁜 것도 먹지 않고, 냄새가 나쁜 것도 먹지 않고, 잘 익히지 않은 것도 먹지 않고, 제철이 아닌 것도 먹지 않았다.

의饐는 밥이 상하여 뜨뜻하고 눅눅함, 애餲는 맛이 변함이다. 생선이 문드러짐이 뇌餒, 고기가 썩음이 패敗이다. 색이 나쁘고 냄새가 나쁜 것은, 아직 썩지는 않았어도 색과 냄새가 변한 것이다. 임飪은 삶아 조리할 때 알맞게 익음이다. 불시不時는 오곡이 여물지 않고 과실이 아직 익지 않은 부류이다. 이 몇 가지는 다 몸을 상하게 할 수 있으므로 먹지 않았다.

바르게 자르지 않으면 먹지 않고, 맞는 장이 없으면 먹지 않았다.

썬 고기가 네모반듯하지 않으면 먹지 않음은, 잠시라도 올바름에서 벗어나지 않으려는 것이다. 한나라 때 육속의 어머니가 고기를 썰 때 네모반듯하지 않은 적이 없고, 파를 자를 때도 한 치를 규격으로 했다고 한다. 아마 그 어머니의 바탕이 아름다워, 공자의 경우와 우연히 일치한 것 같다. 고기를 먹을 때는 장(양념)이 있는데, 각기 합당한 장이 있다.① 해당 장이 없으면 먹지 않았으니, 온전하지 못함을 싫어했기 때문이다.② 이 두 가지는 몸에 해는 없으나, 맛만 즐겨 구차하게 먹지 않는다는 뜻이다.

여러 종류의 장이 있는데, 저마다 용도에 따라 여러 가지였다.[45]

② 『어류』: 성인의 마음은 털끝만한 실수도 없다. 어떤 일을 이와 같이 해야 한다고 하면 굳건히 그와 같이 하셨던 것이다. 예컨대 '그 장이 없으면 먹지 않으셨다.' 이 음식에는 꼭 그 장이 있어야 하는데 그 장이 없으면 성인은 먹지 않았으니, 그것의 당연지칙當然之則을 획득하려고 하셨기 때문이다.[43]

肉雖多, 不使勝食氣. 惟酒無量, 不及亂.

(食, 音嗣. 量, 去聲.) ○食以穀爲主, 故不使肉勝食氣. 酒以爲人合歡,[1] 故不爲量, 但以醉爲節而不及亂耳. 程子曰 : "不及亂者, 非惟不使亂志, 雖血氣亦不可使亂, 但浹洽[2]而已可也."

沽酒市脯[3]不食.
不撤薑[4]食.
不多食.

沽·市, 皆買也. 恐不精潔, 或傷人也. 與不嘗康子之藥同意.
薑, 通神明, 去穢惡,[5] 故不撤.[6]
適可而止, 無貪心也.

10-9 祭於公, 不宿肉. 祭肉不出三日. 出三日, 不食之矣.

助祭於公, 所得胙肉,[7] 歸卽頒賜.[8] 不俟經宿者,[9] 不留神惠也.[10] 家之祭肉, 則不過三日, 皆以分賜. 蓋過三日, 則肉必敗, 而人不食之, 是褻鬼神之餘也.[11] 但比君所賜胙, 可少緩耳.

---

1) 歡(환) : 기뻐하다, 기뻐서 좋아하다, 맞다, 들어맞다.(=懽)
2) 浹洽(협흡) : 두루 미쳐 젖음, 물이 물건을 적시듯 어떤 영향이 깊이 미침, 화목함. 浹 : 두루 미침, 통하다, 젖다, 돌다. 洽 : 윤택하다, 적시다, 합치다, 화합, 통하다, 널리.
3) 沽(고) : 팔다, 사다, 술을 팔다, 술장수. 市(시) : 저자, 장사, 팔다, 사다, (돈을) 벌다. 脯(포) : 포, 저미어 말린 고기, 포를 뜨다, 말린 과실.
4) 撤(철) : 거두다, 치우다, 그만두다, 폐하다. 薑(강) : 생강, 새앙.
5) 穢(예) : 더럽다, 거침, 잡초, 동이족의 하나. 惡(악) : 추하다, 더러움, 추함, 질병, 똥.
6) 撤(철) : 거두다, 치우다, 없애다, 그만두다, 철수하다, 물러나다, 철회, 경감.
7) 胙(작) : 제 지낸 고기, 음복 고기, 복되게 하다, (녹을) 주다, 갚다, 즉위하다, 섬돌(阼).
8) 頒(반) : 나누다, 하사하다, 많다, 반백(斑白). 賜(사) : 주다, 하사, 은혜 베풂, 명령, 은덕.
9) 俟(사) : 기다리다. 經宿(경숙) : 하룻밤 묵음. 經 : 지나다. 宿 : 하룻밤 묵다, 여관.
10) 留(류) : 머무르다, 남아 있다, 변하지 않다, 기다리다, 지체, 머뭇거리다, 오래다, 엿보다,

고기가 많아도 밥보다 많이 먹지 않았다. 오직 술은 한량이 없었으나, 난잡함에 이르지 않았다.

식사는 곡식이 위주이다. 그래서 고기가 밥의 양을 넘지 않게 하였다. 술은 남과 더불어 즐거움을 누리려는 것이다. 그래서 한량을 두지 않았으나, 다만 취기를 기준으로 절제하여 난잡함에 이르지 않았다.

• 난잡함에 이르지 않음은 정신을 혼란시키지 않을 뿐더러, 혈기도 혼란시키지 않는 것이다. 다만 흡족한 수준에서 그치면 된다. – 이천

사 온 술이나 시장의 포는 먹지 않았다.
생강이 든 음식을 물리치지 않았다.
많이 먹지 않았다.

고沽·시市 모두 '사다'이다. 정결하지 못해서 몸을 상할 염려가 있다. 계강자가 보낸 약을 먹지 않은 경우(10-16)와 같은 뜻이다.

생강은 정신을 맑게 하고 노폐물을 없애므로, 물리치지 않았다.

적절한 양에서 그치고, 탐하는 마음이 없었다.

10-9 임금의 제사 때 받은 고기는 그 밤을 넘기지 않았다. (집안의) 제사 고기는 삼 일을 넘기지 않았다. 삼 일을 넘기면 먹지 않았다.

임금의 제사를 돕고 얻은 음복 고기는 돌아와서 곧 나누어주었다. 그날 밤을 넘기지 않음은 귀신의 은혜를 지체하지 않는 것이다. 집안 제사의 고기는 삼 일을 넘기지 않았는데, 모두 나누어주기 때문이다. 삼 일을 넘기면 고기가 반드시 부패한다. 그래서 사람이 먹지 못하게 되면, 그것은 귀신이 남겨 준 음식을 더럽히는 일이다. 다만 임금이 하사한 음복 고기보다는 조금 더 늦출 수 있다.

옹이. ○周曰 : "助祭於君, 所得牲體, 歸則班賜, 不留神惠也."

11) 褻(설) : 더럽히다, 친압하다, 업신여기다. 餘(여) : 남다, 넉넉하다, 나머지, 잉여, 필경, 말미. ○鄭曰 : "自其家祭肉也, 過三日不食, 是褻鬼神之餘也."

10-10 食不語, 寢不言.

答述曰語. 自言曰言.

范氏曰："聖人存心不他, 當食而食, 當寢而寢, 言語非其時也."[1]

楊氏曰："肺爲氣主, 而聲出焉. 寢食則氣窒[2]而不通, 語言恐傷之也." 亦通.

10-11 雖疏食菜羹,[3] 瓜[4]祭, 必齊如也.

(食, 音嗣.) ○陸氏曰："魯論瓜作必." ○古人飮食, 每種各出少許,[5] 置之豆間之地, 以祭先代始爲飮食之人, 不忘本也. 齊, 嚴[6]敬貌. 孔子雖薄[7]物必祭, 其祭必敬, 聖人之誠[8]也.

○此一節, 記孔子飮食之節.

謝氏曰："聖人飮食如此, 非極口腹之欲, 蓋養氣·體, 不以傷生, 當如此. 然聖人之所不食, 窮口腹者或反食之, 欲心勝而不暇[9]擇也."

---

1) 范曰："以事語人曰語, 發端曰言. 君子存其誠意, 當食而食, 當寢而寢, 言語非其時也." ○謝曰："聖人存心不它, 爲物之終始, 與事在此而心遊於彼者異."

2) 窒(질) : 막히다, 막혀 통하지 않다, 억제하다, 저지하여 막다, 메이다, 멈추다, 그침.

3) 疏食(소사) : 채식과 곡식, 변변찮은 음식. 疎 : 소통, 트이다, 멀다, 먼 친척, 거칠다, 성기다, 조악함, 드물다, 채소. 菜(채) : 나물, 채소, 반찬, 채취하다. 羹(갱) : 국.

4) 瓜(과) : 오이. 爪(조 : 손톱)는 다른 글자.

5) 許(허) : 쯤, 정도, 얼마, 얼마큼, 이같이, 여차, 진실을 인정하다, 허락.

6) 嚴(엄) : 엄하다, 엄격하다, 임박하다, 급박하다, 빈틈없다, 치밀하다, 심하다, 모질다.

7) 薄(박) : 경미하다, 사소하다, 근소하다, 하찮다, 약하다, 야박하다, 인정이 없다, 박두하다.

8) 誠(성) : 정성, 진심, 참, 참되게 하다, 진실, 성실, 진실로, 확실히, 자세히, 만약.

9) 暇(가) : 겨를, 여가, 틈, 짬, 틈, 여유, 느긋하게 지내다, 여유롭게 지내다.

① 『어류』 : 말 한마디 동작 하나마다, 앉으나 서나 밥 한번 먹을 때마다 모두 옳고 그름이 있다. 이 때 옳은 것이 천리이고 그른 것이 인욕이다. 가령 공자는 "잘 익히지 않은 것은 먹지 않고, 제철이 아닌 것도 먹지 않고, 바르게 자르지 않으면 먹지 않고", "많이 먹지 않았으니", 천리 아닌 것이 없다. 그저 먹기만 탐하는 사람은 제철이 아닌 것도 먹고, 바르지 않은 것도 먹고, 잘 익히지 않은 것도 먹으니, 곧 모두 인욕이고 천리를 거역한 것이다. 단지 여러

10-10 밥을 먹으면서 말하지 않고, 잠자리에서 말하지 않았다.

대답하여 설명함이 어語, 스스로 말함이 언言이다.

• 성인의 마음가짐(存心)은 다른 것이 아니다. 먹어야 하면 먹고, 잠자야 하면 잠잔다. 이 때는 말할 때가 아니다. – 범조우

양시는 "폐는 기氣가 위주이므로, 거기에서 소리가 나온다. 잠자거나 먹을 때에는 기가 막혀 통하지 않는다. 이때 말하면 해가 될 수 있다"고 하였다. 역시 통한다.

10-11 거친 밥에 나물국을 먹을 때도 반드시 고수레를 하고, 반드시 재계처럼 엄숙하였다.

• 『노론』에는 과瓜가 필必로 되어 있다. – 육덕명

옛사람은 음식을 먹을 때 종류마다 조금씩 떼어내 그릇 사이에 놓음으로써, 먼 옛날 처음 음식을 만든 분께 제사하였다. 근본을 잊지 않음이다. 재齊는 엄숙하고 경건한 모습이다. 공자는 아무리 박한 음식이라도 반드시 제사를 드리고, 제사마다 반드시 경건했으니, 성인의 지성이다.

이상의 구절[8~11장]은 공자의 음식 절제를 기록하였다.①

• 성인은 음식을 먹을 때 이와 같았다. 육체의 생리적 욕구만 채우려는 것이 아니다. 몸과 기운을 보양해 생명을 상하게 하지 않으려면 그래야 하기 때문이다. 그러나 성인이 먹지 않는 것을 육체만 돌보는 자는 오히려 먹기도 한다. 욕심에 휘둘려 달리 선택할 겨를이 없기 때문이다. – 사량좌

음식을 먹는 일에 있어서 만약 먹어서는 안 될 경우에, 탐하여 먹기를 고집하는 것은 모두 천리를 거역한 것이다. 도리를 살필 때는 진취적이고 면밀하게 보아야 한다. 현상 너머에 있는 이치를 살펴야 하고 한 층 더 들어가야 좋다. 마치 어떤 사물에 대해 한 겹을 벗기고 다시 한 겹을 벗겨야 하고, 또 한 겹이 있으면 또 벗겨내서 네댓 겹까지 여러 껍질들을 모두 벗겨내야 비로소 진짜 열매를 찾아내는 일과 같다. 요즘 사람들이라고 도리를 이해하지 못한 것은 아니지만, 다만 면밀히 살피지 않고 그저 자기 생각을 고수하고 그만두니 시시비비가 끝내 분별되지 못하고 만다.[42]

10-12 席不正, 不坐.

謝氏曰 : "聖人心安於正, 故於位之不正者, 雖小不處."

10-13 鄉人飮酒, 杖[1]者出, 斯出矣.

杖者, 老人也. 六十杖於鄕,[2] 未出不敢先, 旣出不敢後.

10-14 鄕人儺,[3] 朝服而立於阼階.[4]

(儺, 乃多反.) ○儺, 所以逐疫,[5] 『周禮』方相氏掌之. 阼階, 東階也. 儺雖古禮而近於戲,[6] 亦必朝服而臨之者, 無所不用其誠敬也.
或曰 : "恐其驚[7]先祖五祀之神, 欲其依己而安也."[8]
○此一節, 記孔子居鄕之事.

10-15 問人於他邦, 再拜而送之.

拜送使者, 如親見之, 敬也.

---

1) 杖(장) : 지팡이, 짚다, 지팡이를 짚다, 잡다, 의지하다, 몽둥이, 곤장, 때리다.
2) 『禮記』「王制」: 五十杖於家, 六十杖於鄕, 七十杖於國, 八十杖於朝, 九十者天子欲有問….
3) 儺(나) : 역귀·잡귀를 쫓다, 역귀·잡귀를 쫓는 의식, 절도 있게 걷다, 공손한·순진한 모양.
4) 阼階(조계) : 동편 층계(주인이 당에 올라가는 계단). 阼 : 동편 층계, 보위, 제 지낸 고기(胙).
5) 逐(축) : 내쫓다, 쫓아내다, 배척. 疫(역) : 염병, 돌림병, 돌림병을 퍼뜨리는 귀신(疫鬼).
6) 戲(희) : 놀이, 장난, 유희, 놀다, 장난치다, 조롱하다, 연극.
7) 驚(경) : 놀라다, 놀라게 하다, 동요하다, 겁내다, 두려워하다, 어지러워지다.
8) 孔曰 : "儺, 驅逐疫鬼也. 恐驚先祖, 故朝服立廟之阼階也."
① 方相氏(방상씨) : 주周의 관명, 역귀와 산천의 요괴를 쫓아내는 일을 관장하였다.
② 『어류』: "자손의 정신精神이 곧 조상의 정신이기 때문에 조상의 정신이 자손인 내 몸에 의존하는 것이며, 대문·길·문·부뚜막 등의 오사五祀도 우리가 아침저녁으로 드나드는 곳이므로, 그 귀신 역시 반드시 내게 의지하여 존재하는 것이지요?" "그렇다. 한 집안의 가장에게

10-12 자리가 바르지 않으면 앉지 않았다.

• 성인의 마음은 바른 것을 편안해 한다. 그래서 자리가 바르지 않은 경우는 사소하더라도 처하지 않았다. – 사량좌

10-13 마을 사람들과 술 마시는 자리에서는, 노인이 나간 다음에 자리를 떴다.

장자杖者는 노인이다. 예순이 되면 마을에서 지팡이를 짚는다. 노인이 아직 나가지 않았으면 감히 먼저 나가지 않고, 이미 나갔으면 감히 뒤에 머물지 않는다.

10-14 마을 사람들이 역귀 쫓는 굿을 하면, 조복을 입고 동쪽 층계에 서 있었다.

나儺는 역귀를 쫓는 일이다. 『주례』에 따르면, 방상씨①가 관장하였다. 조계阼階는 동쪽 층계이다. '나'는 옛날 예법이기는 하나, 놀이에 가까웠다. 그렇지만 반드시 조복을 입고 그에 임한 까닭은, 늘 자신의 정성과 경건을 다하는 자세이다.

• 선조와 오사五祀의 신이 놀랠까 염려하여, 신이 나의 몸에 의지하여② 안심하도록 하려는 것이다. – 혹자

이상의 구절[13~14장]은 공자가 마을에 거할 때의 일을 기록하였다.

10-15 친구의 안부를 물으려고 다른 나라로 사람을 보낼 때는, 재배한 다음 전송하였다.

심부름하는 이를 전송할 때 마치 눈앞에 친구를 보는 것처럼 절하는 것이 공경이다.

그 집안 귀신이 귀속하고, 제후가 한 나라를 맡으면 그 나라 귀신이 귀속한다. 천자는 천하를 소유하니 천하의 귀신이 그에 귀속한다. 천자가 되는 사람은 그 신명 역시 크다. 그러한 천자가 무도하게 탐욕을 부린다면 천상의 별들과 지상의 산천에 어찌 변괴가 없을 수 있겠는가!"[47]

10-16 康子饋[1]藥, 拜而受之. 曰："丘未達, 不敢嘗."

范氏曰："凡賜食, 必嘗以拜. 藥未達, 則不敢嘗. 受而不飮, 則虛人之賜, 故告之如此. 然則可飮而飮, 不可飮而不飮, 皆在其中矣." 楊氏曰："大夫有賜, 拜而受之, 禮也. 未達不敢嘗, 謹疾也. 必告之, 直也."
○此一節, 記孔子與人交之誠意.

10-17 廏焚.[2] 子退朝, 曰："傷人乎?" 不問馬.

非不愛馬, 然恐傷人之意多, 故未暇問. 蓋貴人賤畜,[3] 理當如此.

10-18 君賜食, 必正席先嘗之；君賜腥,[4] 必熟而薦[5]之；君賜生, 必畜[6]之.
侍食於君, 君祭, 先飯.

食恐或餕餘,[7] 故不以薦. 正席先嘗, 如對君也. 言先嘗, 則餘當以頒[8]賜矣. 腥, 生肉. 熟而薦之祖考, 榮君賜也.[9] 畜之者, 仁君之惠, 無故不敢殺也.

---

1) 饋(궤)：먹이다, 음식 접대, (음식·물건을) 보내다, 공으로 주다, 올리다, 선물, 밥.
2) 廏(구)：마구간, 모이다, 말 관련 일을 관장한 벼슬. 焚(분)：불사르다, 타다, 화형.
3) 鄭曰："重人賤畜." 謝曰："馬非不愛也, 恐傷人之意多, 故捐情於此."
4) 腥(성)：(돼지)고기, 비리다, 기름, 누리다, 더럽다.
5) 薦(천)：바치다, 올리다, 진상하다, 추천하다, 천거, 차지하다, 점거, 자꾸, 자주.
6) 畜(휵)：기르다, 먹이다, 치다. (축)：쌓다, 비축, 보유하다, 가축.
7) 餕(준)：대궁, 먹다 남은 밥, 대궁을 먹다(제사 음식이나 남이 먹다 남은 밥을 먹음).
8) 頒(반)：나누다, 구분하다, 하사하다, 분배하다, 주다, 베풀다, 공포하다, 반포하다.
9) 邢曰："謂君賜己生肉, 必烹熟而薦其先祖, 榮君賜也."
① 『혹문』："마구간이 불탔는데 왜 말에 대해서는 묻지 않았습니까?" "조회가 끝나고 집에

10-16 계강자가 약을 보내오자, 재배하고 받으면서 말하였다. "내가 잘 모르니, 감히 맛보지 못하겠습니다."

• 음식을 하사받을 때는 항상 꼭 맛을 보고 절해야 한다. 그러나 약의 경우는 잘 모르면 감히 맛볼 수 없다. 받기만 하고 마시지 않으면 남의 하사품을 헛되게 하는 일이므로, 이렇게 고하였다. 그러니 마실 만하면 마시고, 마실 수 없으면 마시지 않는다는 의미가 들어 있다. – 범조우

• 대부가 하사품을 주면 절하고 받는 것이 예이다. 잘 몰라서 감히 맛보지 않은 것은 병을 조심한 때문이다. 반드시 고한 것은 정직이다. – 양시

이상의 구절[15~16장]은 공자가 남과 교제할 때의 성의를 기록하였다.

10-17 마구간이 불탔다. 공자가 조회가 끝나 집에 돌아와, "사람이 다쳤는가?"라고 물었다. 말에 대해서는 묻지 않았다.①

말을 아끼지 않은 것은 아니나, 사람이 다쳤는지 염려가 컸기 때문에 미처 묻지 못하였다. 사람을 중시하고 가축을 천시함은 이치상 그래야 한다.

10-18 임금이 음식을 하사하면, 반드시 자리를 바르게 하고 먼저 맛을 보았다. 임금이 날고기를 주면 반드시 익혀서 (사당에) 올렸다. 임금이 산 짐승을 하사하면 반드시 길렀다.
임금을 모시고 식사할 때, 임금이 제사를 올리면 먼저 밥을 맛보았다.

음식이 혹 제사 음식일 수 있기 때문에 (사당에) 올리지 않았다. '자리를 바르게 하고 먼저 맛을 보는' 것은, 마치 임금을 대면하는 것처럼 함이다. 먼저 맛을 보았으니, 나머지는 마땅히 나누어준다는 말이다. 성腥은 날고기이다. 익혀서 조상에게 올려 임금의 하사품을 영광되게 하는 것이다. '(산 짐승을) 기른' 것은, 임금의 은혜를 어질게 대하는 한편 까닭 없이 감히 살생하지 않음이다.

와서 소식을 들었을 것이다. 먼저 사람의 안부가 급하기에 미처 말에 대해 묻지 않았을 뿐이다. 그러나 어찌 끝내 묻지 않았겠는가? 아마 누군가 반드시 보고했을 것이다."

(飯, 扶晩反.) ○『周禮』: "王日一擧,[1] 膳夫[2]授祭品嘗食, 王乃食." 故侍食者, 君祭, 則己不祭而先飯, 若爲君嘗食然, 不敢當客禮也.

10-19 疾, 君視之, 東首, 加朝服, 拖紳.[3]

(首, 去聲. 拖, 徒我反.) ○東首, 以受生氣也. 病臥不能著衣束帶, 又不可以褻服見君, 故加朝服於身, 又引大帶於上也.[4]

10-20 君命召, 不俟駕[5]行矣.

急趨君命, 行出而駕車隨之.[6]
○此一節, 記孔子事君之禮.

10-21 入太廟, 每事問.

重出.

10-22 朋友死, 無所歸. 曰: "於我殯."[7]

朋友以義合, 死無所歸, 不得不殯.

---

1) 擧(거): 고기를 잡아 성찬을 함(殺牲盛饌), 권하다, 손에 들다, 높이 올리다.
2) 膳夫(선부): 주나라 때 제왕의 식사 담당관. 膳: 반찬, 찬을 차려 권하다, 먹다.
3) 拖(타): 끌다, 끌어당김, 잡아끌다, 미루다, 풀어 놓다. 紳(신): (예복의) 큰 띠, 묶다.
4) 皇曰: "云東首者, 病者欲生, 東是生陽之氣, 故眠頭首東也." ○楊曰: "…不以褻服見君."
5) 駕(가): 멍에, 메우다, 수레에 말을 메움, 탈것에 오름, 탈것, 부리다, 다스리다, 통제.
6) 鄭曰: "急趨君命, 出行而車駕隨之."
7) 殯(빈): 염하다, 대렴, 장례 전 시신을 관에 넣어 일정 장소에 안치하는 일.
① 『어류』: 친구 교제는 물론 깊고 엷음이 있다. 평범한 친구인데도 일일이 모든 일을 주선해 주려 하는 것도 옳지 않다. 정분이 비교적 두터운 경우라면 본디 이와 같이 해야 한다. 반드시 형편과 격식(예절)이 서로 어울려야(情文相稱) 한다. 무조건 베풀기만 하는 일도, 사실은

『주례』에 따르면 "왕은 날마다 한 번 성찬을 드신다. 선부膳夫가 제수를 올리며 맛을 본 다음에 왕이 먹는다." 그러므로 임금을 모시고 식사하는 자는 임금이 제사를 올리면 자기는 제사하지 않으니, 먼저 밥을 먹어서 마치 임금을 위해 밥을 맛보는 것처럼 하여, 감히 손님 대접을 받지 않아야 한다.

10-19 병이 났을 때 임금이 문병을 오면, 머리를 동쪽으로 하고 조복을 덮고 띠를 걸쳤다.

'머리를 동쪽으로 함'은 생기生氣를 받으려는 것이다. 병으로 누워 있어서 예복을 입고 띠를 매지는 못하지만, 또한 평상복 차림으로 임금을 뵐 수는 없다. 그래서 몸 위에 조복을 덮고 그 위에 큰 띠를 걸쳤다.

10-20 (재직할 때) 임금이 명으로 부르면, 수레에 멍에 메우길 기다리지 않고 달려갔다(가다가 올라탔다).

임금의 명에 급히 달려간다. 먼저 나가면 멍에를 메운 수레가 뒤따라온다.

이상의 구절[18~20장]은 공자가 임금을 섬기는 예를 기록하였다.

10-21 태묘에 들어가서는 매사에 질문하였다.

거듭 나왔다.(3-15)

10-22 벗이 죽었는데, 돌아갈 데가 없었다. 공자가 말하였다. "내 집에 빈소를 차려라."

벗은 의리로 맺어진 사람이다. 죽어서 돌아갈 곳이 없으면, 빈소를 차리지 않을 수 없다.①

본의 아니게 남에게 아첨하는 셈이다. 옛사람은 이런 일에 아주 분명하였다. "일상 교제는 신의의 정도에 따르고, 절친한 교제는 어진 정도에 따른다(交友稱其信也, 執友稱其仁也)" 했으니, 본디 다양한 형태가 있다.[53]

10-23 朋友之饋,[1] 雖車馬, 非祭肉, 不拜.

朋友有通[2]財之義, 故雖車馬之重, 不拜. 祭肉則拜者, 敬其祖考,[3] 同於己親也.

○此一節, 記孔子交朋友之義.

10-24 寢不尸, 居不容.

尸, 謂偃臥似死人也.[4] 居, 居家. 容, 容儀.

范氏曰 : "寢不尸, 非惡其類於死也. 惰慢[5]之氣不設於身體, 雖舒布[6]其四體, 而亦未嘗肆耳. 居不容, 非惰也. 但不若奉祭祀·見賓客而已. 申申夭夭是也."

10-25 見齊衰[7]者, 雖狎,[8] 必變. 見冕者與瞽者, 雖褻,[9] 必以貌.

凶服者式[10]之. 式負版者.

狎, 謂素親狎. 褻, 謂燕[11]見. 貌, 謂禮貌. 餘見前篇.

---

1) 饋(궤) : 먹이다, 음식을 대접하다, 음식·물건을 보내다, 드리다, 선사하다, 증정하다.
2) 通(통) : 두루 미치다, 보급하다, 오가다, 서로 왕래하다, 교류하다, 잇닿다, 출세하다,
3) 祖考(조고) : 돌아간 할아버지, 돌아간 조부와 돌아간 아버지, 먼 조상.
4) 偃(언) : 쓰러지다, 넘어지다, 엎어지다, 그만두다. 臥(와) : 엎드리다, 누워 자다, 잠, 넘어지다.
○包曰 : "偃臥四體, 布展手足, 似死人也."
5) 惰慢(태만) : 가볍게 여겨 업신여기다. 惰 : 게으르다, 나태하다, 태만하다.
6) 舒布(서포) : 펴다, 펼치다. 舒 : 펴다, 열리다, 느긋함, 느리다, 깔보다. 布 : 펴다, 베풀다.
7) 齊衰(자최) : 거친 삼배로 지은 상복. 齊(자) : 옷자락. (재) : 재계, 엄숙히 공경하다.
8) 狎(압) : 익숙하다, 친압함, 너무 지나칠 정도로 가깝다, 업신여기다, 희롱하다.
9) 褻(설) : 더럽다, 무람없다, 버릇없다, 친압하다, 얕보다, 깔보다, 음란하다, 음탕하다.
10) 式(식) : 법, 표준, 본보기, 본받다, 수레의 손잡이 나무, 절하다, 식에 의지하여 절함.
11) 燕(연) : 제비, 편안하다, 안식, 한거, 접근하다, 친근하다, 경시하다, 잔치, 연회.

10-23 벗이 보낸 물건은, 그것이 비록 수레나 말이더라도, 제사 고기가 아니면 절하지 않았다.

벗은 재화를 같이 쓴다는 의미가 있다. 따라서 수레나 말처럼 대단한 물건이더라도 절하지 않는다. 제사 고기일 경우 절하는 것은, 벗의 조상을 공경하기를 마치 자기 조상처럼 한다는 뜻이다.

이상의 구절[22~23장]은 공자가 벗과 사귈 때의 도리를 기록하였다.

10-24 잠잘 때 시체처럼 눕지 않고, 평소에는 단장하지 않았다.

시尸는 쓰러져 누워 마치 죽은 사람 같음을 일컫는다. 거居는 집에 있음, 용容은 거동을 단장함이다.

• 잠잘 때 시체처럼 눕지 않는 것은, 그 모습이 죽은 사람과 비슷함을 싫어한 것이 아니고, 태만의 기운을 몸에 걸치지 않겠다는 것이다. 비록 사지를 편안히 펼칠 때라도 방자한 적이 없다. '평소에 단장하지 않음'은 게으름이 아니다. 다만 제사를 받들거나 빈객을 만날 때처럼 하지 않는다는 말이다. "너그럽고(申申) 여유롭다(夭夭)"(7-4) 함이 이것이다. – 범조우

10-25 자최의 상복을 입은 이를 보면, 비록 친한 사이더라도 반드시 낯빛을 고쳤다. 관복을 입은 자와 장님을 보면 사사로운 만남이라도 반드시 예모를 갖추었다.
상복을 입은 사람에게는 식式을 잡아 예를 표하고, 나라의 호적을 짊어진 자에게도 식을 잡고 예를 표하였다.

압狎은 평소에 친밀하여 허물없이 지냄을, 설褻은 사사로운 만남을, 모貌는 예모를 일컫는다. 나머지 설명은 「자한」편(9-10)에 있다.

式, 車前橫木. 有所敬, 則俯而憑[1]之. 負版,[2] 持邦國圖籍者. 式此二者, 哀有喪, 重民數也. 人惟萬物之靈, 而王者之所天也,[3] 故『周禮』"獻民數於王, 王拜受之." 況其下者, 敢不敬乎?

有盛饌,[4] 必變色而作.
迅雷風烈, 必變.

敬主人之禮, 非以其饌也.

迅, 疾也.[5] 烈,[6] 猛也. 必變者, 所以敬天之怒. 『記』曰 : "若有疾風·迅雷·甚雨則必變, 雖夜必興, 衣服冠而坐."

○此一節, 記孔子容貌之變.

10-26 升車, 必正立執綏.[7]
車中, 不內顧, 不疾言, 不親指.

綏, 挽以上車之索也.[8]

范氏曰 : "正立執綏, 則心體無不正, 而誠意肅恭[9]矣. 蓋君子莊敬無所不在, 升車則見於此也."

---

1) 憑(빙) : 기대다, 의지, 의거, 의탁, 귀신이 들림, 붙다, 의거하는 대상, 증거, 대단하다.
2) 版(판) : 널, 널빤지, 담틀, 책, 편지, 명부, 호적.
3) 『書經』: 惟天地萬物父母, 惟人萬物之靈. ○『漢書』: 王者以民爲天, 而民以食爲天.
4) 盛饌(성찬) : 풍성하게 차린 음식. 饌 : 반찬, (음식을) 차리다, 먹다, 음식을 대접하다.
5) 疾(질) : 병, 괴로움, 버릇, 앓다, 괴로워하다, 미워하다, 증오, 빠르다, 맹렬하다.
6) 烈(열) : 세차다, 위엄, 맵다, 열렬하다, 강직하다, 정의를 위하여 목숨을 바친 사람.
7) 綏(수) : 편안함, 수레 손잡이 줄, 안심하다(19-27), 물러서다, 멈추게 하다, 느리다.
8) 挽(만) : 당기다, 끌어당기다, 말리다, 잡아당겨 못하게 하다, 애도하다, 만회하다. 索(삭) : 동아줄, 새끼, 새끼 꼬다, 세다, 공허하다. (색) : 찾다, 바라다.
9) 肅(숙) : 엄숙, 공경, 정중하다, 가지런함, 고요하다, 맑다. 恭(공) : 삼가다, 조심, 겸손.
① 『어류』: "이와 같이 하지 않으면 결코 편안하지 않을 것 같다는 생각이 듭니다만, 하루 종일 천둥이 치고 밤새도록 폭우가 내리면, 어떻게 늘 이와 같이 할 수 있습니까?" "물론 원칙상

식式은 수레 앞의 가로대이다. 공경할 대상이 있으면 몸을 굽혀 거기에 기댄다. 부판負版은 나라의 지도와 호적을 짊어진 사람이다. 이 두 사람에게 경의를 표함은 상을 당한 것을 애도하고 백성의 인구를 중시한 것이다. 사람은 오직 만물의 영장이고, 왕의 하늘이다. 그래서 『주례』에 "백성의 인구를 왕에게 바치면, 왕은 절하며 받는다"고 하였다. 하물며 왕의 아랫사람들이야 감히 공경하지 않을 수 있겠는가?

성찬을 받으면 반드시 낯빛을 고쳐 일어났다.
급격히 천둥이 치고 바람이 거세면 반드시 낯빛을 고쳤다.

주인의 예우를 공경한 것이지, 성찬 때문이 아니다.

신迅은 빠름, 열烈은 사나움이다. '반드시 낯빛을 고침'으로써 하늘의 진노를 경외하였다. 『예기』에 따르면, "사나운 바람, 번쩍이는 우뢰, 극심한 비가 몰아치면 반드시 낯빛을 바꾼다. 밤중이라고 하더라도 반드시 일어나 의관을 정제하고 앉는다."①

이상의 구절은 공자가 낯빛을 바꾼(정색을 한) 일을 기록하였다.

10-26 수레에 오르면, 반드시 똑바로 서서 줄을 잡았다. 수레 안에서는 두리번거리지 않고, 빨리 말하지 않고, 손가락으로 가리키지 않았다.

수綏는 그걸 잡고 수레에 오르는 줄이다.

• 바르게 서서 수레의 줄을 잡으면 몸과 마음이 다 바르게 되어, 뜻이 참되어 엄숙하고 공경스러워진다. 군자가 위엄 있고 경건함은 어디서나 그래야 한다. 수레를 탈 때의 모습은 여기에 설명된 바와 같다. – 범조우

그와 같이 해야 한다. 다만 폭풍과 천둥, 폭우일 때를 위주로 한 말이다. 평범한 벼락과 비바람이라면 역시 그럴 필요가 없다."[54]

內顧, 回視也. 『禮』曰：“顧不過轂.”[1] 三者皆失容, 且惑人. ○此一節, 記孔子升車之容.

10-27 色斯擧矣,[2] 翔而後集.[3]

曰：“山梁雌雉, 時哉! 時哉!” 子路共之, 三嗅而作.[4]

言鳥見人之顔色不善, 則飛去,[5] 回翔審視而後下止.[6] 人之見幾而作,[7] 審擇所處, 亦當如此. 然此上下, 必有闕文矣.

(共, 九用反, 又居勇反. 嗅, 許又反.) ○邢氏曰：“梁, 橋也. 時哉, 言雉之飮啄[8]得其時. 子路不達, 以爲時物而共具之. 孔子不食, 三嗅其氣而起.”[9]

晁氏曰：“石經嗅作戛,[10] 謂雉鳴也.”

劉聘君曰：“嗅, 當作狊, 古闃[11]反. 張兩翅[12]也. 見『爾雅』.”

愚按：如後兩說, 則‘共’字當爲拱[13]執之義. 然此必有闕文, 不可强爲之說. 姑記所聞, 以俟[14]知者.

---

1) 轂(곡)：바퀴통(바퀴살이 연결되고 중심에 굴대가 꿰여 있고 바퀴 중앙에 있음), 수레.
2) 擧(거)：일으키다, 세우다, 오르다, 높아지다, 날아오름, 일어섬, 떠남, 움직이다, 행동.
3) 翔(상)：빙빙 돌며 높이 날다, 배회·선회하다, 삼가다. 集(집)：새 떼가 나무에 모이다.
4) 嗅(후)：(냄새를) 맡다. 作(작)：일어나다, 깨다, 일어서다, 나타나다, 세우다, 일하다.
5) 馬曰：“見顔色不善則去之.”
6) 『列子』「黃帝」：海上之人好鷗鳥者, 每旦之海上, 從鷗鳥遊. 鷗鳥之至者, 百數而不止. 其父曰：吾聞鷗鳥皆從汝遊, 汝取來, 吾玩之. 明日之海上, 鷗鳥舞而不下也.
7) 幾(기)：기미, 낌새, 조짐, 징조, 전조, 거의, 하마터면. ○『易』：幾者, 動之微. …君子見幾而作, 不俟終日.
8) 飮(음)：마시다, 술 마시다, 마음에 품다. 啄(탁)：부리로 먹이를 쪼다, 두드리다, 부리.
9) 邢曰：“記孔子感物而歎也. 梁, 橋也. 共, 具也. 嗅, 謂鼻歆其氣. 作, 起也. 孔子行於山梁, 見雌雉飮啄得其所, 歎曰‘此山梁雌雉, 得其時哉!’而人不得其時也. 子路失指, 以爲夫子云時哉者, 言是時物也, 故取而共具之. 孔子以非己本意, 義不苟食, 又不可逆子路之情, 故但三嗅其氣而起也.”
10) 戛(알)：창, 긴 창, 예법, 두드리다, 가볍게 치다, 어긋나다, 쇠나 돌이 부딪는 소리.

내고內顧는 두리번거리며 둘러봄이다. 『예기』에 "돌아보는 일은 수레바퀴 범위를 벗어나면 안 된다"고 하였다. 이 세 가지 일은 모두 체통을 잃게 하고, 또 사람들을 혼란스럽게 한다(남의 의심을 산다).

이 구절은 공자가 수레를 탈 때의 모습을 기록하였다.

10-27 새는 기미를 느끼면 곧 날아올라, 빙빙 돌아본 뒤 다시 앉는다. 공자가 말하였다. "산골짜기 다리의 까투리가 때를 만났구나! 때를 만났구나!" 이에 자로가 잡아다 바쳤으나, 공자는 세 번 냄새만 맡고 일어났다.

새는 사람의 낯빛이 좋지 않음을 보면 날아가 버리고, 빙빙 돌며 자세히 살펴본 뒤에 내려앉는다. 사람이 기미를 보고 일어나 거처를 살펴 택하는 일도 마땅히 이와 같아야 한다는 말이다. 그러나 이 구절 앞뒤로 빠진 글자가 있음에 틀림없다.

• 량梁은 다리이다. 시재時哉는 꿩이 마시고 쪼는 것이 제때를 만났다는 말이다. 자로는 이해하지 못하고, 계절의 별미로 여겨 잡아서 바쳐 올렸다. 공자는 먹지 않고 세 번 냄새만 맡고 일어났다. – 형병

• 『석경』①에 후嗅는 알戛로 되어 있다. 꿩이 운다는 말이다. – 조설지

• '후'는 격狊이 되어야 옳다. 고·격의 반절이다. 두 날개를 편다는 뜻이다. 『이아』에 나온다. – 유빙군

내 생각에, 만약 뒤의 두 설 대로라면 공共 자는 '두 손으로 붙잡다'는 뜻이 된다. 그러나 여기에는 틀림없이 빠진 글자가 있다. 억지로 해석할 수 없다. 일단 들은 바를 기록하여 훗날의 학자를 기다린다.

---

11) 狊(격) : 날개를 펴다, 새가 날개를 펴는 모양, 개가 노려보는 모양. 闃(격) : 고요함, 조용.

12) 翅(시) : 날개, 나는 모양, 다만 ~만이 아니라(≒啻).

13) 拱(공) : 두 손을 맞잡다, 두 손을 맞잡아 가슴까지 올려 절하다, 두 손으로 물건을 안다.

14) 俟(사) : 기다리다, 떼를 지어 천천히 가다, 크다.

① 석경(石經) : 돌에 세긴 유가 경전, 후한 시대 이후 경전을 영구히 남길 목적으로 돌에 새겼는데, 영제 희평 4년(175) 채옹(蔡邕)이 예서체로 쓴 "희평석경(熹平石經)", 위진 시대의 "정시석경(正始石經)", 송나라 인종 때(1061)의 "북송석경(北宋石經)" 등이 있다.

제11편 선진

先進第十一

此篇多評弟子賢否. (凡二十五章.) 胡氏曰:“此篇記閔子騫言行者四, 而其一直稱閔子, 疑閔氏門人所記也.”

이 편은 주로 제자가 현명한지 아닌지를 논평하였다.

• 이 편은 민자건의 언행을 기록한 것이 넷이고, 그 하나는 직접 민자閔子라고 칭했다. 아마 민자건의 제자가 기록한 듯하다. - 호인

11-1 子曰："先進於禮樂，野人也；後進於禮樂，君子也．如用之，則吾從先進."

先進·後進，猶言前輩·後輩．野人，謂郊外之民．君子，謂賢士大夫也.[1)]

程子曰："先進於禮樂，文質得宜，今反謂之質朴，而以爲野人．後進之於禮樂，文過其質，今反謂之彬彬，而以爲君子．蓋周末文勝，故時人之言如此，不自知其過於文也."

用之，謂用禮樂．孔子旣述時人之言，又自言其如此，蓋欲損過以就中也.

11-2 子曰："從我於陳·蔡者，皆不及門也."

(從，去聲.) ○孔子嘗厄[2)]於陳·蔡之間，弟子多從之者，此時皆不在門．故孔子思之，蓋不忘其相從於患難之中也.

---

1) 明道曰："先進，猶言前輩也．後進，猶言後輩也." ○呂曰："野人，郊外之民．君子，士大夫也."

2) 厄(액) : 재앙, 불행, 어려움, 멍에. (와) : 옹이, 싸다, 덮다.

① 『어류』: "여기서의 예악은 종묘조정에서 주려향당에 걸친 예악을 말합니까?" "그러한 예악에 그치지 않는다. 일상생활의 모든 예절과 음악이 다 해당된다. 오직 '문'만 압도한다면 어떻게 되겠는가? 오늘날의 경우도 사치가 많다. 내가 지방관으로 있을 때만 보더라도 위로 올리는 서계는 종이로 봉했었다. 그런데 나중에 서류함을 쓰게 되었고 지금은 모두 안은 온통 진홍 비단이고 겉은 보라색 비단으로 감싼 함을 쓰고 있다. 모든 일들이 이와 같으면 어찌 되겠는가!" "공자께서 '주나라를 따르겠다' 할 때도 선배의 예악을 두고 한 말입니까?" "그렇다." "공자께서 또 '예란 사치할 바에야 차라리 검소해야 한다'(3-4) '예절이 어찌 옥과 폐백을 일컬은 말이며, 음악이 어찌 종과 북을 일컬은 말이겠는가!'(17-11) 하신 말도 모두 지나침을 덜어 중용으로 나아가려는 뜻입니까?" "물론 그렇다. 그런 종류의 말이 가장 많다."[2] 주례에 기록된 연회의 예는 지금 보더라도 절차가 너무 번거로워 따르기 어려워 보인다. 요즘의 연회 모임의 예를 다듬어서 도리에 맞게 하는 것이 더 낫다. 향음주례도 참으로 억지로 강요하는 측면이 많아, 도움이 안 되고, 오래 가기 어렵다.[3]

② 형병 : "'선진'은 벼슬에 나아간 선배들인데, 예악에 엄정하여 시대에 맞게 가감하지(損益) 못했기 때문에 고풍古風을 띠었다. 그래서 '소박한 야인 같았다.' '후진'은 벼슬에 나아간 후배들인데, 시대에 맞게 가감하여 예악을 적절히 운용했으므로 '군자 같았다.' 소박한 야인을

11-1 공자가 말하였다. "선배의 예악은 야인 같고, 후배의 예악은 군자 같다. 내가 쓴다면, 선배 쪽을 따르겠다."①

선진先進·후진後進은 선배·후배라는 말과 같다. 야인은 교외의 백성을, 군자는 똑똑한 사대부를 일컫는다.②

• 선배의 예악은 문(형식)·질(바탕)이 합당했음에도, 당시 사람들은 도리어 질박하다고 하면서 야인답다고 여겼다. 후배의 예악은 문이 그 질을 압도했음에도, 당시 사람들은 도리어 문질이 빈빈하다고 하면서 군자답다고 여겼다.(6-18) 주나라 말기에는 문이 압도했던지라, 당시 사람들의 말이 그와 같았다. 자신들이 문에 지나쳤다는 사실조차도 자각하지 못한 때문이다. - 이천

'쓴다(用之)' 함은 예악을 쓴다는 말이다. 공자는 당시 사람들의 말을 기술한 다음 자기는 어떻게 하겠다고 말했으니, 아마도 지나친 부분을 덜어내(2-23) 중도에 부합시키려는 뜻이다.

11-2 공자가 말하였다. "나를 진·채에서 따랐던 이들이 지금은 다 문하에 있지 않구나."

공자가 진나라와 채나라 사이에서 재앙을 당했을 때에는 많은 제자가 따랐는데 지금은 모두 문하에 없기에, 공자가 그들을 회상하였다. 환난 속에서 상종했던 일을 잊지 못한 때문이리라.

따르겠다고 하신, 공자의 뜻은 풍속을 순박하게 바꾸겠다는 것이다." ○유보남 : "옛날에는 인재를 등용할 때 먼저 예악을 익힌 다음에 벼슬에 나아가게 하였다. '야인'이란 아직 작록爵祿이 없는 사람을 지칭한다. 먼저 예악 공부만 하고 아직 벼슬하지 않고 있으므로 야인이다. 반면 춘추시대 경대부는 모두 작록을 세습했고 아직 예악을 배운 적이 없다. 이들 중에 예악 공부를 하게 되면 '벼슬한 후에 예악 공부에 진학한' 군자가 된다. 군자는 경대부를 지칭한다. 장무중·장공작·변장자·염구(14-12) 등도 먼저 벼슬을 한 사례인데, 이들이 나중에 '예악으로 단정하면' '군자처럼' 된다. 아직 벼슬하기 전에 먼저 '『시』로 분발하고, 예로 굳게 서고, 음악으로 완성하는'(8-8) 공부를 한 제자들이 '선진'이다. '예악 관련 일은 군자에게 맡기겠다'(11-26)고 말한 염구나, '하필 책을 읽어야만 학문입니까?'(11-25)라고 말한 자로 모두 아직 예악을 제대로 배우지 못한 상태이다. 이들이 나중에 예악을 배우면 '군자 같게' 된다. 공자는 벼슬하기 전에 예악 공부를 할 것을 강조했으므로 '내가 등용하면 선진부터 하겠다'고 하였다."

11-3 德行：顏淵, 閔子騫, 冉伯牛, 仲弓. 言語：宰我, 子貢. 政事：冉有, 季路. 文學：子游, 子夏.

(行, 去聲.) ○弟子因孔子之言, 記此十人, 而并目其所長, 分爲四科. 孔子敎人各因其材, 於此可見.
○程子曰："四科乃從夫子於陳·蔡者爾, 門人之賢者固不止此. 曾子傳道而不與焉, 故知十哲世俗論也."

11-4 子曰："回也非助我者也, 於吾言無所不說."

(說, 音悅.) ○助我, 若子夏之起予, 因疑問而有以相長[1]也. 顏子於聖人之言, 默識心通, 無所疑問, 故夫子云然.[2] 其辭若有憾[3]焉, 其實乃深喜之.
○胡氏曰："夫子之於回, 豈眞以助我望之. 蓋聖人之謙德, 又以深贊顏氏云爾."

---

1) 長(장)：오래다, 멀다, 깊다, 크다, 높다, 우월, 가르치다, 이끌다, 전진, 기르다, 존귀.

2) 楊曰："理有因疑問而發者, 若子夏之'起予'是也. 無疑問, 則無相長之義, 故曰'非助我者.'"
○尹曰："疑則問焉, 回於聖人之言, 心通默識, 故說而無問難也. 助者, 猶起予也."

3) 憾(감)：한하다, 서운해 하다, 한, 서운함. (담)：근심하다, 마음이 불안하다.

① 『어류』：'덕행'은 마음으로 터득하여 행동과 일에 드러난 경우를 일컫는다(得之於心而見於行事者).[7] ○『혹문』：'덕행'은 내면 깊이 도를 체득하고 중도에 부합하여, 뜻이 돈독하며 실천에 힘쓰니, 말하지 않아도 미더운 경지이다. '언어'란 응대하는 말을 잘함이다. '정사'란 정치를 하여 백성을 다스리는 일에 통달함이다. '문학'이란 『시』·『서』·『예』·『악』의 글을 배우고 그 의미를 잘 표현함이다. 공자는 사람을 가르칠 때 각자의 장점에 기반하여 도에 들어가도록 하였다. 다만 그 순서는 반드시 덕행을 우선하였다. 참으로 궁행실천은 성인의 경지를 구현하는 일로서, 학문의 중심이 거기에 있다. 다른 세 부류가 각각 한 가지 일에만 능한 경우와는 다르다. 정자께서 또 자유·자하가 잘한 문학이란 결코 붓을 잡고 문장을 배우고 짓는 일을 지칭한 것이 아니라고 한 말씀도 학생들은 명심해야 한다. ○『어류』：안자의 덕행은 물론 완벽한 것이었지만, 민자건·염백우·중궁의 경우는 덕행은 있으나 재능이 부족하였다. 염백우·민자건의 덕행 사례는 많이 보이지 않는다. 자하와 자유 두 사람의 성취는 본래 다르다. 호굉의 설이 『집주』에 인용되었는지 모르겠다. 그에 따르면, 자하는 법도를 세세하게 준수한

11-3 덕행은 안연·민자건·염백우·중궁이, 언어는 재아·자공이, 정치는 염유·자로가, 문학은 자유·자하가 뛰어났다.

제자들이 공자의 말에 근거하여 이 열 명을 기록하면서, 아울러 그들의 장점을 지목하여 네 학과(四科)①로 분류하였다. 공자가 사람을 그 자질에 따라 가르쳤음을 여기서도 알 수 있다.

• 네 학과는 진·채에서 공자를 따랐던 제자들에 한정했을 뿐이다. 제자 가운데 현명한 이가 이들뿐인 것은 물론 아니다. 증자가 도를 전수받고도 여기에 끼지 못했다. 십철十哲②은 속설임을 알 수 있다. – 이천

11-4 공자가 말하였다. "안연은 나를 돕는 이가 아니다. 내 말에 늘 기뻐하기만 하기 때문이다."

'공자를 도왔다' 함은 자하가 '공자를 일으킨(起予)'(3-8) 경우처럼 의문을 제기하여 서로 이끈 경우이다. 안자는 성인의 말에 묵묵히 깨달아 마음으로 통달한 만큼 아무런 의문이 없었다. 그래서 공자가 이렇게 말하였다. 말투는 유감이 있는 것 같지만, 사실은 깊이 기뻐한 것이다.

• 공자가 안회에 대해 어찌 진짜로 자기를 이끌어(도와) 주기를 바랐으라마는, 성인의 겸양의 덕이 안회를 깊이 칭찬하여 이렇게 말했을 뿐이다. – 호인

반면에, 자유는 고상하여 세밀한 공부가 모자랐다. 순자가 말했다. "의관을 정제하고 얼굴빛을 근엄히 하고 겸손을 가장하며 종일토록 말 한마디 하지 않는 자가 자하 일파의 천유(賤儒)이다. 구차하고 게으르고 일하기를 꺼리면서 염치도 없이 먹고 마시기를 좋아하면서 반드시 '군자란 본래 일하지 않는다'고 지껄이는 것이 자유 일파의 천유이다.(正其衣冠, 齊其顏色, 嗛然而終日不言, 是子夏氏之賤儒也. 偷儒憚事, 無廉恥而耆飮食, 必曰'君子固不用力', 是子游氏之賤儒也.)" 자유의 폐단을 본받는 것은 온갖 방탕과 경망함을 본받는다는 의미가 된다.[5]

② 십철 : 여기에 나오는 열 명의 제자. 공묘孔廟에서 공자 양쪽에 십철을 모시고 있었다. 나중에 안연을 배향으로 승격시키고, 증삼을 보충하였다. 다시 증삼도 배향하고, 자장을 보충하였다. 청나라 때에는 주희를 넣어 '십일철'로 하다가, 다시 유약을 넣어 '십이철'로 하였다.

11-5 子曰："孝哉閔子騫! 人不間[1]於其父母昆弟之言."

(間, 去聲.) ○胡氏曰："父母兄弟稱[2]其孝友, 人皆信之無異辭者, 蓋其孝友之實, 有以積於中而著於外, 故夫子歎而美之."

11-6 南容三復白圭, 孔子以其兄之子妻之.

(三·妻, 並去聲.) ○『詩』「大雅·抑」之篇曰："白圭之玷,[3] 尙可磨[4]也；斯言之玷, 不可爲也." 南容一日三復此言, 事見『家語』, 蓋深有意於謹言也. 此邦有道所以不廢, 邦無道所以免禍, 故孔子以兄子妻之.

○范氏曰："言者行之表, 行者言之實, 未有易其言而能謹於行者. 南容欲謹其言如此, 則必能謹其行矣."

11-7 季康子問："弟子孰爲好學?" 孔子對曰："有顔回者好學, 不幸短命死矣! 今也則亡."

(好, 去聲.) ○范氏曰："哀公·康子問同而對有詳略者, 臣之告君, 不可不盡. 若康子者, 必待其能問乃告之, 此敎誨之道也."

---

1) 間(간) : 비방하다, 헐뜯다, 틈, 분별, 빈틈, 불화, 사이를 두다, 멀어지다, 엿보다, 관여.
2) 稱(칭) : 일컫다, 부르다, 칭찬하다, 찬양, 명칭, 칭호, 말하다, 진술하다, 유명하다.
3) 玷(점) : (옥의 한쪽이) 이지러지다, 흠, 옥의 티, 잘못, 욕되게 하다, 더럽히다, 헤아리다.
4) 磨(마) : (숫돌에) 갈다, 돌을 갈아 광내다, 문지름, 마찰, 닳다, 곤혹, 재앙, 연자방아.

① 『혹문』 : 민자건의 효성을 오역은 이렇게 설명하였다. "『한시외전韓詩外傳』에 따르면, 민자건이 어릴 때 어머니가 돌아가셨다. 아버지가 얻은 후처가 세 아들을 낳고, 민자건을 아주 미워하여 갈대꽃으로 옷을 지어 입혔다. 아버지가 그 일을 알고 계모를 쫓아내려고 하였다. 민자건이 아뢰기를, '어머니가 계시면 한 아들만 춥지만, 어머니가 가시면 세 아들이 헐벗습니다' 하였다. 아버지가 그 말을 착하게 여겨 그만두었다. 계모도 그 일을 뉘우쳤다. 그 뒤 모두 공평하게 대하고, 마침내 자애로운 어머니가 되었다. 이 때문에 공자께서 칭찬하였다."

11-5 공자가 말하였다. "효성스럽다! 민자건이여![①] 사람들은 그 부모와 형제의 말에 흠을 잡을 수 없도다!"

• 부모 형제가 민자건이 효성스럽고 우애가 있다고 칭찬하자, 모든 사람이 믿고 이견이 없었다. 그의 효성과 우애의 실질이 안에서 쌓여 밖으로 드러난 결과였다. 그래서 공자가 감탄하며 찬미하였다. – 호인

11-6 남용이 백규의 시를 하루 세 번이나 암송하였다. 공자가 형의 딸을 그에게 시집보냈다.

『시』「대아·앙」편에, "흰 구슬의 흠은 그래도 갈아 없앨 수 있으나, 내가 한 말의 흠은 그럴 수 없다" 하였다. 남용이 하루에 세 번 이 구절을 반복하였다. 이 일은 『가어』에 나온다. 말을 신중히 하려고 깊이 유의했던 것 같다. 이 때문에 "나라에 도가 있으면 버려지지 않고, 나라에 도가 없으면 재앙을 면할 수 있었다."(5-2) 그래서 공자가 형의 딸을 시집보냈다.

• 말이 행실의 외피라면, 행실은 말의 열매이다. 말을 쉽게 하면서 행실에 신중할 수 있는 사람은 없다. 남용이 이처럼 말에 신중했으니, 반드시 행실도 신중할 수 있었다. – 범조우

11-7 계강자가 공자에게 물었다. "제자 가운데 누가 학문을 사랑합니까(好學)?" "안회라는 제자가 학문을 사랑했으나, 불행히도 단명하여 죽었습니다! 지금은 아무도 없습니다."

• 애공(6-3)과 계강자의 물음은 같았으나, 공자의 대답에 상세하고 간략한 차이가 있다. 신하로서 임금께 고할 때는 아주 상세하지 않을 수 없기 때문이다. 계강자의 경우는 반드시 그가 질문할 수 있기를 기다린 뒤에야 알려줄 것이다. 이것이 가르치고 깨우치는(敎誨) 방법이다. – 범조우

11-8 顏淵死, 顏路請子之車以爲之槨.[1] 子曰 : "才不才, 亦各言其子也. 鯉也死, 有棺而無槨. 吾不徒行以爲之槨. 以吾從大夫之後, 不可徒行也."

顏路, 淵之父, 名無繇.[2] 少孔子六歲, 孔子始敎而受學焉. 槨, 外棺也. 請爲槨, 欲賣車以買槨也.

鯉, 孔子之子伯魚也, 先孔子卒. 言鯉之才雖不及顏淵, 然己與顏路以父視之, 則皆子也. 孔子時已致仕, 尙從大夫之列, 言'後,' 謙辭.

○胡氏曰 : "孔子遇舊館人[3]之喪, 嘗脫驂以賻之矣.[4] 今乃不許顏路之請, 何邪? 葬可以無槨, 驂可以脫而復求, 大夫不可以徒行, 命車不可以與人而鬻[5]諸市也. 且爲所識窮乏者得我,[6] 而勉强以副其意,[7] 豈誠心與直道哉? 或者以爲君子行禮, 視[8]吾之有無而已. 夫君子之用財, 視義之可否, 豈獨視有無而已哉?"[9]

---

1) 槨(곽) : 덧널, 관을 담는 궤.

2) 繇(요) : 부역, 따르다, 노래, 무성함, 흔들림. (유) : 말미암다, ~에 의하여, 길, 꾀.

3) 舊(구) : 친구, 옛날, 오래다. 館人(관인) : 여관 주인. 館 : 객사, 여관, 묵다, 투숙하다.

4) 脫(탈) : 제거하다, 벗기다, 빠지다, 경솔하다, 뜻밖에. 驂(참) : 곁마(네 필의 말이 끄는 마차의 바깥쪽 말 두 필), 세 필의 말을 메운 수레, 말. 賻(부) : 부의, (초상난 집에) 부의하다, 부조.

5) 鬻(육) : 팔다, 값을 받고 물건을 주다, 속이다, 자랑하다, 기르다. (죽) : 죽.

6) 『孟子』 : 萬鍾於我何加焉? 爲宮室之美·妻妾之奉·所識窮乏者得我與? …鄕爲身死而不受, 今爲所識窮乏者得我而爲之, 是亦不可以已乎? 此之謂失其本心.[11 : 10]

7) 勉强(면강) : 힘쓰다, 간신히, 가까스로, 억지로, 마지못하다, 내키지 않다, 강요하다, 억지스럽다. 副(부) : 돕다, 곁따르다, 옆에서 시중들다, 합당하다, 알맞다, 버금, 다음, 도움, 보좌.

8) 視(시) : 살펴보다, 시찰하다, 일을 보다, 처리하다, 견주다, 비교하다, 나타내다.

9) 范曰 : "夫子之視顏淵, 猶子也, 與鯉均而已矣. 若夫自矯以過情, 聖人所不爲也." ○呂曰 : "喪稱家之有無, 不以子之才而加厚." ○謝曰 : "聖人脫驂於舊館, 而不與顏路之請, 則爲所識窮乏者得我, 而强勉以副之, 豈吾心也."○楊曰 : "孔子之衛, 遇舊館人之喪, 入而哭之, 偶於一哀而出涕, 惡夫涕之無從也, 說驂賻之. 顏淵死, 子哭之慟, 豈特一哀而出涕乎? 顏路請子之車, 而夫子不與, 何也? 曰 : 哀之有賻, 猶恭敬之有幣也. 苟無其實, 君子不可虛拘, 故惡夫涕之無從也, 說驂賻之, 所以致其實也. 若顏淵則異乎此矣, 其視夫子猶父也, 父之於子,

11-8 안연이 죽자, 안로가 공자의 수레를 팔아 덧널을 만들고자 청했다. 공자가 말하였다. "재능이 있든 없든 누구나 자식을 내세운다. '리'가 죽었을[1] 때도 관은 있어도 덧널은 없었다. 나는 걸어 다니면서까지 덧널을 만들 수는 없다. 나도 대부의 말석에 끼는 이상 걸어 다닐 수 없다."[2]

안로는 안연의 아버지로서, 이름은 '무요'이다. 공자보다 여섯 살 아래이다. 공자가 교육을 시작할 때 그도 배웠다. 곽郭은 덧널이다. 덧널을 만들고자 청함은 수레를 팔아 덧널을 사려는 것이다.

리鯉는 공자의 아들 백어伯魚로서, 공자보다 먼저 죽었다. 리의 재주가 안연만 못했으나, 자기나 안로나 아버지로서 보면 다 같은 아들이다. 공자는 이때 이미 벼슬을 그만둔 상태였지만, 여전히 대부의 반열에 들었다. '말석(後)'은 겸사이다.

• 공자는 친구인 여관 주인이 죽었을 때 (네 필에서 바깥의) 말 두 필을 떼어 부조한 적도 있다. 그런데 안로의 청을 불허한 까닭은 어째서일까? 장례는 덧널이 없어도 된다. 말 두 필은 떼어내더라도 다시 구하면 되지만, 대부는 걸어 다닐 수 없고, 또 명거命車[3]는 남에게 주어 시장에서 팔게 하면 안 된다. 또 친지 가운데 궁핍한 이가 나에게서 득을 보게 하려고 억지로 그의 뜻에 부응하는 일이, 어찌 참된 마음, 정직한 도리이겠는가? 군자가 예를 행할 때는 내 재력(능력)에 따라 맞추면 된다고 생각하는 사람도 있다. 그러나 군자가 재물을 쓸 때, 의리의 옳고 그름만 따지지 어찌 재물의 있고 없음을 따지겠는가? – 호인

豈以才不才爲之厚薄哉? 鯉也死, 夫子以從大夫之後不可徒行也, 不以車而爲椁, 豈以顔子之賢而與之乎? 喪具稱家有無而已, 雖無椁可也, 故不與." ○侯曰 : "… 使鯉之死初有椁以葬, 則顔路之請, 夫子必有以處." ○尹曰 : "送死之具, 稱其有無而已. 孔子言鯉之才固不可以並顔子, 然吾視子之心, 猶顔路之視淵也. 若鯉之死, 有棺而無椁, 亦以從大夫之後不可徒行故也. 使其有餘也, 雖舊館人之喪, 有爲脫驂者矣."

① 『혹문』 : "제자들의 나이를 놓고 볼 때 안연이 백어보다 먼저 죽었으며, 따라서 '백어의 죽음'을 언급한 이 장의 말은 공자가 가정해서 한 말이라는 설명이 있는데, 정말 그렇습니까?" "인정에 비추어 볼 때 그렇게(자식의 죽음을 가장하여 한 말로) 볼 수 없다."

② 『어류』 : "안연이 죽었을 때 공자께서 수레를 내놓으시지 않았는데, 만약 돈이 있었더라도 안 주셨을까요?" "돈이 있어서 주는 것은 문제될 것이 없다."[10]

③ 명거命車 : 관등에 따라 임금이 하사한 수레. ○『어류』 : "수레를 명거로 풀이하신 것은 무슨 근거가 있습니까?" "『예기』에 '대부에게는 명거를 하사한다'고 하였다."[11]

11-9 顔淵死. 子曰："噫! 天喪[1]予! 天喪予!"

(喪, 去聲.) ○噫,[2] 傷痛聲. 悼[3]道無傳, 若天喪己也.

11-10 顔淵死, 子哭之慟.[4] 從者曰："子慟矣." 曰："有慟乎? 非夫人之爲慟而誰爲!"

(從, 去聲.) ○慟, 哀過也.

哀傷之至, 不自知也.

(夫, 音扶. 爲, 去聲.) ○夫人, 謂顔淵. 言其死可惜, 哭之宜慟, 非他人之比也.

○胡氏曰："痛惜之至, 施當其可, 皆情性之正也."

11-11 顔淵死, 門人欲厚葬之, 子曰："不可." 門人厚葬之. 子曰："回也視予猶父也, 予不得視猶子也. 非我也, 夫二三子也."

喪具稱家之有無, 貧而厚葬, 不循理也, 故夫子止之.

蓋顔路聽[5]之.

歎不得如葬鯉之得宜,[6] 以責門人也.

---

1) 喪(상) : 죽다, 복을 입다, 상실하다, 운이 나쁘다, 무뚝뚝하다, 불쾌하다, 상, 장의, 널, 관.

2) 噫(희) : 탄식하다, 아아!, 하품.

3) 悼(도) : 애도하다, 슬퍼하다, 떨다, 두려워서 떨다, 두려워하다, 무서워하다.

4) 慟(통) : 몹시 슬퍼하다, 통곡하다, 서럽게 울다, 큰소리로 울면서 슬퍼하다,

5) 聽(청) : 들어주다, (남의 의견·권고를) 받아들이다, 따르다, 복종, 다스리다, 따르다, 염탐.

6) 『禮記』「檀弓上」: 子游問喪具. 夫子曰："稱家之有亡." ○范曰："喪具當稱家之有無, 家貧而厚葬, 不循理也. 顔子簞食瓢飮, 無求於外, 死而薄葬, 則稱其德矣. 門人以厚葬爲朋友之恩, 而不知於義爲不可, 故夫子非之." ○侯曰："門人厚葬顔淵, 非所以葬顔淵也. 觀其在陋巷不改其樂之心, 則顔淵豈以厚葬爲美也." ○尹曰："歎不如葬鯉之得宜也."

11-9 안연이 죽자, 공자가 말하였다. "아아! 하늘(하느님)이 나를 죽이시는구나! 하늘이 나를 죽이시는구나!"

희噫는 상심하여 애통해 하는 소리이다. 도가 전해지지 못하여 슬픈 것이, 마치 하늘이 자신을 죽이는 것처럼 느껴졌다.

11-10 안연이 죽자, 공자가 통곡하였다. 제자들이 "너무 통곡하십니다"라고 하자, 공자가 말하였다. "너무 통곡한다고? 그를 위해 통곡하지 않으면 누구를 위해 통곡하랴!"

통慟은 슬픔이 지나침이다.

슬픔과 상심이 지극하여, 자기가 통곡하는 줄도 몰랐다.[①]

부인夫人은 안연을 일컫는다. 그의 죽음이 정말로 애석하여 통곡할 수밖에 없었다. 다른 사람과 비교할 바가 아니라는 말이다.

• 극단적인 애통과 애석함도, 그것이 옳다면 그렇게 하는 것이 다 성정의 바른 모습이다. – 호인

11-11 안연이 죽어, 제자들이 후하게 장례하려고 하였다. 공자가 "안 된다" 하였다. 제자들이 후하게 장례하였다. 공자가 말하였다. "안연은 나를 아버지처럼 여겼건만, 나는 그를 아들처럼 대하지 못하였구나. 나 때문이 아니라 너희들 때문이다."

장례 채비는 집안 형편에 맞추어야 한다. 가난하면서 후하게 장례함은 이치에 맞지 않다. 그래서 공자가 말렸다.

아마 안로가 그렇게 (후한 장례를) 허락한 듯하다.

리의 장례처럼 합당하게 하지 못한 것을 탄식하며 제자들을 책망하였다.

---

① 『혹문』: 범조우는 '슬픔은 성심誠心에서 나오는지라, 자신이 통곡하고 있는 줄도 몰랐다'고 풀이하였다. 성인의 희로애락은 어느 것인들 성심의 표출이 아닌 것이 없다. 어찌 안자의 죽음을 통곡한 일만 성심에서 표출된 것이겠는가?

11-12 季路問事鬼神. 子曰："未能事人, 焉能事鬼?" 敢問死. 曰："未知生, 焉知死?"

(焉, 於虔反.) ○問事鬼神, 蓋求所以奉祭祀之意. 而死者人之所必有, 不可不知, 皆切問也. 然非誠敬足以事人, 則必不能事神；非原始而知所以生, 則必不能反終而知所以死. 蓋幽明始終, 初無二理,[1] 但學之有序, 不可躐等, 故夫子告之如此.

○程子曰："晝夜者, 死生之道也. 知生之道, 則知死之道. 盡事人之道, 則盡事鬼之道. 死·生, 人·鬼, 一而二, 二而一者也. 或言夫子不告子路, 不知此乃所以深告之也."

---

1) 『易』「繫辭上」: 易與天地準, 故能彌綸天地之道. 仰以觀於天文, 俯以察於地理, 是故知幽明之故, 原始反終, 故知死生之說, 精氣爲物, 遊魂爲變, 是故知鬼神之情狀. …

① 『어류』: 임금을 섬기고 어버이를 섬길 때 지성과 공경의 마음을 다하고, 그 마음을 그대로 옮겨 귀신을 섬기면 '조상신이든 외신이든 마치 옆에 계신 듯이 제사할 수 있게'(3-12) 된다. 사람이 하늘로부터 부여받은 온갖 도리는, 본디 그처럼 완벽하게 구비되어 조금도 모자람이 없다. 반드시 그 도리를 조금도 모자라지 않게 다 발휘할 수 있으면, 죽을 때에 이르러 삶의 이치를 다 이루고 '죽음에 편안하여 부끄러움이 없다.'[14] 요즘의 풍습은 귀신(잡귀)을 숭상한다. 신안新安 지역은 아침저녁으로 마치 귀신소굴에 있는 것 같았다. 내가 한번 고향에 갔을 때, 오통묘五通廟라는 것이 있었고, 아주 신령하고 괴이했다. 사람들이 떠받들면서, 재앙과 축복의 효험이 금방 나타난다고 말하였다. 그 곳 사람들은 문만 나서면 항상, 이름을 쓴 종이쪽지를 들고 사당에 들어가 기도한 다음 길을 나섰다. 또 그 곳을 지나는 선비도 반드시 이름을 적은 종이를 들고 '서생 아무개가 사당에 참배합니다'라는 말을 하였다. 내가 처음 고향에 돌아갔을 때 집안사람은 나에게 사당에 가보라고 다그쳤지만 나는 가지 않았다. 그런데 그 날 밤 친족들이 모여 관사에 가서 사 온 술을 마셨다. 나는 그만 재가 들어 있는 것을 급하게 마신 탓에, 결국 밤새도록 뱃속이 요동쳤다. 또 다음 날은 층계 옆에서 뱀 한 마리와 마주친 일이 생겼다. 그러자 많은 사람들이 웅성거리며 말하기를 내가 사당에 참배하지 않았기 때문에 그런 것이라고 하였다. 그에 대해 내가 대꾸하기를 "먹은 음식이 뱃속에서 탈이 난 사실과 그것이 무슨 상관이 있다는 것이오! 그러니 오통묘와 연관짓지 마시오" 하였다. 나를 책하는 사람들 가운데는 학문에 뜻을 둔 이도 있었다. 그가 나에게 와서 사당에 가 보기를 권하면서 "역시 뭇 사람들의 의견에 따라야 합니다"라고 말했다. 나는 그에게 말했다. "무엇 때문에 뭇 사람들 의견을 따라야 한단 말이오? 그대마저 그런 말을 할 줄 몰랐소. 나는 다행히 고향에 돌아와 조상의 묘가 지척에 있으니, 만약 내가 오통묘의 재앙을 받아 죽게 되거든 청컨대 나를 조상의 묘 옆에 묻어 주면 매우 고맙겠소."[79, 권3] 해와 달, 밤하늘의 별, 바람과

11-12 자로가 공자께 물었다. "귀신은 어떻게 섬겨야 합니까?" "사람도 섬길 줄 모르면서, 어찌 귀신을 섬기랴?"①
"감히 여쭙건대 죽음이란 무엇입니까?" "삶도 잘 모르거늘, 어찌 죽음을 알랴?"

귀신 섬김을 물음은, 제사를 받드는 뜻을 구하려는 것인 듯하다. 또 죽음은 사람에게 필연적으로 생기는 일인지라 알지 않을 수 없다. 모두 절실한 질문이다.(19-6) 그러나 정성과 경건(誠敬)이 사람을 잘 섬길 수 있을 만큼 충분하지 못하면, 필시 귀신도 섬길 수 없다. 시작을 규명하여 삶의 이치를 알지 못하면, 필시 마침을 성찰하여 죽음의 이치도 알 수 없다. 이승과 저승, 시작과 마침은 처음부터 두 이치가 없다. 다만 배움은 순서가 있고, 단계를 뛰어넘으면(躐等) 안되므로 공자가 이처럼 깨우쳐주었다.

• 낮과 밤이 곧 삶과 죽음의 도이다. 삶의 도를 알면, 죽음의 도를 안다. 사람을 섬기는 도에 극진하면, 귀신을 섬기는 도에 극진해진다 삶과 죽음, 사람과 귀신은 하나이면서 둘이고, 둘이면서 하나이다. 혹자는 공자가 자로에게 알려주지 않았다고 설명하지만,② 그렇게 한 것이야말로 자로를 깊이 깨우친 것임을 모르고 하는 말이다. – 이천

우뢰 등이 다 조화의 자취이다.[118, 권63] 귀신은 조화의 자취이다. 가령 바람을 일으키고 비를 만들고 우레가 요동치고 번개가 번쩍이며, 꽃이 피고 꽃이 지는 일이 귀신이 아니고 무엇인가? 사람들 스스로 살피지 않을 따름이다. 그리하여 귀신 이야기를 듣게 되면 괴이하다고 여긴다.[99, 권83] 비, 바람, 이슬, 천둥, 해, 달, 낮, 밤 등이 귀신의 자취이다.[11, 권3] 우선 이 몸을 보자. 스스로 웃고 말할 수 있고, 온갖 것을 듣고 보고 알 수 있는데, 어떻게 그럴 수 있는가? 허공에서 갑자기 바람이 불고 비가 내리며, 갑자기 천둥이 치고 번개가 번쩍이니, 어떻게 그럴 수 있는가? 모두 음양이 서로 감응함이니 다 귀신이다.[21, 권3] 신神은 펼침이고, 귀鬼는 움츠림이다. 바람, 비, 천둥, 번개가 생기기 시작할 때는 신이며, 바람과 비가 그치고 천둥 번개가 멈추는 것은 귀이다.[5, 권3]

② 『혹문』: 범조우도 이렇게 말하였다. ○『정의』: 범조우에 따르면 "사람 섬기는 일은 신하이면 충성하고, 자식이면 효도하는 것이다. 그 충과 효이면 귀신을 섬길 수 있다. 충직하고 미더워 지성스러우면, 귀신이 흠향한다. 사람을 잘 섬기면, 귀신을 잘 섬길 수 있다. 군자는 선을 행하기에도 시간이 부족하니, 자신을 닦아 죽음을 기다릴 뿐, 죽음은 질문 대상에 들지 못한다. 성인께서는 인도人道에 극진하면 귀신을 섬길 수 있고, 삶을 알 수 있으면 죽음도 알 수 있음을 가르치셨다. 죽음의 문제는 학문의 순서가 아니므로, 자로에게 알려주지 않았다."

11-13 閔子侍側, 誾誾如也；子路, 行行如也；冉有·子貢, 侃侃如也. 子樂.
"若由也, 不得其死然."

誾·侃, 音義見前篇. (行, 胡浪反. 樂, 音洛.) ○行行, 剛强之貌. 子樂者, 樂得英材而教育之.[1)]

尹氏曰："子路剛强, 有不得其死之理, 故因以戒之. 其後子路卒死於衛孔悝之難."
洪氏曰："『漢書』引此句, 上有'曰'字."
或云："上文'樂'字, 卽'曰'字之誤."

11-14 魯人爲長府. 閔子騫曰："仍舊貫,[2)] 如之何? 何必改作?" 子曰："夫人不言, 言必有中."

長府, 藏名. 藏貨財曰府. 爲, 蓋改作之.

仍, 因也. 貫, 事也.

○王氏曰："改作勞民傷財, 在於得已, 則不如仍舊貫之善."

(夫, 音扶. 中, 去聲.) ○言不妄發, 發必當理, 惟有德者能之.

---

1) 『孟子』：君子有三樂, 而王天下不與存焉. 父母俱存, 兄弟無故, 一樂也；仰不愧於天, 俯不怍於人, 二樂也；得天下英才而教育之, 三樂也. …[13：20]

2) 仍(잉)：그대로 따름, 거듭하다, 자주. 貫(관)：꿰다, 통하다, 적중, 지위, 관직, 관례.

① 『혹문』："은은誾誾과 간간侃侃은 「향당」(10-2)편에서의 풀이와 통합니까?" "은은은 겉은 온화하나 안은 강직하여 덕의 기운이 깊고 두터움이니, 이른바 '온화한 낯빛으로 시비를 따지는(和悅而諍)' 모습이다. 간간은 온화함과 순종의 기운은 부족하고, 강직함이 두드러진 모습이다. 「향당」편에서의 풀이 역시 이와 같고, 다를 것이 없다."

② 『어류』：자로가 공회의 난리에 순사한 일이 옳지 않은 것은 아니다. 다만 그가 당초에 공회를 섬긴 일이 그릇되어, 마침내 제명에 죽지 못하였다. 위나라 임금이 바르지 않은지라 염유와 자공이 의심을 품고 공자께 질문하였고, 생각 끝에 그를 섬기지 않았다. 반면 자로는 거칠고 경솔하여 성인의 말씀을 전혀 믿지 않았다. 공자가 '반드시 이름을 바로잡겠다'고 하신 것

11-13 민자건이 곁에서 모실 때는 온화하였다. 자로는 꼿꼿하였고, 염유와 자공은 강직하였다. 공자가 즐거워하였다.
"자로는 제명에 죽지 못할 것 같다."

은誾과 간侃의 음과 뜻은 10-2에 나왔다.① 항항行行은 굳세고 강한 모습이다. '공자의 즐거움'은 영재를 얻어 가르치는 즐거움이다.

• 자로는 굳세고 강하니, 제명에 죽지 못할 이유가 있었다. 그래서 그것을 경계하였다. 나중에 자로는 끝내 위나라 공회의 난리에 죽었다.② – 윤돈

• 『한서』에 인용된 이 구절은 앞에 '왈曰' 자가 있다. – 홍흥조

• '락樂' 자가 곧 '왈' 자의 잘못이다. – 혹자

11-14 노나라에서 장부를 지었다. 민자건이 말하였다. "옛 일을 그대로 따르는 것이 어떤가? 하필 고쳐서 다시 만드는가?"
공자가 말하였다. "그 사람은 말이 없지만, 말을 하면 사리에 맞다."

장부長府는 창고 이름이다. 재화를 보관하는 곳이 '부'이다. 위爲는 아마 개축한다는 말 같다.

잉仍은 그대로 따름, 관貫은 일이다.

• 개축하면 인민이 고생하고 재물이 낭비된다. 가능한 한(되도록이면), '옛 일을 그대로 따라서' 좋은 경우만 못하다. – 왕안석

말은 망발하지 않고, 하면 반드시 사리에 맞게 하는 일은, 오직 유덕자만이 가능하다.

또한 자로가 위나라를 섬기지 말도록 하려는 것이었으나, 자로는 도리어 공자가 '물정에 어둡다'고 말하였다.(13-3) '자로는 아마 제명에 죽지 못할 것이다'고 하신 표현은, 성인은 이미 그가 잘못되었음을 간파한 것이다. 다만 염유처럼 '북을 울리며 공격하도 좋다'고 말할 정도(11-17)로 심하게 책망하지 않았을 뿐이다. '제명에 죽지 못할 것이다,' '이름을 바로잡겠다'는 말씀은 했지만, 끝내 '공회를 섬겨서는 안 된다'는 점을 자로에게 통절히 깨우쳐주시지는 않았다. 이 일은 잘 이해가 되지 않는다. 성인께서 왜 통절하게 책망하지 않으셨는지 모르겠다.[31]

11-15 子曰："由之瑟, 奚爲於丘之門?" 門人不敬子路. 子曰："由也升堂矣, 未入於室[1]也."

程子曰："言其聲之不和, 與己不同也."『家語』云："子路鼓瑟, 有北鄙殺伐[2]之聲." 蓋其氣質剛勇, 而不足於中和, 故其發於聲者如此.

門人以夫子之言, 遂不敬子路, 故夫子釋之. 升堂入室, 喩入道之次第. 言子路之學, 已造乎正大高明之域, 特未深入精微之奧[3]耳, 未可以一事之失而遽忽之也.

11-16 子貢問："師與商也孰賢?" 子曰："師也過, 商也不及." 曰："然則師愈與?" 子曰："過猶不及."

子張才高意廣, 而好爲苟難, 故常過中. 子夏篤信謹守, 而規模狹隘, 故常不及.

(與, 平聲.) ○愈, 猶勝也.

道以中庸爲至. 賢智之過, 雖若勝於愚不肖之不及, 然其失中則一也.[4]

○尹氏曰："中庸之爲德也, 其至矣乎! 夫過與不及, 均也. 差之毫釐, 繆[5]以千里. 故聖人之敎, 抑其過, 引其不及, 歸於中道而已."

---

1) 升堂(승당) : 학문·기예가 높은 경지에 이르다. 入室(입실) : 심오한 경지에 이르다.
2) 北鄙(북비) : 북쪽 변경 지역(비는 정나라 읍명). 殺伐(살벌) : 정벌, 살육, 준엄함, 과단.
3) 奧(오) : 속, 아랫목, 방의 가장 깊은 곳, 나라 안, 깊숙하다, 흐림. (욱) : 따뜻하다, 후미.
4) 楊曰："道主於中而已, 賢知者過之, 愚不肖者不及, 則過疑於愈矣. 然而道同歸於不明不行, 則其失一也. 故曰：過猶不及."
5) 繆(류) : 잘못, 어그러짐, 속임. (무) : 묶다. (규) : 조이다, 감기다, 엇갈리다, 꼬다.
① 『어류』："정이천에 따르면, '자장의 지나침과 자하의 미치지 못함의 폐단이 양주와 묵적이 되었다. 지나침은 점차 겸애주의에 이르고, 미치지 못함은 점차 위아주의에 이르렀다. 그 근원이 모두 유자들로부터 나왔다'고 합니다." "묵씨의 학은 그 싹이 오래되어, 이미 안영의

11-15 공자가 "자로의 거문고를 어찌 나의 교실에서 울리는가?"라고 말하자, 문인들이 자로를 무시하였다. 공자가 말하였다. "자로는 대청에는 올랐다(昇堂). 안방에만 들지(入室) 못하였다."

• 그 소리가 조화롭지 못하여, 공자와 다름을 지적한 말이다.－이천

『가어』에 "자로의 거문고 연주는 북쪽 변방의 살벌한 소리가 들어 있다"고 하였다. 아마 자로의 기질이 굳세고 용감하나 중화中和에는 부족했기에, 소리가 그렇게 표현된 것 같다.

공자의 말 때문에 제자들이 자로를 무시했기 때문에, 공자가 해명하였다. '승당昇堂'과 '입실入室'은 도에 들어가는 단계의 비유이다. 자로의 학문이 이미 높고 공명정대한 경지에 이르렀으나, 정밀하고 그윽한 경지에만 깊이 들어가지 못했을 뿐이니, 한 가지 잘못을 가지고 함부로 무시하면 안 된다는 말이다.

11-16 자공이 공자께 물었다. "자장과 자하 가운데 누가 더 현명합니까?" "자장은 지나치고, 자하는 미치지 못한다." "그렇다면 자장이 더 낫습니까?" "지나침은 미치지 못함과 같다(過猶不及)."

자장은 재주가 뛰어나고 뜻이 넓어서 일부러(터무니없이) 어려운 일을 벌이기를 좋아하였다. 그래서 늘 중용을 지나쳤다. 자하는 돈독하고 신실하여 지조에 힘썼으나 포부가 협소하였다. 그래서 늘 미치지 못하였다.

유愈는 낫다(勝)와 같다.

도는 중용이 최고이다. 현자와 지혜자의 지나침(過)이 우매자와 불초자의 미치지 못함(不及)보다 나아 보이지만, 중용을 잃은 점은 마찬가지이다.①

• 중용의 덕은 지극한 것이다.(6-29) 지나침은 미치지 못함과 마찬가지이다. 털끝만한 차이가 천리의 착오를 불러온다. 따라서 성인의 가르침은, 지나침을 억누르고 미치지 못함을 끌어올려, 중도에 돌아가게 할 따름이다.－윤돈

시대에 존재하였다. 자장과 자하의 과불급은 겸애나 위아의 설과는 아무 상관이 없다."[34] ○『혹문』: 호인에 따르면, 양주는 곧 장자가 말한 양자거楊子居라는 사람이고, 노담과 같은 시대였다. 묵적 또한 양주 이전에 존재하였다. 우임금을 으뜸으로 받들었고, 안영이 그에게서 공부하였다. 그러니 양주·묵적이 자장과 자하에서 나왔다는 고찰은 잘못이다.

11-17 季氏富於周公, 而求也爲之聚斂而附益之.[1] 子曰 : "非吾徒也. 小子鳴鼓而攻之,[2] 可也."

(爲, 去聲.) ○周公以王室至親, 有大功, 位冢宰,[3] 其富宜矣. 季氏以諸侯之卿, 而富過之, 非攘奪其君·刻剝其民,[4] 何以得此? 冉有爲季氏宰, 又爲之急[5]賦稅以益其富.

非吾徒, 絶之也. 小子鳴鼓而攻之, 使門人聲[6]其罪以責之也. 聖人之惡黨惡而害民也如此. 然師嚴而友親, 故己絶之, 而猶使門人正之, 又見其愛人之無已也.

○范氏曰 : "冉有以政事之才, 施於季氏, 故爲不善至於如此. 由其心術[7]不明, 不能反求諸身,[8] 而以仕爲急故也."

---

1) 斂(렴) : 거두다, 긁어모으다, 거두어들이다, 저장하다, 숨기다, 단속하다, 염하다, 장사하다. 附(부) : 붙다, 의지하다, 따르다, 가깝다, 합치다, 좇게 하다, 더하다.

2) 鳴鼓(명고) : 북을 울림, 죄를 꾸짖어 몰아세움. 攻(공) : 치다, 다스리다, 병 고치다, 닦다, 배우다, 연구하다(2-16), 힐책하다, 책망하다, 바치다, 공급, 견고하다, 벌목하다.

3) 冢宰(총재) : 주나라 때 육관(六官)의 장, 지금의 국무총리. 冢 : 무덤, 크다, 맏이.

4) 攘(양) : 물리치다, 밀어내다, 배척, 빼앗다, 훔치다, (소매를) 걷어 올리다, 혼란되다, 낭비. 刻(각) : 새기다, 벗기다, 모질다, 심하다, 해치다. 剝(박) : (가죽·껍질을) 벗기다, 괴롭히다.

5) 急(급) : 재촉하다, 안달하다, 조급하게 하다, 성급하다, 급격하다, 긴급하다, 급박, 위급.

6) 聲(성) : 소리, 노래, 언어, 선고하다, 선언하다, 가르침, 소문, 명예, 소식.

7) 心術(심술) : 사물 인식의 방법과 수단, 내심, 속마음, 심보, 심술, 계략.

8) 反求諸身(반구저신) : (결점이나 잘못의 원인을) 돌이켜 자기 자신에게서 구하다.

① 『혹문』 : "염구(염유)는 공자의 제자들 중에 명달(明達)한 자였건만 어찌하여 계씨를 위해 세금 수탈을 감행한 것입니까?" "염구는 계씨에게 벼슬한 것부터가 이미 실수였다. 당시에는 주요 관직은 모두 공족들의 세습이었고 그 밑에 소속된 땅과 백성은 임금의 소유가 아니었다. 따라서 선비가 벼슬을 하지 않으면 몰라도 벼슬하면 대부에게 벼슬할 수밖에 없었다. 염구가 이미 벼슬을 한 이상 계씨의 강압과 참람을 막고 공실에 충성하도록 권면했더라면 그래도 좋았겠지만 도리어 그를 위한 세금 수탈을 감행하여 권신은 더욱 강해지고 공실은 더욱 약해지도록 했던 것이다." ○『어류』 : "염유는 공자님의 훌륭한 제자로서 몸소 성인 곁에서 배웠으니, 생각(소견)이 없다고 할 수 없습니다. 그러나 일단 계씨에게 벼슬하자, '그를 위해 세금을 거두어들여 더욱 불려 주었습니다.' 아마 그의 공부에 중단이 생겼기 때문에 부지불식간에 그런 일을 저질렀겠지요. 잠시라도 마음을 다잡지 않으면 안 될 듯합니다." "물론 그렇다.

11-17 계씨가 주공보다 부유했건만, 염유는 그를 위해 세금을 더 거두어 더욱 불려 주었다.① 공자가 말하였다. "우리의 동료가 아니다. 너희가 북을 울리며 공격해도 좋다."

주공은 왕실의 지친으로서, 큰 공이 있고 지위가 총재冢宰(14-40)였으니, 그가 부유함은 마땅하다. 그런데 계씨는 제후의 경인 주제에 주공보다 더 부유했다. 임금에게서 훔치고 빼앗았거나 백성에게서 수탈한 것이 아니라면, 어떻게 그럴 수 있겠는가? 염유는 계씨의 가재가 되어, 그를 위해 세금을 혹독하게 거두어 그의 부를 불려 주었다.

'우리의 동료가 아니다' 함은, 그와 단절한다는 말이다. '너희가 북을 울리며 공격하라' 함은, 제자들에게 그의 죄를 성토하여 꾸짖으라는 것이다. 성인은 악당과 한패가 되어 백성을 해치는 짓을 이처럼 증오하였다. 그러나 스승은 엄하나 친구는 친하다. 그래서 자신은 그와 단절하나 여전히 제자들에게 그를 바로잡게 하였다. 여기서도 공자의 사람 사랑이 끝이 없음을 알 수 있다.

• 염유는 자신의 정치적 재능으로써 계씨를 섬겼기 때문에, 나쁜 일을 행하여 그 지경에까지 이르렀다. 그가 마음가짐이 밝지 못하여 돌이켜 자신을 반성하지 못하고, 오직 벼슬만을 급선무로 여겼기 때문이다.② — 범조우

오직 공과 사, 의리와 잇속의 한계가 분명하지 않았기 때문에 그렇게 된 것이다. 만약 늘 그 한계 안에서 행한다면, 자연히 그처럼 되지 않을 것이다. 한계를 벗어나면 이윽고 하지 못할 짓이 없게(無所不至) 된다."[36]

② 『어류』: 주자께서 이 장에 대한 범조우의 해설을 찬미하며 말하였다. "가장 문제 있는 사람은 기질이 약한 사람이다. 지나치게 강직한 경우도 예컨대 자로처럼 제명에 죽지는 못했어도, 만세토록 그 용기와 영웅의 기풍은 나약한 선비를 일으켜 세우기에 충분하였다. 그런데 염유 같은 무리는 자기 한 몸도 건사를 못하였다. 말은 '백성을 풍족하게 하겠다'고 했으니, 그가 어찌 백성을 사랑할 줄 몰랐으랴마는 도리어 계씨를 위해 가렴주구 하였다. 범조우는 '그의 마음가짐이 밝지 못하였다'고 했는데, 오직 그의 마음가짐이 밝지 못한지라 그러한 경지에 빠져들고도 스스로 알아차리지 못한 것이다." 그리고 주자께서 민자건을 언급한 사량좌의 말(6-9에 인용됨)이 가장 좋다고 찬미하며, 그 부분을 제자를 시켜 낭독하게 하셨다.[37]

11-18 柴也愚, 參也魯, 師也辟, 由也喭.[1]

柴, 孔子弟子, 姓高, 字子羔. 愚者, 知不足而厚[2]有餘.『家語』記其"足不履影, 啓蟄[3]不殺, 方長不折. 執親之喪, 泣血三年, 未嘗見齒.[4] 避難而行, 不徑不竇."[5] 可以見其爲人矣.

魯, 鈍也. ○程子曰:"參也竟以魯得之."

又曰:"曾子之學, 誠篤而已. 聖門學者, 聰明才辨, 不爲不多, 而卒傳其道, 乃質魯之人爾. 故學以誠實爲貴也."

尹氏曰:"曾子之才魯, 故其學也確,[6] 所以能深造乎道也."[7]

(辟, 婢亦反.) ○辟, 便辟也. 謂習於容止, 少誠實也.

(喭, 五旦反.) ○喭, 粗俗也. 傳稱喭者, 謂俗論也.

○楊氏曰:"四者性之偏, 語之使知自勵也."

吳氏曰:"此章之首, 脫'子曰'二字." 或疑下章子曰當在此章之首, 而通爲一章.

---

1) 魯(노) : 노둔함, 미련하다. 辟(벽) : 편벽, 편파적이다, 임금, 허물, 본받다, 피하다, 속이다, 사특함, 열다. 喭(언) : 거칠다, 예의 바르지 않다, 조잡함, 굳세다.

2) 厚(후) : 두텁다, (감정이) 깊다, 친밀, 너그럽다, 친절, 관대, 많다, 풍부, 우대, 중시.

3) 啓蟄(계칩) : 동면하던 벌레가 봄에 나와서 움직임, 경칩驚蟄과 같은 말.

4)『家語』:"自見孔子出入於戶, 未嘗越履, 往來過之, 足不履影, 啓蟄不殺, 方長不折<春夏生長養時, 草木不折>, 執親之喪, 未嘗見齒, 是高柴之行也. 孔子曰:'柴於親喪, 則難能也. 啓蟄不殺, 則順人道. 方長不折, 則恕仁也." ○『禮記』:"高子皐之執親之喪也, 泣血三年, 未嘗見齒. 君子以爲難."

5) 徑(경) : 지름길, 좁은 길, 빠르다, 곧다, 간사함. 竇(두) : 구멍, 물길. (독) : 도랑, 개천.

6) 確(확) : 굳셈, 강하다, 확고하다.

7) 造(조) : 세우다, 꾸미다, 나아가다, 이루다. ○『孟子』: 君子深造之以道, 欲其自得之也. 自得之, 則居之安; 居之安, 則資之深; 資之深, 則取之左右逢其原, 故君子欲其自得之也.[8 : 14]

①『어류』: '좁은 길을 가지 않고 구멍으로 가지 않았다' 함은 평안하여 급박한 일이 없는 평상시를 두고 한 말이다. 만약 도적의 환란을 당했을 때 어찌 그런 신조만 지키다가 몸을 죽게 하겠는가? 성인께서도 '미복微服으로 송나라를 빠져나가셨다.' 천한 아랫사람들의 의복을 입으셨다는 말이다. 이런 뜻에서 볼 때, 오직 '좁은 길을 가지 않고 구멍으로 가지 않는' 신조만 묵수할 수는 없다. 가령 도중에 큰 도적을 만나면 달아나 피해야 하니, 어찌 좁은 길을 따르지 않을 수 있겠는가?[40]

11-18 자고는 우직하고, 증삼은 우둔하고, 자장은 편벽되고, 자로는 거칠다.

시柴는 공자의 제자로서, 성은 고, 자는 자고子羔이다. 우직한 이는 지혜는 모자라나 인정이 넘친다. 『가어』에 따르면, 그는 "발로 남의 그림자도 밟지 않고, 동면하고 나온 벌레는 죽이지 않으며, 한참 자라는 식물은 꺽지 않았다. 부모상에 삼 년 동안 피눈물을 흘리고, 한 번도 웃지 않았다. 난리를 피하여 달아날 때도 좁은 길이나 구멍으로 가지 않았다."① 그의 사람됨을 볼 수 있다.

노魯는 우둔함이다.

• 증삼은 마침내 우둔함으로 공자의 도를 얻었다.② - 명도

• 증자(증삼)의 학문은 성실과 돈독함일 뿐이다. 공자의 문하에서 총명하고 똑똑한 이가 적지 않았건만, 마침내 공자의 도를 전수받은 이는 바탕이 우둔한 사람이었다. 따라서 학문은 성실함을 귀하게 여긴다. - 이천

• 증자는 재주가 우둔했던지라, 그 학문이 확실하였고, 그래서 도에 깊이 나아갈 수 있었다. - 윤돈

벽辟은 편벽이다. 용모와 거동만 익혀 성실성이 부족함을 일컫는다.

언喭은 거칠고 속됨이다. 문헌에서 일컫는 '언'은 '속된 말'을 듯한다.

• 네 가지는 성품의 편향성이다. 이렇게 지적함으로써 저마다 깨달아 스스로 면려하도록 하였다. - 양시

• 이 장의 첫머리에 '자왈子曰' 두 자가 빠졌다 - 오역

혹자는 다음 장의 '자왈'을 이 장의 첫머리에 놓고 모두 한 장으로 통합해야 할 것 같다고 여긴다.

---

② 『어류』: 증삼은 우둔했기 때문에 시원스레 이해하지 못해서, 오직 이해하기를 계속하여 끝내 통달한 다음에야 그만두려고 하였다. 만약 이해를 못했어도 곧 그만두어 버리면, 어떻게 시원스레 통달할 수 있겠는가? 끝내 우둔함에 머물 뿐이다.[42] 증자는 우둔하여 이해를 잘 못했으므로, 그는 놓아 버리려 하지 않고 오직 철두철미하게 이해하지 않고는 그만두지 않았다. 다른 사람들처럼 대강 이해하면 곧 그만두는 것과 달랐다. 요즘의 영민한 이들은 쉽게 이해하는지라 굳게 지키지 못하고, 아둔한 이들은 대략 이해하므로, 도리는 그저 그런 것일 뿐이라고 여겨 깊이 탐구하지 않는다. 오직 증자만은 그럴수록 더욱 놓지 않고 어떤 일이든 투철하게 이해하지 못하면 끝까지 붙들었기 때문에 마침내 터득한 것이다.[43] 우둔해

11-19 子曰："回也其庶乎, 屢[1]空. 賜不受命, 而貨殖焉, 億[2]則屢中."

庶, 近也. 言近道也. 屢空,[3] 數至空匱[4]也. 不以貧窶[5]動心而求富, 故屢至於空匱也. 言其近道, 又能安貧也.

(中, 去聲.) ○命, 謂天命. 貨殖, 貨財生殖也. 億, 意度也. 言子貢不如顔子之安貧樂道, 然其才識之明, 亦能料[6]事而多中也.
○程子曰："子貢之貨殖, 非若後人之豐財, 但此心未忘耳. 然此亦子貢少時事, 至聞性與天道, 則不爲此矣."
○范氏曰："屢空者, 簞食瓢飮屢絕而不改其樂也. 天下之物, 豈有可動其中者哉? 貧富在天, 而子貢以貨殖爲心, 則是不能安受天命矣. 其言而多中者, 億而已, 非窮理樂天者也. 夫子嘗曰'賜不幸言而中, 是使賜多言也,'[7] 聖人之不貴言也如是."

지라는 말이 아니다. 우둔함은 오직 그의 단점이었다. 다만 좋은 단점이었다.[45] 우둔함이란 조작이 없음이다.[46] 우둔한 사람은 그렇기 때문에 그 마음을 전일하게 할 수 있다. 명철한(明達) 자는 일마다 조금씩 관심이 있어 조금 오르다 이내 그만두니(半上落下), 대체로 집중하지(專一) 못한다.[47]

1) 屢(루) : 종종, 몇 번, 여러 번, 누차, 번거롭다.
2) 億(억) : 예측하다, 추측하다, 억측, 헤아리다, 편안하다, 내기, (가득) 차다.
3) 何曰："言回庶幾聖道, 雖數空匱, 而樂在其中矣. 一曰屢猶每也. 空猶虛中也. 以聖人之善道, 敎數子之庶幾, 猶不至於知道者, 各內有此害. 其於庶幾每能虛中者, 唯回懷道深遠. 不虛心不能知道. 子貢無數子病, 然亦不知道者, 雖不窮理而幸中, 雖非天命而偶富, 亦所以不虛心也." ○明道曰："顔子屢空, 空心受道." ○伊川曰："去驕吝可以爲屢空否?" 曰："然. 驕吝最是不善之總要, 驕只是爲有己, 吝如不能改過皆是." ○呂曰："空空無知, 則未始有己, 所以應物如響, 一受於天而已, 吾何與乎? 然屢空而未能常空, 所以幾聖而未至." ○楊曰："大而化之, 則形色天性, 無二致也, 無物不空矣. 顔淵大而未化, 而其復不遠, 則其空也屢而已, 故止於殆庶幾也." ○尹曰："顔子簞食瓢飮, 不以累其心, 空心而受其道也, 貧富有命焉." ○張栻曰："顔子之庶幾於聖人, 以其屢空也. 空者意必固我不留於中也. 然猶曰屢焉, 特未若聖人之純焉耳. 聖人則絕四矣. 顔子不貳過, 有不善未嘗不知, 知之未嘗復行者也."
4) 匱(궤) : 다하다, 모자라다, 결핍, 탕진, 텅 비다, 다하여 없어짐, 함, 궤.
5) 窶(구) : 가난하다, 가난하여 예의를 차리지 못하다. (루) : 높고 좁은 곳, 언덕.
6) 料(료) : 되질하다, (수효를) 세다, 헤아리다, 예상, 짐작, 추측, 재료, 원료, 다스리다.

11-19 공자가 말하였다. "안회는 거의 도에 가깝지만, 자주 궁핍에 빠졌다. 자공은 소명은 저버리고 재화를 불렸지만, 억측은 번번이 적중하였다."

서庶는 가까움이니, 도에 가깝다는 말이다. 루공屢空①은 자주 빈털터리가 됨이다. 가난하다고 마음이 동요하여 부를 추구하지 않았던 까닭에, 번번이 빈털터리가 되었다. 그가 도에 가깝고, 또 가난을 편하게 여길 수 있었다는 말이다.

명命은 천명을 일컫는다. 화식貨殖은 재화를 불림, 억億은 억측이다. 자공이 안자의 안빈낙도의 경지만 못하지만 재주와 식견이 밝아서, 또한 일을 잘 헤아려서 자주 적중시킬 수 있었다는 말이다.

• 자공의 재화 이식은 후세 사람들의 재산 축적과는 달랐다. 다만 재화를 이식하려는 마음을 버리지 못했을 뿐이다. 그러나 이 또한 자공이 젊었을 때의 일이다. 성과 천도를 알았을 때(5-13)는 이러지 않았다. – 정자

• 루공屢空은 단사표음조차 자주 끊겼지만 그 즐거움을 고치지 않았다(6-11)는 뜻이다. 세상의 그 어떤 것인들 그의 마음을 동요시킬 수 있었겠는가? 빈부는 하늘에 달려 있건만, 자공은 재화 이식에 마음을 두었으니 천명을 편안하게 받아들이지 못하였다. 그의 말이 자주 적중한 것은 억측일 뿐이지, 이치를 궁구하여 천명을 즐거워한 것이 아니다. 공자는 일찍이 '자공은 불행하게도 그 말이 자주 적중되는 바람에, 말을 많이 하게 되었다'고 하였다. 성인은 이와 같이 말재주를 중시하지 않았다. – 범조우

---

7) 『左傳』「定公」: 夏五月壬申, 公薨. 仲尼曰: "賜不幸言而中, 是使賜多言者也."

① 『혹문』: 하안이 맨 처음으로 루공屢空을 '마음을 비우고 도를 받아들임(虛中受道)'으로 풀이하였다. 이는 노장의 설에 근거한 해설이지, 성인 말씀의 본뜻이 아니다. 여러 선생이 이 설을 따랐는데, 잘못이다. 오직 범조우만이 따르지 않았다. ○『어류』: '루공'은 선배들과 장식이 모두 공무空無의 설로 풀어 '무의無意, 무필無必, 무고無固, 무아無我'(9-4)의 '무'와 연결시켰다. 안연은 다만 자주 공空했을 뿐 언제나 '무'인 성인처럼 순전히 천리인 경지에는 이르지 못했다고 풀이하였다. 공무空無의 설은 하안의 해설에서 비롯되었다. 하안은 노자의 청정淸淨을 배웠다.[50] '루공'이란 '신세가 궁핍함(空乏其身)'이다. 자공의 '화식'이 바로 '루공'과 대칭되는 말이다.[51]

11-20 子張問善人之道. 子曰："不踐迹,[1] 亦不入於室."

善人, 質美而未學者也.

○程子曰："踐迹, 如言循途守轍.[2] 善人雖不必踐舊迹而自不爲惡, 然亦不能入聖人之室也."

○張子曰："善人欲仁而未志於學者也. 欲仁, 故雖不踐成法, 亦不蹈於惡, 有諸己也.[3] 由不學, 故無自[4]而入聖人之室也."

---

1) 踐(천)：밟다, 거쳐 가다, 실천, 따르다. 迹(적)：발자취, 앞 사람의 유업, 업적, 좇다.

2) 途轍(도철)：조리, 도리. 途：塗와 같은 글자, 길, 도로. 轍：바퀴자국, 차도, 궤도, 흔적, 행적.
○『어류』：塗轍, 猶言規矩尺度.[52] 循塗守轍, 猶言循規守矩云耳.[53]

3)『大學』：其所令反其所好而民不從. 是故君子有諸己而后求諸人, 無諸己而后非諸人.

4) 自(자)：말미암다, 좇다, 따르다, 진실로, 처음, 비롯하다, 몸소, 자연히, ~부터.

① 『어류』：'천적踐跡'의 적은 옛 자취로서, 앞 사람이 지나온 견본이니, 이미 정해진 규범(成法)이다. 착한 사람은 앞 사람이 만든 본보기를 알고 그것을 본받아 행하는 것은 아니다. 다만 그 행위가 자연히 은연중에 부합하긴 하지만 성인의 깊은 경지에는 이르지 못한다.[54]

② 『어류』："심오한 경지에 들어가지 못한다(不入室)에서 심오한 경지는 신神과 화化의 경지 아닙니까?" "아니다. 실室은 다만 깊고 심오한 곳일 뿐이다."[55]

③ 『어류』："착한 사람은 다만 자질이 좋지만 전혀 배운 적이 없는 사람입니까?" "그렇다."[53] 착한 사람은 자질이 아름다워서 그 행위에 옳지 않은 바가 없어서, 굳이 정해진 법도(成法)를 따라가지 않더라도 은연중에 도리에 부합한다.[55] "궤도(법규)를 따라가지 않음에도 불구하고 어떻게 착한 사람이 됩니까?" "이전 사람들이 이미 시험해본 법도를 그대로 몸에 익히지 않더라도 또한 선을 행할 수 있으니, 한문제漢文帝 같은 사람이 그런 사람이다."[62] "한문제는 황노술黃老術을 좋아했지만 일부 정치에서 참혹한 사태를 면하지 못했습니다. 청정淸淨을 좋아하면 이내 법도가 확립되지 못하게 되고 그러면 반드시 참혹한 조치를 취한 연후에야 인민을 복종시킬 수 있기 때문이 아니겠습니까?" "청정 노선에서 참혹 노선으로 이르는 그 과정의 곡절은 아주 복잡하다. 따라서 그렇게 단순하게 말할 수는 없다. 다만 임금 자신이 청정을 내세울 경우 모든 일을 그냥 법에 맡겨버리게 된다. 범죄자가 생길 경우 늘 임금 자신이 직접 심문할 생각을 하지 않고 오로지 법 규정이 어떤지 만을 살펴보게 된다. 오로지 법에 따라서만 조치하고 자신은 당사자들과 더불어 아무런 생각과 배려도 공유하지 않겠다는 입장에 서기 때문에 결국 참혹한 사태를 초래한다." "황노학의 가르침은 본래 형명刑名의 추구가 아니었고, 단지 임금으로서 자기 자신을 잘 관리하려는(理會自己) 것이었습니다. 참혹한 정치로 빠지는 것은 다만 적용하는 자의 잘못이라고 해야 하지 않을까요?" "황노술이란 본디 임금 자신이 모든 일을 우선은 일단 뒤로 물러나서 도모하자는 것이나, 다른 사람 누구도 임금을 막지(비판하지) 못하게 한다는 점이 문제였다. 첨예한 이해관계에 직접 부딪치

11-20 자장이 공자께 물었다. "착한 사람의 도란 무엇입니까?" "성인의 자취①를 밟아 가지 않지만, 또한 심오한 경지②에는 들어가지 못한다."

착한 사람은 바탕이 아름답지만 아직 배우지 못한 사람이다.③

• 천적踐迹은 길을 따라갈 때 정해진 궤도를 고수한다는 말과 같다. 착한 사람이란 반드시 옛 자취를 따르지는 않더라도 스스로 악을 행하지는 않지만, 또한 성인의 심오한 경지에는 들어갈 수 없다.(11-15) – 이천

• 착한 사람은 인仁을 바라지만 학문에 뜻을 둔 적이 없는 사람이다. 인을 바라는 만큼, 기성의 법도를 밟아 가지 않더라도 또한 악에 빠지지는 않는다. 몸에 덕이 있기 때문이다. 학문을 하지 않은 만큼, 성인의 심오한 경지에 들어갈 방도가 없다.④ – 횡거

면 남에게 결코 양보하지 않는다. 내가 저를 죽일(비판할) 수 있을지언정 결코 저가 나를 죽이는 것을 용납하지 않는 구조이다. 그 술수가 대체로 이러하다. 한문제는 그래도 잘 적용하였다. 예컨대 남월(지금의 광동성·광서성)이 반란하자 겸손한 말과 후한 예물로 꾄 일이나, 오왕이 조빙(朝)하지 않았는데도 궤장(几杖 : 안석과 지팡이) 등을 하사한 일 따위가 그것이다. 이처럼 한 발 뒤로 물러나는 것이 술수이다. 한문제는 태자를 교육할 때 조착晁錯(B.C. 200-154)을 가령家令으로 삼았다. 태자가 학문은 좋아하지만 다만 술수를 잘 모르는 것 같아서 조착에게 전수받게 하려는 것이었다. 그러나 나중에는 조착 때문에 발생한 칠국七國의 변란으로 한 바탕 분란에 휩싸였다. 한나라 문제와 경제의 여러 가지 자상하고 겸손하고 온화한 조처들은 모두 술수였다. 그러나 경제는 잘 적용하지 못한 결과, [위세를 상실하자] 제후의 권한을 삭탈해도 반란했고 삭탈하지 않아도 반란했다.[63]

④ 『어류』 : 이른바 '착한 사람'은 천품이 완전히 좋은 사람으로서, 그의 자질은 지극히 선하여 악이 없다. 그가 행하는 일은 자연히 모두 착하니, 본보기를 따르지 않아도 저절로 악에 이르지 않는다. 만약 보통 사람이라면, 따를 본보기(법도)가 주어져 있지 않을 경우에는, 꼭 선을 행하고 악에 이르지 않는다는 보증이 없다. '착한 사람'은 천품이 선하기 때문에, 반드시 원칙과 법도를 따르지 않더라도 행동이 모두 선하다. 다만 이와 같을 뿐이고, 배운 것이 없기 때문에 성인의 경지에는 들어가지 못한다. 횡거의 해설이 아주 좋다.[52] "착한 사람은 천품이 좋은 사람입니다. 따라서 옛사람의 법도를 따르지 않더라도 또한 악을 행하지는 않습니다. 그러나 학문할 줄 모르기 때문에 역시 성인의 깊은 경지에는 들어가지 못합니다. 이로부터 아름다운 본바탕에는 한계가 있으나, 학문에는 한계가 없음을 알 수 있습니다." "그렇다."[60]

11-21 子曰："論篤是與, 君子者乎? 色莊[1]者乎?"

(與, 如字.) ○言但以其言論篤實而與之, 則未知其爲君子者乎? 爲色莊者乎? 言不可以言貌取人也.

11-22 子路問："聞斯行諸?" 子曰："有父兄在, 如之何其聞斯行之?" 冉有問："聞斯行諸?" 子曰："聞斯行之." 公西華曰："由也問'聞斯行諸,' 子曰'有父兄在'；求也問'聞斯行諸,' 子曰'聞斯行之'. 赤也惑, 敢問." 子曰："求也退, 故進之；由也兼[2]人, 故退之."

兼人, 謂勝人也.

張敬夫曰："聞義固當勇爲, 然有父兄在, 則有不可得而專者. 若不稟命[3]而行, 則反傷於義矣. '子路有聞, 未之能行, 唯恐有聞,' 則於所當爲不患其不能爲矣, 特患爲之之意或過, 而於所當稟命者有闕耳. 若冉求之資稟失之弱, 不患其不稟命也, 患其於所當爲者逡巡畏縮,[4] 而爲之不勇耳. 聖人一進之, 一退之, 所以約之於義理之中, 而使之無過不及之患也."

---

1) 莊(장)：엄숙하다, 삼가다, 장중하다, 정중, 바르다, 꾸미다, 장원, 풀이 성한 모양.

2) 兼(겸)：합치다, 포용, 겸하다, 아울러, 함께, 쌓다, 겹치다, 갑절로 하다, 다하다.

3) 稟命(품명)：윗사람의 명령을 받음. 稟：여쭈다, 아뢰다, 주다, 내려 주다, 녹, 녹미, 받다, 천품, 타고난 성품, 삼가다.

4) 逡巡(준순)：조금씩 뒤로 물러서다, 꽁무니를 빼다, 머뭇거리다, 주저주저하다. 逡：뒷걸음질하다, 물러서다, 후퇴하다. 巡：돌다, 순수하다, 위로하다. 畏縮(외축)：두려워서 움츠리다. 畏：겁을 내다, 꺼리다, 경외하다, 으르다. 縮：옳다, 다리가 움츠려 들다, 오그라들다, 물러서다, 멈추다, 쭈그러지다, 기가 꺾이다, 좁히다.

①『혹문』：공자의 뜻은 자로와 염유의 특정한 일을 논한 것이 아니다. 다만 그들 마음의 치우침을 보완하려는 것일 뿐이다. 자로는 행동에 용감하여 부형의 마음을 무시하는 마음이 있었고,

11-21 공자가 말하였다. "언론이 독실하다고 인정된 경우, 정말 군자인가? 아니면 낯빛만 근엄한 자인가?"

아무개의 언론이 독실하다고 인정하더라도, 그가 군자인지 낯빛만 근엄한 자인지는 알지 못한다는 말이다. 말과 외모로 사람을 취할 수 없다는 말이다.

11-22 자로가 공자께 물었다. "(도리를) 들으면(깨달으면) 곧 행합니까?" "부모 형제가 계신데, 어찌 들으면 곧 행한단 말인가?" 염유가 공자께 물었다. "들으면 곧 행합니까?" "들으면 곧 행하라."
이에 공서화가 공자께 물었다. "자로가 '들으면 곧 행합니까?'라고 묻자, '부모 형제가 계신다'고 대답하셨고, 염유가 '들으면 곧 행합니까?'라고 묻자, '들으면 곧 행하라'고 대답하셨습니다. 저는 혼란스럽습니다. 감히 그 까닭을 묻습니다." "염유는 소극적이어서 분발시켰고, 자로는 압도적이어서 억제시켰다."①

겸인兼人은 남을 압도함을 일컫는다.

• 의로운 일을 들으면 용감하게 행해야 한다. 다만 부모 형제가 계시면 독단적으로 할 수 없는 경우가 있다. 부모 형제의 명(허락)을 받지 않고 행하면, 도리어 의리를 상한다. '자로는 도리를 듣고 미처 행하지 못하고 있으면 오직 들을까 염려했던'(5-14) 만큼, 마땅히 해야 할 일을 행하지 못할 걱정은 없었고, 다만 행하려는 의지가 지나쳐 마땅히 명(허락)을 받아야 할 절차를 빼먹을까 걱정이었다. 그러나 염유는 타고난 성품이 나약한 것이 흠이었던 만큼, 명을 받지 않을 걱정은 없었고, 응당 행해야 할 일을 꾸물거리거나 위축되어 행하는 데 용감하지 못할까 걱정이었다. 성인이 한 사람은 분발시키고 한 사람은 억제한 까닭은, 의리의 범위 내에서 단속시켜 과불급의 병폐를 없애려는 것이다. – 장경부

염유는 태만하고 소극적이어서 행동에 용감하지 못한 단점이 있었다. 따라서 각자의 치우침을 구제하려고 하였다.

11-23 子畏於匡, 顔淵後. 子曰: "吾以女爲死矣." 曰: "子在, 回何敢死?"

(女, 音汝.) ○後, 謂相失在後. 何敢死, 謂不赴[1]鬪而必死也. 胡氏曰: "先王之制, 民生於三, 事之如一. 惟其所在, 則致死焉. 況顔淵之於孔子, 恩義兼盡, 又非他人之爲師弟子者而已. 卽[2]孔子不幸而遇難, 回必捐生[3]以赴之矣. 捐生以赴之, 幸而不死, 則必上告天子, 下告方伯, 請討以復讎,[4] 不但已也. 夫子而在, 則回何爲而不愛其死, 以犯匡人之鋒[5]乎?"

11-24 季子然問: "仲由·冉求可謂大臣與?" 子曰: "吾以子爲異之問, 曾由與求之問. 所謂大臣者, 以道事君, 不可則止. 今由與求也, 可謂具臣[6]矣." 曰: "然則從之者與?" 子曰: "弑父與君, 亦不從也."[7]

---

1) 赴(부) : 나아가다, 알리다, ~로 향하다. 赴難(부난) : 위험에 처한 남·국가를 구하러 가다.
2) 卽(즉) : 만약, 설령~일지라도, 곧바로, 바로, 자리에 나아가다, (임무를) 맡다.
3) 捐生(연생) : 목숨을 버리다(내던지다). 捐 : 버리다, 바치다, 희생, 부조하다, 헌납.
4) 復(복) : 원상태로 돌아가다, 돌려보내다, 갚다, 보상하다, 덮다, 뒤집다, 회복하다, 겹치다. 讐(수) : 응답하다, 갚다, 값을 치름, 보복하다, 대접하다, 당하다, 합당하다, 동등함, 바로잡다.
5) 犯(범) : 치다, 무시하다, 어긋남, 만나다. 鋒(봉) : 칼끝, 날카로운 기세, 군대의 선봉.
6) 具臣(구신) : 아무 구실도 못하고 머릿수만 채우고 있는 신하. 具 : 늘어놓다, 구비하다, 설비, 기량, 함께, 자세히, 더하다, 온전하게 갖추다, 갖추어지다, 공물.
7) 范曰 : "大臣者, 不必在上位也, 齊魯二生雖爲布衣, 揚雄謂之大臣. 事君道合則服從, 不合則去, 明於進退之義, 則可謂大臣矣. 仲由冉求仕於季氏之朝, 進不能諫, 退不能去, 故夫子以爲具臣. 二子雖不能以義正君, 然君若爲大惡, 亦不從也. 弑父與君, 甚季氏之惡也." ○謝曰 : "有大人之德, 然後可以爲大臣之事, 進退行藏, 不係於利, 故不可則止. 二子事事非事道者, 氣不足以扶顚持危, 其可謂之大臣乎?" ○侯曰 : "觀季氏旅泰山而不能救, 伐顓臾而不能止, 富於周公, 而求也爲之聚斂以附益之, 非具臣而何? 事道者如是乎? 雖然, 以子路之勇而好義, 弑父與君, 亦不從也." ○尹曰 : "季氏執國命, 仲由冉求仕其家, 而不能正也, 知其不可而不能止也, 可謂備數之臣而已. 季氏有無君之心, 自多得其人, 意其可使從己也, 故又曰 : 若弑逆之惡, 必不從也."

11-23 공자가 광 땅에서 외난을 겪을 때, 안연이 뒤늦게 왔다. 공자가 말하였다. "나는 네가 죽은 줄 알았다." "선생님께서 계시는데, 제가 어찌 감히 죽을 수 있습니까?"①

후後는 서로 흩어져 뒤처졌음을 일컫는다. 하감사何敢死는 싸움판에 뛰어들어 죽기를 각오하지는 않는다는 말이다.

• 선왕의 제도에 따르면, 사람은 군사부君師父에 의지하여 사는 만큼 한결같이 섬겨야 한다. 경우에 따라서는 목숨도 바쳐야 한다. 하물며 안연은 공자께 은혜와 의리가 모두 지극하니, 다른 사람들의 사제 관계에 비할 바가 아님에랴? 그러니 공자가 불행히 난을 당한다면, 안연은 반드시 목숨을 걸고 달려갈 것이다. 목숨을 걸고 달려갔으되 다행히 죽지 않는다면, 반드시 위로 천자에 고하고 아래로 제후에게 고하여 토벌을 청하며 복수하려고 하지, 절대 그만두지 않았을 것이다. 공자가 건재하신 이상, 안연이 어찌 그 죽음을 무릅쓰고 광 땅 사람들의 칼날에 맞서겠는가? — 호인

11-24 계자연이 공자에게 물었다. "자로와 염유는 대신大臣이라고 할 수 있습니까?" "나는 그대가 색다른 질문을 할 줄 알았습니다. 겨우 자로와 염유에 대한 질문입니까? 이른바 대신이란 원칙에 따라 임금을 섬기고, 그럴 수 없으면 그만둡니다. 자로와 염유는 구신具臣일 뿐입니다." "그렇다면 무조건 추종하는 사람입니까?" "아버지와 임금을 시해하는 일은 추종하지 않습니다."

---

① 『정의』: 여대림이 말하였다. "안연은 도에 뜻을 두어, 공자가 살고 죽는 일을 자기가 살고 죽는 일과 동일시하였다. '죽는다' 함은 싸우다 죽는다는 말이다." ○『혹문』: "여대림의 설은 어떻습니까?" "이 장의 취지는 사제간의 본분으로서 난에 임하여 서로를 위해 죽을 수 있는 의리를 밝힌 것이다. 그런데 안연이 도에 뜻을 둔 연후에야 비로소 그 일을 생각한 것으로 풀이하면, 우선 득실의 계산심리가 앞섰고 사제간의 은의恩義의 소재는 찾아볼 수 없는 것 같다. 또한 선생이 죽어서 선생에 의해 보존된 도가 이미 불행히 상실해 버린 경우에 또 자기까지 죽음으로써 따른다면 자기에게 있는 도마저 저절로 소멸할 것이다. 그렇다면 그런 이해득실은 또 어떻게 고려하자는 말일까?"

(與, 平聲.) ○子然, 季氏子弟. 自多[1]其家得臣二子, 故問之.

異, 非常也. 曾, 猶乃[2]也. 輕二子以抑[3]季然也.

以道事君者, 不從君之欲. 不可則止者, 必行己之志.

具臣, 謂備臣數而已.

(與, 平聲.) ○意二子旣非大臣, 則從季氏之所爲而已.

言二子雖不足於大臣之道, 然君臣之義則聞之熟[4]矣, 弑逆大故,[5] 必不從之. 蓋深許二子以死難不可奪之節, 而又以陰折[6]季氏不臣之心也.

○尹氏曰 : "季氏專權僭竊,[7] 二子仕其家而不能正也, 知其不可而不能止也, 可謂具臣矣. 是時季氏已有無君之心, 故自多其得人, 意其可使從己也. 故曰'弑父與君, 亦不從也', 其庶[8]乎二子可免矣."

---

1) 多(다) : 더 좋다, 낫다고(훌륭하다고) 여기다, 훨씬, 뛰어나다, 공훈, 칭찬, 아무리, 다만.

2) 曾(증) : 뜻밖에, 그야말로, 곧. 乃(내) : 겨우, 비로소, 오히려, 드디어.

3) 抑(억) : 누르다, 억압, 굽히다, 물러나다, 혹은, 그렇지 않으면, 문득, 다만, 즉, 그러면.

4) 熟(숙) : 잘 알다, 익숙하다, 숙련하다, 자세히, 곰곰이, 익다, 이루다, 한도에 이르다.

5) 大故(대고) : 부모의 상, 큰 죄, 큰 허물, 대죄, 대과, 중대한 사고.

6) 陰(음) : 몰래, 살짝. 折(절) : 꺾다, 부러뜨리다, 결단·판단하다, 따지다, 힐난, 헐뜯다.

7) 專權(전권) : 권력을 독점하다. 專 : 오로지, 독차지하다, 전횡하다, 독점하다. 僭竊(참절) : 분수에 넘치는 높은 지위에 있음. 僭 : 참람하다, 어그러지다, 거짓, 사치, 호사.

8) 庶(서) : 거의, 대체로, 어떻게든, 가깝다, 비슷하다, 여러, 먼저, 많다, 풍성하다, 살찌다.

① 『어류』 : 환란에 죽기는 오히려 쉽다. 절개를 잃지 않고 죽기가 어렵다. 문 밖을 나서서 임금을 섬기면 곧 이 몸은 내 것이 아니니, 이른바 '임금을 섬기면 그 몸을 바친다' 함이 이것이다. 예를 들어 한 고을의 태수가 되거나 한 읍의 읍재가 되거나 군관이 되어 책임을 맡고 있을 때, 도적의 우환이 발생하면 어찌 편히 쉴 수 있겠는가? 죽음으로써 사수하기는 어렵지 않다. 오히려 군신 사이에 갑작스런 큰 변란이나 이해가 뒤얽힌 일은 아주 예민하니, 참으로 어렵다. 초야에 묻혀 살면서 이런 얘기를 하는 사람은 그다지 절실하게 느껴지지 않을지 모른다. 역사의 기록을 보면 찬탈과 반역의 계제에는 실로 행동하기 어렵다. 찬탈과 시해를 도모하는 역적이, 만약 자기를 따르지 않으면 죽이고, 따르면 살려준다고 협박할 때, 삶을 탐하여 죽기를 꺼린다면, 장차 무슨 짓인들 못 하겠는가?[1]

계자연은 계씨의 아들이다. 자기 집안에서 그 두 사람을 신하로 둔 일을 스스로 자랑스럽게 여겼기 때문에, 이런 질문을 하였다.

이異는 보통과 다름이다. 증曾은 겨우(乃)와 같다. 두 사람을 경시함으로써 계자연을 억눌렀다.

'도로써 임금을 섬김'은 임금의 욕망을 붙좇지 않음이다. '도로써 섬길 수 없으면 그만둠(不可則止)'은 자기의 뜻을 반드시 실행함이다.

구신具臣은 신하의 숫자만 채우고 있을 뿐임을 일컫는다.

두 사람은 대신이 아니니 계씨가 하는 일을 무조건 추종하느냐는 물음이다.

두 사람이 비록 대신의 도에는 부족하지만 군신의 의리는 잘 알고 있는지라, 시해와 반역 같은 대역죄는 결코 추종하지 않는다는 말이다.① 난리에 죽더라도 빼앗을 수 없는 두 사람의 절개를 깊이 인정하는 한편, 은근히 신하답지 못한 계씨의 마음을 꺾고 있다.

• 계씨는 권력을 전횡하여 참람한 지위를 차지하고 있었다. 그런데도 자로와 염유는 그 가문에 벼슬하며 그 일을 시정하지도 못하고, 시정할 수 없음을 알고도 그만두지 못했으니, 정말로 구신(숫자만 채우는 신하)이라고 하겠다.② 이때 계씨는 이미 임금을 무시하는 마음을 지녔기 때문에, 자신이 인재를 얻었다고 자만하면서 그들이 자기를 따르게 할 수 있다고 생각하였다.③ 그래서 공자가 '아버지와 임금을 시해하는 일은 추종하지 않는다'고 말하여, 자로와 염유가 피역의 일로부터 모면할 수 있기를 바랐다. – 윤돈

---

② 『혹문』: 양시의 설이 완벽하다. ○『정의』: 양시가 말했다. "계씨가 태산에 여 제사를 드리려고 할 때 막지 못하고(3-6), 또 장차 전유를 치려고 할 때 두 사람이 신하로서 원하는 바는 아니었음에도 간하지 못한(16-1) 일이, 바로 그들이 구신具臣이었다는 증거이다."

③ 『어류』: "자로·염유 같은 공자의 제자가 모두 왜 계씨에게 벼슬하였습니까?" "벼슬을 한 것 자체가 병폐였다. 줄곧 고상했던 사람들은 벼슬을 하려고 하지 않았다. 민자(민자건)와 증자가 그들이다. 당시에는 벼슬하지 않으려면 몰라도, 벼슬을 하려면 반드시 계씨에게 나아갔다. 당시 벼슬에 관한 노나라 임금의 권한은 모두 계씨가 장악하고 있었다."[2]

11-25 子路使子羔爲費宰. 子曰:“賊[1]夫人之子.” 子路曰:“有民人焉, 有社稷焉. 何必讀書, 然後爲學?” 子曰:“是故惡夫佞者.”

子路爲季氏宰而擧之也.

(夫, 音扶, 下同.) ○賊, 害也. 言子羔質美而未學, 遽使治民, 適[2]以害之.

言治民事神皆所以爲學.[3]

(惡, 去聲.) ○治民事神, 固學者事, 然必學之已成, 然後可仕以行其學. 若初未嘗學, 而使之卽仕以爲學, 其不至於慢[4]神而虐民者幾希[5]矣. 子路之言, 非其本意, 但理屈辭窮,[6] 而取辨於口以禦人耳. 故夫子不斥其非, 而特惡其佞也.

○范氏曰:“古者學而後入政, 未聞以政學者也. 蓋道之本在於修身, 而後及於治人, 其說具於方冊. 讀而知之, 然後能行, 何可以不讀書也? 子路乃欲使子羔以政爲學, 失先後本末之序矣. 不知其過而以口給禦人, 故夫子惡其佞也.”

---

1) 賊(적) : 해치다, 학대, 헐뜯다, 역적, 사악한, 요사한, 몰래 감시함, 잔인, 매우, 몹시.
2) 適(적) : 당연하다, 향하다, 좇다, 알맞다, 적당함, 생각대로, 마침, 우연히, 틀림없이.
3) 包曰:“子羔學未熟習, 而使爲政, 所以爲賊害.” 孔曰:“言治民事神, 於是而習之, 亦學也.”
4) 慢(만) : 거만하다, 오만, 업신여기다, 엄하지 않다, 예의 없다, 느리다, 게으르다.
5) 希(희) : 드물다, 적다, 성기다, 바라다, 희망, 동경하다, 앙모하다, 사모하다.
6) 屈(굴) : 움츠리다, 없어지다, 꺾다, 쇠함, 거두다. 窮(궁) : 다하다, 막힘, 그치다, 떨어지다.

① 『혹문』: “굳이 독서를 하지 않아도 학문을 추구할 수 있는 방법이 있었다는 해설들에 대해서는 어떻게 생각하십니까?” “삼대(三代) 이전에도 비록 『육경』은 갖추어지지 못했더라도 『서』와 『예』를 가지고 고찰해 보건대, 실무를 맡기기 전에 미리 귀족 자제를 교육하는 도(방책)가 있었다. 어찌 갑작스럽게 인민과 사직의 일에 종사토록 하여, 아직 채 칼도 잡을 줄 모르는 손으로 아름다운 비단을 손상시킬 염려가 없다는 사실을 증명하게 하였겠는가? 그리고 삼대 이후에는 이미 책이 있었으므로 사물의 시말始末과 고금의 득실得失, 및 수기치인의 방책들이 모두 책에 취합되어 있었다. 학문을 좋아하는 사람이라면 어찌 책을 읽을 생각을 하지 않고 갑작스럽게 자기 멋대로 해결하려고 하겠는가? 이렇게 볼 때 범조우의 설명은 전혀 틀리지

11-25 자로가 자고를 비읍의 읍재로 삼자, 공자가 자로에게 갈하였다. "남의 자식 망치는구나!" "백성이 있고, 사직이 있습니다. 꼭 책을 읽어야만 학문입니까?" "그래서 나는 저 말재주(변명)를 미워한다."

자로는 계씨의 읍재여서 자고를 천거하였다.

적賊은 망침이다. 자고는 바탕이 아름답지만 아직 배우지 않았으니, 갑자기 백성을 다스리게 하면 자고를 망치기에 딱 좋다는 말이다.

(자로의 말은) 백성을 다스리고 귀신을 섬기는 일 따위가 모드 학믄이 된다는 뜻이다.

백성을 다스리고 귀신을 섬기는 일은 물론 학문하는 사람의 일이다. 그러나 반드시 학문을 이미 완성한 뒤에야 벼슬하여 그 학문을 행할 수 있는 것이다. 처음부터 배운 적이 없는데도 그에게 벼슬을 시킴으로써 학문을 하게 한다면, 결국 귀신을 업신여기고 백성을 학대하는 결과에 이르지 않는 경우가 매우 드물다. 자로의 말은 그의 본의가 아니다. 다만 이치가 딸리고 말이 막히자, 입으로 변명하며 우선 방어한 것일 뿐이다. 그래서 공자는 그가 그르다고 비판하지 않고, 다만 그 말재주(변명)만 미워하였다.①

• 옛날에는 학문한 다음 정치에 들어갔다. 정치를 통하여 학문한다는 말은 듣지 못하였다.② 도의 근본은 수신에 있고, 수신한 다음 남을 다스리는 일에 나아가거니와, 그 이론이 책에 구비되어 있기 때문이다. 읽어서 깨달은 뒤에 시행할 수 있거늘, 어찌 책을 읽지 않을 수 있겠는가? 자로는 바로 자고로 하여금 정치를 통하여 학문을 추구하도록 했으니, 선후본말의 순서를 잃었다. 자기 잘못은 깨닫지 못하고 변명으로 방어했기에(5-5) 공자가 그런 말재주를 미워하였다. -범조우

않다. 그의 설명을 무시하는 것은 불찰일 뿐이다. 더욱이 (독서하지 않고 깨달음을 추구하는 등의) 고상함을 좋아하는 폐단(好高之弊)은 장차 학생들로 하여금 각자 자신의 총명만 믿고 자기 멋대로 일을 벌여도 아무 거리낌이 없는 지경으로 빠지게 만든다는 사실을 상기할 필요가 있다."

② 『어류』: 『좌전』에 나오는 '학문한 이후에 정치에 종사한다. 정치를 통해 학문한다는 말은 못 들었다'는 자산의 말이 매우 좋다. 자로가 바로 정치를 통해 배운다는 사람이다.[5]

11-26 子路·曾晳·冉有·公西華侍坐.

子曰："以吾一日長乎爾, 毋吾以也. 居則曰：'不吾知也!' 如或知爾, 則何以哉?" 子路率爾[1]而對曰："千乘之國, 攝[2]乎大國之間, 加之以師旅, 因之以饑饉[3]；由也爲之, 比[4]及三年, 可使有勇, 且知方也." 夫子哂[5]之.

(坐, 才臥反.) ○晳, 曾參父, 名點.

(長, 上聲.) ○言我雖年少長於女, 然女勿以我長而難言. 蓋誘[6]之盡言以觀其志, 而聖人和氣謙德, 於此亦可見矣.

言女平居, 則言人不知我. 如或有人知女, 則女將何以爲用也?

(乘, 去聲. 饑, 音機. 饉, 音僅. 比, 必二反, 下同. 哂, 詩忍反.) ○率爾, 輕遽之貌. 攝, 管束也. 二千五百人爲師, 五百人爲旅. 因, 仍也. 穀不熟曰饑, 菜不熟曰饉.[7] 方, 向也, 謂向義也. 民向義, 則能親其上·死其長矣.[8] 哂, 微笑也.

"求! 爾何如?" 對曰："方六七十, 如五六十, 求也爲之, 比及三年, 可使足民. 如其禮樂, 以俟君子."

---

1) 率爾(솔이)：경솔한·갑작스러운 모양. 率：이끌다, 앞서다, 거칠다, 경솔함, 대범, 갑자기.
2) 攝(섭)：당기다, 잡다, 조절하다, 보좌, 매다, 겸하다, (사이에) 끼이다, 근심하다.
3) 饑饉(기근)：기근, 흉작. 饑：주리다, 흉년. 饉：흉년, 흉년들다.
4) 比(비)：미치다, 미치어 이르다, 순서, 차례, 따르다, 친숙해지다, 다스리다.
5) 哂(신)：웃다, 미소 짓다, 빙그레 웃다, 비웃다, 조소하다.
6) 誘(유)：꾀다, 유혹, 유인, 유인, 권하다, 이끌다, 가르치다, 속이다.
7) 『周禮』：五人爲伍, 五伍爲兩, 四兩爲卒, 五卒爲旅, 五旅爲師, 五師爲軍. ○『爾雅』：仍, 因也. … 穀不熟爲饑, 蔬不熟爲饉, 果不熟爲荒. 仍饑爲荐.
8) 『孟子』："…君無尤焉! 君行仁政, 斯民親其上, 死其長矣."[2：12]

① 『어류』：(다음에 나오는) 염유와 공서화의 말은 모두 겸손하다. 공자가 자로의 말에 빙그레 웃었기 때문에 생각을 바꿔 그렇게 말한 것이다. 자로의 경우가 진실하다.[7] 두 사람의 말이 더 겸양해진 과정이 자연스럽지 않다. 스스로 경계심이 생긴 것이다.[53] 자로의 경지는 높고

11-26 자로, 증석, 염유, 공서화가 모시고 앉았다. 공자가 말하였다. "나는 너희보다 나이가 조금 많을 뿐이다. 나를 어려워하지 마라. 평소에 '나를 알아주지 않는다'고들 말하는데, 만약 너희를 알아준다면 어떻게 하겠는가?" 자로가 경솔하게 대답하였다. "천승의 나라가 대국 사이에서 협박을 당하고, 군대의 침략을 받고, 기근으로 시달립니다. 제가 다스리면 삼 년 안에 백성이 용기를 가지며, 또 의로운 길을 가도록 하겠습니다." 공자가 빙그레 웃었다.①

석晳은 증삼의 아버지로서, 이름은 점이다.

내가 너희보다 나이가 좀 많기는 하나, 너희는 나를 어른으로 여겨 말하기 어려워하지 말라는 뜻이다. 아마 말을 다 하도록 유도하여 그들의 뜻을 살피려는 것이다. 성인의 온화한 기운과 겸손한 덕을 여기서도 엿볼 수 있다.

너희는 평소에 '사람들이 나를 알아주지 않는다'고 말한다. 만약 너희를 알아주는 사람이 있다면, 너희는 장차 어떤 기량을 보이겠느냐는 말이다.

솔이率爾는 가볍고 갑작스런 모습, 섭攝은 간섭과 속박이다. 2500명이 사師, 500명이 여旅이다. 인因은 '그리하여(仍)'이다. 곡식이 익지 않음이 기饑, 채소가 자라지 않음이 근饉이다. 방方은 '향하다'이니 의리로 향함을 일컫는다. 백성이 의리로 향하면, 윗사람을 어버이처럼 여기고 자기의 상관을 위해 목숨을 바친다. 신哂은 빙그레 웃음(微笑)이다.

"염유, 너는 어떤가?" "사방 육칠십 리 또는 오육십 리의 나라를 제가 다스리면, 삼 년 안에 백성을 풍족하게 하겠습니다. 예악에 관련된 일은 군자에게 맡기겠습니다."

품격도 아주 높다. 다만 그의 병통은 조금 거칠다는 점이다. 그렇기 때문에 몇몇 난폭하고 경솔한 데가 생겼다. 이런 점만 갈고닦아서 겸양할 수 있으면 곧 요·순의 기상이다. 그의 자질이 매우 높은지라, 염유나 공서화에 비할 바가 아니다. 그 두 사람은 비록 그와 같이 겸양했어도 어찌 자로를 따라갈 수 있겠는가? 하나의 구덩이에 비유해 보겠다. 뛰쳐나오지 못하면 여전히 그 안에 있겠지만, 뛰쳐나온 순간 다른 세상에 있게 된다. 만약 자로가 '정치는 예로써 한다'는 도리에 통달하는 순간, 요·순의 기상이 되는 의미가 곧 이와 같다.[21, 49]

"求, 爾何如," 孔子問也, 下放[1]此. 方六七十里, 小國也. 如, 猶或也. 五六十里, 則又小矣. 足, 富足也. 俟君子, 言非己所能. 冉有謙退, 又以子路見哂, 故其辭益遜.

"赤! 爾何如?" 對曰 : "非曰能之, 願學焉. 宗廟之事, 如會同, 端章甫, 願爲小相焉."

(相, 去聲.) ○公西華志於禮樂之事, 嫌[2]以君子自居, 故將言己志而先爲遜辭, 言未能而願學也. 宗廟之事, 謂祭祀. 諸侯時見曰會, 衆覜[3]曰同. 端, 玄端服.[4] 章甫, 禮冠. 相,[5] 贊君之禮者. 言'小,' 亦謙辭.

"點! 爾何如?" 鼓瑟希, 鏗爾,[6] 舍瑟而作. 對曰 : "異乎三子者之撰."[7] 子曰 : "何傷乎? 亦各言其志也." 曰 : "莫春者, 春服既成, 冠者五六人, 童子六七人, 浴乎沂, 風乎舞雩,[8] 詠而歸." 夫子喟然歎曰 : "吾與[9]點也!"

(鏗, 苦耕反. 舍, 上聲. 撰, 士免反. 莫·冠, 並去聲. 沂, 魚依反. 雩, 音于.)

---

1) 放(방) : 본뜨다, 본받다, 준하다, 기준으로 삼다, 서로 닮다, 의지하다, 향하여 좇다.
2) 嫌(혐) : 싫어하다, 혐오, 의심, 의심스럽다, 불만스럽다, 혼동하기 쉽다, 닮다, 불운.
3) 覜(조) : 뵈다, 알현하다(제후가 모여 천자를 알현하는 의식), 보다, 회견하다, 바라보다.
4) 玄端(현단) : 제후가 입는 검은 빛의 예복. 端 : 바르다, 곧다, 옳다, 근본, 시초, 등급.
5) 相(상) : 관찰하다, 돕다, 보좌하다, 다스리다, 가리다, 인도자, 안내자, 가신(家臣), 정승.
6) 鏗爾(갱이) : 거문고를 내려놓는 소리. 鏗 : 금옥이 부딪쳐 나는 소리, 거문고 타는 소리.
7) 撰(선) : 가지다, 선택. (찬) : (시문을) 짓다, 품다, 구비된 내용·방법, 세다, 규칙, 일, 만들다.
8) 舞雩(무우) : 언덕 이름, 기우제, 기우제 제단. 雩 : 기우제, 기우제를 지내다.
9) 與(여) : 편들다, 한편이 되다, 좇다, 따르다, 허락하다, 찬성하다, 참여하다.

① 『어류』 : 증점의 뜻은 천 길 높은 곳으로 비상하는 봉황과 같다.[8] 증점은 도리道理의 대원大原을 통찰하였다.[9] 증점은 도의 원대한 것을 통찰했으므로, 비근한 것은 도모할 필요가 없다고 여겼다. 따라서 그의 말이 초연하여 추호라도 작위의 뜻이 없고, 오직 그가 느낀 즐거움만

'염유, 너는 어떤가'는 공자의 질문이다. 아래도 같은 식이다. '사방 육칠십 리'는 작은 나라이다. 여如는 '또는(或)'과 같다. '오륙십 리'는 더 작은 나라이다. 족足은 부유하여 풍족함이다. '군자를 기다린다' 함은 자기 능력이 아니라는 말이다. 염유가 겸양하며 물러섰다. 자로가 비웃음 받았기 때문에 말이 더 겸손해졌다.

"공서화, 너는 어떤가?" "잘할 수 있다고는 말할 수 없으나, 배우고 싶습니다. 종묘의 일과 회동에서 의관을 차려입고, 작은 보필자 노릇을 하고 싶습니다."

공서화는 예악의 일에 뜻을 두었다. 군자로 자처한다는 혐의를 받을까봐, 자기 뜻을 말하기에 앞서 겸사로 '잘하지는 못하지만 배우기를 바란다'고 말하였다. 종묘의 일은 제사를 일컫는다. 제후가 정기적으로 천자를 뵙는 것이 회會, 여럿이 함께 알현하는 것이 동同이다. 단端은 검은 예복, 장보章甫는 예관, 상相은 임금의 예를 돕는 사람이다. '작은(小)'이라는 표현도 겸사이다.

"증점, 너는 어떤가?" 증점은 거문고를 멈추고, '둥' 하고 튕기더니, 거문고를 놓고 일어나 대답하였다. "세 사람의 선택과는 다릅니다." "무슨 상관인가? 각기 자기 뜻을 말하는 것뿐이다." "늦봄 봄옷을 갖춰 입고, 어른 대여섯과 아이들 예닐곱과 함께 기수에서 목욕하고, '무우'에서 바람을 쐬고, 노래하며 돌아오겠습니다."①
공자가 크게 탄식하고 말하였다. "나는 증점을 인정한다!"②

즐거워하다가 삶을 마쳤다.[22]

② 『어류』: 공자가 증점을 인정함은, 증점의 뜻이 성인의 뜻과 같다는 것이다. 그 뜻은 모두 자연스러운 도리(自然的道理)를 지칭한다. 성인께서 '노인은 편안하게 해 드리고 젊은이는 포용하고 친구는 믿어주는' 일이 본디 천리의 유행(天理流行)이다. 천리의 유행이니 모든 일이 다 옳다. 더위가 가면 추위가 오고, 냇물은 흐르고 산은 우뚝 솟고, '부자는 친애하고, 군신은 의리를 지키는(父子有親, 君臣有義)' 부류가 저 천리 아님이 없다. 배우고 익힘도 그 리를 연구함이다. … 격물格物을 중시하는 것도 모든 사물마다 저 리가 있기 때문이다. … 증점은 이 천리가 도처에 발현되어 있고, 또 모든 곳이 다 천리임을 통찰했기에 그처럼 즐거울 수 있었다.[36] 증점은 모든 사건과 사물마다(모든 일상의 삶에서) 천리가 유행함을

○四子侍坐, 以齒爲序, 則點當次對. 以方鼓瑟, 故孔子先問求·赤而後及點也. 希, 間歇[1]也. 作, 起也. 撰, 具[2]也. 莫春, 和煦[3]之時. 春服, 單袷[4]之衣. 浴, 盥濯[5]也, 今上巳祓除[6]是也. 沂, 水名, 在魯城南, 地志以爲有溫泉焉, 理或然也. 風, 乘涼[7]也. 舞雩, 祭天禱雨之處, 有壇墠[8]樹木也. 詠, 歌也.

曾點之學, 蓋有以見夫人欲盡處, 天理流行, 隨處充滿, 無少欠闕.[9] 故其動靜之際, 從容如此. 而其言志, 則又不過卽其所居之位, 樂其日用之常, 初無舍己爲人之意. 而其胸次悠然,[10] 直與天地萬物上下同流, 各得其所之妙, 隱然自見於言外. 視三子之規規[11]於事爲之末者, 其氣象不侔[12]矣, 故夫子歎息而深許之. 而門人記其本末獨加詳焉, 蓋亦有以識此矣.[13]

통찰하였다. 날씨는 맑고 경치는 아름다울 때, 몇몇 좋은 친구들과 놀러 가는(行樂) 것이니, 그는 앞의 사람들이 말한 공명功名의 과업은 모두 무시하였다. 그는 일상의 모든 순간이 천리天理 아님이 없고 어느 때나 어느 곳이나 즐겁지 않음이 없음을 통찰하였다. 증점은 "봄옷을 갖춰 입고" 운운한 대목을 통찰함으로써 천리를 즐거워한 것이다.[10, 29] 이 도리는 어느 경우든 다 그렇다. 부모를 섬기고 친구를 사귀도 모두 저 도리이다. 빈객을 접할 때는 빈객을 접하는 도리이니, 행동과 대화와 침묵(動靜語默) 역시 저 도리 아닌 것이 없다. 천지의 운행과 춘하추동이 다 도리가 아님이 없다. 사람의 몸이 곧 우주이다. 다만 사람은 인욕으로 막혀 있기 때문에 그 의미를 깨닫지 못한다(人之一身, 便是天地, 只緣人爲人欲隔了, 自看此意思不見.). 증점의 경우는 그 의미를 이와 같이 초연히 간파했기에 공자가 기뻐하였다. 해와 달이 뜨고 지며, 낮과 밤이 밝고 어두워지는 일이 모두 이 이치 아님이 없다.[13]

1) 歇(헐) : 쉬다, 휴식, 없다, 비다, 다하다, 마르다, 그만두다, 멈추다, 잠깐, 잠시.
2) 具(구) : 구비·온전하다, 설비, 기량, 함께, 자세히, 온전하게 갖추다, 늘어놓다, 공물.
3) 和煦(화후) : 따뜻한 봄 날씨. 和 : 온화한 기운. 煦 : (햇볕이 만물을) 따뜻하게 함, 시혜.
4) 袷(겹) : 겹옷, 두 겹으로 지은 옷. (겁) : 옷깃.
5) 盥(관) : 손을 씻다, 대야, 양치질. 濯(탁) : (때를) 씻다, 깨끗이 하다, 크다, 빛나다, 뜨물.
6) 上巳(상사) : 음력 3월의 첫 사일巳日. 이날 강가에서 재앙을 떨치는 풍속이 있었다. 나중에 삼짇날로 바뀌었다. 祓除(불제) : 부정을 제거하여 정화함. 祓 : 푸닥거리, 부정을 없앰.
7) 乘涼(승량) : 더위를 피해 서늘한 바람을 쐼. 乘 : 타다, (기회를) 이용하다, 헤아리다, 꾀하다.
8) 壇墠(단선) : 제단. 단壇은 흙을 쌓아 높다랗게 함, 선墠은 땅을 청소하여 깨끗이 함.
9) 闕(내각본) : 缺(전서본)
10) 胸次(흉차) : 가슴속, 심정, 흉금, 포부. 悠然(유연) : 유연하다, 유유하다, 여유롭다.

네 사람이 모시고 앉았으니, 나이 순서대로라면 증점이 응당 두 번째로 대답해야 한다.① 마침 거문고를 타고 있어서, 공자가 염유와 공서화에게 먼저 물은 다음 증점에 이르렀다.

희希는 잠시 쉼, 작作은 일어남, 선撰은 구비함이다. 모춘莫春은 화창하고 따뜻한 때, 춘복春服은 겹옷 한 벌로 된 옷이다. 욕浴은 세수하고 씻음이니, 요즘 삼월 상사일上巳日에 액운을 떨쳐내는 행사가 이것이다.② 기沂는 강 이름이다. 노나라 도성 남쪽에 있다. 지리 기록에 거기에 온천이 있다고 하였다. 이치상 그럴듯하다. 풍風은 서늘한 바람을 쐼이다. 무우舞雩는 하늘에 제사를 올려 비가 오기를 비는 곳인데, 제단과 나무가 있다. 영詠은 노래 부름이다.

증점의 학문은 저 인욕이 사라진 곳에 천리가 유행하여③ 늘 충만하고, 조금의 흠도 없는 경지를 엿보았던 것 같다. 그러므로 고요할 때나 움직일 때나 이처럼 조용하였다. 자기 뜻을 말한 부분도 자기가 처한 위치에서 일상적인 법도를 즐긴 것일 뿐이고, 처음부터 자신을 버리고 남을 위하려는 의도는 없었다. 그의 흉회가 유유자적한지라 곧장 천지 만물과 더불어 위아래가 서로 어울려, 저마다 합당한 자리를 얻은 깊은 경지가④ 은연중에 말 밖으로 자연스럽게 드러났다. 말단적인 업적 추구에 급급한 세 사람과 비교하면, 그 기상이 전혀 다르다. 그래서 공자가 탄식하면서 깊이 인정하였다. 제자들이 일의 모든 과정을 유독 상세히 기록한 것은, 그들도 증점의 기상의 의미를 알았기 때문일 것이다.

---

11) 規規(규규) : 식견이 좁은 모양, 얼빠진 모양. 規 : 법규, 콘퍼스, 규칙, 규정, 계획.

12) 侔(모) : 가지런함, 고르다, 노력, 꾀하다, 따르다, 좇다.

13) 謝曰 : "子路冉有公西華未識道體, 未免於意必者也. 乃若曾點之意, 果何在乎? 道以無所倚爲至, 夫子與之, 非止樂其不願仕, 推曾點之學, 雖禹稷之事, 固可以優爲, 特其志不存焉." 又曰 : "鳶飛戾天, 魚躍于淵, 無些私意. 上下察, 以明道體無不在, 非指鳶魚而言也. 若指鳶魚爲言, 則上面更有天, 下面更有地在. 知勿忘勿助長則知此. 知此則知夫子與曾點之意. 季路冉求言志之事, 非大才做不得, 然常懷此意在胸中, 在曾點看著, 正可笑爾. 學者不可著一事在胸中, 才著些事, 便不得其正. 且道曾點有甚事, 列子御風事近之, 然易做, 只是無心, 近於忘." 又曰 : "呂晉伯兄弟中皆有見處, 一人作詩詠曾點事, 曰 : '函丈從容問且酬, 展才無不至諸侯. 可憐曾點惟鳴瑟, 獨對春風詠不休.'" ○楊曰 : "夫充點之志, 則顏子之事也, 故夫子與之. 然點之言未必能踐之, 亦志於進取而已, 此點所以爲狂與?"

① 『혹문』 : 홍흥조에 따르면, 자로는 공자보다 아홉 살 아래, 증삼은 공자보다 마흔여섯 살 아래였다. 증점은 증삼의 아버지였으니, 아마 나이가 자로 다음이었을 것이다.

三子者出, 曾皙後. 曾皙曰 : "夫三子者之言何如?" 子曰 : "亦各言其志也已矣." 曰 : "夫子何哂由也?" 曰 : "爲國以禮, 其言不讓, 是故哂之." "唯求則非邦也與?" "安見方六七十如五六十而非邦也者?" "唯赤則非邦也與?" "宗廟會同, 非諸侯而何? 赤也爲之小, 孰能爲之大?"

(夫, 音扶.)

點以子路之志, 乃所優爲, 而夫子哂之, 故請其說.

夫子蓋許其能, 特哂其不遜.

(與, 平聲, 下同.) ○曾點以冉求亦欲爲國而不見哂, 故微問之. 而夫子之答無貶辭, 蓋亦許之.

此亦曾皙問而夫子答也. 孰能爲之大, 言無能出其右者,[1] 亦許之之辭.

○程子曰 : "古之學者, 優柔厭飫,[2] 有先後之序. 如子路·冉有·公西赤言志如此, 夫子許之, 亦以此自是實事. 後之學者好高, 如人游心千里之外, 然自身却只在此."

---

② 『어류』 : 옛날 사람들이 음력 3월 상사절에 강가에서 제사하며 재액을 털어내는(祓禊) 행사를 했는데, 다만 손발만 씻었고 옷을 벗고 목욕한 것은 아니었다.[11] ○『혹문』 : "욕浴이 손발을 씻으며 액운을 떨쳐내는 일임을 어떻게 알았습니까?" "『한서』「예의지禮儀志」에 '3월 상사절에 관민이 동쪽으로 흘러가는 물에서 때를 씻었다(三月上巳, 官民潔於東流水上)'라고 했는데, 채옹蔡邕이 이를 인용하여 증거로 삼은 것이 그것이다. 한유와 이오가 발가벗고 냇가에서 목욕하는 일은 예가 아니라고 여겨 욕浴을 연沿으로 고친 것은, 아마 위와 같은 내막을 살피지 못했기 때문일 것이다."

③ 『어류』 : '보고 듣고 말하고 움직임(視聽言動)'은 사람이면 다 같다. 예가 아니면 보지도 듣지도 말하지도 움직이지도 않음이 '천리'요, 예가 아닌데도 보고 듣고 말하고 움직임이 '인욕'이다.[33]

④ 『혹문』 : "무슨 근거로 곧장 천지 만물이 저마다 합당한 자리를 얻는 경지라고 말하십니까?" "늦봄의 날씨는 만물이 화창한 시절이다. 봄옷을 갖춰 입고 몸이 아주 편안한 시절에 어른 대여섯과 아이 예닐곱이 장유유서 화합하며, 노나라의 명승지인 '기수'와 '무우'에서 목욕한 뒤 바람을 쐬고 노래하며 돌아오니, 즐거움으로 저마다 흡족하다. 처한 지위를 보자면 그

세 사람이 나가고, 증석이 뒤에 남았다. 증석이 물었다.
"저 세 사람의 말은 어떻습니까?" "각자 자기 뜻을 말했을 뿐이다."
"선생님은 왜 자로의 말에 웃으셨습니까?" "나라를 다스리는 일은 예로써 하는 것인데, 그 말에 겸양이 없었기 때문에 웃었다."
"염유가 말한 것은 나라를 다스리는 일 아닙니까?" "어찌 사방 육칠십 리나 오륙십 리를 나라가 아니라고 하겠는가?"
"공서화가 말한 것은 나라를 다스리는 일 아닙니까?" "종묘와 회동의 일이 제후의 일이 아니고 무엇이겠는가? 공서화의 일을 작다고 하면, 누구의 일을 크다고 하겠는가?"

증점은 자로가 뜻을 이룰 수 있는 충분한 능력을 가졌다고 여겼는데, 공자가 빙그레 웃었기 때문에 그 이유를 물었다.

공자는 아마 그의 능력은 인정했지만, 다만 그가 겸손하지 못함을 웃은 듯하다.

증점이 보기에 염유도 정치를 하려는 생각인데 비웃음을 받지 않았기 때문에, 조용히 질문한 것이다. 공자의 대답은 폄하한 말이 없으니, 역시 인정한 듯하다.

이 역시 증석의 질문과 공자의 대답이다. 숙능위지대孰能爲之大는 그를 넘어설 사람이 없다는 말이니, 역시 인정하는 말이다.

• 옛날에 학생들은 여유롭고 느긋하여, 선후의 순서가 있었다. 자로, 염유, 공서화가 자기 뜻을 말하고 공자가 인정한 것은, 그것들이 원래 실질적인 일이기 때문이다. 그런데 후세의 학생들은 고원함을 좋아하여, 마치 사람이 마음은 천리 밖을 노닐지만 자기 몸은 도리어 바로 여기에 있는 것과 같다. – 이천

즐거움이 일신에 그치는 것 같지만, 그 마음으로 논하자면 본디 왕성한 우주 성육의 심성이고, 성인이 절기에 맞게 만물을 양육하는 일이다. 그러니 어찌 물아物我와 안팎의 구분이 있겠는가? 정자께서 성인의 뜻과 같다고 여기셨는데, '요·순의 기상'이란 것이 바로 이것이다."

1) 『史記』: 漢廷臣, 無能出其右者. ※師古曰: "古者以右爲尊, 言材用無能過之者."

2) 優柔(우유): 침착하다, 태연하다, 온화하다, 유순하다, 우유부단하다. 厭飫(염어): 배불리 먹다, 만족하다. 厭: 만족하다, 물리다, 싫증나다. 飫: 물리다, 실컷 먹다. ○『遺書』: 古之學者, 優柔厭飫, 有先後次序. 今之學者, 却只做一場話說, 務高而已.[『이정집』, 145쪽]

又曰：“孔子與點, 蓋與聖人之志同, 便是堯·舜氣象也. 誠異三子者之撰, 特行有不掩焉耳, 此所謂狂也.[1] 子路等所見者小, 子路只爲不達爲國以禮道理, 是以哂之. 若達, 却便是這氣象也.”

又曰：“三子皆欲得國而治之, 故孔子不取. 曾點, 狂者也, 未必能爲聖人之事, 而能知夫子之志. 故曰‘浴乎沂, 風乎舞雩, 詠而歸’, 言樂而得其所也. 孔子之志, 在於‘老者安之, 朋友信之, 少者懷之’, 使萬物莫不遂其性. 曾點知之, 故孔子喟然歎曰：‘吾與點也.’”

又曰：“曾點·漆雕開, 已見大意.”

---

1) 『孟子』: “敢問何如斯可謂狂矣?” 曰：“如琴張·曾皙·牧皮者, 孔子之所謂狂矣.” “何以謂之狂也?” 曰：“其志嘐嘐然, 曰, ‘古之人, 古之人.’ 夷考其行, 而不掩焉者也.”[14：37]

① 『어류』: “증점이 말한 뜻에 왜 요·순의 기상이 있습니까?” “‘만물이 각기 그 본성을 이루게 한다’는 정자의 말씀에 ‘요·순의 기상’이 잘 드러나 있다. 늦봄 계절을 알리는 온갖 사물이 그와 같이 화창하게 피어나고 증점의 정취 또한 그와 같은 것이 곧 저마다 그 본성을 발휘하는(各遂其性) 부분이다. 요·순의 마음은 만물이 다 그와 같이 되게 하려는 것일 뿐이다. ‘노인은 평안하게 해 드리고 아이는 품어 주고 친구는 믿어 주고’ 싶다는 공자의 뜻 역시 그런 의미이다.[38] 증점은 다만 요·순의 기상을 통찰하기만 하고 실천하지는 못하였다. 그래서 그는 맹자가 말한 이른바 ‘행동이 따라 주지 못하는’ 광사狂士였다.[40] 증점은 사람됨이 고상한지라 일상생활에서 우연히 저 천리 유행의 오묘한 이치를 깨달았다. 요·순의 사업 역시 일상생활에서 그것을 실천하는 것에 불과하다. 다만 증점은 통찰만 하고 곧 그만두고 말았다.”[43] 『중용』의 “연비어약鳶飛魚躍의 일을 ‘기수에서 목욕한다’는 증점의 뜻과 같은 일로 풀이한 분(사량좌)이 있습니다. 증점의 일이 무슨 연유로 자사의 설과 같다는 것입니까?” “일상생활이 천리 아님이 없음을 증점이 통찰했다는 뜻이다.”[55]

② 『혹문』: “사량좌는, 증석의 가슴속에 털끝만한 세사가 없었으니 바람을 타고 다닌 열자의 경지와 비슷하다고 풀이했는데, 정말 그렇습니까?” “성현의 마음이 석가·노자와 다른 점은, 바로 선입견(意)·기필함(必)·고루함(固)·아집(我)(9-4)이라는 얽매임(累)이 없는지라 만물을 생육하는 우주의 마음처럼 때에 맞게 만물을 양육하는 일을 한순간도 멈추지 않는다는 점이다. 만약 그저 텅 빈 마음으로 아무것에도 기대지 않고 세상사에 관심이 없다고 여기면 허무적멸虛無寂滅의 학설과 무엇이 다르며, 어찌 성인이 하신 일이겠는가! 그가 곧장 이단의 공허한 망언에 견준 일로 보건대, 그 득실도 아주 분명하다.” ○『어류』: 증점의 사상은 장자莊子와 비슷하다. 다만 장자처럼 자유분방함(跌蕩)에 이르지는 않았다. 장자의 통찰은 고상하지만, 다만 거기에 계속 빠져 있으면 안 된다.[12] 증점은 사실 치밀한 공부가 많이 모자라서 장자·열자와 비슷하다. 예컨대 계무자가 죽었을 때 그 집 대문에 기대어 노래를 부른 일들이 모두 괴상하다(狂怪).[15] “증석의 말은 너무 고원하여 현실성이 없습니다.” “내가 전에 증석을 배우면 안 된다고 말하였다. … 증석을 배우려고 하면 오만방자해진다(狂妄). 그들 부자父子의

• 공자가 증점을 인정했다 함은 증점의 뜻이 성인의 뜻과 같았다는 말이니, 곧 요·순의 기상①이다. 증점은 참으로 세 사람의 선택과 달랐다. 다만 행동이 미처 받쳐 주지 못한 점이 있을 뿐이다. 이것이 이른바 '광狂'이다. 자로 등의 소견은 협소하다. 다만 자로의 경우 정치는 예로써 한다는 도리를 이해하지 못하여 비웃음을 당했는데, 만약 그 점만 이해한다면 곧 요·순의 기상이다. – 명도

• 세 사람은 모두 나라에 등용되어 정치를 하려고 했으므로, 공자가 수용하지 않았다. 증점은 광자狂者인지라,② 꼭 성인의 일을 잘하지는 못했지만 공자의 뜻을 알 수는 있었다. 그러므로 '기수에서 목욕하고, 무우에서 바람을 쐬고, 노래하며 돌아오겠다'고 하였다. 즐거운 마음으로 자기 본분에 안주한다는 말이다. 공자의 뜻은 '노인은 편안하게 해 드리고 벗은 믿어 주고 아이는 품어 주어,'(5-26) 만물로 하여금 저마다의 본성을 완수하도록 하는 데에 있다. 증점이 바로 그것을 깨달았기 때문에, 공자는 아아 탄식하며 '나는 증점을 인정한다'고 말하였다. – 명도

• 증점과 칠조개는 이미 도의 대강을 통찰한 이들이다.③ – 명도

학문은 정반대이다. 증자는 한 걸음씩 착실하게 밟아 나간다. … 증석은 공자가 다잡아 주지(裁之) 않고 그대로 두면, 오늘도 기수에서 목욕하고 노래하며 돌아오고 내일도 기수에서 목욕하고 노래하며 돌아올 것이니, 대체 무슨 일을 해내겠는가!"[34] 증점과 증삼 부자는 전혀 다르다. 증자는 실제에 기반한 공부를 하여 자세하고 치밀해, 아주 능숙하게 익힌 상태에서 성인의 인도를 받아 일거에 깨달아 해결하고 말았다(一悟卽了當). 증점은 그렇지 않다. 당초에 이와 같이 통찰하고서도 세밀하게 공부하려고 노력한 적이 없다. 따라서 성인은 그에게 '인정한다(與)'는 말씀만 하고, 도는 증자에게 전수하였다. 학생은 반드시 증자처럼 공부해야 한다. 증점은 일종의 타고난 자질인지라 배울 수 없다.[41] 증자는 오랫동안 착실하게 공부해 온 상태였기에, '내 도는 일이관지이다'라는 공자의 말씀을 접하자마자 단번에 깨닫고 더 이상 막힘이 없었다. 증점의 경우는 이와 같이 통찰한 다음 실천 방면에서 공부해 나갔어야 옳다. 공부하지 않으면 불교나 도교로 빠지고 만다. 계무자가 죽었을 때 증점이 그 집의 문에 기대어 노래한 일을 살펴보건대, 아무리 계무자가 좋은 사람이 아니었기로서니 사람이 죽었는데 노래하는 일이 대체 무슨 도리이겠는가! 이미 노장 사상의 분위기가 있다.[47] 학생은 증자처럼 한 걸음씩 공부해 나가야 온당하고 견실하다.[43] 학생은 반드시 자로, 염유, 공서화의 사업을 지녀야 하고, 또 증점의 흉금과 회포(襟懷)도 지녀야 비로소 치우치지 않을 수 있다.[30]

③ 『어류』: 그들이 저 대강의 의미를 깨달았다는 말이다. 치밀한 부분까지 반드시 이해한 것 같지는 않다. 말하자면 수천만 군대의 겉만 보았지 그 안의 대오는 반드시 알고 있지 않음과 같다.[26]

제12편 안연

顔淵第十二

(凡二十四章.)

12-1 顔淵問仁. 子曰 : "克己復禮爲仁. 一日克己復禮, 天下歸[1)]仁焉. 爲仁由己, 而由人乎哉?"
顔淵曰 : "請問其目." 子曰 : "非禮勿視, 非禮勿聽, 非禮勿言, 非禮勿動." 顔淵曰 : "回雖不敏,[2)] 請事[3)]斯語矣."

---

1) 歸(귀) : 편들다, 편이 되다, 마치다, 끝내다, 맡기다, 돌아가다, 보내다(17-1).
2) 不敏(불민) : 불민하다, 어리석다, 둔하다, 둔하여 민첩하지 못함, 불초. 敏 : 신속하다, 민첩하다, 힘쓰다, 노력하다.
3) 事(사) : 일삼다, 전념하다, 모시다, 섬기다, 종사하다, 행하다, 책임, 관계.

① 『혹문』: 사람은 천지의 중中(중화의 기운)을 받아 생기니, 인·의·예·지의 본성이 마음에 갖추어져 있다. 인은 사랑이 위주이긴 하나, 실제로는 심체心體의 온전한 덕(全德)이다. 예는 경이 위주이긴 하나, 마음은 예로써 준칙을 삼는다. 그러나 사람은 육신이 있어서 이목구체耳目口體의 사욕의 병폐가 없을 수 없는지라, 예에 어긋나고 인을 해친다. 사람에게 인이 없어져 자기 육신의 호오 취향(莫適)(4-10)을 위주로 사물을 대하면, 전도되고 착란하여 못하는 짓이 없게 된다. 이 때문에 성인 문하의 학문은 인의 추구에 몰두하였다. 안자의 질문에 공자가 극기복례하라고만 깨우쳐주었다. 자기의 사욕을 이겨 없애고 다시 준칙의 본래 모습을 회복하면 본마음의 온전한 덕이 완전해지기 때문이다. ○『어류』: "'국가는 예로써 다스린다(爲國以禮)'(12-26)고 할 때의 예가 곧 '극기복례'의 예입니까?" "예는 저 천지자연의 이치(理)이다. 이해를 하면 번다한 형식과 절차가 모두 그 안에 있다. '예의삼백禮儀三百과 위의삼천威儀三千'이 곧 이 도리이다. 온갖 조목과 실마리가 저 하나의 도리에 관통되어 있다. 도리가 유출되는 그 근원은 하나이다. 온갖 사물로 흩어져 있지만, 모두 하나에서 만들어진 것이다. 풀 한 포기 나무 한 그루, 여름에는 갈옷 겨울에는 갖옷, 목마르면 마시고 배고프면 먹는 일, 군신·부자와 예악의 모든 절차가 천리의 유행이니, 생기가 넘친다(活潑潑地). 어느 것인들 천리에서 나오지 않은 것이 있겠는가! 투철하게 깨달으면 모두가 천리이다. 이해를 하지 못하면 그 일은 그 일, 그 사물은 그 사물, 초목은 그 초목일 뿐, 자기 일과는 상관없다."[22] 안자는 평생 오직 '극기복례' 네 글자를 받아들였다(受用).[1]

② 『어류』: '극기복례'하면 곧 인이다. 복례 바깥에 따로 인이 있지 않다. 그 사이에는 어떤 간격도 없다. 사욕이 없으면 곧 인이다. 즉 '하루라도 극기복례하면 천하가 인을 인정할 것이다'는 말이다. 만약 참으로 하루라도 사욕을 깨끗이 쓸어 없애면 곧 '인'이다. 마치 어제는 병이 있었으나 오늘 나으면 곧 병이 없는 것과 같다.[26] 하루를 극기복례하면 온 세상 사람이 와서 그를 점검하고서 하루 동안의 모든 일이 인의 일이면 모두가 어질다고 인정한다. 한 달을 극기복례하면 온 세상 사람이 와서 그를 점검하고 한 달 내내 모두 어질지 않은 일이 없었다면 한 달 동안 어질다고 인정한다.[29] "하루 사이에 어찌 이처럼 (천하 사람들이 나서서) 인정할 수 있습니까?" "하루 사이에 그렇게 할 수 있다는 말이 아니다. 이치가 그렇다는 말이다."[28] "어떤 사람이 하루 동안 극기복례했다 하여, 어떻게 온 세상 사람이 어질다고 인정합니까?" "극기복례한 적이 없기 때문에 그런 질문을 한다. 하루 동안 극기복례하면 하루 동안의 인이 있다. 안자가 '석 달 동안 인을 어기지 않음'(6-7)은 '늘 마음에 간직하여

12-1 안연이 공자께 물었다. "인이란 무엇입니까?" "사심을 극복하고 예를 실천함(克己復禮)이 인이다.① 하루라도 사심을 극복하고 예를 실천한다면, 천하에서 어질다는 말을 들을 것이다.② 인의 실천은 자기에게 달려 있지, 남에게 달려 있겠는가?"
"그 세부 항목을 말씀해 주십시오." "예가 아니면 보지 말고,③ 예가 아니면 듣지 말고, 예가 아니면 말하지 말고, 예가 아니면 움직이지 말라." "제가 비록 불민하지만 그 말씀을 받들어 실천하도록 하겠습니다."④

정성스레 지켜 상실하지 않음(拳拳服膺而弗失－『중용』)'이다. '성인이라도 정념을 어지럽히면 광인이 되고, 광인이라도 정념을 극복하면 성인이 된다(惟聖罔念作狂, 惟狂克念作聖).' 오늘 정념을 극복하면 성인이 되고, 내일 정념을 어지럽히건 광인이 된다."[57]

③『어류』: "보고 듣는 문제에서 분명히 보아서는 안 됨을 알지만 저절로 눈에 들어오고, 분명히 들어서는 안 됨을 알지만 저절로 귀에 들어올 경우 어떻게 해야 합니까?" "봄(視)은 보임(看見)과 다르고, 들음(聽)은 들림(聞)과 다르다. 예컨대 예가 아닌 색이 눈앞을 지나가면 지나가게 하고 자신이 그것을 꼭 보려는 마음이 없으면 되고, 예가 아닌 소리가 귀에 들어오면 흘려버리고 자신이 그것을 꼭 들으려는 마음이 없으면 된다. 이런 문제는 어려움이 없다. 옛사람도 이 점을 다스린 경우가 있다. 즉 '간성난색姦聲亂色은 눈과 귀에 남기지 말고, 음락특례淫樂慝禮는 마음에 접하지 말라' 하였다."[80] "안자의 경지에 무슨 예 아닌 부분이 있었습니까? 왜 '네 가지 금지(四勿)' 공부에 의지해야 합니까?" "다만 속마음에 조금이라도 예 아닌 부분이 있으면 깨끗하게 잘라내야 한다. 그의 역량이 큰 만큼 성인께서 그에게 철저히 이겨 없애라고 가르친 것이다. 비유컨대 도적이 오면 안자는 앞으로 나아가 맞서서 서로 싸워 죽인다. 반면에 중궁에게는 경敬·서恕로써 가르쳤다.(12-2) 즉 벽을 보강하고 곡물을 감추고 길목을 봉쇄하여 적이 오지 못하게 하라는 뜻이다."[66]

④『어류』: 질문을 할 줄 알아야 한다. 성인 문하에서 안자도 질문을 잘하였다. 그가 인을 묻자 공자는 '극기복례'라고만 대답하였다. 요즘 사람이라면 이때 '극기란 무엇인가,' '복례란 무엇인가'라고 물었을 것이다. 그러나 안자는 오직 그 조목만 질문하였다. 또 공자가 '예가 아니면 보지도, 듣지도, 말하지도, 움직이지도 말라'고 답하자, 그는 더 이상 예가 아님이 무엇이고 보지 않음이 무엇인가 따위를 되묻지 않고, 다만 '비록 불민하지만 그 말씀을 실천하도록 하겠다'고만 하였다. 이것이 질문하는 올바른 태도이다. 반대로 사마우가 질문하는 태도는 비뚤어졌다. 인을 질문하여 공자가 답해주자, 사마우는 '말이 신중하기만 하면 곧 인이라 합니까?'라고 되물었다.(12-3) 사마우의 마음이 모두 바깥으로 향해 있고(向外去), 그 문제를 자기에게 절실한 공부로 간주하지 않았기 때문에 그런 식으로 되물은 것이다. 또 군자에 대한 문답의 경우도 사마우는 '근심하지 않고 두려워하지 않으면 곧 군자라고 합니까?'라고 되물었다.(12-4) 마치 성인을 꺾어 넘어뜨릴 듯한 말투이다. 이런 것들이 질문을 할 줄 모르는 모습이다.[47]

仁者, 本心之全德. 克, 勝也. 己, 謂身之私欲也. 復, 反也. 禮者, 天理之節文也. 爲仁者, 所以全其心之德也. 蓋心之全德, 莫非天理, 而亦不能不壞[1]於人欲. 故爲仁者必有以勝私欲而復於禮, 則事皆天理, 而本心之德復全於我矣. 歸, 猶與也. 又言一日克己復禮, 則天下之人皆與其仁, 極言其效之甚速而至大也. 又言爲仁由己而非他人所能預,[2] 又見其機[3]之在我而無難也. 日日克之, 不以爲難, 則私欲淨盡, 天理流行, 而仁不可勝用矣.

程子曰 : "非禮處便是私意. 旣是私意, 如何得仁? 須是克盡己私, 皆歸於禮, 方始是仁."

---

1) 壞(괴) : 무너지다, 무너뜨리다, 상하다, 고장 나다, 망가지다, 망치다, 그르치다.

2) 預(예) : 미리, 미리 하다, 참여하다, 간여하다, 즐기다, 즐거이 하다.

3) 機(기) : 틀, 형세, 추세, 조짐, 조화造化, 실마리, 시기, 갈림길, 도리, 작용, 비밀.

① 『어류』 : "극은 이기다(勝)보다 다스리다(治)로 풀면 더 온당하지 않습니까?" "다스린다는 말은 느슨하다. 1할을 막아도 다스림이고, 2할을 막아도 다스림이다. '이김'은 사심을 깨끗이 죽여 없앤다는 뜻이다."[16] 성인께서 '극' 자를 쓴 것은, 비유컨대 서로 죽이는 것과 같다. 적(사욕)을 반드시 이겨서 제압해야 한다. 극기 공부는 스스로 노력해야 하는 일이니, 남과 전혀 상관이 없다. 문을 꽉 걸어 잠그고 자신을 세밀히 체인하여, 사의私意가 생겼음을 느끼자마자 곧 이겨 없애야(克去) 한다. 따라서 '인을 행함은 자신에게서 비롯되지 남에게서 비롯되겠는가?'라고 하셨다.[14] 사심을 이기면 천리는 저절로 회복된다. 때와 먼지를 제거하면 거울이 자연히 밝아지고, 기와와 벽돌을 청소하면 집 안이 자연히 깨끗해지는 것과 같다.[91] 극기는 다른 특별한 방법이 없다. 고립된 군대가 갑자기 강적을 만났을 때 오직 죽을힘을 다해 전진할 뿐인 경우와 같다. 더 무엇을 따지겠는가![6]

② 『어류』 : 예가 아니면 보지도, 듣지도, 말하지도, 움직이지도 않음이 '극기'이다. 사람은 오직 천리와 인욕이 있을 뿐이다. 일상생활에서 밖에 나가 활동하거나 집안에 머물거나 앉으나 누우나 이 두 가지가 없는 경우가 없으니, 스스로 성찰해야 한다. 비유컨대 '앉으면 시동같고 서면 재계하는 듯이 함'이 천리이니, 마땅히 그렇게 해야 한다. 가령 앉아 있을 때 제멋대로 하고, 서 있을 때 짝다리 짚는 것이 인욕이다. 말할 때나 침묵할 때나 마실 때나 먹을 때나 모두 이와 같다. '복례'하는 일은 바로 이런 것들을 다투는 일이다. 따라서 예를 '천리의 절문이다'라고 여긴 까닭은, 세상에는 각기 당연지리當然之理(마땅히 그러해야 하는 이치)가 있기 때문이다. 이제 복례하면 곧 천리이다. 다만 저 리는 형체도 그림자도 없다. 따라서 예문禮文을 지어 하나의 천리를 그려서 사람에게 보여줌으로써 의거할 준칙이 있음을 가르치는 것이기에, '천리의 절문이다'고 한 것이다. 군신이 있으면 임금을 섬기는 절문이 있고, 부자가 있으면 아버지를 섬기는 절문이 있다. 부부·장유·붕우의 경우도 그렇지 않음이

인仁은 본심의 온전한 덕이다. 극克은 이김,① 기己는 자신의 사욕, 복復은 돌아감, 예禮는 천리의 절문節文(절도와 격식)이다.② 인의 실천(爲仁)은 자기 마음의 덕을 온전히 함이다. 마음의 온전한 덕은 천리 아님이 없지만, 또한 인욕에 의해 무너지기 십상이다. 따라서 인을 실천하는 자가 반드시 사욕을 이기고 예를 실천하게 되면, 일마다 다 천리여서 본심의 덕이 나에게서 다시 온전해진다.

귀歸는 인정함(與)과 같다. 또 '하루라도 사심을 이기고 예를 실천한다면' 천하의 사람들이 모두 그를 어질다고 인정한다고 말한 것은, 그 효과가 신속하고 지대함을 강조한 표현이다. 또 인의 실천은 자신에게 달려 있지 다른 사람이 간여할 바가 아니라고 말함으로써, 그 일이 나에게 달려 있으니 어려울 것이 없음을 보였다. 날마다 극복하여 어렵게 여겨지지 않으면(자연스럽게 느껴지면),③ 사욕이 깨끗이 사라지고 천리가 유행하여 인은 아무리 써도 남는다.

• 예가 아닌 것이 사욕이다. 이미 사욕이면 어떻게 인할 수 있겠는가? 자기 사욕을 다 극복하여 예로 돌아가야 비로소 인이다.❹ – 이천

없다. 그 실체는 모두 천리이다. 천리와 인욕의 차이는 아주 미미하다. 마음이 표출될 때 어떤 것이 천리이고 어떤 것이 인욕인지 자세히 인식해야 한다. 무엇이 천리임을 알면, 곧 무엇이 인욕인지도 알게 된다. 어떤 것이 인욕임을 인식하면 인욕은 행해지지 않는다. 길을 가지고 비유해 보자. 한쪽은 위로 가고 다른 한쪽은 아래로 간다. 위쪽이 갈 길임을 알면 곧 그쪽으로 가고, 아래쪽은 아니니 그쪽으로 가지 않는다. 이처럼 마음을 다잡는 원칙은 아주 간략하고, 말은 아주 쉽다. 그렇지만 실천이 매우 어렵다. 학생은 먼저 이처럼 행하여 오랜 시간이 흐르면 저절로 평안하고 태평한 경지에 이른다. 사람이 사의私意를 따르지만 않으면 저 리는 본래 내게 존재한다. 인욕은 나중에 덧붙여진 것이다. 가령 '세 살 먹은 아이도 부모를 사랑할 줄 모르는 경우는 없고, 자라서는 형을 공경할 줄 모르는 경우는 없으니,' 어찌 본래적인 것이 아니겠는가? 다만 나중에 인욕이 타오르면 효경孝敬의 마음을 상실한다. 그렇지만 정말로 상실된 것이겠는가? 조용한 곳에서 '내가 오늘 부형을 효경하는 마음이 상당히 망가졌네'라며 곰곰이 생각하는 순간, 본래의 마음이 회복된다.[30, 권42]

③ 『어류』: '극기' 공부가 처음부터 어떻게 자연스럽게 되겠는가? 반드시 금지하고 통제해야만(禁制) 한다. 함양이 무르익은 뒤에야 저절로 사의私意가 점차 소멸되어 간다. 요즘 사람은 쉬운 것만 골라서 하려고 한다. 어려운 부분부터 (극복해) 들어갈 줄 모르니, 어떻게 쉬운(편안해 하는) 경지에 이를 수 있겠는가? 이른바 '예가 아니면 하지 말라' 함은 행하지 말아야 한다는 것이다. 눈앞의 도리, 선악·시비를 누군들 모르겠는가? 다만 자기 스스로 무조건 해 나가야(금지하고 통제해야) 한다. … 세상일은, 옳은 것 같지만 실제로는 그른 일도 있고, 또 그른 것 같지만 실제로는 옳은 일도 있다. 이런 부분을 곰곰이 따져야(講究) 한다. 그런데 만약 눈앞의 명백한 것도 실천하지(금하고 통제하지) 못하면, 그런 복잡한 도리를 장차 어떻게

又曰：“克己復禮, 則事事皆仁, 故曰天下歸仁.”

謝氏曰：“克己須從性偏難克處克將去.”

目, 條件也. 顔淵聞夫子之言, 則於天理人欲之際,[1] 已判然矣, 故不復有所疑問, 而直請其條目也. 非禮者, 己之私也. 勿者, 禁止之辭. 是人心之所以爲主, 而勝私復禮之機也. 私勝, 則動容周旋無不中禮, 而日用之間莫非天理之流行矣. 事, 如事事之事. 請事斯語, 顔子黙識其理, 又自知其力有以勝之, 故直以爲己任而不疑也.

스스로 깨달을 수 있겠는가?[75]

❹『어류』: 불교는 ‘극기’만 있고 ‘복례’ 공부가 없다. 그래서 질서와 예법에 어긋나고, 군신을 부자로 여기고 부자를 군신으로 여겨 모조리 혼란시켰다. 우리 유학의 ‘극기’는 곧 ‘복례’이다. … ‘말라(勿)’는 네 가지가 곧 ‘극’과 ‘복’의 공부이며, 모두 예를 그 준칙으로 삼는다.[20] “극기하면 곧 인입니까? 아니면 복례 공부를 또 해야 합니까?” “기己는 예禮와 대립된다. ‘기’를 이겨 제거한 이후 반드시 예에 돌아가야 비로소 인이다. 만약 자기 사욕을 이겨 없애고 아무 일도 없으면 공허에 떨어진다. 앉으면 시동 같아야 하고 서면 재계하는 듯이 함이 곧 예이다. 앉을 때 거만하고 설 때 짝다리 짚음은 자기 사심이다. 사심을 이겨 제거하면, 거만함과 짝다리 짚기가 용납되지 않는다. 반드시 시동 같고 재계하듯 해야 비로소 예에 부합한다. 따라서 ‘극기’하는 자는 반드시 이 몸을 법도와 준칙(規矩準繩) 안으로 복귀시켜야(復) 인이 된다.”[21] 사람에게는 오직 천리와 인욕이란 두 길만 있다. 천리가 아니면 곧 인욕이다. 천리에도 속하지 않고 인욕에도 속하지 않는 것은 없다. 가령 ‘앉으면 시동처럼 함’이 천리이고, ‘짝다리 짚고 섬’은 인욕이다. 짝다리 짚기는 극복하여 없앴으나 시동처럼 하지 못하는 경지는 극복이 미진한 경우이다. …예는 자기에게 본디 있는 것인지라 ‘회복(復)’이라고 말한 것이다. ‘극기’한 다음 비로소 ‘복례’하는 것이 아니다. 1할의 인욕을 이겨 없애면 저 1할의 천리가 회복되고, 2할의 인욕을 이겨 없애면 저 2할의 천리가 회복된다. …그러나 세상에는 극기는 잘하지만 복례는 하지 못하는 이들이 있다. 불교·도교가 그들이다. 불교·도교는 꼭 사욕이 있다고 할 수는 없지만, 저들은 원래 예가 없는지라 자기의 사욕을 이기더라도 공허하게 된다. 그들이 통찰한 이치가 원래 타당하지 않은지라, 극기하더라도 돌아갈 곳이 없다.[22] ‘예가 아니면 보지 않음’은 보는 일의 극기복례요, ‘예가 아니면 듣지 않음’은 듣는 일의 극기복례요, ‘예가 아니면 말하지 않음’은 말하기의 극기복례요, ‘예가 아니면 움직이지 않음’은 움직임(행동거지)의 극기복례이다.[42]

1) 際(제) : 가장자리, 갈림길, 끝, 실마리, 가운데, 사이, 상호, 때, 즈음, 무렵, 교제.

①『어류』: 이 말은 ‘극기할 수 있으면 하루 동안 행한 모든 일이 사심 없이 천리에 부합한다(無私意而合天理)’는 뜻이다.[36]

②『어류』: 반드시 치우친 성품부터 극복해야 하는 것은 아니다. ‘예가 아니면 보지도 듣지도

• 사심을 극복하고 예로 돌아가면 일마다 다 어질어지므로,① 천하의 모든 사람이 어질다고 인정한다는 말이다. – 이천

• 사심의 극복은 모름지기 자기의 성품을 살펴서 치우쳐 극복하기 어려운② 부분부터 극복해 나가야 한다. – 사량좌③

목目은 조목이다. 안연은 공자의 말을 듣고 천리와 인욕의 갈림길이 이미 분명해졌다. 그래서 다시 의문이 없는지라 곧장 그 조목을 질문하였다. 예가 아닌 것은 자기 사욕이다. 물勿은 금지사이다.④ 이것은 사람의 마음이 주인이 되어 사욕을 이기고 예로 돌아가는 구조(기틀)이다. 사욕을 극복하면 모든 행동거지가 예에 맞지 않음이 없고, 일상생활의 모든 순간이 천리의 유행 아님이 없다. 사事는 '일을 실천한다(事事)'의 '실천한다'와 같다. 청사사어請事斯語는 안연이 그 이치를 묵묵히 깨닫는 한편, 또 스스로 자기 힘이 그것을 이겨낼 수 있음도 알았기 때문에, 곧장 자기의 임무로 삼고 의심하지 않았다.

말하지도 움직이지도 말라'는 공자의 말에는 모든 부분(성품)이 포함된다. 치우친 성품은 물론 극복해야 한다. 치우친 것은 아니더라도 행실에 온당하지 못한 바가 있으면 극복해야 한다. 가령 치우친 엄격함은 극복하여 관대함에 나아가야 하는데, 관대함에도 또 여러 좋지 않은 점은 극복해야 한다. 이제 '선생님은 차근차근 인도하시어, 글로써 나를 넓혀주고(博我以文) 예로써 나를 단속하신다'(9-11)는 안자의 말을 보건대, '박문博文'해야 한다. 박문은 극기 단계 이전의 일이다. 박문은 사리를 모두 명백히 궁구하는 일인데, 그래야 비로소 '극기복례'할 수 있다. 박문하지 못하면 자기 행동이 옳은지 옳지 못한지 전혀 알 수 없다. 그래서 『대학』은 먼저 치지致知·격물格物해야 정심正心·성의誠意할 수 있다고 하였다. 『중용』의 "박학博學, 심문審問, 신사愼思, 명변明辨, 독행篤行" 가운데 앞의 네 항목이 사물을 이해하는 일이다. 이해한 다음 실천(行)에 나아가는 것이다.[59]

③ 『혹문』: 유초의 설은 문제가 많다. '남을 자기처럼 여기고 사물을 사람처럼 여기라(視人如己視物如人)'는 말은, 하늘의 질서(天序天秩)의 근본을 무시한 것이다. '사람과 사물이 같다'는 말은 분수分殊의 의미를 더욱 해치고 있다. 또 '(인은) 반드시 하루하루의 노력을 오래 쌓아 도달하는 것이 아니다. 어느 날 근본을 돌이켜 법도를 회복하면 만물이 일체가 되니, 언제 어디서든 인이 아닐 때가 없다(一日反本復常, 則萬物一體, 無適而非仁)'는 표현은 불교의 돈오설에 빠졌고, 후학에게 요행히 엽등하려는 마음을 열어 주었다. 또 '인에 편안하면 눈으로 무엇을 보든 어지러운 색이 없고, 귀로 무엇을 듣든 요사스런 소리가 없다(安仁則縱目所視而無亂色, 縱耳所聽而無姦聲)'는 표현은 장주·열어구의 황당한 주장의 영향이다.

④ 『어류』: 『설문』에 '물勿' 자는 깃발(旗脚)과 같다고 하였다. 이 깃발로 한 번 지휘하면 삼군三軍이 모두 퇴각한다. 공부는 오직 '물' 자에 달려 있다. 예가 아닌 것이 다가오면 곧 '물' 자로 금지한다. 금지함이 곧 극기이다. 이겨 없애면(克去) 예로 돌아갈(復禮) 수 있다.[38]

○程子曰："顏淵問克己復禮之目, 子曰：'非禮勿視, 非禮勿聽, 非禮勿言, 非禮勿動,' 四者身之用也. 由乎中而應乎外, 制於外所以養其中也. 顏淵事斯語, 所以進於聖人. 後之學聖人者, 宜服膺而勿失也,[1] 因箴[2]以自警.

其「視箴」曰：'心兮本虛, 應物無迹. 操之有要, 視爲之則. 蔽交於前, 其中則遷. 制之於外, 以安其內. 克己復禮, 久而誠矣.'

其「聽箴」曰：'人有秉彝, 本乎天性. 知誘[3]物化, 遂亡其正. 卓彼先覺, 知止有定. 閑[4]邪存誠, 非禮勿聽.'

其「言箴」曰：'人心之動, 因言以宣. 發禁躁妄,[5] 內斯靜專. 矧是樞機,[6] 興戎出好. 吉凶榮辱, 惟其所召. 傷易則誕,[7] 傷煩則支.[8] 己肆物忤,[9] 出悖來違. 非法不道, 欽[10]哉訓辭!'

---

1) 服膺(복응)：가슴에 간직함, 잘 기억하여 잠시도 잊지 않음. 服：생각하다, 몸에 달아매다, 적응하다, 담당하다, 복무하다, 심복, 설득하다. 膺：가슴, 안다, 받다, 당하다. ○『中庸』：子曰："回之爲人也, 擇乎中庸, 得一善則拳拳服膺而弗失之矣."

2) 箴(잠)：경계, 훈계, 충고, 잠(주로 경계하는 뜻의 운문), 바늘, 침.

3) 誘(유)：유혹, 권하다, 움직이다, 감동, 헷갈리게 하다. ○『禮記』「樂記」：好惡無節於內, 知誘於外, 不能反躬, 天理滅矣. 未物之感人無窮, 而人之好惡無節, 則是物至而人化物也.

4) 閑(한)：막다, 방지하다, 막히다, 문지방, 한가하다, 버려두다, 틈, 여가, 쓸데없다.

5) 躁妄(조망)：떠들썩하고 경망함, 터무니없는 말을 함. 躁：성급하다(16-6), 떠들썩하게 지껄임, 시끄럽다, 빠르다, 동요, 거칠다, 난폭, 교활. 妄：망령, 도리에 어긋남, 거짓.

6) 矧(신)：하물며, 더군다나. 樞機(추기)：문지도리와 쇠뇌의 발사 장치, 사물의 관건.

7) 誕(탄)：태어나다, 속이다, 허망한 소리를 함, 거짓으로 현혹함, 거짓, 넓다, 방종하다.

8) 煩(번)：괴로워하다, 번민하다, 걱정, 답답하다, 번거롭다, 괴롭히다, 욕보이다, 창피주다. 支(지)：갈리다, 가지, 지탱하다, 늦추다, 막아서다, 헤아리다, 치르다, 유지하다.

9) 忤(오)：거스르다, 거역, 반대, 어지럽다, 뒤섞여 갈피를 잡을 수 없다.

10) 欽(흠)：존경·공경하다, 몸을 삼가다, 굽다, 구부러지다, 몸을 굽혀 어떤 자세를 취함.

① 『어류』：'보고 듣고 말하고 움직이는' 일 모두 마음에서 비롯한다는 말이다.[70]

② 『어류』：'보고 듣고 말하고 움직이는' 일에 나아가 자기의 사심을 이겨 없애는(克去己私) 공부를 한다는 말이다.[70]

③ 『어류』：이 「사잠四箴」은 자세히 음미해야 한다. 공부란 다만 그렇게 할 뿐이다. 강제로 붙잡을 특별한 도리는 없다. 비유컨대 술을 빚을 때 많은 누룩을 써서 시일이 가고 때가 되면 저절로 술이 솟아 나옴과 같다. 문자를 해석할 때는 '온고지신溫故知新'(2-11)해야 한다.

• 안연이 극기복례의 조목을 묻자, 공자는 '예가 아니면 보지 말고, 예가 아니면 듣지 말고, 예가 아니면 말하지 말고, 예가 아니면 움직이지 말라'고 말하였다. 이 네 가지는 신체의 작용이다. 내면에서 비롯되어 외면으로 응하는 만큼,① 외면을 제어함으로써 내면을 함양한다.② 안연은 '이 말씀을 실천하여' 성인의 경지에 나아갔다. 후세에 성인을 배우는 자는 가슴에 담아 두고 잃어버리면 안 된다. 그러므로 잠언(箴)을 지어 스스로 경계한다.③

「시잠視箴」: 마음은 본래 비어 있으니, 사물에 응할 때 흔적(자취)이 없다. 마음을 다잡는 데는 요령이 있으니, 보는 일이 그 준칙이 된다.④ 유혹이 눈앞에 교차하면 내면이 흔들린다. 따라서 외면을 규제함으로써 내면을 안정시킨다.⑤ 이런 극기복례가 오래되면 성誠(참됨)의 경지에 이른다.

「청잠聽箴」: 사람이 타고난 떳떳한 원리는 천성에 근본한다. 지각(知)이 사물의 유혹에 동화되면, 마침내 그 바른 상태를 잃는다.⑥ 저 탁월한 선각자는 머무를 곳을 깨달아 안정을 이루었으니, 사욕을 막고 참됨을 보존함(閑邪存誠)에 예가 아니면 듣지 않았다.

「언잠言箴」: 사람 마음의 동요는 말에 의해서 펼쳐진다. 말할 때 조급함과 망령됨을 금해야만 내면이 고요해지고 통일된다. 더구나 말은 막대한 기틀인지라, 전쟁을 촉발하기도 우호를 도출하기도 한다. 길흉과 영욕이 오직 말에 의해 초래된다. 너무 잘하면(능수능란하면) 허풍스럽고, 너무 번잡하면 지루하다. 자기 멋대로 말하면 남의 귀에 거슬리고, 나가는 말이 사나우면 오는 말도 거칠다. 법도가 아닌 것은 말하지 말고, 교훈의 말을 받들지라.

옛것을 음미하면 새로운 의미가 저절로 나온다. 옛것을 버리고 별도로 새 의미를 찾으려고 하면 얻을 수 없다.[67]

④ 『어류』: 시視·청聽·언言·동動 가운데 보는 일이 가장 먼저이니, 마음을 다잡는 준칙이 된다.[74]

⑤ 『어류』: "안자는 심재心齋·좌망坐忘하여 전혀 사심이 없었으니, 굳이 외면을 규제할 필요가 없었던 것 아닙니까?" "안자가 정말 그러했다면 성인께서 하필 그에게 '극기복례'하라고 하였겠는가? 그에게도 조금의 사심은 있었을 것이다. … '성인이라도 정념을 어지럽히면 광인이 되니(惟聖妄念作狂),' 요·순 성인도 걸·주 같이 행동하면 광인이 되고 걸·주가 된다."[76]

⑥ 『어류』: "여기서 지각(知)은 어떤 것입니까?" "『예기』「악기」에 따르면, '사람이 태어나 고요

其「動箴」曰：'哲人知幾,[1] 誠之於思. 志士勵[2]行, 守之於爲. 順理則裕,[3] 從欲惟危. 造次克念, 戰兢自持. 習與性成, 聖賢同歸.'" 愚按：此章問答, 乃傳授心法切要之言. 非至明不能察其幾, 非至健不能致其決.[4] 故惟顏子得聞之, 而凡學者亦不可以不勉也. 程子之箴, 發明親切, 學者尤宜深玩.[5]

함은 자연의 본성이다. 사물에 감응하여 움직임은 본성의 욕망이다. 사물이 다가오면 지각이 인식한 뒤에 호오가 형성된다(物至知知, 然後好惡形焉). 호오를 내면에서 절제하지 못하여 지각이 외물에 유혹되면(好惡無節於內, 知誘於外), 자신을 돌이키지 못하고 천리가 멸절된다.' 지각이 없는 사람은 없으니, 지각은 마땅히 있는 것이다. 사물이 다가오면 지각이 인식할 수 있으니, 호오가 생긴다. 이는 자연히 그런 것이다. '호오를 내면에서 절제하지 못하고 지각이 외물에 유혹된' 다음에 비로소 악(不好)에 빠지게 된다."[79]

1) 幾(기) : 기틀, 제일 중요한 데, 요령, 기미, 조짐, 낌새, 살피다, 바라다.
2) 勵(려) : 힘쓰다, 노력하다, 애쓰다, 권면하다, 권장, 격려, 고무하다, 북돋다.
3) 裕(유) : 넉넉하다, 너그럽다, 관대, 여유, 느긋하다, 풍요롭게 하다, 받아들이다, 용납.
4) 健(건) : 튼튼하다, 굳세다, 교만, 탐하다, 매우. 決(결) : 열어 놓다, 결단, 처분, 각오.
5) 玩(완) : 희롱, 익다, 익숙해지다, 사랑하다, 감상하다, 진귀하다, 노리개, 더럽히다.

① 『어류』: "이것은 두 종류의 사람을 논한 것입니까?" "아니다."[82] '생각'은 미세한 움직임(動)이고, '행위'는 뚜렷한 움직임이다. 이 구절은 움직임의 정조精粗를 포괄한 것이다. …생각은 안에서의 움직임이고, 행위는 밖에서의 움직임이다. 안에서 생각이 참되지 않으면 안 되고, 밖에서 행위가 지조 없으면 안 된다. 그러나 어느 한 방면에만 치우치면 안 된다.[83]

② 『어류』: "문장을 읽을 때는 핵심(骨子)을 봐야 한다. 이 「동잠」의 어떤 구절이 긴요하다고 여기는가?" "이치에 순응하면 여유롭다(順理則裕)가 아닐까요?" "사욕에 휘둘리면 위태롭다(從欲惟危)도 함께 보아야 한다. 이 두 구절에서 생사가 갈라진다."[83] "일상 생활에서 사욕을 이겨내야 합니다. 천리가 이기면 사욕이 사라지고, 사욕이 자라나면 천리가 가려집니다. 가장 중요한 점은 이겨 없애야만 된다는 것입니다." "물론 그렇다. 마치 저울질할 때처럼 내려가지 않으면 올라가고, 올라가지 않으면 내려간다. 음양의 소장消長과 일월의 영축盈縮 등 우주의 모든 현상이 그렇지 않은 것이 없다."[81] 공자는 안연에게 '극기복례'하라고만 하였다. '극기'하고 '복례'할 수 있으면 저절로 인仁을 분명히 알게 된다. 마치 장안으로 갈 때 장안에 어떤 풍물이 있는지 말해주지 않고, 다만 서쪽을 향해서 가라고만 말해주면, 이윽고 장안에 도착하여 스스로 발견하게 되는 것과 같다.[23]

③ 『어류』: "이와 같은 말들은 형이상形而上의 측면에서 한 설명입니다. 반드시 자기 가슴속에서 이해해야만 됩니다. … 만약 이런 글만 외우고 실제로 그 의미를 깨달아 체인하지 않으면 안 됩니다." "이런 말들을 벗 삼아 늘 외우고 읊조리면 결국은 저절로 깨닫는다. 「사잠四箴」의 의미는 모두 아주 포괄적이다. 네 잠언은 말이 많은 것도 있고 적은 것도 있다. 많아도 뺄 수 없고, 적어도 더할 수 없다. 「언잠」의 내용이 가장 많다. 사람의 입에서 온갖 병통이 생기기

「동잠動箴」: 철인哲人은 기틀을 인식하여 생각(思)에서 참됨을 추구하고, 지사志士는 행실을 연마하여 행위(爲)에서 지조를 지킨다.① 이치에 순응하면 여유롭고, 사욕에 휘둘리면 위태롭다.② 다급한 때에도 정념을 극복하여, 전전긍긍 자신을 다잡는다. 습관이 본성으로 완성되면 성현의 경지에 들어간다. – 이천③

내 생각에, 안연과 공자의 문답은 심법心法④의 핵심을 주고받은 것이다. 지극히 명철하지 못하면 그 기틀(도리)을 살필 수 없고, 지극히 강건하지 않으면 그 결단에 이를 수 없다. 따라서 오직 안자만이 들을 수 있었다. 그러나 모든 학생 역시 여기에 힘쓰지 않으면 안 된다.⑤ 정자의 잠언은 절실하게 진리를 밝혔으니, 학생은 더욱 깊이 음미해야 한다.

때문이다. …『집주』의 기록은 모두 그 의미가 완벽하다. 이밖에 더 할 말이 없다. 다만 반드시 각자 실제로 공부하고 그 의미가 무엇인지 깨달아야 한다. 그 의미란 모두 사심을 이겨 없애는(克去己私) 것이다. 예가 아닌 것은 보지 않고, 예가 아닌 것은 듣지 않고, 예가 아닌 것은 말하지 않고, 예가 아닌 것은 움직이지 않음이 대체 어떤 기상(경지)인가? 그것은 곧 온전한 천리天理이고, 곧 인仁이다. 이러한 의미를 인식해야 한다."[80] 정자가 말하였다. "극기할 수 있으면 우러러 하늘에 부끄럽지 않고, 굽어보아 사람들에게 부끄럽지 않으며(仰不愧, 俯不怍), 마음이 너그럽고 몸도 편안하다(心廣體胖). 그 즐거움을 알 만하다. 극기를 중단하면 맥이 빠진다(餒)." 의미가 깊은 말이다.[84]

④ 심법 : 마음의 본체(體)를 존양存養하고 마음의 작용(用)을 성찰하는 도, 마음을 수련하는 법, 이심전심의 도, 스승이 제자에게 전수하는 정신·기품·인격.

⑤『어류』: 안자가 어떻게 '극기복례'했는지를 이해하려 하지 말고, 각자 자기 자신이 어떻게 '극기복례'해야 하는지를 이해하려고 해야 한다. 늘 곰곰이 생각하라. 안자는 어째서 필사적으로 '극기복례'하려고 했는데, 자신은 어째서 '극기복례'하려고 하지 않는가? 요즘 토론을 할 때 다들 이해(통달)했다고 말하면서도 자신의 일과는 연관시키지 않는다. 또 남의 일로만 여겨 설왕설래하다가 극기를 어떻게 해야 하는지도 모르고 이윽고 아주 잊어버린다. 여기서 안자가 왜 마음과 뜻을 다해 진심으로 '극기복례'하려고 했고, 자신은 무엇 때문에 마음과 뜻을 다해 진심으로 극기복례하려고 하지 않는지를 생각해 보아야 한다. 거기에 틀림없이 병폐의 뿌리가 있다. …병든 곳을 인식해야 한다. 반드시 공명功名과 잇속과 출세는 참으로 가볍고 '극기복례'의 일이 참으로 중하니, 정말 그렇게 하지 않으면 안 됨을 깨달아야 한다.[55] 안자의 '극기복례'를 묻지 말고 자기 자신에 대해 말해야 한다. 스스로 깨달으려고 애써야 한다. 마치 사량좌가 정자의 말을 듣고 자기도 모르게 얼굴이 달아오르고 등에서 땀이 흘렀던(自然面赤汗流) 것처럼 해야 한다. 사량좌는 여태까지의 그릇된 점을 깨달았기 때문에 개과천선할 수 있었다. 이것이 투철한 깨달음(透)이다.[56]

12-2 仲弓問仁. 子曰："出門如見大賓, 使民如承大祭. 己所不欲, 勿施於人. 在邦無怨, 在家無怨." 仲弓曰："雍雖不敏, 請事斯語矣."

敬以持[1]己, 恕以及物, 則私意無所容而心德全矣. 內外無怨, 亦以其效言之, 使以自考也.

○程子曰："孔子言仁, 只說出門如見大賓, 使民如承大祭. 看其氣象, 便須心廣體胖, 動容周旋中禮. 惟謹獨, 便是守之之法."[2] 或問："出門·使民之時, 如此可也；未出門·使民之時, 如之何?" 曰："此儼若思[3]時也, 有諸中而後見於外. 觀其出門·使民之時, 其敬如此, 則前乎此者敬可知矣. 非因出門·使民, 然後有此敬也."[4] 愚按：克己復禮, 乾道也；主敬行恕, 坤道也. 顏·冉之學, 其高下淺深, 於此可見. 然學者誠能從事於敬恕之間而有得焉, 亦將無己之可克矣.

---

1) 持(지)：몸에 지님, 자기 것으로 함, 보전, 유지, 돕다, 버티다, 견디다, 바로잡다.

2) 『대학』：小人閒居爲不善, 無所不至, 見君子而后厭然揜其不善而著其善. 人之視己, 如見其肺肝然, 則何益矣? 此謂誠於中, 形於外, 故君子必愼其獨也. 曾子曰："十目所視, 十手所指, 其嚴乎!" 富潤屋, 德潤身, 心廣體胖, 故君子必誠其意.

3) 儼(엄)：의젓하다, 삼가다, 공손. ○『禮記』「曲禮」：毋不敬, 儼若思, 安·定辭. 安民哉!

4) 伊川曰："或問：'出門如見大賓, 使民如承大祭. 方其未出門使民時, 如何?' 曰：'此儼若思時也. 當其出門使民時, 其敬如此, 未出門使民, 敬可知也. 且見乎外者, 出乎中者也. 出門使民者, 事也. 非是因事上方有此敬, 蓋素敬也. 猶之接物以誠, 人皆曰誠者, 蓋是人素來誠也, 非因接物方有此誠也.'"

① ⇒ 486쪽의 각주 ◎(충忠에 기반한 서恕).

② 『어류』："효험을 언급한 말이다. 경을 받들고 서를 실천했더라도(主敬行恕) 고을과 나라에서 원망이 생기면, 경과 서를 제대로 실천하지 못했다는 뜻이다." "세상의 원망도 옳은 것과 그른 것이 있을 텐데, 어떻게 원망이 없게 할 수 있습니까?" "여기의 원망은 타당한 원망만 지칭한다."[7]

③ 『어류』：'경'과 '서'를 잘 행하면 '인'은 그 안에 있다. …세상에는 '경'은 지녔으나 '서'가 없는 사람이 있다. 자신을 다잡을 줄만 알았지, 온화하게 사람을 사랑하는 기상이 없다. 또 서는 있으되 경이 없으면, 그 서를 잘 시행하지 못한다. … 오직 자신을 다잡음(處己)에 '경'할

12-2 중궁이 공자께 물었다. "인이란 무엇입니까?" "문밖을 나서면 큰손님을 맞이하듯 하고, 백성을 부리면 큰제사를 받들듯 하라. 나에게 싫은 일은 남에게 강요하지 마라.① 그러면 나라에서도 원망이 없고, 집안에서도 원망이 없다."② "제가 비록 불민하지만 그 말씀을 실천하도록 하겠습니다."

경敬으로 자신을 다잡고 서恕로 남을 대하면, 사심이 용납되지 않아 마음의 덕이 온전해진다. 집 안팎에서 '원망이 없다' 함은, 그 효과를 언급함으로써 스스로 생각하게 한 것이다.③

• 공자는 인을 논하면서 '문밖을 나서면 큰손님을 접대하듯 하고, 백성을 부리면 큰제사를 받들듯 하라'고만 말하였다. 그 기상을 보건대, 심광체반心廣體胖하여 모든 행동거지가 예에 맞아야 한다. 신독만이 그것을 지키는 방법이다. – 이천

• "문을 나서거나 백성을 부릴 때는 이처럼 하면 되는데, 아직 문을 나서지 않고 백성을 부리지 않을 때는 어떻게 해야 합니까?" "이것은 '정중하고 엄숙하기를 생각에 잠긴 듯이 할' 때이다. 내면에 차 있어야 비로소 외견으로 드러나는 법이다. 문밖을 나가거나 백성을 부릴 때의 경건함이 그와 같았다면, 그 이전에도 경건했음을 알 수 있다. 문밖을 나서고 백성을 부리게 되어서야 비로소 그런 경건을 지니는 것이 아니다." – 이천

내 생각에, '극기복례克己復禮'는 건도乾道, '경을 받들고 서를 행함(主敬行恕)'은 곤도坤道이다. 안연과 중궁의 학문의 수준 차이를 여기서도 볼 수 있다. 학생은 진실로 경敬과 서恕의 일에 노력해야 자득할 수 있다. 그리하면 장차 극복해야 할 자신의 사욕도 없어진다.④

수 있고, 사람을 대함(接人)에 '서'할 수 있으면, 자연히 나라에서든 고을에서든 사람들의 원망이 없어진다. 이것이 인을 행한 효험이다. '천하의 사람들이 인을 인정한다'는 부분과 같은 뜻이다.[32] ○『혹문』: 경으로 자신을 닦으면(修己以敬) 사심이 싹트지 못하고, 서로써 자신을 미루어 나가면(推己以恕) 사심이 베풀어지지 못한다. 그리하면 천리가 유행하고 안팎이 일치하여 인이 내 안에 머물러 있게 된다.

④『어류』: '경'이 지극하면 이겨 없앨 사욕도 없다(無己可克). '극기'가 지극하면 경을 언급할 필요도 없다. '경을 유지하면 이겨 없앨 사욕도 없다(敬則無己可克)' 함은, 모든 일에 '경'하므로 극기할 필요도 없다는 말이다.[18] 독서는 성현의 말씀을 몸에 체현시키려는 것이다. 가령

12-3 司馬牛問仁. 子曰：“仁者其言也訒.”[1] 曰：“其言也訒, 斯謂之仁已乎?” 子曰：“爲之難, 言之得無訒乎?”

司馬牛, 孔子弟子, 名犂, 向魋之弟.

(訒, 音刃.) ○訒, 忍也, 難也.[2] 仁者心存而不放, 故其言若有所忍而不易發, 蓋其德之一端也. 夫子以牛多言而躁,[3] 故告之以此. 使其於此而謹之, 則所以爲仁之方, 不外是矣.

牛意仁道至大, 不但如夫子之所言, 故夫子又告之以此. 蓋心常存, 故事不苟, 事不苟, 故其言自有不得而易者, 非强閉之而不出也. 楊氏曰：“觀此及下章再問之語, 牛之易其言可知.”
○程子曰：“雖爲司馬牛多言故及此, 然聖人之言, 亦止此爲是.” 愚謂牛之爲人如此, 若不告之以其病之所切, 而泛以爲仁之大槪語之, 則以彼之躁, 必不能深思以去其病, 而終無自以入德矣. 故其告之如此. 蓋聖人之言, 雖有高下大小之不同, 然其切於學者之身, 而皆爲入德之要, 則又初不異也. 讀者其致思焉.

‘극기복례하라,’ ‘문밖을 나서면 큰손님을 맞이하듯 하라’ 등을 자기 몸에 체현하여, 내가 실제로 극기하고 경을 받들며 서를 실천하고 있는지 살펴야 한다. 모든 말씀을 이렇게 대할 때 비로소 유익이 있다.[15] 안연에게 고한 극기복례는 강건하고 견결하게 결행하는 것이다. 중궁에게 고한 내용은 평온하게 해 나가 천천히 없애라는 것이다. 약을 복용하는 것에 비유하면, ‘극기’는 한 번 복용하여 효과를 보는 것이고, ‘경’과 ‘서’는 조금씩 약을 먹어 병을 없애는 것이다.[10] 중궁에게 말한 것은 적을 방비하는 공부이고, 안연에게 말한 것은 적을 죽이는 공부이다.[16] 안자는 분발하여 적극 도모하고(有爲), 염자(중궁)는 겸손하여 지조를 지킨다(持守). 안자는 고명하고 굳세며 곧은지라(高明强毅), 공자가 그 자질에 맞추어 ‘극기복례’의 학을 가르쳤다. 염자는 온화하고 조용하며 중후한지라(溫厚靜重), 공자가 ‘경을 받들고 서를 행함(持敬行恕)’을 가르쳤다.[27] 중궁의 자질은 온화하고 순수하다. 안자의 자질은 굳세고 명철하다. ‘극기복례하자! 인을 행함이 나에게 달려 있지 남에게서 비롯되겠는가!’ 이렇게 안자는 인에 강건하고 과감하였다. 마치 우주가 운행하고 우레가 치며 바람이 불듯 전진해 나갔다. 중궁은 수렴하여 갈무리하고 삼가며 신중하게 실천해 나갔다. 안자가 창업創業의 군주라면, 중궁은 수성守成의 군주이다. 안자가 한 고조와 같다면, 중궁은 한 문제와 같다.[28] 극기복례는 건도乾道로서 한 번 약을 복용하고 곧 효과를 보는 것이라면, 주경행서主敬行恕는 곤도坤道로서 약을 복용하고 몸조리하여 점차 병을 없애는 것이다.[30]

12-3 사마우가 공자께 물었다. "인이란 무엇입니까?" "어진 사람은 그 말을 신중히 한다." "말이 신중하기만 하면 곧 '인'이라고 합니까?" "말의 실천이 어렵다. 말이 신중하지 않을 수 있겠는가?"①

사마우는 공자의 제자다. 이름은 리犁(얼룩소)이고, 상퇴(7-23)의 동생이다.

인訒은 참음, 어려워함이다. 어진 사람은 본심이 달아나지 않고 보존되어 있다. 그래서 그 말이 마치 꾹 참고 쉽게 발설하지 않는 것처럼 한다. 그 덕의 일단이다. 공자는 사마우가 말이 많고 조급했으므로, 이와 같이 일러주어, 그 점을 근신하게 했다. 인을 행하는 방법이 그 외에 다른 것이 아니기 때문이다.

사마우는 인仁의 도는 지극히 크다고 생각하여, 단순히 공자가 말한 바와 같지 않다고 여겼다. 그래서 공자는 또 그와 같이 일러주었다. 마음을 항상 보존하기 때문에 일처리가 진지하고, 일처리가 진지하기 때문에 그 말이 자연히 쉽게 하지 못하는 바가 있지, 억지로 막아서 발출하지 않는 것이 아니다.

• 이 장과 다음 장에서 사마우가 되묻는 말을 보면, 그가 말을 쉽게 한다는 사실을 알 수 있다. – 양시

• 사마우는 말이 많았기에 이렇게 되물었다. 그러나 성인의 말씀이 거기에서 그쳤어도(더 대꾸하지 않았어도) 옳았다. – 이천

내 생각에, 사마우의 됨됨이가 그와 같은지라(경박하고 조급한지라), 만약 그의 병폐의 절실한 부분을 지적해주지 않고 인을 행하는 대강을 일반적으로 말해주고 그쳤다면, 그의 조급한 성격으로 보건대 반드시 깊이 사색함으로써 자신의 병폐를 제거하지 않고, 끝내 스스로 덕에 진입할 수 없을 것이다. 그러므로 이처럼 일깨워 주었다. 성인의 말씀은 비록 수준과 범위의 차이는 있지만, 각 학생들 자신에게 절실한 말씀이어서 모두 각각 덕에 들어가는 요체가 된다는 점에서는 처음부터 차이가 없다. 독자는 이 점을 깊이 생각해야 한다.

---

1) 訒(인) : 더듬다, 과묵하여 함부로 말하지 않음, 둔하다, 참다, 할 말을 참고 안 함.

2) 鄭云 : "不忍言也."(『석문』) ○孔曰 : "訒, 難也."

3) 躁(조) : 성급, 조급, 떠들썩하게 지껄임, 시끄럽다, 빠르다, 거칠다, 동요, 난폭, 교활.

① 『어류』 : 어진 이는 늘 이 마음을 다잡는지라(常存此心) 말하기를 어렵게 여긴다. 어질지 못한 이는 아픈 곳과 가려운 데를 모르기 때문에 나오는 대로 다 말해 버린다. 마치 꿈꾸며

12-4 司馬牛問君子. 子曰:"君子不憂不懼." 曰:"不憂不懼, 斯謂之君子已乎?" 子曰:"內省不疚,[1] 夫何憂何懼?"

向魋作亂, 牛常憂懼. 故夫子告之以此.

(夫, 音扶) ○牛之再問, 猶前章之意, 故復告之以此. 疚, 病也. 言由其平日所爲無愧於心, 故能內省不疚, 而自無憂懼, 未可遽以爲易而忽之也.

○晁氏曰:"不憂不懼, 由乎德全而無疵.[2] 故無入而不自得,[3] 非實有憂懼而强排遣[4]之也."

하는 헛소리와 같으니, 어찌 다시 시비선악을 알겠는가? 어진 이는 '실천이 어려움'을 아는지라 말에 신중치 않을 수 있겠는가?[33] 어진 이는 늘 마음이 깨어 있어서, 사물이 오는 것을 보면 곧 도리에 맞게끔 해야 하고 가벼이 대하면 안 됨을 안다. 곧 '행하기 어려움'을 아는지라 저절로 감히 가벼이 말을 하지 않는다. 어질지 못한 이는 늘 마음이 졸고 있는 상태와 같아서, 사리事理를 보지 못하는지라 아무리 중대한 일이라도(天來大事) 감히 가볍게 한두 마디 말로 지나치고 만다.[34] "'어진 사람은 그 말을 신중히 한다(仁者其言也訒)' 함은 '말에 어눌하다(訥於言)'는 뜻입니까?" "말에 어눌하고 실천에 민첩함(訥於言而敏於行)(4-24)이다. 말을 많이 하여 실천이 그 말을 따라가지 못할까를 염려하는 것이다. 인訒이란 저 마음을 지수持守하여 평정시킨 다음에 말을 하는 것이니, 자연히 심사숙고(斟酌)가 들어 있다. 마치 마음속에서 먼저 헤아린 다음 비로소 말을 하는 모습과 같다. 요즘 사람은 오직 입에서 나오는 대로 말을 하므로, 마음이 말하는 그 순간에도 뭘 말하고 있는지도 잘 모른다."[35] 어진 이는 그 말이 자연히 신중하다. 인仁을 배우고 있는 자는 마땅히 언어를 삼가는 가운데 이 마음을 잘 다잡아야(操持) 한다. 요즘 멋대로 지껄이고 가볍게 말하기를 좋아하는 사람은, 그 본마음이 머물러 있지 않고 온 사방으로 내달리고 있으니 어떻게 인이 생기겠는가?[36] 본마음이 보존되면(心存) 자연히 함부로 말하지 않는다. 대체로 가볍게 말하는 것은 그 마음이 달아나 있어서(放), 실제로 그 일을 실천한 적이 없기 때문이다. 감히 멋대로 행하지 않는 사람은 반드시 쉽게 말하지도 않으니, 본마음이 보존된다.[38] 학생이 수많은 글을 보는 것도 오직 이 하나의 마음을 이해하려는 것이다. '어진 이는 그 말이 신중하니,' 아무개의 말을 보면 그 본마음이 머물러 있는지의 여부와 천리·인욕의 승패를 알 수 있다.[40] ○『후안』: 성급하게 말을 하면 남을 침해하고 모욕하기 쉽다. '인'을 추구하는 자는 자기가 남과 교제할 때 조금이라도 상대에게 침해나 모욕을 주어 인을 해치게 되는 것을 염려한다. 말을 할 때나 안 할 때나 일상생활 속에서 이 마음을 단속함으로써, 각박하고 깔보거나 모멸적인 말을 감히 하지 않는다.

1) 疚(구): 오랜 병, 병으로 오래 고생함, 꺼림함, 마음이 괴롭다, 근심, 양심에 가책을 느낌.
2) 疵(자): 흠, 결점, 병, 사마귀, 깨뜨리다, 부수다, 비방하다. (새): 앓다.

12-4 사마우가 공자께 물었다. "군자란 무엇입니까?" "군자란 근심하지 않고 두려워하지 않는다." "근심하지 않고 두려워하지 않으면, 곧 군자라고 합니까?" "안으로 반성하여 거리낌이 없으면, 무엇을 걱정하고 무엇을 두려워하겠는가?"

상퇴가 난을 일으키자, 사마우가 늘 근심하고 두려워하였다. 그래서 공자가 이와 같이 깨우쳐주었다.

사마우가 다시 되물은 것은 앞 장과 같은 맥락이다. 그래서 거듭 이와 같이 깨우쳐주었다. 구疚는 허물(病)이다. 평소의 행위가 내심에 부끄럽지 않고, 따라서 자신을 돌아보아 허물이 없다면 저절로 근심과 두려움이 사라진다. (근심 없고 두려움 없는 경지를) 무조건 쉬운 일로 여겨 소홀히 하면 안 된다는 말이다.①

• 근심 없고 두려움 없는 경지는, 도덕이 온전하고 결점이 없는 데서 비롯된다. 따라서 어느 처지에서든 자득한다는 것이지, 실제로 존재하는 근심과 두려움을 억지로 물리치고 내쫓는다는 것이 아니다. – 조설지

---

3) 『中庸』 : 君子素其位而行, 不願乎其外. 素富貴行乎富貴. 素貧賤行乎貧賤. 素夷狄行乎夷狄. 素患難行乎患難. 君子無入而不自得焉.

4) 排(배) : 밀치다, 물리침, 배척, 없애다, 제거, 바로잡다. 遣(견) : 파견, 내쫓다, 달래다.

① 『어류』 : 학문을 하려면 먼저 방도(路逕 : 통로, 수단)를 찾아야 진보할 수 있고, 책도 연구할 수 있다. 그렇지 않으면 '책은 책이고, 나는 나다(書自書, 人自人)'는 상태가 된다. 예컨대 공자가 '안으로 반성하여 거리낌이 없으면, 무엇을 걱정하고 무엇을 두려워하겠는가?'라고 말했을 때, '걱정하지 않고 두려워하지 않을 수 있는' 까닭은 '안으로 반성하여 거리낌이 없는' 데서 비롯한다는 점을 살펴야 한다. 학생은 '안으로 반성하여 거리낌이 없는' 경지를 어떻게 터득할 수 있는지 살펴야 한다.[43] ○육롱기 : "군자가 다른 사람과 구별되는 까닭은 마음이 항상 태연하기 때문이다. 세상에 아무리 근심스럽고 두려운 일이 많더라도 군자의 마음에 번뇌가 되지 않는다. 평상시든 변고시든 이해득실을 앞에 두고 근심하거나 두려워하지 않는다. … '안으로 반성하여 거리낌이 없다'는 한 마디는 의미심장하다. 평소 행위가 어떠해야 마음에 부끄러움이 없을 수 있는가? '극기'와 '집의集義'의 노력을 오래 축적하면(眞積力久) 사심이 없어져 일마다 의에 부합하는 경지에 이른다. 근심과 두려움에 휘둘리면 마음이 혼란에 빠지고, 발을 버티고 서 있을 수도 없는 상태에 빠진다. 그 병폐는 이루 다 말할 수 없다. 옛 사람이 급변사태에 임하는 길은 이 한 가지 외에 다른 방법이 없었다." ○『논어의원論語意原』 : 근심하지 않음은 인仁, 두려워하지 않음은 용勇이다. 어질면서도 또 용기가 있으면 생사의 변란에 흔연히 대처한다. 군자가 아니고 무엇인가?

12-5 司馬牛憂曰："人皆有兄弟, 我獨亡." 子夏曰："商聞之矣：死生有命, 富貴在天. 君子敬而無失, 與人恭而有禮. 四海之內, 皆兄弟也. 君子何患乎無兄弟也?"

牛有兄弟而云然者, 憂其爲亂而將死也.

蓋聞之夫子.

命稟[1)]於有生之初, 非今所能移[2)]；天莫之爲而爲, 非我所能必, 但當順受而已.

旣安於命, 又當修其在己者. 故又言苟能持己以敬而不間斷,[3)] 接人以恭而有節文, 則天下之人皆愛敬之, 如兄弟矣. 蓋子夏欲以寬牛之憂, 故爲是不得已之辭, 讀者不以辭害意可也.[4)]

○胡氏曰："子夏四海皆兄弟之言, 特以廣[5)]司馬牛之意, 意圓[6)]而語滯[7)]者也, 惟聖人則無此病矣. 且子夏知此而以哭子喪明, 則以蔽於愛而昧[8)]於理, 是以不能踐其言爾."

---

1) 稟(품)：(명령·지시를)받다, 부여받다, 바탕, 천성, 천품, (상관에)보고하다, 상신, 청원.

2) 移(이)：변경하다, 고치다, 변하다, 이동하다, 옮기다, 전하다, 물려주다.

3) 間斷(간단)：중간에 단절되어 서로 연결되지 못하다.

4) 『孟子』：故說詩者, 不以文害辭, 不以辭害志. 以意逆志, 是爲得之.[9：4]

5) 廣(광)：넓다, 도량이 크다, 넓히다, 널찍하다.

6) 圓(원)：원만하다, 두루 갖추어져 있다, 완전하다, 원만함, 용의주도하게 하다, 둥글다.

7) 滯(체)：막히다, 정체하다, 빠지다.

8) 蔽(폐)：덮다, 가리다, 막다. 昧(매)：어둡다, 어리석다, 어두컴컴하다.

① 『어류』：'사생은 명이 있다' 함은, 타고날 때 이미 정해져 있으니 노력으로 되는 것이 아니라는 말이다.[44] '부귀는 하늘에 달려 있다' 함은, 내가 간여할 수 있는 바가 아니어서, 마치 어떤 인격자가 그렇게 주재하고 있는 것과도 같다는 뜻이다.[45] 자하의 뜻은, 사생은 처음 태어날 때 받은 것이니 바꿀(移) 수 없고, 부귀는 눈앞에 우연히 마주친 것이니 내가 기필할 수 있는 것이 아니라는 것이다.[46]

② 『혹문』："사마우는 왜 형제가 없다고 말합니까?" "『전』을 살펴보면, 환퇴(상퇴)는 송공을 시해하려고도 하고, 또 공자를 죽이려고도 하여 그 악행이 자자하였다. 그의 동생 자기子頎와 자거子車도 마찬가지로 악하였다. 그래서 사마우가 근심한 것이다."

12-5 사마우가 근심하며 자하에게 말하였다. "남들은 다 형제가 있는데, 저만 홀로 아무도 없습니다." "내가 듣건대, 사생은 명이 있고 부귀는 하늘에 달려있다[①]고 합니다. 군자가 경건하여 실수가 없고, 남에게 공손하고 예를 지키면, 온 세상 사람이 다 형제입니다. 군자가 어찌 형제 없음을 근심한단 말이오?"

사마우는 형제가 있는데도 이렇게 말한 것은, 그 형제가 난을 일으켜 장차 죽지 않을까 근심한 때문이다.[②]

('들었다' 함은) 아마 공자에게서 들은 것 같다.

명命은 처음 태어날 때 받는 것이니, 지금 바꿀 수 있는 바가 아니다. 하늘(天)은 아무도 시키지 않아도 그렇게 되는 것이니, 내가 기필할 수 있는 바가 아니다. 다만 순응하여 받아들일 따름이다.

운명을 받아들인다면, 또 마땅히 자기에게 달려 있는 일을 연마해야 한다. 따라서 만약 경敬으로써 자신을 견지하기를 중단하지 않고, 사람을 대할 때 공손하고 절도와 격식이 있으면, 천하의 모든 사람이 마치 형제처럼 사랑하고 공경할 것이라고 또 말하였다. 아마 자하는 사마우의 근심을 누그러뜨리고자 어쩔 수 없이 그렇게 말한 것인 만큼, 독자는 문자에 얽매여 그 뜻을 곡해하면 안 된다(자하의 뜻은 겸애주의가 아니다).

• '온 세상 사람이 다 형제이다'는 자하의 말은, 사마우를 감싸려는 뜻이다. 다만 뜻은 좋으나 말은 문제가 있다.[③] 오직 성인이라야 그런 병폐가 없다. 또 자하는 모두가 형제임을 알면서도 자기 자식이 죽었을 때 너무 울어 시력을 잃었다. 즉 사랑에 가리어 이치에 어두웠기 때문에 자신의 갈을 실천하지 못하였다.—호인

---

③ 『어류』: "호인이 이렇게 말한 것은 이본二本(차등적인 친친주의와 무차별적 겸애주의를 둘 다 인정함)에 가깝기 때문이 아닙니까?" "자하의 처음 뜻은, 내가 '경건하여 실수가 없고' 사람들에게 '공손하고 예를 지키면,' 온 세상 사람에게 사랑을 받을 것이니 형제가 없음을 어찌 걱정하느냐고 말함으로써 사마우의 안목을 넓혀 주려는 것이었다. 다만 '모두가 형제이다'는 표현이 '차등을 무시한' 것은 문제가 있다."[49]

12-6 子張問明. 子曰：“浸潤之譖,[1] 膚受之愬,[2] 不行[3]焉, 可謂明也已矣. 浸潤之譖, 膚受之愬, 不行焉, 可謂遠也已矣.”

(譖, 莊蔭反. 愬, 蘇路反.) ○浸潤, 如水之浸灌滋潤,[4] 漸漬而不驟也.[5] 譖, 毁人之行也. 膚受, 謂肌膚所受, 利害切身. 如『易』所謂“剝牀[6]以膚, 切近災”者也. 愬, 愬己之冤[7]也. 毁人者漸漬而不驟, 則聽者不覺其入, 而信之深矣. 愬冤者急迫而切身, 則聽者不及致詳, 而發之暴矣. 二者難察而能察之, 則可見其心之明而不蔽於近[8]矣. 此亦必因子張之失而告之, 故其詞繁而不殺,[9] 以致[10]丁寧之意云.

○楊氏曰：“驟而語之, 與利害不切於身者, 不行焉, 有不待明者能之也. 故浸潤之譖·膚受之愬不行, 然後謂之明, 而又謂之遠, 遠則明之至也. 書曰：‘視遠惟明.’”

---

1) 浸(침)：담그다, 물에 적시다, 스며들다, 배어들다, 잠기다, 물을 대어 윤택하게 하다, 차츰 증가하다, 점점, 깊다, 접근하다. 潤(윤)：젖다, 적시다, 물기. 譖(참)：참소, 헐뜯음, 비방, 하소연, 호소, 어긋남, 위배, 속임, 미덥지 않다.

2) 愬(소)：하소연, 일러바침. 헐뜯음, 거슬러 맞서다.

3) 行(행)：떠나다, 달아남, 유행, 겪다, 거치다, 움직이다, 사용, 베풀다, 길.

4) 滋潤(자윤)：젖다, 촉촉하다, 함초롬하다, 축이다, 적시다. 滋：붙다, 번식, 더하다.

5) 漬(지)：담그다, 적시다, 잠기다, 스미다, 물들이다. 驟(취)：(말이) 달리다, 빠르다, 신속하다, 갑자기. ○鄭曰：“譖人之言, 如水之浸潤, 以漸成人之禍也.” ○皇曰：“浸潤, 猶漸漬也.”

6) 剝(박)：벗기다, 까다, 괴롭히다. 牀(상)：평상, 침상, 마루.

7) 冤(원)：원통하다, 억울하다, 원한, 원수, 속다, 손해보다, 불평, 구부리다.

8) 近(근)：닮다, 천박함, 가까운 곳, 일가, 집안, 가까이 지내는 사람, 친하다, 사랑하다.

9) 繁(번)：많다, 성하다, 번거롭다, 뒤섞이다, 무성하다, 바쁘다. 殺(쇄)：줄이다, 생략, 쇠하다, 차이, 다름, 가늘다. (살)：죽이다, 없애다, 깨뜨리다, (물기가) 마르다. ○『春秋公羊傳』：春秋詞繁而不殺者正也.

10) 致(치)：보내다, 전하다, 지극히 하다, 힘쓰다, 정성스레 하다, 도달하다, 극치, 이루다.

① 『어류』：‘명철하다’, ‘심원하다’라고 했으니, 틀림없이 마음 속으로는 이미 진위를 식별했을 것이다. 진위를 식별하지 못하는데 어떻게 명철하고 심원하다고 하겠는가? 각각 그 도리가

12-6 자장이 공자께 물었다. "무엇이 명철함입니까?" "물기처럼 스며드는 참언과 피부에 닿는 하소연에 휘둘리지 않으면, 명철하다고 할 수 있다. 물기처럼 스며드는 참언과 피부에 닿는 하소연에 휘둘리지 않으면, 심원하다고 할 수 있다."①

침윤浸潤은 마치 논에 물을 대 축축이 적실 때, 조금씩 젖어 갑작스럽지 않음과 같다. 참譖은 남의 행위를 헐뜯음이다. 부수膚受는 피부에 닿듯이(부딪히듯) 이해득실이 자기 몸에 직접적임을 일컫는다.② 『역』에서 말한 "피부가 책상에 부딪히니, 절실함이 재앙에 가깝다"는 것과 같다. 소愬는 자기의 억울함을 하소연함이다. 남을 헐뜯는 일이 조금씩 젖어 들어 갑작스럽지 않으면, 듣는 사람은 그 침입을 깨닫지 못하고 깊이 믿게 된다. 억울함의 하소연을 절박하고 절실하게 하면, 듣는 사람은 (전염이 되어) 자세한 내막을 알아보기도 전에 폭발한다.③ 두 가지는 살피기 어려운 일인데 잘 살필 수 있다면, 그 마음이 명철하고 겉모습에 미혹되지 않음을 알 수 있다. 이 말 역시 자장의 결점에 근거한 깨우침이다. 그래서 그 말이 번잡한 듯하면서도 직설적이지 않아서 간곡한 뜻을 다하고 있다.

• 불쑥 하는(노골적인) 말이나 자신에게 이해득실이 절실하지 않는 말에 휘둘리지 않기는, 명철하지 않은 사람이라도 가능하다. 따라서 물기처럼 스며드는 참언과 피부에 닿는 하소연에 휘둘리지 않은 뒤에야 비로소 명철하다고 할 수 있고, 또 심원하다고 할 수 있다. 심원함은 명철함의 정점이다. 『서』에 '멀리 보는 일은 오직 명철해야 가능하다'고 하였다. – 양시

있고 그 진위를 간파하면, 기만당하지 않는다. 약재를 식별하는 것에 비유해 보자. 어떤 이가 가짜 약을 가지고 와서 내게 팔려고 할 때, 내가 식별했다면 그가 어떤 온갖 말을 늘어놓든지 나는 이미 가짜임을 간파했으니 어떻게 달래든 사지 않는다. 그래야 명철하고 심원하다고 할 수 있다.[51]

② 『혹문』: "무슨 근거로 부수膚受를 몸에 절심함(切於身)으로 풀었습니까?" "'피부가 책상에 부딪힌다(剝牀以膚)'는 『역』의 구절을 「상象」에서 '절실함이 재앙에 가깝다'라고 풀었다. 또 『전傳』에 '澌□及膚'라는 말이 있다. 피부를 언급한 곳은 모두 몸에 절실하다는 뜻임에 분명하다."

③ 『어류』: 참언은 남을 참소함이니, 나와는 관계없는 일이다. (누가 나에게 와서 제삼자를 참소하는 내용을) 갑작스럽게 말하면, 거기에 빠져들지 않는다. 반드시 차분하고 냉정하게 말하고, 저만큼 거리를 두어야 자기도 모르는 사이에 빠져들게 된다. 하소연은 그 내용이

12-7 子貢問政. 子曰："足食. 足兵. 民信之矣." 子貢曰："必不得已而去, 於斯三者何先?" 曰："去兵." 子貢曰："必不得已而去, 於斯二者何先?" 曰："去食. 自古皆有死, 民無信不立."

言倉廩[1)]實而武備修,[2)] 然後敎化行, 而民信於我, 不離叛[3)]也. (去, 上聲, 下同.) ○言食足而信孚,[4)] 則無兵而守固矣.

民無食必死, 然死者人之所必不免. 無信, 則雖生而無以自立, 不若死之爲安. 故寧死而不失信於民, 使民亦寧死而不失信於我也.

○程子曰："孔門弟子善問, 直窮到底,[5)] 如此章者, 非子貢不能問, 非聖人不能答也."

愚謂以人情而言, 則兵食足而後吾之信可以孚於民. 以民德而言, 則信本人之所固有, 非兵食所得而先也. 是以爲政者, 當身率其民而以死守之, 不以危急而可棄也.

상대편의 뜻에 거슬린(逆) 것이면서도, 나에게는 절실한 일이다. 만약 완만하게 이야기한다면 상대편은 그 일을 처리하려고 하지 않는다. 반드시 긴급하고 절실하게 말하여 돌연 촉발시킬 수 있어야 한다. 그래서 가령 욕을 들었으면 맞았다고 말하고, 맞았으면 죽임을 당할 뻔했다고 말하는 것이다. 이렇게 하지 않으면 촉발시킬 수 없기 때문이다.[50]

1) 倉廩(창름) : 곡물 창고, 곡창. 倉 : 곳집, 갑자기. 廩 : 곳집, 갈무리하다, 저장하다.

2) 修(수) : 기르다, 다스리다, 정비하다, 손질하다, 꾸미다, 행하다, 갖추다, 뛰어남.

3) 離叛(이반) : 이반하다, 배반하다. 離 : 떼놓다, 가르다, 끊다. 叛 : 배반, 반란.

4) 孚(부) : 미쁘다, 참되고 믿음성이 있다, 껍질, 달리다, 기르다, 빛나다.

5) 到底(도저) : 끝까지 ~하다, 최후까지 ~하다, 아무래도, 역시, 도대체.

① 『혹문』 : 논밭과 거주지를 정비하고 세금을 낮추어, 백성이 항산恒産을 소유하게 하고 제때 농사짓게 하면, 창고는 가득 차고 식량이 충분하다. 마을마다 동네마다 농한기에 교육하여, 백성이 용기를 갖게 하고 도리를 알게 하면 대비와 훈련이 잘되어 병력이 충분하다. 이 두 가지가 있으면 윗사람을 신뢰하고 섬기면서 기만하거나 반란하는 마음이 없다. '백성이 신뢰한다'는 말이다. 병력을 버릴 수 있음은 왜인가? 식량이 충분하고 백성이 신뢰하면 백성은 윗사람을 어버이처럼 여기고 어른을 위해 죽을 것이니, 마치 아들이 부모를 보호하듯 동생이

12-7 자공이 공자께 물었다. "정치는 어떻게 해야 합니까?" "풍족한 식량, 충분한 병력, 백성의 신뢰가 있어야 한다." "어쩔 수 없이 버려야 할 경우, 이 셋 가운데 무엇을 먼저 버립니까?" "병력을 버려야 한다." "어쩔 수 없이 버려야 할 경우, 이 둘 가운데 무엇을 먼저 버립니까?" "식량을 버려야 한다. 자고로 사람은 모두 죽으나, 백성의 신뢰가 없으면 국가가 존립할 수 없다."

식량 창고가 가득 차고 군비가 갖추어진 다음에, 교화가 순조롭게 진행되어 백성이 통치자를 신뢰하고 배반하지 않는다는 말이다.

식량이 풍족하고 신뢰가 미더우면, 병력이 없어도 굳게 지킬 수 있다는 말이다.

백성은 식량이 없으면 죽을 수밖에 없다. 그러나 죽음은 사람이면 누구나 피할 수 없다. 신뢰가 없으면 임금은 살아 있어도 스스로 독립할 수 없으니, 죽어서 편안함만 못하다. 따라서 차라리 죽을지언정 백성의 신뢰를 잃지 않으면, 또한 백성이 차라리 죽을지언정 임금에 대한 신뢰를 저버리지 않는다.[1]

• 공자의 제자들은 질문을 잘하여 곧장 끝까지 파고들었다. 이 장의 경우 자공이 아니면 질문할 수 없고, 성인이 아니면 답할 수 없다. - 이천

내 생각에, 인지상정으로 말하면, 군비와 식량이 충분한 뒤에 나(임금)의 신뢰가 백성에게 미더울 수 있다. 인간의 덕으로 말하면, 신뢰(信)는 본디 사람에게 고유한 것이므로 군비·식량이 앞설 수 없다. 따라서 정치가는 몸소 백성에게 솔선하여 죽어도 신뢰를 지켜야 하고, 위급하다고 신뢰를 저버리면 안 된다.[2]

형을 보호하듯 손과 발이 머리를 방어하듯 하면, 몽둥이로도 진나라와 초나라의 굳센 갑옷과 예리한 병기를 막아낸다. 따라서 어쩔 수 없이 버린다면, 병력은 없앨 수 있다. 식량을 버릴 수 있음은 왜인가? 순서를 따지자면 식량이 우선이고, 이치를 따지자면 신뢰가 중하다. 사생은 영원불변의 이치이니, 사람이 벗어날 수 없다. 만약 백성의 신뢰가 없으면 백성이 될 이유가 없으니, 임금은 천지 사이에 설 자리가 없다. 그리하여 백성이 차라리 식량이 없어 죽을 수 있을지언정 임금을 받들고 윗사람을 친애하는 그 마음을 잃지 않도록 기약한다면, 그런 정치는 민심을 얻고 민속을 선량하게 만들 수 있다.

② 『어류』: 신뢰가 있으면 죽더라도 서로 지켜 준다. 신뢰가 없으면 서로 속이고 서로 사기를 친다. 신하는 임금을 버리고, 아들은 부모를 버리고 각자 살 길을 찾아 떠난다.[54]

12-8 棘子成曰：“君子質而已矣, 何以文爲?” 子貢曰：“惜乎! 夫子之說君子也. 駟不及舌.[1] 文猶質也, 質猶文也. 虎豹之鞟[2]猶犬羊之鞟.”

棘子成, 衛大夫. 疾時人文勝, 故爲此言.

言子成之言, 乃君子之意, 然言出於舌, 則駟馬不能追之, 又惜其失言也.

(鞟, 其郭反.) ○鞟, 皮去毛者也. 言文質等耳, 不可相無. 若必盡去其文而獨存其質, 則君子小人無以辨矣. 夫棘子成矯[3]當時之弊, 固失之過；而子貢矯子成之弊, 又無本末輕重之差, 胥[4]失之矣.

12-9 哀公問於有若曰：“年饑, 用不足, 如之何?” 有若對曰：“盍徹[5]乎?” 曰：“二, 吾猶不足, 如之何其徹也?” 對曰：“百姓足, 君孰與不足? 百姓不足, 君孰與足?”

稱有若者, 君臣之詞. 用, 謂國用. 公意蓋欲加賦以足用也.

---

1) 駟不及舌(사불급설) : 말이 입 밖을 나가면 사두마차도 따라잡지 못한다. 말을 한 번 하면 다시 수습하지 못한다.(= 駟馬難追. 覆水難收.)

2) 鞟(곽) : 무두질한 가죽, 생가죽.

3) 矯(교) : 바로잡다, 교정하다, 곧추다, 튼튼하다, 용맹스럽다, 가장하다, 사칭하다, 도지개.

4) 胥(서) : 서로, 함께, 모두, 보다, 기다리다, 돕다, 성기다, 아전, 여쭙다, 나비.

5) 盍(합) : 어찌 ~하지 않느냐(何不)? 徹(철) : 통하다, 뚫다, 밝다, 부수다, 다스림, 벗기다.

① 『어류』 : 세상의 온갖 예법이 없으면 어떻게 군자와 소인을 변별할 수 있겠는가? 마치 노장老莊의 무리처럼 예법을 멸절시켜 모든 것의 몰이해를 초래할 것이다. 다만 자공의 말에는 작은 어폐가 있는 것 같다. 공자처럼 '사치스러울 바에야 차라리 검소해야 하고,'(3-4) '불손하기보다는 차라리 고루함이 낫다'(7-36)고 말해야 좋다.[57] 극자성은 오로지 '질'만 말했는데, 물론 미진하다. 자공이 오로지 '문'만 말하여 극자성을 교정하려고 했는데 역시 잘못이다. 호랑이가죽과 양가죽은 털을 없애더라도 필경은 그 자체로 구별된다. 진상이 다르다. 가령 한 명의 군자와 한 명의 백정이 서로 마주앉아 있을 때, '문'으로써 구별되지 않더라도, 필경은 두 사람의 취향은 자연히 구별된다. 대체로 '문'이 없어도 안 되지만, '질'을 근본으로 여겨야 한다. '차라리 검소하고' '차라리 슬퍼하라'(3-4)는 의미이다.[58] ○『혹문』 : "극자성의 말이

12-8 극자성이 말하였다. "군자는 바탕을 갖추면 그만이거늘, 왜 격식을 추구하는가?" 이에 자공이 말하였다. "안타깝다! 그분 말씀이 군자다우나, 네 필 말도 말을 따라잡지 못한다. 격식(무늬)은 바탕 못지않고, 바탕은 격식 못지않다. 호랑이·표범의 가죽도 (무늬가 없으면) 개·양 가죽과 똑같다."

극자성은 위나라 대부이다. 당시 사람들이 형식(文)에 압도되어 있었기 때문에 이런 말을 하였다.

극자성의 말이 군자의 뜻이기는 하나, 말이 혀에서 나오면 네 필의 말로도 따라잡을 수 없는바, 또 그의 실언을 안타까워하였다.

곽鞟은 털을 제거한 가죽이다. 격식과 바탕이 동등(대등)하니, 서로 없어서는 안 된다는 말이다. 만약 그 형식을 반드시 다 제거하고 오직 그 바탕만 남긴다면, 군자와 소인을 구별할 수 없다. 극자성이 당시의 폐단을 교정하려는 뜻이었으나 지나친 것이 잘못이다. 자공은 극자성의 폐단을 교정하려는 것이었으나, 본말경중의 차이를 무시하였다.① 둘 다 잘못이다.

12-9 애공이 유약에게 물었다. "올해 가뭄이 들어 비용이 부족한데, 어떻게 해야 합니까?" "왜 철徹 세법을 실시하지 않으십니까?" "2할을 거두어도 오히려 부족하거늘, 어찌 철 세법을 시행합니까?" "백성이 풍족하면, 임금께서 어찌 부족하겠습니까? 백성이 부족하면, 임금께서 어찌 풍족하겠습니까?"

유약이라고 이름을 부른 것은 군신 사이의 대화이기 때문이다. 용用은 국가의 비용을 일컫는다. 애공의 의도는 조세를 늘려 비용을 풍족하게 하려는 것이다.

왜 임방에 대한 공자의 대답(3-4)과 다르며, 자공이 비판한 내용은 어떤 것입니까?" "공자의 말은 권형權衡이 심오하여 말투가 화평하다. 문文을 모두 없애도 된다고 여긴 적이 없다. 극자성의 경우는 말투가 교만하고 과격하여 취사取舍가 중도를 벗어났다. 그 유폐는 반드시 예법을 멸절하는 데 이를 것이다. 마치 서진西晉 군자들('죽림칠현')의 행위처럼 될 것이다. 따라서 자공이 극자성의 말실수를 안타까워하면서 힘써 바로잡은 것이다."

徹, 通也, 均也. 周制：一夫受田百畝,[1] 而與同溝[2]共井之人通力合作, 計畝均收. 大率民得其九, 公取其一, 故謂之徹. 魯自宣公稅畝, 又逐[3]畝什取其一, 則爲什而取二矣. 故有若請但專行徹法, 欲公節用以厚民也.[4]

二, 卽所謂什二也. 公以有若不喩其旨, 故言此以示加賦之意.

民富則君不至獨貧, 民貧則君不能獨富. 有若深言君民一體之意, 以止公之厚斂, 爲人上者所宜深念也.

○楊氏曰："仁政必自經界始. 經界正, 而後井地均·穀祿平,[5] 而軍國之須,[6] 皆量是以爲出焉. 故一徹而百度擧[7]矣, 上下寧憂不足乎? 以二猶不足而敎之徹, 疑若迂[8]矣. 然什一, 天下之中正. 多則桀, 寡則貉,[9] 不可改也. 後世不究其本而惟末之圖, 故征斂無藝,[10] 費出無經,[11] 而上下困矣. 又惡知盍徹之當務而不爲迂乎?"

---

1) 畝(무)：이랑, 논밭의 면적 단위(6척 사방이 1步, 1무는 100보, 진 이후는 2400보).

2) 溝(구)：봇도랑, 해자, 시내, 물받이, 도랑을 파다, (도랑을 사이에 두고) 떨어지다.

3) 逐(축)：쫓다, 하나하나, 차례로, 점차, 다투다, 경쟁, 뒤따르다, 쫓아내다, 추방.

4)『孟子』：夏后氏五十而貢, 殷人七十而助, 周人百畝而徹, 其實皆什一也. 徹者, 徹也；助者, 藉也.[5:3]

5)『孟子』：夫仁政, 必自經界始. 經界不正, 井地不均, 穀祿不平, 是故暴君汙吏必慢其經界. 經界旣正, 分田制祿可坐而定也.[5：3]

6) 須(수)：쓰다, 필요로 하다, 반드시, 수염, 기다리다, 대기, 원하다, 멈춤, 쉬다, 잠깐.

7) 擧(거)：들다, 메다, 일으키다, 세우다, 칭찬, 등용, 행하다, 열거하다, 몰수하다, 높아지다, 잘 행하여지다, 날아오르다, 행동, 행동거지, 가려 뽑다, 시험, 과거, 모두.

8) 迂(우)：(실정과) 멀다, 물정에 어둡다, 먼 길, 굽히다, 비뚤어지다, 에두름, 실수, 거짓.

9)『孟子』：白圭曰："吾欲二十而取一, 何如?" 孟子曰："子之道, 貉道也. 萬室之國, 一人陶, 則可乎?" 曰："不可, 器不足用也." 曰："夫貉, 五穀不生, 惟黍生之；無城郭·宮室·宗廟·祭祀之禮, 無諸侯幣帛饔飧, 無百官有司, 故二十取一而足也. 今居中國, 去人倫, 無君子, 如之何其可也? 陶以寡, 且不可以爲國, 況無君子乎? 欲輕之於堯舜之道者, 大貉小貉也；欲重之於堯舜之道者, 大桀小桀也."[12：10]

10) 征(정)：치다, 공격하여 바로잡다, (손에 넣어) 취하다, 구실, 조세, 조세를 매김. 藝(예)：궁극, 한계, 법도, 규범, 심다, 씨를 뿌리다, 재능, 학문, 과녁, 다스리다.

철徹은 공통, 균등이다. 주나라의 제도에 따르면, 한 농부가 백 무의 토지를 받고, 수로를 같이 쓰는, 같은 정전 소속의 사람들이 협동으로 경작하여, '무'의 비율대로 균등하게 수확하였다.① 대체로 백성이 9할, 국가가 1할을 취하였다. 그래서 '철'이라고 하였다. 노나라는 선공 때부터 무에 세금을 거두고, 다시 무마다 10분의 1을 취했기 때문에, 10분의 2를 취한 셈이다. 따라서 유약은 '철'의 세법만 시행하라고 청하였다. 임금이 비용을 절약하게 하여 백성을 넉넉하게 하려는 의도이다.

이二는 10분의 2를 말한다. 애공은 유약이 질문의 뜻을 이해하지 못했다고 여겨, 이렇게 말함으로써 세금을 늘리려는 뜻을 내비쳤다.

백성이 부유하면 임금 홀로 빈곤하지 않고, 백성이 빈곤하면 임금 홀로 부유할 수 없다. 유약이 군민일체君民一體의 의미를 강조함으로써 애공의 중과세 의도를 저지하였다. 통치자가 깊이 유념해야 할 바이다.

• 어진 정치(仁政)는 반드시 경계 획정에서 시작된다. 경계가 획정된 이후에 정전의 토지가 균등해지고 관리의 녹봉이 공평해지므로, 군대와 국가의 비용이 세입을 헤아려 지출된다. 따라서 하나의 철 세법으로 온갖 제도가 잘 행해질 터인즉, 상하 모두 어찌 부족함을 근심하겠는가? 10분의 2조차 부족하다고 여기는 판국에 10분의 1의 '철'법을 권고한 일은, 물정에 어두운 일로 보일 수 있다. 그러나 10분의 1의 세법은 천하에서 가장 공정한 법이다. 그보다 많으면 폭군이요, 그보다 적으면 오랑캐인 만큼 고칠 수 없다. 후세에 근본을 연구하지 않고 오직 말단만 도모하기 때문에, 세금 징수에 한도가 없고 비용 지출에 법도가 없어져 상하 모두가 곤란해졌다. 그러니 '왜 철법을 쓰지 않느냐'는 주장이 마땅히 힘써야 할 일이며 물정에 어두운 소리가 아님을 어찌 알겠는가? – 양시

---

11) 經(경) : 원칙, 상도常道, 변하지 않는 규칙, 영구불변이다, 정상적·통상적이다, 경과하다.

① 『어류』 : 철徹은 여덟 가구가 공동 노동력으로 900무의 토지를 경작하여 '무'의 비율대로 균등하게 수확하고, 국가에서 1/9을 취한다. 조助는 여덟 가구가 각각 100무씩 경작하고 공동 노동력으로 공전公田을 경작한다. 이것이 철과 조의 차이이다.[59]

12-10 子張問崇德·辨惑. 子曰：“主[1]忠信, 徙義, 崇德也. 愛之欲其生, 惡之欲其死. 旣欲其生, 又欲其死, 是惑也. ‘誠不以富, 亦祇[2]以異.’”

主忠信, 則本立. 徙義, 則日新.

(惡, 去聲.) ○愛惡, 人之常情也. 然人之生死有命, 非可得而欲也. 以愛惡而欲其生死, 則惑矣. 旣欲其生, 又欲其死, 則惑之甚也.

此『詩』「小雅·我行其野」之詞也. 舊說：夫子引之, 以明欲其生死者不能使之生死. 如此詩所言, 不足以致富而適[3]足以取異也.[4]

程子曰：“此錯簡, 當在第十六篇‘齊景公有馬千駟’之上. 因此下文亦有齊景公字而誤也.”

○楊氏曰：“堂堂乎張也, 難與並爲仁矣. 則非誠善補過不蔽於私者, 故告之如此.”

---

1) 主(주)：주인, 남편, 임금, 우두머리, 주체, 주로, 위패, 근본, 친하다, 주로 하다, 숭상.

2) 祇(지)：공경·존경하다, 마침. 異(이)：잘못, 딴 것, 기이함, 뛰어남, 불가사의, 의심, 재앙.

3) 適(적)：다만, 마침, 알맞추, 알맞게, 적합하다, 알맞다, 편안하다, 이제 막, 방금, 가다.

4) 鄭曰：“祇, 適也. 言此行誠不可以致富, 適以是爲異耳. 取此詩之異義以非之.”

①『어류』：‘주충신主忠信’이란 매사에 충직과 신신함을 얻으려는 것이다. … 주主 자에 주목하라! ‘주’란 주관자가 되게 한다는 것이다. ‘사의徙義’는 자기가 하는 어떤 일이 의에 부합하지 않을 경우 ‘의’에 맞추어 옮겨간다는 뜻이다. ‘주충신’이라는 본령이 먼저 생겨야 비로소 ‘의로 옮아갈’ 수 있다. 그래야 덕이 고양될 수 있다. 먼저 ‘주충신’하지 않으면 공허하니 어떤 곳으로 옮겨갈 수 있겠으며, 어떻게 무엇을 고양할 수 있겠는가! ‘주충신’한 다음 ‘의에 옮아가지’ 않으면, 도리어 ‘고루한 집착(固執)’이 된다.[62] ‘주충신’은 발을 디딘 곳이다(근본이다). ‘사의’는 진보하는 곳이다. 점점 진보하면 덕이 저절로 고양된다.[63, 64]

◎ 470쪽의 각주 ①『어류』：길을 가는 도중에 혹자가 이렇게 물었다. “‘자기가 원하지 않는 일은 남에게 베풀지 않음’이 서恕입니다. 형벌이 가해지는 것이 어찌 그 죄인의 바람이겠습니까? 그러니 그 죄인에게 (그의 바람과 반대로) 형벌을 가하는 일은 ‘서’의 원리에 어긋날 것 같은데요?” 여러분은 이 문제를 어떻게 생각하는가? (뭇사람의 대답이 분명하지 않았다. 주자가 말하였다.) 이천의 말처럼 “서恕는 충忠과 아울러 설명해야” 옳다. 충은 자기를 다함(盡己)이니, 자기를 다한 이후라야 ‘서’를 행할 수 있다. 형벌이 가해질 때 그 죄인이 실제로

12-10 자장이 공자께 물었다. "어떻게 해야 도덕을 숭상하고, 미혹을 변별할 수 있습니까?" "충직과 신의를 받들고, 의를 따르는 것이 도덕을 숭상함이다. 사랑하면 잘 살기를 바라고 미워하면 죽기를 바라거늘, 살기를 바라면서 동시에 죽기를 바라는 일이 미혹이다.① '정녕 부유함 때문이 아니라, 또한 경이로움 때문이다.'"

충직과 신의를 받들면 근본이 수립된다. 의를 따르면 날마다 새로워진다.

사랑과 미움은 인지상정이다. 그러나 삶과 죽음은 운명에 달려 있으니, 뜻대로 할 수 있는 바가 아니다. 애증의 감정에 따라 살거나 죽기를 바란다면 미혹이다. 살기를 바라면서 동시에 그가 죽기를 바란다면, 더욱 심한 미혹이다.

마지막 구절은 『시』 「소아·아행기야」의 구절이다. 옛 설에 따르면, 공자가 이 구절을 인용하여 아무개가 살거나 죽기를 바란다고 해서 아무개를 살리거나 죽일 수 있는 것이 아님을 밝혔다. 마치 이 시의 내용처럼, 부자가 되지도 못하고 다만 이상하다고 의심받을 뿐이라는 것이다.

• 이 구절은 착간이다. 마땅히 16편(16-12)의 '제나라 경공은 네 필 마차 천승이 있었다'는 구절 앞에 있어야 한다. 다음 장에도 '제나라 경공'이란 글자가 있는 데서 생긴 착오이다. – 이천

• '당당하다 자장이여! 그러나 함께 인을 행하기는 어렵다'(19-16)고 했거니와, 자장은 선에 진실하여 과오를 수정함으로써 사사로움을 벗어난 사람이 아니었다. 그래서 공자가 이와 같이 일러주었다. – 양시

죄가 있다면, 그 마음은 스스로 형벌이 당연하다고 여길 것이다. 따라서 형벌이 가해지더라도 그가 바라지 않는 바를 강제하는 것이 아니다. 그가 형벌받기를 바라지 않는다면, 이것은 외면의 사사로운 마음(私心)이다. 그의 진심眞心은 이미 죄를 범했으니 마땅히 형벌을 받아야 한다고 스스로 인식할 것이다. 지금 사람들이 '충'을 이해하지 않고 한갓된 '서'만 추구하면, 그 폐단은 고식姑息(지나친 관용, 멋대로의 임시방편)일 뿐이다. "성인은 사심을 극복하기 어렵다는 사실을 아는 까닭에 천하의 모든 사람이 용서받을 만함을 깨닫는다"(『중용해中庸解』)는 장구령의 말이 바로 그 사례이다. 사람이 오직 '자신을 다하지' 못한 까닭에 남도 다 그런 상태여야 한다고 말하는 셈이다. 그리하여 사람을 꾸짖지 않고 범범하게 넘어간다. 이나저나 모두 다 용서하고 (유야무야로) 끝낸다. 이러하면 서로서로 태만에 떨어질 뿐이다. 그런 주장이 가장 이치를 해친다.[5]

12-11 齊景公問政於孔子. 孔子對曰："君君, 臣臣, 父父, 子子." 公曰："善哉! 信如君不君, 臣不臣, 父不父, 子不子, 雖有粟, 吾得而食諸?"

齊景公, 名杵臼.[1] 魯昭公末年, 孔子適齊.

此人道之大經, 政事之根本也. 是時景公失政, 而大夫陳氏厚[2]施於國. 景公又多內嬖,[3] 而不立太子. 其君臣父子之間, 皆失其道, 故夫子告之以此.

景公善孔子之言而不能用, 其後果以繼嗣[4]不定, 啓[5]陳氏弑君篡國之禍.

○楊氏曰："君之所以君, 臣之所以臣, 父之所以父, 子之所以子, 是必有道矣. 景公知善夫子之言, 而不知反求其所以然, 蓋悅而不繹[6]者, 齊之所以卒於亂也."

---

1) 杵(저) : 공이, 절굿공이, 빨랫방망이, 찌르다. 臼(구) : 절구, 절구질하다, 허물.
2) 厚(후) : 후하다, 너그럽다, 친절하다, 관대하다, 우대하다, 중시하다, 떠받들다, 두텁다.
3) 內嬖(내폐) : 첩, 임금의 총희. 嬖 : 사랑하다, 총애, 귀인에게 사랑받는 비천한 사람.
4) 繼嗣(계사) : 후사後嗣, 후계자, 계승자, 계속하다, 잇다, 양자를 들여 대를 잇다.
5) 啓(계) : 열다, 인도하다, 안내하다, 시작하다, 슬기와 지능을 열어주다, 펼치다, 여쭙다.
6) 繹(역) : (실마리를) 풀다, 다스림, 찾다, 궁구하다, 늘어놓다, 잇달다, (뜻이) 통하다.

① 『안자춘추』「간상諫上」: 다른 나라에서 미녀를 보내왔다. 그 결과 제 경공이 '다荼'라는 아이를 낳고, 총애하였다. 신하들이 모의하여 세자 양생을 폐하고 '다'를 세우려고 하였다. 경공이 안자(안영)에게 알리자, 안자가 말하였다. "아니 됩니다. 비천함이 고귀함을 대체함은 국가의 해악이며, 장자를 내치고 어린 아우를 세움은 혼란의 근원입니다. 양생이 태어나 자란 이래 온 백성이 우러러 받들어왔으므로, 임금께서 바꿀 수 없습니다. 복식과 관등은 일정 등급이 있는지라, 빈천한 것이 고귀한 것을 침범할 수 없고, 세자 책봉은 예법이 있는지라, 서자가 적자를 흔들 수 없습니다. 바라옵건대 임금께서는 예禮로써 '다'를 가르쳐 그릇됨에 떨어지지 않게 하고, 의義로써 인도하여 잇속에 탐닉하지 않도록 하소서. 형과 아우가 각자의 도를 행하면 적서의 윤리가 섭니다. '양생'이 '다'에게 음식을 절제하고 음악에 빠지지 않게 하는 가르침 등이 무슨 후환이 되겠습니까? 장자를 폐하고 아우를 세우시면 아랫사람을 교화할 수 없고, 서얼을 높이고 적자를 비하하면 총애하는 당사자에도 이롭지 못합니다. 장유의 질서를 무너뜨리고 적서의 차별을 무시함은 간사한 반역자를 길러내는 근원입니다. 부디 통촉하소서! 옛날의 명철한 군주는 총애한 이를 세울 줄 몰랐기 때문이 아니라, 도리가

12-11 제나라 경공이 공자에게 물었다. "정치란 무엇입니까?" "임금은 임금답고, 신하는 신하답고, 아버지는 아버지답고, 자식은 자식답게 되는 것입니다." "좋은 말씀입니다. 임금이 임금답지 못하고, 신하가 신하답지 못하고, 아버지가 아버지답지 못하고, 자식이 자식답지 못하다면, 곡식이 있어도 임금인들 제대로 먹을 수 있겠습니까?"

제나라 경공은 이름이 '저구'이다. 노나라 소공 말년에 공자가 제나라로 갔다. 이것은 인간 도리의 크나큰 원리요, 정사의 근본이다. 이때 경공이 정치를 잘못하고 있는 반면에 대부인 진씨는 (임금 대신) 나라에 관대한 정책을 폈다. 경공은 또 애첩이 많고, 태자도 정해두지 않았다. 군신 사이, 부자 사이가 모두 그 도를 잃었다. 그래서 공자가 이렇게 알려주었다.

경공은 공자의 말은 칭찬했으나 그를 등용하지 못하였다. 그 뒤 과연 후계자가 정해지지 않아, 진씨가 임금을 시해하고 나라를 찬탈하는 화를 불렀다.①

• 임금이 임금다움, 신하가 신하다움, 아버지가 아버지다움, 아들이 아들다움에는 반드시 도가 있다. 경공이 공자의 말을 찬양할 줄은 알았으나, 그 이치를 성찰하여 탐구할 줄은 몰랐다.② 그 말은 좋아했으나 연구하지 않았던(9-24)③ 까닭에 제나라는 끝내 혼란에 빠졌다. - 양시

실종되면 우환이 도래함을 알았기 때문에, 도리에 따라 세자를 세웠습니다. 임금께서 아첨꾼의 음모를 따르고, 모반자의 말을 믿어, 장자를 폐하고 어린 아우를 세우시면, 신의 생각에는 임금의 과실을 빌미로 저들이 사악함을 도모할 구실로 삼아, 아우를 폐하고 장자를 세워 저들의 잇속을 꾀할까 심히 염려되옵니다. 통촉하소서!" 임금은 듣지 않았다. 경공이 죽자 전씨田氏가 임금 '다'를 죽이고, 양생을 세웠다. 다시 양성을 죽이고 간공을 세웠다. 그후 간공을 죽이고 제나라를 탈취하였다.

② 『어류』: "이 문단과 '공자를 대우하겠다'(18-3)라고 한 문단은 같은 시기의 대화 같습니다. 이 두 문단을 보면, 경공은 연로하여 뜻이 쇠하면서 구차하게 세월간 보니고 다시 원대한 계획이 없는 사람처럼 보입니다." "경공은 그 이전에도 늘 무능하였다. 늙었기 때문에 그런 것이 아니다."[67]

③ 『혹문』: "경공이 공자의 말씀을 좋아하여 연구했더라면 어떻게 되었습니까?' "제나라의 모든 정치를 공자에게 맡겼더라면 군신·부자의 윤리는 바로잡히고도 남았을 것이다. 애석하게도 그렇게 하지 못했기 때문에 제나라는 마침내 혼란에 빠졌다. 군신·부자·형제·부부·붕우는 이른바 달도達道이다. '군군, 신신, 부부, 자자'는 달도를 행하여 그 극치에까지 이르는 것이다. 후중량이 '군군·신신·부부·자자'를 달도로 여긴 점은 잘못이다."

12-12 子曰："片言可以折獄者,[1] 其由也與?" 子路無宿諾.[2]

(折, 之舌反. 與, 平聲.) ○片言, 半言. 折, 斷也. 子路忠信明決, 故言出而人信服之, 不待其辭之畢也.

宿, 留[3]也, 猶宿怨之宿. 急於踐言, 不留其諾也. 記者因夫子之言而記此, 以見子路之所以取信於人者, 由其養之有素也.

○尹氏曰："小邾射以句繹奔魯, 曰：'使季路要[4]我, 吾無盟矣.' 千乘之國, 不信其盟, 而信子路之一言,[5] 其見信於人可知矣. 一言而折獄者, 信在言前, 人自信之故也. 不留諾, 所以全其信也."

12-13 子曰："聽訟, 吾猶人也, 必也使無訟乎!"

范氏曰："聽訟者, 治其末, 塞其流也. 正其本, 淸其源, 則無訟矣."

○楊氏曰："子路片言可以折獄, 而不知以禮遜爲國, 則未能使民無訟者也. 故又記孔子之言, 以見聖人不以聽訟爲難, 而以使民無訟爲貴."

---

1) 折(절) : 꺾다, 제압하다, 결단, 판단. 獄(옥) : 옥, 송사, 죄의 유무를 심의 처단함, 판결.

2) 宿諾(숙낙) : 아직 실행하지 않은 응낙. 宿 : 숙박하다, 노련한, 숙련된, 예전부터의.

3) 留(류) : 머무름, 남아 있다, 기다리다, 지체하다, 오래되다, 엿보다, 옹이.

4) 要(요) : 요구, 원하다, 잡다, 얻다, 통괄, 말리다, 협박하다, 조사하다, 책망, 누르다, 적중, 언약하다, 성취, 반드시, 요컨대.

5) 『左傳』「哀公十四年」. 양백준, 『春秋左傳注』, 1682쪽.

① 『혹문』: "'반 마디 말로 송사를 끝낸다(판결한다)' 함이 무슨 뜻입니까?" "말이 채 끝나기도 전에 판결 내용을 사람들(원고와 피고)이 이미 믿어 버린다는 뜻이다."

② 『혹문』: '숙락宿諾'의 '숙'은 '예豫(미적거리다)'로 풀이한 사람이 많다. 하루 저녁을 넘기지 않고 허락한 바를 처리했다고 함은 너무 긴박하다는 혐의가 있기 때문이다. 지체하거나 질질 끌지 않았다는 뜻이지, 반드시 하룻밤을 지칭하는 것은 아니다.

12-12 공자가 말하였다. "반 마디 말로 송사를 끝낼[1] 수 있는 사람이 자로일 것이다."
자로는 승낙한 일은 하루[2]도 지체하지 않았다.[3]

편언片言은 반 마디 말, 절折은 결단이다. 자로는 충직하고 신실하고 명철하고 결단성이 있어서, 그가 말하면 사람들이 믿고 복종했는바, 그 말이 다 끝나기를 기다리지도 않았다.

숙宿은 머무름(지체함)이니, 숙원宿怨의 '숙'과 같다. 말(언약)의 실천에 긴급하여 허락한 바를 꾸물거리지 않음이다. 기록자가 공자의 말에 인연하여 이 말을 덧붙여 기록함으로써, 자로가 사람들에게 신임을 받은 까닭이 그의 평소 수양에서 비롯한 것임을 보였다.

• 소주역이 구역의 땅을 가지고 노나라로 망명하면서 말하기를, '자로가 나와서 나와 언약만 해준다면 맹약을 생략해도 좋다'고 하였다. 천승의 나라와의 맹약은 믿지 못하고 자로의 한마디 말은 믿었으니, 그가 얼마나 사람들에게 신임을 받았는지 알 수 있다. 한마디 말로 송사를 판결하는 것은, 신임이 말 이전에 있어서 사람들이 저절로 믿었기 때문이다. 승낙한 바를 지체하지 않았던 까닭에 자신의 신임을 온전히 할 수 있었다. – 윤돈

12-13 공자가 말하였다. "송사 심리는 나도 남만큼은 한다. 그러나 반드시 추구해야 할 일은 송사 자체가 일어나지 않게 하는 것이다."

• 송사 심리는 말단을 다스려 그 흐름을 막는 일이다. 근본을 바로잡고 근원을 깨끗이 하면, 송사가 일어나지 않는다. – 범조우

• 자로는 반 마디 말로 송사를 결단할 수 있었으나 예의와 사양으로써 나라를 다스릴 줄은 몰랐던 만큼, 백성이 송사하지 않도록 하지는 못한 사람이었다. 따라서 다시 공자의 말을 기록하여, 성인은 송사 심리를 어렵게 여기는 것이 아니라 백성이 송사하지 않도록 하는 일을 중시한다는 점을 보였다. – 양시

---

③ 『어류』: 자로가 누구에게 승낙하면, 곧 그 사람과 함께 그 일을 해결하러 갔다. 요즘 관리들은

12-14 子張問政. 子曰：“居之無倦,[1] 行之以忠.”

居, 謂存諸心. 無倦, 則始終如一. 行, 謂發於事. 以忠, 則表裏如一. ○程子曰：“子張少仁, 無誠心愛民, 則必倦而不盡心, 故告之以此.”

12-15 子曰：“博學於文, 約之以禮, 亦可以弗畔[2]矣夫！”

重出.

12-16 子曰：“君子成人之美, 不成人之惡. 小人反是.”

成者, 誘掖[3]獎勸[4]以成其事也. 君子小人, 所存旣有厚薄之殊, 而其所好又有善惡之異. 故其用心不同如此.

12-17 季康子問政於孔子. 孔子對曰：“政者, 正也. 子帥以正, 孰敢不正?”

范氏曰：“未有己不正而能正人者.”
○胡氏曰：“魯自中葉, 政由大夫, 家臣效尤,[5] 據邑背叛, 不正甚矣. 故孔子以是告之, 欲康子以正自克, 而改三家之故.[6] 惜乎康子之溺於利欲而不能也.”

승낙해 놓고도 늘 한쪽 구석에 처박아 두고는 처리해주지 않는다.[68]

1) 居(거) : 일정한 처지에 처함, (벼슬하지 않고) 집에 있다, 앉다, (자리를) 차지하다, 평상시. 倦(권) : 게으르다, 싫증나다, 태만, 피로함, 고달픔, 쉬다, (일하지 않고) 놀다.

2) 畔(반) : 어기다, 배반하다, 두둑, 가장자리, 주위, 옆, 밭이나 논의 두렁, 경계, 분리하다.

3) 誘(유) : 권하다, 권유, 유인, 가르치다, 인도하다. 掖(액) : 겨드랑, 끼다, 부축하다, 돕다.

4) 獎(장) : 권면, 권장, 돕다, 칭찬하다, 이루다. 勸(권) : 권장하다, 힘쓰다, 애써 일함.

5) 尤(우) : 더욱, 특히, 동떨어짐, 수상함, 뛰어난 것, 너무 심함, 허물, 힐책, 원망, 망설이다.

6) 故(고) : 옛, 원래, 처음부터, 참으로, 오래된 일, 죽다, 관례, 선례, 연고, 까닭, 일, 사건, 사변, 재앙이 되는 일, 도리에 어긋난 일, 사리, 일부러, 거짓, 날조, 끝.

① 『어류』 : ‘행동이 충직에 의거함’이란 마음속으로 그와 같이 행하려고 생각했으면 바깥(실제

12-14 자장이 공자께 물었다. "정치는 어떻게 합니까?" "마음가짐은 나태함이 없고, 행동은 충직해야 한다."

거居는 마음에 보존함을 일컫는다. 나태함이 없으면, 처음과 끝이 한결같다. 행行은 일로 표출함을 일컫는다. 충직에 의거하면, 안과 밖이 한결같아진다.①

• 자장은 인덕이 부족하여 성심으로 백성을 사랑하지 못한 만큼, 반드시 나태하여 마음을 다하지 않았음이 틀림없다. 그래서 이와 같이 일러주었다. – 이천

12-15 공자가 말하였다. "문文(옛 전적)을 널리 배우고 예로써 단속하면, 또한 크게 그릇되지는 않을 것이다."

거듭 나왔다.(6-27)

12-16 공자가 말하였다. "군자는 남의 장점을 북돋고, 남의 단점은 북돋지(돋우지) 않는다. 소인은 그 반대로 행한다."

성成②은 인도하고 부축하고 장려하고 권면하여 그 일을 완성시킴이다. 군자와 소인은 마음가짐이 이미 후박의 차이가 있지만, 선호 취향에도 선악의 차이가 있다. 그래서 마음 씀씀이도 이처럼 다르다.

12-17 계강자가 공자에게 물었다. "정치란 무엇입니까?" "정치란 올바름(正) 그 자체입니다. 그대가 올바름으로써 솔선할진대, 감히 누가 부정不正을 행할 수 있겠습니까?

• 자신이 바르지 못하면서 남을 바로잡은 경우는 없다. – 범조우

• 노나라는 중엽부터 정치를 대부가 좌우하자(16-3) (대부의) 가신들이 못된 짓을 본받아 읍을 점거하여 반란하는 등 부정이 심하였다. 따라서 공자가 이렇게 일러줌으로써, 계강자가 올바름으로 자신을 극복하여 삼가의 폐습을 고치기를 바랐다. 애석하게도 계강자는 이욕에 빠져 그러지 못하였다. – 호인

행동)에서도 그와 같이 행함으로써 모든 일마다 성실하게 해 나가는 것을 일컫는다.[69]

12-18 季康子患盜, 問於孔子. 孔子對曰 : "苟子之不欲, 雖賞之不竊."

言子不貪欲, 則雖賞民使之爲盜, 民亦知恥而不竊.[1)]
○胡氏曰 : "季氏竊柄,[2)] 康子奪嫡, 民之爲盜, 固其所也. 盍亦反其本耶? 孔子以不欲啓之, 其旨深矣."
奪嫡事見『春秋傳』.

12-19 季康子問政於孔子曰 : "如殺無道, 以就有道, 何如?" 孔子對曰 : "子爲政, 焉用殺? 子欲善, 而民善矣. 君子之德風, 小人之德草. 草上之風, 必偃."[3)]

(焉, 於虔反.) ○爲政者, 民所視效, 何以殺爲? 欲善則民善矣. 上, 一作尙, 加也.[4)] 偃, 仆也.[5)]
○尹氏曰 : "殺之爲言, 豈爲人上之語哉? 以身敎者從, 以言敎者訟, 而況於殺乎?"

---

②『어류』: "성成 자가 무엇입니까?" "성은 곧 욕欲(바라다)이다."[74]

1) 邢曰 : "苟, 誠也. 誠如子之不貪欲, 則民亦不竊盜. 非但不爲, 假令賞之, 民亦知恥而不竊也. 今多盜賊者, 正由子之貪欲故耳. …君若好貨, 而禁民淫於財利, 不能正也."

2) 柄(병) : 자루, 손잡이, (권력을) 잡다, 장악하다, 관장하다, 근본, 권세, 권력.

3) 偃(언) : 쓰러짐, 한쪽으로 기울어짐, 쉬다, 숨다, 괴로워하다, 편안, 교만.

4) 尙(상) : 더하다, 보태다, 주관하다. 加(가) : 더하여지다, 입다, 베풀다, 오히려.

5) 仆(부) : 넘어지다, 엎드리다, 뒤집어지다, 쓰러지다, 죽다. ○孔曰 : "偃, 仆也. 加草以風, 無不仆者, 猶民之化於上也." ○皇曰 : "尙, 猶加也. 偃, 臥也. 言君如風, 民如草, 草上加風, 則草必臥, 東西隨風, 如民從君也."

①『사서약지四書約旨』: 도둑질은 욕심에서 생긴다. 직설적으로 '그대가 도둑질을 하지 않으면'이라고 말하지 않았으니, 공자의 말이 완곡하면서도 의미가 깊다. ○『반신록』: '윗사람이 욕심을 부리지 않으면 설령 상을 준다고 해도 아무도 도둑질하지 않는다.' 혼란을 치세로 돌이키는 대원칙과 사회 안정의 급선무가 여기에 있다. 윗사람이 욕심을 부리지 않으면 윗물이 맑다. 윗물이 맑으면 아랫물도 맑다. 모든 곳이 다 맑아져 아무도 멋대로 재물을 취하지 않는다. 속여서 뼛골을 빨아먹는 광풍이 멈추는 순간 피폐하고 지친 백성이 소생한다(敲骨吸

12-18 계강자가 도둑을 걱정하며 공자에게 자문하자, 공자가 말하였다. "정녕 그대가 욕심을 부리지 않으면, 설령 상을 준다고 해도 아무도 도둑질하지 않을 것입니다."①

그대가 탐욕을 부리지 않으면, 백성에게 상을 주면서 도둑질하라고 시켜도 백성은 수치를 느껴 도둑질하지 않을 것이라는 말이다.

• 계씨 집안이 권력을 훔치고, 계강자가 적자 자리를 빼앗았으니, 백성이 도둑질하는 것은 필연적인 귀결이다. 어찌 그 근본으로 돌아가지 않는가? 공자는 욕심을 없애라고 계몽하였다. 그 취지가 심오하다. – 호인

적자 자리를 빼앗은 일은 『춘추전』(「애공 3년」)에 나온다.

12-19 계강자가 공자에게 정치를 물으며 말하였다. "만일 무도한 자를 죽여 질서를 바로잡으면, 어떻습니까?" "그대가 정치를 하면서 어찌 살인의 방법을 쓰려고 합니까? 그대가 선을 추구하면, 백성도 선해질 것입니다. 군자의 덕은 바람이요, 소인의 덕은 풀입니다. 풀은 바람이 불면 저절로 수그리는 법입니다."

위정자는 백성이 보고 본받는 존재이거늘, 어찌 살인을 행한단 말인가? 위정자가 선을 바라면 백성도 선해진다. 상上은 상尙으로 된 판본도 있는데, 끼치다(加)의 뜻이다. 언偃은 엎드림이다.

• 살인의 주장이 어찌 윗사람이 할 말인가? 자신의 행실로써 가르치면 추종하지만, 말로써 가르치면 쟁송하거늘, 하물며 살인이랴? – 윤돈

髓之風旣息, 疲敝凋瘵之民獲蘇). 각자 자기 위치에 편안하면 누가 다시 반란을 생각하겠는가? 『좌전』에 '국가의 패망은 관리의 부정에서 비롯되니, 관리가 덕을 잃으면 특혜와 뇌물이 난무한다' 하였다. 근대의 신복원辛復元도 '벼슬길에 뇌물이 공공연히 행해지기 때문에 민간에 도적이 들끓는다' 하였다. 예나 지금이 늘 이와 같다. 악비岳飛(1103–1142)의 말에 '문관이 돈을 좋아하지 않고 무관이 죽음을 두려워하지 않으면, 천하는 저절로 태평하다' 하였다. 틀림없는 말이다! ○『급총쇄어』: 노나라에 도둑이 많았다. 계강자가 다스리며, 한 놈을 잡아 들여 꾸짖기를 "너는 어찌하여 도둑질을 했느냐" 하자, 도둑이 대꾸하였다. "당신은 대부인 주제에 정권을 도둑질했으면서, 어째서 내가 도둑질한 것만 꾸짖는가?"

12-20 子張問："士何如斯可謂之達[1]矣?" 子曰："何哉, 爾所謂達者?" 子張對曰："在邦必聞, 在家必聞." 子曰："是聞[2]也, 非達也. 夫達也者, 質直而好義, 察言而觀色, 慮[3]以下人. 在邦必達, 在家必達. 夫聞也者, 色取仁而行違,[4] 居之不疑. 在邦必聞, 在家必聞."

達者, 德孚於人而行無不得之謂.[5]

子張務外, 夫子蓋已知其發問之意. 故反詰[6]之, 將以發其病而藥之也.

言名譽著聞也.

聞與達相似而不同, 乃誠僞之所以分, 學者不可不審也. 故夫子既明辨之, 下文又詳言之.

(夫, 音扶, 下同. 好·下, 皆去聲.) ○內主忠信, 而所行合宜, 審於接物, 而卑以自牧,[7] 皆自修於內, 不求人知之事. 然德修於己而人信之, 則所行自無窒礙矣.[8]

---

1) 達(달)：통하다, 닿다, 나오다, 성장, 깨닫다, 생기다, 정통하다, 막힘이 없다, 두루, 모두, 좋다, 적당함, 갖추어짐, 두루 통함, 출세하여 뜻을 이룸, 추천하다, 총명함, 방자함.

2) 聞(문)：평판, 명성, 유명하다, 저명하다, 명성이 있다, 견문, 지식, 소식.

3) 慮(려)：생각, 꾀하다, 근심, 걱정, 염려, 계획, 대략, 맺다, 의심, 흩트리다.

4) 違(위)：위반하다, 틀리다, 떨어지다, 피하다, 도망, 멀리하다, 원망, 사악, 잘못, 과실.

5) 孚(부)：미쁘다, 믿게 하다, 신복, 참되고 믿음성이 있다, 붙다. ○呂曰："德孚於人者必達, 矯行求名者必聞."(『或問』：聞達之辨, 呂氏最爲得之.) ○『易』：'謙謙君子,' 卑以自牧也.

6) 詰(힐)：묻다, 힐문하다, 따지다, 꾸짖다, 공격, 다스리다, 조사하여 바로잡다, 경계.

7) 牧(목)：치다, 목장, 기르다, 교외, 다스리다, 지방장관, 전답 담당관, 법, 법도.

8) 窒礙(질애)：막히고 방해됨, 장애가 있다. 礙：거리끼다, 방해하다, 저지, 한정.

① 『어류』：사람의 말을 고찰하고 그 안색을 관찰함으로써 내 말이 옳은지 그른지를 검증하려는 것이다. 가령 누가 자기 멋대로 말을 늘어놓고는 상대방이 마음속으로 믿고 받아들이는지 그렇지 않은지를 살피지 않는 태도는 자기 홀로 잘난 체함일 뿐이고, 남에게 겸손하고 성실한 자세로 공부할 줄 모르는 것이다. 사람이 학문을 할 때는 반드시 낮은 데서부터 해 나가야지 스스로 잘난 체하면 아무 도움이 안 된다(不濟事).[82] '려慮'는 자세히 생각하고 헤아림이니,

12-20 자장이 공자께 물었다. "선비는 어느 정도여야 통달(達)했다고 할 수 있습니까?" "무엇인가? 자네가 말하는 통달의 의미는?" "나라에서도 명성이 있고 고을에서도 명성이 있는 것입니다." "그것은 명성이지 통달이 아니다. 통달은 바탕이 정직하고 정의를 사랑하며, 남의 주장을 살피고 기색을 관찰하며, 남을 배려하고 겸손한 것이니,① 나랏일에도 통달하고 고을 일에도 통달한다. 반면 명성은 겉으로는 어진 체하나 행동은 그 반대이면서도, 전혀 거리낌 없는 태도를 취하니, 나라에서도 꼭 명성이 있고 고을에서도 꼭 명성이 있다."

달達은 그 덕이 남에게 믿음을 주어 모든 행위가 순조로움을 일컫는다.

자장은 외면에 치중하였다. 공자는 그 질문의 의도를 이미 간파했기 때문에, 다시 반문함으로써 그의 병폐를 지적한 다음 처방을 내렸다.

명예가 자자함을 말한다.

명성(聞)과 통달(達)은 서로 비슷하지만 다르니, 참과 거짓으로 갈린다. 학생은 깊이 살피지 않으면 안 된다. 따라서 공자는 먼저 그 둘을 명확히 구분한 뒤, 다음 글에서 상세히 언급하였다.

안으로 충직과 신의를 받들어 모든 행실이 합당하며 인간관계에 신중하고 겸손한 태도로 자신을 다잡는 일은, 모두 안으로 자신을 닦는 일이지 남이 알아주기를 구하는 일이 아니다.② 그러나 덕이 몸에 배여 남들의 신뢰를 받으면, 행하는 일들이 저절로 막힘이 없다.

어떤 일을 하려고 할 때 남에게 저촉되는 부분이 없을까를 생각하고 헤아리는 것이다.[86] "찰언이관색察言而觀色을 양시는 '내 말을 살피기 때문에 남에게 말실수를 하지 않고, 내 낯빛을 관찰하기 때문에 남에게 잘못된 낯빛을 보이지 않는다'고 풀었는데, 어떻습니까?" "자신의 낯빛을 어떻게 관찰할 수 있겠는가? 다만 남의 말을 살피고 남의 안색을 관찰한다는 말이다. 이것은 자기 공부이지, 남에게 알려지려는 것이 아니다. 공부를 한 다음 그로써 부모를 섬기면 부모 마음을 얻고, 그로써 임금을 섬기면 임금 마음을 얻으며, 그로써 친구와 사귀면 친구가 미더워하니, '야만의 나라에서도 행세할 수 있다.'(15-5) 이것이 '나라에서도 꼭 명성이 있고 고을에서도 꼭 명성이 있는' 이치이다.[90]

② 『혹문』: 겸손하여 남에게 자신을 낮춤(謙恭下人)은 이치의 당연함이지, 어떤 의도에서 그러는 것이 아니다. 만약 이득이 되는 인을 행하려는 의도에서 남에게 겸손하게 대한다면, 그런 겸손은 참된 마음의 자연스러운 발현이 아니고 이해득실을 계산하는 사심에서 나온 것이다.

(行, 去聲.) ○善其顔色以取於仁, 而行實背之, 又自以爲是而無所忌憚.[1] 此不務實而專務求名者, 故虛譽雖隆[2]而實德則病矣.

○程子曰 : "學者須是務實, 不要近[3]名. 有意近名, 大本已失, 更學何事? 爲名而學, 則是僞也. 今之學者, 大抵爲名. 爲名與爲利, 雖淸濁不同, 然其利心則一也."

尹氏曰 : "子張之學, 病在乎不務實. 故孔子告之, 皆篤實之事, 充乎內而發乎外者也. 當時門人親受聖人之敎, 而差失有如此者, 況後世乎?"

12-21 樊遲從遊於舞雩[4]之下, 曰 : "敢問崇德·脩慝[5]·辨惑." 子曰 : "善哉問! 先事後得, 非崇德與? 攻其惡, 無攻人之惡, 非脩慝與? 一朝之忿, 忘其身, 以及其親, 非惑與?"

(慝, 吐得反.) ○胡氏曰 : "慝之字從心從匿, 蓋惡之匿於心者. 脩者, 治而去之."

---

1) 忌憚(기탄) : 기탄하다, 꺼리다, 두려워하다. 忌 : 시기하다, 질투, 겁내다.
2) 隆(륭) : 풍성하고 크다, 두텁다, 극진하다, 높다, 성대하다, 흥성, 융성, 돌출하다.
3) 近(근) : 사랑하다, 가까이하다, 친하다, 알다, 비슷하다, 알기 쉽다, 천박하다, 곁, 친척.
4) 舞雩(무우) : 고대에 기우제를 거행할 때 무악을 동반한 제사, 무우제의 단. 雩 : 기우제.
5) 脩(수) : 닦다, 익히다, 꾸미다, 마련하다, 행하다, 공경하다, (깨끗이) 쓸다, 소제하다. 慝(특) : 사특·간사하다, 악하다, 악한 자, 재앙(의 기운), 사투리, 더럽혀지다, 숨기다.

① 『어류』 : 이는 거짓으로 동정하며 불쌍히 여기는 태도를 지니는 일만 지칭하지 않는다. '안색을 바르게 하여도' '미더움에 가깝지'(8-4) 못하고, '낯빛은 근엄하되 속은 능글맞은'(17-12) 경우가 '겉으로는 어진 체하나 행동은 그와 반대'인 경우이다.[85]

② 『어류』 : 세상에는 이런 종류의 사람들이 꼭 있다. 그들은 오로지 대단한 숫기로 사람들을 압박한다(專以大意氣加人).[87]

③ 『어류』 : 뒤로 물러나 겸손하고 독실하여, 남이 알아주기를 구하지 않더라도 어느 날 공부가 경지에 이르면 자연히 '달達'할 수 있다. '문聞'은 미리 앞서서 한 걸음 더 나아감이니, 오직 남이 알아주지 못할까를 염려한다. 자랑하고 과장하여 잠시 즐거움이 있더라도 사실 본받을 점이 없다.[78] '달'은 몸소 실천하여(躬行實踐) 얻은 결과요, '문'은 온갖 수단을 부려 명예를

자기 낯빛을 꾸며 인을 가장하지만 실제 행동은 인과 어긋나고,① 또 그럼에도 늘 자신이 옳다고 여기며 아무런 거리낌이 없다면,② 이야말로 실질에 힘쓰지 않고 오로지 명성만 추구하는 자이다. 따라서 헛된 명예가 아무리 높더라도 실제의 덕은 병들었다.

• 학생은 실질에 힘써야지 명예를 사랑하면 안 된다.③ 명예 사랑에 뜻을 두면 큰 근본이 이미 달아나니, 다시 무엇을 배우랴? 명예를 위한 학문은 거짓이다. 지금 학생은 대체로 명예를 추구한다. 명예 추구와 잇속 추구가 고상하고 비루한 차이는 있더라도, 탐욕의 마음인 점은 다 같다. - 이천

• 자장의 학문은 그 병폐가 실질에 힘쓰지 않음에 있었다.④ 그래서 공자가 모든 독실한 일들은 다 내면이 충실하여 외면으로 발현된 것이라고 깨우쳐주었다. 당시 제자들은 성인의 가르침을 직접 받았음에도 헷갈림이 이러할진대, 하물며 후세 사람이랴? - 윤돈

12-21 번지가 공자를 따라 무우舞雩에서 노닐 때 물었다. "자기의 덕을 높이고(崇德) 사특함을 쓸어 내고(脩慝) 미혹을 변별하는(辨惑) 일에 대해 감히 여쭙겠습니다." "좋은 질문이다! 먼저 일에 힘쓰고 보상은 뒤로한다면, 숭덕崇德이 아니겠는가? 자신의 악(단점)은 비판하고 남의 악은 비판하지 않으면, 수특脩慝이 아니겠는가? 한순간의 분노는 자신을 망치고 집안에까지 화가 미치니, 미혹이 아니겠는가?"

• 특慝 자는 심心과 닉匿(숨다)으로 되어 있으니, 악이 마음에 숨어 있다는 뜻일 것이다. 수脩는 다스려서 제거함이다. - 호인

추구한(沽名要譽) 결과이다. '달'은 늘 자신을 겸허하게 평가하므로(常自貶損) 이름을 구하지 않아도 저절로 이름이 알려진다. '문'은 미리 앞질러 명성을 구함(向前求名)이다.[86]

④ 정수덕 : "자장의 학문은 공자 문하에서 한 학파로 독립하였다 『논어』를 편집한 증자의 제자들이 보수파였으므로, 진보파인 자장에 대해 항상 은밀한 비평(微辭)이 많다. 천년 후에 태어난 우리는 분서焚書까지 겪어 삼대三代의 사건에도 가물가물하니, 공자의 제자들에 대해 임의로 우열을 정할 수 있겠는가? 강유위의 『논어주』는 자장을 대서특필하면서, 남송이 허약하고 부진한 까닭을 주자가 증자를 편애한 탓으로 돌렸다. 각 주장마다 일장일단이 있다."

善其切於爲己.

(與, 平聲.) ○先事後得, 猶言先難後獲也. 爲所當爲而不計其功, 則德日積而不自知矣. 專於治己而不責人, 則己之惡無所匿矣. 知一朝之忿爲甚微, 而禍及其親爲甚大, 則有以辨惑而懲[1]其忿矣. 樊遲粗鄙[2]近利, 故告之以此, 三者皆所以救[3]其失也.

○范氏曰 : "先事後得, 上義而下利也. 人惟有利欲之心, 故德不崇. 惟不自省己過而知人之過, 故慝不脩. 感物而易動者莫如忿, 忘其身以及其親, 惑之甚者也. 惑之甚者必起於細微, 能辨之於早, 則不至於大惑矣. 故懲忿所以辨惑也."

---

1) 懲(징) : 혼나다, 혼나서 잘못을 뉘우치거나 고치다, 징계, 응징, 그치다, 경계하다.

2) 粗鄙(추비) : 상스럽다, 너절하다, 저속하다, 야박하다.

3) 救(구) : 건지다, 돕다, 고치다, 치료하다, 막다, 금지하다, 도움, 구원.

① 『어류』 : 요즘 사람은 일을 할 때 그 일이 마땅히 해야 하는지 그렇지 않은지를 따지지 않고, 먼저 그 일에 어떤 효과(功效)가 있을지를 계산한다. 일단 계산 심리가 생기면 오로지 이익을 위해 움직일 뿐 일의 당위성은 더 알지 못한다. 덕은 리理가 내 마음에 획득된 상태(理之得於吾心者)이다. 사람이 마땅히 해야 할 바를 알뿐, 이익을 추구하는 마음이 없으면, 그 뜻이 그 자체로 매우 높다. 이해득실을 따지고 편익을 계산하면 그 뜻이 비열하다. 이른바 '숭崇'이란 덕이 그로부터 더욱 고양된다는 말이다.[93] '선사후득先事後得'이란 자기가 해야 할 일을 행할 뿐 그 효과는 꼭 바라지 않음이다. 가령 어떤 좋은 일을 할 때 다른 어떤 효과를 바라면, 마음이 두 갈래로 나뉜다. 그리하면 효과도 나타나지 않을 뿐만 아니라, 하고 있는 일조차도 망친다. 만약 누가 줄곧 일만 할 뿐 여타의 효과(효능)를 바라지 않는다면, 어찌 덕이 고양되지 않겠는가?[94] 사람의 마음은 두 가지 일을 동시에 통괄하지(通) 못한다. 한 마음이 일을 하고 있는데 따로 또 이득을 얻으려는 마음이 생기면 원래의 일에 몰두하지 못하니, 어떻게 내공이 쌓일 수 있겠는가! 이 한 줄기 마음의 길은 일직선으로 뚫렸으니 다른 갈래가 없다. 두 군데로 나뉘면 안 된다. 어떤 일을 하고 있을 때 하나의 마음은 여기서 일하고 있는데 다른 하나의 마음이 공로를 계산하고 있다면, 그 일은 결코 끝을 보지 못하고 충분히 정밀하지도 못하게 된다. 어떤 일을 하고 있으면 그 일만 하라. 이것을 하려고 하면서 또 저것을 하려고 하면 일이 되지 않는다. 그 두 일이 좋은 의도에서 나왔더라도 안 되거늘, 하물며 나쁜 의도에서 나온 것이라?[92] 마치 한신 장군이 배수진을 친 경우처럼, 돌아보고 고려하는 마음을 잊으면 반드시 싸움에서 이긴다. 두 마음이 있으면 안 된다. 한 마음으로 일에 몰두하면 덕은 저절로 고양된다.[95] 마땅히 해야 할 일을 행하는 상태가 순전한 천리이다. 조금이라도 계산하는 마음이 생기면 곧 인욕이다. 오로지 천리를 따라 해 나가면 덕은 저절로 고양된다.[96]

('좋은 질문이다') 질문이 자기 수양에 절실한 것이어서 칭찬했다.

선사후득先事後得은 선난후획先難後獲(6-22)이라는 말과 같다. 해야 할 일을 행하면서 그 공은 계산하지 않으면, 자기도 모르는 사이에 덕이 쌓인다.[①] 오로지 자신을 다스리고 남을 책하지 않으면, 자기의 악은 은닉되지 못한다. 한순간의 분노가 아무리 미미해도 그 화가 부모에까지 미치면 그 의미가 심대해짐을 안다면, 미혹을 분별하여 그 분노를 다스릴 수 있다. 번지는 저속하여 잇속을 좋아했기에, 이와 같이 깨우쳤다. 세 가지 모두 그의 단점을 교정하는 내용이다.[②]

• 먼저 일에 힘쓰고 보상은 뒤로함은, 의리를 숭상하고 잇속을 천시함이다. 사람은 탐심이 있기 때문에 덕이 향상되지 못하고, 자기의 과오는 살피지 않고 남의 과오만 보기 때문에 사특함을 쓸어 내지 못한다. 사물에 반응하여 쉽게 동요하는 것 가운데 분노만한 것이 없다. 자신을 망각하고 부모에까지 그 폐가 미치니, 그보다 더한 미혹이 없다. 심대한 미혹도 반드시 미세한 데에서 비롯되니, 일찌감치 분별할 수 있다면 큰 미혹에 빠지지 않는다. 따라서 분노를 다스려야 미혹을 분별할 수 있다. – 범조우

② 『어류』: "자장(12-10)과 번지 모두 '숭덕'과 '변혹'을 질문했는데, 왜 공자의 답은 다릅니까?" "자장은 과장이 많고 성실하지 않았다. 그래서 공자는 '충직과 신의를 받들고 의를 따르라(主忠信, 徙義)'고 대답하여, 삼가고 단속하며(收斂) 착실히 공부하기를 바랐다. 보통 사람의 감정은 사람을 좋아하거나 미워할 때 그저 좋아하고 미워할 뿐이고, 반드시 그가 살기를 바라거나 반드시 죽기를 바라는 데까지 이르지는 않는다. 틀림없이 자장은 평소 희로애락의 표출이 지나쳤기 때문에 공자가 다시 그렇게 말했을 것이다. 번지의 사람됨은 고찰할 수 없으나 농사와 채소에 대한 문답(13-4)으로 보건대, 반드시 비속鄙俗하고 난폭한 사람일 것이다. 그래서 공자가 '어려운 일은 먼저 하고 그 얻는 바는 뒤로 미루라(先難後獲)'고 깨우쳤다. '비속'은 잇속을 가까이한다는 뜻이 있고, '난폭'은 분노 때문에 자기 자신을 망각하는 병폐가 있다. 모두 각자의 단점에 근거하여 구제하려는 뜻이다."[98] ○『혹문』: 성인의 뜻은 번지가 분노에 휘둘려 이해득실의 소재를 모르는 것을 미혹으로 보고, 그가 그 점을 뉘우쳐 분별력을 가지기를 바랐다. 공자가 자장에게 한 말은 애증에 미혹됨을 경계했고, 번지에게 한 말은 분노에 미혹됨을 경계했다. 각자의 단점에 근거한 경계이다.

12-22 樊遲問仁. 子曰：“愛人.” 問知. 子曰：“知人.” 樊遲未達. 子曰：“擧直錯諸枉, 能使枉者直.”
樊遲退, 見子夏. 曰：“鄕也吾見於夫子而問知, 子曰, ‘擧直錯諸枉, 能使枉者直,’ 何謂也?” 子夏曰：“富哉言乎! 舜有天下, 選於衆, 擧皐陶, 不仁者遠矣. 湯有天下, 選於衆, 擧伊尹, 不仁者遠矣.”

(上知字, 去聲, 下如字.) ○愛人, 仁之施. 知人, 知之務.

曾氏曰：“遲之意, 蓋以愛欲其周, 而知有所擇, 故疑二者之相悖[1)]爾.”

擧直錯枉者, 知也. 使枉者直, 則仁矣. 如此, 則二者不惟不相悖而反相爲用矣.

(鄕, 去聲. 見, 賢徧反.) ○遲以夫子之言, 專爲知者之事. 又未達所以能使枉者直之理.

歎其所包者廣, 不止言知.

(選, 息戀反. 陶, 音遙. 遠, 如字.) ○伊尹, 湯之相也. 不仁者遠, 言人皆化而爲仁, 不見有不仁者, 若其遠去爾, 所謂使枉者直也. 子夏蓋有以知夫子之兼仁知而言矣.

---

1) 悖(패)：어그러지다, 도리·사리·기준에서 벗어나다. (발)：우쩍 일어나다, 성하다(勃).

① 『어류』：“‘사람 사랑’과 ‘사람 알기’는 ‘인’과 ‘지’의 작용(用)입니다. 성인은 왜 ‘인’과 ‘지’의 용用만 알려주고 그 체體는 말해 주지 않았습니까?” “그 ‘용’을 살펴보면 그 ‘체’를 알 수 있기 때문이다. ‘용’은 ‘체’에서 유출된다.”[103]

② 『어류』：애인愛人은 모든 사람을 사랑함이고, 지인知人은 사람을 분별하고 선택함이다. 두 가지는 의미가 상반된다. 그래서 의문을 가졌다. ‘정직한 이를 천거하여 부정한 사람 위에 둠’은 사람을 아는 일이고, ‘그 부정을 바로잡을 수 있음’은 사람을 사랑하는 일이다. 번지는 둘 다 모두 ‘지知’의 일로 잘못 알았다. 그래서 자하를 만나 질문한 것이다. ‘불량한 자들이 멀어진’ 뒤에 인仁과 지知의 의미가 모두 완비된다.[99] 증기의 『논어』 해석 가운데 타당한 것은 이 곳뿐이다.[100]

12-22 번지가 공자께 물었다. "인仁이란 무엇입니까?" "사람을 사랑하는 것이다(愛人)." "지知란 무엇입니까?" "사람을 아는(잘 감별하는) 것이다." 번지가 이해를 못하자 공자가 말하였다. "정직한 이를 발탁하고 부정한 자를 내치면, 부정을 바로잡을 수 있다."(2-19)
번지는 물러나, 자하를 찾아 물었다. "전에 내가 선생님을 뵈었을 때 '앎'에 대해 묻자, 선생님은 '정직한 이를 발탁하고 부정한 자를 내치면, 부정을 바로잡을 수 있다'고 하셨는데, 무슨 뜻일까요?" "심오한 말씀입니다. 순임금이 천하를 다스리며 무리에서 고요를 등용하자 못된 자들이 멀어지고, 탕왕이 천하를 다스리며 무리에서 이윤을 등용하자 못된 자들이 멀어졌습니다."

사람을 사랑함은 인仁의 베풂, 사람을 앎은 지知의 임무이다.①

• 번지는 아마 사랑은 보편을 추구하나 앎은 선택이 있는 만큼, 두 가지는 서로 모순된다고 의심한 듯하다.② – 증기

정직한 이를 등용하고 부정한 이를 버리는 일이 지知이다. 부정한 이를 정직하게 만드는 일이 인仁이다. 그렇다면 두 가지는 서로 모순되는 것이 아니다. 도리어 서로 보충적이다.③

번지는 공자의 말이 오로지 지知에 관련된 일로 여겼다. 또 부정한 자를 정직하게 만들 수 있는 이치를 이해하지 못하였다.

말의 함의가 넓어 그저 지知만 언급한 것이 아님을 감탄하였다.

이윤은 탕왕의 재상이다. '못된 자들이 멀어졌다' 함은, 사람들이 모두 교화되어 착해져서 못된 자들이 보이지 않아 마치 멀리 달아난 것 같으니, 이른바 '부정한 자를 정직하게 만든다'는 말이다. 자하는 아마도 공자가 '인'과 '지'를 겸하여 말했음을 알고 대답한 것 같다.

---

③『어류』: '정직한 이를 천거하여 부정한 사람의 위에 두면, 그 부정을 바로잡을 수 있다'는 점에서 '인'과 '지'가 합일함을 알 수 있다. '인' 안에 '지'가 있고, '지' 안에 '인'이 있다.[101]

○程子曰："聖人之語, 因人而變化. 雖若有淺近者, 而其包含無所不盡, 觀於此章可見矣. 非若他人之言, 語近則遺遠, 語遠則不知近也."

尹氏曰："學者之問也, 不獨欲聞其說, 又必欲知其方[1]；不獨欲知其方, 又必欲爲其事. 如樊遲之問仁知也, 夫子告之盡矣. 樊遲未達, 故又問焉, 而猶未知其何以爲之也. 及退而問諸子夏, 然後有以知之. 使其未喻, 則必將復問矣. 旣問於師, 又辨[2]諸友, 當時學者之務實也如是."

12-23 子貢問友. 子曰："忠告而善道[3]之, 不可則止, 無自辱焉."

(告, 工毒反. 道, 去聲.) ○友所以輔[4]仁, 故盡其心以告之, 善其說以道之. 然以義合者也, 故不可則止. 若以數而見疏, 則自辱矣.

12-24 曾子曰："君子以文會友, 以友輔仁."

講學以會友, 則道益明；取善以輔仁, 則德日進.

---

1) 方(방)：견주다, 비교하다, 구별, 같은 무리, 바르다, 법, 도, 방법, 수단, 술법, 향하다.
2) 辨(변)：분별, 판별, 의혹을 없앰, 분리, 다스림, 바로잡다, 따지다, 물어서 밝힘, 논쟁.
3) 道(도)：이끌다, 인도하다(≒導), 가르치다, 가르쳐 인도하다, 무지를 깨우치다.
4) 輔(보)：돕다, 조력하다, 도와서 바로잡다, 보좌, 벗, 대신大臣.

① 『혹문』：이른바 '선도善道'란 심기는 화평하게 이치는 분명하게 뜻은 곡진하게 함으로써, 혹은 조용하고 온후하게 혹은 친절하고 솔직하고 합당하게 하여 듣는 이가 거부감 없이 즐거이 이해하고 따르도록 함을 일컫는다.

• 성인의 말은 사람에 따라 변화한다. 천근한 것 같은 말에도 그 함의가 무궁하다는 사실은 이 장을 보면 알 수 있다. 다른 사람들의 말이 천근함을 말하면 심원함을 놓치고, 심원함을 말하면 천근함과 무관하게 되는 것과는 다르다. – 이천

• 학생은 질문할 때는 오직 어떤 도리만 듣고자 해서는 안 되고 반드시 그 방법도 알려고 해야 하고, 그 방법만 알려고 해서는 안 되고 반드시 그 일을 실천하려고 해야 한다. 번지처럼 '인'과 '지'를 질문해야 공자가 온전히 일러준다. 번지가 이해하지 못했기 때문에 다시 질문하였다. 그럼에도 불구하고 어떻게 그 일을 실천할 수 있는지 아직 알지 못하였다. 물러나 자하에게 질문한 뒤에야 이해할 수 있었다. 그래도 이해하지 못했다면 틀림없이 다시 물었을 것이다. 이미 스승에게 질문한 다음 다시 친구에게 물어서 분명히 이해한 것이다. 당시 학생은 이처럼 실질에 힘썼다(務實). – 윤돈

12-23 자공이 공자께 물었다. "벗이란 무엇입니까?" "충심으로 일깨우고(忠告) 완곡하게 이끌어야 한다.① 듣지 않으면 그만둔다. 그러면 자신에게 욕이 되지 않는다."

벗은 서로 '인'을 북돋는 존재이다. 따라서 마음을 다해 충고하고, 완곡한 설득으로 이끌어야 한다. 그러나 의리로써 투합한 사이인 만큼, 듣지 않으면 그만둔다. 만약 자주 탓하다가 소원해지면(4-26) 스스로 욕이 된다.

12-24 증자가 말하였다. "군자는 글로써 벗을 사귀고, 벗으로써 '인'을 북돋는다."

학문을 강론함으로써 벗을 사귀면 도가 더욱 밝아지고, 벗의 선함을 본받음으로써 '인'을 북돋으면 덕이 나날이 향상한다.

제13편 자로

子路第十三

(凡三十章.)

13-1 子路問政. 子曰："先之, 勞[1]之." 請益. 曰："無倦."[2]

(勞, 如字.) ○蘇氏曰："凡民之行, 以身先之, 則不令而行. 凡民之事, 以身勞之, 則雖勤[3]不怨."

(無, 古本作毋.) ○吳氏曰："勇者喜於有爲而不能持久,[4] 故以此告之."

○程子曰："子路問政, 孔子旣告之矣. 及請益, 則曰無倦而已, 未嘗復有所告, 姑使之深思也."

13-2 仲弓爲季氏宰, 問政. 子曰："先有司, 赦[5]小過, 擧賢才." 曰："焉知賢才而擧之?" 曰："擧爾所知. 爾所不知, 人其舍諸?"

---

1) 勞(노) : 일하다, 근심, 앓다, 괴로워함, 지치다, 수고, 자랑하다, 공훈, 광활하다.
2) 倦(권) : 게으름, 싫증, 태만하다, 피로하다, 일하지 않고 놀다.
3) 勤(근) : 근심하다, 걱정하다, 위로하다, 부지런하다, 근면, 빈번하다, 도와주다, 일.
4) 持久(지구) : 오래 지속되다. 持 : 끝까지 지키다, 견지하다, 장악, 관리, 주장하다.
5) 赦(사) : 용서하다, 잘못을 책하지 않다, 사면. (책) : 채찍질하다.

① 『어류』 : 몸으로 수고하고 일에 부지런하려면, 반드시 자신이 수고를 맛보아야 비로소 터득할 수 있다. 『시』에서 "별을 보며 일찍 말을 타고 나가야 뽕밭에서 환영받는다(星言夙駕, 說于桑田)"고 하였다. 옛사람은 별을 보며 출근하고 별을 보며 들어왔다. 반드시 스스로 노고를 겪어보아야 비로소 사람들을 이끌 수 있다. 백성이 부모를 사랑하기를 바라면 반드시 내가 먼저 솔선하여 효성을 보이고, 백성이 어른을 섬기기를 바라면 반드시 내가 먼저 솔선하여 공손해야 한다. 자로가 더 설명을 바라자, '나태함이 없어야 한다'고 하였다. 노고는 사람이 하기 어려운 일이기 때문에 '나태하지 말라'고 권면하였다.[1] 고생스러운 일을 인민에게 사역시킬 때는 윗사람들 스스로 어느 면 그들과 함께 일을 해야 그 일을 추진할 수 있다. 농부들에게 농업과 잠업을 할당하여 권장하는 일 역시 반드시 자신이 부지런히 일하는 것을 꺼리면 안 된다. 몸소 밭으로 들어가서 그들과 함께 일을 해야 한다.[3]

② 『사서근지四書近指』 : 성인이 자로의 장점에 근거하여 '솔선하고 수고하라'고 계도한 말씀이 아니다. 그것에 만고의 치란과 성쇠가 달려있다는 말이다. 자로의 단점에 근거하여 '나태하지 말라'고 덧붙인 말씀이 아니다. 그것에 태평에서 혼란에 빠지고, 성세에서 쇠퇴로 이르는 만고의 진리가 걸려있다는 말이다.

③ 『혹문』 : 오역은 말하였다. "중궁·자공·자로·염유는 모두 계씨에게 벼슬하였다. 중궁·자공은

13-1 자로가 공자께 물었다. "정치는 어떻게 해야 합니까?" "솔선수범하고, 몸소 수고하라."① "더 말해주십시오." "나태함이 없어야 한다."②

• 백성은 행동할 때, 통치자가 몸소 솔선하면, 영을 내리지 않아도 행한다. 백성은 일할 때 통치자가 몸소 수고하면, 고단하더라도 원망하지 않는다. – 소식

• 용감한 이는 즐겨 일을 벌이지만 오래가지 못하기 때문에 이와 같이 일러주었다. – 오역

• 자로가 정치를 묻자 공자가 이미 일러주었다. 더 설명해 달라고 청하자, '나태함이 없어야 한다'고만 말하였다. 다시 더 일러주지 않은 까닭은 일단 깊이 생각하게 하려는 것이다. – 명도

13-2 중궁이 계씨의 가신이 된 다음③ 공자께 물었다. "정치를 어떻게 합니까?" "우선 유사에게 맡기고, 작은 과실은 용서하고,④ 유덕자와 능력자를 등용하라." "유덕자와 능력자를 어떻게 알아보고 등용합니까?" "우선 네가 아는 사람을 등용하면, 네가 모르는 사람은 남들이 내버려두겠는가?"

공자가 책망한 적이 없다. 자로에 대한 책망은 염구처럼 심하지는 않았다. 여기서 그들의 우열을 엿볼 수 있다. 이 네 사람이 민자건처럼 사양하지 못한 점이 애석하다! 민자건은 안자만큼 현명하지는 못했으나, 계강자가 민자건이 현명함을 알아보지는 못하였다. 오호라! 안연·민자건은 정말로 공문의 비범한(超絶) 이들이로다!" 증기는 말하였다. "계씨는 민자건을 비읍의 읍재로 삼으려 하고, 또 중궁·자로·염유를 가재로 삼았다. 모두 공자 문하에서 덕행과 정사의 과목에서 선발했으니, '인재를 잘 얻었다(得人)' 하겠다. 그러나 민자건은 홀로 거절하면서 벼슬을 바라지 않았다. 이 때문에 그가 안·민으로(양대 제자로) 일컬어졌다."

④ 『한서』「동방삭전」: 물이 너무 맑으면 고기가 없고(水至淸則無魚), 사람이 지나치게 깨끗하면 친구가 없다(人至察則無徒). 임금의 면류관은 앞에 주옥을 꿴 줄을 드리워 눈을 약간 가리고, 귀막이 솜으로 귀를 약간 막는다. 임금으로 하여금 보아도 보지 못한 부분이 있고, 들어도 듣지 못한 부분이 있게 함으로써, 작은 덕은 표창하는 반면, 작은 잘못은 용서하여, 한 사람의 신하에게 완벽하기를 요구하지 않게 하려는 뜻이다.

有司, 衆職也. 宰兼衆職, 然事必先之於彼, 而後考其成功, 則己不勞而事畢擧矣. 過, 失誤也. 大者於事或有所害, 不得不懲 ; 小者赦之, 則刑不濫[1]而人心悅矣. 賢, 有德者. 才, 有能者. 擧而用之, 則有司皆得其人而政益修矣.

(焉, 於虔反. 舍, 上聲.) ○仲弓慮無以盡知一時之賢才, 故孔子告之以此.

程子曰 : "人各親其親, 然後不獨親其親. 仲弓曰 '焉知賢才而擧之,' 子曰 '擧爾所知, 爾所不知, 人其舍諸,' 便見仲弓與聖人用心之大小. 推此義, 則一心可以興邦, 一心可以喪邦, 只在公私之間爾."
○范氏曰 : "不先有司, 則君行臣職矣 ; 不赦小過, 則下無全人矣 ; 不擧賢才, 則百職廢矣. 失此三者, 不可以爲季氏宰, 況天下乎?"

13-3 子路曰 : "衛君待子而爲政, 子將奚先?" 子曰 : "必也正名乎!" 子路曰 : "有是哉, 子之迂[2]也! 奚其正?"

---

1) 濫(람) : 함부로 하다, (물이) 넘쳐흐르다, 범람, 쓸데없다, 지나치다, 마구잡이이다.

2) 迂(우) : (실정과) 멀다, 물정에 어둡다, 먼 길, 굽히다, 비뚤어지다, 에두름, 실수, 거짓.

① 『어류』 : 사람 마음의 국량은 본디 크다. 사사로움 때문에 작아진다. 막히고 고루함(蔽固)이 극에 이르면 나라를 잃는다.[8]

② 『신서』 「잡사」 : 공자가 계손을 모시고 앉았다. 계손의 가재家宰가 말하였다. "임금이 사람을 시켜 말을 빌리려(假) 하는데, 주어야 합니까?" 공자가 말하였다. "나는 듣건대 임금이 신하에게 취하는 일을 취取라고 말하지, 가假라고 말하지 않습니다." 계손이 깨닫고, 가재에게 말했다. "오늘 이후로는 임금이 취할 때, 취取라고 말하지 가假라고 말하지 않겠다." 이리하여 공자가 '빌린다'는 이름을 바로잡아, 군신의 의(君臣之義)를 정립하였다. [※원칙상 신하의 것은 다 임금의 것이다. 공자는 아무리 권신이라도 신하가 무엇을 임금에게 '빌려주는' 도리는 없다고 여겼다. 임금의 어떤 행위에 대한 이름에 취取가 정명이냐 가假가 정명이냐에 대한 논의이다.] ○석광영(『신서』 교석자) : "이것은 13-14에서 논한 정政과 사事의 논의와 함께 모두 공자의 정명의 사례이다." ○왕양명 : "성인 공자는 큰 덕과 지성스런 마음을 가진 분이니, 필시 첩(출공)을 감화시켜 아버지를 아버지로 여기지 않음(無父)은 사람이 아님을 깨우치면 그는 통곡하며 달려가 아버지(괴외)를 맞이하게 될 것이다. 부자간의 사랑은 천성天性에 근본하나, 첩이 그처럼 참회하고 애통해 하면, 어찌 괴외인들 감동하여 기쁨을 느끼지 않겠는

유사有司는 여러 직책이다. 가신(宰)이 여러 직책을 겸하지만, 일은 반드시 우선 유사들에게 맡긴 다음 나중에 그 성과를 평가하면 자신은 힘들이지 않고 일을 완수할 수 있다. 과過는 실수와 착오다. 큰 과실은 정사에 해를 끼칠 수 있는 만큼 징계하지 않을 수 없으나, 작은 과실은 용서하면 형벌이 남용되지 않아 인민이 마음으로 기뻐한다. 현賢은 덕 있는 자, 재才는 능력 있는 자이다. 그들을 등용하면 유사들이 모두 적임자이니 정치가 더욱 정비된다.

중궁은 한 시대의 유덕자와 능력자를 다 알 수 없음을 염려하였다. 그래서 공자가 이와 같이 일러주었다.

• 사람은 각자 자기 부모를 봉양한 뒤에, 자기 부모만 봉양하지 않는 경지에 이를 수 있다. 중궁이 '유덕자와 능력자를 어떻게 알아보고 등용합니까?'라고 묻자, 공자가 '먼저 네가 아는 사람을 등용하면, 네가 모르는 사람은 남들이 내버려두겠는가?'라고 답하였다. 여기서도 중궁과 성인의 마음 씀씀이가 크고 작음을 살필 수 있다. 그 의미를 추론하건대, 마음 하나로 나라를 흥하게 할 수도 망하게 할 수도 있음은 오직 공公·사私에 달려 있다.① – 명도

• 먼저 유사에게 맡기지 않으면, 임금이 신하의 직무를 행하게 된다. 작은 과실을 용서하지 않으면, 아래로 온전한 사람은 아무도 없게 된다. 유덕자와 능력자를 등용하지 않으면, 온갖 직무가 중단된다. 이 세 가지를 잘못하면 계씨의 가신도 될 수 없거늘, 하물며 천하이랴? – 범조우

13-3 자로가 공자께 물었다. "위나라 임금이 선생님을 모시고 정치를 하면 무슨 일부터 하시겠습니까?" "반드시 이름을 바로잡겠다."② "역시 그러시군요. 선생님은 답답하십니다. 하필 이름을 바로잡으십니까?"

가? 괴외가 귀국하면 첩은 나라를 바치며 죽여주기를 청하고, 그러면 괴외는 이미 아들에게 감화된 터이고, 또 공자께서 지성으로 부자간을 화해시킬 것이니, 괴외 역시 왕위를 받으려 하지 않고, 아들 첩에게 명命하게 될 것이고, 뭇 신하와 백성들도 첩이 임금 되기를 바랄 것이다. 그렇게 되면 첩 쪽에서 이제 스스로 자신의 죄악을 낱낱이 밝히고 천자께 청하고 제후에게 고한 다음 아버지께 나라를 바치려고 할 것이다. 그러면 괴외 이하 뭇 신하와 백성들은 또 첩이 그와 같이 참회하고 인효仁孝의 미美를 깨우쳤음을 널리 드러내어 그 사실을 천자와 제후에게 고하여 다시 첩으로 하여금 임금이 되게 하려고 할 것이다. 그리하여

子曰："野哉由也! 君子於其所不知, 蓋闕如也. 名不正, 則言不順[1]；言不順, 則事不成；事不成, 則禮樂不興；禮樂不興, 則刑罰不中；刑罰不中, 則民無所措[2]手足. 故君子名之必可言也, 言之必可行也. 君子於其言, 無所苟而已矣."

衛君, 謂出公輒也. 是時魯哀公之十年, 孔子自楚反乎衛.

是時出公不父其父而禰[3]其祖, 名實紊[4]矣, 故孔子以正名爲先. 謝氏曰："正名雖爲衛君而言, 然爲政之道, 皆當以此爲先."

迂, 謂遠於事情, 言非今日之急務也.

野, 謂鄙[5]俗. 責其不能闕疑, 而率爾妄對也.

楊氏曰："名不當其實, 則言不順. 言不順, 則無以考[6]實而事不成."

첩에게 명을 몰아주어(集命) 다시 위나라 임금이 되게 할 것이다. 그러면 첩은 부득불 뭇 신하와 백성들을 이끌고 괴외를 상왕으로 높이 받들어 최상의 예로써 봉양한 다음 비로소 물러나 임금 자리에 오르게 되면, '임금은 임금답고 신하는 신하답고, 아버지는 아버지답고 아들은 아들답게' 되어, 이름이 바르고(名正) 주장이 순조롭게(言順) 되면, 일거에 온 천하를 호령할 수 있게 된다. 공자의 정명은 아마 이런 것이다."(『전습록』) ○모기령 : "과연 거부拒父의 일이 있었는지를 고변考辨하는 일이 가장 급선무였기 때문에 공자는 정명을 논했다. … 당시 위나라 사람들이 괴외를 막으면서(拒) '출공 첩이 거부拒父했다'라고 하지 않고, '영공을 위해 그 역도를 거拒한다'고 표현했다. …이른바 '정명'이란 출공 첩의 수명受命의 명(명분)과 거부拒父의 명을 분변分辨하려는 것을 의미한다. 공자가 위나라에 돌아왔을 때까지 여전히 명의名義가 해결되지 않고 있었기 때문에 공자께서 정명을 우선했던 것이다." ○유보남 : "정명이란 무엇인가? 세자의 명名을 바로잡는다는 뜻이다. (위령공이 봉한) 괴외를 세자로 인정치 않고, (괴외의 아들) 첩이 왕위를 계승하는 일보다 더 심각한 명名의 전도는 없다. 공자가 누차 바로잡으려 한 것은 출공(첩)은 임금이 될 수 없으니, 괴외와 왕위를 다투어서는 안 된다는 것이었다."

1) 順(순) : 온순하다, 도리를 따름, 본받다, 이어받다, 만족하다, 피하다, 귀여워하다.
2) 措(조) : 두다, 놓아두다, 배치, 안치, 처리, 처분, 준비하다, 마련하다, 베풀어주다.
3) 禰(녜) : 아버지 사당, 사당에 모신 아버지, 신주.
4) 紊(문) : 어지럽다, 어지럽히다, 혼란하다.
5) 鄙(비) : 더럽다, 인색함, 어리석다, 상스럽다, 질박, 멸시, 수치로 여기다, 시골, 모퉁이.
6) 考(고) : 밝히다, 고찰, 조사하다, 꾸짖다, 치다, 이루다, 오르다, 맞다, 마치다, 장수함.

"너는 너무 모른다! 군자는 자기가 모르는 것은 가만히 있는 법이다. 만약 이름이 바르지 않으면 주장(말)이 정연하지 않고, 주장이 정연하지 않으면 일이 제대로 성취되지 않고, 일이 성취되지 않으면 예악이 흥성하지 않고, 예악이 흥성하지 않으면 형벌 적용이 올바르지 않다. 형벌 적용이 올바르지 않으면, 백성은 무엇을 어떻게 해야 할지 모른다. 그런 까닭에 군자는 이름을 붙였으면 반드시 주장할 수 있어야 하고, 주장을 했으면 반드시 실행할 수 있어야 한다. 군자는 자기주장에 애매한 태도를 취하지 않는다."

위나라 임금은 출공 '첩'을 일컫는다. 이때가 노나라 애공 10년이다. 공자가 초나라에서 위나라로 돌아왔다.

이때 출공은 자기 아버지를 아버지로 여기지 않고 할아버지를 아버지로 모셔 명실이 문란하였다. 그래서 공자가 이름을 바로잡는 일을 우선하였다.

• 정명이 비록 위나라 임금을 두고 한 말이나, 정치를 하는 도는 모두 정명을 우선해야 한다. – 사량좌

우迂는 물정에 어둡다는 뜻이니, 오늘의 급선무가 아니라는 말이다.

야野는 저속함을 일컫는다. 의심스런 점을 보류하지(闕疑)(2-18) 않고 경솔하게 멋대로 대답한 것을 꾸짖었다.

• 이름이 그 실상과 맞지 않으면 주장(말)이 순조롭지 않고, 주장이 순조롭지 않으면 실상을 고찰할 수 없어서 일이 성취되지 않는다.① – 양시

---

①『어류』: "말(言)과 일(事)은 서로 관계가 없는 것 같습니다." "왜 관계가 없겠는가? 예컨대 누가 옷에 불이 붙었다면 급히 물을 가져오게 하여 꺼야 한다. 그런데 '불을 가져오라'고 하면 이는 '말이 순조롭지 않음(言不順)'이다. 어떻게 일을 마무리 하겠는가? 또 누가 도적을 잡으려 할 때 도적이 동쪽으로 달아났으면 마땅히 동쪽으로 가서 잡아야 한다. 만일 '서쪽으로 가라'고 하면 어떻게 잡을 수 있겠는가? 모두 말(言)이 순조롭지 않아 일(事)을 성취하지 못한 경우이다. 위나라를 놓고 보면 '첩'은 아들, '괴외'는 아버지이다. 그런데 병력을 동원하여 아버지를 거절했다(拒父). 이는 아버지를 역적으로 여김이니, 그 얼마나 순조롭지 못함(不順)인가? 그가 어떻게 나라를 다스리고, 어떻게 백성에 군림하겠는가? 일이 이미 잘 성취되지 않은 이상 전도되고 어그러지고 혼란하니, 예악이 어떻게 흥성할 수 있겠으며, 형벌이 어떻게 적중할(타당하게 적용될) 수 있겠는가? '한 가지 일이 구차하면 그 밖의 나머지가 구차해진다!'고 한 명도의 말이 바로 그 뜻이다."[14]

(中, 去聲.) ○范氏曰："事得其序之謂禮, 物得其和之謂樂. 事不成則無序而不和, 故禮樂不興. 禮樂不興, 則施之政事皆失其道, 故刑罰不中."

程子曰："名實相須. 一事苟, 則其餘皆苟矣."

○胡氏曰："衛世子蒯聵恥其母南子之淫亂, 欲殺之, 不果[1]而出奔. 靈公欲立公子郢, 郢辭. 公卒, 夫人立之, 又辭. 乃立蒯聵之子輒, 以拒[2]蒯聵. 夫蒯聵欲殺母, 得罪於父, 而輒據[3]國以拒父, 皆無父之人也, 其不可有國也明矣. 夫子爲政, 而以正名爲先. 必將具[4]其事之本末, 告諸天王, 請于方伯, 命公子郢而立之. 則人倫正, 天理得, 名正言順而事成矣. 夫子告之之詳如此, 而子路終不喻也. 故事輒不去, 卒死其難. 徒知食焉不避其難之爲義,[5] 而不知食輒之食爲非義也."

---

1) 果(과) : 열매, 해내다, 이루다, 굳셈, 과감하다, 과연, 참으로, 생각에 어긋나지 않음, 결과.

2) 拒(거) : 막다, 거부하다, 지키다, 방어하다, 겨루다, 적대하다.

3) 據(거) : 의거, 의지하다, 웅거, 의탁, 어떤 자리에 앉다, 굳게 지킴, 의지처, 근원, 붙잡다.

4) 具(구) : 구비·온전하다, 기물, 기량, 함께, 지니다, 온전하게 갖추다, 늘어놓다, 공물.

5) 『左傳』「哀公十五年」: 子羔曰, "弗及, 不踐其難!" 季子曰, "食焉, 不辟其難."

① 『어류』: "『춘추』에 '진晉나라 조앙이 세자 괴외를 척戚 땅에서 받아들였다'는 말이 있습니다. 즉 세자라고 부르고 있으니, 그가 즉위해야 한다는 뜻 아닙니까?" "그렇게 쓰지 않고 무어라고 쓰겠는가? (편의상 어쩔 수 없이 '세자'라고 썼다.) 『춘추』를 논하는 자는 천착穿鑿이 많다. 왕왕 이런 부류가 그렇다."[22]

② 『어류』: "위나라의 임금 출공이 공자를 불러 정치를 맡길 때 공자가 먼저 정명을 하면, 공자가 이미 신하가 된 상태에서 다시 출공을 쫓아낸다는 뜻이 됩니다. 이런 일이 어찌 인정에 맞는 일입니까?" "오직 공자이니까 가능하다."[15] "공자가 애공에게 진항의 토벌을 요청한 경우처럼(14-21) 정명이란 도리만 제시하는 것이고 세세한 내막은 따지지 않는 것 아닙니까?" "이 몇몇 대사大事는 애석하게도 성인이 철저하게 마무리하지 못하였다. 철저하게 해결함으로써 망가진 삼강오륜을 다시 일으켰더라면, 천 가지 만 가지 일이 그로부터 갱신되었을 것이다. 성인이 칠팔십의 나이에 애타는 마음에도 불구하고 끝내 일을 완수하지 못하셨다."[16] "호안국의 설명은 공자의 정치인 정명이 이치에 따라 마땅히 그래야 함을 논했을 뿐인 듯합니다. 만약 위나라 임금이 공자를 등용했다면, 공자는 그의 신하로서 정치를 하는 것입니다. 그때도 (그 임금을 쫓아낸다는) 이 설이 통할지 모르겠습니다." "성인은 틀림없이

• 일이 질서를 이룬 것이 예이고, 사물이 조화를 이룬 것이 음악이다. 일이 성취되지 않으면 질서가 없고 조화롭지 못하기 때문에 예악이 흥성하지 않는다. 예악이 흥성하지 않으면 정책을 실시할 때마다 그 도를 잃으므로 형벌 적용이 올바르지 않게 된다. – 범조우

• 이름과 실제는 서로 의존적이다. 한 가지 일이 구차해지면 그 나머지 모두가 구차해진다. – 명도

• 위나라 세자 괴외는 자기 어머니인 '남자'가 음란함을 부끄럽게 여겨 죽이려 하다가, 결행하지 못하고 국외로 달아났다.① 영공은 공자 '영'을 세우려고 했으나, '영'이 사양하였다. 영공이 죽자 부인(남자)이 그를 세웠으나, 또 사양하였다. 이에 괴외의 아들인 '첩'을 세워 괴외를 거부하게 하였다. 괴외는 어머니를 죽이려 했으니 아버지께 죄를 지었고, 첩은 나라를 점거하고 아버지를 거부하였다. 모두 아버지를 무시한(無父) 자들이니, 나라를 차지할 자격이 없음이 명명백백하다. 공자는 정치를 할 때 이름을 바로잡는 일을 우선으로 하였다. 반드시 사태의 자초지종을 나열하여 천자께 고하고 제후에게 청하여, 공자 '영'을 명하여 임금 자리에 앉힐 것이다. 그리하면 인륜이 바르게 되어 천리를 얻고, 이름은 바르고 말은 순조로워져서 일이 성취된다. 공자께서 이처럼 상세하게 일러주었건만, 자로는 끝내 깨닫지 못하였다. 그리하여 '첩'을 섬기는 일을 그만두지 못하고, 마침내 그 난리에 죽었다. 녹봉을 먹으면 그 임금의 곤경을 피하지 않음이 '의'라는 사실만 알았지, 첩의 녹봉을 먹는 일 자체가 의롭지 못하다는 사실은 알지 못하였다. – 호안국②

아버지를 무시하는 사람(無父之人)을 북면北面하여 섬기려고 하지 않았을 것이다. 만약 '첩'이 개과천선할 뜻이 있었다면, 공자는 틀림없이 먼저 단정적인 약속을 맺은 다음 그와 함께 정치를 할 것이다. 요숭姚崇(650-721)이 먼저 열 가지 조건을 내걸고 명황明皇(당 현종)과 약조한 다음 그의 재상이 된 사례가 있다. 하물며 공자이랴! '첩'이 그렇게 할 수 없다고 거절하면 공자는 결단코 그의 신하가 되지 않을 것이다."[20] "공자가 정치를 한다면 출공이 등용했기 때문인데, 어떻게 호씨의 설처럼 그 임금을 쫓아내는 그런 일을 감행할 수 있습니까?" "사리를 논하자면 이와 같이 행해야 한다는 것일 뿐이다. 공자가 위나라에서 벼슬하면 반드시 어떤 내용을 출공에게 고했을 것이다. 만약 그가 듣지 않으면 떠날 따름이다."[21] 성인의 행위(行事)는 의리에 합당함 여부만 따지고 그 가능성은 따지지 않는다. 만약 매사에 그 가능성을 계산하면, 어찌 이해득실의 사사로운 감정에 미혹되지 않을 수 있겠는가?[17]

13-4 樊遲請學稼, 子曰 : "吾不如老農." 請學爲圃.[1] 曰 : "吾不如老圃."

樊遲出. 子曰 : "小人哉, 樊須也! 上好禮, 則民莫敢不敬 ; 上好義, 則民莫敢不服 ; 上好信, 則民莫敢不用情. 夫如是, 則四方之民襁[2]負其子而至矣, 焉用稼?"

種五穀曰稼, 種蔬菜曰圃.

小人, 謂細民, 孟子所謂小人之事者也.[3]

(好, 去聲. 夫, 音扶. 襁, 居丈反. 焉, 於虔反.) ○禮·義·信, 大人之事也. 好義, 則事合宜. 情, 誠實也. 敬·服·用情, 蓋各以其類而應也. 襁, 織縷爲之, 以約小兒於背者.[4]

○楊氏曰 : "樊須遊聖人之門, 而問稼圃, 志則陋矣, 辭而闢[5]之可也. 待其出而後言其非, 何也? 蓋於其問也, 自謂農圃之不如, 則拒之者至矣. 須之學疑不及此, 而不能問, 不能以三隅反矣, 故不復. 及其旣出, 則懼其終不喻也, 求老農老圃而學焉, 則其失愈遠矣. 故復言之, 使知前所言者意有在也."

---

1) 稼(가) : 심다, 농사, 베지 않은 벼. 圃(포) : 밭, 채소밭, 들일, 넓다, 들판, 정원, 뜰.

2) 襁(강) : 포대기, 어린애를 업을 때 두르는 보, (등에) 업다.

3) 『孟子』 : 有大人之事, 有小人之事. …故曰, 或勞心, 或勞力 ; 勞心者治人, 勞力者治於人 ; 治於人者食人, 治人者食於人, 天下之通義也.[5 : 4]

4) 馬曰 : "樹五穀曰稼, 樹菜蔬曰圃." ○邢曰 : "『博物志』云 : '織縷爲之, 廣八寸, 長丈二, 以約小兒於背.'"

5) 闢(벽) : 열다, 물리치다, 제거하다, 멀리하다, 피하다, 깨우치다, 개간, 갈라지다, 펴지다.

① 『금독』 : 정情이란 무엇인가? 정감이 아니라, 사실, 진실, 정황이다. 그레이엄(A.C. Graham)에 따르면, 전한 시대에 '정'은, 정감이 아닌 실질을 지칭했다. 상당한 근거가 있다. 다만 '실체, 본질, 진리, 정황'의 '정'에서 '정감, 감수, 감정'의 '정'으로 변천한 그 의미가 더욱 중대하다. 이 두 가지는 모종의 중요한 연관이 있다. 『순자』「정명」에 '성性의 호·오·희·노·애·락이 정이다' 하였고, 『예기』「예운」에 '무엇이 인정人情인가? 희·노·애·구·애·오·욕이 그것이다'

13-4 번지가 공자께 물었다. "농사법을 배우기고 싶습니다." "나는 늙은 농부만 못하다." "채소 심는 법을 배우고 싶습니다." "나는 늙은 원예사만 못하다."

번지가 나가자, 공자가 말하였다. "소인이다, 번지는! 윗사람이 예禮를 좋아하면 백성은 저절로 공경스러워지고, 윗사람이 의義를 좋아하면 백성은 저절로 복종하고, 윗사람이 신의(信)를 좋아하면 백성은 저절로 진심으로 부응한다. 이와 같이만 한다면, 사방의 사람들이 저마다 자식을 등에 업고 몰려들 것이다. 어찌 농사법을 거론하는가?"

오곡을 심는 일이 가稼, 채소를 심는 일이 포圃이다.

소인小人은 평민을 일컫는다. 맹자가 말한 소인의 일들이다.

예禮·의義·신信은 대인大人의 일이다. 의를 좋아하면 일이 합당해진다. 정情은 성실함이다. 공경(敬)·복종(服)·진심으로 부응함(用情)[○] 등은 각각 그 부류에 따른 감응이다.

강襁은 실로 짜서 만드는데, 어린애를 등에 업고 매는 것이다.

• 번지는 성인의 문하에 머물면서도 농사나 원예 따위를 물었으니, 그 뜻이 천박하다. 거절하고 물리쳐도 그만이었다. 그가 나간 이후에 그의 잘못을 지적한 것은 어째서인가? 그의 질문에 나는 농부나 원예사만 못하다고 대답했으니, 거절이 지극하였다. 그러나 번지의 학문이 그 수준에 못 미쳐서 다시 질문하지도 못하고, "나머지 세 귀퉁이를 유추하지도 못했기" 때문에, "다시 반복하지 않으셨다."(7-8) 그러나 그가 나간 뒤, 그가 끝내 깨우치지 못하고 늙은 농부나 원예사를 찾아가 배움을 구함으로써 그의 과오가 더욱 커질까 염려하였다. 따라서 다시 말해 주어, 앞서 한 말이 무슨 뜻인지 깨닫게 하였다. – 양시

하였다. 여기서 '정'은 두 일(정감과 진실)의 교차점이자 전환점이다. 정감은 바로 사람의 본질, 실체, 진실이니, 이른바 사람의 성性이 곧 거기에 해당된다. 따라서 유가는 정情의 도야와 성性의 함양을 통한 인생의 완성을 중시한다.

13-5 子曰："誦『詩』三百，授之以政，不達[1]；使於四方，不能專對[2]；雖多，亦奚以爲?"

(使, 去聲.) ○專, 獨也. 『詩』本人情, 該[3]物理, 可以驗風俗之盛衰, 見政治之得失. 其言溫厚和平, 長於風諭.[4] 故誦之者, 必達於政而能言也.

○程子曰："窮經將以致用也. 世之誦『詩』者, 果能從政而專對乎? 然則其所學者, 章句之末耳, 此學者之大患[5]也."

13-6 子曰："其身正, 不令而行；其不正, 雖令不從."

13-7 子曰："魯衛之政, 兄弟也."

魯, 周公之後. 衛, 康叔之後. 本兄弟之國, 而是時衰亂, 政亦相似, 故孔子歎之.[6]

---

1) 達(달) : 통하다, 뚫리다, 다다르다, 돋아나다, 꿰뚫다, 성장하다, 깨닫다, 생기다, 정통하다, 막힘이 없다(12-20), 통하게 하다, 결정하다, 두루, 모두, 적당하다, 입신출세하다, 천거하다, 총명하다, 사리에 밝다(6-8).

2) 專(전) : 오로지, 마음대로, 단독으로, 독점하다, 전횡하다, 사사로이, 다스리다, 권세가 많다. 對(대) : 대답, 앞에 두고 마주하다, 접촉하여 관계를 맺다, 짝, 상대, 동일하다.

3) 該(해) : 그것, 갖추다, 갖추어지다, 겸하다, 포용하다, 마땅히, 당연히, 모조리, 죄다.

4) 諭(내각본) : 喩(전서본). 諭(유) : 깨닫다, 비유, 타이름, 밝히다. 喩(유) : 깨닫다, 비유.

5) 患(환) : 근심, 걱정, 고통, 재난, 병들다.

6) 范曰 : "「孔子世家」曰 : '子適衛, 見出公, 曰 : 魯衛之政, 兄弟也.' 二國本兄弟之親, 及其衰也, 政亦相類, 故譏之也."

① 『어류』 : "『시』 삼백 편을 외우면 어떻게 정치에 통달할 수 있습니까?" "예컨대 필부들의 비천한 민간의 일은, 지극히 천하고 속된 일인지라 평소에 군자가 듣도 보도 못하는 것들이지만, 그 진상을 『시』를 통해 다 알 수 있다. 성인이 몸소 덕을 닦고 정무에 베풀 내용이 모두 구비되어 있다. 그 안에 기록된 선악을 배우고 암송하여, 이렇게 하면 선이 되고 저렇게 하면 악이 됨을 아니, 내가 내 몸을 닦으면서 선이 되는 것은 해야 할 일이고 악이 되는 것은 해서는 안 될 일임을 안다. 그리하여 남을 다스리는 정치를 할 때 그와 같이 선을

13-5 공자가 말하였다. "『시』 삼백 편을 외웠어도 정치를 맡겼을 때 통달하지 못하고, 사방으로 사신 갔을 때 단독으로 대처하지 못한다면, 아무리 많이 외운들 무슨 소용이 있겠는가?"

전專은 단독이다. 『시』는 인정에 근본하여 사물의 이치를 포괄하니, 풍속의 성쇠를 검증하고 정치의 득실을 살필 수 있다. 『시』의 말은 온화하고 두텁고 화평하기 때문에, 풍자와 깨우침이 뛰어나다. 따라서 『시』를 외우는 자는 반드시 정치에 통달하고① 말을 잘하게 된다.

• 경전 연구는 장차 실제에 응용하려는 것이다. 요새 『시』를 외우는 자들이 과연 정치를 담당하여 단독으로 대처할 능력이 있는가? 그들이 배운 것은 문장구절의 말단일 뿐이다. 이것이 서생의 큰 병폐이다. – 이천

13-6 공자가 말하였다. "통치자 자신이 바르다면 영을 내리지 않아도 행해지나, 그 자신이 바르지 않다면 영을 내려도 따르지 않는다."

13-7 공자가 말하였다. "노나라와 위나라의 정치는 형제 같다."

노나라는 주공의 후예요, 위나라는 강숙의 후예이니, 본래 형제의 나라이다. 당시는 쇠락하고 혼란하여 정치도 서로 비슷해졌기에,② 공자가 탄식하였다.

행하면 상을 주고 그와 같이 악을 행하면 벌을 주는 모든 일을 찾아볼 수 있다. 그러니 어찌 정치에 통달하지 않을 수 있겠는가? 만약 『시』를 읽었어도 정치에 통달하지 못하면, 읽지 않은 것과 마찬가지이다."[25] ○『혹문』: 인정人情, 사물의 이치(物理), 풍속의 성쇠, 정치의 득실 등등에 관한 모든 설명이 『시』에 구비되어 있다. 참으로 암송하고 깨우칠 수 있다면, 정치를 맡겨도 통달하지 못하는 바가 없을 것이다.

② 『혹문』: "서로 비슷하다는 근거가 있습니까?" "소식의 다음 설명이 상세하다 '「공자세가」에 따르면, 이때는 노나라 애공 7년, 위나라 출공 5년이다. 공자가 두 임금 모두, 의지를 상실하고 법도가 없어져, 끝내 나라를 버리고 망명하여 이국에서 죽을(棄國野死) 임금들임을 예견하였다. 따라서 이와 같이 비판적으로 말하였다. 결국 애공은 주邾나라로 도망가고, 출공은 송나라로 달아났다가, 모두 월나라에서 죽었다."

13-8 子謂衛公子荊, “善居[1]室. 始有, 曰 : ‘苟[2]合矣.’ 少有, 曰 : ‘苟完矣.’ 富有, 曰 : ‘苟美矣.’”

公子荊, 衛大夫. 苟, 聊且[3]粗略之意. 合, 聚也. 完, 備也. 言其循序而有節, 不以欲速盡美累其心.

○楊氏曰 : “務爲全美, 則累物而驕吝之心生. 公子荊皆曰苟而已, 則不以外物爲心, 其欲易足故也.”

13-9 子適衛, 冉有僕.[4] 子曰 : “庶[5]矣哉!”
冉有曰 : “旣庶矣. 又何加焉?” 曰 : “富之.”
曰 : “旣富矣, 又何加焉?” 曰 : “敎之.”

僕, 御車也.

庶, 衆也.

庶而不富, 則民生不遂,[6] 故制田里, 薄賦斂以富之.

富而不敎, 則近於禽獸.[7] 故必立學校, 明禮義以敎之.[8]

---

1) 居(거) : 살다, 차지하다, 벼슬에 나아가지 않다, 앉다, 평상시, 무덤, 법도, 까닭.
2) 苟(구) : 한때, 잠시, 적어도, 구차히도, 눈앞의 편함만 탐내다, 다만, 가령, 원컨대.
3) 聊且(료차) : 잠시, 우선. 聊 : 의지하다, 힘입다, 즐기다, 멋대로, 바라다.
4) 僕(복) : 하인, 마부, 무리, 벗, 따르다, 따라붙다, 지배하다, 숨기다, 귀찮다.
5) 庶(서) : 여러, 갖가지, 많은 사람, 많다, 살찌다, 거의, 바라다, 서출, 지파, 비천하다.
6) 遂(수) : 성취, 끝내다, (고루) 미치다, 통달, 자라다, 신장하다, 두루, 순응, 적합, 드디어.
7) 謝曰 : “庶而不富, 則救死而恐不贍, 奚暇治禮義哉? 富而不敎, 則近於禽獸.”
8) 『孟子』 : 后稷敎民稼穡, 樹藝五穀 ; 五穀熟而民人育. 人之有道也, 飽食·煖衣·逸居而無敎, 則近於禽獸. 聖人有憂之, 使契爲司徒, 敎以人倫, 父子有親, 君臣有義, 夫婦有別, 長幼有序, 朋友有信.[5 : 4]

① 『어류』 : “공자 형의 집안관리는 그리 대단한 일도 아닌데 성인께서 칭찬한 것은 왜입니까?” “형의 행위는 바로 도리상 합당한 점에 부합하였다. 보통 사람의 경우 치부에 급급하여 집안을 아주 화려하게 꾸미거나, 혹은 담이 헐어지고 벽이 무너져도 전연 아랑곳하지 않는다. 오직 형은 ‘모음’ ‘완비’ ‘아름다움’의 순서를 밟았으며, 그 때마다 ‘그런대로’라고 말했을 뿐, 처음부터 그 문제로 인하여 마음을 번거롭게 하지 않았다. 그래서 성인이 찬미하셨다.”[26, 1537쪽]

13-8 공자가 위나라의 공자 형에 대하여 말하였다. "집안 관리를 잘하였다. 재물이 생기기 시작하자, '그런대로 모았다' 하였고, 조금 모이자, '그런대로 완비되었다' 하였으며, 부유해지자, '그런대로 아름답다' 하였다."

공자 형은 위나라 대부이다. 구苟는 '그런대로 대략'의 뜻이다. 합合은 모임, 완完은 완비이다. 순서가 있고 절제가 있어서, 조급한 마음으로 완벽을 기하려다가 마음에 누를 끼치지 않았다는 말이다.①

• 완전한 아름다움을 추구하려고 힘쓰면, 주위에 누를 끼치고 교만해지며 인색한 마음이 생긴다. 공자 형이 늘 '그런대로'라고만 말한 까닭은, 외물에 마음을 두지 않아 그의 욕망이 쉽게 만족되었기 때문이다. – 양시

13-9 공자가 위나라로 갈 때, 염유가 말을 몰았다. 공자가 말하였다. "인구가 많구나!" "이미 인구가 많으면, 다시 무엇을 더해야 합니까?" "부유하게 해주어야 한다." "이미 부유해졌으면, 다시 무엇을 더해야 합니까?" "교육해야 한다."②

복僕은 수레를 모는 일이다.

서庶는 많음이다.

인구가 많아도 부유하지 않으면, 민생은 완수되지 않는다. 따라서 토지와 주택의 제도를 정비하고, 세금을 가볍게 하여 부유하게 해야 한다.

부유하지만 교육하지 않으면, 금수에 가깝다. 따라서 반드시 학교를 세워, 예절과 의리를 밝히는 교육을 시킨다.③

---

② 『어류』: 의식이 부족하면 예절과 의리를 돌볼 겨를이 없다. 배부르고 따뜻한데도 가르침이 없으면 금수에 가까워지는 만큼, 이미 부유해졌으면 가르쳐야 한다.[29]

③ 『어류』: 옛날에 사람을 가르칠 때는 예악이 있어서, 모든 용모와 행동거지가 일정한 규칙에 맞아야 하였다. 성질이 급한 사람은 빨리하지 않도록 하고, 성질이 느긋한 사람 역시 게으르지 않도록 함으로써 사람의 성정이 함양되게 하였다. 그런데 요즘은 사람을 가르칠 때 이미 예악이 없어졌기 때문에, 단지 책을 한두 권 읽힐 뿐이다.[28]

○胡氏曰："天生斯民, 立之司牧,[1] 而寄[2]以三事. 然自三代之後, 能擧[3]此職者, 百無一二. 漢之文·明, 唐之太宗, 亦云庶且富矣, 西京之教無聞焉. 明帝尊師重傅, 臨雍[4]拜老, 宗戚[5]子弟莫不受學；唐太宗大召名儒, 增廣生員, 教亦至矣, 然而未知所以教也. 三代之教, 天子公卿躬行[6]於上, 言行政事皆可師法. 彼二君者, 其能然乎?"

13-10 子曰："苟有用我者, 期月而已可也, 三年有成."

期月, 謂周一歲之月也.[7] 可者, 僅[8]辭, 言綱紀布也. 有成, 治功成也.[9] ○尹氏曰："孔子歎當時莫能用己也, 故云然."
愚按：『史記』, 此蓋爲衛靈公不能用而發.

13-11 子曰："善人爲邦百年, 亦可以勝殘[10]去殺矣. 誠哉是言也!"

(勝, 平聲. 去, 上聲.) ○爲邦百年, 言相繼而久也. 勝殘, 化殘暴之人, 使不爲惡也. 去殺, 謂民化於善, 可以不用刑殺也.[11] 蓋古有是言, 而夫子稱之.

---

1) 司牧(사목) : 통치하다, 군주, 관리, 목축 관리.
2) 寄(기) : 부치다, 보내다, 위탁, 부탁, 의뢰, 마음을 기울이다, 의존하다, 의지, 위임.
3) 擧(거) : 행하다, 일으키다, 권하다, 메다, 칭찬하다, 등용, 열거하다, 행동거지, 선발.
4) 雍(옹) : 누그러지다, 기뻐하다, 껴안다, 벽옹辟雍(학교), 음악 이름, 돕다, 가리다.
5) 宗戚(종척) : 황실의 친족에 대한 범칭.
6) 躬行(궁행) : 몸소 실천하다. 躬 : 몸, 자신, 몸소, 스스로, 친히, (몸을) 구부리다.
7) 皇曰 : "朞月, 謂年一周也." ○邢曰 : "期月, 周月也. 謂周一年之十二月也."
8) 僅(근) : 겨우, 가까스로, 근근이, 조금, 거의, 다만 ~뿐.
9) 伊川曰 : "聖人之言自有次序, 所謂朞月而已可也, 綱紀布也, 三年有成, 治功成也."
10) 殘(잔) : 해치다, 손상, 멸망시키다, 해독, 잔인한·모진 사람, 피폐하다, 나머지, 미워하다.

• 하늘이 이 백성을 낼 때 관리자(임금)를 세워 세 가지 일(인구 증가, 부, 교육)을 맡겼다. 그러나 삼대 이후 그 직분을 받들어 행한 사람은 백에 한둘도 없다. 한나라의 문제와 명제, 당나라 태종도 백성을 늘리고 부유하게 했다고는 말할 수 있다. 문제 때 서경에서 무슨 교육이 있었다는 소리는 듣지 못하였다. 또 명제는 사부師傅를 존중하여 친히 학교에 왕림하여 원로들을 경배하고, 황실의 모든 친척이 수업을 받게 하였다. 당 태종은 이름난 선비를 대대적으로 초빙하여 생원의 수를 늘렸으니, 그 교육 또한 지극하였다. 그러나 이들은 어떻게 교육해야 하는지를 몰랐다. 삼대의 교육은 천자와 공경이 위에서 몸소 실천했으니, 언행과 정사가 모두 귀감이 될 만하였다. 저 두 임금도 과연 그럴 수 있었겠는가? – 호인

13-10 공자가 말하였다. "나를 등용해 주는 이가 있다면, 일 년만이라도 좋다. 삼 년이면 완성해 놓을 것이다."①

기월期月은 일 년 열두 달을 일주함을 일컫는다. 가可는 그것만이라도 좋다는 말로서, 기강을 반포하겠다는 말이다. 유성有成은 정치에서 성과를 이룩함이다.

• 공자가 당시 아무도 자기를 등용하지 않음을 탄식하여 이렇게 말하였다. – 윤돈

내가 살피건대, 『사기』는, 위령공이 등용하지 않자 한 말이라고 여겼다.

13-11 공자가 말하였다. "선인이 백 년 동안 나라를 다스리면, 악당을 제압하고 살육을 없앨 수 있다고 하였다. 참으로 옳은 말이다!"

'백 년 동안 나라를 다스린다' 함은, 서로 오랫동안 계승한다는 말이다. 승잔勝殘은 잔인하고 포악한 자를 교화하여 악을 행하지 않게 함이다. 거살去殺은 인민이 선에 교화되어 형벌로 죽이지 않아도 됨을 일컫는다.② 아마 고래로 있어 왔던 이런 말을 공자가 찬탄한 것 같다.

---

11) 王曰 : "勝殘者, 勝殘暴之人使不爲惡也. 去殺者, 不用刑殺也."

① 『어류』 : 성인이 정치를 하면 일 년 안에 종래의 좋지 않아 보이는 일을 고두 개혁할 수 있다. 삼 년이면 재물이 풍족해지고 군대가 강성해지며 교육이 행해져 백성이 복종한다.[30]

② 『혹문』 : 승잔勝殘·거살去殺이라 함은, 아랫사람의 잔학함은 승복시킬 수 있고, 윗사람의 (아랫사람에 대한) 형벌적인 살해 행위를 없앨 수 있다는 뜻이다. '승잔'의 설은 정자가 옳고, '거살'의 설은 사량좌가 옳다. 이처럼 여러 설을 비교한 다음 선택하면 된다. ○伊川曰 : "勝殘

程子曰："漢自高·惠至于文·景, 黎民醇厚,[1] 幾致刑措,[2] 庶乎其近之矣."
○尹氏曰："勝殘去殺, 不爲惡而已, 善人之功如是. 若夫聖人, 則不待百年, 其化亦不止此."

13-12 子曰："如有王者, 必世而後仁."

王者, 謂聖人受命而興也. 三十年爲一世.[3] 仁, 謂敎化浹[4]也. 程子曰："周自文·武至於成王, 而後禮樂興, 卽其效[5]也."
○或問："三年·必世, 遲速不同, 何也?" 程子曰："三年有成, 謂法度紀綱有成而化行也. 漸[6]民以仁, 摩[7]民以義, 使之浹於肌膚, 淪於骨髓,[8] 而禮樂可興, 所謂仁也. 此非積久, 何以能致?"

13-13 子曰："苟正其身矣, 於從政乎何有? 不能正其身, 如正人何?"

去殺, 只是能使人不爲惡. 善人者, 不踐迹亦不入於室之人也. 不踐已前爲惡之迹然, 亦未入於道也." ○謝曰："好德而無忮害之心, 則可以省刑罰."

1) 黎民(려민)：서민, 백성. 黎：많다, 검다, 어둡다. 醇厚(순후)：신중하고 온후하다, 꾸밈이 없고 인정이 두텁다. 醇：순박하다, 순수, 변하지 않다.
2) 措(조)：놓다, 하던 것을 놓아두고 행하지 아니함, 버리다, 폐기하다.
3) 孔曰："三十年曰世. 如有受命王者, 必三十年仁政乃成也."
4) 浹(협)：두루 미치다, 널리 퍼지다, 통하다, 사무치다, 축축이 젖다, 돌다, 일주하다.
5) 效(효)：본받아 (배우다). 주다, 바치다, 힘쓰다, 아뢰다, 밝힘, 나타내다, 효험, 공.
6) 漸(점)：점점 (나아가다), 심해짐, 익히다, 오래다, 통하다, 자라다, 적시다, 물들다.
7) 摩(마)：갈다, 연마하다, 닦아서 곱게 하다, 어루만지다, 가까이하다, 고치다, 헤아림.
8) 淪(륜)：잠기다, 빠지다, 빠져들다, 침몰, 몰락하다, 물놀이, 잔물결, 거느리다, 이끌다, 엄하다. 骨髓(골수)：골수. 髓：골, 골수, 뼛속. 정수, 정화, 진수, 핵심, 고갱이.

① 『후안』：『예기』의 「경해」편에 "윗사람과 아랫사람이 서로 친애함이 인이다" 하였고, 「예운」편에 "사람들은 자기 부모만 사랑하지 않았고 자기 자식만 사랑하지 않았다. (모든 노인들은

• 한나라는 고종·혜종 때부터 문제·경제 때에 이르러 백성이 순박해져 거의 형벌 적용이 없었으니, 거의 이러한 경지에 가까웠다. – 이천

• 악당을 제압하고 살육을 없애는 일은 악을 행하지 않게 하는 것일 뿐이니, 선인善人의 공이 이와 같다. 성인이라면 백 년이 안 되어도 그 교화의 공은 이 수준에 그치지 않는다. – 윤돈

13-12 공자가 말하였다. "참된 왕이 나오면, 한 세대 안에 백성이 어질어진다."①

왕자王者란 성인으로서 천명을 받아 흥기한 경우를 일컫는다. 삼십 년이 한 세대이다. 인仁이란 교화에 젖음을 일컫는다.

• 주나라가 문왕·무왕에서 성왕 시대에 이른 이후 예악이 흥성한 것이 바로 이 예증이다. – 이천

• "'삼 년,' '한 세대' 등 빠르고 느린 차이는 왜 그렇습니까?" "'삼 년이면 완성한다' 함은, 법도와 기강이 완성되어 교화가 행해진다는 말이다. 백성을 인仁으로 적시고 의義로써 단련시켜, 피부에 스며들고 골수에 젖게 하여 예악禮樂을 일으킬 수 있는 경지가 이른바 '인'이다. 오랫동안 축적하지 않고서야 어떻게 그 경지에 도달할 수 있겠는가?" – 이천

13-13 공자가 말하였다. "자기 자신을 바르게 할 수 있다면, 정치를 담당함에 무슨 문제가 있겠는가? 자기 자신을 바르게 할 수 없다면, 어떻게 남을 바로잡을 수 있겠는가?"②

여생을 편히 보냈고, 어른들에게는 각기 알맞은 일자리가 주어졌고, 어린이들은 보살핌을 받았고, 홀아비, 과부, 고아, 무의탁 노인 및 온갖 난치병자들은 모두 부양 받을 수 있었다.) 재화는 버려져서는 안 되는 것이었지만 꼭 사적으로 저장되지 않았고, 사람은 저마다 노동하지 않으면 안 되는 것이었지만 꼭 사적인 이익만을 도모하지 않았다"고 하였다. 이것이 '인도仁道의 성취'이고, '한 세대 안에 백성이 어질어진' 사례이다.

② 『의소』: 정치는 '남을 바로잡는(正人)' 일이 업무이다. 자기 자신이 바르지 않으면서 어떻게 남을 바로잡을 수 있겠는가?

13-14 冉子退朝. 子曰：“何晏[1]也?” 對曰：“有政.” 子曰：“其事也. 如有政, 雖不吾以, 吾其與[2]聞之.”

(朝, 音潮. 與, 去聲.) ○冉有時爲季氏宰. 朝, 季氏之私朝也. 晏, 晚也. 政, 國政. 事, 家事. 以, 用也. 禮：大夫雖不治事, 猶得與聞國政. 是時季氏專魯, 其於國政, 蓋有不與同列議於公朝, 而獨與家臣謀於私室者. 故夫子爲不知者而言, 此必季氏之家事耳. 若是國政, 我嘗爲大夫, 雖不見用, 猶當與聞.[3] 今旣不聞, 則是非國政也. 語意與魏徵獻陵之對略相似. 其所以正名分, 抑季氏, 而敎冉有之意深矣.

13-15 定公問：“一言而可以興邦, 有諸?” 孔子對曰：“言不可以若是其幾[4]也. 人之言曰：‘爲君難, 爲臣不易.’ 如知爲君之難也, 不幾乎一言而興邦乎?”

曰：“一言而喪邦, 有諸?” 孔子對曰：“言不可以若是其幾也. 人之言曰：‘予無樂乎爲君, 唯其言而莫予違也.’ 如其善而莫之違也, 不亦善乎? 如不善而莫之違也, 不幾乎一言而喪邦乎?”

---

1) 晏(안) : (시간이) 늦다, 하루해가 저물다, 편안하다, 안심하다, 화평하다, (하늘이) 맑다.

2) 與(여) : 참여하다, 참가하다, 따르다, 편들다, 함께, 어우르다, 모두, 더불어, 베풀다.

3) 馬曰 : “如有政, 非常之事, 我爲大夫, 雖不見任用, 必當與聞之.”

4) 幾(기) : 기미, 징조, 거의, 위태롭다, 바라건대, 가깝다, 조용히, 조용하고 겸손하게(幾諫), 기틀, 요령, 때, 살피다, 시작하다, 끝나다, 언저리, 어느 정도, 자주.

① 『혹문』 : 임금의 관직이 이른바 ‘정政’이다. 계씨의 가정家政이 이른바 ‘사事’이다. 염유가 들을 수 있는 일은 계씨의 집안 조정(內朝)의 일일 뿐이었다. ‘정’이었다면 계강자는 반드시 여러 대부를 불러 모아 외조外朝에서 도모했을 것이니, 염유가 참여할 수 있는 바가 아니다. 염유가 집안일(家事)을 국정으로 여겼기 때문에 공자가 누른 것이다.

② 『신당서』 「위징전」 : 당 태종은 죽은 문덕황후를 그리워하여 정원 안에 소릉昭陵이 보이는

13-14 염유가 조정에서 물러 나오자, 공자가 말하였다. "어째서 늦었는가?" "정무(국정업무)가 있었습니다." "아마 사무였을 것이다. 정무가 있었다면, 비록 나를 통하지는 않더라도 나도 알았을 것이다."

염유는 이때 계씨의 가신이었다. 조朝는 계씨의 사적인 조정, 안晏은 늦음, 정政은 국정, 사事는 대부의 집안일, 이以는 용用이다. 예에 따르면, 대부는 일을 관장하지 않더라도 함께 국정에 참여할 수 있다. 이때는 계씨가 노나라를 전횡하여 국정을 조정에서 대부들과 나란히 의론하지 않고, 독단적으로 자기 가신들하고만 사적인 장소에서 모의하였다. 따라서 공자가 짐짓 모른 체하며 말하였다. '그것은 반드시 계씨의 집안일일 뿐이다. 만약 국정이었다면 내가 대부를 한 적이 있으므로 비록 등용되어 있는 상태는 아니지만 마땅히 참여했을 터이나, 현재 참여하지 못한 것을 보면 그것은 국정이 아니다.'① 말의 뜻은 위징의 헌능 대답②과 대략 비슷하다. 이로써 명분을 바로잡고 계씨를 억제하였다. 염유에게 가르친 의미가 심오하다.

13-15 정공이 공자에게 물었다. "나라를 흥성시킬 수 있는 한 마디 말이 있습니까?" "말이란 그렇게 기약할 수 없습니다. '임금 노릇도 어렵고, 신하 노릇도 쉽지 않다'는 말이 있는데, 임금 노릇이 어려움을 알면 나라를 흥성시키는 한 마디 말이 아니겠습니까?"
"나라를 잃는 한 마디 말이 있습니까?" "말이란 그렇게 기약할 수 없습니다. '내가 임금 노릇하는 유일한 낙은, 오직 내 말에 아무도 어기지 않는 것이다'는 말이 있는데, 좋은 말이어서 아무도 어기지 않는다면 또한 좋지 않겠습니까마는, 나쁜 말인데도 아무도 어기지 않는다면, 나라를 잃는 한 마디 말이 아니겠습니까?"

망대를 만들었다. 하루는 위징魏徵(580-643)과 함께 거기에 올라가 (소릉이) 보이냐고 물었다. 위징은 눈이 어두워 아무것도 안 보인다고 대답하였다. 태종이 손가락으로 가리켜 주자 위징이 대답하였다. "신은 폐하께서 헌릉獻陵(태종 어머니의 묘)을 보고 계신 줄 알았습니다. 소릉이라면 벌써 보았지요." 이에 태종은 눈물을 흘리며 망대를 헐었다.

幾, 期[1]也. 『詩』曰 : "如幾如式."[2] 言一言之間, 未可以如此而必期其效.

(易, 去聲.) ○當時有此言也.

因此言而知爲君之難, 則必戰戰兢兢, 臨深履薄, 而無一事之敢忽.[3] 然則此言也, 豈不可以必期於興邦乎? 爲定公言, 故不及臣也.

(喪, 去聲, 下同. 樂, 音洛.) ○言他無所樂, 惟樂此耳.

范氏曰 : "言不善而莫之違,[4] 則忠言不至於耳. 君日驕而臣日諂, 未有不喪邦者也."

○謝氏曰 : "知爲君之難, 則必敬謹[5]以持之. 惟其言而莫予違, 則讒諂面諛[6]之人至矣. 邦未必遽興喪也, 而興喪之源分於此. 然此非識微[7]之君子, 何足以知之?"

13-16 葉公問政. 子曰 : "近者說, 遠者來."

音義並見第七篇.

(說, 音悅.) ○被其澤則悅, 聞其風則來. 然必近者悅, 而後遠者來也.

---

1) 期(기) : 만나다, 정하다, 기약, 기대하다, 목적으로 삼다, 요구하다, 기회, 한도, 돌.

2) 式(식) : 식, 모양, 양식, 격식, 규격, 법식, 형식, 의식, 의례, 공식, 법.

3) 忽(홀) : 소홀히 하다, 부주의하다, 갑자기, 홀연, 문득, 어느덧.

4) 言(전서본) : 如(내각본). ○范曰 : "言而莫予違, 則忠言不至於耳, 君驕逸於上, 臣悅佞於下, 古之喪邦者, 未有不由此也."

5) 敬(경) : 공경하다, 훈계하다, 잡도리하다, 정중하다, 경건, 예의바르다, 삼가다, 마음을 절제하다. 謹(근) : 삼가다, 조심하다, 엄하게 하다, 경계하다, 금지, 신중히 하다, 삼가는 일.

6) 讒(참) : 참소하다, 중상하다, 거짓말하다, 큰소리치다. 諂(첨) : 아첨하다, 알랑거리다, 사특하다. 面諛(면유) : 눈앞에서 알랑거리다, 면전에서 아첨하다.

7) 識微(식미) : 『역』「계사」의 "君子知微知彰, 知柔知剛, 萬物之望"이란 구절에서 유래. 이후 사물의 단초(시발점)를 간파하고 그 본질과 발전 방향을 살펴 아는 것을 지칭함.

① 『후안』 : '말을 아무도 어기지 않은' 일은 임금 '자신이 옳다'고 여긴 결과이다. 자기가 옳다고

기幾는 기약함이다. 『시』에 "기약(幾)과 같고 법칙과 같다"고 하였다. 한마디 말로 그처럼 효과를 기약할 수 없다는 뜻이다.

(임금 노릇도 어렵고 … 운운) 당시에 이런 말들이 있었다.

이 말들로 인하여 임금 노릇이 어려움을 깨달으면, 반드시 전전긍긍하며 깊은 연못가에 다다른 듯 살얼음을 밟는 듯(8-3) 한 가지 일이라도 감히 소홀히 하지 않을 것이다. 그렇다면 이 말이 어찌 나라의 흥성을 기약할 수 있는 말이 아니겠는가? 정공을 위한 말이므로, 신하의 경우는 언급하지 않았다.

다른 즐거움이 없고 오직 그것만 즐거워할 뿐이라는 뜻이다.

• 임금의 말이 옳지 않은데도 아무도 어기는 이가 없으면, 충언이 귀에 이르지 않는다. 임금이 날로 교만해지고 신하가 날로 아첨하면, 망하지 않은 나라가 없다. – 범조우

• 임금 노릇이 어려움을 알면, 반드시 경건과 삼감으로써 다잡을 것이다. 오직 자기 말을 아무도 어기지 않는 지경에 이르면, 참소하고 아첨하며 면전에서 아부하는 자들이 몰려든다.① 나라가 반드시 갑자기 흥하거나 망하지는 않지만, 흥망의 근원은 여기에서 갈라진다. 이는 미묘한 이치를 인식한 군자가 아니고서야 누가 알 수 있겠는가? – 사량좌

13-16 섭공이 공자에게 물었다. "정치란 무엇입니까?" "근처의 백성은 기뻐하고(행복하고), 먼 곳의 백성은 찾아오게 하는 것입니다."

섭공葉公의 음과 해설은 제7편(7-19)에 있다.

그 은택을 입고 기뻐하고, 그 풍문을 듣고 찾아온다. 반드시 근처의 백성이 기뻐한 다음에야 먼 곳의 백성이 찾아온다.

여기면, 아첨꾼에 휘둘리고, 재앙이 숨어 있어도, 아무도 임금에게 보고하지 않는다. 자고로 나라를 잃는 재앙이 거기서부터 시작된다. '천하의 크나큰 우려는 아랫사람들의 실정이 위로 전달되지 않는 것이다'는 육경여의 말이 그것이다. '경비警備에 소홀하고 안일에 방종하여, 충신의 가시가 마음을 거스르는 것을 꺼리고, 아첨꾼의 거짓이 욕망을 돋구는 것만 즐겨서, 한번도 자기 실수를 들어보지 못하다가 크나큰 실수에 떨어진다'는 말이 다 '자신이 옳다'고 여긴 결과이다. 자신이 옳다고 여기는 사람이 어떻게 환란을 알아보겠는가?

13-17 子夏爲莒父宰, 問政. 子曰："無欲速, 無見[1]小利. 欲速, 則不達；見小利, 則大事不成."

(父, 音甫.) ○莒父, 魯邑名. 欲事之速成, 則急遽無序, 而反不達. 見小者之爲利, 則所就者小, 而所失者大矣.

○程子曰："子張問政, 子曰：'居之無倦, 行之以忠.' 子夏問政, 子曰：'無欲速, 無見小利.' 子張常過高而未仁, 子夏之病常在近小, 故各以切己之事告之."

13-18 葉公語孔子曰："吾黨有直躬者, 其父攘[2]羊, 而子證[3]之." 孔子曰："吾黨之直者異於是. 父爲子隱,[4] 子爲父隱, 直在其中矣."

(語, 去聲.) ○直躬, 直身而行者. 有因而盜曰攘.

(爲, 去聲.) ○父子相隱, 天理人情之至也. 故不求爲直, 而直在其中.

○謝氏曰："順理爲直. 父不爲子隱, 子不爲父隱, 於理順邪? 瞽瞍殺人, 舜竊負而逃, 遵海濱[5]而處. 當是時, 愛親之心勝, 其於直不直, 何暇計哉?"

---

1) 見(견)：보다, 반성, 터득, 소견, 당하다, 나타나다, 밝히다, 벼슬·출세하다, 대면하다.

2) 攘(양)：쫓다, 물러나다, 제거하다, 훔치다, 사양·거부·거역하다. 攘(녕)：어지럽히다.

3) 證(증)：증거, 근거, 확실함을 밝히다, 알리다, 고하다, 법칙, 간하다, 깨달음.

4) 隱(은)：숨기다, 가리다, 비밀로 하다, 닫다, 사사로이 하다, 꺼리다, 아끼다, 치우치다, 흐려지다, 깊숙하다, 응달, 깊은 속, 고요하다, 평온, 고생, 근심, 불쌍히 여기다, 생각.

5) 遵(준)：따라가다, 지키다, 좇다, 순종하다. 濱(빈)：물가, 끝, 임박하다.

① 『맹자』：도응이 맹자에게 물었다. "순임금이 천자이고 고요가 법관일 때, 아버지 고수가 살인하면 어떻게 됩니까?" "고요가 체포할 따름이다." "순임금이 금지하지 않을까요?" "순임금인들 어찌 금할 수 있겠는가? 고요의 체포는 근거가 있다." "그럼 순임금은 어떻게 합니까?" "순임금은 천하를 마치 헌신짝 버리듯 하고 몰래 아버지를 업고 도망가 바닷가 외진 곳에서

13-17 자하가 거보의 읍재가 되어 공자께 물었다. "어떻게 정치를 합니까?" "속히 이루려고 하지 말고, 작은 이득에 홀리지 말라. 속히 이루려고 하면 목적을 이루지 못하고, 작은 이득에 홀리면 큰일을 성취하지 못한다."

거보는 노나라 읍명이다. 일을 빨리 이루려고 하면, 허둥지둥 질서가 없어져 도리어 이루지 못한다. 작은 것을 탐하면, 업적이 적어지고 잃은 것이 커진다.

• 자장이 정치를 묻자, 공자는 '마음가짐은 나태함이 없고, 행실은 충직해야 한다'(12-14)고 하였다. 자하가 정치를 묻자, 공자는 '속히 이루려고 하지 말고, 작은 이득에 홀리지 말라'고 하였다. 자장은 늘 지나치게 고상하여 어질지 못하였고, 자하의 병폐는 늘 사소한 일에 마음을 쓰는 데에 있었다. 따라서 각각 그들에게 절실한 일을 가지고 일깨웠다. – 명도

13-18 섭공이 공자에게 말하였다. "우리 고장에 몸소 정직을 실천한 사람이 있습니다. 아버지가 양을 훔치자 아들이 일러바쳤습니다." "저희 고장의 정직한 사람은 그와 다릅니다. 아버지는 자식을 감싸고, 자식은 아버지를 감쌉니다. 정직은 그 안에 있습니다."

직궁直躬은 자신을 바르게 행한 사람이다. (남의 양이 우리 집에 들어온) 외적인 계기로 인하여 훔치게 되는 일이 양攘이다.

부자 사이는 서로 감싸주는 것이 천리와 인정의 지극함이다. 따라서 정직을 구하지 않아도 정직이 그 안에 있다.

• 이치를 따르는 것이 정직이다. 아버지가 자식을 감싸지 않고, 자식이 아버지를 감싸지 않는 일이 이치에 맞겠는가? 아버지인 고수가 사람을 죽인다면, 순임금은 아버지를 몰래 업고 도망하여 바닷가의 외진 곳에서 살 것이다.[1] 이런 경우에 처하면 부모를 사랑하는 마음이 압도하니, 정직함 여부를 따질 겨를이 있겠는가? – 사량좌

살아갈 것이다. 종신토록 기뻐하며 천하를 잊을 것이다."[13 : 35]

13-19 樊遲問仁. 子曰："居處恭,[1] 執事敬, 與人忠. 雖之夷狄, 不可棄[2]也."

恭主容, 敬主事. 恭見於外, 敬主乎中. '之夷狄不可棄', 勉[3]其固守而勿失也.

○程子曰："此是徹[4]上徹下語. 聖人初無二語也, 充之則睟面盎背[5]；推而達之則篤恭[6]而天下平矣."[7]

胡氏曰："樊遲問仁者三：此最先, 先難次之, 愛人其最後乎?"

13-20 子貢問曰："何如斯可謂之士矣?" 子曰："行己有恥, 使[8]於四方, 不辱君命, 可謂士矣." 曰："敢問其次." 曰："宗族稱孝焉, 鄕黨稱弟焉." 曰："敢問其次." 曰："言必信, 行必果,[9] 硜硜[10]然小人哉! 抑亦可以爲次矣." 曰："今之從政者何如?" 子曰："噫! 斗筲[11]之人, 何足算[12]也."

---

1) 恭(공)：공손, 예의바르다, 삼가다, 조심, 겸손, 섬기다, 본받다, (높이) 받들다, 바치다.

2) 棄(기)：내버리다, 그만두다, 폐하다, 꺼리어 멀리하다, 내쫓다, 잊다, 쇠퇴함, 떠나다.

3) 勉(면)：힘쓰다, 부지런히 일하다, 권하다, 격려하다, 강요하다, 억지로 하게 하다.

4) 徹(철)：통함, 트이다, 전달됨, 뚫다, 환하다, 부수다, 다스림, 벗기다, 없앰, 떠나가다.

5) 睟(수)：바로 보는 모양, 눈이 맑고 밝다, 함치르르하다, 순수하다. 盎(앙)：동이(배는 부르고 주둥이는 좁은), 성한 모양, 넘치다, 가득 차다. ○『孟子』：君子所性, 仁義禮智根於心. 其生色也, 睟然見於面, 盎於背, 施於四體, 四體不言而喩.[13：21]

6) 篤恭(독공)：인정이 많고 공손함. ○『중용』：『詩』曰："奏假無言, 時靡有爭." 是故君子不賞而民勸, 不怒而民威於鈇鉞. 『詩』曰："不顯惟德, 百辟其刑之." 是故, 君子篤恭而天下平.

7) 明道曰："此是徹上徹下語, 聖人元無二語. …充此便睟面盎背, 有諸中必形諸外, 觀其氣象便見得." ○伊川曰："君子之遇事, 無巨細, 一於敬而已. 簡細故以自崇, 非敬也. 飾私知以爲奇, 非敬也. 要之無敢慢而已. (子曰云云) 然則執事敬者, 固爲仁之端也. 推是心而誠之, 則篤恭而天下平矣."

8) 使(사)：하여금, 가령, 시키다, 좇다, 행하다. (시)：사신(으로 가다), 심부름시키다.

9) 果(과)：끝을 보다, 해내다, 굳셈, 용감함, 결단성 있다, 과연, 반드시, 결과.

13-19 번지가 공자께 물었다. "인이란 무엇입니까?" "평소 생활은 공손하고, 일처리는 경건하며, 인간관계는 충직함을 말한다. 그런 덕목은 야만의 나라에 가더라도 버려서는 안 된다."

공손은 용모가 위주이고, 경건은 일이 위주이다. 공손은 외면으로 드러나고, 경건은 내면의 중심이 된다. '야만의 나라에 가더라도 버려서는 안 된다' 함은, 확고하게 견지하여 소홀히 하지 말기를 권면한 것이다.①

• 이것은 위아래(형이상과 형이하)를 관통하는 말이다. 성인은 애당초 두 말을 하지 않는다. 이것으로 자신을 충실히 하면 얼굴에 빛나고 온몸에 배이며, 확충하여 통달하면 돈독한 공경함으로 천하가 태평해진다 – 정자

• 인에 대한 번지의 질문은 셋이다. 이것이 가장 처음이요, '어려운 일에 앞장섬'(6-22)이 그 다음, '사람을 사랑함'(12-22)이 맨 마지막이다! – 호인

13-20 자공이 공자께 물었다. "어떠해야 선비라고 할 수 있습니까?" "행실에 수치를 알고, 사방에 사신으로 가서 임금의 명을 욕되게 하지 않으면, 선비라고 할 수 있다." "그 다음은 어떻습니까?" "친척이 효성스럽다고 칭찬하고, 마을에서 공손하다고 칭찬하는 사람이다." "그 다음은 어떻습니까?" "말은 반드시 지키고 행동은 늘 과단성 있는 사람은, 고지식한 소인이지만 또한 그 다음은 된다." "요즘 정치 종사자들은 어떻습니까?" "허허, 좀스런 이들이야 뭘 더 논하랴?"

---

10) 硜(경) : 단단하다, 굳세다, 억지로, 가로막다, 방해하다.

11) 筲(소) : 대그릇, 밥통(닷 되 또는 한 말 두 되들이), 적은 분량, 평범한 사람.

12) 算(산) : 세다, 수효, 바구니, 산가지, 꾀하다, 슬기, 지혜.(=筭).

① 『어류』 : 책을 읽을 때는 늘 반드시 자기가 평상시 몸소 실천하는 측면에서 노력해야 한다. 예컨대 '평소 생활은 공손하고, 일처리는 경건하며, 인간관계는 충직함은 야만의 나라에 가더라도 버려서는 안 된다'라거나, '말은 충직하고 신실하며, 행위는 돈독하고 공경(경건)하면 야만의 나라에서도 행세할 수 있으나, 말이 충직·신실하지 못하고 행위가 돈독·경건하지 못하면 자기 동네에서라도 행세할 수 있겠는가?'(15-6)라는 두 가지 일은, 반드시 날마다 마음속에 새기고 조금이라도 부족한 점이 있으면 안 된다. 이것이 사람들이 평소에 늘 급하고 절실히 여겨야 할 점이다. 몸에 깊이 새겨야 한다.[43]

(使, 去聲.) ○此其志有所不爲,[1] 而其材足以有爲者也. 子貢能言, 故以使事告之. 蓋爲使之難, 不獨貴於能言而已.

(弟, 去聲.) ○此本立而材不足者, 故爲其次.

(行, 去聲. 硜, 苦耕反.) ○果, 必行也. 硜, 小石之堅確[2]者. 小人, 言其識量之淺狹也. 此其本末皆無足觀, 然亦不害其爲自守也, 故聖人猶有取焉. 下此則市井之人, 不復可爲士矣.

(筲, 所交反. 算, 亦作筭, 悉亂反.) ○今之從政者, 蓋如魯三家之屬. 噫, 心不平聲. 斗, 量名, 容十升. 筲, 竹器, 容斗二升. 斗筲之人, 言鄙細[3]也. 算, 數也. 子貢之問每下, 故夫子以是警之.

○程子曰: "子貢之意, 蓋欲爲皎皎[4]之行, 聞於人者. 夫子告之, 皆篤實自得之事."

13-21 子曰: "不得中行而與之, 必也狂狷乎! 狂[5]者進取, 狷者有所不爲也."

---

1) 『孟子』: 人皆有所不忍, 達之於其所忍, 仁也. 人皆有所不爲, 達之於其所爲, 義也.[14 : 31]

2) 堅(견) : 굳세다, 단단하다, 튼튼하게, 굳어지다. 確(확) : 굳다, 강하다, 굳세다, 확실하다.

3) 細(세) : 가늘다, 미미하다, 작다, 여위다, 드물다, 자세하다, 비천하다, 소인, 자세히.

4) 皎(교) : 달빛, 달의 밝은 빛, 햇빛, 희다, 밝다, 깨끗하다, 결백하다.

5) 狂(광) : 상규를 벗어나다, 경솔하다, 거만하다, 뜻이 높고 작은 일에 거리끼지 않는 사람, 오직 한 가지 일에 골똘한 사람, 황급하다, 허둥거리다, 어리석다.

① 『혹문』: "고지식한 소인(硜硜小人) 역시 선비라고 한 것은 왜입니까?" "그의 견식(識量)이 천박하기는 하지만, 악은 아니다. 지조에서는 비록 신의와 과단성 같은 작은 절개에 너무 얽매여 있지만, 저 허풍스럽고 구차하고 천한(誕謾苟賤) 사람과는 같이 놓고 논할 수 없다(不可同年而語). 다음 장에서 '중도의 선비를 얻지 못하면 광자와 견자를 취한' 뜻과 같다."

② 『어류』: (근엄한) '착한 사람(善人)'은 그저 규정만 준수하므로 용맹하게 전진할 줄 모른다. 법규 묵수는 잘할지 모르나, 도를 감당하라고 책망하기에는 부족하다. 따라서 가망可望이 없다. 반면 견자는 비록 중도는 아니지만 강단이 있다. 그의 뜻은 기개가 있는지라 선을 행해야 한다고 여기면 행하고, 악을 행하지 않아야 한다고 여기면 행하지 않으니, 꼬장꼬장한 지조가 있다. 광자는 기개가 더 격앙된 사람이다. …세상이 쇠락하여 도가 희미해지고 인욕이 횡행하게 된 만큼, 만약 발 뿌리가 강건하고 기개 있는 사람이 아니라면 확고하게 설(버틸)

이 선비는 그 지조가 하지 않는 바가 있고(13-21) 그 재주가 일을 도모할 수 있다. 자공이 말을 잘하기 때문에, 사신의 일을 가지고 알려주었다. 사신 노릇이란 어려우니, 좋은 말재주만으로는 안 된다는 뜻이다.

이 선비는 근본이 서 있지만 재주가 부족하기에, 그 다음이다.

과果는 반드시 행동으로 옮김, 경硜은 작은 돌이 단단하고 강함이다. 소인이 식견과 도량이 천박하고 협소함을 말한다. 그 근본이든 말단이든 도두 볼 만한 점이 없지만, 자기 지조를 지키는 데는 해가 되지 않는다. 따라서 성인은 그래도 인정해 주고 있다.① 이 이하는 시정잡배이니, 다시 선비가 될 수 없다.

'요즘 정치 종사자들'은 노나라 세 대부 집안의 추종자 따위일 것이다. 희噫는 마음이 편치 못할 때 나오는 소리이다. 두斗는 분량 단위로서 열 되 들이이고, 소筲는 대나무 그릇으로서 한 말 두 되 들이이다. 두·소 들이 인간이란 비루하고 좀스럽다는 말이다. 산算은 '세다'이다. 자공의 질문이 더욱 아래로 내려갔기 때문에, 공자가 이와 같이 경계하였다.

• 자공의 뜻은 아마 고결한 행동으로 남들에게 알려지려는 것이었으나, 공자가 일깨워 준 내용은 모두 독실하게 자득하는 일이다. – 이천

13-21 공자가 말하였다. "중도의 선비를 얻어 함께 하지 못한다면 반드시 광자나 견자와 함께 하겠다. 광자는 진취적이요 견자는 하지 않는 바가 있다."②

수 없다. 한漢 문제가 '착한 사람'이라면, 한 무제는 광자의 기상이 있었다. 문제는 천품이 훌륭했지만 거기에 그쳤을 뿐이다. 무제는 병통이 많았지만 천품도 높아 일을 도모하기에 충분하였다.[55] 사람은 모름지기 기백이 커야 한다. 강건하게 설 수 있는 사람이라야 일을 해낼 수 있다. 요새 눈앞에 보는 사람들은 모두 아주 나약하다. 선을 행할 힘도 없고, 악을 짓더라도 큰 악은 행하지 못하니, 아무 일도 해내지 못한다. 따라서 공자는 '중도의 선비를 얻어 함께하지 못한다면, 반드시 광자나 견자와 함께하겠다'고 탄식하였다. 사람은 광자·견자의 기질이 있어야 비로소 가망이 있다.[53] 중도의 선비가 없으면 반드시 광자·견자를 구하려고 한 것은, 광자·견자라야 그래도 도모할 수 있기 때문이다. 향원이라면 달할 가치가 없다. 요새 세상 물정을 모른다고 비웃음 받는 사람들은 그래도 좋은 점이 있음에 틀림없지만, 반면에 원숙하여 체통을 안다고 평가받는 사람들치고 볼 만한 점이 있는 경우는 없다.[54]

(狷, 音絹.) ○行, 道也. 狂者, 志極高而行不掩.[1] 狷者, 知未及而守有餘. 蓋聖人本欲得中道之人而敎之, 然旣不可得, 而徒得謹厚之人, 則未必能自振拔[2]而有爲也. 故不若得此狂狷之人, 猶可因其志節, 而激厲裁抑[3]之以進於道, 非與其終於此而已也.

○孟子曰 : "孔子豈不欲中道哉? 不可必得, 故思其次也. 如琴張·曾皙·牧皮者, 孔子之所謂狂也. 其志嘐嘐[4]然, 曰 : '古之人! 古之人!' 夷[5]考其行而不掩焉者也. 狂者又不可得, 欲得不屑[6]不潔之士而與之, 是狷也, 是又其次也."

13-22 子曰 : "南人有言曰 : '人而無恒, 不可以作巫醫.' 善夫!" "不恒其德, 或承之羞." 子曰 : "不占而已矣."

(恒, 胡登反. 夫, 音扶.) ○南人, 南國之人. 恒, 常久也. 巫所以交鬼神, 醫所以寄[7]死生, 故雖賤役,[8] 而尤不可以無常, 孔子稱其言而善之.

此『易』「恒」卦九三爻辭. 承, 進也.

復加"子曰", 以別『易』文也, 其義未詳.

---

1) 掩(엄) : 가리다, 감싸다, 비호, 숨김, 갑자기 치다, 합치다, 어우르다, 바로잡다, 엿보다.
2) 振(진) : 떨쳐 일어나다, 겁나다, 열다, 받아들이다, 정돈하다, 뽑다, 조사하다, 바루다, 건지다.
   拔(발) : 빼다, 뽑다, 쳐서 빼앗다, 특출, 빠지다, 쥐다, 빨리, 머무르다, 살다, 기울다.
3) 激(격) : 물결이 부딪쳐 흐르다, 보洑, 흘러들다, 격렬하다, 과격하다, 떨치다, 힘쓰다, 맑다.
   厲(려) : 갈다, 노력, 악귀, 괴롭히다, 높다, 엄하다, 바르다, 경계하다, 물가, 병, 빠름, 위태.
   裁(재) : 헝겊, 자르다, 절감, 헤아리다, 재량, 결단하다, 처단, 분별, 억제하다, 본, 체제, 겨우.
   抑(억) : 누르다, 억제, 굽히다, 물리침, 막다, 가라앉다, 아름답다, 또한, 조심하다.
4) 嘐嘐(효효) : 뜻이 크고 큰소리하는 모양. 嘐 : 과장해서 말하다, 뜻이 크다.
5) 夷(이) : 평소, 보통, 평평하다, 온화, 편안하다, 다스리다, 기뻐하다, 성대하다, 상하다, 다치다, 상처, 멸하다, 깎다, 베풀다, 웅크리고 앉다, 뽐내다, 공경하다, 용이하다.
6) 屑(설) : 가루, 부수다, 깨끗하다, 힘쓰다, 수고, 마음 쓰다, 마음에 두다, 업신여기다.
7) 寄(기) : 맡기다, 위탁하다, 걸다, 기탁하다, 기대다, 의탁하다, 신세지다.
8) 役(역) : 부리다, 수자리, 전쟁, 졸병, 직무, 일, 노동, 일꾼, 힘쓰다, 제자, 학도, 천하다.

행行은 '도道'이다. 광자狂者는 뜻은 매우 높으나 덕행이 따라즈지 못하는 사람, 견자狷者는 지혜는 모자라나 지조가 넘치는 사람이다. 성인은 븐디 중도의 선비를 얻어 가르치고 싶어 한다. 그러나 얻지 못하는 이상, 그저 신중하고 근엄한 사람을 얻으면 반드시 스스로 분발하여 일을 해내려고 하지 않을 것이다. 따라서 이러한 광자·견자를 얻어 그 지조와 절개를 바탕으로 드에 나아가도륵 격려하고 절제시키는 편이 더 낫다는 말이지, 그들 수준에서 머문다(그만둔다)는 말이 아니다.①

• 공자가 어찌 중도의 선비를 원하지 않았겠는가? 얻는다는 보증이 없기 때문에 그 다음을 생각하였다. 자장, 증석, 목피 등이 공자가 말한 광자이다. 그 뜻이 높고 커서 '옛사람, 옛사람'을 운운하지만, 평소의 행위를 보면 자기의 말을 따라가지 못하는 사람이다. 광자도 얻지 못하면 부패한 행위를 달가워하지 않는 선비를 얻어 함께 하고자 하셨다. 그것이 견자인데 광자 다음이다. - 『맹자』[14 : 37]

13-22 공자가 말하였다. "남방 사람의 말에 '사람이 한결같은 마음이 없으면, 무당이나 의사도 될 수 없다' 했는데, 좋은 말이다." "자신의 덕이 한결같지 않으면(지조가 없으면), 자주 수치를 당한다"는 말에 대해, 공자가 말하였다. "아예 점칠 필요도 없다."

남인南人은 남쪽 나라의 사람, 항恒은 변함없이 오래감이다. 무당은 귀신과 교제하고 의사는 생사를 맡는 만큼, 천한 일이기는 하지만 특히 한결같은 마음이 없으면 안 되니, 공자가 그 말을 칭찬하였다.

이것은 『역』「항」괘 '구삼'의 효사이다. 승承은 빠짐(들어감)이다.

다시 '자왈'을 붙인 것은 『역』의 문장과 구별하려는 것인데, 그 의미는 명백하지 않다.

---

① 『어류』: 신중하고 근엄한 사람은 좋은 사람일지라도 일에는 아무 도움이 안 된다. 따라서 광자·견자를 취하려고 하였다. 광자·견자는 각기 한쪽으로 치우쳤다. 중도의 인물은 광자의 뜻이 있으면서도 그 행동이 치밀하고, 견자의 절개가 있으면서도 과격함에는 이르지 않는다. 이런 인물은 얻기 힘들다.[52]

楊氏曰：“君子於『易』，苟玩[1]其占，則知無常之取羞矣. 其爲無常也，蓋亦不占而已矣.” 意亦略通.

13-23 子曰：“君子和而不同，[2] 小人同而不和.”

和者，無乖戾[3]之心. 同者，有阿比[4]之意.

○尹氏曰：“君子尙義，故有不同. 小人尙利，安得而和?”

---

1) 玩(완) : 희롱하다, 가지고 놀다, 익숙해지다, 업신여기다, 깔보다, 경시하다.

2) 和(화) : 알맞다, 서로 응하다, 합치다, 화합하다, 평온, 화해, 따르다, 허가하다, 조합하다.
同(동) : 한가지, 서로 같다, 하나로 합하다, 함께하다, 같게, 모이다, 회합, 무리, 동아리.

3) 乖(괴) : 어그러지다, 어기다, 배반하다, 떨어지다, 교활하다. 戾(려) : 어그러짐, 틀어짐, 벗어남, 사납다, 허물, 탐욕, 이르다, 빠르다, 거셈, 마르다.

4) 阿(아) : 언덕, 구석, 산비탈, 한쪽으로 기울다, 경사지다, 굽다, 아첨하다, 의지하다, 가깝다.
比(비) : 견주다, 본뜨다, 모방, 따름, 친숙해짐, 고르다, 겨루다, 자주, 무리, 편들다.

① 『어류』 : 군자의 마음은 다함께 저 ‘하나의 공정한 도리(一箇公當底道理)’를 이해함에 있다. 따라서 늘 화합하되 구차히 뇌동하지 않는다. 소인은 사심에 따라 행하기 때문에 서로 아첨하고 편든다. 두 사람만 모여도 서로 피아를 구분하기 때문에, 조그마한 이해관계가 생겨도 분쟁에 이르고 화합하지 못한다.[59]

② 『좌전』 「소공 20년」 : 제나라 임금(경공)이 사냥터에서 돌아온 뒤, 안자晏子(안영)가 천대遄臺(제나라의 서울인 임치 근방의 누대)에서 시종하고 있었다. 이때 양구거가 수레를 타고 도착하였다. 임금이 안자에게 말하였다. “오직 양구거만은 나와 화합하고(和) 있다.” “그도 역시 뇌동하고(同) 있습니다. 어찌 화합이라 할 수 있겠습니까?” “화합과 뇌동은 다른가?” “다릅니다. 화합이란 마치 국을 끓이는 것과 같습니다. 물, 불, 식초, 젓갈, 소금, 매실 등을 준비하여 생선과 고기를 요리하는데, 한 사람이 장작으로 불을 때면 요리사는 양념을 합니다. 간을 맞추면서 부족한 것은 더 넣고, 지나친 것은 묽게 합니다. 군자(임금)는 그런 국을 먹고 마음을 평정하게 합니다. 군신 관계도 역시 그렇습니다. 임금이 옳다고 여기는 일에 그른 점이 내재할 경우, 신하는 그 그른 점을 지적함으로써 옳은 일을 잘 성취할 수 있도록 합니다. 또 임금이 그르다고 여기는 일에 옳은 점이 내재할 경우, 신하는 그 옳은 점을 지적함으로써 그른 일을 제거할 수 있도록 합니다. 그럼으로써 정치가 평정되어 과오를 범하지 않게 되면, 백성은 불평하는 마음이 사라집니다. 따라서 『시』에 ‘제사의 탕도 양념이 잘되고(和) 경건하며 화평하니, 신령이 응감하여 허물하지 않으면 아무런 다툼이 없도다’ 하였습니다. 선왕께서는 오미五味를 조합하고 오성五聲(宮·商·角·徵·羽)을 조화함으로써 마음을 평정하고 국정을 완성한 것입니다. 소리도 역시 맛과 마찬가지로서, 일기一氣(소리가 생기는 근원), 이체二體(陽聲, 陰聲), 삼류三類(風·雅·頌), 사물四物(사방의 재료), 오성, 육률, 칠음七音, 팔풍八風(八方의 바람), 구가九歌로써 상호 조성되며, 청탁·대소·단장·완급·애락·강유·조만·고하·출입·소밀

양시는 말하기를 "군자는 『역』의 점괘를 세심하게 음미하여, 한결같은 마음이 없으면 수치를 당한다고 인식한다. 한결같은 마음이 없다면, 점칠 필요도 없기 때문이다" 했는데, 의미는 대략 통한다.

13-23 공자가 말하였다. "군자는 화합을 추구하고 뇌동하지 않지만, 소인은 뇌동할 뿐 화합하지 않는다."①

화和는 어긋나고 사나운 마음이 없다. 동同은 아첨하고 편든다는 뜻이 있다.②

• 군자는 의리를 숭상하기 때문에 뇌동(부화뇌동)하지 않는다. 소인은 이익을 숭상하니, 어찌 화합할 수 있겠는가?③ – 윤돈

한 것으로써 상호 보조합니다. 군자는 그 음악을 감상함으로써 마음을 평정하게 합니다. 마음이 평정해지면 심덕이 화평해집니다. 그래서 『시』에 '좋은 말에는 흠이 없다' 하였습니다. 그런데 저 양구거는 그렇지 못합니다. 임금이 옳다고 하면 그 역시 옳다고 하고, 임금이 그르다고 하면 그 역시 그르다고 합니다. 이처럼 물에 물을 타면(以水濟水) 누가 먹을 수 있으며, 거문고를 연주하며 한 음만 퉁기면 누가 들을 수 있습니까? 뇌동이 옳지 않은 이유도 이와 같습니다."[풍우란, 67-69쪽] ○『어류』: "화和는 '국의 간을 맞춤(和羹)'이란 뜻으로 풀이한 설이 많은데, 어떻습니까?" "꼭 사람의 품성을 지칭하여 한 말은 아니다. 오직 군자는 평상시의 태도 역시 자연히 화합적이므로 자연히 뇌동하지 않는다. 대처로 군자와 소인의 차이는 오직 공公·사私의 차이에 있다. '화'는 공적인 '동'이고, '동'은 사사로운 '화'이다. '군자는 보편적이고 편당적이지 않다(周而不比)'(2-14) 함 역시 이와 같다. '주周'는 공적인 '비比'이고, '비'는 사사로운 '주'이다. 똑같은 일에도 공·사가 있다.[58]

③『혹문』: 윤돈의 설은 대의는 옳지만 말은 좀 미진하다. … 여대림, 양시, 후중량의 설은 모두 안자(안영)의 설을 본받은 것이다. 그러나 안자의 말은 정책(事)을 두고 한 말이고 이 장은 곧장 군자·소인의 모습을 지칭한 말이니, 안자의 말로는 인증할 수 없을 것 같다. 여기서 논한 군자의 화합(和)이란, 동료 사이에 협동하고 공손하여 서로 어긋나고 다투거나 시기하고 억누르는 의도가 없음을 뜻한다. 군자의 부동不同이란, 그들은 정도正道를 지키고 의리를 따르는지라 아부하고 파당을 짓는 풍조가 없다는 뜻이다. 소인의 경우는 이와 반대이다. 화합과 뇌동은 그 겉모습은 서로 비슷하지만, 내면의 실제는 상반된다. 군자와 소인은, 그 진상이 미세한 차이에 있고, 예나 지금이나 판에 박은 듯이 너무 비슷하다. 성인이 아니면 그 궁극적 차이를 연구하여 천명하지 못한다. … 군자의 마음은 동이同異와 가부可否에 사심이 없어서 늘 올바름에 귀착하려고 할 따름이다. 만약 안자의 설을 따르면, 상이한 것을 수립하려고 기약한 뒤에야 비로소 '화이부동'이 가능해진다. 어찌 교왕과직矯枉過直(잘못된 것을 바로잡으려다 너무 지나쳐 오히려 나빠짐)의 주장이 아니겠는가? 다만 제 경공과 양구거에 대한 안자의 발언 자체는 그들 병폐의 핵심을 찔렀다고 할 수 있다.

13-24 子貢問曰：“鄕人皆好之, 何如?” 子曰：“未可也.” “鄕人皆惡之, 何如?” 子曰：“未可也. 不如鄕人之善者好之, 其不善者惡之.”

(好·惡, 並去聲.) ○一鄕之人, 宜有公論矣, 然其間亦各以類自爲好惡也. 故善者好之而惡者不惡, 則必其有苟合之行. 惡者惡之而善者不好, 則必其無可好之實.

13-25 子曰：“君子易事而難說也：說之不以道, 不說也；及其使人也, 器[1]之. 小人難事而易說也：說之雖不以道, 說也；及其使人也, 求備[2]焉.”

(易, 去聲. 說, 音悅.) ○器之, 謂隨其材器而使之也. 君子之心公而恕,[3] 小人之心私而刻.[4] 天理人欲之間, 每相反而已矣.

13-26 子曰：“君子泰而不驕, 小人驕而不泰.”

君子循理, 故安舒而不矜肆.[5] 小人逞[6]欲, 故反是.

---

1) 器(기) : 그릇, 물건, 재능, 도량, 그릇으로 쓰다, 적재적소에 씀, 중시하다.

2) 備(비) : 갖추다, 마련·준비·간직하다, 완전하다, 가득하다, 준비, 경계, 모두, 자세히.

3) 恕(서) : 용서하다, 헤아려 동정하다, 인애仁愛, 깨닫다, 알게 하다.

4) 刻(각) : 각박하다, 가혹하다, 모질다, 몰인정하다, 심하다, 엄하다, 새기다, 벗기다.

5) 舒(서) : 펴다, 열리다, 흩어지다, 느긋하다, 조용함, 느리다, 우아하다, 조화하다, 실마리, 소생. 矜(긍) : 뽐내다, 자부, 자만, 자랑. 肆(사) : 방자하다, 도를 넘다, 진열하다.

6) 逞(령) : 용감하다, 왕성함, 마음대로 함, 극진히 하다, (근심을) 풀다, 부드럽게 하다(10-4).

① 『어류』 : 군자는 사람을 피곤케 하고 혼란케 하는 온갖 공작이 없기 때문에 섬기기 쉽다. 소인은 이로운 편익을 좋아하니, 사람들은 곧 그 틈새를 좇아 그를 받들면 되기 때문에 즐겁게 해주기가 쉽다.[60]

② 『정의』 : 양시가 말하였다. “마음이 너그러워 몸이 편안하기(心廣體胖) 때문에 교만하지 않고, 교만심을 비웠으나 기백이 왕성하기(虛驕而氣盛) 때문에 태만하지 않다.” ○『혹문』 : 오직

13-24 자공이 공자께 물었다. "고장 사람들이 모두 좋아하는 사람은 어떻습니까?" "좋은 사람인지 잘 알 수 없다." "고장 사람들이 모두 미워하는 사람은 어떻습니까?" "나쁜 사람인지 잘 알 수 없다. 고장의 선인들은 좋아하지만, 악인들은 미워하는 사람이 진국이다."

한 마을 사람들은 마땅히 공론이 있으나, 그 안에도 각기 부류에 다라 저마다 좋아하고 싫어하는 대상이 갈린다. 따라서 선인도 좋아하고 악인도 미워하지 않는 그런 사람이라면, 반드시 구차하게 영합하는 행실이 있을 것이다. 또 악인도 미워하고 선인도 기피하는 그런 사람이라면, 필시 좋아할 만한 실상이 없을 것이다.

13-25 공자가 말하였다. "군자는 섬기기는 쉽지만 기쁘게 하기는 어렵다.① 정당한 방법으로 기쁘게 해주지 않으면, 기뻐하지 않는다. 사람을 부릴 때는 적재를 적소에 쓴다. 소인은 섬기기는 어렵지만 기쁘게 해주기는 쉽다. 정당하지 않은 방법으로 기쁘게 해주더라도 기뻐한다. 사람을 부릴 때는 완벽하기를 요구한다."

기지器之는 사람을 재능에 따라 쓴다는 말이다. 군자의 마음은 공평하고 관용적이나, 소인의 마음은 사사롭고 각박하다. 천리와 인욕의 사이는 늘 서로 반대될 뿐이다.

13-26 공자가 말하였다. "군자는 태연하며 교만하지 않고, 소인은 교만하며 태연하지 않다."

군자는 이치를 따르므로, 편안하고 느긋하면서 자랑하거나 방자하지 않다. 소인은 욕심을 따르므로, 이와 반대이다.②

양시의 설이 좋지만, 표현 방식은 문제가 있다(立言傷巧). 차라리 심광체반으로 태泰의 상태를 설명하고, 허교성기虛驕盛氣(공허한 교만으로 기운만 왕성함)로 교驕의 모습을 해설하는 것이 좋았다. 그렇게 하면 독자는 서로 대조하면서 탐구하여 스스로 터득할 것이다.

13-27 子曰："剛·毅[1]·木·訥, 近仁."

程子曰："木者, 質樸.[2] 訥者, 遲鈍.[3] 四者, 質之近乎仁者也." 楊氏曰："剛·毅則不屈於物欲, 木·訥則不至於外馳, 故近仁."

13-28 子路問曰："何如斯可謂之士矣?" 子曰："切切·偲偲·怡怡如也, 可謂士矣. 朋友切切·偲偲, 兄弟怡怡."

胡氏曰："切切,[4] 懇到[5]也. 偲偲,[6] 詳[7]勉也. 怡怡, 和悅也. 皆子路所不足, 故告之. 又恐其混於所施, 則兄弟有賊恩之禍,[8] 朋友有善柔之損, 故又別而言之."

---

1) 剛(강) : 굳세다, 굳다. 毅(의) : 굳세다, 의지가 강하다, 과감하다, 딱 잘라 일을 처리하다, (권력자의 불의에) 크게 화를 내다. 剛毅 : 의지가 굳다.

2) 質樸(질박) : 질박하다, 소박하다. 樸 : 순박하다, 소박하다, 가공하지 않은 목재.

3) 遲(지) : 늦다, 더디다, 굼뜨다, 게을리 하다, 쉬다, 기다리다, 생각, 바라다, 바라다, 무렵, 곧. 鈍(둔) : 무디다, 둔하다, 어리석다, 우둔함, 완고하고 둔하다, 느리다, 행동이 굼뜨다.

4) 切(절) : 끊다, 깎다, 문지르다, 바로잡다, 접근하다, 심하다, 적절하다, 친절하다, 정중하다, (생각이) 깊다, 꾸짖다, 삼가다, 힘쓰다.

5) 懇(간) : 정성(스럽다), 성심, 간절하다, 힘쓰다, 노력하다, 구하다. 到(도) : 이르다, 닿다, 미치다, 빈틈없이 찬찬하다, 주밀하다, 속이다, 기만하다, 거꾸로.

6) 偲(시) : 굳세다, 힘세다, 똑똑하다, 재능이 있다, 책선(責善)하다.

7) 詳(상) : (자세히) 헤아리다, 상세, 두루 갖춤, 정통함, 다하다, 죄다, 모조리, 배려, 공평.

8) 禍(화) : 재앙, 불행, 재난, 근심, 재앙을 내리다, 죄, 허물.

① 『어류』 : "강剛과 의毅는 어떻게 구분됩니까?" "강은 체질이 굳세고 강함이니, 마치 하나의 단단한 물건처럼 부드럽지도 않고 구부려지지도 않음이다. 의는 분발하여 흥기하는 기상이 있다."[62]

② 『논어계』 : '강의'는 고명高明에 가깝고, '목눌'은 침잠沈潛에 가깝다. 각각 한편에 치우친 면이 있으나, 절대로 교활한 수단을 쓰는 나쁜 습관이 없기 때문에 '인에 가깝다' 하였다. ○풍우란 : "강의목눌剛毅木訥의 인물과 교언영색巧言令色(1-3)의 인물은 선명하게 대비된다. 전자는 자신을 위주로 자신의 참된 마음과 진실한 감정에 따라 모든 일을 그야말로 착실하게 행하는 사람이고, 후자는 남을 위주로 언행을 도모하고 오로지 남의 환심만을 사는 허위의 인간이다. 공자는 전자를 '인에 가깝다'고 여겼다. 즉 아직 '인'은 아니더라도 '인'에 접근했다는 말이다. 후자는 '어진 마음이 거의 없다.' 즉 이런 사람들 중에 '어질게' 될 사람은 거의

13-27 공자가 말하였다. "굳세고 의롭고[①] 소박하고 어눌한 은 인에 가깝다."[②]

• 목木은 질박함, 눌訥은 더듬거리고 굼뜸이다. 네 가지는 바탕이 인에 가까운 것이다. – 이천

• 굳세고 의로우면 물욕에 굴하지 않고, 소박하고 어눌하면 밖으로 내달리지 않으므로 인에 가깝다. – 양시

13-28 자로가 공자께 물었다. "어떻게 하면 선비라고 할 수 있습니까?" "간곡·면밀하고 세심히 권면하며 온화하면, 선비라고 할 수 있다. 친구 사이는 주도면밀하고 세심히 권면하며, 형제 사이는 온화하다."

• 절절切切은 간곡·면밀함, 시시偲偲는 세심히 권면함,[③] 이이怡怡(10-4)는 온화함이다. 모두 자로가 부족한 점이므로 일러주었다. 또 자로가 혹시 적용 대상을 혼동하여 형제 사이에 은혜를 해치는 불행을 낳거나, 친구 사이에 대충 넘어가는 손해가 생길까 염려했기에, 다시 구별하여 말해 주었다. – 호인

없다는 말이다. 이러한 대비로부터 살필 수 있는 점은 공자는 '인'의 기초는 인간의 참된 마음과 진실한 감정이라고 여겼다는 점이다. 진실한 감정을 소유한 그야말로 착실한 사람이 반드시 어진 사람인 것은 아직 아니다. 하지만 오로지 그럴듯하게 꾸미고 번지르르한 언행으로 남의 환심만을 사는 자가 '어진' 사람으로 되기는 아예 불가능하다. 그는 이미 '인'의 품성적 기초, 즉 '인을 행하는' 데에 필요한 소질素質을 상실했기 때문이다."[117-8쪽]

③ 『어류』: "호인은 무슨 근거로 절절切切이 간곡·면밀함, 시시偲偲가 세심히 권면함이라고 풀이하였습니까?" "옛사람은 주로 글자를 겹쳐 써서 어떤 일을 형용했는데, 대체로 설명하기가 어렵다. 당시 사람들은 틀림없이 그런 글자를 이해했을 것이나, 요즘은 다만 그 소리를 상상하여 그 뜻이 이와 같다고 헤아릴 뿐이다. '절절'과 '시시'는 호인의 풀이가 타당하다. 간도懇到에는 간절하다는(苦切) 뜻이 있다. 그러나 줄곧 이와 같이 간절하기만 하고 스며들어 퍼진다는(浸灌) 뜻이 없어서도 안 된다. 반드시 상세히 서로 면려해야 비로소 서로 친애하는 뜻이 생긴다."[65] ○『혹문』: '절절'은 간절하고(懇) 지성스럽게(惻) 깨우쳐줌으로써 친구의 잘못을 까발리지 않음이고, '시시'는 상세하고 곡진하게 권면함으로써 친구에게 자기 의견을 따르도록 강요하지 않음이다. 두 가지 모두 충직(忠)과 사랑(愛)의 정성은 있으나, 강제(勁)와 폭로(訐)의 해악은 없다. 자로는 강직剛直했기 때문에 공자가 이와 같이 일깨워주었다.

13-29 子曰：“善人敎民七年，亦可以卽[1]戎矣.”

敎民者，敎之孝悌忠信之行，務農講武之法. 卽，就也. 戎，兵也.[2] 民知親其上，死其長，故可以卽戎.[3]

○程子曰：“七年云者，聖人度其時可矣. 如云期月·三年·百年·一世·大國五年·小國七年之類，皆當思其作爲如何乃有益.”

13-30 子曰：“以不敎民戰，是謂棄之.”

以，用也. 言用不敎之民以戰，必有敗亡之禍，是棄其民也.[4]

---

1) 卽(즉)：(임무를) 맡다, 종사하다, 자리에 나아가다, 가까이하다, 접근, 임하다.

2) 戎(융)：오랑캐, 병기, 무기, 전투용 수레, 전쟁하다, 전투하다, 군사, 병사, 돕다, 보좌하다. 兵(병)：군인, 병사, 전쟁, 무기, 치다, 무기로 죽이다, 재앙, 막다, 방비하다, 전술.

3) 謝曰：“敎之使民親其上，死其長，如子弟之衛父兄，如手足之捍心腹，以此戰也，其克必矣.”

4) 棄(기)：버리다, 그만두다, 폐하다, 꺼리어 멀리하다, 내쫓다, 잊다, 망각하다, 쇠퇴, 떠나다. ○馬曰：“言用不習之民，使之攻戰，必破敗，是謂棄之也.”

① 『어류』：옛날의 정치는 대체로 본·말을 아울러 갖추었다.[※본：효·제·충·신, 말：농업과 무예.] 전에 이 근방에서 도적의 피해가 발생했을 때, 보오保伍(십오什伍의 제도에 의하여 역내域內의 일을 스스로 처리하는 조합) 편성 계획을 토론한 적이 있었다. 나중에 도적이 흩어져 시행되지는 않았다. 나중에 생각해 보니 만약 시행했었더라도 역시 또 다른 피해가 생겼을 것이다. 그것을 시행하면 무술을 연마한다. 이미 살인이 많이 발생했는데 또 다시 살인을 더 잘 하도록 가르치는 것이다. 사마광도 일찍이 보오법을 시행하여 봄가을로 훈련시켜 농민을 병사로 삼았던 적이 있었다. 나중에 훈련된 그들이 귀향했는데, 농사일 같은 것은 거들떠보지도 않고, 오로지 집에서 싸움질하고 술이나 마셔댈 생각만 해서, 그 해악 역시 만만치 않았다. 옛 사람은 농민 중에 출병할 때 먼저 효·제·충·신으로써 가르친 다음에 전쟁에 동원시켰기 때문에, 나중의 해악이 발생하지 않았던 것이다.[68]

13-29 공자가 말하였다. "선인이 백성을 칠 년 가르친다면, 또한 전쟁터에 보낼 수 있다."

'백성을 가르친다' 함은 효도, 공손, 충직, 신의의 행실을 가르치고, 농업에 힘쓰고 무예를 익히는 방법을 가르치는 것이다.① 즉卽은 나아감, 융戎은 전쟁이다. 백성이 윗사람을 친애하고 어른을 위해 죽을 줄 알기 때문에, '전쟁터에 보낼 수 있다.'

• 칠 년이라고 한 것은, 성인이 그 정도 시간이면 되겠다고 여긴 것이다. 기월期月, 삼 년(13-10), 백 년(13-11), 한 세대(13-12), 대국 오 년, 소국 칠 년[『맹자』 7 : 7] 운운한 부분은, 모두 계획 내용이 어떤 것인지 생각해보아야 공부가 된다. - 이천

13-30 공자가 말하였다. "가르치지 않은 백성으로써 전쟁함은 백성을 버리는 짓이다."

이以는 씀이다. 가르치지 않은 백성을 써서 전쟁을 하면, 반드시 패망의 재앙이 생긴다. 이것이 자기 백성을 버리는 짓이다.

제14편 헌문

憲問第十四

胡氏曰 : "此篇疑原憲所記." (凡四十七章.)

• 이 편은 아마 원헌이 기록한 것 같다. - 호인

14-1 憲問恥. 子曰："邦有道, 穀；邦無道, 穀, 恥也."

憲, 原思名. 穀,[1] 祿也. 邦有道不能有爲, 邦無道不能獨善, 而但知食祿, 皆可恥也. 憲之狷介,[2] 其於'邦無道穀'之可恥, 固知之矣；至於'邦有道穀'之可恥, 則未必知也. 故夫子因其問而并言之, 以廣其志, 使知所以自勉, 而進於有爲也.

"克·伐·怨·欲不行焉, 可以爲仁矣?" 子曰："可以爲難矣, 仁則吾不知也."

此亦原憲以其所能而問也. 克,[3] 好勝. 伐, 自矜.[4] 怨, 忿恨. 欲, 貪欲.[5]

有是四者而能制之, 使不得行, 可謂難矣. 仁則天理渾然,[6] 自無四者之累,[7] 不行不足以言之也.

---

1) 穀(곡) : 곡식, 녹, 녹미祿米, 살다, 생존하다, 종, 여종, 고하다.
2) 狷介(견개) : 강직하다, 대쪽 같다. 狷 : 성급하다, 절의를 지켜 뜻을 굽히지 않음, 의심하여 주저함. 介 : 끼이다, 갑옷, 소개하다, 깔끔하다, 절의, 의지하다, 크다, 낱.
3) 克(극) : 이기다, 승벽, 사욕을 이김, 멸망시킴, 책하다, 능하다, 감당, 이루다.
4) 伐(벌) : 치다, 공격하다, 죄를 밝혀 징계하다, 베다, 죽이다, 공, 공적, 공훈, 뽐내다, 자랑하다. 矜(긍) : 불쌍히 여기다, 괴로워하다, 아끼다, 공경, 엄숙, 자랑하다, 위태하다, 보존하다.
5) 馬曰："克, 好勝人. 伐, 自伐其功. 怨, 忌小怨. 欲, 貪欲也."
6) 渾(혼) : 가지런하다, 온전하다, 크다, 흐리다, 물소리, 온, 모두, 섞임, 분간이 안 됨.
7) 累(루) : 괴롭힘, 수고 끼침, 근심, 부담, 연루, 묶다, 쌓임, 포개다, 끊임없이, 모두.

① 『어류』 : '곡穀' 자를 음미해야 한다. '곡'은 녹을 먹는다는 뜻이다. 도가 있든 없든 오직 녹만 먹을 줄 알지 자기주장을 거의 제기하지 못한다면, 어찌 수치스럽지 않겠는가![2]

② 『어류』 : "이 말이 무슨 뜻입니까?" "나라에 도가 있을 때 아무 일도 도모하지 못하고, 소심하게 작은 염치만 지키면, 무슨 도움이 되겠는가? '시종'노릇이나 하면서 보통의 업무밖에 못하고 있다면, 성인이 말한 '수치'를 면하지 못한다. 국가의 대계大計에 아무 영향도 주지 못하기 때문이다. 또 '선비'를 논하면서 공자는 반드시 '행실에 수치를 알고, 사방에 사신으로 가서 임금의 명을 욕되게 하지 않는'(13-20) 선비를 최고로 여겼다. 그저 '친척이 효성스럽다 칭찬하고, 마을에서 공손하다고 칭찬하는' 사람을 공자는 선비 행실의 최고로 여기지 않았다. 자기 한 몸 과오가 없기를 실천할 뿐이니, 국가에는 아무런 보탬이 되지 못한다. 효·제에 머문 까닭은 사적인 행실만 고수할 뿐 고유의 양심을 확충하지 못하기 때문이다. 고유의 양심을

14-1 원헌이 공자께 물었다. "수치란 무엇입니까?" "나라에 도가 있어도 녹을 먹고, 도가 없어도 녹을 먹는 것이 수치이다."①

헌憲은 원사(6-5)의 이름, 곡穀은 녹봉이다. 나라에 도가 있을 때는 쓸 만한 일도 도모하지 못하고, 나라에 도가 없을 때는 자신만의 선도 수양하지 못하며, 오직 녹만 먹을 줄 알면 모두 수치이다. 원헌은 지조가 굳은지라, 나라에 도가 없을 때 녹을 먹는 일이 수치임은 물론 알고 있었다. 그러나 나라에 도가 있을 때 녹을 먹는 일도 수치일 수 있음은 꼭 알지 못하였다.② 따라서 공자가 그의 질문을 계기로 함께 말해 주어 그의 뜻을 넓힘으로써, 스스로 힘쓸 부분을 깨우쳐서 일을 도모하는 데에 나아가도록 하였다.

"승부욕·자랑·원망·욕심 등을 행하지 않으면,③ 어질다고 할 수 있습니까?" "그렇게 하기도 어렵지만, 어진 일인지는 나는 모르겠다."

이 또한 원헌이 자기가 잘하는 일을 가지고 질문한 것이다. 극克은 이기기 좋아함, 벌伐은 자만심, 원怨은 원한, 욕欲은 탐욕이다.

이 네 가지 마음이 생겨날 때 제압하여 행해지지 못하게 하는 것도 어려운 일이라고 할 수 있다. 인仁은 천리와 하나 된 경지이니, 자연히 네 가지 근심이 없다. 네 가지를 '행하지 않는' 경지가 곧 인이라고 하기에는 부족하다.

확충하여 수치를 알고 임금의 명을 욕되게 하지 않는 경지로 나아가야 옳다.[1]

③ 『어류』: '행하지 않음(不行)'은 다만 표출되지 않도록 금할 뿐이니, 행하려는 마음이 망각된 적은 없다. '극기복례'는 행하려는 마음조차 모두 제거한 상태이니, 다시 싹트지 않게 근원적으로 일도양단한 것이다.[13, 17] '극기'란 마치 집 안의 도적을 찾아내 완전히 죽여 없앤 것과 같다. '극·벌·원·욕'이 있으나 금지시켜 표출되지 못하게 함은, 마치 도적을 집 안에 가두어 놓고 밖으로 나가 죄를 짓지 못하게 해둔 것과 같으니, 필경은 숨어 있다(窩藏).[14] '극기'는 맹세코 (죽여서) 원수와 함께 살지 않음과 같고, '행하지 않음'은 국경 밖으로 축출함일 뿐이다.[16] ○『혹문』: '행하지 않음'은 말단만 통제하여 밖으로 행해지지 않도록 함일 뿐이다. 그 뿌리는 마음에 박혀있어 없애지 못한다. 나무에 비유컨대, 그 뿌리를 제거하지 않으면 싹트는 일은 자연히 중단시킬 수 없으니, 억제하여 행해지지 않도록 함은 날마다 힘써도 늘 부족할 뿐이다. 설령 잘 억제하여 종신토록 밖으로 표출되지 않았다 할지라도, 속으로 맺혀 편안하지 못한 그 뜻이 날마다 투쟁하여 가슴속으로 진입하니, 이른바 '인仁' 역시 두루 손상되고 해를 입어 자연히 보존되지 못한다. 반드시 그 싹을 멸절하고 그 근본을 봉쇄하여 털끝만큼이라도 마음속에 남기지 않도록 해야 '인'에 가까워질 수 있다.

○程子曰："人而無克·伐·怨·欲, 惟仁者能之. 有之而能制其情, 使不行, 斯亦難能也, 謂之仁則未也. 此聖人開示之深, 惜乎憲之不能再問也."

或曰："四者不行, 固不得爲仁矣. 然亦豈非所謂克己之事, 求仁之方乎?" 曰："克去己私以復乎禮, 則私欲不留,[1] 而天理之本然者得矣. 若但制而不行, 則是未有拔[2]去病根之意, 而容其潛[3]藏隱伏於胸[4]中也. 豈克己求仁之謂哉? 學者察於二者之間, 則其所以求仁之功, 益親切而無滲漏矣."[5]

14-2 子曰："士而懷居,[6] 不足以爲士矣."

居, 謂意所便安處也.

14-3 子曰："邦有道, 危[7]言危行；邦無道, 危行言孫."

(行·孫, 並去聲.) ○危, 高峻[8]也. 孫, 卑順也.

尹氏曰："君子之持身不可變[9]也, 至於言則有時而不敢盡, 以避禍也. 然則爲國者使士言孫, 豈不殆哉?"

---

1) 留(류)：머무르다, 남아 있다, 기다리다, 지체함, 오래다, 엿보다, 혹(옹이), 기다리다.
2) 拔(발)：뽑다, 쳐서 빼앗다, 공략, 특출함, 빠지다, 쥐다, 빠르다, 머무르다, 기울다.
3) 潛(잠)：자맥질하다, 잠기다, 숨다, 마음을 모아 기울이다, 몰래, 깊다, 달아나다.
4) 胸(흉)：가슴, 가슴속, 마음, 앞, 앞쪽, 요충지.
5) 親(친)：친하다, 사랑, 사이좋다, 친근하다, 화목하다, 친히, 손수, 자애, 부모, 겨레, 새롭다. 滲(삼)：스미다, 배다, 거르다, 새다, 흘러나오다, 다하다, 적시다. 漏(루)：스며들다, 비밀이 새다, 빠뜨리다, 구멍, 구멍을 뚫다, 물시계, 혜택을 주다, 넘치다.
6) 居(거)：일정한 자리를 차지하다, 쌓다, 저축, 자리를 잡다, (벼슬 않고) 집에 있다, 평상시.
7) 危(위)：위태롭다, 해침, 두려워하다, 높다, 엄정하다, 위독함, 똑바르다, 빠르다, 자칫하면.
8) 峻(준)：높다, 높고 험하다, 준엄하다, 길다, 자라다, 생장하다, 훌륭한, 뛰어난.
9) 變(변)：변하다, 변천, 쇠해짐, 바꿈, 변란, 어그러짐, 특이, 모반, 재앙, 편법, 죽음.

①『후안』：보한경輔漢卿이 말하였다. "자기 마음으로 편안해 하는 데에 연연해하여 잊지 못하

• 사람으로서 승부욕·자랑·원망·욕심이 없는 일은 오직 어진 사람이라야 가능하다. 그런 감정이 생겼을 때 제재하여 행해지지 않게 하는 일도 잘하기 어렵지만, '인'이라고 하면 안 된다. 여기에는 원헌을 계발하려는 성인의 깊은 뜻이 있었음에도, 원헌이 다시 질문하지 못하였으니, 안타깝다.－이천

"네 가지를 행하지 않더라도 물론 인이 될 수는 없으나, 그 일 또한 이른바 극기의 일이니, 곧 인을 구하는 방법이 아닙니까?" "자기의 사욕을 이겨 없앰으로써 예를 회복하면, 사욕이 잔류하지 않아서 천리의 본래 모습을 획득한다. 그런데 다만 행해지지 않도록 제재만 한다면, 병폐의 뿌리를 뽑아 없앤다는 의미가 없다. 가슴속에 잠재해 숨어 있다는 사실은 용인하는 셈이다. 어찌 극기하여 인을 구하는 것이라고 할 수 있겠는가? 학생이 이 두 가지 사이를 깊이 살핀다면, 인을 추구하는 공부가 더 구체적이고 빈틈없어질 것이다."

14-2 공자가 말하였다. "선비로서 안락한 생활을 동경하면, 선비라고 할 수 없다."

거居는 마음에 편안한 곳을 일컫는다.①

14-3 공자가 말하였다. "나라에 도가 있으면, 말도 엄정히 행실도 엄정히 하라. 나라에 도가 없으면, 행실은 엄정히 말은 공손히 하라."

위危는 고상하고 준엄함, 손孫은 겸손하고 순응함이다.

• 군자의 절개는 변하면 안 된다. 그러나 말은 감히 다 표출하지 않음으로써 화를 피해야 할 때가 있다. 그러니 나라의 통치자가 선비들로 하여금 말을 공손하게 하도록 강요하고서야, 어찌 나라가 위태롭지 않을 수 있겠는가?－윤돈

면, 의리에 비추어 마땅히 행해야할 일에 대해서는 반드시 제대로 대처하지 못하게 된다." 이는 주자의 주해에 대한 부연설명이다. 내 생각에 거居는 쉰다(休息)는 뜻이니, 회거懷居는 권태로움을 느껴 쉴 생각을 하는 것이다. 선비가 연구에 몰두하고 실천에 매진하더라도 학문은 끝이 없는데, 어떻게 감히 쉴 생각을 한다는 말인가? 죽은 다음에나 그만 둘 수 있다. 아직 죽지 않았다면 그만둘 수 없다.

14-4 子曰："有德者必有言, 有言者不必有德. 仁者必有勇, 勇者不必有仁."

有德者, 和順積中, 英華發外.[1] 能言者, 或便佞口給而已. 仁者, 心無私累, 見義必爲. 勇者, 或血氣之强而已.
○尹氏曰："有德者必有言, 徒能言者未必有德也. 仁者志必勇, 徒能勇者未必有仁也."

14-5 南宮适問於孔子曰："羿善射, 奡盪舟,[2] 俱不得其死然; 禹稷躬稼,[3] 而有天下." 夫子不答. 南宮适出. 子曰："君子哉若人! 尙德哉若人!"

(适, 古活反. 羿, 音詣. 奡, 五報反. 盪, 土浪反.) ○南宮适, 卽南容也. 羿, 有窮之君, 善射, 滅夏后相而簒[4]其位. 其臣寒浞[5]又殺羿而代之. 奡, 『春秋傳』作"澆,"[6] 浞之子也, 力能陸地行舟, 後爲夏后少康所誅.[7] 禹平水土, 暨稷播種,[8] 身親稼穡[9]之事. 禹受舜禪而有天下, 稷之後至周武王亦有天下. 适之意蓋以羿奡比當世之有權力者, 而以禹稷比孔子也. 故孔子不答. 然适之言如此, 可謂君子之人, 而有尙德之心矣, 不可以不與. 故俟其出而贊美之.

---

1) 『禮記』「樂記」: 君子反情以和其志, 廣樂以成其敎, 樂行而民鄕方, 可以觀德矣. …是故情深而文明, 氣盛而化神, 和順積中, 而英華發外, 唯樂不可以爲僞.
2) 奡(오) : 오만하다, 힘이 세다, 헌걸차다. 盪(탕) : 씻다, 흔들다, 밀다, 움직이다.
3) 稷(직) : 기장, 오곡의 신, 그 신의 사당, 농업 관리. 稼(가) : 심다, 농사, 익은 벼이삭.
4) 簒(찬) : 빼앗다. 주잘로 잡다. [纂(찬) : 모으다, 무늬, 계승하다는 다른 글자].
5) 浞(착) : 젖다, 조금 젖은 모양, 담그다, 넉넉하다, 흡족하다.
6) 澆(요) : 물을 대다, 엷다, 경박하다, 엷게 하다, 물결이 맴돌다, 맴도는 물결.
7) 孔曰 : "羿, 有窮之君也. 簒夏后相之位. 其臣寒浞殺之, 因其室而生奡. 奡多力, 能陸地行舟, 爲夏后少康所殺也."
8) 暨(기) : 및, 함께, 미치다, 이르다, 다다르다, 칠하다, 굳센 모양. 播種(파종) : 씨를 뿌리다. 播 : 퍼뜨리다, 씨를 뿌리다, 옮기다. 種 : 곡식의 씨.

14-4 공자가 말하였다. "덕이 있는 사람은 반드시 주장(경언)이 있지만, 주장이 있는 사람이 반드시 덕이 있는 것은 아니다. 어진 사람은 반드시 용기가 있지만, 용기 있는 사람이 반드시 어진 것은 아니다."

덕이 있는 사람은 온화함이 내면에 쌓여 그 광채가 외면으로 표출된다. 말을 잘하는 사람은 간사한 말재주에 그칠 뿐이다.(5-5, 16-4) 어진 사람은 마음이 사심에 휘둘리지 않는지라 의로운 일을 보면 반드시 행한다.(2-24) 용기 있는 사람은 혈기가 강성한 수준에 그칠 뿐이다.

• 덕이 있는 사람은 반드시 주장이 있지만, 주장만 잘하는 사람이 반드시 덕이 있는 것은 아니다. 어진 사람은 절개가 있으므로 반드시 용감하지만, 용감한 사람이 반드시 어진 것은 아니다. – 윤돈

14-5 남궁괄이 공자께 물었다. "예는 활을 잘 쏘았고, 오는 힘이 배를 흔들었지만, 모두 제명에 죽지 못했습니다. 우와 직은 농사지었지만 천하를 가졌습니다." 공자는 대답하지 않았다. 남궁괄이 나가자 공자가 말하였다. "군자로다, 이 사람은! 덕을 숭상한다, 이 사람은!"

남궁괄은 남용(5-2)이다. 예羿는 유궁 나라의 임금으로서 활을 잘 쏘았고, 하나라의 왕 '상'을 멸하고 왕위를 찬탈했다. 예의 신하인 한착이 다시 예를 죽이고 그 자리를 차지했다. 오奡는 『춘추전』에 요澆로 되어 있다. 한착의 아들이다. 오는 힘이 육지에서 배를 움직일 수 있었지만, 나중에 하나라 왕 소강에게 죽임을 당했다. 우禹는 물과 토지를 다스려 직稷과 함께 씨앗을 뿌리고 농사를 지었다. 우는 선양을 받아 천하를 소유하였고, 직의 후손은 주나라 무왕에 이르러 역시 천하를 소유하였다. 남궁괄의 뜻은 아마 '예'와 '오'를 당시의 권력자에, '우'와 '직'을 공자에 비유한 것이었다. 그래서 공자가 대답하지 않았다. 남궁괄의 말이 이와 같았으니, 군자다운 사람이고 덕을 숭상하는 마음이 있다고 하겠다. 그 점은 인정하지 않을 수 없었으므로, 그가 나가기를 기다려 찬미하였다.❶

---

9) 穡(색) : 거두다, 수확하다, 거둘 곡식, 다 익은 곡식, 농사, 구실, 검약하다, 인색하다.

14-6 子曰："君子而不仁者有矣夫，未有小人而仁者也."

(夫，音扶) ○謝氏曰："君子志於仁矣，然毫忽之間，心不在焉，則未免爲不仁也."[1)]

14-7 子曰："愛之，能勿勞[2)]乎? 忠焉，能勿誨[3)]乎?"

蘇氏曰："愛而勿勞，禽犢之愛也. 忠而勿誨，婦寺之忠也. 愛而知勞之，則其爲愛也深矣. 忠而知誨之，則其爲忠也大矣."

14-8 子曰："爲命[4)]：裨諶草創之,[5)] 世叔討論之，行人子羽修飾之,[6)] 東里子産潤色之."[7)]

---

❶『어류』: 남궁괄의 질문이 그른 것은 아니나 엉성하다. 우와 직은 선인이고 오와 예는 악당인데, 어찌 그렇게 서로를 비교한단 말인가? 공자가 답하지 않은 것도 질문이 우매했기 때문이다. '공자가 도척보다 현명하다'는 말과 같으니, 어찌 우매하지 않은가? 다만 그 의도가 좋았기 때문에, 그가 나간 뒤 '군자답다! 덕을 숭상한다!'고 칭찬하였다.[26] "공자가 대답하지 않은 데에는 깊은 뜻이 있는 듯합니다." "어떤 뜻 말인가?" "우와 직이 천하를 소유하고 예와 오가 제명에 죽지 못한 것은 물론 그래야 합니다. 그러나 우와 직 같은 덕이 있어도 천하를 소유하지 못한 경우가 있으니, 공자가 종신토록 떠돌이 신세가 된 것이 그 예입니다. 또 예와 오 같은 악이 있어도 명대로 산 경우가 있으니, 도척이 안방에서 늙어 죽은 것이 그 예입니다. 모든 일은 반드시 이치대로 되어야 하는데, 간혹 그렇지 않을 때도 있습니다. 성인 공자께서 답하지 않은 까닭은, 군자의 마음이란 마땅히 해야 할 일을 묵묵히 행할 뿐 그 운에 달린 성과는 계산하지 않는 것이기 때문입니다." "그대의 해석은 비교적 좋다."[27]

1) 謝曰："與『易』所謂小人不恥不仁之意，立語不同. 毫忽之間，心不在焉，不仁也，然未害爲君子."

2) 勞(노): 일하다, 노력, 근심, 앓다, 괴로워하다, 지치다, 노고, 자랑함, 공훈, 위로, 격려.

3) 誨(회): 가르치다, 가르쳐 인도하다, 보이다, 가르침.

4) 命(명): 목숨, 운수, 명하다, 명령, 이름 짓다, 규정, 가르침, 말, 천성, 천명, 도.

5) 裨(비): 돕다, 보좌, 보완, 보태다, 주다, 비천함. 諶(심): 참, 진실, 참으로. 草創(초창): 시작하다, 최초로 시작하다, [草稿(초고). 草: 거칠다, 어설프다, 엉성하다, 초고의, 기초起草하다.]

6) 修(수): 닦다, (품행을) 다스려 기르다, 다듬어 정리하다, 손질하다, 꾸미다, 갖추다, 훌륭하다. 飾(식): 꾸미다, 청소, 치장, 수선, 모양내다, 속이다, 장식, 훌륭한 단장, 나타내다.

7) 潤色(윤색): (문장을) 다듬다, 윤색하다. 潤: 젖다, 은혜 입다(베풀다), 적시다, 윤이 나다,

14-6 공자가 말하였다. "군자이면서 어질지 못한 경우는 있어도, 소인이면서 어진 경우는 없다."①

• 군자는 인에 뜻을 두지만, 잠깐이라도 마음이 인에 머물지 않으면 어질지 못함을 면치 못한다.② – 사량좌

14-7 공자가 말하였다. "사랑한다면, 고생시키지 않을 수 있겠는가?③ 충성한다면, 잘못을 깨우쳐주지 않을 수 있겠는가?"

• 사랑하기만 하고 고생시키지 않음은 짐승의 사랑이다. 충성하기만 하고 깨우쳐주지 않음은 부녀자나 내시의 충성이다. 사랑하면서 고생시킬 줄 알면 그 사랑도 깊고, 충성하면서 깨우쳐줄 줄 알면 그 충성도 위대하다. – 소식

14-8 공자가 말하였다. "외교문서(命) 작성은 비심이 초안을 잡고, 세숙이 토론하고, 행인 자우가 첨삭하고, 동리 자산이 윤색하였다."

꾸미다, 훌륭하게 하다, 온화함.

① 『어류』 : 군자란 비유컨대 온통 흰 물건과 같으니, 설령 검은 점이 있더라도 디처 관리하지 못한 부분일 뿐이다. 소인은 비유컨대 온통 검은 물건과 같으니, 한두 군데 흰 점이 있다고 해서 전체가 결코 희어질 수는 없다.[29]

② 『혹문』 : 사량좌의 설은 좋다. 다만 '본마음이 인에 머물지 않음이, 어질지 못함이다(心不在焉, 不仁也)'는 표현은, 곧장 '심心' 자로 '인'을 풀이한 것이니 디흡하다. 만약 '븐마음이 인에 머물지 않으면, 어질지 못하게 된다(心不在焉, 則不仁矣)'라고 표현하면 타당할 것이다. 또 '(어질지 못해도) 군자가 되는 데는 지장이 없다(未害爲君子)'는 표현 역시 학생에게 자기 관용(自恕)의 폐단을 조장하는 만큼 더욱 살피지 않으면 안 된다. [※『집주』는 원래의 사량좌의 말을 조금 바꾸었다.]

③ 『어류』 : 사랑하면서 고생시키지 않음이 임시방편적인(姑息) 사랑이다. 사람의 사랑은 대개 그냥 넘어감(姑息)에서 실패한다. 예를 들어 근래에 한 학생이 상복을 입은 채로 나에게 배우러 온 적이 있었는데, 원래는 그를 돌려보냈어야 옳았다. 그러나 그가 천 리 먼 길을 건너왔는데 그를 그대로 돌려보내기가 곤란하다고 여겨 결국 그를 물리치지 못하였다. 이런 일이 곧 나의 고식姑息(지나친 관용)적인 부분이다. 그를 사랑하는 방법이 아니었다(사랑한다면 내쳤어야 옳았다).[30]

(裨, 婢之反. 諶, 時林反.) ○裨諶以下四人, 皆鄭大夫. 草, 略也. 創, 造也, 謂造爲草稿也. 世叔, 游吉也, 『春秋傳』作子太叔. 討, 尋究也. 論, 講議也. 行人, 掌使之官. 子羽, 公孫揮也. 修飾, 謂增損之. 東里, 地名, 子產所居也. 潤色, 謂加以文采也. 鄭國之爲辭命, 必更[1]此四賢之手而成, 詳審精密, 各盡所長. 是以應對諸侯, 鮮有敗事. 孔子言此, 蓋善之也.

14-9 或問子產. 子曰："惠人也." 問子西. 曰："彼哉! 彼哉!" 問管仲. 曰："人也. 奪伯氏駢[2]邑三百, 飯疏食,[3] 沒齒[4]無怨言."

子產之政, 不專於寬,[5] 然其心則一以愛人爲主. 故孔子以爲惠人, 蓋擧其重[6]而言也.

子西, 楚公子申, 能遜[7]楚國, 立昭王, 而改紀[8]其政, 亦賢大夫也. 然不能革其僭[9]王之號. 昭王欲用孔子, 又沮止[10]之. 其後卒召白公以致禍亂, 則其爲人可知矣. 彼哉者, 外之之詞.

---

1) 更(경) : 거치다, 지나다, 통과하다, 고치다, 개선되다, 번갈아, 갚다, 배상, 잇다, 겪다.
2) 駢(병) : 나란히 하다, 늘어섬, 합치다, 이웃, 동아리, 패를 짓다, 굳은살, 지명.
3) 飯(반) : 먹다, 밥. 食(식) : 밥, 먹다, 식언하다, 녹, 기르다. (사) : 밥, 먹이다, 기르다.
4) 齒(치) : 이, 어금니, 나이, 연령, 수효, 비견하다, 나란히 서다, 기록하다, 닿다.
5) 寬(관) : 너그럽다, 도량이 큼, 넓다, 느긋하고 거리낌 없다, 온화함, 느슨함, 멀어지다.
6) 重(중) : 무겁다, 두텁다, 크다, 소중하다, 높다, 엄숙하다, 정중하다, 긴요, 좋다, 교묘하다, 존중하다, 위세, 어려워하다, 생각하다, 두 번, 거듭하다.
7) 遜(손) : 겸손, 몸을 낮추다, 사양·양보하다, 따르다, 순종, 달아나다, 피하다, 벗어나다.
8) 紀(기) : 벼리, 실마리, 다스리다, 인륜, 법칙, 요점, 일, 근본, 통하다, 끝, 세월.
9) 僭(참) : 참람함, 행동이 분수에 지나침, (윗사람을) 범하다, 어긋나다, 거짓, 비방함.
10) 沮止(저지) : 저지하다. 沮 : 막다, 저지, 그만두다, 방해, 헐뜯다, 기가 꺾임, 붕괴.
① 『혹문』 : 홍흥조의 다음의 설도 좋다. "정나라는 소국이었다. 외교문서에 아주 신중을 기하여, 이와 같이 현자에게 믿고 맡겼다. 천하를 다스릴 때 외교문서를 더욱 중시해야 함에도 도리어 경시한다. 토론과 윤색은 여럿이 할수록 좋은 일인데, 관리 한 명에게 맡긴다면 어떻게 되겠는

비심 이하 네 사람은 모두 정나라 대부이다. 초草는 대략, 창創은 만듦이니, 초고를 만든다는 말이다. 세숙은 유길이고, 『춘추전』에 나오는 자태숙이다. 토討는 연구, 논論은 논의, 행인行人은 사신을 관장하는 관리이다. 자우는 공손휘이다. 수식修飾은 첨삭이다. '동리'는 지명으로, 자산이 사는 곳이다. 윤색潤色은 품격 있게 다듬음을 일컫는다. 정나라는 외교문서(辭命)를 작성할 때, 반드시 이 네 현인의 손을 거쳐 완성하였다. 상세하고 정밀하게 각자의 장점을 다 발휘하였다. 그래서 제후를 응대할 때 일을 그르친 경우가 거의 없었다.① 공자가 이를 언급한 것은 아마 찬양하려는 것이다.

14-9 혹자가 공자께 물었다. "자산은 어떤 사람입니까?" "은혜로운 사람이다." "자서는 어떤 사람입니까?" "그 사람이야, 뭐 있나?" "관중은 어떤 사람입니까?" "그 사람은 백씨의 병읍 삼백 개를 빼앗았으나, 백씨는 거친 밥을 먹으면서도 평생 원망의 말을 하지 않았다."

자산의 정치는 오로지 관용만 베풀지는 않았으나, 마음은 한결같이 사람 사랑을 위주로 하였다. 따라서 공자가 은혜로운 사람이라고 여겼다. 아마 두드러진 점을 언급한 것 같다.

자서는 초나라의 공자 '신'인데, 초나라를 사양하고 소왕을 세워 정치를 개혁하고 기강을 세웠으니, 어진 대부이다. 그러나 그는 참칭한 왕의 명호를 고치지 않았고, 소왕이 공자를 등용하려고 할 때 저지하였다. 그 뒤 마침내 백공을 불러들여 화란을 초래했으니, 그 사람됨을 알 수 있다. 피재彼哉란 그를 외면하는 말이다.

가? 또 옛날 현자들은 외교문서를 잘 만들려고만 했지 자기 것으로 내세우지 않았다. 따라서 세숙이 토론하더라도 비심이 불만으로 여기지 않고, 자산이 윤색하더라도 자우가 수치로 여기지 않았다. 후세의 외교문서 작성자들은 이와 반대로 한다. 이 때문에 외교문서가 옛날에 비해 흠이 생길 수밖에 없다."

人也, 猶言此人也. 伯氏, 齊大夫. 騈邑, 地名. 齒, 年也. 蓋桓公奪伯氏之邑以與管仲, 伯氏自知己罪, 而心服管仲之功, 故窮約以終身而無怨言. 荀卿所謂"與之書社三百, 而富人莫之敢拒"者, 卽此事也.[1]

○或問："管仲·子産孰優?"[2] 曰："管仲之德, 不勝[3]其才. 子産之才, 不勝其德. 然於聖人之學, 則槪[4]乎其未有聞也."

14-10 子曰："貧而無怨難, 富而無驕易."

(易, 去聲.) ○處貧難, 處富易, 人之常情. 然人當勉其難, 而不可忽其易也.

14-11 子曰："孟公綽爲趙魏老則優, 不可以爲滕薛大夫."

公綽, 魯大夫. 趙·魏, 晉卿之家. 老, 家臣之長. 大家勢重, 而無諸侯之事；家老望尊, 而無官守之責. 優, 有餘也. 滕·薛, 二國名. 大夫, 任國政者. 滕·薛國小政繁, 大夫位高責重. 然則公綽蓋廉靜寡欲, 而短於才者也.

○楊氏曰："知之弗豫, 枉其才而用之, 則爲棄人矣. 此君子所以患不知人也. 言此, 則孔子之用人可知矣."

---

1)『或問』: 吳氏別爲一說, 未知是否, 姑存之亦可也. ○吳氏曰："荀子論管仲云：'與之書社三百, 貴賤長少, 秩秩焉莫不從桓公而貴敬之.' 則是桓公奪伯氏之邑, 以與管仲也. 秩秩亦無怨言之意."

2) 優(우) : 넉넉함, 많다, 도탑다, 얌전함, 뛰어남, 광대, 머뭇거리다, 놀다, 편히 쉬다, 부드럽다.

3) 勝(승) : 이기다, 억누름, 승리, 낫다, 뛰어남, 훌륭함, 지나침, 바르다, 견디다, 모두.

4) 槪(개) : 대개, 대강, 일체, 일률적으로, 모두, 절조, 기풍, 절개, 경치, 감격함.

① 『어류』: "인야人也를 범조우와 양시 모두 인도를 다함(盡人道)으로 풀었는데, 『집주』에서는 '이 사람'으로 풀이한 것은 왜입니까?" "옛날 책에 이와 비슷한 것이, 『시』에 나오는 윤인伊人과 『장자』에 나오는 지인之人이다. 만약 '사람의 도리를 다한' 것으로 풀면, 관중 그 한 사람 말고 다른 사람은 모두 사람이 아닌 것이 된다."[33]

② 서사書社 : 옛날 25가家마다 사社를 세우고 그 안에 호구등록부를 비치한 것.

인야人也는 '이 사람'이라는 말과 같다.① 백씨伯氏는 제나라 대부, 병읍騈邑은 지명, 치齒는 나이이다. 환공은 백씨의 읍을 빼앗아 관중에게 주었다. 백씨는 자기의 죄를 인정하고 관중의 공을 마음으로 복종했기 때문에 곤궁하게 생을 마치면서도 원망의 말이 없었다. 순경이 말한 "관중에게 삼백 서사②를 주는 일에, 부자들이 아무도 거절하지 않았다" 함이 곧 이 일이다.

관중과 자산 중에 누가 더 훌륭할까? 관중은 덕이 재능을 따라가지 못했고, 자산은 재능이 덕을 따라가지 못했다. 둘 다 성인의 학문을 알지 못한 것 같다.

14-10 공자가 말하였다. "가난하면서 원망하지 않기는 어렵지만, 부유하면서 교만하지 않기는 쉽다."③

가난뱅이로 살기는 어렵지만, 부자로 살기는 쉽다. 이는 인지상정이다. 그러나 사람은 마땅히 어려운 일(원망을 없앰)에 힘써야 하지만, 쉬운 일(교만하지 않음)에도 소홀해서는 안 된다.

14-11 공자가 말하였다. "맹공작은 '조'와 '위'의 가신 수장이 되기에는 넉넉하지만, '등'과 '설'의 대부로 삼을 수는 없다."

맹공작은 노나라 대부이다. '조'·'위'는 진나라 경卿의 집안이다. 노老는 가신의 수장이다. 대가大家는 권세가 중하나 제후와 관련된 일이 없고, 가신의 수장은 명망이 높으나 관직의 책임은 없다. 우優는 남음이 있음이다. '등'·'설'은 두 나라의 이름이다. 대부는 국정을 맡는 사람이다. 등·설은 나라가 작지만 정치가 번잡하여, 대부의 위치는 높고 책임은 무겁다. 그렇지만 맹공작은 청렴하고 조용하며 욕심은 적었지만, 재능이 부족한 사람이었다.

• 미리 사람을 알아보지 못하고 그의 재주와 어긋나게 등용하는 것은 그 사람을 버리는 일이다. 이 때문에 군자는 사람을 알아보지(간파하지) 못함을 근심한다(1-16). 이 말에서 공자의 인재 등용 방법을 알 수 있다. - 양시

---

③『어류』: 가난하면 입을 옷도 없고 먹을 밥도 없어, 살아갈 수 없는 까닭에 원망하지 않기가 어렵다. 부유하면 본디 입을 옷도 있고 먹을 밥도 있으니, 다만 약간의 의리만 알아 본분을 지킬 수만 있으면 교만을 없애는 일은 쉽다.[36]

14-12 子路問成人. 子曰:"若臧武仲之知, 公綽之不欲, 卞莊子之勇, 冉求之藝, 文之以禮樂, 亦可以爲成人矣." 曰:"今之成人者何必然? 見利思義, 見危授命, 久要不忘平生之言, 亦可以爲成人矣."

(知, 去聲.) ○成人, 猶言全人. 武仲, 魯大夫, 名紇. 莊子, 魯卞邑大夫. 言兼此四子之長, 則知足以窮理, 廉足以養心, 勇足以力行, 藝足以泛應. 而又節之以禮, 和之以樂, 使德成於內, 而文見乎外, 則材全德備, 渾然不見一善成名之迹; 中正和樂, 粹然無復偏倚駁雜[1]之蔽, 而其爲人也亦成矣. 然'亦'之爲言, 非其至者, 蓋就子路之所可及而語之也. 若論其至, 則非聖人之盡[2]人道, 不足以語此.

復加"曰"字者, 旣答而復言也. 授命, 言不愛其生, 持以與人也. 久要, 舊約也. 平生, 平日也. 有是忠信之實, 則雖其才知禮樂有所未備, 亦可以爲成人之次也.

---

1) 駁雜(박잡): 뒤섞여 순수하지 않다, 박잡하다, 난잡하다. 駁: 얼룩말, 섞이다, 논박.

2) 盡(진): 극치에 달하다, 극진하다, 죄다 보이다, 정성, 모두 발휘하다, 완성하다, 모두.

① 『혹문』: 『신서』에 따르면 "변장자는 어머니를 봉양할 때 전쟁에서 세 번이나 도망쳤다. 어머니가 돌아가신 뒤 제나라 군대가 노나라에 쳐들어오자, 그는 전쟁터에 달려가 세 번이나 분대장을 잡아 바치며 말하기를, '세 번 도망친 일에 대한 변상이다' 하였다. 그리고는 제나라 군대로 돌진하여 열 명을 죽이고 전사하였다."

② 『어류』: '예악으로써 다듬는다'는 구절이 가장 중요하다. 앞의 네 사람의 장점은 질박한 수준이니, '예악으로 다듬어야' 비로소 각각의 장점을 살리고 단점을 제거할 수 있다. 그러나 이것은 다만 '성인成人이 될 수 있는' 경지일 뿐, 아직 본모습을 실현하는(踐形)[『맹자』 13:38] 경지에는 이르지 못한 것이다.[40] ○『혹문』: "반드시 네 사람의 장점을 겸한 다음 예악으로서 다듬어야만 성인成人이 될 수 있는 것은 왜입니까?" "네 사람은 각기 장점은 있으나 서로 겸하지는 못하고, 또 예악으로써 다듬지 못한 까닭에 지혜로운 자는 임금을 압박할 수도 있고, 용감한 자는 경솔히 죽기도 하고, 기예 있는 자는 무거운 세금을 거두기도 하고(11-17), 욕심 없는 자는 또한 작은 나라의 대부가 될 수 없다.(14-11) 그러므로 성인成人이 되기 어렵다. 따라서 공자는 반드시 이 네 사람의 능력을 겸한 다음 다시 예악으로 다듬어서, 각각의 장점을 모으고 단점을 제거하면 성인成人이 될 수 있다고 말하였다." ○『어류』: 지혜는 있어도 청렴하지 않으면 그 지혜를 지킬 수 없고, 청렴하더라도 용감하지 않으면 지혜롭게

14-12 자로가 공자께 물었다. "성인成人(된 사람)이 무엇입니까?" "장문중의 지혜, 맹공작의 청렴, 변장자의 용기,① 염구의 기예를 갖추고, 예악으로써 다듬으면 '성인'이라고 할 수 있다."②

(공자가 말하였다.) "요즘의 '성인'이 하필 그럴 필요 있을까? 이익을 마주하면 의리를 생각하고, 위태로움을 마주하면 목숨을 바치고, 오랜 곤궁에도 평소의 다짐을 잊지 않으면 또한 '성인'이라고 할 수 있다."③

성인成人은 전인全人(완전한 사람)이라는 말과 같다. 장무중은 노나라 대부로서, 이름은 '흘(굵은실)'이다. 변장자는 노나라 '변'읍의 대부이다. 이 네 사람의 장점을 겸하면, 지혜는 이치를 연구하기에, 청렴은 마음을 수양하기에, 용기는 진리를 실천하기에, 기예는 광범하게 응용하기에 충분하다. 여기에 예로써 절제하고 음악으로 화합하여, 내면에서 덕을 완성하고 외면으로 풍모(형식)가 드러나면, 재주는 온전하고 덕은 완비된다. 완전하여 이름을 낼 어떠한 선한 흔적도 드러내지 않고, 공명정대하고 화평하고 즐겁고 순수해져서 더 이상 편파적이고 어수선한 병폐가 없어져 그의 됨됨이가 완성된다. 또한(亦)이란 표현은 최고 경지가 아니라, 다만 자로가 미칠(따라갈) 수 있는 내용을 언급했다는 뜻이다. 최고 경지의 성인成人은 인간의 도리를 모두 발휘한 성인聖人이 아니면 붙일 수 없다.

다시 "왈曰" 자를 붙인 것은, 이미 대답한 뒤에 다시 말했기 때문이다. 수명授命은 자기 생명을 아끼지 않고 남에게 바치는 것을 말한다. 구요久要는 오랜 곤궁, 평생平生은 평소이다. 이와 같은 충직과 신의의 실질을 갖추고 있으면, 그의 재주와 지혜와 예악이 좀 부족하더라도 또한 차선의 '성인'은 될 수 있다.

결단할 수 없다. 청렴하고 용감하더라도 기예가 부족하면 천하의 업무에 능력을 발휘할 수 없다. 그러므로 이 네 가지를 구비한 뒤에 '예악으로써 다듬으면' 성인成人이라고 할 수 있다.[39]

③ 『어류』: "'이익을 대하고는 의리를 생각하고, 위험에 처해서는 목숨을 바치고, 오래도록 곤궁하여도 평소의 다짐을 잊지 않으려고 한' 일들은 자로가 다 발휘한 일들로 보입니다. 이 세 구절은 공자의 말입니까, 자로의 말입니까?" "참 알기 어려운 부분이다."[38] 자로의 말로 여기면 문맥이 순조롭다. 자로의 모습을 표현한 말처럼 보인다. 그렇지만 자로가 무슨 까닭에 그런 말을 한 것일까? 아무튼 잘 모르겠다.[42]

○程子曰："知之明, 信之篤, 行之果, 天下之達德也.[1] 若孔子所謂成人, 亦不出此三者. 武仲, 知也；公綽, 仁也；卞莊子, 勇也；冉求, 藝也. 須是合此四人之能, 文之以禮樂, 亦可以爲成人矣. 然而論其大成, 則不止於此. 若今之成人, 有忠信而不及於禮樂, 則又其次者也."

又曰："臧武仲之知, 非正也. 若文之以禮樂, 則無不正矣."

又曰："語成人之名, 非聖人孰能之? 孟子曰：'惟聖人然後可以踐形.[2] 如此方可以稱成人之名."

○胡氏曰："今之成人以下, 乃子路之言. 蓋不復聞斯行之之勇, 而有終身誦之之固矣."[3] 未詳是否.

14-13 子問公叔文子於公明賈曰："信乎, 夫子不言, 不笑, 不取乎?" 公明賈對曰："以告者過也. 夫子時然後言, 人不厭[4]其言；樂然後笑, 人不厭其笑；義然後取, 人不厭其取." 子曰："其然? 豈其然乎?"

公叔文子, 衛大夫公孫拔[5]也. 公明姓, 賈名, 亦衛人. 文子爲人, 其詳不可知, 然必廉靜之士, 故當時以三者稱之.

---

1) 『中庸』：知仁勇三者, 天下之達德也, 所以行之者一也.

2) 『孟子』：孟子曰："形色, 天性也；惟聖人然後可以踐形."[13：38]

3) 『或問』：胡氏曰："此子路之所已能也. 夫子方進子路于成人之域, 豈又取其己能者而重獎之哉? 蓋子路晩節末路, 不復聞斯行之之志, 而有終身誦之之堅, 是以自鳴其善而爲此固非之辭耳, 與未見其止者異矣."

4) 厭(염)：싫증, 물리다, 만족, 가득 차다, 극도에 달하다, 억누르다, 적합·진압·엄습하다.

5) 拔(전서본)：枝(내각본). ○『禮記』, 鄭玄注："文子, 衛獻公之孫, 名拔, 或作發."

① 『어류』：'충직함과 신의가 있으나 예악에는 미치지 못하였으니' 운운한 정자의 말은 약간 문제가 있다(偏).[38]

② 『혹문』：공자가 의심한 점과 관련하여 오역이 이렇게 말하였다. "사추가 공숙문자에게 '그대

• 지혜의 밝음, 신의의 돈독함, 실천의 과감성은 천하의 달덕達德이다. 공자가 말한 성인成人도 이 세 가지를 벗어나지 않는다. 장무중은 지혜, 맹공작은 어짊, 변장자는 용기, 염구는 기예에 해당한다. 이 네 사람의 장점을 합하고 예악으로 다듬어야 '성인'이 될 수 있다. 그러나 정말 위대한 '성인'의 경지는 여기에 그치지 않는다. 요즘의 '성인'은 충직함과 신의가 있으나, 예악에는 미치지 못하였으니[①] 그 다음 수준은 된다. – 명도

• 장무중의 지혜는 바른 것이 아니나, 예악으로 다듬으면(세련화하면) 바르지 않음이 없다. – 명도

• 성인成人이란 호칭은 성인聖人이 아니면 누가 감당하겠는가? 맹자는 말하기를, 오직 '성인聖人인 뒤에 타고난 자질을 실현할 수 있다'고 하였다. 이와 같아야 비로소 성인成人이란 호칭을 쓸 수 있다. – 이천

호인은 "금지성인今之成人 이하는 자로의 말이다. (그 자신이) '들으면 곧 행하는'(11-22) 용기를 회복하지 못하고, '평생 암송만 하는'(9-27) 고루함이 생겼기 때문일 것이다"라고 말하였다. 이 말이 옳은지는 잘 모르겠다.

14-13 공자가 공숙문자에 대하여 공명고에게 물었다. "정말로 그분은 말하지 않고, 웃지 않고, 취하지 않으십니까?" "보고자가 과장이 있었습니다. 그분은 때가 되어야 말하시니, 남들이 그의 말을 싫어하지 않습니다. 즐거운 뒤에야 웃으시니, 남들이 그의 웃음을 싫어하지 않습니다. 의에 맞은 뒤에야 취하시니, 남들이 그의 취함을 싫어하지 않습니다." "설마? 정말로 그러했을까요?"[②]

공숙문자는 위나라 대부 공손발이다. 공명은 성, 고는 이름인데, 역시 위나라 사람이다. 공숙문자의 사람됨은 자세히 알 수 없으나, 반드시 청렴하고 조용한 사람이었기 때문에 당시에 그 세 가지를 칭찬했을 것이다.[③]

는 부유하고 임금은 가난하니, 반드시 재앙이 미칠 것이다'라고 말한 적이 있다. 어찌 공숙문자의 말이 다 타당하였거나 그가 취함이 모두 선하였겠는가?"

③ 『예기』「단궁」 : 공숙문자가 죽었을 때 그 아들 공숙술이 임금에게 시호를 내려줄 것을 청하며

厭者, 苦其多而惡之之辭. 事適其可, 則人不厭, 而不覺其有是矣. 是以稱之或過, 而以爲不言·不笑·不取也. 然此言也, 非禮義充溢[1]於中, 得時措之宜者不能. 文子雖賢, 疑未及此, 但君子與人爲善,[2] 不欲正言其非也. 故曰"其然, 豈其然乎," 蓋疑之也.[3]

14-14 子曰 : "臧武仲以防求[4]爲後於魯, 雖曰不要[5]君, 吾不信也."

(要, 平聲.) ○防, 地名, 武仲所封邑也. 要, 有挾[6]而求也. 武仲得罪奔邾, 自邾如[7]防, 使請立後而避邑, 以示若不得請, 則將據邑以叛, 是要君也.

范氏曰 : "要君者無上, 罪之大者也.[8] 武仲之邑, 受之於君. 得罪出奔, 則立後在君, 非己所得專也. 而據邑以請, 由其好智而不好學也."

楊氏曰 : "武仲卑辭請後, 其迹非要君者, 而意實要之. 夫子之言, 亦『春秋』誅[9]意之法也."

말하였다. "기일이 정해져 곧 장례를 모셔야 합니다. 청컨대 아버님의 이름 대신 부를 수 있는 칭호를 내려주소서." 임금이 말하였다. "전에 위나라에 큰 기근이 발생했을 때 그분은 죽을 쑤어 나라안 굶주린 사람들에게 먹였으니, '은혜롭다(惠)' 할 만하지 않은가? 전에 위나라에 난리가 발생했을 때, 그분은 목숨을 걸고 과인을 지켜주었으니, '충정(貞)'이라고 할만하지 않은가? 그분은 위나라 국정을 관장하면서 존비의 등급 제도를 보완하고, 사방의 이웃나라와 우호를 증진하여, 위나라의 사직의 명예를 지켰으니 '문文'이라고 할 만하지 않은가? 그러므로 '정혜문자貞惠文子'라는 시호를 내린다."

1) 充溢(충일) : 충만, 가득 넘치다, 넘쳐흐르다. 溢 : 넘치다, 지나치다, 과도하다.

2) 『孟子』 : 子路, 人告之以有過, 則喜. 禹聞善言, 則拜. 大舜有大焉, 善與人同, 捨己從人, 樂取於人以爲善. 自耕稼·陶·漁以至爲帝, 無非取於人者. 取諸人以爲善, 是與人爲善者也. 故君子莫大乎與人爲善.[3 : 8]

3) 謝曰 : "如公明賈之對, 非禮義充溢於中時措之宜者不能, 故夫子謂豈其然乎?" ○楊曰 : "君子與人爲善, 不正言其非, 故曰 : '其然, 豈其然乎?' 爲疑辭以語之."

4) 求(구) : 청하다, 욕구함, 묻다, 책망하다, 탐하다, 힘쓰다, 취하다, 선택하다.

염厭이란 말이 많음에 괴로워하며 싫증내는 것이다. 일이 아주 합당하면, 사람들은 싫증내지 않고 그 존재조차 자각하지 못한다. 그래서 칭찬이 좀 지나쳐, '말하지 않고 웃지 않고 취하지 않는다'고 하였던 것이다. 그러나 이런 평은 예절과 의리가 내면에 충만하여 적시에 합당하게 대처할 수 있는 자가 아니면 할 수 없다. 공숙문자는 현명하기는 하나, 이 경지에는 이르지 못한 것 같다. 다만 군자는 남과 더불어 선을 북돋는지라 그렇지 않다고 직접 지적하지 않으려고, "설마? 정말로 그러하였을까요?"라고 말하였다. 의심은 있다는 말이다.

14-14 공자가 말하였다. "장무중이 '방'읍을 거점으로 노나라에 후계자를 세워 줄 것을 요구하였다. 임금을 협박하지 않았다고 말하지만, 나는 믿지 않는다."

'방'은 지명이니, 장무중의 봉읍이다. 요要는 배후 세력을 믿고 요구함이다. 장무중은 죄를 짓고 '주'로 달아났다. 그는 '주'에서 '방'으로 돌아가, 자기 아들을 후계로 세워 주면 읍을 떠나겠다고 청하였다. 만약 청을 들어주지 않으면 '방'읍을 점거하여 반란하겠다고 암시했으니, 임금을 협박한 셈이다.

• 임금을 협박함은 윗사람을 무시한 큰 죄이다. 장무중은 읍을 임금에게서 받았다. 죄를 짓고 도망친 이상, 후계자 선정은 임금의 권한이지 그가 전횡할 바가 아니다. 그럼에도 읍을 점거한 다음 청한 것은, 그가 지혜만 좋아하고 학문을 좋아하지 않았기 때문이다. – 범조우

• 장무중이 겸손한 말로 임금에게 후계자를 요청하였다. 그 형식이 협박은 아니나, 그 뜻은 사실상 협박이었다. 공자의 말은 또한 뜻(동기)을 꾸짖는 『춘추』의 필법이다. – 양시

---

5) 要(요) : 원하다, 요구·취득하다, 통괄함, 말리다, 으르다, 협박, 바루다, 책망, 꼭.
6) 挾(협) : 끼다, 끼고 돌다, (세력을 믿고) 으르다, 협박, 지니다, 숨기다, 믿고 뽐내다.
7) 如(여) : 같다, ~인 것 같다, 따르다, 좇다, 가다, 도착하다, 그리하여, 만일, ~해야 한다.
8) 『孝經』: 罪莫大於不孝. 要君者無上, 非聖人者無法, 非孝者無親, 此大亂之道也.
9) 誅(주) : 꾸짖다, 책망하다, 형벌, 죄인을 죽임, 토벌, 제거, 덜다, (죄를) 다스리다.

14-15 子曰:“晉文公譎[1]而不正, 齊桓公正而不譎.”

(譎, 古穴反.) ○晉文公, 名重耳. 齊桓公, 名小白. 譎, 詭也. 二公皆諸侯盟主, 攘[2]夷狄以尊周室者也. 雖其以力假仁,[3] 心皆不正, 然桓公伐楚, 仗義執言,[4] 不由詭道, 猶爲彼善於此.[5] 文公則伐衛以致楚, 而陰謀以取勝, 其譎甚矣. 二君他事亦多類此, 故夫子言此以發其隱.

14-16 子路曰:“桓公殺公子糾, 召忽死之, 管仲不死.” 曰:“未仁乎?” 子曰:“桓公九合諸侯, 不以兵車, 管仲之力也. 如其仁! 如其仁!”

(糾, 居黝反. 召, 音邵.) ○按[6]『春秋傳』, 齊襄公無道, 鮑叔牙奉公子小白奔[7]莒. 及無知弑襄公, 管夷吾·召忽奉公子糾奔魯. 魯人納之, 未克, 而小白入, 是爲桓公. 使魯殺子糾而請管·召, 召忽死之, 管仲請囚. 鮑叔牙言於桓公以爲相. 子路疑管仲忘君事讎, 忍心害理, 不得爲仁也.

---

1) 譎(휼) : 기만, 속임수, 거짓, 바뀌다, 풍자하다, 구불구불하다, 어긋나다, 다르다, 햇무리.
2) 攘(양) : 물리치다, 밀어내다, 배척하다, 덜다, 제거하다, 빼앗다, 훔치다, 혼란되다.
3) 『孟子』 : 以力假仁者覇, 以德行仁者王. …以力服人者, 非心服也, 力不贍也.[3 : 3]
4) 仗義執言(장의집언) : 정의에 기대 공정한 말을 하다. 仗 : 믿다, 의지하다, 등에 업다.
5) 『孟子』 : 春秋無義戰. 彼善於此, 則有之矣. 征者, 上伐下也, 敵國不相征也.[14 : 2]
6) 按(안) : 억누르다, 쓰다듬다, (잡아)당기다, 조사, 고찰하다, 생각하다, 탄핵하다, 이에.
7) 奔(분) : 달리다, 급히 향해 가다, 야합하다, 도망치다, 패주하다, 빨리, 별똥, 올라가다.

① 『혹문』 : '아홉 번의 회맹은 커다란 인仁이지만, 죽음으로 바치는 절개는 작은 의리일 뿐이다'는 범조우의 풀이는 공리주의적 발언이다. 의리에 크게 해롭다. 성인의 마음이 과연 그런 식으로 표출되었다고 하면, 한 번의 불의를 행하여 무고한 자를 죽이고 천하를 차지하는 일 따위야 거리낌 없이 행해도 된다는 말이 된다.

② 『어류』 : “이 인심忍心의 '인'은 잔인殘忍의 '인'이 아닙니까? 천리가 유행하려고 할 때 천리를 멸절시켜 유행하지 못하게 함이 곧 '잔인한 마음으로 천리를 해침'이지요?” “자기의 측은지심

14-15 공자가 말하였다. "진 문공은 교활하고 바르지 않았다. 제 환공은 바르고 교활하지 않았다."

진 문공의 이름은 '중이,' 제 환공의 이름은 '소백'이다. 휼譎은 교활함이다. 두 공公 모두 제후의 맹주로서, 오랑캐를 물리치고 주나라 왕실을 받들었다. 무력을 기반으로 인仁을 가장했으니 마음은 모두 바르지 않았다. 환공은 초나라를 칠 때 대의명분을 세우고 속임수를 쓰지 않은 만큼 그래도 문공보다는 나았다. 문공은 (초나라의 동맹국인) 위나라를 침으로써 초나라를 도발하여 전쟁을 하는 등, 음모로써 승리를 쟁취했으니 매우 교활하였다. 이 두 임금의 다른 일들 역시 대체로 이런 부류였다. 그래서 공자가 이와 같이 말하며 저들의 숨겨진 사실을 드러냈다.

14-16 자로가 공자께 말하였다. "환공이 공자 규를 죽이자, 소홀은 따라 죽었지만 관중은 죽지 않았습니다. 어질지 못한 것이지요?" "환공이 제후를 규합하면서 무력을 쓰지 않은 것은 관중의 노력 덕분이었다. 어질다고 할 수 있다! 어질다고 할 수 있다!"①

『춘추전』에 따르면, 제나라 양공이 무도한지라, 포숙아가 공자 소백을 받들어 '여'나라로 망명하였다. 무지가 양공을 시해하자, 관중과 소홀은 공자 규를 받들어 노나라로 망명하였다. 노나라 사람들이 공자 규를 (왕위 계승자로) 제나라로 인도하려 했으나 성공하지 못하였다. 대신 소백이 들어가니 그가 바로 환공이다. 환공이 노나라로 하여금 공자 규를 죽이고 관중과 소홀을 보내 달라고 청하자, 소홀은 따라 죽었으나 관중은 자청하여 죄수로 붙잡혀 갔다. 포숙아의 건의로 환공은 관중을 재상으로 삼았다. 자로는 관중이 임금을 잊고 원수를 섬겨, 모진 마음으로(忍心)② 천리를 해쳤기 때문에 어진 사람일 수 없다고 의문을 제기하였다.

을 해치는 것이 곧 모진 마음(忍心)이다. '삶을 도모하려고 인을 해치지 않는다(無求生以害仁)'(15-9) 했는데, 인을 해치는 것이 곧 모진 마음이다."[55]

九,『春秋傳』作"糾,"[1] 督也, 古字通用. 不以兵車, 言不假威力也. 如其仁, 言誰如其仁者, 又再言以深許之. 蓋管仲雖未得爲仁人, 而其利澤及人, 則有仁之功矣.

14-17 子貢曰: "管仲非仁者與? 桓公殺公子糾, 不能死, 又相之." 子曰: "管仲相桓公, 霸諸侯, 一匡[2]天下, 民到于今受其賜.[3] 微[4]管仲, 吾其被髮左衽[5]矣. 豈若匹夫匹婦之爲諒[6]也, 自經於溝瀆[7]而莫之知也."

(與, 平聲. 相, 去聲.) ○子貢意不死猶可, 相之則已甚矣.

(被, 皮寄反. 衽, 而審反.) ○霸, 與伯[8]同, 長也. 匡, 正也. 尊周室, 攘[9]夷狄, 皆所以正天下也. 微, 無也. 衽, 衣衿也. 被髮左衽, 夷狄之俗也.

---

1) 糾(규) : 살피다, 규명하다, 들추어내다, 위협하다, 엄하다, 정중하다, 꼬다, 합치다.
2) 匡(광) : 바르다, 바로잡다, 구제하다, 도와주다, 비뚤다, 예상하다, 추측.
3) 賜(사) : 주다, 하사하다, 은혜를 베풀다, 분부하다, 은덕, 은혜, 다하다.
4) 微(미) : 없다, 없다고 하면, 작다, 몰래, 은밀히, 어렴풋함, 천하다, 쇠하다, 아니다.
5) 衽(임) : 옷깃, 여미다, 소매, 요, 깔다, (치마의) 솔기, (치마)자락, 거멀장, 치마.
6) 諒(량) : 하찮은 의리를 묵수하다, 믿다, 진실, 돕다, 완고, 흉함, 상서롭지 않다(諒陰)
7) 經(경) : 목매다, 날, 날실, 세로, 길, 떳떳하다, 법, 이치, 조리, 의리, 구하다, 따르다, 경영하다. 溝(구) : 해자, 시내, 도랑 파다, 떨어지다, 어리석다. 瀆(독) : 도랑, 더럽힘, 깔보다.
8) 伯(백) : 맏아들, 우두머리, 작위(侯伯의 伯). (패) : 제후의 맹주, 패覇와 같음.
9) 攘(양) : 물리치다, 제거, 물러나다, 훔치다, 사양하다, 좇다, 털다, 거부, 거역.

① 『혹문』: "왜 구九를 규糾로 풀이하였습니까?" "『춘추전』에 '환공이 제후를 규합하였다(糾合諸侯)'는 말이 있고, 종족을 규합했다는 표현은 매우 많다. 주석자들이 이런 사실을 고찰하지 않고 곧장 아홉 번 제후를 회맹시켰다고 풀었다. 그런데 환공이 주도한 회맹은 아홉 차례에 그치지 않는다. 주석자들은 '무력을 쓰지 않았다'는 문구에 근거하여 '예복을 갖추어 입은 회맹이 아홉 번이고, 그 나머지는 무력에 의한 회맹이었다'고 풀이하였다. 『공양전』과 『곡량전』 이래 모두 이렇게 풀이했는데 심한 천착일 뿐이다."

② 『어류』: "관중의 마음이 어질지 못한데, 어떻게 어진 공적을 세울 수 있었습니까?" "예컨대 한 고조나 당 태종은 어진 사람이라고는 할 수 없다. 그러나 주周 왕실이 쇠한 이후 춘추전국을 거쳐 진나라의 폭정에 이르자 그 재앙은 극에 달하였다. 한 고조가 일단 천하를 평정하자

구九는 『춘추전』에 "규糾"로 되어 있다. '감독하다'는 뜻이다. 두 글자는 옛날에 통용되었다.① 불이병거不以兵車는 위협적 무력을 빌리지 않았다는 말이다. 여기인如其仁은 "누가 그의 어짊만 하겠는가"라는 의미로서, 거듭 말하여 깊이 동의한 말이다. 관중이 어진 사람이라고 할 수는 없다. 다만 그의 혜택이 사람들에게 미쳤으니, 어진 업적(공)이 있다.②

14-17 자공이 공자께 물었다. "관중은 어진 사람이 아니지요? 환공이 공자 규를 죽였을 때, 따라 죽기는커녕 오히려 재상이 되어 그를 도왔습니다." "관중이 환공을 보필하여 제후의 패자가 되어, 단번에 천하를 바로잡았다. 인민이 지금까지 그의 혜택을 누리고 있다. 관중이 아니었다면 우리는 아마 머리를 풀고 옷깃을 왼쪽으로 하고 있을 것이다.③ 어찌 필부필부처럼 의리를 지킨답시고 스스로 목을 매서 도랑에 뒹굴며 아무도 알아주는 이가 없는 경우와 같겠는가?"

자공의 뜻은 (주군을) 따라 죽지 않음은 그렇다 치더라도, (주군의 원수를) 보필한 것은 너무 심했다는 것이다.

패覇는 패伯와 같고, 우두머리이다. 광匡은 바로잡음이다. 주나라 왕실을 받들고 오랑캐를 물리친 따위가 모두 천하를 바로잡음이다. 미微는 없음, 임衽은 옷깃이다. 머리를 풀고 옷깃을 왼쪽으로 하는 것은 오랑캐의 풍습이다.

문제·경제 시대에 가서는 형벌이 거의 필요 없을 만큼 평화가 왔다. 후한 시대 이후 육조·오호 시대를 거쳐 수나라에 이르자, 비록 통일은 되었지만 수 양제 이후 잔학함이 더욱 심하였다. 당 태종이 깨끗이 쓸어버리고 '정관의 치세'를 이룩하였다. 이들 두 임금의 일이 어찌 어진 공적이 아니겠는가? 그들의 마음으로 보자면, 본디 그와 같은 공적을 이룰 수 없다. 그러나 그것이 어진 공적이 아니었다고는 할 수 없다. 관중의 공적 역시 이와 같다."[53]

③ 『어류』: "성인은 분명 관중의 공을 찬양했는데, 왜 맹자는 완강히 비하했습니까?" "맹자는 관중의 패도를 인정하지 않은 만큼 관중의 태도를 비하하였다. 관중이 주 왕실을 보좌하여 천하의 영을 바르게 하고, 제후의 조공·부세를 모두 왕실에 돌리고, 명분을 바로잡아 주 왕실의 명령이 천하에 다시 행해지게 하고, 자신의 제나라는 번신의 대열에 물러나 있도록 했으면 옳았다. 그런데 관중은 제후를 규합하면서 왕실을 존중하기는 했지만, 조공과 부세를 자기네가 차지하고, 명령도 모두 자기네가 내렸다. 자기들이 하고 싶은 대로 하고 처음부터 천자의 명을 받고자 하지 않았다. 그저 패업霸業을 성취하려 했을 뿐이니, 옳지 않다."[60]

諒, 小信也. 經, 縊[1]也. 莫之知, 人不知也. 『後漢書』引此文, '莫'字上有'人'字.

○程子曰 : "桓公, 兄也. 子糾, 弟也. 仲私於所事, 輔之以爭國, 非義也. 桓公殺之雖過, 而糾之死實當. 仲始與之同謀, 遂與之同死, 可也 ; 知輔之爭爲不義, 將自免以圖後功, 亦可也. 故聖人不責其死而稱其功. 若使桓弟而糾兄, 管仲所輔者正, 桓奪其國而殺之, 則管仲之與桓, 不可同世之讎也. 若計其後功而與其事桓, 聖人之言, 無乃害義之甚, 啓萬世反覆不忠之亂乎? 如唐之王珪·魏徵, 不死建成之難, 而從太宗, 可謂害於義矣. 後雖有功, 何足贖[2]哉?"

愚謂管仲有功而無罪, 故聖人獨稱其功 ; 王·魏先有罪而後有功, 則不以相掩[3]可也.

---

1) 縊(액) : 목매다, 목매어 죽다, 목 졸라 죽이다.

2) 贖(속) : 재물을 바치고 죄를 면제받다, 속죄, 사다, 대금을 치르고 저당을 되찾다.

3) 掩(엄) : 가리다, 숨기다, 감추듯이 덮다, 감싸다, 비호하다, 합치다, 어우르다.

① 『신해』 : 인도人道에는 군신간의 직분 그 이상이 있다. 오랑캐로부터 중화를 지키는 일은 만세에 관련된 일이다. 만약 관중이 없었다면 공자조차 나올 수 없었을 것이다. 공자가 태어났을 때 이미 머리를 풀고 옷깃을 왼쪽으로 하였을 것이니, 또 무슨 '공문 72 제자'가 있었겠으며, 저 『논어』 자체가 편찬될 수 있었겠는가? 따라서 자로와 자공의 의혹은 다만 작은 측면만 보았기 때문이다. 공자의 말은 실로 만세의 크나큰 가르침을 수립한 것이었지, 관중 한 사람을 위한 변명이 아니었다. 작은 절개는 버리고 큰 공을 따지겠다는 공자의 의도는 아주 명확하다. [관중은 주군의 동생 환공을 섬겨 공을 세웠다.] 송유宋儒는 공자가 [명분을 도외시하고] 공리功利에 역성드는 것이 불만이었다. 그리하여 환공이 형, 자규가 동생이었다고 억지 주장함으로써, 따라죽지 않은(명분에 어긋난) 관중의 죄를 줄이려고 하였다. 공자의 뜻이 원래 군신 형제의 의리 문제를 훨씬 초월해 있었다는 사실을 인식하지 못한 때문이다. 요컨대 공자의 인은 공업功業을 배제하고 오직 마음만을 지칭한 것이 아니었다. 공자는 환공은 '바르고', 관중은 '어질다'고 인정했다. 그럼에도 맹자가 환공·관중을 배척한 이후, 후세에는 『논어』의 이 세 장에 대해서도 의심을 두게 되었다. 이는 잘 분별하지 않으면 안 된다.

② 왕규와 위징은 본래 태자인 이건성의 부하였다. 그들은, 이건성이 아우 세민을 살해하려다가 실패하고 도리어 죽임을 당하자, 이세민의 신하가 되었다. 이세민이 당태종이다.

③ 『혹문』 : 성인은 사람을 평가할 때 공이 있으면 그 공을 칭찬하고, 죄가 있으면 그 죄를

량諒은 사소한 신의, 경經은 목을 맴, 막지지莫之知는 사람들이 알아주지 않음이다. 『후한서』에 인용된 이 문장에는 '막莫' 자 위에 '인人'(남) 자가 있다.

• 환공은 형, 자규는 아우이다. 관중이 섬길 상대를 사사로이 정하여 왕위 쟁탈을 보필한 것은 의롭지 않았다. 환공이 자규를 죽인 것은 지나쳤지만, 자규의 죽음은 실로 타당하였다. 관중이 처음에는 자규와 함께 모의했으니, 결국 그와 함께 죽었어도 괜찮다. 하지만 쟁탈전 보필이 의롭지 않음을 알고서, 스스로 죽음을 면하고 후일의 공을 도모한 것 또한 괜찮다. 따라서 성인은 그의 죽음 여부를 시비하지 않고 그 공을 칭찬하였다. 만약 환공이 아우이고 자규가 형이었다면, 관중의 보필은 정당하다. 이 경우 환공이 형의 나라를 빼앗고 형을 죽였다면, 관중은 환공과 불구대천의 원수가 되었을 것이다.① 만약 (공자가) 훗날의 공을 참작하여 관중이 환공을 섬긴 일을 인정한 것이라면, 성인의 말이 대의를 심대하게 해쳐 만세에 불충의 반란이 반복되는 길을 열었다는 말이 된다! 당나라의 왕규와 위징이 '건성의 난'에 따라 죽지 않고 태종에 빌붙은 경우는, 대의를 해쳤다고 할 것이다.② 나중에 세운 공이 있기로 어찌 속죄할 수 있겠는가? – 이천

내 생각에, 관중은 공은 있지만 죄는 없었으므로 성인이 그의 공만 칭찬한 것이다.③ 왕규와 위징의 경우는 먼저 죄가 있고 나중에 공이 있었던 만큼 (죄와 공을) 서로 덮어 감싸지 않아야 옳다.

책망한다. 칭찬과 책망을 함께 하더라도, 죄로써 공을 은폐하거나 공으로써 죄를 덮지 않는다. 관중에 대해서도 그 공만 칭찬하고 그 죄를 말하지 않았으니, 죽지 않은 것이 도리에는 어긋나지 않고 또 환공이 자규의 형이라는 점도 명분이 되었음을 알 수 있다. 소홀의 죽음은 바로 필부필부의 작은 의리일 뿐이다. ○『어류』: 관중의 공은 소멸될 수 없다. 성인께서도 그에게 어진 이의 공이 있음을 인정하였다. 성인이 사람을 논할 때 공·과를 서로 상쇄하지 않는다. 공은 공, 과는 과다. 이것이 저것보다 낫다는 말은 가능하다. 관중을 이윤·주공에 견주면 비교가 되지 않는다. 당시의 대부에 비하면 취할 점이 있다. 그 당시는 초나라의 세력이 점점 위협적이어서, 정치를 조금만 소홀히 하면 온 나라가 오랑캐로 전락했을 것이다. 곧 '관중이 아니었다면 우리는 아마 머리를 풀고 옷깃을 왼쪽으로 하고 있을 것이다'는 말이다. 지금 송나라 조한왕의 경우, 그 개인은 아주 불량했으나 태조를 보좌하여 천하를 관장하며 온갖 번진藩鎭의 권한을 거두어들여 국가 이백 년의 평안을 수립하였다. 어찌 어진 이의 공이 아니겠는가? 공자께서 관중을 승부욕·자랑·원한·탐욕이 없는 천리에 한결같이 순수한 '인'의 경지라고 평가했다고 여기면 옳지 않다. 다만 '제후를 규합하여 천하를 바로잡은' 그 일을 찬양한 것이다.[6, 권48]

14-18 公叔文子之臣大夫僎,[1] 與文子同升諸公. 子聞之曰:"可以爲文矣."

(僎, 士免反.) ○臣, 家臣. 公, 公朝. 謂薦[2]之與己同進爲公朝之臣也.

文者, 順理而成章[3]之謂. 「謚法」亦有所謂'錫[4]民爵位曰文'者.

○洪氏曰:"家臣之賤而引之使與己並, 有三善焉:知人, 一也;忘己, 二也;事君, 三也."

14-19 子言衛靈公之無道也, 康子曰:"夫如是, 奚而不喪?"[5] 孔子曰:"仲叔圉[6]治賓客, 祝鮀[7]治宗廟, 王孫賈治軍旅.[8] 夫如是, 奚其喪?"

(夫, 音扶. 喪, 去聲.) ○喪, 失位也.

仲叔圉, 卽孔文子也. 三人皆衛臣, 雖未必賢, 而其才可用. 靈公用之, 又各當其才.

○尹氏曰:"衛靈公之無道, 宜喪也, 而能用此三人, 猶足以保其國. 而況有道之君, 能用天下之賢才者乎? 『詩』曰:'無競維人, 四方其訓之.'[9]

---

1) 僎(선):갖추다, 정제하다, 수, 세다, 고르다, 뽑다.
2) 薦(천):천거, 추천, 바치다, 받들다, 공물, 거적, 풀, 깔다, 줄곧, 견디다, 진술.
3) 章(장):글, 시문 단락, 조목, 법식, 모범, 밝다, 드러내다, 크다, 구별, 형체, 무늬, 표지.
4) 錫(석):주석, 주다, 하사하다, 가는 베. (사):주다, 하사하다.
5) 喪(상):(지위를) 잃다, 자리에서 물러나다, 망하다, 멸망, 죽다, 복을 입다, 널, 관.
6) 圉(어):마부, 마구간, 감옥, (가축을) 기르다, 국경, 막다, 막아 지키다, 몸이 괴로운 모양.
7) 祝(축):빌다, 신을 섬기는 직업인, 박수, 축하. (주):저주, 축문. 鮀(타):모래무지, 메기.
8) 軍旅(군려):군대. 旅:군사, 군대, 무리, 많은, 길, 나그네, 여행하다.
9) 競(경):겨루다, 다투다, 경쟁, 나아가다, 향하여 가다, 나란하다, 굳세다, 갑자기, 높다, 성하다.
訓(훈):훈계하다, 인도하다, 이끌다, 경계하다, 따르다, 순종하다, (뜻을) 해석하다, 뜻, 준칙.
○『詩』:無競維人, 四方其訓之. 有覺德行, 四國順之.[262]

14-18 공숙문자의 신하인 대부 선이 문자와 나란히 조정에 올랐다. 공자가 그 일을 전해 듣고 말하였다. "문이라고 할 만하다."①

신臣은 가신, 공公은 조정이다. (공숙문자가 선을) 자기와 나란히 조정의 신하로 들어가도록 천거했음을 일컫는다.

문文이란 (말과 일이) 이치에 맞고 조리가 선 것을 일컫는다. 「시법」에는 이른바 "백성에게 작위를 내린 업적이 있으면 '문'이다"라는 조목도 있다.

• 천한 가신을 발탁하여 자기와 동급에 세운 일은 세 가지 선이 있다. 첫째 사람을 알아봄, 둘째 자신을 망각함, 셋째 임금을 섬김이다. – 홍흥조

14-19 공자가 위나라 영공의 무도함을 언급하자, 계강자가 말하였다. "그런데도 어째서 쫓겨나지 않고 있습니까?" "중숙어가 빈객을 관장하고, 축타가 종묘를 다스리며, 왕손가가 군대를 담당하고 있습니다. 그러니 어찌 쫓겨나겠습니까?"

상喪은 지위를 잃음이다.

중숙어仲叔圉는 공문자(5-15)이다. 세 사람 모두 위나라의 신하로서, 꼭 현명한 것은 아니었으나 그 재주는 등용할 만하였다. 영공은 그들을 각자의 재주에 합당하게 등용하였다.

• 위나라 영공은 무도하니 쫓겨나야 마땅하지만, 저 세 사람을 등용할 수 있었으니 그 나라를 보존하기에 충분하였다. 하물며 도를 갖춘 임금이 천하의 현명한 인재를 등용할 수 있음에랴? 『시』에 '오직 인재등용에 힘쓰면 사방이 순종한다'고 하였다. – 윤돈

---

① 『금독』: 자기의 하급자를 자신이 추천하여 자신과 나란히 동등한 지위로 승진시켰으니, 등급 제도가 삼엄한 전통사회에서 (심지어 요즘의 중국에서도) 아주 쉽지 않은 일이다. 공자의 찬미는 이상할 것이 없다. 현자를 미워하고 능력자를 질시하는 일은 예와 지금의 똑같은 병폐다. 공숙문자에 대한 '문'의 칭호는 부끄러움이 없다. 그 도량이 넓어 구애됨 없이 대범하였다고 할 수 있다. 그런데 근현대 사회의 관점에서 보면 그런 조치는 상규常規라고 하겠다. 응당 제도를 정비하여 (현자와 능력자가 배제되는) 습속과 심리를 고쳐가야 한다.

14-20 子曰："其言之不怍,[1] 則爲之也難."

大言不慚,[2] 則無必爲之志, 而不自度[3]其能否矣, 欲踐其言, 豈不難哉?

14-21 陳成子弑簡公. 孔子沐浴而朝, 告[4]於哀公曰："陳恒弑其君, 請討[5]之." 公曰："告夫三子!" 孔子曰："以吾從大夫之後, 不敢不告也. 君曰 '告夫三子'者." 之三子告, 不可. 孔子曰："以吾從大夫之後, 不敢不告也."

成子, 齊大夫, 名恒. 簡公, 齊君, 名壬. 事在『春秋』哀公十四年. (朝, 音潮.) ○是時孔子致[6]仕居魯. 沐浴齊戒以告君, 重其事而不敢忽[7]也. 臣弑其君, 人倫之大變, 天理所不容, 人人得而誅之, 況鄰國乎? 故夫子雖已告老,[8] 而猶請哀公討之.

(夫, 音扶, 下"告夫"同.) ○三子, 三家也. 時政在三家, 哀公不得自專,[9] 故使孔子告之.

孔子出而自言如此. 意謂弑君之賊, 法所必討, 大夫謀[10]國, 義所當告, 君乃不能自命三子, 而使我告之邪?

---

1) 怍(작) : 부끄러워하다, 부끄럽게 여기다, 안색을 바꾸다.
2) 慚(참) : 慙과 같은 자, 부끄러워하다, 부끄러움, 수치.
3) 不自度 : 自不度(내각본)
4) 告(고) : 알림, 아뢰다, 하소연, 고발, 안부를 묻다, 깨우치다. (곡) : 청하다, 말미, 휴가.
5) 討(토) : 다스리다, 치죄治罪하다, 치다, 벌하다, 정벌, 찾다, 더듬다, 탐구, 없애다, 제거.
6) 致(치) : (돌려)주다, 바치다, 맡김, 전하다, 내던지다, 힘쓰다, 도달, 극치, 나아가다, 해당하다.
7) 忽(홀) : 소홀히 하다, 경시하다, 잊다, 망각하다, 멸절하다, 갑자기, 돌연, 문득, 어느덧.
8) 告老(고노) : 늙음을 아룀, 연로함을 아뢰고 벼슬을 그만두고자 청함, 연로하여 사임함.
9) 專(전) : 오로지, 마음대로 함, 홀로, 단독으로, 독점하다, 사사로이, 다스리다, 무겁다.
10) 謀(모) : 꾀하다, 물어 의논하다, 관심 가지다, 헤아리다, 책략, 모의, 술책, 술수.

14-20 공자가 말하였다. "자기가 하는 말을 브끄러워하지 않으면, 그 말을 실천하기 어렵다."

과장한 말을 부끄러워하지 않음은, 꼭 그것을 실천하겠다는 의지가 없거나, 스스로 자신의 능력을 헤아리지 못한 것이다. 그 말의 실천이 어찌 어렵지 않겠는가?

14-21 진성자가 간공을 시해하였다. 공자가 목욕재계하고 조정에 나아가, 애공께 아뢰었다. "진항이 그 임금을 시해했으니, 그를 토벌하소서." 애공은 "세 대부에게 말하시오"라고 하였다.
이에 공자가 말하였다. "내가 대부 축에 드는지라 감히 아뢰지 않을 수 없었으나, 임금이 '세 대부에게 말하라'고 하시는구나."
다시 세 대부에게 가서 고하니, 안 된다고 하였다. 공자가 말하였다. "내가 대부 축에 드는지라 감히 아뢰지 않을 수 없었다."

진성자는 제나라 대부로서, 이름은 '항'이다. 간공은 제나라 임금으로서, 이름은 '임'이다. 이 일은 『춘추』「애공 14년」조에 나온다.

이때 공자는 벼슬을 그만두고 노나라에 살았다. 목욕재계하고 임금께 아뢰었으니, 그 사태를 심각하게 여겨 감히 소홀하지 않았다. 신하의 임금 시해는 인륜의 대 변란이고, 천리에 용납되지 않는다. 사람이면 누구나 그를 처단할 수 있거늘, 하물며 이웃나라이랴? 따라서 공자가 이미 연로하여 벼슬을 그만둔 상태였지만, 그래도 애공에게 토벌하기를 청하였다.

삼자三子는 세 대부 집안이다. 이때 정권이 세 대부에게 있어서 애공 홀로 결정할 수 없어, 공자로 하여금 세 대부에게 고하라고 하였다.

공자가 물러 나온 뒤에 스스로 이렇게 말하였다. 그 뜻은 임금을 시해한 역적은 법에 따라 반드시 토벌해야 하고, 대부로서 국정을 도모하며 도의상 마땅히 아뢰어야 할 내용이었음에도, 임금 스스로 세 대부에게 명령하지 못하고 나로 하여금 아뢰게 한다는 것이다.

以君命往告, 而三子魯之强[1]臣, 素有無君之心, 實與陳氏聲勢相倚,[2] 故沮其謀. 而夫子復以此應之, 其所以警之者深矣. ○程子曰 : "左氏記孔子之言曰 : '陳恒弑其君, 民之不予[3]者半. 以魯之衆, 加齊之半, 可克也.' 此非孔子之言. 誠若此言, 是以力不以義也. 若孔子之志, 必將正名其罪, 上告天子, 下告方伯, 而率[4]與國以討之. 至於所以勝齊者, 孔子之餘[5]事也, 豈計魯人之衆寡哉? 當是時, 天下之亂極矣, 因是足以正之, 周室其復興乎? 魯之君臣, 終不從之, 可勝惜哉!" 胡氏曰 : "『春秋』之法, 弑君之賊, 人得而討之. 仲尼此擧,[6] 先發後聞可也."

14-22 子路問事君. 子曰 : "勿欺也, 而犯[7]之."

犯, 謂犯顔諫爭. ○范氏曰 : "犯非子路之所難也, 而以不欺爲難. 故夫子敎以先勿欺而後犯也."

---

1) 强(강) : 굳센, 억센, 권력 있는 자, 세찬, 힘쓰다, 억지로, 거스름, 순종하지 않음.
2) 聲勢(성세) : 위풍과 기세, 권세, 멀리 서로 지원하다. 聲 : 말하다, 이름, 명예, 명성. 倚(의) : 의지하다, 기대다, 치우치다, 인연, 기인하다, 맡기다, 위임. (기) : 기이하다.
3) 予(여) : 나, 주다, 손으로 건네다, 허락하다, 용서하다, 함께, 함께하다.
4) 率(솔) : 거느리다, 이끌다, 좇다, 따르다, 복종, 실행, 본받다, 거칠다, 대범하다.
5) 餘(여) : 남다, 넉넉하다, 여유, 나머지, 정식 이외의 것, 결말, 결국, 여가, 죄다.
6) 擧(거) : 행동, 거사, 시험, 들다, 권하다, 칭찬하다, 등용, 행하다, 일어서다, 받들다.
7) 犯(범) : 비판하다, 거스르다, 이기다, 무시하다, 법을 어기다, 어긋남, 해치다, 일으키다.

① 『혹문』 : 노나라의 삼가三家는 이미 제나라의 진항과 진배없었다. 그들이 진항을 토벌하려고 하지 않은 것은 필연적이었다.

② 『어류』 : 공자께서 처음 진항을 토벌하라고 말했을 때, 진심으로 진항을 토벌할 마음만 있었지, 임금을 무시하는 삼가의 태도를 경계하려는 뜻은 없었다. 후세 사람들이 공자의 속뜻을 헤아려(自流泝源), 성인의 말씀에서 임금을 무시하는 삼가의 태도를 경계하는 의도를 읽었다. 성인이 처음부터 진항의 일을 빌미로 삼가를 경계하고자 했던 것은 아니다. 성인의 마음가짐은 그와 같이 음험하지(枉曲) 않다.[62]

③ 『혹문』 : 장경부의 다음 설명도 좋다. "지성을 다해 속이지 않으며, 임금의 안색을 돌아보지 않고 충언을 드리는 것이 임금 섬기는 의리의 핵심이다. 그 중에서도 속이지 않음이 근본이다.

임금의 명으로 가서 고했으나, 세 대부는 노나라의 강포한 신하로서 평소 임금을 무시하는 마음이 있었고, 실제로 진항과는 위풍과 기세를 서로 의지하고 있었던 까닭에① 공자의 계책을 가로막았다. 공자가 다시 이와 같이 대응했으니, 경고하는 바가 깊다.②

• 좌씨의 기록(『춘추전』)에 따르면, 공자가 이렇게 말하였다. '진항이 임금을 시해할 때, 동조하지 않은 백성이 반이었다. 노나라 무리에다 제나라 인구의 반을 보태면 이길 수 있다.' 그러나 이는 공자의 말이 아니다. 참으로 이와 같은 말은 무력을 쓰자는 것이지 정의를 따르자는 것이 아니다. 공자의 뜻은 반드시 그의 죄를 바르게 명명하여, 위로 천자께 고하고 아래로 제후들에게 고하여 동맹국을 거느리고 토벌하는 것이다. 제나라를 이기는 것은 공자에게 부차적인 일이니, 어찌 노나라 무리의 많고 적음을 계산했겠는가? 이 당시 천하의 혼란은 극에 달했다. 그 일을 계기로 천하를 바로잡을 수 있으면 주나라 왕실도 부흥시킬 수 있었을 것이다. 노나라 군신들이 끝내 공자의 말을 따르지 않았다. 참으로 애석하다! – 이천

• 『춘추』의 법은 임금을 시해한 역적은 누구나 토벌할 수 있다. 공자의 이 일은, 먼저 토벌하고 나중에 아뢰어도 옳았다. – 호인

14-22 자로가 공자께 물었다. "임금은 어떻게 섬깁니까?" "속이지 말고 면전에서 비판하라."③

범犯은 안색을 거스르며 강경하게 간함을 일컫는다.

• 비판하는 일은 자로에게 어려운 일이 아니나, 속이지 않는 일이 어려웠다.❹ 따라서 공자는 먼저 속이지 말고 그 다음에 비판하라고 말하였다. – 범조우

속이지 않으면 정성과 미더움이 충만한 상태에서 부득이 비판을 하게 되면 남을 감동시킬 수 있다. 그런데 충직과 미더움이 부족하면 임금 섬김의 도리가 미진하여 안색만 거스를 뿐 신선한 의미가 없다. 또한 안으로 어떤 계산심리나 체면을 앞세우는 마음이 조금만 싹터도 모두 속임이다." ○『금독』: 오늘날은 이와 정반대이다. 좋아할 일만 보고하고 우려될 일은 보고하지 않는다. 환심을 사려는 아첨으로 못 하는 짓이 없다. (집단농장 등을 추진한) 대약진 운동의 기만정책은 수천만 인민의 죽음을 초래했다. 중국에 한나라 때부터 생긴 간관諫官 제도는 공자의 이 말을 제도화한 것이라고 할 수 있다. 실로 세계 최초의 제도였다.

14-23 子曰："君子上達,[1] 小人下達."

君子反[2]天理, 故日進乎高明；小人徇人欲, 故日究乎汙下.[3]

14-24 子曰："古之學者爲己, 今之學者爲人."

(爲, 去聲.) ○程子曰："爲己, 欲得之於己也. 爲人, 欲見知於人也." ○程子曰："古之學者爲己, 其終至於成物. 今之學者爲人, 其終至於喪己."

愚按：聖賢論學者用心得失之際, 其說多矣, 然未有如此言之切而要者. 於此明辨而日省之, 則庶乎其不昧於所從矣.

---

❹『어류』: "자로가 임금을 속일 리 만무하거늘, 왜 이런 말씀을 하신 것입니까?" "자로는 성품이 용감한지라 대체로 임금에게 말할 때 듣게 하려고 너무 과장해 말하여, 결과적으로 속임에 가까워질 가능성이 있었다. 예컨대 당나라 때 경종이 여산을 유람하려고 하자, 어떤 사람이 여산에는 가면 안 된다고 간하면서 만약 가면 반드시 큰 재앙이 있을 것이라고 말하였다. 여산은 가서는 안 될지라도 큰 재앙이 생긴다고 말한 것은 속임에 가깝다. 요컨대 실제로는 임금을 사랑하는 마음에서 나왔을지언정, 그 말 자체는 속임(거짓)이었던 것이다."[64]

1) 達(달) : 통하다, 도달, 달성하다, 통달, 정통하다, 전달하다, 알리다, 표현, 저명한, 뛰어난.

2) 反(내각본) : 循(전서본). 反(반) : 되돌리다, 보답하다, 되돌아가다, 반성하다, 뉘우치다.

3) 究(구) : 연구·탐구하다, 끝, 결국, 다하다, 동굴, 골짜기. ○橫渠曰："上達反天理, 下達徇人欲者與?" ○呂曰："君子日進乎高明, 小人日究乎汙下."

① 『설해』: 이 장은 "군자는 의리에 밝고(喩) 소인은 잇속에 밝다"(4-16)는 말과 의미가 거의 비슷하다. '통달하다(達)'와 '밝다(喩)'는 의미도 서로 가깝다. 두 장의 내용은 하나의 사상을 서로 다르게 표현한 것이다. 상달上達과 하달下達에 대한 고금의 학자들의 해석은 서로 상이하다. 양梁 나라 황간의 『논어의소』의 해석에 따르면, "상달이란 인의仁義에 통달하는 것이다. 하달은 재물과 잇속에 통달함을 말하는데 이 때문에 군자와 상반된다."

② 『어류』: "구究 자의 뜻은 무엇입니까?" "구는 구경究竟(결국, 필경, 추구하다, 통달하다, 계산하다)의 뜻이니, 결국 갈 데까지 간다는 말이다. 소인은 사욕을 추구하기 때문에 그에 휘둘려 타락하다가 결국 침몰한다. 마치 물에 빠지는 것과 같다. …요즘 이런 사람들이 많다. 처음에는 작은 실수를 하다가 이윽고 결국 빠져들면 점점 실수가 불어난다. 어떤 견해를 주장할 때도 마찬가지이다. 처음에 좀 실수하다가 이윽고 실수를 만회하려고 말을 하면 할수록 더욱 크게 망친다. 또 송사의 발생도 같은 과정이다. 처음에는 그렇게 긴요한 일이 아니지만, 견디지 못하고 불쑥 소장을 제출하고 만다. 이윽고 관리의 소환이 시작되고, 오라 가라 몹시 시달린다. 결국 그 비용을 계산하면 원래 다투는 액수보다 수십 배로 늘어난다. 어떤 일을 잘못하거나 말을 잘못했을 때, 곧바로 잘못을 깨달아 고치지 않고, 잘못을 변명하려고만

14-23 공자가 말하였다. "군자는 위로 통달하지만, 소인은 아래로 통달한다."①

군자는 천리를 돌이키므로 점차 고명함에 나아가고, 소인은 인욕을 따르므로 점차 부패함으로 치닫는다(究).②

14-24 공자가 말하였다. "옛날 학생은 자신을 연마하였다. 요즘 학생은 남을 의식한다."③

• '위기爲己'는 자신이 터득하려는 것, '위인爲人'은 남에게 알려지려는 것이다. - 이천

• 옛날 학생은 자신을 연마하여 마침내 타인을 완성하는 데 이르렀지만, 요즘 학생은 남을 의식하여 마침내 자기를 상실하는 데 이른다. - 이천

내 생각에, 성현이 학생들 마음가짐의 득실을 논한 주장이 많으나, 이처럼 절실하고도 핵심적인 말은 없다. 이 '위기'와 '위인'의 개념을 명확히 분별하여 항상 성찰하면, 학문 방향에 어둡지 않을 것이다.④

하면 잘못이 점점 불어난다. 모든 일이 그러하다."[67]

③ 『어류』: 이는 처음 마음가짐의 작은 차이에서 비롯된다. '상달上達'과 '하달下達'도 거기서 갈라진다. '하달'은 갈라진 그 작은 차이에서 날마다 혼미함이 늘어남을 말한다. 마치 진흙 수렁에 빠져 한 걸음씩 나아갈수록 온몸이 빠져들어 나올 수 없는 것과 같다. 군자의 학문은 실수가 없으면서 공부는 나날이 진보하는지라, 견해가 하루하루 점점 더 고명해진다.[69]

④ 『어류』: 학문은 자기 연마(爲己)를 지향해야 한다. 성인의 가르침은 오직 『대학』의 첫 구절인 '명명덕明明德(타고난 본래의 밝은 덕을 밝힘)'에 있다. 거기에 뜻을 두면 용모를 바르게 함도 '자기 연마'요, 책을 읽으며 궁리하는 일도 '자기 연마'이며, 어떤 일을 성실하게 완수하는 일도 '자기 연마'이다. 성현이 가르친 지경持敬도 자기 연마로 설명된다. 사실 '자기 연마'를 할 줄 알면 자연히 '경敬'에 이른다. … 학문하는 자는 오직 '자기 연마'가 무엇인지를 통찰하여 꾸준히 노력해야 한다. 모든 일은 자기가 해야 한다면 그렇게 해야 한다. 그렇게 하지 않으면 안 된다. 사람이 애써 공부함에, 무엇 때문에 그렇게 애쓰겠는가? 그 일은 자기가 하지 않으면 안 된다고 여기기 때문이다. 예컨대 밥을 먹는 것은 자기가 배가 고파서 어하튼 먹으려고 하기 때문이다. 또 사람이 자기 마음대로 돈을 쓰려고 하기 때문에, 안팎으로 온갖 계획을 세워 한 푼이라도 모으려고 한다. 왜 그렇겠는가? 자기 자신이 하지 않으면 안 되기 때문이다. 만약 이처럼 학문을 한다면, 어떻게 소득이 없을 수 있겠는가? … 또 조문할 때 망자가 평소 나에게 잘해 주었으므로 진실로 애도하며 곡하는 것은 속마음의 표현이니, 물론 자연스러운 표출이다. 그런데 어떤 사람이 망자의 가족에게 내가 곡하는 모습을 알게 하려고 곡을 하는

14-25 蘧伯玉使人於孔子. 孔子與之坐而問焉, 曰 : "夫子何爲?" 對曰 : "夫子欲寡其過而未能也." 使者出. 子曰 : "使乎! 使乎!"

(使, 去聲, 下同.) ○蘧伯玉, 衛大夫, 名瑗. 孔子居衛, 嘗主於其家. 旣[1]而反魯, 故伯玉使人來也.

與之坐, 敬其主以及其使也. 夫子, 指伯玉也. 言其但欲寡過而猶未能, 則其省身克己, 常若不及之意可見矣. 使者之言愈自卑約,[2] 而其主之賢益彰, 亦可謂深知君子之心而善於辭令[3]者矣. 故夫子再言'使乎'以重美之. 按 : 莊周稱"伯玉行年五十而知四十九年之非." 又曰 : "伯玉行年六十而六十化."[4] 蓋其進德之功, 老而不倦. 是以踐履[5]篤實, 光輝宣著, 不惟使者知之, 而夫子亦信之也.

14-26 子曰 : "不在其位, 不謀其政."

重出.

曾子曰 : "君子思不出其位."

此「艮」卦之象辭也. 曾子蓋嘗稱之, 記者因上章之語而類記之也.

일은 옳지 않다. 이것이 곧 '위인爲人'이다.[1580쪽] ○『순자』「권학」: 군자의 학문은 귀로 들어가 마음에 붙어서 온몸에 퍼져 행동거지로 드러난다. 단정한 말씨, 절도 있는 행동 모두 남의 모범이 될 만하다. 소인의 학문은 귀로 들어가 입으로 나온다. 입과 귀 사이는 네 치밖에 안 되니, 어찌 일곱 자나 되는 몸을 아름답게(충실하게) 할 수 있겠는가? 옛날 학생은 자기 자신을 연마했지만, 요즘의 학생은 남을 의식한다. 군자가 학문함은 그 자신을 충실히 하려는 것이지만, 소인이 학문함은 자신의 동물적인 본능을 누리려는 것이다.

1) 旣(기) : 이미, 원래, 처음부터, 그러는 동안에, 이윽고, 다 없어지다, 끝나다.

2) 卑(비) : 낮추다, 겸손하게 대함, 낮은 곳. 約(약) : 검약, 검소, 줄이다, 요점을 얻다, 단속함.

3) 辭令(사령) : 응대하는 말, 말을 받아넘김.

4)『淮南子』「原道訓」: 凡人中壽七十歲, 然而趨舍指湊, 日以月悔也, 以至於死, 故蘧伯玉年五

14-25 거백옥이 사자를 보내왔다. 함께 좌정한 뒤 공자가 물었다. "선생님은 어떻게 지내십니까?" "선생님은 잘못을 줄이려고 하시지만 잘 안 되나 봅니다." 사자가 물러나자, 공자가 말하였다. "훌륭한 사자로다! 훌륭한 사자로다!"

거백옥은 위나라 대부로서, 이름은 '원'이다. 공자가 위나라에 있을 때 그의 집에 머문 적이 있다. 얼마 뒤 노나라로 돌아갔으므로, 거백옥이 사자를 보냈다. '그와 함께 좌정했으니,' 그 주인에 대한 공경이 그의 사자에까지 미친 것이다. 부자夫子는 거백옥을 지칭한다. 오직 잘못을 줄이려고 하지만 잘 안 된다고 말했으니, 그가 자신을 성찰하고 사심을 극복하여 늘 미치지 못할 듯이 여기는(8-17) 뜻을 엿볼 수 있다. 사자의 말이 더욱 겸손하고 적절하여, 그 주인의 현명함이 더욱 부각되었다. 군자의 마음을 깊이 알아보고 말 응대를 잘하는 사람이라고 할 수 있다. 따라서 공자는 "훌륭한 사자로다"라고 반복하며 거듭 찬미하였다.

장주가 "거백옥은 나이 오십이 되어 사십구 년 동안의 잘못을 깨달았다"고 칭찬하고, 또 "거백옥은 육십 년 동안 육십 번 변화[1]를 거듭하였다"고 말한 사실을 보면, 거백옥은 덕을 닦는 공부를 늙어서도 쉬지 않은 것 같다. 그래서 실천이 독실하여 그 광채가 뚜렷하였다. 사자만 안 것이 아니라, 공자도 믿고 있었다.

14-26 공자가 말하였다. "그 직위에 있지 않으면, 그 정사를 도모하지 않는다."

다시 나왔다.(8-14)

증자가 말하였다. "군자는 생각이 그 지위를 벗어나지 않는다."

이것은 『역』「간」괘의 상사象辭이다. 증자가 이 구절을 찬탄한 적이 있어, 『논어』 기록자가 위의 장과 연관시켜 같은 부류로 기록하였다.

十而知四十九年非. ○『莊子』: 蘧伯玉行年六十而六十化, 未嘗不始於是之, 而卒詘之以非也. 未知今之所謂是之非五十九非也.

5) 踐履(천리) : 실행하다, 실천하다, 행동, 행적, 밟다, 디디다. 履 : 신다, 밟다.

○范氏曰："物各止其所, 而天下之理得[1]矣. 故君子所思不出其位, 而君臣·上下·大小, 皆得其職也."

14-27 子曰："君子恥其言而過[2]其行."

(行, 去聲.) ○恥者, 不敢盡之意. 過者, 欲有餘之辭.[3]

14-28 子曰："君子道者三, 我無能焉：仁者不憂, 知者不惑, 勇者不懼." 子貢曰："夫子自道也."

(知, 去聲.) ○自責以勉人也.

道, 言也. 自道, 猶云謙辭. ○尹氏曰："成德以仁爲先, 進學以知爲先. 故夫子之言, 其序有不同者以此."

14-29 子貢方[4]人. 子曰："賜也賢乎哉? 夫我則不暇."

(夫, 音扶.) ○方, 比也. 乎哉, 疑辭. 比方人物而較其短長, 雖亦窮理之事, 然專務爲此, 則心馳[5]於外, 而所以自治者疏矣. 故褒[6]之而疑其詞, 復自貶[7]以深抑之.

○謝氏曰："聖人責人, 辭不迫切而意已獨至如此."

---

❶『어류』: "변화(化)가 무엇입니까?" "지난날의 습관이 모두 없어졌다는 말이다." [71] 모두 녹아 없어져(消融) 고루한 막힘(固滯)이 없어짐을 뜻한다.[72]

1) 得(득) : 알다, 깨닫다, 이득, 감사, 만족, 만나다, 탐함, 알맞다, 적합, 분명함, 이루어진다.

2) 過(과) : 남다, 여유가 있다, 많다, 넘다, 초과하다, 뛰어나다, 초월, 우월하다.

3)『어류』: 過, 猶"行過恭, 喪過哀"之"過", 謂力行也.[73] ○『中庸』: 庸德之行, 庸言之謹, 有所不足, 不敢不勉, 有餘不敢盡. 言顧行, 行顧言, 君子胡不慥慥爾!

4) 方(방) : 사방, 방향, 어우르다, 견주다, 비교, 구별, 바르다, 나라, 곳, 도, 방법, 술법.

5) 馳(치) : 달리다, 질주, 좇다, 마음이 쏠림, 경쟁, 제멋대로 하다, 방자하다, 베풀다.

6) 褒(포) : 襃의 속자, 기리다, 칭찬하다, 넓고 큰 옷자락, 넓다, 크다.

7) 貶(폄) : 떨어뜨리다, 관직을 깎아 낮추다, 덜다, 물리치다, 벌하다, 귀양 보냄, 헐뜯다.

• 사물이 각자의 자리에 머물면 천하의 이치는 실현된다. 따라서 군자의 생각이 그 지위를 넘지 않으면, 군신·상하·대소 모두 그 직분에 알맞게 된다. – 범조우

14-27 공자가 말하였다. "군자는 말은 부끄러워하고 실천은 넉넉히 하려고 한다."①

치恥는 감히 다 표출하지 않는다는 뜻, 과過는 남음이 있고자 한다는 말이다.

14-28 공자가 말하였다. "군자의 도가 세 가지이나, 내가 잘하는 것은 없다. 어진 사람은 근심이 없고, 지혜로운 사람은 미혹이 없고, 용기 있는 사람은 두려움이 없다."
자공이 말하였다. "선생님께서 자기를 말씀하신 것이다."

자신을 책함으로써 사람들을 권면한 것이다.[윤돈]

도道는 '말하다'이다. 자도自道는 '겸사'라는 말과 같다.

• 도덕 완성은 인이 우선이고, 학문 정진은 앎이 우선이다. 따라서 공자의 말(9-29)에 순서의 차이가 있는 것은 이 때문이다. – 윤돈

14-29 자공이 다른 사람을 비교 평가하자, 공자가 말하였다. "자공은 현명한가 보다. 나는 그럴 겨를이 없다."②

방方은 견줌, 호재乎哉는 의문사이다. 인물을 견주어 그 장단점을 비교하는 일은 또한 궁리窮理의 일이기는 하지만, 오로지 거기에만 힘쓰면 마음이 밖으로만 쏠려 자신을 다스리는 일에 소홀해진다. 따라서 자공을 칭찬하면서도 말투는 의문을 표시하고, 다시 자신을 낮춤으로써 자공을 깊이 억제시켰다.

• 성인의 책망은, 말은 박절하지 않으나 뜻은 이처럼 지극하다. – 사량좌

---

① 『혹문』: 글의 뜻을 보면, '자기 말이 그 실천을 앞지르는 것을 부끄러워한다(恥其言之過其行)'라고 풀어야 할 것도 같다. 그러나 이 문장은 두 가지 일로 보아야 한다.

② 『어류』: '겨를이 없음'이 무슨 의미인지 깊이 생각하라. 자기 스스로 체험해야 알 수 있다.[74]

14-30 子曰："不患人之不己知，患其不能也."

凡章指同而文不異者，一言而重出也. 文小異者，屢言而各出也. 此章凡四見，而文皆有異，則聖人於此一事，蓋屢言之，其丁寧之意亦可見矣.

14-31 子曰："不逆詐，不億不信. 抑亦先覺者，是賢乎!"

逆,[1] 未至而迎之也. 億,[2] 未見而意之也. 詐，謂人欺己. 不信，謂人疑己. 抑，反語辭. 言雖不逆不億，而於人之情僞，自然先覺，乃爲賢也.
○楊氏曰："君子一於誠而已，然未有誠而不明者. 故雖不逆詐·不億不信，而常先覺也. 若夫不逆不億而卒爲小人所罔[3]焉，斯亦不足觀也已."

---

1) 逆(역) : 맞이하다, 마중, 불러들이다, 거절하다, 생각하다, 헤아리다, 미리 알다, 만나다, 미리, 사전에, 거스르다, 배반, 어기다, 어지러워지다, 불행, 허물, 거꾸로, 물리다, 돌다.

2) 億(억) : 추측, 억측, 헤아리다, 편안하다, 내기, (가득) 차다.

3) 罔(망) : 속임을 당하다, 그물에 걸리다, 굴레, 어리석다, 덮어씌워 속이다, 근심, 망령, 재앙.

① 『어류』 : 후중량은 '군자는 자신을 수양할 뿐이다. 남이 알아주고 알아주지 않음은 걱정하지 않는다'라고 하고, 윤돈은 '돌이켜 자신을 성찰할 뿐, 그밖에는 바라지 않는다'라고 하였다. 이 두 설은 아주 적절하다. 장경부는 말하기를, '사단과 오상은 성인이라도 완전하다고 자처할 수 없다. 하물며 학생이야 그것의 부족에 대한 근심에 끝이 있을 수 있겠으며, 그밖에 그 무엇을 바랄 수 있겠는가? 만약 남이 나를 알아주지 못할까 하는 걱정이 조금이라도 싹튼다면, 그 해악이 막심하다' 했는데, 매우 좋다.[1582쪽] ○『금독』 : 내공內功을 닦는 공부가 중요하다. 요즘 사람은 반대로 자기가 매몰될까 걱정한다. 나는 늘 문인들에게 작품이 매몰될까 걱정하지 말라고 말한다. 좋은 작품은 죽은 뒤에라도 발굴된다. 평범한 작품은 작가가 아직 죽기도 전에 사람들 기억에서 잊혀진다. 그럼에도 불구하고 왜 하필 유행을 좇아, 문장을 고치고, 서둘러 출판하면서 남들이 알아주지 못할까를 걱정하는가? 삶의 가치란 결국 어디에 있는가? 우리는 살아 생전에는 일세를 풍미하며 영광의 절정을 누리던 사람들이 죽으면 이내 소식이 잠잠해지고 욕을 먹고 우롱당하는 것을 늘 보아왔다.

② 『어류』 : 누가 나를 속이거나 불신할 때 내가 명철하여 곧 깨달아 아는 것이 '미리 간파함(先覺)'이다. 그가 나를 아직 속인 것은 아닌데 속인 것으로 미리 간주하고, 그가 아직 불신한 것은

14-30 공자가 말하였다. "남이 나를 알아주지 못함을 걱정하지 말고, 내가 능력이 없음을 걱정하라."①

『논어』의 문장 가운데 뜻도 같고 글자도 다르지 않은 것은, 공자가 한 번 말한 것이 거듭 기록된 경우이다. 글자가 좀 다른 것은, 공자가 여러 번 말한 것이 제각기 기록된 경우이다. 이 장은 모두 네 번 나온다.(1-16, 4-14, 15-19) 글자는 모두 차이가 있다. 성인이 이 한 가지 일을 여러 번 언급했으니, 그 간곡한 뜻을 또한 살필 수 있다.

14-31 공자가 말하였다. "남이 나를 속일까 넘겨짚지 않고, 남이 나를 불신할까 억측하지 않으면서도, 미리 간파하는② 사람이 현명하다!"

역逆은 아직 이르지 않았는데 맞이함, 억億은 아직 나타나지 않았는데 억측함이다. 사詐는 남이 나를 속임, 불신不信은 남이 나를 의심함이다. 억抑은 반어사이다. 지레짐작하지 않고 억측하지 않더라도 아무개의 진실과 거짓을 자연스럽게 미리 간파하는 것이 현명함이다.

• 군자는 한결같이 참되어야 한다.③ 참되면서 명철하지 못한 경우는 없다. 따라서 남이 나를 속일까 지레짐작하지 않고 남이 나를 불신할까 억측하지 않더라도 언제나 미리 간파한다. 만약 지레짐작하지 않고 억측하지 않았지만 결국 소인에게 속임을 당했다면, 그 또한 별 볼 일 없다. – 양시

아닌데 불신한다고 미리 억측하면 안 된다. 염계 선생은 '명철하면 의심이 없다(明則不疑)'고 하였다. 모든 일에 의심이 많은 이유는 명철하지 못하기 때문이다. 만약 엿보기를 명철함으로 여긴다면, 아주 어리석다. 당나라 덕종이 그런 경우였다. 또 신하가 '아드님이신 주朱가 영특하다'고 말했을 때, 요임금은 그 말이 진실하지 않음을 알았다. 요임금의 명철함이 그것을 간파했으니, 그것이 '선각'이다.[77]

③ 『설해』: 사람은 진정으로(誠) 남을 대해야 한다. 내가 남을 의심하고 진정으로 대하지 못하면 자신에게도 부담이 되고 필연적으로 남도 자기를 믿지 못하게 된다. 모든 일에 의심이 생기는 까닭은 자신이 명철하지 못한 때문이다. 청대의 강희제는 중국역사상 보기 드문 영명한 황제였지만 진심으로 남을 대하지 못할 때가 있었다. 말로는 만한일가滿漢一家를 주장했지만 민족적 편견 때문에 한족 신하를 의심하였고, 결국 총명한 한족 신하가 한창 일할 시기에 용퇴의 결단을 하도록 만들었다.

14-32 微生畝謂孔子曰："丘何爲是栖栖[1]者與? 無乃爲佞[2]乎?" 孔子曰："非敢爲佞也, 疾固也."

(與, 平聲.) ○微生姓, 畝名也. 畝名呼夫子而辭甚倨,[3] 蓋有齒德而隱者. 栖栖, 依依[4]也. 爲佞, 言其務爲口給以悅人也.

疾, 惡也. 固, 執一而不通也.[5] 聖人之於達尊,[6] 禮恭而言直如此, 其警之亦深矣.

14-33 子曰："驥不稱其力, 稱其德也."

驥, 善馬之名. 德, 謂調良也.[7]

○尹氏曰："驥雖有力, 其稱在德. 人有才而無德, 則亦奚足尚哉?"

---

1) 栖(서) : 깃들다, 살다, 거주하다, 머금다, 품다, 보금자리, 바쁜(급한) 모양.

2) 佞(녕) : 아첨하다, 간사함, 재능, 영리함, 바르지 못함, 간사하게 남을 꾐, 말재주, 위선.

3) 倨(거) : 거만하다, 오만, 교만, 불손, 책상다리하다, 멍하다, 아무 생각이 없다.

4) 依(의) : 의지하다, 기대다, 돕다, 힘이 되다, 사랑하다, 견주다, 따르다, 편하다.

5) 楊曰："微生名孔子而語之, 子曰：'非敢爲佞也.' 卑辭以對. 則微生必鄕薰之有齒德者. 以栖栖爲佞, 而不知執一之爲固, 其晨門·荷蕢之徒歟? 故以疾固反之."

6)『孟子』: 天下有達尊三：爵一, 齒一, 德一. 朝廷莫如爵, 鄕黨莫如齒, 輔世長民莫如德.[4：2]

7) 調(조) : 고르다, 조절하다, 어울리다, 균형을 잡다, 화합, 적합, 익히다, 길들이다, 수호하다, 조롱하다, 속이다, 뽑히다, 징발하다, 옮다, 헤아리다, 갖추다. ○鄭曰："德者, 調良之謂."

①『어류』: 미생무는 신문(14-38)과 비슷한 부류이다. 당시 이런 사람이 많았다. 극자성(12-8) 역시 이런 부류일 것이다.[78]

②『혹문』: 미생무는 본래 자신이 은둔하여 속세를 잊은(隱遁忘世) 일을 고상하다고 여기며, 공자가 몸을 낮추어 시대를 염려한(委曲憂時) 일을 아첨이라고 말하였다. 그래서 공자는 바로 그의 의도에 맞추어 반격하였다. 그가 말한 고상함이란 이른바 '완고함(固)'일 뿐이라는 것을 깨닫게 하였다. ※疾固(질고) : 세상이 고루해짐을 싫어하다(범조우, 윤돈), 미생무와 같은 완고함을 싫어하다(주자).

③『설해』: 미생무를 비롯하여 신문, 하조장인, 접여, 장저, 걸익 등의 은자들은 공자가 현자임을 인정하면서도, '안 되는 줄 알면서도 행하는 사람'(14-38)으로 간주하였다. 그 자신들은 '안

14-32 미생무가 공자를 일컬어 말하였다. "공구는 어찌하여 이리도 연연해하는가? 말재주를 도모함인가?" "감히 말재주를 도모하는 것이 아니라, (당신 같은) 완고함을 미워하는 것이다."

미생은 성, 무는 이름이다. 미생무는 공자의 이름을 부르는 등 말투가 매우 거만하니, 나이 들고 덕이 있는 은둔자인 듯하다.① 서서栖栖는 연연해함이다. 위녕爲佞은 말재주로써 남을 기쁘게 하는 데 힘씀을 일컫는다.

질疾은 미워함, 고固는 하나에 집착하여 융통성이 없음이다.② 성인은 덕 있는 노인(達尊)에게, 예는 공손하면서도 말은 이처럼 직설적이었다. 깨우치는 바가 또한 심오하다.③

14-33 공자가 말하였다. "천리마는 힘이 아니라, 덕으로 칭찬받는다."

기驥는 좋은 말의 별명이다. 덕德은 조련이 잘되었음을 일컫는다.

• 천리마는 힘도 있지만, 찬양받는 것은 덕 때문이다. 사람이 재주는 있지만 덕이 없다면,④ 어찌 숭상할 만하겠는가? – 윤돈

되는 줄 알고 행하지 않는' 것이니, 세상을 피해 은둔하고 홀로 선을 추구하는 청고淸高의 인물로 자칭하였다. 특히 미생무가 공자를 가장 이해하지 못하였다. 그는 곧장 공자를 '구丘'라고 이름을 불렀으니 그의 오만함을 엿볼 수 있다. 그는 공자가 도처에 유세하면서 자신의 말재주를 팔고 있다고 여겼다. 공자도 그에게 사양하지 않고 대꾸하기를 자기가 도처에 분주히 돌아다니는 까닭은 당신들처럼 완고하여 변화할 줄 모르는 사람들을 미워하기 때문이라고 하였다.

④ 『혹문』: 범조우와 여대림은, 재주(才)는 하늘에서 받고 덕은 습관에 달렸다고 여겼다. 그들이 덕을 알았다고 할 수 없다. 사람이 우주의 중화의 기운을 받아 생겨날 때, 이 덕도 이미 그 본성 속에 뿌리박고 있다. 모든 사람이 날 때부터 알아서 자연스럽게 실천하지는 못하는 까닭에 학문에 의지하여 덕을 완성하는 것이지, 학문에 의지해야 비로소 덕이 생기는 것이 아니다. 어찌 덕이 순전히 습관의 결과이고 천부적인 것이 아니라고 할 수 있겠는가? …성인의 뜻은 천리마가 힘도 있지만 칭찬받는 것은 그 덕 때문이지 그 힘 때문이 아니라는 말이다. 군자의 경우도 재주가 쓸모없다는 말이 아니다. 주공은 재주와 기예가 많았고, 공자도 온갖 비천한 일도 능했으니, 어찌 재주가 아니겠는가? 다만 주공답고 공자다운 까닭은 재주가 아니라 덕이 찬양받았기 때문이다.

14-34 或曰：“以德報怨, 何如?” 子曰：“何以報德? 以直報怨, 以德報德.”

或人所稱, 今見『老子』書.[1] 德, 謂恩惠也.

言於其所怨, 旣以德報之矣, 則人之有德於我者, 又將何以報之乎?

於其所怨者, 愛憎取舍, 一以至公而無私, 所謂直也. 於其所德者, 則必以德報之, 不可忘也.

○或人之言, 可謂厚[2]矣. 然以聖人之言觀之, 則見其出於有意之私, 而怨德之報皆不得其平也. 必如夫子之言, 然後二者之報各得其所. 然怨有不讎,[3] 而德無不報, 則又未嘗不厚也. 此章之言, 明白簡約, 而其指意曲折反復, 如造化之簡易易知, 而微妙無窮, 學者所宜詳玩也.[4]

14-35 子曰：“莫我知也夫!” 子貢曰：“何爲其莫知子也?” 子曰：“不怨天, 不尤人, 下學而上達. 知我者其天乎!”

---

1) 『老子』: 爲無爲, 事無事, 味無味, 大小多少, 報怨以德, 圖難於其易, 爲大於其細. …
2) 厚(후) : 두텁다, 많다, 깊다, 짙다, 매우, 친밀하다, 너그럽다, 관대·성실하다, 중시하다.
3) 讎(수) : 갚다, 보상, 팔다, 쓰다, 비슷·합당하다, 원수, 원수 삼다, 교정하다, 효험.
4) 詳(상) : 자세하다, 자세히 밝히다, 두루 갖추다, 다하다, 죄다, 공평하다, 상서롭다. 玩(완) : 희롱하다, 장난하다, 익다, 익숙해지다, 사랑하다, 진귀하다, 노리개, 더럽히다.

① 『어류』: ‘원한은 정직으로 갚는다’ 함은 상을 주어야 하면 상을 주고, 벌을 주어야 하면 벌을 주고, 살려야 하면 살리고 죽여야 하면 죽일 뿐 내 원한을 개입시키지 않음이다.[83]

② 『어류』: “달達은 무엇입니까?” “오직 하학을 하면 사상과 식견이 높은 경지에 도달한다.”[105] 위로 천리의 오묘함을 통달함이 상달이다.[87]

③ 『어류』: 성인은 내내 이와 같이 자연스럽고 대범하다(瀟灑). 마치 오랜 병으로 땀을 죽 흘리면 서도 손에 활을 잡으면 홀연히 과녁을 꿰뚫는 것과도 같다.[87]

④ 『어류』: 하늘은 심장도 없고 창자도 없다. 그러니 어찌 지각작용이 있겠는가?[87] “하늘이 ‘알아준다’ 함은, 하늘과 딱 일치한다는 뜻이지 진짜로 지각 있는 존재가 있다는 말은 아니지요?” “하늘은 지각하는 것도 같고 지각하지 않는 것도 같다. 이 점은 말하기 어렵다.”[88]

14-34 어떤 사람이 공자께 물었다. "원한을 덕(은혜)으로 갚으면 어떻습니까?" "그러면 덕은 무엇으로 갚으랴? 원한은 정직으로 갚고, 덕은 덕으로 갚는다."①

어떤 사람이 질문한 말은 현재『노자』에 보인다. 덕은 은혜를 일컫는다.

원한을 덕으로 갚은 이상, 남이 나에게 베푼 덕은 장차 어떻게 갚겠냐는 말이다.

누구에게 원한이 있을 때 애증과 취사선택에서 늘 공명정대하고 사심 없음이, 이른바 정직(곧은 행동)이다. 누구에게 덕을 입었으면 반드시 덕으로 갚아야 하고, 잊으면 안 된다.

어떤 사람의 말은 너그럽다고 할 수 있다. 그러나 성인의 말로써 살펴보면, 그것이 의도적인 사심에서 나왔기에 원한을 갚음과 덕을 갚음이 모두 형평성을 잃었음을 알 수 있다. 반드시 공자의 말처럼 한 뒤에 두 가지 갚음이 모두 다 합당해진다. 그러나 원한은 보복하지 않고 또 덕(은혜)은 갚지 않음이 없다면, 너그럽지 않은 것이 아니다. 이 장의 말은 명백하고 간략하면서도 그 뜻은 곡절이 반복되어, 마치 조화가 간이하여 알기 쉽지만 그 신비가 무궁한 경우와 같다. 학생은 자세히 음미해야 한다.

14-35 공자가 자공에게 말하였다. "아무도 나를 알아주지 않는구나!" "어째서 아무도 선생님을 알아주지 않는다고 하십니까?" "하늘도 원망하지 않고, 사람도 탓하지 않는다. 아래로 인간사를 공부하여(下學) 위로 통달할(上達)② 따름이다.③ 나를 알아줄④ 이는 아마도 하늘일 것이다!"⑤

"나를 알아줄 이는 하늘뿐이라 함은 공자 스스로 자각했다는 뜻입니까?" "물론 그렇다."[101]

⑤『혹문』: "원망도 하지 않고 탓도 하지 않고 하학하여 상달함에, 어째서 사람들은 아무도 모르고 오직 하늘만 알 것이라고 하였습니까?" "원망도 없고 탓도 없다고 함은, 남을 탓하지 않고 자신을 탓한 때문이다. 아래로 인간사를 배운다 함은 먼 데서 구하지 않고 가까운 데서 구하는 것이다. 이는 본디 남과는 상관이 없고, 또 세상을 떠들썩하게 하는 일도 없으니, 남들이 어떻게 알 수 있겠는가? 또 상달하여 하늘과 합일했을 때는 남들에게 알려지는 것도 아니고 오로지 천리와만 관련되기 때문에, 사람들은 아무도 모르고 '오직 하늘만 알 것이다'고 말하였다."

(夫, 音扶.) ○夫子自歎, 以發子貢之問也.

不得於天而不怨天, 不合於人而不尤人,[1] 但知下學而自然上達. 此但自言其反己自修, 循序漸進耳, 無以甚異於人而致其知也. 然深味其語意, 則見其中自有人不及知而天獨知之之妙. 蓋在孔門, 惟子貢之智幾足以及此, 故特語以發之. 惜乎其猶有所未達也!

○程子曰:"不怨天, 不尤人, 在理當如此."

又曰:"下學上達, 意在言表."[2]

又曰:"學者須守下學上達之語, 乃學之要. 蓋凡下學人事, 便是上達天理. 然習而不察, 則亦不能以上達矣."

14-36 公伯寮愬[3]子路於季孫. 子服景伯以告, 曰:"夫子固有惑志於公伯寮, 吾力猶能肆[4]諸市朝." 子曰:"道之將行也與? 命也. 道之將廢也與? 命也. 公伯寮其如命何!"

---

1) 馬曰:"孔子不用於世而不怨天, 人不知己亦不尤人." ○孔曰:"下學人事, 上知天命."

2) 表(표) : 겉, 바깥, 나타내다, 밝히다, 드러내다, 뛰어나다, 우두머리, 징조, 규범, 용모.

3) 愬(소) : 하소연, 헐뜯다, 거슬러 맞서다. (訴와 같다 - 양백준). (색) : 두려워하다.

4) 肆(사) : 죄인을 죽여 효시하다, 죽이다, 늘어놓다, 방자하다, 도를 넘다, 부리다.

① 『어류』 : 말에 근거하여 그 뜻을 안다는 것이다.[107] 뜻이 말 바깥에 있다고 했는데, 예컨대 하학은 하학일 뿐이라면 어떻게 상달할 수 있겠는가? 본디 말로써 형용이 안 된다. 하학·상달이 비록 두 가지 이치이지만, 확실히 통찰하면 하나로 결합한다. 하학은 사물이고, 상달은 이치이다. 이치는 사물 속에 있고, 사물은 이치 바깥에 있지 않다. 모든 사물에는 다 하나의 이치가 구비되어 있다. 그 사물 속에서 이치를 통찰하는 것이 곧 상달이다.[106]

② 『혹문』 : 하학下學의 학은 인간사를 배움이니, 형이하자形而下者이다. 인간사의 이치는 하늘의 이치이니, 형이상자形而上者이다. 인간사를 배워서 그 이치를 통달함은 형이하자에 나아가 거기서 형이상자를 터득함이니, 천리를 통달함이다. ○『어류』 : 도리가 모두 나에게 있을 때가 상달이다. 비유하건대, 붓글씨를 쓸 때 처음 연습하는 것은 하학이다. 익숙해져 일점일획이 모두 법도에 부합하는 것이 상달이다.[95] 이 한 가지를 완전히 이해하고 저 한 가지를 완전히 이해하여, 많이 쌓이면 곧 관통할 수 있다. 따로 위대한 상달이 존재하는 것도 아니고, 하학 속에 곧 상달이 있는 것도 아니다. 반드시 하학을 한 다음 상달할 수 있다. 요즘 학생은 하학에서 곧바로 심오한 도리를 추구하는데, 옳지 않다.[98] 불교는 오직 상달만 논하니, 하학을 이해하지 못한다. 그러나 하학을 이해하지 못하고서 어떻게 상달하랴![99]

공자가 스스로 탄식하여 자공의 질문을 유발시켰다.

하늘의 도움을 얻지 못해도 하늘을 원망하지 않고, 사람들에게 투합하지 못해도 사람을 탓하지 않으며, 다만 아래에서 학문을 하면 자연히 위로 통달할 것임을 알았다. 이것은 다만 자신을 돌이켜 스스로 정진할 때 순서를 따라 차츰차츰 진보할 뿐이지, 남들과 아주 다른 방법으로 자신의 앎을 넓히지(致知) 않았음을 스스로 언급하신 것이다. 그러나 그 말뜻을 깊이 음미하면, 그 안에 사람은 알 수 없고 오직 하늘만이 알 수 있는 신비가 들어 있음을 알 수 있다. 아마도 공자의 문하에서 오직 자공의 지혜만이 그 경지에 가까이 갈 수 있었기 때문에, 특별히 언급하여 계발시킨 것이다. 애석하게도 자공이 여전히 통달하지 못한 부분이 있다.

• 하늘도 원망하지 않고 사람도 탓하지 않음은 이치상 그래야 한다. – 이천

• 하학과 상달은 그 뜻이 말 바깥에 있다.① – 명도

• 학생은 하학과 상달의 개념을 학문의 핵심으로 견지해야 한다. 아래로 인간사를 배우면 곧 위로 천리에 통달한다.② 그러나 익히기만 하고 통찰하지 않으면, 또한 상달할 수 없다. – 정자

14-36 공백료가 계손에게 자로를 참소하였다.③ 그 사실을 자복경백이 공자에게 아뢰면서 말하였다. "계손은 참으로 공백료의 말에 생각이 미혹되었습니다. 내 힘으로도 공백료쯤은 시장이나 조정에 찢어 놓을 수 있습니다." "도가 실현되는 것도 운명이고, 도가 실현되지 못하는 것도 운명이다.④ 공백료 따위가 운명을 어찌하겠느냐!"⑤

---

③ 『혹문』: "공백료는 공자의 문하에서 배웠는데도 왜 소행이 이와 같습니까?" '호인에 따르면, 공백료는 공자의 제자가 아니라 다만 계씨의 도당이었을 뿐이다. 만약 공자의 문하에서 수업했다면, 어찌 친구를 모함하는 지경에 이르렀겠는가?"

④ 『혹문』: "자로는 왕을 보좌할 재목도 아니고, 또 가신은 경상卿相의 직책도 아닙니다. 따라서 자로의 등용 여부는 크게 언급할 가치도 없을 것 같은데, 공자께서 도의 흥패와 연결시킨 까닭은 무엇입니까?" "이때는 삼가의 아성을 타도하려고 군사를 일으킨 시기인지라, 도의 흥패가 곧 그 일(자로의 등용)에 달려 있었다."

⑤ 『어류』: 이 '명命' 자는 임금이 어떤 사람에게 관직을 명하여 해당 일을 하게 하는 일과

(朝, 音潮.) ○公伯寮, 魯人. 子服氏, 景謚, 伯字, 魯大夫子服何也. 夫子, 指季孫. 言其有疑於寮之言也. 肆, 陳尸也. 言欲誅寮.

(與, 平聲.) ○謝氏曰："雖寮之愬行, 亦命也. 其實寮無如之何." 愚謂言此以曉景伯, 安子路, 而警[1]伯寮耳. 聖人於利害之際, 則不待決于命而後泰然也.

14-37 子曰："賢者辟世, 其次辟地, 其次辟色, 其次辟言."

(辟, 去聲, 下同.) ○天下無道而隱, 若伯夷·太公是也.

去亂國, 適治邦.

禮貌衰而去.

有違言而後去也.[2]

○程子曰："四者雖以大小次第言之, 然非有優劣[3]也, 所遇[4]不同耳."

子曰："作[5]者七人矣."

李氏曰："作, 起[6]也. 言起而隱去者, 今七人矣. 不可知其誰何. 必求其人以實之, 則鑿[7]矣."

같다. 하늘이 사람에게 명하는 일 역시 그것을 하게 하는 것이다.[109]

1) 警(경)：경계하다, 타이르다, 대비하다, 놀라게 하다, 겁나다, 깨다, 방비, 영리하다.

2) 『孟子』：迎之致敬以有禮；言, 將行其言也, 則就之. 禮貌未衰, 言弗行也, 則去之. 其次, 雖未行其言也, 迎之致敬以有禮, 則就之. 禮貌衰, 則去之.[12：14]

3) 優(우)：뛰어나다, 훌륭하다, 넉넉하다. 劣(열)：못하다, 적다, 용렬하다.

4) 遇(우)：때, 기회, ~을 당함, 우연히 만남, 뜻이 맞다, 때를 만남, 등용됨, 알현, 대우.

5) 作(작)：분발하다, 실행, 잠에서 깨다, 일어서다, 떨쳐 일으키다, 성취하다, 변하다.

6) 起(기)：일어나다, 날아오르다, 분기하다, 출세하다, 일으키다, 계발하다, 세우다, 더욱.

7) 鑿(착)：뚫다, 파다, 끊다, 열다, 소통하다, 멋대로 억측하다, 끌, 구멍, 마음.

①『어류』：옛 은자들은 일률적으로 평가할 수 없다. 그 시대의 운으로 평가해야 할 사람이

공백료는 노나라 사람이다. '자복'은 성, '경'은 시호, '백'은 자이고, 노나라 대부 '자복하'이다. 부자夫子는 계손을 지칭한다. 계손이 공백료의 말에 의심을 했다는 뜻이다. 사肆는 시체를 늘어놓음이니, 공백료를 죽이고 싶다는 말이다.

• 공백료의 참소가 통하는 것 또한 운명이다. 사실상 공백료도 운명은 어찌할 수 없다. – 사량좌

내 생각에, 이렇게 말하여 자복경백을 깨우치고, 자로를 안심시키며, 공백료를 타이른 것일 뿐이다. 성인이 이해득실의 갈림길에서 운명의 결재를 기다린 다음에 태연해지는 것은 아니다.

14-37 공자가 말하였다. "현자는 세상을 피하고, 그 다음은 장소를 피하고, 그 다음은 안색을 피하고, 그 다음은 말을 피한다."①

천하에 도가 없으면 은둔한다. 백이와 태공의 경우가 그렇다.

혼란한 나라를 떠나 태평한 나라로 간다.

(임금의) 예우가 (전과 달리) 쇠하면 떠난다.

(임금에게서) 반대하는 말을 들은 이후에 떠난다.

• 네 가지 경우는 크고 작은 순서에 따라 말하였다. 그러나 우열이 있는 것은 아니고, 처지가 같지 않을 따름이다. – 명도

공자가 말하였다. "분기한 사람이 일곱 명이다."

• 작作은 분기함이다. 분기하여 은둔해버린 사람이 현재 일곱 명이다. 그들이 누구인지는 알 수 없다. 꼭 그들을 찾아내 수를 채우려고 하면 천착이다. – 이욱

있고, 그 능력과 덕망의 고하로 평가해야 할 사람도 있다. 장저·걸익 같은 무리는 영원히 떠나서 다시는 돌아오지 않는(長往而不返) 뜻이 있는 듯하다. 설령 천하에 도가 있는 세상이 오더라도 그다지 활약할 생각이 없고, 오직 자기 한 몸만 깨끗이 하려는(獨善其身) 태도이니, 노장의 무리와 같을 뿐이다.[112] "'현자는 세상을 피한다' 함은 호연한 마음으로 한 번 떠나 돌아오지 않으니 온 세상의 버림을 받아도 상관하지 않는, 이른바 '세상에 숨어 알려지지 않더라도 후회하지 않는(遯世不見知而不悔)' 사람이다." "장저·걸익·하궤의 무리도 거기에 해당합니까?" "그렇다." "『집주』는 태공·이윤 등이 해당된다고 하였습니다. 장저·걸익의 무리

14-38 子路宿於石門. 晨門曰：“奚自?” 子路曰：“自孔氏.” 曰：“是知其不可而爲之者與?”

(與, 平聲.) ○石門, 地名. 晨[1]門, 掌[2]晨啓門, 蓋賢人隱於抱關者也.[3] 自, 從也, 問其何所從來也.

胡氏曰：“晨門知世之不可而不爲, 故以是譏[4]孔子. 然不知聖人之視天下, 無不可爲之時也.”

14-39 子擊磬[5]於衛. 有荷蕢[6]而過孔氏之門者, 曰：“有心哉! 擊磬乎!” 旣而曰：“鄙哉! 硜硜[7]乎! 莫己知也, 斯己而已矣. 深則厲, 淺則揭.”[8] 子曰：“果哉! 末之難矣.”

(荷, 去聲.) ○磬, 樂器. 荷, 擔[9]也. 蕢, 草器也. 此荷蕢者, 亦隱士也. 聖人之心未嘗忘天下, 此人聞其磬聲而知之, 則亦非常人矣.

를 여기에 견줄 수는 없을 듯합니다.” “역시 해당된다. 다만 장저·걸익은 편향적이지만, 태공·이윤은 공평무사하다.”[113] ○『혹문』: 세상을 피한 선비는 포부가 거대하여 한 나라의 정무를 하찮게 여기고, 지식이 명철하여 천하의 기미를 뚜렷이 통찰하고, 표연히 사물 바깥에 처하면서 종신토록 후회하지 않는다. 반면에 사람을 피하는 선비는 오히려 현 세상에 상당한 포부를 갖고 있음에도, 시대를 못 만나 실현하지 못하는 경우일 뿐이다.

1) 晨(신): 새벽, 아침, 새벽을 알리다, 닭이 울다, 닭이 울어 새벽을 알림.

2) 掌(장): 장악하다, 주관하다, 관장하다, 손바닥, 손바닥으로 치다.

3) 抱關擊柝(포관격탁): 관문을 지키고 야경을 도는 비천한 구실. ○『孟子』: 仕, 有時乎爲貧. … 爲貧者, 辭尊居卑, 辭富居貧. … 惡乎宜乎? 抱關擊柝. 孔子嘗爲委吏矣.[10 : 5]

4) 譏(기): 나무라다, 비난, 조소, 조롱, 풍자, 비꼬다, 책하다, 책망, 간하다, 충고, 조사하다.

5) 擊(격): 치다, 두드리다, 공격·습격하다, 쳐서 죽이다, 물리치다, 부딪히다, 베다, 다스리다. 磬(경): 경쇠, 옥이나 돌로 만든 옛날 타악기, 말을 달리다, 목매다, 굽다.

6) 荷(하): 짊어지다, 물건을 어깨에 걸메다, 짐. 蕢(궤): 삼태기(흙 나르는 도구).

7) 硜(갱): 돌 소리, 소인의 모양(硜硜然小人哉), 비천한 모양(鄙哉硜硜乎).

8) 厲(려): 허리춤까지 치켜 올리고 물을 건너다, 물가, 경계, 위태롭다, 빠르다, 힘쓰다, 갈다. 揭(게): (높이) 들다, 걸다, 추어올리다. (갈): (등에) 지다, 표시, 표지. ○『詩』「邶風·匏有苦葉」: 匏有苦葉, 濟有深涉. 深則厲, 淺則揭.

9) 擔(담): 메다, 지다, (책임을) 맡다, 담당하다, 짐, 책임.

14-38 자로가 석문에서 하룻밤을 묵었다. 신문이 자로에게 물었다. "어디서 오시오?" "공孔 선생님 문하입니다." "아, 안 되는 줄 알면서도 행하려는 사람 말이군요."

석문石門은 지명이다. 신문晨門은 새벽에 성문을 여는 일을 관장하는 관리이다. 아마 현자이지만 문지기를 구실로 은둔한 사람인 듯이다. 자自는 '부터'이다. 그가 어디에서부터 오는지를 물었다.

• 신문은 세상이 어찌 수 없음을 알고 도모하지 않았다. 그래서 이런 말로 공자를 비판하였다. 그러나 성인의 눈에 천하는 도모할 수 없는 시절이란 없다는 사실을 그는 몰랐다. – 호인

14-39 공자가 위나라에서 경쇠를 연주하고 있었다. 삼태기를 매고 공자의 문 앞을 지나는 자가 말하였다. "미련이 남아 있구나! 경쇠 두드리는 소리에는!" 얼마 뒤 다시 말하였다. "비루하도다! 깽깽거리는 소리가! 아무도 알아주지 않으면, 그만두면 그뿐이다. 물이 깊으면 옷을 입고 건너고, 얕으면 옷을 걷고 건너면 된다."
이에 공자가 말하였다. "과감하구나! 어려울 것이 없겠다!"

경磬은 악기, 하荷는 메다, 궤蕢는 풀로 짠 도구이다. 삼태기를 맨 사람 또한 숨은 선비(隱士)이다. 성인의 마음은 천하를 잊은 적이 없다. 이 사람은 경쇠 소리를 듣고 그것을 알아보았으니, 보통 사람은 아니다.①

① 『어류』: "삼태기를 맨 노인은 경쇠 소리만 듣고 어떻게 금방 공자의 마음이 천하를 잊지 못하고 있다는 것을 알았습니까?" "그 사람은 상당한 고수다. 옛사람은 가령 거문고 소리만 듣고도 곧 살벌한 마음을 읽어냈다.(11-15) 천주泉州의 의원이자 승려였던 묘지대사妙智大師는 나중에는 진맥도 하지 않고 사람의 얼굴만 보고도 무슨 병이 있는지 알아냈다. 또 얼마 뒤에는 사람을 보지도 않고 다른 사람의 말만 전해 듣고도 곧 병을 알아냈다. 마치 '타심통他心通(중생의 마음속을 꿰뚫는 신통력)'과 같았다. 그 정성精誠이 아주 돈독하여 알아낼 수 있었다."[116] "하궤·장저·걸익의 무리는 세속인보다 훨씬 현명합니다. 거백옥에 비하면 어떻습니까?" "하궤 등의 무리는 자산·안평중의 무리보다는 고상하지만, 거백옥에는 미치지 못한다. 거백옥은 학문을 할 줄 아는 사람이다."[118]

(硜, 苦耕反. 莫己之己, 音紀, 餘音以. 揭, 起例反.) ○硜硜, 石聲, 亦專確之意. 以衣涉水曰厲, 攝衣涉水曰揭. 此兩句, 「衛風」「匏有苦葉」之詩也.[1] 譏孔子人不知己而不止, 不能適淺深之宜.

果哉, 歎其果於忘世也. 末, 無也. 聖人心同天地, 視天下猶一家, 中國猶一人,[2] 不能一日忘也. 故聞荷蕢之言, 而歎其果於忘世. 且言人之出處, 若但如此, 則亦無所難矣.

14-40 子張曰 : "書云 : '高宗諒陰,[3] 三年不言.' 何謂也?" 子曰 : "何必高宗, 古之人皆然. 君薨,[4] 百官總己以聽於冢宰三年."[5]

高宗, 商王武丁也. 諒陰, 天子居喪之名, 未詳其義.

言君薨, 則諸侯亦然.[6] 總己, 謂總攝[7]己職. 冢宰, 太宰也. 百官聽於冢宰, 故君得以三年不言也.

○胡氏曰 : "位有貴賤, 而生於父母無以異者. 故三年之喪, 自天子達於庶人.[8] 子張非疑此也, 殆以爲人君三年不言, 則臣下無所稟令,[9] 禍亂或由以起也. 孔子告以聽於冢宰, 則禍亂非所憂矣."

---

1) 『詩』 : 匏有苦葉, 刺衛宣公也, 公與夫人並爲淫亂. 匏有苦葉, 濟有深涉. 深則厲, 淺則揭.

2) 『禮記』 : 聖人耐以天下爲一家, 以中國爲一人者, 非意之也, 必知其情, 辟於其義.

3) 陰(음) : 응달, 음, 습기, 깊숙하다, 그늘, 숨다. (암) : 말하지 않다, 여막廬幕.

4) 薨(훙) : 죽다, 제후가 죽다, 무너지는 소리. (횡) : 무리, 많다, 빠르다, 날다.

5) 總(총) : 거느리다, 통괄하다, 통일하다, 합치다, 다스리다, 단속하다, 모두, 총괄, 맺다, 여러.
聽(청) : 듣다, 받아들임, 허락하다, 따르다, 순종하다, 맡기다, 살피다, 다스리다, 결정, 판정.
冢宰(총재) : 주나라 육경六卿의 수장. 冢 : 무덤, 언덕, 사직단, 크다, 맏, 정실.

6) 范曰 : "諒陰, 三年不言, 天子諸侯之禮皆然也."

7) 總攝(총섭) : 주재하다, 지배하다, 주관하다, 전체적으로 관장하다.

8) 於庶人(전서본) : 내각본은 이 세 글자가 없음.

9) 稟令(품령) : 상관의 명령을 받음. 稟 : 주다, 녹, 받다, 천품, 삼가다, 아뢰다.

갱갱硜硜은 돌 소리인데, 또한 전일하고 확고하다는 뜻이다. 옷을 입은 그대로 물을 건넘이 려厲, 옷을 추켜올리고 물을 건넘이 게揭이다. 이 두 구절은 『시』「위풍·포유고엽」의 시이다. 남이 알아주지 않는데도 그만두지 않고, 또 깊고 얕은 곳에 따라 마땅하게 처신하지 못한다고 공자를 꾸짖었다.

과재果哉는 그가 세상을 잊음에 과감함을 탄식한 것이다. 말末은 없음이다. 성인의 마음은 천지와 같아서 천하를 한 집안처럼, 중국을 한 사람처럼 여겨서 하루라도 잊지 못한다. 따라서 삼태기를 맨 사람의 말을 듣고, 그가 과감하게 세상을 잊은 것을 탄식하였다. 또 사람의 출처(벼슬함과 물러남)가 그처럼 간단하기만 하면 어려울 것도 없겠다는 말이다.

14-40 자장이 공자께 물었다. "『서』에 '고종은 양암 3년 동안 말을 하지 않았다' 함은 무슨 뜻입니까?" "하필 고종뿐이겠는가? 옛사람은 다 그렇게 하였다. 임금이 돌아가면 백관이 3년 동안 직무를 총괄함에 재상의 재가를 받았다."

고종은 은나라의 왕 '무정'이다. 양암諒陰은 천자가 상을 치르는 일의 별칭이다. 그 의미는 명확하지 않다.[①]

"임금이 돌아가면"이라고 했지만, 제후의 경우도 마찬가지이다. 총기總己는 자기의 직책을 주관한다는 말이다. 총재冢宰는 태재太宰이다. 백관이 총재의 지휘를 받기에, 임금이 3년 동안 말을 하지 않을 수 있다.

• 지위는 귀천이 있지만, 부모로부터 생겼음은 차이가 없다. 따라서 삼년상은 천자부터 서민에까지 공통된다. 자장이 그것을 의심한 것이 아니라, 아마 임금이 3년 동안 말을 하지 않으면 신하는 명령을 받을 곳이 없으니, 혹시라도 화란이 생길지 모른다고 여겼다. 공자는 총재의 지휘를 받으므로 화란은 근심할 바가 아니라고 일러주었다. – 호인

① 『혹문』 : 공안국은 '양諒은 신임(信), 암陰은 침묵(黙)이다'라고 풀었다. 형병은 여기서 '신信이란 총재에게 믿고 맡긴다(信任)는 뜻이다'라고 풀었다. 호인은 '임금이 신실하여 침묵을 지켜 말을 하지 않을 수 있었다는 뜻이다'라고 풀었다. 형병과 호인 모두 공안국의 풀이를 차용했으나, 해설이 다르다. 정현은 『예기』에서 양암梁闇으로도 독해하면서 '움막에 거처함(居倚廬)'

14-41 子曰："上好禮, 則民易使也."

(好·易, 皆去聲.) ○謝氏曰："禮達[1]而分定, 故民易使."

14-42 子路問君子. 子曰："脩己以敬." 曰："如斯而已乎?" 曰："脩己以安人." 曰："如斯而已乎?" 曰："脩己以安百姓. 脩己以安百姓, 堯舜其猶病諸!"

脩己以敬, 夫子之言至矣盡矣. 而子路少之, 故再以其充積之盛·自然及物者告之, 無他道也. 人者, 對己而言. 百姓, 則盡乎人矣. 堯舜猶病, 言不可以有加於此. 以抑子路, 使反求諸近也. 蓋聖人之心無窮, 世雖極治,[2] 然豈能必知四海之內, 果無一物不得其所哉? 故堯舜猶以安百姓爲病. 若曰吾治已足, 則非所以爲聖人矣.

을 뜻한다고 풀었다. 옛날 천자의 복상 이름이 대체로 이와 같았으나, 그 의미는 고금의 말이 다른지라 확실히 알 수 없다.

1) 達(달) : 통하다, 생기다, 정통하다, 결정하다, 두루, 적당하다, 갖추어지다, 두루 통하는.

2) 治(치) : 안정되다, 태평하다, 관리하다, 처리하다, 치료하다, 처벌하다, (학문) 연구하다.

① 『금독』 : '바람이 불면 풀은 저절로 눕는다'(12-19)는 말과 같은 뜻이다. '예'가 고대에는 관습법이었기 때문에 대대로 계승되었던 것이고 그래서 '백성을 부리기 쉽다.' 성문법이 사람들에게 이행을 강제하는 것과는 다르다. 그러나 세월은 흐르고 세상은 변하는지라, '윗사람이 예를 좋아하더라도' 반드시 인민이 따른다는 보장이 없었다. 이리하여 공자 유학의 도가 한계를 보이자, 법가가 대신 흥한 것은 시대의 추세였다. 법가가 흥한 뒤에 다시 유가에 융합되어, 유가와 법가가 서로 통용되었으니, 이른바 예법禮法이라는 표현이 그것이다. 한漢나라 이래 예법은 점차 인민의 풍습에 스며들어 언제나 자발적인 유도와 권고가 중시되었고, 강제와 복종은 경시되었다. 이 모두는 '바람이 불면 풀은 눕는다'와 '윗사람이 예를 좋아하면 백성은 부리기 쉽다'는 사상의 유산이다.

② 『혹문』 : '경으로써 자신을 닦는다'는 말은 아주 간단하다. 그러나 제가·치국·평천하의 근본이 거기에서부터 쌓인다. 자로는 깨닫지 못하고 그 말을 경시하였다. 그래서 '남을 편안케 하고,' '백성을 편안케 한다'는 말을 해주었다. '경으로 자신을 닦는' 경지가 극에 달하면, 심기가 화평하여 안정되고 편견 없이 모든 활동이 순조로워(靜虛動直), 그 표출이 늘 자연스럽고 이치에 타당하다. 그리하여 이런 사람이 정치를 하면 모든 백성이 저마다 평안을 누리는

14-41 공자가 말하였다. "윗사람이 예를 좋아하면, 백성은 부리기 쉽다."①

• 예가 두루 소통하여(아래로 서민에까지 미쳐-『어류』) 분수가 정해지기 때문에, 백성은 부리기 쉽다.-사량좌

14-42 자로가 공자께 물었다. "어떻게 해야 군자입니까?" "경으로써 자신을 닦아야 한다(修己以敬)."② "그렇게만 하면 다 됩니까?" "자신을 닦아 남을 편안케 해야 한다." "그렇게만 하면 다 됩니까?" "자신을 닦아 백성을 편안케 해야 한다. 자신을 닦아 백성을 편안케 하는 일은 요·순임금도 근심하였다."

'경으로써 자신을 닦는다'는 공자의 말은 지극하고 완벽하다. 그러나 자로는 부족하다고 여겼다. 그래서 다시 내면의 경이 충만하면 자연히 인간과 만물에 미친다는 논리로 깨우쳐주었다. 다른 도리가 아니다. 남(人)은 자기에 대한 말이고, 백성은 모든 사람을 포괄한다. 그 일은 '요·순임금도 근심하였다' 함은, 그 일을 능가할 것이 없다는 말이다. 자로를 억제시켜서, 돌이켜 비근한 데서 구하도록 하려는 것이다. 성인의 마음은 한이 없는지라, 세상이 아무리 잘 다스려진들 온 세상에 각자의 자리에서 행복하지 못한 사람이 과연 한 사람도 없다고 장담할 수 있는가? 그래서 요·순임금도 백성을 편안케 하는 일은 오히려 근심으로 여겼다. 만약 나의 정치가 이미 충분하다고 말한다면 성인일 수 없다.

결과에 이른다. 이 모든 일의 뿌리는 '경으로써 자신을 닦는다'는 한마디에 있다. … 수기이경修己以敬의 의미에 대한 호인의 형용 또한 좋다. 호인은 말하였다. "가장 희망해도 좋은 것으로 선善이 제일인데, 경敬이 마음에 자리잡으면 만가지 선이 우출된다. 마땅히 멀리해야 할 것으로 간사함(邪)이 첫째인데, 경이 마음에 자리잡으면 만가지 간사함이 종식된다. 경이란 본심을 다잡는 핵심 법도이며, 몸을 단속하는 절실한 의무이다." ○『어류』: '경건함으로써 내면을 바르게 하는(敬以直內)' 그 경지가 무엇인지 알아야 한다. '경건'을 유지하면 내면이 언제나 올바르니, 철두철미 조금의 사사로움도 없다. 만약 경건하지 않으면 내면에서 온갖 계산심리가 생겨나, 표출된 것마다 다 사심私心이다. 갑을 이롭게 하면 을을 해치고, 을을 이롭게 하면 병을 해칠 수밖에 없으니, 어떻게 사람을 편안케 할 수 있겠는가?[121]

○程子曰："君子脩己以安百姓, 篤恭而天下平. 惟上下一於恭敬, 則天地自位, 萬物自育, 氣無不和, 而四靈畢至矣. 此體信達順之道,[1] 聰明睿知皆由是出, 以此事天饗[2]帝."

14-43 原壤夷[3]俟. 子曰："幼而不孫弟, 長而無述[4]焉, 老而不死, 是爲賊!" 以杖叩其脛.[5]

(孫·弟, 並去聲. 長, 上聲. 叩, 音口. 脛, 其定反.) ○原壤, 孔子之故人, 母死而歌.[6] 蓋老氏之流, 自放於禮法之外者. 夷, 蹲踞[7]也. 俟, 待也. 言見孔子來而蹲踞以待之也. 述, 猶稱也. 賊者, 害人之名. 以其自幼至長, 無一善狀, 而久生於世, 徒足以敗常亂俗, 則是賊而已矣. 脛, 足骨也. 孔子旣責之, 而因以所曳之杖微擊其脛, 若使勿蹲踞然.

---

1) 『禮記』「禮運」: 先王能修禮以達義, 體信以達順故.
2) 饗(향) : 잔치하다, 향음주하다, 대접하다, 권하다, 마시다, 먹다, 제사하다, 흠향하다.
3) 夷(이) : 평평하다, 온화·편안하다, 기뻐하다, 웅크리고 앉다, 뽐내다. 俟(사) : 기다리다.
4) 述(술) : 일을 기록하다, 글로 표현하다, 잇다, 좇다, 밝히다, 행하다, 계승하다.
5) 叩(고) : 두드리다, 때리다, 묻다, 잡아당기다, 조아리다. 脛(경) : 정강이, 바른 모양.
6) 『禮記』「檀弓」: 孔子之故人曰原壤, 其母死, 夫子助之沐椁. (沐, 治也) 原壤登木(木, 椁材也), 曰 : '久矣予之不託於音也.' 歌曰 : '貍首之斑然, 執女手之卷然.' 夫子爲弗聞也者而過之. 從者曰 : '子未可以已乎?' 夫子曰 : '丘聞之, 親者毋失其爲親也, 故者毋失其爲故也.'
7) 蹲(준) : 웅크리다, 걸터앉음, 모으다. 踞(거) : 무릎을 세우고 앉다, 걸터앉다, 거만하다.

① 『어류』: '오직 윗사람과 아랫사람이 한결같이 공경하면'이라고 했지만, 사실은 윗사람이 아랫사람을 감동시키고 분발시키는 것이다.[123]

② 사령四靈 : 기린, 봉황, 거북, 용. 태평성대에 나타난다고 하는 네 가지 신성한 동물.

③ 『어류』: '신뢰의 체현(體信)'은 충忠, '순리의 통달(達順)'은 서恕이다. '체신'은 털끝만한 거짓도 없는 것이요, '달순'은 모든 표출이 다 절도에 맞아 어느 한 사람도 제 역할을 발휘하지 못함이 없게 하는 것이다.[123] '체신'은 진실하게 저 도를 몸에 체현함을 말하고, '달순'은 모든 표출이 절도에 맞아 천하에 적용할 때 소통하지 못함이 없음을 말한다.[125] 신信은 실리實理, 순順은 화기和氣이다. '체신'은 중中에 도달함, '달순'은 화和에 도달함의 뜻이다. '체신달순'은 치중화致中和의 뜻이다.[127] '체신달순'은 '충을 받들어 서를 행함(主忠行恕)'이다.[128]

• 군자는 수신하여 백성을 편안케 하니, 공경(敬)을 돈독히 하여 천하가 태평해진다. 오직 윗사람과 아랫사람이 한결같이 공경하면,① 천지는 저절로 자리잡고 만물은 저절로 생육되어 모든 기운이 화합하니, 사령②이 모두 이른다. 경敬은 신뢰 체현과 순리 통달(體信達順)③의 도이니, 총명예지聰明睿知가 경으로부터 나온다.④ 경으로써 하늘을 섬기고 하느님을 제사한다.⑤ – 이천

14-43 원양이 걸터앉아서 기다렸다. 공자가 말하였다. "어려서는 버릇없고, 커서는 내세울 만한 것이 없고, 늙어서는 죽지도 않으니, 네가 바로 도적이다." 그리고는 지팡이로 그의 정강이를 쳤다.

원양은 공자의 친구이다. 어머니가 죽었을 때 노래를 불렀다. 아마 노자의 부류로서, 스스로 예법 바깥으로 벗어난 자인 듯하다. 이夷는 거만하게 걸터앉음, 사俟는 기다림이다. 공자가 오는 것을 보고 거만하게 걸터앉아 기다렸다는 말이다. 술述은 칭찬과 같다. 적賊은 사람을 해친 자의 별칭이다. 그가 어려서부터 장성할 때까지 선한 모습은 하나도 없고, 세상에 오래 살아 다만 윤리를 망치고 풍속을 어지럽히고 있으니 '적'일 뿐이다. 경脛은 다리뼈이다. 공자는 이미 책망한 다음 끌고 다니는 지팡이로 그의 정강이를 살짝 쳤다. 마치 거만하게 걸터앉지 못하게 하려는 듯이.

---

④ 『어류』: 공경(경건)할 수 있으면 '체신달순'할 수 있다. '총명예지가 경으로부터 나온다' 함은, 공경할 수 있으면 자연스럽게 마음이 개명한다는 말이다.[127] 마음에 늘 공경을 유지하면 항상 명철해진다.[128] 공경하면 본디 총명하다. 사람이 총명하지 못한 까닭은 다만 심신이 태만하여 혼미하기 때문이다. 공경하면 허심하고 고요하니, 자연히 통달한다.[129]

⑤ 『어류』: "정자께서 어찌하여 하늘을 섬기고 하느님을 섬기는 일을 말하다가 총명예지가 공경에서 나온다는 말을 하였습니까?" "그런 질문을 보면 그대는 전혀 공부하지 않았음을 알 수 있다. '총명예지'가 어째서 공경에서 나오지 않는다는 말인가? 한 나라의 임금을 가지고 살펴보자. 이 마음이 전일하고 냉정하지 않으면, 간사하고 아첨하는 소리가 난무해도 분간하지 못하니 어떻게 총명하겠으며(聰), 혼란스럽고 아부하는 무리가 떼 지어 몰려와도 변별하지 못하니 어떻게 명철하겠는가(明)? 예지叡智는 모두 마음에서 나온다. 마음에 중심이 없다면, 일을 처리하고 사람을 대할 때 어떻게 합당한 사려를 할 수 있겠는가? 따라서 이 마음이 언제나 숙연하고 허심하고 명철한 다음에야 외물에 휘둘리지 않을 수 있다. '경敬' 자는 단순히 하나의 글자로 보면 안 되고, '경'이 무엇인지 일상생활에서 체인體認해야 한다. 이 마음이 늘 의연히 공정하여 사심이 없어야 곧 '경'이다. 조금이라도 꿍꿍이가 있거나 조금이라

14-44 闕黨童子將命.[1] 或問之曰："益者與?" 子曰："吾見其居於位也, 見其與先生並行也. 非求益者也, 欲速成者也."

(與, 平聲.) ○闕黨, 黨名. 童子, 未冠[2]者之稱. 將命, 謂傳賓主之言. 或人疑此童子學有進益, 故孔子使之傳命以寵異[3]之也.

禮, 童子當隅坐隨行. 孔子言吾見此童子不循此禮, 非能求益, 但欲速成爾. 故使之給使令之役, 觀長少之序, 習揖遜[4]之容. 蓋所以抑而教之, 非寵而異之也.

도 방만한 뜻이 있으면 '경'이 아니다. 따라서 '경으로써 내면을 바르게 하려면(敬以直內)' 조금의 치우침도 없도록 해야 한다. 평소 정신을 다잡아 무너져 넘어지지 않도록 해야만 의리義理를 분명히 간파할 수 있다. 그대처럼 그렇게 한없이 느긋하면 그보다 더 큰 불경은 없다(不敬莫大乎是)."[132]

1) 將命(장명) : 명령을 받들다, 명령을 전하다. 命 : 명령, 규정, 알리다, 말, 응대의 말.

2) 冠(관) : 갓, (닭의) 볏, 갓을 쓰다, 어른이 되어 관례를 올리고 갓을 쓰다, 어른, 으뜸.

3) 寵異(총이) : 특별히 총애하다.

4) 揖遜(읍손) : 겸손하다. 揖 : 읍하다, 사양하다, 추천하다.

① 『어류』 : '속성을 바라는 자'는 여러 절차를 뛰어넘어 지극한 경지에 도달하려 한다. 세상에 그런 이치는 없다.[135]

② 『금독』 : 오늘날 학생도 이런 자가 있다. 막 입문했으면서 독립적인 문호門戶를 세울 생각을 하고, 겨우 마루에 오를(昇堂) 정도인데도 스승과 나란히 앉으며, 방에 들어올(入室) 정도가 아직 아닌데도 스스로 스승을 훨씬 능가했다고 여긴다. '제자의 예를 갖춘 아주 공손한' 자는 거의 찾아보기 어렵다. 중국에는 본디 스승을 높이는 전통이 있어서, '하늘, 땅, 임금, 부모, 스승(天地君親師)'이라고 하여, 스승은 숭배 대상의 하나였다. 다른 문화에서는 찾아보기 어려웠다. 오늘날 이렇게 된 까닭은 아마도 이전 수십 년 동안 유교를 쓸어내고 스승을 최하등급으로 내쳐, 모택동이 수차 스승과 노유老儒의 비판을 강조하고, 문화대혁명 중에는 '교수를 점검하게' 만든 못된 장난 등등과도 관계가 없지 않다. 젊은 세대는 부지불식간에 이런 환경 속에 감염되어 자연히 그렇게 된 것이다. 통탄할 일이다. ○『신해』 : 이 장은 앞장과 연관이 깊다. 공자는 친구에 대해서는 엄격하게 깨우쳤으나 어린이에 대해서는 관대하게 배려하였다. 일률적인 격식에 구애되지 않았다. 여기서 (교육할 때 상대에게) 부담을 주지 않고 화기애애하였던 공자의 평소의 분위기를 엿볼 수 있다.

14-44 궐당의 동자가 옆에서 심부름을 하자, 어떤 사람이 공자에게 물었다. "학문 향상을 추구하는 자입니까?" "나는 그가 어른들 자리에 앉는 것을 보고, 선배들과 나란히 걷는 것을 보았다. 그 아이는 향상을 구하는 자가 아니라, 속성을 바라는 자①이다."②

궐당闕黨은 고을 이름이다. 동자童子는 관례를 하지 않은 이의 호칭이다. 장명將命은 손님과 주인의 말을 전달함을 일컫는다. 어떤 사람이 이 동자의 학문에 향상이 있기 때문에, 공자가 말을 전달하게 함으로써 특별히 총애한 것이 아닌가 의심하였다.

예에 따르면, 동자는 모퉁이에 앉고 (어른의) 뒤를 따라 걸어야 한다. 공자가 말하기를, 내가 보건대 이 동자는 이 예를 따르지 않으니, 학문 향상을 구하는 것이 아니라 다만 속성을 바라는 것일 뿐이라고 하였다. 그래서 그에게 대화를 전달하는 역을 시킴으로써, 장유의 차례를 살피고 겸손의 용모를 익히게 하였다. 곧 억제시킴으로써 가르친 것이지, 총애하여 달리 대한 것이 아니다.

제15편 위령공

衛靈公第十五

(凡四十一章.)

15-1 衛靈公問陳於孔子. 孔子對曰："俎豆[1]之事, 則嘗聞之矣；軍旅之事, 未之學也." 明日遂[2]行.

15-2 在陳絶糧, 從者病,[3] 莫能興.[4] 子路慍見曰："君子亦有窮乎?" 子曰："君子固窮,[5] 小人窮斯濫矣."

(陳, 去聲.) ○陳, 謂軍師行伍之列. 俎豆, 禮器.

尹氏曰："衛靈公, 無道之君也, 復有志於戰伐之事, 故答以未學而去之."

(從, 去聲.) ○孔子去衛適陳. 興, 起也.

(見, 賢遍反.) ○何氏曰："濫, 溢也.[6] 言君子固有窮時, 不若小人窮則放[7]溢爲非."

程子曰："固窮者, 固守其窮." 亦通.

○愚謂聖人當行而行, 無所顧慮,[8] 處困而亨,[9] 無所怨悔, 於此可見. 學者宜深味之.

---

1) 俎(조) : 도마, 적대(제향 때 희생을 얹는 기구). 豆(두) : 콩, 제기 이름. 잔 받침.

2) 遂(수) : 드디어, 이루다, 끝내다, 깊이 연구하다, 통달, 두루, 순응하다, 망설임, 길.

3) 病(병) : 시들다, 주리다, 피곤, 결점, 흠, 근심, 굳어진 나쁜 버릇, 괴로워하다, 꺼리다.

4) 興(흥) : 일어나다, 행하다, 왕성하게 하다, 바치다, 등용, 본뜨다, 비유, 좋아하다, 흥취.

5) 窮(궁) : 다하다, 끝나다, 그치다, 막히다, 고생, 궁구하다, 어려운 사람, 불행, 가난.

6) 濫(람) : 퍼지다, 넘쳐흐르다, 함부로 하다, 예법에 어긋나다, 도가 지나치다, 훔치다, 탐하다. 溢(일) : 넘치다, 가득하다, 정도를 지나침, 교만, 홍수, 성하다, 흘러나오다, 삼가다.

7) 放(방) : 멋대로 하다, 풀어놓다, 불을 지르다, 내쫓다, 버리다, 멀리함, 피다, 달아나다, 그만두다, 하지 않다, 어긋나다, 본뜨다, 이르다. ○何曰 : "…則濫溢爲非."

8) 顧(고) : 돌아보다, (사방을) 둘러보다, 응시, 관찰·반성하다, 마음에 두다, 찾다, 사랑하다, 은혜, 도리어, 인도하다, 고용하다, 죽다, 기다리다, 그러므로, 생각하건대. 慮(려) : 생각하다, 꾀하다, 근심·걱정하다, 생각, 염려, 꾀, 계획, 대략, 의심, 흩뜨리다.

9) 『易』「困」: 困而不失其所亨, 其唯君子乎! ○王弼 : "處窮而不能自通者, 小人也." ○孔穎達 : "小人窮斯濫矣, 君子則不改其操."

① 『혹문』: 영공은 지금까지 공자의 말은 하나도 듣지 않으면서 갑자기 진법을 질문했으니, 그 수준이 알만하다. '배운 적 없다'고만 답하지 않고, '조두의 일'을 환기시켰으니, 영공이 그로 말미암아 깨달아 마음을 고쳐먹었으면 공자가 머물렀을지도 모른다. 『사기』에 따르면,

15-1 위령공이 공자에게 진법을 묻자, 공자가 대답하였다. "조두의 일은 들은 적이 있지만, 군대의 일은 배운 적이 없습니다."
그리고 다음날 곧 떠나갔다.①

15-2 진나라에 있을 때 식량이 떨어졌다. 따르는 이들이 병이 나, 아무도 일어나지 못하였다. 자로가 화난 얼굴로 공자를 뵙고 말하였다. "군자가 이처럼 곤궁해도 됩니까?" "군자는 원래 곤궁하다. 소인은 곤궁해지면 흐트러진다."

진陳은 군대의 대오 편성의 열을 일컫는다. 조두俎豆는 제기이다.

• 위령공은 무도한 임금이다. 다시 전쟁과 정벌을 일으킬 뜻이 있었다. 그래서 배운 적이 없다고 대답하고 떠났다. – 윤돈

공자는 위나라를 떠나 진나라로 갔다. 흥興은 일어남이다.

• 람濫은 도를 벗어남이다. 군자는 본디 곤궁한(固窮) 때가 있다. 소인이 곤궁하면 멋대로 도를 벗어나 잘못을 저지르는 경우와는 다르다. – 하안

"고궁固窮은 자신의 곤궁을 고수함이다"라는 이천의 풀이도 통한다.②

내 생각에, 성인은 떠나야 하면 떠날 뿐 고려하고 계산하는 바가 없다.③ 곤궁에 빠져도 형통을 추구하여 원망과 후회가 없었음을 여기서도 알 수 있다. 학생은 깊이 음미해야 한다.

"다음날 영공이 공자와 대화하면서 날아가는 기러기나 쳐다보면서 공자에게 신경 쓰지 않았기 때문에 공자가 드디어 떠났다." 즉 공자가 떠난 것은 예우가 좋지 않았기 때문이지 진법 질문 때문만은 아니었다. 공자가 떠나고 영공이 죽자, 위나라는 크게 혼란해졌다. 조두의 일로 대답한 공자의 뜻이 심원하였다.

② 『어류』: "고궁固窮에 대한 두 풀이 가운데 어느 것이 낫습니까?" "옛날부터 '자신의 곤궁을 고수한다'고 풀이한 사람이 많다. 그러나 자로가 '군자도 곤궁함이 있습니까?'라고 묻자, 공자가 '군자는 본디 곤궁한 시기가 있다. 다만 소인처럼 곤궁하다고 흐트러지지 않을 뿐이다'고 대답한 것이다. '군자도 곤궁함이 있냐'는 물음에 '본래'라는 말로 답한 것으로 풀이하면 문맥상의 호응이 좋다."[2]

③ 『어류』: "'다음날 곧장 떠나 진나라에서 식량이 떨어졌는데,' 공자께서 늘 이것저것 강구하지 않았기 때문에 식량이 떨어진 것 같습니다." "만약 이것저것 강구하셨더라면 애초에 (세상을 구하는 벼슬을 하러) 떠나지도 않으셨을 것이다."[1]

15-3 子曰："賜也, 女以予爲多學而識[1]之者與?" 對曰："然, 非與?" 曰："非也, 予一以貫之."

(女, 音汝. 識, 音志. 與, 平聲, 下同.) ○子貢之學, 多而能識矣. 夫子欲其知所本也, 故問以發之.

方信而忽疑, 蓋其積學功至, 而亦將有得也.

說見第四篇. 然彼以行言, 而此以知言也.

○謝氏曰："聖人之道大矣, 人不能偏[2]觀而盡識, 宜其以爲多學而識之也. 然聖人豈務博者哉? 如天之於衆形, 匪物物刻而雕[3]之也. 故曰：'予一以貫之.' '德輶[4]如毛, 毛猶有倫.[5] 上天之載,[6] 無聲無臭. 至矣!'"[7]

---

1) 識(지)：기억하다, 표지標識. (식)：알다, 분별하다, 깨닫다, 지혜, 식견, 박식하다.

2) 偏(편)：두루, 널리, 모두, 돌다, 돌아다니다, 두루 미치다, 치우치다.

3) 刻(각)：새기다, 깊이 기억하다, 깎다, 모질다, 엄하다, 시각, 꾸짖다, 해치다, 다하다. 雕(조)：독수리, 새기다, 아로새기다, 시들다, 쇠약해지다.

4) 輶(유)：가볍다, 가벼운 수레. ※輶德(유덕)：까다롭지 않은 자연 그대로의 덕.

5) 倫(륜)：인륜, 도리, 무리, 또래, 조리, 순서, 차례, 나뭇결, 피로하다.

6) 載(재)：싣다, 지다, (머리에) 이다, 타다, 탈것, 짐, 베풀다, 두다, 쌓다, 행하다, 이루다, 일, 사업, 시초, 출생하다, 알다, 인식하다, 꾸미다, 차다, 속이다, 문서, 해, 일 년.

7) 『中庸』：子曰："聲色之於以化民, 末也. 『詩』曰：'德輶如毛,' 毛猶有倫.'上天之載, 無聲無臭,' 至矣!" ○『詩』「烝民」：人亦有言, 德輶如毛, 民鮮克擧之. ○『詩』「文王」：上天之載, 無聲無臭. 儀刑文王, 萬邦作孚.

① 『어류』：'그렇다(然)'는 글자도 옳고 '아닙니까(非與)'라는 글자도 옳다. (박학해야 한다. 그러나 그것이 전부가 아니다.) 만약 오로지 '일관'만 집중해서 말하면 도대체 무엇을 꿰어야 할지를 모르게 된다. 성인은 모든 일을 다 공부하였다. '옛것을 좋아하여 민첩하게 공부한'(7-20) 다음, 그것들을 '하나의 원리로 꿰뚫었지(一貫)', 갑작스럽게 일이관지하지 않았다. … 영가학파(엽적 등 공리주의자) 가운데 한두 명 아는 사람이 있는데, 그들은 오직 제도만 고찰하려 하고 도무지 근본을 이해하려 하지 않는다. 그러나 일단 생사·이해·득실의 문제가 닥치면 그런 지식은 아무 쓸모가 없다. 아무 일도 해내지 못한다.[6] 학생은 물론 '많이 배워 기억하는' 사람이어야 한다. 그러다 보면 자연히 일관의 도리를 얻는다.[8]

② 『어류』：공자가 '나는 하나의 이치로 일관할 따름이다'라 한 것은, 아마 자공이 다만 자기가 많이 배웠다고만 여기고 일이관지의 이치를 모를까 염려한 것이다. 후세 사람들은 그 의미를 이해하지 못하고, 마침내 공자가 '일관만 추구하고 원래 많이 배울 필요가 없다고 여겼다'고

15-3 공자가 자공에게 말하였다. "자공아! 너는 나를 많이 배워서 기억한 사람으로 여기느냐?" "그렇습니다. 아니라는 말씀이십니까?"① "아니다. 나는 하나의 이치로 일관할 따름이다."②

자공의 학문은 많이 잘 기억하는 것이다. 공자는 자공이 학문의 근본을 알기를 바랐으므로, 질문하여 촉발시켰다.

(자공이 그렇게) 믿고 있다가 문득 의심한 것은, 학문을 쌓은 공부가 지극하여 장차 터득하려고 했기 때문이다.

(일이관지의) 설명은 제4편(4-15)에 있다. 그러나 거기서는 실천(행위)을 논했고, 여기서는 앎을 논하였다.

• 성인의 도는 광대하니, 우리가 두루 살펴 전부 알 수는 없다. 따라서 자공이 많이 배워서 기억하신 분으로 여긴 것은 당연하다. 그러나 성인이 어찌 많이 알려고 힘쓰는 분이겠는가? 마치 하늘이 온갖 형상을 하나하나 조각하지는 않음과 같다.③ 따라서 "나는 하나의 이치로 일관한다"고 하셨고, "덕은 털처럼 가볍지만, 털은 그래도 결이 있다. 하늘의 일처럼 소리도 없고 냄새도 없어야 지극하다"고 하셨다. – 사량좌

해석하였다. 그런데 만약 많이 배우지 않으면 대체 무엇을 꿴단 말인가? 이컨대 돈을 꿰는 일이 '꿤(貫)'인데, 반드시 돈이 있어야 꿸 수 있다. 돈이 없다면 무엇을 꿰겠는가? 공자는 실제로 많이 배웠다. 한 가지 일도 이해하지 못한 것이 없었다. 만약 그와 같이 큰 정신이 아니라면 그처럼 많은 것을 수용할 수 없다. 다만 많이 배운 것 속에서 일이관지했을 뿐이다.[3] '일이관지'는 본래 마음으로 만물을 남김없이 규찰하는 것을 말한다. '많이 배워 기억해야' 하니, 배우지 않고도 일이관지할 수 있는 경우는 없다.[5] ○『혹문』: 자공의 학문은 박식했던 것 같다. 그는 다만 각각의 사물에서 그 이치의 당연함만 알았지 온갖 이치가 하나로 서로 뚜렷이 관통함을 알지 못하였다. 이러한 사람은 비록 온갖 이치의 소재를 알 수는 있지만, 범범하여 전체를 통괄하지는 못한다. 사리를 판단하고 처세하면서 배운 적이 있는 일은 잘하지만, 배운 적이 없는 일은 통할하지 못한다. 그래서 공자께서 일이관지를 깨우쳐줌으로써, 만물의 이치가 본디 하나의 이치이니 그것으로 관통하면 천하의 온갖 사물이 모두 그 바깥에 있지 않은지라, 통할하지 못할 것이 없다는 점을 깨닫게 하였다.

③ 『어류』: 자연(天)은 다만 하나의 기의 유행이다(一氣流行). 만물은 자연히 생겨나서 자연히 자라고 자연히 꼴을 이루며 자연히 색을 띤다. 어찌 하나하나 그와 같이 분장시킬 수 있겠는가? 성인 역시 다만 하나의 대본大本·대원大原 속에서 표출하는 만큼 시각은 자연히 밝고, 청각은 자연히 총명하고, 안색은 자연히 온화하고, 외모는 자연히 공경스럽고, 부자 사이이면 사랑하고, 군신 사이이면 의롭다. '대본' 속에서 표출하여 온갖 도리를 형성한다. 오직 저 하나가

尹氏曰："孔子之於曾子，不待其問而直告之以此，曾子復深喩[1]之曰'唯.' 若子貢則先發其疑而後告之，而子貢終亦不能如曾子之'唯'也. 二子所學之淺深，於此可見."
愚按：夫子之於子貢，屢有以發之，而他人不與[2]焉. 則顔·曾以下諸子所學之淺深，又可見矣.

15-4 子曰："由! 知德者鮮矣."

(鮮, 上聲.) ○由，呼子路之名而告之也. 德，謂義理之得於己者. 非己有之，不能知其意味之實也.
○自第一章至此，疑皆一時之言. 此章蓋爲慍見發也.[3]

15-5 子曰："無爲而治者，其舜也與? 夫何爲哉，恭己正南面而已矣."

(與, 平聲. 夫, 音扶.) ○無爲而治者，聖人德盛[4]而民化，不待其有所作爲也. 獨稱舜者，紹[5]堯之後，而又得人以任衆職，故尤不見其有爲之迹也. 恭己者，聖人敬德之容. 旣無所爲，則人之所見如此而已.

만물을 꿰는 것이다. 안의 중심(所主)이 충忠이고, 표출되는 것은 서恕 아닌 것이 없다.[7]

1) 喩(유)：깨우치다, 깨닫다, 이해함, 밝게 알다, 알리다, 설명, 비유하다, 기뻐하다.
2) 與(여)：주다, 동아리, 따르다, 돕다, 허락하다, 편들다, 돕다, 모두, 화합하다, 참여하다.
3) 王曰："君子固窮, 而子路慍見, 故謂之少於知德者也."
4) 盛(성)：채우다, 바리, 이루다, 넘치다, 무성하다, 번성하다, 절정, 엄정하다, 칭찬하다.
5) 紹(소)：잇다, 받다, 소개·알선하다, 돕다. (초)：느슨하다, 헐겁다.
① 『혹문』："『서경』과 전설을 고찰하건대, 순임금의 통치는 조근朝覲, 순수巡狩, 봉산封山, 하천준설(濬川), 사흉 처단(誅四凶) 등 모두가 일 아님이 없습니다. 그런데도 공자가 '무위하며 다스린 분'이라고 말한 것은 왜입니까?" "『서경』을 가지고 고찰하면, 순임금이 정치를 한

• 공자가 증자에게는 질문을 기다리지 않고 곧장 '일이관지'라고 말해 주었다. 증자는 다시 깊이 깨우치고 '예' 하고 대답하였다. 자공의 경우에는 먼저 의문을 불러일으킨 다음 일러주었으나, 자공은 끝내 증자처럼 '예' 하고 대답하지 못하였다. 두 사람의 학문의 얕고 깊음을 여기서 알 수 있다. – 윤돈

내 생각에, 공자는 자공을 여러 번 계발시켜 주었으나, 다른 제자들은 그런 기회에 참여하지 못하였다. 안회·증자 이하 여러 제자들의 학문의 심천 또한 알 수 있다.

15-4 공자가 말하였다. "자로야, 덕을 알아주는 이가 거의 없구나!"

유由라고 자로의 이름을 부르면서 일러주었다. 덕德은 도리가 나에게 체득되어 있음을 일컫는다. 자기가 덕을 지니고 있지 않으면, 덕의 실질적인 의미를 알 수 없다.

첫 장부터 여기까지 모두 같은 시기에 한 말인 듯하다. 이 장은 자로가 (세태에) 화난 얼굴로 알현했기 때문에(15-2) 하신 말 같다.

15-5 공자가 말하였다. "무위하며 다스린 분이 순임금이다. 무슨 일을 할 필요가 있겠는가? 자신을 단정히 하고 남면하셨을 뿐이다."①

'무위하며 다스렸다' 함은 성인의 덕이 넘쳐서 백성이 교화되니, 어떠한 정치 공작에도 의존하지 않았다는 것이다. 오직 순임금만 찬양한 것은 요임금의 뒤를 이어받았고, 인재를 얻어 여러 직무를 위임한 결과, 더욱이 일을 꾸민(有爲) 자취를 찾아볼 수 없었기 때문이다. 공기恭己란 성인이 덕을 공경하는 모습이다. 이미 일을 꾸민(정치공작을 한) 적이 없었으니, 사람들이 관찰한 것도 그러할 뿐이었다.

흔적은 모두 섭정 28년 안에 있다. 천자의 지위에 있을 때의 일은, 『서경』의 기록에 따르면 아홉 장관과 열두 목사를 임명한 것에 불과하다. 그 이후 다른 일이 없었다. 비록 『서경』의 기록이 엉성하고 희미하기는 하지만, 당시에 일(정치공작)이 없었음은 충분히 알 수 있다."

15-6 子張問行. 子曰："言忠信, 行篤敬, 雖蠻貊[1]之邦行矣；言不忠信, 行不篤敬, 雖州里行乎哉? 立, 則見其參[2]於前也；在輿, 則見其倚於衡也.[3] 夫然後行." 子張書諸紳.[4]

猶問達之意也.

(行篤·行不之行, 去聲. 貊, 亡百反.) ○子張意在得行於外, 故夫子反於身而言之, 猶答干祿問達之意也. 篤, 厚也. 蠻, 南蠻. 貊, 北狄. 二千五百家爲州.

(參, 七南反. 夫, 音扶.) ○其者, 指忠信篤敬而言. 參, 讀如'毋往參焉'之'參,'[5] 言與我相參也. 衡, 軛[6]也. 言其於忠信篤敬念念不忘, 隨其所在, 常若有見, 雖欲頃刻離之而不可得. 然後一言一行, 自然不離於忠信篤敬, 而蠻貊可行也.

紳, 大帶之垂者.[7] 書之, 欲其不忘也.

○程子曰："學要鞭辟近裏, 著己而已. 博學而篤志, 切問而近思；言忠信, 行篤敬；立則見其參於前, 在輿則見其倚於衡；只此是學. 質美者明得盡, 查滓便渾化,[8] 却與天地同體. 其次惟莊[9]敬以持養之, 及其至則一也."[10]

---

1) 蠻(만)：남방 오랑캐, 이민족의 총칭, 업신여기다, 권력을 자행함. 貊(맥)：북방 오랑캐.
2) 參(참)：간여하다, 섞이다, 뵈다, 헤아리다, 비교하다, 바라보다, (삼)：빽빽하다.
3) 倚(의)：의지하다, 기대다, 맡기다. 衡(형)：수레채 끝에 댄 가로 나무, 멍에, 저울, 들보.
4) 紳(신)：(예복에 갖추어 매는) 큰 띠, 묶다.
5)『禮記』「檀弓」：離坐, 離立, 毋往參焉. 離立者不出中間.
6) 軛(액)：軶의 속자. 멍에, 수레나 쟁기를 끌게 하는 ∧ 모양의 가로 나무.
7) 孔曰："紳, 大帶也." ○邢曰："以帶束腰, 垂其餘以爲飾, 謂之紳."
8) 査(사)：조사하다, 뗏목, 찌꺼기(渣). 滓(재)：찌끼, 앙금, 때, 흐리다. 渾(혼)：흐리다, 물소리, 모두, 섞이다, 분간이 안 됨. 가지런하다, 온전함, 크다, 성하다.
9) 莊(장)：풀이 가지런함, 엄숙, 정중, 단정하다, 치장하다, 씩씩하다, 시골 마을, 별장.
10) 明道曰："學要鞭辟近裏著己而已, 故切問而近思, 則仁在其中矣. 言忠信, 行篤敬, 雖蠻貊之邦行矣；言不忠信, 行不篤敬, 雖州里行乎哉? 立則見其參於前也. 在與則見其倚於衡也.

15-6 자장이 '행실(행세)'을 묻자, 공자가 말하였다. "말이 충직하고 신실하며, 행위가 돈독하고 경건하면,① 야만의 나라에서도 행세할 수 있다. 말이 충직·신실하지 못하고, 행동이 성실·경건하지 못하면, 동네에선들 행세할 수 있겠는가? 서 있으면 그런 마음가짐이 앞에 펼쳐지는지 살피고, 수레를 타면 그런 마음가짐이 가로대에 깃들어 있는지 살펴라.② 그러면 행세할 수 있다." 자장은 말씀을 허리띠에 적었다.

(자장이) 통달을 질문했던(12-20) 의도와 비슷하다.

자장의 관심은 어떻게 외적으로 행세할 수 있느냐에 있었다. 그래서 공자가 자신을 반성하라고 말해 주었다. 이는 녹을 구하는 법(2-18)과 통달의 질문에 대해 대답한 뜻과 비슷하다. 독篤은 후함, 만蠻은 남쪽 야만인, 맥貊은 북쪽 오랑캐이다. 2500가家가 주州이다.

기其는 충직·신실·돈독·경건을 지칭한다. 참參은 "사람들 중간에 끼어 들어가지 마라(毋往參焉)"고 할 때의 '참'과 같다. 내가 함께 참여함을 말한다. 형衡은 가로대(軛)이다. 충직·신실·돈독·경건을 생각하고 또 생각하여 잊지 않아서, 어떤 곳에 있든지 늘 눈앞에 보는 것처럼 잠시도 그런 마음가짐을 벗어나려 해서는 안 된다는 말이다. 그리하면 모든 말과 행동이 자연히 충직·신실·돈독·경건의 상태를 벗어나지 않는 만큼, 오랑캐의 나라에서도 행세할 수 있다.

신紳은 큰 띠의 아래로 늘어진 부분이다. 허리띠에 적음은 잊지 않으려함이다.

• 배움은 자신의 내면을 채찍질하여 몸에 배게 하려는 것일 뿐이다.③ 널리 배우고 뜻을 돈독히 하며, 간절히 질문하고 비근한 데서 생각하라.(19-6) 말은 충직하고 신실하며, 행위는 돈독하고 경건히 하라. 서 있으면 그런 마음이 앞에 펼쳐지는지 살피고, 수레에 타고 있으면 그런 마음이 가로대에 깃들어 있는지 살펴라. 오직 이것이 배움이다. 바탕이 뛰어난 자가 온전히 명철해져 욕심의 찌끼가 완전히 없어지면 천지와 한 몸이 된다.④ 그보다 못한 사람이라도 오직 엄숙·공경으로 함양을 계속한다면,⑤ 온전해지기는 마찬가지이다.⑥ – 명도

夫然後行, 只此是學. 質美者明得盡, 渣滓便渾化, 却與天地同體, 其次惟莊敬持養, 及其至則一也."

15-7 子曰："直哉史魚! 邦有道, 如矢；邦無道, 如矢." 君子哉蘧伯玉! 邦有道, 則仕；邦無道, 則可卷而懷之."[1)]

史, 官名. 魚, 衛大夫, 名鰌. 如矢, 言直也. 史魚自以不能進賢退不肖, 既死猶以尸諫,[2)] 故夫子稱其直. 事見『家語』.

伯玉出處, 合於聖人之道, 故曰君子. 卷, 收也. 懷, 藏也. 如於孫林父·甯殖放弑之謀, 不對而出, 亦其事也.

○楊氏曰："史魚之直, 未盡君子之道. 若蘧伯玉, 然後可免於亂世. 若史魚之如矢, 則雖欲卷而懷之, 有不可得也."

---

① 『어류』: '독篤'은 중후하고 깊디깊다는 뜻이다. 경건하되 돈독(篤)하지 않으면, 남을 속박하는 병폐가 생기기 쉽다.[10] ○篤 : 성실하다, 충실, 진실, 도탑다, 흔들리지 않다, 인정 많다.

② 『혹문』: 본문의 뜻은 '앉으면 벽에서 요임금(성인)을 보고, 식사할 때는 밥그릇에서 요임금을 보라'는 말과 같다.

③ 『어류』: "편벽鞭辟이 무엇입니까?" "그것은 낙양 방언이다. '편약鞭約'으로 된 판본도 있다. 자기 내면을 채찍질하며 감독한다는 뜻이다. 요즘 사람은 내면으로 채찍질하지 않는다. 마음이 늘 밖으로 향해있다. 외면을 향해 공부함은 마치 배 한 척이 물속에 뒤집혀 있는 것과 같다. 반드시 뒤집어 되돌려 놓아야만 하고, 그래야 운행할 수 있다. 우리는 용맹하게 온 힘을 다해 뒤집어 놓아야 한다."[12] ○鞭辟 : 귀인이 통행할 때 앞에서 채찍으로 사람들을 쫓고 길을 트는 일. 격려함. 鞭辟近裏=鞭辟入裏 : 내면적으로 깊이 성찰하여 연구함.

④ 『어류』: 온전히 명철해지면 찌끼(渣滓)는 저절로 완전히 없어진다. '찌끼'는 사의私意와 인욕人欲이다. 천지와 한 몸을 이루는 지점이 의리의 정수이다(天地同體處是義理之精英). 찌끼는 사의와 인욕이 아직 없어지지 않은 부분이다. 사람은 천지와 본디 일체이나, 찌끼가 아직 제거되지 않아서 간격이 생긴다. 찌끼가 없어지면 곧 천지와 한 몸을 이룬다. '극기복례가 인이다' 할 때 '기'는 찌끼이고, 복례는 곧 천지와 한 몸을 이루는 측면이다. '선하지 않은 부분이 있으면 늘 깨닫지 않은 적이 없다(有不善未嘗不知)' 할 때 '선하지 않은 부분'이 찌끼이다. 예컨대 증자가 '남을 위해 도모할 때 충심을 다하지 못하고, 친구와 사귈 때 미덥지 못하고, 배운 것을 익히지 못한 것'(1-4)이 증자의 찌끼이다. 칠조개가 '나는 그 일에 자신이 없다'(5-6)고 말한 것 등은 모두 찌끼가 있다는 뜻이다. 다만 바탕이 아름다운 자는 통찰이 투철한 만큼, 저 찌끼도 모두 없어질 수 있다. 그 경지에 아직 이르지 못했으면 장중하게 공경하여, 함양을 계속해(莊敬持養) 차츰차츰 갈아서 없애 나가야 한다.[13] "천지와 한 몸이 될 정도로 바탕이 아름다운 분은 옛사람 가운데 어떤 분입니까? 탕왕·무왕은 어떻습니까?" "탕왕·무왕과 안자 가운데 누가 더 낫다고 생각하는가? 탕왕·무왕의 공부는 안자만큼 치밀하지 못하다."[17]

⑤ 『어류』: "예컨대 안자의 '극기복례'는 천리와 인욕이 확연하게 분리된 것이니, '온전히 명철해

15-7 공자가 말하였다. "사어는 정말 강직하다! 나라에 도가 있어도 화살 같고, 나라에 도가 없어도 화살 같다. 거백옥은 참으로 군자답다! 나라에 도가 있으면 벼슬하고, 나라에 도가 없으면 거두어들여 마음속에 간직한다."

사史는 관직명, 어魚는 위나라 대부로서, 이름은 추鰌(미꾸라지)이다. '화살 같다' 함은 곧다는 말이다. 사어는 자신이 현자를 천거하지도 불초자를 내치지도 못했다고 여긴 나머지, 죽은 다음에도 임금께 시신으로 간하였다.❶ 그래서 공자가 그의 정직을 칭찬하였다. 이 일은 『가어』에 나온다.

거백옥의 출처(벼슬과 은거)가 성인의 도에 부합했으므로 군자라고 불렀다. 권卷은 거두어들임, 회懷는 마음속에 감춤이다. 예컨대 손림보·영식이 임금을 쫓아내고 시해하려는 모의를 꾸밀 때, 대답하지 않고 사직한 일도 그 사례이다.

• 사어의 강직은 군자의 도에는 미진하다. 거백옥 수준이 되어야 난세를 벗어날 수 있다. 사어처럼 꼿꼿하면, 거두어들여 감추고 마음에만 간직하려고 해도 못 하는 경우가 생긴다. – 양시

져 욕심의 찌끼가 완전히 없어진' 경지입니다. 중궁처럼 '문밖을 나서면 큰손님 맞이하듯 하고, 백성을 부릴 때는 큰제사를 받들 듯함'(12-2)은 '엄숙·공경함으로 함양하는' 경지입니까?" "그렇다."[14]

⑥『어류』: '온전히 명철해진' 경지는 한 번의 통찰로 모든 것이 밝아져 찌끼가 없어진 경지이다. 그 다음의 경지는 오직 '엄숙·공경으로 함양을 계속함'으로써 자기의 찌끼를 제거해 나갈 따름이다. '함양의 지속(持養)'이란 의도적으로 천착함으로써 명철함을 추구하는 것이 아니라, 다만 이 마음을 늘 경건하게 하여 오래되면 저절로 명철해진다는 의미이다.[15]

1) 卷(권) : 책, 두루마리, 말다, 굽히다, 거두다, 거두어들이다, 굽다, 친절하다. 懷(회) : 품다, 어떤 생각을 간직하다, 품 안, 가슴, 둘러싸다, 보내다.

2)『韓詩外傳』: 昔者, 衛大夫, 史魚, 病且死謂其子曰 : "我數言伯玉之賢, 而不能進. 彌子瑕不肖而不能退. 爲人臣生不能進賢, 而退不肖. 死不當治喪正堂殯我於室足矣." 衛君問其故. 子以父言聞. 君造然召伯玉而貴之, 而退彌子瑕, 從殯於正堂成禮而後去, 生以身諫, 死以尸諫, 可謂直矣. ○『家語』: 史魚驟諫而不從. 史魚病將卒, 命其子曰 : 吾在衛朝不能進蘧伯玉, 退彌子瑕, 是吾爲臣, 不能正君也. 生而不能正君, 則死無以成禮. 我死汝置屍牖下於我畢矣. 其子從之. 靈公弔焉, 怪而問焉. 其子以其父言告公. 公愕然失容曰 : 是寡人之過也. 於是命之殯於客位. 進蘧伯玉而用之, 退彌子瑕而遠之. 孔子聞之曰 : 古之列諫之者, 死則已矣. 未有若史魚, 死而屍諫, 忠感其君者也, 可不謂直乎!

❶『혹문』: "시신으로 간함(尸諫)이 무엇입니까?" "『가어』에 따르면, 위나라 영공은 거백옥을

15-8 子曰："可與言而不與之言，失人；不可與言而與之言，失言. 知者不失人，亦不失言."

(知，去聲.)

15-9 子曰："志士仁人，無求生以害仁，有殺身以成仁."

志士，有志之士. 仁人，則成德之人也. 理當死而求生，則於其心有不安矣，是害其心之德也. 當死而死，則心安而德全矣.
○程子曰："實理得之於心自別.[1] 實理者，實見得是，實見得非也. 古人有捐軀隕命者，[2] 若不實見得，惡能如此? 須是實見得生不重於義，生不安於死也. 故有殺身以成仁者，只是成就一箇是而已."

15-10 子貢問爲仁. 子曰："工欲善其事，必先利其器. 居是邦也，事其大夫之賢者，友其士之仁者."

賢以事言，仁以德言. 夫子嘗謂子貢悅不若己者.[3] 故以是告之，欲其有所嚴憚[4]切磋以成其德也.
○程子曰："子貢問爲仁，非問仁也，故孔子告之以爲仁之資而已."

등용하지 않고 미자하를 임용하였다. 사어가 간했으나 영공이 듣지 않았다. 사어는 장차 죽으려 할 때 아들에게 명하기를, '나는 살아서 임금을 바로잡지 못했으니, 죽어서 정식 장례를 감당할 수 없다. 시신을 창문 아래에 두도록 하라' 하였다. 아들이 그렇게 따랐다. 영공이 조문하여 그 까닭을 묻자, 아들이 아버지의 유언을 전하였다. 그러자 영공이 '과인의 잘못이다'라 말하고 객위에 빈소를 차리게 하고, 거백옥을 등용하고 미자하를 퇴출시켰다."

1) 別(별) : 풀어내다, 판별하다, 알다, 정해지다, 구별, 특히, 따로.
2) 捐(연) : 버리다, 없애다, 주다, 바치다, 내놓다, 돈으로 벼슬을 사다. 隕(운) : 떨어지다, 잃다, 무너뜨리다, 쓰러뜨리다, 사로잡다, 죽다(殞).
3) 『家語』「六本」: 商也日益，賜也日損. …商也好與賢己者處，賜也好與不若己者處.
4) 嚴(엄) : 엄격함, 임박하다, 혹독하다, 엄숙하다, 숭상·공경하다, 두려워하다, 경계, 치장하다. 憚(탄) : 꺼리다, 삼가다, 꺼리어 피하다, 구애받다, 공경하다, 애쓰다, 화내다, 두려워하다.

15-8 공자가 말하였다. "함께 의논할 만한데도 함께 의논하지 않으면 사람을 잃고, 함께 의논할 수 없는데 함께 의논하면 말을 잃는다. 지혜로운 자는 사람도 잃지 않고 말도 잃지 않는다."

15-9 공자가 말하였다. "지사와 어진 이는 삶을 탐하여 인을 해치지 않고, 몸을 죽여 인을 이룬다(殺身成仁)."

지사志士는 뜻 있는 선비, 어진 이(仁人)는 덕을 이룬 사람이다. 이치상 마땅히 죽어야 함에도 삶을 도모한다면, 마음이 편하지 않게 된다. 이것이 바로 마음의 덕("인")을 해침이다. 죽어야 할 때 죽으면, 마음이 편하고 덕이 온전해진다.①

• 실리實理를 마음에 체득하면 (시비선악이) 저절로 분명해진다. 실리란 시는 시, 비는 비로 절실하게 직시함이다. 옛사람 가운데 몸을 던져 목숨을 바친 사람이 있었다. 절실하게 직시하지 않았다면, 어찌 그럴 수 있었겠는가? 삶이 의로움보다 중하지 않음을 절실히 직시해야, 삶이 죽음보다 편치 않게 느껴진다. 따라서 살신성인하는 사람은 오직 옳음(是) 그 하나를 성취할 따름이다. – 이천

15-10 자공이 공자께 물었다. "어떻게 해야 인을 행할 수 있습니까?" "장인이 일을 잘하려면 반드시 먼저 연장을 잘 갈아야 하듯, 그 나라에 살려면 현명한 대부를 섬기고 어진 선비와 벗해야 한다."

현명함은 일을, 어짊은 덕을 지칭한다. 공자는 자공이 그 자신브다 못한 이들을 좋아한다고 말한 적이 있다. 그래서 이와 같이 타일러서, 그가 경각심을 가지고 절차탁마하여 덕을 이루기를 바랐다.❷

• 자공은 인을 행하는 방법을 물었지, 인을 묻지 않았다. 그래서 공자가 인을 행하려면 무엇에 의지해야 할지 일러주었다. – 이천

---

① 『혹문』: 인仁은 마음의 덕이고, 온갖 이치가 거기에 구비되어 있다. 하나라도 이치에 부합하지 않으면, 마음이 편하지 않아 덕을 해친다. 그 이치에 순응하여 어기지 않으면 몸은 비록 죽더라도 마음은 온전하니, 이치가 바르게 되어 호연한 기상이 온 천지를 가득 채워 그 무엇으로도 소멸되지 않는다. … 사량좌의 설명 가운데 '어진 사람은 사생을 가리지 않는다' 운운한

15-11 顔淵問爲邦. 子曰:"行夏之時, 乘殷之輅, 服周之冕, 樂則韶舞. 放鄭聲, 遠佞人. 鄭聲淫,[1)] 佞人殆."

顔子王佐之才, 故問治天下之道, 曰爲邦者, 謙辭.

夏時, 謂以斗柄初昏建寅之月爲歲首也. 天開於子, 地闢於丑, 人生於寅, 故斗柄建[2)]此三辰之月, 皆可以爲歲首. 而三代迭[3)]用之, 夏以寅爲人正, 商以丑爲地正, 周以子爲天正也. 然時以作事,[4)] 則歲月自當以人爲紀. 故孔子嘗曰"吾得[5)]夏時焉," 而說者以爲謂「夏小正」之屬. 蓋取其時之正與其令之善, 而於此又以告顔子也.

부분은, 아마도 어진 사람은 오직 인을 편안히 여겨서 사생을 두고 고락苦樂의 차이를 느끼지 않는지라, 죽어야 하면 죽을 뿐, 마지못해 삶을 버리고 의를 선택하지는(捨生取義) 않는다는 뜻일 것이다. 그러나 '사생을 가리지 않는다'라고만 말하면 어진 사람은 사생을 전혀 가리지 않고 자연 그대로에 맡겨둔다는 의미가 된다. 그렇게 되면 불교의 설과 다름없게 되고, 이 장에서의 성인의 뜻과 정반대가 된다. ○『어류』: "학생은 일상생활에서 큰일이든 작은 일이든 의리에 편안한 쪽에 나아갈 수 있어야 생사가 걸린 문제에 임하여 실수하지 않을 수 있습니다. 만약 평소 업무에서 의리에 따라 해야 할 일을 모두 무시해 버리는 생활을 하면, 정작 중대한 절개(大節)를 바쳐야 할 때 변절하지 않는 경우가 없습니다." "그렇다."[21]

❷『어류』: 대부 가운데 반드시 현명한 이를 섬기고 선비 가운데 반드시 어진 이와 벗해야 하는 것은, 절차탁마하고 면려하여 인에 이르려는 것이다. 만약 극기하려는데 극기하지 못하고 복례하려는데 복례하지 못한다면, 반드시 서로 더욱 권면해야만 유익하다.[23]

1) 淫(음): 도리에 어긋남, 간사하다, 어지럽다, 넘치다, 빠지다, 도를 넘다, 사치, 방탕, 심하다.

2) 建(건): (질서·법을) 세우다, 두다, 북두칠성의 국자 자루 쪽 세 별이 가리키는 방위.

3) 迭(질): 번갈다, 교대하다, 갈마들다, 누차, 수차, 미치다, 이르다, 달아나다.

4)『左傳』: 閏以正時, 時以作事, 事以厚生. 生民之道, 于是乎在矣.

5) 得(득): 만족하다, 알맞다, 적합하다, 탐내다, 맞다, 뜻이 통하다, 고맙게 여기다, 만나다.

①『어류』: "이와 같은 소강절의 말이 사실입니까?" "대강이 그렇다는 것이다. 강절의『황극경세皇極經世』는 다만 수數로써 추론한 것이다. 3원元, 12회會, 30운運, 12세世가 있다. 원·회·운·세, 세歲(년)·월月·일日·시時는 모두 12→30, 30→12의 순이다. 1회가 10,800년(1회=30운×12세×30년)이니, 1원은 129,600년(12회)이다. 원이 회를 거느린다. 12회가 1원이다. 첫 회인 10,800년 사이에 하늘이 처음 열리고, 그 다음 회인 10,800년 사이에 땅이 형성되고, 그 다음 회인 10,800년 사이에 사람이 처음 생겼다. 태초에는 사물이 없고, 다만 기氣로 꽉 차 있었다. 하늘이 열린 이후 한 덩어리의 찌꺼기가 그 안에 생기고, 먼저 연한 것이 녹아 흐르고 나중에 점차 굳어졌다."[29, 30] 첫 번째 회는 자子, 두 번째 회는 축丑, 세 번째 회는 인寅에서

15-11 안연이 공자께 물었다. "나라는 어떻게 다스립니까?" "하나라의 절기를 시행하고, 은나라의 수레를 타고, 주나라의 면류관을 쓰고, 음악은 소무를 연주한다. 정나라의 음악을 추방하고, 말 잘하는 이를 멀리한다. 정나라 음악은 음란하고, 말 잘하는 이는 위태롭다."

안자顔子는 왕을 보좌할 인재인지라, 천하를 다스릴 도를 물었다. 즉 '나라를 다스린다(爲邦)'는 표현은 겸사이다.

'하나라 절기(夏時)'란 황혼녘에 북두칠성의 자루가 인寅(동북동)을 가리킬 때의 달(양력 1월)을 정월(연초)로 삼은 것을 일컫는다. 하늘은 자子에서 열리고, 땅은 축丑에서 열리고, 사람은 인寅에서 생겼다.① 따라서 북두칠성의 자루가 가리키는 이 세 별자리의 달은 모두 정월로 삼을 수 있다. 그래서 하·은·주 삼대가 교대로 사용하였다.② 하나라는 인寅을 따랐으니 인정人正, 은나라는 축丑을 따랐으니 지정地正, 주나라는 자子를 따랐으니 천정天正이다.❸ 그렇지만 절기에 따라 농사일을 하는지라, 해(歲)와 달은 본디 '인정'을 기준으로 삼아야 한다. 따라서 공자가 "나는 하나라의 절기에 만족한다"고 말한 적이 있는데, 해석자는 모두 「하소정夏小正」의 부류를 지칭한다고 풀었다. 절기가 바르고 각 달에 안배된 일들이 적합해서 취했을 것이다. 여기서 또 그것을 안자에게 일러주었다.

시작한다. 아마 천기天氣는 '자'에서 시작하고, '축'의 두 번째 회에 이르러 지기地氣가 응결하고, '인'의 세 번째 회에 이르러 사람과 사물이 생겼다.[27] "사람과 사물이 모두 소멸하면 천지도 소멸합니까?" "한바탕 혼돈이 온다. 형체가 있는 것이면 소멸(붕괴)하지 않는 것은 없다. 천지 우주도 마찬가지이다. 다만 하나의 천지가 붕괴되고 나면 다른 하나의 천지가 생긴다."[29] "삼정三正에서 건建이 각각 다른 것은 왜입니까?" "하늘, 땅, 사람은 각각 자회, 축회, 인회에서 비로소 생겼다. 강절은 1원을 12회로 나누었다. 자에 이르러 비로소 하늘이 생겼으나 아직 땅은 없었고, 축에 이르러 땅은 생겼으나 아직 사람은 없었다. 인에 이르러 비로소 사람이 생겼다. 자·축·인은 모두 천·지·인의 시작이다. 따라서 삼대三代는 각기 천지인이 시작할 때의 건建을 정월로 삼았다. 강절의 12회로 보면, 요순시대는 오午회에 해당하고, 지금은 미未회에 해당한다. 술戌회'에 이르면 만물이 모두 소멸한다.[31]

② 『혹문』: 은나라·주나라에 이르러 처음으로 정벌을 통해 천하를 안정시켰다. 그리하여 그 정삭正朔을 변경하여 한 왕조의 제도로 규정해 천하의 이목을 일신시켰다 그래서 삼통三統의 설이 생겼다. … 사계절과 오행의 순서가 모두 중정을 얻지 못하자, 공자가 순왕의 제도를 고찰한 끝에 반드시 하나라의 절기를 시행하게 하였다.[※하나라, 은나라, 주나라의 정월은 각각 요즘의 양력으로는 1월, 12월, 11월에 해당된다.]

(輅, 音路, 亦作路.) ○商輅, 木輅也. 輅者, 大車之名. 古者以木爲車而已, 至商而有輅之名, 蓋[1]始異其制也. 周人飾以金玉, 則過侈而易敗, 不若商輅之朴素渾[2]堅而等威已辨,[3] 爲質而得其中也.

周冕有五, 祭服之冠也. 冠上有覆, 前後有旒. 黃帝以來, 蓋已有之, 而制度儀等, 至周始備. 然其爲物小, 而加於衆體之上, 故雖華而不爲靡,[4] 雖費而不及奢.[5] 夫子取之, 蓋亦以爲文而得其中也.

取其盡善盡美.

(遠, 去聲.) ○放, 謂禁絶之. 鄭聲, 鄭國之音. 佞人, 卑諂[6]辨給之人. 殆, 危也.

○程子曰 : "問政多矣, 惟顔淵告之以此. 蓋三代之制, 皆因時損益, 及其久也, 不能無弊. 周衰, 聖人不作, 故孔子斟酌[7]先王之禮, 立萬世常行之道, 發此以爲之兆爾. 由是求之, 則餘皆可考也."

---

❸『어류』: 이에 관해 선배 학자들은 아주 다양하고 각이한 설을 제시하였다.[27]

1) 蓋(개) : 구절의 첫머리에 놓여 이유·원인을 나타내는 어조사, 아마 ~라고 할 수 있다(유보적 판단을 할 때 쓰이는 어조사), 아마, 어쩌면.

2) 渾(혼) : 온전하다, 천연의, 자연그대로의, 꾸밈없는, 순수한, 모두, 전부, 아주.

3) 等威(등위) : 일정한 신분·지위에 상응한 위의威儀, 위의의 차등. 威 : 위엄, 거동, 예모, 세력, 두려워하다, 협박하다, 으르다. 辨(변) : 구별, 판별, 분별, 밝히다, 쟁변하다.

4) 靡(미) : 쓰러지다, 복종, 괴롭히다, 연루, 사치·화려하다, 다하다, 함께, 사랑하다.

5) 奢(사) : 사치하다, 호사하다, 자랑하다, 뽐내다, 낫다.

6) 諂(첨) : 아첨, 알랑거리다, 아양 떨다, 교태부리다, 사특하다, 부정한 짓을 하다.

7) 斟酌(짐작) : 헤아리다, 짐작, 고려, 숙고, 따지다, 상의하다, 의논. 斟 : 술을 따르다, 헤아리다, 짐작하다. 酌 : 술 따르다, 주연, 참작하다, 고려하다.

①『혹문』: "주나라 수레가 지나치게 사치스러웠다고 한 것은 왜입니까?" "수레란 몸이 올라타고 발로 밟으니, 그 쓸모가 천하다. 또 운행이 요란하고 무거운 것을 싣고 멀리까지 가니, 아주 많이 움직인다. 또 하나의 기물에 온갖 기술이 모아져 있으니, 그 비용이 많이 든다. 쓸모가 천한 것에 장식을 귀하게 함은 어울리지 않는다. 또 많이 움직이는 기물에 화려한 장식을 하면 쉽게 망가진다. 원래 비용이 많이 드는 것에 비용을 더욱 늘리면 재물이 손실된다. 주나라 수레를 택하지 않은 이유는 이처럼 지나치게 사치스러웠기 때문일 것이다."

②『어류』: "안자가 나라를 다스리는 방법을 물었을 때, 공자가 다만 네 왕조의 예악만 알려주고 치국평천하의 도를 언급하지 않았습니다. 그 까닭은 그 도에 대해서는 안자의 평소의 학문역량

'은나라 수레(殷輅)'는 나무 수레이다. 로輅는 큰 수레의 이름이다. 옛날에는 나무로만 수레를 만들었고, 은나라 때에 이르러 '로'라는 이름이 생겼다. 제도가 처음으로 달라졌기 때문일 것이다. 주나라 사람들은 수레를 금과 옥으로 장식했으니, 지나치게 사치스러웠고 망가지기 쉬웠다.① 주나라 수레는 은나라 수레가 소박하고 아주 단단하면서도 신분의 위엄이 구별되어, 질박하면서도 중도에 맞았던 것보다 못하였다.

'주나라 면류관(周冕)'은 다섯 가지가 있다. 모두 제복에 딸린 관이다. 관 위에는 덮개가 있고, 앞뒤로 주옥을 꿴 술이 있다. 황제黃帝 이래 이미 있었던 듯하나, 그 제도와 등급은 주나라 때에야 비로소 완비되었다. 면류관이란 물건은 사소하지만 신체의 맨 위에 쓰는 것인 만큼, 화려해도 사치가 아니고 비용이 들어도 호사가 아니다. 공자가 그것을 취한 것은 '격식'이 있으면서 중도에 맞다고 여겼기 때문일 것이다.

소무韶舞는 지극히 선하면서 지극히 아름답기 때문에 취하였다.(3-25)

방放은 금하고 단절함을 일컫는다. 정성鄭聲은 정나라 음악, 영인佞人은 비굴하게 아첨하며 말 잘하는 사람, 태殆는 위태로움이다.②

• 정치를 질문한 이는 많았어도, 오직 안연에게만 이렇게 말해 주었다. 아마 삼대의 제도는 시대에 맞추어 가감해 왔으나, 오래되자 폐단이 없을 수 없었다. 주나라가 쇠하여 성인이 나오지 않았다. 그래서 공자가 선왕의 예를 참작하여, 만세에 영원히 행할 도를 수립하였다. 여기서 언급한 것은 그 준칙일 뿐이다.③ 이로부터 찾아가면 나머지도 다 고찰할 수 있다.-이천

으로 보건대, 공자가 다시 언급해줄 필요가 없었기 때문이지요?" "물론 그렇다. 그의 '극기복례'와 '단표누항'이 곧 그 일이다. 궁박할 때 그와 같이 의관을 정제하고 밥을 먹었으니, 높이 출세했을 때 역시 그와 같이 의관을 정제하고 밥을 먹을 것이다."[32] 안자는 도리는 가르칠 필요 없이 잘 알았지만, 제도에 대한 지식이 부족하였기 때문에 공자가 이와 같이 말해주었다. 질문이나 대답이나 중대한 내용이다. 크나큰 원리이고 크나큰 법도이다. 안자가 '좌망(坐忘 : 조용히 앉아 모든 것을 잊음)'했다는 식의 장주莊周의 설경은 황당하다.[33]

③ 『어류』 : 조兆는 준칙準則이라는 말과 같다. 나라를 다스리는 도가 이 네 가지에 다 있다는 말이 아니다. 네 가지 일만 대략 거론하여 하나의 준칙을 세움으로써, 나머지 일은 모두 그것을 기준으로 미루어 나가면 된다.[38]

張子曰：“禮樂, 治之法也. 放鄭聲, 遠佞人, 法外意也. 一日不謹,[1] 則法壞矣. 虞夏君臣更相戒飭,[2] 意蓋如此.”

又曰：“法立而能守, 則德可久, 業可大. 鄭聲佞人, 能使人喪其所守, 故放遠之.”

尹氏曰：“此所謂百王不易之大法. 孔子之作春秋, 蓋此意也.[3] 孔顔雖不得行之於時, 然其爲治之法, 可得而見矣.”

15-12 子曰：“人無遠慮,[4] 必有近憂.”

蘇氏曰：“人之所履者, 容足之外, 皆爲無用之地, 而不可廢也. 故慮不在千里之外, 則患在几[5]席之下矣.”

15-13 子曰：“已矣乎! 吾未見好德如好色者也.”

(好, 去聲.) ○已矣乎, 歎其終不得而見也.

---

1) 謹(근) : 삼가다, 스스로 경계하다, 존중하다, 엄하게 하다, 엄금하다, 정중히.

2) 戒飭(내각본, 사고전서) : 飭戒(전서본). 飭(칙) : 신칙, 훈계, 삼가다, 힘쓰다, 가르치다.

3) 伊川, 「春秋傳序」 : 夫子當周之末, 以聖人不復作也, 順天應時之治, 不復有也. 於是作『春秋』, 爲百王不易之大法, 所謂‘考諸三王而不謬, … 百世以俟聖人而不惑’者也.

4) 慮(려) : 생각하다, 꾀하다, 계책을 세우다, 생각, 걱정, 의심, 꾀.

5) 几(궤) : 안석安席(앉을 때 몸을 기대는 기구).

① 『어류』 : “안연이 질문한 내용은 매우 중대합니다. 안연이 나라를 실제로 다스릴 경우 공자와 비하여 어떻습니까?” “안연은 맹자보다는 뛰어나겠지만 공자에는 미치지 못할 것이다.” “‘안정시키니 몰려오고, 고무시켜 교육하니 화목케 하는’(19-25) 능력이 있다는 뜻입니까?” “차츰 그런 능력을 지녔을 것이다.” “‘문왕·무왕의 도가 땅에 버려지지 않았다’ 함은 공자 스스로 자부한 경지였습니까?” “물론 그렇다. 오직 공자이니까 가능할 것이다. 다른 사람은 그런 능력(本領)이 없기 때문에 불가능하다. 또 네 왕조의 예악 문제에서는 오직 안자만이 그런 능력이 있었기 때문에 가능할 것이다.”[36]

② 『어류』 : “여색을 좋아하듯이 덕을 좋아함이란 『대학』에서 말한 ‘악취를 미워하듯 여색을 좋아하듯이(如惡惡臭, 如好好色)’ 진실로 그렇게 해야 한다는 뜻입니다. 선생님의 『집주』는

• 예악은 정치의 제도이다. 정나라 음악을 추방함과 말만 잘하는 이를 멀리함은 제도 바깥의 뜻이다. 하루라도 근신하지 않으면 제도는 무너진다. 순임금 시대와 하나라 시대의 군신들이 대대로 서로 경계하고 타이른 뜻이 아마 이와 같았다. – 횡거

• 제도를 수립하여 지킬 수 있으면, 덕은 영원하고 업적은 위대할 것이다. 정나라 음악과 말만 잘하는 이는 사람으로 하여금 절조를 잃게 만든다. 그래서 그것들을 추방하고 멀리하였다. – 횡거

• 이것이 이른바 천추만대의 제왕이 변경할 수 없는 크나큰 제도이다. 공자가 『춘추』를 지은 것은 아마 이런 뜻이었다. 공자와 안회[①]가 비록 그것을 당시에 시행하지는 못했으나, 그들의 정치 방법은 엿볼 수 있다. – 윤돈

15-12 공자가 말하였다. "사람이 원대한 꿈이 없으면, 반드시 사소한 근심이 생긴다."

• 사람이 밟을 때 발 닿는 바깥은, 모두 쓸모없는 땅으로 여겨 없애던 안 된다. 따라서 사려가 천리 밖에 있지 않으면, 우환이 안석 아래에 생긴다. – 소식

15-13 공자가 말하였다. "끝이다! 여색을 좋아하듯이 덕을 좋아하는 이를 보지 못하였다."

'끝이다(已矣乎)'는 끝내 찾아볼 수 없음을 탄식한 것이다.[②]

위령공의 일과 연관시켰으니, 『대학』의 의미와는 어울리지 않습니다. 온당하지 않은 풀이 같습니다." "책은 그렇게 읽으면 안 된다. 위령공이 아니면 누구한테 그런 말을 했겠느냐? … 성인 공자께서 당초 위령공이 미색을 좋아하듯이 덕을 좋아하는 것을 보지 못했다고 탄식한 것이다. 스스로 마음을 비우고 잘 살펴보라. 또한 스스로 어떻게 해야 '덕을 좋아함'이고, 어떻게 해야 '미색을 좋아함'인지 돌이켜 성찰해야만 유익하다. …성인의 말씀은 우리 스스로가 노예가 되어 오직 그에 따라야 한다. 머물라고 하시면 머물고, 가라고 하시면 가는 것이다. … 『대학』은 『대학』이고, 『논어』는 『논어』이다."[39] [※지금의 『집주』에는 제자가 의문시한 구절이 들어 있지 않다. 주자가 제자의 이런 비판을 받아들여 해당 구절을 삭제한 것 같다.]

15-14 子曰："臧文仲其竊位者與? 知柳下惠之賢, 而不與立也."

(者與之與, 平聲.) ○竊位, 言不稱其位而有愧於心, 如盜得而陰據之也.[1] 柳下惠, 魯大夫展獲, 字禽, 食邑柳下, 謚曰惠. 與立, 謂與之並立於朝.
范氏曰："臧文仲爲政於魯, 若不知賢, 是不明也；知而不擧, 是蔽賢也. 不明之罪小, 蔽賢之罪大. 故孔子以爲不仁, 又以爲竊位."

15-15 子曰："躬自厚而薄責於人, 則遠怨矣."

(遠, 去聲.) ○責己厚, 故身益修；責人薄, 故人易從. 所以人不得而怨之.

15-16 子曰："不曰'如之何如之何'者, 吾未如之何也已矣."

如之何如之何者, 熟思而審處之辭也. 不如是而妄行, 雖聖人亦無如之何矣.

---

1) 謝曰："所以蔽賢者無他, 知保祿而欲以擅之也, 是謂竊位也." ○侯曰："不得居位之道, 竊據之也."

① 『설해』: 장문중은 노나라 장공, 민공, 희공, 문공 4대에 걸쳐 대사구大司寇 겸 사공司空 자리에 있었다. 유하혜는 사사士師, 즉 형옥刑獄을 관장하는 하급 관리로서 장문중의 직속 부하였다. 유하혜는 당시에 이미 매우 유명했지만 여전히 발탁되지 못한 것은 장문중의 직무태만이었다. 『안자춘추』에 따르면 '현인이 있어도 알아보지 못함이 첫째 불길함(不祥)이요, 알아보고도 등용하지 않음이 둘째 불길함이요, 등용하고도 위임하지 않음이 셋째 불길함이다.' 그래서 공자는 '장문중이 지위를 훔쳤다'고 엄숙히 비평하였다. 장문중이 유하혜를 발탁하지 않은 것은 두 사람의 성격이 맞지 않았기 때문이었을 수도 있다. 유하혜의 사람됨은 업무에 아주 강직한 것으로 원근에 소문나 있었다. 당시 어떤 사람이 노나라를 떠나 다른 곳으로 가보라고 권유했을 때, 그는 '정직한 도로 남을 섬기면 어딜 가든 세 번 안 쫓겨나겠오' 라고 대답했다.(18-2) 그는 세 번이나 쫓겨난 원인을 잘 알고 있었고, 자신의 강직한 본색을

15-14 공자가 말하였다. "장문중은 지위를 훔친 자로다! 유하혜가 현명한 줄 알면서도, 함께 조정에 서지 않았다."①

절위竊位는 그 지위에 어울리지 않아서 마음으로 부끄러움을 느껴, 마치 도둑질로 얻은 것을 몰래 점거하고 있는 것과 같다는 말이다. 유하혜는 노나라의 대부 '전획'으로서, 자는 금, 식읍은 유하, 시호는 혜이다. 여립與立은 그와 함께 나란히 조정에 서는 것을 일컫는다.

• 장문중이 노나라에서 정치를 하면서 현인을 몰라봤다면 현명하지 못한 것이고, 알고도 천거하지 않았다면 현인을 은폐한 것이다. 현명하지 못한 죄는 작으나, 현인을 은폐한 죄는 크다. 따라서 공자가 어질지 못하다 하고, 또 자리를 훔쳤다고 여겼다. – 범조우

15-15 공자가 말하였다. "자기 자신은 엄히(厚)② 질책하고 남은 가볍게 질책하면, 원망을 멀리할 수 있다."

자기를 질책함이 엄하기 때문에 더욱 수양이 되고, 남을 질책함이 가볍기 때문에 사람들이 쉽게 따른다. 그래서 사람들이 원망하지 않는다.

15-16 공자가 말하였다. "어찌할까 어찌할까 말하지 않는 사람은, 나도 어찌할 수 없다."③

'어찌할까 어찌할까'는 깊이 생각하고 자세히 살펴서 대처한다는 말이다. 그렇게 하지 않고 멋대로 행동하면, 성인도 그를 어찌할 수 없다.

계속 견지하였다. 맹자도 찬양하기를 '삼공 같은 높은 벼슬을 주더라도 그 지조를 바꾸지 않을 것이다' 하였다.

② 『어류』: 후厚는 깊이 자책하여, 책하고 또 책하며 중단하지 않는다는 뜻이다.[40]

③ 『금독』: 생동적인 말이다. 장난말이 아니다. 공자의 말하는 풍모를 알 수 있다. 위엄 있게 점잔을 빼는 도덕군자의 모습이 아니다. 무슨 일이든 항상 '문제없어, 문제없어 라고 말하는 사람은 정말로 문제가 많은 사람이고 절대로 믿을 만한 사람이 못 된다. 지금도 마찬가지이다. 그런 사람은 성인이라도 어떻게 해볼 도리가 없다.

15-17 子曰："群居終日, 言不及義, 好行小慧,[1] 難矣哉!"

(好, 去聲.) ○小慧, 私智也. 言不及義, 則放辟邪侈[2]之心滋. 好行小慧, 則行險僥倖之機熟.[3] 難矣哉者, 言其無以入德, 而將有患害也.

15-18 子曰："君子義以爲質, 禮以行之, 孫以出之, 信以成之. 君子哉!"

(孫, 去聲.) ○義者制事之本,[4] 故以爲質幹.[5] 而行之必有節文, 出之必以退遜, 成之必在誠實, 乃君子之道也.

○程子曰："義以爲質, 如質幹然；禮行此, 孫出此, 信成此. 此四句只是一事, 以義爲本."

又曰："敬以直內, 則義以方外.[6] 義以爲質, 則禮以行之, 孫以出之, 信以成之."

15-19 子曰："君子病[7]無能焉, 不病人之不己知也."

---

1) 慧(혜) : 슬기롭다, 총명하다, 슬기, 능력, 교활하다, 상쾌하다, (불교의) 깨달음.

2) 放辟邪侈(방벽사치) : 멋대로 못된 짓이란 못된 짓은 다하다. 放辟 : 자기 멋대로 함. 邪 : 간사하다, 그릇되다, 사악하다, 이상하다. 侈 : 사치하다, 오만하다, 거만함, 방자하다, 호사.

3) 僥(요) : 바라다, 구하다. 倖(행) : 요행, 간사하다, 아첨, 사랑하다. 機(기) : 생각, 마음, 올가미, 형세, 추세, 조짐, 기회, 시기, 비밀, 계기, 실마리.

4) 『書』 : 以義制事, 以禮制心.

5) 質幹(질간) : 신체, 사물의 주체. 質 : 바탕, 기초, 근본, 타고난 체질, 약속, 정곡. 幹 : 줄기, 기둥, 몸, 뼈대, 바로잡다.

6) 『易』「文言」: '直'其正也, '方'其義也. 君子敬以直內, 義以方外. 敬義立而德不孤.

7) 病(병) : 병, 결점, 근심, 괴로워함, 앓다, 피곤, 꺼리다, 원망, 헐뜯다, 시들다, 주리다.

① 『혹문』 : 혜慧의 뜻은 물론 명철한 지혜(明智)를 지칭한다. 다만 소혜小慧란 의리에 근거하지 않고 사사로운 계교와 이기심에서 표출된 것을 말한다.

15-17 공자가 말하였다. "여럿이 모여 하루 종일 놀면서, 의리는 언급하지 않고 사사로운 꾀[①]부리기를 좋아하면, 정말 곤란하다."

소혜小慧는 사사로운 꾀이다. 말이 의리에 미치지 않으면, 자기 멋대로 비뚤어져 사악하고 무절제한 마음이 자란다. 사사로운 꾀부리기를 좋아하면, 위험을 감행하면서 요행을 바라는 버릇에 익숙해진다. '난의재難矣哉'란 덕으로 들어가지 못하고 장차 재난이 생길 것이라는 말이다.

15-18 공자가 말하였다. "군자가 의리를 바탕으로 삼고, 예에 따라 행하고, 겸손하게 표출하고, 성실(신의)로 완성하면, 군자답다."[②]

의리(義)는 일을 규제하는 근본이므로 바탕과 뼈대가 된다. 행위는 반드시 절도와 격식이 있어야 하고, 표출은 반드시 겸손해야 하고, 완성은 반드시 성실함에 달려 있음이 바로 군자의 도이다.

• '의리를 바탕으로 삼는다' 함은 바탕과 뼈대처럼 되는 것과 같다. 예로써 의리를 행하고, 겸손하게 의리를 표출하고, 성실(신의)로 의리를 완성한다. 이 네 구절은 다만 한가지 일로서, 의리가 근본이다. – 명도

• 경건함으로써 내심을 바르게 하고, 의리로써 외면을 방정하게 한다. 의리로써 바탕을 삼으면, 예로써 행하고, 겸손하게 표출하고, 신의로 완성한다. – 명도

15-19 공자가 말하였다. "군자는 자신의 무능을 탓하지, 남이 자기를 알아주지 못함을 탓하지 않는다."

---

② 『어류』 : 의義는 적합함(合宜)이다. '의'에는 굳세고 견결하다는 뜻이 있지만, 곧장 충돌해서는 안 된다. 예禮에는 절제와 격식, 법도와 횟수(節文度數)라는 뜻이 있다. 따라서 '예에 따라 행하는' 것이다. '겸손하게 표출함'은 '조화를 중시함(和爲貴)'(1-2)이다. '의리'상 조화롭지 못하더라도 '예에 따라 행하면' 저절로 조화를 이룬다. '예'는 또 엄하기 마련인데, '겸손하게 표출하면' 여유롭고 박절하지 않아진다(從容不迫).[43]

15-20 子曰："君子疾[1]沒世而名不稱焉."

范氏曰："君子學以爲己, 不求人知. 然沒世而名不稱焉, 則無爲善之實可知矣."

15-21 子曰："君子求[2]諸己, 小人求諸人."

謝氏曰："君子無不反求諸己, 小人反是. 此君子小人所以分也." ○楊氏曰："君子雖不病人之不己知, 然亦疾沒世而名不稱也. 雖疾沒世而名不稱, 然所以求者, 亦反諸己而已. 小人求諸人, 故違道干譽,[3] 無所不至. 三者文不相蒙,[4] 而義實相足, 亦記言者之意."

15-22 子曰："君子矜[5]而不爭, 群而不黨."[6]

莊以持[7]己曰矜. 然無乖戾[8]之心, 故不爭. 和以處衆曰群. 然無阿比[9]之意, 故不黨.

---

1) 疾(질) : 근심하다, 고통스러워하다, 미워하다, 증오, 원망, 비방, 흠, 앓다.
2) 求(구) : 책망하다, 요구, 필요한 것을 찾다, 청하다, 묻다, 탐하다, 힘쓰다, 선택.
3) 干譽(간예) : 명성을 구하다. 干 : 범하다, 저촉되다, 구하다, 요구, 간여, 연루되다.
4) 蒙(몽) : 입다, 덮다, 싸다, 숨기다, 덮개, 무릅쓰다, 어지럽힘, 속이다, 어리석다, 어둡다.
5) 矜(긍) : 불쌍히 여김, 괴로워하다, 아끼다, 보존, 공경, 숭상, 삼가다, 자랑하다.
6) 群(군) : 무리를 이루다, 동아리, 붕우, 집안, 가족, 군중, 여럿의. 黨(당) : 무리, 일가, 측근, 사귀다, 서로 도와 비행을 숨김, 친하게 지냄, 치우침, 아첨.
7) 持(지) : 지니다, 보전하다, 지키다, 버티다, 의지하다, 균형을 잃지 않다, 바로잡다.
8) 乖(괴) : 어그러지다, 배반·교활하다. 戾(려) : 틀어지다, 사납다, 허물, 탐하다, 거세다.
9) 阿(아) : 언덕, 구석, 산비탈, 경사지다, 한쪽으로 치우치다, 굽다, 아첨하다, 의지, 가깝다. 比(비) : 견주다, 본뜨다, 따르다, 가려 뽑다, 겨루다, 자주, 패거리, 편들다, 친하게 지냄.

① 『설해』 : 앞장의 말을 보면 군자는 단지 실질만 추구하고 이름은 구하지 않은 것처럼 보인다. 그러나 이 장에서 공자의 뜻은 군자 역시 이름을 구한다고 하니, 도대체 어찌된 일인가? 『사기』 「공자세가」에 따르면, "공자는 말하기를 '안 되지, 안 되고 말고! 군자는 죽은 뒤에 이름이 세상이 일컬어지지 못할까 근심한다. 나의 도가 행해지지 않으니 나는 무엇으로 후세에 나를 보여야 하나?' 하고, 마침내 역사 기록을 근거로 『춘추』를 지었다." 도를 행하려는 일종의

15-20 공자가 말하였다. "군자는 죽은 뒤에 이름이 세상에 일컬어지지 못할까 근심한다."①

• 군자의 학문은 자신을 목표로 하는 만큼, 남이 알아주기를 구하지 않는다. 그러나 죽은 뒤에 이름이 세상에 일컬어지지 않는다면, 선을 행한 실제가 없었다는 사실을 알 수 있다. - 범조우

15-21 공자가 말하였다. "군자는 자신을 책망하고, 소인은 남을 책망한다."

• 군자는 늘 돌이켜 자신을 책망한다. 소인은 이와 반대이다. 여기서 군자와 소인이 나뉜다. - 사량좌

• 군자는 비록 남이 나를 알아주지 않는다고 불평하지 않더라도, 또한 죽은 뒤에 이름이 일컬어지지 않음을 근심한다. 비록 죽은 뒤에 이름이 일컬어지지 못할까 근심하더라도, 책망하는 방법은 역시 돌이켜 자신을 반성하는 일일뿐이다. 소인은 남을 책망하기 때문에, 도를 어기고 명예를 구하려고 무슨 짓이든 한다. 이상의 세 장은 글자는 서로 관련되지 않지만, 의미는 실제로 서로 보완적이다. 말씀을 기록한 자의 의도이기도 하다. - 양시

15-22 공자가 말하였다. "군자는 엄숙하나 다투지 않고, 사람들과 화합하지만 파당 짓지 않는다."

장중하게 자신을 견지함이 긍矜이다. 어그러지고 사나운 마음이 없기 때문에 다투지 않는다. 조화롭게 무리와 어울림이 군群이다. 치우치거나 편드는 의도가 없기 때문에 파당 짓지 않는다.

강렬한 책임감이 공자로 하여금 이러한 말을 하게 하였다. 군자가 '이름이 일컬어지지 않음을 근심함'은 그 실질을 추구한 때문이었지, 어찌 거짓 명성에 힘쓸 마음이 있기 때문이겠는가? 옛날의 군자는 죽은 뒤의 이름을 구하였지, 현세의 이름을 구한 것이 아니었다. 이처럼 '우환의식'을 품은 사람은 자연히 스스로에게 엄격하여 덕(능력)을 닦는 수업에 진력한다. 요즈음 사람들은 오로지 현세의 이름만 추구하고 죽은 뒤의 이름은 고려하지 않는다. 현세의 명성을 구하려고 돈과 수단을 가리지 않는다.

15-23 子曰："君子不以言擧[1]人，不以人廢言."

15-24 子貢問曰："有一言而可以終身行之者乎?" 子曰："其恕乎! 己所不欲，勿施於人."

推己及物，其施不窮，故可以終身行之.
○尹氏曰："學貴於知要. 子貢之問，可謂知要矣. 孔子告以求仁之方也. 推而極之，雖聖人之無我，不出乎此. 終身行之，不亦宜乎?"

15-25 子曰："吾之於人也，誰毁誰譽?[2] 如有所譽者，其有所試[3]矣. 斯民也，三代之所以直道而行也."[4]

(譽，平聲.) ○毁者，稱人之惡而損其眞. 譽者，揚人之善而過其實.[5] 夫子無是也. 然或有所譽者，則必嘗有以試之，而知其將然矣. 聖人善善之速，而無所苟如此. 若其惡惡，則已緩矣. 是以雖有以前知其惡，而終無所毁也.

---

1) 擧(거)：들어 올리다, 높이 올리다, 칭찬하다, 등용하다, 높아지다, 행동, 존경하다.
2) 毁(훼)：헐다, 깨뜨리다, 남을 헐뜯어 말하다, 뜯어 없애다, 상처 입히다, 무찌르다, 망치다.
譽(예)：기리다, 칭찬하다, 바로잡다, 가상히 여기다, 영예, 명성, 즐기다.
3) 試(시)：시험하다, 맛보다, 조사, 점검, 찾다, 견주다, 비교, 쓰다, 사용하다, 임명.
4) 『어류』：此民乃是三代時直道而行之民. 我今若有所毁譽, 亦不得迂曲而枉其是非之實.[63] 言三代之直道行於斯民也. 古亦此民, 今亦此民, 三代能行之耳.[58]
5) 『史記』：學者多稱七十子之徒. 譽者, 或過其實；毁者, 或損其眞. 鈞之未覩厥容貌.
① 『어류』：누가 아직 악에 이르지 않았는데 미워함이 훼毁이고, 아직 선에 이르지 않았는데 칭찬함이 예譽이다.[58] ○『혹문』：예譽라는 것은 선善이 아직 분명하지 않는데 자주 칭찬함이고, 훼毁라는 것은 악惡이 아직 분명하지 않는데 무조건 욕함이다. …성인의 마음은 광명정대光明正大하고, 사람을 헤아려 공평하게 대우하며(稱物平施), 털끝만한 차별도 없기 때문에 다른 사람의 선악을 언급할 때 조금도 그 실상을 넘어서는 경우가 없다. 그러나 다른 사람이 선하기를 바라는 까닭에, 다만 시험만으로 그가 현명함을 알았고 그의 선이 분명하지 않은 경우라도 적극적으로 찬양한다. 반면 다른 사람이 악하기를 바라지 않는 까닭에, 악이 분명하

15-23 공자가 말하였다. "군자는 말만 듣고 그 사람을 천거하지 않고, 또 사람만 보고 그의 말을 묵살하지 않는다."

15-24 자공이 공자께 물었다. "종신토록 행할 만한 한마디 말이 있습니까?" "그것은 서恕이다. 자기가 원하지 않는 것을 남에게 시키지 마라."

자기의 마음을 미루어 남을 헤아리는 그 베풂은 한이 없다. 따라서 종신토록 실천할(행할) 수 있다.

• 학문은 핵심을 아는 일이 중요하다. 자공의 질문은 핵심을 안다고 할 수 있다. 공자는 인을 구하는 방법을 가지고 깨우쳐주었다. 그 일을 미루어 끝까지 가면, 성인의 무아無我의 경지라도 그것을 넘어서지 않는다. 종신토록 행하는 것 또한 마땅하지 않은가? - 윤돈

15-25 공자가 말하였다. "내가 사람들에 대해, 누구를 비방하거나 누구를 찬양하던가? 내가 찬양한 적이 있다면, 아마 겪어본 바가 있기 때문이다.① 이 인민이, 곧 하·은·주 삼대부터 정직의 도로써② 행한 이들이다."

비방(毁)은 남의 단점을 거론하여 그 진실을 손상시킴, 찬양(譽)은 남의 장점을 치켜세워 그 실질을 넘어섬이다. 공자는 그런 일이 없었다. 혹시 찬양한 적이 있다면, 틀림없이 겪어보고 장차 그렇게 될 것을 알았기 때문이다. 성인은 선을 찬미함이 신속하여, 이처럼 구차하지 않았다. 악을 증오함은 매우 머뭇거렸다. 그래서 전에 누구의 악행을 알았더라도 끝내 비방하는 경우는 없었다.③

지 않은 경우 비록 그가 선하지 않음을 느꼈더라도 끝내 무조건 욕하지는 않는다. 이 때문에 찬양만 언급하고, 비방은 언급하지 않았다. 후세의 사람들처럼 남의 잘못을 언급하기 꺼림으로써 전혀 시비선악을 구분하지 못하는 경우와는 다르다. 다만 선은 미리 찬양하는 반면, 악은 미리 욕하지 않는 것이 성인의 마음이다.

② 『어류』: 이때는 공도公道가 행해져, 옳으면 옳다 하고 그르면 그르다 하였다. 그 실상을 넘어서는 경우가 없었다. 다만 후덕하여 미리 칭찬한 경우는 있어도, 실상을 넘어서 비방하는 경우는 전혀 없었다.[56] 민民은 요즘 백성을 지칭하니, 곧 삼대의 백성이다. 삼대三代는

斯民者, 今此之人也. 三代, 夏·商·周也. 直道, 無私曲也. 言吾之所以無所毁譽者, 蓋以此民, 卽三代之時所以善其善·惡其惡而無所私曲之民. 故我今亦不得而枉其是非之實也.

○尹氏曰："孔子之於人也, 豈有意於毁譽之哉? 其所以譽之者, 蓋試而知其美故也. 斯民也, 三代所以直道而行, 豈得容私於其間哉?"

15-26 子曰："吾猶及史之闕文也, 有馬者借人乘之. 今亡矣夫!"

(夫, 音扶.) ○楊氏曰："史闕文·馬借人, 此二事孔子猶及見之. 今亡矣夫, 悼時之益偷也."[1]

愚謂此必有爲而言. 蓋雖細故, 而時變之大者可知矣.

○胡氏曰："此章義疑,[2] 不可强解."

15-27 子曰："巧言亂德. 小不忍則亂大謀."

아마 이 직도直道로써 백성에게 시행했는데, 지금 역시 직도로써 백성에게 시행해야 한다. 직直은 거짓(枉)이 없음이니, 거짓 비방도 하지 않을 뿐만 아니라 칭찬에도 거짓이 없다.[59] 사민斯民은 당시 사람들을 지칭한 말이다. 삼대가 직도로써 행할 수 있었던 것은 이 백성이다. 남을 비방함도 물론 실정을 넘어서면 안 되고, 남을 찬양함도 물론 실정을 넘어서면 안 된다는 말이다.[60]

③『혹문』: "찬양만 있고 비방이 없었으니, 성인의 마음에도 편향이 있는 것입니까?" "찬양만 있고 비방이 없음은, '선을 찬양함은 신속히, 악을 비방함은 천천히 한다(善善速·惡惡緩)'는 뜻이고,『서경』에서 말한 '무고한 자를 죽일 바에야 차라리 불량배를 놓침이 낫고, 죄가 의심스러우면 가볍게 처벌하고, 공이 의심스러우면 높게 포상한다'는 뜻이고,『춘추공양전』에서 말한 '선의 보상은 후손까지 길게, 악의 처벌은 그 개인에게만 짧게(善善長, 惡惡短)' 한다는 말이고, 공자가 '남의 장점을 말하기 좋아하고(16-5) 남의 단점은 언급하기 싫어한다(17-24)'는 의미이다. 인仁이 오상五常을 포함하고, 원元이 사덕四德(원·형·이·정)을 포함한다는 증거의 표현이다. 성인의 마음이 비록 지극히 공평무사하고 사사로운 호오의 감정이 없지만, 이와 같은 뜻을 품지 않은 적이 없다. 이것이 바로 천지가 만물을 생육하는 마음(天地

사민斯民은 지금 사람들, 삼대三代는 하·은·주, 직도直道는 사사로운 왜곡이 없음이다. 내가 누구를 비방하거나 찬양하지 않은 까닭은, 지금 인민이 바로 삼대 시대처럼 선을 찬미하고 악을 증오하여 사사로운 왜곡이 없는 인민이기 때문이다. 따라서 나 역시 그들의 시시비비의 실질을 왜곡할 수 없다.

• 공자가 사람들에 대하여 어찌 비방하거나 찬양할 의도가 있었겠는가? 그가 찬양한 경우는 겪어보고 그 장점을 알았기 때문이다. 지금 이 사람들이 삼대 시대처럼 정직의 도리대로 행동하는 사람들이니, 어찌 사사로운 감정으로 그들을 대할 수 있겠는가? – 윤돈

15-26 공자가 말하였다. "나는 그래도 사관이 (의문스런) 기록을 빼는 일과 말을 가진 사람이 남에게 타라고 빌려주는 일을 보았다. 요즘은 그런 일도 없다!"

• 사관이 기록을 빼거나, 말을 남에게 빌려주는 이 두 가지 일은 공자가 그래도 본 적이 있다. '요즘은 그런 일도 없다' 함은, 시대가 더욱 야박해졌다는 탄식이다. – 양시

내 생각에, 이는 반드시 어떤 의도가 있는 말이다. 사소한 이야기지만 세태 변화의 대강을 엿볼 수 있다.

• 이 장은 뜻이 모호하니, 억지로 해석하면 안 된다. – 호인

15-27 공자가 말하였다. "교묘한 언설이 덕을 어지럽히고, 사소한 일을 참지 못하면 원대한 계책을 망친다."

生物之心)이다. 만약 이런 마음을 편향되다 여기고 저 냉정하고 무정한 태도를 지극한 것으로 여기면, 아마도 고매한 부류는 도가나 불교의 황당한 교설에 몰입하게 되고, 저급한 부류는 신불해·상앙의 참혹한 교조에 빠질 것이다.

1) 悼(도) : (남의 죽음을) 슬퍼하다, 마음 아파하다, 가엾게 여기다, (두려워) 떨다. 偷(투) : 가볍다, 인정 없다, 경박하다, 구차하다, 훔치다.

2) 疑(의) : 의심, 의혹, 정해지지 않다, 괴이하게 여기다, 두려워하다, 의심스럽다.

巧言, 變亂是非, 聽之使人喪其所守. 小不忍, 如婦人之仁·匹夫之勇皆是.[1)]

15-28 子曰："衆惡之, 必察焉；衆好之, 必察焉."

(好·惡, 竝去聲.) ○楊氏曰："惟仁者能好惡人. 衆好惡之而不察, 則或蔽[2)]於私矣."

15-29 子曰："人能弘[3)]道, 非道弘人."

弘, 廓[4)]而大之也. 人外無道, 道外無人. 然人心有覺, 而道體無爲, 故人能大其道, 道不能大其人也.
○張子曰："心能盡性, 人能弘道也；性不知檢[5)]其心, 非道弘人也."

---

1) 侯曰："巧言似是而非, 所以亂德." ○謝曰："小不忍, 婦人女子之愛也." ○『史記』「淮陰侯列傳」: 項王喑噁叱咤, 千人皆廢, 然不能任屬賢將, 此特匹夫之勇耳. 項王見人恭敬慈愛, 言語嘔嘔, 人有疾病, 涕泣分食飮, 至使人有功當封爵者, 印刓敝, 忍不能予, 此所謂婦人之仁也.
2) 蔽(폐): (덮어) 가리다, 숨기다, 남의 견문을 방해하여 진상을 모르게 함, 이치에 어둡다.
3) 弘(홍): 크다, 넓다, 광대하다, 넓히다, 확대하다, 확장하다, 발양하다, 넓게 하다, 널리.
4) 廓(확): 크다, 너그럽다, 텅 비다, 넓히다, 광활하다, 바로잡다. (곽): 둘레, 외성.
5) 檢(검): 봉함하다, 잡도리하다, 단속하다, 조사하다, 상의하다, 법식, 품행, 아우르다.

① 『혹문』: 인忍은 '금지시켜 표출하지 않음'의 뜻이다. ○『어류』: 인忍은 '마음속으로 참고 견디며 표출하지 않음(含忍不發)'의 뜻이다.[64] 여인네의 인仁은 자신의 사랑을 참지(금지시켜 표출되지 않도록) 못하는 것이다. 필부의 용기는 자신의 분노를 참지 못하는 것이다. 둘 모두 원대한 계책을 망칠 수 있다. 항우 같은 사람이 그 경우이다.[65] ○『사기』「회음후열전」: 한신이 한왕(유방)에게 말하였다. "신은 항왕(항우)을 섬긴 적이 있는데, 그의 사람됨을 말씀드리겠습니다. 항왕은 성내어 소리를 지르면 천 사람이 모두 엎드리게 했지만, 어진 장수에게 믿고 맡기지 못했으니, 다만 필부의 용기(匹夫之勇)일 뿐입니다. 항왕이 사람들에게 공경스럽고 자애로웠고 말씨도 다정했으며, 누가 병이 나면 눈물을 흘리며 음식을 나누어주었으나, 공을 세운 사람에게 작위를 주어야 할 때에 이르러서는 그 인장이 닳아 망가질 때까지 차마 내주지를 못했으니, 다만 여인네의 사랑(婦人之仁)일 뿐입니다."

② 『혹문』: 장경부의 다음 설명이 좋다. "천하의 선악이 흑백처럼 아주 분명한 경우, 그에 대한 대중의 호오 역시 물론 똑같다. 그러나 선한 것 같지만 실제로는 해가 되는 일이나 선하지 않은 것 같지만 실제로는 좋은 점이 있는 일의 경우, 대중은 미혹되나 군자는 간파한다.

교언巧言은 시비를 교란시킨다. 그것을 사람들에게 설교하면 원래의 신념이 망가진다. 소불인小不忍은, 예컨대 여인네의 사랑(너그러움)이나 필부의 용기 따위가 다 그것이다.①

15-28 공자가 말하였다. “많은 사람이 미워하더라도 반드시 살펴야 하고, 많은 사람이 좋아하더라도 반드시 살펴야 한다.”

• 오직 어진 사람만이 남을 (편견 없이) 좋아하거나 미워할 수 있다. 많은 사람들이 좋아하거나 미워한다고 하더라도 내가 잘 살펴보지 않으면, 혹 사심에 휘둘릴 수 있다.② – 양시

15-29 공자가 말하였다. “사람이 도를 넓히는 것이지, 도가 사람을 넓히는 것이 아니다.”

홍弘은 넓혀서 크게 함이다. 사람 바깥에 도가 없고, 도 바깥에 사람이 없다. 그러나 사람의 마음은 지각이 있으나, 도의 본체는 작위가 없다. 그러므로 사람이 그 도를 크게 할 수 있지만, 도가 그 사람을 크게 할 수는 없다.③

• 사람의 마음이 자기 본성(성性, 리理, 도道)을 발휘할 수 있는 만큼, ‘사람이 도를 넓히는 것’이다. 본성이 사람 마음을 단속할 줄 아는 것이 아닌 만큼, ‘도가 사람을 넓히는 것이 아니다.’ – 횡거

맹자가 진중자나 광장을 간파한 경우가 그것이다. 따라서 대중의 호오는 군자가 반드시 잘 살펴야 한다. 대중의 의견을 수렴하되 혼자 곰곰이 성찰해야 이치에 막힘이 없다.

③ 『혹문』: 사람은 도의 소재所在이고, 도는 사람다울 수 있는 이치(所以爲人之理)이다. 나누어 볼 수는 없다. 다만 사람은 지식과 생각이 있으니 자기가 가지고 있는 이치를 크게 할 수 있지만, 도는 장소도 형체도 없으니 어찌 깃들어 있는 사람을 크게 할 수 있겠는가? ○『논어집주술요』: 주자는 말하기를 “도는 부채와 같고 사람은 손과 같다. 손은 부채를 흔들 수 있지만, 부채가 어떻게 손을 흔들 수 있겠는가?”[67] 했는데, 이것을 누가 모를까? 공자가 하필 이와 같은 한가한 말을 했겠는가? 분명히 다른 어떤 의미가 있을 것이다. 인류가 생겨난 이래 처음에는 무지몽매하였다가(渾渾噩噩) 시간이 흘러 지력이 서로 축적되어 문물이 찬란해졌다. 한 사람이 처음 태어나 장성하여 학문과 사고가 쌓이면, 도가 날마다 추론되고 경백해지는 것 또한 그러하다. 이것이 인능홍도人能弘道의 의미이다. ○『역주』: 이 장은 공자의 참뜻이 어디에 있는지, 또 무엇을 비도홍인非道弘人이라고 하는지 매우 이해하기 어렵다. 주자가 억지로 해석한 적이 있는데, 『술요』에서 의문을 제기하였다. 나 역시 부득이 억측하지 않기로

15-30 子曰："過而不改，是謂過矣."

過而能改，則復於無過. 惟不改，則其過遂成，而將不及改矣.

15-31 子曰："吾嘗終日不食，終夜不寢，以思，無益，不如學也."

([以思]句. [無益]句.)

此爲思而不學者言之. 蓋勞心以必求，不如遜志而自得也.[1)]李氏曰："夫子非思而不學者，特垂[2)]語以教人爾."

15-32 子曰："君子謀道不謀食. 耕也，餒[3)]在其中矣；學也，祿在其中矣. 君子憂道不憂貧."

(餒，奴罪反.) ○耕所以謀食，而未必得食. 學所以謀道，而祿在其中.[4)] 然其學也，憂不得乎道而已，非爲憂貧之故，而欲爲是以得祿也. ○尹氏曰："君子治其本而不恤[5)]其末，豈以在外者爲憂樂哉?"

한다. ○『신해』 : 홍弘은 확대廓大의 뜻이고, 도는 인도人道를 지칭한다. 도는 사람에 의해 홍하고, 또 사람에 의해 행해진다. 인류가 생긴 이래 처음에는 무지몽매하였다가(渾渾噩噩) 시간이 흘러 지혜와 덕이 날로 성취되고 문물이 날로 완비되는 것이 곧 인능홍도人能弘道이다. 사람이 처음 탄생한 이래 점차 장성해져 학문과 사상이 점차 축적되고 진보되어, 재질이 큰 사람은 도 역시 그에 따라 크게 되었고, 재질이 적으면 도 역시 그에 따라 작아졌다. 『중용』에 이르기를 '지극한 덕이 아니면 지극한 도가 응결되지 않는다' 하였으니, 이는 대덕을 지닌 사람이 아니면 대도 역시 그 몸에 응결되지 않는다는 말이다. 이 또한 '인능홍도, 비도홍인'이다. 만약 도가 사람을 넓힐 수 있다면(道能弘人) 모든 사람이 누구나 다 군자가 되고, 세세대대로 모두 태평성세일 터이고, 학문은 강론할 필요도 없고 덕을 닦을 필요도 없을 것이니, 가만히 앉아 도가 넓혀지기를 기다리기만 하면 된다. 이 장의 의미는 아주 간명하고, 정말로 깊이 생각할 가치가 있다. 애석하게도 후세의 학자들은 이 장을 뚜렷이 이해하지 못하고, 온갖 딴 소리만 늘어놓았다. 그에 따라 사람이 도를 넓히려는 노력 또한 크게 발휘되지 못했으니, 참으로 유감스럽다. ○『설해』 : 『한서』 「동중서전」에 따르면 "주나라의 도가 유왕·여왕 때에 쇠하였다. 도가 없어진 것이 아니라 유왕·여왕이 도를 따르지 않았기 때문이다.

15-30 공자가 말하였다. "허물이 있으면서 고치지 않음이 허물이다"

허물을 짓고 고칠 수 있으면 다시 허물을 짓지 않는다. 오직 고치지 않기 때문에, 그 허물이 마침내 자리를 잡아 고치지 못하는 지경에 이른다.

15-31 공자가 말하였다. "나는 전에 온종일 밥도 안 먹고, 밤새 잠도 안 자고, 생각한 적이 있다. 무익하였다. 공부하는 것이 낫다."

이는 "생각만 하고 배우지 않는"(2-15) 자를 위한 말이다. 마음을 괴롭혀 반드시 구하려고 함은, 뜻을 겸손히 하여[1] 저절로 터득하게 됨만 못하다.[2]

• 공자는 생각만 하고 배우지 않은 사람이 아니다. 특별히 이 말씀을 남겨 사람들을 교육하는 것일 뿐이다. – 이욱

15-32 공자가 말하였다. "군자는 도를 도모하지 밥을 도모하지 않는다. 농사지어도 굶주림이 그 안에 있으나, 공부를 하면 녹봉이 그 안에 있다. 군자는 도를 근심하지 가난을 근심하지 않는다."

농사는 밥을 도모하는 것이나, 꼭 밥을 얻는다는 보장은 없다. 학문은 도를 도모하는 것이나, 녹봉이 그 안에 있다. 그러나 학문은 도를 얻지 못할까 근심할 뿐, 가난 걱정 때문에 학문을 하여 녹봉을 얻으려는 것은 아니다.

• 군자는 그 근본을 다스리지 그 말단을 걱정하지 않는다. 어찌 외적인 것을 가지고 근심하거나 즐거워하겠는가? – 윤돈

선왕宣王 때에 이르러 옛 선왕先王의 덕을 사모하여 정체되고 피폐한 정치를 보충함으로써 문왕·무왕의 업적을 드러내자 주나라의 도가 찬란하게 부흥하였다. 사람이 도를 넓히는 것이지 도가 사람을 넓히는 것이 아니다." 이것이 바로 '인능홍도, 비도홍인'의 역사적인 사례이다.

1) 遜志(손지) : 겸손한 마음, 겸허한 뜻. 遜 : 겸손하다, 양위하다, 사양, 겸허하다, 공손, 순종. ○『書』: 惟學遜志, 務時敏, 厥修乃來. 允懷于茲, 道積于厥躬.

2) 垂(수) : 드리우다, 공적 등을 후세에 전함, (위에서 아래로) 베풀다, 가, 둘레, 거의.

3) 餒(뇌) : 주리다, 굶주리다, 굶기다, 썩어문드러지다, 용기를 잃다, 맥이 빠지다, 실망하다.

4) 范曰 : "耕所以爲食也, 而餒存焉, 未必得食. 學所以爲道也, 而祿存焉, 未必得祿. 農夫不爲有餒而不耕, 君子不爲不得祿而不學, … 治其本, 不恤其末也."

5) 恤(휼) : 구휼하다, 근심하다, 동정하다, 돌보다, 마음 쓰다, 편안하게 하다.

15-33 子曰："知及之, 仁不能守之；雖得之, 必失之. 知及之, 仁能守之, 不莊以涖之,[1] 則民不敬. 知及之, 仁能守之, 莊以涖之, 動之不以禮, 未善也."

(知, 去聲.) ○知足以知此理, 而私欲間之, 則無以有之於身矣.[2]

涖, 臨[3]也. 謂臨民也. 知此理而無私欲以間之, 則所知者在我而不失矣. 然猶有不莊者, 蓋氣習之偏, 或有厚於內而不嚴於外者, 是以民不見其可畏而慢易之. 下句放此.

動之, 動民也. 猶曰鼓舞而作興之云爾. 禮, 謂義理之節文. ○愚謂學至於仁, 則善有諸己而大本立矣. 涖之不莊, 動之不以禮, 乃其氣稟學問之小疵,[4] 然亦非盡善之道也. 故夫子歷言之, 使知德愈全則責愈備,[5] 不可以爲小節[6]而忽之也.

15-34 子曰："君子不可小知, 而可大受也；小人不可大受, 而可小知也."

此言觀人之法. 知, 我知之也. 受, 彼所受也. 蓋君子於細事未必可觀, 而材德足以任重；小人雖器量淺狹, 而未必無一長可取.

---

① 『어류』: "'뜻을 겸손히 함'이 무엇입니까?" "자기의 뜻을 겸손히 하여 한 걸음 물러나 느긋한 자세로 공부하는 것이다. 특히 억지로 한 번의 생각으로 어떤 것을 반드시 터득하려고 하지 않는 태도를 말한다."[70]

② 『어류』: 생각(思)은 억지로 자기 스스로 해내려는 것이고, 배움(學)은 표준에 의거하여 조심하면서 사리에 따라 해내는 것이다. 요즘 사람들은 모두 억지로 행하여 반드시 획득하려고 하기 때문에 더더욱 성취하지 못한다.[69]

1) 莊(장): 풀이 성하다, 엄숙하다, 정중하다, 공손하다, 단정하다, 꾸미다, 씩씩하다, 별장, 마을.
涖(리): 다다르다, 어떤 자리에 임하다, 보다, 물소리, 관여하다, 종사하다.

2) 楊曰："知及之, 仁不能守之, 則人欲或勝之, 雖得必失矣."

3) 臨(림): 임하다, 내려다보다, 비추다, 다스리다, 어루만지다, 치다, 정벌, 누르다, 미치다.

4) 疵(자): 흠, 결점, 결함, 잘못, 병, 사마귀.

15-33 공자가 말하였다. "지혜로 알아도 인으로 지키지 못하면, 얻어도 반드시 잃는다. 지혜로 알고 인으로 지켜도 엄숙함으로 다스리지 않으면, 백성이 공경하지 않는다. 지혜가 미치고 인으로 지키며 엄숙함으로 백성을 다스리더라도, 예로써 독려하지 않으면 좋지 않다."

지혜가 그 이치를 알더라도 사욕이 개입하면 이치를 몸에 지니지 못한다. 리涖는 림臨이니, 백성을 다스림을 일컫는다. 이 이치를 알고 사욕이 개입하지 않으면, 아는 것이 내 것이 되어 잃지 않는다. 또 엄숙하지 못한 사람은 기질과 습관의 치우침 때문에, 내면이 충실하더라도 외면이 엄격하지 못한 경우가 있다. 그러면 백성은 그에게 경외감을 못 느끼고 무시하거나 경시하게 된다. 아래 구절도 이와 같다.

동지動之❶란 백성을 독려함이니, 고무시켜 분발시킨다는 말과 같다. 예禮는 의리義理의 절도와 형식(節文)을 일컫는다.

내 생각에, 학문이 인에 이르면 선이 나에게 있어 대본大本이 수립된다. 다스리되 위엄이 없고 독려하되 예로써 하지 않음은, 바로 그 기품과 학문의 작은 흠이지만 또한 완전히 선한 도가 아니다. 따라서 공자가 차례로 언급하며, 덕이 온전해질수록 책임을 철저히 다하도록 하여, 작은 법도라도 소홀히 해서는 안 됨을 알게 하였다.

15-34 공자가 말하였다. "군자는 사소한 일은 잘 몰라도 큰일을 맡길 만하다. 소인은 큰일은 맡길 수 없어도 작은 일을 잘할 수 있다."

이 말은 사람을 관찰하는 방법이다. 지知는 내가 알고, 수受는 저가 받아들임이다. 군자는 사소한 일에서는 볼 만한 것이 없더라도 재능과 덕이 중임을 맡을 만하다. 소인은 기량이 좁더라도 취할 만한 한 가지 장점도 없는 것이 아니다.

---

5) 備(비) : 갖추다, 준비, 모두 갖춤, 완전하다, 가득하다, 준비, 모두, 자세히, 삼가다.

6) 節(절) : 절개, 규칙, 제도, 법도, 예절, 등급, 관습, 행사, 때, 시절, 알맞다, 검소.

❶ 『어류』 : 이 '동' 자는 감동感動의 '동'이 아니고 백성을 부린다는 뜻이다.[78]

15-35 子曰：“民之於仁也，甚[1]於水火. 水火，吾見蹈[2]而死者矣，未見蹈仁而死者也.”

民之於水火，所賴[3]以生，不可一日無.[4] 其於仁也亦然. 但水火外物，而仁在己. 無水火，不過害人之身，而不仁則失其心. 是仁有甚於水火，而尤不可以一日無也.[5] 況水火或有時而殺人，仁則未嘗殺人，亦何憚而不爲哉?[6]

李氏曰：“此夫子勉人爲仁之語.”[7] 下章放此.

15-36 子曰：“當[8]仁不讓於師.”

當仁，以仁爲己任也. 雖師亦無所遜,[9] 言當勇往而必爲也. 蓋仁者，人所自有而自爲之，非有爭也，何遜之有?

○程子曰：“爲仁在己，無所與遜. 若善名在外，則不可不遜.”

---

1) 甚(심)：심하다, 매우, 대단히, 지나치다.
2) 蹈(도)：밟다, 발로 디디다, 밟아가다, 지키다, 따르다, 뛰다, 춤추다, 행하다, 실천하다.
3) 賴(뢰)：믿고 의지하다, 의뢰하다, 힘입다, 이익을 얻다, 착하다.
4) 『맹자』：易其田疇, 薄其稅斂, 民可使富也. …民非水火不生活, 昏暮叩人之門戶求水火, 無弗與者, 至足矣. 聖人治天下, 使有菽粟如水火. 菽粟如水火, 而民焉有不仁者乎?[13：23]
5) 不可以一日無也(전서본)：不可一日無者也(내각본)
6) 馬曰：“水火與仁, 皆民所仰而生者, 仁最爲甚. 蹈水火或時殺人, 蹈仁未嘗殺人.”
7) 『혹문』：范氏之爲得也. 但其語雜亂, 今節而取之曰：‘凡民之情, 以仁爲難, 故畏之甚於水火, 蓋其蹈水火而死者有之, 而畏仁莫肯爲也. 故夫子言水火能害人, 而仁不傷人, 所以教民爲仁也.’ 如此, 則語簡而意明矣. ○范曰：“水火所以養人, 亦所以害人. 仁道甚易, 而不傷人. 民有蹈水火而死者, 而民畏仁莫肯爲也. 孟子曰：‘惻隱之心, 人皆有之.’ 又曰：‘人之所以異於禽獸者幾希, 庶民去之, 君子存之.’ 存之則入於聖人, 去之則近於禽獸. 君子不以仁爲難, 故無終食之間違仁；凡民之情以仁爲難, 故畏之甚於水火. 夫子言此, 所以教民爲仁也.”
8) 當(당)：어울리다, 대적하다, 맡다, 주관하다, 필적하다, 당면하다, 마땅히 해야 하다.
9) 尹曰：“師長猶無所遜, 況他人乎? 聖人勉人爲仁由己者也.”
① 『혹문』：‘인을 밟는(蹈仁)’ 사람이 반드시 다 죽음에 이르는 것은 아니다. 살신성인 역시 불행히 만에 하나 있는 일이다. 하물며 성인께서 기꺼이 인을 행할 생각이 없는 사람에게

15-35 공자가 말하였다. "사람에게 인은 물·불보다 더 절실하다. 물·불이라면 내가 밟다가 죽은 사람은 보았어도, 인을 밟다가[1] 죽은 사람은 보지 못하였다."

사람에게 물·불은 삶의 필수이니, 하루라도 없으면 안 된다. 사람에게 인仁도 마찬가지이다. 다만 물·불은 바깥 사물이나, 인은 내 안에 있다. 물·불이 없으면 사람의 몸을 해칠 뿐이지만, 어질지 못하면 그 마음을 잃는다. 이것이 인이 물·불보다 더 절실한 까닭이니, 더욱더 하루라도 없으면 안 된다. 하물며 물·불은 간혹 사람을 죽일 때도 있지만 인은 사람을 죽인 적이 없거늘, 어찌하여 꺼리면서 행하지 않는가?

이욱에 따르면 "이 장은 사람들이 인을 행하도록 공자가 권면한 말이다." 다음 장도 마찬가지이다.

15-36 공자가 말하였다. "인의 감당은 스승에게 사양하지 않는다."

당인當仁은 인을 자기 임무로 삼음이다. '스승에게 양보하지 않는다' 함은, 용감히 달려들어 반드시 행하려고 한다는 말이다. 인이란 자기에게 있는 것을 자기가 행하는 것이니, 다툴 이유도 없다. 무슨 사양이 있겠는가?[2]

• 인을 행함은 자신에게 달려 있으니, 누구에게 사양(양보)할 것이 없다. 훌륭하다는 명성은 외적인 것이니, 사양하지 않으면 안 된다. – 명도

반드시 인에 죽으라고 무조건 책망하셨겠는가?

② 『혹문』: 제자는 스승에게 매사를 반드시 양보하고 감히 앞서면 안 된다. 그러나 인을 자기의 임무로 삼는 일은, 스스로 면려하여 용감히 행해야지 양보하면 안 된다. 인이란 자기 소유이고 스스로 행하는 것이지 남에게 빼앗아 차지하는 것이 아니다. 무슨 양보가 있겠는가? 이른바 '양보하지 않는다' 함은, 정자가 말한 '가장 중요한 일은 남이 행하도록 양보하면 안 된다'는 것이다. 이 일이란 안자가 '순임금은 누구이고, 나는 누구인가? 순임금처럼 행하면 나 역시 순임금이다'라고 말한 그 일이다. 앞 장(15-35)과 이 장은 사람들에게 인을 행하도록 면려한 말이다. 앞 장은 모든 사람이 인을 알지 못하고 인을 행하기를 꺼리는 것을 두고 한 말이고, 이 장은 학생이 인이 아름답다는 것만 대충 이해하고 인을 실천하는 데에 용감할 줄 모르는 것을 두고 한 말이다.

15-37 子曰："君子貞而不諒."

貞,[1] 正而固也. 諒,[2] 則不擇是非而必於信.

15-38 子曰："事君, 敬其事而後其食."

後, 與後獲之後同. ○食, 祿也. 君子之仕也, 有官守者修[3]其職, 有言責者盡其忠.[4] 皆以敬吾之事而已, 不可先有求祿之心也.

15-39 子曰："有敎無類."

人性皆善, 而其類有善惡之殊者, 氣習之染也. 故君子有敎, 則人皆可以復於善, 而不當復論其類之惡矣.

15-40 子曰："道不同, 不相爲謀."

(爲, 去聲.) ○不同, 如善惡邪正之類.

15-41 子曰："辭達而已矣."

辭, 取達意而止, 不以富麗爲工.[5]

---

1) 貞(정) : 곧다, 안정하다, 정조, 절개, 진실한 마음, 정성, 점치다, 당하다.
2) 諒(량) : 믿다, 진실, 하찮은 의리를 묵수하는 일, 참으로, 고집스럽다, 완고하다, 흉하다.
3) 修(수) : 닦다, 다스리다, 수리하다, 다루어 처리하다, 손질하다, 갖추다, 훌륭하다.
4) 范曰 : "君子之仕, 以行其義, 非謀食也. 有官守者修其職, 有言責者盡其忠, 則受祿而不愧矣. 先事後得, 先勞後祿, 事君之義也." ○『漢書』: 事君之義, 有言責者盡其忠, 有官守者脩其職.
5) 孔曰 : "凡事莫過於實, 辭達則足矣, 不煩文豔之辭也."

① 『혹문』: 의義에 대한 선택이 이미 치밀하여, 확고하려고 하지 않아도 저절로 확고해지는 경지가 정貞이다. 시비를 가리지 않고 오로지 믿을 줄만 알고 바꾸지 않음이 양諒이다. ○『어류』: 정貞이란 올바르고 확고함(正而固)이다. 도리가 이와 같음을 통찰하고 반드시 그와 같이

15-37 공자가 말하였다. "군자는 지조가 있되 완고하지 않다."

정貞은 올바르고 확고함이다. 량諒은 시비를 가리지 않고 반드시 신의를 지키려고 함이다.①

15-38 공자가 말하였다. "임금을 섬길 때에는, 직무에 성실하고 그 녹봉은 뒤로 미룬다."

후後는 후획後獲(6-22)의 '후'와 같다. 식食은 녹봉이다. 군자의 벼슬은 관직 담당자는 직무를 수행하고, 간언 담당자는 충심을 다한다. 이 모두는 내가 맡은 일을 공경히 하는 것일 뿐이다. 먼저 녹봉을 구하는 마음이 있으면 안 된다.

15-39 공자가 말하였다. "교육에는 부류를 따지지 않는다."

사람의 본성은 다 선하다. 부류에 선악의 차이가 있는 까닭은, 기질과 습관에 오염되기 때문이다. 따라서 군자가 가르치면 사람은 누구나 선으로 복귀할 수 있다. 다시 그 부류의 악을 거론하면 안 된다.

15-40 공자가 말하였다. "도가 다르면 함께 도모할 수 없다."

'다르다' 함은, 예컨대 선과 악, 그릇됨과 올바름 따위이다.

15-41 공자가 말하였다. "말은 뜻만 전하면 된다."②

말은 뜻을 전달하면 그만이다. 화려하게 기교를 부리면 안 된다.

행함이니, 이른바 '인·의를 알고 저버리지 않음이 그것이다(知斯二者, 弗去是也)'[『맹자』 7 : 27]는 말이다. '올바름(正)'이란 글자로는 부족하기 때문에 '확고함(固)'이란 글자를 더하였다. 양諒의 경우는 시비를 분간하지도 않고 반드시 그와 같이 행하려는 것을 말한다. 따라서 정貞은 올바르면서 굳게 지킨다(正而固守)는 뜻이고, 양諒은 집착하고 기필하는 마음(固必之心)이 있는 것이다.[84]

② 『어류』 : 말로써 뜻만 전달하는 일 역시 어렵다.[86]

15-42 師冕見, 及階, 子曰 : "階也." 及席, 子曰 : "席也." 皆坐, 子告之曰 : "某在斯, 某在斯." 師冕出. 子張問曰 : "與師言之道與?" 子曰 : "然. 固相師之道也."

(見, 賢遍反.) ○師, 樂師, 瞽[1]者. 冕, 名. 再言某在斯, 歷擧在坐之人以詔[2]之.

(與, 平聲.) ○聖門學者, 於夫子之一言一動, 無不存心省察如此.

(相, 去聲.) ○相, 助也. 古者瞽必有相,[3] 其道如此. 蓋聖人於此, 非作意而爲之, 但盡其道而已.

○尹氏曰 : "聖人處己爲人, 其心一致, 無不盡其誠故也. 有志於學者, 求聖人之心, 於斯亦可見矣."

范氏曰 : "聖人不侮鰥寡,[4] 不虐無告,[5] 可見於此. 推之天下, 無一物不得其所矣."

---

1) 瞽(고) : 소경, 마음이 어둡다, 분별이 없다, 악관樂官, 눈치 없는 사람.

2) 詔(조) : 알리다, 신에게 고하다, 말하다, 가르치다, 조서. (소) : 소개하다.

3) 『禮記』「仲尼燕居」: 子曰 : "治國而無禮, 譬猶瞽之無相與, 倀倀乎其何之?"

4) 鰥(환) : 홀로 있기 좋아하며 근심으로 늘 눈을 감지 못한다는 전설의 물고기, 홀아비, 앓다, 잠이 오지 않는 모양. 寡(과) : 적다, 임금 자신의 겸칭. 홀어미, 과부, 약하다.

5) 無告(무고) : 괴로운 처지를 호소할 곳이 없다, 매우 불행하다. 告 : 하소연하다.

① 『혹문』: 장경부는 이렇게 말하였다. "어디든 도가 없는 곳이 없다. 성인은 앉으나 서나, 말할 때든 안 할 때든 어느 경우라도 도가 아닌 경우가 없다. 그때마다 합당한 경우에 머물 뿐이다. 공자가 장님에게 위와 같이 한 것은 장님을 돕는 당연한 도이다. … 만사 만물은 그 도가 없는 것이 없다. 마땅히 그러해야 하는 것이 자연스런 행위이다. 하루의 일을 보더라도 자고 일어날 때도 자고 일어나는 도가 있고, 먹고 마시는 일도 먹고 마시는 도가 있다. 사람을 보면 사람을 대하는 도가 있고, 일을 만나면 일을 처리하는 도가 있다. 도는 잠시라도 벗어날 수 없다(道不可須臾離也). 하나라도 합당함을 잃으면 그 도를 망친다. 그러므로 군자는 전전긍긍 자신을 다잡는다. '아무리 다급한 때라도 인을 따르고, 아무리 궁색한 때라도 인을 따르며,'(4-5) 인을 상실할까 염려한다. 오직 천하의 지성至誠스러운 존재만이 그렇게 일이관지한다. 도가 있는 곳은 마치 그림자가 형체를 따르듯, 어디서든 도가 아닌 경우가 없다."

15-42 장님 악사 면이 공자를 만나러 왔다. 그가 계단에 이르자, 공자가 "계단입니다" 하였고, 좌석에 이르자, "좌석입니다" 하였다. 모두 자리에 앉자, 설명해 주었다. "아무개는 여기 있고, 아무개는 저기 있습니다." 악사가 나가자, 자장이 물었다. "장님과 함께 이야기하는 도리입니까?" "그렇다. 장님을 돕는 도리이다."

사師는 악사樂師로서, 장님이다. 면冕은 이름이다. '아무개가 어디 있다'고 거듭 말함은, 자리에 앉아 있는 사람들을 열거하며 소개하는 것이다.

성인 문하에서 제자들은 공자의 말 한마디 행동 하나에 이처럼 마음을 집중하여 성찰하였다.

상相은 도움이다. 옛날에 장님은 반드시 도움을 받았다. 그 도리가 이와 같다. 성인이 여기서 어떤 의도를 가지고 이렇게 하신 것이 아니라, 다만 그 도리를 다했을 뿐이다.

• 성인이 자기나 남에게 마음이 한결같은 까닭은, 늘 자기 성심을 다하기(盡其誠) 때문이다. 학문에 뜻을 둔 이가 성인의 마음을 찾는다면, 여기서도 발견할 수 있다. – 윤돈

• 성인이 홀아비와 과부를 업신여기지 않고, 의지할 데 없는 이를 학대하지 않음을 알 수 있다. 이를 온 세상에 적용하면, 각자 자기 자리를 얻지 못하는 사람이 한 사람도 없을 것이다.① – 범조우

제16편 계씨

季氏第十六

洪氏曰:"此篇或以爲『齊論』." (凡十四章.)

• 이 편을 혹자는 『제론(제나라 논어)』이라고 여긴다. - 홍흥조

16-1 季氏將伐顓臾.[1] 冉有·季路見於孔子曰:"季氏將有事於顓臾." 孔子曰:"求! 無乃[2]爾是過與? 夫顓臾, 昔者先王以爲東蒙[3]主, 且在邦域之中矣, 是社稷[4]之臣也. 何以伐爲?"

(顓, 音專. 臾, 音俞.) ○顓臾, 國名. 魯附庸[5]也.

(見, 賢遍反.) ○按『左傳』·『史記』, 二子仕季氏不同時. 此云爾者, 疑[6]子路嘗從孔子自衛反魯, 再仕季氏, 不久而復之衛也.

(與, 平聲.) ○冉求爲季氏聚斂,[7] 尤用事.[8] 故夫子獨責之.

(夫, 音扶.) ○東蒙, 山名. 先王封顓臾於此山之下, 使主其祭, 在魯地七百里之中. 社稷, 猶云公家. 是時四分魯國, 季氏取其二, 孟孫·叔孫各有其一. 獨附庸之國尙[9]爲公臣, 季氏又欲取以自益. 故孔子言顓臾乃先王封國, 則不可伐; 在邦域之中, 則不必伐; 是社稷之臣, 則非季氏所當伐也. 此事理之至當, 不易之定體,[10] 而一言盡其曲折[11]如此, 非聖人不能也.

---

1) 顓(전): 전횡하다, 착하다, 어리석다. 臾(유): 잠깐, 만류하다, 착하다.

2) 無乃(무내): 어찌 ~하지 않은가? ~이 아니겠는가?

3) 蒙(몽): 입다, 받다, 덮어쓰다, 숨기다, 덮개, 무릅쓰다, 어지럽히다, 어리석다, 어둡다.

4) 社稷(사직): 지신地神과 곡신穀神, 조정, 옛날 군주는 토지신과 곡신에게 제사를 지냈는데 그 뒤로 국가를 지칭하여 쓰임.

5) 附庸(부용): 천자 직속이 아니라 대국에 딸린 소국, 남에게 의지하고 독립하지 못함. 附: 붙다, 의지함, 힘입다, 따르다, 가깝다, 합치다. 庸: 채용하다, 우매함, 수고.

6) 疑(의): ~인 것 같다, 의심스럽다, 의심컨대, 아마도, 대략, 헤아리다, 싫어하다.

7) 聚斂(취렴): (세금·조세 따위를) 긁어모으다, 수찰하다.

8) 用事(용사): 권력 장악, 집권, 집정자, 제사의 주관, 법과 형벌의 집행, 무력의 사용.

9) 尙(상): 아직, 또한, 더욱이, 오래다, 존중하다, 중시하다, 숭상, 오래다, 풍습.

10) 定體(정체): 성격을 확정함, 고정불변의 형태나 성격(특징), 고정된 규칙·격식·체제.

11) 曲折(곡절): 복잡하다, 곡절이 많다, 우여곡절, 변화가 많다, 복잡하게 얽힌 사정, 자세한 내용, 꼬불꼬불하다.

① 『신해』: 이 「계씨」 편을 혹자는 『제론』이라고 여긴다. 각 장마다 공자왈孔子曰이라 하였고,

16-1 계씨[①]가 전유를 치려 하자, 염유와 자로가 공자를 뵙고 말하였다. "계씨가 전유에서 일을 벌이려고 합니다." "염유야, 네 잘못이 아니냐? 전유는 옛날 선왕께서 동몽산의 제주로 삼았고, 또한 우리나라 안에 있다. 이는 사직(공실)의 신하이다. 어찌 정벌한단 말인가?"

전유顓臾는 국명이고, 노나라의 부용국이다.

『좌전』과 『사기』에 따르면, 두 사람이 계씨에게 벼슬한 것은 서로 다른 시기였다. 그러나 여기의 말을 보면, 자로가 공자를 따라 위나라에 갔다가 노나라로 되돌아온 다음, 다시 계씨에게 벼슬하고, 얼마 지나지 않아 다시 위나라로 간 것 같다.

염구는 계씨를 위해 많은 세금을 거두어들이고(11-17), 더욱이 실세였다. 그래서 공자가 유독 염유를 책망하였다.

동몽東蒙은 산 이름이다. 선왕이 이 산 아래에서 전유를 봉하여, 그 산의 제사를 주관하도록 하였다. 노나라의 땅 700리 안에 있다. '사직'은 공가公家라는 말과 같다. 이때는 노나라가 넷으로 갈라져, 계씨가 그 둘을 차지하고 맹손과 숙손이 각각 하나씩 가졌다. 오직 부용국만은 아직 노나라 임금의 신하였다. 계씨가 그것까지 취하여 자기가 가지려고 한 것이다. 그래서 공자가 전유는 선왕이 봉한 나라이므로 정벌해서는 안 되고, 나라 안에 있으니 칠 필요가 없고, 또 사직의 신하이므로 계씨가 칠 수 있는 대상이 아니라고 하였다. 이 일은 이치상 당연하고, 변경할 수 없는 내재적 질서이다. 한마디 말로 이러한 세밀한 내용을 모두 담았다. 성인이 아니면 불가능하다.

삼우三友, 삼락三樂, 삼건三愆, 삼계三戒, 삼외三畏, 구사九思 등 문장구조가 다른 편들과 비슷하지 않기 때문이다. 또 혹자는 「계씨」편 첫 장을 의심하기도 한다. 『논어』의 다른 공자의 말들은 모두 간단명료한데 반해 이 첫 장만 유독 번잡하기 때문에 유사하지 않는다는 것이다. 내가 볼 때 『논어』는 여러 사람이 편집하였고, 전반부와 후반부의 편집 역시 같은 시기가 아니다. 기록자가 다르기 때문에 논점에 따라 편집한 의도 역시 정밀하고 엉성한 차이가 있다. 또 후반 10편의 수준(論定)은 전반 10편보다 약간 못한 것 같고, 이 「계씨」편은 더욱 그렇다. 그러나 이 편이 『제론』이라는 확실한 근거는 없다. 혹자는 「계씨」 이하의 편들은 문체가 앞의 15편과 같지 않다고 여긴다.

冉有曰："夫子欲之, 吾二臣者皆不欲也." 孔子曰："求! 周任有言曰：'陳力就列, 不能者止.' 危而不持, 顚而不扶,[1] 則將焉用彼相[2]矣? 且爾言過矣. 虎兕出於柙,[3] 龜玉毁於櫝[4]中, 是誰之過與?"

夫子, 指季孫. 冉有實與謀, 以孔子非之, 故歸咎於季氏.

(任, 平聲. 焉, 於虔反. 相, 去聲, 下同.) ○周任, 古之良史. 陳, 布也. 列, 位也. 相, 瞽者之相也.[5] 言二子不欲則當諫, 諫而不聽則當去也.

(兕, 徐履反. 柙, 戶甲反. 櫝, 音獨. 與, 平聲.) ○兕, 野牛也. 柙, 檻也. 櫝, 匱[6]也. 言在柙而逸,[7] 在櫝而毁, 典[8]守者不得辭其過. 明二子居其位而不去, 則季氏之惡, 己不得不任其責也.

冉有曰："今夫顓臾, 固而近於費. 今不取, 後世必爲子孫憂." 孔子曰："求! 君子疾夫'舍曰欲之, 而必爲之辭'.[9] 丘也聞'有國有家者, 不患寡而患不均, 不患貧而患不安'. 蓋均無貧, 和無寡, 安無傾. 夫如是, 故遠人不服, 則修文德以來之. 旣來之, 則安之. 今由與求也, 相夫子, 遠人不服而不能來也；邦分崩離析而不能守也. 而謀動干戈於邦內. 吾恐季孫之憂, 不在顓臾, 而在蕭牆之內也."

---

1) 扶(부)：돕다, 떠받치다, 부축하다, 짚다, 기대다, 의지하다, 원조, 부조하다.
2) 相(상)：돕다, 도움, 보조자, 이끌다, 따르다, 힘쓰다, 다스리다, 시중드는 사람, 담당자.
3) 柙(합)：우리, 잡아 가두다, 궤, 궤에 넣다.
4) 櫝(독)：함, 나무로 짠 궤, 신주를 넣는 궤, 관, 널.
5) 包曰："言輔相人者, 當能持危扶顚. 若不能, 何用相爲?"
6) 匱(궤)：함, 궤, 삼태기, 텅 비다, 우리.
7) 逸(일)：달아나다, 없어짐, 잃다, 숨다, 풀어놓다, 방자, 빠르다, 유행, 뛰어나다.
8) 典(전)：법, 규정, 책, 가르침, 바르다, 맡다, 주관하다.
9) 辭(사)：말, 하소연하다, 말하다, 알리다, 원하다, 책망하다, 거절하다, 교훈, 사죄하다.

"계씨가 원하는 일이지, 저희 두 신하는 원하지 않습니다."
"염유야! 주임이 말하기를, '능력을 다해 벼슬자리에 나아가되, 잘하지 못하면 그만두라' 하였다. 위태로운데도 붙들어주지 못하고, 넘어지는 데도 부축하지 못하면, 그런 보좌관을 장차 어디에다 쓰겠느냐? 또 네 말도 잘못이다. 호랑이와 들소가 우리에서 뛰쳐나오고, 거북 껍질과 보옥이 궤 안에서 망가졌다면, 누구의 잘못이겠느냐?"①

부자夫子는 계손을 지칭한다. 염유는 실제로 모의에 참가했으나, 공자가 비난하자, 계씨에게 책임을 전가하였다.

주임周任은 고대의 훌륭한 사관이다. 진陳은 펼침, 열列은 지위이다. 상相은 장님을 돕는 도우미이다.② 두 사람이 원하지 않았다면 마땅히 간해야 했고, 간해도 듣지 않으면 마땅히 사임해야 했다는 말이다.

시兕는 들소, 합柙은 우리, 독櫝은 궤이다. 들소가 우리에서 뛰쳐나가고 보옥이 궤 안에서 망가졌다면, 간수가 그 실수를 변명할 수 없다. 두 사람이 그 지위에 앉아서 사임하지 않았으니, 계씨의 악은 그들이 책임지지 않으면 안 됨을 밝혔다.

"지금 전유는 성곽이 견고하며 우리 비읍에 가깝습니다. 지금 취하지 않으면, 반드시 후세의 근심거리가 될 것입니다."
"염유야! 군자는 자기가 원한다고 말하지 않고 굳이 변명하는 것을 미워한다. 내가 듣건대, '인구 적음을 근심하지 않고 불균등을 근심하며, 가난을 근심하지 않고 불안정을 근심한다'고 하였다.③ 분배가 균등하면 가난이 없고, 화합하면 재물 적음이 문제없고, 안정되면 기울어질 일이 없다. 그렇기 때문에 먼 곳의 사람이 복종하지 않으면, 문덕文德(예악에 의한 교화)을 닦아서 그들이 오게 한다. 이미 왔으면, 편안하게 해준다. 지금 자로와 염유는 계씨를 보필한다면서, 먼 곳의 사람이 복종하지 않는데도 오게 하지 못하였다. 나라가 분열되고 흩어졌어도 지키지 못하였다. 그러면서 전쟁 일으킬 궁리나 하고 있다. 내가 보기에 계손의 근심이, 전유에 있지 않고 집안 내에 있지 않은지 염려스럽다."④

(夫, 音扶.) ○固, 謂城郭[1]完固. 費, 季氏之私邑. 此則冉求之飾[2]辭, 然亦可見其實與季氏之謀矣.

(夫, 音扶. 舍, 上聲.) ○欲之, 謂貪其利.

寡, 謂民少. 貧, 謂財乏. 均, 謂各得其分. 安, 謂上下相安. 季氏之欲取顓臾, 患寡與貧耳. 然是時季氏據[3]國, 而魯公無民, 則不均矣. 君弱臣强, 互生嫌隙,[4] 則不安矣. 均則不患於貧而和, 和則不患於寡而安, 安則不相疑忌, 而無傾覆之患.

(夫, 音扶.) ○內治修, 然後遠人服. 有不服, 則修德以來之, 亦不當勤兵於遠.

子路雖不與謀, 而素不能輔之以義, 亦不得爲無罪, 故并責之. 遠人, 謂顓臾. 分崩離析, 謂四分公室, 家臣屢叛.

干, 楯也. 戈, 戟也. 蕭牆, 屛也.[5] 言不均不和, 內變將作. 其後哀公果欲以越伐魯而去季氏.

---

① 『어류』: "많은 학자가 '호랑이와 들소'는 계씨에, '거북 껍질과 옥'은 공실에 비유했는데, 옳습니까?" "문맥에 그런 의미는 없다. 호랑이가 산에 있고 거북 껍질과 옥이 다른 곳에 있을 경우는 관리 책임자의 일과 무관하다. 만약 우리 속에서 달아났다거나 보물함 안에서 망가졌다면 관리 책임자의 잘못이다."[3]

② 『어류』: '부지扶持' 두 글자를 보면, 아마 장님을 보좌하는 사람이라는 뜻인 것 같다. 전에 이와 같이 해석하는 사람을 본 적 있다.[1]

③ 『춘추번로』: 공자는 말하기를 "가난을 걱정하지 말고 불균등을 걱정하라" 했다. 즉 많이 쌓아두는 사람이 있으면 텅텅 비는 사람이 있게 된다. 크게 부유하면 교만해지고 크게 가난하면 걱정이 생긴다. 걱정하면 도둑질하게 되고 교만하면 횡포해지는 것은 뭇 사람의 실정(情)이다. 성인은 그러한 뭇 사람의 실정에 바탕을 두고 혼란의 발생 원천을 통찰하기 때문에 인도人道를 제정하여 최상 최하의 한계를 정하여, 부자는 충분히 부귀를 과시하더라도 교만에 이르지 못하게 했으며, 가난한 사람은 충분히 생계를 유지하고 걱정에 빠지지 않도록 배려했다. 이것을 법도로 삼아 부의 균등을 모색함으로써 재물이 결핍되지 않게 하고 위아래를 서로 안정시켰기 때문에 세상은 쉽게 다스려졌다. 그러나 지금의 세상은 그러한 법제를 버리고 저마다 그 욕망을 추구하기 때문에, 욕망은 그 한계를 몰랐고 뭇 사람들이 자기 멋대로 행하는 추세는 그 끝을 찾을 수 없어서, 마침내 위의 군자들은 재물이 딸렸고 아래의 서민들은 수척해졌건만, 부자는 더욱 이익을 탐하여 의리에 개의치 않았고 가난한 자는 날마다 금령을 범하기

고固는 성곽이 견고함을 말한다. 비費는 계씨의 개인 소유의 읍이다. 이것은 염구의 변명이다. 여기서 또한 그가 실제로 계씨의 모의에 가담했음을 엿볼 수 있다.

욕지欲之는 얻을 이득을 탐한다는 말이다.

과寡는 인구의 적음을, 빈貧은 재물의 궁핍을, 균均은 각자가 그 분수를 얻음을, 안安은 위아래가 서로 평안함을 일컫는다. 계씨가 전유를 취하려고 한 것은, 인구가 적고 재물이 궁핍함을 우려한 때문이다. 그러나 당시 계씨가 나라를 점거하여 노나라 임금은 백성이 없었으니, 이것이 불균등(不均)이다. 임금이 약하고 신하가 강성하여 서로 증오하고 압박했으니, 이것이 불안不安이다. 균등하면 가난할 근심이 없어 화합하고, 화합하면 인구 적은 근심이 없어 평안하고, 평안하면 서로 의심하거나 시기하지 않으니, 나라가 기울어 전복되는 근심이 없다.

국내 정치가 정비된 뒤에 먼 지방의 사람들이 복종해 온다. 복종해 오지 않을 경우 덕을 닦아서 오게 만들어야지, 먼 곳까지 출병해서는 안 된다.

자로는 비록 모의에 가담하지는 않았어도, 평소 옳은 일로 보필하지 못했으니 죄가 없다고 할 수 없다. 그래서 함께 꾸짖었다. '먼 곳의 사람(遠人)'은 전유를 일컫는다. '분열되고 흩어졌다' 함은 공실이 넷으로 갈라지고, 가신들이 누차 반란을 일으킨 것을 일컫는다.

간干은 방패, 과戈는 창, 소장蕭牆[1]은 병풍이다. 균등하지 못하고 화평하지 못하면, 내란이 일어날 것이라는 말이다. 그 뒤 과연 애공이 월나라로 하여금 노나라를 공격하게 하여 계씨를 제거하고자 하였다.

를 그칠 줄 몰랐다. 이 때문에 세상은 다스리기 어려워졌다.[풍우란, 49쪽]

④『혹문』: '집안 내의 근심(蕭墻之禍)'이라는 발언은 본래 일반적인 표현이다. 나중에 노나라 애공이 월나라를 동원하여 노나라 계씨를 공격한 일을 공자가 미리 예견한 말이 아니다.

1) 城郭(성곽) : 성, 성곽(성은 내성, 곽은 외성), 도시.

2) 飾(식) : 꾸미다, 치장, 수선하다, 속이다, 은폐, 둘러대다, 꾸밈, 장식, 나타내다.

3) 據(거) : 의거하다, 의탁, 점거하다, 살다, 굳게 지키다, 증거, 누르다, 붙잡다.

4) 嫌(혐) : 싫어하다, 의심하다, 불만스럽다, 혼동하기 쉽다, 닮다, 나쁜 일. 隙(극) : 틈, 구멍, 겨를, 여가, 놀리고 있는 땅, 흠, 결점, 갈라지다, 싸움, 기회.

5) 蕭牆(소장) : 군신이 회견하는 곳에 설치한 가림, 집안, 내부. 蕭 : 맑은 대쑥, 비뚤어지다, 삼가다(蕭牆), 쓸쓸하다. 屛(병) : 병풍, 가리다, 은퇴, 지키다, 물리치다, 내쫓다, 감추다.

○謝氏曰："當是時，三家强，公室弱，冉求又欲伐顓臾以附益之. 夫子所以深罪之，爲其瘠[1]魯以肥三家也."

洪氏曰："二子仕於季氏，凡季氏所欲爲，必以告於夫子. 則因夫子之言而救[2]止者，宜亦多矣. 伐顓臾之事，不見於經傳，其以夫子之言而止也與?"

16-2 孔子曰："天下有道，則禮樂征伐自天子出；天下無道，則禮樂征伐自諸侯出. 自諸侯出，蓋十世希不失矣；自大夫出，五世希不失矣；陪[3]臣執國命，三世希不失矣. 天下有道，則政不在大夫. 天下有道，則庶人不議."

先王之制，諸侯不得變禮樂，專征伐. 陪臣，家臣也. 逆理愈甚，則其失之愈速. 大約世數，不過如此.

言不得專政.

上無失政，則下無私議. 非箝其口使不敢言也.[4]

○此章通論天下之勢.

---

❶『어류』："소장蕭牆의 '소' 자는 무슨 뜻입니까?" "고찰해 보지 못하였다. 다만 옛 설은, 제후가 병풍 안에 들어오면 정숙하고 공경해야 한다는 의미라고 풀었다. 옳은지는 모르겠다."[4]

1) 瘠(척)：파리하다, 여위다, 살이 썩다, 메마르다, 박정하다, 줄이다.

2) 救(구)：건지다, 돕다, 고치다, 치료하다, 막다, 금지하다, 도움, 구원.

3) 陪(배)：돕다, 거들다, 보좌, 따르다, 모시다, 수행원, 쌓아올리다, 늘다, 보태다.

4) 箝口(겸구)：입을 틀어막다, 감히 말 못하게 하다. 箝：재갈 물리다, 칼, 구속하다, 속박, 제지. ○『史記』：君今自閉箝天下之口而日益愚. ○『舊唐書』：欲箝天下之口，其可得乎?

① 『역주』：공자의 이 말은 역사적 고찰 및 특히 당시의 사건들로부터 얻어낸 결론일 것이다. '천자로부터 결정된다' 함은 요·순·우·탕 및 서주 시대가 다 그러했다고 공자가 생각한 것이다. '천하에 도가 없는' 시대는 제나라 환공 이후로서 주나라 천자는 이미 호령을 발할 힘을 잃었다. 제나라는 환공 때부터 패자로 일컬어졌고, 그후 효공, 소공, 의공, 혜공, 경공, 영공, 장공, 경공, 도공, 간공까지 10대인데, 간공에 이르러 진항에게 살해당했다.(14-21) 이는 공자가 직접 본 사실이다. 진晉나라도 문공 때부터 패자로 일컬어졌고, 이후 제나라와 비슷한 과정을 밟았고, 역시 공자가 직접 목도하였다. 따라서 '10대 안에 무너지지 않은 경우가 드물다'

• 당시 삼가三家가 강성하고 공실이 약하였다. 염구가 다시 전유를 쳐서 삼가의 땅을 더욱 불리려고 하였다. 공자가 그를 깊이 단죄한 까닭은, 노나라의 살을 깎아 삼가를 살찌게 했기 때문이다. – 사량좌

• 두 사람이 계씨에게 벼슬하면서 계씨가 하려는 일은 모두 틀림없이 공자에게 보고했을 것이고, 공자의 말을 듣고서 고치고 저지시킨 경우도 마땅히 많았을 것이다. 전유를 정벌한 일이 경전에는 보이지 않는다. 공자의 말을 듣고 저지했기 때문이었을까? – 홍흥조

16-2 공자가 말하였다. "천하에 도가 있으면, 예악과 정벌이 천자로부터 결정된다. 천하에 도가 없으면, 예악과 정벌이 제후로부터 결정된다. 제후로부터 결정되면, 10대 안에 무너지지 않는 일이 드물다. 대부로부터 결정되면, 5대 안에 무너지지 않는 일이 드물다. 배신陪臣(대부의 가신)이 국가의 정권을 장악하면, 3대 안에 무너지지 않는 일이 드물다.① 천하에 도가 있으면 정권이 대부의 수중에 있지 않고, 천하에 도가 있으면 백성이 시비할 리 없다."

선왕의 제도에 따르면, 제후는 예악을 변경하거나 멋대로 정벌할 수 없다. 배신陪臣은 가신이다. 이치에 어긋남이 심할수록 멸망 속도도 더욱 빠르다. 대략 그 세대의 수는 이런 것에 불과하다.

정치를 전횡해서는 안 된다는 말이다.

위에서 정책의 실수가 없으면, 아래에서 사사로운 의론이 없다. 입을 틀어막아 감히 말하지 못하게 한다는 뜻이 아니다.

이 장은 천하의 형세를 총론하였다.

하였다. 노나라는 계우季友가 전횡를 시작한 이후, 계문자, 계두자, 계평자를 거쳐, 계환자에 이르러 가신인 양호에게 구금당했다. 이 또한 공자가 직접 목도한 사실이다. 그래서 '5대 안에 무너지지 않은 경우가 드물다'고 말했다. 계씨의 가신인 공산불요, 양호 등은 모두 그 당사자로 패망했으니, 3대까지 가지도 않았다. 당시 각국의 가신들이 전횡을 하였기 때문에 공자가 '3대 안에 무너지지 않은 경우가 드물다'고 말했다. 아주 완화된 발언이었다. 이 또한 역사 변천의 필연이다. 격변기일수록 권력 재분배 투쟁 역시 더욱 격렬해졌다.

16-3 孔子曰：“祿[1]之去公室，五世矣；政逮[2]於大夫，四世矣；故夫三桓之子孫，微[3]矣.”

(夫，音扶.) ○魯自文公薨，公子遂殺子赤，立宣公，而君失其政. 歷成·襄·昭·定，凡五公. 逮，及也. 自季武子始專國政，歷悼·平·桓子，凡四世，而爲家臣陽虎所執. 三桓，三家，皆桓公之後. 此以前章之說推之，而知其當然也.

○此章專論魯事，疑與前章皆定公時語.

蘇氏曰：“禮樂征伐自諸侯出，宜諸侯之强也. 而魯以失政，政逮於大夫，宜大夫之强也，而三桓以微. 何也? 强生於安，安生於上下之分定. 今諸侯大夫皆陵其上，則無以令其下矣. 故皆不久而失之也.”

○『후안』: ‘예악과 정벌이 배신으로부터 결정되면’이라고 말하지 않고, ‘배신이 국가 정권을 장악하면’이라고 말한 까닭은, 예악과 정벌은 반드시 사방의 이웃나라와 관계되지만, 국가 정권은 그 나라 안에 한정되기 때문이다. ‘배신이 국가 정권을 장악함’은 마치 강포한 노비가 나약한 주인에게 대항한 경우처럼, 다만 집안 내의 싸움에 그치는 것이다. 춘추시대에 대부는 국가 간의 정치에 관여하였고 모든 회맹會盟에도 함께 참여하였다. 반면 배신은 설령 거병하여 지역을 점거하고 주군을 가둔 경우라도, 끝내 (이웃나라의 인정을 받는) 회맹에는 관여하지 못하였다.

1) 祿(록): 행복, 녹봉, 녹을 주다, 작위.

2) 逮(체): 미치다, 이르다, 잡다, 뒤따라 붙잡다, 호송하다, 편안한 모양.

3) 微(미): 작다, 자질구레함, 숨다, 몰래, 꼼꼼함, 어렴풋하다, 어둡다, 미천, 쇠미함.

① 삼환三桓: 노 환공桓公의 후예로서, 실권자인 맹손孟孫·숙손叔孫·계손季孫 세 대부.

② 『혹문』: “소식에 따르면 ‘전상田常과 삼진三晋이 (나라를 빼앗고도) 망하지 않은 사실에 의문이 생길 수 있다. 그러나 공자의 말은 그 덕이 없으면서 그 권력을 행사한 경우를 두고 한 것이다. 만약 그 덕만 있다면 탕·무처럼 제후이면서 천자의 권력을 행사한 일도 오히려 옳다. 전상과 삼진은 거기에 비할 바는 못 되지만, 그들이 나라를 차지한 것 또한 어찌 아무 까닭이 없었겠는가? 계씨의 경우와는 견줄 바가 아니었다.’ 이와 같은 소식의 설명은 어떻습니까?” “그렇지 않다. 공자의 말씀은 보편적인 이치(常理)이다. ‘은혜롭게 이끌면 길하고 패역을 좇으면 흉하다(惠迪吉, 從逆凶)’는 『서경』의 말과 같고, ‘선을 쌓으면 후손까지 덕이 미치고, 악을 지으면 후손까지 재앙이 미친다(積善餘慶, 不善餘殃)’는 『역』의 말과 같다. 그런데

16-3 공자가 말하였다. "녹봉 권한이 임금에게서 떠난 지가 5대요, 정권이 대부의 손에 장악된 지 4대이다. 따라서 저 삼환[①]의 자손도 곧 쇠미할 것이다."

노나라는 문공이 죽자, 공자 수가 자적을 살해하고 선공을 세웠다. 이리하여 임금이 권력을 상실하였으니, 성공·양공·소공·정공을 거쳐 모두 다섯 임금이다. 체逮는 미침이다. 계무자부터 국정을 전횡하기 시작하여, 도자·평자·환자를 거쳐 모두 4대만에 국정이 가신인 양호에게 장악되었다. 삼환은 삼가이고, 모두 환공의 후손이다. 이는 앞 장의 말대로 추론하여 마땅히 이렇게 될 것임을 안 것이다.

이 장은 오직 노나라의 사례만 논하였다. 아마 앞 장과 이 장은 모두 정공 시대의 발언인 듯하다.

• 예악과 정벌이 제후로부터 결정되면, 제후가 강성해지기 마련이다. 노나라는 정치를 잘못하여 정권이 대부의 수중에 있었으니, 마땅히 대부가 강성해야 할 터인데, 삼환이 미약해질 것이라고 말함은 무슨 까닭인가? 강성함은 안정에서 생기고, 안정은 위아래의 분수가 정해진 데서 생긴다. 지금 제후와 대부는 모두 자기 윗사람을 능멸하고 있으니, 아랫사람을 명령할 명분이 없다. 그래서 모두가 오래지 않아 무너졌다.[②] – 소식

운세가 어그러지면 마땅히 그렇게 되어야 할 일들도 그렇게 되지 않는 경우가 많다. 누가 그 일을 다스릴 수 있겠는가? 다만 유자儒者가 견지할 바는, 보편적 이치의 존재를 인식하는 것일 뿐이다. 그 성패와 득실은 계산할 바가 아니다. 그러므로 세상이 변란으로 뒤집히고 천변만변하더라도 내가 간직한 도리를 상실한 적이 없다. 하물며 전상이 삼진을 이어받은 것이 5-6대에 불과했음이랴? 호인이 고찰한 후세의 찬탈의 자취는 왕망王莽, 사마의司馬懿, 고환高歡, 양견楊堅, 오호십국五胡十國, 남조南朝의 사성四姓, 오대五代의 팔씨八氏 등이었다. 모두들 무도하게 나라를 차지했는데, 그 자신에 그치거나 그 자손도 멀어야 4-5대만에 끝났다. … 이로써 논하건대, 이른바 '보편적인 이치(常理)'는 그 사실이 검증되지 않은 적이 없다. '하늘의 이치가 반드시 인간 세상을 지배한다(天定勝人)' 함은 바로 이것을 두고 한 말일 것이다." ['천정승인天定勝人'은 '인간은 기필 하늘(자연)을 제압한다(人定勝天)'는 순자의 유명한 명제를 염두에 둔, 정반대의 표현이다.]

16-4 孔子曰："益者三友, 損者三友. 友直, 友諒,[1] 友多聞, 益矣. 友便辟,[2] 友善柔,[3] 友便佞, 損矣."

(便, 平聲. 辟, 婢亦反.) ○友直, 則聞其過. 友諒, 則進於誠. 友多聞, 則進於明. 便, 習熟也. 便辟, 謂習於威儀而不直. 善柔, 謂工於媚悅[4]而不諒. 便佞, 謂習於口語, 而無聞見之實.[5] 三者損益, 正相反也.

○尹氏曰："自天子至於庶人, 未有不須友以成者. 而其損益有如是者, 可不謹哉?"

16-5 孔子曰："益者三樂, 損者三樂. 樂節禮樂, 樂道人之善, 樂多賢友, 益矣. 樂驕[6]樂, 樂佚[7]遊, 樂宴[8]樂, 損矣."

(樂, 五教反. 禮樂之樂, 音岳. 驕樂·宴樂之樂, 音洛.) ○節, 謂辨其制度聲容之節. 驕樂, 則侈肆[9]而不知節. 佚遊, 則惰慢而惡聞善. 宴樂, 則淫溺而狎小人. 三者損益, 亦相反也.

○尹氏曰："君子之於好樂, 可不謹哉?"

---

1) 諒(량) : 믿다, 참, 진실, 작은 일에 얽매인 신의, 하찮은 의리를 묵수함, 어질다, 흉하다.

2) 便辟(편벽) : 남의 비위를 맞춰 알랑거림, 그렇게 알랑거리는 사람. ('편'은 남이 좋아하는 바에 붙좇는다는 뜻이고 '벽'은 남의 싫어하는 바를 피한다는 뜻이다.) 便 : 편하다, 소식, 편안하다, 익숙하다, 똥, 문득, 알랑거리다, 말 잘하다.

3) 善柔(선유) : 유순한 듯 하면서 아첨만 잘하고 성실하지 아니함, 그런 사람.

4) 工(공) : 잘하다, 능숙하다, 정교하다. 媚悅(미열) : 의식적으로 남의 환심을 사다.

5) 呂曰："友直則知過, 友諒則進於誠, 友多聞則進於明. 便辟習於容, 善柔能爲卑屈, 便佞習於口才. 友便辟則德不修, 友善柔則志不立, 友便佞則過不聞."

6) 驕(교) : 격렬하다, 맹렬하다, 자만하다, 교만, 버릇없다, 방자하다, 제멋대로 하다.

7) 佚(일) : 편안하다, 숨다, 달아나다, 실수, 잘못, 방탕하다, 들뜨다, 대범하다, 번갈아.

8) 宴(연) : 잔치, 술자리(를 베풀다), 즐기다, 편안하다.

9) 肆(사) : 방자하다, 극에 달하다, 거리낌 없이 말하다, 도를 넘다, 죽이다.

16-4 공자가 말하였다. "유익한 벗이 셋, 손해인 벗이 셋이다. 올곧은 이, 성실한 이, 견문이 많은 이를 벗하면 유익하다. 겉만 번듯한 이, 능글맞은 이, 말만 잘하는 이를 벗하면 손해이다."

올곧은 이를 벗하면 나의 허물을 들을 수 있고, 성실한 이를 벗하면 더욱 성실해지고, 견문이 많은 이를 벗하면 더욱 개명된다. 편便은 습관이 익숙해짐이다. 편벽便辟은 위엄과 거동에만 익숙해져 올곧지 못함, 선유善柔는 남의 환심을 사는 일만 잘하고 성실하지 못함, 편녕便佞은 말재주만 익혀 실제로 견문이 없음을 일컫는다. 이 세 가지 손익이 서로 정반대이다.

• 천자부터 서인에 이르기까지, 벗의 도움 없이 성공한 이는 없다. 그러나 벗의 손익이 이와 같으니, 신중하지 않을 수 있겠는가? - 윤돈

16-5 공자가 말하였다. "유익한 즐거움이 셋이고, 손해인 즐거움이 셋이다. 예악의 법도를 즐거워하고, 남의 장점 말하기를 즐거워하고, 현명한 벗이 많음을 즐거워하면 유익하다. 방자한 환락을 즐거워하고, 방탕한 유람을 즐거워하고, 술자리 오락을 즐거워하면 손해이다."

절節은 예악의 제도와 음성과 용모의 절도를 변별함을 일컫는다.① 방자한 환락은 사치가 도를 넘어 절제할 줄 모른다. 방탕한 놀음은 태만하여 좋은 말을 듣기 싫어한다. 술자리 오락은 음탕함에 빠져 소인을 가까이 한다. 세 가지 손익 또한 서로 반대이다.

• 군자가 즐거워함에 신중하지 않을 수 있겠는가? - 윤돈

---

① 『혹문』: 낙절예악樂節禮樂을 많은 학자가 '예로써 음악을 절제하고 음악으로써 예를 절제하여, 방만해진다거나 소원해짐으로써 하나가 다른 하나를 압도하지 않도록 한다'는 뜻으로 풀었다. 풀이는 좋다. 그러나 그 아래의 문구와 함께 보면 그런 논리적인 풀이가 나오지 않는다. … 따라서 나는 홀로 이 구절을 다만 '예악의 제도를 명확히 설명하고 헤아리고 절제함으로써 시비가 혼란되지 않게 한다'는 뜻으로 풀었다.

16-6 孔子曰："侍於君子有三愆：言未及之而言謂之躁,[1] 言及之而不言謂之隱, 未見顔色而言謂之瞽."

君子, 有德位之通稱. 愆, 過也. 瞽, 無目, 不能察言觀色.[2]
○尹氏曰："時然後言, 則無三者之過矣."

16-7 孔子曰："君子有三戒：少之時, 血氣未定, 戒之在色；及其壯也, 血氣方剛, 戒之在鬪；及其老也, 血氣旣衰, 戒之在得."

血氣, 形之所待以生者, 血陰而氣陽也. 得,[3] 貪得也. 隨時知戒, 以理勝之, 則不爲血氣所使也.[4]
○范氏曰："聖人同於人者血氣也, 異於人者志氣也. 血氣有時而衰, 志氣則無時而衰也. 少未定·壯而剛·老而衰者, 血氣也. 戒於色·戒於鬪·戒於得者, 志氣也. 君子養其志氣, 故不爲血氣所動, 是以年彌高而德彌卲[5]也."

---

1) 躁(조)：성급·조급하다, 떠들썩하게 지껄임, 시끄럽다, 빠르다, 동요, 거칠다, 난폭, 교활.
2) 楊曰："君子, 有德位之通稱也." ○周曰："未見君子顔色所趣向, 而便逆先意語者, 猶瞽也."
3) 得(득)：얻다, 알다, 깨닫다, 이득, 감사하다, 탐내다, 만족하다, 이루다, 밝다, 붙잡다.
4) 伊川曰："凡人血氣, 要須以義理勝之也." ○尹曰："君子之學, 在乎不爲血氣所使."
5) 彌(미)：퍼지다, 점점 더, 더욱 더, (시간이) 걸리다, 지내다, 경과하다, 그치다, 가득 차다, 보충하다. 卲(소)：(덕이) 높다. 邵(소；고을 이름)로 된 판본이 많으나 서로 다른 글자임.
① 『혹문』：범조우의 설도 좋다. 다만 그가 인용한 순임금과 증자의 사례에 대한 해석은 문제가 있다. 순임금은 혈기가 쇠하기는 했어도 그 지기志氣가 쇠한 적이 없다. 그래서 늙었을 때 천하에 우임금을 천거하고, 불초한 자기 자식에게 천하를 물려주지 않았다. 보통 사람이 혈기가 쇠하면 탐욕을 부리는 일과는 판이하다. 또 증자가 임종할 때 반드시 부축을 받고 일어날 수 있었으니, 혈기가 몹시 쇠한 것이다. 다만 그 때 한 증자의 말로 보건대, 그의 지기가 쇠하지 않았음을 알 수 있다. 만약 범조우의 말대로라면, 순임금이 증자만 못한 것이 되니, 옳은 말인가? [○『집주』에 인용된 말은 약간 다르다. 원래 범조우의 말은 다음과 같다. "성인이 보통 사람과 같은 점은 혈기血氣이고, 일반 사람과 다른 점은 지기志氣이다. 혈기는

16-6 공자가 말하였다. "군자를 모실 때 (주의할) 세 가지 허물이 있다. 아직 말씀하지 않았는데 먼저 말하면 조급함이고, 이미 말씀했는데 대답하지 않으면 숨김이고, 안색을 살피지 않고 말하면 눈멂이다."

군자는 덕과 지위를 지닌 사람에 대한 통칭이다. 건愆은 허물, 고瞽는 눈치가 없어 말을 헤아리거나 안색을 살피지 못함이다.

• 말해야 할 때 말하면 세 가지 허물이 없다. – 윤돈

16-7 공자가 말하였다. "군자는 세 가지 경계가 있다. 젊어서는 혈기가 불안정하니 성욕을 경계하고, 장성해서는 혈기가 한창 왕성하니 싸움을 경계하고, 늙어서는 혈기가 이미 쇠했으니 물욕을 경계한다."

혈기血氣는 몸이 의존하여 살아가는 것으로서, 혈은 음이고 기는 양이다. 득得은 재물에 대한 탐욕이다. 시기에 따라 경계할 줄 알아 이치로써 혈기를 제압하면, 혈기에 휘둘리지 않는다.

• 성인이 보통 사람과 같은 점은 혈기요, 다른 점은 지기志氣(뜻과 기개)이다. 혈기는 때가 되면 쇠하나, 지기는 쇠하는 때가 없다. 젊어서 불안정하고 장성하면 왕성했다가 늙으면 쇠하는 것이 혈기이다. 여색을 경계하고, 싸움을 경계하고, 물욕을 경계하는 것이 지기이다. 군자는 자신의 지기를 배양하기 때문에, 혈기에 휘둘리지 않는다. 그러므로 나이를 먹을수록 덕이 더욱 높아진다.[1] – 범조우

때가 되면 쇠한다. 따라서 순임금도 늙어서 근무에 게을렀다(耄期亦倦于勤). 지기는 언제나 쇠함이 없었다. 따라서 증자는 임종할 때 '나는 바른 상태에서 죽으면 그것으로 족하다'라고 하였다. 젊어서는 안정되지 못하고, 장성해서는 아주 굳세졌다가, 늙어서는 쇠하는 것이 혈기이다. 그래서 그 때마다 미색과 투쟁과 탐욕을 경계하는 것이 지기이다. 군자는 지기를 배양하기 때문에, 혈기에 휘둘리지 않는다. 그래서 맹자는 호연지기를 길렀고, 공자는 나이가 들수록 덕이 더욱 높아졌다."(聖人同於人者血氣也, 異於人者志氣也. 血氣有時而衰, 故舜耄期亦倦于勤 ; 志氣無時而衰, 故曾子將死, 曰 : '吾得正而斃焉, 斯已矣.' 其少未定, 其壯方剛, 其老旣衰者, 血氣也 ; 戒之在色·在鬪·在得者, 志氣也. 君子養其志氣, 故不爲血氣之所動, 是以孟子養浩然之氣, 孔子年彌高而德彌卲也.)]

16-8 孔子曰："君子有三畏：畏天命, 畏大人, 畏聖人之言. 小人不知天命而不畏也, 狎[1]大人, 侮[2]聖人之言."

畏者, 嚴憚[3]之意也. 天命者, 天所賦之正理也. 知其可畏, 則其戒謹恐懼, 自有不能已者. 而付畀[4]之重, 可以不失矣.[5] 大人·聖言, 皆天命所當畏. 知畏天命, 則不得不畏之矣.

侮, 戲玩也. 不知天命, 故不識義理, 而無所忌憚如此.

○尹氏曰："三畏者, 修己之誠當然也. 小人不務修身誠己, 則何畏之有?"

16-9 孔子曰："生而知之者, 上也；學而知之者, 次也；困而學之, 又其次也；困而不學, 民斯爲下矣."

困,[6] 謂有所不通. 言人之氣質不同, 大約有此四等.

○楊氏曰："生知·學知以至困學, 雖其質不同, 然及其知之一也. 故君子惟學之爲貴. 困而不學, 然後爲下."

---

1) 狎(압)：익숙하다, 친압하다, 업신여기다, 가벼이 보다, 희롱하다, 접근하다.

2) 侮(모)：업신여기다, 넘보다, 깔보다, 얕보다, 경시하다, 병들다.

3) 嚴(엄)：엄하다, 혹독하다, 엄숙하다, 삼가다, 두려워하다. 憚(탄)：꺼리다, 삼감, 어렵게 여김, 구애, 두려워함, 공경, 애씀, 화내다, 협박, 고달프다.

4) 付畀(부비)：수여하다, 교부하다, 위탁하다. 畀：주다, 넘기다, 수여하다.

5) 伊川曰："畏天命, 則可以不失付卑之重. 畏大人, 如此尊嚴, 亦自可畏. 畏聖人之言, 則可以進德."

6) 困(곤)：괴로움을 당하다, 통하지 아니함, 막다른 길에 이르다, 극에 이르다, 가난, 지치다.

① 『어류』：도리를 이해하고 행동에 신중하여 실천에 옮기면서 감히 어기지 않음이 '경외함(畏)'이다. '예가 아니면 보지도, 듣지도, 말하지도, 움직이지도 않거나'(12-1) '계신공구戒愼恐懼' 하는 일도 '천명을 경외함(畏天命)'이다. 천명이 무엇인지 이해해야 한다.[12]

② 『어류』："대인이란 지위가 있는 사람을 지칭합니까?" "지위만이 아니다. 지위가 있거나 나이가 있거나 덕이 있는 사람을 지칭하여 대인이라고 한다."[13]

③ 『혹문』："이 네 등급이 왜 존재합니까?" "사람이 생겨날 때 타고난 기질이 청명순수淸明純粹하여 조금도 찌꺼기(査滓)가 없으면, 천지지성天地之性에 아무런 틈(하자)이 없어서 배우지

16-8 공자가 말하였다. "군자는 세 가지를 경외한다.① 천명을 경외하고, 대인②을 경외하고, 성인의 말씀을 경외한다. 소인은 천명을 모르니 경외하지 않고, 대인을 업신여기고, 성인의 말씀을 희롱한다."

외畏는 삼가고 두려워한다는 뜻이다. 천명天命은 하늘이 부여한 올바른 이치이다. 천명을 경외할(두려워할) 줄 알면, 천명을 경계하고 삼가고 두려워하여 저절로 그만둘 수 없는 힘이 생겨, 부여받은 귀중한 것(본성)을 잃지 않는다. '대인'과 '성인의 말씀'은 모두 천명에 따라 마땅히 경외해야 할 것이다. 천명을 경외할 줄 알면, 이 모두를 경외하지 않을 수 없다.

모侮는 희롱함이다. 천명을 모르기 때문에, 의리도 이해하지 못하여 이처럼 아무 거리낌이 없다.

• 세 가지 경외는 자신의 참됨을 닦으면 당연히 그렇게 행하게 된다. 소인은 스스로 참되려는 수양에 힘쓰지 않으니, 어찌 경외함이 있겠는가? – 윤돈

16-9 공자가 말하였다. "나면서부터 안 사람이 최상이고, 배워서 아는 사람이 그 다음이고, 궁지(困)를 경험하고 아는 사람이 또 그 다음이다. 궁지를 경험하고도 배우지 않으면, 사람은 최하가 된다."

곤困은 형통하지 못함이 있음을 일컫는다. 사람의 기질의 차이는 대략 이 네 등급이다.③

• 나면서부터 알았거나 배워서 알았거나 궁지를 경험하고 알았거나, 그 자질은 차이가 있지만 앎에 이른 점은 한가지이다. 그러니 군자는 오직 배움을 중시한다. 궁지를 경험하고도 배우지 않으면 최하급이 된다. – 양시

않아도 (만사 만물의) 의리의 당연함을 가슴속에 훤히 안다. 이 사람이 생이지지의 성인이다. 여기에는 미치지 못하면서 혼명昏明·청탁淸濁·정편正偏(바름과 치우침)·순박純駁(순수와 잡다)에 다소 우열의 차이가 있는 경우가 있다. 그 가운데 청명순수를 얻었으나 약간의 찌꺼기 때문에 작은 틈(하자)이 생기는 것을 면하지 못한 경우가 있는데, 그 틈을 쉽게 깨닫고 그 장애를 쉽게 소통하는지라 아직 소통하지 못한 부분은 반드시 학문을 거쳐 소통시킬 줄 알게 되고, 그래서 그의 학문도 통달하지 못함이 없다. 이 사람이 이른바 '배워서 아는(學而知之)' 대현大賢이다. 그밖에 혼·탁·편·박한 부분을 많이 타고났더라도 약간의 청명순수는

16-10 孔子曰："君子有九思：視思明，聽思聰，色思溫，貌思恭，言思忠，事思敬，疑思問，忿思難，見得思義."

(難，去聲.) ○視無所蔽，則明無不見. 聽無所壅,[1] 則聰無不聞. 色，見於面者. 貌，擧身而言. 思問，則疑不蓄.[2] 思難，則忿必懲.[3] 思義，則得不苟.

○程子曰："九思各專其一."

謝氏曰："未至於從容中道，無時而不自省察也，雖有不存焉者，寡矣. 此之謂思誠."[4]

있기 마련인데, 이 사람은 반드시 꽉 막혀 소통하지 못하게 된 다음에야 비로소 학문을 할 줄 알게 되고, 그 사람의 학문 또한 소통하지 못하는 바가 없다. 이 사람이 이른바 '곤경에 처한 다음 배운' 중인衆人이다. 마지막으로 혼·탁·편·박함이 심하여 조금의 청명순수한 기도 없어서, 소통하지 못한 부분이 있어도 멍하니 전혀 깨닫지 못하고 그 상태를 당연시하면서 끝내 공부하여 소통을 추구할 줄 모른다. 그러므로 이 사람은 하민下民일 뿐이다.

1) 壅(옹) : 막다, 막히다, 메이다, 북돋우다, 구석지고 으슥한 곳.

2) 蓄(축) : 쌓다, 모으다, 저축, 감추다, 간직하다, 저장, 기르다, 양성, 기다리다.

3) 懲(징) : 혼나다, 혼나서 잘못을 뉘우침, 벌주다, 응징, 그만두다, 그치다, 경계하다.

4) 『孟子』 : 養心莫善於寡欲. 其爲人也寡欲, 雖有不存焉者, 寡矣 ; 其爲人也多欲, 雖有存焉者, 寡矣.[14 : 35] 是故誠者, 天之道也 ; 思誠者, 人之道也.[7 : 12]

① 『혹문』 : "사람은 일이 생길 때 그 일을 좇아 생각해야 하니, 일이 없는데 생각하면 망상妄想입니다." "평소에 의리를 헤아리지 않으면, 일이 닥쳤을 때 생각이 좇아갈 수 없다. 그저 우두커니 자기 몸체만 고수하고 일이 생겨야 비로소 생각할 뿐, 한가할 때 아무 생각도 하지 않기는 도리어 쉬운 일이다. 그 한마디 주장만 고수하면 된다. 성인의 천 마디 만 마디 말도 거기에는 아무 소용이 없다. 모든 일이란 미리 이해해서 알아야 실천에 옮길 수 있다. 무슨 까닭에 『중용』이 독행篤行을 먼저 말하지 않고 박학, 심문, 신사, 명변을 먼저 말했다고 여기는가? 또 『대학』이 어째서 정심·성의를 먼저 말하지 않고 치지를 먼저 말하였겠는가?"

② 『어류』 : 예컨대 '한순간의 분노가 자신을 망치고, 집안에까지 화가 미침'(12-21)은 '나중의 곤경을 생각하지 않았기' 때문이다.

③ 『어류』 : "뜻만 참되게(誠意) 하면 이 아홉 가지를 저절로 행할 수 있다고 생각합니다." "그대의 말대로라면 아홉 가지 일은 모두 필요가 없다. 성인이 사람을 가르친 뜻은 그렇지 않다. 사물마다 반드시 나름의 법칙이 있다. 하나의 사물이라도 저마다 본래의 도리가 있다. 하물며 이목의 총명은 하늘로부터 얻었으니 본래 총명하게 보고 들어야 함에도, 다만 사욕에 막히고 미혹되어 총명의 이치를 상실하고 있는 경우임에랴. 성인은 사람을 가르치면서 한 가지만 알면 그 나머지는 저절로 안다고 여기지 않았다. 모름지기 하나하나 공부하여 반복적으로

16-10 공자가 말하였다. "군자는 아홉 가지를 생각한다. 볼 때는 명철한지 생각하고, 들을 때는 총명한지 생각하고, 안색은 온화한지 생각하고, 외모는 공손한지 생각하고, 말은 충직한지 생각하고, 일처리는 정중한지 생각하고, 의문에는 질문을 생각하고, 분노에는 나중의 곤경을 생각하고, 재물을 보면 의로움을 생각한다."①

볼 때 편견이 없으면, 명철하여 보지 못하는 것이 없다. 들을 때 선입견이 없으면, 총명하여 듣지 못하는 것이 없다. 색色은 얼굴에 나타난 것이다. 모貌는 온몸을 지칭한 말이다. 질문을 생각하면, 의심이 쌓이지 않는다. 나중의 곤경을 생각하면, 분노는 반드시 억제된다.② 의로움을 생각하면, 재물 획득에 구차함이 없다.③

• 구사는 각각의 경우마다 그 한 가지에 정신을 집중하는 것이다.④ – 정자

• 저절로 자연스럽게 도에 맞는 경지에 아직 이르지 못했으면, 늘 자신을 성찰하지 않을 때가 없어야 한다. 그렇게 하면 비록 본심이 보존되지 못한 때가 있어도 드물 것이다. 이것이 '참됨을 성찰함(思誠)'이다. – 사량좌

마음으로 음미해야, 정돈이 잘 안 되는 외면의 온갖 것의 병폐가 모두 원래 거기에 있었음을 알 수 있다. 성인이 사람을 가르칠 때 안과 밖을 함께 다스려 하나씩 축적하고 성숙시킨 뒤에 작은 흐트러짐도 없게 하였다. 만약 그대의 말처럼 '뜻만 참되면(誠意)' 더 이상 할 일이 없는 것이라면, 만일 누가 자신의 마음이 바르니 외적으로 무례하게 두 다리를 쭉 뻗고 앉아도 괜찮다고 여겨도 상관없다는 말이 된다. 또 누가 자기 마음속으로 자신이 올바른 상태에 가깝다고 여기고 있더라도 외적으로 보고 듣는 일과 행동거지에 대단한 병통이 있다면, 어떻게 보아야 밝아지고 어떻게 들어야 총명해진다고 그대가 가르쳐 주어야 하지 않을까? 보고 듣는 그 일 자체를 이해해야 한다. '멀리 보아야 현명함이고, 덕 있는 말을 들어야 총명이다(視遠惟明, 聽德惟聰).' 가령 어떤 한 가지 즐길 만한 일이 눈앞에 펼쳐질 때, 그것을 보려고 한다면 그것에 휘말리게 된다. 이런 때를 당하면, 즐거워해야 할 것은 오직 하나의 의리일 뿐이고 그 사물은 보지 않아야 함을 알아야 한다. 이것이 곧 도리에 대한 통찰이고 '멀리 봄'이니, 눈앞의 가까운 것에 휘둘리지 않는다. 따라서 '멀리 보아야 총명이다' 하였다. 무익한 말, 황당무계한 말, 아첨·아부의 감미로운 말이 있고, 또 인仁·의義·충忠·신信의 말이 있다. 인·의·충·신의 말은 반드시 귀로 들어야 하고, 저 온갖 좋지 못한 말들은 절대로 귀에 들어오지 않게 해야 한다. 따라서 '덕 있는 말을 들어야 총명이다' 하였다.[15]

④ 『혹문』: 아홉 가지 생각은 각각 하나마다 집중해야 한다. ○『어류』: 어떤 한 가지 일을 당하면 그 한 가지만 생각하라.[14] "전일專一이란 잡다하게 뒤섞어서 생각하지 않는 것이다." "주일主一(하나에 집중함)의 뜻입니까?" "그렇다."[16]

16-11 孔子曰："見善如不及, 見不善如探湯.[1] 吾見其人矣, 吾聞其語矣. 隱居以求其志, 行義以達其道. 吾聞其語矣, 未見其人也."

(探, 吐南反.) ○眞知善惡而誠好惡之, 顔·曾·閔·冉之徒, 蓋能之矣. 語, 蓋古語也.

求其志, 守其所達之道也. 達其道, 行其所求之志也. 蓋惟伊尹·太公之流, 可以當之. 當時若顔子, 亦庶乎此. 然隱而未見, 又不幸而蚤死, 故夫子云然.[2]

16-12 齊景公有馬千駟, 死之日, 民無德而稱焉. 伯夷叔齊餓於首陽之下, 民到于今稱之. 其斯之謂與?

駟, 四馬也. 首陽, 山名.

(與, 平聲.) ○胡氏曰："程子以爲第十二篇錯簡'誠不以富, 亦祇以異,' 當在此章之首. 今詳文勢, 似當在此句之上. 言人之所稱, 不在於富, 而在於異也." 愚謂此說近是, 而章首當有'孔子曰'字, 蓋闕文耳. 大抵此書後十篇多闕誤.

---

1) 探湯(탐탕) : 끓는 물에 손을 넣음. 探 : 더듬어 찾다, 잡다. 湯 : 끓인 물, 방탕하다.

2) 『易』 : '潛'之爲言也, 隱而未見, 行而未成. ※云然(내각본) : 言然(전서본)

① 『어류』 : "제갈공명은 이 경지에 해당합니까?" "역시 그렇다. 가령 '이윤이 유신의 들판에서 쟁기질하면서 요·순의 도를 즐거워함'은 '은거하면서 자기 뜻을 추구한 것'이고, 분연히 일어나 '임금으로 하여금 요·순 같은 임금이 되게 하고, 백성으로 하여금 요·순 임금의 백성이 되게 함'[『맹자』 9 : 7]은 '정의를 실행함으로써 자신의 도를 관철시킴'이다.[18]

② 『설해』 : 어떤 사람이 오로지 착한 일만 하면서, 악인의 악행을 증오하는 일은 비교적 쉽다. 은나라 때의 '삼인三仁', 유하혜, 거백옥 그리고 공자의 여러 제자들도 모두 그 부류에 속한 사람들이라고 하겠다. 다만 '은거하면서 자기 뜻을 추구하고, 정의를 실천하면서 자신의 도를 관철시키는' 일이 어렵다. 장저, 걸익, 하조장인 등은 단지 은거하여 자신의 고결함을 견지했을 뿐, 더욱 드높은 요구, 즉 '정의를 실천하면서 자신의 도를 관철시키는' 일은 못했다. 따라서 그들 역시 이 둘째 부류에 속하지 못 한다. 당시에 '은거하면서 자기 뜻을

16-11 공자가 말하였다. "'좋은 일을 보면 해내지 못할까 전전긍긍하고, 나쁜 일을 보면 뜨거운 물에 손을 댈 때처럼 피한다.' 나는 그런 사람을 보고, 그 말도 들었다. '은거하면서 자기 뜻을 추구하고, 정의를 실천하면서 자신의 도를 관철시킨다.'① 나는 그 말은 들었어도, 그런 사람은 아직 보지 못하였다."②

선과 악을 참으로 인식하여 정말로 좋아하고 미워하는 경지는, 안자·증자·염백우·민자건 등이라면 가능했을 것이다. 어語는 옛말인 듯하다.

'뜻을 추구한다' 함은 관철시킬 도를 고수함이고, '도를 관철시킨다' 함은 추구하는 뜻을 실행함이다. 이는 오직 이윤과 태공쯤은 되어야 해당될 수 있다. 당시 안자라면 그 경지에 근접하였다. 그러나 은거하여 세상에 나오지 않았고, 또 불행히도 일찍 죽었으므로 공자가 이렇게 말하였다.

16-12 제나라 경공은 네 필 말의 마차가 천 대였으나, 그가 죽자 백성은 야박하다고 비평하였다. 백이·숙제는 수양산 아래에서 굶어 죽었으나, 사람들이 지금까지 찬양한다. ("정녕 부유함 때문이 아니라 경이로움 때문이다" 함은) 아마 이를 두고 한 말이다.

사駟는 네 필 말, 수양首陽은 산 이름이다.

• 이천은 12편(12-10)의 착간인 '정녕 부유함 때문이 아니라 경이로움 때문이다(誠不以富, 亦祇以異)'라는 구절이, 이 장의 첫머리에 있어야 한다고 여겼다. 그러나 문맥을 자세히 살펴보면, 마땅히 이 마지막 구절(其斯之謂與) 앞에 와야 할 것 같다. 사람들의 찬양이 부유함이 아니라 경이로움에 있었다는 말이다. – 호인

내 생각에, 호인의 설이 옳은 듯하다. 이 장의 머리에 '공자왈' 자가 있어야 할 것 같다. 글자가 빠진 듯하다. 대체로 『논어』의 후반 열 편은 빠지거나 잘못된 곳이 많다.

추구하고, 정의를 실천하면서 자신의 도를 관철시킬' 수 있었던 사람은 아마 공자와 안연뿐이었을 것이다. 공자가 안연에게 이렇게 말하였다. '등용되면 도를 실천하고, 버려지면 도를 잘 갈무리할 사람은 나와 너뿐이다!'(7-11)

16-13 陳亢問於伯魚曰："子亦有異聞乎?" 對曰："未也. 嘗獨立, 鯉趨而過庭. 曰：'學詩乎?' 對曰：'未也.' '不學詩, 無以言.' 鯉退而學詩. 他日又獨立, 鯉趨而過庭. 曰：'學禮乎?' 對曰：'未也.' '不學禮, 無以立.' 鯉退而學禮. 聞斯二者." 陳亢退而喜曰："問一得三, 聞詩, 聞禮, 又聞君子之遠其子也."[1)]

(亢, 音剛.) ○亢以私意窺聖人, 疑必陰厚其子.

事理通達, 而心氣和平, 故能言.

品節詳明, 而德性堅定, 故能立.

當獨立之時, 所聞不過如此, 其無異聞可知.

(遠, 去聲.) ○尹氏曰："孔子之教其子, 無異於門人, 故陳亢以爲遠其子."

16-14 邦君之妻, 君稱之曰夫人, 夫人自稱曰小童；邦人稱之曰君夫人, 稱諸異邦曰寡小君；異邦人稱之亦曰君夫人.

寡, 寡德, 謙辭. ○吳氏曰："凡『語』中所載如此類者, 不知何謂. 或古有之, 或夫子嘗言之, 不可考也."

---

1) 『맹자』: 公孫丑曰："君子之不教子, 何也?" 孟子曰："勢不行也. 教者必以正；以正不行, 繼之以怒. 繼之以怒, 則反夷矣. '夫子教我以正, 夫子未出於正也.' 則是父子相夷也. 父子相夷, 則惡矣. 古者易子而教之, 父子之間不責善. 責善則離, 離則不祥莫大焉."[7 : 18]

① 『혹문』: '심기가 화평하면 말을 잘하고, 본분에 대한 인식이 정립되면 자립한다(心氣和則能言, 知分定則能立)'는 『시』와 『예』에 대한 사량좌의 해설은 한 측면에서만 옳다. 만약 '『시』를 배우면 심기가 화평해져 사리에 밝아지고, 『예』를 배우면 덕성이 완성되어 분수가 정립된다'고 말했다면 본말이 함께 포함되어 빠짐이 없다.

② 『혹문』: (『정의』에 인용된) 여러 학자는 모두 이 구절을 정명正名을 주장한 말로 풀이했는데, 지나치다. 임금의 아내에 대한 당시 사람들의 호칭이 바르지 않은 적이 없었다.

16-13 진항이 백어(공자의 아들)에게 물었다. "그대는 무슨 특별한 가르침을 받으셨는가?" "없습니다. 전에 홀로 서 계실 때 제가 종종걸음으로 뜰을 지나가는데, '시를 배웠느냐'고 물으셨습니다. '아닙니다'고 대답하자, '시를 배우지 않으면, 아무 주장도 못한다'고 말씀하셔서, 저는 물러나 시를 배웠습니다. 또 다른 날 홀로 서 계실 때 제가 종종걸음으로 뜰을 지나가는데, '예를 배웠느냐'고 물으셨습니다. '아닙니다'고 대답하자, '예를 배우지 않으면, 입신하지 못한다'고 말씀하셔서, 저는 물러나 예를 배웠습니다. 이 두 가지를 들었습니다."
진항이 물러나 기뻐하며 말하였다. "하나를 물었다가 셋을 얻었다. 시를 알고, 예를 알고, 또 군자가 자기 자식을 멀리함을 알았다."

진항(1-10, 19-25)이 사심을 가지고 성인을 엿보았다. 틀림없이 자기 아들은 몰래 잘해 줄 것이라고 의심하였다.

사리에 통달하고 심기가 화평해지기① 때문에 자기주장을 할 수 있다.

예의범절에 밝아 덕성이 굳게 정립되기 때문에 입신할 수 있다.

홀로 서 계실 때 들은 내용이 이런 것에 불과하였다. 특이한 가르침이 없었음을 알 수 있다.

• 공자가 자기 아들에게 가르친 것이 제자들과 다름없었다. 그래서 진항이 공자가 자기 자식을 멀리했다고 여겼다. – 윤돈

16-14 나라 임금의 아내에 대하여, 임금은 '부인'이라 부르고, 부인은 자신을 '소동'이라고 부른다. 그 나라 사람들은 '군부인'이라 부르고, 다른 나라 사람들에게 말할 때는 '과소군'이라 부른다. 다른 나라 사람들 또한 '군부인'이라고 부른다.②

과寡는 덕이 적음이니, 겸사이다.

• 『논어』에 기록된 이런 부류의 내용은 무슨 뜻인지 모르겠다. 옛날부터 있던 말인지, 공자의 말인지 고찰할 수 없다. – 오역

제17편 양화

陽貨第十七

(凡二十六章.)

17-1 陽貨欲見孔子, 孔子不見, 歸孔子豚.[1] 孔子時其亡也, 而往拜之. 遇諸塗. 謂孔子曰: "來! 予與爾言." 曰: "懷其寶而迷[2]其邦, 可謂仁乎?" 曰: "不可." "好從事而亟失時, 可謂知乎?" 曰: "不可." "日月逝矣, 歲不我與."[3] 孔子曰: "諾. 吾將仕矣."

(歸, 如字, 一作饋.) ○陽貨, 季氏家臣, 名虎. 嘗囚季桓子而專國政. 欲令孔子來見己, 而孔子不往. 貨以禮: "大夫有賜於士, 不得受於其家, 則往拜其門," 故瞰[4]孔子之亡而歸之豚, 欲令孔子來拜而見之也.[5]

(好·亟·知, 並去聲.) ○懷寶迷邦, 謂懷藏[6]道德, 不救國之迷亂.[7] 亟,[8] 數也. 失時, 謂不及事幾之會. 將者, 且然而未必之辭. 貨語皆譏孔子而諷[9]使速仕. 孔子固未嘗如此, 而亦非不欲仕也, 但不仕於貨耳. 故直據理[10]答之, 不復與辯, 若不諭[11]其意者.

---

1) 豚(돈): 돼지, 새끼돼지, (뚝 막이용) 흙부대, 복어, 지척거리다, 발꿈치를 질질 끌다.
2) 迷(미): 미혹하다, 길을 잃어 헤매다, 침침해짐, 푹 빠지다, 갈피를 못 잡고 헤맴.
3) 與(여): 기다리다, 베풀다, 한 편이 됨, 따르다, 편듦, 어우르다, 돕다, 참여.
4) 瞰(감): 보다, 내려다보다, 굽어보다, 엿보다, 멀리 보다.
5) 『孟子』: 公孫丑問曰: "不見諸侯何義?" 孟子曰: "古者不爲臣不見. 段干木踰垣而辟之, 泄柳閉門而不納, 是皆已甚; 迫, 斯可以見矣. 陽貨欲見孔子而惡無禮, 大夫有賜於士, 不得受於其家, 則往拜其門. 陽貨矙孔子之亡也, 而饋孔子蒸豚; 孔子亦矙其亡也, 而往拜之. 當是時, 陽貨先, 豈得不見? 曾子曰: '脅肩諂笑, 病于夏畦.' 子路曰: '未同而言, 觀其色赧赧然, 非由之所知也.' 由是觀之, 則君子之所養, 可知已矣."[6:7] ○『法言』「五百」: 聖人有以擬天地而參諸身乎? 或問: "聖人有詘乎?" 曰: "有." 曰: "焉詘乎?" 曰: "仲尼於南子, 所不欲見也; 於陽虎所不欲敬也. 見所不見, 敬所不敬, 不詘如何?" 或曰: "衛靈公問陳, 則何以不詘?" 曰: "詘身, 將以信道也. 如詘道而信身, 雖天下, 不可爲也."
6) 懷藏(회장): 생각을 마음속에 감추어 두다. 懷: 품다, 가슴, 마음, 생각, 그리워하다.
7) 邢曰: "言孔子不仕, 是懷藏其道德也. 知國不治, 而不爲政, 是使迷亂其國也."
8) 亟(기): 자주, 여러 번. (극): 빠르다, 삼가다, 공경하다, 사랑하다, 심하다.
9) 譏(기): 꾸짖다, 충고하다. 諷(풍): 풍자하다, 넌지시 말해 깨우쳐주다, 사물에 비유해 간함.
10) 據理(거리): 이치대로 하다, 이치에 따르다. 據: 의거하다, ~에 따르면, ~에 의거하여.

17-1 양화가 공자를 만나고자 하였다. 공자가 만나 주지 않자, 공자에게 돼지를 보냈다. 공자는 그가 없는 틈을 타서, 찾아가 감사의 예를 표하였다. 오는 길에 양화와 마주쳤다. 그가 공자에게 말하였다. "찾아오세요! 나는 당신과 얘기하고 싶습니다."
그리고 말하였다. "보물을 품었으면서 나라를 헤매게 하면, 어질다 하겠소?" "안 되지요." "정치를 좋아하면서 자주 기회를 놓치면, 지혜롭다 하겠소?" "안 되지요." "시간은 흘러갑니다. 세월은 아무도 기다려 주지 않아요." "알겠습니다. 내가 벼슬을 하도록 하지요."①

양화는 계씨의 가신으로서, 이름은 '호'이다. 계환자를 가두고 국정을 전횡한 적이 있다. 공자가 인사 오기를 바랐으나, 공자는 가지 않았다. 양호는 '대부가 선비에게 예물을 보낼 경우, 집에서 직접 받지 못하면 대부의 집으로 찾아가 사례해야 한다'는 예를 이용하였다. 그래서 공자가 집에 없는 틈을 타 돼지를 보냈다. 공자가 와서 사례하고 알현케 하려는 속셈이다.

'보물을 품었으면서 나라를 헤매게 한다' 함은, 도덕을 간직하고 있으면서 나라를 혼란에서 구하지 않는다는 말이다. 기亟는 '자주'이다. 실시失時는 일할 기회를 놓침을 일컫는다. 장將은 일단 인정하면서도 꼭 그렇게 하겠다는 말은 아니다. 양화의 말은 모두 공자를 탓하며 빨리 벼슬하라고 빗댄 것이다. 물론 공자는 말처럼 벼슬하지는 않았다. 벼슬을 바라지 않는 것은 아니나, 다만 양화에게 벼슬하지 않을 뿐이다. 그래서 의리상 곧바로 대답만 하고, 다시 논변하지 않으려고 마치 그의 (비꼬는) 말뜻을 알아채지 못하는 듯이 하였다.

---

11) 諭(유) : 깨우치다, 타이르다, 밝히다, 깨닫다, 말을 듣고 깨달아 앎, 견주다, 비유.

① 『혹문』: "정자·윤돈은 공자가 '공손한 말로 화를 피했다'고 풀었고, 사량좌·양시는 '구차한 굽힘이 없었다'고 풀었습니다. 차이가 있는 것 같은데요?" "공자가 자기 자신을 표현한 말들(14-32, 18-6)은 항상 이치를 바로잡아 명확히 변별하지 않은 적이 없다. 양화와의 경우도 그 질문에 따라 반향처럼 응답하긴 했어도, 양화가 포악하니 대답할 가치가 없음을 알고, 일단 겸손한 말로 대답한 것이다. 그 뜻을 음미하면 이치의 올바름 그 자체였고, 실제 속마음이 그런 것이니 처음부터 굴종한 적이 없었다. 네 분의 허설은 부분적이다. 차이가 있는 것 같지만 사실은 차이가 없다."

○陽貨之欲見孔子, 雖其善意, 然不過欲使助己爲亂耳. 故孔子不見者, 義也. 其往拜者, 禮也. 必時其亡而往者, 欲其稱[1)]也. 遇諸塗而不避者, 不終絕也. 隨問而對者, 理之直也. 對而不辯者, 言之孫而亦無所詘[2)]也.
楊氏曰："揚雄謂'孔子於陽貨也, 敬所不敬', 爲詘身以信道. 非知孔子者. 蓋道外無身, 身外無道. 身詘矣而可以信[3)]道, 吾未之信也."

17-2 子曰："性相近也, 習相遠也."

此所謂性, 兼氣質而言者也. 氣質之性, 固有美惡之不同矣. 然以其初而言, 則皆不甚相遠也. 但習於善則善, 習於惡則惡, 於是始相遠耳.
○程子曰："此言氣質之性, 非言性之本也. 若言其本, 則性卽是理, 理無不善, 孟子之言性善是也. 何相近之有哉?"[4)]

---

1) 稱(칭) : 적합하다, 어울리다, 대등하다, (꼭) 맞다, 걸맞다, 따르다, 저울, 칭찬.
2) 詘(굴) : 굽히다, 복종, 말이 막힘, 대꾸할 말이 없다, 짧다, 굴종, 꿀리다, 궁지에 빠짐.
3) 信(신) : 분명히 하다, 밝히다, 펴다, 곧게 펴다(≒伸), 공경하다, 지키다, 보전하다.
4) 伊川曰 : "性相近也, 此言所稟之性, 不是言性之本. 若言其本, 豈可謂相近. 孟子所言便正言性之本. 言性之本則無不善, 言所稟之性則有善有不善. 性卽是理, 理無不善. 所稟之性, 才也, 才稟於氣, 稟其淸者爲賢, 稟其濁者爲愚."

①『어류』: "양화는 공자가 없는 틈을 엿보아 공자에게 예물을 보냈고, 공자도 양화가 없는 틈을 엿보고 찾아가 예를 표하였습니다. 양화가 엿본 일은 책할 가치도 없으나, 공자가 엿본 다음 찾아간 일은 참되지 못함(不誠)에 가깝지 않나요?" "참되지 못함이 아니다. 도리에 따라 그렇게 해야 한다. 저쪽에서 없는 틈을 엿보아 찾아오고, 나 역시 없는 틈을 엿보아 찾아갔다. 서로 오고갔으니, 예의상 잘 어울린다. 도중에 그와 마주친 일이 불행이었다."[1]

②『어류』: "양웅은 왜 성인이 몸을 굽혔다(詘身)고 말했습니까?" "양화는 악인이다. 본래 만나서는 안 될 사람이다. 공자가 그를 만났으니 몸을 굽힌 것에 가깝다. 다만 양웅은 성인이 이치상 그를 만났을 뿐 굽힌 것이 아니었다는 점을 깨닫지 못하였다. 양화와 대화할 때 그저 한두 마디로 답하였다. 그 말투는 온화하되 위엄을 잃지 않았으니, 성인이 아니면 결코 그렇게 하지 못한다."[2]

양화가 공자를 선의에서 만나려 했다 하더라도, 자기를 도와 반란을 일으키자는 것일 뿐이다. 따라서 공자가 만나지 않은 것은 옳다. 공자가 가서 사례한 것은 예이다. 반드시 그가 없는 틈을 타서 간 것은, 양화가 한 그대로 하려는 것이다.① 길에서 만났을 때 피하지 않은 것은 단절로 끝내지 않음이다. 질문에 따라 대답한 것은 이치에 따라 곧이곧대로 한 것이다. 대답만 하고 논변하지 않음은 말은 공손하면서도 굽힘이 없음이다.

• 양웅은 '양화는 공자가 공경하지 않아야 할 사람인데 공경했다'고 말하며, 몸을 굽혀② 도를 펼친 경우로 여겼다. 그러나 양웅은 공자를 이해한 자가 아니다. 도 바깥에 몸이 없고 몸 바깥에 도가 없거늘, 몸을 굽혀 도를 펼칠 수 있다는 설명을 나는 믿을 수 없다.③ – 양시

17-2 공자가 말하였다. "본성은 서로 가깝다. 습관으로 서로 멀어진다."

여기서 말한 '성'은 기질을 겸한 말이다.④ 기질지성은 물론 선악의 차이가 있다. 그러나 처음 상태를 말하면, 사람의 본성은 서로 그리 멀지 않다. 다만 선을 익히면 선해지고, 악을 익히면 악해져서, 결국 서로 멀어진다.

• 여기서는 기질지성을 말한 것이지, 성의 근본을 말한 것이 아니다. 근본을 말하자면, 성은 리이다(性卽理). 리는 선하지 않음이 없다. 맹자가 말한 '성이 선하다' 함이 그것이다. 어찌 서로 '가깝다'고 표현할 수 있겠는가?⑤ – 이천

---

③『혹문』: 장경부의 다음 해설도 좋다. "성인이 악인을 대할 때, 말은 공손하나 도리를 굽힌 적이 없다. 보통 사람은 말이 공손하면 도리를 해치고, 도리를 세우면 말이 위태로워진다. 오직 성인만은 조용히 주고받으면서 자연히 도에 부합한다."

④『어류』: 성性이 "가깝다"고 했으니, 성이 두 가지 이상이라는 말이다. 여기서 성은 기질지성을 말한다.[5]

⑤『혹문』: 천지가 사물을 낳는 원리가 리理이다. 생겨난 사물은 기氣와 질質이다. 사람과 사물은 이 기질을 얻어 형체를 이룬다. 이 리가 한 사물에 있을 때, 그것이 성性이다. 이른바 기질이란 편정偏正(비뚤어짐과 바름)·순박純駁(순수와 잡다)·혼명昏明(어리석음과 명철함)·후박厚薄(두터움과 박함)의 차이가 있다. 따라서 '성'이 기질에 존재할 때, 그 등급(品)도 하나가 아니다. 그것이 기질지성氣質之性이다. 고자가 말한 생지위성生之謂性(태어난 그대로의 성), 정자가 말한 생긴 바탕으로서의 성(生質之性)과 품수 받은 바의 성(所稟之性) 및 재才 등이

17-3 子曰：“唯上知與下愚不移.”

(知, 去聲.) ○此承上章而言. 人之氣質相近之中, 又有美惡一定, 而非習之所能移者.

○程子曰：“人性本善, 有不可移者, 何也? 語其性則皆善也, 語其才則有下愚之不移. 所謂下愚有二焉：自暴, 自棄也. 人苟以善自治, 則無不可移, 雖昏愚之至, 皆可漸磨而進也. 惟自暴者拒之以不信, 自棄者絕之以不爲, 雖聖人與居, 不能化而入也, 仲尼之所謂下愚也. 然其質非必昏且愚也, 往往强戾[1]而才力有過人者, 商辛是也. 聖人以其自絕於善, 謂之下愚, 然考其歸, 則誠愚也.”

或曰：“此與上章當合爲一, ‘子曰’二字, 蓋衍文耳.”

17-4 子之武城, 聞弦[2]歌之聲. 夫子莞爾[3]而笑, 曰：“割[4]雞焉用牛刀?” 子游對曰：“昔者偃也聞諸夫子曰：‘君子學道則愛人, 小人學道則易使也.’”

子曰：“二三子! 偃之言是也. 前言戲[5]之耳.”

弦, 琴瑟[6]也. 時子游爲武城宰,[7] 以禮樂爲敎, 故邑人皆弦歌也.

모두 기질지성을 지칭한다. 그러나 그것의 본연의 ‘리’는 순수하고 지극히 선할 뿐이니, 이른바 천지지성天地之性이다. 맹자가 말한 선한 성(性善), 정자가 말한 근본으로서의 성(性之本), 궁극적인 본원의 성(極本窮原之性)이 모두 ‘천지지성’이다. 공자가 이 장에서 논한 성은, ‘서로 비슷하다’고 말한 점으로 보건대 물론 기질지성을 지칭한다.

1) 强(강)：굳세다, 거스르다, 순종하지 아니하다. 戾(려)：사납다, 흉포하다, 탐하다.

2) 弦(현)：(활)시위, 반원형 달, 악기의 줄, (현악기를) 타다, 엄하다, 급하다.

3) 莞爾(완이)：빙그레 웃는 모습. 莞：왕골, 자리, 웃다, 웃는 모양.

4) 割(할)：나누다, 쪼개다, 가르다, 빼앗다, 자르다, 해치다, 재앙, 불행.

5) 戲(희)：놀다, 희롱하다, 장난치다, 조롱하다, 놀이, 장난, 연기.

6) 琴(금)：거문고. 瑟(슬)：큰 거문고, 엄숙하다, 쓸쓸하다, 바람소리.

7) 宰(재)：벼슬아치, 재상, 우두머리, 장長, 주관하다, 맡아 다스리다, 잡다, 도살.

①『어류』：여기서 말한 ‘성’은 기질지성을 지칭한 말이다. ‘본성과 습관’을 논한 장과 상지·하우

17-3 공자가 말하였다. "오직 매우 지혜로운 사람(上知)과 매우 어리석은 사람(下愚)만 변화하지 않는다."

앞 장에 이어지는 말이다. 사람의 기질은 서로 가깝지만 그 중에는 선악이 고정되어 습관으로 변화될 수 없는 사람이 있다.

• 인성은 본래 선한데, 변화될 수 없는 사람이 있음은 무슨 까닭인가? 본성을 말하면 누구나 다 선하지만, 재질을 말하면 변화하지 않는 '하우下愚'가 있다. 이른바 '하우'는 두 종류가 있다. 자포自暴와 자기自棄이다. 사람이 선으로 자신을 다스린다면, 변화하지 못할 것이 없다. 지극히 어둡고 어리석은 사람이라도 모두 점차 단련하여 진보할 수 있다. 오직 자포自暴하는 자는 불신감으로 거부하고, 자기自棄하는 자는 노력하지 않음으로써 거절한다. 성인과 함께 살더라도 교화되어 선으로 들어가지 못한다. 공자가 말한 '하우'이다. 그러나 그 자질이 꼭 어둡거나 어리석은 경우만 아니다. 종종 강포하여 재주와 용력이 남을 능가한 사람도 있다. '은나라의 신辛(주紂왕의 이름)'이 그 사람이다. 성인은 선과 스스로 단절한 사람을 '하우'라고 불렀다. 그의 결말을 살펴보면 정말로 어리석다. – 이천

• 이 장은 앞 장과 합쳐야 한다. '자왈' 두 자는 연문이다.① – 혹자

17-4 공자가 무성에 갔는데, 현악과 노랫소리가 들렸다. 공자가 빙그레 웃으며 말하였다. "닭 잡는 데에 어찌 소 잡는 칼을 쓰랴?" 자유가 대답하였다. "전에 제가 선생님께 듣기로, '군자가 도를 배우면 인민을 사랑하고, 소인이 도를 배우면 부리기 쉽다'❷ 하셨습니다."
"애들아! 자유의 말이 옳다. 아까 한 말은 농담이다."

현弦은 거문고와 비파이다. 이때 자유가 무성의 원님이 되어, 예악으로 교화했기에 고을 사람들이 모두 현악에 노래하였다.

를 논한 장은 본래 하나의 장이다. 중간의 '자왈' 두 글자는 연문이다. 습관이 성품이 되어 서로 멀어지면 변화할 수 없게 되는 이치가 있다. 그러나 인간의 성은 본래 선하다. 아무리 악한 사람도 하루는 선을 따를 수 있다. 그렇게 하면 하루 동안 선한 사람이다. 어찌 끝내 변화하지 않는 이치가 있겠는가? '상商나라의 신辛 같은 망나니라도 변화할 수 있는 이치가 있다'고 말한 이천의 설이 그것이다.[8]

(莞, 華版反. 焉, 於虔反.) ○莞爾, 小笑貌, 蓋喜之也. 因言其治小邑, 何必用此大道也.

(易, 去聲.) ○君子小人, 以位言之. 子游所稱, 蓋夫子之常言. 言君子小人, 皆不可以不學. 故武城雖小, 亦必敎以禮樂.[1)]

嘉[2)]子游之篤信, 又以解門人之惑也.

○治有大小, 而其治之必用禮樂, 則其爲道一也. 但衆人多不能用, 而子游獨行之. 故夫子驟[3)]聞而深喜之, 因反其言以戲之. 而子游以正對, 故復是其言, 而自實其戲也.

17-5 公山弗擾以費畔,[4)] 召, 子欲往. 子路不說, 曰 : "末之也已, 何必公山氏之之也." 子曰 : "夫召我者而豈徒[5)]哉? 如有用我者, 吾其爲東周乎?"

弗擾, 季氏宰. 與陽貨共執[6)]桓子, 據邑以叛.[7)]

---

❷『어류』: 군자가 '도를 배우면', 즉 '자기가 서고 싶으면 남도 세워 주고, 자기가 통하고 싶으면 남도 통하게 해주고,'(6-30] '건은 아버지, 곤은 어머니에 해당한다'는 도리를 배우면 사람을 사랑한다. 소인이 '도를 배우면' 효제충신을 이해하니, 그러하면 부리기 쉽다.[11]

1) 邢曰 : "意欲以禮樂化導於民, 故弦歌." ○孔曰 : "言治小何須用大道. 道, 謂禮樂也."

2) 嘉(가) : 아름답다, 훌륭하다, 기쁘다, 경사스럽다, 칭찬하다, 가상히 여기다, 좋아하다.

3) 驟(취) : (말이) 달리다, 빠르다, 신속하다, 갑자기, 자주, 종종.

4) 畔(반) : 어기다, 배반하다(=叛), 두둑, 경계, 떨어지다, 어지러운 모양, 도망쳐 숨다.

5) 徒(도) : 무리, 걸어 다니다, 제자, 종, 맨손, 죄수, 헛되이, 보람 없이, 다만, 홀로.

6) 執(집) : 잡다, 체포, 멈춰 세우다, 누르다, 복종시키다, 관리하다, 협박, 맺다.

7) 據(거) : 의거, 의탁, 의지하다, 증거 삼다, 살다, 굳게 지키다, (덮쳐) 누르다. 叛(반) : 배반하다, 떨어지다, 둘이 되다, 달아나다, 어긋나다, 빛나다.

①『어류』: "공산불요가 정말 공자를 등용하고 공자가 정말 그를 따라갔더라도, 그가 개과천선하여 역심을 버리고 순종하도록 권하는 일에 불과하였을 터인데, 어떻게 주나라의 도를 부흥시킨다는 말씀입니까?" "나도 이해가 잘 안 된다. 성인의 뜻은 본래 우리가 헤아릴 수 없다. 당시는 명분이 정립되지 못한 시대였다. 공산불요가 계씨의 신하인 이상 계씨를 배반해서는 안 된다. 이른바 '개과改過'란 공산불요로 하여금 계씨에게 신하로서 순종하게 만드는 것일 따름이다. 이것이 통상적인 법도이다. 성인은 색다른 대책이 있었을 것이다." "그렇다면 반드

완이莞爾는 살짝 웃는 모습이다. 기뻤기 때문이다. 작은 읍을 다스리면서 왜 꼭 그처럼 대도大道를 쓰느냐는 말이다.

'군자'와 '소인'은 지위를 일컬은 말이다. 자유가 언급한 말은 공자가 평소에 한 말일 것이다. 군자와 소인 모두 배우지 않으면 안 되는 만큼, 무성이 비록 작더라도 반드시 예악으로써 가르쳐야 한다는 말이다.

자유의 돈독한 믿음을 가상히 여기고, 또 제자들의 의혹도 풀어주었다.

정치에는 크고 작은 일이 있으나, 모든 정치 행위는 반드시 예악에 따라야 한다. 그러면 그때 행하는 도는 한가지이다. 사람들은 대부분 쓰지 않았지만, 자유는 홀로 실천하였다. 그래서 공자가 갑자기 음악 소리를 듣고 깊이 기뻐하여, 반대로 말하며 농담하였다. 자유가 정색하며 대답했기 때문에, 공자가 다시 그의 말을 인정하면서 자기 말은 사실 농담이라고 하였다.

17-5 공산불요가 비읍에서 반란을 일으키고, 공자를 초빙하자, 공자가 가려고 하였다. 자로가 화난 얼굴로 말하였다. "가실 곳이 없으면 그만두시지, 하필 공산씨 같은 자에게 가신단 말씀입니까?" "나를 부른 사람이라면 어찌 공연히 그랬겠느냐? 나를 써 주는 사람만 있다면, 나는 동쪽에 주나라의 도를 부흥시킬 것이다."①

공산불요는 계씨의 가신이다. 양화와 함께 계환자를 가두고, 비읍을 점거하여 반란을 일으켰다.②

시 대대적으로 개혁해야 하는 것 아닙니까?" "성인이 정치를 행하면 반드시 경천동지했을 것이다. 그러나 결국 가지 않은 것은 행할 수 없다고 여겼기 때문이다."[15]

②『혹문』: ("공산불요가 계씨를 구금하고 반란하였다. 그 뜻이 당시의 난을 극복하고 권력을 잡음으로써 노나라 공실을 강화하려는 것이었는지도 모른다. 동주東周를 건설할 수 있었을지도 모른다"라고 설명한) 사량좌의 잘못을 장경부는 이렇게 논박하였다. "공산불요는 임금에게 명을 받은 것이 아니다. 그 자신이 모시는 대부를 배반했으니, 반역이다. 이런 식으로 당시의 난을 극복하겠다는 발상은 '난으로 난을 대체함(以亂易亂)'이니, 혼란만 심해질 뿐이다. 후세에 거짓 명분을 내세워 찬탈을 도모한 난신적자들의 소행이 대체로 그런 논리에서 비롯되었다. 공자가 어찌 그런 마음에서 공산불요에게 가려고 했겠는가?"

(說, 音悅.) ○末, 無[1]也. 言道旣不行, 無所往矣, 何必公山氏之往乎?

(夫, 音扶.) ○豈徒哉, 言必用我也. 爲東周, 言興周道於東方. ○程子曰 : "聖人以天下無不可有爲之人, 亦無不可改[2]過之人, 故欲往. 然而終不往者, 知其必不能改故也."

17-6 子張問仁於孔子. 孔子曰 : "能行五者於天下, 爲仁矣." 請問之. 曰 : "恭·寬·信·敏·惠. 恭則不侮, 寬則得衆, 信則人任焉, 敏則有功, 惠則足以使人."

行是五者, 則心存而理得矣. 於天下, 言無適[3]而不然, 猶所謂雖之夷狄不可棄者. 五者之目, 蓋因子張所不足而言耳. 任, 倚仗也,[4] 又言其效如此.
○張敬夫曰 : "能行此五者於天下, 則其心公平而周徧[5]可知矣. 然恭其本與?"
李氏曰 : "此章與六言·六蔽·五美·四惡之類, 皆與前後文體大不相似."[6]

---

1) 無(무) : 없다, 말라, 아니다, 무엇, 대저, 무릇, 가벼이 여기다, 대체로.
2) 改(개) : 변하다, 바뀌다, 달라지다, (잘못된 일이나 마음을) 바로잡다, 정정, 개혁.
3) 適(적) : 가다, 맞다, 사리에 맞음, 마음에 듦, 합치하다, 마침, 다만, 겨우, 꾸짖다.
4) 倚(의) : 의지하다, 기대다, 치우침, 인연하다, 맡기다. (기) : 기이하다, 이상야릇하다. 仗(장) : 무기, 호위, 의지하다, 기대다, 지팡이.
5) 徧(편) : 두루, 널리, 모두(=遍), 돌다, 두루 미치다, 치우치다(≒偏), 발을 절다.
6) 相似(상사) : 닮다, 비슷하다.
① 『혹문』 : 동주에 관한 소식의 다음 설명이 좋다. "공자가 반역자를 돕지 않았음은 천하가 다 아는 일이다. 반역하고 공자를 부른 공손불요의 뜻은 악을 행하는 데 있지 않았음에 틀림없다. 따라서 공자는 그의 선한 마음을 그대로 받아들여, 그와 단절하려고 하지 않았을 뿐이다. 공산불요가 동주를 건설하지 못할 것은 분명하다. 그러나 공자를 등용하면 동주를 건설할 방도가 있을 수 있다. 그 때문에 공자가 가려고 한 것이다. 끝내 가지 않은 것은 그 일이

말末은 없음(無)이다. 도가 행해지지 않는 이상 갈 곳이 없는데, 하필 공산씨한테 가느냐는 말이다.

'기도재豈徒哉'란 반드시 나를 등용할 것이라는 말이다. '위동주爲東周'란 동쪽에 주나라의 도를 부흥시키겠다는 말이다.①

• 성인은 천하에 도모할 수 없는 사람도 없다고 여기고, 과오를 고치지 못하는 사람도 없다고 여긴다. 따라서 가려고 하였다. 그러나 끝내 가지 않은 것은, 공산불요가 반드시 고치지 않을 사람임을 알았기 때문이다. – 정자

17-6 자장이 공자께 물었다. "인이란 무엇입니까?" "천하에서 다섯 가지를 행할 수 있으면, 인이다." "그 다섯 가지가 무엇입니까?" "공경, 관대함, 신의, 민첩함,② 은혜로움이 그것이다. 공경스러우면 도욕당하지 않고, 관대하면 민심을 얻고, 신의가 있으면 남의 신임을 받고,③ 민첩하면 공을 세우고, 은혜로우면 남을 부릴 수 있다."

이 다섯 가지를 행하면, 본심이 보존되고(存心) 천리를 얻는다. 어천하於天下란 어디에서든 그렇지 않음이 없다는 것이다. "비록 야만의 나라를 가더라도 버려서는 안 된다"(13-19)는 표현과 비슷하다. 다섯 항목은 아마 자장의 단점에 근거한 말일 뿐이다. 임任은 맡기고 의지함이다. 그 효과가 그와 같음을 갈하였다.

• 이 다섯 가지를 천하에 행할 수 있으면, 그 마음이 공평하여 두루 미침을 알 수 있다. 그러나 공경이 그 가운데 근본 아닐까? – 장경부

• 이 장은 육언六言·육폐六蔽(17-8)·오미五美·사악四惡(20-2)을 논한 부류와 같다. 이것들은 앞뒤(『논어』 전체)의 문체와 크게 다르다.④ – 이욱

불가능함을 알았기 때문이다."

② 『어류』: 일에 민첩하지 않으면 태만한 마음이 생긴다. 태만하면 본심이 보존되지 못하고 중단되는 일이 많다. 그것이 불인不仁이다.[17]

③ 『어류』: '임任'은 남이 자신에게 의지함이다. 임협任俠이란 남을 위해 일을 담당할 수 있음을 말한다.[18]

④ 『어류』: '육언'·'육폐'·'오미' 등의 말은, 그 뜻은 옳지만 모두 성인의 평상시의 말투와 같은 모습이 아니다. 『가어』에는 그런 부류의 말이 많다. 대체로 『논어』 후반의 여러 편들은 전반의 편들과 비슷하지 않다.[26]

17-7 佛肸召，子欲往.

子路曰："昔者由也聞諸夫子曰：'親於其身爲不善者，君子不入也.' 佛肸以中牟畔，子之往也，如之何!"

子曰："然. 有是言也. 不曰堅乎，磨而不磷[1]；不曰白乎，涅而不緇.[2] 吾豈匏瓜[3]也哉? 焉能繫而不食?"

(佛，音弼. 肸，許密反.) ○佛肸，晉大夫趙氏之中牟宰也.

子路恐佛肸之浼[4]夫子，故問此以止夫子之行. 親，猶自[5]也. 不入，不入其黨也.

(磷，力刃反. 涅，乃結反.) ○磷，薄[6]也. 涅，染皁[7]物. 言人之不善，不能浼己. 楊氏曰："磨不磷，涅不緇，而後無可無不可. 堅白不足，而欲自試於磨涅，其不磷緇也者幾希."

(焉，於虔反.) ○匏，瓠也. 匏瓜繫於一處而不能飮食，人則不如是也.[8] ○張敬夫曰："子路昔者之所聞，君子守身之常法. 夫子今日之所言，聖人體道之大權也. 然夫子於公山·佛肸之召皆欲往者，以天下無不可變之人，無不可爲之事也. 其卒不往者，知其人之終不可變而事之終不可爲耳. 一則生物之仁，一則知人之智也."

---

1) 磷(린)：돌 틈으로 물이 흐르는 모양, 엷은 돌, 돌이 닳아서 엷어짐, 운모, 조약돌.
2) 涅(날)：진흙, 흑색, 검게 물들이다. 涅(열)：열반. 緇(치)：검은 옷, 검다, 검게 물들다.
3) 匏瓜(포과)：박, 바가지. 匏：박, 바가지. 瓜：오이, 박과의 총칭.
4) 浼(매)：더럽히다, 명예 등이 손상되다.
5) 自(자)：스스로, 몸소, 자기, 저절로, 말미암다, 좇다, 따르다, 진실로, 처음.
6) 薄(박)：엷다, 담박하다, 좁다, 얇게 하다, 줄이다, 멈추다, (널리) 베풀다, 대바구니.
7) 皁(조)：검다, 검은 비단, 하인, 천한 사람, 마구간, 구유, 말 먹이는 사람, 도토리.
8) 何曰："匏，瓠也. 言匏瓜得繫一處者，不食故也. 吾自食物，當東西南北，不得如不食之物，繫滯一處也." ○明道曰："公山弗擾佛肸召，子皆欲往者，聖人以天下無不可有爲之人，亦無不可改過之人，故欲往. 然終不往者，知其必不能改故也. … 匏瓜者，繫而不爲用之物. 不食者，不用之義也." 又曰："佛肸召子，必不徒然，其往義也. 然終不往者，度其終不足與有爲也." ○『或問』：程子之說善矣. 但匏瓜不食之義，恐未安.

17-7 필힐이 초빙하자, 공자가 가려고 하였다. 자로가 말하였다. "전에 선생님께서 말씀하시길, '몸소 앞장서서 악을 행한 자에게 군자는 들어가지 않는다' 하셨습니다. 필힐이 중모에서 반란을 일으켰거늘, 선생님께서 가려고 하시니 어찌된 일입니까?"
"물론 그런 말을 한 적이 있다. 하지만 갈아도 닳지 않음이 견고함 아니겠는가? 물들여도 검어지지 않음이 흼 아니겠는가? 내 어찌 그저 매달려만 있고 아무도 따먹지 않는 박과 같을 수 있겠는가?"

필힐佛肸은 진나라 대부인 조씨의 중모 고을의 읍재이다.

자로는 필힐이 공자의 명예를 더럽힐까 염려하였다. 그래서 이렇게 질문하고 공자가 가는 것을 막았다. 친親은 '스스로(직접)'이다. '들어가지 않는다' 함은, 그 무리에 들어가지 않는다는 것이다.

린磷은 엷어짐, 날涅은 검게 물들이는 것이다. 남의 옳지 못함이 자신을 더럽히지 못한다는 말이다.

• 갈아도 닳지 않고 물들여도 검어지지 않은 다음에야, '된다' '안 된다'(18-8)에 구애받지 않는다. 굳고 희지 못하면서 스스로 몸을 던져 닳거나 물들여지지 않는지를 시험할 경우, 닳고 물들지 않은 적이 거의 없다. – 양시

포匏는 표주박이다. 표주박은 한곳에 매달려만 있어서 먹거나 마실 수 없지만, 사람은 그렇지 않다.

• 자로가 전에 들은 말은, 군자가 자신을 지키는 일반 원칙이다. 공자가 지금 하는 말은 성인이 도를 구현하는 크나큰 융통성(大權)이다. 공자가 공산불요나 필힐의 부름에 가려고 한 것은, 천하에는 변화시킬 수 없는 사람이 없고 도모하지 못할 일이 없다고 여겼기 때문이다. 공자가 끝내 가지 않은 것은, 그들이 결국 변할 수 없고 그 일이 도모할 수 없는 일임을 알았기 때문이다.[①] 전자가 만물을 소생시키는 인仁이라면, 후자는 사람을 알아보는 지혜(智)이다. – 장경부

---

①『어류』: 필힐과 공산불요가 공자를 부른 것은 일시적인 선의善意였다. 성인의 마음도 마침 가려고 했으나, 곰곰이 생각하고는 가지 않았다. 두 사람은 잠시 현인을 존중하고 선을 향하려는 참된 마음(誠心)이 있었기 때문에, 성인을 감격시켜 갈 마음이 생기게 하였다. 그들이 무도하게 배반하여 끝내 고치지 않았기 때문에 성인 역시 끝내 가시지 않았다. 비유컨대

17-8 子曰：“由也, 女聞六言六蔽矣乎?” 對曰：“未也.” “居! 吾語女. 好仁不好學, 其蔽也愚；好知不好學, 其蔽也蕩[1]；好信不好學, 其蔽也賊[2]；好直不好學, 其蔽也絞[3]；好勇不好學, 其蔽也亂；好剛不好學, 其蔽也狂.”

(女, 音汝, 下同.) ○蔽, 遮掩也.[4]

(語, 去聲.) ○禮：君子問更端, 則起而對. 故孔子喻[5]子路, 使還坐而告之.[6]

(好·知, 並去聲.) ○六言皆美德, 然徒好之而不學以明其理, 則各有所蔽. 愚, 若可陷可罔之類. 蕩, 謂窮高極廣而無所止. 賊, 謂傷害於物. 勇者, 剛. 剛者, 勇之體. 狂, 躁率也.[7]

范氏曰：“子路勇於爲善, 其失之者, 未能好學以明之也, 故告之以此. 曰勇·曰剛·曰信·曰直, 又皆所以救其偏也.”

먹구름이 꽉 찼다가 문득 조금 개이면 잠시 광명이 생겼다가 다시 먹구름으로 뒤덮이는 것과 같다.[22]

1) 蕩(탕) : 흔들다, 소탕, 제거, 흩어지다, 감동시킴, 제멋대로 함, 방탕, 방종, 간편하다.

2) 賊(적) : 도둑, 해치다, 죽이다, 강탈, 협박, 헐뜯다, 비방, 요괴, 역적, 원수, 적敵.

3) 絞(교) : 각박하다, 조금의 여유도 없다, 목매다, 묶다, 엄하다, 비방하다.

4) 蔽(폐) : 덮다, 싸다, 숨기다, 가로막다, 가려 막는 것, 울타리, 어둡다, 희미하다, 가리개. 遮(차) : 가리다, 막다, 차단하다, 숨기다, 속이다. 掩(엄) : 가리다, 감추듯이 덮다.

5) 喻(전서본) : 諭(내각본). 喻(유) : 깨우침, 깨닫다, 밝게 알다, 이르다, 비유, 기뻐함.

6) 『禮記』 : 侍坐於君子, 君子問更端, 則起而對. ○孔曰 : “子路起對, 故使還座也.”

7) 狂(광) : 경솔하다, 상규를 벗어남, 거만하다, 사리 분별을 못함, 황급하다, 어리석다. 躁率(조솔) : 조급하고 경솔하다. 躁 : 조급하다, 성급하다. 率 : 경솔, 솔직하다.

① 『어류』 : 진리를 택하지 않고 오로지 내가 그와 같이 하려고 하여 곧 그와 같이 행하면 결국 일을 해친다.[24]

② 『혹문』 : 이 여섯 가지 경우의 사람은 각 덕목을 좋아하기만 하고 학문을 하지 않기 때문에, 폐단이 생김을 면치 못하고 사이비한 영역에 빠져든다.

③ 가령 ‘정직直을 좋아한다’ 함은 그 덕목을 실천하기 좋아하거나 혹은 주장하고 찬미하기 좋아한다는 말이다. 자기 아버지가 양을 훔친 사실을 관가에 고발한 사람은 그 행위를 ‘정직’으로 여겼기(13-18) 때문에 그 일을 감행하였다. 이것이 호직好直의 맥락이다. 이 때 “이 일이 직直이다”는 주장이 언급이고, ‘직’은 명名이다. 그런데 이것은 그 사람의 생각일 뿐이다.(법가

17-8 공자가 자로에게 물었다. "너는 6언(주장)·6폐(폐단)를 아느냐?" "아직 모릅니다." "앉아라! 내가 너에게 말해 주겠다. 인仁을 좋아하고 학문을 멀리하면, 그 폐단은 어리석음이다. 지혜를 좋아하고 학문을 멀리하면, 그 폐단은 방종이다. 믿음을 좋아하고 학문을 멀리하면, 그 폐단은 해침이다.[1] 정직을 좋아하고 학문을 멀리하면, 그 폐단은 각박함이다. 용기를 좋아하고 학문을 멀리하면, 그 폐단은 난동이다. 강직을 좋아하고 학문을 멀리하면, 그 폐단은 조급함이다."

폐蔽는 덮어 가림이다.

예에 따르면, 군자가 질문하여 화제를 바꾸면 일어나서 대답한다. 그래서 공자가 자로를 깨우치면서 다시 앉게 하고 일러주었다.

6언六言은 모두 미덕이다. 그러나 그저 좋아하기만 하고 학문을 통하여 그 이치를 밝히지 않으면, 저마다 폐단이 생긴다.[2] 우愚는 함정에 빠지고 속임을 당하는(6-26) 부류이다. 탕蕩은 고상함과 원대함만 추구하여 머무는 바가 없음, 적賊은 사물에 상해를 입힘을 일컫는다. 용기(勇)는 굳셈(剛)의 표출이고, 굳셈은 용기의 본체이다. 광狂은 조급하고 경솔함이다.

• 자로는 선을 행하는 데 용감하였다. 그의 단점은 학문을 통하여 선의 이치를 밝히지 못하는 데 있었다. 그래서 이와 같이 일러주었다. 용기, 굳셈, 신의, 정직을 일러준 것은, 또 모두 그의 치우침을 바로잡으려는 것이다. – 범조우[3]

라면 이 사람의 주장에 찬동한다.) 일반적인 관점에서 볼 때 그 일은 '정직'이 아니라 '패륜(絞 : 각박함)이다. 즉 그 일을 지칭하는 단어들 중에 '직直'은 틀린 이름이고, '교絞'가 바른 이름이다. "직直은 직다워야 직이다. 직이 직답지 못하면 직이 아니다"는 말이다. 이것을 공자의 정명론 표현(12-11) 방식대로 표현하면 "직직直直"이 된다. 우리는 우리 혹은 타인의 어떤 행동들, 혹은 어떤 특정 사태들("實")에 대하여 각각 인仁·지知·신信·직直·용勇·강剛의 이름(名)을 붙인다. 즉 '갑의 사태는 인仁이다' '을의 사태는 직直이다'라고 주장한다. 그러나 그런 주장들은 그릇될 수 있다. 그런 사태들은 지칭하는 명名이 올바르지 않을 수 있기 때문이다. 또 많은 경우 우리는 우愚·교絞··· 의 행동을 하면서도, 스스로 인仁·직直 ···의 덕목을 실천한다고 여긴다. 이 모든 일의 기초에는 명에 대한 인식의 문제가 놓여있다. 우리가 왜 그런 수준의 판단밖에 못하는가? 왜 그런 수준의 행동밖에 못하는가? 그것은 곧 우리의 인식의 한계 때문이다. '6언6폐'는 6개의 명만 거론했는데, 공자는 사실 백언백폐, 천언천폐를 가르치고 있다. 어떤 경우든 그 명에 어울리는 '실'을 갖추었을 때만 그 명으로 불릴 수

17-9 子曰："小子何莫學夫詩? 詩, 可以興, 可以觀, 可以群, 可以怨. 邇[1]之事父, 遠之事君. 多識於鳥獸草木之名."

(夫, 音扶.) ○小子, 弟子也.

感發志意.

考見得失.

和而不流.[2]

怨而不怒.

人倫之道, 『詩』無不備, 二者擧重而言.[3]

其緖餘[4]又足以資多識.

○學『詩』之法, 此章盡之. 讀是經者, 所宜盡心也.

17-10 子謂伯魚曰："女爲「周南」「召南」矣乎? 人而不爲「周南」「召南」, 其猶正牆面而立也與?"

(女, 音汝. 與, 平聲.) ○爲, 猶學也. 「周南」·「召南」, 『詩』首篇名. 所言皆修身齊家之事.[5] 正牆面而立, 言卽[6]其至近之地, 而一物無所見, 一步不可行.

있다는, 공자의 정명正名 사상은 "君君, 臣臣, 父父, 子子, 仁仁, 知知, 信信, 直直, 勇勇, 剛剛, 孝孝, …"로 표현된다.

1) 邇(이) : 가깝다, 가까이하다, 통속적이다, 비근하다, 가까운 데, 가까운 이웃.

2) 流(류) : 방랑, 근거 없다, 절제 잃음, 멋대로 행동함, 달아남, 비뚤어짐, 탐닉, 잘못.

3) 橫渠曰 : "『詩』中君臣·父子·兄弟·夫婦·朋友莫不皆有, 人但學『詩』中所行得失, 則事君事父無不盡. 止言事父事君, 最擧其重者言也."

4) 緖餘(서여) : 잔여, 나머지, 남은 일, 본업 외에 하는 일. 緖 : 실마리, 기분, 마음.

5) 伊川曰 : "人欲治天下國家, 先須從身修家齊來, 不然, 則是猶正牆面而立也."

6) 卽(즉) : 접근하다, 가까이하다, 나아가다, 자리에 나아가다, (역할·임무를) 맡다, 만약.

① 『어류』 : "『시』가 어떻게 분발시킵니까?" "『시』를 읽으면서 내용이 아름답지 못한 것을 읽으면 부끄러움을 느끼고, 아름다운 것을 읽으면 떨쳐 일어나기(興起) 때문이다."[28]

17-9 공자가 말하였다. "너희는 왜 『시』를 공부하지 않는가? 『시』를 배우면 분발할 수 있고,① 안목을 기를 수 있고, 사람들과 잘 어울릴 수 있고, 원망을 표출할 수 있다. 가까이는 부모를 섬기고, 멀리는 임금을 섬기는 일, 및 조수초목의 이름도 많이 알 수 있다."

소자小子는 제자들이다.

뜻과 의지를 촉발시킴이다.

시비득실을 통찰함이다.②

화목하되 방탕하지 않음이다.

원망하되 분노하지 않음이다.

인륜의 도는 『시』에 갖추어져 있지 않은 것이 없으나, 중요한 두 가지만 거론하였다.

또 부수적으로는 많은 지식의 밑천을 얻을 수 있다.

『시』를 배우는 방법은 이 장에 다 포괄되어 있다. 그 경전을 읽는 이가 마땅히 마음을 다해야 할 점들이다.

17-10 공자가 아들 백어에게 말하였다. "너는 「주남」·「소남」을 배웠느냐? 사람으로서 「주남」·「소남」을 배우지 않으면, 바로 담장 앞에 서 있는 것과 같다(앞이 꽉 막힌 사람이 된다)."

위爲③는 배움과 같다. 「주남」·「소남」은 『시』의 첫 편명들이다. 그 내용은 모두 수신제가의 일이다. '바로 담장 앞에 서 있다' 함은, 너무 가까운 곳이 붙어 있어서 어떤 사물도 볼 수 없고, 한 걸음도 앞으로 나아갈 수 없다는 뜻이다.

---

② 『혹문』: 공자의 뜻은 아마 『시』의 내용에 사방의 풍속과 천하의 일이 있으니, 고금의 치란득실治亂得失의 변화와 인정·세태의 오묘함까지 모두 고찰할 수 있다는 말이다.

③ 『어류』: '위' 자는 '고루하다! 고수의 시 해석은(固哉高叟之爲詩)'[『맹자』 12 : 3]의 '위'와 같다. '연구하고 토론한다(講論)'는 뜻이다.[29]

17-11 子曰："禮云禮云, 玉帛云乎哉? 樂云樂云, 鐘鼓云乎哉?"

敬而將[1]之以玉帛, 則爲禮；和而發之以鐘鼓, 則爲樂. 遺其本而專事其末, 則豈禮樂之謂哉?[2]
○程子曰："禮只是一箇序, 樂只是一箇和. 只此兩字, 含蓄多少義理. 天下無一物無禮樂. 且如置此兩椅,[3] 一不正, 便是無序. 無序便乖,[4] 乖便不和. 又如盜賊至爲不道, 然亦有禮樂.[5] 蓋必有總屬,[6] 必相聽順, 乃能爲盜. 不然, 則叛亂無統,[7] 不能一日相聚而爲盜也. 禮樂無處無之, 學者須要識得."

17-12 子曰："色厲而內荏,[8] 譬諸小人, 其猶穿窬之盜也與?"

(荏, 而審反. 與, 平聲.) ○厲, 威嚴也. 荏, 柔弱也. 小人, 細[9]民也. 穿,[10] 穿壁. 窬, 踰牆.[11] 言其無實盜名, 而常畏人知也.

---

1) 將(장)：받들다, 보조하다, 동반하다, 거느리다, 부축하다, 하다, 처리하다.
2) 范曰："禮之本在於敬, 樂之本在於和." ○尹曰："禮之本在於敬, 樂之本在於和. 寓禮於玉帛, 寓樂於鐘鼓. 事其末而不知其本, 豈所謂禮樂也哉?"
3) 椅(의)：의나무(낙엽 활엽 교목), 걸상, 의자.
4) 乖(괴)：어그러지다, 어기다, 비정상이다, 비뚤어지다, 배반하다, 떨어지다, 교활하다.
5) 『莊子』「胠篋」："盜亦有道乎?" 跖曰："何適而无有道邪! 夫妄意室中之藏, 聖也；入先, 勇也；出後, 義也；知可否, 知也；分均, 仁也. 五者不備而能成大盜者, 天下未之有也."
6) 總(총)：거느리다, 다스리다, 총괄하다, 통괄, 우두머리의, 지도적인. 屬(속)：무리, 한패, 졸개, 혈족, 하급관리, 잇다, 맺다.
7) 統(통)：법, 기강, 통솔하다, 다스림, 큰 줄기, 혈통, 실마리, 처음, 근본, 바탕을 두다.
8) 厲(려)：엄격하다, 엄숙, 사납다, 날카롭게 갈다. 荏(임)：연약하다, 유약함, 부드러움.
9) 細(세)：가늘다, 미미하다, 작다, 여위다, 드물다, 자세하다, 번거롭다, 비천하다, 소인.
10) 穿(천)：(구멍을) 뚫다, 구멍, 묘혈, 까밝히다, 관통하다.
11) 窬(유)：좁은 문, 담을 넘다(≒踰). 踰(유)：넘다, 지나가다, 건너다, 타넘다, 뛰다.

17-11 공자가 말하였다. "예절 운운함이 옥과 폐백을 말한 것이겠는가! 음악 운운함이 종과 북을 말한 것이겠는가!"

공경하면서 옥과 폐백으로 받들어야 예절이 된다. 화평(화합)하면서 종과 북으로 표출해야 음악이 된다. 그 근본을 버리고 오로지 말단만 강구할 경우, 어찌 예악이라고 할 수 있겠는가?

• 예는 질서일 뿐이고, 음악은 화평일 뿐이다. 이 두 글자만으로도 많은 의리를 함축하고 있다. 천하에 어떤 것도 예악이 없는 것은 없다.① 여기에 두 개의 의자가 있다고 하자. 하나가 바르지 않으면 질서가 없다. 질서가 없으면 어그러지고, 어그러지면 화합하지 못한다. 또 예컨대 도적은 지극히 무도하지만 역시 예악이 있다. 반드시 두목과 졸개가 있고, 반드시 서로 받들고 순종해야 도적질을 할 수 있다. 그렇지 않으면 반란하여 기강이 무너져, 단 하루도 모여서 도적질할 수 없다. 예악은 어디든 없는 곳이 없음을 학생은 인식해야 한다. – 이천

17-12 공자가 말하였다. "낯빛은 근엄하나 속은 흐물흐물함이란,② 소인에 비유하면 벽을 뚫거나 담을 넘어가는③ 도둑 같다고나 할까?"

여厲는 위엄, 임荏은 나약함(유들유들함)이다. 소인小人은 천한 사람이다. 천穿은 벽을 뚫음, 유窬는 담을 넘음이다. 이런 사람은 실제는 없으면서 명성만 훔쳐서 남이 알아챌까 늘 두려워한다는 말이다.

---

① 『혹문』: "여기서 예악은 어떤 것입니까?" "「악기樂記」에서 말한 '하늘은 높고 땅은 낮으며 만물은 각기 다르니 예禮의 제도가 운행되고, 만물이 작용하여 쉼이 없고 서로 조화하고 변화하니 음악(樂)이 흥기하였다'라고 한 것이 바로 그것이다."

② 『어류』: 속은 이와 같으나 겉은 그와 같지 않고, 겉은 이러하나 내면은 그러하지 않음을 말한다.[35]

③ 『어류』: "왜 벽을 뚫고 담을 넘는 일에 비유하였습니까?" "그의 뜻은 오직 남을 속이려는 데 있으며, 그는 그런 마음이 남에게 알려질까 늘 두려워하기 때문이다. 마치 도적의 심리와 같다."[34]

17-13 子曰："鄕原, 德之賊也."

鄕者, 鄙俗之意. 原, 與愿[1]同. 『荀子』'原愨,'[2] 『注』讀作愿是也. 鄕原, 鄕人之愿者也. 蓋其同流合汙以媚於世, 故在鄕人之中, 獨以愿稱. 夫子以其似德非德, 而反亂乎德, 故以爲德之賊而深惡之. 詳見『孟子』末篇.

17-14 子曰："道聽而塗說, 德之棄也."

雖聞善言, 不爲己有, 是自棄其德也.
○王氏曰："君子多識前言往行以畜[3]其德, 道聽塗說, 則棄之矣."[4]

17-15 子曰："鄙夫可與事君也與哉? 其未得之也, 患[5]得之；旣得之, 患失之. 苟患失之, 無所不至矣."

(與, 平聲.) ○鄙夫, 庸惡陋劣之稱.[6]

何氏曰："患得之, 謂患不能得之."

---

1) 愿(원) : 삼가다, 공손하다, 정중하다, 성실하다, 질박하다.

2) 愨(각) : 삼가다, 행동을 조심하다, 바르다, 성실하다, 정성, 성실한 마음, 순박하다.

3) 畜(축) : 쌓다, 보충하다, 기다, 짐승을 사육함, 부양하다, 먹여 살리다.

4) 謝曰 : "君子敏於事而愼於言, 欲以畜德. 道聽而塗說, 是棄之也, 與出乎口入乎耳同." ○楊曰 : "道聽而塗說, 口耳之學也, 故爲德之棄." ○侯曰 : "不能有諸己, 非德之棄與."

5) 患(환) : 걱정, 근심, 염려하다, 앓다, 미워하다, 재해, 재난, 재앙, 병환.

6) 庸(용) : 어리석다, 우매하다, 하찮다, 변변치 못하다, 용렬하다, 평범하다, 보통이다. 陋劣(루열) : 초라하다, 조잡하다, 열악하다. 陋 : 추하다, 거칠다, 누추하다, 견문이 적다.

① 『어류』 : "왜 순자의 원각愿愨이란 설을 인용하셨습니까?" "향원은 그다지 견식이 없다. 향원의 원愿은 꼭 진짜로 공손한(眞愿) 것이 아니다. 그저 비루하게 세속을 추종하는 사람일 뿐이다."[37]

② 『어류』 : 『맹자』의 설명 중 '이 세상에 사는 이상 이 세상을 위한다. 좋은 것이 좋다는 입장이다(生斯世也, 爲斯世也, 善斯可矣)'는 구절이 가장 좋다. 향원의 본질이다.[36] ○『혹문』 : 범조

17-13 공자가 말하였다. "향원은 도덕의 적이다."

향鄕이란 비속하다는 뜻이다. 원原은 원愿과 같다. 『순자』의 '원각原慤'을 양경이 『주』에서 원愿으로 읽은 것이 그렇다. 향원이란 마을 사람 가운데 근후한 사람이다.① 시류에 동조하고 부패에 영합하여 세상에 아첨하기 때문에, 마을 사람들 가운데서 유독 근후하다고 일컬어진다. 공자는 그가 유덕자와 비슷하지만 유덕자가 아니고, 도리어 도덕을 어지럽히기 때문에 도덕의 적으로 여겨 깊이 증오하였다. 『맹자』 마지막 편에 자세히 나온다.②

17-14 공자가 말하였다. "길에서 듣고 길에서 떠들면, 덕을 망친다."

좋은 말을 듣고도 자기 것으로 만들지(몸소 실천하지) 않음이 스스로 그 덕을 버림이다.③

• 군자는 앞사람들의 말과 행실을 많이 배워서 자기 덕을 쌓는다. 길에서 듣고 길에서 떠들면, 덕을 버리게 된다. – 왕안석

17-15 공자가 말하였다. "비루한 사람과 함께 임금을 섬길 수 있겠는가? 얻지 못하면 얻으려 안달하고, 이미 얻으면 잃을까 안달한다. 정말 잃을까 안달하면 못하는 짓이 없다."

비부鄙夫는 용렬하고 악하며 비열한 사람을 일컫는다.

• 얻으려 안달한다④ 함은 얻지 못할까 안달한다는 말이다. – 하안

우의 해설이 좋다. ○『정의』: 범조우가 말했다. "성인은 사이비似而非를 미워한다. 만약 사정邪正과 시비是非가 흑백처럼 뚜렷이 구별되면, 성인이 굳이 변별하지 않아도 된다. 낯빛은 근엄하나 속은 흐물흐물함(17-12)은 바른(正) 것 같지만 바르지 않음이고, 향원은 덕인 것 같지만 덕이 아니다. 임금이 이것을 변별하면 선과 악, 시와 비를 혼동하지 않는다."

③ 『어류』: 적賊 자와 기棄 자는 함께 보면 효과적이다. 향원은 오직 남의 비위를 맞추면서 환심을 사려고 할(偸合苟容) 줄만 안다. 아주 사이비이기 때문에 사람들이 (잘 구별하지 못하고) 모두 칭찬한다. 그래서 '덕의 적賊이다.' '길에서 듣고 길에서 떠드는' 사람은, 들으면 곧 말해 버리고 내면에 축적하지 않는다. 마음에 저장하지 못하니, 몸으로 실천하지도 못한다. 이것이 덕을 버림(棄)이다.[40]

小則吮癰舐痔,[1] 大則弑父與君, 皆生於患失而已.

○胡氏曰："許昌靳[2]裁之有言曰：'士之品大概有三：志於道德者, 功名不足以累其心；志於功名者, 富貴不足以累其心；志於富貴而已者, 則亦無所不至矣.' 志於富貴, 卽孔子所謂鄙夫也."

17-16 子曰："古者民有三疾, 今也或是之亡也. 古之狂也肆,[3] 今之狂也蕩；古之矜也廉,[4] 今之矜也忿戾[5]；古之愚也直, 今之愚也詐[6]而已矣."

氣失其平則爲疾, 故氣稟之偏者亦謂之疾.[7] 昔所謂疾, 今亦無之, 傷俗之益衰也.

狂者, 志願太高. 肆, 謂不拘小節. 蕩, 則踰大閑[8]矣. 矜者, 持守太嚴. 廉, 謂稜角陗厲.[9] 忿戾則至於爭矣. 愚者, 暗昧不明. 直, 謂徑[10]行自遂. 詐, 則挾私妄作矣.

○范氏曰："末世滋僞. 豈惟賢者不如古哉? 民性之蔽, 亦與古人異矣."

---

④『혹문』: 소식이 말하였다. "'얻으려고 안달한다(患得之)' 함은 '얻지 못할까 안달한다(患不得之)'로 고쳐야 한다. 궐문이다. 비열한 자는 사익의 도모에만 관심이 있다. 그 해악은 망국에까지 미친다. 이사가 호해를 임금에 앉히고 장우가 왕망을 편든 그 음모는, 모두 '(기득의 지위를) 잃을까 안달함'에서 비롯되었다. 따라서 공자가 깊이 우려하여 '못할 짓이 없게 된다'고 말하였다. 반드시 망국에까지 이를 것이라는 뜻이다." 그런데 여기서 '얻으려고 안달한다'는 표현도 문맥이 잘 통한다. 글자를 증가시킬 필요가 없다.

1) 吮(연): 빨다, 핥다. 癰(옹): 악창, 등창. 舐(지): 핥다, 빨다. 痔(치): 치질. ○『莊子』: 秦王有病召醫. 破癰潰痤者得車一乘, 舐痔者得車五乘, 所治愈下, 得車愈多.

2) 靳(근): 수레 끄는 말의 가슴걸이, 아끼다, 아까워하다, 인색하다, (남에게) 창피를 주다.

3) 肆(사): 멋대로 하다, 망동하다, 거리낌 없이 말함, 도를 넘다, 펴다.

4) 矜(긍): 불쌍히 여김, 괴로워함, 숭상, 자랑하다, 위태하다, 엄숙하다, 스스로 삼가다. 廉(렴): 청렴하다, 검소하다, 곧다, 모퉁이, 날카롭다, 살펴보다, 곁, 모나다, 끊다.

5) 忿(분): 성내다, 분개하다. 戾(려): 어그러지다, 괴팍함, 괴벽, 흉악하다, 도달하다.

6) 詐(사): 속이다, 우롱하다, 말을 꾸미다, 교묘한 말, 함정에 빠뜨리다, 술책을 쓰다.

작게는 종기를 빨고 치질을 핥는 짓이나, 크게는 아버지나 임금을 시해하는 짓이 모두 (차지한 자리를) 잃을까 안달하는 데에서 생긴다.

• 허창의 근재지가 한 말이 있다. '선비의 등급은 대략 셋이다. 도덕에 뜻을 둔 사람은 공명심에 마음이 휘둘리지 않는다. 공명에 뜻을 둔 사람은 부귀에 마음이 휘둘리지 않는다. 부귀에만 뜻을 둔 사람은 못하는 짓이 없게 된다.' 부귀에 뜻을 둔 사람이 곧 공자가 말한 비루한 사람이다. – 호안국

17-16 공자가 말하였다. "옛사람은 세 가지 고질이 있었다. 지금은 그것조차 없는 듯하다. 옛날의 광자는 소탈했지만, 지금의 광자는 방탕하다. 옛날의 경건한 자는 엄격했지만, 지금의 경건한 자는 성내고 괴팍하다. 옛날의 우직한 자는 정직했으나, 지금의 우직한 자는 거짓뿐이다."

기질(기백)이 형평성을 잃으면 고질이 된다. 따라서 타고난 기질이 치우친 경우 역시 고질이다. 옛날의 이른바 고질이, 지금은 그것조차 없어졌으니 풍속이 더욱 쇠락하였음을 한탄한 것이다.

광자狂者는 뜻이 너무 큰 사람이다. 사肆는 작은 절개에 구애되지 않음을 일컫는다. 탕蕩은 중대한 한계를 넘어섬(19-11)이다. 긍자矜者는 지조가 너무 엄격한 사람이다. 염廉은 예리하고 준엄함을 일컫지만, 성내고 괴팍스러우면(忿戾) 싸움에 이른다. 우자愚者는 어둡고 명석하지 못한 사람이다. 직直은 올바르게 행하여 스스로 완수함을 일컫고, 사詐는 사심을 가지고 멋대로 날조함이다.

• 말세에는 점점 거짓이 많아진다. 어찌 현자의 경우만 옛날보다 못하겠는가? 백성들 성품의 폐단 또한 옛날 백성과 차이가 생겼다. – 범조우

---

7) 疾(질) : 질병, 버릇, 성벽, 흠, 근심하다, 원망·비방하다, 빨리, 다투다. ○楊曰 : "氣失其平則爲厲疾, 狂·矜·愚, 氣稟之偏也, 故亦謂之疾."

8) 閑(한) : 막히다, 문지방, 한정하다, 법규, 바르다, 익숙해짐, 틈, 느긋하다, 우아하다.

9) 稜角(릉각) : 모서리, 날카로움. 陗厲(초려) : 날카롭다, 준엄·엄숙함. 陗 : 산비탈, 가파르다.

10) 徑(경) : 지름길, 좁은 길, 논두렁, 지름, 쉽다, 빠르다, 바르다, 정직, 곧바로, 연유하다.

17-17 子曰："巧言令色, 鮮矣仁."

重出.

17-18 子曰："惡紫之奪[1]朱也, 惡鄭聲之亂雅樂也, 惡利口之覆[2]邦家者."

(惡, 去聲. 覆, 芳服反.) ○朱, 正色. 紫, 閒色. 雅, 正也. 利口, 捷給.[3] 覆, 傾敗也.

○范氏曰："天下之理, 正而勝者常少, 不正而勝者常多, 聖人所以惡之也. 利口之人, 以是爲非, 以非爲是, 以賢爲不肖, 以不肖爲賢. 人君苟悅而信之, 則國家之覆也不難矣."

17-19 子曰："予欲無言." 子貢曰："子如不言, 則小子何述[4]焉?" 子曰："天何言哉? 四時行焉, 百物生焉, 天何言哉?"

學者多以言語觀聖人, 而不察其天理流行之實, 有不待言而著者. 是以徒得其言, 而不得其所以言, 故夫子發此以警之.

子貢正以言語觀聖人者, 故疑而問之.

---

1) 奪(탈) : 빼앗다, 약탈, 징발, 쳐서 얻다, 잃게 하다, 탈진, 혼란해짐, 어지러워짐, 잘못함.

2) 覆(복) : 뒤집힘, 넘어지다, 무너지다, 망하다, 도리어, 겹치다, 아뢰다. (부) : 덮다, 감싸다.

3) 捷(첩) : 이기다, 전리품, 승리, 민첩함, 빨리, 미치다, 기르다, 꽂다. 給(급) : 구변이 좋다, 넉넉하다, 더하다, 공급, 갖추어지다, 주다, 미치다, 빠르다.

4) 述(술) : 짓다, 말하다, 설명하다, 해석하다, 좇다, 닦다, 밝히다, 행하다, 기록.

① 『어류』 : 본디 바르지 못한 사물이 바른 사물을 늘 쉽게 압도한다.[42] 자색은 적색보다 흑색에 더 가깝다. 한 번 자색이 되면, 다시 붉은색이 될 수 없다. 이것이 '빼앗음(奪)'이다.[43]

② 『혹문』 : 사물의 부류는 사특한 것, 바른 것이 있다. 사특함과 바름이 서로 다르므로 반드시 서로 해친다. 이는 필연의 이치이다. 반면 뚜렷이 서로 다른 것들은 서로 해를 끼치더라도 쉽게 드러난다. 오직 실제로는 다르나 이름만 비슷한 것들이 서로를 해칠 때 알아보기 어렵다. 쉽게 드러난 해악은 뭇사람이 알아보고 피하는 반면, 알아보기 어려운 해악은 성현의 지혜가

17-17 공자가 말하였다. "번드르르한 말과 근엄한 낯빛에는, 인이 거의 없다."

다시 나왔다.(1-3)

17-18 공자가 말하였다. "자색이 붉은색을 빼앗고,① 정나라 음악이 아악을 어지럽히고, 말주변이 나라를 뒤엎는 것을 미워한다."②

붉은색은 정색正色, 자색은 간색間色이다. 아雅는 올바름, 리구利口는 민첩하게 대꾸함, 복覆은 기울어져 망함이다.

• 천하의 이치는 정당하면서 승리하는 경우는 항상 적고, 부정하면서 승리하는 경우가 항상 많다. 따라서 성인이 미워하였다. 입만 번드르르한 사람은 옳은 것을 그르다 하고 그른 것을 옳다 하고, 현자를 불초자라 하고 불초자를 현자라 한다. 임금이 만일 이런 자를 좋아하여 신임하면, 나라가 뒤엎어지는 일 또한 어렵지 않다. - 범조우

17-19 공자가 자공에게 말하였다. "나는 아무 말도 하고 싶지 않다!"③
"선생님께서 말을 안 하시면 우리가 무엇을 전술합니까?"
"하늘(자연)이 무슨 말을 하더냐? 그 안에서 사계절이 운행하고, 만물이 생장하건만, 하늘이 무슨 말을 하더냐?"

학생은 언어를 통해서만 성인을 관찰하고, 천리가 유행하는 실상은 언어에 의존하지 않고 스스로 현현하고 있다는 점을 살피지 못한다. 성인의 말만 붙잡고, 그렇게 말한 까닭은 터득하지 못한다. 그래서 공자가 이런 말로 경계시켰다.

자공은 언어를 통해 성인을 관찰한 사람이다. 그래서 의문이 생겨 질문했다.

아니면 통찰하지 못한다. 성인이 이 세 가지를 깊이 미워하고 강조했으니, 심원한 경계의 뜻을 알 수 있다.

③ 『어류』: "말(언어) 자체에 온전하지 못한 바가 있기 때문에 '말을 하고 싶지 않다'고 하셨습니까?" "그렇지 않다. 말할 필요가 없었기 때문이다. 모든 것이 이미 표출되어 있다. '사계절이 운행하고 만물이 생장함'에 하늘이 또 무엇을 말하겠는가? 만약 말이 온전하지 못했다면 미진한 점이 있다는 뜻이 된다. 성인은 말도 온전하고 행동도 온전하다. 모든 행동거지가 온전하지 않음이 없다. 오직 온전하지 못한 바가 없기 때문에 말할 필요가 없었다."[45]

四時行, 百物生, 莫非天理發見流行之實, 不待言而可見. 聖人一動一靜, 莫非妙道精義, 亦天而已, 豈待言而顯哉? 此亦開示子貢之切, 惜乎其終不喻也.

○程子曰 : "孔子之道, 譬如日星之明, 猶患門人未能盡曉, 故曰'予欲無言'. 若顔子則便默識, 其他則未免疑問, 故曰'小子何述'. 又曰 : '天何言哉, 四時行焉, 百物生焉,' 則可謂至明白矣."

愚按 : 此與前篇無隱之意相發, 學者詳之.

17-20 孺悲欲見孔子, 孔子辭[1]以疾. 將命[2]者出戶, 取瑟而歌. 使之聞之.

孺悲, 魯人, 嘗學「士喪禮」於孔子.[3] 當是時, 必有以得罪者, 故辭以疾, 而又使知其非疾, 以警[4]敎之也.

程子曰 : "此孟子所謂不屑之敎誨,[5] 所以深敎之也."

---

1) 辭(사) : 피하다, 마다하다, 싫어하다, 사절, 거절, 말하다, 하소연하다, 알리다, 책망.

2) 將命(장명) : 명령을 받들다, 봉명奉命하다, 명령을 전하다, 중간에 서서 전달하다.

3) 『禮記』「雜記下」: 恤由之喪, 哀公使孺悲之孔子學「士喪禮」, 「士喪禮」於是乎書.

4) 警(경) : 경계하다, 타이르다, 방비하다, 신호하다, 놀라다, 겁나다, 깨우다, 타이름, 대비.

5) 不屑(불설) : ~할 가치가 없다(고 생각하다), 하찮게 여기다, 경시하다. 屑 : 가루, 깨끗하다, 결백하다, 힘쓰다, 마음을 쓰다, 마음에 두다, 업신여기다, 가볍게 보다. ○『孟子』: 敎亦多術矣, 予不屑之敎誨也者, 是亦敎誨之而已矣.[12 : 16]

① 『혹문』: 횡거와 사량좌의 설명도 아주 좋다. 숙독하고 깊이 음미해야 한다. ○『정의』: 횡거는 말했다. "계절의 운행과 만물의 생육인 천도의 모든 것이 지극한 가르침 아닌 것이 없다. 성인의 행동도 지극한 덕 아닌 것이 없으니 무슨 말을 하겠는가?" 사량좌는 말했다. "천지는 위대한 아름다움이 있고, 사계절은 명확한 법도가 있으니, 말이 없다고 해서 숨겨지는 게 아니다. '사계절이 운행하고 만물이 생육한다'는 말에는 '나는 너희들에게 숨기는 것이 없다'(7-24)는 뜻이 있다."

② 『혹문』: 양시에 따르면 "자공은 말을 잘했지만, 이치에 말로 논할 수 없는 부분이 있기 때문에 공자가 이렇게 말하였다." 그러나 세상에 논할 수 없는 이치란 없다. 자공이 오로지 언어 안에서만 추구하고 실천과 행위의 실제를 고찰하지 않았기 때문에 공자가 이렇게 깨우쳐주었다. 하늘이 말하지 않아도 사계절이 운행하고 만물이 생장함은, 말에 의존하지 않아도 이치

사계절이 운행하고 만물이 생장하는 일은, 모두 천리가 발현하여 유행하는 실제 아닌 것이 없다. 언어에 의하지 않고도 볼 수 있다. 성인의 행동 하나하나 생각 하나하나 모두 오묘한 도와 심오한 이치의 발현 아닌 것이 없으니, 또한 하늘(자연)과 같다. 어찌 언어에 의존하여 드러나는 것이겠는가? 이 역시 자공에게 절실히 계시해 준 것이다. 안타깝게도 그는 결국 깨닫지 못하였다.

• 공자의 도는 일월성신의 밝음에 비유할 수 있다. 그럼에도 제자들이 온전히 다 이해하지 못할까를 오히려 염려하여, '나는 아무 말도 하고 싶지 않다' 하였다. 만약 안자였다면 곧 묵묵히 깨달았겠지만, 다른 제자들은 의문을 면하지 못했기 때문에, '우리가 무엇을 전술합니까'라고 질문하였다. 공자가 다시 '하늘이 무슨 말을 하더냐? 사계절이 운행하고, 만물이 생장하지 않는가'라고 했으니, 지극히 분명하다고 하겠다. – 명도①

내 생각에, 이 장은 「술이」편(7-24)의 '숨기는 것이 없다'는 의미와 서로 보완적이다. 학생은 잘 살펴야 한다.②

17-20 유비가 공자를 만나고자 하였다. 공자가 병을 핑계로 거절하였다. 심부름 온 자가 문을 나서자, 거문고를 가져다 노래를 불러 그가 듣게 하였다.

유비는 노나라 사람으로서, 공자에게 「사상례」를 배운 적이 있다. 이 무렵 유비는 반드시 무슨 죄를 짓고 있었을 것이다. 그래서 공자가 병을 핑계로 거절하면서, 동시에 병이 없다는 사실을 알게 함으로써 타일러 가르친 것이다.

• 이것은 맹자가 말한 '탐탁하게 여기지 않는 가르침'이다. 그럼으로써 깊이 가르치려는 것이다. – 이천

그 자체로 명백하다. 논할 수 없다는 뜻이 아니다. 만약 이치에 논할 수 없는 부분이 있다고 여긴다면 노자와 불교의 사상이다. '이치'로 말하자면 곧 인·의·예·지이다. 군신·부자 사이의 이치에 말하지 못할 것이란 없다. 다만 언어에서만 추구하고 그 실제를 고찰하지 않으면 안 된다. 그러나 그 실제는 말에 의존하지 않더라도 그 존재가 뚜렷하다. 어찌 일상의 인륜 바깥에 따로 아련하고 어렴풋한(恍恍惚惚), 티끌세상을 벗어난 언어로써 논할 수 없는 어떤 존재가 있다고 여긴다는 뜻이겠는가? 그렇게 해석하면 가까이는 문맥을 잃어 올바로 풀이할 수 없고, 멀리는 천리를 저버리고 이단에 빠진다. 깊이 살피지 않으면 안 된다.

17-21 宰我問："三年之喪, 期[1]已久矣. 君子三年不爲禮, 禮必壞；三年不爲樂, 樂必崩. 舊穀既沒, 新穀既升, 鑽燧[2]改火, 期可已矣." 子曰："食夫稻, 衣夫錦, 於女安乎?" 曰："安." "女安則爲之! 夫君子之居喪, 食旨不甘, 聞樂不樂, 居處不安, 故不爲也. 今女安, 則爲之!"
宰我出. 子曰："予之不仁也! 子生三年, 然後免於父母之懷. 夫三年之喪, 天下之通喪也. 予也有三年之愛於其父母乎?"

(期, 音基, 下同.) ○期, 周年也.

恐居喪不習而崩壞也.

(鑽, 祖官反.) ○沒, 盡也. 升, 登[3]也. 燧, 取火之木也. 改火, 春取楡柳之火, 夏取棗杏之火, 夏季取桑柘之火, 秋取柞楢之火, 冬取槐檀之火, 亦一年而周也. 已, 止也. 言期年則天運一周, 時物皆變, 喪至此可止也.
尹氏曰："短喪之說, 下愚且恥言之. 宰我親學聖人之門, 而以是爲問者, 有所疑於心而不敢强焉爾."

---

1) 期(기)：만 일주년, 돌, 백년, 때, 시기, 한정, 바라다, 기약하다, 기다리다, 정하다.
2) 鑽燧(찬수)：나무나 돌에 송곳 같은 것을 비벼 불을 얻는 일. 鑽：끌, 뚫다, 송곳으로 구멍을 내다, 깊이 연구하다(9-11), 부시(부싯돌과 마주 쳐서 불을 일으키는 쇳조각). 燧：부싯돌, 횃불, 봉화, 불을 피우다.
3) 登(등)：오르다, 올리다, 바치다, 더하다, 보태다, 들어가다, 포획, (오곡이) 익다, 이루다.
① 『혹문』：재아가 단상短喪이 박정함을 모른 것은 아니나, 의심을 품어서 감히 스승께 스스로 숨기지 못하고 이렇게 말하였다. 이 점은 그래도 성문聖門의 기상이 있다고 여길 수 있다. 그러나 재아의 말이 과격하다는 사실을 알지 않으면 안 된다. ○『어류』：선배들은 대체로 재아가 성인께 '숨김이 없었다(無隱)'는 점을 인정했다. 성인께 '숨기지 않음'은 물론 그의 장점이었다. 그렇다고 그의 '어질지 못한' 죄가 덮이는 것은 아니다.[51]
②『혹문』：공자의 이 말은 깊이 꾸짖어 통절히 단절한 말이다. 어찌 진짜로 편안하게 여겨 그렇게 하라는 뜻이었겠는가?

17-21 재아가 공자께 물었다. "삼년상은 일주년으로도 충분히 깁니다. 군자가 삼 년 동안 예를 행하지 않으면 예가 무너질 수밖에 없고, 삼 년 동안 음악을 행하지 않으면 음악이 무너질 수밖에 없습니다. 묵은 곡식은 다하고, 햇곡식은 다시 오르며, 불씨를 얻는 부시나무도 다 바뀐, 일주년으로 끝내도 괜찮다고 생각합니다." "(빨리 끝내고) 쌀밥 먹고 비단옷 입는 것이 네게 편안한가?" "편안합니다."① "네가 편안하다면 그렇게 하라.② 군자란 상을 당하면 맛난 것을 먹어도 달지 않고, 음악을 들어도 즐겁지 않고, 집에 있어도 편치 않기 때문에 그렇게 하지 않는다. 지금 네가 편안하다면 그렇게 하라."③
재아가 나가자, 공자가 말하였다. "재아는 어질지 못하다.④ 자식은 태어나 삼 년 뒤에야 부모 품을 벗어날 수 있다. 삼년상은 천하의 보편적 상례이다. 재아 역시 부모 품에서 삼 년 사랑을 받았을 것이 아닌가?"

기期는 일주년이다.

상중에 있으면 예와 음악을 익히지 못하여 붕괴될까 염려한 것이다.

몰沒은 다 떨어짐, 승升은 곡식이 익음, 수燧는 불씨를 얻는 나무이다. 개화改火란 봄에는 느릅나무·버드나무의 불을, 여름에는 대추나무·살구나무(은행나무)의 불을, 늦여름에는 뽕나무·산뽕나무의 불을, 가을에는 떡갈나무·졸참나무의 불을, 겨울에는 홰나무·박달나무의 불을 취함이다. 역시 일 년 단위로 돌아간다. 이已는 그침이다. 일주년이면 하늘의 운행이 한 바퀴 돌아 계절의 사물이 다 변하는 만큼, 상례도 이에서 그쳐도 된다는 말이다.

• 단상短喪의 주장은 하우下愚라도 말하기 부끄러워한다. 재아는 몸소 성인의 문하에서 배웠으면서 이같은 질문을 한 것은, 마음에 의문이 있어 감히 억지로 삼년상을 할 수 없었기 때문일 것이다. – 윤돈

---

③ 『어류』: "재아는 자신의 거상居喪 기간을 물은 것입니까? 삼년상 제도 자체를 물은 것입니까?" "반드시 그 자신의 거상 기간의 문제였을 것이다."[50]

④ 『어류』: 성인의 지엄한 꾸짖음이다. 성인은 보통 남에 대해 '어질다'고 가볍게 인정한 적도 없고, 또 '어질지 않다'고 단절한 적도 없다. '재아는 어질지 않다'는 발언은 바로 그의 양심이 이미 죽었다는 말이다.[51]

(夫, 音扶, 下同. 衣, 去聲. 女, 音汝, 下同.) ○禮 : '父母之喪, 旣殯, 食粥·粗衰.[1] 旣葬, 疏食·水飮, 受以成布.[2] 期而小祥, 始食菜果, 練冠縓緣[3]·要絰[4]不除.' 無食稻·衣錦之理. 夫子欲宰我反求諸心, 自得其所以不忍者. 故問之以此, 而宰我不察也.

(樂, 上如字, 下音洛.) ○此夫子之言也. 旨, 亦甘也. 初言女安則爲之, 絶之之辭. 又發其不忍之端, 以警其不察, 而再言女安則爲之以深責之.

宰我旣出, 夫子懼[5]其眞以爲可安而遂行之, 故深探其本而斥之, 言由其不仁, 故愛親之薄如此也. 懷, 抱[6]也. 又言君子所以不忍於親, 而喪必三年之故. 使之聞之, 或能反求而終得其本心也. ○范氏曰 : "喪雖止於三年, 然賢者之情則無窮也. 特以聖人爲之中制而不敢過, 故必俯[7]而就之. 非以三年之喪, 爲足以報其親也. 所謂三年然後免於父母之懷, 特以責宰我之無恩, 欲其有以跂[8]而及之爾."

---

1) 衰(최) : 줄다, 감쇄하다, 등차, 상복 이름. (쇠) : 쇠하다, 약해지다, 작아짐, 늙다, 여위다.
2) 成布(성포) : 재질이 비교적 가는 포.
3) 練(련) : 익히다, 누이다(원사를 잿물에 삶아 부드럽게 함), 누인 명주, 소상의 상복, 단련하다. 縓(전) : 분홍빛, 분홍 비단. 緣(연) : (옷의) 가선, 가장자리, 가장자리를 꾸밈, 연유.
4) 要(요) : 허리(腰), 허리띠. 絰(질) : 상복에서 머리에 쓰는 수질과 허리에 두르는 요질.
5) 懼(구) : 두려워하다, 걱정하다, 겁내다, 경계하다, 삼가다, 어려워하다, 으르다, 위협.
6) 抱(포) : (아기를) 안다, 알을 품다, 둘러싸다, 지니다, 지키다, 품, 가슴, 마음, 아름.
7) 俯(부) : 구푸리다, 구부리다, 숨다, 눕다.
8) 跂(기) : 육발, 발돋움하다, 나아가다, 어긋나다. (지) : 힘쓰다, 심혈을 기울이는 모양.
① 소상小祥 : 사후 일 년 만에 지내는 제사. 대상大祥 : 장사하고 두 돌 만에 지내는 제사.
② 크릴 : "얼마 지나지 않아 중국에서, 그리고 유교 안에서도 교사의 권위는 당연시되었다. … (가령) 순자는 이렇게 말하였다. '사법師法을 옳게 여기지 않고 자기 멋대로 하는 것은 마치 맹인으로 하여금 색깔을 판별케 하는 것 같으니 망령된 자가 아니면 누가 그런 짓을 하겠는가?' 공자는 이런 맹목적인 믿음을 요구하지도 않았거니와, 실제로 그렇게 할 수도 없었다. 왜냐하면 그는 자기 자신이 절대적인 진리를 갖고 있다는 숭고한 확신감도 없었고, 제자들이 단순한 축음기판이 아니라 그 이상의 존재가 되려면 스스로 생각하는 것을 배워야만

예에 따르면, 부모의 상은 빈례가 끝나면 죽을 먹고 거친 상복을 입는다. 장례가 끝나면 거친 밥을 먹고 물을 마시며, 가는 포의 옷을 입는다. 일 년 뒤에 소상小祥[①]을 마치고 비로소 채소와 과일을 먹고, 누인 명주관을 쓰고 븐홍빛으로 선을 두른 옷을 입지만 요질은 풀지 않는다. 그러니 쌀밥 먹고 비단옷 입는 이치는 없다. 공자는 재아가 마음으로 반성하여, 차마 그렇게 하지 못하는 이치를 스스로 깨우치기를 바랐다. 따라서 이렇게 질문한 것인데, 재아가 살피지 못하였다.

('네가 편안하다면' 이하) 공자의 말이다. 지旨는 맛있는 음식이다. 처음 '네가 편안하다면 그렇게 하라'고 한 것은 단절하는 말이다. 또 차마 그렇게 하지 못하는 실마리를 제시함으로써 재아의 불찰을 타이른 다음, 다시 '네가 편안하다면 그렇게 하라'고 말하셨으니, 깊은 꾸짖음이다.

재아가 나가자, 공자는 그가 진짜로 '편안하게' 여겨 마침내 그렇게 행할지 모른다고 염려한 까닭에, 그 근본을 깊이 탐색하여 재아를 비판하였다. 재아가 어질지 못하므로 부모를 사랑함이 그처럼 박절했다는 말이다. 회懷는 품이다. 군자는 부모에게 모질지 못하기에, 상례는 반드시 삼 년을 해야 하는 이유를 다시 말하였다. 재아가 그 말을 전해 들어, 혹시라도 돌이켜 반성함으로써 마침내 그 본심을 되찾을 수 있게 하려는 것이다.

• 상례는 삼 년으로 끝내더라도 어진 사람의 마음은 한이 없다. 다만 성인이 중도의 제도를 만들어 지나치지 않도록 한 만큼, 꼭 복종하여 따라야 한다. 삼년상이면 부모에 대한 보답이 충분하다고 여긴다는 뜻은 아니다. '삼 년 뒤에야 부모 품을 벗어난다' 함은, 다만 재아가 은혜를 망각한 것을 꾸짖어 그가 노력하여 따라오도록 하려는 것일 뿐이다. – 범조우[②]

한다는 것을 이해할 만큼 현명하였기 때문이기도 하다. 학생이 선생의 말씀 하나하나를 모두 신성불가침한 것으로 생각하면서 동시에 스스로 생각할 수는 없는 것이다. 공자는 제자들이 자기와 의견을 달리하여도 성내지 않았으며, 때로는 그들이 옳고 자기가 틀렸음을 솔직히 말하기도 하였고,(6-2, 17-4) 제자들이 틀렸음을 확신하였을 때에도 문헌이나 선례 및 선생의 권위로 위압하지 않았다. 그는 제자들을 이치로 설득시키려 노력하였으며, 그것이 불가능한 경우에는 그 문제를 덮어두었다.(17-21) 이처럼 공자는 학생을 편하게 해주는 선생이었지만 학생들에게 아무것도 기대하지 않았기 때문에 그런 것은 아니었다. 그와는 반대로 공자는 분명히 제자들에게 많은 기대를 걸었으며,(7-8, 8-17, 9-11, 14-7) 각자가 어떤 사람이 되느냐는

17-22 子曰："飽食終日, 無所用心, 難矣哉! 不有博弈者乎, 爲之猶賢乎已."

博, 局[1]戲也. 弈, 圍棋[2]也. 已, 止也.

李氏曰："聖人非教人博弈也, 所以甚言無所用心之不可爾."

17-23 子路曰："君子尙勇乎?" 子曰："君子義以爲上. 君子有勇而無義爲亂, 小人有勇而無義爲盜."

尙, 上之也. 君子爲亂, 小人爲盜, 皆以位而言者也.

尹氏曰："義以爲尙, 則其勇也大矣. 子路好勇, 故夫子以此救其失也."

胡氏曰："疑此子路初見孔子時問答也."

17-24 子貢曰："君子亦有惡乎?" 子曰："有惡：惡稱[3]人之惡者, 惡居下流而訕[4]上者, 惡勇而無禮者, 惡果敢而窒[5]者." 曰："賜也亦有惡乎?" "惡徼[6]以爲知者, 惡不孫以爲勇者, 惡訐[7]以爲直者."

것은 궁극적으로 그들 자신이 책임져야 한다는 것을 명백히 밝혔기 때문에 더 많은 것을 요구할 수 있는 입장에 있었다.(9-19)"[이성규 역, 『공자, 인간과 신화』, 111-2쪽]

1) 局(국) : (장기·바둑 따위를 그린) 판, 재능. 博(박) : 노름, 도박.

2) 圍棋(위기) : 바둑. 圍 : 둘러싸다, 에워싸다, 둘레, 주위. 棋 : 바둑, 바둑돌, 장기.

3) 稱(칭) : 일컫다, 부르다, 칭찬, 찬양, 설명, 진술, 말하다, 저울, 알맞다, 걸맞다.

4) 訕(산) : 헐뜯다, 윗사람을 비방하다, 비웃다, 조롱, 난처하다, 계면쩍다, 어리석다.

5) 窒(질) : 막다, 막히다, (가득) 차다, 막히다, 멈추다, 그치다.

6) 徼(요) : 구하다, 요구하다, 훔치다, 빼앗다, 순찰하다, 막다, 차단하다, 길, 미묘하다.

7) 訐(알) : 들추다, 폭로하다, 비방하다, 남의 단점을 지적하다, 기탄없이 말하다.

① 『어류』 : 마음을 쓰고 있으면 마음에 집중하는 바(所主)가 생긴다. 책을 읽고 있으면 마음이 책을 읽는 데 집중하고, 글씨를 쓰고 있으면 마음이 글씨를 쓰는 데 집중한다. 만약 흔들흔들 이리저리 떠돌면(悠悠蕩蕩), 그릇된 길(邪僻)로 빠지지 않는 적이 없다.[52]

17-22 공자가 말하였다. "온종일 배불리 먹고 마음 쓰는 일이 없으면, 곤란하다! 장기나 바둑이라도 있지 않은가? 그거라도 하는 것이 아무것도 안 하는 것보다 낫다."①

박博은 장기, 혁奕은 바둑, 이已는 '아무것도 하지 않음'이다.

• 성인이 사람들에게 장기나 바둑을 가르친 것이 아니다. 마음 쓰는 데가 없으면 안 됨을 강조한 말이다.② - 이욱

17-23 자로가 말하였다. "군자도 용기를 숭상합니까?" "군자는 늘 의로움을 중시한다. 군자가 용기만 있고 의로움이 없으면 난을 일으키고, 소인이 용기만 있고 의로움이 없으면 도둑이 된다."

상尙은 받들어 높임이다. '군자는 난을 일으키고, 소인은 도둑이 된다' 함은, 모두 지위를 두고 한 말이다.

• 의로움을 숭상하면, 그의 용기도 위대해진다. 자로는 용기를 좋아했기에, 공자가 이렇게 말하여 그의 단점을 바로잡으려 하였다. - 윤돈

• 이것은 자로가 공자를 생애 처음 만났을 때의 문답인 듯하다. - 호인

17-24 자공이 공자께 물었다. "군자도 미움이 있습니까?" "있다. 남의 단점을 적시하는 자를 미워하고, 아래에 있으면서 윗사람 헐뜯는 자를 미워하고, 용감하면서 무례한 자를 미워하고, 과감하면서 꽉 막힌 자③를 미워한다." "너도 미움이 있느냐?" "은밀한 사찰을 지혜로 여기는 자를 미워하고, 불손을 용기로 여기는 자를 미워하고, 폭로·비방을 정직으로 여기는 자를 미워합니다."

---

② 『혹문』: 이욱의 해설이 옳다. 진짜로 장기·바둑을 해도 된다고 여겼다고 해석하면, 잘못이다.

③ 『어류』: 과감하면서 꽉 막히지 않으면, 행하는 일이 반드시 이치에 맞을 것이다. 꽉 막혔더라도 과감하지 않으면, 이치를 깨닫지 못했어도 감히 가볍게 행동하지 않는다. 오직 과감하면서 꽉 막힌 자는 시비를 따지지 않고 돌연 멋대로 행동한다.[54]

(惡, 去聲, 下同. 惟惡者之惡如字. 訕, 所諫反.) ○訕, 謗毁也. 窒, 不通也. 稱人惡, 則無仁厚之意. 下訕上, 則無忠敬之心. 勇無禮, 則爲亂. 果而窒, 則妄作. 故夫子惡之.

(徼, 古堯反. 知·孫, 並去聲. 訐, 居謁反.) ○惡徼以下, 子貢之言也. 徼, 伺[1]察也. 訐, 謂攻發人之陰私.[2]

○楊氏曰 : "仁者無不愛, 則君子疑若無惡矣. 子貢之有是心也, 故問焉以質[3]其是非."

侯氏曰 : "聖賢之所惡如此, 所謂唯仁者能惡人也."

17-25 子曰 : "唯女子與小人爲難養也, 近之則不孫, 遠之則怨."

(近·孫·遠, 並去聲.) ○此小人, 亦謂僕隷下人也. 君子之於臣妾, 莊以涖[4]之, 慈以畜[5]之, 則無二者之患矣.

17-26 子曰 : "年四十而見惡焉, 其終也已."

(惡, 去聲.) ○四十, 成德之時, 見惡於人, 則止於此而已. 勉人及時遷善改過也.[6] 蘇氏曰 : "此亦有爲而言, 不知其爲誰也."

---

1) 伺(사) : 엿보다, 가만히 보다, 헤아리다, 노리다, 기회 엿보다, 찾다, 방문하다.

2) 陰私(음사) : 남에게 말할 수 없는 비밀(나쁜 일), 은밀하게 숨긴 일.

3) 質(질) : 진실, 성실, 순진함, 근본, 무겁다, 바로잡다, 결정하다, 따져 묻다, 응답하다.

4) 涖(리) : 다다르다, 어떤 자리에 임하다, 보다, 물소리, 관계·관여하다, 종사하다.

5) 畜(축) : 쌓다, 모으다, 비축하다, 보유하다, 가축, 기르다, 먹이다, 치다, 효도하다.

6) 『易』「益」: 君子以見善則遷, 有過則改. 王弼注 : "遷善改過, 益莫大焉."

① 『혹문』: 이것은 홍흥조의 설에 따랐다. '요'를 옛 주석은 초抄(노략질)로 풀고, 소식은 요행僥倖으로 풀었다. 어느 것이든 홍흥조의 설만 못하다.

② 『혹문』: '남의 단점을 적시하는' 일은 자기 스스로는 천박하고 각박한 마음을 기르게 되고, 상대방에게는 부끄러움을 알기를 권면하는 뜻을 멸절시킨다. 그래서 군자는 남의 장점 말하기

산訕은 훼방, 질窒은 꽉 막힘이다. '남의 단점을 적시함'은 어질고 너그러운 마음이 없기 때문이다. '아랫사람이면서 윗사람을 헐뜯음'은 충직과 공경의 마음이 없기 때문이다. '용감하면서 무례하면' 난을 일으키고, '과감하면서 꽉 막히면' 함부로 난폭한 행동을 한다. 따라서 공자가 미워하였다.

오요惡徼 이하는 자공의 말이다. 요徼는 엿보아 살핌(伺察)이다.[1] 알訐은 남의 비밀을 공격하여 까발림을 일컫는다.

• 어진 사람은 모두를 사랑하는 만큼, 군자는 누구도 미워하지 않는다고 생각할 수 있다. 자공도 그렇게 생각했기 때문에, 질문하여 시비를 바로잡았다. – 양시

• 성현이 미워한 대상은 이와 같다. 이른바 '어진 사람만이 남을 미워할 수 있다'(4-3)는 말이다. – 후중량[2]

17-25 공자가 말하였다. "오직 여자와 소인은 받들기 어렵다. 가까이 하면 불손하고, 멀리하면 원망한다."

여기의 소인은 종이나 노예 등의 하인을 일컫는다. 군자가 하인을 장중하게 대하고(15-33) 자애롭게 보살피면, 이 두 가지 근심이 없다.

17-26 공자가 말하였다. "나이 사십이 넘어 악평을 들으면, 그런 사람은 끝이다."

사십은 덕을 완성할 시기이다. 남에게 악평을 들으면, 거기서 끝이다. 사람들로 하여금 늦지 않게 개과천선하도록 권면하였다.[3]

• 어떤 의도가 있어 한 말이다. 누구를 두고 한 말인지는 모르겠다. – 소식

를 즐거워하는 반면에, 남의 잘못을 들으면 마치 부모의 이름이 불리는 것처럼 여겨, 귀로는 듣더라도 입으로는 차마 말하지 못 한다. '아래에 있으면서 윗사람을 헐뜯는' 일은 사람으로 하여금 임금을 받들고 윗사람을 친애하는 의리를 깎아버리고, 패역과 반란의 허물을 싹트게 한다. 따라서 군자는 비유를 들어 말하고 넌지시 에둘러 수사적으로 표현한다. '그 나라에 살면 그 나라의 대부를 비방하지 않았다.'

③ 『혹문』: 양시의 설이 아주 근사하다. ○『정의』: 양시가 말하였다. "사십에 일정한 명성이 없으면, 이미 경외할 만한 점도 없다. 하물며 악평을 들음에랴? 끝이다."

제18편 미자

微子第十八

此篇多記聖賢之出處, (凡十一章.)
이편은 주로 성현의 출처를 기록하였다.

18-1 微子去之, 箕子爲之奴, 比干諫而死. 孔子曰 : "殷有三仁焉."

微·箕, 二國名. 子, 爵也. 微子, 紂庶兄.[1] 箕子·比干, 紂諸父.[2] 微子見紂無道, 去之以存宗祀.[3] 箕子·比干皆諫, 紂殺比干, 囚箕子以爲奴, 箕子因佯狂而受辱.[4]

三人之行不同, 而同出於至誠惻怛之意,[5] 故不咈[6]乎愛之理, 而有以全其心之德也.
楊氏曰 : "此三人者, 各得其本心, 故同謂之仁."

18-2 柳下惠爲士師, 三黜.[7] 人曰 : "子未可以去乎?" 曰 : "直道而事人, 焉往而不三黜? 枉道而事人, 何必去父母之邦."

(三, 去聲. 焉, 於虔反.) ○士師, 獄官. 黜, 退也. 柳下惠三黜不去, 而其辭氣雍容[8]如此, 可謂和矣.[9] 然其不能枉道之意, 則有確乎其不可拔者.[10] 是則所謂必以其道, 而不自失焉者也.[11]
○胡氏曰 : "此必有孔子斷之之言, 而亡之矣."

---

1) 庶兄(서형) : 서모(아버지의 첩)에게서 난 형. 庶 : 서자, 첩의 자식, 서족, 지파.
2) 諸父(제부) : 천자가 동성의 제후를 부르는 칭호, 아버지의 형제.
3) 宗祀(종사) : 높이 받들어 제사지냄, 조상을 제사지냄.
4) 佯狂(양광) : 미친 척. 佯 : 거짓, 속임, ~한 체하다, 헤매다, 어정거리다. ○馬曰 : "微箕, 二國名. 子, 爵也. 微子, 紂之庶兄. 箕子比干, 紂之諸父. 微子見紂無道, 早去之. 箕子佯狂爲奴, 比干以諫見殺. 仁者愛人. 三人行異而同稱仁, 以其俱在憂亂寧民."
5) 惻怛(측달) : 불쌍히 여겨 슬퍼함. 惻 : 슬퍼함, 가엾게 여기다. 怛 : 슬퍼하다, 근심, 놀라다. ○謝曰 : "三人之行, 皆出於至誠惻怛, 斯知仁矣."
6) 咈(불) : 어기다, 어그러지다, 사리에 어긋나다, 아니다, 그렇지 아니하다.
7) 黜(출) : 물리치다, 물러나다, 쫓겨나다, 쫓아내다, 면직하다, 관직을 낮추다, 내몰다.
8) 雍(옹) : 누그러지다, 온화해지다, 기쁘다, 껴안다, 화목하다, 돕다, 가리다. 容(용) : 얼굴, 몸가

18-1 미자는 떠나고, 기자는 노예가 되고, 비간은 간하다 죽었다. 공자가 말하였다. "은나라에 세 어진 분이 계셨다."

미微·기箕는 각각 나라 이름이고, 자子는 작위이다. 미자는 주紂왕의 서얼 형이다. 기자와 비간은 주왕의 숙부이다. 미자는 주왕이 무도함을 보고 떠남으로써 조상의 제사를 보존하였다. 기자와 비간은 모두 간했는데, 주왕이 비간은 죽이고, 기자는 가두어 노예로 삼았다. 기자는 거짓으로 미친 체함으로써 모욕을 받았다.

세 사람의 행위는 다르지만, 모두 지성으로 가엾게 여기는(至誠惻怛) 심정에서 나온 것이어서, 사랑의 리(愛之理)에 어긋나지 않고, 그 마음의 덕(心之德)을 온전히 할 수 있었다.①

• 이 세 분은 각자 그 본심을 얻었기에, 모두 어질다고 하였다. – 양시

18-2 유하혜가 재판관이 되고, 세 번 쫓겨났다. 사람들이 말하였다. "그대는 다른 곳으로 떠나는 것이 낫지 않습니까?" "정직의 도리로써 남을 섬기면, 어딜 가든 세 번 쫓겨나지 않겠소? 도리를 굽혀 남을 섬길 바에야, 하필 부모의 나라를 떠나겠습니까?"

사사士師는 재판관(獄官), 출黜은 쫓겨남이다. 유하혜는 세 번 쫓겨났지만 (나라를) 떠나지 않았다. 그의 말투가 이처럼 온화하고 느긋했으니, '화和'의 경지라고 할 만하다. 그러나 도를 굽힐 수 없는 그 뜻이 확고하여 빼앗을 수 없었다.② 이른바 '반드시 정도를 따를 뿐, 스스로 망가지지 않는 사람'이다.

• 이 부분에 대한 공자의 평어가 있었을 텐데 없어졌다. – 호인

짐, 치장, 포용, 감싸다, 쉽다, 조용·느긋하다, 좋아하다, 동의하다.

9) 『맹자』 : 柳下惠不羞汙君, 不辭小官. 進不隱賢, 必以其道. 遺佚而不怨, 阨窮而不憫. 與鄉人處, 由由然不忍去也. '爾爲爾, 我爲我, 雖袒裼裸裎於我側, 爾焉能浼我哉?' 故聞柳下惠之風者, 鄙夫寬, 薄夫敦. … 柳下惠, 聖之和者也.[10 : 1]

10) 拔(발) : 뽑다, 뽑아 없애다, 쳐서 빼앗다, 공략하다, 빼어나다, 쥐다, 빨리, 기울다, 흩어지다. ○『易』 : 遯世无悶, 不見是而无悶, 樂則行之, 憂則違之, 確乎其不可拔, '潛龍'也.

11) 『孟子』 : 雖袒裼裸裎於我側, 爾焉能浼我哉?' 故由由然與之偕而不自失焉.[3 : 9]

① 『혹문』 : "세 분의 처신이 모두 합당했다는 점을 어떻게 압니까?" "『사기』를 보면 이 일의 선후사정의 기술이 각기 다르다. 미자는 제을帝乙의 원자元子로 마땅히 선왕의 제사를 받들어

18-3 齊景公待孔子, 曰: "若季氏則吾不能, 以季·孟之閒待之." 曰: "吾老矣, 不能用也." 孔子行.

魯三卿, 季氏最貴, 孟氏爲下卿. 孔子去之, 事見「世家」.[1] 然此言必非面語孔子, 蓋自以告其臣, 而孔子聞之爾.
○程子曰: "季氏强臣, 君待之之禮極隆,[2] 然非所以待孔子也. 以季·孟之閒待之, 則禮亦至矣. 然復曰 '吾老矣, 不能用也,' 故孔子去之. 蓋不繫[3]待之輕重, 特[4]以不用而去爾."

18-4 齊人歸[5]女樂, 季桓子受之. 三日不朝, 孔子行.

야 했으니 의리상 일찍 떠났어야 했고, 또 주紂왕이 간할 수 없는 대상임을 확실히 알았기 때문에 마침내 떠나면서도 의심을 두지 않았다. 비간은 소사少師였으므로 의리상 힘써 간해야 할 처지였다. 간할 수 없는 상대라고 해서 그만둘 수 없었다. 그리하여 마침내 간하다 죽는 것을 후회하지 않았다. 기자는 비간의 죽음을 보고 자기의 간언도 듣지 않을 것임을 알았고, 또 차마 거듭 죽음으로써 임금의 허물을 부각시킬 수도 없었다. 또 미자가 떠났기 때문에 자기도 꼭 떠날 필요가 없었다. 거듭 떠남으로써 임금을 배신할 수 없었다. 따라서 거짓 미친 척하여 노예가 되는 일을 치욕으로 여기지 않았다. 이로써 세 분의 어진 일은 마땅히 해야 할 일이었으며, 처지가 서로 뒤바뀌었더라도 결과는 같았을 것임을 알 수 있다. 혹자는 기자가 하늘이 준 구주九疇를 전하지 못하여 감히 죽을 수 없었다고 설명하는데, 비현실적이다. 세 사람이 모두 어질다고 말한 것은 모두 사심이 없고 이치에 합당하게 행동했기 때문이었다." ○『어류』: "기자가 그 때 하필 왜 미친 척 했습니까?" "그는 이미 죄수·노예의 처지여서 흠 있는 사람인지라 거짓 미친척하고 모욕을 당했다." "기자의 지위라면 여전히 간할 수 있었을 텐데, 그럴 생각이 없었던 것이겠지요?" "이미 죄수·노예의 처지가 되었거늘 어떻게 다시 간할 수 있겠느냐?"[1] "기자가 죽지 않고 노예가 된 일이 어째서 측달惻怛의 마음이 드러난 일입니까?" "기자와 비간의 마음은 한가지였다. 기자도 '주'왕에게 간한 적이 있는데 우연히 왕의 대노를 초래하지 않았을 뿐이었다. 또 '주'왕에게 감금당하게 되자 거짓 미친 척하고 노예가 된 것이었고, 그래서 반드시 죽을 필요는 없었다. 비간이 이미 죽임을 당했으므로 다시 또 간하다 죽임을 당함은 무익할 뿐더러 간하는 신하를 죽이는 왕의 죄만 증가시킬 뿐이 되기 때문에 거짓 미친 척 하였던 것이다. 기자의 처신이 가장 어렵다. 미자가 떠난 것은 그래도 쉬웠고 비간은 아예 죽었다. 기자는 이래도 되고 저래도 되는 처지라서 가장 난처하였다."[7] "어진 세 분들은 처지가 서로 바뀌었다 해도 어진 본심을 따를 수 있었을까요?" "각자 본분에 따라 행할 것이다. 지금 보면 미자는 떠났으니 그래도 살아남았다. 기자는 죄수가 되고 비간은 죽었다. 사지에 내몰렸으므로 더욱 힘들었다. 기자는 죽지 않았어도 감옥에 갇혀 죽지도 살지도 못했으니 그 지경이 어떠했겠는가? 정말 어렵다. 세 어진 분은

18-3 제나라 경공이 공자의 대우에 관해 말하였다. "계씨 수준으로는 내가 못해드리겠지만, 계씨와 맹씨 중간 정도로 대우하겠습니다." 나중에 다시 말하였다. "내가 나이가 들어 등용하지 못하겠습니다." 이에 공자가 떠났다.

노나라의 삼경三卿 가운데 계씨가 가장 높고, 맹씨가 가장 낮았다. 공자가 떠난 사실은 『사기』「공자세가」에 보인다. 이 말이 반드시 공자의 면전에서 한 말은 아니다. 아마 임금 자신이 신하에게 한 말을 공자가 전해 들었을 것이다.

• 계씨는 권력을 전횡한 대신이라, 임금이 그를 대하는 예도 매우 성대하였다. 그러나 공자를 그런 사람처럼 대우할 수는 없다. 계씨와 맹씨 중간으로 대우하는 그 예도 지극하다. 그러나 다시 '내가 나이가 들어 등용하지 못하겠다'고 말했기 때문에, 공자가 떠났다. 아마 대우의 경중 때문이 아니라, 다만 등용하지 않았기 때문에 떠난 것이다. - 이천

18-4 제나라 사람들이 미녀와 음악을 보내왔다. 계환자가 그것을 받고 삼 일 동안 조회하지 않자, 공자가 떠났다.

간절하게 나라를 걱정하는 마음을 한 순간도 단절할 수 없었다. 그저 세상을 피한(18-6) 무리처럼 일도양단 식으로 고상하게 멀리 떠나버리는 행동은 오히려 어렵지 않다. 그래서 공자가 '과감하구나! 어려울 것이 없겠다'(14-39)고 말했다.[5]

② 『혹문』: 유하혜의 말이 직설적이지 않다. '화'의 경지가 그와 같다. 그러나 속으로는 자신이 도를 굽혀 사람을 섬길 수 없음을 잘 알고 있었다. 세 번 쫓겨날 때 마지못해 물러나는 모습을 보였지만, 결국 다시 벼슬을 할 생각이 없었다. 그래서 공자가 그를 일민逸民(18-8)으로 분류하였다. ○『어류』: 유하혜의 빛나는 점은 백이와 마찬가지이다. 백이는 마치 한 알의 보옥이 항상 맑은 물 속에 머물려고 하는 입장이라면, 유하혜는 한 알의 보옥이 물속에 있어도 되고 진흙 속에 있어도 된다는 입장이다.[11]

1) 『史記』: 景公敬見孔子, 不問其禮. 異日, 景公止孔子曰: '奉子以季氏, 吾不能. 以季孟之閒待之.' 齊大夫欲害孔子, 孔子聞之. 景公曰: '吾老矣, 弗能用也.' 孔子遂行, 反乎魯.
2) 隆(융): 크다, 풍성, 두텁다, 융숭, 높이다, 길다, 융성, 성하다, 많다, 고귀, 존경.
3) 繫(계): 매다, 머무르게 하다, 구속하다, 지탱하다, 유지하다, 매달리다, 죄수, 줄, 계통.
4) 特(특): 수컷, 수소, 홀로, 하나, 각각, 짝, 뛰어나다, 특출, 달리하다, 특히, 다만, 곧.
5) 歸(귀): 보내다, (물건 등을) 보내다, 돌려보내다, 돌려주다, 몰려들다, ~로 귀착하다.

(歸, 如字, 或作饋. 朝, 音潮) ○季桓子, 魯大夫, 名斯. 按『史記』, "定公十四年, 孔子爲魯司寇, 攝[1]行相事. 齊人懼, 歸女樂以沮[2]之."

尹氏曰: "受女樂而怠[3]於政事如此, 其簡[4]賢棄禮, 不足與有爲可知矣. 夫子所以行也, 所謂'見幾而作, 不俟終日'[5]者與?"

○范氏曰: "此篇記仁賢之出處, 而折中[6]以聖人之行, 所以明中庸之道也."

18-5 楚狂接輿歌而過孔子曰: "鳳兮! 鳳兮! 何德之衰?[7] 往者不可諫,[8] 來者猶可追. 已而, 已而! 今之從政者殆[9]而!" 孔子下, 欲與之言. 趨而辟之, 不得與之言.

接輿, 楚人, 佯狂辟世. 夫子時將適楚, 故接輿歌而過其車前也. 鳳, 有道則見, 無道則隱. 接輿以比孔子, 而譏[10]其不能隱爲德衰也. 來者可追, 言及今尙可隱去. 已, 止也. 而, 語助辭. 殆, 危也. 接輿蓋知尊孔子而趨[11]不同者也.[12]

(辟, 去聲.) ○孔子下車, 蓋欲告之以出處之意. 接輿自以爲是, 故不欲聞而辟之也.

---

1) 攝(섭): 대신하다, 대행하다, 돕다, 보좌, 당기다, 끌어당기다, 쥐다.
2) 沮(저): 막다, 저지하다, 그만두다, 방해하다, 가로막다, 헐뜯다, 기가 꺾이다, 붕괴하다.
3) 怠(태): 게으르다, 싫증나다, 해이해지다, 방심하다, 그만두다, 업신여기다, 깔보다.
4) 簡(간): 글, 책, 줄이다, 검소함, 대범함, 업신여김, 무례함, 천하게 여김, 선발, 검열.
5) 『易』: 知幾其神乎? …幾者, 動之微, 吉之先見者也. 君子見幾而作, 不俟終日.
6) 折中(절중): 절충, 바른 것을 취하여 사물을 판단할 때 준칙으로 사용함, 조절하여 적중시킴.
7) 衰(쇠): 쇠하다, 약해짐, 작아짐, 늙다, 여위다, 감퇴, 게으르다, 기울어지다, 퇴색되다.
8) 諫(간): 간하다, 바로잡다, 제지하다, 범하다, (뉘우쳐) 고침, 간언. (란): 헐뜯다, 비방.
9) 殆(태): 위험하다, 위태롭다, 대개, 대체로, 거의, 아마도, 겨우, 간신히, 가까스로.
10) 譏(기): 나무라다, 꾸짖다, 간하다, 충고, 원망, 싫어하다, 꾸지람, 살피다, 조사하다.
11) 趨(추): 달리다, 종종걸음으로 빨리 감, 성큼성큼 걷다, 좇다, 취향, 취지, 손짓.
12) 楊曰: "接輿以鳳德況孔子而規其行, 知尊孔子而趨不同者也." 況(황): 비유, 견주다.

계환자는 노나라 대부로서, 이름은 '사'이다. 『사기』에 따르면, "정공 14년 공자가 노나라의 사구司寇가 되어 정승의 일을 섭정하였다. 제나라 사람들이 두려운 생각이 들어 미녀와 음악을 보내 방해하였다."[①]

• 미녀와 음악을 접수하고 이처럼 정사를 태만히 하여, 현인을 업신여기고 예를 포기했으니, 더불어 일을 도모할 수 없음을 알 수 있다. 공자가 그 때문에 떠났다. 이른바 '기미를 보고 자리를 뜰 때, 단 하루도 지체하지 않는' 경우였던 것 일까? – 윤돈

• 이 「미자」 편은 어질고 현능한 이의 출처出處를 기록하면서, 성인의 언행을 준칙으로 삼아 중용의 도를 밝혔다. – 범조우

18-5 초나라의 광사 접여가 공자 곁을 지나가며 이렇게 노래하였다. "봉황이여! 봉황이여! 어찌하여 이 꼴이 되었는가? 과거는 탓할 수 없지만, 앞일은 그래도 도모할 수 있지 않은가? 그만두라! 그만두라! 지금 정치에 종사하는 사람은 위태로울 따름이다!"
공자가 수레에서 내려 그와 이야기하려고 했으나, 일부러 빠른 걸음으로 피해서 이야기할 수 없었다.

접여는 초나라 사람이다. 미친척함으로써 세상을 피하였다. 공자는 마침 초나라로 가려는 참이었다. 그래서 접여가 노래하면서 수레 앞을 지나갔다. 봉황은 세상에 도가 있으면 나타나고, 도가 없으면 숨는다. 접여는 공자를 봉황에 비기며, 숨지 않아서 덕이 망가졌다고 꾸짖었다. '앞일은 그래도 도모할 수 있다' 함은, 지금이라도 숨으면 된다는 뜻이다. 이已는 그만둠, 이而는 어조사, 태殆는 위태로움이다. 접여는 아마 공자를 존경할 줄 알았지만 지향이 다른 사람이다.

공자가 수레에서 내린 것은 아마도 그에게 출처出處의 의미를 알려주려는 것이다. 접여는 스스로 옳다고 여겼기에, 들으려 하지 않고 피하였다.

---

① 『혹문』: 제나라의 음모는 물론 공자를 저지하려는 것이다. 미녀들로 하여금 노나라 임금과 재상을 이간시켜 먼저 그들의 이목을 현혹하고 그 심지를 흔들어 놓은 다음, 기회를 틈타 진언하여 공자의 목적을 꺾으며, 나아가 예측할 수 없는 재앙을 일으키려는 것이었다.

18-6 長沮·桀溺耦[1]而耕, 孔子過之, 使子路問津[2]焉.
長沮曰 : "夫執輿者爲誰?" 子路曰 : "爲孔丘." 曰 : "是魯孔丘與?" 曰 : "是也." 曰 : "是知津矣."
問於桀溺. 桀溺曰 : "子爲誰?" 曰 : "爲仲由." 曰 : "是魯孔丘之徒與?" 對曰 : "然." 曰 : "滔滔[3]者天下皆是也, 而誰以易之? 且而與其從辟人之士也, 豈若從辟世之士哉?" 耰而不輟.[4]
子路行以告. 夫子憮[5]然曰 : "鳥獸不可與同群, 吾非斯人之徒與而誰與? 天下有道, 丘不與易也."

(沮, 七余反. 溺, 乃歷反.) ○二人, 隱者. 耦, 並耕也. 時孔子自楚反乎蔡. 津, 濟渡[6]處.

(夫, 音扶. 與, 平聲.) ○執輿, 執轡[7]在車也. 蓋本子路御而執轡, 今下問津, 故夫子代之也. 知津, 言數周流, 自知津處.[8]

---

1) 耦(우) : 둘이 나란히 서서 갈다, 논밭을 갈다, 둘 다, 합하다, 짝, 짝수, 마주 향함.
2) 問津(문진) : 나루터를 묻다, 상황 등을 묻다, 학문의 길을 묻다(~에 들어서다).
3) 滔滔(도도) : 광대한·어지러운 모양. 滔 : 넘치다, 넓다, 크다, 그득함, 모이다, 움직임.
4) 耰(우) : 씨를 뿌려 흙으로 덮다, 곰방메(흙덩이를 부수거나 씨를 덮는 농기구). 輟(철) : 그치다, 하던 일을 멈추다, 깁다, 꿰매다, 수선하다.
5) 憮(무) : 멍한 모양, 실망한 모양, 이상히 여기는 모양, 어루만짐, 애무, 예쁘다, 커지다.
6) 濟(제) : 건너다, 나루, 건지다, 구제, 이루다, 해결. 渡(도) : 건너다, 지나가다, 나루.
7) 轡(비) : 고삐, 재갈.
8) 鄭曰 : "長沮·桀溺, 隱者也. 耜廣五寸, 二耜爲耦. 津, 濟渡處." ○邢曰 : "執輿, 謂執轡在車也. 時子路爲御, 旣使問津, 孔子代之而執轡." ○馬曰 : "言數周流, 自知津處."

① 『혹문』 : '수이역지誰以易之'에서 걸익의 뜻은, 천하가 온통 혼란스러우니 '공자가 장차 누구와 더불어 변혁할 수 있겠냐'는 말이다. 그래서 공자가 해명하기를, '만약 천하에 도가 있다면 나는 사람과 더불어 변혁을 시도할 필요도 없다'고 하였다. 여기서 말한 '누구(誰)'는 세상 사람을 지칭하고, '변혁(易)'은 그 주체가 공자이다. 그런데 '누가 변혁(易)할 수 있겠는가,' 혹은 '누가 공자의 도로써 자신의 행위를 바꾸려(易) 하겠는가'라고 한 명도의 풀이는, 모두 공자가 '역'의 주체가 아니다. 또 '어떻게 변혁하겠는가'라고 한 횡거의 풀이는 '수誰' 자가 누구를 지칭하는지 알 수 없다. ○明道曰 : "桀溺言天下衰亂無道, 滔滔者天下皆是也, 孔子

18-6 장저와 걸익이 나란히 밭을 갈고 있었다. 공자의 일행이 그 옆을 지나게 되었다. 공자가 자로를 시켜 나루터를 물었다.
자로가 다가가자 장저가 되물었다. "수레를 잡고 있는 사람은 누구요?" "공구孔丘이십니다." "노나라의 공구 말인가요?" "예, 그렇습니다." "그렇다면 나루터를 잘 알 텐데."
자로가 다시 걸익에게 나루터를 물었다. 걸익이 되물었다. "그대는 누구요?" "자로라고 합니다." "아, 노나라 공구의 제자 말인가?" "그렇습니다." "도도한 흙탕물이 바로 천하의 형국일진대, 누구와 더불어 개혁할 수 있겠는가?① 또 자네도 사람을 피하는 선비를 따를 바에야, 세상을 피한 선비를 따르지 그래?" 그러고는 흙덮기만 계속하였다.
자로가 돌아가 공자께 고하니, 공자가 한숨 쉬며 말하였다. "새나 짐승과 더불어 살 수는 없지 않은가?② 내가 사람 무리와 어울리지 않으면, 누구와 어울리랴? 세상에 도가 서 있다면, 내가 굳이 바꾸려 하겠는가?"

두 사람은 은자隱者이다. 우耦는 나란히 밭을 갊이다. 이때 공자가 초나라에서 채나라로 돌아가는 중이었다. 진津은 강을 건너는 나루터이다.

'수레를 잡고 있음'은 수레에서 고삐를 잡고 있는 것이다. 본래 자로가 수레를 몰며 고삐를 잡았지만, 지금은 내려서 나루터를 묻고 있었기 때문에, 공자가 대신하였다. '나루를 잘 알 텐데'란 자주 두루 돌아다녔기 때문에 스스로 나루터를 알 것이라는 말이다.

雖欲行其教, 而誰可以化而易之? 孔子曰 : 如使天下有道, 我則無所治, 不與易之也. 今所以周流四方, 爲時無道故也. 聖人不敢有忘天下之心, 知其不可而猶爲之, 故其言如此." 又曰 : "滔滔者天下皆是也, 而誰以易之? 誰肯以夫子之道易己所爲?" ○橫渠曰 : "滔滔忘反者天下莫不然, 如何變易之? 天下有道, 丘不與易也, 知天下無道而不隱者, 道不遠人. … "

② 『혹문』 : 공자가 노나라를 떠나 위나라로, 위나라를 떠나 진陳나라로 갔으며, 미복微服을 입고 송나라를 통과하여 환퇴의 난을 피했으니, 물론 사람을 피하지(辟人) 않을 수 없었다. 걸익은 세상을 피한 사람으로 자처했기 때문에, 공자가 세상을 피하지 못하고 그저 사람만 피한다고 비웃었다. 그러나 사람을 피한 일은 오직 의리에 비추어 결정했을 뿐 세상 사람과 단절한 적이 없다. 세상을 피하는 일은 마침내 세상 사람과 단절하여 곧장 새나 짐승과 함께 사는 것이다. 공자가 '새나 짐승과 더불어 살아갈 수는 없지 않은가' 함은 세상을 피하고 사람과 단절한 걸익을 비판한 말이다.

(徒與之與, 平聲. 滔, 吐刀反. 辟, 去聲. 耰, 音憂.) ○滔滔, 流而不反之意. 以, 猶與也. 言天下皆亂, 將誰與變易之? 而, 汝也. 辟人, 謂孔子. 辟世, 桀溺自謂. 耰, 覆種也. 亦不告以津處.

(憮, 音武. 與, 如字.) ○憮然, 猶悵然,[1] 惜其不喩己意也. 言所當與同群者, 斯人而已, 豈可絶人逃世以爲潔哉?[2] 天下若已平治, 則我無用變易之. 正爲天下無道, 故欲以道易之耳.

○程子曰 : "聖人不敢有忘天下之心, 故其言如此也."

張子曰 : "聖人之仁, 不以無道必[3]天下而棄之也."

18-7 子路從而後, 遇丈人,[4] 以杖荷蓧.[5] 子路問曰 : "子見夫子乎?" 丈人曰 : "四體不勤, 五穀不分. 孰爲夫子?" 植其杖而芸.[6] 子路拱[7]而立.

止子路宿, 殺雞爲黍而食之, 見其二子焉. 明日, 子路行以告. 子曰 : "隱者也." 使子路反見之. 至則行矣.

子路曰 : "不仕無義. 長幼之節, 不可廢也 ; 君臣之義, 如之何其廢之? 欲潔其身, 而亂大倫. 君子之仕也, 行其義也. 道之不行, 已知之矣."

---

1) 悵(창) : 슬퍼하다, 마음 아파하다, 원망하다, 한탄하다. ○『孟子』 : 夷子憮然.[5 : 5] ○趙岐注 : "憮然, 猶悵然." ○『맹자집주』 : "憮然, 茫然自失之貌."

2) 尹曰 : "惡天下之滔滔而欲辟之, 則又豈可與鳥獸同群乎? 聖人不以絶人逃世爲潔也."

3) 必(필) : 반드시 하다, 이루다, 오로지, 반드시, 틀림없이, 보증하다.

4) 丈人(장인) : (지팡이 짚는) 노인. 丈 : 어른, 길, 지팡이, 재다.

5) 杖(장) : 지팡이, 짚다, 의지함. 蓧(조) : 삼태기(곡식이나 풀을 담아 나르는 데 쓰는 그릇).

6) 植(치) : 꽂다, 꽂아 세우다. (식) : 심다, 일정한 곳에 근거를 두다, 기둥, 재목, 세우다. 芸(운) : 김매다(≒耘), 향초 이름, 단풍들다.

7) 拱(공) : 두 손을 맞잡다, 두 손을 들어 가슴 앞에서 마주 잡는 예, 팔짱을 지르다.

① 『신해』 : 공자의 뜻은 천하에 도가 없기 때문에 세상을 두루 다니면서 개혁하려고 애쓰는 것이지, 천하에 도가 있다면 다시 고치려고 하지 않는다는 말이다. 은자는 천하에 도가 없으므

도도滔滔는 흘러내려 돌이키지 않는다는 뜻이다. 이以는 '더불어(與)'이다. 천하가 혼란스런 만큼 누구와 더불어 개혁할 수 있겠냐는 말이다. 이而는 '너'이다. '사람을 피한 선비'는 공자, '세상을 피한 선비'는 걸익 자신을 지칭한다. 우耰는 뿌린 씨를 덮음이다. 그 역시 나루터를 알려주지 않았다.

무연憮然은 창연悵然(안타까워하는 모습)과 같고, 자기 뜻을 알아주지 못함을 애석해 함이다. 함께 어울려야 할 바는 바로 사람뿐이니, 어찌 사람과 단절하고 세상을 도피하는 일을 깨끗하다고 할 수 있겠는가? 천하가 이미 태평성세라면 내가 개혁할 필요도 없다. 바로 천하에 도가 없기 때문에 도로써 개혁하려는 것이다는 말이다.①

• 성인은 감히 천하를 망각하는 마음을 지닐 수 없는지라, 그 말씀이 이와 같다. – 명도

• 성인은 어질다. 천하를 무도하다고 단정하고 포기하지 않는다. – 횡거

18-7 자로가 공자를 따라가다 뒤처져 노인을 만났다. 지팡이로 삼태기를 걸쳐 메고 있었다. 자로가 노인에게 물었다. "노인장, 혹시 우리 스승님을 못 보셨습니까?" "손가락 하나 꿈쩍이지 않고, 오곡도 분간 못하면서, 누구를 스승이라 하는가?" 그리고는 지팡이를 땅에 꽂고 김을 매기 시작하였다.❷ 자로가 두 손을 맞잡고 공손히 서 있었다. 노인이 자로를 자기 집에 묵게 하여, 닭을 잡고 기장밥을 지어 대접하고, 두 아들을 인사시켰다. 다음날 자로가 길을 떠나 공자께 아뢰었다. 공자가 말하였다. "은자로구나!" 자로에게 다시 찾아보게 하였다. 자로가 가니 노인은 이미 떠나고 없었다.

자로가 말하였다. "벼슬하지 않는 것은 의義가 아니다. 장유의 예절도 폐할 수 없거늘, 군신의 의를 어떻게 폐하겠는가? 자기 한 몸만 깨끗이 하려고 대륜大倫을 어지럽히겠는가? 군자가 벼슬함은 자신의 의를 행하는 것일 뿐이다. 도가 행해지지 않는 것은 이미 알고 있다."

로 은둔해야 한다는 입장이고, 공자는 도가 없으므로 은둔할 수 없다는 입장이다.

(蓧, 徒弔反. 植, 音値.) ○丈人, 亦隱者. 蓧, 竹器. 分, 辨也. 五穀不分, 猶言不辨菽麥[1]爾, 責其不事農業而從師遠遊也. 植, 立之也. 芸, 去草也.

知其隱者, 敬之也.

(食, 音嗣. 見, 賢偏反.)

孔子使子路反見之, 蓋欲告之以君臣之義. 而丈人意子路必將復來, 故先去之以滅其跡,[2] 亦接輿之意也.

(長, 上聲.) ○子路述夫子之意如此. 蓋丈人之接子路甚倨,[3] 而子路益恭, 丈人因見其二子焉, 則於長幼之節, 固知其不可廢矣, 故因其所明以曉之. 倫, 序也. 人之大倫有五 : 父子有親, 君臣有義, 夫婦有別, 長幼有序, 朋友有信是也.[4] 仕所以行君臣之義,[5] 故雖知道之不行而不可廢. 然謂之義, 則事之可否, 身之去就, 亦自有不可苟[6]者. 是以雖不潔身以亂倫, 亦非忘義以徇[7]祿也. 福州有國初時寫本, '路'下有'反子'二字, 以此爲子路反而夫子言之也. 未知是否?

---

❷『반신록』: 장저·걸익이 밭을 갈고 장인이 김을 매는 것은 시골에 묻힌 전원생활의 느긋함이다. 만물을 내 몸처럼 여겨 세상 구제에 몰두하는 사람에 비하면 물론 치우쳤지만, 명리를 열망하여 벼슬길(世路)에 분주한 사람에 비하면 고상하다. 전자는 하늘 높이 비상하는 봉황이라면, 후자는 등불에 몰려드는 불나방이다. 누가 옳고 누가 그르며, 누가 성공이고 누가 실패인지는, 반드시 구별해야 한다. 성인은 도모하지 못할 시절이 없다. 세상에 도가 있든 없든 오직 삼강오상의 명교를 자기 임무로 삼고, 혼란을 다스려 태평으로 돌이키는 일을 자기 책임으로 삼는다. 자기의 덕이 성인 같지 않고, 재주가 혼란을 다스려 태평을 돌이키기에 부족한 사람이라면, 그저 성인의 가르침을 준수하여, 도가 있으면 나아가 의를 행하고, 도가 없으면 은둔하여 지조를 지킬 뿐이다. 차라리 장저·걸익·장인의 치우침을 밟아갈지언정, 끝 모를 벼슬길의 어둠속에 빠지지 않도록 조심할 일이다.

1) 不辨菽麥(불변숙맥) : 콩과 보리도 구별 못함. 숙맥(불변)이다. ○『左傳』: 不能辨菽麥.

2) 跡(적) : 자취, 발자취, 발 디딘 자국, 흔적, 뒤를 캐다, 지나간 일을 더듬어 찾다, 밟다.

3) 倨(거) : 거만하다, 뽐내다, 불손하다, 무릎 꿇고 앉다, 멍하다, 아무 생각이 없다.

4)『孟子』: 教以人倫, 一父子有親, 君臣有義, 夫婦有別, 長幼有序, 朋友有信.[5 : 4]

노인 역시 은자隱者이다. 조蓧는 대나무 그릇, 분分은 분간이다. '오곡도 분간 못한다' 함은 '콩과 보리를 구분하지 못한다'는 말과 같다. 농사짓지 않고 스승을 좇아 멀리 떠돈다고 자로를 꾸짖었다. 식植은 세워 둠, 운芸은 잡초를 없앰이다.

자로가 노인이 은자임을 알아보고 공경을 표하였다.

공자가 자로를 시켜 다시 만나게 하였다. 아마 그에게 군신의 의를 깨우쳐주려는 뜻이다. 노인은 자로가 반드시 다시 올 것을 예상했기에, 먼저 떠나서 자취를 없앴다. 역시 (공자를 피한) 접여와 같은 뜻이다.

자로가 공자의 뜻을 이렇게 설명하였다. 자로를 대하는 노인의 태도는 매우 거만했으나, 자로는 더욱 공손하였다. 이에 노인이 자로에게 두 아들을 인사시켰다. 장유의 예절은 본디 폐할 수 없는 것임을 알고 있었던 것이다. 따라서 그가 이미 알고 있는 점에 근거하여 깨우쳤다. 윤倫은 질서이다. 인간의 대륜은 다섯이니, 부자유친, 군신유의, 부부유별, 장유유서, 붕우유신이 그것이다. 벼슬함은 군신의 의를 행하려는 것이니, 도가 행해지지 않음을 알았다고 해서 폐할 수는 없다.① 그러나 '의'라고 말한 이상, 일의 옳고 그름과 자신의 거취를 구차하게(자기 편한 대로) 결정할 수 없는 점이 있다. 따라서 홀로 깨끗하여 인륜을 어지럽히지 않겠다는 핑계로, 또한 의를 망각하고 녹봉만 추구해도 안 된다.②

---

5) 包曰 : "倫, 道也, 理也. 言君子之仕, 所以行君臣之義也." ○『孟子注』: 倫, 序也.

6) 苟(구) : 구차히, 눈앞의 편함만 탐냄, 진실로, 한때, 임시, 적어도, 다만, 가령, 또는.

7) 徇(순) : 주창하다, 호령, 자랑, 빼앗다, 거느리다, 복종시킴, 원하다, 좇다, 따르다.

① 『혹문』: "도가 행해지지 않음을 알면서 무조건 벼슬해도 괜찮습니까?" "벼슬은 의리를 행하려는 것이다. 의리는 옳고 그름(可不可)이 있다. 의리에 맞으면 좇아 벼슬하니, 도가 행해지지 않음은 걱정할 바가 아니다. 의리에 맞지 않아 벼슬자리를 떠나면, 도가 행해지지 않더라도 의리가 망가진 적이 없다. 따라서 군자는 비록 도가 행해지지 않음을 알았다 해서 벼슬살이를 안 한 적은 없으나, 또한 사심을 품고 이록을 추구함으로써 일시적인 안일에 빠진 적도 없다. 이로써 보건대 도道와 의義는 서로 분리된 적이 없다."

② 『어류』: "성인은 몸을 숨겨 세상을 피하려고 하지 않았습니다. 몹시 바쁘게 돌아다니며 세상을 구제하는 일을 급선무로 여겨 군신의 의리를 저버리지 않았습니다. 옳은가 옳지 않은가(可不可)를 따질 때에 임하면 여전히 의리로써 결단했습니다." "물론 그렇다. 세상을 구제하는 일의 시급함은 말할 필요도 없으니, 본디 벼슬은 하지 않으면 안 된다." "만약 '위태로운 나라는 들어가지 말고, 혼란한 나라에는 살지 마라. 천하에 도가 있으면 나아가고, 도가 없으면 은둔한다'(8-13)는 등의 공자님 말씀을 놓고 보면, 장저와 걸익 등의 행동은 옳은 것 같은데요?" "그 말씀은 학생들에게 한 말이었다. …" "성인 역시 당시 세상을 도모할 수 없다는 사실을

○范氏曰："隱者爲高, 故往而不反. 仕者爲通,[1] 故溺而不止. 不與鳥獸同群, 則決性命之情以饕富貴.[2] 此二者皆惑也, 是以依乎中庸者爲難. 惟聖人不廢君臣之義, 而必以其正, 所以或出或處而終不離於道也."

18-8 逸[3]民：伯夷·叔齊·虞仲·夷逸·朱張·柳下惠·少連.
子曰："不降[4]其志, 不辱其身, 伯夷·叔齊與!
謂'柳下惠·少連, 降志辱身矣, 言中倫,[5] 行中慮, 其斯而已矣.' 謂'虞仲·夷逸, 隱居放[6]言, 身中淸, 廢中權.'[7]
我則異於是, 無可無不可."

(少, 去聲, 下同.)

○逸, 遺逸.[8] 民者, 無位之稱. 虞仲, 卽仲雍, 與大伯同竄荊蠻者.[9] 夷逸·朱張, 不見經傳. 少連, 東夷人.

(與, 平聲.)

분명히 알고 계시지 않았을까요?" "안 될 줄 명확히 안 것은 아니다. 천하에 도모하지 못할 시절이란 없다. 벼슬을 해도 되면 하고, 하면 안 될 경우에는 그만둔다."[1653쪽] ○『후안』: '도가 행해지지 않음은 이미 알았다' 함은 세상에 쓰이지 않아 그 운이 궁지에 빠졌다는 말이다. 도가 행해지지 않음을 알면서도 자신의 의를 행하는 까닭은 군자의 의란 본래 천성 속에서 유래하니, '자기 본성을 다함으로써 하늘을 섬긴다는(盡其性以事天)' 의미가 들어있다. 갑자기 천운이 다했다는 핑계를 댈 수 없다. 성인은 부모를 섬기듯 하늘을 섬긴다. 도가 행해지지 않음을 알면서도 천하를 철환하는 것은, 효자가 부모의 마음을 얻지 못하더라도 부모가 기뻐하기를 추구함과 같다. 만약 추구했지만 여전히 기뻐하지 않는 일은 어쩌지 못하는 운수의 제한이며, 부모가 기뻐해 주기를 추구하는 마음 자체가 중단된 적은 없다. 삼태기 장인의 경우는 부모가 기쁨에 이르지 못하면 그대로 내버려둔다는 사람이다.

1) 通(통)：영달·출세하다, 널리 알다, 두루, 꿰뚫다, 두루 미치다, 깨닫다, 왕래, 사귀다.
2) 決(결)：(제방이) 터지다, 터놓다, 갈라놓다, 상처 입히다, 도려내다, 결단하다, 결심, 틈, 결코 饕(도)：(음식·재물을) 탐하다, 욕심이 과하다, 악한 짐승 이름, 탐욕스런 악인. ○『莊子』「騈拇」：今世之仁人, 蒿目而憂世之患；不仁之人, 決性命之情而饕貴富.
3) 逸(일)：달아남, 잃다, 숨다, 빠름, 뛰어남, 재덕이 뛰어난 사람, 은사隱士, 실수, 방자함.
4) 降(항)：항복, 크게, 떨어지다, 기뻐하다. (강)：내리다, 행차, 물러남, 겸손, 숨다, 항하다.

송나라 초기 복주福州(복건성)의 필사본 가운데 '로路' 다음에 '반자反子' 두 글자가 있는 것이 있었다. 그러면 이 마지막 구절은, "자로가 돌아오자, 공자가 말하였다"가 된다. 이것이 옳은지는 모르겠다.

• 은자는 고상함만 추구하기에, 그에 빠져 돌이킬 줄 모른다(往而不反).① 벼슬아치는 출세만 추구하기에, 그에 탐닉하여 그만둘 줄 모른다. 새나 짐승과 더불어 살겠다는 식이 아니면, 성명의 본성을 해쳐서라도 부귀를 탐하겠다는 식이다. 두 가지 모두 미혹이다. 따라서 중용에 따라 행동하는 일이 어렵다. 오직 성인이라야 군신의 의를 폐하지 않으면서도 반드시 정도에 따른다. 그래서 벼슬하든 물러나든 끝내 도를 벗어나지 않는다.② - 범조우

18-8 일민逸民으로는 백이, 숙제, 우중, 이일, 주장, 유하혜, 소련이 있다. 공자가 말하였다. "뜻을 굽히지 않고 몸을 욕되게 하지 않은 이는 백이·숙제로다! 유하혜·소련은 '뜻을 굽혀 몸은 욕되었으나, 말이 도리에 맞고 행실이 사려 깊었다. 다만 그뿐이었다'고 할 수 있다. 우중·이일은 '은거하면서 말을 함부로 했으나, 처신이 깨끗하였다. 자기 폐기가 융통성이 있었다'고 할 수 있다. 나는 그들과 다르다. '그래야 된다(可)'도 없고 '그래서는 안 된다(不可)'도 없다."

일逸은 버려져 쓰이지 않음, 민民은 지위가 없음을 지칭한다. 우중은 곧 '중옹'이니, 태백과 함께 남쪽 변방에 숨은 사람이다. 이일·주장은 경전에 보이지 않는다. 소련은 동이東夷 사람이다.

---

5) 倫(륜) : 떳떳한 도리, 무리, 차례, 조리, 순서, 결, 가리다.

6) 放(방) : 풀어놓다, 불 지르다, 내쫓다, 버리다, 멀리하다, 내걸다, 피다, 멋대로 하다, 달아나다, 그만두다, 하지 아니하다(隱居放言), 어긋나다, 본뜨다, 이르다.

7) 權(권) : 권도權道, 임기응변의 방편, 저울질하다, 경중·대소를 분별함, 권세, 구차함.

8) 遺逸(유일) : 버려져 쓰이지 않음, 유실, 은거隱居, 은사隱士, 유재遺才.

9) 竄(찬) : 숨다, 숨기다, 달아나다, 받아들임, 손을 쓰다, 은밀히, 내치다, 베다, 글자를 고치다. 荊(형) : 가시나무, 다스리다, 처벌하다, 초나라의 딴이름. 蠻(만) : 오랑캐, 업신여기다, 모멸. ○『史記』: 吳太伯, 太伯弟仲雍, 皆周太王之子, 而王季歷之兄也. …太伯之奔荊蠻, 自號句吳. 荊蠻義之, 從而歸之千餘家, 立爲吳太伯. 太伯卒, 無子, 弟仲雍立, 是爲吳仲雍.

(中, 去聲, 下同.) ○柳下惠, 事見上. 倫, 義理之次第也. 慮, 思慮也. 中慮, 言有意義[1]合人心. 少連事不可考. 然『記』稱其"善居喪, 三日不怠,[2] 三月不解,[3] 期悲哀, 三年憂." 則行之中慮, 亦可見矣.

仲雍居吳, 斷髮文身, 裸以爲飾.[4] 隱居獨善, 合乎道之淸. 放言自廢, 合乎道之權.

孟子曰:"孔子可以仕則仕, 可以止則止, 可以久則久, 可以速則速." 所謂無可無不可也.

○謝氏曰:"七人隱遯不汙[5]則同, 其立心造行則異. 伯夷·叔齊, 天子不得臣, 諸侯不得友, 蓋已遯世離群矣, 下聖人一等, 此其最高與! 柳下惠·少連, 雖降志而不枉己, 雖辱身而不求合, 其心有不屑也. 故言能中倫, 行能中慮. 虞仲·夷逸, 隱居放言, 則言不合先王之法者多矣, 然淸而不汙也, 權而適宜也, 與方外之士害義傷敎而亂大倫者殊科.[6] 是以均謂之逸民."

尹氏曰:"七人各守其一節, 而孔子則無可無不可, 此所以常適其可, 而異於逸民之徒也."

揚雄曰:"觀乎聖人則見賢人. 是以孟子語夷·惠, 亦必以孔子斷之."

---

① 往而不反(왕이불반) : 어떤 학설이나 자기주장에 빠져 편견 없이 원만한 본래의 상태로 돌이키지 못함.[『장자』「천하」]

1) 意義(의의) : 뜻, 의미, 사유, 까닭, 사정, 의의, 가치.

2) 怠(태) : 게으르다, 싫증나다, 지겨워지다, 방심하다, 업신여기다, 깔보다, 쇠약해지다.

3) 解(해) : 흩뜨리다, 풀리다, 해이해짐, 게으름, 떨어지다, 깨닫다, 게으름 피움, 나태.

4) 裸(라) : 벌거숭이, 벌거벗다, 사람. ○『左傳』: 大伯端委以治周禮, 仲雍嗣之, 斷髮文身, 臝以爲飾, 豈禮也哉?

5) 遯(둔) : 달아남, 피함, 물러남, 속이다. 汙(오) : 汚와 동자, 더럽다, 때, 욕, 낮다.

6) 科(과) : 과정, 품등, 그루, 법, 세금·벌금 매기다, 과거, 구멍.

유하혜의 일은 위(15-14)에 나온다. 윤倫은 의리의 순서, 려慮는 사려思慮이다. '사려 깊었다(中慮)' 함은 뜻이 인심에 부합했다는 말이다. 소련의 일은 고찰할 수 없다. 그러나 『예기』에 따르면, 그가 "상례에 훌륭히 익하여 삼 일 동안 방심하지 않고, 삼 개월 동안 해이하지 않고, 일 년 동안 슬퍼하고, 삼 년 동안 근심하였다." 행실이 사려 깊었음을 엿볼 수 있다.

중옹은 오나라에 살면서, 머리를 깎고 문신하여 나체에 장식을 하였다. 은거하며 홀로 선을 추구함은 도의 깨끗한 경지에 부합하였다. 말을 내키는 대로 하여 자신을 폐기시켰으되, 도의 융통성(道之權)에는 부합하였다.

"공자는 벼슬할 만하면 벼슬하고, 그만둘 만하면 그만두고, 오래 머물 만하면 오래 머물고, 빨리 떠날 만하면 빨리 떠났다"는 맹자의 말이, 이른바 "된다도 없고 안 된다도 없음(無可無不可)"이다.

• 일곱 사람이 은둔하여 더러워지지 않은 점은 똑같지만, 동기와 행실은 달랐다. 백이·숙제는 천자라도 신하로 삼을 수 없고, 제후라도 벗할 수 없었다. 그러나 일단 세상을 등지고 사람들을 떠난 이상, 성인보다는 한 등급 아래이지만 이들 가운데는 최고이다. 유하혜·소련은 뜻을 굽혔지만 몸은 굴종하지 않고, 몸은 욕되더라도 억지로 세상에 영합하지 않았으니, 마음으로는 불의와 타협하기를 달가워하지 않았다. 따라서 말이 윤리에 맞고 행실이 사려 깊을 수 있었다. 우중·이일은 은거하며 말을 함부로 하여, 말이 선왕의 법도에 부합하지 않는 바가 많았다. 그러나 깨끗하여 더러워지지 않고, 융통성이 있어 마땅함에 부합하였다. 이들은, 의를 해치고 교화를 망쳐 인륜 대도를 어지럽힌 저 방외지사方外之士(세상을 등진 승려와 도사)와는 등급이 다르다. 그래서 모두 '일민'이라고 불렀다. – 사량좌

• 일곱 사람은 각각 한 가지 절개만 지켰지만, 공자는 어느 쪽도 고집하지 않았다. 그 때문에 항상 옳은 일만 따랐으니, 일민의 무리와 다르다. – 윤돈

• 성인을 잘 살펴보면 현인을 알 수 있다. 그러므로 맹자는 백이·유하혜를 평론하면서 반드시 공자를 기준으로 재단하였다. – 양웅

18-9 大師摯適齊, 亞飯干適楚, 三飯繚適蔡, 四飯缺適秦. 鼓方叔入於河, 播鼗[1]武入於漢, 少師陽·擊磬襄入於海.

(大, 音泰.) ○大師, 魯樂官之長. 摯, 其名也.

(飯, 扶晩反. 繚, 音了.) ○亞飯以下, 以樂侑[2]食之官. 干·繚·缺, 皆名也. 鼓, 擊鼓者. 方叔, 名. 河, 河內.

(鼗, 徒刀反.) ○播, 搖也. 鼗, 小鼓. 兩旁有耳, 持其柄而搖之, 則旁耳還自擊.[3] 武, 名也. 漢, 漢中.

(少, 去聲.) ○少師, 樂官之佐. 陽·襄, 二人名. 襄卽孔子所從學琴者. 海, 海島也.

○此記賢人之隱遁[4]以附前章, 然未必夫子之言也. 末章放此. 張子曰 : "周衰樂廢, 夫子自衛反魯, 一嘗治之. 其後, 伶[5]人賤工識樂之正. 及魯益衰, 三桓僭妄,[6] 自大師以下, 皆知散之四方, 踰[7]河蹈海以去亂. 聖人俄頃[8]之助, 功化如此. 如有用我, 期月而可, 豈虛語哉?"

---

1) 播(파) : 뿌리다, 퍼뜨리다, 베풀다, 까부르다, 달아나다, 소리를 올렸다 내렸다 함. 鼗(도) : 땡땡이(북 자루를 잡고 돌리면 양쪽 끈에 단 구슬이 북면을 치는 악기).

2) 侑(유) : 권하다, 돕다,

3) 邢曰 : "鼗如鼓而小, 有兩耳, 持其柄搖之, 旁耳還自擊."(『周禮』 鄭玄注에 근거함.)

4) 遁(둔) : 달아나다, 도망, 피하다, 세상을 버리고 숨다, 잃다. (준) : 머뭇거리다.

5) 伶(령) : 영리하다, 사환, 배우, 악사(伶倫이 악관이었던 데에서 유래함).

6) 僭妄(참망) : 함부로 분에 넘치는 행위를 하다, 분에 넘치고 망령스러움.

7) 踰 : 逾(내각본) 踰(유) : 넘다, 뛰다, 건너다. 逾(유) : 넘다, 멀다, 까마득하다.

8) 俄頃(아경) : 삽시간, 일순간. 俄 : 갑자기, 홀연, 금새. 頃 : 방금, 막, 무렵, 경각.

① 『집해』 : 노나라 애공 때 예악이 붕괴되어 악사들이 뿔뿔이 떠나갔다. ○『신해』 : 노나라가 쇠하여 악관이 사방으로 흩어져 강을 건너고 바다를 넘어 갔으니, 하늘은 처량하고 사람은 쓸쓸하였다. 기록자가 이 편에 덧붙이면서 예와 지금의 비감悲感을 이기지 못했을 것이다. 이 여덟 사람을 기록한 것은 또한 공자를 추억하려는 뜻이다. ○『설해』 : 노나라는 주공이 분봉된 나라였으므로 주나라 성왕은 특별히 천자의 음악을 하사하였다. 『좌전』을 보면 계찰이 노나라에서 주나라 음악을 감상한 다음 주나라 음악이 모두 노나라에 있다고 감탄하였다.

18-9 태사 지는 제나라로, 아반 간은 초나라로, 삼반 료는 채나라로, 사반 결은 진나라로 갔다. 고수 방숙은 황하로, 소고 치는 무는 한수로, 소사 양과 경쇠 치는 양은 바다의 섬으로 들어갔다.[①]

태사大師는 노나라 악관樂官의 우두머리이다. 지摯는 그 이름이다.

아반亞飯 이하는 음악으로 식사를 권하는 관직이다.[②] 간干·료繚·결缺은 그들의 이름이다.

고鼓는 북치는 사람이다. 방숙은 이름, 하河는 하내河內(황하 이북)이다.

파播는 흔듦이다. 도鼗는 소고小鼓인데, 양쪽에 귀(방울)가 달려 있어, 북 자루를 잡고 흔들면 반동으로 두 귀가 저절로 북을 친다. 무武는 이름, 한漢은 한중漢中(섬서성 동쪽)이다.

소사少師는 악관의 보좌이다. 양陽·양襄은 두 사람의 이름이다. 양襄은 공자가 찾아가 거문고를 배웠던 분이다. 해海는 바다의 섬이다.

이 장은 현인의 은둔을 기록하여 앞 장에 덧붙였다. 꼭 공자의 말은 아니다. 마지막 장(18-11)도 마찬가지이다.

• 주나라가 쇠하여 음악이 버려졌다. 공자가 위나라에서 노나라로 돌아와(9-15) 한 번 정리한 이후, 악사와 천한 악공들도 음악의 바른 모습을 알았다. 그러나 노나라가 더욱 쇠하여 삼환이 참람하게 망동하자, 태사 이하 사람들이 모두 사방으로 흩어질 생각으로 황하를 넘고 바다를 건너 난리를 피하였다. 성인은 잠시의 조력만으로도 그 효과가 이와 같았다. '누가 나를 등용한다면 일 년만이라도 좋다'(13-10) 한 말이 어찌 빈말이었겠는가? – 횡거

악공의 연주도 신기에 가까웠다. 그러나 춘추 말년에 노나라 악사들이 사방으로 흩어져 유랑하였으니 한없이 창망하다. 악사들의 행방은 어떤 이는 제나라·초나라 등 대국으로도 갔으나, 어떤 이는 간 나라가 분명하지 않았다. 대국으로 간 경우라도 사람 한 명이 무슨 역할을 할 수 있었겠는가? 또한 앞을 못 보는 상태에서 이국으로 유랑했으니 그 어려움은 알만하다. 그들이 부득불 부모의 나라를 떠나야 했던 것은, 노나라의 정치가 문란하여 일신을 의탁할 데가 없었기 때문이다.

② 『혹문』: "아반이 식사를 권하는 관직임을 어떻게 압니까?" "『백호통』에 따르면, '왕은 아침, 점심, 해질녘, 밤 모두 네 끼 식사를 하였다. 제후는 세 끼, 대부는 두 끼이다.' 따라서 (제후국인) 노나라의 악관은 아반 이하 모두 삼반이다."

18-10 周公謂魯公曰："君子不施其親, 不使大臣怨乎不以. 故舊無大故,[1] 則不棄也. 無求備於一人."

施,[2] 陸氏本作弛,[3] 詩紙反. 福本同. ○魯公, 周公子伯禽也. 弛, 遺棄也. 以, 用也. 大臣非其人則去之, 在其位則不可不用.[4] 大故, 謂惡逆.[5]
李氏曰："四者皆君子之事, 忠厚之至也."
○胡氏曰："此伯禽受封之國, 周公訓戒之辭. 魯人傳誦, 久而不忘也. 其或夫子嘗與門弟子言之歟?"

18-11 周有八士：伯達·伯适·仲突·仲忽·叔夜·叔夏·季隨·季騧.

(騧, 烏瓜反.) ○或曰成王時人, 或曰宣王時人. 蓋一母四乳而生八子也, 然不可考矣. ○張子曰："記善人之多也."
○愚按：此篇孔子於三仁·逸民·師摯·八士, 既皆稱贊而品列之；於接輿·沮·溺·丈人, 又每有惓惓[6]接引之意. 皆衰世之志也,[7] 其所感者深矣. 在陳之歎, 蓋亦如此. 三仁則無間然矣, 其餘數君子者, 亦皆一世之高士. 若使得聞聖人之道, 以裁[8]其所過而勉其所不及, 則其所立, 豈止於此而已哉?

---

1) 大故(대고)：중대한 사고, 부모상, 엄중한 과실·죄악, 중요 원인, 사망, 특별, 대략.
2) 施(시)：버리다, 유기, 자랑·과장하다. 施(이)：옮아가다, 뻗다, 깔보다, 옳지 않다.
3) 弛(이)：늦추다, 활시위를 벗기다, 없애다, 한물가다, 느슨하다, 방종, 쉬다, 부수다.
4) 呂曰："大臣非其人則去之, 居其位而不用, 此所以取怨也."
5) 惡逆(악역)：부모나 존속을 때리거나 살해를 모의한 죄.
6) 惓(권)：삼가다, 정성스럽다, 진심을 다하는 모양(惓惓), 싫증남, 싫증나도록 피곤함(倦).
7) 志(지)：뜻, 마음, 본심, 희망, 감정, 사심, 뜻하다, 절개가 있다, 기억, 기록, 표지標識. ○『易』「繫辭下」：其稱名也, 雜而不越, 於稽其類, 其衰世之意邪?

18-10 주공이 노공에게 말하였다. "군자는 지친을 저버리지 않고, 대신을 쓰지 않는다는 원망이 없고, 오랜 친구와 신하는 중대 과실이 없으면 버리지 않고, 한 사람에게 완벽하기를 요구하지 않습니다."

시施는 육덕명 판본에 이弛로 되어 있다. 복건 판본도 마찬가지이다.

노공魯公은 주나라의 공자公子 '백금'이다. 이弛는 저버림, 이以는 등용이다. 대신大臣은 적임자가 아니면 버리지만, 본디의 지위에 있는 경우에는 등용하지 않을 수 없다. 대고大故는 패륜 죄를 일컫는다.

• 네 가지는 모두 군자의 일로서, 충직과 후덕의 극치이다. – 이욱

• 이는 백금이 분봉된 노나라를 받을 때 주공이 훈계한 말이다. 노나라 사람들이 오래도록 잊지 않고 입으로 전한 내용이다. 아니면 혹시 공자가 일찍이 제자들에게 언급한 내용이었을까? – 호인

18-11 주나라에는 여덟 선비가 있다. 백달, 백괄, 중돌, 중홀, 숙야, 숙하, 계수, 계과가 그들이다.

이들을 '성왕' 시대의 사람이라고도 하고, '선왕' 시대의 사람이라고도 한다. 한 어머니가 네 번 젖을 먹여 여덟 아들을 낳았다고 한다. 고증할 수는 없다.

• 선한 사람이 많았다는 기록이다. – 횡거

내 생각에, 이 편에서 공자는 삼인三仁, 일민逸民, 사지師摯, 팔사八士를 모두 칭찬하고 품평하였다. 접여·장저·걸익·하조장인은 또 매번 진심으로 접견하여 인도하려는 뜻이 있었다. 모두 쇠락한 세상의 표지이니, 그에 관한 감회가 깊다. 진나라에서의 탄식(5-22) 역시 이와 마찬가지일 것이다. 삼인三仁은 '흠 잡을 데가 없다.'(8-21) 나머지 여러 군자 역시 모두 한 시대의 고사高士였다. 만약 그들이 성인의 도를 들어서 지나친 부분은 억제하고 미흡한 부분은 힘써 보충했다면, 그들의 경지가 어찌 그 수준에 그쳤겠는가?

---

8) 裁(재) : 옷을 짓다, 자르다, 알맞게 줄이다, 헤아리다, 재량·결단·분별하다, 억제하다.

제19편 자장

子張第十九

此篇皆記弟子之言, 而子夏爲多, 子貢次之. 蓋孔門自顔子以下, 穎悟*莫若子貢 ; 自曾子以下, 篤實無若子夏. 故特記之詳焉. (凡二十五章.)

이 편은 제자의 말을 기록하였다. 자하의 말이 많고, 자공이 다음이다. 공자 문하에서 안자 아래로는 자공이 가장 영특하고, 증자 아러로는 자하가 가장 독실했기 때문이다. 그래서 유독 二들의 기록이 상서하다.

---

* 穎悟(영오) : 뛰어나게 총명하다.
穎 : 이삭, 빼어나다, 훌륭하다. 悟 : 총명하다, 이해력이 좋다.

19-1 子張曰："士見危致命, 見得思義, 祭思敬, 喪思哀, 其可已矣."

致命, 謂委[1]致其命, 猶言授命也. 四者立身之大節, 一有不至, 則餘無足觀. 故言士能如此, 則庶乎其可矣.

19-2 子張曰："執[2]德不弘, 信道不篤, 焉能爲有? 焉能爲亡?"

(焉, 於虔反. 亡, 讀作無, 下同.) ○有所得而守之太狹, 則德孤；有所聞而信之不篤, 則道廢. 焉能爲有亡, 猶言不足爲輕重.

19-3 子夏之門人問交於子張. 子張曰："子夏云何?"
對曰："子夏曰：'可者與之, 其不可者拒之.'"
子張曰："異乎吾所聞：君子尊賢而容衆, 嘉[3]善而矜不能. 我之大賢與, 於人何所不容? 我之不賢與, 人將拒我, 如之何其拒人也?"

---

1) 委(위) : 맡기다, 버리다, 두다, 굽히어 따르다, 편안함, 자세하다, 시들다, 게으르다.
2) 執(집) : 지키다, 가지다, 고집, 잡다, 체포, 막다, 누르다, 거느리다, 관리, 처리, 맺다.
3) 嘉(가) : 칭찬하다, 가상히 여기다, 좋아하다. 아름답다, 예쁘다, 뛰어남, 훌륭함, 경사,

① 『어류』 : "어떤 것이 '덕을 품음이 넓지 못한' 모습입니까?" "자공이 만약 '가난해도 비굴하지 않고, 부유해도 교만하지 않는'(1-15) 덕만 견지하고, '가난해도 즐거워하고', '부유해도 예를 좋아하라'는 공자의 말씀을 듣지 못했다거나, 자로가 만약 '허름한 솜옷 복장을 부끄러워하지 않는'(9-27) 덕만 견지하고, '그 도리가 최선은 아니다'는 공자의 말씀을 듣지 못했다면, 그들의 뜻은 '덕을 품음이 넓지 못한' 상태를 면하지 못한다. 의리義理는 무궁하고 심체心體는 무한하기 때문이다."[4] 넓지 못하고 편협하면 수용하지 못한다. 남을 용납하지 못할 뿐더러, 자신도 용납하지 못한다. 조그만 선善이 있으면 반드시 자랑하고, 남의 선을 보면 반드시 기뻐하지 않는다. 남이 잘못을 지적하면 받아들이지 않는다. 그런 편협함에서 온갖 병통이 생긴다.[1] ○『혹문』 : "홍弘이 관대하고 넓음(寬廣)이라고 풀이했는데, 어떤 뜻입니까?" "사람의 국량을 말하고 있다. 사람이 도를 체현하는 것은 덕에 달려 있고, 덕을 품는 것은 국량에 달려 있다.

19-1 자장이 말하였다. "선비가 위난을 보면 목숨을 바치고, 이득을 보면 의리를 생각하고, 제례는 공경을 생각하고, 상례는 슬픔을 생각하면, 훌륭하다."

치명致命은 목숨을 바침이니, 수명授命(14-12)과 같다. 네 가지는 입신立身의 큰 절개이다. 이 가운데 하나라도 지극하지 못하면 다른 측면은 볼 것도 없다. 따라서 선비가 그렇게 할 수 있으면 훌륭하다는 말이다.

19-2 자장이 말하였다. "덕을 품음이 넓지 못하고,① 도를 믿음이 독실하지 못하면, 어찌 있다 없다를 논할 수 있겠는가?"

체득한 바가 있어도 지조가 너무 협소하면, 덕이 고립된다. 깨달은 바가 있어도 믿음이 독실하지 못하면, 도가 쓸모없다. 언능위유무焉能爲有亡는 경중을 논할 가치도 없다는 말과 같다.

19-3 자하의 제자가 자장에게 교제에 대해 물었다. 자장이 물었다. "자하는 어떻게 말하시던가?" "자하 선생님은 좋은 사람과는 사귀고, 그렇지 못한 자는 거절하라고 하셨습니다."
"내가 배운 바와는 다르구나! 군자는 현인을 존중하고 대중을 포용하며, 유능자를 높이고 무능자를 긍휼히 여겨야 한다. 내가 대현大賢이라면 남들에게 포용되지 않음이 없겠으나, 내가 못나면 남들이 장차 나를 거절할 터인즉, 어찌 남을 거절한단 말인가?"

국량에 크고 작은 차이가 있기에, 사람이 덕을 품는 데에도 넓거나 넓지 못함이 있다. 온갖 주장을 총괄하고 뭇 이치를 포괄하고도 스스로 박식하다 여기지 않고, 온갖 선을 겸하고 모든 아름다움을 구비하고도 스스로 체득했다 여기지 않고, 지혜가 만물을 두루 섭렵해도 천하사에 깊이 규찰하지 않고, 재주가 온갖 일을 완수할 수 있어도 천하사를 도모하려고 하지 않으면, 넓디넓은 그 가슴속은 늘 여지가 넉넉하다. 이는 국량이 크지 않고서야 그 누가 덕을 품음이 이처럼 막힘없이 넓디넓을 수 있겠는가? 『역』에서 '관대함으로 거처한다(寬以居之)'고 하였고, 증자가 '천하의 중책을 감당할 수 있다'(8-7)고 한 것이 바로 이것이다. 국량이 좁은 자는 한 가지 선이라도 얻으면 앞장서서 주장하기를 마치 더 이상 수용할 수

(賢與之與, 平聲.) ○子夏之言迫狹, 子張譏之是也. 但其所言亦有過高之病.[1] 蓋大賢雖無所不容, 然大故亦所當絕; 不賢固不可以拒人, 然損友亦所當遠. 學者不可不察.

19-4 子夏曰: "雖小道, 必有可觀者焉; 致遠恐泥,[2] 是以君子不爲也."

(泥, 去聲.) ○小道, 如農圃醫卜之屬.[3] 泥, 不通也.

○楊氏曰: "百家衆技, 猶耳目鼻口, 皆有所明而不能相通.[4] 非無可觀也, 致遠則泥矣, 故君子不爲也."

19-5 子夏曰: "日知其所亡, 月無忘其所能, 可謂好學也已矣."

(亡, 讀作無. 好, 去聲.) ○亡, 無也. 謂己之所未有.

○尹氏曰: "好學者日新而不失."

없는 것처럼 하고, 한 가지 일이라도 잘 감당하면 기뻐서 자부하기를 마치 더 이상 덧붙일 바가 없는 것처럼 하고, 사소한 지혜라도 있으면 반드시 그 지혜를 써 먹으려 하고, 사소한 재주라도 있으면 그 재주를 시험하려고 한다. 이른바 '덕을 품음이 넓지 못한' 자가 이와 같다. 빼앗기지 않을 것처럼 확고하게 견지하더라도, 어찌 (덕과 재주 따위가) '있다' '없다'고 논할 수 있겠는가?"

1) 病(전서본) : 弊(내각본)

2) 泥(니) : 진흙, 진창, 썩고 더러운 흙, 더럽혀지고 썩다, 약하다, 막히다, 지체, 구애

3) 何曰 : "小道, 謂異端." ○邢曰 : "謂異端之說, 百家語也." ○皇曰 : "謂諸子百家之書也."

4) 『莊子』「天下」 : 天下大亂, 賢聖不明, 道德不一, 天下多得一察焉以自好. 譬如耳目口鼻, 皆有所明, 不能相通. 猶百家衆技也, 皆有所長, 時有所用. 雖然, 不該不徧, 一曲之士也.

① 『혹문』 : "포함은 자하와 자장의 입장을 택교擇交와 범교汎交의 차이로 여겼고, 정자는 초학자初學者와 성덕자成德者의 차이로 여겼습니다. 어느 설이 옳습니까?" "사람의 교제는 친소후박의 차이가 있다. 처음에 받아들였다가 나중에 거절하는 경우는 없다. 즉 '택교'의 설도 문제가 있다. '덕을 이룬(成德)' 사람은 자장처럼 '사람을 거절하지 않아야 한다.' 그러나 시비선악을 전혀 가리지 않는다면 '호오를 분명히 하는'(4-3) 어진 이의 마음이 아니다. 정자의

자하의 말은 야박하고 좁다. 자장의 비판이 옳다. 자장의 말에도 너무 고상한 병폐는 있다. 대현이 비록 모든 사람을 포용하더라도, 아주 나쁜 사람과는 단절해야 한다. 불초자가 물론 남을 거절해서는 안 되지만, 손해되는 벗(16-4)만큼은 역시 멀리 해야 한다. 학생은 잘 살펴야 한다.①

19-4 자하가 말하였다. "작은 도라 하더라도, 볼 만한 점이 있겠으나 멀리 빠지면 얽매일까 염려스럽기에, 군자는 도모하지 않는다."

소도小道는 농사, 원예, 의술, 점술 따위이다.② 니泥는 소통하지 못함이다.③

• 백가百家의 여러 기술은 마치 이목구비와 같다. 각기 통달한 바가 있지만 서로 소통하지는 못한다. 볼 만한 점이 없는 것은 아니나 멀리 빠지면 얽매이게 되므로, 군자는 도모하지 않는다. – 양시

19-5 자하가 말하였다. "날마다 모르는 것을 새로 알고, 달이 지나도 이미 갖춘 능력을 잃지 않으면, 학문을 사랑한다고 하겠다."

무亡는 없음이니, 자기가 가지지 못한 바를 일컫는다.

• 학문을 사랑하는 자는 날마다 진보하여 배운 것을 잃지 않는다. – 윤돈

설도 문제가 있다." "그렇다면 어떻게 해야 합니까?" "성인의 중도로 절충하면 된다. 초학자는 대체로 자하의 말처럼 하되, 사귀면 안 되는 사람은 (거절하지 말고) 멀리 하면 된다. 거절하면 교제의 도리를 해친다. '덕을 이룬' 자는 대략 자장의 말처럼 해야 하지만, 다만 큰 문제가 있는 사람은 부득불 단절하지 않으면 안 된다."

② 『혹문』: '작은 것'은 큰 것에 대한 명칭이다. 마음을 바로잡고(正心), 몸을 닦아(修身) 사람을 다스리는 일은 '큰' 도이다. 한 부문의 업무를 전공하여 남의 다스림을 받는 일은 작은 도이다. 모두 세상에 필요하니, 없으면 안 되는 것들이다. 맨 처음은 물론 성인이 만들었고, 각 사물마다 그 이치가 깃들어 있다. 그래서 반드시 볼 만한 점이 있다. 다만 이것을 잘하는 자는 저것을 못하니, 군자의 대도에는 통달하지 못한다. 그래서 멀리 나아가면 거기에 얽매일까 염려되기 때문에 군자는 도모하지 않는다.

③ 『어류』: '작은 도'가 이단은 아니다. '작은 도' 역시 도리이지만, '작을' 뿐이다. 예컨대 농업, 원예업, 의원, 점술가, 온갖 공인의 부류에는 도리가 있다. 다만 그 한쪽으로만 도리를 추구하면, 곧 통달하지 못하게 된다. 이단은 사도邪道이니, 가까이 하면 안 된다.[10]

19-6 子夏曰："博學而篤[1]志，切問而近[2]思，仁在其中矣."

四者皆學問思辨之事耳，未及乎力行而爲仁也.[3] 然從事於此，則心不外馳，而所存自熟，故曰仁在其中矣.

○程子曰："博學而篤志，切問而近思，何以言仁在其中矣? 學者要思得之. 了此，便是徹上徹下之道."

又曰："學不博則不能守約,[4] 志不篤則不能力行. 切問近思在己者，則仁在其中矣."

又曰："近思者以類而推."

蘇氏曰："博學而志不篤，則大而無成；泛[5]問遠思，則勞而無功."

---

1) 篤(독) : 전일하다, 열심이다, 견실하다, 충실하다, 돈독하다, 인정이 많다, 성실, 병이 위중함.

2) 近(근) : 가까이하다, 비슷하다, 근사함, 친하다, 밀접하다, 친근하다, 비근함, 가까운 데서.

3) 『中庸』: 博學之, 審問之, 愼思之, 明辨之, 篤行之.

4) 『孟子』: 博學而詳說之, 將以反說約也.[8 : 15]

5) 泛(범) : 뜨다, 물이 가득 찬 모양, 널리, 두루.

① 『어류』: 이 네 가지는 학문 공부이지 '인을 행함'은 아니다. 반드시 공자가 안연·중궁에게 말한 내용(극기복례 등)이 '인을 행함'에 대한 정식 언급이다. 사람이 '널리 배워 뜻을 돈독히 하며, 절실히 질문하고 자기를 빗대어 생각할' 수 있으면, 마음이 방탕하지 않고 천리가 보존된다. 그래서 '인이 그 안에 있다'고 하였다.[18, 19]

② 『어류』: "'학생은 생각하여 깨달아야 한다. 깨달으면 곧 철상철하의 도이다' 함이, 선생님이 말한 '이 일에 종사하여 마음이 밖으로 내달리지 않으면, 함양이 저절로 무르익는다'는 의미인가요?" "그렇다. 저 네 가지 일 안에서 '인'의 도리를 통찰함이 곧 철상철하의 도이다."[23]

③ 『어류』: 예컨대 아들이면 효에 머물러야 하고, 신하이면 충에 머물러야 한다. 그로부터 하나하나 미루어 나간다.[25] "유추가 무엇입니까?" "뛰어오르면서 멀리 보려고 하지 마라. 갑작스럽게 종횡무진해도 안 된다. 다만 자기 주변에서 이해하고 있는 것부터 하나하나 순서를 따라가라. 하나의 일을 철저히 이해한 다음, 그 일을 기반으로 미루어 나가(유추하여) 다른 하나의 일을 행하는 것이다. 앎의 문제도 마찬가지이다. 예컨대 이 등잔이 여러 빛을 낸다는 것을 알았으면, 이 등잔의 일을 미루어 나가 저 촛불 역시 그와 같이 빛날 것임을 아는 것이다. 계단을 오르듯이, 첫 번째 계단을 오르면 그 계단을 기반으로 두 번째 계단에 오르고, 또

19-6 자하가 말하였다. "널리 배워 뜻을 돈독히 하며, 절실히 질문하고 자기를 빗대어 생각하면, '인'은 그 안에 있다."

네 가지는 배우고(學), 묻고(問), 생각하고(思), 변별하는(辨) 일일 뿐이다. 실천에 힘써(力行) 인을 행함에는 이르지 못한다. 다만 이 일에 종사하여 마음이 밖으로 내달리지 않으면, 함양이 저절로 무르익으니 '인은 그 안에 있다'고 하였다.①

• 널리 배워 뜻을 돈독히 하며, 절실히 질문하고 자기를 빗대어 생각하면, 왜 '인'이 그 안에 있다고 말하였는가? 학생은 생각하여 깨달아야 한다. 그것을 깨달으면 곧 철상철하徹上徹下(형이상과 형이하를 관통하는)의 도이다.② – 명도

• 배움이 넓지 않으면 신조가 간략할(守約) 수 없고, 뜻이 돈독하지 않으면 실천에 힘쓸 수 없다. 자신에게 달려 있는 문제를 절실히 질문하고 자기를 빗대어 생각하면, 인은 그 안에 있다. – 이천

• 근사近思란 유추하는 일이다.③ – 이천

• 널리 배워도 뜻이 돈독하지 않으면 방대하나 성취가 없고, 이것저것 범범하게 질문하고 고원하게 생각하면 고생만 하고 효과가 없다. – 소식

그 계단을 기반으로 세 번째 계단에 오른다. 이처럼 하나하나 따라가면, 다만 쉽게만 보이고 어렵게 보이지 않으니, 먼 일도 눈앞처럼 가깝게 느껴진다. 만약 첫 번째 계단에서 세 번째 계단으로 뛰어 오르려고 하면, 다리 벌리기도 힘들고 어렵고 멀게 느껴진다. 또 건영建寧(복건성의 목판 인쇄 중심지)에 가려면 반드시 첫 번째 역참을 지나 유영강에 이르고, 유영강에서 어포역에 도달해야 한다. 이처럼 하나의 일정을 마치면 하나의 일정이 줄어든다. 이렇게 하면 장안이라도 도착할 수 있다. 그렇지 않고 하루 만에 도달하려고 하면 어떻게 되겠는가? 또 책을 읽을 때 첫 문단을 읽고 둘째 문단에 이르고, 둘째 문단을 마치고 다시 셋째 문단에 이른다. 하나하나 하면 차례차례 모두 이해할 수 있다. 책을 열자마자 단번에 해치우려고 하면 어떻게 되겠는가?" "효를 이해한 다음 다시 미루어 공손함(弟)을 이해한다는 말씀입니까?" "주변의 쉽게 이해할 수 있는 일을 하나하나 해 나간다. 부모 사랑(親親)을 이해했으면, 미루어 사람 사랑(仁民)에 이른다. '사람 사랑'은 '부모 사랑'을 유추한 결과이다. '사람 사랑'을 이해했으면, 미루어 '사물 사랑(愛物)'을 유추한다. '사물 사랑'은 '사람 사랑'을 유추한 결과이다. 또 '아내에게 모범을 보임'을 유추하여 '형제의 우애'에 이른다. '형제의 우애'를 유추하여 '국가를 다스림'에 이른다. 또 수신을 유추하여 제가하고, 제가를 유추하여 치국에 이른다. 한 걸음 옮긴 다음 다시 한 걸음을 옮긴다."[27]

19-7 子夏曰："百工居肆以成其事, 君子學以致其道."

肆,[1] 謂官府造作之處. 致,[2] 極也. 工不居肆, 則遷[3]於異物而業不精. 君子不學, 則奪於外誘而志不篤.

尹氏曰："學所以致其道也. 百工居肆, 必務成其事. 君子之於學, 可不知所務哉?"

愚按：二說相須,[4] 其義始備.

19-8 子夏曰："小人之過也必文."

(文, 去聲.) ○文, 飾[5]之也. 小人憚於改過, 而不憚於自欺, 故必文以重其過.

19-9 子夏曰："君子有三變：望之儼然, 卽之也溫, 聽其言也厲."[6]

儼然者, 貌之莊. 溫者, 色之和. 厲者, 辭之確.[7]

○程子曰："他人儼然則不溫, 溫則不厲, 惟孔子全之."

謝氏曰："此非有意於變, 蓋並行而不相悖也,[8] 如良玉溫潤而栗[9]然."

---

1) 肆(사)：가게, 관영 공장, 방자하다, 극에 달하다, 진열, 조종, 헤아리다, 역참.

2) 致(치)：지극히 하다, 힘쓰다, 끝까지 다함, 정성스레 함, 도달, 극치, 치밀, 이루다.

3) 遷(천)：옮기다, 이동, 새롭게 하다, 엇바꾸다, 바뀌다, 물러남, 떠나다, 헤어지다.

4) 須(수)：반드시, 수염, 기다리다, 대기하다, 바라다, 원하다, 그치다, 필요로 하다.

5) 飾(식)：덮어 가리다, 속이다, 속마음과 달리 거짓으로 둘러댐, 인공을 가하여 꾸밈.

6) 厲(려)：엄하다, 매섭다, 지조를 높게 지니다, 갈다, 사납다, 앙화, 악귀, 높다.

7)『毛傳』：儼, 矜莊貌. ○『鄭箋』：溫, 謂顔色和也. ○鄭曰："厲, 嚴正也."

8)『中庸』：萬物竝育而不相害, 道竝行而不相悖. 小德川流, 大德敦化. 此天地之所以爲大也.

9) 栗(율)：단단하다, 견실한, 밤나무, 밤, 여물다, 엄하다, 위엄 있다, 떨다, 삼가다.

①『어류』：옛날 풀이에 따르면, "공장에 머물러야 일을 완수하고 공장에 머물지 않으면 일을

19-7 자하가 말하였다. "모든 장인이 공장에 머물며 자기 업무를 완수하듯, 군자는 학문을 하여 자기의 도를 완성한다."

사肆는 관청의 기물을 만드는 곳이다. 치致는 지극히 함이다.

장인이 공장에 머물지 않으면 기이한 물건에 마음이 쏠려 과업이 정밀하지 못하고, 군자가 학문을 하지 않으면 외적인 유혹에 마음을 빼앗겨 뜻이 돈독해지지 못한다.

• 학문은 도를 성취하는 수단이다. 장인이 공장에 머물면 반드시 자기 일을 완수하려고 힘써야 하듯이, 군자가 학문을 하면서 힘써야 할 바를 알지 못하면 되겠는가? — 윤돈

내 생각에, 이상의 두 가지 설명은 서로 보완해야 그 의미가 완벽하다.①

19-8 자하가 말하였다. "소인은 잘못을 범하면 반드시 변명한다."

문文은 변명함이다. 소인은 잘못을 고치기를 꺼리고, 자기기만(자기합리화)을 꺼리지 않는다. 따라서 반드시 변명함으로써 자기 잘못을 배가시킨다.

19-9 자하가 말하였다. "군자는 세 번 변모한다. 멀리서 보면 위엄 있고, 가까이서 보면 온화하고, 그 말을 들어보면 단호하다."

엄연儼然은 외모의 장엄함, 온溫은 안색의 온화함, 려厲는 말씨의 단호함이다.

• 보통 사람은 위엄이 있으면 온화하지 못하고, 온화하면 단호하지 못하다.(7-38) 오직 공자만이 모두 온전히 하였다. — 이천

• 이 말은 '변모'에 의미가 있지 않다. 함께 행해도 서로 모순되지 않기 때문이다. 마치 좋은 옥이 따뜻하고 빛나면서도 단단한 것과 같다. — 사량좌

완수할 수 없듯이, 군자가 학문을 해야 도를 이루고 학문을 하지 않으면 도를 이루지 못한다." 그러나 공장에 머물러도 일을 완수하지 못할 때가 있다. 한가롭게 앉아 있거나 떠들면서 하루를 보내는 것이 그렇다. 학문 역시 도를 이루지 못할 때가 있다. '작은 도'를 배운다거나 '중도에 그만두는' 것이 그렇다. 따라서 '공장에 머물면 반드시 자기 일을 완수하려고 힘써야 하듯, 학문을 하면 반드시 도를 이룩하려고 힘써야 한다'는 보충이 필요하다.[29] 군자가 학문을 하지 않으면 도를 이룰 수 없다. 그러나 학문을 해도 도를 모르는 자가 많다.[3]

19-10 子夏曰："君子信而後勞其民，未信則以爲厲[1]己也；信而後諫，未信則以爲謗[2]己也."

信, 謂誠意惻怛[3]而人信之也. 厲, 猶病[4]也. 事上使下, 皆必誠意交孚,[5] 而後可以有爲.

19-11 子夏曰："大德不踰閑,[6] 小德出入可也."

大德·小德, 猶言大節·小節.[7] 閑, 闌[8]也, 所以止物之出入. 言人能先立乎其大者,[9] 則小節雖或未盡合理, 亦無害也.
○吳氏曰："此章之言，不能無弊.[10] 學者詳[11]之."

---

1) 厲(려) : 미워하다, 증오, 사납다, 세차다, 숫돌, 힘쓰다, 권장하다, 엄격하다, 엄숙하다.
2) 謗(방) : 헐뜯다, 비방하다, 면대해서 꾸짖다, 원망하여 헐뜯다, 비방, 헐뜯는 말.
3) 惻怛(측달) : 불쌍히 여겨 슬퍼하다, 몹시 슬퍼함. 惻 : 슬퍼하다, 비통함, 불쌍하다, 정성스럽다. 怛 : 슬퍼하다, 비통해하다, 근심하다.
4) 病(병) : 결점, 하자, 근심, 어려워하다, 괴롭히다, 헐뜯다, 원망, 비방, 책망, 욕보이다.
5) 孚(부) : 미쁘다, 참되고 믿음성이 있다, 붙다, 달리다, 기르다, 빛나다.
6) 踰限(유한) : 한도를 초과하다(넘다), 기한을 넘기다. 踰 : 넘다, 초과, 지나다.
7) 『荀子』「王制」: 孔子曰 : '大節是也, 小節是也, 上君也. 大節是也, 小節一出焉一入焉, 中君也. 大節非也, 小節雖是也, 吾無觀其餘矣.
8) 闌(란) : 난간, 차단막, 울타리, 가로막다, 쇠퇴, 저물다, 늦다, 드물다, 함부로, 문틀.
9) 『孟子』: 公都子問曰 : "鈞是人也, 或爲大人, 或爲小人, 何也." 孟子曰 : "從其大體爲大人, 從其小體爲小人." 曰 : "鈞是人也, 或從其大體, 或從其小體, 何也?" 曰 : "耳目之官不思, 而蔽於物. 物交物. 則引之而已矣. 心之官則思, 思則得之, 不思則不得也. 此天之所與我者. 先立乎其大者, 則其小者不能奪也. 此爲大人而已矣."[11 : 15]
10) 弊(폐) : 해지다, 넘어지다, 나쁘다, 폐단, 괴로움, 피곤함, 끝나다, 숨다, 단절하다.
11) 詳(상) : 자세히 알다, 잘 알다, 명확히 밝히다, 모두, 다, 빠짐없이.
① 『반신록』: 이 말은 다른 사람에게 적용할 경우와 자신에게 적용할 경우가 다르다. 다른 사람을 관찰할 때는 그의 큰 절개를 살펴서 큰 절개가 취할만하면 작은 실수는 넘어가야 할 때가 있다. 자신에게 적용할 때는 큰 절개는 물론 한계를 넘으면 안 되고, 또 작은 절개 역시 어찌 들쭉날쭉해서야 되겠는가? 한번 들쭉날쭉하게 되면 방만해진다. 작은 행실을 삼가지 않으면 결국 큰 절개에 누가 된다. 아홉 길 산을 쌓으면서 한 삼태기 흙이 모자라 완수하지 못한 것은 스스로 망친 결과이다. ○『신해』: '작은 절개는 들쭉날쭉해도 괜찮다' 함은 예컨대

19-10 자하가 말하였다. "군자는 신뢰를 얻은 뒤에 백성을 부린다. 신뢰가 없으면 자기를 괴롭힌다고 여긴다. 신뢰를 얻은 뒤에 간한다. 신뢰가 없으면 자기를 비방한다고 여긴다."

신信은 성심성의로 동정하고 연민하여 사람들이 신뢰함을 일컫는다. 려厲는 괴롭힘(病)과 같다. 윗사람을 섬기든 아랫사람을 부리든, 모두 성의를 다하여 서로 신뢰가 생긴 뒤에 일을 도모할 수 있다.

19-11 자하가 말하였다. "큰 절개가 한계를 넘지 않으면, 작은 절개는 들쭉날쭉해도 괜찮다."①

대덕大德·소덕小德은 '큰 절개'·'작은 절개'라는 말과 같다. 한閑은 울타리로서, 사물의 출입을 막는 것이다. 사람이 먼저 큰 절개를 확고히 하면, 작은 절개가 모두 리에 부합하지는 못하더라도 또한 해는 없다는 말이다.②

• 이 장의 표현은 폐단이 없지 않다.③ 학생은 잘 살펴야 한다 - 오역

맹자가 말한 '약속은 반드시 지켜야 하는 것은 아니고, 행동은 반드시 결과를 내야 하는 것은 아니니, 오직 무엇이 도리에 맞는지를 생각하라'는 것과 같은 맥락이다. 그렇다면 들쭉날쭉하는 이유는 바로 한계를 넘으면 안 되는 큰 절개를 완성하려는 데에 있다.

② 『어류』: 대절大節이 옳으면 소절小節이 옳지 않은 경우가 없다. 대절이 옳지 않으면 소절이 어떤 이유로 모두 옳을 수 있겠는가?[31]

③ 『어류』: '작은 절개는 들쭉날쭉해도 된다(出入可也)' 함은, 본디 '더불어 융통성을 발휘할 수 있는(可與權)'(9-30) 문제에 속한다. '들쭉날쭉하는(出入)' 것은 불가피하기 때문일 것이다. 덕이 대단한 사람이 아니면 그렇게 할 수 없다. 가령 형수가 물에 빠졌는데 손으로 잡아당겨 건지지 않으면 짐승이다. 형수가 물에 빠지면 당연히 손으로 건져야 하니, '괜찮다(可也)'라는 글자를 붙이면 안 된다. 그래서 오역이 이 장은 폐단이 있다고 하였다.[32] 빠졌을 때 건지는 일은 중대한 일이다. 그렇지 않으면 짐승이니, 그것은 '해도 되고 안 해도 되는(出入)' 일이 아니다. 이 일은 '작은 덕(소절)'이 아니라 바로 도의 융통성(權)이다. 자하의 뜻은 다만 '대절'이 옳으면 소소한 일들은 다 선하지 않더라도 무방하다는 것이다. 그러나 작은 부분을 간과하는 것은 철저한 노력이 아니다. '괜찮다'고 말하면 안 된다.[34] '시중時中'의 일은 반드시 그와 같이 해야 한다. '괜찮다'고 표현하면 안 된다. … 가령 '형수가 물에 빠졌을 때 손으로 건지는 일'은 마땅히 그렇게 해야 하니, '괜찮다'는 식으로 표현할 수 없다.[35]

19-12 子游曰："子夏之門人小子，當灑掃[1]·應對·進退，則可矣. 抑[2]末也，本之則無. 如之何?"

子夏聞之曰："噫! 言游過矣! 君子之道，孰先傳焉? 孰後倦[3]焉? 譬諸草木，區[4]以別矣. 君子之道，焉可誣[5]也? 有始有卒者，其惟聖人乎!"

(洒，色賣反. 掃，素報反.) ○子游譏子夏弟子，於威儀容節之間則可矣. 然此小學之末耳，[6] 推其本，如『大學』正心誠意之事，則無有.

(別，必列反. 焉，於虔反.) ○倦，如'誨人不倦'之倦. 區，猶類也. 言君子之道，非以其末爲先而傳之，非以其本爲後而倦教.[7] 但學者所至，自有淺深，如草木之有大小，其類固有別矣. 若不量其淺深，不問其生熟，而概[8]以高且遠者强而語之，則是誣之而已. 君子之道，豈可如此? 若夫始終本末一以貫之，則惟聖人爲然，豈可責之門人小子乎?

○程子曰："君子教人有序，先傳以小者近者，而後教以大者遠者. 非先傳以近小，而後不教以遠大也."

---

1) 灑(쇄)：(물을) 뿌리다, 청소, 맑고 깨끗함, 상쾌함. 掃(소)：(비로) 쓸다, 제거, 멸망.
2) 抑(억)：억누르다, 굽히다, 막다, 그런데, 혹은, 생각하건대, 또한, 그런데, 곧, 이에.
3) 倦(권)：게으르다, 싫증나다, 태만, 피로하다, 고달프다, 쉬다, 일하지 않고 놀다.
4) 區(구)：나누다, 거처, 제각각, 따로따로, 숨기다, 공허하다, 지경, 일정 지역.
5) 誣(무)：왜곡, 헐뜯다, 깔보다, 허풍, 악을 선으로 가장함, 거짓말, 속이다, 함부로 함.
6) 包曰："言子夏弟子，但於當對賓客修威儀禮節之事則可. 然此但是人之末事耳."
7) 尹曰："君子之教，豈有以爲先而傳之者，豈有以爲後而倦教者，… 君子之道，焉可誣也哉! 若夫始卒皆擧，無先後小大之序，則聖人矣，學者豈可同日而語也."
8) 概(개)：대개, 대강, 평미레로 고르다, 누르다, 저울눈, 저울, 평평하다, 평온, 절개, 감격.

① 『어류』：군자의 도에서 어느 것을 말단으로 여겨 우선하여 전수하고, 어느 것을 근본으로 여겨 뒤로 미루어 가르치기를 소홀히 하겠는가? 학생의 자질은 서로 다르다. 마치 초목에 구별이 있는 것과 같다.[37]

② 『어류』：오직 성인만이 머리를 말하면 꼬리를 알고, 하학下學하면 곧 상달上達한다. 학생을 가르칠 때는 순서에 따라야 한다.[40] 성인이 '시작도 있고 끝(마침)도 있다' 함은, 시작부터

19-12 자유가 말하였다. "자하의 제자들은 쇄소·응대·진퇴의 예절은 잘하고 있다. 그러나 그런 것은 말단이다. 근본이 없으니, 어찌할꼬?" 자하가 그 말을 듣고 말하였다. "아! 자유의 말은 지나치다. 군자의 도 중에 무엇을 우선 전하고 무엇을 나중으로 밀쳐 게을리 하랴? 초목에 비유하면, 종류로 구별이 있는 것과 같다.① 군자의 도를 어찌 왜곡을 하겠는가? 시작도 있고 완성도 있는 분은 오직 성인이다!"②

자유는, 자하의 제자들이 위의나 용모와 예절 등의 방면은 훌륭하나, 그것은 소학의 말단일 뿐이고, 그 근본을 추구하는 『대학』의 정심·성의 같은 일이 없다고 비판하였다.③

권倦은 '회인불권誨人不倦(남을 가르침에 게으르지 않음)'(7-2)의 '권'이다. 구區는 종류이다. 군자의 도는 말단을 우선하여 전수하는 것도 아니고, 근본을 나중 일로 여겨 가르침을 게을리 하는 것도 아니다.

다만 학생의 수준이 자연히 심천(깊고 얕음)이 있으니, 마치 초목에 크고 작은 것이 있어서 그 종류가 본래 구별이 있는 것과 같다. 만약 그 심천을 헤아리지도 않고 생숙을 따지지도 않으며, 일괄적으로 고상하고 심원한 것만 억지로 말해주면, 그것은 왜곡(속임, 거짓)일 뿐이다. 군자의 도가 어찌 이와 같겠는가? 시종과 본말을 일이관지하는 일은 오직 성인이라야 가능하거늘,④ 어찌 어린 제자들에게 그것을 요구할 수 있겠는가?

• 군자의 가르침은 순서가 있다. 작은 것과 비근한 것을 먼저 전수하고, 큰 것과 고원한 것을 나중에 가르친다. 먼저 비근하고 작은 것을 전수했기로서니, 나중에 고원하고 큰 것을 가르치지 않는다는 뜻이 아니다. – 명도

끝까지 해낸다는 뜻이 아니라, 원래부터 시작과 끝을 모두 구비했다는 뜻이다. '쇄소응대'와 '정의입신'이 모두 그 안에 있다. 학생은 시작부터 공부해야 한다. 성인은 그렇게 할 필요가 없다.[42] 가르침의 순서란 본말·소대가 있으니, 학생은 반드시 하학下學을 통해야 비로소 상달上達할 수 있다는 뜻이다. 성인은 원래부터 시작과 끝(始終)이 다 구비되어 있다.[55]

③ 『어류』: '쇄소응대'는 소학의 일, '정의입신精義入神'은 대학의 일이다. 그 의미를 정밀하게 궁구하여 신의 경지에 들어감은, 바로 대학을 공부하여 궁극에 도달함이다.[48]

④ 『어류』: "이 해석은 분명합니다만, 성인의 일이란 어떤 모습입니까?" "성인 공자께서 '하학하여 상달한다'고 말씀하셨다. 하학하고 있을 때 곧장 위로 천리에 통달함을 뜻한다."[44]

又曰："洒掃應對, 便是形而上者, 理無大小故也. 故君子只在愼獨."

又曰："聖人之道, 更無精粗. 從洒掃應對, 與精義入神貫通, 只一理. 雖洒掃應對, 只看所以然如何."

又曰："凡物有本末, 不可分本末爲兩段事. 洒掃應對是其然, 必有所以然."

又曰："自洒掃應對上, 便可到聖人事."

愚按：程子第一條, 說此章文意最爲詳盡, 其後四條, 皆以明精粗本末, 其分雖殊, 而理則一. 學者當循序而漸進, 不可厭末而求本. 蓋與第一條之意, 實相表裏. 非謂末卽是本, 但學其末而本便在此也.

---

① 『혹문』: "정자의 이 말씀은 무슨 뜻입니까?" "쇄소응대는 형이하의 일을 익힘이고, 정의입신은 형이상의 이치를 궁구함이다. 이 일의 대소는 물론 차이가 있으나, 이치는 대소를 불문하고 없는 곳이 없다. 정자의 말씀은 그런 뜻인 것 같다. … '곧 ~이다(便是)' 함은 '분리되어 있지 않다'는 뜻이지, '쇄소응대를 형이상자로 여긴다'는 말이 아니다."

② 『어류』: '쇄소응대'와 '정의입신'의 일은 대소가 있으나, 이치는 대소가 없다. 일에 대소가 있기 때문에, 그 가르침은 등급이 있는지라 엽등할 수 없다. 이치는 대소가 없는지라, 어느 경우의 이치이든 통달하지 않으면 안 된다.[46] ○『혹문』: "이치에 대소가 없을진대, 교육에 순서가 있다고 여김은 왜입니까?" "대소가 없는 것이 이치이고, 순서가 있는 것이 일이다. 이치는 대소가 없는 만큼 없는 곳이 없다. 교육은 순서를 무시하거나 빠뜨리면 안 된다. 순서를 따르면 일의 본말과 규모마다 그 이치를 얻지 못함이 없으니, 이치의 대소를 막론하고 어느 경우든 망실되는 일이 없다. 만약 순서를 따르지 않고 가까운 것을 버리고 심원한 것을 구하며, 하류에 머물면서 고원한 것을 엿보면, 그런 허망한 꿈은 얻을 수도 없을 뿐더러 이치의 온전한 모습(全體)도 이미 절실하고 세세한 일상에서 망가진다. 이 때문에 이치에 대소가 없지만, 사람을 가르치는 자는 더욱 그 순서를 따라야 한다. 자유의 주장은 그 점에서 잘못되었다. 그는 이치에 대소가 없음을 알지 못한지라, 쇄소응대는 말단이니 근본이 없다고 여겼다. 또 가르침에 순서가 있음을 알지 못한지라, 자기 제자들에게 곧장 정의입신의 일을 가르쳐 형이상의 존재의 온전한 모습(全體)에 통달시키고자 하였다."

③ 『혹문』: 이는 작은 것도 소홀히 할 수 없음을 강조한 말이다. …정자가 말한 신독이란, 감히 작은 것도 소홀히 하지 않고 이치에 합당한 바를 추구한다는 뜻이다. ○『어류』: 일에는 크고 작음이 있지만, 리에는 크고 작음이 없다. 이해해야 할 부분은 이해해야 하기 때문에 군자는 신독에 머물러야 한다. 대소大小, 정조精粗, 거세巨細를 막론하고, 관장해야 할 일이면 관장해야 한다. 거친(구체적인) 일은 이해하지 않고 정밀한 것만 이해해야 한다고 여기면 안 된다. 마땅히 해야 할 일이면 해야 한다. '쇄소응대'가 곧 '정의입신'이라고 할 수는 없다. '쇄소응대'는 구체적인 일이고, '정의입신'은 정밀한 일이다. 그러나 도리는 모두 똑같다. 반드시 구체적

• 쇄소응대가 곧 형이상의 일이다.① 리에는 크고 작음이 없기 때문이다.② 따라서 군자는 오직 신독愼獨에 머물러야 한다.③ – 이천

• 성인의 도는 다시 또 정조精粗(심오한 것과 조잡한 것)의 구별도 없다. 쇄소응대부터 정의입신精義入神까지 관통하는 것은 오직 하나의 리이다. 쇄소응대할 때에도 오직 그 이치(所以然)가 어떠한지를 살펴야 한다. – 이천

• 모든 사물은 본말이 있으나, 본·말을 두 가지 일로 나눌 수 없다.④ 쇄소응대도 그러함(然)이니, 반드시 그러한 까닭(所以然)이 있다.⑤ – 이천

• 쇄소응대로부터 올라가면, 곧 성인의 일에 도달할 수 있다.⑥ – 이천

내 생각에, 정자의 첫째 조목(명도의 말)이 이 장의 의미를 가장 완벽하게 설명하였다. 나머지 네 조목(이천의 말)은 모두 정조본말은 그 구분이 다르지만 이치는 하나이니, 학생은 순서에 따라 차츰차츰 나아가야 하고, 말단을 싫어하여 근본만 추구해서는 안 됨을 밝힌 것이다. 이것들은 첫째 조목의 의미와 실제로 서로 표리가 된다고 하겠다. 말단이 곧 근본이라는 말이 아니다. 그 말단을 공부하면 근본은 바로 그 안에 있다는 말이다.

인 일과 작은 일부터 이해하여 점차 치밀하고 큰 일에 이르러야 한다.[45] "정자의 그 말씀은 홀로 있을 때 잠시라도 신중하지 않으면 형이상과 형이하가 서로 간격이 생긴다는 뜻입니까?" "그렇다. 신독하지 않고 오직 큰 부분만 이해하려고 하면, 소소한 일은 관리가 미치지 못한다. 리에는 대소가 없으니, 큰 부분이든 작은 부분이든 모두 리이다. 작은 부분에 미치지 못하면 리가 곧 주밀하지 못하다."[47]

④ 『혹문』: "이 말이 무슨 뜻입니까?" "본말이 있는 것은 자연(其然 : 현상)의 일이다. '나눌 수 없다' 함은, 본이든 말이든 모두 소이연所以然(그러한 까닭, 본질)으로서의 리를 구비하고 있기 때문이다." ○『어류』: "반드시 일(사물)에 나아가 도리를 이해해야 한다. 일이 아니면 어떻게 도리를 인식하겠는가? '쇄소응대'는 말단이고, '정의입신'은 근본이다. 어떤 것은 말단이니 이해할 필요가 없다고 여기면 안 된다. 저 근본만 이해하려고 하면 안 된다. 또 저 말단이 곧 근본이라고 여겨서도 안 된다. 다만 그 말단을 공부하면 근본은 그 안에 있다."[45]

⑤ 『혹문』: "그것이 그러함(然)과 그러한 까닭(所以然)을 설명해 주십시오." "쇄소응대의 일은 그것이 '그러함'이니, 형이하의 것(形而下者)이다. 쇄소응대의 리는 '그것이 그러한 까닭'이니, 형이상의 것(形而上者)이다. ○『어류』: 그러한 까닭(所以然)은 다만 리일 뿐이다. 오직 리를 궁구하면 그 모든 것이 일치一致함을 저절로 깨닫는다.[48] 성의誠意가 없으면 어떻게 '쇄소응대'를 할 수 있겠는가?[49]

⑥ 『어류』: '쇄소응대'에 대한 이천의 이상의 네 조목이 아주 이해하기 어렵다. 젊은 날에는 '리에 대소가 없다' 함이 무슨 뜻인지 이해하지 못하였다. '가르침에는 순서가 있다'는 위 구절의 말과도 서로 모순되어 보였다. 의문을 가지고 선배들의 설을 찾아본 결과, 사량좌의

19-13 子夏曰：“仕而優則學，學而優則仕.”

優，有餘力也. 仕與學，理同而事異. 故當其事者，必先有以盡其事，而後可及其餘. 然仕而學，則所以資其仕者益深；學而仕，則所以驗[1]其學者益廣.

19-14 子游曰：“喪致乎哀而止.”

致極其哀，不尙文飾也.

楊氏曰：“‘喪，與其易也寧戚，’ 不若禮不足而哀有餘[2]之意.” 愚按：‘而止’二字，亦微有過於高遠而簡略[3]細微之弊. 學者詳[4]之.

19-15 子游曰：“吾友張也，爲難能也. 然而未仁.”

子張行過高，而少誠實惻怛之意.

설이 가장 심오했으나 좀처럼 이해하기 어려웠다. 나중에 동안주부 벼슬을 할 때, 어느 날 산속에 머물게 되었는데 잠을 잘 수 없어 깊이 생각하다가 홀연히 본말과 대소가 있음을 깨달았다. … ‘리에 대소가 없다’ 함은 없는 곳이 없다는 뜻이고, 본말·정조 모두 처음부터 해 나가야 하고 취사선택하면 안 되기 때문에 ‘가르침에 순서가 있었던’ 것이다. 이는 ‘쇄소응대’가 곧 ‘정의입신’이니 그밖에 다른 일은 할 필요가 없다는 뜻이 아니다.[42, 43] 나는 전에 계속 고심을 하였음에도 불구하고 이 문단을 이해하지 못했었다. 이천의 제자들이 한 말은 모두 틀렸다. 당초에는 감히 그들의 설명이 틀렸다고 여길 수 없어서, 그저 그들을 따라 해설할 수밖에 없었다. 그들의 해석을 보면 볼수록 다만 자하의 설과는 상반되어 보였다. 그 뒤 늘 의문을 품고 있었다. 자하는 분명 근본이 있고 말단이 있다고 말하였는데, 어째서 여러 이천의 제자들은 모두 ‘말단이 곧 근본이다’라고 말하는 것일까? 나중에 동안 지역에 있으면서 공무 때문에 다른 읍으로 검증 출장을 가게 되었다. 도중에 오로지 그 생각만 하다가 명확하게 깨달았다. 당시 동료 한 사람과 그 이야기를 하였다. 그 사람도 바로 그 문제를 생각하고 있었기 때문에, 서로 이야기하면서 의심하는 내용이 매우 비슷해졌다. … 이른바 ‘쇄소응대와 정의입신이 하나의 리(一理)로 관통된다. 쇄소응대라도 다만 그 소이연이 어떤 것인지를 보라’는 말은, 쇄소응대와 정의입신이 하나의 도리라는 말이다. 쇄소응대는 반드시 소이연이 있고, 정의입신도 반드시 소이연이 있다. ‘하나의 이치로 관통된다’ 함은 두 가지의 이치가 똑같음을 말한 것이지, ‘쇄소응대’가 곧 ‘정의입신’이라는 말이 아니다. 정의입신에도 형이상의 리가 있고, ‘쇄소응대’에도 형이상의 리가 있다.[44] 어느 날 저녁, 앉아 있는데 두견새 우는 소리가 들렸다. 주자가 말하였다. “옛날 동안주부 시절, 하향하면서 절에서

19-13 자하가 말하였다. "벼슬하면서 여력(여가)[①]이 있으면 학문을 하고, 학문을 하면서 여력이 있으면 벼슬한다."[②]

우優는 여력이 있음이다. 벼슬과 학문은 이치는 같으나 일만 다르다. 따라서 일을 담당한 자는 반드시 먼저 일에 최선을 다한 다음에 다른 것을 돌볼 수 있다. 다만 벼슬하면서 학문을 하면, 그 벼슬의 밑천이 더욱 깊어진다. 학문을 하면서 벼슬하면, 그 학문의 내용을 더욱 넓게 검증할 수 있다.

19-14 자유가 말하였다. "상례는 슬픔을 다한 데서 그친다."

슬픔을 최대한 다하고 격식 차리기를 숭상하지 않는다.

• '상례는 격식 차리기(능수능란함)보다는 오직 슬퍼해야 하니,'(3-4) 예가 부족한 것보다 슬픔이 넉넉한 편이 낫다는 의미이다. – 양시

내 생각에, '거기서 그친다(而止)'는 두 글자는 또한 고원한 면이 지나치고 세세한 면(예절과 격식 등)은 홀시한 폐단이 좀 있다. 학생은 잘 살펴야 한다.

19-15 자유가 말하였다. "내 친구 자장은 어려운 일은 잘한다. 그러나 어질지는 않다."

자장의 행실은 지나치게 고원하여, 진실하고 동정하는 마음이 적었다.

밤을 보낸 적이 있다. 이불이 얇아 잠을 잘 수가 없었는데, 그때 바로 '자하의 문인 소자'의 장을 생각하였다. 두견새 우는 소리가 아주 절절하게 들렸다. 오늘밤 두견새 소리를 들으니 그 시절이 떠오른다."[55]

1) 驗(험) : 검증하다, 조사하다, 영험하다, 효과가 있다, (예기한) 효과, 효력.

2) 『禮記』「檀弓上」: 子路曰 : "吾聞諸夫子. 喪禮, 與其哀不足而禮有餘也, 不若禮不足而哀有餘也. 祭禮, 與其敬不足而禮有餘也, 不若禮不足而敬有餘也."

3) 簡(간) : 줄이다, 대범, 단출, 업신여김, 천시. 略(략) : 둘러보다, 정벌, 대강, 줄이다.

4) 詳(상) : 자세하다, 자세히 보다(이야기하다), 자세히 밝힘, 자세함, 두루 갖춤, 죄다.

① 『어류』: '우優'는 '가暇' 자로 풀어야 한다.[56]

② 『어류』: '벼슬하면서 겨를이 있으면 학문을 함'은 세습 귀족의 자제를 위한 말이다. 어릴 때부터 벼슬한 자는 원래 본격적으로 학문을 한 적이 없다. 따라서 벼슬하면서 여가에 학문을 할 수 있다. "학문을 하면서 여력이 있으면 벼슬함"은 설명할 필요도 없다.[57] 벼슬을 하더라

19-16 曾子曰："堂堂乎張也, 難與並爲仁矣."

堂堂, 容貌之盛.[1] 言其務外自高, 不可輔[2]而爲仁, 亦不能有以輔人之仁也.

○范氏曰："子張外有餘而內不足, 故門人皆不與其爲仁. 子曰：'剛毅木訥近仁.' 寧外不足而內有餘, 庶可以爲仁矣."

19-17 曾子曰："吾聞諸夫子：人未有自致者也, 必也親喪乎!"

致, 盡其極也. 蓋人之眞情所不能自已者.

○尹氏曰："親喪固所自盡[3]也, 於此不用其誠, 惡乎用其誠?"

19-18 曾子曰："吾聞諸夫子：孟莊子之孝也, 其他可能也；其不改父之臣, 與父之政, 是難能也."

孟莊子, 魯大夫, 名速. 其父獻子, 名蔑.[4] 獻子有賢德, 而莊子能用其臣, 守其政. 故其他孝行雖有可稱, 而皆不若此事之爲難.

도 책을 읽을 수 있는 한가한 때가 왜 없겠는가? 가령 가마를 타고 가는 동안에도 책을 볼 수 있다. 다만 책을 읽는다는 핑계로 맡은 직무를 저버리면 안 된다.[58]

1) 盛(성)：왕성하다, 기운차다, 성대하다, 극진함, 흥성, 번성, 세차다, 두텁다, 널리 유행하다.

2) 輔(보)：덧방나무(무거운 짐을 실을 때 바퀴에 끼워 바퀴살의 힘을 돕는 나무), 돕다, 도와서 바르게 하다, 보좌, 벗, 친구, 대신.

3) 盡(진)：모두 발휘함, (임무를)다하다, (힘써)완수함. ○『맹자』：親喪, 固所自盡也.[5：2]

4) 蔑(멸)：업신여기다, 작다, 없다, 멸시하다, 깔보다, 더럽다, 창피를 주다.

① 『어류』："왜 이 일이 '행하기 어려운 일'입니까?" "물론 아버지의 신하를 그대로 쓰는 사람도 있으나, 조금이라도 자신의 사적인 뜻을 거스르면 용납하지 않고 내친다. 또 아버지의 정책을 행하는 사람도 있으나, 사적인 욕심에 불편한 점이 있으면 행하지 않는다. 예나 지금이나 이런 예는 매우 많다. 가령 당 태종은 고종을 위해 손무기, 저수량 등 여러 사람을 선택해 주었으나, 고종은 무소의武昭儀(측천무후) 일로 인하여 그들을 쓰지 않았다. 또 계문자는 세 임금을 섬기는 동안 첩에게 비단옷을 입히지 않고, 말에게는 곡식을 먹이지 않았다. 계무자

19-16 증자가 말하였다. "당당하다 자장이여! 더불어 인을 행하기는 어렵다!"

당당堂堂은 용모의 성대함이다. 그는 외모에 힘쓰고 스스로 높은 체한지라, 인을 행하도록 도와줄 수 없고, 또한 남이 인을 행하는 데 도움도 되지 않는다는 뜻이다.

• 자장은 외면(위엄과 거동)은 넘치지만 내면(덕)은 부족하였다. 그러서 동료들이 모두 그와 함께 인을 행하려고 하지 않았다. 공자는 '굳세고 의롭고 소박하고 어눌하면 인에 가깝다'(13-27)고 말하였다. 차라리 외면은 부족할지언정 내면이 넘쳐야 인을 행할 수 있다. – 범조우

19-17 증자가 말하였다. "선생님께 들은 말인데, '사람들이 평소 스스로 극진히 하는 일이 없더라도, 부모의 상만은 반드시 그래야 한다.'"

치致는 극점까지 다 발휘함이다. 사람의 진실한 감정은 자기 자신도 억제할 수 없는 면이 있다.

• 부모의 상은 물론 스스로 극진히 해야 한다. 그 일에 정성을 다하지 않으면, 어디에 정성을 쏟겠는가? – 윤돈

19-18 증자가 말하였다. "내가 선생님께 듣건대, '맹장자의 효도 가운데 다른 일은 가능할지 몰라도, 아버지의 신하와 아버지의 정책을 바꾸지 않은 일은 행하기 어려운 일①이다'고 하셨다."

맹장자는 노나라 대부로서, 이름은 '속'이다. 그 아버지 맹헌자의 이름은 '멸'이다. 맹헌자는 어진 덕이 있었다. 맹장자는 아버지의 신하를 써서 아버지의 정책을 고수할 수 있었다.② 따라서 그 밖의 효행 가운데 칭찬할 만한 것이 있었겠지만, 모두 행하기 어려운 이 일에 비할 바는 아니다.

에 이르러 그렇게 하지 않았으니, 아버지의 정책을 행하지 않은 것이다. 이로써 맹장자의 일이 참으로 어려운 일이라고 인정하지 않을 수 없다."[61]

19-19 孟氏使陽膚爲士師,[1] 問於曾子. 曾子曰：“上失其道, 民散久矣. 如得其情,[2] 則哀矜[3]而勿喜.”

陽膚, 曾子弟子. 民散, 謂情義乖離,[4] 不相維繫.[5]
謝氏曰：“民之散也, 以使之無道, 教之無素.[6] 故其犯法也, 非迫[7]於不得已, 則陷於不知也. 故得其情, 則哀矜而勿喜.”

19-20 子貢曰：“紂[8]之不善, 不如是之甚也. 是以君子惡居下流, 天下之惡皆歸焉.”

(惡居之惡, 去聲.) ○下流,[9] 地形卑下之處, 衆流之所歸. 喻[10]人身有汙賤之實, 亦惡名之所聚也. 子貢言此, 欲人常自警省, 不可一置其身於不善之地. 非謂紂本無罪, 而虛被惡名也.

19-21 子貢曰：“君子之過也, 如日月之食焉：過也, 人皆見之；更也, 人皆仰之.”

(更, 平聲.)

---

②『혹문』: 아버지의 신하와 정책이 문제가 있을 경우에도 고치지 않는다면, 아버지의 악을 완성시키는 꼴이다. 어찌 효라고 하겠는가?

1) 사사士師 : 옛날 금령과 형사 재판을 관장하던 관리, 병졸, 군대.
2) 情(정) : 사정, 형편, 상황, 정황, 실제, 사실, 진상, 진심, 감정.
3) 哀矜(애긍) : 불쌍히 여기다, 가엾게 여김. 矜 : 불쌍히 여기다, 괴로워함, 아끼다.
4) 乖離(괴리) : 위배하다, 위반, 떠나다, 이별하다, 분리하다. 乖 : 어그러지다, 배반하다.
5) 維繫(유계) : 유지하다, 잡아매다, 틀어쥐다. 維 : 매다, 받치다. 繫 : 매다, 유지하다.
6) 素(소) : 정성, 진정, 옳다, 분수를 따름, 희다, 꾸밈없다, 근본, 처음, 본바탕, 평소.
7) 迫(박) : 궁박하다, 핍박하다, 몹시 괴롭히다, 좁다, 일에 밀려 유유가 없다, 닥치다.
8) 紂(주) : 껑거리끈, 마소의 꼬리 밑에 걸어 안장이나 길마에 매는 끈, 잔인 포악하여 천하를 잃은 은왕조 최후의 천자.

19-19 맹씨가 양부를 법관에 임명하였다. 양부가 증자에게 자문하자, 증자가 말하였다. "윗사람이 도리를 상실하여, 민심이 이반된 지 오래되었다. 범죄의 진상을 밝혀내더라도, 슬퍼하고 동정해야지 기뻐해서는 안 된다."

양부는 증자의 제자이다. 민산民散은 인정과 의리가 이반되어 상호간에 붙들어 주지 않음을 일컫는다.

• 백성이 흩어지는 이유는 무도하게 부려먹고, 평소에 가르치지 않았기 때문이다. 따라서 그들이 법을 어긴 것은 부득이한 처지에 내몰렸거나, 아니면 알지 못하여 빠져들었기 때문이다. 따라서 그 진상을 밝혀내더라도, 슬퍼하고 동정해야지 기뻐해서는 안 된다. – 사량좌

19-20 자공이 말하였다. "주紂왕의 악행이 이처럼 심하지는 않았을 것이다. 그래서 군자는 낮은 데에 머물기를 싫어한다. 천하의 모든 악이 그곳으로 돌아가기 때문이다."

하류下流는 지형이 낮으니, 모든 물이 흘러드는 곳이다. 사람이 실제로 추악한 일을 저지르면 온갖 오명이 쏟아진다는 비유이다. 자공의 이 말은 사람들이 항상 스스로 경계하고 성찰하여 자신을 한 번이라도 악한 곳에 두면 안 된다는 뜻이지, 주왕이 본디 죄가 없지만 공연히 오명을 뒤집어썼다는 뜻이 아니다.

19-21 자공이 말하였다. "군자의 과오는 마치 일식·월식과 같다. 과오를 범하면 모든 사람이 알게 되고, 과오를 고치면 모든 사람이 우러러본다."①

---

9) 下流(하류) : 낮은 지위, 비천한 지위, 비열하다, 쌍스럽다, 천하다. ○下流無恥 : 비열하고 파렴치하다. 下流種子 : 비열한 놈, 쌍놈.

10) 喩(유) : 깨우치다, 설명하다, 알리다, 고지하다, 이해하다, 비유하다.

① 『혹문』 : 성현은 개과改過를 이처럼 중시한다. 『논어』 전체에서 여러 번 그 의미를 밝혔다.

19-22 衛公孫朝問於子貢曰：“仲尼焉學?” 子貢曰：“文武之道, 未墜於地, 在人. 賢者識其大者, 不賢者識其小者, 莫不有文武之道焉. 夫子焉不學? 而亦何常師之有?”

(朝, 音潮. 焉, 於虔反.) ○公孫朝, 衛大夫.

(識, 音志. 下焉字, 於虔反.) ○文武之道, 謂文王·武王之謨訓功烈[1]與凡周之禮樂文章, 皆是也. 在人, 言人有能記之者. 識, 記也.

19-23 叔孫武叔語大夫於朝, 曰：“子貢賢於仲尼.” 子服景伯以告子貢. 子貢曰：“譬之宮牆, 賜之牆也及肩, 窺見室家之好. 夫子之牆數仞, 不得其門而入, 不見宗廟之美, 百官之富. 得其門者或寡矣. 夫子之云, 不亦宜乎!”

(語, 去聲. 朝, 音潮.) ○武叔, 魯大夫, 名州仇.

牆卑室淺.

七尺曰仞. 不入其門, 則不見其中之所有, 言牆高而宮廣也.

此夫子, 指武叔.

---

1) 謨訓(모훈) : 국가의 대계, 후왕의 모범이 될 훈계. 謨 : 꾀, 꾀하다, 계획, 속이다. 功烈(공렬) : 공적. 烈 : 강렬하다, 열열하다. ○『書』 : 丕顯哉, 文王謨. 丕承哉, 武王烈.

① 『혹문』 : ‘사람’은 바로 (공자가 배운) 노담老聃·장홍萇弘·담자郯子·사양師襄 등을 일컫는다. ‘태묘에 들어가 매사에 질문한’(10-21) 종묘의 축사祝史 역시 공자의 스승 중 한 명일 것이다.

② 『혹문』 : “무슨 근거로 문무의 도가 주나라의 예악이라고 주장하십니까?” “이런 해석은 도를 고상한 것으로 해석하기 좋아하는 자가 싫어하겠으나, 문맥상 그것에 불과하다. 땅에 버려지지 않고 사람에게 남아 있다는 말을 가지고 고찰하면 알 수 있다. 만약 양시의 말처럼 ‘도는 어느 곳이든 없는 데가 없으니, 우리가 취하기만 하면 얻는다’고 여기면, 어느 때에 땅에 버려졌겠으며, 또 하필 현자가 그 큰 것을 인식하고 불초자가 그 작은 것을 인식한 뒤에야 스승을 얻는 것이 되겠는가? … 대체로 근래의 학자들은 노자와 불교의 말에 습관화되어 있는지라, 모두 현실을 경멸하고 고원한 것을 탐하려는 뜻이 있다. 그래서 그들의 주장은 늘 그와 같이 고원하다. 경계하지 않으면 안 된다. 또 실제로 ‘도는 어느 곳이든 없는 데가 없다’는 양시의 주장 역시 어찌 문장과 예악 사이를 벗어날 수 있겠는가? 자공의 본뜻은

19-22 위나라 공손조가 자공에게 물었다. "공자는 어디서 배웠습니까?" "문·무의 도가 땅에 버려지지 않고 사람①에게 남아 있습니다. 그 가운데 현자는 큰 것을 기억하고, 불초자는 작은 것을 기억하니, 문·무의 도가 어디에나 있습니다. 공자께서 어디에선들 배우시지 않았겠습니까? 어찌 또한 정해진 스승이 있었겠습니까?"

공손조는 위나라 대부이다.

문무의 도(文武之道)는 문왕·무왕의 훈계와 위업 및 주나라의 모든 예악 제도②가 다 그것이다. '사람에게 남아 있다' 함은, 그것을 기억하는 사람이 있다는 말이다. 지識는 기억이다.

19-23 숙손무숙이 조정에서 대부들에게 말하였다. "자공이 공자보다 현명합니다."③ 자복경백이 이 말을 자공에게 전하였다.
자공이 말하였다. "궁궐 담장에 비유하겠습니다. 나의 담장은 어깨 높이 정도이니, 집 안의 아름다움을 잘 볼 수 있습니다. 선생님의 담장은 몇 길이나 되니, 그 문을 통해 들어가지 않으면④ 종묘의 아름다움과 백관의 풍부함을 볼 수 없습니다. 그 문을 찾아 들어간 사람이 아마 적을 것이니, 그분의 그 말씀 또한 당연하지 않겠습니까?"

무숙은 노나라 대부로서, 이름은 '주구'이다.

담장이 낮으니 집안도 비천하다.

7척이 1길이다. 그 문으로 들어가지 않으면, 그 안에 있는 것을 볼 수 없다. 담장이 높고 궁궐이 넓다는 뜻이다.

여기서 부자夫子는 무숙을 지칭한다.

바로 사실을 지칭하여 한 말이었다. 공허하고 아리송하거나 근거 없는 말이 아니었다."

③ 『어류』: 성인은 본래 알아보기 어렵다. 반면 자공은 아마도 당시 대단히 명석하고 과단성이 있고 사무에 통달하여 사람들을 감동시켰을 것이다. 공자 스스로도 말하기를, '나는 사리 통달은 자공만 못하고, 용기는 자로만 못하다' 하였다.[64]

④ 『어류』: "공자의 도가 고원하기 때문에 그 문으로 들어갈 수 없는 것 아닙니까?" "그렇지 않다. 예컨대 안자가 그 문에 들어갈 수 있었기 때문에 '우러러볼수록 더욱 높고, 파고들수록

19-24 叔孫武叔毁[1]仲尼. 子貢曰：“無以爲也, 仲尼不可毁也. 他人之賢者, 丘陵也, 猶可踰也；仲尼, 日月也, 無得而踰焉. 人雖欲自絕, 其何傷於日月乎? 多見其不知量也!”

(量, 去聲.) ○無以爲, 猶言無用爲此.[2] 土高曰丘, 大阜[3]曰陵. 日月, 喻其至高. 自絕, 謂以謗毁自絕於孔子. 多, 與祇同, 適也.[4] 不知量, 謂不自知其分量.

19-25 陳子禽謂子貢曰：“子爲恭也, 仲尼豈賢於子乎?” 子貢曰：“君子一言以爲知, 一言以爲不知, 言不可不愼也. 夫子之不可及也, 猶天之不可階而升也. 夫子之得邦家者, 所謂立之斯立, 道之斯行, 綏[5]之斯來, 動之斯和. 其生也榮, 其死也哀, 如之何其可及也.”

爲恭, 謂爲恭敬推遜[6]其師也.

(知, 去聲.) ○責子禽不謹言.

階, 梯[7]也. 大可爲也, 化不可爲也,[8] 故曰不可階而升也.

더욱 견고하고', '앞에 계시다' '뒤에 계시다', '마치 거대한 것이 우뚝 솟은 듯하다'(9-11)고 말할 수 있었다. 증자도 들어갈 수 있었기 때문에 '선생님의 도는 충서이다'(4-15)고 말할 수 있었다. 자공도 들어갈 수 있었기 때문에 '성과 천도는 들을 수 없었으나, 문장은 들을 수 있었다'(5-13)고 말할 수 있었다. 다른 사람들은 본인 스스로 들어가지 못한 것이지, 도가 고원한 것은 아니었다. 70명 제자 가운데 몇 명이나 들어갈 수 있었을까? 비유하건대 두 사람과 이야기할 때 한 사람은 이해하고 한 사람은 이해하지 못하면, 이해한 자는 들어간 것이고 이해하지 못한 자는 못 들어간 것이다. 공자가 뭇사람에게 가르쳐준 것이 안자에게 가르쳐준 것과 무엇이 달랐겠는가? 안자는 스스로 들어갔으나, 뭇사람은 스스로 들어가지 못했던 것이 매우 분명하다."[65]

1) 毁(훼) : 헐다, 깨뜨리다, 남을 헐어 말함, 상처 입히다, 무찌르다, 망치다, 야위다.

2) 邢曰 : "言無用爲此毁訾."

3) 阜(부) : 언덕, 크다, 커지다, 크게 하다, 번성, 두텁다, 높다, 많다, 살찌다, 젊다, 성장.

4) 祇(지) : 공경하다, 존경하다, 마침, 이(是). ※祇(지) : 마침, 다만, 앓다, 편안하다. (기) : 토지신.

19-24 숙손무숙이 공자를 헐뜯자, 자공이 말하였다. "그러지 마십시오. 공자는 헐뜯을 수 없습니다. 다른 사람의 현명함은 언덕이어서, 그래도 넘을 수 있습니다. 공자는 해와 달이어서, 넘을 수 없습니다. 사람이 비록 스스로 단절하고자 하더라도, 그것이 해와 달에 무슨 손상이 되겠습니까? 다만 자기 분수를 모름을 보여줄 뿐입니다!"

무이위無以爲는 '그래 봐야 소용없다'는 말과 같다. 흙이 높이 쌓인 곳이 구丘, 큰 언덕이 릉陵이다. 해와 달은 지극히 높음을 비유한다. 자절自絕은 헐뜯음으로써 스스로 공자와 단절함을 일컫는다. 다多는 지祇와 같으니, 다만(適)이다. 부지량不知量은 자신의 국량을 자기 자신이 알지 못함을 일컫는다.

19-25 진자금이 자공에게 말하였다. "그대는 겸손합니다. 공자가 어찌 그대보다 현명할 수 있습니까?" "군자는 말 한마디로 지혜롭다 여겨지기도, 말 한마디로 무지하다 여겨지기도 합니다. 말은 신중하지 않으면 안 됩니다. 공자에 미칠 수 없음은, 마치 하늘을 사다리 타고 올라갈 수 없음과 같습니다. 공자가 나라를 얻어 다스리면, 이른바 '일으켜 세우니 자립하고, 인도하니 순종하고, 안정시키니 몰려오고, 감동시키니 화목한' 그 경지가 됩니다. 그 삶은 영광이요 죽음은 슬픔이니, 어찌 그 분께 미칠 수 있겠습니까?"

위공爲恭은 스승을 공경하기 때문에 겸손해졌다는 말이다.

진자금이 말에 신중하지 않음을 책망하였다.

계階는 사다리이다. 대大의 경지는 추구할 수 있지만, 화化의 경지는 추구할 수 없다. 따라서 '사다리를 타고 올라갈 수 없다'고 하였다.

適(적) : 다만, 겨우, 마침, 적합하다, 알맞다, ~하기에 마침맞다, 우연히, 이제.

5) 綏(수) : 편안하다, 수레 손잡이 줄(10-26), 안심하다, 물러서다, 덤추게 하다, 느리다.

6) 推遜(퇴손) : 겸양하다, 겸손하다.

7) 階(계) : 섬돌, 층계, 사다리, 계급, 등급. 梯(제) : 사다리, 계단, 계단.

8) 張子曰 : "大可爲也, 化不可爲也, 在熟之而已矣."(『孟子』 : "充實而有光輝之謂大, 大而化之之謂聖"[14 : 25] 구절의 『집주』 문장)

(道, 去聲.) ○立之, 謂植[1]其生也. 道, 引也, 謂敎之也. 行, 從也. 綏, 安也. 來, 歸附也. 動, 謂鼓舞之也. 和, 所謂於變時雍,[2] 言其感應之妙, 神速如此. 榮, 謂莫不尊親. 哀, 則如喪考妣.[3]

程子曰 : "此聖人之神化, 上下與天地同流者也."[4]

○謝氏曰 : "觀子貢稱聖人語, 乃知晩年進德, 蓋極於高遠也. 夫子之得邦家者, 其鼓舞群動, 捷於桴[5]鼓影響. 人雖見其變化, 而莫窺其所以變化也. 蓋不離於聖, 而有不可知者存焉, (聖而進於不可知之之神矣.)[6] 此殆難以思勉及也."

---

1) 植(식) : 일정한 곳에 근거를 두게 하다, 세우다, 심다, 뿌리를 땅에 묻다, 기둥, 자라다.

2) 『書』「堯典」: "協和萬邦, 黎民於變時雍." ○范曰 : "堯之治於變時雍, 舜之治四方風動."

3) 考(고) : 마치다, 장수하다, 죽은 아버지. 妣(비) : 죽은 어머니, 어머니.

4) 『孟子』: 夫君子所過者化, 所存者神, 上下與天地同流, 豈曰小補之哉?[13 : 13]

5) 桴(부) : 마룻대, 북채, 날짐승이 새끼를 품다, 덮다, 질경이, 뗏목, 떼.

6) 聖而進於不可知之之神矣 : 이 구절은 내각본에는 있으나 전서본에는 없다. 『정의』에도 "蓋不離于聖, 而有不可知者存焉, 此殆難以思勉及也"로 되어 있다.

① 『어류』: 이 말의 뜻은 '5무의 택지 주변에 뽕나무를 심고, 100무의 밭에서 농사를 짓도록 농번기에 징집하지 않는다'[『맹자』 1 : 3]는 뜻이다.[1675쪽]

② 『어류』: 뛸 듯이 기뻐하며 자신도 모르게 선을 실천하고 악을 멀리하게(遷善遠惡) 하는 것이다.[1675쪽]

입지立之는 살아갈 수 있도록 (기반을) 세워 줌을 일컫는다.① 도道는 이끎이니, 교육시킨다는 말이다. 행行은 순종함, 수綏는 편안함이다. 래來는 귀순함, 동動은 고무시킴이다.② 화和는 이른바 '아! 변하여 화목하였다'는 말이니, 그 감화 반응의 오묘함이 이처럼 신묘하고 빠르다는 뜻이다. 영榮은 모두가 존경하고 친애함을 일컫는다. 애哀는 부모를 잃은 것처럼 슬퍼함이다.

• 이것은 성인의 신묘한 교화가, 위로든 아래로든 천지와 함께 유행한다는 것이다. – 이천

• 성인을 칭찬하는 자공의 말을 보면, 만년에 덕이 진보하여 드높은 경지에 이르렀음을 알 수 있다. 공자가 나라를 얻어 다스렸다면, 북채가 북을 치고 형체에 그림자 생기고 소리에 메아리 울리는 것보다 더 빨리 군중을 고무하고 감동시켰을 것이다. 사람들은 그 변화는 보지만, 어떻게 그런 변화가 생겼는지는 아무도 엿보지 못한다. 성스러움을 떠나지 않으면서도 지혜로 헤아릴 수 없는 높은 경지가 공자께 존재하니, (성스러우면서 동시에 지혜로 헤아릴 수 없는 신의 경지에 진입한 것이다.) 이것은 아마 인간의 생각과 노력으로 도달하기 어렵다. – 사량좌

제20편 요왈

堯曰第二十

(凡三章.)

20-1 堯曰：“咨! 爾舜! 天之曆數[1]在爾躬. 允[2]執其中. 四海困窮, 天祿永終.”
舜亦以命禹.

此堯命舜, 而禪以帝位之辭. 咨, 嗟歎聲. 曆數, 帝王相繼之次第, 猶歲時氣節之先後也. 允, 信也. 中者, 無過不及之名. 四海之人困窮, 則君祿亦永絶矣, 戒之也.

舜後遜位於禹, 亦以此辭命之. 今見於「虞書」「大禹謨」,[3] 比此加詳.

曰：“予小子履, 敢用玄牡, 敢昭告于皇皇后帝：有罪不敢赦. 帝臣不蔽,[4] 簡[5]在帝心. 朕躬有罪, 無以萬方；萬方有罪, 罪在朕躬.”

---

1) 曆數(력수)：절기의 순환, 일월 운행의 도수를 헤아려 달력을 만드는 법, 정해진 운명, 천명을 받아 제위에 오를 운. 曆：책력, 역법, 운명, 햇수, 나이. 數：등급, 이치, 운명, 정세.
2) 允(윤)：참으로, 정말로, 실제로, 진실로, 성실하다, 진실, 공평하다, 타당, 윤허하다.
3) 「大禹謨」：帝曰：“來, 禹! 降水儆予, 成允成功, 惟汝賢. 克勤于邦, 克儉于家, 不自滿假, 惟汝賢. 汝惟不矜, 天下莫與汝爭能. 汝惟不伐, 天下莫與汝爭功. 予懋乃德, 嘉乃丕績, 天之曆數在汝躬, 汝終陟元后. 人心惟危, 道心惟微, 惟精惟一, 允執厥中. 無稽之言勿聽, 弗詢之謀勿庸. 可愛非君? 可畏非民? 衆非元后, 何戴? 后非衆, 罔與守邦? 欽哉! 愼乃有位, 敬修其可願, 四海困窮, 天祿永終. …”
4) 蔽(폐)：덮다, 숨기다, 가로막다, 포괄하다, 속이다, 가림, 울타리, 방비, 어둡다, 사리에 통하지 못하다, 희미하다, 극에 이르다, 결정하다, 가리개.
5) 簡(간)：선발하다, 검열하다, 분별하다, 정성, 글, 책, 검소, 대범, 거만, 태만하다.

① 『어류』：“『논어』는 문인들과의 문답을 기록한 것인데, 「요왈」편에 왜 요·순·탕·무의 여러 일들이 기록되어 있습니까?” “문자를 그런 식으로 이해할 필요가 없다. ‘「요왈」편은 이전 성인의 말씀에 대한 공자의 진술을 제자들이 기록하여 여기에 분류하였다’는 해설을 본 적이 있다. 선배들 역시 이처럼 설명하였다. 그러나 도리의 핵심은 이 부분에 있지 않다.”[1]
○서복관：“특히 중요한 것이 『논어』 최후의 「요왈」편인데, 2천년 동안 제대로 이해한 이가 없었다. 이것은 공자가 『서』 속에서 추려낸, 역사의 변화발전 가운데 왕조의 흥망성쇠의 대원칙이다. 공자가 평소 부단히 이러한 대원칙 이야기를 제시하여 제자들에게 가르쳤기 때문에, 제자들이 특별히 기록해서 『논어』가 지향하는 귀결로 삼았다.”

20-1 요임금이 말하였다.① "아아! 너 순이여! 하늘의 운수가 네 몸에 있으니, 신실하게 중용을 견지하라! 세상이 곤궁해지면, 하늘의 복록이 영원히 끊긴다."
순임금도 이 말로 '우'에게 분부하였다.

이것은 요임금이 순에게 명하여 제위를 선양하면서 한 말이다. 자咨는 감탄사이다. 역수曆數는 제왕이 서로 계승하는 순서로서, 세시 절기의 차례와 같다.② 윤允은 신실함, 중中은 '과불급이 없음'의 명칭이다.③ 세상의 인민이 곤궁에 빠지면, 임금의 봉록도 영원히 끊긴다고, 훈계하였다.

순임금이 나중에 우에게 자리를 선양할 때에도 이 말을 하면서 분부하였다. 『서경』「우서·대우모」를 보면 여기보다 더 상세하다.

(탕왕이) 말하였다. "나 소자 '리'는 감히 검은 희생을 써서 위대하신 하느님께 아뢥니다. 죄 있는 자는 감히 용서하지 않겠습니다. 당신의 어진 신하는 버려두지 않겠으니, 선택(검열)④은 하느님 마음에 달려 있습니다. 내 몸에 죄가 있으면 만방을 탓하지 않고, 만방에 죄가 있으면 그 죄가 내 몸에 있습니다."

---

② 『혹문』: 제왕을 계승하는 순서의 운수(數)는 마치 역법의 년·월·일·시처럼 선후의 순서가 있다. 그러나 성인이 그 순서가 아무개에게 귀속됨을 알 수 있는 까닭은 그 사람의 덕으로써 아는 것이다. 참위설에서 그저 어떤 성명姓名이 도록圖籙에 보인다는 점을 증거로 삼아 주장을 펼치는 경우와는 다르다.

③ 『혹문』: 성현이 말한 중中은 두 가지 의미가 있다. 대본大本으로서의 '중'은 희로애락이 아직 표출되지 않을 때의 리理이니, 그 경지가 '중'이다. '중용中庸'의 '중'은 리가 일에 표출될 때 지나치거나 부족함이 없을 때의 경지를 말한다. 여기서 말한 '윤집궐중允執其中(진실로 그 중용을 견지함)'은 리가 일에 표출될 때를 지칭한다. 천하의 '대본'은 붙잡을 수 있는 대상이 아니다. 또 성인의 도란 때로는 그쳤다가 때로는 행해지는 것이다. 어찌 오직 고정불변하는 것을 도로 여겨 성인이 고수했겠는가? 따라서 정자께서 만사 만물을 가지고 설명하면서, '진실로 그 중용을 잡음으로써 실천하는 것이다'라고 말하였다.

④ 『어류』: "간簡이 무엇입니까?" "마치 하늘이 점검하여 열거하는 것과 같다. 선과 죄는 하늘이 모두 안다. 너에게 선이 있으면 하느님 마음에도 있고, 나에게 죄가 있으면 하느님 마음에도 있다.[2]

此引「商書」「湯誥」[1]之辭. 蓋湯旣放桀而告諸侯也. 與『書』文大同小異. 曰上當有湯字. 履, 蓋湯名. 用玄牡,[2] 夏尙黑, 未變其禮也.[3] 簡, 閱[4]也. 言桀有罪, 己不敢赦.[5] 而天下賢人, 皆上帝之臣, 己不敢蔽.[6] 簡在帝心, 惟帝所命. 此述其初請命而伐桀之辭也. 又言君有罪, 非民所致, 民有罪, 實君所爲. 見其厚[7]於責己, 薄於責人之意. 此其告諸侯之辭也.

周有大賚,[8] 善人是富.
"雖有周[9]親, 不如仁人. 百姓有過, 在予一人."

(賚, 來代反.) ○此以下述武王事. 賚, 予也. 武王克商, 大賚于四海. 見「周書」「武成」篇. 此言其所富者, 皆善人也. 『詩序』云"賚, 所以錫[10]予善人," 蓋本於此.

此「周書」「太誓」之辭.
孔氏曰 : "周, 至也. 言紂至親雖多, 不如周家之多仁人."

謹權量,[11] 審[12]法度, 修廢官, 四方之政行焉.
興滅國, 繼絕世, 擧逸民, 天下之民歸心焉.

---

1) 誥(고) : 고하다, (윗사람이 아랫사람에게)말하다, 고(옛날, 훈계하고 면려하는 글).
2) 牡(모) : 수컷. ※牝(빈) : 암컷. 玄牝(현빈) : 노자 철학에서 만물을 낳게 하는 오묘한 길.
3) 孔曰 : "履, 殷湯名. 此伐桀告天之文. 殷家尙白, 未變夏禮, 故用玄牡也."
4) 閱(열) : 검열, 조사, 교감하다, 고르다, 뽑다, 갖추다, 구비, 통솔, 용납, 빠지다, 모으다.
5) 赦(사) : (죄를)용서하다, 놓아주다, 사면하다, 용서, 사면.
6) 蔽(폐) : 덮다, 가리다, 막다, 숨기다, 비밀로 하다, 덮다, 어둡다, 울타리.
7) 厚(후) : 무겁다, 많다, 깊다, 크다, 짙다, 정성스레 대하다, 매우, 많이.
8) 賚(뢰) : 주다, 하사품, 위로, 무왕이 주를 치고 공신을 봉한 일을 노래한 『시경』의 편명.
9) 周(주) : 지극하다, 더할 나위 없다, 진실, 주위, 두루, 친하다, 굳히다, 구제하다, 돌다.
10) 錫(석) : 주석, 하사하다, 가는 베. (사) : 하사하다, 주다.
11) 謹(근) : 삼가다, 조심하다, 엄하게 함, 경계, 금지, 지키다, 공손히 하다, 정중하게. 權(권) : 저

이것은 『서경』 「탕고」의 말을 인용하였다. 아마 '탕'이 걸왕을 쫓아낸 다음 제후에게 알린 말일 것이다. 『서경』의 문장과 약간 차이가 있다. '왈曰' 위에 '탕湯' 자가 있어야 한다. 리履는 탕의 이름일 것이다. 검은 수소를 쓴 것은 (검은색을 숭상한) 하나라의 예를 아직 바꾸지 않았기 때문이다. 간簡은 선택이다. 걸왕은 죄가 있으므로 자기가 감히 용서할 수 없지만, 천하의 현인은 모두 하느님의 신하이므로 자기가 버리지 않겠다는 말이다. '선택은 하느님 다음에 달렸다' 함은, 오직 하느님의 명령이라는 말이다. 이것은 처음에 명을 청하며 걸왕을 칠 때의 말을 기술한 것이다. 또 임금에게 있는 죄는 백성 탓이 아니고, 백성에게 있는 죄는 사실은 임금 때문이라는 말이다. 자신은 엄중하게 책망하고, 남은 가볍게 책망하겠다는 뜻을 밝혔다. 이는 탕왕이 제후들에게 고한 말이다.

주나라가 크게 베풀어, 선한 이들이 부유해졌다.
"가까운 친척이 있어도, 어진 인재만 못하다. 백성의 허물은 나 한 사람 탓이다."

이 구절 이하는 무왕의 일을 서술하였다. 뢰賚는 베풂이다. 무왕은 은나라를 이기고 천하에 크게 베풀었다. 「주서·무성편」에 보인다. 무왕이 부를 하사한 사람이 모두 선한 사람이었다는 말이다. 『시서詩序』에 "뢰賚는 선한 이에게 하사하는 것이다" 했는데, 아마 여기에 근거한 말 같다.

이것은 「주서·태서」의 말이다.

• 주周는 '지극함'이다. (은나라) 주紂왕에게는 매우 가까운 친족이 많았지만, 주나라에 어진 인재가 많은 것만 못하다는 말이다. – 공안국

(무왕은) 도량형을 규정하고, 법도를 정비하고, 폐지한 관서를 재건하여 사방의 정사를 시행하였다. 멸망한 나라를 일으켜 주고, 끊어진 대를 이어주고, 숨은 인재를 등용하자 천하의 민심이 귀의하였다.

울추, 저울, 저울질하다, 꾀하다, 평평하다, 권세, 구차하다, 시초, 잡다.

12) 審(심) : 바르게 하다, 안정시키다, 살피다, 자세히, 환히 알다, 듣다, 참으로.

所重：民·食·喪·祭.
寬則得衆，信則民任焉，敏則有功，公則說.

權，稱錘[1]也. 量，斗斛[2]也. 法度，禮樂制度皆是也.

興滅繼絕，謂封黃帝·堯·舜·夏·商之後. 擧逸民，謂釋箕子之囚，[3] 復商容之位.[4] 三者皆人心之所欲也.

「武成」曰：“重民五教，惟[5]食喪祭.”

(說，音悅.) ○此於武王之事無所見，恐或泛言帝王之道也. ○楊氏曰：“『論語』之書，皆聖人微言，而其徒傳守之，以明斯道者也. 故於終篇，具載堯舜咨命之言，湯武誓師之意，與夫施諸政事者，以明聖學之所傳者，一於是而已，所以著明二十篇之大旨也. 『孟子』於終篇，亦歷敍堯·舜·湯·文·孔子相承之次，皆此意也.”

20-2 子張問於孔子曰：“何如斯可以從政矣?”
子曰：“尊五美，屛[6]四惡，斯可以從政矣.”
子張曰：“何謂五美?” 子曰：“君子惠而不費，勞而不怨，欲而不貪，泰而不驕，威而不猛.”

---

1) 稱(칭)：저울, 무게를 달다, 일컫다, 설명, 칭찬, 어울리다. 錘(추)：저울추.
2) 斛(곡)：휘(열 말의 용량), 헤아리다.
3) 釋(석)：(죄인을) 풀어주다, 석방, (문제를) 풀다, 해석하다, 설명하다, (의심·원한을) 풀다. 囚(수)：죄인, 포로, 인질.
4) 『禮記』「樂記」：武王克殷反商，未及下車而封黃帝之後於薊，封帝堯之後於祝，封帝舜之後於陳，下車而封夏后氏之後於杞，投殷之後於宋，封王子比干之墓，釋箕子之囚，使之行商容而復其位.
5) 惟(유)：생각, 도모하다, 꾀하다, 들어맞다, 오직, 홀로, ~로써, ~이다, ~와, 함께.
6) 屛(병)：물리치다, 치워 없애다, 제거, 내쫓다, 병풍, 가리다, (숨)죽이다(10-4).
① 오교五教：다섯 가지 인륜(아버지의 도의, 어머니의 자애, 형의 우애, 아우의 공순, 아들의 효)의 가르침. ○『書』「舜典」：“汝作司徒，敬敷五教.” 孔傳：“布五常之教.” ○『左傳』「文公十八年」：“擧八元，使布五教於四方，父義，母慈，兄友，弟恭，子孝.”

특히 중시한 것은, 인민의 식량과 상례와 제사였다.
관대하면 대중의 지지를 받고, 미더우면 백성이 신임하고, 민첩하면 공을 세우고, 공정하면 기뻐한다.

권權은 저울과 추를, 량量은 말과 휘를 지칭한다. 법도法度는 모든 예악 제도가 그것이다.

'멸망한 나라를 일으켜 주고, 끊어진 세대를 이어주었다' 함은, 황제·요·순·하·은의 후예를 봉한 일을 일컫는다. '일민(숨은 인재)을 등용하였다' 함은, 갇혀 있던 기자를 풀어 주고 상용商容의 지위를 회복시킨 일을 일컫는다. 세 가지는 모두 인민이 바라는 바이다.

『서』「무성」편에 "인민의 오교五教①를 중시하고, 특히 식량과 상례, 제례를 중시하였다"고 한다.

끝 문장은 무왕의 고사에는 보이지 않는다. 제왕의 도를 통튼한 것 같다.

• 『논어』 전체는 모두 성인의 미언微言②이다. 제자들이 전수하고 지켜서 사도斯道를 밝힌 것들이다. 따라서 마지막 편에 요·순이 분부하여 명한 말과 탕·무가 출병할 때 맹세한 뜻과 정사에 시행된 일을 함께 기록함으로써, 성학聖學의 전수 내용이 이처럼 한결같을 뿐임을 밝혔다. 그리하여 20편의 대강의 요지를 천명하였다. 『맹자』의 끝 편도 요·순·탕·문·공자가 서로 계승한 순서를 서술하였다. 모두 같은 의미이다. - 양시

20-2 자장이 공자께 물었다. "어떻게 해야 정치에 종사할 수 있습니까?" "다섯 가지 미덕을 우러르고, 네 가지 악덕을 물리치면, 정치에 종사할 수 있다."
"무엇이 다섯 가지 미덕입니까?" "군자가 은혜로우나 낭비하지 않고, 노역시키되 원망을 사지 않고, 욕망은 있으나 탐욕이 없고, 태연하나 교만하지 않고, 위엄 있으나 사납지 않음③이다."

---

② 미언微言 : 뜻이 깊고 미묘한 말, 은밀히 하는 말, 속뜻은 숨기고 다른 것에 빗댄 말.
③ 『혹문』 : '위엄 있으나 사납지 않음'의 위엄은 꾸민 위엄(作威)이 아니다. 위엄을 꾸며 남이

子張曰：“何謂惠而不費?”

子曰：“因[1]民之所利而利之, 斯不亦惠而不費乎? 擇可勞而勞之, 又誰怨? 欲仁而得仁, 又焉貪? 君子無衆寡, 無小大, 無敢慢,[2] 斯不亦泰而不驕乎? 君子正其衣冠, 尊[3]其瞻視, 儼然人望而畏之, 斯不亦威而不猛乎?”

子張曰：“何謂四惡?”

子曰：“不敎而殺謂之虐；不戒視成謂之暴；慢令致期謂之賊；猶之與人也, 出納之吝, 謂之有司.”

(費, 芳味反.)

([“又焉貪”]焉, 於虔反.)

(出, 去聲.) ○虐, 謂殘酷[4]不仁. 暴, 謂卒遽無漸. 致期, 刻[5]期也. 賊者, 切害之意. 緩於前而急於後, 以誤其民, 而必刑之, 是賊害之也. 猶之, 猶言均之也. 均之以物與人, 而於其出納之際, 乃或吝而不果, 則是有司之事, 而非爲政之體. 所與雖多, 人亦不懷其惠矣. 項羽使人, 有功當封, 刻印刓,[6] 忍弗能予, 卒以取敗, 亦其驗[7]也. ○尹氏曰：“告問政者多矣, 未有如此之備者也. 故記之以繼帝王之治, 則夫子之爲政可知也.”

자기를 경외하기를 바란다면, 반드시 사나움으로 귀결된다. '의관을 정제하고, 시선을 존엄히 함'으로써 자신을 닦을 뿐, 남이 자기를 경외하기를 바라지 않는다. 그러면 백성은 군자의 용모와 안색이 엄연함을 마주하고는 감히 소홀히 할 수 없다는 느낌을 갖는다. 무슨 사나움이 있겠는가?

1) 因(인) : 의거하다, 기초를 두다, 말미암다, 까닭, 이어받다, 잇닿다, 친하게 함, 따르다.
2) 慢(만) : 게으르다, 거만하다, 오만하다, 늦추다, 미루다, 냉담하다, ~하지 마라.
3) 尊(존) : 높다, 높이다, 존경하다, 우러러보다, 중히 여기다, 소중하게 생각하다. 무겁다.
4) 殘酷(잔혹) : 잔혹하다, (생활이) 비참·참혹하다. 酷 : (술이) 독하다, 잔인하다, 포악.
5) 刻(각) : 새기다, 각인시킴, 벗기다, 깎다, 모질다, 몰인정, 심하다, 꾸짖다, 해침.
6) 刓(완) : 깎다, 모난 데를 깎아 둥글게 하다, 닳다, 닳아 없어지다.

"무엇이 '은혜로우나 낭비하지 않음'입니까?"
"백성이 이롭게 여기는 것을 찾아 이롭게 해주면, 이 또한 '은혜로우나 낭비하지 않음'이 아니겠는가? 노역시킬 만한 일을 선택하여 노역시키면, 또 누가 원망하겠는가? 인을 원하여 인을 얻었으니, 또 무엇을 탐하겠는가?① 군자가 (인민이) 많든 적든 (일이) 크든 작든 감히 방만하지 않으면, 이 또한 '태연하나 교만하지 않음'이 아니겠는가? 군자는 의관을 정제하고, 시선을 존엄히 하면, 엄숙한 모습에 사람들이 바라보고 두려워하니, 이 또한 '위엄 있으나 사납지 않음'이 아니겠는가?"
"무엇이 네 가지 악덕입니까?"
"가르치지 않고 죽임이 학정, 미리 경고하지 않고 결과만 따짐이 포악, 명령은 대충하고 기한만 독촉함이 해악, 이왕 베풀면서 상벌 결정(출납)을 지체함이 '아전 같음'이다."②

학虐은 잔혹하여 몰인정함, 포暴는 갑자기 몰아쳐 단계가 없음을 일컫는다. 치기致期는 기한을 독촉함이다. 적賊은 박절한 해침을 뜻한다. 이전에 느슨하다가 뒤에 급박하게 몰아침으로써, 백성을 오도시켜 놓고 반드시 형벌을 가하는 것이 박절한 해침이다. 유지猶之는 똑같다(均之)는 말과 같다. 똑같이 하여 사람에게 물건을 나누어줄 때, 내주려고 할 즈음 간혹 인색하여 결행하지 않는 것은 아전의 일이니, 정치의 본체가 아니다. 비록 주는 양이 많더라도 사람들은 은혜로 여기지 않는다. 항우가 사람을 부리면서 공이 있는 경우 마땅히 봉해야 하는데, 인장의 모가 닳을 때까지 가지고 있으면서 차마 주지 않다가 결국 패배한 것이 그 예증이다.

• 정치 질문에 대한 공자의 답변은 많았다. 그렇지만 이처럼 완벽한 것은 없다. 그래서 제왕의 통치에 이어 기록하였다. 공자의 정치 방법을 알 수 있다. – 윤돈

---

7) 驗(험) : 표징, 증거, 증험·시험하다, 효능, 징조, 응보.

①『어류』: 인仁은 내가 본디 가진 것이다. 내가 그것을 얻는데 무슨 탐욕이 되겠는가? 만약 내 바깥에 있는 사물을 욕망한다면 탐욕이 된다. 곧 '인을 감당할 때는 스승에게 양보하지 않는다'(15-36)는 말과 같은 뜻이다.[4]

②『어류』: "'이왕 베풀면서 상벌 결정을 지체함이 아전 같음이다' 함이 왜 네 가지 악덕의 하나로 나열된 것입니까?" "그 악은 다른 세 가지 악에 비해 가벼운 것 같지만 일에 매우

20-3 子曰："不知命，無以爲君子也. 不知禮，無以立也. 不知言，無以知人也."

程子曰："知命者，知有命而信之也. 人不知命，則見害必避，見利必趨，何以爲君子?"[1)]

不知禮，則耳目無所加，手足無所措.[2)]

言之得失，可以知人之邪正.[3)]

○尹氏曰："知斯三者，則君子之事備矣. 弟子記此以終篇，得無意乎? 學者少而讀之，老而不知一言爲可用，不幾於侮聖言者乎? 夫子之罪人也，可不念哉?"

해롭기는 마찬가지이다. 이런 사람은 바로 시기심과 의심이 많아서, 상을 줄지 말지, 벌을 줄지 말지, 의심이 많고 인색하여 결단하지 못한다. 바로 당나라 덕종 같은 이가 그런 사람이다.[5] '인吝' 자는 의미가 광범하다. 사람이 망설이고 결단하지 못하는 일을 경계하는 뜻이다. 상을 주어야 하면 곧 상을 주어야 하고, 벌을 주려면 곧 시행해야 한다. 만약 망설이고 태만히 하는 동안 움츠러들고 아까워하면 기회를 놓친다. 예컨대 이강이 당헌종에게 위박의 장졸들을 속히 상주라고 권하면서 '만약 그들의 주청이 있기를 기다린 연후에 상을 주면 은혜가 임금께 돌아가지 않는다'고 한 말이 바로 그런 뜻이다. 또 당나라 왕실의 번진藩鎭의 환란 같은 경우도 새로운 장수를 세워야 할 때 조정에서 곧장 명하지 않고, 군대에서 먼저 요청이 오기를 기다린 연후에 임명을 했기 때문에, 임명된 장수들은 은혜를 품은 것이 아니라 도리어 반란을 편들었다. 유사의 경우라면 출납을 인색하게 하여 감히 전횡하지 않는 일이 도리어 본래의 직책상 당연하다. 그러나 임금의 경우는 정치의 대강령만 간여하니 모든 일을 다 그와 같이 인색하게 대하면 안 되고, 응당 해야 할 일은 과감하게 결행해야 한다.[6]

1) 『맹자』：莫之爲而爲者，天也；莫之致而至者，命也.[9：6] 盡其心者，知其性也. 知其性，則知天矣. 存其心，養其性，所以事天也. 殀壽不貳，修身以俟之，所以立命也.[13：1] 莫非命也，順受其正；是故知命者不立乎巖牆之下. 盡其道而死者，正命也；桎梏死者，非正命也.[13：2] 口之於味也，目之於色也，耳之於聲也，鼻之於臭也，四肢於安佚也，性也，有命焉，君子不謂性也. 仁之於父子也，義之於君臣也，禮之於賓主也，智之於賢者也，聖人之於天道也，命也，有性焉，君子不謂命也.[14：24] 堯舜，性者也；湯武，反之也. 動容周旋中禮者，盛德之至也. 哭死而哀，非爲生者也. 經德不回，非以干祿也. 言語必信，非以正行也. 君子行法，以俟命而已矣.[14：33]

2) 謝曰："禮者，理也. …一退一進，一俯一仰，耳目所加，手足所措，蓋有妙理存焉."

20-3 공자가 말하였다. "명을 모르면 군자가 될 수 없다. 예를 모르면 입신할 수 없다. 말(주장)을 모르면 사람을 알 수 없다."

• 명을 아는 자는, 명이 있음을 알고 그것을 믿는다. 사람이 명을 모르면, 손해는 반드시 회피하고 이득은 반드시 붙좇으니, 어떻게 군자가 될 수 있겠는가?① – 이천

예를 모르면 이목을 어디에 둘지도, 수족을 어디에 놓을지도 모른다.

말의 잘잘못을 통해, 사람이 간사한지 정직한지 알 수 있다.

이 세 가지를 알면, 군자의 일이 완비된다. 제자들이 이 말로써 편을 끝맺었으니, 어찌 깊은 뜻이 없겠는가? 학생이 어려서부터 『논어』를 읽었더라도 늙어서 한마디도 운용할 줄 모른다면, 성인의 말씀을 모독한 자에 가깝지 않겠는가? 공자의 죄인이다. 명심하지 않을 수 있겠는가? – 윤돈

---

3) 『맹자』: 我四十不動心.… 我知言, 我善養吾浩然之氣. …"何謂知言?" 曰: "詖辭知其所蔽, 淫辭知其所陷, 邪辭知其所離, 遁辭知其所窮. 生於其心, 害於其政; 發於其政, 害於其事."[3 : 2]

① 『어류』: 『논어』는 첫 장에서 '배우고 늘 익히면 기쁘지 않은가? 친구가 먼 곳에서 찾아오면 즐겁지 않은가? 남이 나를 알아주지 않더라도 노여워하지 않으면 또한 군자가 아닌가?'라고 하였고, 끝 장에서 '명을 모르면 군자가 될 수 없다'라고 하였다. 여기에는 깊은 뜻이 있다. 학생이 학문을 통해 군자가 되려고 할 때, 명을 모르면 군자가 될 수 없다. 사생에는 본디 정해진 명이 있다. 물·불에서 죽어야 한다면 물·불에서 죽을 수밖에 없고, 전쟁터에서 죽어야 한다면 전쟁터에서 죽을 수밖에 없다. 어떻게 하더라도 달아날 수 없다. 이런 설명은 매우 조잡하기는 하나, 이른바 '명을 안다(知命)' 함 역시 그런 것에 불과하다. 만약 이 부분에 믿음이 확고하지 않으면, 이익을 마주하면 곧 달려들고 손해를 마주하면 곧 회피하니, 어떻게 군자가 될 수 있겠는가?[8]

부록 1. 학자별 편장 체제 대조표

※ 同 :양백준과 동일함을 뜻한다. ( ) 안의 숫자는 양백준의 장 번호이다.
※ 「향당」편은 편차가 너무 커서 비교 설명을 생략한다.
※ 양백준은 정수덕을 두 군데만 수정한 결과임을 알 수 있다.

		형병	정수덕	양백준	주자	유보남	정약용
1	학이	同	同	16	同	同	同
2	위정	同	同	24	同	同	同
3	팔일	同	同	26	同	同	同
4	이인	同	同	26	同	同	同
5	공야장	同	27(1+2)	28	27(1+2)	29(10양분)	27(1+2)
6	옹야	同	同	30	28❶	同	29(1+2)
7	술이	同	同	38	37(9+10)	同	39(26양분)
8	태백	同	同	21	同	同	同
9	자한	同	同	31	30(6+7)	同	同
10	향당	21	同	27	17	25	34
11	선진	24❷	同	26	25(2+3)	24❸	25(18+19)
12	안연	同	同	24	同	同	同
13	자로	同	同	30	同	同	同
14	헌문	同	同	44	47❹	同	46❺
15	위령공	同	同	42	41(1+2)	同	同
16	계씨	同	同	14	同	同	13(11+12)
17	양화	24❻	25(2+3)	26	同	23❼	25(2+3)
18	미자	同	同	11	同	同	同
19	자장	同	同	25	同	同	同
20	요왈	同	同	3	同	同	6(1사분)

❶ : (1+2, 4+5) ❷❸ : (18+19, 20+21) ❹ : (1·26·37양분) ❺ : (1·37양분)
❻ : (2+3, 9+10) ❼ : (17빠짐, 2+3, 9+10)

부록 2. 『논어』에 나오는 공자의 주요 제자들

자로子路(B.C.542-480) : 성은 중仲, 이름은 유由, 자는 자로·계로季路. 공자보다 9세 연하. 모든 사람이 기본 물질생활을 누리는 사회를 꿈꾼 이상주의자. 공자의 현실주의에 불만이 많았으나, 자신의 한계를 알고 공자를 통한 사회개혁 희망으로 그를 열심히 추종함. 송백의 절개로 국난에 순사한 정치 관료로서 유가 선비상像에 불멸의 자취를 남김.

자공子貢(B.C.520-456) : 성은 단목端木, 이름은 사賜. 공자보다 31세 연하. 언변言辯과 이재理財에 밝았으나 공자의 덕치주의를 사랑한 특이한 정치가·외교가. 공자의 생각을 이끌어내는 영리한 질문들은 모두 그가 하였음. 실질적인 수제자. 공자를 위해 두 번의 삼년상을 했다고 함.

안연顔淵(B.C.521-491) : 성은 안, 이름은 회回. 공자보다 30세 연하. 공자의 사상을 깊이 이해하여 사랑을 받음. '우러러 볼수록 높기만 하다'는 공자 찬가로 유명한 수제자. 자기 사상을 꽃피지 못하고 단명하여 공자와 그 문하에 큰 좌절과 슬픔을 줌.

자장子張(B.C.503-?) : 성은 전손顓孫, 이름은 사師. 공자보다 48세 연하. 최연소 제자. 출신이 미천했음. 증자의 공격을 받음. 공자에게 관록을 얻는 법을 물었으나 평생 벼슬하지 않음. 공자 사후 진陳나라에서 강학하여 '자장 학파의 유학'을 이끎.

자하子夏(B.C.507-?) : 성은 복卜, 이름은 상商. 공자보다 44세 연하. 『시경』·『춘추』 등 육경 전수에 결정적인 공을 남김. 『공양전』과 『곡량전』의 저자가 모두 자하의 재전 제자임. 서하西河 지역에서 큰 영향을 끼쳐 중원의 명사가 됨. 바다에 처녀제물을 바치는 악습을 타파한 서문표를 비롯하여, 단목간, 전자방, 오기, 금활리, 이극 등이 모두 그의 제자임. 만년에 아들이 죽자 너무 울어 눈이 멀었음.

염유冉有(B.C.522-?) : 성은 염, 이름은 구求. 공자보다 29세 연하. 계씨 집안에 벼슬하여 공을 세웠지만, 중과세 정책으로 공자의 비판을 받음.

증자曾子(B.C.505-434) : 이름은 삼參. 공자보다 46세 연하. 공자가 '우둔하다'고 평가함. 가령 자식은 몸을 소중히 하라는 가르침을 '피부를 흠내지 말고 터럭도 잘 보존하라'고 해석한 근본주의자. '상투를 자르려면 차라리 목을 처라'는 관념의 비조. 오기, 공자의 손자인 자사子思 등이 그의 제자임. 권력자와 주변인을 다루는 카리스마로 증자·자사·맹자로 이어지는 사맹학파가 유가의 정통을 차지하는 기틀을 잡음.

자유子游(B.C506.-?) : 성은 언言, 이름은 언偃. 오인吳人. 공자보다 45세 연하. 전국 시대에 유명한 유가학파를 형성함. 맹자는 "자하·자유·자장 모두 각각 공자의 한 측면의 장점을 갖추었다"고 말하였다.

중궁仲弓(B.C.522-?) : 성은 염冉, 이름은 옹雍. 공자보다 29세 연하. 출신이 빈천했고, 아버지의 품행도 문제가 많았으나, 각고 노력하여 덕행으로 뛰어남. 공자가 "임금으로 삼을 만하다"고 말함.

번지樊遲(B.C.515-?) : 성은 번, 이름은 수須. 공자보다 36세 연하. 계씨에 벼슬할 때 염유의 부관이 되어 전공을 세웠음.

자화子華(B.C.509-?) : 성은 공서公西, 이름은 적赤. 공서화도 자. 공자보다 42세 연하. 예법에 밝고 외교에 능함.

재아宰我(B.C.522-?) : 성은 재, 이름은 여予. 공자보다 29세 연하. 공자의 주우열국에 시종 따라다님. 공자의 삼년상 주장을 비판하는 등 공자의 심기를 거스름. 낮잠을 자다가 '썩은 나무'·'똥 흙'이라는 꾸중을 들음.

민자건閔子騫(B.C.536-?) : 성은 민, 이름은 손損. 공자보다 15세 연하. 부유한 가정 출신. 벼슬하지 않아 '더러운 임금의 녹을 먹지 않았음.'

유자有子(B.C.518-?) : 성은 유, 이름은 약若, 자는 子有. 공자보다 33세 연하. 신체가 건장하여 '모습이 공자와 닮았음.'

남용南容 : 성은 남궁南宮, 이름은 괄适(括). 공자의 조카사위.

사마우司馬牛 : 성은 사마, 이름은 경耕. 송인宋人. 공자 제자 중 출신성분이 가장 높은 귀족이었음. 공자를 죽이려고 했던 환퇴의 동생. 집안의 우환으로 고뇌하는 그를 공자와 제자들이 함께 위로하였음.

백우伯牛(B.C.544-?) : 성은 염冉, 이름은 경耕. 공자보다 7세 연하. 공자가 사구 벼슬을 할 때 중도의 읍재를 역임.

원사原思(B.C515.-?) : 성은 원, 이름은 헌憲. 공자보다 36세 연하. 공자가 사구 벼슬을 할 때 읍재를 역임. 지조가 있어 안빈낙도하였음.

자고子羔(B.C.521-?) : 성은 고高, 이름은 시柴. 공자보다 30세 연하. 위인衛人. 신체는 왜소하고 용모는 추하고 재능도 부족했으나, 재직시의 자토에게 특채되었음. 법관 재임시절 공정한 집행으로 범법자까지 감복함.

공야장公冶長(B.C.-) : 성은 공야, 이름은 장. 이렇다 할 재능은 없었으나 공자의 사위였다는 이유로, 후대에 공자 사당에 배향됨.

증석曾晳 : 이름은 점點. 증자의 아버지. 각자의 소원을 말해보라는 공자의 질문에 벼슬을 원하는 다른 제자들과 달리, "애들 몇 대리고 청계산에서 바람이나 쏘이고 계곡 물에 발 좀 담그다 오겠다"고 대답했다가, 주자에 의해 도체를 엿본 인물로 대서특필됨.

안로顔路(B.C.545-?) : 안연의 아버지. 공자보다 6세 연하.

칠조개漆雕開(B.C.540-?) : 성은 칠조, 이름은 개. 공자보다 11세 연하. 성품이 강직하여, '행실이 그르면 종들의 눈길도 두렵지만, 행실이 정당하면 임금이라도 반박한다'는 이론을 견지함. 성유선유악설性有善有惡說을 주장. 따르는 제자가 많아 '칠조개 유파의 유가'를 형성함.

자천子賤(B.C.521-?) 성은 복宓, 이름은 부제不齊. 공자보다 30세 연하. 『복자宓子』7편의 저서가 있었으나 망실됨.

담대멸명澹臺滅明(B.C.512-) : 노나라 무성 사람. 공자보다 29세 연하.
무마기巫馬期((B.C.521-?) 성은 무마, 이름은 시施. 공자보다 30세 연하.

부록 3. 『논어집주』에 인용된 학자들

※ 『논어집주』에서의 호칭, 자, 호, 『논어』 관련 저서 등을 약술함.

공안국孔安國 : 孔氏, 전한前漢 경학자, 『논어훈해論語訓解』(망실)

양웅揚雄(B.C.53-A.D.18) : 자는 자운子雲, 현玄을 우주만물의 근원으로 제시한 철학자, 『태현太玄』, 『법언法言』.

허신許愼(58?-121) : 경전의 글자 풀이를 집대성한 『설문해자說文解字』를 지음.

마융馬融(79-166) : 馬氏, 정현의 스승, 거리낌없는 달관의 삶(達生任性)으로 유자의 절조에 얽매이지 않았음. 『논어』 주석서가 있었음.

하안何晏(?-249) : 何氏, 자는 평숙平叔, 위진 청담의 주요 인물. 『역』·『노자』에 밝았다. 그의 『논어집해論語集解』는 현학의 관점으로 공자를 해석함.

육덕명陸德明(550?-630) : 陸氏, 이름은 원랑元郎, 수당 교체기의 경학자·훈고학자, 『경전석문經典釋文』.

조백순趙伯循 : 이름은 광匡, 당나라 후기 경학자, 경전의 글자에 오류가 있다고 회의한 『춘추』 연구자, 송대의 경전에 대한 회의의 풍토를 엶.

형병邢昺(932-1010) : 邢氏, 자는 숙명叔明, 북송 경학자, 『논어정의論語正義』가 『십삼경주소十三經注疏』 중 『논어주소』의 '소'로 편입됨. 그의 『소』는 의리義理에 대해서도 상당히 주목하여 한학漢學과 송학宋學의 전환점이 됨.

횡거橫渠 : 장재張載(1020-1077), 張子, 자는 자후子厚. 기氣 위주의 관점에서 태허즉기太虛卽氣의 철학을 제시함. "학문은 반드시 성인처럼 된 다음에 그만 둔다" "학자는 성인되기를 추구해야 한다"는 이상을 제시함. 『논어설論語說』.

명도明道 : 정호程顥(1032-1085), 程子, 자는 백순伯淳. 15세 때 동생 이천과 함께 주돈이에게 배움. 천리를 우주만물의 본원으로 여겨 개인·사회에 대한 도덕원칙의 의미를 강조함, "공자가 세운 법은 만세에 영원한 변경 불가한 법이다" 하며, 사마광司馬光(1019-86)·이천 등과 함께 왕안석의 변법을 반대함. 「식인편識仁篇」.

이천伊川 : 정이程頤(1033-1107), 程子, 자는 정숙正叔. 18세 때 「안자소호하학론顔子所好何學論」을 짓고 평생 저술·강학에 몰두함. "예는 리理이다, 천하에는 오직 하나의 리가 있다, 만물은 다 하나의 천리이다" 하여 봉건윤리제도가 리에 부합함을 옹호. "굶어죽는 일은 극히 사소하나, 절개를 잃음은 극히 중대하다" 하여 과부의 개가를 반대함. 대표작 『역전易傳』은 화엄종의 영향을 받았음.

윤돈尹焞(1061～1132) : 尹氏, 자는 언명彦明, 임금이 '화정처사和靖處士' 호를 내림. 스승 이천이 죽은 후 낙양에서 강학하며 조문과 문병 일이 아니면 문밖출입을 하지 않음.

실천함양에 독실하고 뜻이 고결하였음. 주자가 "『정의精義』 가운데 윤돈의 말이 가장 실하고 또 옳은 데가 많다"고 언급함. 『논어해論語解』.

범조우范祖禹(1041～1098) : 范氏, 자는 순보淳甫. 북송 중기의 유명한 사학자, 사마광의 『자치통감』 중 당나라 부분을 담당함. 『당감唐鑑』, 『논어설論語說』.

양시楊時(1053-1135) : 楊氏, 호는 龜山, 자는 중립中立. 남쪽으로 돌아가는 그에게 명도는 '내 도가 남으로 간다(吾道南矣)' 하며 전송함. 유초와 함께 이천을 찾았을 때 명상에 든 이천을 문밖에 서서 기다렸고, 이천이 깼을 때 눈이 한 길이 쌓였음("程門立雪"). 『중용』을 성학의 연원으로 강조함. 그의 학문이 나종언羅從彦(1072-1135)에서 이통을 거쳐 주자에 전해짐. 『이정수언二程粹言』.

사량좌謝良佐(1050-1103) : 謝氏, 자는 현도顯道, 호는 상채上蔡, 유초·여대림·양시와 함께 이정二程 문하의 4대 제자, 황종희는 그 중의 첫째로 여김. 신독愼獨을 통한 천리의 체인을 거경居敬의 목적으로 여김. 『논어설論語說』.

호인胡寅(1098-1156) : 胡氏, 자는 명중明仲, 호는 치당致堂. 양시의 문인, 안국의 조카·양자, "불교가 천리에 몽매하여 부모를 짐승과 같이 여겼다"며 평생 불교를 비판함. 아우 호굉胡宏(1105-1155)이 그의 학문에 불만함. 『논어상설論語詳說』.

호안국胡安國(1074-1138) : 胡氏, 자는 강후康侯, 호는 문정文定, 왕왕 『춘추』를 빌어 당시 정치를 의론함. 그의 『춘추전春秋傳』은 남송 초기 경연의 교재였고, 원대에는 『춘추』3전과 함께 유행했고 명대에는 과거시험 교재가 됨.

오역吳棫(1100?-1154) : 吳氏, 자는 재로才老. 『운보韻補』를 지은 음운학자. 『고문상서古文尙書』에 최초로 의문을 제기함. 『논어속해論語續解』.

소식蘇軾(1037-1101) : 蘇氏, 자는 자첨子瞻, 호는 동파東坡. 그의 사상에는 유가사상과 불노佛老사상이 시종 모순적으로 병존하였음. 이정二程이 추진한 도학이 인정에 멀고 고례古禮와도 부합하지 않는다고 여겼음. 『논어설論語說』.

홍흥조洪興祖(1090-1155) : 洪氏, 자는 경선慶善. 왕은 잡혀가고 북송이 멸망하고(37세) 충신 악비는 살해되고(51세) 간신 진회가 득세한 현실의 울분을 『초사보주楚辭補註』에 담아 굴원의 정신을 추앙하고 실천하려고 노력함. 『논어설論語說』.

이욱李郁(?-1152) : 李氏, 자는 광조光祖, 양시의 제자·사위, 『논맹유고論孟遺稿』.

여대림呂大臨(1040～1092) : 呂氏, 자는 여숙與叔, 호는 남전藍田. 횡거·이정의 제자. 그에 따르면, 허명순일虛明純一한 도 혹은 천리가 내 마음에서는 '양심良心'이 되니, "양심은 신명과 하나가 되고" "내 마음이 곧 천심天心이다." 육경에 통달했고 특히 『예』에 정통함. 『예기해禮記解』, 『대학중용해大學中庸解』.

조설지晁說之(1059-1129) : 晁氏, 자는 이도以道, 사마광과 소옹의 제자. "명도는 사람을 너무 가리고, 횡거는 선유를 경시하고, 이천은 늘 (사람 속이는) 기괴한 말을 한다"고 비판함. 『논어강의論語講義』.

유초游酢(1053～1123) : 遊氏, 자는 정부定夫, 호는 광평廣平. 『주역』을 강조하여 『주역』의 핵심은 “일언이폐지하면 성명에 순응함(順性命)일 따름이다”고 함. 선불교에 흥취가 많았음. 『논어맹자잡해論語孟子雜解』.

후중량侯仲良 : 侯氏, 자는 사성師聖. 생졸년 미상. 그의 『아언雅言』은 이정의 사적과 학설을 기록한 것인데 정문입설程門立雪 등 고사의 출처임. 『논어설論語說』.

왕안석王安石(1021-1086) : 王氏, 자는 개보介甫, 호는 형공荊公. 북송의 정치가·철학자·문학가. 신종 때 재상이 되어 변법을 시행, 천명론·천인감응설을 반대하고 “항상 변하는 것이 천도이다”는 천도자연론으로 변법을 옹호함. 『논어해論語解』.

주부선周孚先 : 周氏, 자는 백침伯忱, 이천의 제자. 이천이 그에 대해 “기질이 청명하니 도에 들어갈 수 있다”고 말함. 『논어해』.

증기曾幾(1085-1166) : 曾氏, 자는 길보吉甫, 호는 다산茶山. 시인. 『경설經說』.

황조순黃祖舜(1000-1165) : 黃氏, 자는 계도繼道. 그가 재상일 때 주자가 조정의 화친정책(主和苟安)을 비판한 「임오봉사」를 올린 적 있음. 『논어해의論語解義』.

이통李侗(1093-1163) : 師, 주자의 스승, 자는 원중愿中, 호는 연평延平. “학문의 도는 묵좌默坐하여 천리를 체인함에 있고, 도가 마음을 다스림은 마치 밥이 배를 불리고 옷이 추위를 막음과 같다”고 함. 주자가 『연평답문延平答問』 편찬함.

유빙군劉聘君(1091-1149) : 이름은 면지勉之, 자는 치중致中, 호는 초당草堂·백수白水. 주자의 어릴 때의 스승이자 장인.

유충정공劉忠定公(1048-1125), 이름은 안세安世, 호는 원성元城. 사마광의 제자.

유시독(劉侍讀, 1019-1068) : 이름은 창敞, 자는 원보原父, 태자시강太子侍講을 지냄. 『칠경소전七經小傳』.

장경부張敬夫(1133-1180) : 이름은 식栻, 자는 경부敬夫·흠부欽夫, 호는 남헌南軒. 주자는 그를 “견식이 순수하고 실천이 성실하여 사람으로 하여금 경외감을 품게 하니, 내가 미치지 못한다”고 평함. 진량陳亮(1143-1194)은 주자·여조겸과 더불어 그를 한 시대의 종사로 여김(‘東南三賢’). 『논어해論語解』.

참고문헌

※ " : " 표 왼쪽의 서명은 이 책의 각주에서 사용한 약칭임.

주희朱熹, 『朱子全書』 전27책, 上海古籍出版社·安徽教育出版社, 2002.
여정덕黎靖德 編(1270년 최초출간), 『朱子語類』 전8책, 中華書局, 1994.
내각본 : 『경서經書』, 성균관대학교 대동문화연구원, 1990.
『집주』 : 『논어집주論語集注』, 『朱子全書』 제6책,
『혹문』 : 『논어혹문論語或問』, 『朱子全書』 제6책.
『어류』 : 『주자어류朱子語類』(『논어』 부분) 권19~권50, 『朱子全書』 제14책~제15책.
『문집』 : 『회암선생주문공문집晦庵先生朱文公文集』, 『朱子全書』 제20책~제25책.
『정의』 : 『논어정의論語精義』, 『朱子全書』 제7책.

『中韓辭典』 전면개정판, 고려대학교민족문화연구원. 2003.
『漢韓大字典』 전면개정증보판, 민중서림, 1997.
『새 漢韓辭典』 제2판, 두산동아, 2000.
『漢語大詞典』(全12冊), 漢語大詞典出版社, 1990.

성백효 역주, 『懸吐完譯-論語集註』, 전통문화연구회, 1990.
김도련 역주, 『朱註今釋-論語』, 현음사, 1990.
임동석 역주, 『四書集註諺解, 論語』, 학고방, 2004.
박헌순 역주, 『論語集註』, 한길사, 2008.
김용옥 지음, 『논어한글역주』 1,2,3. 통나무, 2008.
이신李申, 『論語集注全譯』, 『四書集注全譯』, 巴蜀書社, 2002.

김종무, 『논어신해』, 민음사, 1989.
김형찬 옮김, 『논어』, 홍익출판사, 1999.
리쩌허우(李澤厚, 1930-), 임옥균 옮김, 『논어금독』, 북로드, 2006.
박성규, 「공자의 정명正名의 의미」, 『철학연구』 84집, 철학연구회, 2009.
임동석 옮김, 『설원』(상·하), 동문선, 1996.
크릴(H.G. Creel, 1905-1994), 이성규 역, 『孔子, 인간과 신화』, 지식산업사, 1997.
풍우란馮友蘭(1895-1990), 박성규 역, 『중국철학사』(상·하), 까치, 1999.

양수달楊樹達(1885-1956), 『논어소증論語疏證』, 上海古籍出版社, 1986.
정수덕程樹德(1877-1944), 『논어집석論語集釋』, 中華書局, 1990.

황회신黃懷信(1951-),『논어휘교집석論語彙校集釋』, 上海古籍出版社, 2008.

『집해』: 하안何晏(?-249),『논어집해論語集解』(『논어주소』본의 注).
『의소』: 황간皇侃(488-545),『논어의소論語義疏』.
『주소』: 형병邢昺(932-1010),『논어주소論語注疏』 속의 소疏, 北京大學出版社, 1999.
『후안』: 황식삼黃式三(1789-1862),『논어후안論語後案』, 鳳凰出版社, 南京, 2008.
『신해』: 전목錢穆(1895-1990),『논어신해論語新解』, 三聯書店, 北京, 2002.
『역주』: 양백준楊伯峻(1909-1992),『논어역주論語譯注』, 中華書局, 1980.
『설해』: 요준주幺峻洲(1924-),『논어설해論語說解』, 齊魯書社, 2003.
『금독』: 이택후李澤厚(1930-),『논어금독論語今讀』, 安徽文藝出版社, 1998.

강성江聲(1721-1799),『논어사질論語竢質』.
강유위康有爲(1858-1927),『논어주論語注』.
고공高拱(1512-1578),『문변록問辨錄』, 中州古籍出版社, 1998.
고염무顧炎武(1613-1682),『일지록집석日知錄集釋』, 上海古籍出版社, 2006.
모기령毛奇齡(1623-1716),『논어계구편論語稽求篇』.
서복관徐復觀(1903-1982),『중국경학사의 기초(中國經學史的基礎)』.
소구蕭𣂏(元人),「잡저雜著」,『勤齋集』.
유보남劉寶楠(1791-1855),『논어정의論語正義』, 中華書局. 1990.
육롱기陸隴其(1630-1693),『송양강의松陽講義』.
전시錢時(南宋人),『尙書演義』·『四書管見』 지음),『양한필기兩漢筆記』.
최술崔述,(1740-1816),『고신록考信錄』.

『급총쇄어』:『汲冢瑣語』,『옥함산방집일서玉函山房輯逸書』
『논어계』: 환무용宦懋庸(1842-1892),『論語稽』.
『논어의원』: 정여해鄭汝諧(1126-1205),『論語意原』.
『논어전주』: 이공李塨(1659-1733),『論語傳注』.
『논어집설』: 채절蔡節(南宋人),『論語集說』.
『논어집주술요』: 정호鄭浩(淸末人),『論語集注述要』.
『논어집편』: 진덕수眞德秀(1178-1235),『論語集編』.
『반신록』: 이옹李顒(1627-1705),『사서반신록四書反身錄』,『二曲集』, 中華書局, 1996.
『사서곤면록』: 육롱기陸隴其(1630-1693),『四書困勉錄』.
『사서근지』: 손기봉孫奇逢(1585-1675),『四書近指』.
『사서약지』: 임계운任啓運(1670-1744),『四書約旨』
『사서익주』: 장견도張甄陶(淸人),『사서익주논문四書翼注論文』

『사서전의찬요』: 조덕趙德(南宋人), 『사서전의찬요四書箋義纂要』.
『사서찬소』: 조순손趙順孫(1215-1277), 『사서찬소四書纂疏』.
『총설』: 허겸許謙(1269-1337), 『독사서총설讀四書叢說』.

『좌전』: 楊伯峻 編著, 『春秋左傳注』, 中華書局, 1981.
『국어』: 『國語』, 韋昭 注, 漢京文化事業有限公司, 臺北.
『사기』: 『史記』, 中華書局. 1982.
『한서』: 『漢書』, 中華書局. 1974.
『후한서』: 『後漢書』, 中華書局, 1965.
『진서』: 『晉書』, 中華書局, 1974.

『시』: 雒三桂·李山 注釋, 『詩經新注』, 齊魯書社, 2000.
『예기』: 潛苗金 譯註, 『禮記譯註』, 浙江古籍出版社, 2007.
『대대례기』: 方向東 撰, 『大戴禮記匯校集解』(上·下), 中華書局, 2008.
『이아』: 『爾雅注疏』, 北京大學出版社, 1999.
『효경』: 『孝經注疏』, 北京大學出版社, 1999.
『맹자』: 楊伯峻 譯注, 『孟子譯注』, 中華書局, 1960.
『순자』: 『荀子校釋』(上·下), 上海古籍出版社, 2003.
『안자춘추』: 李萬壽 譯注, 『晏子春秋全譯』, 貴州人民出版社, 1995.
『장자』: 郭慶藩 撰, 『莊子集釋』, 中華書局, 1961.
『노자』: 陳鼓應 注譯, 『老子今注今譯』, 商務印書館, 2003.
『열자』: 楊伯峻 撰, 『列子集釋』, 中華書局, 1979.
『회남자』: 劉文典 撰, 『淮南鴻烈集解』(上·下), 中華書局, 1989.
『가어』: 楊朝明 撰, 『孔子家語通解』, 齊魯書社.
『설원』: 劉向 著, 王鍈·王天海 譯注, 『說苑全譯』, 貴州人民出版社, 1992.
『신서』: 劉向 編著, 石光瑛 校釋, 『新序校釋』, 中華書局, 2001.
『법언』: 紀國泰 著, 『揚子法言今讀』, 巴蜀書社, 2010.
『이정집』: 程顥·程頤 著, 『二程集』, 中華書局, 1981.

谷方, 『中國哲學人物辭典』, 書海出版社, 1990.
龐朴 主編, 『中國儒學』 第2卷, 東方出版中心, 上海, 1997.
嚴文儒·吳宣德 編著, 『中國理學』 第2卷, 東方出版中心, 上海, 2002.
張岱年(1909-2004) 主編, 『孔子大辭典』, 上海辭書出版社, 1993.
金履祥(1232-1303), 『論語集注考證』.
大槻信良(1911-1991), 『朱子四書集注典據考』, 臺北, 學生書局, 1976.

찾아보기

공자의 주요 제자(출현 빈도순)

『논어집주』에 인용된 학자들(0 : 편명의 설명문. 정자 : 명도·이천 구별 안 된 경우)

『논어』에 나오는 기타 인물(가나다순)

주요 항목(*:『집주』, 『어류』, 『혹문』에 출현)